동양사
1

일러두기

1. 이 책은 학술지와 단행본 등에 게재된 논문을 수정·보완하여 엮은 책으로 수록 논문의 출처는 각 글의 시작 면에 밝혔다.

2. '더 읽을 자료'와 '용어 해설'은 글쓴이들이 작성한 것을 모아 각각 부의 끝과 권말에 배치했다.

3. 중국 지명은 한자음으로 표기했으며, 인명은 고대의 경우는 한자음으로 현대는 외래어 표기법에 따라 표기했다.

4. 본문과 인용문에서 글쓴이가 강조한 부분은 고딕체로 표시했으며, 원문 번역에서 독자의 이해를 돕기 위해 글쓴이가 첨가한 내용은 〔 〕안에 넣었다.

5. 맞춤법과 3항의 경우를 제외한 외래어 표기는 1989년 3월부터 시행된 〈한글 맞춤법 규정〉과 《문교부 편수자료》, 《표준국어대사전》(국립국어연구원, 1999)을 따랐다.

동양사

1

임병덕 · 정철웅 엮음

한·국·지·식·지·형·도 02

책세상

차례

21세기의 중국사 ―
학문과 국가의 경계를 넘어

1. 중국사 연구 환경의 변화와 새로운 연구 동향

21세기를 맞이하여 한국의 중국사 학계는 해방 후 중국사 연구를 주도했던 고병익, 전해종, 황원구, 민두기, 이공범, 김엽 등을 비롯한 1세대 연구자들이 사실상 학계에서 은퇴하거나 작고했고, 중국사 연구를 오랫동안 주도해왔던 2세대 학자들도 이제 대거 정년 퇴임을 앞두고 있다. 이들 1세대 연구자나 2세대 연구자들은 한국의 인문학 연구자들 가운데서도 특히 정치로부터 벗어나 학문 본연의 자세를 요구하는 분들이 많았다는 점에서 매우 특별했다. 중국사 연구를 이끌어가던 선생들은 후학들에게도 엄정한 태도를 요구했기 때문에 한국의 중국사 연구는 처음부터 고도의 전문성이 요구되었다. 따라서 한국의 중국사 연구자들은 중국 역사를 통해 정치나 사회에 유용한 에너지를 발견하는 것을 학문의 목적으로 삼을 수 없었고, 이러한 분위기 때문에 시류에 영합하는 연구를 후학들은 감히 생각하기도 어려웠다. 한국의 중국사 연구는 학문과 대중의 소통이 피상적인 수준에 머물러 있거나 학문의 유통과 소비가 가볍게 이루어지는 세태 속에서 오히려 기초를 중시하는 정반대의 길을 걸어왔다. 이러한 이유 때문에 이 책을 읽는 독자들은 유달리 중국사가 다른 인문학 분야와 달리 더 전문적이고 난해하다고 생각할 것 같다. 그리고 무엇보다 현재 국내 중국사 학계의 연구 논문 가운데 높은 수준의 전문성을 갖춘 동시에 대중들이 읽기 적절한 글을 찾기란 매우 어려운 실정임을 고백하지 않을 수 없다.

한국의 중국사 학계는 여전히 전문적 수준의 논의를 강조하고 있지만, 한편으로는 연구자에 따라 관심과 이해가 광범위하여 일정한 연구 방향을 도출할 수 없게 되었다는 점도 문제라 하지 않을 수 없다. 이제 중국사 연구도 대중과 소통하며 학문의 대중화를 꾀해야 한다는 시대적 요청에 부응하면서 그동안 고도로 전문화된 중국사 학계의 폐쇄성을 완화해야 한다는 데에 대체로 의견을 모으고 있다.

국내 중국사 연구의 범위가 세분화되어 있고 개별 연구자마다 관점이 분산되어 있기 때문에 학자 간의 의견 차는 끊임없는 논쟁을 불러오지만, 한편에서는 중국이 비약적인 경제 발전을 보이며 국제 사회에서 위상이 크게 높아지고 있으며, 특히 최근에 불거진 동북공정(東北工程) 문제 등으로 중국에 대한 관심이 증대되고 있다. 격동의 시대였던 1980년대만 하더라도 한국에서 중국은 그저 영토만 큰 가난한 나라로 인식되었다. 그 시절 국내 유수의 대학 도서관에조차 대부분 일본에서 발행된 학술 잡지 몇 권만 비치되어 있을 정도로 중국사 자료는 빈약하기 그지없었다. 해외여행도 매우 어려웠던 시대였고, 공산 국가에 대한 자료를 국내에 유입하는 것도 철저히 차단되어 있었기 때문에 중국 관련 자료를 구한다는 것은 참으로 어려운 일이었다. 홍콩 등지를 통해 힘들게 책 몇 권을 구입할 수 있는 정도였다. 때문에 학자들 사이의 연구 수준 차이는 차치하더라도 자료 입수와 그 활용면에서 집단과 집단, 개인과 개인 간의 격차가 상당했다.

그러나 한국과 중국이 수교를 맺은 1992년 이후, 특히 최근에는 중국 · 일본과 한국을 잇는 교통편이 확대되고 인터넷과 휴대 전화 등 정보 통신 수단이 발달함에 따라 연구자 개개인 간의 정보의 격차가 크게 줄었을 뿐 아니라 오히려 넘치는 정보를 소화해내기가 어려운 정도가 되었다. 이제 중국과 일본을 오가는 것이 지방에서 서울을 오가는 것처럼 쉬운 일이 되었고, 또한 인터넷으로 필요한 거의 모든 자료를 실시간으로 다운로드할 수 있는 시대가 되었기 때문이다. 가령 중국지식사이트(Chinese National Knowledge Infrastructure, CNKI)에 접속하면 당장이라도 세계 어떤 도서관에 직접 가서 볼 수 있는 자료보다 훨씬 많은 중국의 각종 자료를 열람하고 전송받을 수 있을 정도다. 일례로 고대사 연구에서는 하루가 멀다 하고 새로이 발굴되는 간독(簡牘) 자료가 그간 부족했던 사료를 보완함으로써 중국 고대사의 기존 학설이 뒤집어지는 경우가 발생하곤 하는데, 현재 우리는 그러한 간독 자료를 논문처럼 인터넷에서 다운로드할 수 있게 되었다. 명 · 청사 연구에 있어서도 국가 공문서인 당안(檔案)이나 지방지(地方志)에 접근할 수 있게 되었고, 근현대사 분야에서도 역시 중국 학자들도 접하기 어려운 민간 자료를 대량으로 이용할 수 있을 정도로 사료 이용의 폭이 확대되었다.

(1) 사료 해독력과 전문성의 강화

중국사 연구의 토대가 되는 문헌들이 상당 수준 확보됨에 따라 이 자료들에 대한 철저한 이해가 필요하게 되었다. 과거 연구 자료의 부족으로 선학들이 어려움을 겪었던 데 비해 현재의 많은 연구자들 역시 참고 자료가 많아짐으로 인한 또 다른 어려움을 안고 있다. 더군다나 많은 연구자들이 박사 학위를 받은 이후 대학이나 연구 기관에서 일자리를 잡기가 어려워지고 있는데, 이러한 상황은 장차 중국사학이 퇴조하는 데 결정적 요인이 될지도 모른다는 우려의 목소리를 낳고 있다. 이런 어려운 환경에서도 일부 대학원생들과 연구자들이 함께 여러 독회(讀會) 활동을 열심히 이끌어가면서 인문학 쇠퇴의 흐름과는 무관하게 묵묵히 자기 길을 걷고 있는 점은 고무적인 일이라 할 수 있다. 특히 김병준 · 정하현 · 윤재석 · 임중혁 등이 주축이 된 간독강독회(簡牘講讀會)에서는 매달 이십 명 정도의 사람들이 열띤 토론의 장을 벌이고 있다. 또한 이곳에서는 중국어와 일본어에 능통한 여러 연구자들이 중국과 일본의 연구자들과 교류하면서 양국의 최신 연구 자료를 실시간으로 주고받고 있다. 그리고 경우에 따라서는 중국이나 일본 학자 등을 초청하여 여러 간독 자료에 대한 논문을 발표하거나 혹은 강독을 진행하기도 한다. 이러한 모임이 활성화된 데에는 연구의 기본인 사료 자체에 대한 이해에 앞서 논문만 양산했던 국내 중국사 학계의 자성과 더불어 중국과 일본에서처럼 원전과 사료 해독 작업이 선행되어야 한다는 학계의 현실적 요구가 있었다. 특히 중국 고대사 연구자들의 모임인 간독강독회와 근대사 연구 모임인 만주어사료독회(滿洲語史料讀會)의 활발한 활동은 논문의 양산보다는 사료에 대한 철저한 이해와 천착이 우선시되어야 함을 통감하는 연구자들의 진지한 고민이 반영된 결과일 것이다. 유사한 맥락에서 김택민과 하원수가 주축이 되어 진행하고 있는《당육전(唐六典)》의 역주 작업과 박기수와 하원수가 주축이 되어 진행한 역대정사식화지(歷代正史食貨志)의 역주 작업도 그 열정을 높이 평가해야 한다고 생각한다.

연구 성과를 양적으로 평가하는 학계의 풍토와 많은 대학생들이 취업난으로 고생하고 있는 우리 사회 현실에서 이전에는 시도하지 못했던 사료 강독을 위한 공동 모임의 활성화는 지금껏 고도의 전문성을 추구해온 중국사 학계의 연구 수준을 한층 제고하고 있을 뿐만 아니라 이를 기초로 한 학자 간 혹은 분과 학문 간의 공동 연구로도 발전할 가능성을 마련했다는 점에서 주목된다. 대중성을 확보하기 위한 다양한 작업 역시 그 기본이 탄탄해야 가능하다고 한다면, 소규모 모임을 통한 사료 강독이나 자료 정리, 그리고 사전 편찬과 같은 작업은 더욱 활성화되어야 할 것이다. 앞으로 사료 강독을 비롯한 다양한 형태의 기초 작업을 진행하는 공동 모임이 더욱 발전하여 높은 수준의 '전문성'이 확보되고 진정한 의미에서의 공동 연구가 확대되기를 기대해본다.

(2) 연구의 대중화 —지식을 가공하라

현재 국내 중국사 학계에서 새로운 사료 번역과 주석 작업 등을 통한 자료 정리는 대부분 중국과 일본에 의지하고 있다고 해도 과언이 아니지만, 논문의 경우는 현재 대부분의 학문 분과에서와 마찬가지로 중국사 분야도 각 연구자들의 연구 주제에 따라 매우 세분화되고 있는 추세다. 이는 학문의 전문성과 수준이 날로 향상되고 있음을 생각하면 당연한 현상이라고 할 수 있다. 또 연구자 입장에서도 전문성 제고의 문제를 심사숙고하는 것은 당연한 일이다. 그러나 학문의 전문화가 어쩔 수 없는 추세라고 해도 지나치게 학문적 성과에 매달려 대중과 유리되는 것 또한 바람직하지 않은 현상이다. 게다가 대다수 연구자들은 현장에서 학생들을 가르치는 교육자이기도 하다. 하지만 그 어떤 연구자들도 자신의 연구를 고스란히 강의 현장에 내놓을 수 없는 것이 오늘날 대학의 현실이다. 즉 연구자 자신의 연구 공간과 교육 공간이 엄연히 분리되어 있는 것이 현재의 상황이다.

주지하다시피 21세기에 접어들면서 역사학을 비롯한 순수 학문은 이른바 '인문학의 위기'를 맞게 되었다. 이에 대한 원인을 한마디로 말할 수는 없지만 사회의 전반적인 탈이념화 현상, 실용적인 것의 추구 등을 주요 원인으로 꼽을 수 있다. 더욱이 각 분과 학문들은 인접 학문과 유사한 문제의식을 공유하지 못하고 개별 학문만의 담장을 치고 그 안에 안주하면서 기득권을 고집했고, 현실의 변화를 외면했다. 즉 일면에서는 인문학의 위기를 자초한 측면도 있었다. 대학에서 강의를 담당하는 입장에서 보더라도 중국사는 난해하다는 생각이 든다. 이처럼 난해한 중국사를 어떻게 보다 쉽게 학생들에게 가르칠까 하는 문제는 대부분의 중국사 전공자들이 당면한 가장 큰 고민거리다. 이런 점에서 최근 중국사에 관한 번역서, 개설서, 역사 기행문 등이 왕성하게 출간되고 있는 것은 학생들과 일반 독자들에게 좀 더 가깝게 다가가고자 하는 중국사 학자들의 노력의 일환이라고 할 수 있다.

1970년~1980년대의 경우 중국사 개설서로는 조좌호의 《동양사대관》이 거의 유일한 것으로 이 책이 1955년에 출간된 점을 감안하면 거의 20년 이상 우리 학계에서는 일반인이나 학생들이 손쉽게 읽을 수 있는 개설서가 존재하지 않았다고 해도 과언이 아니다. 특히 동양사학회에서 편찬한 《개관 동양사》는 일반 독자들이 가까이 하기에 지나치게 무미건조한데, 이에 비해 최근의 개설서는 비록 번역서가 많지만 쉬우면서도 알찬 내용을 담고 있다. 일례로 이근명이 번역한 《중국역사》를 비롯하여, 《사진과 그림으로 보는 케임브리지 중국사》, 《열린 제국 : 중국》, 《한국인을 위한 중국사》, 《청사―만주족이 통치한 중국》, 《현대 중국을 찾아서》, 《19세기 중국사회》 등등의 수많은 개설서를 꼽을 수 있을 것이다. 근래에 출간된 개설서에서 주목할 만한 것은 시대사 중심이 아닌 주제별 개설서가 상당수 등장했다는 점이다. 일례로 《장안은 어떻게 세계의 수도가 되었나》는 세오 다쓰히코(妹尾達彦)의 저술을 최재영이 번역한 것인데, 장안이라는 도시를 주제로 과거와 현재, 유럽과 아시아를 자유자재로 넘나드는 지은이의 설명을 따라가다 보면 어느새 세계사를 보는 시야가 훨씬 넓어졌음을 알 수 있다. 수십 년간 목간과 죽간 연구에 정열을 쏟은 도미야 이타루(冨谷至)의 저서를 임병덕이 번역한 《목간과 죽간으로 본 중국 고대 문화사》는 중국 고대의 주요 문서인 목간(木簡)과 죽간(竹簡), 그 자체에 대한 이해만이 아니라 고대 문서 행정의 실태와 중앙 집권 체제의 성격을 이해하는 데 큰 도움을 준다. 하야시 미나오(林巳奈夫)가 저술하고 박봉주가 번역한 《중국 고대의 신들》은 복잡하고 다양한 중국 신화를 지역별, 유형별로 세부적으로 정리하여 중국 신화에 대한 일관된 계통과 체계를 세우고 있다. 은 프린스턴 대학의 석좌교수로 있는 니콜라 디코스모Nicola Di Cosmo의 저술을 이재정이 번역한 《오랑캐의 탄생》은 기존의 한족 중심의 역사 서술을 대폭 수정하는 내용을 담고 있다.

이외에도 청대 옹정(雍正) 연간의 금서(禁書) 문제를 추적한 조너선 D. 스펜스Jonathan D. Spence의 저서를 이준갑이 번역한 《반역의 책─옹정제와 사상통제》, 명대에 대한 레이 황Ray Huang의 독특한 시각을 담은 《1587, 만력 15년 아무 일도 없었던 해》 등도 흥미롭다. 중국 역대 정치 동란의 대부분은 장기적인 한랭 건조 기후로 인한 심각한 기아와 황폐 때문에 발생했다는 류자오민(劉昭民)의 저서를 박기수·차경애가 번역한 《기후의 반역─기후를 통해 본 중국의 흥망사》도 환경 문제가 인문학의 주요 연구 주제로 부상하고 있는 시점에서 매우 시의 적절한 연구서라 할 수 있다.

하지만 아쉽게도 이러한 책의 대부분이 번역서다. 사실 한국사는 우리의 역사를 다룬다는 점에서 독자로 하여금 친밀감을 느낄 수 있게 해주며, 서양사는 독자에게 먼 이국의 역사에서 느껴지는 일종의 신비함과 흥미로움을 주지만, 중국사는 일반 독자들이나 학생들에게 그저 난해한 학문으로 각인되곤 했다. 따라서 다양한 연구 성과를 기반으로 우리 학자들이 우리 글로 쓴 수준 높은 교양서를 출간하는 것이 절실하다고 하겠다. 이런 점에서 최근 김택민이 쓴 《3000년 중국 역사의 어두운 그림자》는 자연재해와 대동란, 이민족의 침략 전쟁, 식인 사건, 왕후장상(王侯將相)의 꿈을 중심으로 흥미 있게 수천 년의 중국 역사를 풀어가고 있는 새로운 관점의 참신한 시도라고 할 수 있다. 김한규의 《요동사》와 티베트 문제의 역사적 연원을 탐구한 최초의 개설서인 《티베트와 중국》도 중국의 동북공정이 큰 논쟁이 되고 있는 역사학계의 현실과 관련하여 크게 주목을 받고 있다. 지배선의 《고선지 평전》은 서양 학자들의 연구 업적을 활용하여 고선지(高仙芝)의 삶과 업적을 재구성했다. 박한제의 역사 기행서는 특히 주목할 만하다. 삼국 시대의 영웅들이 펼쳐가는 역사를 다룬 《영웅시대의 빛과 그늘》, 화려했던 동진남조 시대의 문화와 그 이면의 퇴영과 타락을 지적한 《강남의 낭만과 비극》, 호한(胡漢)의 두 이질적 문화의 길고 험난한 통합의 노정을 묘사한 《제국으로 가는 긴 여정》은 상아탑에 갇힌 중국사 연구를 저자의 실제 답사 경험과 함께 역사적 흐름의 대강을 묘사함으로써 개설서를 능가하는 내용을 담고 있다. 이 책처럼 글의 논지와 학설을 전혀 다른 형식으로 재가공하는 노력은 반드시 필요하다. 이러한 지식의 재가공 과정에 대한 진지한 고민이야말로 중국사의 저변 확대를 위한 중요한 발판이 될 수 있을 것이다. 이에 대한 모범으로 꼽을 수 있는 민두기의 《시간과의 경쟁》은 19세기 후반부터 20세기까지 민족주의적 경쟁에 바탕을 둔 동아시아의 혁명과 침략 과정을 반성적으로 성찰할 것을 촉구하며, 동아시아 각국이 대등한 국제 질서를 위해 노력할 것을 강조한다. 저자의 평생의 연구가 집약된 이 책은 일반인들도 알기 쉽게 동아시아 근현대사의 핵심 논리를 정리하고 있다.

(3) 중국사 연구의 다양한 주제들

21세기 한국의 중국사 연구에 가장 큰 영향을 준 사건은 2002년부터 본격적으로 시작된 중국의 '동북공정'이라 하지 않을 수 없다. 고구려사를 둘러싼 한국과 중국 간의 갈등이 본격화되면서 국내 학계에서는 이에 대응하는 토론 및 공동 연구의 필요성이 제기되었는데, 이에 대해서는 시대별로 조금씩 관점을 달리해서 대응했다. 먼저 중국의 고구려사 연구에 대응하여 국내에서는 북방 영토 및 북방 민족에 대한 연구가 전례 없이 활성화되었다. 이 지역의 역사를 중국과 독립적인 역사로서 연구하는 것은 아시아에서 과거 역사의 다원성과 상대성을 복원하는 연구로서 고구려사 논쟁이 벌어진 이 시점에서 더욱 필요한 작업이라 하겠다. 서위 북주에서 수에 이르기까지 돌궐과의 관계에 대한 연구를 비롯하여, 동아시아에서 만주(요동)의 역할을 부각시키는 연구가 계속되고 있다. 또한 당에서 활동하던 한 민족의 활동 및 삼국과 당의 교류 관계에 대한 논문도 증가하고 있다.

북방 영토나 북방 민족 이외에도 지역적으로는 주로 중국의 변방인 티베트, 내몽골, 대만에 대한 관심이 크게 높아졌다.《티베트 역사 산책》과《티베트와 중국의 역사적 관계》등 티베트 문제의 역사적 연원을 탐구한 개설서와 연구서 등이 근래 들어 국내 처음으로 출간된 것도 이와 무관하지 않다. 또 남방의 소수 민족인 이족(俚族)의 정체성이나 고대 운남의 서찬국(西爨國)의 통치 구조에 관한 연구는 고대사 연구에서 공백으로 남아 있었던 남방 소수 민족에 대한 전문적인 연구의 시작이라 할 수 있다. 명대 서남 지방의 이족 정권과 토사(土司) 문제를 다루고, 묘족과 더불어 서남 지역 2대 소수 민족 중의 하나인 이족(彝族), 그중에서도 지배층인 흑족, 즉 나스족의 역사를 고대부터 청조까지 정리하며, 청대 묘족에 대한 청 정부의 정책을 고찰하는 일련의 연구들도 중국사 전반에 걸쳐 등장하는 소수 민족에 대한 관심을 보여준다. 여기에는 우선 현재 중국의 국경 안에 있는 모든 민족이 중화 민족이라는 민족 개념이 타당한가, 이 지역의 독립 운동을 어떠한 관점에서 볼 것인가? 변방에서는 중심부를 어떻게 바라보는가 등 새로운 연구 시각이 복합적으로 작용하고 있다. 중국이 현재 주권을 행사하고 있거나 그 권리를 주장하고 있는 지역에서 통치권을 행사하고 있는 것이 과연 정당한가의 문제나 중국의 동북공정에 대한 비판과 관련하여 청조가 내몽골, 티베트, 신강을 정치적·군사적으로 각개 격파하고 복속시켰다는 기왕의 견해가 타당한지에 대한 의문에서 티베트의 불교에 주목한 연구나 서구 열강의 침략 이후 티베트와 내몽골의 독립 요구를 막는 역할을 한 한족 중심의 중화주의를 팽창적 민족주의로 분석한 견해도 나오고 있다.

신해혁명 이후 중국은 자국의 국경 안에 있는 모든 민족은 중화 민족이라는 민족 개념을 내세워 고구려와 발해의 역사를 비롯한 소수 민족의 역사를 중국의 역사에 편입시키고자 했다. 이처럼 중국은 중화 민족 개념 등 여러 비역사적 해석과 연구를 쏟아내며 역사를 날조하고 있는데, 이러한 일련의 과정들이 동북공정의 실체라 할 수 있다.

1990년대 이후 한국에서 유행한 다양한 동아시아 담론은 민족주의 내지는 서구 중심주의에 대한 반성의 결과였다. 문제는 중국의 동북공정이 한국의 중국 현대사 연구자들에게 큰 영향을 끼쳐 민족주의적 역사관을 상대화시켰으며, 이를 계기로 동아시아 담론이 더욱 확산되었다는 점이다. 더욱이 동북공정은 팽창적이라기보다는 방어적이며, 대외적인 목적보다는 대내적 성격을 띤 프로젝트이기 때문에 미국의 패권주의에 맞선 한중의 공동 전선이라는 기본 시각에서 동북공정에 접근해야 한다는 터무니없는 주장이 제기되기도 했는데, 이러한 견해가 국내 학술지에 게재되고 평가받는 현실은 극히 우려할 만하다. 속칭 '동아시아 담론'에 대해서는 이미 2002년 《역사학보》의 〈회고와 전망〉에서 총론을 서술한 이성규가 예리하게 비판한 바 있다. 이성규의 지적처럼 미래의 대등한 국제 질서의 이상으로 결코 대등할 수 없는 역사와 현재를 대체하려고 하는 동아시아 담론은 공허한 관념적 유희에 불과하며, 편향된 이념과 정치적 목적을 위한 글쓰기의 범주에 지나지 않는다.

한편 전통적인 연구 주제, 가령 사회·경제사 연구는 좌파적 이념이 쇠퇴함에 따라 하강 국면을 보이는데, 특히 중국의 토지 제도에 대한 연구는 부진한 편이다. 단지 송대의 재정, 화폐, 상공업, 도시의 발전 등 당송 변혁과 관련한 연구만이 여전히 활발히 진행되고 있다. 특히 국가를 단위로 한 연구는 급속히 쇠퇴했고, 사회·경제사 내에서도 지역 사회의 구조 변화나 경제 등을 다룬 이른바 지역사 연구가 주를 이루고 있다. 또 종전에 볼 수 없었던 새로운 주제, 즉 상업 경영이나 청 말 중국 기업의 출자의 구체적인 내용을 다룬 글, 염상(鹽商)의 성쇠를 염운법(鹽運法)의 변화와 관련지어 분석한 연구, 국가 권력과 상업과의 관계, 사천 미곡 시장, 사천 염상, 광동의 농촌 시장에 대한 정밀한 분석, 중국 근대의 대외 무역이나 조운, 금융 기관에 대한 연구 등을 거론할 수 있고, 그것도 주로 성별(省別) 단위의 지역사 연구가 주축을 이루고 있는 점이 특징이다.

그 밖에도 명에서 청에 이르는 시기의 산동의 유통망, 청대 광동 불산진(佛山鎭)의 상업·수공업의 발전 양상, 국가 권력과의 관계 등 여러 주제에 대해 다양한 논의가 이뤄지고 있다. 하지만 사회·경제사와 함께 중국사 연구의 주요 주제였던 위진남북조 문벌 귀족을 중심으로 한 귀족제 사회론의 전개, 수당 율령을 이용한 국가 권력의 지배 방식과 생활 규범 등에 대한 연구 열기는 가라앉고 있는 듯하다. 특히 역사학의 중심이었던 정치사에 대한 본격적인 연구는 더욱 줄어드는 것 같다. 정치사 연구의 쇠퇴는 절대 권력과 국가의 역할이 중요했던 중국사를 정확히 이해하는 데 어려움을 초래할 것이다.

21세기 들어 종래의 정치사, 제도사, 사상사, 사회·경제사에서 중심축을 이뤘던 정치, 사회, 경제 관련 논문은 감소하고 있는 반면, 한국의 중국사 학계가 다루는 주제는 극히 다양해졌다. 일례로 문화와 사상, 의례와 관련한 논문이 대폭 증가하고 있다. 예컨대 한 무제 시대의 예제(禮制)의 본질을 방술을 비롯한 주술적 사유 체계에서 접근한 논고와 한대 국가 제천 의례의 변화 과정, 고대 중국인의 죽음과 사후 세계관, 당대의 사묘(祠廟) 신앙, 당 말에서 오대(五代)에 이르는 절서(浙西) 지역의 사묘, 민간 신앙이 융성했던 복건 지역을 중심으로 한 송조의 사묘(祠廟) 정책 등의 논고를 비롯하여 송 무제와 불교 세력과의 관계, 유송 시기의 왕실과 불교와의 관계, 동진 시기 비구니의 등장, 북위에서 발생한 대승기의(大乘起義)의 현실적 의미, 동진(東晋) 니승 교단과 당대 경교(景敎), 명초 국가 권력의 지방 사묘(寺廟) 정비가 강남 지방에서 시행된 실태, 백련교와 팔괘교(八卦敎)의 실태 추적, 명 중기 나교(羅敎)를 창립한 라몽홍(羅夢鴻)의 득도 과정과 그의 사상에 대한 분석, 싱가포르의 사례를 중심으로 천지회(天地會)의 입회 의식과 절차에 대한 고찰 등 다양한 방면에 걸친 논고가 계속 발표되고 있다. 2002년 충북대학교에서는 '아시아 사상의 종교와 국가 권력'이라는 주제하에 중국 고대의 국가 제사·중세 도교·송대 이래의 민간 신앙·근대 중국의 종교와 국가 권력의 역사적 관계 등에 대한 토론이 집중적으로 전개되었다. 의례에 관한 논의도 매우 활발했는데, 남조 황제 의례로서 상례(喪禮)와 당조의 상장(喪葬) 제도 및 황제권과 의례의 정비, 당 전기 황제의 의례와 그 위의(威儀)에 대한 논문뿐만 아니라 송대 동아시아 국제 질서를 빈례(賓禮)를 매개로 하여 재구성한 논고, 송대 빙례(聘禮)가 성립하는 과정과 그 구체적인 절차에 대해 고찰한 논문 등 다양한 주제의 의례 관계 논문도 눈에 띄게 증가하고 있다.

이 밖에도 이전까지 주목받지 못하고 거의 논의된 바 없었던 분야가 부각되고 있는데, 이 책의 제3부에서 다루는 환경에 관한 연구가 바로 그것이다. 또한 기호품과 풍속에 관한 다양한 연구도 속속 발표되고 있는데, 구체적으로는 송대의 빙례에서 차가 사용된 점, 송대 복건의 납차와 납차 기술의 발달, 송대에 유행한 투차의 성격, 15세기 말 강남과 강북 그리고 요동의 도시 풍속, 명청 시대 연극의 수요 및 후원자의 변화, 당대의 음주 문화와 주령(酒令), 당대인의 식생활 등 생활사와 관련된 연구가 있다. 또 많은 분야의 연구가 정치사, 경제사, 사상사 등으로 분류가 불가능할 정도로 정치, 경제, 사상, 문화 등 다각적인 측면이 상호 작용하거나 연관성을 가진다는 점에서 분석하고 있는 점도 특징으로 거론할 수 있다.

2. 21세기 중국사 연구의 과제

한국의 중국사 연구 환경은 극히 열악하다. 거의 대부분의 연구가 공동으로 진행되기보다는 개별적으로 진행되는데, 이는 연구 환경의 열악함과 관련이 있다고 할 수 있을 것이다. 한국의 중국사 연구 환경과 중국의 중국사——중국사가 자국사이긴 하지만——연구 환경을 비교한다는 것 자체가 무리일 수도 있지만, 그렇다 하더라도 한국의 중국사 학계는 방대한 연구 인력을 갖추고 막대한 연구비를 지원받는 중국의 중국사 학계와는 그 상황이 전적으로 다르다. 따라서 많은 인력과 상당한 연구비가 소요되는 공동 연구는 사실상 국내에서 진행되기 힘들었다. 그리하여 한국의 중국사 학계가 과제로 삼고 해결해야 할 것으로 학제 간 연구의 활성화와 비교사적 관점의 확대 그리고 국제 교류의 활성화를 꼽을 수 있겠다.

학제 간 연구의 중요성에 대해서는 일본 학계의 예를 통해 살펴보기로 하자. 일본 교토대학 인문과학연구소가 주관하는 독회에 매주 참여하는 연구자 수는 한국의 진한사(秦漢史) 연구자의 전체 수보다 많다. 게다가 이 모임에 참여하는 연구자들은 수십 년간 한문 해독에 매달린 전문 인력들인 데 반해, 한국에서는 전임 연구원보다는 젊은 대학원생들이 대부분 이 작업에 열중한다. 일반적 통계는 아니지만 특정 주제에 대한 논문이 한국에서 1편 발표될 때, 일본에서는 10편, 중국에서는 이 10배에 해당하는 100편 가량의 논문이 발표되는 것으로 추측된다.

더욱이 일본은 전문 인력을 양산하고 이를 적극적으로 활용할 뿐만 아니라 학제 간 다양한 연구를 통해 훌륭한 연구 성과를 올리고 있다. 일례로 오사카산업대학의 오오카와 도시다카(大川俊隆)가 주축이 된 '장가산한간(張家山漢簡)《산수서(算數書)》연구회'는 최근 그 연구 결과를 책으로 출간했다〔張家山漢簡《算數書》研究會 編, 《漢簡〈算數書〉—中國最古の數學書》(朋友書店, 2006)〕. 이 책은 모든 면에서 중국과 구미의 연구 수준을 훨씬 능가한다고 평가되는데, 특히 펑하오(彭浩)가 2001년에 발표한《장가산한간《산수서》주석(張家山漢簡《算數書》註釋)》(科學出版社)의 오류를 상세하게 교정하고 있다. 이처럼 이 책이 국제적으로 우수한 명성을 얻을 수 있었던 것은 중국 고문자학(古文字學) 전문가인 오오카와 도시다카를 위시하여 수십 년간 간독학(簡牘學) 연구에 매진한 연구자들의 실력이 밑바탕이 되었기 때문이다. 하지만 좀 더 중요한 이유는 연구 팀 가운데 다수가 수학자라는 점을 들 수 있다.

이 책의 성공은 수학자들의 참여가 결정적이었다. 산수서는 기본적으로 중국 고대의 전문적인 수학책이므로 수학자의 도움 없이 고문자에 대한 해석만으로 이를 정확하게 해석한다는 것은 처음부터 불가능한 것이었다. 중국의 학계는 《산수서》를 주석하면서 고문자의 해독 능력, 간독의 복원 능력에서 상당한 문제점과 한계를 드러냈다. 무엇보다 높은 수준의 수학적 해석 능력이 요구되는 《산수서》 복원에 오로지 간독학 연구자로만 연구를 진행한 한계가 여실히 나타난 것이다. 따라서 전문성을 유지하면서 다른 한편으로 다수의 독자층을 확보할 수 있는 연구 방법 가운데 하나가 바로 학제 간 연구 교류라고 할 수 있다. 아무리 세분화된 주제라 하더라도 학제 간 공동 연구가 이뤄진다면 훨씬 광범위한 시각을 가질 수 있으며 그 결과물은 보다 많은 독자들의 호응을 얻을 수 있을 것이다.

오늘날 중국사 학계가 풀어야 할 두 번째 과제로 비교사적 관점의 확대를 들 수 있다. 대다수 중국사 연구자들이 느끼고 있는 것처럼 중국사 학계는 한국사 학계와 서양사 학계와 비교해 볼 때 일종의 '엄숙주의'에 빠져 있다고 할 수 있다. 이를 두고 굳이 좋고 나쁘다고 평가할 수 없지만, 이러한 '엄숙주의'가 다른 사람에게 '조심성'을 강요하는 것은 자명한 일이다. 한국의 중국사 학계가 새로운 연구 방법론이나 역사 이론 등을 서양사 학계나 한국사 학계에 비해 늦게 도입하고 있는 점도 이와 무관하지 않을 것이다.

2003년 안드레 군더 프랑크Andre Gunder Frank의 《리오리엔트ReOrient》가 국내에 번역, 출간되었다. 이 책에는 유럽의 상황과 중국의 상황을 비교해 볼 수 있는 중요한 단서가 제공되어 있다. 서양사 전공자들이 이 책에 상당한 관심을 보이고 있는 반면, 당연히 이 책의 논지에 대해 관심을 보여야 할 중국사 전공자는 거의 이 책에 대해 언급하고 있지 않다. 이는 중국사 연구자들에게 비교사적 시각이 결여되어 있음을 보여주는 사례라 할 수 있다. 이런 점에서 비록 오래전에 발표된 논문이기는 하지만 나종일의 〈17세기 위기론과 한국사〉는 좋은 선례가 될 것이다. 나종일은 이 논문에서 세계사적인 관점에서 17세기 위기론을 설명하고 이를 한국사에 적용했다. 이와 유사한 맥락에서 도미야 이타루의 《동아시아에서의 법과 관습—사형을 둘러싼 여러 문제(東アジアにおける法と慣習—死刑をめぐる諸問題)》도 주목할 만하다. 도미야 이타루가 주축이 된 이 저술에는 중국의 법제사 연구자뿐

아니라 중국 철학, 인도 철학, 사회학, 한국사, 일본사 연구자 등 여러 분야의 전문가들이 참여하고 있다. 또 일본의 연구자만이 아니라 구미의 연구자, 중국 학자 등 국제적인 연구진을 포함하고 있다. 즉 중국사의 특정한 주제에 각 분야의 여러 전공자들뿐만 아니라 각국의 한국사, 인도사, 일본사 전공자들이 참여하는 국제적 연구 팀이 함께 연구한 것이다.

끝으로 한국의 중국사 학계가 풀어야 할 과제로 국제 교류의 활성화를 들 수 있다. 많은 사람들이 지적하고 있는 것처럼 현재 우리의 중국에 대한 지식이나 정보의 수준은 조선 시대 지식인들의 수준에 훨씬 못 미치고 있다. 이는 무엇보다도 조선 왕조의 멸망과 일제 식민지를 경험하면서 중국학을 체계적으로 연구할 수 있는 기회가 사라졌기 때문이다. 해방 이후 그나마 단편적으로 진행된 연구마저 한국 전쟁으로 중단되는 비극을 겪었으며, 정부 수립 이후에는 반공 이데올로기로 인해 중국은 잊혀진 나라가 되었다.

하지만 1992년 한중 수교 이후 중국과의 교류가 급증하자 중국의 학자들이 한국에 와서 논문을 발표하거나 우리 학자들이 중국에서 논문을 발표하는 경우도 빈번해졌다. 특히 2000년 이후에는 각 시대사별로 조직된 여러 학회들이 국제 학회를 개최하여 많은 논의를 벌이고 있는데, 이는 이제 일반화된 학계의 풍토로 자리 잡고 있다. 이러한 교류 증대가 한국의 중국사 학계 발전에 커다란 도움이 된 것은 사실이지만, 중국 학자들과의 공동 연구는 여전히 부진한 실정이며 그들에게 지나친 일종의 특혜를 부여하는 것 역시 문제라고 할 수 있다.

다른 한편으로 대부분의 중국사 논문이 구미어로 쓰인다는 것도 되짚어 봐야 할 문제다. 국제 교류가 거의 중국에 집중되어 있는 것도 문제다. 중국사 연구가 중국에 함몰되지 않기 위해서도 구미와의 교류가 절실한 실정이다. 그들과의 교류를 통하여 그들에게 한국어 습득 기회를 제공해야 하는 것도 우리나라 학자의 임무일 것이다.

3. 이 책의 방향과 체제

국내에서 발표된 중국사 논문은 대체로 매우 전문적인 내용을 다루고 있기 때문에 일반 독자들이 논문을 쉽게 읽을 수 없을 뿐 아니라 경우에 따라서는 전공자들도 이해하기 어려운 논문도 있다. 물론 연구자들이 논문을 쓰면서 일반인들의 이해 여부까지 고려하기는 힘들지만, 독자들과 소통할 수 있는 기회를 도외시하는 것 역시 큰 문제라고 할 수 있다.

따라서 일반 독자들이 관심을 갖는 주제와 내용이고 이것이 독자들에게 지적 양식이 될 수 있는 것이라면, 또한 인문학의 다른 영역에서도 관심을 가질 수 있는 분야라면 주제별로 묶어 논집으로 편찬할 만한 가치가 있다. 이런 점에서 국내 중국사 학계의 연구 동향을 알 수 있고 또 사회적으로 관심을 끈 중국사 논문들을 모은 논집을 발간하자는 책세상의 제의는 이러한 중국사 학계의 고민을 씻을 수 있는 좋은 기회이며, 나름의 의미가 있는 작업이라 생각한다.

그러나 다양한 분야의 여러 논문 중에서 단지 몇 편을 선정한다는 것은 논문 선정의 어떤 기준을 아무리 엄밀하게 세운다 하더라도 쉬운 일이 아니었다. 그리하여 고대 · 중세 · 근세의 전형적인 시대 구분이나 정치 · 사상 · 경제 · 사회 · 문화 등의 보편적인 주제 구분으로 그 기준을 삼는 것은 곤란하다는 판단이 들었다. 따라서 편집위원과 출판사 간의 오랜 숙의 끝에 다음과 같은 선정 기준을 마련했다. 우선 기존의 통상적인 주제 분류 대신 현 시점에서 유효한 문제의식을 담고 있으며 독자들과 공유할 수 있는 4가지 큰 주제 영역을 설정했다. 이를 기준으로 2000년 이후 발표된 논문 가운데 최근의 연구 성과를 집약하는 논문을 선정했다. 이 책의 제1부에서는 '중앙과 지방'이라는 주제를, 제2부에서는 '가족과 여성'이라는 주제를, 제3부에서는 '환경과 기후'라는 주제를, 그리고 제4부에서는 '도시와 문명'이라는 주제를 다루고자 한다. 이 주제들은 인문학의 다른 영역에서도 관심을 가질 수 있는 분야이며 또한 최근 국내 중국사 관련 학술 대회에서 가장 빈번하게 다뤄지는 주제라 할 수 있다.

하지만 이와 같은 선정 기준을 정했음에도 불구하고 국내 중국사 관련 논문 대부분이 지나치게 전문적인 내용을 담고 있다는 점과 아울러 논문의 분량이 주제마다 편차가 크다는 점 또한 부담이 되었다. 예를 들어 '중앙과 지방' 영역은 그 주제가 포괄적인 성격을 띠고 있어서 이에 대한 논문이 상당하지만, '환경과 기후'와 같은 분야는 아예 논문이 드물거나 시대별로 많은 편중이 있음을 확인할 수 있었다.

그러면 각 부의 구체적인 내용과 논문들 간의 연관 관계에 대해 좀 더 상술해보기로 하겠다.

제1부 중앙과 지방

'중앙과 지방'이라는 문제는 고대사에서 현대사에 이르기까지 전통적으로 중국사 연구의 주요 주제라 할 수 있다. 역사학에 있어서 중앙과 지방이라는 주제가 갖는 중요성 때문에 2003년 《역사비평》에서는 '역사 속의 중앙과 지방, 차별과 배제'를 주제로 특집호를 발행했고, 2006년 충북대학교에서는 '역사에서의 중앙과 지방'을 주제로 전국 역사학 대회가 개최되었다.

진한 이래 청대까지 중국의 모든 왕조는 중앙 집권적 황제 지배 체제를 유지했다. 지방은 중앙의 통제하에 중앙에 협조적 자세를 취하지만 분권적 권한을 갖고 지방의 특성에 맞는 위정을 할 수 있는 자주성을 확보할 때 중앙과 지방이 상호 이상적인 체제를 구축했다고 할 수 있다. 이러한 중앙과 지방의 관계는 인사권, 재정권, 군사권 등의 측면에서 살펴볼 수도 있겠지만, 이에 대한 대부분의 연구는 중앙 권력과의 관계 속에서 진행되고 있다는 점에 주목해야 한다.

가령 종교 문제를 다룬 것처럼 보이는 사묘 신앙에 대한 연구도 지역 사회와의 관계 속에서 논의가 진행되고 있고, 또 그것은 중앙 정부 차원의 사묘 정책과도 연결되어 있다. 사묘 신앙을 중심으로 한 지역 의식의 형성, 사묘의 허가권을 장악한 국가의 정책에 대한 탐구는 사묘를 통한 중앙과 지방의 이해로 평가될 수 있다. 또한 통신 체계와 교통망에 대한 연구도 중앙 정부와 지방 정부 사이의 문서 전달과 그 시스템에 대한 고찰로 연결되며 자연스럽게 중앙 정부의 지방 지배에 대한 관철도가 논의의 중심으로 부각된다. 중앙 정부 행정 조직의 변화, 명청 시대 지역 사회에서 중요한 역할을 했던 신사(紳士)층, 이갑제나 보갑제에 대한 것도 중앙과 지방과의 관계에 대한 연구라 할 수 있다. 예컨대 대부분의 지방 행정 제도 관련 연구는 중앙 행정 제도와의 관계하에서 비로소 그 실태가 명확해지는 것이므로 중앙과의 관련 없이 논리를 전개할 수는 없다. 이와 마찬가지로 거의 모든 지역사 연구는 지역 사회의 구조나 변화를 해명할 주요한 요소로서 주민의 존재 형태나 이주민의 유입과 이로 인한 갈등, 국가 권력과의 관계 등 여러 문제가 복합적으로 제기되지 않을 수 없다. 사회·경제사도 지역 사회의 구조 변화나 해당 지역의 경제 문제 등을 다룬 이른바 지역사 연구가 주류를 이루는데, 가령 명에서 청에 이르는 시기의 산동의 유통망 문제, 청대 광동 불산진의 상업·수공업 발전 양상, 청대 중기 복건의 종족(宗族)과 조세 징수 문제, 휘주에서의 종족 결합의 강화와 상업과의 관계, 휘주에서의 소송 문제, 이갑제 문제 등도 국가 권력과 관련지어 논해지고 있다. 고대사의 주요 논의, 가령 읍제(邑制) 국가와 이성(異姓) 제후국과의 밀접한 관계에 대한 고찰, 청동기를 통한 서주 시대 진(晉) 문화, 춘추 시대 연국(燕國)의 대외 관계에 대한 연구를 통한 연국의 실상, 향촌 지배 체제나 부역 제도 등에 대한 구체적인 연구는 좁은 범주에서 시작되지만, 이들 주제 모두 중앙 정부 내지는 국가와의 관련이 문제가 되는 것이므로 중앙과 지방을 다룬 것으로 분류할 수 있다. 요컨대 중앙과 지방을 주제로 한 논문은 항상 역사 연구의 주요 주제일 수밖에 없기 때문에 어떤 주제를 다루건 이와 관련 없는 연구가 거의 없다고 해도 과언이 아니다.

진한 시기 형도(刑徒)의 노동력의 운영에 초점을 맞춘 임병덕의 〈출토 문헌과 한(漢) 문제(文帝)의 형제(刑制) 개혁〉에서는 진대의 노역 동원 체제는 유휴 노동력을 최소화하는 것이었는데, 여기서 관노비 매각 시스템은 매우 중요한 기능을 했다고 한다. 관노비 매각 시스템의 붕괴되면서 발생한 관유 노동력의 과잉을 줄인 것이 한 문제의 개혁의 본질이었다는 점에서, 유가적 덕치주의를 실현한 이상적인 군주로 평가되는 전통적인 한 문제의 황제상(皇帝像)에 이의를 제기하고 있다.

통일 제국과 변군(邊郡)을 주제로 한 김경호의 〈한대(漢代) 변군(邊郡) 지배의 보편적 원리와 지역적 차이〉에서는 내군(內郡)과는 다른 변군의 특수성을 언급하여 내군과 상이한 언어와 풍속의 차이를 인정하지 않는 군현제는 그 한계를 드러낼 수밖에 없다고 지적하고 있다. 전근대 동아시아 세계는 크게 보면 중국이 세계 체제의 중심이었고 그 주위의 여러 소수 민족 국가들은 주변부에 해당하는 지방이라고 볼 수 있는데, 주변 민족도 중국 중심의 지배를 현실적으로 뒤집지 못할 경우 '일통(一統)'된 질서에 귀속하여 또 다른 '천하'의 세계를 구축하고자 했다고 한다.

이제까지 신사의 개념과 범위, 신사의 형성 과정, 신사의 역할과 존재 양태의 지역 차, 신사의 계층적 성격 차 등 신사와 관련된 거의 모든 논의를 망라한 연구를 진행해온 오금성은 〈국법과 사회 관행—명대의 '관신우면칙례(官紳優免則例)'를 중심으로〉에서 명대의 신사의 우면(優免)에 대한 문제를 다루고 있다. 법 규정과는 달리 현실적으로 16세기 초에 이르면 우면권이 지역 사회에서 광범위하게 남발되었음을 밝히고 있다.

복건 지역을 중심으로 종족(宗族) 문제에 대해 꾸준히 논문을 발표해온 원정식은 〈청 초 복건 사회와 천계령(遷界令) 실시〉에서 종족이 발달한 복건에서 국가가 국가 통치 이념과 달리 종족 단위로 조세를 징수한 점, 청조가 지역 사회 안정책의 일환으로 임명한 종정(宗正)과 종족과의 관계, 복건을 중심으로 이루어진 지방지 편찬에 관한 전반적인 사항, 16~17세기 전란 상황이 복건 지역의 종족 상황에 미친 영향 등을 분석하고 있다.

근대 국민 국가의 성격을 논한 임상범의 〈근대 중국에서의 범죄학 성립과 범죄—형법, 범죄학의 도입과 북경 주민의 대응〉에서는 북경 지역에 초점을 맞춰 국민 혁명기에 이 지역에서 발생한 혁명 운동을 연대기적으로 기술하고, 공산당의 조직 상황과 활동 양상을 분석하고 있다. 또한 북경의 근대적 경찰 조직이 성립·발전하는 과정을 분석하여 이를 국민의 일상생활에까지 영향력을 확장하는 근대 국민 국가의 내용과 실질이라고 했다.

　이들 논문의 주제는 각기 다르지만, 각각의 주제가 궁극적으로는 중앙 정부의 지방 지배의 강약이나 그 형태, 혹은 황제 지배 체제의 성격의 해명과 연결되어 있다.

제2부 가족과 여성

　최근 많은 연구자들이 관심을 보이고 있는 '가족과 여성'이라는 주제는 전통적인 가족의 개념이 크게 변화하고, 남녀평등이 강조되는 현 시대와 밀접한 관련이 있다. 특히 조르주 뒤비Georges Duby와 미셸 페로Michelle Perrot가 편집한《여성의 역사Storia Della Donna》는 그동안 소외되어온 역사 속의 여성을 새롭게 조명하는 계기가 되었다.

　2002년과 2006년에 각각 중국사학회와 동양사학회가 '여성사'를 주제로 학술대회를 개최한 것은 그러한 학문적 관심을 반영한 것이라고 하겠다. 현재 많은 대학에서 심리학, 역사학, 문학, 철학, 사회학, 법학 등 많은 전공자들이 참여하여 여성학 연계 전공을 운영하는 것 또한 이러한 시대 변화에 부응하기 위한 노력이라 할 수 있다. 여성사는 또한 가족 제도의 변화와 밀접한 관련을 가지고 있다. 이런 점에서 역사 속의 '가족과 여성' 문제는 인문학 분과 학문 내에서 공통의 관심사로 떠오르고 있는데, 여성사 연구는 기본적으로 양성 관계의 현실적 불평등을 자각하고 평등한 미래를 지향하는 페미니즘의 문제의식에 입각한 것이지만, 이에 대한 반론도 제기되고 있다. 최근에 이르러 한국의 동양사 학계에서는 '가족과 여성'을 주제로 한 연구가 새로운 세분 전공 분야로 자리를 잡았고, 사료의 고증이나 방법론에 있어서 상당한 수준의 연구 성과를 보여주고 있다.

　종래 연구의 주류를 이루고 있는 소가족론의 관점을 비판하고 있는 윤재석의 〈중국 고대 가족사 연구의 전망과 출토 자료에 반영된 진(秦)의 가족 유형〉은 진대의 가족 형태로는 단혼 가족도 보이나《일서(日書)》를 분석하여 '실(室)'의 거주자는 부모와 자식, 그리고 손자 등으로 구성되는 삼족제(三族制)의 가족 형태임을 주목하고 있다.

주로 송대의 가족 제도사 분야에서 활발히 연구 성과를 발표하고 있는 육정임은 〈송대 가족과 재산 상속〉에서 송대 가정의 상속이 기본적으로 분할 상속이었다는 점을 강조하고 있다. 가족의 분산과 가족 간의 경제력의 차이가 커지면서 가산(家産) 분할 시기가 앞당겨진 점, 딸의 분할 상속권이 증대된 점을 살펴보고 있다.

격변하는 시기에 중국 여성들의 새로운 자각 과정을 밝히고 있는 천성림의 〈모성의 거부—20세기 초 중국의 '독신 여성' 문제〉에서는 20세기 초 중국 여성의 독신 문제와 관련하여 여성의 독신 및 독신주의 등장의 사회 경제적 · 사상적 배경을 분석하고 나아가 이들을 바라보는 다양한 시선들을 살펴보고 있다.

윤혜영은 〈20세기 중국 신여성의 고뇌—혁명인가 여권인가〉에서 20세기 후반 들어 중국 여성의 지위가 향상된 것이 20세기 전반의 혁명과 긴밀하게 연관되어 있다는 인식하에 여성들이 어떻게 혁명에 관여 · 대처하면서 여성들의 권리를 신장하려 했는가 하는 문제를 고찰하고 있다.

제3부 환경과 기후

세오 다쓰히코는 《장안은 어떻게 세계의 수도가 되었나》에서 "역사는 곧 인간과 환경의 관계사이다"라고 정의하고 있다. 그의 표현대로 최근 지구 전역은 교통과 정보 기술의 발달로 하나의 시장권과 정보 사회로 빠르게 통합되고 있다. 동시에 지구 자원의 재활용은 바야흐로 한계를 넘어섰다. 이처럼 자본과 정보만이 국경을 초월하여 이동하는 것이 아니라 환경 문제 또한 마찬가지다. 지금까지의 역사 서술은 환경을 무시한 채 인간 활동의 주체성만을 강조했다. 인간의 행위에 대한 탐구라는 표방에 치우쳐 정작 그 활동 무대인 자연과의 관계는 소홀히 다룬 것이다. 환경과 인간 활동의 상호 작용과 환경의 중요성을 지금까지보다 더욱 깊게 생각해야 할 시기가 도래했다. 환경 변화는 현재 우리가 일상생활에서 느낄 수 있는 현실성 있는 문제일 뿐 아니라 장기간에 걸쳐 형성된 '시간의 집적'이라는 측면에서 매우 훌륭한 역사학의 주제가 될 수 있을 것이다. 게다가 그 어떤 분야 못지않게 학제 간 연구가 필수적으로 요구되는 분야라는 점도 앞으로 환경사 연구가 중요한 주제로 부각될 수 있는 중요한 요인이라고 할 수 있다. 환경사 연구의 중요성에 비하여 한국의 동양사 학계에서는 이에 대한 연구가 최근에야 본격적으로 시작되었는데, 그것은 그만큼 한국의 동양사 학계가 새로운 학문과 방법론적 기초에 무관심하다는 것을 보여주는 대표적인 사례라 할 수 있다. 이 분야를 최초로 개척한 연구자로는 정철웅·최덕경을 꼽을 수 있다. 최근에는 이들의 연구 성과에 영향을 받은 대학원생들이 논문을 발표하면서 어느덧 환경사는 한국 중국사 학계의 대표적인 연구 분야가 되었다.

최덕경의 〈중국 고대 민간의 생태 인식과 환경 보호—진·한대의 '일서(日書)'를 중심으로〉는 길흉화복을 추단하는 고대의 점험서(占驗書)인 《일서》 속에 남아 있는 다양한 습속 중 산택(山澤)의 생태 환경에 대한 민간의 인식을 살펴보고 있다.

김문기의 〈17세기 강남의 소빙기 기후〉에서는 문헌 자료에 대한 분석을 통해 소빙기의 여러 현상과 연대별 기후 변동의 특징을 살펴봄으로써 17세기 강남의 기후 변동에 대한 구체적인 모습을 형상화하고, 강남의 기후 변동의 양상이 세계적인 소빙기 현상과는 어떤 관련이 있는지 살펴보고자 한다.

김홍길의 〈명대의 궁궐 목재 조달과 삼림 환경〉은 이전에 삼림이 있었던 지역들을 추정하고 삼림이 소멸한 원인을 추적해가는 접근만이 아니라 삼림 소멸 문제를 당시의 정치 및 사회 경제 구조와 관련하여 분석적으로 파악하고자, 명대에 궁전의 건축을 위하여 대량의 목재를 사천 등지에서 벌채한 것에 관한 구체적인 상황과 이것이 삼림 환경에 끼친 영향을 살펴보고자 한다.

정철웅의 〈청대 호북성 서부와 섬서성 남부 환경 변화의 비교 연구〉에서는 청대 호북성 서부와 섬서성 남부 지역의 개발 및 그것이 환경에 미친 영향을 비교하고 있고, 청대 목재 생산과 소비, 개발과 삼림 파괴, 그리고 개발에 대한 인식과 보호 실태를 분석한다.

제4부 도시와 문명

인류의 문명은 도시에서 발생했다. 도시는 문명의 탄생만이 아니라 문명 발달의 온상으로 문명을 확산시키고 또 변화시키는 견인차이기도 하다. 따라서 도시사 연구를 통하여 문명 변천을 더욱 선명하게 확인할 수 있으며 또한 인류 역사를 더욱 구체적으로 조망해 볼 수 있다. 뿐만 아니라 도시 구조, 주민 구성, 도시 발달의 사회 경제적 배경이나 도시 공간의 확대와 기능 분화, 그리고 도시 문화의 전개, 이념적 지향 등에 대한 연구와 분석은 도시사 연구와 이해에 매우 중요한 부분이며 나아가 도시 빈민 문제, 도시 경제 범죄 급등 등의 도시 문제 발생에 관한 해석까지도 가능하게 한다. 더욱 현재 동아시아는 인류 역사상 유례를 찾아볼 수 없을 만큼 비약적인 경제 성장을 거듭하고 있는 중이다. 중국을 비롯한 한국, 일본, 대만, 베트남 등 동남아 각국이 포함되는 동아시아는 이제 세계 어느 지역보다도 규모가 큰 새로운 경제 블록으로 등장하고 있는데, 여기에 동아시아의 여러 도시들이 네트워크를 형성하고 있다. 그런 가운데 오늘날 지구 전체를 대상으로 한 시장망의 형성이 도시의 계층화를 유도하여 특정 도시로만 인구나 물품, 금, 정보, 문화가 집중되는 심각한 현상이 발생하고 있다. 즉 도시화 경향이 점점 빨라지고 있는 가운데 도시 자체도 점차 양극화 경향을 보이기 시작하고 있는 것이다. 도시는 당시 사회 질서의 극적인 표현으로 문명 그 자체를 상징한다. 이런 이유로 도시에 대한 연구는 최근에 부각된 환경사 연구와 달리 일찍부터 중국사 학계의 중요한 연구 주제였다. 동양사학회는 1997년 전국 역사학 대회를 주관하면서 공동 주제를 '역사와 도시'로 정함으로써 도시사 연구의 중요성을 국내 학계에 일깨운 바 있다. 이어 2001년 1월 서울대학교 동아문화연구소 주최로 '중국 도시 구조와 사회 변화'라는 주제의 국제 학술 대회가 개최되었다. 여기서는 국내외 학자 9명이 한대(漢代)부터 민국(民國) 시대까지의 각 도시에 대해 여러 각도에서 심도 있는 논의를 했으며, 그 성과물은 2003년《중국 역대 도시 구조와 사회 변화》라는 책으로 출간되었다. 이 책에는 한대의 장안, 육조(六朝)의 건강(建康), 당대의 낙양(洛陽), 송대의 개봉(開封), 명대의 북경, 명청 시대의 소주(蘇州), 청대의 불산진, 민국 시대의 상해(上海) 등이 망라되었다.

또한 중국사학회에서 2005년에 '도시를 통해 본 중국사'를 주제로, 2006년에는 '중국의 개항장과 동아시아 문물 교류'를 주제로 국제 학술 대회를 개최하여 도시사 연구가 중국사 연구에서 매우 큰 비중을 차지한다는 사실을 재확인시켜주었다.

고대 국가는 지방 거점 도시인 현성(縣城)을 중심으로 황제 지배 체제가 관철되는데, 김병준은 〈한대 취락 분포의 변화─무덤과 현성의 거리 분석〉에서 현(縣) 내의 거주 공간의 위치에 따라 율령 지배의 실시 방식에도 차이가 있었을 것이라는 전제하에 국가 권력의 취락에의 침투를 살펴보고 있다.

수도의 위치 설정을 문제 삼은 박한제의 논문 〈위진남북조 시대 각 왕조의 수도의 선정과 그 의미─낙양(洛陽)과 업도(鄴都)〉에서는 위진남북조 시대 각 왕조의 수도의 위치를 선정하는 과정에서 고려된 여러 사항들을 살펴보고 그것이 어떤 의미를 갖는가를 검토하고 있다. 그는 이 논문에서 수도 선정의 공간 구성과 왕도의 변천을 문제 삼고 있다.

중국의 공간 구성과 관련하여 당대 장안의 입지의 특성은 유목 민족과 농경민족과의 경계 지역에 자리 잡고 있다는 점이라고 할 수 있는데, 최재영의 〈당 장안성의 살보부(薩寶府)의 역할과 위치─당조의 돌궐 대책과 관련하여〉에서는 장안의 이러한 특성으로 인하여 필연적으로 발생하는 유목 민족과 농경민족의 활발한 교류와 그에 따른 관리의 필요성에 의해 설치된 살보부의 역할과 그 위치를 문제 삼고 있다. 비록 특정 집단인 소그드인의 통제와 관리에 있어 장안이 어떠한 역할을 했는지를 그리고 있지만, 중국 전통 도시가 특정 집단의 관리와 나아가 당대 국제 정세의 주도에 있어서도 중요한 역할을 했음을 보여주고 있다.

중국의 전통적 도시는 군사적, 정치적 목적을 위해 만들어진 것이었다. 폐쇄적 구조의 정점을 이루는 도시가 당나라 수도 장안이었다면, 명청 시대에 도시는 정치적인 기능은 물론이고 오락, 자선, 사교, 종교와 상업 등의 활동이 총체적으로 이루어졌던 곳이다. 이윤석은 〈명청 시대 강남 도시 사관(寺觀)의 구조 변화와 지역 사회〉에서 다채로워진 명청 시대의 도시의 특징을 강남의 각 시진의 특정 사묘에 대한 사례 연구를 통해 사관의 구조 변화를 지역 사회와 관련하여 이해하고자 한다.

근대 이후 서구에 의해 개항된 근대적 도시의 성격은 그 이전의 도시와 그 성격을 완전히 달리한다. 이병인의 논문 〈상해 '도시민'의 형성—이주, 적응, 그리고 생존〉에서는 근대 이후 중국 도시의 도시민들은 어떻게 형성되었으며 또 도시민으로서의 정체성을 어떻게 지니게 되었을까 하는 문제를 집중적으로 탐구하고 있다.

이상에서 간단히 밝힌 것처럼 이 책은 '중앙과 지방', '가족과 여성', '환경과 기후', '도시와 문명'이라는 네 가지 주제로 구성되어 있다. '중앙과 지방', '도시와 문명'은 대체로 오랜 연구 분야로 비교적 선배 학자들이나 기왕의 해외 연구자들이 제기한 주제를 오랫동안 천착하면서 일궈낸 성과라고 할 수 있다. 이에 비하여 '가족과 여성', '환경과 기후'는 위의 두 주제에 비하여 비교적 새로운 전공 분야를 개척한 성과라 평가할 수 있다. 특히 '환경과 기후' 연구는 새로운 이론과 방법론을 도입한 것이라는 측면에서 그 선구적 역할이 두드러진다. 이태진의 지적처럼[이태진, 〈외계 충격 대재난설과 새로운 역사 해석〉, 《역사 속의 재난과 인간의 대응》(부산경남사학회, 2006)] 20세기 역사학은 '인간이 있는 역사'를 표방하여 많은 성과를 거두었지만, 인간의 행위에 대한 탐구에만 치우쳐 정작 그 활동무대인 자연과의 관계는 소홀히 다루었다는 점에서 반성해야 한다. 역사학이 환경 조건인 자연에 대한 배려가 부족했다는 것이 큰 문제였다는 점에서 이 책에서 '환경과 기후'를 중국사의 새로운 주요한 전공 분야로 부각시켰다고 자평하고 싶다. 지금까지 각 주제별 연구 논문을 정리하면서 외국사라는 한계 속에서도 2000년대 이후 질적으로나 방법론상으로나 그 연구 수준이 국제적으로 높아졌음을 확인할 수 있다. 한국어가 널리 통용되지 않는 언어상의 한계만 극복한다면 외국 연구자들이 눈여겨봐야 할 논문들이 상당수 존재한다고 생각한다.

2007년 6월
편집위원 임병덕 · 정철웅

제1부

중앙과 지방

'중앙과 지방'이라는 주제는 중국사뿐 아니라 다른 분야에서도 주요한 연구 대상이기 때문에 이에 대한 많은 논문들이 발표되었다. 그러나 2000년 이후 발표된 논문의 경우 고대사 분야는 전통적인 주제라고 할 수 있는 이른바 군현 지배 체제를 다룬 논문들이 다수를 차지하고 있다. 이 주제에 관한 연구는 초기에 특히 일본 학자들의 영향을 많이 받았음을 부인할 수 없을 것이다. 다만 최근에 이르러 국내 학자들도 다양한 출토 사료의 접근을 통해 독자적인 주장을 전개하고 있다.

진의 통일 이후 중국 사회가 2,000년 이상 황제를 정점으로 하는 정치 체제를 유지했다는 점에서 국가의 통치 방법과 지배 원리는 매우 중요한 주제라고 할 수 있다. 특히 왕조 흥망을 별도로 한다면 황제 지배 체제가 그토록 단일하게 유지되었다는 사실 자체는 거의 수수께끼에 가까울 정도이다. 그러나 황제 지배 체제는 각 시대마다 다른 특징을 가지며 그 운용이나 상징도 변화할 수밖에 없었다.

임병덕의 〈출토 문헌과 한(漢) 문제(文帝)의 형제(刑制) 개혁〉과 김경호의 〈한대(漢代) 변군(邊郡) 지배의 보편적 원리와 지역적 차이〉는 중국 고대사에서 중요하게 논의되어왔던 군현 지배 체제의 강화 혹은 확립과 깊은 관련이 있는 논문이라고 할 수 있다. 먼저 임병덕의 논문은 진한(秦漢) 시대에 발견되는 노역형도(勞役刑徒)의 예를 들어 한 문제 시기 형제 개혁의 의의를 밝히고 있는 논문이다. 이 논문에서 주로 다루고 있는 문제는 형도의 형기(刑期)를 둘러싼 종전의 논의가 지닌 문제점과 함께 전체적으로 진한대에 적절한 노동력 분배를 위하여 관유(官有) 노동력을 어떻게 활용 또는 분배했는지를 밝히고 있다.

주목할 만한 것은 현(縣)-군(郡)-중앙 정부로 이어지면서 필요할 때마다 유기적인 관리 체계에 의해서 노역형도의 분배가 이루어졌다고 강조하고 있는 점이다. 필자는 이런 연구 과정을 통해서 의미 있는 시사점을 던져주고 있는데, 우선 한 문제에 의해 단행된 형제의 개혁은 당시 사회 경제적 변화로 중앙 정부가 주도했던 노동력 공급 체계가 마비되고 그에 따라 정부 소유의 노동력이 과잉 상태가 되었다고 지적한다. 즉 한 문제의 개혁은 현실적 필요성에 의해 행해진 것이지 흔히 말하는 그의 인덕(仁德)과는 아무런 관계가 없다는 것이다.

그는 이 논문에서 군현 지배 체제가 작동되었던 시기의 노동력 분배 과정과 그 변화 과정을 살펴보고자 했지만, 노동력 배분이라는 문제를 단지 제도적 틀 안에서만 다룬 점은 아쉬운 대목이라고 할 수 있다. 이는 현재 불과 0.1%만 공개된《이야진간(里耶秦簡)》이 전면적으로 공개되고 한 문제와 한 경제(景帝) 시기의 것으로 언급되는 장가산(張家山) 336호(號) 묘(墓) 출토 간독(簡牘)이 공개되면 그 상세한 실태가 밝혀지리라 생각한다. 새로운 출토 자료의 공개와 함께 진대와 한대, 그리고 진한 교체기의 중앙과 지방과의 관계를 포함하여 국가적 노동력 편성의 변화, 그리고 한 문제 시대의 이해에 한 걸음 더 가까이 다가설 수 있기를 기대한다.

전혀 다른 주제를 다루고 있는 김경호의 논문 역시 크게 보면, 이상과 현실 사이의 괴리, 혹은 천하관에 내재되어 있는 실상을 좀 더 적극적으로 규명하고 있는 논문이라고 하겠다. 필자는 변군과 관련된 논의를 선개하면서 내군(內郡)과는 다른 변군의 특수성을 언급하고 있다. 즉 한 제국이 화(華)와 이(夷)를 분리하여 자신과는 별도의 세계로 치부한 이를 통합하는 과정에서 내군과는 다른 방식으로 통치할 수밖에 없게 되어 내군과 변군의 제도적 차이가 생겨났다는 것이다. 이어 그는 한 제국의 무리한 이민족 통합 정책 결과 발생한 부작용 때문에 후한 말부터 이민족의 이탈이 나타났다고 한다.

김경호의 연구는 현재 변경 지역에서 벌어지고 있는 영토 문제에 대한 문제의 식과도 연결되어 있는데, '중국 중심의 동아시아 질서'가 구축된 한대의 경우 사이(四夷) 지역에서 실시된 군현 지배는 곧 주변 민족을 강제적으로 한의 통치 질서로 편입시키는 것을 의미한다고 언급하고 있다. 그러나 이러한 과정에서 중요한 것은 정치적 의미 이상의 '통일 제국'이 가져다줄 수 있는 현실적인 이해관계였다. 필자가 지적하듯이 '전근대 동아시아 질서'란 군현 또는 책봉이라는 '빈집'에서 각국의 이상을 추구한 것이라고 본다면 황제를 정점으로 한 정치 체제를 지나치게 중국 중심으로 생각했다는 반성이 제기되어야 할 것이다.

중국 중심의 천하관이 현실의 적용에서 얼마든지 변용이 가능했던 것처럼 황제 정치의 최고 수준을 구가했다고 할 수 있는 명청 시대에도 각 지역에서의 권력 운용 역시 많은 굴곡이 있었음을 확인할 수 있다. 이런 점에서 오금성의 〈국법과 사회 관행—명대의 '관신우면칙례(官紳優免則例)'를 중심으로〉에서 밝히고 있는 신사의 부역 면책권에 관한 연구는 매우 흥미롭다. 결론을 먼저 말한다면 필자는 명대의 법 규정과는 상관없이 16세기 초에 이르면 우면권의 남발이 지역 사회에서 광범위하게 자행되었음을 밝히고 있다.

필자의 연구에 의하면 명 초부터 15세기 말까지 '재직 중인 중앙관'에게만 요역 면제가 인정되었다. 그러나 지역 사회에서는 지방관과 서리의 묵인하에 중앙의 관리뿐 아니라 지방관과 퇴임 관리까지도 우면을 받았으며, 이를 계기로 규정 이상의 요역 면제가 자행되었다. 또한 16세기에 이르면 신사층의 요역 면제와, 일부 지주들이 세역 부담을 피하기 위해 신사층에게 재산을 의탁하는 경우가 많았음에도 불구하고 신사층에 대한 요역 면제권이 더욱 확대되었다. 그러한 경향은 신사층 요역 면제에 관한 법령이 강화된 가정(嘉靖) 24년(1545) 이후에도 여전했다. 많은 문제점에도 불구하고 명 왕조가 이처럼 요역 면제권을 인정할 수밖에 없었던 이유는 신사층의 영향력 증대, 퇴직 관리의 위상 증대, 국법과 지역 사회의 관행 사이의 괴리 때문이었다.

청대에도 그러한 경향은 개선되지 않아 옹정제(雍正帝)는 즉위 즉시 신사의 특권을 적극 삭감하려 하여, 각 성(省) 독무(督撫)에게 3년 기한으로 미납 세금을 완납토록 명령했다. 옹정 6년(1728) 12월에는 엄격한 청사(淸査)를 명령했으며, 옹정 8년(1730)에는 심복 전문경(田文鏡)과 이위(李衛)가 황제의 명령을 받아 제정한 '흠반주현사의(欽頒州縣事宜)'를 반포했다. 결국 청조에서도 신사에 대한 일련의 강압 정책이 시행되었음에도 불구하고, 신사는 여전히 막강한 영향력을 행사하며 자신의 존재와 특권을 주장했던 셈이다.

오금성의 논문에서 확인할 수 있듯이 중앙 권력이 지방 혹은 지역 사회의 유력자를 통치하는 것은 용이한 일이 아니었으며, 각 지역에 대한 현실적인 고려와 지역의 특수성, 나아가서는 그럴듯한 타협의 명분을 찾아내지 않으면 안 되었다. 원정식의 〈청 초 복건 사회와 천계령(遷界令) 실시〉는 전쟁이라는 매우 긴박한 상황에서 청조가 반란의 중심 세력이 존재하고 있었던 지역을 어떻게 처리했는지를 밝히는 논문이다.

천계령이란 청 초 동남 해안 지역의 주민들을 내륙으로 강제 이주시킨 것을 말하는데, 이 논문은 천계령이 단지 반청 세력을 일소하기 위한 주요한 정책이었다기보다는 천계령의 주요 대상 지역이었던 복건의 지역 사회에 주목하고 있다. 이를테면 천계령을 통해 청조가 섬멸하고자 했던 정성공(鄭成功)이 이끄는 무리는 복건의 천주(泉州)와 장주(漳州) 일대를 핵심적 지역 기반으로 삼은 반청 해상 세력이었으며, 천계령 실시를 요구한 황오(黃梧), 시랑(施琅), 방성화(房星華) 형제 등이 모두 복건 지역 출신이거나 지방관이었으며 정성공과도 밀접한 관련이 있던 인물이었다는 점, 청 초 복건은 다른 어떤 시기와 지역보다도 다양한 세력이 등장하고 동란이 지속되었으므로 복건의 안정 없이는 청조의 중국 지배도 완성되기 어려웠다는 점에 주목한다.

천계령을 반청 세력의 섬멸이라는 전국적 차원의 정책으로 접근한다면 그 실시 과정의 구체적 실상이나 청조 중앙의 정책 결정 과정에서의 지역 사회의 중요성 등을 간과할 우려가 있다고 보고, 지역 사회의 변화 나아가 복건 반청 세력의 내부적 변화를 청조 중앙과 관련지어 분석하여 정책의 실제 과정과 의미를 규명할 수 있다는 것이다.

앞에서 언급한 논문들 모두가 국가의 지배 체제와 관련된 것들이라고 한다면 임상범의 〈근대 중국에서의 범죄학 성립과 범죄―형법, 범죄학의 도입과 북경 주민의 대응〉은 근대 이후 중국 정부의 권력 행사에 대해 개인이나 집단 등이 어떻게 반응했는지를 알아볼 수 있는 논문이라고 할 수 있다. 이 논문은 국민 국가와 근대 사회 건설을 위한 국가와 엘리트의 노력이 지나치게 강조된 결과, 오히려 근대 사회 건설에 대한 저항을 범죄로 간주했던 국가 권력과 엘리트의 역할이 지나치게 강조된 것이 아닌가 하는 의문을 제기한다.

'중앙과 지방'은 매우 광범위하고 다양한 논의가 가능한 주제임에도 불구하고 이 다섯 편의 논문은 중국의 전통적인 정치 구조가 지니고 있는 구체성과 한계를 잘 보여주고 있다. 하지만 고대 시기를 다룬 논문에서 확인할 수 있듯이 그 구체적 규정에도 불구하고 법률 규정과 현실 사이에는 괴리가 있을 수밖에 없다. 앞서 지적한 것처럼 중국 고대의 경우 군현 지배 체제의 실상이 앞으로 본격적으로 공개될 출토 자료와 함께 좀 더 정치하게 다뤄질 것으로 기대된다. 특히 지금까지는 중앙에서 지방을 지배한 지배 방식에 대한 연구가 대부분이었다면 앞으로는 지역의 시각에서 중앙을 바라보는 연구가 절실하다고 하겠다.

출토 문헌과 한(漢) 문제(文帝)의 형제(刑制) 개혁*

임 병 덕**

1. 진·한 노역형도에 대한 새로운 문제 제기

1970년대 중반에 공개된 《운몽진간(雲夢秦簡)》을 통해 우리는 진(秦)대의 관(官)·사(私) 노비의 성격에 대해 적지 않은 새로운 사실을 알게 되었다.[1] 《운몽진간》에 근거한 연구는 대체로 1970년대 후반부터 시작되어 1990년대까지 활발하게 진행되었는데, 《운몽진간》에 의한 거의 모든 영역의 연구가 그러하듯이 언뜻 불분명해 보이는 점도 적지 않고 그렇다 보니 상당 부분을 추론에 의존하는 경향

---

* 이 글은 2006년 8월에 〈진·한 교체기의 노비〉라는 제목으로 《중국 고중세사 연구》 제16집에 실린 논문의 일부를 대폭 수정·보완한 것이다.

** 충북대 역사교육과를 졸업하고 성균관대에서 박사 학위를 취득했으며 현재 충북대 사학과 교수로 재직 중이다. 2003년도에는 교토대학 인문과학연구소에 초빙교수로 있으면서 이 연구소에서 도미야 이타루(冨谷至) 교수가 주관한 《강릉장가산 247호 묘 출토 한 율령의 연구(江陵張家山二四七號墓出土漢律令研究)》에 대한 주석 작업에 참여했다. 현재 도미야 이타루 교수가 주관하는 '동아시아의 의례와 형벌(東アジアにおける儀禮と刑罰)'의 공동 연구에 참여하고 있다. 역서로는 《중국사상사》,《유골의 증언—고대중국의 형벌》,《중국법률사상사》,《목간·죽간으로 본 중국고대문화사》 등이 있고, 논문으로는 〈위진남북조의 양천제〉,〈중국 고대·중세의 육형과 곤형〉,〈진·한의 작제와 형벌감면〉,〈진·한 교체기의 노비〉,〈중국고대중세법과 한국중세법이 말하는 여성〉 등이 있다.

1) 이 글에서 《운몽진간(雲夢秦簡)》은 睡虎地秦墓竹簡整理小組,《睡虎地秦墓竹簡》(北京：文物出版社, 1978)에 의거한다. 이하 이 책에서 인용할 경우 그 출처는 《雲夢秦簡》으로 줄여서 쓴다.

이 있었다. 그러나 주로 21세기에 들어와 공개된 새로운 출토 문서는《운몽진간》의 한계를 크게 보완할 수 있는 가능성을 보이고 있다. 출토 문서 가운데 법률관계의 간독(簡牘)으로 주목을 모은 것은 1983년부터 1988년에 걸쳐서 호북성(湖北省) 강릉장가산한묘(江陵張家山漢墓)라는 무덤군(群)에서 발견된《장가산한간(張家山漢簡)》이라 할 수 있다.《장가산한간》에서는 한(漢)대 초기의 율(律)인《이년율령(二年律令)》과 재판 관계 문서인《주얼서(奏讞書)》가 발견되었다.[2] 이 가운데 247호 묘에서 출토된 1,236매(枚)〔잔편(殘片) 불포함〕의 죽간(竹簡)은《운몽수호지진간(雲夢睡虎地秦簡)》발굴 이후 죽간 발굴 사상 최대의 성과로 평가받을 만큼 중국 고대사 연구의 주요 자료로 인정되고 있다.

한편, 2002년 6월에 호남성(湖南省) 용산현(龍山縣) 이야진(里耶鎭) 전국고성유지(戰國古城遺址) 1호 정(井)에서 다량의 진간(秦簡)이 발견되었고 간독 일부가 공개되었는데,[3] 여기에도 진(秦)·한(漢)대의 형도(刑徒)와 관련된 매우 흥미로운 내용들이 포함돼 있다. 츄시구이(裘錫圭), 이성규, 차오뤼닝(曹旅寧)은《운몽진간》에서 노예주가 자기 노예를 관부(官府)에 팔 경우의 조항과 관련해, 원래 노예를 살 때 관부로부터 사들였기 때문에 노예주는 자신에게서 그 노예를 되사주기를 관부에 요구할 수 있었다는 가설을 제시했다.[4]《이야진간(里耶秦簡)》에는 이러한

---

2) 이 글에서《이년율령(二年律令)》과《주얼서(奏讞書)》는 張家山二四七號漢墓竹簡整理小組,《張家山漢墓竹簡(二四七號墓)(釋文修訂本)》(北京 : 文物出版社, 2006)에 의거한다. 이하 이 책에서 인용할 경우 그 출처는《二年律令》과《奏讞書》로 약칭하고, 각각 간(簡)의 번호와 안례(案例)의 번호를 명기한다.

3) 湖南省文物考古研究所·湘西土家族苗族自治州文物處·龍山縣文物管理所,〈湖南龍山里耶戰國—秦代古城一號井發掘簡報〉,《文物》(2003. 1) ; 湖南省文物考古研究所·湘西土家族苗族自治州文物處,〈湘西里耶秦代簡牘選釋〉,《中國歷史文物》(2003년 1기).

4) 츄시구이(裘錫圭)가 1981년에 이 견해를 처음 발표했는데, 그는 1981년에 발표한〈戰國時代社會性質試探〉을 1992년에《古代文史新探》에 수록하였다〔裘錫圭,〈戰國時代社會性質試探〉,《古代文史新探》(南京 : 江蘇古籍出版社, 1992), 339~394쪽〕. 차오뤼닝(曹旅寧)은 츄시구이의 이 견해를 비교적 자세히 소개했고〔曹旅寧,〈從里耶秦簡看秦的法律制度〉,《秦文化論叢》11輯(西安 : 三秦出版社, 2004), 277~278쪽〕, 최근에는《주얼서》,《이년율령》의 관련 조항과 연관시켜 츄시구이의 견해의 타당성을 적극적으로 평가했다〔曹旅寧,〈張家山漢簡《亡律》考〉,《張家山漢律研究》(北京 : 中華書局, 2005), 151쪽〕. 이성규 또한 단정적인 것은 아니지만, 1986년 츄시구이와 유사한 맥락의 견해를 표명했다〔이성규,〈秦의 身分秩序 構造〉,《東洋史學研究》23(1986), 63쪽〕.

가설을 입증할 수 있는 획기적인 내용이 포함되어 있다. 이 자료에 근거해서 나는 진·한의 노역형(勞役刑) 형도의 성격과 한(漢) 문제(文帝) 13년(기원전 167년)에 단행된 형제(刑制) 개혁의 역사적 의미를 재고할 필요를 느끼게 되었다. 《이년율령》이 공개된 후, 이러한 주제와 관련된 글은 인터넷에 공개돼 있는 발표문까지 포함해 지금까지 거의 300편 넘게 발표되었다. 특히 최근에 발표된 몇 편의 논고는 한 문제의 형제 개혁과 관련해 주목할 만한 새로운 내용을 담고 있다. 이 글에서는 최근의 이 연구 성과들을 중심으로 한 문제의 형제 개혁이 지닌 역사적 의미를 고찰해보겠다.

2. 출토 사료와 진·한 법제사 연구

(1) 《이년율령》 발표 이전의 연구

주지하듯이 《운몽진간》 이후 크게 논쟁이 된 것은 진 형도의 무기설(無期說)과 유기설(有期說)의 대립이었다. 이 논쟁은 1977년에 가오형(高恒)이 발표한 견해에서 시작되었다. 가오형은 진의 형도, 나아가 한 문제 형제 개혁 이전까지의 형도에게는 형기(刑期)가 존재하지 않았다고 주장했는데, 이는 《운몽진간》 연구사에 있어서 가장 획기적인 견해였다.[5] 이후 '진·한 형도 무기설=관노비설'은 위하오량(于豪亮), 우수핑(吳樹平), 리위민(李裕民), 탕짠궁(唐贊功), 쉬홍슈(徐鴻修), 리진(栗勁)·훠춘푸(霍存福), 장진광(張金光) 등에 의해 거의 완벽하게 정리되었다.[6] 장진광 이후에 논의된 '진·한 형도 무기설'과 '관노비설'은 내가 보기에 각기 다른 사료에 의한 분석이라기보다는 비슷한 사료의 반복 내지 강조, 혹은 약간의

---

5) 高恒, 〈秦律中'隷臣妾'問題的探討—兼批四人帮的法家'愛人民'的謬論〉, 《文物》 77-7(1977)〔高恒, 《秦漢法制論考》(福建 : 厦門大學出版社, 1994)에 재수록〕.

6) 장진광(張金光)을 제외하고는 출전을 생략한다. 張金光, 〈關于秦刑徒的幾個問題〉, 《中華文史論叢》 85-1(1985). 張金光, 〈刑徒制度〉, 《秦制研究》(上海 : 上海古籍出版社, 2004)에 정리되어 있다.

해석 차이에 지나지 않는다. 장진광이 진·한 형도 무기설=관노비설을 종합적으로 정리해 발표한 것이 1985년이었는데, 이는《운몽진간》이 공개된 지 10년이 된 시점이었고 중국과 일본의《운몽진간》연구가 거의 소강상태에 이른 시기였다.[7] 진·한 형도 무기설 내지 관노비설과 관련된 학설 수용 양상을 요약하면, 중국에서는 무기형설이 유기형설보다 유력했고, 일본에서는 와카에 겐조(若江賢三)[8]를 제외하고는 사실상 거의 모든 학자가 무기형설, 즉 관노비설의 입장을 취했다고 볼 수 있다.[9] 한국에서도 무기형설이 대세였다고 해도 과언이 아니다.[10] 그러나 나는 지금까지 줄곧 한 문제 이전의 노역형도(勞役刑徒)에게 형기가 있었을 것이라고 생각해왔다. 이것이 중대한 오류였음을 시인한다. 그렇다면 진·한 노역형 무기형설을 주장한 논자들의 견해는 모두 정확했을까? 결코 그렇다고 단정할 수 없다고 본다. 먼저,《이년율령》공개 이전에 무기형설을 주장했던 논자들은 진·한 시

---

7) 호리 시요시(堀毅)에 의하면《운몽진간》연구물은《운몽진간》이 공개된 1975년에 42편이 발표되었고, 1977년과 1978년에 약간 감소했다가 1979년, 1980년, 1981년에 꾸준히 증가해 1982년에 102편으로 정점을 이루었으며, 이후 급속히 감소해 1987년에는 겨우 15편이 발표되는 데 그쳤다[堀毅,《秦漢法制論考》(北京 : 法律出版社, 1988), 419쪽]. 진의 형도에 관한 한국에서의 연구는 중국과 일본에서의 연구가 사실상 종식된 시기에 시작되었다고 볼 수 있다.

8) 若江賢三,〈秦律における勞役刑の刑期再論(上)〉,《愛媛大學法文學部論集》25(1992) ; 若江賢三,〈秦律における勞役刑の刑期再論(下)〉,《愛媛大學法文學部論集》27(1994).

9) 예컨대 교토(京都)대학 인문과학연구소가 펴낸《이년율령》역주(譯註)도 모두 형도 무기설의 관점에서 해석되었다[三國時代出土文字資料の研究班,〈江陵張家山漢墓出土《二年律令》譯注稿その(一, 二, 三)〉,《東方學報》76·77·78(京都 : 京都大學人文科學研究所, 2004·2005·2006) ; 冨谷至 編,《江陵張家山二四七號墓出土漢律令の研究》(京都 : 朋友書店, 2006)]. 모미야마 아키라(籾山明)의 신분형설(身分刑說)이나 도미야 이타루(冨谷至)가 제창한 부정기형설(不定期刑說)도 기본적으로는 모두 무기형도설=관노비설의 입장을 취하고 있다. 籾山明,〈秦の隷屬身分とその起源〉,《史林》65-2(1982) ; 冨谷至,〈秦漢の勞役刑〉,《東方學報》55(1983) ; 冨谷至,〈ふたつの刑徒集團─秦∼後漢の刑役と刑期〉,《中國貴族制社會の研究》(京都 : 京都大學人文科學研究所, 1987)]. 진·한 노역형 무기설(관노비설)은 이후 호리 도시카쥬(堀敏一)에 의해서 잘 정리되었는데, 이 역시 특별한 의견을 제시한 것은 아니었다[堀敏一,〈雲夢秦簡にみえる奴隷身分〉,《中國古代身分制─良と賤》(東京 : 汲古書院, 1987)]. 노역형도(勞役刑徒) 가운데 특히 귀신백찬(鬼薪白粲)의 특수성을 설득력 있게 설명한 미야케 키요시(宮宅潔)도 기본적으로는 노역형 무기설의 입장에 서 있다[宮宅潔,〈秦漢時代の爵と刑罰〉,《東洋史研究》58-4(2000)].

10) 중국과 일본에서 진·한 노역형 무기설이 대세가 되었을 무렵 한국에서도 이에 대한 논문이 발표되었는데, 나를 제외하고 임중혁, 이성규, 최덕경 등은 모두 진·한 노역형 무기설 내지 관노비설의 입장을 취했다. 이에 대해 별도로 논하는 것을 생략한다.

대에는 형기가 존재하지 않았고 형기라는 개념이 한 문제 13년에 와서야 비로소 생긴 것처럼 언급했지만——적어도 한 문제 이전에는 형기가 있다는 사실을 명백히 언급한 사례나 형기를 인정한 사례를 찾을 수 없다는 점에서——, 공개된 《이년율령》에는 수변형(戍邊刑)에 형기가 분명히 적시되어 있다. 예컨대 '수변이세(戍邊二歲)' 형이 바로 그것이다.[11] '수변이세' 형 외에 '수변사세(戍邊四歲)' 형 등도 등장한다.[12] 《운몽진간》에 '수이세(戍二歲)'[13]가 나오는 것으로 보아 진의 형벌에도 한의 규정과 마찬가지로 '수변이세' 형이나 '수변사세' 형과 같은 유기형도(有期刑徒)가 존재했을 것이다. '수변이세'는 축성(築城)과 수성(修城)의 강제 노동에 2년 혹은 4년간 종사해야 하는 형벌을 의미하며, 명확히 유기형도라 할 수 있다.[14] 또한 《이야진간》에는 자여전(貲餘錢) 8,064전, 1,728전, 벌금 2,688전, 11,271전 등의 말이 나오는데, 이 또한 일정한 형기가 정해져 있었음을 우회적으로 알려준다.[15] 자여전은 벌금의 미납 부분을 의미하는데,[16] 《이야진간》에는 자여전 8,064전을 미납한 자에게 미납분을 노역으로 대신 채우도록 조치하는 내용이 나온다. 주지하듯이 《운몽진간》에 의하면 노역으로 채무나 벌금 등을 대신할 경우 하루 8전으로 계산했다.[17] 벌금 11,271전을 납부해야 하는 사람이 가난해서 벌금을 납부할 수 없을 경우 노역으로 대신해야 하는데, 하루 8전으로 계산하면 무려 1,408.875일, 즉 4년이 걸린다. 6전으로 계산하면 5년이 넘는다. 수십 일이 아니

---

11) 《二年律令》, 76 · 141 · 323 · 210簡.

12) 《二年律令》, 96~97簡.

13) 《雲夢秦簡》, 133~134쪽.

14) 邢義田, 〈從張家山漢簡〈二年律令〉論秦漢的刑期問題〉, 《臺大歷史學報》 31(2003) ; 邢義田, 〈從張家山漢簡〈二年律令〉重論秦漢的刑期問題〉, 《臺大歷史學報》 36(2005)에서는 무기형도와 유기형도의 병존을 거론하고 있다.

15) 차례대로 《里耶秦簡》 (9)1 正, (9)3 正, (9)6 正, (9)7 正(湖南省文物考古硏究所 · 湘西土家族苗族自治州文物處, 〈湘西里耶秦代簡牘選釋〉의 분류를 따른 것임).

16) 이에 대한 자세한 내용은 임중혁, 〈秦漢律의 벌금형〉, 《中國古中世史硏究》 15(2006)를 참조하라.

17) 《雲夢秦簡》, 84쪽 : "죄가 있어서 그로 인하여……만약 당사자가 상환하지 못할 경우는 판결일로부터 노역하여 상환하게 되는데, 노역에 대한 계산은 하루 8전으로 한다. 공식(公食)을 지급받는 경우는 하루 6전으로 한다."

라 무려 5년 이상의 노동에 해당하는 자전이 확인되는 것이다. 따라서 벌금형 또한 형기의 개념으로 파악하지 않을 수 없다. 즉, 한 문제의 형제 개혁 이전에도 비록 명칭과 형식은 다르지만 실질적으로는 후대의 유기형도와 똑같은 방식으로 노동력 수탈이 이루어지는 형벌 제도가 운영되었던 것이다. 《이야진간》이나 조배호촌(趙背戶村)의 형도 묘지에 나타나는 와문(瓦文)을 보면, 거자형(居貲刑)이 차지하는 노동력의 비중이 매우 컸던 것으로 보인다. 성단용(城旦舂), 귀신백찬(鬼薪白粲), 예신첩(隸臣妾), 사구(司寇)라는 형도에 의해 충당되는 노동력과 수변형과 거자형이라는 형벌에 의해 충당되는 노동력 중에서 어느 것이 더 큰 비중을 차지했는지는 적어도 현재의 사료만을 가지고는 단정할 수 없다.

또한, 노역형에 형기가 정해져 있었는지 여부를 가리는 것보다 더욱 중요한 것은 노역형도의 공급과 수요의 문제인데, 이 점에서도 진·한 노역형 무기형설을 주장하는 논자들의 견해는 비판받을 측면이 있다. 만약 예신첩, 성단용, 귀신백찬 같은 노역형의 형도가 모두 무기형도이고 관노비였다면, 형기의 종료가 없으므로 관노비의 수가 무제한으로 늘어나게 되는 문제점이 발생했을 것이다. 그리고 만약 한 문제 13년에 어느 날 갑자기 모든 형도가 유기형도로 바뀌었다면 무기형도가 담당하던 노역을 어떻게 대체할 수 있었겠는가? 그렇게 혁명적이고 획기적인 조치가 가능하거나 한 것인가? 이 점과 관련해, 무기형도를 주장하는 논자들은 도미야 이타루(冨谷至)를 제외하고는[18] 모두 무기에서 유기로 바뀌었다는 그 '획기적인 변화', 즉 현상적인 면만을 강조했다. 진·한의 노역형도에게 형기는 없었지만 황제가 주기적으로 사면령을 내렸기 때문에 실제로 형기가 설정된 것이나 다름없었다고 보는 부정기형설(不定期刑說)은 '형도를 통해 얻는 노동력이 대폭 감소했을 것임에도 불구하고 한 문제가 노역형을 유기화(有期化)하는 것이 어떻게 가능했을까' 하는 문제에 대해 고민하고 해답을 찾고자 한, 《이년율령》 공개 이전의 거의 유일한 학설이었다고 평가하고 싶다.

---

18) 冨谷至, 〈ふたつの刑徒墓—秦~後漢の刑役と刑期〉, 576~577쪽.

(2) 출토 사료의 두 유형—율령과 공문서

1970년대 이후 고묘(古墓)에서 출토된 중국 고대 율령으로는 운몽수호지진율(雲夢睡虎地秦律), 운몽룡강진율(雲夢龍崗秦律), 강릉장가산한율(江陵張家山漢律)이 있다. 또한 2003년에는 감숙성(甘肅省) 옥문화매향(玉門花梅鄕)에 있는 4세기 말에 만들어진 서량(西涼)·북량(北涼)의 고묘에서 진율(晋律)이 발견되었다. 이 진율은 그전에 출토된 간독 율령과 달리 일종의 직물에 적혀 있었고, 관 뚜껑에 붙어 있었다. 출토된 법제(法制) 사료를 이용해 진·한 법제사 연구는 비약적으로 발전했지만, 고묘에서 출토된 법제 사료가 얼마나 실상을 묘사하고 있는지에 대해서는 여전히 의문이 남는다. 이러한 간독들이 만약 지하에서 출토된 것이 아니라 지상에 있는 한나라 시대 관서(官署)의 유적지에서 출토된 것이었다면 그것들을 관서에 있었던 실제의 행정·사법 관련 문서 및 기록으로 보아도 무방할 것이다. 그러나 사실 그 간독들은 부장품으로서, 공적인 성격을 띤 것이 아니다. 《이년율령》의 27개 율 가운데는 단 1조의 법규로 이루어진 〈복률(復律)〉도 있다. 〈복률〉은 30조 이상에 이르는 〈적률(賊律)〉과 비교하면 수적으로 차이가 크다. 그러므로 기존의 법령집으로부터 임의로 뽑아낸 것이라고밖에 말할 수 없을 것이다. 도미야 이타루는 법률 문서, 율의 조문, 그리고 율의 주석이 부장된 이유가 지하에서 무덤 임자의 평안을 방해하는 악령, 나쁜 기운을 쫓아내는 '부적용 간(簡)'의 역할을 했기 때문이라고 보고 있다.[19]

한편, 모미야마 아키라(籾山明)는 《운몽진간》에 대해서 그것이 실제로 사용된 문서나 부적이 아니고, 피장자(被葬者)가 생전에 사용했을 참고 서적이었다고 지적하고 있다.[20] 이런 이유로 《운몽진간》에 근거한 진대의 법제에 대한 설명은 《돈황한간(敦煌漢簡)》이나 《거연한간(居延漢簡)》에 근거한 한대의 문서 행정에 대한

---

19) 冨谷至, 〈江陵張家山二四七號墓出土竹簡—とくに《二年律令》に關して—〉, 《木簡研究》 27(2005), 248~249쪽 ; 冨谷至, 〈緒言 —江陵張家山二四七號墓出土漢律について—〉, 《江陵張家山二四七號墓出土漢律令の研究》(京都 : 朋友書店, 2006).

20) 籾山明, 〈雲夢睡虎地秦簡〉, 滋賀秀三 編, 《中國法制史—基本資料の研究》(東京 : 東京大學出版會, 1993).

설명에 비해 상세함이 떨어진다는 것이다.[21] 미야케 키요시(宮宅潔)는 "출토 법제 사료를 이용해 연구를 진행하다 보면 항상 안타까움이 따르는데, 법제 중에 묘사된 국가·사회의 모습은 어디까지나 실상의 밑그림일 뿐 법제대로의 세계가 실제로 전개되었던 것은 아니기 때문이다"라고 지적한다.[22] 구체적인 사례를 들자면, 《이년율령》의 〈호율(戶律)〉에는 토지의 등기나 상속에 관한 상세한 규정이 나와 있고, 특히 작위의 고하에 따라서 전택(田宅)을 지급하는 규정이 나와 있는데, 작(爵)이 없는 자에게도 1경(頃)의 전지(田地)가 지급되는 것으로 되어 있다. 그러나 《장가산한간》과 거의 동시대의 것인 《봉황산한묘출토간(鳳凰山漢墓出土簡)》의 〈정리름부(鄭里廩簿)〉를 보면 호구의 경지 면적이 대부분 50무(畝) 정도라고 되어 있고 심지어 8무인 경우도 나온다. 이 사례를 특수한 경우로 보고 《거연한간》까지 범위를 확대해 살펴봐도 적어도 현재까지는 《이년율령》, 〈호율〉의 그 규정을 입증할 사례는 없고, 그 규정의 실효성 자체도 의심의 여지가 있다는 것이다.[23] 예컨대 위전보(于振波)는 실제로는 전택 지급이 행해지지 않았고 지급 규모로 규정되어 있는 숫자는 각 계층의 사람이 소유할 수 있는 전택의 한도를 보여주는 것에 지나지 않는다고 지적한다.[24] 또 중국 고대 가족 제도에 관한 연구를 심화시켜온 윤재석도 선진(先秦) 시대 이래 형성된 여성에 대한 인식과 현실적인 여성의 활동 양상 및 여성과 관련된 법 규정 사이에는 상당한 괴리가 있음을 지적한다.[25]

이처럼, 운몽수호지진율과 강릉장가산한율의 법제에 묘사된 국가·사회의 모습은 실상의 밑그림일 뿐 법제대로의 세계가 실제로 전개된 것이 아니라는 미야케 키요시의 지적은 매우 경청할 만한 것이다. 또한 이들 문서가 나쁜 기운의 침입을

---

21) 鷹取祐司, 〈漢簡所見文書考―書·檄·記·符〉, 冨谷至 編, 《邊境出土木簡の研究》(京都 : 朋友書店, 2003), 119쪽.

22) 宮宅潔, 〈《二年律令》研究の射程―新出法制史料と前漢文帝期研究の現狀〉, 《史林》 89-1(2006), 71쪽.

23) 宮宅潔, 〈《二年律令》研究の射程―新出法制史料と前漢文帝期研究の現狀〉, 71쪽.

24) 于振波, 〈張家山漢簡中的名田制及其在漢代的實施情況〉, 《中國史研究》(2004년 제1기).

25) 윤재석, 〈中國古代 女性의 社會的 役割과 家內地位〉, 《東洋史學研究》 96(2006).

막으면서 죽은 사람의 넋을 가라앉히는 '벽사(辟邪)', 즉 마귀를 쫓는 부장품으로 기능한 것이었다면, 거기에 적힌 것이 당시의 현행법이라 단정할 수도 없다.

2001년 《이년율령》이 공개된 후 《이년율령》에 관한 연구 논문은 2006년까지 무려 300편이 넘게 나온 것 같다. 진·한 법제사 연구, 아니 진·한사 연구 전체에서 차지하는 비중을 볼 때, 공전절후(空前絶後)의 열풍이었다고 하지 않을 수 없다. 고묘에서 출토된 법제 문서, 특히 최근 활발히 연구되고 있는 《이년율령》은 매우 귀중한 사료이고, 그것의 전모에 대한 연구는 교토대학 인문과학연구소의 주석서 출간을 계기로 이제 정점에 달했다고 생각된다.[26] 고묘 출토의 법제 사료에 묘사된 국가와 사회의 모습은 과연 어느 정도나 실제 세계에 가까운 것일까? 고묘 출토의 법제 자료를 무조건 과거의 현실에 대한 증거 자료로 받아들이고, 또한 무덤이 만들어진 시대와 똑같은 시대의 자료로 받아들여도 되는 것일까? 이런 의문에 대해 이를 실증적으로 답해줄 출토 사료로서 공문서——물론 여기에도 일정한 한계가 있지만——를 거론할 수 있다.

호남성 용산현 이야진의 고성(古城)에서 출토된 《이야진간》은 3만 6,000매에 달하는 방대한 공문서로, 《운몽진간》이나 《이년율령》이 글자 그대로 고묘 출토의 법률 문서라면 《이야진간》은 법률의 실제 집행과 관철을 보여주는 생생한 자료라 할 수 있다. 현재 공개된 《이야진간》은 전체의 불과 0.1%인 30여 매에 지나지 않지만, 이 정도만으로도 이미 중국과 일본에서는 진의 역사 지리, 문서 형식, 지방 관부, 법제와 행정 등에 관한 다수의 논문과 주석이 발표된 상태다. 전체가 공개될 경우 《이야진간》은 지금까지 알려져온 진대 역사를 완전히 새롭게 기술하게 만들 중대한 자료가 될 것임이 분명하다. 공개된 30여 매 공문서의 내용 대부분은 천릉현(遷陵縣)에 병역을 하고 있던 양릉졸(陽陵卒)과 관련된 것이다. 이 공문서들은 대체로 양릉현(陽陵縣)에서 동정군(洞庭郡)으로 상달된 것이거나 동정군에서 천릉현으로 하달된 것이다. 또 지방 군현 간의 행정 문서뿐만 아니라 지방에서 중

---

26) 冨谷至 編, 《江陵張家山二四七號墓出土漢律令の研究──譯注篇》(京都 : 朋友書店, 2006).

앙에 보고한 상계(上計)와 장부, 역으로 중앙에서 지방에 하달한 조서(詔書), 명령, 법령 등도 포함되어 있다. 《이야진간》이 기술하고 있는 시기는 진 왕정(王政) 25년부터 통일기인 이세황제(二世皇帝) 2년까지에 해당하므로 운몽수호지진율, 운몽룡강진율과의 상호 비교를 통한 논증이 가능하며, 또한 이러한 논증을 통해 진의 법률 제도의 실상을 파악할 수 있다. 물론 이것은 《이년율령》에 대한 인식에도 영향을 줄 것이다. 《이야진간》 덕분에 노역형도의 배치, 벌금형의 집행, 상계의 처리 등 실제 법의 집행 과정을 생생하게 엿볼 수 있게 되었다.[27] 물론 《이야진간》과 같은 자료보다도 《봉황산한묘출토간》의 〈정리름부〉와 같은 자료가 법 제도의 실상과 집행 과정을 잘 보여줄 수 있는 훨씬 중요한 자료가 되겠지만, 아직 그와 같은 자료가 출토되지 않은 진대에 있어서 《이야진간》은 나름대로 법제 사료의 한계를 보완해주는 중대한 문서임이 틀림없다.

3. 한 문제의 형제 개혁의 의미

(1) 유기형 체계의 형성에 관한 새로운 논의

신체를 훼손하게 된 자는 사회로부터 추방된 자이고 육형(肉刑)을 받게 된 자는 종신 노예 신분일 수밖에 없다는 시가 슈조(滋賀秀三)의 견해[28]에 기초해 모미야마 아키라는 육형이 폐지됨과 동시에 형도가 유기화될 수밖에 없었으리라고 본다. 육형과 불가분의 관계에 있었던 노역형이 바로 무기형이었다는 이유에서다. 그는 진대 형도의 외견적인 특성을 ① 육형이나 내형(耐刑) 등 신체의 훼손에 의한 것,

---

27) 속형(贖刑)과 벌금형에 관한 임중혁의 최근 발표 논문은 이 방면의 중·일의 연구 수준을 일거에 뛰어넘는 극히 정밀한 연구로 평가되는데, 이 역시 《이야진간(里耶秦簡)》의 사료의 내용을 충실히 반영하고 있다. 임중혁, 〈秦漢律의 罰金刑〉, 《中國古中世史研究》 15(2006) ; 임중혁, 〈秦漢律의 贖刑〉, 《中國學報》 54(2006).

28) 滋賀秀三, 〈中國上代の刑罰についての一考察―誓と盟を手がかりとして〉, 《中國法制史論集―法典と刑罰》(東京 : 創文社, 2003).

② 붉은 옷 등의 의류 착용, ③ 족쇄 등의 형구(刑具) 착용으로 구분하고 이를 다시 외견상의 '항구적 변형'과 '일시적 변형'으로 구분한다. 이 가운데 한 문제의 형제 개혁에 의해 항구적인 신체 변형은 폐지되고 일시적 변형만 남게 되었다고 한다. 육형, 즉 항구적인 변형을 폐지한 것은 이형화(異形化)에 의한 인간의 배제라는, 형벌의 원천적 속성을 최종적으로 불식한 것으로 평가된다. 신체가 훼손된 자는 사회로부터 배제되어 관유(官有) 노예가 되었던 것이고, 이렇게 해서 발생한 노예적 신분이야말로 형도의 전신이었던 만큼 육형과 무기형은 일체였던 것이며, 따라서 육형의 폐지는 필연적으로 무기 노역형의 소멸을 의미하는 것이다.[29]

한수평(韓樹峰)은 진·한의 도형을 '사형(死刑)/성단용·귀신백찬/예신첩 이하' 이렇게 세 가지로 크게 구분해 서열화하고, 진과 한 초에 걸친 육형과 도형의 관계에 대해, 육형의 비중이 점차 줄어들고 노역형의 비중이 커지는 과도기를 거치면서 노역형이 주(主)가 되고 육형이 보(輔)가 되었다고 설명한다. 그에 의하면 《운몽진간》 단계에서는 육형이 귀신백찬과 예신첩에도 함께 부과되는 경우가 있었지만, 《이년율령》 단계에서는 육형이 오직 성단용에만 함께 부과되었고 또 명확히 부가형(附加刑)이 되었다. 육형은 그 뒤에도 점차 비중이 작아져 결국 한 문제의 형벌 개혁에 의해 자취를 감추게 되었다. 즉 육형이 존재하는 한 노역형은 무기형이었지만, 육형이 사라지게 되면서 노역형의 유기화가 가능해졌다는 것이다. 이 과정은 매우 완만히 진행되었는데, 육형의 폐지나 무기형에서 유기형으로의 변화는 역사 발전의 필연적 과정이지 육형을 받게 된 아버지를 대신해 자신을 처벌해달라는 소녀의 상서에 한 문제가 감동을 받아 일순간에 혁명적으로 형법을 개혁한 결과가 결코 아니라고 한수평은 밝힌다.[30]

한편, 미야케 키요시는 성단용, 귀신백찬, 예신첩, 사구 등의 형도 신분이 각기 부과된 노역의 종류에서 유래했다고 하지만, 실상은 노역형도의 직무 자체가 벌

---

29) 籾山明, 〈秦漢刑罰史研究の現狀〉, 《中國古代訴訟制度の研究》(京都 : 京都大學學術出版會, 2006).
30) 韓樹峰, 〈秦漢徒刑散論〉, 《歷史研究》(2005년 제3기). 《先秦·秦漢史》(2005년 제5기)에 재수록.

목, 염철 생산, 청동기 제조, 수공업, 궁전 건설, 도로·교량 수축(修築), 능묘 조영, 변경 수비, 와전(瓦塼) 제조 등 워낙 광범위해 서로 겹치는 부분이 많았기 때문에 구분이 쉽지 않다고 지적한다. 예컨대 아방궁이나 시황제(始皇帝)의 능을 건설하는 데 죄수 70만 명이 동원되었는데, 이 중에는 얼굴을 자자(刺字)하는 경(黥)형에 처해진 '경포(黥布)'를 포함해 광범위한 형도가 포함돼 있었다고 밝힌다. 동원된 '도(徒)'가 '형도(刑徒)'나 '도예(徒隷)'를 가리키는지 요역에 나간 일반민을 가리키는지 구분하기가 쉽지 않은데, 출토 자료를 보더라도 성단(城旦)이라는 형도는 성(城)의 축조뿐만 아니라 관부의 건설·보수, 관아 수위(守衛), 전송(傳送), 위수(委輸) 등에도 동원된 것이 확인된다. 심지어 벌금을 노동으로 대신하는 '거자(居貲)'조차 성단용[31]의 노역에 동원되기도 했으며, 이 경우 노역의 강도가 성단용과 다를 바 없었다고 강조한다.[32] 요컨대, 사구의 경우를 제외하고는 형도에게 과해진 노역의 종류와 노동의 강도를 통해 형도들에 대한 대우의 차이를 찾기 어렵고, 노역의 빈도나 노동의 환경 등에서 그 차이를 찾아야 한다는 것이다. 미야케 키요시는 최근 노역형도들에 대한 처우와 차이를 분석하면서 다음 장 표와 같이 도표화했다.[33]

이 가운데 성단용과 예신첩 간의 가장 두드러진 차이는 그들의 자녀와 배우자가 몰수되는지 여부의 차이에 있다. 사실《이년율령》을 조금이나마 읽어본 사람은 성단용, 귀신백찬의 처분을 받은 자의 자녀는 몰수의 대상이 되어 '수인(收人)'이 되지만 예신첩 이하의 형도들의 자녀는 그렇지 않다는 것이 큰 차이점임을 알 수 있다. 미야케 키요시는 한 걸음 더 나아가, 한 문제의 연좌(緣坐) 제도의 개혁을 이 몰수 문제와 연관시킨다. 한 문제의 연좌 제도 개혁에는 모반죄의 연좌 제도를 폐지하는 것뿐만 아니라《이년율령》에 보이는 몰수 제도를 폐지하는 것도 포함되

---

31)《雲夢秦簡》, 84쪽: "公士以下居贖刑罪·死罪者, 居于城旦舂, 毋赤其衣, 勿枸櫝欙杕."
32) 진시황의 능 서측(西側)에서 발견된 조배호촌(趙背戶村)의 형도묘(刑徒墓)의 사례도 벌금으로 노동을 대신하는 사람들의 노동 강도가 얼마나 높았는지를 입증한다.
33) 宮宅潔, 〈有期勞役刑體系の形成—《二年律令》に見える漢初の勞役刑を手がかりにして〉,《東方學報》78 (2006).

	성단용의 배우자	성단용의 자녀	예신첩의 배우자	예신첩의 자녀	사구의 배우자	사구의 자녀
몰수 처분	몰수됨	몰수됨	몰수되지 않음	몰수되지 않음	몰수되지 않음	몰수되지 않음
거주지	가족은 해체 민간인 거주지에 거주 불가능	가족은 해체 민간인 거주지에 거주 불가능	가족은 해체 되지 않지만 민간인 거주지에 거주 불가능	가족은 해체 되지 않지만 민간인 거주지에 거주 불가능	민간인 거주지에 거주	민간인 거주지에 거주
형도 지위 계승		계승		계승	계승	계승하지 않음
토지 지급 (호주에 대해서)	지급되지 않음		지급되지 않음		지급됨	

어 있었다고 한다. 이러한 몰수 제도 폐지의 의미를 미야케 키요시는 다음과 같이 파악한다. ① 자녀 · 배우자의 몰수라는 조치가 따르는지 여부는 성단용과 예신첩을 가르는 가장 커다란 기준이었는데, 몰수 제도의 폐지는 바로 이 기준이 사라졌다는 것을 의미한다. ② 몰수 제도가 사라지면 몰수에 의한 관노비 공급이 감소하게 되므로 몰수 제도의 폐지는 관유 노동력의 감소를 의미하며, 국가가 관유 노동력을 대폭 잃게 된다는 것을 의미한다. 몰수 제도의 폐지는 노동력 손실을 불러온다는 점에서 한 문제 13년의 형제 개혁, 즉 무기형에서 유기형으로의 개혁과 맥을 같이한다. 1년 단위로 수졸(戍卒)을 교대시키는 수졸제를 폐지하는 '수졸령 폐지' 등 한 문제의 모든 개혁의 공통적 특징은 노동 인원을 삭감하고 국가의 부담을 경감한다는 것이었다. 노역형 체계의 변경, 몰수 제도 폐지, 수졸제 폐지 등은 모두 국가에 의한 노동력 편성 및 노동력 활용 형태와 관련된 조치로, 관유 노동력의 보다 효율적인 활용과 관련돼 있었다는 것이다.[34]

---

34) 宮宅潔, 〈有期勞役刑體系の形成—《二年律令》に見える漢初の勞役刑を手がかりにして〉.

(2) 형도의 노동력 배치와 운영

나는 한 문제의 형제 개혁이 국가에 의한 노동력 편성 및 노동력 활용 형태와
깊은 관련이 있다는 미야케 키요시의 지적에 전적으로 동의한다. 이와 관련해 노
역형도의 취로(就勞) 형태를 간단히 살펴보기로 하자.

① 성단용에게는 붉은 옷을 입히고 붉은 두건을 씌우며 수갑, 족쇄 등의 형구를 채운다. 연로
한 성단(城旦)은 감수(監守)할 필요가 없으며, 감수 대상으로 지명된 자만 감수한다. 성단용이
노역에 나갈 때는 시장을 지나거나 시문(市門) 밖에 머무를 수 없다. 시중(市中)에서는 그곳을
우회해야 하며 통과해서는 안 된다.[35]

② 예신(隸臣)의 처(妻)가 있고 그 처가 경예첩(更隸妾)이거나 자유민이면 의복을 그 처가 책
임진다.[36]

③ 예신첩이 관부에서 복역할 경우, 성인 예신에게는 매월 식량 2석(石)을 지급하고 예첩(隸
妾)에게는 1.5석을 지급한다. 관부에 복역하지 않을 경우엔 식량을 지급하지 않는다.[37]

④ 용예첩(冗隸妾) 2명은 공인(工人) 1명에 해당하고, 경예첩 4명은 공인 1명에 해당하고, 소
(小)예신첩으로 부릴 수 있는 자는 5명이 공인 1명에 해당한다.[38]

⑤ 유죄로 인해 자벌(貲罰)과 속죄를 명받거나 공실(公室)에 채무가 있는 자에게는 그 판결일
로부터 채무 이행을 촉구하며, 만약 그가 상환하지 못할 경우에는 그 판결일로부터 노역을 통
해 채무를 상환하게 하는데, 노역에 대한 계산은 하루 8전으로 한다. 공식(公食)을 지급받는
경우는 하루 6전으로 계산한다…….

스스로 의복을 준비할 수 없는 자에게는 관부에서 의복을 지급하되 법률 규정에 의거해
(그로 하여금) 그 값을 상환케 한다. 노역 일수가 차지 않았으나 일부를 현금으로 상환할 수
있다면 이를 허락한다. 노역으로 수형(受刑)을 대신하나 스스로 의복을 준비하지 못하는 자에

---

35) 《雲夢秦簡》, 89~90쪽.

36) 《雲夢秦簡》, 87쪽.

37) 《雲夢秦簡》, 49쪽.

38) 《雲夢秦簡》, 74쪽.

게도 의복을 지급하고 노역으로써 상환케 한다.[39)]

①~⑤의 《운몽진간》의 사례를 통해 다음과 같은 사실들을 알 수 있다. 첫째, 성단용은 가족 및 일반민과 단절된 채 엄격한 감시하에 특별한 공간에 거주했다. 또한 성단용은 항상적으로 투입되는 노동력이었다. 이에 비해 예신첩은 가족 관계를 유지하며 관부에 동원되는 경우도 있고 동원되지 않는 경우도 있었는데, 비번일 때는 관부로부터 식량 지급을 받지 못했다. 그러므로 관부에서 노역하지 않을 때는 자기 가족의 생계를 위한 독립적인 경제를 영위해야 했을 것으로 보인다. 또 처가 의복을 책임지는 사례를 통해 적어도 부분적으로나마 예신첩이 독립적인 사(私)경제를 영위하고 있었음이 다시 입증된다. ④는 예신첩의 종류에 따른 노동력 규정으로, 예신첩이 대(大)예신첩, 용예첩, 경예첩, 소(小)예신첩(노역할 수 있는), 소예신첩(노역할 수 없는)으로 각각 구분되어 있었음을 알려준다. ⑤는 벌금·속형·채무를 노역으로 대신하는 형벌에 대한 규정으로, 복역자들의 가족의 생활 기반이 복역 중에도 유지되었으며 경우에 따라서는 복역 중인 사람도 농번기에는 자신의 농작업을 위해 일시적으로 돌아갈 수 있었음을 알려준다. 이것이 진의 총력적인 노역 동원 체제의 양상이었다. 언뜻 보면 인간의 노동력에 대한 극한적인 착취 같지만, 자세히 들여다보면 신분과 능력에 맞춰 합리적·효율적으로 노동력을 착취했음을 알 수 있다. 또한 어떻게 하면 관(官)의 부담과 비용을 최소화할 것인가가 노동력 편성의 중요한 관건이었던 것으로 파악된다. 관부 노동력을 최대로 유지하기 위해서는 노동력의 효율적인 착취가 중요했는데, 모든 형도를 병영처럼 운영하기보다는 관의 경비 부담을 줄이기 위해서라도——노동력을 필요 이상으로 많이 유지하는 것도 당연히 관의 재정을 낭비하는 것이므로——일부 형도의 경우엔 비번으로 운영하고 비번으로 운영되는 형도의 경우엔 그 유지 비용을 가족에게 돌린다.

---

39) 《雲夢秦簡》, 84~85쪽.

《이야진간》에는 동정군(洞庭郡)의 무기를 내사(內史) 및 파군(巴郡), 남군(南郡), 창오(蒼梧)로 운반하는 데 주로 소속 현의 노역형도를 동원할 것을 지시하는 문서가 나오는데, 비록 형도 아닌 검수(黔首)를 과다하게 징발할 경우 율령에 의거해 논단할 것을 지시하는 내용이긴 하지만,[40] 노역형도의 경우에도 필요 이상을 동원하거나 적절한 수준 이상을 유지하는 것은 국가가 보호하고자 하는 군현민의 안정에 도움이 되지 못했을 것이므로 당연히 담당 관리가 처벌을 받았을 것이다. 관에 소속된 노역형도라 해도 이들을 노역에 동원할 때는 동원하지 않을 때보다 더많은 의식비가 지급되어야 하고[41] 자연히 관리 경비가 늘어날 것이므로 어떤 노역에 어떤 형도를 얼마만큼, 어느 정도의 기간에 투입할 것인가 하는 관점에서 총체적인 노동량과 동원 인력이 정해졌을 것이다. 형도는 현사공(縣司空)에 의해 명부가 작성되어 관리되는데, 공사의 양과 그에 투입되는 노동량이 잘못 계획되면 현사공이 이 '불찰(不察)'에 대해 벌을 받았다.[42] 형도는 현 단위로 관리되었지만, 소속 현 아닌 다른 현의 노역에 종사하기도 했는데, 이 경우 군(郡) 차원에서 현과 현 사이의 공사 양의 차이에 따라 노동력 배분이 이루어졌을 것이다. 예컨대 《이야진간》〔9〕1 정(正)에는 형도를 관리하는 양릉현의 사공이 자기 소관인 양릉현 의거향(宜居鄉)의 사오(士伍)인 무사(毋死)라는 자의 소재를 군에 의뢰하는 내용이 나온다.

---

40) 《里耶秦簡》〔16〕6 正(湖南省文物考古研究所‧湘西土家族苗族自治州文物處,〈湘西里耶秦代簡牘選釋〉, 12쪽) : "……● 今洞庭兵輸內史及巴‧南郡‧蒼梧, 輸甲兵當傳者多節傳之, 必先悉行乘城卒‧隸臣妾‧城旦舂‧鬼薪白粲‧居貲‧贖責(債)‧司寇‧隱官‧踐更縣者, 田時也, 不欲興黔首, 嘉‧穀‧尉各謹案所部縣卒‧徒隸‧居貲‧贖責(債)‧司寇‧隱官‧踐更縣者簿, 有可令傳兵, 縣不令傳之而興黔首,〔興黔首〕可省少弗少而多興者, 輒劾移縣, 縣亟以律令具論, 當坐者言名史泰守府. 嘉‧穀‧尉在所縣上書, 嘉‧穀‧尉令人日夜端行. 他如律令." ●는 해독이 불가능한 글자를 나타낸다.

41) 《雲夢秦簡》, 51쪽 : "城旦之垣及它事而勞與垣等者, 旦半夕參 ; ……不操土攻(功), 以律食之."

42) 《雲夢秦簡》, 76~77쪽 : "欲以城旦舂益爲公舍官府及補繕之, 爲之, 勿瀆. 縣爲垣事及瀆 有爲也, 吏程攻(功), 贏員及減員自二日以上, 爲不察. 上之所興, 其程攻(功)而不當者, 如縣然. 度攻(功)必令司空與匠度之, 毋獨令匠. 其不審, 以律論度者, 而以其實爲徭徒計."

진 시황 33년 4월 6일, 양릉현(陽陵縣)의 사공(司空) 등이 아뢰었다. "양릉현 의거향의 사오인 무사라는 자가 8,064전의 채무를 지고 있는데, 동정군에 수졸로 복무하고 있으나 어떤 현서 (縣署)에 소속되어 있는지는 모릅니다. 지금 그 빚진 돈에 대한 교권(校券) 한 첩을 만들어 동 정군 군위(郡尉)에게 보고하니, 수졸 무사가 소속된 현에, 책권(責券)을 만들어 양릉현 사공에 게 보내라고 명령하십시오……"[43]

이렇게 현에서 군으로, 더 나아가 중앙 관청으로 노역형도가 배송되었다면, 현 차원에서 내부적으로 필요한 형도 노동력을 계산하는 일, 군(郡) 차원에서 필요한 형도에 대한 징발 명령을 소속 현들에 내리고 각 현에 형도를 분배하는 일, 중앙 관청 차원에서 노역형도를 정밀하게 관리·분배하는 일 등이 각각 관할 관청에서 치밀하게 계산되었을 것이다. 중앙 정부 차원에서 관리되는 형도의 노동력, 군 차 원에서 관리되는 형도의 노동력, 현 차원에서 필요로 하는 형도의 노동력은 고도 로 발달한 문서 행정을 통해 빈틈없이 파악되었을 것이다. 그런데 현과 군, 그리 고 중앙 정부 차원에서 필요로 하는 총체적인 노동량은 해마다 달랐을 것이고, 또 계절마다 혹은 달마다 달랐을 것이다. 국가가 필요로 하는 적절한 노동력을 유지 하는 것이 아니라 실제로 필요한 정도 이상으로 형도 노동력을 무제한 확보해 유 지할 경우 막대한 유지 비용이 들 수밖에 없으므로 국가가 보호하고자 하는 군현 민에게 오히려 큰 부담이 된다. 앞에서 살펴보았듯이 "예신의 처가 있고 그 처가 경예첩이거나 자유민이면 의복을 그 처가 책임진다", "예신첩이 관부에서 복역할 경우, 성인 예신에게는 매월 식량 2석을 지급하고 예첩에게는 1.5석을 지급한다. 관부에 복역하지 않을 경우엔 식량을 지급하지 않는다"와 같은 《운몽진간》의 규 정은 국가가 노역형도의 유지와 관리에 따르는 부담을 줄이고자 얼마나 부심했는 지를 보여준다. 가령 어린 관노비에 대한 법률 규정에서도 이러한 배경을 읽을 수 있다. "관노비의 어린 자녀가 모친이 없어서 혹은 모친과 함께 관부에 복역할 때

43) 湖南省文物考古研究所·湘西土家族苗族自治州文物處,〈湘西里耶秦代簡牘選釋〉, 14쪽.

는 그 아이에게 식량 0.5석을 지급한다"[44]라는 《운몽진간》의 규정에 나타나 있듯이 어린 관노비는 유지하는 데 많은 비용이 드는 존재였다. "아직 역사(役使) 연령에 도달하지 못해 쓰이지 못하고 관부의 의식(衣食)을 지급받는 예첩을 백성이 빌리고자 한다면 빌려주도록 한다"[45]라는 규정은 어린 관노비를 민간에게 대여해주는 제도를 설정한 것으로서, 국가가 관노비를 유지하는 부담을 줄이기 위해 취한 조치의 일환이었음을 알 수 있다. 그런데 죄인을 거의 모두 무기형도, 즉 관노비로 만들어버리는 진의 형벌 제도에서는 관노비가 무한정 늘어나게 되어 있기 때문에 관노비의 수를 적절히 조절할 수가 없다. 이에 비해 국가가 필요로 하는 노역형도 노동력의 양은 늘 일정한 것이 아니어서, 대규모 토목 공사나 대규모 재해가 있을 때와 그렇지 않을 때에 차이가 있고 수시로 변할 수밖에 없다. 따라서 관노비를 민간에 대여해주는 방법이나 관노비인 예신첩으로 하여금 스스로 생계를 꾸려가게 하는 방법만으로는 노역형도의 노동력의 수급 조절에 한계가 있다. 결국 국가가 필요로 하는 노동력에 맞춰 적절한 수의 노역형도를 유지하는 시스템이 필요했다고 생각된다.

(3) 관노비 매각 시스템과 그 시스템의 파탄

ㄱ. 관노비 매각 시스템

《이년율령》, 〈호율(戶律)〉에는 20급 작(爵)인 철후(徹侯)에서 1급 작인 공사(公士)까지 전지(田地)와 택지(宅地)를 차등적으로 지급하는 규정이 나와 있다.

① 관내후(關內侯)는 95경, 대서장(大庶長)은 90경, 사거서장(駟車庶長)은 88경, 대상조(大上造)는 86경, 소상조(少上造)는 84경, 우경(右更)은 82경, 중경(中更)은 80경, 좌경(左更)은 78

---

44) 《雲夢秦簡》, 49쪽.

45) 《雲夢秦簡》, 48쪽.

경, 우서장(右庶長)은 76경, 좌서장(左庶長)은 74경, 오대부(五大夫)는 25경, 공승(公乘)은 20경, 공대부(公大夫)는 9경, 관대부(官大夫)는 7경, 대부(大夫)는 5경, 불경(不更)은 4경, 잠뇨(簪裊)는 3경, 상조(上造)는 2경, 공사(公士)는 1.5경, 공졸(公卒)·사오(士伍)·서인(庶人)은 각각 1경, 사구(司寇)·은관(隱官)은 50무(畝)를 받는다.[46]

② 1택(宅)의 크기는 사방 30보(步)다. 철후는 105택, 관내후는 95택, 대서장은 90택, 사거서장은 88택, 대상조는 86택, 소상조는 84택, 우경은 82택, 중경은 80택, 좌경은 78택, 우서장은 76택, 좌서장은 74택, 오대부는 25택, 공승은 20택, 공대부는 9택, 관대부는 7택, 대부는 5택, 불경은 4택, 잠뇨는 3택, 상조는 2택, 공사는 1.5택, 공졸·사오·서인은 각각 1택, 사구·은관은 각각 0.5택을 받는다. 호(戶)를 형성하고자 하는 경우에는 이를 허용한다.[47]

또한 《이년율령》에는 관질(官秩)에 따라 차등적으로 의류, 관곽(棺槨), 주식(酒食) 등을 하사하는 규정이 나오는데, 여기에는 관직이 없는 자를 위한 관질과 작위의 대응을 정한 규정도 포함돼 있다.[48] 또한 《이년율령》, 〈부율(傅律)〉을 보면, 5급 '대부' 이상과 4급 '불경' 이하의 노인의 경우 특권 사여(賜與) 개시 연령에 차이가 있었고,[49] 1급작에서 20급작에 이르기까지 적어도 규정상으로는 의류, 관곽, 주식, 전지, 택지가 엄밀히 차등적으로 지급되었음을 알 수 있다. 그러나 이와 관련해 내가 여기에서 주목하고 강조하려는 것은 적어도 《이년율령》에는 작(爵)에 따라 국가가 노비를 지급한다는 규정은 없다는 사실이다. 작에 따라 전지와 택지가 이처럼 차등적으로 지급되었다면 작을 가진 사람은 전지의 규모에 비례하여 많은 노비가 필요했을 것이다. 또한 《이년율령》 이후 토지는 점차 일부에게 집중되기 시작했는데, 대토지 소유자 역시 많은 노비가 필요했을 것이다. 그렇다면 노비를 어떻게 구했을까? 이와 관련해, 적어도 진대에는 노비를 노역형도(관노비)

46) 《二年律令》, 310~313簡.
47) 《二年律令》, 314~316簡.
48) 《二年律令》, 291~292簡.
49) 《二年律令》, 354~357簡.

의 매입을 통해 입수했음을 보여주는 다음과 같은 자료가 있다.

　①어떤 마을의 사오(士伍)인 갑(甲)이 남자 병(丙)을 압송해 고했다. "병은 갑의 수하 노예인
데, 성질이 교한(驕悍)해 전작(田作)을 하지 않고 갑의 명령을 듣지 않으니 관부에서 매입해 다
리를 자른 후 성단(城旦)으로 충당하고 갑에게 그 대가를 지불해줄 것을 요구합니다." 병을 심
문해보니 다음과 같았다. "갑의 노예인 병은 과연 교한하고 갑의 명령을 듣지 않았다. 갑은 병
을 해방시킨 바 없고 병은 다른 병(病)도 없으며 다른 죄도 없었다. 영사(令史) 아무개를 시켜
병을 진찰해보니 병은 없었다. 소내(小內) 아무개와 좌모(佐某)를 시켜 승(丞) 아무개 앞에서
시장 표준 가격으로 병을 매입했다."⁵⁰⁾

　②어떤 마을의 공사(公士)인 갑이 대여자(大女子)인 병을 압송해 말했다. "본인은 어떤 마을
의 오대부(五大夫)인 을(乙)의 가리(家吏)이고 병은 을의 여종이다. 을이 갑을 파견해, '병은
성질이 사납고 강하니 병의 얼굴에 자자하고 코 베기를 청한다'라고 전하게 했다."⁵¹⁾

　①, ②는 노비 주인이 관부에 자기 노비를 신고해 관부로 하여금 처벌케 했다는
내용이다. 특히 ①에는 갑이 관부를 상대로 자신의 명령에 복종하지 않은 노예를
매입해 처벌해줄 것을 요구하자 관부가 병을 심문해 사실을 확인한 후 시장가로
병을 매입했다는 내용이 있다. 여기에서 국가가 왜 노비 주인에게서 그의 노비를
시장가로 매입해주는가가 특히 문제가 된다. 국가가 개인 소유의 노비를, 그것도
교한한 노비까지 시장가로 매입해주는 이유에 대해 다시 정리할 필요가 있다. 국
가는 이처럼 일견 황당해 보이는 노비 주인의 요구에 응해 그의 노비를 매입할 의
무가 있었던 것으로 보인다. 이와 관련해《이야진간》에는 다음과 같이 극히 주목
할 만한 내용이 나온다.

---

50)《雲夢秦簡》, 259쪽.
51)《雲夢秦簡》, 260쪽.

진 시황 33년 2월 초하룻날, 천릉현의 수승(守丞)인 도(都)가 아뢰었다. "영(令)에 따르면, '항상 초하룻날에 매각한 도예(徒隸)의 수를 보고하라' 했습니다. 그리하여 이를 물으니, 영(令)에 해당하는 자는 없습니다. 아룁니다."[52]

여기에서 도예는 예신첩, 성단용, 귀신백찬 등의 형도를 의미한다고 할 수 있다.[53] 이 《이야진간》 내용과 관련해 리쉐친(李學勤)은 진에서는 매월 초하룻날에 지난 한 달간 사들인 도예의 수를 집계했다고 지적한다.[54] 서두에서 밝힌 것처럼, 츄시구이, 이성규, 차오뤼닝은 노예주가 자기 노예를 관부에 팔려고 하는《운몽진간》의 내용과 관련해, 노예주가 애초에 관부로부터 노예를 샀기 때문에 관부에 그 노예를 되사줄 것을 요구할 수 있었던 것이라는 가설을 제시했다.[55] 이 가설은 위의 《이야진간》에 의해 입증되었다.[56] 노예주가 노예를 관부로부터 매입한 것이 아니라면 노예주가 자기에게서 도로 그 노예를 매입해 갈 것을 관부에 요구하고 또 관부가 노예의 교한함을 인정해 시장 가격으로 그 노예를 매입해줄 리가 없었으리라는 것이다. 즉 국가는 예신첩, 성단용, 귀신백찬 등의 무기형도, 즉 관노비를 시정가(市正價)에 따라 개인에게 판매했고, 판매 시에 판매 가격이나 판매 조건 등

52) 《里耶秦簡》, [8]154 正(湖南省文物考古研究所 · 湘西土家族苗族自治州文物處, 〈湘西里耶秦代簡牘選釋〉, 12쪽). 여기에서 '매(買)'를 '매입'과 '매각'으로 해석할 수 있는데, 그 주체를 관부로 보면 매각, 산 사람의 관점에서는 매입으로 해석할 수 있을 것이나 여기에서의 '買'는 '매입'과 '매각'으로 모두 해석될 수 있는데, 사는 주체가 관부일 때 노비 주인의 입장에서 보면 매각, 관부의 입장에서 보면 매입이 되기 때문이다. 나는 이성규의 견해[이성규, 〈秦 · 漢의 형벌체계의 再檢討〉, 《東洋史學硏究》 85(2003), 8쪽]대로 매각으로 이해하는 것이 자연스럽다고 생각한다.

53) 李學勤, 〈初讀里耶簡〉, 《文物》(2003. 1), 78쪽.

54) 李學勤, 〈初讀里耶簡〉, 78쪽.

55) 《운몽진간》이나 《이년율령》에는 노비를 처벌한 후 "얼굴과 광대뼈에 자자한 후 주인에게 돌려준다(黥顔顴, 畀主)"는 사례가 나온다(《雲夢秦簡》, 183쪽 ; 《二年律令》, 121~122簡). 노비에 대한 육형 이상의 처벌은 노비 주인이 아니라 관부가 집행하는데, 관부가 육형을 집행한 후에 노비를 주인에게 돌려준다는 것이다. 나는 이러한 규정도 애초에 노비 주인에게 노비를 판 주체가 관부였다는 가설과 관련이 있다고 생각한다.

56) 이 밖에도 이 사실은 《주얼서》, 안례 17이나, 《이년율령》, 〈망률(亡律)〉에서도 확인되는데[曹旅寧, 〈從里耶秦簡看秦的法律制度〉, 《秦文化論叢》, 11輯(西安 : 三秦出版社, 2004), 278쪽], 이에 대한 구체적인 설명은 생략한다.

에 대한 계약서를 작성했으며, 이렇게 팔린 무기형도는 등록을 거쳐 사노비로 전환되었고, 이 노비의 품질이 불량할 경우 그를 산 사람은 국가에 반품을 요구할 권리가 있었다고 할 수 있다. 도예, 즉 예신첩, 성단용, 귀신백찬 등의 형도를 개인에게 매각하고 매각한 형도의 수를 파악하는 시스템을 통해 국가가 노역형도의 수와 노동력을 적절히 조절하고 있었던 것이 확인되므로 나는 노역형도의 공급과 수요에 대한 그동안의 의문점을 해소하고 한 문제 13년의 형제 개혁의 조치를 무리 없이 이해할 수 있을 것 같다. 왜냐하면 적어도 진대에 노역형도의 매각을 통해 관노비의 수량을 조절하고 있었던 것이 확인되므로 한 문제 13년의 형제 개혁에 의해서 어느 날 갑자기 관노비의 수가 대폭 줄어드는 것 같은 사태는 벌어지지 않았을 것이기 때문이다.

　나는 이제까지《설문해자(說文解字)》에 나오는 "노비는 모두 고대에는 죄인이었다(奴婢皆古之罪人也)"의 의미를 이해할 수 없었다. 그러나 앞서 살펴본 것처럼 예신첩, 성단용, 귀신백찬 등의 무기형도, 즉 관노비가 시정가에 따라 개인에게 판매되어 사노비로 전환되고 있었다면,《설문해자》의 지적대로 "노비는 모두 고대에는 죄인이었다"라 하지 않을 수 없다. 즉 진 · 한 교체기의 노비의 시작은 진의 노역형 무기형도설을 주장한 논자들의 견해처럼 모두 죄인에게서 비롯된 것이라 할 수 있다.[57] 이렇게 이해할 경우,《운몽진간》이나《이년율령》에 나오는 "얼굴이나 광대뼈에 자자해서 주인에게 돌려주는〔黥(顔)顙畀主〕" 여러 사례나 도망한 노비에 대한《이년율령》의 여러 규정을 무리 없이 납득할 수 있을 것이다.

---

57) 그동안 나는《설문해자(說文解字)》나《주례(周禮)》에 나오는 "노비는 모두 고대에는 죄인이었다(奴婢皆古之罪人也)"의 의미를 납득할 수 없었다. 무엇보다 해당 시기와 실태가 불분명했기 때문이다. 노역형도의 매각과 매입을 통해 노비가 개인에게 공급된 것이 사실이라면 그야말로 "노비는 모두 고대에는 죄인"이었던 셈이다. 노비를 죄인으로 보는 관점의 사료는 셴지아벤(沈家本)이 망라해 열거하고 있다〔沈家本,《歷代刑法考》1 (北京 : 中華書局, 1985), 385~389쪽〕. 한편 호리 도시카쥬는 노비를 죄인으로 보는 한(漢)대의 사료를 분석하고 있다〔堀敏一,〈中國における良賤身分制の成立過程〉,《中國古代の身分制—良と賤》(東京 : 汲古書院, 1987), 124~128쪽〕.

ㄴ. 관노비 매각 시스템의 붕괴

이성규는 한 문제 13년의 형제 개혁에 의해 어쩔 수 없이 관노비가 대폭 감소했
을 것으로 보고, 관영 수공업 체제가 이 시기에 이르러 상당히 변질되었음을 강조
한다.[58] 예컨대, 한 원제(元帝) 즉위 초에 "하는 일 없이 놀고 있는 관노비 10여 만
명을 부양하는 비용 5, 6억 양(兩)을 절감하기 위해 그들을 서인(庶人)으로 방면해
북변(北邊)의 수졸로 보내자"[59]고 했다는 《한서(漢書)》, 〈공우전(貢禹傳)〉의 내용
은 바로 관영 수공업에 종사하던 관노비들이 관영 수공업의 민간 개방에 의해 유
휴(遊休) 노동력으로 바뀌었음을 보여주는 사례인데, 이 사례를 한 문제 시기에도
적용할 수 있다는 것이다. 관영 수공업의 민간 개방이 관노비의 유휴 노동력화를
낳고, 결국 유휴 노동력이 된 관노비를 해방시키지 않을 수 없는 상황까지 닥치게
되었다면 관노비를 양산하는 형벌 체계는 더 이상 의미를 가질 수 없었으리라는
것이 이성규의 설명이다. 즉 한 문제 13년의 형제 개혁을 통해 '형기'가 설정된 것
을 관영 산업의 축소라는 당시의 변화와의 관련하에서 평가하자는 것이다.[60] 나는
한 문제 13년의 형제 개혁을 통해 이루어진 형기 설정을 이성규의 지적대로 종전
의 관노비 제도의 비효율성, 낭비적 요소를 제거하려는 조치로 이해하는 데 동의
한다. 그러나 나는 그가 지적한 대로 한 문제 시기에 관노비의 유휴 노동력화 현
상이 나타났고 관영 수공업에서의 관노비 수요가 감퇴했다고 생각하긴 하지만 그
것의 근본적인 원인이 한 문제 13년의 형제 개혁을 통한 형기 설정에 있었다고는
생각하지 않는다. 또한 한 문제 13년의 형제 개혁이 이루어낸 형기 설정을 획기적
인 것으로 평가하는 데 대해서도 이의를 제기하고 싶다. 왜냐하면, 이제까지 살펴
본 대로 진대에 노역형도가 수시로 민간에 매각되었고, 매각된 노역형도의 수를

---

58) 이성규, 〈秦·漢의 형벌체계의 再檢討〉, 70~71쪽.

59) 《漢書》 권72 〈貢禹傳〉.

60) 미야케 키요시도 관점은 조금 다르지만 비슷한 맥락에서, '수(戌)' 제도의 폐지와 노역형의 유기화, '수졸
령(戌卒令)'의 폐지, 문제(文帝) 4년의 관노비 해방 등이 공통적으로 지향한 것은 관유 노동력의 축소였으며 이
는 관유 노동 인원을 줄임으로써 국가의 부담을 경감하려는 취지였다고 해석한다.

국가가 매달 초하룻날에 면밀히 조사해 파악하고 있었다면, 또 이러한 시스템이 정상적으로 엄격하게 작동하고 있었다면, 애초부터 관노비가 무한정 증가할 리도 없었고 또 노역형도를 유기형도로 전환했다고 해서 갑자기 관노비가 대폭 줄어들 리도 없었으리라고 보아야 하기 때문이다.[61] 나는 이러한 시스템이 정상적으로 작동하지 않는 상황이 한 문제 시기에 이르러 발생했을 수도 있다는, 이를테면 관노비 매입 수요의 감퇴와 같은 상황이 벌어졌을 수도 있다는 가설을 제시하고 싶다. 진·한 교체기에 계속된 전란은 극심한 혼란과 민생 파탄을 가져왔는데, 그것이 얼마나 심각했는지는 다음의 사료가 단적으로 보여준다.

> 고제(高帝)가 남쪽으로 곡역(曲逆)을 거쳐 성에 올라 주택들을 바라보니 매우 커서 말했다. "규모가 대단한 현이구나! 나는 천하를 순행(巡行)했는데, 단지 낙양(洛陽)만이 이 정도였다." 그리고 머리를 돌려 어사(御史)에게 물었다. "곡역의 호구(戶口)는 어느 정도인가?" 어사가 대답했다. "진 초기에는 3만여 호였는데, 중간에 여러 차례 전쟁이 일어나 아주 많은 사람이 도망가거나 숨는 바람에 지금은 5,000여 호에 지나지 않습니다."[62]

본적지로부터 도망가거나 숨은 사람이 얼마나 많았는지를 통해 계속된 전쟁이 향리에 미친 해악을 시사하는 이 사료에 따르면, 진평(陳平)의 책봉지인 곡역의 호구는 진 시황 시기에 3만여 호에 달했던 것이 이 시기에 이르러 5,000호에 불과하게 되었다. 전성기 인구의 17%에도 못 미칠 정도로 인구가 격감한 것이다. 당시 본적지로부터 도망가거나 숨는 것은 도망죄에 해당했으므로 진·한 교체기의 전란은 민생 파탄을 야기함과 동시에 법률적으로 수많은 죄인을 양산했던 셈이다.

---

61) 한 문제 13년의 형제 개혁에 따른 획기적 변화가 무기형도를 유기형도로 전환한 것이었다고 한다면 이는 곧 국가가 무기의 노역형도를 매각해 얻는 재정적 수입이 줄어들게 되었음을 의미하는데, 그렇다면 감소한 수입을 어떤 방식으로 보충했는지도 따져봐야 할 문제다. 나는 현재로서는 이 문제에 대해 답할 수 없다. 게다가 한 문제 때는 전조(田租)를 감면하는 정책을 취했다. 《漢書》(北京 : 中華書局, 1980) 권4 〈文帝紀〉, 118쪽.

62) 《漢書》 권40 〈陳平傳〉, 2,045쪽. 《사기(史記)》에도 같은 내용이 나온다. 《史記》(北京 : 中華書局, 1980) 권56 〈陳平丞相世家〉, 2,058쪽.

이 과정에서 수많은 양인들이 인신매매 과정을 거쳐 노비로 전락했고, 또한 극히 일부의 특수한 경우이긴 하지만, 역으로 혼란의 와중에 노비가 해방되어 양인이 되는 경우도 있었다.

이와 관련해 주목할 만한 다음과 같은 사료가 있다.

① 한(漢)이 일어났을 때는 진의 피폐함을 이어받았고, 제후(諸侯)들이 반란을 일으켜 백성들이 생업을 잃었으며 대기근도 들었다. 대체로 쌀이 1석에 5,000전이나 해 사람들이 서로 잡아먹고 죽은 사람이 절반을 넘었다. 이에 고조(高祖)는 영을 내려 백성들이 자식을 팔고 촉군(蜀郡)과 한중(漢中) 지역으로 가서 먹을 것을 구할 수 있게 했다.[63]

② 제후(諸侯)의 자제로서 관중(關中)에 있는 자에게는 12년간의 역을 면제해주고, 향으로 돌아가는 자에게는 반을 감해준다. 전에 산택에 모여 숨어 살았던 사람들 가운데 호적에 등기하지 않은 자들은 이제 천하가 안정되었으므로 각각 원래의 현으로 돌아가게 하고, 그들에게 원래의 작위와 전택을 돌려주고, 관리들은 법률로써 사리를 따져 그들에게 이해시키고 가르쳐주고 그들을 매로 때려서 욕되지 않게 한다. 백성 가운데 기아로 인해 자매(自賣)해 타인의 노비가 된 자는 모두 노비 신분을 면해주어 서인이 되게 한다. 군리졸(軍吏卒)이 대사면(大赦免)을 만나 죄가 없거나 작위가 없거나 작위가 대부에 이르지 않은 자에게는 모두 대부의 작(爵)을 내린다. 원래 대부 이상의 작위를 갖고 있는 자에게는 작 1급을 지급하고, 칠대부(七大夫) 이상인 자에게는 식읍(食邑)을 주며, 칠대부 이하만 아니면 모두에게 자신과 1호(戶)의 역을 면제해주고 이들을 차역(差役)에 동원하지 않는다.[64]

①은 한 고조 3년(기원전 200년) 6월의 일로,[65] 한시적인 조치이긴 하지만 인

---

63) 《漢書》 권24 〈食貨志〉 上, 1,127쪽. 이에 대한 번역은 박기수 · 이경룡 · 하원수 · 김경호 역주, 《사료로 읽는 중국 고대 사회경제사》(청어람미디어, 2005), 328쪽을 참조했다.

64) 《漢書》 권1, 〈高帝紀〉 第1下, 54쪽.

65) 당시 한 고조는 폐구(廢丘)에 주둔하고 있던 항우(項羽)의 장수인 장감(章邯)을 패배시키고 옹(雍) 지역의 70여 현을 얻었는데, 관중 지역에 대기근이 들어 쌀 1석이 1만 전이나 했다. 그래서 한 고조는 점령지 백성들에

신매매를 허용하고 있다는 점이 주목된다.[66] ②는 한 고조 5년 여름 5월의 조서의 내용으로, '호적에 등기하지 않은(不書名數)' 도망자의 호적 등기를 허용하고 인신매매로 노비가 된 자들을 모두 서인 신분으로 회복시켜준다는 점이 주목된다. 《주얼서》 안례(案例) 2와 《주얼서》 안례 5는 초(楚) 시기에 도망한 노비에 한해 도망한 노비의 호적 등기를 허락하고 있는데, 이것은 ②의 조치와 관련이 있었을 것이다.[67] ②는 또한 한 초에 시행된 수전(授田) 제도와 관련해서도 주목된다. ②의 내용을 다시 정리하면 이렇다. 첫째, 산림으로 도망간 유민들이 원적으로 돌아가 원래의 진의 작위와 전토(田土)를 회복할 수 있다. 둘째, 기아로 노비가 된 자들을 노비 신분에서 해방시켜 서인으로 만들어준다. 셋째, 군리졸의 작급과 대우를 제고한다. 이것은 진조(秦朝)의 토지 제도와 군공작제(軍功爵制)를 그대로 계승한다는 의미를 지닌다.[68] 이미 전국 시대에 각국에서 수전 제도를 시행했고, 이러한 수전 제도가 《이년율령》에 그대로 계승되고 있음은 주지의 사실이다. 《이년율령》에는 토지를 이간(已墾), 미간(未墾), 불가간(不可墾)으로 분류하고 경작 불가능한 토지의 지급을 금지한다는 내용, 사여된 전택의 상속과 매매를 허용한다는 내용, 토지를 작에 따라 차등적으로 지급한다는 내용 등 수전에 관한 매우 상세한 규정이 나타나 있다.[69] 수전 제도와 밀접한 관련이 있는 것이 호적 제도인데, 한에서는 모

게 촉군과 한중 지역으로의 이주를 허락했다. 진·한 교체기의 혼란으로 인해 국가가 재원이 풍부한 곳의 물자를 재원이 부족한 곳으로 신속하게 옮길 수 없었으므로 대신 백성을 이주시킨 것이다. 박기수·이경룡·하원수·김경호 역주, 《사료로 읽는 중국 고대 사회경제사》, 330쪽 참조.

66) 이 한시적 조치를 제외하고는 법률상 인신매매가 금지되어 있었기 때문에 양인이 인신매매를 통해 노비 신분으로 전화하는 것은 합법적인 일은 아니었다. 임병덕, 〈魏晉南北朝의 良賤制〉, 《歷史學報》 142(1994), 176쪽.

67) 초(楚)·한(漢) 전쟁의 결과 한이 중국 전토를 통일했는데, 그때 초의 영역의 호적을 한이 정리했다. 그 과정에서 여러 조정이 이루어졌다고 보인다. 노비 신분인 자가 초의 호적에서 한의 호적으로 정리될 때, 그 이전에 도망한 자의 경우 스스로 한의 정권에 신고하면 노비 신분에서 해방되어 서인이 될 수 있었다. 飯尾秀幸, 〈江陵張家山漢簡《奏讞書》をめぐって〉, 《專修人文論集》 56(1994), 99쪽.

68) 臧知非, 〈西漢授田制度與田稅徵收方式新論─對張家山漢簡的初步研究〉, 《江海學刊》(2003년 제3기), 143쪽. 한편, 고조 5년 조서(詔書)의 분석에 대해서는 李開元, 〈前漢初年における軍功受益階層の成立〉, 《史學雜誌》 99-11(1990)을 참조하라.

든 백성을 호적에 등재해 관리하고, 백성이 불법적으로 본적지를 떠나 이동할 경우 엄격하게 처벌했다.[70]

다시 정리하면 ①은 한 고조 3년에 시행된 조치로, 노비와 관련해서만 말하자면, 자식을 팔아 노비로 삼는 것을 허용한다는 내용이다. ②는 ①의 조치 2년 뒤에 나와 ①의 조치를 수정한 것으로, 기아로 인해 자매해 타인의 노비가 된 서인을 원래대로 서인으로 되돌린다는 내용이다. 결국 이것은 수전 제도와 작제(爵制)를 정비하면서 몰락 양인을 다시 양인으로 환원하는 조치였다고 할 수 있다. 즉 ①의 조치가 진·한 교체기의 계속되는 극심한 혼란을 국가적 차원에서 해결해줄수 없는 상황에서 율령에 불법으로 규정돼 있는 인신매매[71]를 한시적으로 허용하

---

69) 《이년율령》에 나타난 수전 제도에 관한 연구는 이미 허다하게 발표되었다. 다음과 같은 글들을 참조하라. 高大倫, 〈'張家山漢簡田律' 與 '靑川秦木牘爲田律' 比較硏究〉, 《簡帛語言文字硏究》 제1집(成都 : 巴蜀書社, 2002) ; 高敏, 〈論西漢前期芻·槀稅制度的變化發展—讀張家山漢墓竹簡箚記之二〉, 《鄭州大學學報》(哲學社會科學版)(2002년 제4기) ; 高敏, 〈從張家山漢簡《二年律令》看西漢前期的土地制度—讀張家山漢墓竹簡箚記之三〉, 《中國經濟史硏究》(2003년 제3기) ; 楊振紅, 〈秦漢"名田宅制"說—從張家山漢簡看戰國秦漢的土地制度〉, 《中國史硏究》(2003년 제3기) ; 王彦輝, 〈論張家山漢簡中的軍功名田宅制度〉, 《東北師大學報》(2004년 제4기) ; 于振波, 〈張家山漢簡所反映的漢代名田制〉, '簡帛硏究网站(http://www.jianbo.org/)'(2003년 9월 24일) ; 于振波, 〈漢牘所見秦名田制蠡測〉, '簡帛硏究网站(http://www.jianbo.org/)'(2004년 1월 11일) ; 于振波, 〈張家山漢簡中的名田制及其在漢代的實施情況〉, 《中國史硏究》(2004년 제1기) ; 于振波, 〈漢代的戶賦與芻槀稅〉, '簡帛硏究网站(http://www.jianbo.org/)'(2004년 11월 14일) ; 于振波, 〈略論漢名田制與唐田均田制之異同〉, '簡帛硏究网站(http://www.jianbo.org/)'(2004년 10월 27일) ; 李翠麗, 〈西漢授田制與漢初商品經濟的發展—"弛山澤之禁" 新釋〉, 《江南社會主義學院》(2004년 제3기) ; 臧知非, 〈漢代田稅"以頃計征"新證—兼答李恒全同志〉, 《江書師範大學學報》(哲學社會科學版)(2003년 제3기) ; 臧知非, 〈張家山漢簡所見西漢鑛業稅收制度試析—兼談西漢前期"弛山澤之禁"及商人兼幷農民問題〉, 《史學月刊》(2003년 제3기) ; 臧知非, 〈西漢授田制度與田稅徵收方式新論—對張家山漢簡的初步硏究〉, 《考古》(2003년 제3기) ; 臧知非, 〈張家山漢簡所見西漢繼承制度初論〉, 《文史哲》(2003년 제6기) ; 曹旅寧, 〈張家山漢律名田宅的性質及實施問題〉, 《張家山漢律硏究》(北京 : 中華書局, 2005) ; 朱紹侯, 〈呂后二年賜田宅制度試探—《二年律令》與軍功爵制硏究之二〉, 《史學月刊》(2002. 12) ; 朱紹侯, 〈論漢代的名田(受田)制及其破壞〉, 《河南大學學報》(2004년 제1기) ; 朱紹侯, 〈從張家山漢律看漢初國家授田制度的幾個特点〉, 《江漢考古》(2004년 제3기).

70) 송진, 〈漢代 通行證 制度와 商人의 移動〉, 《東洋史學硏究》 92(2005). 冨谷至, 〈漢代の〈傳〉について〉, 《古シルクロードの軍事·行政システム—河西回廊を中心にして》 22(2005).

71) 《二年律令》, 67簡에는 인신의 약취(略取)·매매, 부당한 인신매매에 관여한 자를 처벌하는 규정이 나온다. 인신을 약취·매매한 자는 책형(磔刑)에 처하고, 기타 부당한 매매에 관여한 자는 경성단용(黥城旦舂)에 처한다는 내용이다. 《당률(唐律)》, 〈적도(賊盜)〉 48에는 부당한 매매임을 알고도 인신을 매입한 사람의 죄는 일등 감해지는 것으로 나오는데, 한에서는 이 경우도 같은 죄로 처벌되었다.

는 것이었다면, 그보다 2년 뒤에 나온 ②의 조치는 수전제의 전면적 시행에 발맞춰 편호제민(編戶齊民)을 확보하기 위해 몰락 양인을 재차 양인으로 환원하는 것이었다. 그렇다고 해서 ②의 조치가 작(爵)-서인-노비로 이루어진 신분제를 근본적으로 바꾸려는 것은 물론 아니었다. 이 조치는 다만 군공작제의 재정비, 서인층의 안정과 확대를 겨냥했을 뿐이다. 즉, 몰락해 노비가 된 양인을 원래 신분으로 돌려놓거나, 초(楚) 시기에 도망간 노비를 호적에 자진 신고하게 하는 과정을 거쳐 서인으로 전환함으로써 편호제민의 안정적 확보를 꾀했던 것이다.

《사기(史記)》, 〈화식열전(貨殖列傳)〉은 한대에 이르러 상공업이 크게 발전했음을 다음과 같이 묘사하고 있다.

한이 흥기해 해내(海內)를 통일하자 각 제후국(諸侯國)의 관문과 교량이 개통되었고 산택의 이용을 금지하던 법령도 완화되었다. 이 때문에 부상대고(富商大賈)들이 천하를 두루 다니며 교역하니 물자가 유통되지 않는 것이 없었고, 이 때문에 사람들은 원하는 것들을 얻게 되었다.[72]

한 문제 때는 더욱 적극적인 농업 부흥 정책이 나와서 농민의 생활이 적어도 곤궁하지는 않았을 것 같은데, 《한서》, 〈식화지(食貨志)〉를 보면 실상은 그렇지 않았음을 알 수 있다. 한 문제 시기의 조착(晁錯)은 당시 농민의 참상을 다음과 같이 묘사하고 있다.

지금 다섯 식구의 농가에서 역에 복무하는 자는 적어도⋯⋯사계절 동안 하루도 쉴 수가 없습니다. 또 사사로이 가는 자를 환송하고 오는 자를 영접하며, 죽은 자를 조문하고 아픈 자를 위로하며, 고아를 기르고 어린아이를 키우는 것이 그 수입 안에 포함되어 있습니다⋯⋯가진 자

---

72) 《史記》 권129 〈貨殖列傳〉, 3,261쪽. 번역은 박기수 · 이경룡 · 하원수 · 김경호 역주, 《사료로 읽는 중국 고대 사회경제사》, 211쪽을 참고했다.

는 가진 것을 반값에 팔고 없는 자는 원금의 두 배의 이자로 돈을 빌리니 이로 인해 토지와 집을 팔고 아이를 팔아 부채를 갚는 경우도 있습니다……이것이 상인이 농민을 겸병하는 까닭이며 농민이 유망(流亡)하는 까닭입니다.[73]

조착은 한 문제 시기의 농민이 겪은 고통을 이와 같이 매우 구체적으로 묘사하고 있다. 경제적으로 압박을 받는 농민이 채무와 그에 따른 고리의 이자에 몰려 최종적으로는 '토지와 집을 팔고 아이를 판다(賣田宅鬻子孫)'는 것이다. 물론《이년율령》에는 인신매매, 인신의 유괴를 엄격하게 금지하는 규정들이 나온다.[74]《이년율령》에는 인신매매에 대한 처벌 규정이 나와 있지만, 그럼에도 한 초부터 이미 인신매매가 성행했음을 여러 문헌 사료가 알려주고 있다. "처자를 매매하고……", "남녀를 매매하는 자가 있으면……", "남녀를 매매해 복예(僕隸)로 하는 자가 있으면……", "가난한 자는 아내와 자식을 팔고……", "백성들은 모두 아녀자를 매매하고……", "처를 가(嫁)하고 자식을 팖에 이르러도……", "백성으로 하여금 처를 가하고 자를 팔게 하여……처를 인질로 삼고 자식을 팔아……", "이에 처와 자식을 인질로 하고 매매하고……" 등, 한 초부터 위진남북조(魏晋南北朝) 시기까지의 문헌 사료에는 수많은 인신매매 사례가 등장한다.[75]

한 고조 시대의 인신매매 사례로는 앞서 언급한, "한(漢)이 일어났을 때는 진의 피폐함을 이어받았고, 제후(諸侯)들이 반란을 일으켜 백성들이 생업을 잃었으며 대기근도 들었다. 대체로 쌀이 1석에 5,000전이나 해 사람들이 서로 잡아먹고 죽은 사람이 절반을 넘었다. 이에 고조(高祖)는 영을 내려 백성들이 자식을 팔고 촉

---

73)《漢書》권24〈食貨志〉上, 1,132쪽. 번역은 박기수 · 이경룡 · 하원수 · 김경호 역주,《사료로 읽는 중국 고대 사회경제사》, 348~349쪽을 참고했다.

74)《二年律令》, 194簡 : "強略人以爲妻及助者, 斬左止(趾)以爲城旦." · 65~66簡 : "……恐猲人以求錢財, 盜殺傷人, 盜發冢(塚), 略賣人若已略未賣, 橋(矯)相以爲吏, 自以爲吏以盜, 皆磔." · 67簡 : "智(知)人略賣人而與買, 與同罪. 不當賣而私爲人賣, 賣者皆黥爲城旦舂. 買者智(知)其請(情), 與同罪."

75)《晋書》권62〈劉琨傳〉;《魏書》권5〈高宗紀〉 · 권9〈肅宗紀〉;《宋書》권82〈沈懷文傳〉;《魏書》권57〈崔孝暐傳〉;《漢書》권64〈賈捐之傳〉;《後漢書》권1〈光武帝紀上〉;《魏書》권44〈薛虎子傳〉;《南齊書》권26〈王敬則傳〉.

군(蜀郡)과 한중(漢中) 지역으로 가서 먹을 것을 구할 수 있게 했다"라는 조칙 내용을 들 수 있다. 이 조칙은 진·한 교체기 이후의 혼란이 여전했던 한 초에 인신매매가 성행했음을 반영하고 있다. 특히 한 고조 시기의 이 조칙이 주목되는 것은 이 조칙을 통해 인신매매가 합법적으로 이루어졌기 때문이다. 실제로 한 초의 혼란스러운 시기에 유력자에게 몸을 피해 노예가 된 사례가 《주얼서》 안례 4에도 나타나 있다. 즉 《주얼서》 안례 4는 한 고조 10년에 여자인 부(符)가 도망가서 자신이 '호적에 등기한 적이 없다'라고 속이고 '스스로 호적에 등기'하여 대부(大夫)인 명(明)의 '노예'가 된 일을 다루고 있다. 이 안례에 의하면, 대부인 '명'은 여자인 '부'를 '가(嫁)'해서 은관(隱官)인 해(解)의 처로 삼은 것으로 나타나고 있다.[76] 이처럼 인신매매를 통한 양인의 노비화는 이미 한 초부터 이루어지고 있었고, 그 후 상공업의 발전과 대(大)토지 소유제의 진전에 따라, 《한서》, 〈식화지〉에 나오는 한 문제 시기의 조착의 지적처럼, 더욱 성행하게 되었다고 생각된다. 앞서 이미 언급했듯이 진조의 토지 제도와 군공작제는 《이년율령》에 거의 그대로 계승되었다. 호구를 기초로 엄격한 수전 제도가 시행된 것은 확실하지만, 토지의 상속이나 증여, 매매 등이 가능했기 때문에 이 토지 국유제는 사유제의 과도적 형태를 취했다고 할 수 있다.[77] 토지의 상속이나 증여, 매매가 가능했기 때문에, 군공(軍功)을 통해 지주가 된 자들은 정치·경제적 특권을 이용해 서민의 토지를 박탈하거나 저렴한 값으로 매입할 수 있었다. 농민은 정부로부터 받은 토지를 장구히 유지하기 어려웠고, 파산은 신속하게 이루어졌으며, 급기야 동중서(董仲舒)가 지적하는 것처럼 토지 소유의 불균등 현상이 매우 심화되었다.[78] 한 초 이후 토지의 상

---

76) 張家山二四七號漢墓竹簡整理小組, 《張家山漢墓竹簡〔二四七號墓〕(釋文修訂本)》, 215쪽 : "●胡丞憙敢讞之,…… 告亡. ●符曰 : 誠亡, 詐自以爲未有名數, 以令自占(28)書名數, 爲大夫明隸, 明嫁符隱官解妻, 弗告亡,…… 解曰 : 符 有名數明所, 解以毋恢(29)人也, 取(娶)以爲妻, 不智(知)前亡, 乃疑爲明隸, 它如符. 詰解 : 符雖有名數明所, 而實亡 人也. ●律 : (30)取(娶)亡人爲妻, 黥爲城旦, 弗智(知), 非有減也. 解雖弗智(知), 當以取(娶)亡人爲妻論. 何解? 解 曰 : 罪, 毋解."

77) 臧知非, 〈西漢授田制度與田稅徵收方式新論─對張家山漢簡的初步硏究〉, 《考古》(2003. 6), 《先秦·秦漢史》(2003 년 제5기에 재수록), 86쪽.

속이나 증여, 매매 등을 통해 수전 체제는 점진적으로 이완될 수밖에 없었다. 대토지 소유자의 증가와 민영 수공업의 발달로 대변되는 한대의 수전 제도의 이완은 토지의 매매와 증여를 허용한 토지 제도 그 자체에 원인을 내포하고 있던 셈이다. 인신매매를 통한 양인의 노비화는 이러한 과정을 통해 점차 증가했을 것이다. 이러한 불법적인 인신매매와 이를 통한 양인의 노비화는 한 문제 시기에 크게 성행했던 것으로 보이며, 이는 필연적으로 《이야진간》에 명백히 나타나 있는 관노비 매각·매입 시스템의 실효성을 크게 떨어뜨렸을 것이다. 따라서 이런 시점에 이루어진 무기형도의 유기형도화는 관노비 매각·매입 시스템의 붕괴에 따라 관노비의 유휴 노동력화를 낳을 정도로 실효성이 없었고 비효율적이었던 제도를 어쩔 수 없이 개선한 조치였다고 평가하고 싶다.

4. 맺음말—한 문제의 형제 개혁에 대한 평가

진대에 노역형도를 중심으로 빈틈없이 효율적으로 짜여 있었던 노역 동원 체제는 진·한 교체기라는 혼란기를 맞이해 호적이 문란해지고 이로 인해 도망자가 생기면서 무너지기 시작했다. 진대의 노역 동원 체제는 유휴 노동력을 최소화하는 것이었다고 단적으로 평가할 수 있는데, 관노비 매각 시스템은 거기서 매우 중요한 기능을 했다. 한편, 한 초에 시행된 토지 국유 제도는 토지의 상속이나 증여, 매매가 가능한 까닭에 점차 대토지 소유제로 바뀌게 되었는데, 그 상황에서 성행하게 된 인신매매는 관노비 매각 시스템의 붕괴를 초래했을 것이다. 관노비 매각 시스템의 붕괴는 노역형도 수의 조절을 어렵게 만들었고, 결국 관유 노동력의 과잉 상태를 초래했을 것이다. 관유 노동력의 유휴화는 무기의 노역형도를 유기의 노역형도로 전환하는 조치로 이어졌을 것이다. 문헌 사료는 한 문제 시기의 모든

---

78) 臧知非,〈西漢授田制度與田稅徵收方式新論—對張家山漢簡的初步研究〉, 88쪽.

개혁을 한 문제의 덕으로 돌리고 있다. 그러나 개혁이란 모두 절실한 현실적 요청에 의해 이루어지는 법이다.[79] 문헌 사료는 한 문제가 형제 개혁과 같은 국가적 과제를 마치 육형을 받게 된 아버지를 대신해 자신을 처벌해달라는 소녀의 상서에 감동을 받아 단행한 것처럼 묘사해 '어진 군주(仁君)'로서의 한 문제의 모습을 극적으로 부각하고 있다. 한 문제는 한대의 여러 황제 가운데 어진 군주로 평가받고 있다. 그가 취한 여러 정책을 보면 언뜻 그러한 평가에 부합하는 것처럼 보인다. 그러나 유한한 형기를 설정해 노역형도를 무기형도에서 유기형도로 만들어준 것이 관이 껴안고 있던 과잉 노동 인력을 삭감하기 위한 것이었고 국가의 부담을 줄이기 위한 것이었다고 한다면, 그가 '백성의 어버이로서 느꼈다는 고통'을 글자 그대로 받아들여야 할까? 또 육형인 참좌지(斬左止), 의형(劓刑)을 대신해 그의 시대에 새로 설정된 태오백(笞五百), 태삼백(笞三百) 같은 형벌을 과연 인민을 위한 혁명적인 '완형(緩刑)'이라고 평가할 수 있을까? 《한서》, 〈공우전〉에는 한 원제 즉위 초의 일로서 "하는 일 없이 놀고 있는 관노비 10여 만 명을 부양하는 비용 5, 6억 양을 절감하기 위해 그들을 서인으로 방면"하자는 내용이 나오는데, 이렇게 한 문제 이후에도 여전히 관노비 과잉 상태가 해소되지 못했다면 과연 한 문제의 형제 개혁이 관이 떠안고 있던 과잉 노동 인력을 삭감하는 데 실효를 거두기는 한 것일까? 한 문제의 형제 개혁이 이전의 성단용, 귀신백찬, 예신첩 같은 무기형도, 즉 관노비의 형기를 유기화해준 것이라는 데 합의한다 해도 여전히 많은 의문이 남는다. 규정대로라면 한 문제 이전부터 존재해온 모든 관노비의 형기를 설정한 셈인데, 그렇다면 한 문제 형제 개혁 이후에 발생한 관노비는 어떻게 된 것일까? 형기의 설정이라는 한 문제의 획기적인 형제 개혁에도 불구하고 왜 훗날 여전히 관노비가 남아돈다는 기록이 남게 되었을까? 한 문제가 무기의 노역형도, 즉 관노비에게 유한한 형기를 설정해주었다고 해서 그 뒤에 관노비가 없어진 것도 분명 아니다. 따라서 나는 한 문제의 형제 개혁이 모든 노역형도를 유기형도로 전환하

---

79) 宮宅潔, 〈有期勞役刑體系の形成─《二年律令》に見える漢初の勞役刑を手がかりにして〉, 58쪽.

출토 문헌과 한 문제의 형제 개혁 71

는 것이었다기보다는, 형제 개혁 이전에는 구분이 없었던 형도와 관노비를 비로소 각각 구분해 취급한 것이었으리라고 추정하고 싶다. 그리고 육형의 폐지는 형식적으로 완형화(緩刑化)를 지향하는 것이었지만, 형기의 유기화는 완형화 차원에서 이루어진 것이 결코 아니었다고 생각한다. 어쨌든 나는 한 문제의 형제 개혁을 포함해 그의 모든 개혁에 대해서 여전히 많은 의문을 품고 있기 때문에 적어도 지금은 천성이 매우 우유부단한 성격의 소유자로 평가되는[80] 한 문제를 영웅으로 받드는 데 동의하고 싶지 않다. 아직 0.1%밖에 공개되지 않은 《이야진간》이 앞으로 더 공개되고 문제와 경제(景帝) 시기의 것으로 언급되는 '장가산 336호 묘 출토 간독'이 어서 공개되어[81] 진대와 한대 및 진·한 교체기의 중앙과 지방의 관계, 국가적 노동 편성의 변화, 그리고 한 문제 시대의 진실에 한 걸음 더 가까이 다가설 수 있기를 기대한다.

---

80) 楊劍宛, 〈漢文帝時期吏治的弊端〉, 《湘潭大學學報》, 23권(1991년 제 1기)에서는 한 문제를 성격이 강직하고 직언을 하는 충신을 소홀히 하고 간신을 중용하고, 제후왕이나 외척을 관대히 대한 소심한 인물이었다고 평가한다.

81) 張家山二四七號漢墓竹簡整理小組, 《張家山漢墓竹簡〔二四七號墓〕(釋文修訂本)》에 의하면, '장가산 336호 묘'는 현재 '호북성(湖北省) 형주(荊州) 박물관'이 정리하고 있으며, 그중에는 한율(漢律)과 그 율명(律名) 15종이 포함되어 있다. 이 법률 간독은 문물출판사(文物出版社)에서 출간되기로 예정돼 있다.

睡虎地秦墓竹簡整理小組,《睡虎地秦墓竹簡》(北京:文物出版社, 1978)

張家山二四七號漢墓竹簡整理小組,《張家山漢墓竹簡〔二四七號墓〕(釋文修訂本)》(北京:文物出版社, 2006)

湖南省文物考古研究所・湘西土家族苗族自治州文物處,〈湘西里耶秦代簡牘選釋〉,《中國歷史文物》(2003년 제1
　　기)

湖南省文物考古研究所・湘西土家族苗族自治州文物處・龍山縣文物管理所,〈湖南龍山里耶戰國―秦代古城一號井
　　發掘簡報〉,《文物》(2003. 1)

高敏,〈論西漢前期芻・藁稅制度的變化發展―讀張家山漢墓竹簡箚記之二〉,《鄭州大學學報》(哲學社會科學版)(2002
　　년 제4기)

――,〈從張家山漢簡《二年律令》看西漢前期的土地制度―讀張家山漢墓竹簡箚記之三〉,《中國經濟史研究》(2003년
　　제3기)

高恒,〈秦律中 '隸臣妾' 問題的探討―兼批四人幇的法家 '愛人民' 的謬論〉,《文物》77-7(1977. 7)〔《秦漢法制論考》
　　(福建:厦門大學出版社, 1994)에 재수록〕

李學勤,〈初讀里耶秦簡〉,《文物》(2003. 1)

李翠麗,〈西漢授田制與漢初商品經濟的發展―"弛山澤之禁" 新釋〉,《江南社會主義學院》(2004년 제3기)

李開元,〈前漢初年における軍功受益階層の成立〉,《史學雜誌》99-11(1990)

沈家本,《歷代刑法考》1(北京:中華書局, 1985)

楊振紅,〈秦漢 "名田宅制" 說―從張家山漢簡看戰國秦漢的土地制度〉,《中國史研究》(2003년 제3기)

楊靑婉,〈漢文帝時期吏治的弊端〉,《湘潭大學學報》23권(1991)

王彦輝,〈論張家山漢簡中的軍功名田宅制度〉,《東北師大學報》(2004년 제4기)

于振波,〈張家山漢簡所反映的漢代名田制〉, '簡帛研究双站(http://www.jianbo.org/)' (2003년 9월 24일)

――,〈張家山漢簡中的名田制及其在漢代的實施情況〉,《中國史研究》(2004년 제1기)

――,〈略論漢名田制與唐均田制之異同〉, '簡帛研究双站(http://www.jianbo.org/)' (2004년 10월 27일)

――,〈漢代的戶賦與芻藁稅〉, '簡帛研究双站(http://www.jianbo.org/)' (2004년 11월 14일)

臧知非,〈漢代田稅 "以頃計征" 新證―兼答李恒全同志〉,《江書師範大學學報》(哲學社會科學版)(2003년 제3기)

――,〈張家山漢簡所見西漢鑛業稅收制度試析―兼談西漢前期 "弛山澤之禁" 及商人兼幷農民問題〉,《史學月刊》
　　(2003년 제3기)

――,〈張家山漢簡所見西漢繼承制度初論〉,《文史哲》(2003년 제6기)

――,〈西漢授田制度與田稅徵收方式新論―對張家山漢簡的初步研究〉,《考古》(2003. 6)〔《先秦・秦漢史》(2003
　　년 제5기)에 재수록〕

張金光,〈關于秦刑徒的幾個問題〉,《中華文史論叢》(1985년 제1기)

──, 〈刑徒制度〉, 《秦制研究》(上海：上海古籍出版社, 2004)

曹旅寧, 〈從里耶秦簡看秦的法律制度〉, 《秦文化論叢》 제11집(西安：三秦出版社, 2004)

──, 〈張家山漢律名田宅的性質及實施問題〉, 《張家山漢律研究》(北京：中華書局, 2005)

──, 〈張家山漢簡《亡律》考〉, 《張家山漢律研究》(北京：中華書局, 2005)

裘錫圭, 〈戰國時代社會性質試探〉, 《古代文史新探》(南京：江蘇古籍出版社, 1992)에 재수록(원래는 1981년 발표)

韓樹峰, 〈秦漢徒刑散論〉, 《歷史研究》(2005년 제3기)〔《先秦·秦漢史》(2005년 제5기)에 재수록〕

三國時代出土文字資料의 研究班, 〈江陵張家山漢墓出土《二年律令》譯注稿その(一, 二, 三)〉, 《東方學報》 76·77·78(京都：京都大學人文科學研究所, 2004·2005·2006)

冨谷至, 〈秦漢の勞役刑〉, 《東方學報》 55(1983)

──, 〈ふたつの刑徒墓─秦～後漢の刑役と刑期〉, 《中國貴族制社會の研究》(京都：京都大學人文科學研究所, 1987)

──, 〈江陵張家山二四七號墓出土竹簡─とくに《二年律令》に關して〉, 《木簡研究》 27(2005)

──, 〈漢代の《傳》について〉, 《古シルクロードの軍事·行政システム─河西回廊を中心にして》 22(2005)

──, 〈緒言─江陵張家山二四七號墓出土漢律によせて〉, 《江陵張家山二四七號墓出土漢律令の研究》(京都：朋友書店, 2006)

冨谷至 編, 《江陵張家山二四七號墓出土漢律令の研究─譯注篇》(京都：朋友書店, 2006)

籾山明, 〈秦の隸屬身分とその起源〉, 《史林》 65-2(1982)

──, 〈雲夢睡虎地秦簡〉, 滋賀秀三 編, 《中國法制史─基本資料の研究》(東京：東京大學出版會, 1993)

──, 〈秦漢刑罰史研究の現狀〉, 《中國古代訴訟制度の研究》(京都：京都大學學術出版會, 2006)

宮宅潔, 〈秦漢時代の爵と刑罰〉, 《東洋史研究》 58-4(2000)

──, 〈《二年律令》研究の射程─新出法制史料と前漢文帝期研究の現狀〉, 《史林》 89-1(2006)

──, 〈有期勞役刑體系の形成─《二年律令》に見える漢初の勞役刑を手がかりにして〉, 《東方學報》 78(2006)

滋賀秀三, 〈中國上代の刑罰についての一考察─誓と盟を手がかりとして〉, 《中國法制史論集─法典と刑罰》(東京：創文社, 2003)

若江賢三, 〈秦律における勞役刑の刑期再論(上)〉, 《愛媛大學法文學部論集》 25(1992)

──, 〈秦律における勞役刑の刑期再論(下)〉, 《愛媛大學法文學部論集》 27(1994)

飯尾秀幸, 〈江陵張家山漢簡《奏讞書》をめぐつて〉, 《專修人文論集》 56(1994)

鷹取祐司, 〈漢簡所見文書考─書·檄·記·符〉, 冨谷至 編, 《邊境出土木簡の研究》(京都：朋友書店, 2003)

堀敏一, 〈中國における良賤身分制の成立過程〉·〈雲夢秦簡にみえる奴隸身分〉, 《中國古代身分制─良と賤》(東京：汲古書院, 1987)

堀毅, 《秦漢法制論考》(北京：法律出版社, 1988)

박기수·이경룡·하원수·김경호 역주, 《사료로 읽는 중국 고대 사회경제사》(청어람미디어, 2005)

송진, 〈漢代 通行證 制度와 商人의 移動〉, 《東洋史學研究》 92(2005)

윤재석, 〈中國古代 女性의 社會的 役割과 家內地位〉, 《東洋史學研究》 96(2006)

이성규, 〈秦의 身分秩序 構造〉, 《東洋史學研究》 23(1986)

────, 〈秦·漢의 형벌체계의 再檢討〉, 《東洋史學研究》 85(2003)

임병덕, 〈魏晉南北朝의 良賤制〉, 《歷史學報》 142(1994)

임중혁, 〈秦漢律의 罰金刑〉, 《中國古中世史研究》 15(2006)

────, 〈秦漢律의 贖刑〉, 《中國學報》 54(2006)

한대(漢代) 변군(邊郡) 지배의
보편적 원리와 지역적 차이*

김 경 호**

1. 중국의 변경 인식과 그 연원

최근 중국 정부가 관심을 기울이고 있는 변경 지역은 동북 지역을 비롯해 서북 및 신강(新疆) 지역, 그리고 남사군도(南沙群島)와 조어도(釣魚島)를 포함한다. 동북 지역은 과거에 이 지역에 들어섰었던 고대 국가 조선, 고구려, 발해의 귀속 문제가 얽혀 있는 이른바 '동북공정(東北工程)'[1]으로 인해 한국(북한 포함)과 중국

* 이 글은 2005년도 6월에 〈한대 변군지배의 보편적 원리와 그 성격〉이라는 제목으로 《동양사학 연구》 제91집에 실린 논문을 수정·보완한 것이다.

** 성균관대와 같은 학교 대학원 사학과에서 박사 학위를 받았다(중국고대사전공). 중국 사회과학원 역사연구소 고급진수 및 방문학자를 거쳐 현재 성균관대 동아시아학술원 BK21 동아시아학 융합사업단 연구교수로 있다. 《새로운 질서를 향한 제국질서의 해체》(공저), 《중국고대사 최대의 미스터리, 진시황제》(역서), 《사료로 읽는 중국 고대 사회경제사》(공역) 등의 저서 및 역서가 있다. 논문으로는 〈거연한간《원강5년조서책》의 내용과 문서전달〉, 〈한대 변경 지배질서와 '동이' 지역〉, 《《조전비》에 보이는 한대 변경출신 관리의 성장과 배경》 등이 있다.

1) 중국 정부는 고구려사, 발해사를 중국사의 범주로 설정하기 위한 논리를 개발하고 한반도를 둘러싼 국제 정세 변화가 중국 동북 지역(만주)에 끼칠 영향에 대한 대응책을 마련하기 위한 대규모 연구 프로젝트를 추진하고 있다. 이 프로젝트의 명칭은 '동북 변경 지역 역사와 현상과 관련한 연구 프로젝트(東北邊疆歷史與現狀系列研究工程)'이며 이것의 약칭이 '동북공정(東北工程)'이다. 중국 동북 변경 지역의 역사와 이로부터 파생된 오늘날의 현상에 관한 문제를 체계적으로 연구하는 것이 이 프로젝트의 목표다. 이에 대해서는 중국사회과학원 직

두 국가 간에 학문적 차원을 넘어선 '첨예한' 논쟁을 야기하고 있는 지역이다.[2] 이 동북공정은 고구려 역사를 중국의 국경 문제, 즉 영토 분쟁 문제 차원에서 바라본다는 점에서 심각한 문제점을 안고 있다.[3] 서북 및 신강 지역은 티베트, 위구르족의 지속적인 독립 요구가 얽혀 있는 지역으로, 현 중국 정부가 내세우고 있는 '다민족 국가 체제' 이론과 관련해 어느 지역보다 더 민감한 곳이다. 신강 지역의 경우, 아직도 타림 분지를 둘러싼 중국과 러시아 간 영유권 분쟁이 계속되고 있다. 또한 남사군도에서는 이 지역 영유권 분쟁 당사국들이 군대를 주둔시키는 등 긴장감이 조성되고 있으며, 특히 1970년대 이후 이 지역에 석유, 천연 가스 등의 자원이 매장돼 있음이 확인된 후 영유권 분쟁이 더욱 심화되고 있다. 마지막으로 조어도는 일본과 영유권 문제로 대립하는 지역이다.[4] 이 지역들은 모두 현재 중국의 영토에 속해 있으며, 티베트와 고구려의 중국에 대한 귀속 여부를 비롯한 국경 논쟁[5]은 모두 중국인에 의해 제기되었다.[6] 아울러 이 논쟁들에는 근대 국가 성립

속 연구 기관인 '중국변강사지연구중심(中國邊疆史地硏究中心)' 홈페이지 '中國邊疆在線(http://www. china-boderland.com)'을 참조하라. 동북공정의 논리적 모순을 규명한 글로는 국사편찬위원회, 《중국의 동북공정 논리와 그 한계》(한국사론40, 2004)를 참조하라.

2) 동북공정의 실체와 주요 내용이 밝혀진 후 한국 학계에서는 '고구려 문제'를 주제로 한 학술회의가 현기증이 날 정도로 많이 개최되었다(예를 들면 한국고대사학회 주관으로 2003년 12월 9일에 열린 '중국의 고구려사 왜곡 대책 학술 발표회'). 이 학술회의들 대부분의 주요 내용은 '고구려는 중국의 지방 정부였다'라는 중국 측 논리를 반박하는 것이었다. 또한 이런 학술회의들이 개최됨과 동시에 '고구려연구재단'이 설립되고 고대사를 둘러싼 한중 관계를 '역사 전쟁'이라고까지 표현한 출판물[최광식, 《역사전쟁 3부작—중국의 고구려사 왜곡》 (살림, 2004) ; 윤명철, 《역사전쟁》(안그라픽스, 2004)]이 나오기도 하는 등, 동북공정은 한국 사회에 커다란 반향을 불러일으켰다. 고구려연구재단 엮음, 《중국의 東北邊疆 연구 동향 분석》(고구려연구재단, 2004)에 실린 다섯 편의 논문은 현재 중국의 변경 지역에 대한 인식을 이해하는 데 많은 도움이 된다.

3) 中國邊疆史地硏究中心 홈페이지 '中國邊疆在線(http://www.chinaboderland.com)'의 '熱點聚焦'에서 이 문제를 다루고 있다. 주요 내용은 변경 지역에 대한 정의(邊境定義), 변경 지역사 이론(疆域史理論), 고구려 문제 (高句麗問題), 탄누투바(唐努烏梁海) 문제, 동투르키스탄(東厥) 문제, 남사군도(南沙群島) 문제, 조어도(釣魚島) 문제다.

4) 윤휘탁, 〈현대중국의 변강·민족의식과 '동북공정'〉, 《역사비평》 65호(2003년 겨울), 187~190쪽 참조.

5) 耿鐵華, 《中國高句麗史》(長春 : 吉林人民出版社, 2002) ; 馬大正·李大龍·耿鐵華·權赫秀, 《古代中國高句麗歷史續論》(北京 : 中國社會科學出版社, 2003) 등을 참조.

6) 김한규, 〈중국과 중화인민공화국〉, 임지현 엮음, 《근대의 국경, 역사의 변경》(휴머니스트, 2004), 271~272

이후 유지돼온 국경을 그대로 확정하려는 중국의 의도가 깔려 있다.

이러한 상황을 보면 중국의 국경은 근대 국가가 성립된 이후에도 사실상 확정되지 못한 듯하다. 중국이 무리한 논리를 개발하면서까지 변경 지역들의 영유권을 확고히 하려 애쓰는 이유 가운데 하나는 아마도 현재 중국의 영역은 전통 시대 동아시아 세계에서의 그것과 유사하며 현재 중국의 여러 민족은 과거 동아시아 세계에 존재했던 민족들의 후손이라는 인식,[7] 그리고 이로부터 야기된 '중국' 중심의 '통일적 다민족 국가'라는 인식에 있을 것이다.[8] 중국은 고대부터 천자(天子)의 당위적인 지배 범위를 천하로 상정하고 그 질서에 포함된 주변 민족에 대한 근거 없는 우월 의식을 강조하는 천하관[9]과 화이관에 입각해 역사를 서술해왔다.[10] 중국이 자국의 역사 범위를 '현재의 영토 내에서 전개된 모든 역사'로 설정하고 또 한(漢)족과 55개의 소수 민족으로 구성된 '중화민족(中華民族)'이라는 개념을

쪽에서는 고구려, 티베트의 중국에 대한 귀속 여부와 관련한 논쟁에서 발견되는 공통점은 논쟁 당사자들이 모두 국가와 역사 공동체 개념을 구분하지 못함으로써 논쟁이 무의미한 혼돈에 빠지는 것이라고 지적한다.

7) 김한규, 〈古代 東아시아의 民族關係史에 대한 現代 中國의 社會主義的 理解〉, 《東亞硏究》 24(1999), 2쪽.

8) 오늘날 중국을 구성하고 있는 여러 민족의 조상이 모두 '중국인'인가, 이들이 형성한 역사는 모두 '중국사'인가, 또는 현재의 중국 영토가 과거에도 '중국'이었는가라는 질문에 대해 현재 중국에서는 이른바 '통일적 다민족 국가'라는 기본적인 인식하에 긍정적으로 답하고 있다. 이와 관련해서는 다음 글들을 참조하라. 陳連開, 〈中國·華夷·藩漢·中華·中華民族——個內在聯系發展被認識的過程〉, 費孝通 等, 《中華民族多元一體格局》(北京 : 中國民族學院出版社, 1989) ; 李晋槐·杜紹順, 〈中國古代民族關係史學術討論會綜述〉, 《華南師範大學學報》 社科版 (1985. 2)〔朱紹候 主編, 《中國古代民族關係史硏究》(福州 : 福建人民出版社, 1989)에 재수록〕; 김한규, 〈古代 東아시아의 民族關係史에 대한 現代 中國의 社會主義的 理解〉.

9) 이와 관련한 선학들의 논저는 상당하지만 대표적으로 다음을 참조하라. 安部健夫, 〈中國人の天下觀念〉, 《元代史の硏究》(東京 : 創文社, 1972) ; 김한규, 〈'中國' 槪念을 통해서 본 古代中國人의 世界觀〉, 《全海宗博士華甲論叢》 (일조각, 1979) ; 김한규, 〈'四夷' 槪念을 통해서 본 古代中國人의 世界觀〉, 《釜山女大論文集》 10(1981) ; 김한규, 《古代中國的世界秩序槪念》(일조각, 1982), 제1장 〈世界槪念의 분석을 통해서 본 漢代 中國人의 世界觀〉; 윤내현·김한규·김충열·유인선·전해종, 《中國의 天下思想》(민음사, 1988) ; 이성규, 〈中華思想과 民族主義〉, 《哲學》 37(1992).

10) 이성규, 〈중국 고문헌에 나타난 동북관〉, 《동북아시아 선사 및 고대사 연구의 방향》(학연문화사, 2004). 2003년도 한국정신문화원 학술 대회(2003년 12월 15일)의 발표문인 이 글에서 이성규는 중국의 경(經)과 사(史)가 중국의 주변국 지배를 정당화하는 명분과 논리가 집단적으로 기억되도록 관리했다며 중국 관찬사서에서 보이는 중국 중심의 역사 서술 전통을 비판했다. 즉, 중국의 경과 사가 실천적인 지식과 정보 관리 차원의 지식 체계를 통해 관료와 지배층에게 천하가 중국의 것이라는 확고한 신념을 불어넣고 유지시켰다는 것이다.

설정한 것은 이러한 역사 인식·서술과 무관하지 않다.

이와 같은 '중국 중심의 동아시아 질서' 구축의 원형은 한대에서 찾아볼 수 있을 것이다. 한대에 사이(四夷) 지역을 군현(郡縣)으로 지배했다는 것은 곧 주변 민족을 강제적으로 한의 통치 질서에 편입시켰다는 것을 의미한다. 따라서 "멀고 가까움이 하나가 되며 안과 밖을 행복하게 한다"[11] 또는 "천하가 균등하게〔다스려지게〕되어 일가(一家)가 되었다"[12]라는 표현은 '중심〔중(中)〕'과 '바깥〔외(外)〕'이 공존하는 다원적 세계를 의미하는 것이 아니라 한의 통치, 즉 유일자나 성현(聖賢)의 가르침인 '왕화(王化)'에 의한 일원적 세계를 의미한다. 따라서 한대의 변군(邊郡) 지배에 대한 기왕의 연구 성과 역시 '진한제국론(秦漢帝國論)'에 입각한, 황제를 중심으로 한 세계 제국의 형성[13]이나 책봉 관계에 의한 동아시아 세계 질서의 형성으로서 제국 질서를 이해하는 측면[14]으로까지 발전했다. 또한 고대 사회를 보다 정확히 이해하고 각 지역의 군현 지배의 차이를 규명하기 위해서는 군현을 '신현(新縣)'과 '구현(舊縣)'으로 구분하여 이들에 대한 국가 권력의 영향의 차이를 살펴봐야 한다는 견해도 기무라 마사오(木村正雄)[15]와 마스부치 다치오(增淵龍夫)[16]에 의해 제기되었다. 필자 역시 이상의 선행 연구를 기반으로 '통일 제국과 지역'이라는 문제의식하에 한대 하서(河西) 변군과 관련된 논의를 전개하는 가

---

11) 《史記》(北京 : 中華書局 標點校勘本, 1959) 권117〈司馬相如列傳〉, 3,051쪽 : "遐邇一體 中外提福." 이하 정사(正史)는 모두 이 판본에 의거한다.

12) 《史記》권126〈東方朔列傳〉, 3,206쪽 : "天下平均 合爲一家."

13) 栗原朋信,〈文獻にあらわれに秦漢壐印の硏究〉,《秦漢史の硏究》(東京 : 吉川弘文館, 1960);栗原朋信,〈漢帝國の周邊諸民族〉,《上代日本對外關係の硏究》(東京 : 吉川弘文館, 1978)는 황제의 덕화(德化)를 중심으로 신(臣), 외신(外臣), 외객신(外客臣), 인접국(隣接國)이라는 구별로써 한의 세계 제국 구조가 형성되었다고 설명하고 있다.

14) 西嶋定生,〈總說 : 1. 東アジア世界の設定について〉,《岩波講座 世界歷史》4(東京 : 岩波書店, 1970)는 주변 국가의 수장에게 왕후(王侯)의 작위를 수여하여 외신으로 만듦으로써 군신 관계를 형성하는, 책봉 관계에 의한 동아시아 세계가 전한(前漢) 시기에 형성되었다고 설명한다.

15) 木村正雄,《中國古代帝國の形成―特にその成立の基礎條件》(東京 : 不昧堂書店, 1965).

16) 增淵龍夫,〈漢代郡縣制の地域的考察その一――太原·上黨二郡を中心として〉,《中國古代史硏究》(東京 : 吉川弘文館, 1960).

운데 내군(內郡)과는 다른 변군의 특수성을 언급한 바 있다. 즉 내군과는 상이한 언어와 풍속을 인정하지 않는 군현 지배는 한계를 나타낼 수밖에 없음을 지적했다.[17]

한대의 변군 지배가 실질적으로 언어와 풍속이 다른 '사이'에 대한 지배를 의미한다면, 군현 지배의 양상은 각 지역에서 '이(夷)'의 성격에 따라 다르게 나타났을 것이다. 그러나 변군 지배 형태가 다양하게 전개되는 가운데서도 한과 주변 민족의 기본적인 지배 구조에는 커다란 변화가 없었던 것 같다. 따라서 이 글에서는 한대 변군 지배의 '다양성' 가운데에서 '보편성'을 밝히며 그 지배의 원리와 한계를 짚어보고자 한다.

2. '대일통(大一統)' 제국의 성립

전통적으로 중국인들은 천하를 내외로 구분하고 그 질서를 주재하는 '왕자(王者)=천자'의 출현을 기대했고 또 인정했다. 이러한 인식은 전국 시대 이후 하나의 당위적 관념이 되어 왕자의 질서에 귀속되지 못한 지역과 주민에게 화(華)의 우월성을 설명하고 그들에 대한 지배를 정당화하게 했으며, 이적(夷狄)의 야만적이고 낙후된 생활상을 강조하게 했다. 따라서 천하를 화에 의한 통합의 대상으로 보고 '중국=내군(內郡)'과 '이적=외군(外郡)(변군)'을 구분하는 인식이 출현할 수밖에 없었고, 또 서로 다른 두 문화가 접해 있는 변경 지역에서 갈등이 발생할 수밖에 없었다.

---

17) 김경호, 〈漢代 河西地域 豪族의 形成과 그 性格〉,《東洋史學硏究》제75집(2001) ; 김경호, 〈漢代 邊境地域에 대한 儒敎理念의 普及과 그 의미—河西·西南지역을 중심으로〉,《中國史硏究》제17집(2002). 이와 관련해 쓰루마 가즈유키(鶴間和幸)도 고대의 중화(中華) 시스템은 이질성[이적(夷狄)]을 부정하고 일률적으로 동질화[중화(中華)]를 추구한 것이 아니라 어느 정도 이질성을 수용하는 공존[화이(華夷)]이었다고 언급하고 있다. 鶴間和幸, 〈中華の形性と東方世界〉,《世界歷史》3(東京 : 岩波書店, 1998), 71쪽.

적어도 무제(武帝) 이전 시기까지 각 변경 지역에서 발생한 갈등은 한 왕조에는 상당히 위협적인 요소로 감지되었음이 분명하다. 기원전 3세기 무렵부터 하서 지역 일대에서 세력을 떨치기 시작해 한의 서북 변경을 위협한 흉노에 대해서 한은 타협과 양보를 중심으로 한 화친책으로 대응했다. 즉 '변경의 안정'과 '세폐(歲幣)의 보장'을 통해서 변경 지역의 안정을 도모하고자 했다.[18] 또한 한 초에 외신(外臣)이 되기를 약속한 조선[19]과 남월(南越)이 강력한 군사력을 보유한 국가로 성장해 문제(文帝) 시기에는 이 국가들에 대한 정벌까지 논의될 정도였지만,[20] 이 시기의 정치적·경제적 상황에서는 그것이 결코 쉬운 일이 아니었다. 따라서 이 시기에 '천하' 질서의 구현은 이루어질 수 없었다.[21]

문제, 경제(景帝) 시기에 오초(吳楚) 7국의 반란이 진압되고 경제적 안정, 문학지사(文學之士)의 등용과 같은 사회 변화가 나타나면서 한은 점차 주변 민족에 대한 새로운 질서를 요구하게 되었다. 특히 무제 즉위 초의 국가 경제의 풍요로움은 본격적인 천하 질서의 구현을 알리는 신호가 되었다. 이와 관련한 《사기(史記)》, 〈평준서(平準書)〉의 기사를 검토해보자.

이로부터[自是之後] 엄조(嚴助), 주매신(朱買臣) 등이 동구(東甌)를 [강회(江淮) 지방으로] 끌어

---

18) 《史記》 권110 〈匈奴列傳〉, 2,894~2,895쪽 : "漢亦引兵而罷 使劉敬結和親之約. 是後韓王信爲匈奴將 及趙利·王黃等數背約 侵盜代·雲中.……是時匈奴以漢將衆往降 故冒頓常往來侵盜代地. 於是漢患之 高帝乃使劉敬奉宗室女 公主爲單于閼氏 歲奉匈奴絮繒酒米食物各有數 約爲昆弟以和親 冒頓乃少止."

19) 《史記》 권115 〈朝鮮列傳〉, 2,986쪽 : "會孝惠, 高后時天下初定 遼東太守卽約滿爲外臣 保塞外蠻夷 無使盜邊.……." '조선'에 대한 다양한 호칭이 있지만 이 글에서는 《사기(史記)》 권115 〈조선열전(朝鮮列傳)〉에서 표기한 명칭을 사용한다.

20) 《史記》 권25 〈律書〉, 1,242쪽 : "歷至孝文卽位 將軍陳武等議曰.〈南越, 朝鮮自全秦時內屬爲臣子 後且擁兵阻阨 選蠕觀望……征討逆黨 以一封疆.〉"

21) 무제(武帝) 이전 시기에 힘의 불균형으로 인한 화친에 대해서 부정적인 인식이 없었던 것은 아니다. 화이관(華夷觀)에 입각한 가의(賈誼)의 경우가 대표적이다. 《漢書》(北京 : 中華書局, 1962) 권48 〈賈誼傳〉, 2,240쪽 : "凡天子者 天下之首 何也? 上也. 蠻夷者 天下之足何也? 下也. 今匈奴嫚姆侵掠 至不敬也 爲天下患 至無已也. 而漢歲致金絮采繒以奉之. 夷狄征令 是主上之操也 ; 天子共貢 是臣下之禮也. 足反居上 首顧居下 倒縣如此 莫之能解 猶爲國有人乎?"

들이고 양월(兩越)의 일에 개입하면서 강회 지역은 소란스러워졌으며, 많은 군비가 소모되었다. 당몽(唐蒙)과 사마상여(司馬相如)는 서남이(西南夷)로 통하는 길을 열었는데, 산을 뚫어 천여 리(里)에 달하는 길을 내어 파촉(巴蜀)의 영역을 확대했으나 파촉의 백성은 그 일로 고달팠다. 팽오(彭吳)가 예(穢)와 조선으로 통하는 길을 뚫어 창해군(滄海郡)을 설치하자 연제(燕齊) 지방의 백성이 잇달아 봉기를 일으켰다. 왕회(王恢)가 마읍(馬邑)에서 계략을 꾸미자 흉노는 화친을 끊고 북변(北邊)을 침략해 소란을 일으켰고, 그리하여 전쟁이 계속되고 병사가 갑옷을 벗지 않으니 천하 백성이 그 노역에 시달리고 전쟁의 참화는 나날이 심해졌다.[22]

이 기사의 첫 구절인 "이로부터〔自是之後〕"는 '무제 즉위 초기의 경제적 안정을 토대로'라는 의미이며,[23] 이 안정된 경제적 기반은 무제에게, 종래에 한에 굴욕을 안겨주었거나 한이 실질적으로 지배하지 못했던 상대들인 '사이', 즉 서남이, 조선, 양월, 흉노에 대해 더 이상 화친책을 쓰지 않고 적극적으로 맞설 기반을 마련해준 것이다. 주변 민족을 하나로 통합하려는 무제의 강력한 의지[24]는 앞의 인용문 마지막 구절에서 알 수 있듯이 주변 민족과의 끊임없는 전쟁을 초래했다.

주변 민족과의 전쟁과 무제의 '일통(一統)' 의지는 변군의 설치로 완성되었다. 주변 민족의 거주 지역에 변군을 설치한 것은 '중국'의 확장이자 주변 민족의 멸절을 의미한다.[25] 한이 상이한 문화적 특성을 지닌 주변 민족을 한의 지배 영역으로 편입시켜 멸절한 것은, 내군의 존립과 안정된 천하 질서를 위해서는 내군과 변군 두 지역이 분리된 것이 아니라 '하나'여야 한다는 인식에 기초한 듯하다. 이러한 내용은 《염철론(鹽鐵論)》, 〈주진(誅秦)〉의 기사 중, '중국'과 변경을 사람의 팔다리와 몸통에 비유해 변경이 없으면 국내가 해를 당한다고 말하는 부분에서 확인할 수 있다.[26] 《염철론》의 이 내용은 일단 '중국'과 주변 민족의 대등하면서도

---

22) 《史記》 권30 〈平準書〉, 1,421쪽.

23) 《史記》 권30 〈平準書〉, 1,420쪽 : "都鄙廩庾皆滿 而府庫餘貨財. 京師之錢累巨萬 貫朽而不可校."

24) 《漢書》 권6 〈武帝紀〉, 173쪽 : "今中國一統而北邊未安 朕甚悼之."

25) 《史記》 권112 〈主父偃傳〉, 2,961쪽 : "廣中國 滅胡之本也."

긴밀한 관계를 전제하고 있는 듯이 보인다. 그렇지만 《사기》와 《한서(漢書)》, 〈무제기(武帝紀)〉 기사의 상당 부분을 차지하는 주변 민족에 대한 침입의 내용으로 미루어 보건대 무제의 입장에서 주변 민족은 정복과 통합의 대상이었지 결코 대등한 유기적 관계를 이루는 대상이 아니었을 것이다. 무제는 천하의 일부인 주변 민족들을 현실적으로 부정할 수 없다면 이들에게 내군과의 일치를 강요하기로 한 것이다. 무제의 군사적 팽창이 지배 영역의 확대[27]를 통한 '천하=화(華)' 질서의 확대를 의미한다면 주변 민족들을 지배 또는 정복하는 것은 이들을 '왕화' 바깥에 놓여 있는 '화외(化外)'의 세계에서 '왕화(王化)'의 세계로 편입시키는 강제적인 조치로 해석될 수 있으며, 그 지배와 정복을 단적으로 보여주는 것이 변군의 설치였다.

《한서》, 〈지리지(地理志) 하〉에 따르면, 무제 연간에 서북변(西北邊)의 옛 흉노 지역에 9개, 서남이 거주 지역에 7개, 남방(南方)의 옛 월(越) 지역에 9개, 동북변(東北邊) 동이(東夷) 거주 지역에 4개, 이렇게 총 29개의 변군이 설치되어 있었다. 진(秦)이 멸망하면서 구원군(九原郡)이 다시 흉노에 점령당하고[28] 남해(南海), 계림(桂林), 상군(象郡) 또한 남월에 복속된 이래[29] 무제 이전에는 한 개의 변군도 설치되지 못했던 것을 생각하면, 무제 시기에 변경 지역에 대한 한의 지배력이 특히 확고했음을 알 수 있다. 또한 이러한 변군의 설치는 염철 논쟁[30]의 대부(大夫) 측

---

26) 《鹽鐵論校注(定本)》(北京 : 中華書局, 1992) 권8 〈誅秦〉, 488쪽 : "中國與邊境 猶支體與腹心也. 夫肌膚寒於外 腹腸疾於內 內外之相勞 非相爲助也.⋯⋯ 故無手足則支體廢 無邊境則內國害." 이하에서 《염철론(鹽鐵論)》은 이 책을 말한다.

27) 《潛夫論》(北京 : 中華書局, 1985) 권5 〈救邊〉, 260쪽 : "武皇帝攘夷柝境 面數千里 東開樂浪 西置燉煌 南踰交趾 北築朔方 卒定南越 誅斬大宛 武軍所嚮 無不夷滅."

28) 《史記》 권110 〈匈奴列傳〉, 2,887~2,888쪽 : "中國擾亂 諸秦所徙適戍邊者皆復去 於是匈奴得寬 復稍度河南與中國界於故塞."

29) 《漢書》 권28 〈地理志·下〉, 1,628~1,630쪽을 보면 교주(交州)에 속하는 모든 군(郡)〔남해(南海), 울림(鬱林)(桂林), 창오(蒼梧), 교지(交趾), 합포(合浦), 구진(九眞), 일남(日南)(象)〕이 "무제 원정 6년 개척하였다(武帝元鼎六年開)"라고 하여 같은 시기에 한의 영토로 편입되었음을 알 수 있다.

30) 염철 논쟁은 전한 소제(昭帝)가 시원(始元) 6년(기원전 81년) 2월에 담당 관리와 군국(郡國)이 천거한 현량

주장에서 확인할 수 있듯이 한에 실질적인 이득을 제공했다. 다음과 같은 《염철론》의 기사를 보자.

① 무제는 백월(百越)을 평정하고 나서 [이 지역을] 원포(園圃)로 만들었으며 강호(羌胡)를 물리치고 나서 [이 지역을] 원유(苑囿)로 삼았다. 진기하고 괴이한 이역의 물건들이 후궁(後宮)에 [가득] 찼으며 양마(良馬)와 준마(駿馬)가 마구간에 가득하였다. 필부 [중에] 좋은 수레와 말을 타지 않은 자가 없었고 민간에서는 귤과 유자를 배불리 먹었다. 이로 미루어 보건대 변군의 이로움 역시 풍요로웠다.[31]

② 이역의 물건들이 국내로 유입되면 나라의 쓰임이 풍요로워지고, 이로움이 밖으로 새어 나가지 않으면 민(民)의 쓰임이 넉넉해진다.[32]

①의 기사에 언급돼 있는 것처럼 '변군'이란 백월과 강호 등의 주변 민족이 거주하고 있는 지역을 가리킨다. 무제가 이 지역을 평정하고 나서 원포와 원유로 삼았다는 것은 이 지역이 그만큼 이(利)가 풍요로운 곳임을 의미한다. 그래서 ②의 기사는 변군에서 생산되는 이역의 물건[이물(異物)]들이 내군으로 유입되면 나라의 쓰임이 풍요로워진다고 지적한 것이다. 즉 ①과 ②의 기사에서 말하는 이른바 '변군의 이(利)'는 명주(明珠), 바다거북[문갑(文甲)], 통서(通犀), 푸른 깃[취우

(賢良)과 문학(文學)에게 황제가 백성의 고통을 묻고, 무제(武帝)때 시행된 소금과 철, 술 등의 전매 제도에 대해서 논의하여 이의 문제점을 혁파하고자 한 회의이다. 그러나 어사대부(御史大夫)를 비롯한 담당 관리와 현량, 문학 사이에는 염철 전매 제도의 계속적인 시행 여부와 염철 전매 제도의 목적 및 효과 그리고 이론적 근거에 대해서 한 치의 양보도 없이 치열한 논쟁을 전개했다. 더욱이 시원 6년 7월에는 제2차 염철 회의가 열렸다. 이 회의에서는 염철 전매의 폐지보다는 외교와 국방, 통치 이론 등에 대한 논의로 확대되었다. 따라서 염철 회의는 한대 통치 이념을 달리하는 두 정치 세력, 즉 현량과 문학[유가(儒家)]과 어사대부[법가(法家)]의 이념 논쟁이었을 뿐만 아니라 두 사회 계층의 대립이기도 했다. 이러한 염철 회의의 진행 과정과 논쟁의 주요 내용을 생생하게 전하는 문헌이 바로 전한 선제(宣帝) 때에 환관(桓寬)이 정리한 《염철론》이다. 국내에서도 이미 좋은 번역서가 출간되어 이에 대한 이해를 도와준다. 《염철론》, 김한규·이철호 옮김(소명출판, 2002).

31) 《鹽鐵論》 권3 〈未通〉, 190쪽.
32) 《鹽鐵論》 권1 〈力耕〉, 28쪽.

(翠羽)], 포초(蒲梢) · 용문(龍文) · 어목(魚目) · 한혈(汗血)과 같은 준마(駿馬)와 사자나 맹견 등 사방에서 들어온 진기한 물건들[33)과 철[34)에 이르기까지 다양했다. 이처럼 변군을 개척한 데는 정치적 · 군사적 이유와 함께 경제적 이유도 내재되어 있었다. 《삼국지(三國志)》, 〈동이전(東夷傳)〉 '한조(韓條)' 주(注)에 인용된 《위략(魏略)》의 기사 내용을 보면 호래(戶來) 등 1,500여 명의 사람들이 진한(辰韓) 지역에서 벌목을 하다가 진한 사람에게 잡혀 노예가 되었다고 하는데,[35) 이러한 사실에서 주변 민족을 상대로 중국의 경제적 욕구가 얼마나 적극적으로 추진되었는지 추측할 수 있다.[36)

주변 민족을 상대로 한 경제적 욕구가 아무리 강해도 그것이 실현되려면 해당 지역에 대한 확고한 지배가 전제되어야 한다. 이런 까닭에 한에 가장 위협적인 존재였던 흉노를 제압하는 것이 가장 우선시되었다. 원수(元狩) 2년(기원전 121년)에 곤야왕(昆邪王)이 4만여 명의 무리를 이끌고 와서 항복했으며, 한은 이 지역에다 속국(屬國)이나 무위군(武威郡), 주천군(酒泉郡) 등의 군현을 설치하여 이 지역을 새로운 영토로 편입시켰다.[37) 또한 한은 새로이 개척한 하서 지역을 강화하기 위한 조치의 일환으로 이 지역에 4개의 군을 설치했다. 무제 연간에 설치된 하서 4군의 주요 목적은 《사기》, 〈대완열전(大宛列傳)〉에 인용된 주천군 설치 목적, 즉 "주천군을 설치하여 서북[지역]의 국가와 교류[通]하고자 했다"[38)는 목적을 통해

---

33) 《漢書》 권96 〈西域傳 · 下〉, 3,928쪽: "聞天馬 · 葡萄則通大宛 · 安息. 自是之後 明珠 · 文甲 · 通犀 · 翠羽之珍盈於後宮 蒲梢 · 龍文 · 魚目 · 汗血之馬充於黃門 鉅象 · 師子 · 猛犬 · 大雀之群食於外圃 殊方異物 四面而至."

34) 《三國志》(北京 : 中華書局, 1959) 권30 〈東夷傳〉 '韓條', 853쪽: "國出鐵韓 · 濊 · 倭皆從取之. 諸市買皆用鐵 如中國用錢又以供給二郡."

35) 《三國志》 권30 〈東夷傳〉 '韓條', 851쪽: "至王莽地皇時 廉斯鑡爲辰韓右渠帥 聞樂浪土地美 人民饒樂 亡欲來降. 出其邑落 見田中驅雀男子一人 其語非韓人. 問之 男子曰. 〈我等漢人 名戶來 我等輩千五百人伐材木 爲韓所擊得 皆斷髮爲奴 積三年矣.〉"

36) 김한규, 《韓中關係史》 I(아르케, 1999), 제2장 〈漢郡縣이 遼東에 設置된 시기의 韓中關係〉, 151쪽.

37) 《漢書》 권8 〈武帝紀〉, 176쪽: "(元狩 2年 秋) 匈奴昆邪王殺休屠王 幷將其衆合四萬餘人來降 置五屬國以處之. 以其地爲武威 · 酒泉郡."

38) 《史記》 권123 〈大宛列傳〉, 3,170쪽.

추론할 수 있다.

주천군의 설치 목적인 "통서북국(通西北國)"을 구체적으로 설명하자면, 《한서》, 〈위현전(韋賢傳)〉의 "서쪽으로는 대완을 정벌하고 36개 국가를 겸병하였다. 오손과 결탁하여 돈황에서 주천, 장액에 이르기까지 야강을 막아 흉노의 오른쪽 어깨를 단절하였다"[39]라는 문장에서 알 수 있듯이 이는 흉노의 "우견(右肩)"을 자르는 것, 즉 흉노와 강(羌)의 연합을 방지하는 것이었다. 이러한 사실은 《사기》, 〈흉노열전(匈奴列傳)〉의 "이때[원봉(元封) 3년] 서쪽으로는 주천군을 설치하여 흉노와 강족의 내통하는 길을 차단하였다"[40]라는 문장에서도 확인할 수 있다. 또한 장액군(張掖郡)의 설치도 흉노와 강의 연계를 단절시키는 데 일조했다.[41]

이처럼 하서 변경 지역에 대한 한의 확고한 지배는 무제가 자신이 이루고자 한 천하 '대일통(大一統)'에 한 걸음 다가섰음을 의미한다. 한편 서남이, 남월, 조선에 대한 지배도 앞에서 말한 것처럼 무제 연간에 개시되었는데, 서남이와 남월 지역에 대한 군현 지배의 계기는 하서 지역의 경우와는 약간 차이가 있다. 먼저 두 지역에 대한 구체적 지배 상황을 알려주는 다음의 기사를 보자.

① 한은 3년간이나 계속 군대를 동원하여 서강(西羌)을 주살하고 양월(兩越)을 멸망시켜 번우(番禺) 이서에서 촉(蜀) 남부에 이르기까지 신군[초군(初郡)] 17개를 설치하였다. 또한 일정 기간 그 지역 본래의 풍속으로 다스리고 부세(賦稅)도 부과하지 않았다.[42]

② 무제는 [월(越)의 옛 땅을] 평정하여 계양(桂陽)으로 복속시켰다. [이 지역의] 민들은 깊은 산과 계곡에 거주하였고 그 풍토에 따라서 전조(田租)를 부과하지 않았다.[43]

이 두 기사는 무제 이후 한은 이민족 거주지를 포함한 신설 변군이 안정될 때까

---

39) 《漢書》 권73 〈韋賢傳〉, 3,126쪽.

40) 《史記》 권110 〈匈奴列傳〉, 2,913쪽.

41) 《鹽鐵論》 권8 〈西域篇〉, 499쪽 : "建張掖以西 隔絶羌胡 瓜分其援."

42) 《漢書》 권24 〈食貨志·下〉, 1,174쪽.

43) 《後漢書》(北京 : 中華書局, 1959) 권76 〈衛颯傳〉, 2,459쪽.

지 해당 지역을 그곳의 습속에 따라 다스렸고 그곳에서 부세나 전조를 징수하지 않았음을 말해준다. 이를 근거로, 해당 지역에 군현 체계가 정비되었더라도 한이 내항한 이민족을 상대로 물리적 강제를 동원하지 않았다고 보는 견해도 있다.[44] 고조(高祖)가 삼진(三秦)의 땅을 평정한 후 거수(渠帥) 7성(姓)에게 요역(徭役)과 조부(租賦)를 면제해주고 그 밖의 사람들에게서는 매년 1인당 40전의 종전(賨錢)을 거둔 것이 좋은 예다.[45] 그런데 앞의 인용문의 공통적인 내용은 "무부세(無賦稅)", "불출전조(不出田租)" 혹은 "불수조부(不輸租賦)"[46] 등과 같이 세금을 '면제' 해주었다는 것이다. '세금 면제'는 해당 지역의 질서와 습속을 고려해 군현을 원활히 지배하기 위한 단순한 조치로서 이해될 수 있으며, 결코 군현 지배의 후퇴를 의미하는 것이 아니다.

한은 흉노에 대해서는 시종일관 변경 지역의 정치적 안정과 관련지어 대처했지만, 서남이와 남월의 경우는 성격이 다른 듯하다. 실제로 조세 감면 등의 조치를 통해 한의 변군 지배가 안정된 이후, 서남이나 남월 지역에서 일어난 반란은 대부분 한의 경제적 수탈에 대항하는 것이었다. 아래의 기사는 비록 후한(後漢) 시기의 것이지만 이러한 사실을 잘 반영하고 있다.

화제(和帝) 영원(永元) 13년 무(巫)[47] 지역의 허성(許聖) 등은 군[이] 세금을 공평하게 거두지

---

44) 田繼周,〈秦漢王朝的民族政策〉,《中國歷代民族政策研究》(西寧:青海人民出版社, 1993);山田勝芳,《秦漢財政收入の研究》(東京:汲古書院, 1993)는 무제가 한화(漢化) 정도가 낮을수록 한인(漢人)에 비해 낮은 세를 부과했으며, 이는 만이(蠻夷)에 대한 우대 조치였을 뿐만 아니라 회유 정책의 일환이었다고 보고 있다.

45) 《後漢書》 권86〈南蠻西南夷列傳〉, 2,842쪽:"至高祖爲漢王 發夷人還伐三秦 秦地旣定 乃遣還巴中 復其渠帥羅·朴·督·鄂·度·夕·龔七姓 不輸租賦 餘戶乃歲入賨錢 口四十." 이와 관련해 고조(高祖) 11년(기원전 196년) 8월에 남군(南郡)에 속한 이도(夷道)의 장(長)인 개(漵)와 승(丞)인 가(嘉)가 둔(屯)에 징발되어 가는 도중, 도망한 만이 무우(毋憂)에 대한 죄상(罪狀)을 정위(廷尉)에게 의논한 내용에는 종전(賨錢) 56전(錢)으로 기록되어 있다〔張家山247號漢墓竹簡整理小組,《張家山漢墓竹簡[247號墓]》(2001),〈奏讞書〉, 213쪽〕. 따라서 《후한서(後漢書)》에 기록된 종전 40전은 진지(秦地) 평정의 공에 의해 16전이 감해진 것이라고 해석해야 할 것이다.《華陽國志》(北京:中華書局, 1985) 권1〈巴志〉, 3쪽:"漢興 亦從高祖定亂 有功. 高祖因復之 專以射虎爲事, 戶歲出賨錢口四十. 故世號白虎復夷."

46) 《後漢書》 권86〈南蠻西南夷列傳〉, 2,842쪽.

않자 원한을 품어, 마침내 마을에 진을 치고 반란을 [일으켰다].[48]

이 허성의 반란과 유사한 예로서, 안제(安帝) 원초(元初) 2년(115)에 군현이 요역이나 세를 공평하게 부과하지 않는 것에 불만을 품은 풍중(澧中)의 만(蠻)이 충중(充中)의 여러 종족 2천여 명과 결탁해 반란을 일으킨 것을 들 수 있다.[49] 이것은 군현이 종래의 관행을 깨고 약(約) 이상의 세역(稅役)을 부과한 것에 대한 만이의 대응이었다고 해석할 수 있다.[50] 순제(順帝) 영화(永和) 원년(136)에 무릉태수(武陵太守)는 만이의 복속과 관련해 이들에게 부과하는 세금을 한인(漢人)과 동등한 수준으로 높여야 한다고 주장했는데,[51] 이러한 사실에서도 이들 지역에 대한 군현 지배가 흉노 지역에 대한 군현 지배와 달리 경제적 측면에 비중을 둔 것이었음을 알 수 있다.

조선에 대한 군현 지배는 이와는 또 다른 양상을 띠었다. 한의 조선에 대한 군현 지배는 점차 강성해지는 조선의 세력에 대한 견제에서 비롯되었다. 당시의 조선과 한의 관계는《사기》,〈조선열전(朝鮮列傳)〉의 관련 기사에 의거해 다음과 같이 정리될 수 있다.[52]

①혜제(惠帝), 고후(高后) 시기 : 조선이 한의 외신(外臣)이 됨→조선이 한으로부터 병기와 재물을 받음→조선이 한의 주변 민족으로 복속됨. ②무제 원봉 2년(기원전 109년) : 조선 우거왕(右渠王)의 세력이 커지면서 조선이 황제의 조칙을 받들지 않음. ③ 원봉 3년(기원전 108년) : 한이 조선을 정벌하고 4군을 설치.

---

47) 남군(南郡)에 속한 현(縣)이다.

48)《後漢書》권86〈南蠻西南夷列傳〉, 2,841쪽.

49)《後漢書》권86〈南蠻西南夷列傳〉, 2,833쪽.

50) 伊藤敏雄,〈中國古代における蠻夷支配の系譜―税役を中心として〉,《堀敏一先生古稀記念 中國古代の國家と民衆》(東京 : 汲古書院, 1995), 249쪽.

51)《後漢書》권86〈南蠻西南夷列傳〉, 2,833쪽:"順帝永和元年 武陵太守上書 以蠻夷率服 可比漢人 增其租賦."

52)《史記》권115〈朝鮮列傳〉.

《사기》, 〈조선열전〉의 기사에 의하면 한 4군 설치의 주된 원인은 조선 우거왕이 외신으로서의 책무를 수행하지 않은 데 있었다. 그런데 조선에 대한 한의 군현 지배는 한 4군 설치 이전에도 있었다. 무제 원삭(元朔) 원년(기원전 128년)에 28만여 명의 조선인이 한에 내항하자 한은 창해군(蒼海郡)을 설치했다가 원삭 3년(기원전 126년)에 폐지했던 것이다.[53] 《후한서(後漢書)》는 "예맥의 군장 남여(南閭) 등이 우거왕을 배신해 28만 명을 이끌고 요동(遼東)에 내속(內屬)했다"라는 기사만을 보충해 넣어 창해군 설치와 폐지와 관한 이해를 돕고 있다.[54] 그러나 《후한서》역시 창해군 폐지에 대한 확실한 이유를 밝히고 있지 않다. 따라서 창해군이 설치된 원삭 원년(기원전 128년)에서 한 4군이 설치된 원봉 3년(기원전 108년)까지 20년 동안의 한의 대외 관계를 검토함으로써 한의 조선에 대한 군현 지배의 성격을 추측해볼 수 있을 것이다.

《한서》, 〈무제기〉에 의하면 원삭 시기(기원전 128~123년) 및 원수 시기(기원전 122~117년)에 한은 매년 흉노와 전쟁을 치렀다. 더욱이 "원삭 3년 봄 창해군을 폐지하고……가을에는 서남이 〔지역을〕 방기하고 삭방성 축조〔에 주력하였다]"[55]라는 문장을 통해 알 수 있듯이, 창해군이 폐지된 원삭 3년에 한은 서남이에 대한 군현 지배도 폐지하고 흉노와의 접경 지역에 삭방군을 건설하는 데 주력했다. 또한 흉노와 가장 치열한 전쟁을 벌인 원수 2년(기원전 121년)에는 무위군(武威郡)과 주천군을 설치했다. 이러한 사실에서 알 수 있듯이 이 시기에 한의 주요 관심 지역은 하서 일대였다. 하서 변경으로의 군수 물자 수송[56]이나 이 지역에서의 전쟁으로 인한 국가 재정 부담[57] 때문에 무제가 '사방'을 동시에 천하 질서

<hr>

53) 《漢書》권6 〈武帝紀〉, 169~171쪽 : "東夷濊君南閭等 口二十八萬人降 爲蒼海郡.……三年春 罷蒼海郡."

54) 《後漢書》권85 〈東夷列傳〉, 2,817쪽 : "元朔元年 濊君南閭等畔右渠 率二十八萬口詣遼東內屬 武帝以其地爲蒼海郡 數年乃罷."

55) 《漢書》권6 〈武帝紀〉, 171쪽.

56) 佐原康夫, 〈居延漢簡に見える物資の輸送について〉, 《東洋史研究》50-1(1991) 참조.

57) 《사기(史記)》권30 〈평준서(平準書)〉의 관련 기사를 통해 무제 시기를 전후해 한의 경제가 어떤 추이를 보였는지 알 수 있다. 즉 한의 경제는 문제(文帝), 경제(景帝) 때는 "도시나 촌락의 미곡 창고는 모두 가득 찬(廩庾皆

에 편입시키는 것은 무리가 있었다. 원수 2년에 조선의 우거왕이 한의 조칙을 받들지 않은 것도 이와 같이 한의 세력이 하서 일대에 집중되었기 때문이었을 것이다. 한은 원정(元鼎) 5년(기원전 112년)에 남월의 반란과 서강(西羌)과 흉노의 협공이라는 어려움을 극복하고서야 다음 해인 원정 6년에 조선 지역을 제외한 다른 지역에 대한 군현 지배를 시행했는데, 이는 조선을 비롯한 동북 지역이 한의 '일통' 실현을 위한 마지막 통합 대상이었음을 시사한다.

원삭 및 원수 시기에 이루어진 흉노에 대한 한의 장기적이고 대대적인 공격——사실 원광(元光) 6년(기원전 129년)에 위청(衛青)을 비롯해 공손오(公孫敖), 공손하(公孫賀), 이광(李廣) 등이 출정한 것이 흉노에 대한 전면적인 공격의 시작이다[58]——은 한 초 이래의 흉노와의 관계를 역전시켰음은 물론이고 하서 변경에서의 한의 지위를 확고히 해주었다. 따라서 원정 시기(기원전 116~111년) 및 원수 시기(기원전 110~105년)에는 이전 시기와 같은 흉노에 대한 공세를 찾아보기 어렵다.《사기》의 관련 기사를 보자.

① 대장군(大將軍)은 선우(單于)를 포위한 지 14년 후에 죽었다. 그동안 〔한이〕 흉노를 다시 공격하지 않은 것은 한의 군마가 적은데다가 마침 〔한이〕 남쪽으로는 동월(東越)과 남월을 공격하고 동쪽으로는 조선을 정벌하며 강족(羌族)과 서남이를 공격하고 있었기 때문이었다.[59]

② 이때 한은 동쪽으로는 예맥(穢貊)과 조선을 정벌하여 군을 두었으며 서쪽으로는 주천군을 설치해 흉노와 강족의 통로를 끊었다. 한은 또한 서쪽의 월씨(月氏), 대하(大夏) 등과 국교를

滿"(1,420쪽) 상태였고, 무제 때는 대외 정벌과 변경 사민(徙民)에 따른 비용 지출로 인해 "정부의 창고가 텅 빈 (府庫益虛)"(1,422쪽) 상태가 되었으며, 그 다음에는 계속되는 흉노와의 전쟁, 황하의 붕괴와 이에 따른 재해의 발생, 투항한 흉노에 대한 지원과 삭방(朔方) 이남의 신진중(新秦中) 건설 등으로 인해 "정부의 재정이 완전히 고갈된(縣官大空)"(1,425쪽) 상태가 되었다. 이는 한마디로 '성함(盛)'에서 '쇠함(衰)'으로의 과정이었다. 김경호, 《史記》·《漢書》에 서술된 경제관과 그 사상적 배경,《中國史研究》제32집(2004) 참조.

58)《漢書》권6〈武帝紀〉, 165쪽 : "〔元鼎6年〕匈奴入上谷 殺略吏民. 遣車騎將軍衛青出上谷 騎將軍公孫敖出代 輕車將軍公孫賀出雲中 驍騎將軍李廣出雁門."

59)《史記》권111〈衛青傳〉, 2,940쪽.

맺으며 공주를 [시집보내] 오손왕(烏孫王)의 처로 만듦으로써 흉노가 이 서쪽 나라들의 도움을 받을 수 없도록 차단했다.[60]

①의 기사에서 알 수 있듯이 흉노와의 전쟁이 일단락되자 한의 군사적 예봉은 동월과 남월, 조선, 서남이를 향했다. 또한 ②에서 알 수 있듯이 주천군의 설치가 궁극적으로 강족·서역과 흉노 간의 관계를 단절시키는 것이었다면, 조선 지역에 건설한 군현 역시 이러한 맥락에서 이해할 수 있다. 특히 《한서》, 〈위현전〉은 돈황(敦煌), 주천(酒泉), 장액(張掖), 무위(武威)로 이루어진 하서 4군의 설치 목적이 "흉노의 오른쪽 어깨를 찢는 것"이라면 한 4군의 설치 목적은 "흉노의 왼쪽 팔을 절단하는 것"이라고 지적하고 있는데,[61] 이로 미루어 보아도 한의 조선 정벌은 사실상 흉노 세력의 근절과 밀접한 관련이 있었다. 즉 조선 지역에 군현을 설치한 것은 흉노에 대한 배후 압박이자,[62] 동시에 점차 강성해지는 조선에 대한 지배의 관철이기도 했다는 점에서 한의 조선에 대한 군현 지배는 양월이나 서남이에 대한 군현 지배와는 성격을 달리했다.

3. 한인(漢人)의 유입과 문물의 보급

무제의 흉노 정벌을 찬양하기에 앞서 "천지사방(동서남북)[육합지내(六合之內)]과 천지와 사방의 모든 지역[팔방지외(八方之外)]에 천자의 성덕이 넘치는데 생명을 가진 사물이 그 은택을 입지 못했다면 현군은 수치로 여겨야 합니다"[63]라

---

60) 《史記》 권110 〈匈奴列傳〉, 2,913쪽.

61) 《漢書》 권73 〈韋玄傳〉, 3,126쪽 : "東伐朝鮮 起玄菟, 樂浪 以斷匈奴之左臂."

62) 권오중, 《樂浪郡研究》(일조각, 1992), 30쪽은 한이 조선 원정에 나서고 조선에 군현을 설치한 것은 흉노에 대한 우회적인 공격 형태였다고 이해하고 있다.

63) 《史記》 권117 〈司馬相如列傳〉, 3,051쪽 : "是以六合之內 八方之外 浸潯衍溢 懷生之物有不浸間於澤者 賢君恥之."

는 사마상여의 지적에서 짐작할 수 있듯이, 변군 설치는 한의 지배 영역 확대뿐만 아니라 '천자의 은덕'의 보급, 즉 왕화(王化)를 의미했다. 한이 '문명의 보급'이라는 미명하에 자행한 주변 민족에 대한 정복과 지배는 '중국(=한)'과 '주변'이라는 배타적·차별적 인식에서 비롯되었다. 따라서 한은 군현을 '내군=중국'과 '외군=이적(夷狄)의 거주 공간'으로 구분하기도 했다.[64]《한서》,〈왕망전(王莽傳)〉이 왕망(王莽) 시기의 천하를 내군, 근군(近郡), 변군으로 구분하고 있는 것도 같은 맥락이다.[65]

이러한 내외 구분의 바탕에 깔려 있는 것은 결국 '중국'과 '이적' 간 언어, 풍속, 관습, 외모, 생활양식 등의 차이[66]와 이적의 야만적이고 낙후된 생활상에 대한 강조다.[67] 따라서 한과는 다른 문화를 지닌 공간에 변군을 설치해 그 지역에 대한 군현 지배를 실시하는 것은 '야만' 지역을 '문명'화하는 일의 일환이기도 했다. 군현 설치를 통해 확대된 영토를 실질적으로 지배하려면 당연히 구체적인 정책이 수반되어야 했다. 더욱이 그것이 단순한 영토 확장이 아니라 '하나의 중국'을 만들기 위한 계획의 일환이었다면 그 지역을 문화적·민족적으로 내군과 유사한 지역으로 만드는 것 또한 중요한 과제였을 것이다. 그러므로 내군에 비해 상대적으

---

64)《漢書》권8〈宣帝紀〉, 241쪽 : "注引 韋昭曰, '中國爲內郡 緣邊有夷狄障塞者爲外郡.'"

65)《漢書》권99〈王莽傳〉, 4,136쪽 : "粟米之內曰內郡 其外曰近郡 有郵徼者曰邊郡."

66) '사이(四夷)'의 관습에 대해서는《후한서》,〈동이열전(東夷列傳)〉과《삼국지(三國志)》위지(魏志)〈동이전(東夷傳)〉에 소개된 기사만을 참고해도 충분하다. 또한《예기(禮記)》〔《漢文大系》增補版(東京 : 富山房, 1972)〕,〈왕제편(王制篇)〉의 "중국과 사방의 오랑캐 그 오방의 백성들은 모두 각기 특성이 있어 그것을 바꿀 수는 없다. 동방의 오랑캐를 이(夷)라고 한다. 그들은 머리를 풀어헤치고 몸에는 문신을 새겼으며 익히지 않은 음식을 먹는 자도 있다. 남방의 오랑캐를 만(蠻)이라고 한다. 이마에 먹물을 넣어 새기고 양 발가락을 서로 향하게 하고 걷는다. 서방의 오랑캐를 융(戎)이라고 한다. 머리를 풀어헤치고 가죽옷을 입으며 곡식을 먹지 않는 자도 있다. 북방의 오랑캐를 적(狄)이라고 한다. 그들은 새의 깃털로 옷을 만들어 입으며 굴에서 살며 곡식을 먹지 않는 자도 있다……오방의 백성이 서로 말이 통하지 않으며 기호와 욕망이 서로 같지 않다"라는 구절에서도 이러한 내용을 확인할 수 있다.

67)《좌전(左傳)》의 여기저기서 볼 수 있는 "오랑캐[예(裔)]는 중원을 도모하지 못하며 [또한] 오랑캐[이(夷)]는 중화의 [질서를] 어지럽히지 못한다"라는 말과,《맹자(孟子)》,〈등문공편(藤文公篇)〉의 "나는 중화(中華)의 법을 써서 오랑캐의 도(道)를 변화시켰다는 말은 들었고, 오랑캐에게 변화당했다는 말은 듣지 못하였노라"라는 말은 오랑캐(이)에 대한 중화(中華)의 절대적 우월성을 단적으로 표현한 것이다.

로 '땅은 넓고 인구는 적으며(地廣人稀)' 문화적 · 민족적으로 다른 성격을 띤 변군 지역을 어떻게 다스릴 것인지 계속 방안을 강구하는 것은 그러한 과제를 해결하는 관건일 뿐만 아니라 군현 지배를 실질적으로 확대하는 관건이기도 했다.

군현 지배의 확대와 관련해 필자가 주목한 것은 주변 민족의 거주 공간으로의 한인의 유입과 이념적 일체성을 도모하기 위한 문물의 보급이다. 먼저 한인의 변군 유입에 대해 살펴보자면, 주목할 만한 것은 하서 지역으로의 사민(徙民)[68]이다. 이 지역으로의 사민은 변경의 개발과 방비에 중점을 둔 것이었다. 무제 시기의 하서 지역에 대한 군현 설치, 사민 실시, 그에 따른 개간은 이 지역을 정치적 · 사회적으로 안정된 곳으로 점차 변모시켰다. 그 결과 양한(兩漢) 교체기 이래 후한 초기까지 관중(關中) 지역을 비롯한 상당수 내군의 주민들이 하서 지역으로 이주해 자신들의 세력을 성장시켰다.[69] 서남이나 강족 지역으로의 사민 역시 이 지역을 개발하거나 이들 민족의 내항과 침입에 대응하기 위한 조치의 일환으로 시행되었다.[70] 따라서 하서 지역이나 서남이 지역의 경우, '계획적'인 내군민 유입에 따른 군현화가 진행되었으리라고 쉽게 짐작할 수 있다. 특히 《거연한간(居延漢簡)》에서 확인할 수 있는 "동, 서, 남, 북향(鄕)"이나 "제1, 제2"와 같은 향리(鄕里)의 명칭, 출신 현과 리(里), 성명, 작위 등이 기입된 명적부(名籍簿)의 내용[71]은 향(鄕), 리(里)의 독자성이나 자율성이 군현에 의해 크게 제약받았음을 시사한다. 따라서 하서 지역의 경우, 군현 설치와 한인 유입으로 인한 개발 등을 통해 많은 변화를 겪었음을 추측할 수 있다.

이에 비해 조선 지역과 관련해서는 앞의 두 지역과 같은 성격의 사민의 예를 찾

---

68) 이 글에서 언급한 사민(徙民)이란, 국가 권력이 경제적 · 문화적으로 발달한 지역——오늘날 황하 중 · 하류 지역에 해당함——에 거주하고 있는 민(民)들을 상대적으로 낙후되었거나 문화적으로 이질적인 변경 지역으로 강제 이주시켜 이 지역에 선진 문화를 이식하고자 한 정책으로 한대 변경 지역을 강화하기 위한 주요 정책이었다.

69) 김경호, 〈漢代 河西地域 豪族의 形成과 그 性格〉 참조.

70) 羅二虎, 《秦漢時代的中國西南》(成都 : 天地出版社, 2000), 제3장 〈移民〉 참조.

71) 李天虹, 《居延漢簡簿籍分類研究》(北京 : 科學出版社, 2003), 제1장 〈吏卒及其他人員〉 참조.

아보기 어렵다. 조선 지역의 경우, 한 4군이 설치되기 이전부터 한인이 유입되었다. "진(秦) 말에 정치가 혼란해지자 연인(燕人)들이 [조선으로] 피난해 중화의 풍속을 섞어 [조선] 본래의 풍속을 어지럽힘으로써 마침내 [조선이] 한과 통하게 되었다"[72] 또는 "진승(陳勝) 등이 병기(兵起)하여 천하가 진에 반기를 드니 연(燕), 제(齊), 조(趙) 지역의 백성 수만 명이 조선으로 피난했다"[73] 같은 기사에서 이를 확인할 수 있다. 한인의 조선 유입은 이와 함께 중국 문물이 조선 지역으로 유입되었음을 의미한다. 요동의 여러 지역에서 연의 화폐 명도전(明刀錢)이 발견되고 철제 농구가 출토된 것,[74] 진개(秦開)의 침입을 계기로 명도전의 사용 범위가 요동의 동남부까지 확대된 것,[75] 그리고 요령성(遼寧省) 일대에서 전국 시대 제후국과 진에서 제작된 둔유과(屯留戈), 계봉과(啓封戈), 춘평후검(春平侯劍), 석읍과(石邑戈) 등이 발견된 것[76]은 한과 조선의 문화적 소통이 군현 설치 이전 시기부터 지속적으로 진행되었음을 시사한다.[77] 따라서 다른 지역과 달리 조선 지역의 경우에는 한의 문화가 군현 지배가 시행되면서부터가 아니라 그 이전부터 전파되기 시작했음을 알 수 있다.《삼국지》,〈동이열전(東夷列傳)〉에 나오는 "[조선은] 비록 이적의 나라이지만 조두(俎豆)를 쓰는 예절이 남아 있으니 중국이 예를 잃으면 사이(四夷)에서 [예를] 구한다"[78]는 기사나 "동이 지역은 다른 이적과는 달리 공자 역시 기거하고자 했다"[79]는 기사 또한 다른 주변 민족과는 달리 군현 설치 이전부터 이

---

72)《後漢書》권85〈東夷列傳〉, 2,823쪽: "嬴末紛亂 燕人違難. 雜華澆本 遂通有漢."

73)《三國志》권30〈東夷傳〉 '濊條', 848쪽: "陳勝等起 天下叛秦 燕、齊、趙民避地朝鮮數萬口."

74) 許玉林,〈遼寧寬甸發現戰國時期燕國的明刀錢和鐵農具〉,《文物資料叢刊》3(1980);蔣非非·王小甫 等著,《中韓關係史(古代卷)》(北京 : 社會科學文獻出版社, 1998), 20쪽 참조.

75) 최몽룡,〈고조선의 문화와 사회경제〉,《(신편)한국사》4(국사편찬위원회, 1997), 142~145쪽.

76) 蔣非非·王小甫 等著,《中韓關係史(古代卷)》, 22쪽.

77) 낙랑군(樂浪郡)의 교역 형태에 관해서는 윤용구,〈三韓의 朝貢貿易에 대한 一考察—漢代 樂浪郡의 교역형태와 관련하여〉,《歷史學報》제162집(1999) 참조.

78)《三國志》권30〈東夷傳〉, 840쪽: "雖夷狄之邦 而俎豆之象存. 中國失禮 求之四夷."

79)《後漢書》권85〈東夷列傳〉, 2,822~2,823쪽: "故東夷通以柔謹爲風 異乎三方者也. 苟政之所暢 則道義存焉. 仲尼懷憤 以爲九夷可居."

미 점차적으로 조선과 한과 문화적 교류가 진행되었음을 알려준다.[80]

한인의 유입과 관련한 군현 지배의 양상은 이처럼 지역에 따라 차이가 있었지만, 그럼에도 지역 간 공통점 또한 있었으니 그것은 바로 진한 시대의 문서 행정이 수반되었다는 것이다. 사실, 진한 시대의 문서 행정이 수반되지 않은 군현 지배는 상상할 수도 없다. 특히 근 100년 동안 발견된 진한 시대의 간독(簡牘) 자료[81]나 호북성(湖北省) 용산현(龍山縣) 리야(里耶) 지역에 있는 전국 시대부터 진(秦)대까지 존속한 고성(古城)에서 발견된 진 시황(始皇) 말년의 죽간(竹簡) 행정 문서들[82]은 진한 시대의 정밀한 문서 행정의 실태를 잘 보여준다. 문서 행정이란 곧 법령을 중심으로 이루어지는 행정의 문서화를 의미하며, 문서 행정의 궁극적인 목적은 원활한 제국 질서 유지에 있었다. 제국의 질서를 원활히 유지하기 위해서는 중앙에서 제정된 법령이 변군에서도 잘 준수되어야 했으며, 이를 위해서는 문자를 아는 관리들이 필요했다. 한자를 전혀 알지 못하는 주변 민족을 통치하기 위해서는 그러한 필요성이 더욱 절실했을 것이다.[83] 즉 주변 민족에 대한 군현 지배는 관료 제도를 매개로 해서 전개되었으며 그 원활한 지배를 수행하기 위해서 '문자의 전파'가 수반되었던 것이다.[84] 그렇다면 문자의 보급은 각 지역에서 어떠한 양상으로 전개되었는가?

한이 가장 주력해 군현 지배를 실시한 하서 지역의 경우를 먼저 살펴보자. 하서 지역의 문자 보급은 한간(漢簡)의 일부인 〈창힐편(蒼頡編)〉과 〈급취편(急就編)〉에

---

80) 《논형(論衡)》, 〈회국편(恢國篇)〉의 다음과 같은 기사는 비록 낙랑군이 설치된 후 한화된 모습을 서술한 것이기는 하지만 여기서 참조할 만하다. "……樂浪 周時被髮椎髻 今戴皮弁 周時重譯 今吟詩書."

81) 김경호, 〈近100年 主要 漢簡의 出土現況과 敦煌縣泉置 漢簡의 內容〉, 《史林》 제15호(首善史學會, 2001) 참조.

82) 湖南省考古文物研究所·湘西土家族苗族自治州文物處·龍山縣文物管理所, 〈湖南龍山里耶 戰國-秦代古城一號井發掘簡報〉, 《文物》(2003년 1기)에 진 시황(始皇) 말년의 죽간 행정 문서 일부가 소개돼 있다.

83) 예를 들어 중항열(中行說)이 흉노에게 가르친 '세목별 분서 기록〔소기(疏記)〕'으로써 사람, 가축, 물산을 파악하고 과세했다는 것은 흉노가 문자를 사용하지 않았음을 반증한다. 《史記》 권110 〈匈奴列傳〉, 2,899쪽 : "於是說敎單于左右疏記 以計課其人衆畜物."

84) 이성규, 〈韓國 古代 國家의 形成과 漢字 受容〉, 《韓國古代史研究》 32(2003)는 한자의 수용을 선진 중국 문화 수용의 문제가 아니라 생존의 문제로 이해하면서 고대 국가의 형성과 관련해 고찰한다.

서 확인할 수 있다.[85] 〈창힐편〉간(簡)은 거연(居延) 파성자(破城子) 지역뿐만 아니라 돈황 옥문화해(玉門花海)와 마권만(馬圈灣) 지역[86]에서도 출토되고 있다. 이처럼 하서 각 지역에서 발견되는 〈창힐편〉간은 대체로 "창힐이 글을 만들어 후사 및 어린아이들을 가르쳤다……"와 같은 형식을 취하고 있는 자서(字書)다. 이러한 자서의 발견은 관리의 자격 요건 중의 하나가 "능서(能書)",[87] 즉 예서(隸書)로써 공문(公文)을 작성하는 능력이었으리라 짐작게 하며, 나아가 글을 아는지 여부, 즉 "사(史)"인가 "불사(不史)"인가[88]가 승진에 밀접한 영향을 미쳤으리라 짐작게 한다. 이러한 사실은 학동의 능력을 시험해 "9,000자 이상을 암송할 수 있는(諷書九千字以上)" 자는 "사(史)"로 임용하고 "6체로서 시험(以六體試)"을 거친 자는 "상서어사(尙書御史)"로 임용한다는 《한서》, 〈예문지(藝文志)〉의 내용[89]에서도 알 수 있다. 불사(不史), 즉 글을 알지 못하는 소리(小吏)들에게 필요한 것은 시문(詩文)이나 《춘추(春秋)》를 공부하는 것이 아니라 〈창힐편〉이나 〈급취편〉과 같은, 관리에게 필요한 기본적인 글을 익힘으로써 국가의 통치 방침을 보다 효율적으로 숙지

---

85) 〈창힐편(蒼頡編)〉의 내용과 관련한 근래의 연구로는 阜陽漢簡整理組, 〈阜陽漢簡《蒼頡編》〉, 《文物》(1983년 2기) ; 胡平生·韓自强, 《《蒼頡編》的初步研究》, 《文物》(1983년 2기) ; 胡平生, 〈漢簡《蒼頡編》新資料的研究〉, 中國社會科學院簡帛研究中心 編輯, 《簡帛研究》第二輯(法律出版社, 1996) 참조. 또한 각 지역에서 발견된 〈창힐편〉 관련 간호(簡號)는 다음과 같다. ① 《居延漢簡》 : (85·21), (97·8), (167·4), (185·20) 등. ② 《居延新簡》 : (E.P.T.50 : 1A·B), (E.P.T.50 : 134A), (E.P.T.56 : 27A), (E.P.T.56 : 40) 등. ③ 《敦煌漢簡》 : (844), (1459AB), (1460AB), (1461AB) 등. 이와 아울러 《한서(漢書)》 권30 〈예문지(藝文志)〉, 1,719~1,720쪽에 의하면 〈창힐편〉은 "창힐 1편이다. 창힐 7장은 진의 승상 이사가 지은 것이다. 원력 6장은 거부령 조고가 쓴 것이나. 박학 7장은 태사령 호모경이 지은 것이다……소학은 10가 45편이다"라는 기사처럼 소학십가(小學十家)로 분류되어 있다.

86) 甘肅省文物考古硏究所 編, 《敦煌漢簡釋文》(蘭州 : 甘肅人民出版社, 1991)에 석문(釋文)이 정리되어 있다. 특히 옥문화해(玉門花海) 지역에서 출토된 간독(簡牘)에 대해서는 嘉峪關市文物保管所, 〈玉門花海漢代烽燧遺址出土的簡牘〉, 《漢簡硏究文集》(蘭州 : 蘭州人民出版社, 1984) 참조.

87) 《居延新簡》 E.P.T.50 : 10 : "能書會計治官民頗知律令文."

88) 《新簡》 E.P.T.51 : 4, 171쪽 : "居延甲渠第二隧長 居延廣都里公乘陳安國 年六十三 建始四年八月辛亥除 不史." 《新簡》 E.P.T.51 : 11, 171쪽 : "居延甲渠塞有秩候長 昭武長壽里公乘張忠 年卅三 河平三年十月庚戌除 史."

89) 《漢書》 권30 〈藝文志〉, 1,721쪽 : "漢興 蕭何草律 亦著其法曰. 〈太史試學童 能諷書九千字以上 乃得爲史. 又以六體試之 課最者以爲尙書御史書令史. 吏民上書 字或不正 輒擧劾."〉 여기서 "육체(六體)"란, 고문(古文), 기자(奇子), 전서(篆書), 예서(隸書), 무전(繆篆), 충서(蟲書)의 여섯 가지다.

하는 것이었다고 봐야 할 것이다.[90] 더욱이 최근 발표된 장가산한간(張家山漢簡) 2년(기원전 186년) 율령(律令)에, 태사(太史)와 군사(郡史)가 17세 된 사(史)의 아들 학동을 3년 가르쳐 그가 5,000자 이상을 송독하면 사로 임용하고 또한 8체로서 시험을 보아 군에서 태사가 그 내용을 검토하여 전달하고 그중 가장 성적이 뛰어난 사람을 그 속현(屬縣)의 영사(令史)로 임용한다는 사율(史律)이 포함되어 있다.[91]

　　서북 변경에서 출토된 간(簡)과 호북성 형주(荊州) 지역에서 출토된 장가산한간은 모두 문자를 습득한 자를 속리로 발탁한다는 공통된 내용을 담고 있는데, 이는 관부에서 문서 행정에 필요한 인력을 스스로 양성했다는 것, 그리고 중앙 정부가 내군과 외군을 막론하고 문자 보급에 힘썼다는 것을 알려준다. 이러한 상황으로 미루어, 한 4군 지역의 토착 세력 역시 문자를 익혀 군의 속리로 진출하곤 했을 것이다. 후한 명제(明帝) 때 사람인 왕경(王景)은 8대조가 전한 초기에 낙랑으로 피신해 그곳에 뿌리를 내린 터라 낙랑군 출신이었다. 그럼에도 그의 아버지는 낙랑군의 삼로(三老)를 역임했으며, 이러한 사실이 앞의 추측을 뒷받침해준다. 그리고 '함자일민왕군전(含資逸民王君塼)'을 비롯한 다수의 낙랑전(樂浪塼)[92]은 낙랑군의 문서 행정을 입증하고 있다. 비록 한 4군 지역은 아니지만 우리나라 경남 창원 다호리(茶戶里)의 1세기경 고분에서 문자 사용을 시사하는 붓과 삭도(削刀)가 출토

---

90) 거연한간(居延漢簡)에 보이는 〈창힐편〉, 〈급취편〉 등을 통한 문자의 습득 및 문서 작성은 군중(軍中)에서 시행된 것을 기술한 것이지만, 이민족과 관련을 맺고 있던 하서(河西) 지역의 특성을 고려한다면 관리 임용에 문자 해독 능력의 수준이 영향을 미친 것은 하서 지역의 향리 사회에서도 마찬가지였을 것이다.

91) 張家山二四七號漢墓竹簡整理小組, 《張家山漢簡竹簡》(北京 : 文物出版社, 2001), 203쪽 : "史, 卜子年十七歲學. 史、卜、祝學童學三歲 學乃將詣大史, 大卜、大祝 郡史學童詣其守 皆會八月朔日試之. 試史學童以十五篇 能諷書五千字以上 乃得爲史. 又以八體試之 郡移其八體課大史 大史誦課 取最一人以爲其縣令史 殿者勿以爲史. 三歲壹幷課 取最一人以爲尙書卒史."

92) 한국고대사회연구회 엮음, 《譯註韓國古代金石文》 제1권(가락국사적개발연구원, 1995), 364～416쪽 참조. 여기서 "전(塼)"이란, 흙을 구워 정사각형 또는 직사각형의 납작한 벽돌 모양으로 만든, 동양의 전통적 건축 재료로서 한나라 이후 중국에서는 궁전, 불상, 능묘, 성벽 따위에 썼으며 문자, 인물, 동식물, 기하학적 무늬 따위가 있다.

된 것 또한 한에 의한 문자 보급과 관계가 없지 않다.[93] 또한 고구려가 국초(國初)부터 문자, 즉 한자를 사용했다는 것[94]은——비록 제한적으로 사용된 것으로 추정되긴 하지만——조선 지역 역시 중국으로부터 문자를 비롯한 선진화된 문물을 받아들였음을 의미한다. '중국'이 동이 지역 문화의 특징을 예의와 농경으로 규정한 만큼, 문물 보급을 통한 '한화(漢化=중국화)'는 다른 지역에 비해 조선을 포함한 동이 지역에서 상대적으로 용이했을 것이다. 그렇다면 동이 지역의 경우, 한의 문물이 유입되기 전부터 다른 변경 지역들에 비해 한과의 동질성이 더 강한 곳으로 인식되었을 개연성이 높다. 그러나 전통 시대 중국인에게 대등한 '화(華)·이(夷)' 관계란 상정할 수 없는 것이었을 테고, 따라서 동이 지역은 오히려 다른 변군 지역보다 더 철저한 통제와 간섭, 복속을 강요받았을 것이다.

변군 지역으로의 문자 유입은 곧 그 지역에서의 중국 문화의 전반적인 수용을 의미한다. 다시 말해 유교 문화의 수용을 의미한다. 그런데 '사이(四夷)'는 고유의 풍습과 제도를 가지고 있었다. 문자 보급을 통한 유교 문화의 전파는 곧 주변 민족 고유의 문화를 부정하는 '원론적'인 군현 지배를 의미한다. 무제가 "천하의 군국(郡國)에 모두 학교관(學校官)을 세운"[95] 것이나 공손홍(公孫弘)이 도(道)가 침체한 것을 한탄하며 "그러므로 교화를 시행하려면 〔천하의〕 본보기를 세워 경사(京師)부터 시작해 안〔內〕에서 밖〔外〕으로 이르게 해야 한다"[96]라고 상서한 것도 그러한 사실과 무관하지 않을 것이다. 문옹(文翁)이 촉군태수(蜀郡太守)로 부임한 후 이 지역의 만이(蠻夷)적 습속을 보고 이를 교화하기 위해 학교를 설립했다는 것,[97] 건무(建武) 시기(25~55)에 무위태수(武威太守)로 부임한 임연(任延)이 연리

---

93) 이건무, 〈多戶里遺蹟出土 붓(筆)에 대하여〉, 《考古學誌》 4(1992).

94) 《三國史記》 권20 〈高句麗本紀〉 8 : "國初始 用文字時 有人記事一百卷."

95) 《漢書》 권89 〈文翁傳〉, 3,626쪽 : "至武帝時 乃令天下郡國皆立學校官 自文翁爲之始云."

96) 《史記》 卷121 〈儒林列傳〉, 3,119쪽 : "公孫弘爲學官 悼道之鬱滯 乃請曰……故敎化之行也 建首善自京師始 由內及外".

97) 《漢書》 권89 〈文翁傳〉, 3,625~3,626쪽 : "景帝末 爲蜀郡守 仁愛好敎化 見蜀地辟陋有蠻夷風……又修起學於成都市."

(掾吏)의 자제들로 하여금 학교에 나가서 수업을 받게 하고 그들을 관리로 중용했다는 것,[98] 구진태수(九眞太守)가 부임한 후 혼인[가취(嫁娶)] 예법을 모르는 낙월(駱越)의 주민들에게 혼인의 법을 가르치는 등 예의에 의해 주민을 교화하니 만이도 의(義)를 흠모하게 되었다는 것[99]에서 알 수 있듯이, 주변 민족을 단순히 교화하는 것을 넘어 해당 지역의 습속을 변화시키는 것이 효율적 군현 지배를 위한 한 방안이었다. 즉 주변 민족의 고유한 습속은 한의 군현 지배에서는 교화 대상에 불과했다.

　평제(平帝) 원시(元始) 3년(3)에 군국(郡國)과 현, 도, 읍, 후국(侯國)에 학(學)과 교(校)를 설치한 것[100]도 주변 민족의 교화를 통해 군현 질서를 확립하려는 것과 결코 무관하지 않았을 것이다. 또한 후한 시기에 양주(涼州) 자사(刺史) 송효(宋梟)는 양주 지역에서 빈번하게 반란이 일어나는 것은 이 지역민들이 의를 모르기 때문이니 집집마다 《효경(孝經)》을 베껴 쓰게 해 그들을 교화해야 한다고 주장했는데,[101] 이 사실을 통해 교화의 구체적 내용을 확인할 수 있다.[102]

---

98) 《後漢書》 권76 〈任延傳〉, 2,463쪽: "又造立校官 自掾史子孫 皆令詣學受業 復其徭役. 章句旣通 悉顯拔榮進之. 郡遂有儒雅之士."

99) 《後漢書》 권76 〈任延傳〉, 2,462쪽: "又駱越之民無嫁娶禮法 各因淫好 無適對匹. 不識父子之性 夫婦之道……其產子者 始知種姓.……是徼外蠻夷夜郞等慕義保塞 延遂止罷偵候戍卒."

100) 《漢書》 권12 〈平帝紀〉, 355쪽: "[元始三年 夏] 立官稷及學官 郡國曰學 縣, 道, 邑, 侯國曰校."

101) 《後漢書》 권58 〈蓋勳傳〉, 1,880쪽: "[宋]梟患多寇叛 謂勳曰 涼州寡於學術 故屢致反暴 今欲多寫孝經 令家家習之 庶或使人知義."

102) 한대의 《효경(孝經)》은 가족 간의 윤리로서의 '효'를 강조하지만 효는 가족의 이념으로 한정되지 않고 국가의 통치 이념으로 발전했다. 이에 대해서는 다음을 참조하라. 孫筱, 〈孝的觀念與漢代新的社會統治秩序〉, 《中國史研究》(1979. 1) ; 板野長八, 〈孝經の成立(一)·(二)〉, 《史學雜誌》 第64編 3·4號(1955)[板野長八, 《儒教成立史の研究》(東京 : 岩波書店, 1995)에 재수록] ; 板野長八, 〈戰國秦漢における孝の二重性〉, 《史學研究》 100號(1967)[《中國古代社會思想史の研究》(東京 : 硏文出版, 2000)에 재수록] ; 渡邊信一郎, 《中國古代國家の思想構造―專制國家とイデオロギ》(東京 : 校倉書房, 1994), 第5章 《孝經》の國家論―秦漢時代の國家とイデオロギ. 《효경》은 다른 경서보다도 분량이 적고(《漢書》 권30 〈藝文志〉, 1,703~1,720쪽 : "凡《易》十三家 二百九十四篇……凡《書》九家 四百一十二篇……凡《詩》六家 四百一十六篇……凡《禮》十三家 五百五十五篇……凡《樂》六家 百六十五篇……凡《春秋》二十三家 九百四十八篇……凡《論語》十二家 二百二十九篇……凡《孝經》十一. 五十九家篇.") 사람들이 직접 실천해야 할 내용으로 구성되어 있으므로 변경 지역의 교화에 이용되기에 적합했을 것이다.

4. 변군 질서의 한계와 신질서의 모색

(1) 주변 민족과의 갈등 고조

변군에 거주하는 사람들은 대체로 내지에서 이주해 온 계층이거나 토착민이었는데, 토착민을 교화 또는 회유하려 한 것은 한인과 주변 민족의 잡거(雜居)에 따른 복잡한 사회 질서나 풍속을 일원화해 그 지역을 보다 효율적으로 통치하기 위해서였다. 변군 지역에 예교(禮教)를 보급한 결과, 파군태수(巴郡太守) 장흡(張翕)의 통치가 정화청평(政化淸平)하여 그가 죽자 토착민〔이인(夷人)〕들이 부모상처럼 했다거나,[103] 장환(張奐)이 하서 지역의 괴이한 풍속을 대의(大義)와 상벌로써 교화했다거나,[104] 익주자사(益州刺史) 장교(張喬)가 치적이 뛰어나 우부풍(右扶風)으로 전임되자 주민들이 사당을 세웠다[105]는 등의 사례가 나타났다. 교화의 주요 내용이 "예의와 겸양(以禮讓爲化)"[106]이었음을 알 수 있다. 이처럼 예의를 모르던 변경 지역에 유교 이념이 보급되었고,《효경》이 강조하는 효의 관념이 충(忠)의 관념으로 발전했다.

예교 문화의 보급에 따른 군현 지배는 사실상 주변 민족으로 하여금 자신들의 습속을 포기하게 했음을 의미한다. 따라서 주변 민족이 쉽게 예교 문화를 수용했다면 이는 한화가 원활하게 이루어진 것이며 한의 변군 지배가 성공적으로 달성된 것이었다. 그러나 예교 문화의 수용(=한화)이 한의 지배력 확대의 결과가 아니라 토착 사회 일부의 의지의 결과로서 지극히 제한적인 누리 내에서 이루어진 것이었음을 감안한다면,[107] 변경 지역에서는 한인 관리와 토착 세력 간의 밀착과

---

103)《後漢書》권86〈南蠻西南夷列傳〉, 2,851쪽 : "後太守巴郡張翕 政化淸平 得夷人和 在郡十七年 卒 夷人愛慕 如喪父母."

104)《後漢書》권65〈張奐傳〉, 2,139쪽 : "其俗多妖忌 凡二月, 五月産子及與父母同月生者 悉殺之 奐示以義方 嚴加賞罰 風俗遂改 百姓生爲立祠."

105)《華陽國志》권1〈巴志〉, 5쪽 : "益州刺史張喬表其尤異 徙尤扶風 民爲立祠."

106)《華陽國志》권10〈先賢士女總讚〉, 162쪽 : "聞憲 字孟度 成古人也 名知人 爲綿竹令 以禮讓爲化 民莫敢犯." · 167쪽 : "景毅 字文堅 梓潼人也……立文學 以禮讓化民."

갈등이라는 두 가지 현상이 나타났으리라고 생각해볼 수 있다. 이와 관련된 몇 개의 기사를 인용해보자.

① 이때에 주천태수(酒泉太守) 양통(梁統), 금성태수(金城太守) 고균(庫鈞), 장액도위(張掖都尉) 사포(史苞), 주천도위(酒泉都尉) 축증(竺曾), 돈황도위(敦煌都尉) 신동(辛肜) 및 주군영준(州郡英俊)들은 두융(竇融)과 모두 친선을 돈독히 했다……이에 두융은 하서오군대장군사(河西五郡大將軍事)로 추대되었다.[108]

② 〔예(濊)에는〕 대군장(大君長)이 없고 한대 이래로 후(侯), 읍군(邑君), 삼로(三老)의 관직이 있어 하호(下戶)를 통치했다.[109]

③ 건무 6년(30)에 변경의 군을 줄였는데 〔옥저의 동부〕 도위(都尉)도 이때 폐지되었다. 그 후 그 현의 거수(渠帥)를 모두 현후(縣侯)로 삼았는데 불내(不耐), 화려(華麗), 옥저(沃沮) 등의 모든 현은 후국(侯國)이 되었다. 이적들은 서로 침공해 싸웠다.[110]

④ 당시 내항한 여러 강족은 군현에 분포했는데 모든 관리나 호우(豪右)들이 〔이들을〕 요역에 종사시켜 이들 마음에 수원(愁怨)이 쌓였다.[111]

⑤ 문학지사(文學之士)가 말했다. "……왼쪽으로 조선을 정벌하고 임둔군(臨屯郡)을 설치했지만 연(燕)과 제(齊) 지역은 예맥 때문에 괴로웠다."[112]

⑥ 한 무제가 원봉 2년(기원전 109년)에 조선을 정벌해 위만의 손자인 우거(右渠)를 살해하고 그 지역을 나누어 4군을 설치했는데 옥저성(沃沮城)을 현토군(玄菟郡)으로 삼았다. 뒤에 이(夷), 맥(貊)의 침입을 받아 군을 고구려의 서북쪽으로 이주하니 지금의 현토의 고부(故府)라는

107) 윤용구, 〈樂浪前期 郡縣支配勢力의 種族系統과 性格―土壙木槨墓의 분석을 중심으로〉, 《歷史學報》 제126집 (1990), 32~34쪽에 따르면, 낙랑의 한화는 광범위하게 진행된 것이 아니라 평양 지역에 집중해 진행되었으며, 전한의 지배력 확대의 결과가 아니라 토광목곽묘 축조 집단의 선택적 수용의 결과였다.

108) 《後漢書》 권23 〈竇融傳〉, 797쪽.

109) 《三國志》 권30 〈東夷傳〉 '濊條', 848쪽.

110) 《三國志》 권30 〈東夷傳〉 '東沃沮條', 846쪽.

111) 《後漢書》 권87 〈西羌傳〉, 2,886쪽.

112) 《鹽鐵論》 권4 〈地廣〉, 209쪽.

곳이 이곳이다.[113)

①의 '이때'란 양한 교체기에 두융이 장액속국도위(張掖屬國都尉)로 부임한 시점을 말하며, '주군영준'이란 "[두융이] 도착하고 나서 웅걸(雄傑)들을 우무하고 결집시키고 강족들을 회유하여 화목하게 하여 그 환심을 얻게 되어 하서 지역은 [하나로 합하여 두융에게] 귀속되었다(既到 撫結雄傑 懷輯羌虜 甚得其歡心 河西翕然 歸之)"[114)는 문장의 웅걸, 즉 "토착 세력"을 말한다. 즉 두융은 부임지인 하서 지역의 장액에 도착하자 제일 먼저 이 지역 토착 세력과의 친선을 도모한 것이다. 장액 지역에 그 어떤 정치·사회적 배경도 두고 있지 않은 두융이 이 지역을 원활히 통치하자면 이는 지극히 당연한 행동이었다. 조선 지역인 예와 옥저의 관련 기사인 ②와 ③에서도 이러한 예를 확인할 수 있다. 먼저 ②는 조선 지배하에서는 대군장 없이 거수가 하호들을 통제했는데, 한이 지배하면서부터는 거수들이 후, 읍군, 삼로의 지위로서 하호와 통속(統屬) 관계를 맺었다는 이야기다.[115) ③은 건무 6년(30)에 동부도위(東部都尉)가 폐지되자 군이 현의 거수를 현후로 삼아 통제하려 했는데, 그 의도와는 달리 불내, 화려, 옥저에서 상호 공벌이 일어났다는 이야기다. 이와 같이 ①~③의 주요 내용은 토착 세력을 군현 지배 내에 편입시킴으로써 해당 지역의 원활한 통치를 도모했다는 것이다.

사실, 주변 민족에 대한 군현 지배는 사이(四夷)의 어느 곳에서도 갈등이나 저항 없이 전개되지 않았다. 변군에서의 갈등이나 주변 민족의 저항은 이들을 상대로 한 한의 이풍역속(移風易俗)이 철저하지 못했음을 의미함과 동시에 한의 문화에 대한 주변 민족의 거부가 강했음을 의미한다. ④~⑥의 기사는 강족과 조선 지역에 산재한 모든 민족에 관련된 서술로서, 주변 민족에 대한 군현 지배의 일면을

---

113) 《三國志》권30 〈東夷傳〉 '東沃沮條', 846쪽.
114) 《後漢書》권23 〈竇融傳〉, 796쪽.
115) 오영찬, 〈樂浪郡의 土着勢力 再編과 支配構造―기원전 1세기대 나무곽무덤의 분석을 중심으로〉, 《韓國史論》 35(1996), 47쪽.

이해하게 해준다. ④에서 "수원이 쌓였다" 했는데, 같은 책에 있는 다음의 기사를 보면 그 까닭을 쉽게 이해할 수 있다.

〔강인(羌人)은〕 한인(漢人)과 잡거하나 습속이 다르고 언어가 통하지 않으니 자주 소리(小吏)와 힐인(黠人)들에게 침탈당해 곤경에 빠지고 원한이 쌓이며 의지할 곳이 없다. 이런 까닭에 〔이들이〕 반란을 일으키는 것이다. 따라서 만이(蠻夷)의 원한과 반란은 모두 이에 기인한 것이다.[116]

이 기사는 변경 지역으로 유입된 한인과 내항한 주변 민족의 잡거 양상에 대해서 설명하고 있다. 여기서 말하듯이 습속과 언어에 서로 차이가 있었다는 것은 주변 민족의 문화가 그대로 유지되고 있었음을 반영한다. 한 문화의 유입은 그것의 수용을 거부하거나 그것에 대해 소극적인 태도를 취하는 주변 민족으로 인해 갈등을 불러왔다. 이러한 갈등은 단지 수원을 낳는 데 그치지 않고 후한 안제(安帝) 시대에 강족의 대대적인 침공을 초래하기까지 했으며,[117] ⑤와 ⑥의 기사처럼 주변 민족의 침입이라는 사태로까지 심화되었다. 결국 변경 지역이 변군의 설치로 인해 한의 지배 영역으로 편입되긴 했지만 내군과 같은 일원적인 '군(郡)-현(縣)-향(鄕)-이(里)'의 지배 체계를 그곳에 적용하는 것은 한계가 있었다. 따라서 변경 지역에서 군현 지배가 효율적으로 이루어지려면 그 질서 내에 편입된 주변 민족과의 갈등을 완화 내지 극복할 수 있는 통치 조직이 확립되어야 했다. 변군에서 내군에 없는 속국(屬國)과 부도위(部都尉) 등이 설치된 것을 볼 수 있는 것은 그 때

---

116) 《後漢書》 권87 〈西羌傳〉, 2,878쪽.

117) 《후한서》, 〈안제기(安帝紀)〉와 〈서강전(西羌傳)〉의 기사를 검토하면 강족의 침략이 매우 심각했음을 알 수 있다. "〔원초 5년〕 강족이 반란을 일으킨 지 10여 년 동안 전쟁이 끊임없이 일어나 군대는 피폐해져 잠시도 쉴 틈이 없었다. 군사의 비용과 물자 수송의 경비는 240여 억 전을 사용하여 〔국가의〕 창고가 고갈되었다. 내군까지 그 영향이 미쳤고 변경 지역의 민 가운데 죽은 자는 셀 수 없었다. 병주와 양주 두 지역은 마침내 폐허가 되었다"(권87 〈서강전〉, 2,891쪽) 등은 강족의 침략에 따른 국가 재정의 고갈과 병주(并州)와 양주(涼州) 지역의 황폐함을 전하고 있다. 강족 침략 이후의 하서 사회에 대해서는 前田正明, 〈一世紀後半期·二世紀の河西〉, 《岡本敬二先生退官記念論集 アジア諸民族における社會と文化》(東京 : 圖書刊行會, 1984) 참조.

문이다. 관련 기사에 따르면 속국은 다음과 같이 설명된다.

①대체로 속국은 국호를 존속하면서 한조(漢朝)에 귀속하는 것이다. 그러므로 속국이라 일컫는다.[118]

②본국의 풍속을 바꾸지 않고 한에 귀속하는 것을 속국이라고 부른다.[119]

③속국은 여러 외국들이 한에 귀속되는 것을 이른다.[120]

이로 미루어 속국은 내항한 주변 민족이 자신들의 풍속과 자신들의 국호를 유지하면서 한에 귀속하는 것을 주요 특징으로 한다. 즉 주변 민족이 형식적으로는 한에 귀속되지만 실제로는 독립 내지 자율성을 그대로 보지하는 것이다. 따라서 변경 지역에 속국을 설치했다는 것은 그곳에 한인과 주변 민족 간의 갈등이 계속 잠재돼 있었다는 것을 의미한다. 결국 속국의 경우 군현과 달리 주변 민족에 대한 한의 지배가 간접적인 성격을 띠었던 셈이며, 한인과 주변 민족 간의 현실적 힘의 '균형'이 무너지면 언제든지 이 주변 민족은 101~102쪽 ④~⑥의 기사처럼 한을 침략하거나 군현 지배를 벗어나 본래의 습속으로 돌아갈 수 있었다. 주변 민족의 문제만을 효율적으로 관리하기 위해 변군 지역에 부도위를 설치한 것은 이런 맥락에서였다.[121]

한의 주변 민족에 대한 군현 지배는 후한 안제 연간을 정점으로 상당한 변화를 보인다. 우선 주목할 것은 안제 연간에 있었던 강족의 침입이다. 강족의 반발은 영초(永初) 시기부터 본격적으로 발생했다. 영초 원년 6월에는 선령종강(先零種羌)의 침략이 있었다.[122] 영초 2년 봄에는 강족의 종강(鍾羌)이 익현(益縣) 서쪽에

---

118) 《漢書》 권6 〈武帝紀〉, 176쪽.

119) 《漢書》 권55 〈衛靑傳〉, 2,483쪽.

120) 《漢書》 권96 〈西域傳‧上〉, 3,876쪽.

121) 권오중, 〈漢代 邊郡의 部都尉〉, 《東洋史學硏究》 제88집(2004)에는 부도위(部都尉)의 분포, 지역별 특성, 부도위제의 변화 등이 언급돼 있다.

서 등척(鄧騭)의 군대를 격파했으며, 같은 해 겨울에는 역시 종강이 평양현(平襄縣)에서 정서교위(征西校尉) 임상(任尙)의 군대를 대파해 한의 사망자가 8,000여 명에 이르렀다. 더욱이 이 해에는 강족의 전령(滇零) 등이 '천자'를 자칭하며 동으로는 조(趙)와 위(魏), 남으로는 익주(益州), 그리고 삼보(三輔) 지역까지 침략했다.[123] 강족의 침략을 받은 지역의 참담한 상황을 《잠부론(潛夫論)》, 〈구변(救邊)〉은 다음과 같이 절실하게 기록하고 있다.

강로(羌虜)의 배반은 양주, 병주(幷州)에서 비롯되어 사예(司隷) 지역에까지 미치고 있다. 〔강족은〕동으로는 조, 위 지역을 〔휩쓸었고〕 서로는 촉한(蜀漢)을 침략했다. 다섯 주가 잔파되고 6개 군의 (자취가) 사라졌다. (강족이) 천리를 주회하는 〔동안〕 들판에는 어떠한 것도 남지 않았으며 침략의 피해는 밤낮 동안 계속되어 백성들은 멸몰했다.[124]

또한 영초 3년에는 한의 기도위(騎都尉) 임인(任仁)이 선령강(先零羌)을 토벌했지만 세가 불리해 결국 강족의 강인에 의해서 임조현(臨洮縣)[125]이 함락되었다.[126] 영초 4년에는 강족의 전령이 포중(褒中)에서 우(郵), 정(亭)을 파괴하고 약탈을 일삼자 한중태수(漢中太守) 정근(鄭勤)이 이를 공격했으나 결국은 대패해 3,000여 명의 사망자를 냈다.[127] 급기야 영초 4년에는 '양주 폐기론'까지 제기되었으며,[128]

---

122) 《後漢書》권5 〈安帝紀〉, 207쪽: "永初元年 六月 先零種羌叛 斷隴道 大爲寇掠 遣車騎將軍鄧騭·征西校尉任尙討之."

123) 《後漢書》권87 〈西羌傳〉, 2,886쪽: "明年春……鍾羌數千人先擊敗隴軍於益西……其冬 隴使任尙及從事中郎司馬鈞率諸郡兵與滇零等數萬人戰於平襄 尙軍大敗 死者八千餘人. 於是滇零等自稱〈天子〉於北地 招集武都·參狼·上郡·西河諸雜種 衆遂大盛 東犯趙·魏 南入益州 殺漢中太守董炳 遂寇鈔三輔 斷隴道." 이 기사는 《後漢書》권5 〈安帝紀〉, 209~211쪽에도 나오는데, 여기서는 침략 시기를 영초(永初) 2년 "春正月과 冬 10월"로, 그리고 전령(滇零)이 천자를 자칭한 시기를 11월로 적고 있으며, 익현(益縣)과 평양현(平襄縣)은 모두 천수군(天水郡)에 속한다고 적고 있다.

124) 《潛夫論》권5 〈救邊〉, 257쪽.

125) 농서군(隴西郡)에 속한다.

126) 《後漢書》권5 〈安帝紀〉, 212쪽: "遣騎都尉任仁討先零羌 不利 羌遂破沒臨洮."

영초 5년에는 강족의 침략이 하동(河東), 하내(河內) 지역까지 대상이 될 정도로 심각했다.[129)]

(2) '통합'과 '독자'적 질서의 공간—고구려와의 관계

이처럼 주변 민족에 대한 한의 군현 지배에는 '사방(四方)' 어느 곳에서나 갈등과 저항이 따랐다. 주변 민족들의 저항이나 갈등은 한인에게는 주변 민족들의 무지와 미개함과 야만의 소치로 인식되었고 한으로 하여금 보다 철저한 군현 지배를 도모하게 했다.

한이 사방을 미개함과 야만스러움으로 인식하긴 했지만, 적어도 그 가운데 동이 지역에 대해서는 나머지 '삼방(三方)'에 비해 상대적으로 긍정적으로 인식했음은 앞에서 서술한 바다. 그런데《후한서》,〈동이열전〉의 기사를 살펴보면, 같은 동이 지역의 민족들이라도 중국이 이들을 차등적으로 인식하고 있었음을 알 수 있다. 예컨대 부여(夫餘)에 대해서는 "체격이 크고 성품은 굳세고 용감하며 근엄, 후덕하여 〔다른 나라를〕 공격하거나 노략질하지 않는다"[130)]라고 보고 예(濊)에 대해서는 "성품이 우직하고 건실해 욕심이 적고 남에게 구걸하지 않는다……그 종족은 산천을 중시해 산천마다 각 읍락의 경계로 삼았으므로 함부로 서로 침범하지 않는다"[131)]라고 본 반면, 고구려에 대해서는 다음과 같이 부정적으로 보았다.

그 나라 사람들은 성질이 흉악하고 급하며, 기력이 있고 전투를 잘한다. 〔또한〕 노략질하기를

---

127)《後漢書》권87〈西羌傳〉, 2,887쪽 : "滇零遣人寇褒中 燔燒郵亭 大掠百姓……時光復攻褒中 鄭勤欲擊之……出戰 大敗 死者三千餘人."

128) 영초 4년에 대장군(大將軍) 등즐(鄧騭)은 양주를 폐기하고자 했으나 우후(虞詡)는 이를 반대했다. "永初四年 羌胡反亂 殘破幷, 涼 大將軍鄧騭以軍役方費 事不相瞻 欲弃涼州……涼州旣弃 卽以三輔爲塞 三輔爲塞 則園陵單外 此不可之甚者也."

129)《後漢書》권87〈西羌傳〉, 2,887쪽 : "羌遂入寇河東 至河內 百姓相驚 多奔南度河."

130)《後漢書》권85〈東夷列傳〉'夫餘國傳', 2,811쪽 : "其人麤大彊勇而謹厚 不爲寇鈔."

131)《後漢書》권85〈東夷列傳〉'濊傳', 2,818쪽 : "其人性愚愨少嗜欲……其俗重山川 山川各有部界 不得妄相干涉."

좋아해 옥저와 동예(東濊)를 모두 복속시켰다.[132]

  고구려에 대한 부정적인 인식은 습속이나 기질에 대한 이런 묘사뿐만 아니라 명칭 사용에서도 드러난다.[133] 우선《후한서》,〈동이열전〉의 '고구려전(高句麗傳)'에는 고구려와 구려(句驪)라는 명칭이 혼재되어 있다. 고구려를 구려라고 칭하는 것은 왕망 이후의 고구려와의 관계를 설명하는 부분에서다.[134] 구체적으로 왕망이 "고구려(구려)"의 군사를 징발해 흉노를 정벌하고자 했으나, 이것이 여의치 않자 장수 엄우(嚴尤)를 파견해 "고구려후(侯)(구려후)" 추(騶)를 죽여 장안에 보냈다는 기사에서부터다. 계속 읽어보면 왕망 시기에 고구려는 하구려로, 그리고 고구려 왕은 하구려후로 각각 격하되었음을 알 수 있다.

  ① 왕망은 크게 기뻐하면서 고구려 왕의 명칭을 고쳐서 하고구려라 부르게 하였다.[135]
  ② 왕망은 크게 기뻐하면서 천하에 포고하여 고구려란 국호를 바꾸어 하구려라 부르게 하였다.[136]

  왕망 이후 중국이 고구려를 격하시키거나 부정적으로 인식한 것은 무엇 때문인가? 중국 천자의 위상을 드높인다는 명목으로 주변 이민족에게 칭신(稱臣)을 강요했던 왕망의 상고적(尙古的) 유교 가치관 때문이었으리라고 쉽게 짐작할 수 있다. 이런 맥락에서 중국인은 '고(高)'라는 글자가 붙은 고구려라는 명칭을 사용하기를 꺼렸다. '고'는 '우월함', '최고' 등의 의미를 내포하는 글자, '하(下)'의 상대

---

132)《後漢書》권85〈東夷列傳〉'高句麗傳', 2,813쪽:"其人性凶急 有氣力 習戰鬪 好寇鈔 沃沮, 東濊皆屬焉."
133) 기수연,《後漢書》〈東夷列傳〉'高句麗傳'에 대한 분석 연구〉,《史學志》제31집(단국대학교 사학회, 1998)은《후한서》,〈동이열전(東夷列傳)〉고구려전(高句麗傳)'의 사료적 가치와 성격에 대해서 분석하고 있다.
134) 기수연,《後漢書》〈東夷列傳〉'高句麗傳'에 대한 분석 연구〉, 647~657쪽 참조. 여기에서 기수연은 '구려(句麗)'를 한의 고구려에 대한 두려움과 멸시가 내포된, 한이 '의도적으로 격하시킨 명칭'으로 이해한다.
135)《後漢書》권85〈東夷列傳〉'高句麗傳', 2,814쪽.
136)《三國志》권30〈東夷傳〉'高句麗條', 844쪽.

적 의미를 지닌 글자인 것이다.[137] 또한 한으로서는 양한 교체기 이후 점차 동이 지역의 강자로 부상해 한에 커다란 불안 내지 압박의 요소로 작용했을 고구려를 의도적으로 깎아내릴 수밖에 없었을 것이다.

왕망 정권이 붕괴한 후 후한과 고구려는 일시적인 화친을 맺는데, 이에 대해서는 "건무 8년에 고구려가 조공을 보내오자 광무제(光武帝)가 그 왕호(王號)를 회복시켜주었다"[138]라고 서술돼 있다. "왕호를 회복시켜주었다(復其王號)" 혹은 "비로소 왕의 칭호를 사용하였다(始見稱王)"[139]라는 말로 미루어 적어도 고구려가 군현 체제에 속해 있는 모습은 아니다. 즉 한은 명목상으로라도 고구려를 하나의 독립된 '왕국'으로 인정한 것이다.[140] 그러나 이러한 정치적 분위기는 곧 반전된다. 후한 광무제 건무 25년(49)에 고구려가 우북평(右北平), 어양(漁陽), 상곡(上谷), 태원(太原) 지대까지 침입한 것이다.[141] 물론 이《후한서》기사의 진위를 둘러싸고 많은 논의가 전개되었지만, 이 시기의 관련 사료를 검토해보면 거짓이라고 단정할 수는 없을 듯하다. 우선《후한서》,〈광무제기(光武帝紀)〉에는 공격의 주체가 '고구려(구려)'가 아니라 요동 지역에 설치된 요새[徼] 밖에 거주하는 맥인(貊人)으로 서술돼 있다.[142] 또한 광무 초기에 오환(烏桓)과 흉노가 대군(代郡) 이동의 5군을 공격했다는 기사[143]와 건무 25년에 오환의 세력이 내군까지 진출하자 한이 요동 속국을 비롯한 여러 군을 변경 지역에 배치했다는 기사[144]가 알려주듯이 동

---

137) 이홍직,〈高句麗의 興起〉,《國史上의 諸問題》4(1959), 26~27쪽 ; 지병목,〈高句麗 成立過程稿〉,《白山學報》제34호(1987), 52쪽.

138)《後漢書》권85〈東夷列傳〉'高句驪傳', 2,814쪽.

139) 같은 사건을《삼국지》권30〈동이전〉'고구려조(高句麗條)'는 "[후한] 광무제 8년 고구려 왕이 사신을 보내어 조공을 하여 비로소 왕의 칭호를 사용하게 되었다(漢光武帝 八年 高句麗王遣使朝貢 始見稱王)"고 서술하고 있다.

140) 권오중,〈漢과 高句麗의 關係〉,《高句麗研究》제14집(2002), 250쪽에 따르면《삼국지》의 기사가 정확한 것이지만《후한서》의 기사 역시 잘못된 것은 아니다. 또한《삼국지》에 나오는 "비로소 왕의 칭호를 사용하게 되었다(始見稱王)"는 구절은 고구려의 자의식의 선언이다.

141)《後漢書》권85〈東夷列傳〉'高句麗傳', 2,814쪽 : "二十五年春 句驪寇右北平, 漁陽, 上谷, 太原."

142)《後漢書》권1〈光武帝紀 · 下〉, 76쪽 : "二十五年春正月 遼東徼外貊人寇右北平, 漁陽, 上谷, 太原."

143)《後漢書》권90〈烏桓鮮卑傳〉, 2,982쪽 : "光武初 烏桓與匈奴連兵爲寇 代郡以東尤被其害."

이 지역은 후한의 군현 체제에 편입돼 있으면서도 한의 실질적인 지배에는 한계가 있었다. 이러한 당시 정세를 감안해도 건무 25년의 고구려의 침공을 굳이 부정할 필요는 없을 듯하다. 그러나 2년 후인 건무 27년, '사방' 지역에서 위용을 떨치던 제동(祭彤)[145]이 요동태수(遼東太守)로 재임하는 중에 고구려를 동원해 북(北) 흉노의 측면을 공격할 계획까지 세울 정도로 한과 고구려가 친밀한 관계를 유지했던 것도 사실이다.

고구려와 중국의 관계가 악화되기 시작한 것은 화제(和帝) 연간에 접어들면서였다. 화제 원흥(元興) 원년(105)에 고구려가 요동을 침입해 6개 현을 빼앗은 것이다. 다음 해인 안제(安帝) 연평(延平) 원년(106)에 후한이 요동 지방의 군현을 대폭 개편해 현도군에 속했던 고현(高顯), 후성(候城), 요양(遼陽) 3개 현을 요동군으로 이관한 것을 볼 때, 이 시기의 고구려의 요동 공격이 후한에 상당한 타격을 주었음을 알 수 있다. 고구려의 후한 침공이 본격화된 것은 안제 연간 이후다. 안제 연간은 주변 민족에 대한 한의 군현 지배에 커다란 변화가 생긴 시기다. 우선 강족의 반발이 영초 연간부터 본격적으로 일어났고, 영초 2년에는 전령 등이 '천자'를 자칭해 동으로는 조와 위, 남으로는 익주, 그리고 삼보 지역까지 침략했으며,[146] 마침내 영초 4년에는 '양주 폐기론'까지 제기되었던 것이다.[147]

후한 이래 관심이 고조되기 시작한 요동 지역 모든 민족의 동향은 한의 군현적 통합 질서를 무너뜨리기 시작했고, 특히 선비족(鮮卑族)의 궐기는 동이 지역 모든 민족의 독자적 동향을 더 가속화한 듯하다.[148] 이러한 배경에서 고구려는 황제를 참칭하는 경계해야 할 땅으로 언급되었으며,[149] 따라서 적어도 동이 지역에서 고

---

144) 《三國志》 권30 〈烏桓鮮卑傳〉, 833쪽: "《魏書》…… 建武二十五年 烏丸大人郝旦等九千餘人率衆詣闕 封其渠帥爲 侯王者八十餘人 使居塞內 布列遼東屬國, 遼西, 右北平, 漁陽, 廣陽, 上谷, 代郡, 雁門, 太原, 朔方諸郡界……."

145) 《後漢書》 권20 〈祭彤傳〉, 746쪽: "彤之威聲 暢於北方 西自武威 東盡玄免及樂浪 胡夷皆來內附 野無風塵."

146) 주 123 참조.

147) 주 128 참조.

148) 《後漢書》 권90 〈鮮卑列傳〉, 2,986~2,987쪽의 기사는 안제(安帝) 시기의 선비족의 침략을 서술하고 있다.

149) 《三國史記》 권22 〈寶藏〉: "論曰…… 高句麗自秦漢之後, 介在中國東北隅, 其北隣皆天子有司. 亂世則英雄特起,

구려가 독자적 세계를 구축했음을 부정할 필요는 없을 듯하다. 영제(靈帝) 중평(中平) 6년(189)에 공손도(公孫度)가 요동태수로 부임했을 때부터 그의 아들 강(康), 손자 연(淵)의 시대를 거쳐 경초(景初) 2년(238)에 요동이 사마의(司馬懿)에게 멸망당할 때까지 공손(公孫) 씨가 요동을 장악했던 후한 말, 위 초의 50여 년 동안 요동 지역이 선비, 고구려, 그리고 공손 씨 정권으로 분화되었다는 사실은 이 시기에 한의 군현 지배라는 통합적 질서가 사실상 이름뿐인 것이었음을 보여준다. 게다가 공손도는 "나는 요동의 왕"[150]이라 주장하며 한으로부터의 자립을 도모하고 한을 대신해 주변 민족들에 대해 영향력을 행사했다.《삼국지》,〈동이전〉 '부여조(夫餘條)' 와 '고구려조(高句麗條)' 에 각각 나오는 "부여왕 위구태(夫餘王 尉仇台)",[151] "〔후한〕 광무제 8년 고구려 왕이 사신을 보내어 조공을 하여 비로소 왕의 칭호를 사용하게 되었다"[152]는 기사에서 확인할 수 있듯이 주변 민족이 왕호를 사용하는 것은 한과의 사이에 그 민족의 습속과 문화를 인정하는 책봉 관계를 형성하는 것이라고 볼 수 있다. 특히 고구려가 현토군으로부터 조복(朝服)과 의책(衣幘)을 받았지만, "그 뒤 차츰 교만 방자해져서 다시는 현토군에 오지 않았다"[153]는 기사는 공손 씨가 요동을 장악하기 전부터 한의 변군 지배의 성격에 변화가 일어났으며, 고구려가 중국적 질서로부터 점차 벗어나고 있음을 의미한다.

5. 변경, '통합' 과 '독자' 의 공간

진한 제국의 기본 구조는 이른바 편호(編戶) 지배 체제에 기반을 둔 중앙 집권

僭竊名位者也. 可謂居多懼之地, 而無謙巽之意 侵其封場以讐之, 入其郡縣以居之. 是故兵連禍結, 略無寧歲. 及其東遷, 値隋唐之一統, 而猶拒詔命以不順囚王人於土室."

150)《三國志》권8〈公孫度傳〉, 253쪽.
151)《三國志》권30〈東夷傳〉'夫餘', 842쪽.
152)《三國志》권8〈東夷傳〉'高句麗條', 844쪽.
153)《三國志》권30〈東夷傳〉'高句麗條', 843쪽.

적 군현·관료 지배 체제였다. 이 통일 제국은 아직 고대 국가의 단계로 성장하지 못한 대부분의 주변 민족에 대한 군사적 우위를 견지하면서 자국에 대해 우호적인 주변 민족의 군장들을 '왕', '후(侯)'로 복속시킴과 동시에 가능한 한 군현 지배를 확대하고자 했다. 그렇지만 군현 지배는 농경문화를 배경으로 성립된 지배 방식이어서 유목 사회에는 관철되기 어려웠다.[154] 농경 사회는 중국(＝한)과 대등하거나 중국에 저항할 힘을 갖고 있지 못하면 결국은 중국의 군현으로 편입될 수밖에 없었다. 그 결과 한대의 동아시아 질서는 '화(華)＝문명의 중심'인 중국과 그 주변에 분산된 '이(夷)＝화외(化外)의 세계'라는 구도를 형성했으며, 나아가 친(親) '화(華)'적 주변 민족의 수장이 중국에 의해 외신(外臣)으로 설정되고 관작(官爵)으로 책봉되는 관례도 확립되었다.

　　주변 민족을 일원적으로 지배하려는 군현 지배가 한계에 이른 것은 공교롭게도, '대일통'을 달성하기 위해 전 국력을 집중했던 무제 시기의 일이었다. 말년에 무제가 서역 정벌을 중지하고 농업에 힘쓴다는 이른바 '윤대지조(輪臺之詔)'[155]를 공포한 것이다. 한 4군의 폐지와 이에 따른 공손 씨의 요동 지역 점령은 한대 변경 지역 군현 지배의 한계를 단적으로 보여준다. 한의 지배력 약화라는 한계를 극복하기 위한 조치 가운데 하나는 해당 민족의 습속을 인정하는 통치 방식인 속국과 부도위의 설치였다. 그 결과, 진한의 황제가 정점을 이루고 주변 민족의 수장들이 그 지배 체제 내에 편입되는 '통합된 세계 질서'가 형성된 것처럼 보였다.

　　이 '통합된 세계 질서'는 물론 진한 제국, 즉 중국의 주도하에 진행되었지만 주변 민족들이 통합된 '세계 질서'에 편입하고자 한 것도 사실이다. 다른 지역의 주

---

154) 根本 誠, 〈北方民族はなぜ中國に進出したか〉, 《歷史敎育》 18-2(1970) ; 鷲鬪一, 〈何故に北方民族は中國に侵入したか〉, 《歷史敎育》 18-2(1970) ; 愛宕松男, 〈北方民族はなぜ中國に進出したか―モンゴリア遊牧民の場合〉, 《歷史敎育》 18-2(1970) 등은 북방 민족이 중원(中原)을 침입한 원인은 중국과의 문화적 차이에 있었다고 설명한다.

155) 《漢書》 권96 〈西域傳·下〉, 3,913~3,914쪽에 이 조칙의 내용이 상세하게 서술되어 있다. 이러한 조칙이 나온 후 한은 파병을 하지 않았다고 한다(《漢書》 권96 〈西域傳·下〉, 3,914쪽 : '由是不復出軍'). 또한 이에 대해 《漢書》 권24 〈食貨志·上〉, 1,138쪽은 "무제 말년 [무제는] 정벌의 일을 후회하고 승상을 부민후에 봉하였다"라고 기록하고 있다.

변 민족보다 이 질서에 편입하고자 했던 민족은 필자가 알기로는 요동 지역에 거주하던 '동이' 민족들이었다. 고구려가 신속(臣屬)을 거부하면서도 한의 조복과 의책을 받아 간 사실[156]이나 한(韓)에서 읍락의 대소(大小) 군장(君長)에게 사여된 중국의 인수(印綬)와 의책이 대단히 인기였다는 사실[157] 등으로 미루어, 동이 민족들의 중국에 대한 문화적 의존도가 높아지고 이들 민족과 중국의 관계가 점차 불가분의 것이 되어간 듯하다.

주변 민족의 입장에서는 '통합된 세계 질서'에의 편입을 통해 수준 높은 중국 문물을 접할 수 있고 국내의 정치적 안정을 보장받을 수 있다는 데서 매력을 느꼈을 것이며, 이러한 이점을 보장받지 못한다면 구태여 그 질서에 편입될 필요성을 느끼지 못했을 것이다. 따라서 후한이 멸망한 후 주변 민족들이 '기존 질서'에서 일탈한 것은 어쩌면 당연한 일이었다. 구심점이 되어주던 한이라는 정치 세력이 사라진 상황에서는 아무런 실질적인 힘도 되어주지 못하는 중국의 선진 문물 또한 빛을 잃을 수밖에 없었다. 사실상 천하 질서 유지에 필요한 '당근'은 더 이상 존재하지 않았던 것이다. 아울러, 중국과 주변 민족의 관계 설정에서 중요한 기능을 했다고 여겨지는 관작 하사에 따른 책봉 질서 역시 유명무실해졌을 것이다. 후한이 멸망한 후 수당(隋唐)의 통일 이전인 5세기 전후에 동아시아에서는 분쟁이 끊이지 않아[158] 한없이 분열이 거듭되었기 때문이다.[159]

필자는 전근대 동아시아 사회 질서의 다층적인 성격에 대해서 성급한 결론을 내리고 싶지는 않다. 설령 군현 지배의 일방적 지배가 변경 지역에 대해 관철되었다는 점에 동의할지라도 과연 습속과 문화가 상이한 변경 지역에 대해 철저한 지배의 관철이 가능했는가에 대한 의문은 여전히 떨쳐버리지 못하기 때문이다. 다

---

156)《三國志》권30 〈東夷傳〉'高句麗條', 843쪽: "漢時賜鼓吹技人 常從玄菟郡受朝服衣幘 高句麗令主其名籍."

157)《三國志》권30 〈東夷傳〉'韓條', 851쪽: "諸韓國臣智加賜邑君印綬 其次與邑長 其俗好衣幘 下戶詣郡朝謁 皆假衣幘 自服印綬衣幘千有餘人."

158) 노태돈, 〈5~6世紀 東아시아 國際情勢와 高句麗의 對外關係〉,《東方學志》44(1984) 참조.

159) 이성규, 〈中國의 分裂體制模式과 東아시아 諸國〉,《韓國古代史論叢》제8집(1996) 참조.

만 짚고 넘어갈 것은, 주변 민족들의 중국 질서로부터의 일탈이 아이러니컬하게 도 주변 민족들이 중국으로부터 율령을 비롯한 고대 국가 수립에 필요한 제반 문물을 받아들인 뒤에 시작되었다는 것이다. 더욱이 그 일탈이 중국의 분열이라는 특수한 시기에 집중되었다는 것을 생각한다면 전근대 동아시아 세계에서 '중국' 과 '주변' 국가의 관계는 그리 큰 변화를 겪지는 않았으리라는 것이다. 여기에서 군현 혹은 책봉이라는, 그 지배 질서의 외형적 틀은 그다지 문제시되지 않는다. 중국은 더 많은 관작을 만들어 '일통' 된 천하 질서를 공고히 하고자 했을 것이며, 주변 민족으로서는 현실적으로 이러한 세력 관계를 역전시킬 수 없는 한 그 '일통' 된 질서에 귀속해 또 다른 '천하' 의 세계를 구축하는 것도 의미 없는 일은 아니었을 것이다. 그렇다면 전근대 동아시아의 질서는 결국 모든 정치 세력이 군현 또는 책봉이라는 '빈집' 에서 각자의 이상을 추구하는 것이 아니었을까 싶다.

또한 필자는 고대 동아시아 질서란 각국이 화이 관념에 입각한 배타적이고 상대에 대한 부정과 차별을 통해 자신의 존재 의미를 확인했던 것이 아니라 상호 공존을 모색했을 것이라는 희망을 가지고 있다. 이런 의미에서 본질적으로 전통적 화이 관념과 그 속성은 커다란 차이가 없을지라도 고대 '동이' 지역은 '통합' 과 '독자' 라는 각각의 꿈을 추구하면서 찾아낸 접점의 하나가 아닐까 한다. 이 '화' 와 '이' 의 접점인 '변경(邊境)' 이 적어도 고대 동아시아 질서의 안정과 공존을 보장했다면, 근대 국민 국가 성립 이후의 '국경(國境)' 은 21세기 동아시아 사회에서 과연 어떤 의미를 내포하고 있는지 묻고 싶다. '간도(間島)' 의 본래 의미를 되새기면서.

참고문헌

1. 사료

甘肅省文物考古硏究所 編,《敦煌漢簡釋文》(蘭州：甘肅人民出版社, 1991)

《史記》(北京：中華書局 標點校勘本, 1959)

《三國志》(北京：中華書局, 1959)

《염철론》, 김한규·이철호 옮김(소명출판, 2002)

《鹽鐵論校注(定本)》(北京：中華書局, 1992)

《禮記》(《漢文大系》增補版)(東京：富山房, 1972)

《潛夫論》(北京：中華書局, 1985)

張家山二四七號漢墓竹簡整理小組,《張家山漢墓竹簡》(北京：文物出版社, 2001)

한국고대사회연구회 엮음,《譯註韓國古代金石文》제1권(가락국사적개발연구원, 1995)

《漢書》(北京：中華書局, 1962)

《華陽國志》(北京：中華書局, 1985)

《後漢書》(北京：中華書局, 1959)

2. 연구서

고구려연구재단 엮음,《중국의 東北邊疆 연구 동향 분석》(고구려연구재단, 2004)

국사편찬위원회,《중국의 동북공정 논리와 그 한계》(한국사론40, 2004)

김한규,《韓中關係史》I(아르케, 1999)

윤내현·김한규·김충열·유인선·전해종,《中國의 天下思想》(민음사, 1988)

윤명철,《역사전쟁》(안그라픽스, 2004)

윤휘탁,〈현대중국의 변강·민족의식과 '동북공정'〉,《역사비평》65호(2003년 겨울)

최광식,《역사전쟁 3부작—중국의 고구려사 왜곡》(살림, 2004)

耿鐵華,《中國高句麗史》(長春：吉林人民出版社, 2002)

馬大正·李大龍·耿鐵華·權赫秀,《古代中國高句麗歷史續論》(北京：中國社會科學出版社, 2003)

蔣非非·王小甫 等著,《中韓關係史(古代卷)》(北京：社會科學文獻出版社, 1998)

羅二虎,《秦漢時代的中國西南》(成都：天地出版社, 2000)

李天虹,《居延漢簡簿籍分類研究》(北京：科學出版社, 2003)

山田勝芳,《秦漢財政收入の研究》(東京：汲古書院, 1993)

木村正雄,《中國古代帝國の形成—特にその成立の基礎條件》(東京：不昧堂書店, 1965)

3. 논문

권오중, 〈漢과 高句麗의 關係〉, 《高句麗硏究》 제14집(2002)

───, 〈漢代 邊郡의 部都尉〉, 《東洋史學硏究》 제88집(2004)

기수연, 〈《後漢書》 《東夷列傳》 '高句麗傳'에 대한 분석 연구〉, 《史學志》 제31집(단국대학교 사학회, 1998)

김경호, 〈近100年 主要 漢簡의 出土現況과 敦煌縣泉置 漢簡의 內容〉, 《史林》 제15호(首善史學會, 2001)

───, 〈《史記》·《漢書》에 서술된 경제관과 그 사상적 배경〉, 《中國史硏究》 제32집(2004)

───, 〈漢代 邊境地域에 대한 儒敎理念의 普及과 그 의미―河西·西南지역을 중심으로〉, 《中國史硏究》 제 17집(2002)

───, 〈漢代 河西地域 豪族의 形成과 그 性格〉, 《東洋史學硏究》 제75집(2001)

김한규, 〈古代 東아시아의 民族關係史에 대한 現代 中國의 社會主義的 理解〉, 《東亞硏究》 24(1999)

───, 〈중국과 중화인민공화국〉, 임지현 엮음, 《근대의 국경, 역사의 변경》(휴머니스트, 2004)

노태돈, 〈5~6世紀 東아시아 國際情勢와 高句麗의 對外關係〉, 《東方學志》 44(1984)

오영찬, 〈樂浪郡의 土着勢力 再編과 支配構造―기원전 1세기대 나무곽무덤의 분석을 중심으로〉, 《韓國史 論》 35(1996)

윤용구, 〈樂浪前期 郡縣支配勢力의 種族系統과 性格―土壙木槨墓의 분석을 중심으로〉, 《歷史學報》 제126집 (1990)

───, 〈三韓의 朝貢貿易에 대한 一考察―漢代 樂浪郡의 교역형태와 관련하여〉, 《歷史學報》 제162집 (1999)

이건무, 〈多戶里遺蹟出土 붓(筆)에 대하여〉, 《考古學誌》 4(1992)

이성규, 〈중국 고문헌에 나타난 동북관〉, 《동북아시아 선사 및 고대사 연구의 방향》(학연문화사, 2004)

───, 〈中國의 分裂體制模式과 東아시아 諸國〉, 《韓國古代史論叢》 제8집(1996)

───, 〈中華思想과 民族主義〉, 《哲學》 37(1992)

───, 〈韓國 古代 國家의 形成과 漢字 受容〉, 《韓國古代史硏究》 32(2003)

이홍직, 〈高句麗의 興起〉, 《國史上의 諸問題》 4(1959), 26~27쪽

지병목, 〈高句麗 成立過程稿〉, 《白山學報》 제34호(1987)

최몽룡, 〈고조선의 문화와 사회경제〉, 《(신편)한국사》 4(국사편찬위원회, 1997)

嘉峪關市文物保管所, 〈玉門花海漢代烽燧遺址出土의 簡牘〉, 《漢簡硏究文集》(蘭州: 蘭州人民出版社, 1984)

阜陽漢簡整理組, 〈阜陽漢簡《蒼頡編》〉, 《文物》(1983년 2기)

孫筱, 〈孝的觀念與漢代新的社會統治秩序〉, 《中國史硏究》(1979. 1)

李晋槐·杜紹順, 〈中國古代民族關係史學術討論會綜述〉, 《華南師範大學學報》社科版(1985. 2)

田繼周, 〈秦漢王朝的民族政策〉, 《中國歷代民族政策硏究》(西寧: 青海人民出版社, 1993)

陳連開, 〈中國·華夷·藩漢·中華·中華民族――一個內在聯系發展被認識的過程〉, 費孝通 等, 《中華民族多元一

體格局》(北京：中國民族學院出版社, 1989)

許玉林,〈遼寧寬甸發現戰國時期燕國的明刀錢和鐵農具〉,《文物資料叢刊》3(1980)

胡平生,〈漢簡《蒼頡篇》新資料的研究〉, 中國社會科學院簡帛研究中心 編輯,《簡帛研究》第二輯(北京：法律出版社, 1996)

胡平生·韓自强,〈《蒼頡篇》的初步研究〉,《文物》(1983년 2기)

根本 誠,〈北方民族はなぜ中國に進出したか〉,《歷史敎育》18-2(1970)

渡邊信一郎,《中國古代國家の思想構造―專制國家とイデオロギ》(東京：校倉書房：1994), 第5章〈《孝經》の國家論―秦漢時代の國家とイデオロギ〉

西嶋定生,〈總說：1. 東アジア世界の設定について〉,《岩波講座 世界歷史》4(東京：岩波書店, 1970)

安部建夫,〈中國人の天下觀念〉,《元代史の研究》(東京：創文社, 1972)

愛宕松男,〈北方民族はなぜ中國に進出したか―モンゴリア遊牧民の場合〉,《歷史敎育》18-2(1970)

鴛淵 一,〈何故に北方民族は中國に侵入したか〉,《歷史敎育》18-2(1970)

栗原朋信,〈文獻にあらわれに秦漢璽印の研究〉,《秦漢史の研究》(東京：吉川弘文館, 1960)

───,〈漢帝國の周邊諸民族〉,《上代日本對外關係の研究》(東京：吉川弘文館, 1978)

伊藤敏雄,〈中國古代における蠻夷支配の系譜―稅役を中心として〉,《堀敏一先生古稀記念 中國古代の國家と民衆》(東京：汲古書院, 1995)

前田正明,〈一世紀後半期·二世紀の河西〉,《岡本敬二先生退官記念論集 アジア諸民族における社會と文化》(東京：圖書刊行會, 1984)

佐原康夫,〈居延漢簡に見える物資の輸送について〉,《東洋史研究》50-1(1991)

增淵龍夫,〈漢代郡縣制の地域的考察その一──太原·上黨二郡を中心として〉,《中國古代史研究》(東京：吉川弘文館, 1960)

板野長八,〈孝經の成立(一)·(二)〉,《史學雜誌》第64編 3·4號(1955)〔板野長八,《儒敎成立史の研究》(東京：岩波書店, 1995)에 재수록〕

───,〈戰國秦漢における孝の二重性〉,《史學研究》100號(1967)〔《中國古代社會思想史の研究》(東京：研文出版, 2000)에 재수록〕

鶴間和幸,〈中華の形性と東方世界〉,《世界歷史》3(東京：岩波書店, 1998)

국법과 사회 관행—
명대의 '관신우면칙례(官紳優免則例)'를 중심으로*

오금성**

1. 머리말

　명대에 사회의 지배 계층은 신사(紳士)였고 그들 신사에게는 우면(優免) 특권이 주어졌다. 신사는 이러한 특권을 이용하여 남면[濫免, 규정 이상의 요역(徭役) 면제]과 기장(寄莊, 외지에 토지를 소유함)을 일삼았다. 한편, 지주들은 과중한 세역 부담을 피하기 위하여 신사에게 궤기[詭寄, 부역황책(賦役黃冊, 토지와 호적 대장)에 토지의 명의를 신사 이름으로 올리는 것]하는 현상이 만연하였다. 그 결과로 발생하게 된 국가의 세역 수취의 부족 부분은 고스란히 중소 농민들에게 전가되었다. 그 때문에 힘없는 농민들은 과중한 세(稅)·역(役)에 시달리다 못해, 명 중기부터는 몰락자가 속출하면서 대대적인 인구 이동이 시작되고 각지에서 농민들

* 이 글은 2005년 10월에 〈국법과 사회관행─명대의 신사 우면을 중심으로〉라는 제목으로《명청사 연구》제24집에 실린 논문을 수정·보완한 것이다.

** 서울대 사범대학 역사과를 졸업하고, 같은 학교 인문대학 동양사학과 대학원에서 석사 학위와 박사 학위를 받았다. 서울대 동양사학과 교수를 거쳐, 현재는 같은 학과의 명예교수로 있다.《中國近世社會經濟史硏究》,《國法과 社會慣行─明淸時代 社會經濟史 硏究》,《矛·盾의 共存─明淸時代 江西社會 硏究》 등을 썼고,《韓國圖書館所藏 中國地方志目錄》 등을 편집했다. 논문으로는 〈中國의 科擧制와 그 政治·社會的 機能〉,《中國 近世의 農業과 社會變化〉,〈明 中期의 江西社會와 陽明〉,《《金甁梅》를 통해 본 16세기의 中國社會〉 등 다수의 논문이 있다.

이 봉기하였다.

명대의 신사 우면 문제는 일본의 야마네 유키오(山根幸夫) 교수가 그 연구의 단서를 연 이래 적지 않은 연구가 축적되어왔다.[1] 그런데 그러한 '특권이 구체적으로 언제부터 누구에게 주어졌느냐'에 대해서는, 학계에서 아직도 일치하지 못한 부분이 남아 있다.[2] 본고는, 신사 우면에 대한 오해가 왜 생겼고, 그것은 어떠한 의미가 있는지에 대하여, 명대의 사회 변화 추세를 고려하면서 재정리해본 것이다.

2. 홍무(洪武) 연간의 우면과 그 문제

명조 건국 초에는 관인호[官人戶, 내(內)·외(外) 현임관(現任官)과 치사관(致仕官)을 배출(輩出)한 가문]과 미입사(未入仕) 학위(學位) 소지자에 대한 공식적인 우면 규정은 아직 없었다. 그러나 그 시기에도 관행적으로 우면되었을 것으로 생각한다. 왜냐하면, 관인호는 고래로 요역을 면제받아왔고, 또한 홍무 7년에는 "사망한 관원의 가족에게는 3년간 요역을 면제하라"[3]는 국법(國法)이 있었기 때문이다.

---

1) 山根幸夫, 〈15·6世紀中國における賦役勞動制の改革─均徭法を中心として〉, 《史學雜誌》 60-11, 1951〔山根幸夫, 《明代徭役制度の展開》(東京, 1966)〕; 伍丹戈, 〈明代紳衿地主的形成〉, 《抖擻》 47(1981); 伍丹戈, 〈明代徭役的優免〉, 《中國社會經濟史研究》 1983-3; 唐文基, 《明代賦役制度史》(北京: 中國社會科學出版社, 1991); 岑大利, 《鄉紳》(北京圖書館出版社, 1998); 張顯清, 〈論明代官紳優免冒濫之弊〉, 《中國經濟史研究》 1992-4〔張顯清文集》(上海辭書出版社, 2005)〕; 陳寶良, 〈明代生員層的經濟特權及其貧困化〉, 《中國社會經濟史研究》 2000-2; 酒井忠夫, 《中國善書の研究》(東京, 1961); 和田正廣, 〈徭役優免條例の展開と明末擧人の法的位置─免役基準額の檢討を通じて〉, 《東洋學報》 60-1·2(1978); 川勝守, 《中國封建國家の支配構造》(東京, 1980), 第7章 〈一條鞭法による賦·役制度改革と鄉紳的土地所有の展開〉; 오금성, 《中國近世社會經濟史研究─明代紳士層의 形成과 社會經濟的 役割》(일조각, 1986)〔일본어 번역본 《明代社會經濟史研究─紳士層の形成とその社會經濟的役割》(東京: 汲古書院, 1990) 第1編 第1章〕 등 참조.

2) 일본의 하마시마 아츠토시(濱島敦俊) 교수는 2004년 6월 19일에 열린 한국의 명청사학회(明淸史學會) 월례 발표회에서 〈民望から鄉紳へ─十六·七世紀の江南士大夫〉, 《大阪大學大學院文學研究科紀要》 41(2001)라는 주제로 발표하였다. 이 논문은 명청사 연구자들을 계발(啓發)함이 적지 않지만, 신사 우면(紳士優免) 문제에 대해서는 동의할 수 없는 부분이 있다.

3) 正德 《大明會典》 卷22, 戶部7, 戶口3, 賦役, 〈優免差役〉; 萬曆 《大明會典》 卷20, 戶口2, 黃冊, 賦役條.

홍무제가 관인호에게 공식적으로 우면을 부여한 것은 홍무 10년이었다. 그해 2월에,

관인을 배출한 가문과 서민(庶民) 사이에는 귀천(貴賤)에 차등이 있다. 여러 가지 일에 대한 역(役)을 부담하여 윗사람을 섬기는 것이 서민의 도리이다. 현인군자(賢人君子)의 지위는 이미 존귀해져 있는데 그의 본가에서는 아직도 역을 부담한다면, 이는 군자와 야인(野人)의 분별이 없는 것이며, 사대부를 높이고 현인을 대우하는 도리가 아니다. 지금부터 모든 관청의 현직 관원에 대해서는 그가 소유한 전토의 조세를 납부시키는 외에 요역을 전액 면제해주라(悉免其徭役). 확실하게 적어서 영(令)으로 하라(著爲令)[4]

고 한 조칙(詔勅)이 그것이다. '내·외의 모든 현임관'에게 '요역을 전면(全免)'하며,[5] 이것을 '국법으로 정'한다는 것이다. 관인은 '군자'이므로 서민과는 귀천을 달리해야 한다는 인식에서였다. 그리고 그 2년 후에는,

지금부터 내외 관원으로 정년퇴직하여 고향으로 돌아간 사람에게는 그 집의 요역을 면제해주고, 종신(終身)토록 부과함이 없도록 하라……확실하게 적어서 영으로 하라(著爲令)[6]

는 조칙을 발하였다. '치사관'에게도 '현임관'과 동등하게 '모든 요역을 면제'하고, 사회적인 지위도 현임관과 유사하게 인정해주며, 이것을 '국법으로 정'한다는 것이다.

그런데 홍무 13년에는 새삼스럽게,

---

4) 《太祖實錄》卷111, 洪武 10年 2月 丁卯條.
5) 이때는 아직 이갑제(里甲制)가 제정되지 않았던 시기이므로, 아마도 홍무 14년에 제정된 이갑정역(里甲正役)과 잡역(雜役)이 모두 포함되었으리라고 생각한다.
6) 《太祖實錄》卷126, 洪武 12年 8月 辛巳條.

ⓐ 경관(京官) 가(家)의 요역을 면제하도록 조칙을 내리다(詔京官復其家).[7]

ⓑ 〔홍무〕13년, 육조(六部)·도찰원(都察院)·응천부(應天府)와 양현(兩縣)의 판록사(判祿司)·의례사(儀禮司)·행인사(行人司)의 현직 관원에게는 본호(本戶)의 세량(稅糧)을 납부하는 것 외에, 그 밖의 모든 요역은 면제토록 명하다.[8]

라고 하는, 새로운 조칙을 발하였다. 우면 특권은 오직 '현임 경관'으로만 제한시 킨다는 것이다.《실록(實錄)》에는 ⓐ와 같이, 겨우 여섯 자(字)로 지극히 간략하게 소개되고, 홍무 10년령이나 12년령과 같이 '저위령(著爲令)'이란 단서도 없다. 그 러나 이 조칙은 후에 ⓑ와 같이 정덕(正德)《명회전(明會典)》과 만력(萬曆)《명회전》 에 등재됨으로써, 관인에 대한 우면 규정으로서는 명대 최초의 '국법'이 되었다.

홍무 연간의 법령(法令) 상(上)에 나타나는 이러한 미세한 변화의 의미를 일깨 워준 것은 일본의 하마시마 아츠토시(濱島敦俊) 교수의 1997년의 글과 2001년의 논문이었다. 즉 '홍무 10년령과 12년령은《실록》에만 있을 뿐《회전(會典)》에는 등재되지 않았고, 반대로 홍무 13년령은《실록》은 물론 기타 어떤 기록에도 보이 지 않지만《회전》에는 등재됨으로써 확실한 국법으로 기능하게 되었다. 가정(嘉 靖) 24년에 이르기까지《회전》에 명기된 관원 우면 규정은 이것이 최후의 기록이 다'[9]라고 한 것이 그것이다. 그리고 그러한 인식의 중요한 논거로서 왕문록(王文 祿)[10]의 다음과 같은 지적을 들고 있다.

---

7)《太祖實錄》卷132, 洪武 13年 7月 壬辰條.

8) 正德《大明會典》卷22, 戶部7, 戶口3, 賦役,〈優免差役〉;萬曆《大明會典》卷20, 戶口2, 黃冊, 賦役,〈凡優免差 役〉. 한편《皇明制書》,〈節行事例〉,〈內外官員優免戶下差役例〉에도 동일한 내용이 있음.

9) 濱島敦俊,〈朱元璋政權と士大夫—優免問題をめぐって〉,《農村社會一覺書》, 森正夫 等 編,《明淸時代史の基本問 題》(東京:汲古書院, 1997), 160쪽;濱島敦俊,〈民望から鄕紳へ—十六·七世紀の江南士大夫〉,《大阪大學大學院 文學硏究科紀要》41(2001), 34쪽. 단, 하마시마 교수의 오해와는 달리, 홍무 13년령이《실록(實錄)》에 기재되었 지만 간략할 뿐이다. 그리고《회전(會典)》의 내용은 실은, ①"詔京官復起家"(《太祖實錄》卷132, 洪武 13年 7月 壬辰條)라고 약술(略述)된 내용과 ②"上命戶部, 移文諸郡縣, 凡功臣之家, 有田土, 輸納稅糧幷應充均工夫役之外, 如 糧長里長水馬驛夫等役悉免之"(《太祖實錄》卷134, 洪武 13年 12月 丁巳朔條)의 두 기록을 합쳐놓은 것이다.

10) 왕문록(王文祿)은 절강(浙江) 가흥부(嘉興府) 해염현(海鹽縣) 출신으로 가정(嘉靖)-만력(萬曆) 연간에 활동

ⓐ 모(某) 향신 · 모 진사(進士) · 모 거인(擧人)이란 기록을 보지 못하였다. 이로 보면, 그들도 같은 제민(齊民)으로, 우면 특권이 없는 것이다.《책(冊)》을 조사해봐도 알 수 있다. 경관에게 우면해주는 것은 그들의 직책이 힘들기 때문이다. 그러나 본호만 면제해줄 뿐 궤기한 부분은 해당되지 않는다. 외임관(外任官) · 휴가 중인 관료 · 정년퇴직한 관료에게는 우면 특권이 없는데, 오늘날엔 이들도 모두 면제받고 있다.[11]

ⓑ 경관 · 거인 · 감생(監生) · 생원(生員) · 이승(吏承) 등에게는 예(例)에 따라 우면해주고, 그 밖의 관료에게는 모두 요역을 부담케 한다.[12]

왕문록의 인식에 따르면, 자기가 살고 있던 가정 연간에는 모든 신사(내 · 외의 현임관과 치사관)가 우면을 받고 있지만, 이것은 불법적인 면제이고, 이전에는 '현임 경관'만이 우면 특권을 인정받았을 뿐, '현임 외관(外官)과 치사관'의 우면은 인정되지 않았다는 것이다.

그러나 왕문록의 인식에서는 모순이 발견된다. 첫째, 미입사 학위 소지자 중 최상층인 거인의 우면에 대하여 ⓐ에서는 '없다'고 하고 ⓑ에서는 '있다'고 한다. 둘째, 내 · 외 관인의 우면에 대하여 왕문록은 ⓐ에서는 "현임 경관만이 우면 특권을 받았을 뿐, 외관 · 휴가 중인 관원과 치사관에 대한 우면 규정은 없다"면서, "황책(黃冊)의 기록이나 《회전》의 규정에도 없다(視取冊而驗之可也)"고 강조하고 있다. 그러나 아래의 제3장에서 보는 바와 같이, 왕문록의 인식과 상반되는 기록은 일일이 들기 어려울 정도로 매우 많다.

하였다. 그는 가정 10년(1531) 거인(擧人)으로, 만력 14년(1586)에도 80여 세의 나이로 회시(會試)에 응시하기도 하였다. 또한 그는 300무(畝)의 토지를 소유한 지주였지만, 가정 말에 '균전균역법(均田均役法)'을 적극 제창하였다.

11) 王文祿,《百陵學山》, 書牘, 卷2,〈上侯太府書〉. 여기서의 후(侯) 태부(太府)란 후동래(侯東萊)로, 가정 40년을 전후하여 가흥(嘉興) 지부(知府)를 역임하였다.

12) 王文祿,《百陵學山》, 策樞, 卷3,〈甦民策四首〉,〈均役〉. 한편 미입사(未入仕) 학위층의 우면에 대해서는,《同書》, 書牘2,〈上侯太府書〉에도 "始錄於泮, 卽復其身"이라고 되어 있다.

3. 신사 우면 규정의 변화

(1) 15세기의 우면 문제

이제 비교의 편의를 위하여 명대 신사 우면에 대한 기록을 시대순으로 소개하면 다음과 같다. 먼저 정통제(正統帝, 1436~1449년 재위)는 즉위 직후, 문직(文職)으로 70세에 치사(致仕)한 관원에 대하여 우면을 허가하였다.[13] 이는 아마도 홍무 12년령이 '저위령'이라고 되어 있음에도 불구하고, 홍무 13년령이 반포된 후로, 공식적으로는 치사관에 대한 우면이 인정되지 않았기 때문일 것이다. 그 때문에 그 후 수년 동안 지역 차원에서는 우면 적용에 다음과 같이 상당한 혼선이 빚어졌다.

ⓐ 정통 원년(元年)의 명령 : 서울의 문무 관원(文武官員)의 가(家)에는 이갑정역〔(里甲正役, 이장(里長)의 일을 담당하는 요역)〕을 제외하고, 그 밖의 모든 균요(均徭)와 잡역(雜役)을 면제해준다.[14]

ⓑ 정통 원년의 조칙에 따라, 서울의 문무 관원에게는 이갑정역을 제외하고, 그 밖의 균요와 잡역을 전면해주고, 외관은 절반만 면제한다.[15]

ⓒ 직례(直隸) 양주부(揚州府) 태주(泰州) 판관(判官) 왕사민(王思旻)이 상주(上奏)하기를, '홍무 이래, 내·외의 현임관은 모두 원적(原籍, 고향)의 요역을 면제받았사오나, 지금은 지방관들이 일반 서민과 다름없이 부과하여 〈구제(舊制)〉를 위반하고 있습니다.' 폐하께서 호부(戶部)에게 토론해보도록 명하자, 호부에서는 〈구제〉대로 시행하도록 제청하였다.[16]

ⓓ (정통 3년 3월) 서울의 문무 관원의 가(家)에는 이갑정역과 세량을 제외하고, 그 밖의 모든 요역을 면제해주었다.[17]

---

13) 《英宗實錄》 卷2, 宣德 10年 2月 辛亥條.
14) 正德 《大明會典》 卷22, 戶部7, 戶口3, 賦役, 〈優免差役〉.
15) 萬曆 《武進縣志》 卷3, 里徭, 〈優免〉.
16) 《英宗實錄》 卷31, 正統 2年 6月 乙亥條.

ⓐ는 정덕《명회전》에 등재된 법령으로, 현임 문무 경관에게만 요역을 '전면'한다는, 홍무 13년령을 재확인한 것이다. 그런데 정덕《명회전》에 등재되어 국법이 된 이 규정이 만력《명회전》에 누락된 이유는 무엇일까? 그래서인지, 같은 정통 원년령을 전하는 ⓑ의 강남(江南)《무진현지(武進縣志)》기록에는, 문무 경관에게 '전면' 할 뿐 아니라, 외관에게도 경관의 1/2 비율로 면제한다고 되어 있다.[18] 바로 다음 해인 정통 2년에 태주 판관 왕사민의 상주(ⓒ)에서도, 홍무 이래 시행되어온 '구제'는 '내·외 현임관 우면'이라 하고 있다. 그런데 정통 3년에는 ⓓ와 같이, '구례(舊例)'에 따라 '경관' 만 우면한다고 함으로써, 홍무 13년령과 정통 원년령을 재확인하고 있다.

이렇게 중앙의 국법과 지역 차원의 사회 관행에 괴리가 있는 상태에서 관인호는 당연히 자기들에게 유리한 대로 남면하였고, 그 부족분은 필연적으로 백성에게 전가되었다. 그 때문에 관인호의 우면을 제한하자는 주장이 계속되었다. 그 첫 번째 주장은 정통 12(1447)에 운남(雲南) 학경군민부(鶴慶軍民府) 지부 임준절(林遵節)이 올린 상주였다.

ⓐ '부(府)에 소속된 여러 주(州)에는 토관(土官, 소수 민족으로서 중앙의 관직을 받은 사람)이 많사옵고, 그 현임자의 가동(家僮)·장호(莊戶)가 수백이나 되는데 그들은 요역과 세량을 납부하지 않고 비위만 저지릅니다. 청컨대 품급(品級)에 따라 면제하는 사람 수를 정하고, 그 밖의 사람은 모두 부역황책에 편입시켜 요역을 부담케 하신다면……[폐하께서] 삼사(三司)에게 논의토록 명하셨다.[19]

ⓑ [정통] 12년, 운남 토관에게 명하여, 4품(品) 이상은 16정(丁)분을 우면해주고, [이하(以下)

---

17) 王材,《皇明太學志》卷2, 典制(下), 賜與,〈優復〉條.
18) 단, 이곳에서 지적한, "외관에게는 반을 면제해준다"는 내용이 명조의 원칙에도 불구하고 지역 차원에서 독립적으로 시행한 것인지는 분명치 않다. 사카이 타다오(酒井忠夫)는 이 내용이 "후세에 부가한 것"으로 보고 신빙성을 의심하고 있다(酒井忠夫,《中國善書の研究》, 203쪽 참조).
19)《英宗實錄》卷149, 正統 12年 正月 丙子條.

점차로 체감(遞减)됨〕 잡직(雜職)은 6정을…….[20]

　ⓐ의 내용은 당시 운남에서는 중앙관뿐 아니라 지방관(토관 포함)도 거의 무제
한으로 남면하고 있으므로, 우면 액수를 제한하자는 것이다. 이 상주가 후에 삼사
의 토론을 거친 후 현임 지방관의 경우 품질(品秩)에 따라 우면을 제한하도록 법
제화된 것이 ⓑ의 내용이다. 이 법령에서 주의할 점은 첫째, 명대에 처음으로 우
면액을 제한하자는 주장이 관철된 점이고, 둘째, 면역 기준을 인정(人丁)만으로
제한하였다는 점이다.

　위와 같은 남면은 당연히 우면 특권을 받지 못한 지주(아래에서는 비특권 지주
로 줄여 씀)의 궤기를 받지 않고는 불가능한 것이었다. 이로 보면 명조 중앙 차원
에서는 홍무 13년의 '현임 중앙관 우면령'만을 법제화하였고, 정통 원년과 3년에
재삼 그 원칙을 확인하였음에도 불구하고, 지역 차원에서는 《실록》 홍무 10년의
기록에도 나오듯이 '현임 내·외관 우면령'이 사회 관행이 되어 있었음을 알 수
있다. 정통 14년(1449)에,

　'앞으로는 치사관원에게도 현임 관원의 사례에 따라 요역을 우면해주시기를 간절히 바랍니
　　다'……예부상서(禮部尚書) 호영(胡濙) 등에게 논의하도록 명하니, '……전례가 없어 윤허하
　　기 어렵습니다(無例難允)'라고 보고하였다. 〔폐하께서〕그 논의대로 하셨다.[21]

고 한 순천부(順天府) 창평현(昌平縣) 유학(儒學) 증광생원(增廣生員) 마효조(馬孝
祖)의 상주는 이러한 관행이 있었기에 가능한 것이었다. 당시 '현임 내·외관'의
우면은 당연시되고 있다는 인식하에, 현임관의 사례에 따라 치사관원의 우면도
인정해달라는 것이었다. 그러나 조정(朝廷) 차원에서는 '전례가 없어 윤허하기 어

---

20) 正德《大明會典》卷22, 戶部7, 戶口3, 賦役, 〈優免差役〉.
21) 《英宗實錄》卷186, 正統 14年 12月 戊午條.

렵다' 는 것이다.

그런데 다음의 기록을 보면, 지역에 따라서는 치사관도 우면을 받고 있었던 듯 하다. 마효조의 상주가 있은 후 15~16년이 지나, 성화(成化) 2년(1465)에 급사중(給事中) 구홍(丘弘)이 올린 상소 중에 다음과 같은 내용이 있다.

> '영락(永樂)·선덕(宣德) 연간에는……지금은 균요법(均徭法)이 이미 시행되고 있사온데……
> 호부(豪富)와 간사한 무리들은 회뢰(賄賂)를 통하여 무거운 요역을 피하고……사대부(士大夫)
> 의 가(家)는 하찮은 요역까지 모두 부담하고, 치사관도 요역을 면제받지 못합니다……앞으로
> 는 민간(民間)의 요역은 〈구례〉대로 하시기를 바랍니다.'……호(戶)·예(禮)·병(兵) 3부(部)
> 가 논의한 후 상주대로 하도록 보고하였다. 〔폐하께서〕 그 논의대로 하셨다.[22]

'구례'에 따르면 내·외 현임관과 치사관이 모두 우면 대상이었다는 것인데, 이를 호·예·병 3부가 확인하여 보고하고 성화제(成化帝)가 재가를 내렸다. 따라서 현임관과 치사관, 다시 말해 모든 신사가 우면 특권을 인정받게 되었지만 《회전》에는 등재되지 않았다.

지역 차원에서 우면 규정의 적용에 혼선을 빚은 것은 성화 4년(1468)에 이부(吏部) 청선관(聽選官) 오숙무(吳淑茂)가 올린 상소에,

> 신(臣)이 조사해보니, 홍무·영락·선덕 연간에는, 관리와 생원의 가(家)는 요역을 우면받았
> 습니다……근년 이래……지방관들이 '구례'를 허문(虛文)으로 여기고, 관리·생원 가의 전량
> (田糧)과 인정의 많고 적음을 헤아려보지도 않고 서민과 꼭 같이 요역을 부과하고 있습니
> 다……부디 해당 부(府)에 명하셔서, '구례'에 따라 관리·생원 가에는 조세를 부과하는 외
> 에 그 밖의 요역은 전에 해왔던 대로 우면해주라고 명하시기를 간절히 바랍니다.[23]

---

22) 《憲宗實錄》 卷33, 成化 2年 8月 辛丑條, 650쪽.
23) 《皇明條法事類纂》 卷8, 〈優免官吏生員雜乏差役例〉.

라 한 곳에도 나타난다. 선덕 연간까지는 '관리가(官吏家, 아마도 내외관을 뜻하는 말)'와 미입사 학위 소지자가 우면을 받았는데, 근년에 균요법[24]이 보급되면서 이들에게 요역을 부과하는 사례도 있다면서 '구례'대로 그들 모두에게 우면을 인정해달라는 것이다.

그런데 15세기 후반의 성화 · 홍치(弘治) 연간의 대관료이자 저명한 경제학자였던 구준(丘濬, 1421~1495)의 《대학연의보(大學衍義補)》에는 당시의 사정이 더욱 잘 나타나 있다.[25] 구준은 15세기 중엽부터 이미 심각한 사회 문제가 되어 있던 '겸병지환(兼倂之患, 토지를 겸병하는 폐단)'을 해결할 방법으로 '배정전법(配丁田法)'을 제창하였다. 그 가운데 신사 우면에 대한 주장은 다음과 같다.

> 전직 관료의 가문에 우면하는 방법은 관품(官品)의 높고 낮음에 따라 차등을 두고 우면해주는 것입니다……그 당사자가 이미 사망했으면 우면 혜택을 자손에게 세습케 하되……〈경관 3품 이상에는 전(田) 4경(頃)을 면제하고……외관은 체감시키도록 하여〉……일대(一代)에 한하도록 하는 것입니다. 이를 '배정전법'이라 합니다.[26]

당시 모든 현임 관인호에게는 당연히 우면 특권이 인정되는 상태에서 모든 신사들이 암묵적으로 무제한의 우면권을 행사(남면)하고 있으니, 내 · 외관 모두 품질에 따라 우면액을 제한하고(두 번째 우면 제한 주장) 그 대신 일단 우면된 액수는 다음 세대까지 일대에 한하여 세습을 인정하자는 것이었다. 이제는 경관의 우면액마저 제한하자는 주장도 나온 것이다.[27] 강남의 소주(蘇州) · 송강(松江) · 가

---

24) 균요법(均徭法)의 새로운 해석에 대해서는 岩井茂樹, 《中國近世財政史の研究》, 第6章, 〈均徭からみた明代徭役問題〉(京都大學學術出版會, 2004) 참조.

25) 《대학연의보(大學衍義補)》는 구준(丘濬)이 10여 년에 걸쳐 집필하여 성화(成化) 23년(1487) 11월 즉위한 지 3개월밖에 안 되는 홍치제(弘治帝)에게 진정하여 소위 〈홍치중흥(弘治中興)〉의 전기를 제공한 명저다. 윤정분, 《中國近世 經世思想의 硏究—丘濬의 經世書를 中心으로》(혜안, 2002), 52쪽 참조.

26) 丘濬, 《大學衍義補》 卷14, 固邦本, 〈制民之産〉. 〈 〉안의 문장은 할주(割註).

27) 홍치 · 정덕(正德) 연간에는 요역(徭役)의 은납화[銀納化, 은차(銀差)]가 진전되면서 우면의 기준도 인정(人

흥(嘉興) 지역에서는 양장(糧長)이 관호로부터 요역 징수뿐 아니라 세량 징수마저 어렵게 되어 민호의 궤기가 한층 더 늘어나게 되었기 때문이다.[28]

홍치 7년(1494)에는 호부 판사리[判事吏, 납속(納粟) 생원] 여언달(余彦達)이 '경관 · 외관 모두가 남면하고 있으니 경관에게는 전호우면(全戶優免)을 인정해주더라도, 외관과 미입사 학위 소지자는 우면액을 제한하자'는 상주(세 번째 우면 제한 주장)를 올렸다.[29] 또 홍치 12년(1499)에는 각 지역의 순무 등 지방관의 건의를 호부에서 토의한 후 주청한 것에 따라 외관뿐 아니라(이것은 외관도 우면 대상임이 전제된 것) 경관의 우면액도 제한하도록 하였지만(네 번째 우면 제한 주장),[30] 《회전》에 등재되지는 못하였다.

이상을 종합하면, 명 초부터 15세기 말까지의 정황을 다음과 같이 정리할 수 있다. 명조의 국법은 홍무 13년령과 같이 '현임 경관 전호우면'이었다. 그러나 지역 차원에서는 관행적으로 ⓐ 홍무 10년령에 따라 현임 경관은 물론, 현직 외관의 우면도 묵인되고 있었고, 더 나아가서는 ⓑ 홍무 12년령에 따라 '내외 치사관'의 우면도 묵인되고 있었으며, ⓒ 중앙관조차도 우면 규정에 대한 엄격한 인식은 없었다. 이렇게 혼란이 생기게 된 원인은 홍무 10년령과 12년령이 '저위령'이었으나, 13년령은 '저위령'의 단서가 없었을 뿐 아니라, 정통 연간에는 아직 《회전》이 간행되지 않았기 때문이었다. ⓓ 그 때문에 지방관 차원에서는 모든 신사에게 편의대로 우면을 인정하였다. ⓔ 신사는 이를 기화로 무제한의 남면과 기장을 자행하였고, 비특권 지주는 그러한 신사에게 궤기를 추진하였다. 이러한 일련의 불법 행위로 인하여 '겸병지환'이 만연하고, 극심한 사회 불안과 함께 농민이 유산(流散)하여 이갑제가 이완되어갔다. 이렇게 신사의 남면과 지주의 궤기가 심각한 사회

丁) · 전량(田糧) 혹은 직접 전무(田畝)로 이행되는 사례도 나타났다. 이에 따라 비특권 지주의 궤기(詭寄)는 더욱 만연했고, 소농민의 요역 부담은 갈수록 과중하게 되었다. 경관의 우면액마저 제한하자는 주장은 이 때문에 나온 것이었다.

28) 丘濬, 《大學衍義補》 卷22, 〈貢賦之常〉.

29) 《皇明制書》, 〈節行事例〉, 〈內外官員優免戶下差役例〉.

30) 《孝宗實錄》 卷155, 弘治 12年 10月 丙辰條.

문제로 인식된 것은 15세기 말 홍치 연간 때였다. 이 시기에 구준·여언달·지방 순무 등 관료들이 신사에 대한 우면 제한을 연이어 주장한 것은 그 때문이었다. 뒤에서 살펴보겠지만. 홍치 9년(1496)에 소주 찰원에 '염석비(廉石碑)'를 세운 것도 그 때문이었다.

(2) 16세기의 우면 문제

신사에 대한 우면액을 제한하자는 주장은 16세기에 들어서도 계속되었다. 홍치 16년(1503)에 형부주사(刑部主事) 유교(劉喬)도 내·외 관원가의 우면을 제한하자는 상주를 올렸다(다섯 번째 우면 제한 주장).[31] 이 상주 역시 채용되지는 않았지만, 이제 경관의 우면액도 제한해야 한다는 것은 중론이 되었다.

다음 해 홍치 17년(1504)에는 호부의 주청이 황제의 재가를 얻어 분명한 '우면 지침'이 하달되었다.

> 홍치 17년 호부에서 민정(民情) 혁폐(革弊)의 일을 진언하다…… '구례'를 조사해보니, '육부 (六部)·도찰원 등 아문(衙門)의 현임 관원에게는 본호의 요역 전체를 면제해주었습니다 …… (이곳에 앞에서 언급한 여언달 상주문 있음)…… '앞으로는 현임 경관은 '구례'에 따라 요역을 우면해주고, 그 밖의 현임 지방관의 가(家)에도 각각 인정 10정(丁)분을 면제해주고…… 모든 감생·거인·생원·이전(吏典)의 가에도 2정분을 면제해주라. 확실하게 '정례 (定例)'로 하라(着爲定例).'[32]

이 명령은 현임 중앙관에게는 '구례(홍무 13년령)'에 따라 전면하고 새로이 '현임 지방관'에게도 우면을 인정하되, 품질에 따라 차등을 두며 이를 법제화(着

---

31) 《孝宗實錄》卷200, 弘治 16年 6月 乙巳條에 "浙江各府徭役軍需, ……而官員之家, 率得優免, 逾致奸僞者, 多詭寄 勢家, 而徵科重累小民。乞定優免之額, 京官及方面官三品以上者, 優免若干, ……其餘丁·田, 實照民間均派。……命 下其奏於所司"라고 되어 있다.
32) 《皇明制書》,〈節行事例〉,〈內外官員優免戶下差役例〉.

爲定例)한다는 것인데, 이는 실제로《황명제서(皇明制書)》에 등재되었다.[33] 이러한
'관신우면칙례(官紳優免則例)'의 제정은 신사의 우면 특권에 대한 분명한 규정 없
이 막연한 관행으로 우면이 시행되어오던 것에 대하여 처음으로 확실한 국법으로
이를 제한한 것이다. 단, 전국에서 관행으로 묵인되고 있던 '치사관에 대한 우면'
은 아직도 공식적으로는 인정하지 않고 있었다.

   그러다가 바로 다음 해인 홍치 18년에는,

   홍치 18년에 토의하여 정하였다. 현임 및 임기를 잘 마치고 정년한 관원은 예(例)에 따라 요역

   을 우면해준다. 어떤 사건으로 파면되거나 충군(充軍, 죄로 인하여 군대에 충원됨)되어 귀향

   한 관원 등에게는……함부로 우면함을 금한다.[34]

고 한 것 같이, '치사관'에 대한 우면도 공식적으로 인정하였고《회전》에 등재되
어 국법이 되었다.[35]

   이러한 과정을 거쳐, 16세기 초부터는 현임 내·외관과 치사관 모두에게 우면
이 인정되기에 이르렀다. 이제 신사의 남면과 기장, 비특권 지주의 궤기, 그로 인
한 소농민의 몰락과 유산 현상은 더욱 심각한 사회 문제로 발전될 수밖에 없었다.

   정덕 16년(1521)에 남경(南京) 호과(戶科) 급사중(給事中) 손무(孫懋)가 올린,

   신은 책적(冊籍, 토지 대장)의 폐단으로 궤기보다 심한 것이 없다고 생각합니다. 궤기하는 자

   들은 모두 간민(奸民)과 세호(勢豪)인데, [이들은] 이서(里書)와 내통하여……혹은 토지를 관

   료 명의로 바꾸어 무거운 요역을 탈면합니다……내외의 사환가(仕宦家, 관료 가문)는 반드시

---

33) 명 조정 차원에서 국법으로 외관(外官)의 우면을 인정한 것은 홍무 10년에 일차 명령을 내린 후 실로 127
년 만의 일이다.

34) 萬曆《大明會典》卷20, 戶口2, 黃冊, 賦役,〈凡優免差役〉.

35) 홍치 17·18년령의 규정을 함께 적용하여 내·외 현임관(現任官)과 치사관(致仕官) 모두에게 우면을 인정
한 사례는 정덕 16년《강주지(絳州志)》(山西省 平陽府) 卷2, 民物志,〈民狀〉에서 "免役鄕士大夫〈謂見任·致仕·聽
選官·儀賓·擧人·監生·生員〉"이라는 기록에서 볼 수 있다. 〈 〉은 할주.

그 관직의 높고 낮음에 따라 '우면칙례(優免則例)'를 정하되, 경관 3품 이상에게는 4경(頃)을 면제해주고……외관은 체감시키도록 하고……그 당사자가 이미 사망했으면 우면 혜택을 자손에게 세습케 하고……[36]

라고 하는 상주문은, 이러한 문제를 우려하여 우면 제한을 다시 한번 제기한 것(여섯 번째 우면 제한 주장)이다. 정덕《명회전》(정덕 6년 편찬)의 기록에 따라[37] 당연히 전액 우면의 대상이었던 경관의 우면액도 제한하자는 것이었고(두 번째의 경관 우면 제한 주장), 면역 기준을 정(丁)·량(糧)이 아니고 직접 토지를 기준으로 하자는 것인데 이는《황명제서》에 등재되어 국법이 되었다.

가정 초의 복건(福建) 순안어사(巡按御史) 섭표〔聶豹, 1487~1563, 길안부(吉安府) 영풍(永豊) 출신으로 정덕 12년에 진사에 합격〕는 당시의 정황을 다음과 같이 명쾌하게 지적한다. 즉,

현행의 '우면칙례'는 서울의 문무 관원에게는 이갑정역을 제외한 모든 요역은 전호우면하고, 외관에게는 관품에 따라 차등 체감해주고 있습니다. 이러한 내용은 법령집에 자세히 나와 있습니다. 오늘날의 사대부들은……우면 규정에 제한을 받지 않고 친한 사람으로부터 궤기를 받은 후에……전호우면을 꾀합니다……다른 현 지역에 기장한 사람은 관호로 등록하고 대개는 궤기를 받습니다. 세력이 높아지는 자에 대해서는 관부(官府)는 모르는 척 요역을 면제해주고, 세력이 퇴색해가는 자들은 온갖 수단을 동원하여 전면을 꾀합니다……궤기를 금하는 법령이 엄하지 않아서가 아니고, 토지가 사대부 명의로 바뀌면 그 종적을 조사할 수 없기 때문입니다. 부현(府縣)에 세심하고 밝은 지방관이 많지 않아서가 아니고 사대부 명의로 바뀌면 부정을 밝혀 죄를 물을 수 없기 때문입니다.[38]

---

36) 孫懋,《孫毅菴奏議》卷下,〈釐夙弊以正版籍疏〉(正德 15年). 이 내용은《황명제서(皇明制書)》,〈절행사례(節行事例)〉,〈내외관원우면호하차역례(內外官員優免戶下差役例)〉에 등재되어 법제화되었다. 한편 이 주장은 그보다 30여 년 전인 1487년의 구준의 주장을 그대로 모방한 것이었다.

37) 正德《大明會典》卷22, 戶部7, 戶口3, 賦役,〈優免差役〉에는 홍무 13년령과 정통(正統) 원년령이 등재됨.

당시의 '우면칙례'는 중앙관은 전호우면, 외관은 관품에 따라 체감하는 홍치 17년의 규정이 시행되고 있다는 것이다. 다시 말하면, 이미 정덕 16년의 손무의 상주에 따라 경관의 우면도 제한시키도록 법제화되었지만, 지역 차원에서는 현임관과 치사관들이 지방관과 서리의 묵인하에 마음껏 궤기를 받아들이면서 '전호우면'을 도모하고 있었던 것이다.

신사의 남면·기장과 비특권 지주의 궤기 현상은 명 조정으로서도 이제 더 이상 방치할 수 없게 되었다. 명 조정에서는 가정 9년(1530)과 10년에 걸쳐 다시 한번 '현임 내외관'과 '치사관'의 우면을 제한하도록 명령하였지만,[39] 지방관과 서리가 묵인하는 상태에서는 어떻게 해볼 도리가 없었다.[40]

명조의 가장 종합적인 '우면칙례'는 가정 24년(1545)에,

> '우면칙례'를 의정(議定)한다. 경관 1품은 세량 30석(石)과 인정 30정을 면제하고……[이하 품계에 따라 체감됨]……외관은 각각 절반을 체감한다. 교관(教官)·감생·거인·생원은 각각 세량 2석과 인정 2정을 면제한다……임기를 잘 마치고 정년한 관원은 십분의 칠을 면제한다……[41]

고 하는 형태로 결착되었다. 이 내용은 명대 '관신우면칙례'로서 최종적으로 확정된 기본법이었다. 경관도 품질에 따라 우면을 제한하고, 외관은 경관의 1/2로 하

---

38) 聶豹,〈應詔陳言以弭災異疏〉,《明經世文編》卷222.

39) 張潢,《圖書編》(萬曆5年刊) 卷90,〈編審徭役〉;《萬曆會典》卷20, 戶口2, 黃冊, 賦役;萬曆《武進縣志》, 卷3, 里徭,〈優免〉條.

40) 부역(賦役)을 부과할 때 지방관이 신사의 남면(濫免)을 묵인하는 현상은 ⓐ "常年不肯納糧, 有司不能究理。稍欲催徵, 輒構誑詞, 告訐賴免"이라 한 황종(況鐘, 1384~1442)의 지적(況鐘,《況太守集》卷9,〈請禁詞訟牽連越控疏〉), ⓑ "民田多歸於豪右, ……貧者不能供, 則散之四方, 以逃其稅。……奸民……或以其稅寄之官宦, 謂之詭寄, ……有司拱手聽其所爲而不去, 非不欲去不能去也"라 한 왕오(王鏊)의 지적(王鏊,《震澤集》卷36,〈吳中賦稅書與巡撫李司空〉) 및 앞에서 서술했던, 운남 토관(土官)의 남면 사례에서 보듯이, 이미 15세기 전반기부터 나타난 이래 갈수록 더욱 심화된 현상이었다.

41) 萬曆《大明會典》卷20, 戶口2, 黃冊, 賦役,〈凡優免差役〉.

며, 치사관은 7/10로 하고, 거인·감생·생원 등 미입사 학위 소지자의 우면액을 각각 량(糧) 2석, 정(丁) 2정으로 확정한 것이다.

그러나 신사의 남면은 그 후로도 더욱 심화되어갔다. 더구나 가정 중기부터 강남에서는 정·량을 토지로 환산하는 것이 보편화되었으므로 더욱 그러하였다.[42] 정덕 4년(1509)에 강서성 태화현(泰和縣) 지현 육진계(陸震稽)가 토지세 장부를 조사해보니 궤기·은닉된 것이 1만 5,000석이나 되었다.[43] 가정 말기의 강서 출신 수보(首輔) 엄숭(嚴嵩, 1480~1565)은 부자(父子)가 치부(致富)한 것으로 유명한데, 그가 죽은 후에 몰수한 재산이 남창(南昌)·신건(新建)·신창(新昌)·청강(淸江)·신유(新喩)·의춘(宜春)·분의(分宜)·평향(萍鄕)·임천현(臨川縣) 등 3부에 걸쳐 토지 2만 7,897무와 6개 현에 산재한 대저택 118개 소, 포점(鋪店) 3,911간(間), 지당(池塘) 15처, 소호(小湖) 10처, 전방(田房)의 매년 수입이 1만 5,063냥이나 되었다고 한다.[44] 강남 무진현(武進縣)의 당순지(唐順之, 1507~1560)는 "대호(大戶)의 궤기는 관호의 남면에 기인한 것이므로, 이 두 가지 폐단은 실은 하나다"[45]라고 하였다. 신사의 남면 현상은 이렇게 전국적인 현상이었지만, 특히 강남에서 심하였다.[46] 융경(隆慶) 원년(1567)에 소(蘇)·송(松)·상(常)·진(鎭) 4부에서 적발된 투헌(投獻, 세력가의 명의로 바꾼 것)·궤기전이 1만 9954.70경, 화분전(花分田, 여러 사람 이름으로 쪼갠 것)이 3만 3,155.6경, 도합 5만 3,110경이나 되었다.[47]

그런데 더욱 놀라운 사실은 남면과 궤기의 폐해가 이렇게 심각한데도 명조에서는 신사에 대한 우면 제한을 더욱 완화시키는 쪽으로 정책을 추진해갔고,[48] 만력

42) 和田正廣, 〈徭役優免條例の展開と明末學人の法的位置-免役基準額の檢討を通じて〉, 106쪽.

43) 許懷林, 《江西史稿》(南昌 : 江西高校出版社, 1993), 486쪽.

44) 徐栻, 《督撫江西奏議》, 〈議處沒官田産以蘇民累疏〉.

45) 唐順之, 《荊川先生文集》 卷9, 〈答王北厓郡守論均徭〉.

46) 《世宗實錄》 卷543, 嘉靖 44年 2月 丁丑條 ; 《世宗實錄》 卷557, 嘉靖 45年 4月 丁卯條 ; 張萱, 《西園聞見錄》 卷 33, 外編, 賦役後, 催科, 〈何源〉.

47) 《穆宗實錄》 卷13, 隆慶 元年 10月 己丑條. 당시 송강부(松江府)의 등록 전지(田地)가 4만 4,000여 경이었으니 이는 그보다도 20%나 많은 액수였다.

연간부터는 우면의 기준도 사실상 요역에서 토지로 전환되었다.[49] 그 때문에 만력 연간부터는 신사의 남면과 비특권 지주의 궤기의 폐해가 극에 달했다. 만력 초년의 수보 장거정(張居正)은 전국에 장량(丈量)을 명령하면서 한림원(翰林院) 편수(編修)였던 아들 장사수(張嗣修)에게 호광(湖廣) 강릉(江陵)에 있는 본가의 세량 실수를 조사해보게 하였다. 그 결과 총 640여 석(石)분을 우면하고 있음을 알게 되었다. 규정된 우면액은 75석 정도였고, 나머지 500여 석은 99명이 궤기한 것이었다.[50] 장거정은 스스로 "우면을 잘 감독하면 투고(投靠, 세호가에게 몸을 맡겨 노비가 되는 것)는 자연히 감소될 것이고, 투고가 감소되면 세역도 자연히 고르게 될 것"[51]이라 하면서도, 자신은 궤기와 투고를 받으며 남면하였던 것이다. 당시 호부에서 전국에 남면 현황을 조사하여 보고하게 한 결과, 절강(浙江)에서 보고된 것이 인정 4만 3,780정, 량 6만 3,880여 석이었다.[52] 이 수치는 아마도 빙산의 일각이었을 것이다. 만력 초에 강남의 어느 호가(豪家)는 농지를 7만 경을 소유하여 납부해야 할 세금이 2만 석인데도 한 푼도 납부하지 않았다.[53] 가흥부(嘉興府) 해염현(海鹽縣)에서는 지현 이당태(李當泰)가 만력 29년에 균전균역법(均田均役法)의 시행을 위한 개혁을 시도할 때, 거인에게는 무려 37배의 우면을 인정하였다.[54] 만력 20년경, 산서(山西) 순무(巡撫) 여곤(呂坤, 1536~1618, 만력 2년 진사)도 산서성의 실태를 조사하면서, 농촌은 물론이고 도시에서도 신사 남면의 폐단이 극에 달했음을 지적하였다.[55] 또한 만력 38년에 응천(應天) 순무 서민식(徐民式)이

---

48) 萬曆《大明會典》卷20, 戶口2, 黃冊, 賦役, 〈凡優免差役〉；張顯淸, 〈明代縉紳地主淺論〉, 《中國史硏究》 1984-2〔張顯淸, 《張顯淸文集》(上海辭書出版社, 2005)에 수록됨〕.

49) 萬曆《武進縣志》卷3, 里徭, 〈優免〉.

50) 《萬曆邸鈔》, 萬曆 九年 四月, 〈湖廣巡撫陳省題〉.

51) 張居正, 《張太岳集》卷28, 〈答應天巡撫宋陽山〉에 "優免核, 則投靠自減, 投靠減, 則賦役自均"이라는 기록이 있다.

52) 《神宗實錄》卷120, 萬曆 10年 正月 戊寅條.

53) 張居正, 《張太岳集》卷26, 〈答應天巡撫宋陽山論均糧足民〉.

54) 天啓《海鹽縣圖經》, 〈改革事宜〉, 第3條；濱島敦俊, 《明代江南農村社會の硏究》(東京, 1982), 第2部〈明淸江南の均田均役法〉；和田正廣, 〈徭役優免條例の展開と明末擧人の法的位置－免役基準額の檢討を通じて〉, 100~124쪽；伍丹戈, 〈明代徭役的優免〉, 50~53쪽.

남직례(南直隷)의 소주·송강·상주(常州) 3부에 균전균역법을 실시하면서 규정 이상으로 우면을 인정하였다. 그 무렵 소주부 상숙현(常熟縣)의 화궤전(花詭田)은 15만 무나 되었고, 상주부의 무진·무석(無錫)·강음(江陰)·의흥(宜興) 등 4개 현에서 적발된 관호의 남면전이 24만 2,600무, 화궤전이 9만 9,293무, 그중 무석 현만의 화궤전이 5만 9,128무나 되었다. 그는 신사의 요역 기피 수단을 잘 알면서도 치사한 수보 신시행〔申時行, 서민식의 좌사(座師)〕을 필두로 한 수많은 신사들의 반발이 너무 거세었기 때문에 그렇게 할 수밖에 없었다.[56]

복건도(福建道) 어사(御史) 왕만조(王萬祚)의 상주에 따르면, 경우에 따라서는 규정보다 10배, 나아가서는 20~30배의 우면을 받는 신사들도 있었다.[57] 그러기에 명 말 반동림파(反東林派) 관료 온체인(溫體仁)의 앞잡이였던 소송(蘇松) 순안(巡按) 노진비(路振飛)조차도,

> 강남은 진신(縉紳, 향신)이 많고 우면하는 자도 많아서 요역을 부담하는 토지는 십에 겨우 5~6에 지나지 않는다. 더구나 이웃 현의 관호가 들어와 점적(占籍)하여 우면하므로, 요역을 부담할 토지는 십에 겨우 4~5로 줄어든다. 대호와 유력자들은 관노(官奴)와 내통하여 궤기를 받기 때문에 요역을 부담할 토지는 겨우 3~4에 지나지 않는다. 그 때문에 요역을 부담하는 자는 파산하지 않는 사람이 없다.[58]

고, 17세기 전반기의 강남의 심각한 요역 탈면 정황을 보고히였던 깃이다. 강남에

---

55) 呂坤, 〈摘陳蠹計民艱疏〉, 《明經世文編》 卷416.

56) 崇禎 《松江府志》 卷12, 役議, 〈萬曆庚戌撫臺徐會題均役疏〉〔江蘇省博物館 編, 《江蘇省明淸以來碑刻資料選集》(北京 : 三聯書店, 1959), 無錫, 〈301, 無錫縣均田碑〉〕; 濱島敦俊, 《明代江南農村社會の研究》, 234~236·355~366쪽 ; 和田正廣, 〈徭役優免條例の展開と明末擧人の法的位置－免役基準額の檢討を通じて〉, 120~122쪽 ; 張顯淸, 〈論明代官紳優免冒濫之弊〉, 101~102쪽.

57) 《神宗實錄》 卷491, 萬曆 40年 正月 丙午條에 "今, 南北混亂, 全無規制, 有司得率意爲之, 有免田二三千者, 有近萬者, 在膏腴連阡之家, 其欲無厭, 尙嫌制狹"이라 되어 있음.

58) 陸世儀, 《復社紀略》 卷2.

서는 요역을 부담하는 전토의 격감을 억제하기 위하여 관인호를 이갑으로부터 분리시켜 관호리갑〔官戶里甲(＝官甲＝官圖＝儒甲)〕을 설치함으로써 무한대로 증가해 가는 우면액을 막아보려 하였지만, 그 후로도 관인호에 대한 궤기는 더욱 증가하였다.[59]

그 원인은 첫째, 국가에서 인정하는 우면액이 갈수록 증가한 때문이었다. 둘째, 지역 사회의 신사의 수가 갈수록 증가하였는데 그중에서도 미입사 사인의 수가 격증하였고, 그에 따라 신사의 영향력은 갈수록 강화되었으며, 그럴수록 지방관의 향촌 장악력은 위축되었기 때문이었다.[60] 명 말에 강남에서, 앞서 말한 왕문록 등 일부 개명 신사가 주동하여 '균전균역법'으로의 개혁을 적극 추진한 배경은 바로 여기에 있었다.[61]

4. 신사 우면의 역사적 성격

명 조정이 관인호에 공식적으로 우면을 인정한 것은 홍무 10년에 내·외 현임관, 홍무 12년에 치사관에게 '요역전면(徭役全免)'을 인정한 것이었다. 그런데 바로 그 1년 후에 '경관가의 요역을 면제(詔京官復其家)'한다는 새로운 조칙을 내렸고, 이 명령은 후에《정덕회전(正德會典)》에 등재됨으로써 명대 최초의 '우면칙례'가 되었다.

그러나 이렇게 세 차례 연이어 반포된 우면령에는 다음과 같은 문제가 있었다. 첫째,《실록》에는 홍무 10년령과 12년령이 모두 '저위령'이었고, 13년령은 단지

59) 濱島敦俊,《明代江南農村社會の硏究》, 第2∼3部 참조.

60) 張顯淸,〈論明代官紳優免冒濫之弊〉; 오금성,《中國近世社會經濟史硏究─明代紳士層의 形成과 社會經濟的 役割》, 제1편 제1장; 岑大利,《鄕紳》, 33∼74쪽.

61) 濱島敦俊,《明代江南農村社會の硏究》; 川勝守,《中國封建國家の支配構造─明淸賦役制度史の硏究》(東京, 1980).

'詔京官復其家'라고만 되어 있었다. 명대 최초의 법전인《정덕회전》은 그로부터 130년이나 지난 정덕 6년(1511)에야 간행되었다. 그러므로 현직 관료이건 치사관이건 간에 법전이 발표되기 전의 우면 규정에 대해서는 당연히 자신들에게 유리한 대로《실록》의 '저위령' 규정을 선호하였을 것이다.[62] 둘째, 관인호에게 인정한 우면은 '전면'이었고 그 범위는 모호하였다. 따라서 관인호는 당연히 거의 무제한으로 우면을 확대시키려 하였다.

이미 명 초에 지주가 세호가(勢豪家)에게 궤기하는 풍조가 만연하였던 것은 그러한 사실을 말해주는 것이다. 그 때문에 홍무제는《어제대고(御製大誥)》의〈궤기전량(詭寄錢糧)〉·〈민지보획복(民知報獲福)〉·〈개유량장(開諭糧長)〉,《대고속편(大誥續編)》의〈쇄파포황(灑派包荒)〉·〈양장망주수재(糧長妄奏水災)〉등에서 이를 금지하였고, 심지어 '모든 가산의 몰수'를 명령하면서까지[63] '궤기'를 막으려 하였지만 불가능한 일이었다. 다만 명 초의 궤기는 강남 등 일부 지역에서 호활(豪猾)·호부가(豪富家)가 소수의 제왕(諸王)·공신(功臣)·대관(大官)들에게 하는 것이었다. 더구나 후대에 비하면 14세기 후반의 명 초에는 일반 농민의 요역 부담이 그리 크지 않았고, 또한 이갑제를 기반으로 하여 사회가 비교적 안정되어 있었다.

그런데 주지하듯이, 15세기에 들어 요역이 점차로 무거워지고 불공평해지기 시작하였다. 요역은 호칙(戶則)에 따라 부과하였지만 본질적으로 불균등하였다. 요역의 종류와 수량 및 부가적인 요역은 갈수록 증가하였다. 명조는 이를 개선하기 위하여 균요법을 실시하였다. 15세기 말~16세기 초의 홍치·정덕 연간에는 이러한 균요의 은납화(銀納化)가 진전되었다. 그에 따라 요역 부과의 기준은 호칙으로부터 점차로 전량, 나아가서는 토지 그 자체를 중시하게 되었다. 이러한 과정에서 비특권 지주는 서리와 결탁하거나 관인호에게 궤기함으로써 부담을 경감시키려 하였다. 궤기의 폐단은 갈수록 만연하였다. 15세기 중엽부터 이를 금지하자는 제

---

62) 岑大利,《鄕紳》, 56쪽에서도 이러한 추측을 하고 있다.
63) 正德《大明會典》卷19, 戶部4, 州縣2, 田土.

안이 이어졌지만 16세기에 들어서야 법제화되었고, 그것조차도 지역 차원에서는 사문(死文)에 불과하였다.

더욱 놀라운 것은 궤기를 받는 주체가 비단 관인호만이 아니었다는 사실이다. 생원·감생·거인 등 미입사 사인들도 국가로부터 받은 우면 특권을 빙자하여 궤기를 받았다. 명 초부터 국법으로 규정된 우면 대상은 '현직 경관' 외에 생원·감생·거인 등 미입사 사인들도 포함되었다. 즉,

ⓐ 홍무 초……그 집의 요역 2정을 면제토록 하였다.[64]

ⓑ 선덕 3년……예(例)에 따라 요역을 우면해주었다.[65]

ⓒ 〔정통 원년〕 생원의 가에는 홍무 연간의 예에 따라 호내(戶內) 2정분의 요역을 우면해주었다.[66]

ⓓ 오늘날의 입학자(入學者)들은 자기 집의 요역을 우면받으려 한다……생원에게 요역을 우면하지 않는 것은 '구제(舊制)'가 아니다.[67]

ⓔ 만력 3년……생원의 가에는 홍무 연간의 예에 따라 본인을 제외하고 호 내의 2정분의 요역을 우면해주었다.[68]

ⓕ 일단 생원의 자격을 얻으면 서민이 부담해야 하는 요역을 면제받고 서리의 행패를 면할 수 있고 신사의 자격으로 관장(官長)을 면회할 수 있고 태형의 모욕을 받지 않는다.[69]

ⓖ 영락 3년에 예부에 칙유를 내렸다. '감생에게는 그 집의 2정의 요역을 면제해주라.' 정통 10년에 다시 '전례(前例)'를 재확인하였다.[70]

---

64) 正德《大明會典》卷76, 學校, 府州縣儒學, 〈選補生員〉.

65) 《宣宗實錄》卷40, 宣德 3年 3月 戊戌條 ; 正德《大明會典》卷76, 學校, 府州縣儒學, 〈選補生員〉.

66) 《英宗實錄》卷17, 正統 元年 5月 壬辰條. 이 명령은 천순(天順) 6년에 재확인되고(《英宗實錄》卷336, 天順 6年 正月 庚戌條) 법제화되었다(正德《大明會典》卷76, 學校, 府州縣學, 〈風憲官提督〉條 ; 萬曆《大明會典》卷78, 學校, 儒學, 〈風憲官提督〉條).

67) 《憲宗實錄》卷54, 成化 4年 5月 庚申朔條.

68) 萬曆《大明會典》卷78, 學校, 儒學, 〈風憲官提督〉條.

69) 顧炎武, 《顧亭林文集》卷1, 〈生員論〉(上).

70) 王材, 《皇明太學志》卷2, 典制(下), 賜與, 〈優復〉條.

ⓗ (정통) 10년 감생의 가에 2정의 요역을 면제해주도록 명령하였다.[71]

등의 사례가 그것이다. 위위 사례 중, ⓐ~ⓕ는 생원에 대한 우면 규정이고, ⓖ·
ⓗ는 감생에 대한 것이다. 한편, 거인에 대한 우면이 처음 등장하는 것은 앞에서
보았듯이 홍치 7년 호부 판사리 여언달의 상주에서다. 그러나 홍무 18년부터 회시
에 낙제한 거인은 원칙적으로 국자감에 입감(入監)하도록 되어 있었으나, 동시에
바로 귀가하여 향재(鄕在)할 수도 있었다.[72] 그러므로 설사 입감하지 않고 향재하
는 거인이라 할지라도, 우면을 포함한 모든 대우는 거감(擧監, 입감한 거인)과 같
은 수준으로 받았으리라고 생각한다. 그리고 특별히 중요한 것은 이들 미입사 사
인들은 그 자격을 평생 유지하였다는 점이다.[73]

그러므로 미입사 사인도 관인들과 같이 남면하고 궤기를 받았다.

ⓐ 교활한 백성의 간사함은……농토가 많은 집은 향관(鄕官)·거인·감생에게 궤기하거나
혹은 생원에게도 궤기한다.[74]

ⓑ 당음(唐音)이 계택(雞澤) 지현으로 있을 때……어느 사인(士人)이 농토가 4경이었는데 관
에서 3경을 면제해주고, 나머지 1경에는 요역을 물렸다……(당음은) 요역을 부과함에 있어
재산 정도를 세밀하게 조사하여 부과하였고 조금도 오차가 없이 정당하였다. 현 내에서 그 공
평함을 칭송함이 자자하였다.[75]

---

71) 正德《明會典》卷22, 戶部7, 戶口3, 賦役,〈優免差役〉; 萬曆《明會典》卷20, 戶口, 賦役; 萬曆《明會典》卷220,
國子監, 給賜條.

72) 正德《明會典》卷173, 國子監,〈生員入監〉; 萬曆《明會典》卷220, 國子監, 生員入監條; 萬曆《明會典》卷77, 科
擧, 會試條; 和田正廣,〈徭役優免條例の展開と明末擧人の法的位置―免役基準額の檢討を通じて〉; 和田正廣,〈明代
擧人層の形成過程に關する一考察―科擧條例の檢討を中心として〉,《史學雜誌》87-3(1978) 참조.

73) 和田正廣,〈明代擧人層の形成過程に關する一考察―科擧條例の檢討を中心として〉; 오금성,《中國近世社會經濟
史硏究―明代紳士層의 形成과 社會經濟的 役割》, 제1편 제1장.

74) 顧炎武,《天下郡國利病書》第22冊, 浙江(下), 田賦書(79b쪽). 유사한 내용은 강서 지역에서도 萬曆《撫州府
志》卷3,〈正役〉에 보임.

75) 張萱,《西園聞見錄》卷33, 賦役(後).

ⓐ는 절강 지역의 사례다. ⓑ는 북직례(北直隸, 하북) 광평부(廣平府) 계택현의 지현 당음이 세역 부과 시에 정말 공평무사하다는 평판을 받았는데도, 생원에게 인정한 우면액이 토지로 3경이나 되었다는 것이다. 그 생원은 분명 남면한 것이고 틀림없이 궤기를 받았을 것이다. 일반적으로 미입사 사인이 받는 우면액은 관인호에 비하면 아주 적었다. 그러나 생원과 감생의 수는 명 초에는 10만 명 미만이었지만, 명 중기에는 30여 만 명을 상회할 정도로 그 수가 많았다.[76] 따라서 그들 전체가 받는 액수를 합하면 굉장한 수치에 이르렀다.

그러면 지방관들은 현실적으로 국법('구례'·'구제')을 어기면서까지 왜 그렇게 신사 모두에게 거의 무제한에 가까운 우면을 허락할 수밖에 없었을까? 그 이유는 첫째, 명 중기부터 사회의 지배층으로 대두된 신사층의 막강한 영향력 때문이었다. 명 말의 조남성(趙南星)이 "향관(향신) 중에는 수령보다 직위가 높은 사람이 많다. 그 때문에 향관은 가끔 평민을 능학(凌虐)하고 짓밟는다. 지방관이 조금이라도 금지하려 하면 공공연하게 욕하고 갖은 수단을 다하여 암암리에 해를 끼친다"[77]고 한 지적은 많은 것을 시사해준다. 명 중기부터 신사층은 각 지역에서 동류의식으로 결합하여 향촌 여론[지방공의(地方公議)·향신공의(鄕紳公議)·사인공의(士人公議)·신사공의(紳士公議)]을 주관하며 사회적으로 막강한 영향력을 행사하였고, 그 위력은 갈수록 강화되어갔다.[78] 지방관 주위에는 부정부패의 온상인 서리들만 있을 뿐이었다. 지방관은 일정한 임기가 끝난 후의 관료 고핵법(考覈法, 근무 평가)을 고려하지 않을 수 없었는데, 그 근거는 대체로 신사층이 주관하는 향론(鄕論)에 좌우되는 경우가 많았다. 지방관이 그들을 우익(羽翼)으로 포섭하기 위해서는 그들의 이익을 어느 정도 보장해줄 수밖에 없었다. 그토록 공평무

---

76) 이 글 제2장 참조.

77) 趙南星, 《趙忠毅公文集》 卷13, 〈敬循職掌剖露良心疏〉〔吳晗, 〈再論紳權〉, 吳晗·費孝通, 《皇權與紳權》(天津人民, 1988) 轉引〕.

78) 夫馬進, 〈明末反地方官士變〉, 《東方學報》 52(1980) ; 오금성, 《中國近世社會經濟史硏究─明代紳士層의 形成과 社會經濟的 役割》, 제1편 제3장 〈紳士層의 同類意識의 形成〉.

사하다는 평을 받았던 계택 지현도 생원에게 3경이나 우면을 인정한 것은 그 때문이었다.

둘째, 치사관은 홍무 12년령에 따라 그 사회적 지위와 위상이 현임관과 비슷하였으므로 지현보다 높은 경우가 많았다. 더구나 치사관(향신·향관)의 사회적 영향력은 사인들보다도 훨씬 컸고, 항상 향론의 구심점에서 지방공의를 주도하였다. 셋째, 관인호 우면에 대한 국법과 지역 차원의 사회 관행 사이의 괴리 문제다. 홍치 17년(1504)에 우면칙례로 일단 결착되기 전까지 소위 '구례'·'구제'로 표현된 우면의 내용은 엄격하게 말하면 '현직 경관'에게만 우면 특권을 주는 것이었다. 그럼에도 불구하고 전국적으로 일반 신사의 인식은 반드시 일치하지 않았다. 신사뿐 아니라 명 조정에서도 분명한 인식을 갖지 못하였다. 또한 요역은 그 종류가 너무도 많아서 담당자가 아니면 알 수도 없었고, 그 액수 또한 '이현령비현령(耳懸鈴鼻懸鈴)'이었으므로 지현이나 서리들이 마음만 먹으면 얼마든지 그 액수를 조정할 수 있었다. 넷째, 《회전》이 간행된 정덕 6년까지는 향촌에 거주하는 신사들은 자신들에게 유리한 대로 《실록》의 '저위령' 규정을 요구하였을 것이다.

그러므로 각 지역 차원에서는 내·외의 현임관·치사관·사인 모두에게 우면 특권이 있다는 것이 사회 관행으로 인식되었다. 다시 말해 우면칙례가 이렇게 분명치 못하게 운영되고 있던 상태에서 지방관들은 법 규정 여하에 상관없이 내·외 현임관과 치사관 및 미입사 사인 모두에게 우면 특권을 부여하고 있었다. 아니, 지방관들은 현실적으로 남면·기장·궤기 현상을 막을 수가 없었다. 그러므로 명 초 이래 외관과 치사관들도 실질적으로는 중앙관과 같이 우면을 인정받고 있었던 것이다.

강남에서는 그러한 현상이 이미 15세기 전반기부터 나타났고, 특별히 심각한 사회 문제로 표출된 것은 성화·홍치 연간, 즉 15세기 후반기부터였다. 전술했듯이, 바로 그 시기에 생존하면서 대관을 역임하였고 누구보다도 경제 문제에 밝았던 구준이 '배정전법'을 제창하면서 신사에 대한 우면액을 제한하는 대신 일대에 한하여 우면권의 세습마저 인정해주자고 한 것은 어쩔 수 없는 고육책이었다.

당시의 이러한 사회 정황은 '염석비(廉石
碑)' 문이 웅변하고 있다. 현재 소주 시내 소주
부학(蘇州府學) 유지(遺址)의 '염석비' 하단부
에는 "홍치 9년 병진년(丙辰年) 여름 6월 길일
(吉日), 진사 문림랑(文林郞) 직례소송등부(直
隷蘇松等府) 순안감찰어사(巡按監察御使), 하남
(河南) 조성(胙城)의 번지(樊祉)가 세우다"라
고 각인되어 있고, 비석 왼편에 세워놓은 설명
문에는 그 내력이 자세히 적혀 있다. 우리는
이 비가 세워진 홍치 9년(1496)이 지닌 의미,

현재 소주의 소주부학 유지에 서 있는 염석비

그리고 이 비를 소주성 중심부에 위치한 찰원(察院)에 세운 의미 등을 되새길 필
요가 있다. 그리고 이와 함께 전술한 바와 같이 홍치 연간에 구준·여언달·중앙
의 호부 등이 연이어 '우면 제한'을 주장한 의미도 상기할 필요가 있다. 홍치 연
간, 즉 15세기 말은 바로 남면과 궤기가 만연하여 심각한 사회 문제로 표출된 시
기였고, 그러한 현상은 소주를 포함한 강남 지역이 가장 심하였기 때문이다.

바로 이러한 남면·기장·궤기가 심각한 사회 문제를 야기하였다. 비특권 지주
가 신사에게 궤기함으로써 면제받는 요역 부분은 당연히 힘없는 소농민에게 전가
되었다.[79] 과중한 요역 부담을 견디다 못한 소농민은 고향을 등지고 유산할 수밖
에 없었다. 명 중기부터 전국적으로 계층 분화가 점차 심화되면서 이갑제가 이완
되고 대대적인 인구 이동이 시작되었다. 각 지역의《지방지》의 호구 통계에 호구
가 감소하는 것으로 나타나는 것은 이 때문이었다. 지역에 따라서는 토착인은 유
산하는 데 반하여 외래 객민이 오히려 정착하는 '인구의 대류(對流)' 현상마저 나
타났다.[80]

---

79) 〈無錫縣均田碑〉(萬曆 39年), 江蘇省博物館 編,《江蘇省明淸以來碑刻資料選集》(北京：三聯書店, 1959)에도 "盖自
免役者田無限制, 避役者計出多端。于是奸民每將戶田假捏僞卷, 詭寄官甲, 日積月累, 官戶之田益增, 當差之田愈減。至
有仕宦已故, 優免如常。一切差役, 俱累小民代當"이라 함.

이렇게 유산된 농촌 인구가 생존하는 방법 중 가장 쉬운 방법이 신사에게 투신함으로써 노비로 전락하는 것이었다. 이러한 투신은 전국적인 현상이었지만,[81] 특히 강남 지방이 가장 심하였다.[82] 두 번째 피난처는 금산구[禁山區, 형양(荊襄)·감민월지구(贛閩粤地區) 등]였는데 그곳에서도 살기가 힘들면 대거 봉기하였다.[83] 끝으로 농촌 인구는 도시나 수공업 지구로 유입하여 공인이나 날품팔이, 혹은 무뢰가 되었다.[84] 이러한 현상을 국가 측에서 보면 요역 부담 농민층이 심각하게 감소하고 국가의 기반이 흔들리는 중대한 문제였다.

5. 맺음말

지금까지 이 글이 살펴본 내용은 다음과 같다. 명 초부터 15세기 말까지 국법으로 규정된 우면은 '현임 중앙관'에게만 적용되었다. 그런데 지역 사회에서는 지방관과 서리의 묵인하에 경관뿐 아니라 외관과 치사관까지도 우면을 받았고, 이를 기화로 무제한의 남면과 궤기가 자행되었다. 중앙 차원의 국법과 지방 차원의

80) 오금성, 《國法과 社會慣行─明淸時代 社會經濟史 硏究》(지식산업사, 2007), 제I편 제1장 〈明末·淸初의 社會變化〉.
81) 伍丹戈, 〈明代徭役的優免〉, 44~45쪽 ; 오금성, 《中國近世社會經濟史硏究─明代紳士層의 形成과 社會經濟的 役割》, 제2편 ; 오금성, 《矛·盾의 共存─明淸時代 江西社會 硏究》(지식산업사, 2007), 제I편 제1장 〈社會의 動搖와 再編〉 참조.
82) 周忱, 〈與行在戶部諸公書〉, 《明經世文編》 卷22, 《周文襄公集》, 〈疏〉 ; 崇禎 《太倉州志》 卷5, 風俗志, 流習 ; 顧炎武, 《日知錄》 卷13, 奴僕 등 참조.
83) 오금성, 〈淸朝權力의 地方浸透過程─明末·淸初의 江西南部地方을 中心으로〉, 《東洋史學硏究》 35(1991) ; 오금성, 〈明 中期의 人口移動과 그 影響─湖廣地方의 人口流入을 中心으로〉, 《歷史學報》 137(1993) ; 오금성, 〈入關初 淸朝權力의 浸透와 地域社會─廣東 東·北部地方을 中心으로〉, 《東洋史學硏究》 54(1996)[일본어 번역은 〈入關初淸朝權力の浸透と地域社會─廣東東·北部地方を中心に〉 上·下, 《明代史硏究》 26(1998)·27(1999)] ; 오금성, 〈王朝交替期의 地域社會 支配層의 存在形態─明末淸初의 福建社會를 中心으로〉, 《近世 東아시아의 國家와 社會》(지식산업사, 1998).
84) 오금성, 《國法과 社會慣行─明淸時代 社會經濟史 硏究》, 제III편 제2장 〈黑社會의 主人, 無賴〉.

사회 관행 사이에는 이렇게 큰 괴리가 존재하였다. 이러한 상태에서 신사의 남면과 기장, 비특권 지주의 궤기로 인하여 '부익부 빈익빈' 현상이 만연하고 사회가 극도로 불안하게 되었다. 그 때문에 농민이 몰락하여 유산함으로써 이갑제의 근간이 흔들리는 심각한 사회 문제가 발생하였다. 감찰어사 번지가 소주 찰원에 '염석비'를 세운 것은 이 때문이었다. 가정 연간의 화정(華亭) 출신 하량준(何良俊)이 정덕 연간을 명대 사회의 중요한 전환점으로 본 것[85]은 그러한 현상을 지적한 것이었다.

16세기 초 정덕 연간에 이르면 그동안 공식적으로 인정되지 않았던, 현임 외관과 치사관 모두에게 우면이 인정되었다. 사회 관행으로 묵인되어오던 것이 현실화된 것이었다. 한편 가정 9~10년에 이르면 신사에 대한 우면을 정식으로 제한하기에 이르렀다. 그동안 5~6차례 우면 제한 주장이 나왔던 것이 이제야 결말을 본 것이었다. 그리고 가정 24년에 이르러 최종적으로 명대 '관신우면칙례'가 확정되었다.

그러나 이러한 조처에도 불구하고, 신사는 막무가내로 남면과 기장을 일삼고 비특권 지주는 신사에게 궤기를 일삼았으며 지방관과 서리는 이를 짐짓 묵인하였으므로, 우면 제한 규정은 사문에 불과하였다. 남면과 궤기의 폐해가 이렇게 심각한데도 명조에서는 신사에 대한 우면 제한을 갈수록 완화시켰다. 신사의 수는 갈수록 증가하였는데, 그중에서도 미입사 학위층의 수가 격증하였다. 요역 부과 대상의 비중은 인정으로부터 점차 토지로 이행되었다. 이 모든 것이 신사에게 토지가 집중되고 농민이 몰락하여 유산하게 되는 요소들이었다. 그 자신이 생원이었던 고염무(顧炎武)가,

천하에 백성을 괴롭게 하는 자가 셋이 있으니, 향환(鄕宦)·생원·이서(吏胥)가 그들이다. 이 삼자는 모두 법으로 요역을 면제받는다. 그 때문에 모든 요역은 소민에게 부과된다.[86]

---

85) 何良俊, 《四友齋叢說》 卷13, 史9.

고 한 것은, 명대의 남면·궤기·기장 현상과 그 폐해에 대한 총 결산이라 할 수 있다. 요컨대 신사와 서리가 우면을 받고 있는 것이 소위 '겸병지환'이었던 것이다.

미입사 사인이 격증하고 '신·사'가 하나의 사회 계층으로 인식되기 시작한 시기,[87] 전국적으로 이갑제가 이완되면서 농촌의 인구가 유산하여 금산구나 도시로 유입하던 시기,[88] 국가의 지방 통치 능력이 점차로 약화되면서 향촌 질서 유지를 위하여 향약·보갑법 등 새로운 방법을 모색하기 시작한 시기,[89] 호광 지역이 새롭게 개발되면서 '호광이 풍년이 들면 천하가 족하다(湖廣熟, 天下足)'고 하는 속담이 생긴 시기,[90] 강남을 비롯한 중국 전역에서 상품 생산이 발전하여 지역적인 분업이 시작되고 중소 도시가 수없이 생겨나던 시기,[91] 은(銀) 경제가 발달하여 농촌 깊숙이까지 침투하고 세·역의 은납화가 시작된 시기,[92] 휘주(徽州) 상인·산서 상인 등 각지의 상방(商幇)이 대두하던 시기,[93] 전국의 도시와 정기시(定期市)에 아행(牙行, 물품 중계인) 제도가 확립된 시기,[94] 사치가 만연하기 시작한 시기,[95] 사방에서 농민들의 봉기가 연이어 일어나던 시기,[96] 무뢰의 존재가 새롭게 각광을 받기 시작한 시기,[97] 이 모든 현상이 명 중기에 나타난 것은 결코 우연이

---

86) 顧炎武,《顧亭林文集》卷1, 生員論(中).

87) 오금성,《國法과 社會慣行—明淸時代 社會經濟史 硏究》, 제II편 제1장〈明代의 國家權力과 紳士〉.

88) 오금성,《國法과 社會慣行—明淸時代 社會經濟史 硏究》, 제III편 제1장〈江南의 都市 社會〉;註83과 같음 ; 오금성.《矛·盾의 共存—明淸時代 江西社會 硏究》, 제I편 제1장〈社會의 動搖와 再編〉.

89) 오금성,《國法과 社會慣行—明淸時代 社會經濟史 硏究》, 제I편 제1장〈明末·淸初의 社會變化〉등 참조.

90) 오금성,《國法과 社會慣行—明淸時代 社會經濟史 硏究》, 제I편 제2장〈農業의 발전과 明淸社會〉·〈부론 1 湖廣熟天下足〉참조.

91) 오금성,《國法과 社會慣行—明淸時代 社會經濟史 硏究》, 제III편 제1장〈江南의 都市 社會〉.

92) 山根幸夫,《明代徭役制度の展開》;小山正明,〈賦役制度の變革〉,《岩波講座世界歷史》12(1971) ; 오금성,《國法과 社會慣行—明淸時代 社會經濟史 硏究》, 제I편 제1장〈明末·淸初의 社會變化〉등 참조.

93) 張海鵬·張海瀛,《中國十大商幇》(合肥 : 黃山書社, 1993).

94) 오금성,《國法과 社會慣行—明淸時代 社會經濟史 硏究》, 제III편 제1장〈江南의 都市 社會〉.

95) Timothy Brook, *The Confusions of Pleasure : Commerce and Culture in Ming China*(Berkeley : Univ. of California Press, 1998)[《쾌락의 혼돈—중국 명대의 상업과 문화》, 이정·강인황 옮김(이산, 2005)] 참조.

96) 오금성,《矛·盾의 共存—明淸時代 江西社會 硏究》, 제I편 제1장〈社會의 動搖와 再編〉등 참조.

97) 오금성,《國法과 社會慣行—明淸時代 社會經濟史 硏究》, 제III편 제2장〈黑社會의 主人, 無賴〉.

아니었다. 또한 명 말에 강남 지역을 필두로 하여 '균전균역법'으로의 개혁이 적극적으로 추진된 것도 우연이 아니었다.[98]

더 나아가서 청조의 입관(入關) 초기, 순치 4년(1647)에,

요사이 들으니, 현임 관원의 백숙곤제(伯叔昆弟)와 종인(宗人) 및 폐신(廢紳)·열금(劣衿) 들이 백성에게 크게 해를 끼친다고 한다. 타인의 토지와 집을 빼앗고, 물건의 값을 마음대로 정하고, 선량한 사람을 업신여겨 함부로 다루며, 조세를 체납하는데도 지방관은 두려워서 불문에 부치므로, 소민은 한을 품은 채 대납한다. 그 때문에 귀한 자는 더욱 부유해지고, 가난한 자는 날로 곤궁하게 된다. 명 말의 폐습이 오늘날에도 아직 남아 있는 것이다(明季弊習, 今猶存). 어떻게 하면 이러한 폐습들을 완전히 없앨 수 있겠는가?

라고 한, 전시(殿試)의 책제(策題, 시험 문제)의 제2문항의 출제,[99] 그 후로도 신사의 항량(抗糧)이 계속되자 순치 15년에 '신금항량처리규정(紳衿抗糧處理規定)'을 발하고, 급기야 순치 18년에 '강남주소안(江南奏銷案)'[100] 사건이 발생한 것도 명대 신사의 이상과 같은 남면 관행에서 유래한 것이었다고 생각한다.

그러나 그렇게 시퍼렇던 '강남주소안'으로도 신사의 남면 행위를 저지하지는 못하였다. 항량과 포람사송(包攬詞訟, 소송 사건 청부) 현상은 전국적으로 일어났지만 강남 지역이 가장 심하였다. 그래서 옹정제(雍正帝)는 즉위하자마자 신사의 특권을 적극 삭감하려 하여, 각성의 총독과 순무에게 3년 기한으로 미납 세금을 완납토록 명령하였다.[101] 강남 지역에 대한 분현(分縣) 정책도 그 일환이었다. 옹정 6년(1728) 12월에는 엄격한 토지 조사를 명령하였다. 옹정 8년(1730)에는 심

---

98) '균전균역법(均田均役法)'으로의 개혁은 명대 최후의 우면 제한 노력임과 동시에 개명 신사들이 가진 자의 의무를 행동으로 표현한 것이었다.

99) 淸《世祖實錄》卷31, 順治 4年 3月 丙辰條. 이때의 책제(策題)는 모두 세 문제였는데, 주요 내용은 ① 진재(眞才) 선발 방법, ② 위의 인용 본문, ③ 군향주조(軍餉籌措)와 감부(減賦), 양선(兩善) 성취 방법 등이었다.

100) 오금성,《國法과 社會慣行─明淸時代 社會經濟史 硏究》, 제II편 제2장〈王朝 交替와 紳士의 向背〉참조.

101) 淸《世宗實錄》卷2, 康熙 61年 12月 甲子條 ; 石錦,〈淸初稅暂改革與社會〉,《新史學》1卷 3期(1990) 참조.

복 전문경(田文鏡)과 이위(李衛)가 황제의 명령을 받아 제정한 '흠반주현사의(欽頒州縣事宜)'를 반포하였다. 신사에 대한 이러한 일련의 강압 정책으로 지역 사회에서 신사의 영향력이 대폭 감소하고, 그 대신 일시적으로 서리의 횡포가 만연하게 되었다.[102] 그러나 옹정제 재위 13년간 끝내 전량의 완납은 이루어지지 않았다. 건륭(乾隆) 연간(1736~1795)에도 여전히 '신금항량'은 금지되었다.[103] 청조의 강력한 정책에도 불구하고 신사는 여전히 막강한 영향력을 행사하며 자기 길을 갔던 것이다. 국법과 사회 관행에는 이렇게 많은 괴리가 있었다.[104]

---

102) 黃卬,《錫金識小錄》卷1,〈備參〉(上)을 인용함.

103) 《欽定學政全書》卷24,〈約束生監〉;《欽定學政全書》卷26,〈整飭士習〉.

104) Ch'u, T'ung-tsu(瞿同祖), *Local Government in China under the Ch'ing*(Harvard Univ. Press, 1962), Ch.10 ; 山本英史,〈淸朝の江南統治と在地勢力〉, 岩井茂樹,《中國近世社會の秩序形成》(京都大學人文科學研究所, 2004) 참조.

萬曆《大明會典》
張居正,《張太岳集》

山根幸夫,《明代徭役制度の展開》(東京, 1966)
岑大利,《鄕紳》(北京圖書館出版社, 1998)
酒井忠夫,《中國善書の研究》(東京, 1961)
川勝守,《中國封建國家の支配構造》(東京, 1980)
森正夫 等 編,《明淸時代史の基本問題》(東京:汲古書院, 1997)
岩井茂樹,《中國近世財政史の研究》(京都大學學術出版會, 2004)
許懷林,《江西史稿》(南昌:江西高校出版社, 1993)
濱島敦俊,《明代江南農村社會の研究》(東京, 1982)

Timothy Brook, *The Confusions of Pleasure : Commerce and Culture in Ming China*(Berkeley : Univ. of
  California Press, 1998)〔《쾌락의 혼돈—중국 명대의 상업과 문화》, 이정·강인황 옮김(이산,
  2005)〕
Ch'u, T'ung-tsu(瞿同祖), *Local Government in China under the Ch'ing*(Harvard Univ. Press, 1962)

오금성,《國法과 社會慣行—明淸時代 社會經濟史 研究》(지식산업사, 2007)
──────,《矛·盾의 共存—明淸時代 江西社會 研究》(지식산업사, 2007)
──────,《中國近世社會經濟史研究—明代紳士層의 形成과 社會經濟的 役割》(일조각, 1986)
張海鵬·張海瀛,《中國十大商帮》(合肥:黃山書社, 1993)

청 초 복건 사회와 천계령(遷界令) 실시*

원 정 식**

1. 천계령, 지방과 중앙의 이중 변주

1994년 중국에서 간행된《중국 대백과 전서 · 중국 역사(中國大百科全書 · 中國歷史)》에서 '천해령(遷海令=천계령)'을 다음과 같이 설명하고 있다.

청 초 정성공을 우두머리로 하는 동남 연해의 항청 세력을 고립, 와해시키고자 반포한 법령. 순치 18년(1661) 반포하여 강희 22년(1683) 해제하였다. 당시 정성공 집단은 동남 연해 일대에서 청군에 대항하여 전쟁을 계속하였다. 이 반청 세력을 소멸시키기 위하여 청 조정은 마지막으로 "견벽청야(堅壁淸野)"의 방법으로 압박을 가하였다. "천해령"을 발포하여 강남, 절강, 복건, 광동 연해 일대의 거주민들을 강제로 30리에서 50리 내지(內地)로 이주시키고 상선과 민간 선박의 출항을 금지시켰다. 그 가운데 광동 지역은 연속 세 차례 내지로 이주시켰다. 청

---

* 이 글은 2003년 1월에《동양사학 연구》제81집에 실린 같은 제목의 논문을 수정 · 보완한 것이다.

** 강원대 역사교육과를 졸업하고 서울대 대학원 동양사학과에서 석사 학위 및 박사 학위를 취득했다. 현재 강원대 역사교육과 부교수로 재직 중이다. 논문으로는 〈건 · 가연간 북경의 석탄수급문제와 그 대책〉, 〈청중기 복건의 족정제(淸中期福建的族正制)〉,《청대 복건사회 연구 : 청 전 · 중기 민남사회의 변화와 종족활동》등과, 역서로는《중국소수민족입문》(공역)이 있다.

조정은 만주 대신 4인을 각 성에 파견하여 천계령을 집행, 감독하고 이를 어기는 자는 엄한 형벌에 처한다고 협박하였다. 네 성 가운데 특히 복건성이 가장 혹독하였다. 연해의 선박과 경계선 밖의 건물과 집기는 모두 불태우고 성보(城堡)를 제거하였고, 경계 밖으로 나가는 자는 거리의 멀고 가까움을 불문하고 사정없이 참형(斬刑)에 처하였다. 천해령의 실시로 농업, 어업, 수공업 및 해외 무역은 모두 심각한 손상을 입었다. 인민은 생계가 단절되고 정착할 곳이 없어 유랑하였으며 그 사이에 부단히 천해 반대 투쟁을 하였다. 강희 4년, 정성공이 죽고 위협이 감소되자 천해 금령이 약간 이완되었으나 지방관의 태도에 따라서 엄격할 때도 있고 느슨할 때도 있었다. 강희 22년 대만을 통일하고 정씨 정권이 멸망함에 따라 전후 23년간 계속된 가혹한 천해령이 끝났다. 청 정부는 천해령을 실행하여 정성공 등 항청 세력을 봉쇄하려고 하였으나 기대한 효과를 거두지 못하였고 오히려 연해 각 성의 사회 경제를 심하게 파괴하였다.[1)]

위의 서술에서 엿볼 수 있는 바와 같이 기왕의 천계령 연구는 주로 천계령이 정씨 세력을 토멸하기 위한 청조의 폭거이며 연해 지역 주민들에게 큰 피해를 준 사건이라는 시각에서 이루어졌으며,[2)] 그 밖에도 천계령을 청조의 대외 정책, 해방(海防) 정책의 일례로서 다루는 연구,[3)] 홍콩(香港), 광동(廣東), 복건에서의 천계령의 강행 실태와 영향을 분석한 연구,[4)] 대만(臺灣) 개발과 천계령을 관련지은 연

---

1) 來新夏, 〈遷海令〉, 《中國大百科全書 · 中國歷史(縮印本)》(北京 : 中國大百科全書出版社, 1994년 初版 · 1997년 重印), 494쪽. 한편 石原道博, 〈遷界令〉, 《アシア歷史辭典》(東京 : 平凡社, 1960년 초판 · 1970년 제6판) 第5卷, 275쪽에는 위의 설명에 더하여 천계령은 해금(海禁) 강화책이란 점, 명대에 왜구 대책으로 이미 실시했다는 사실, 그리고 산동성을 포함하였음을 더 추가하여 서술하였다.

2) 謝國楨, 〈淸初東南沿海遷界考〉 ; 謝國楨, 〈淸初東南沿海遷界補考〉〔이상 두 편 모두 《明淸之際黨社運動考》(北京 : 中華書局, 1982) 수록〕 ; 田中克己, 〈淸初の支那沿海─遷界を中心として見たる〉(1 · 2), 《歷史學硏究》 6-1 · 6-3 (1936) ; 田中克己, 〈遷界令と五大商〉, 《史苑》 26-2 · 26-3(1966) ; 浦廉一, 〈淸初の遷界令の硏究〉, 《廣島大學文學部紀要》 5(1954) ; 蘇梅芳, 〈淸初遷界事件之硏究〉, 《國立成功大學歷史學報》 5(1978) ; 朱維幹, 《福建史稿》(下) (福州 : 福建敎育出版社, 1985), 392〜431쪽 ; 顧誠, 《南明史》(北京 : 中國靑年出版社, 1997) ; 韋慶遠, 〈有關淸初禁海和遷界的若干問題〉, 《明淸論叢》 3(2002).

3) 韋慶遠, 〈論康熙時期從海禁到開海政策的演變〉, 湯明檖 · 黃啓臣 主編, 《紀念梁方仲敎授學術討論會文集》(廣東 : 中山大學出版社, 1990) ; 萬明, 《中國融入世界的步履 : 明與淸前期海外政策比較硏究》(北京 : 社會科學文獻出版社, 2000), 第5章 ; 王宏斌, 《淸代前期海防 : 思想與制度》(北京 : 社會科學文獻出版社, 2002), 第1章.

구,[5] 그리고 정남번(靖南藩)의 복건이진(福建移鎭)과의 관계를 강조한 연구[6] 등이 있다. 그러나 이들 연구들도 주로 천계령의 실시 목적이 정씨 세력으로 대표되는 반청(反淸) 세력의 섬멸이었음을 전제로 하여 천계령의 피해나 영향을 다루었다고 할 수 있다.

그러나 천계령 실시는 크게 두 가지 측면에서 복건 사회와 밀접한 관련이 있었다. 첫째, 천계령을 통한 섬멸 대상이었던 정성공(鄭成功)이 복건의 천주(泉州)와 장주(漳州) 일대를 핵심적 지역 기반으로 삼고 있던 반청 해상 세력이었으며, 천계령 실시를 요구한 황오(黃梧), 시랑(施琅), 방성화(房星華) 형제 등이 모두 복건 지역 출신이거나 복건의 지방관으로 정성공과도 밀접한 관련이 있는 인물이었다는 것이다. 둘째, 청 초에 복건에서는 그 어느 시기, 어느 지역 이상으로 다양한 세력이 등장하고 동란이 지속되었으므로 복건의 안정 없이는 청조의 중국 지배도 완성되기 어려웠다는 것이다. 즉, 반청 세력의 소강기가 끼어 있기는 했지만 복건의 반청 세력이 완전히 평정되기까지는 약 40년의 시간이 걸렸는데 이는 중국 다른 지역의 평정 사례와 비교할 때 매우 더딘 것이었다. 또 이 전란기는 복건 지역에서 펼쳐졌던 역대의 전란기 중에서 가장 오래 지속된 것에 속하는데다가 동란의 빈도도 높았다. 게다가 구적(寇賊), 남명(南明), 정성공, 정남왕(靖南王) 등 다양한 세력은 서로 연계하거나 길항하면서, 그리고 한편으로는 청조의 정책에 조응하고 다른 한편으로는 정씨 세력과 직접·간접으로 관련을 가지면서 부침과 할거를 거듭했다. 이러한 전란의 장기성, 세력의 다양성과 상관성, 명조의 부흥을 이루겠다는 명분, 그리고 민중에 대한 여러 세력의 수탈 등의 특징을 띠고 반청 세력의 최후 거점이 된 청 초의 복건 사회는 조속히 중국 지배를 확립하려는 청조에

---

4) 蕭國健, 《淸初遷界前後香港之社會變遷》(台北 : 臺灣商務印書館, 1986) ; 鄭振滿, 《明淸福建家族組織與社會變遷》(長沙 : 湖南敎育出版社, 1992), 175~188쪽 ; 李東珠, 〈淸初廣東"遷海"的經過及其對社會經濟的影響 : 淸初廣東"遷海"考實〉, 《中國社會經濟史硏究》(1995년 제1기).

5) 鷹取田一郎, 〈臺灣に及ぼしたる遷界移民の影響〉, 《臺灣時報》1921-5 ; 萬仲良, 〈淸初遷界與臺灣開發之關係〉, 《臺灣文獻》31-1(1980).

6) 中道邦彦, 〈淸初靖南藩の福建移鎭と遷界令〉, 《歷史の硏究》12(1968).

게 큰 걸림돌이 되었다.[7]

천계령 실시를 반청 세력의 섬멸을 겨냥한 전국적 차원의 정책으로 보고 접근한다면 실시 과정의 구체적 실상이 어떠했는지, 청조 중앙 정부의 정책 결정에 지역 사회 문제가 얼마나 크게 작용했는지 등을 간과할 우려가 있다. 청조 중앙에서 결정하는 정책이라 해도 그 정책을 불러온 특정 지역 사회가 존재했기 때문이다. 따라서 지역 사회의 변화, 나아가 복건 지역 반청 세력의 내부적 변화를 청조 중앙과 관련지어 분석한다면 천계령 실시의 과정과 의미를 명확하게 규명할 수 있을 것이다. 이러한 문제의식을 전제로 하여, 이 글에서는 청조의 복건 지역 반청 세력 진압 및 사회 안정화 정책, 정성공과 반(反)정성공 인사들의 갈등을 중심으로 천계령 실시의 배경 및 과정을 분석하고자 한다.

2. 청조의 복건 지역 안정책의 이상과 현실

순치(順治) 3년(1646) 말 복건이 청의 지배에 들어간 시점부터 청조가 복건에서 취한 가장 중요한 조치는 그 지역 사회를 청조 통치 아래 재편해 안정시키는 것이었다. 이에 청조는 복건을 평정한 직후인 순치 4년 2월에 절강(浙江)과 복건을 대상으로 은조(恩詔)[8]를 내려 청조의 지배 질서하에 이들 지역을 안정시키고자

---

7) 명(明) 말, 청(淸) 초의 복건(福建)의 상황에 대해서는 오금성, 〈王朝交替期의 地域社會 支配層의 存在形態 : 明末淸初의 福建社會를 中心으로〉, 서울대학교 동양사학연구실 엮음, 《近世 東아시아의 國家와 社會》(지식산업사, 1998) ; 원정식, 〈淸代 福建社會 硏究 : 淸 前·中期 閩南社會의 變化와 宗族活動〉(서울대학교 대학원 동양사학과 박사 학위논문, 1996) ; 원정식, 〈淸初 福建 反淸勢力의 興衰 : 順治年間(1644~1662) 鄭氏勢力을 中心으로〉, 《江原史學》 제17·18합집(2002) 참조. 이하 특별한 주가 없는 것은 원정식, 〈淸代 福建社會 硏究 : 淸 前·中期 閩南社會의 變化와 宗族活動〉 참조.

8) 《世祖實錄》(北京 : 中華書局, 1985) 卷30, 10a~14b, 249~251쪽, 順治 4年 2月 癸未. 청조는 이미 순치(順治) 2년 4월에 섬서(陝西) 은조를, 6월에 하남(河南)·강북(江北)·강남(江南) 은조를 내렸고, 복건·절강(浙江) 은조 이후에도 순치 4년 7월에 광동(廣東) 은조를 내렸는데, 내용은 대체로 비슷했다. 오금성, 〈順治親政期의 淸朝權力과 江南紳士〉, 《歷史學報》 122(1989).

노력했다. 그 은조는 28조나 되는 매우 자세한 내용으로 이루어져 있었다. 순치 3년 10월 3일 새벽 이전에 저질러진 각종 범죄에 대한 사면, 각종 세역의 감면·정리, 구휼, 신사(紳士)층과 기로(耆老)의 우대 및 인재 발탁, 불법을 저지르고 횡포를 일삼는 지역 유지 및 소송 중개인 억제, 투항자의 포상, 유민의 안정적 정착, 관리와 군인의 포상, 백성 수탈 금지, 민간 경제 활동 보장, 달력 반포, 각 지방의 역대 왕릉 및 명신(名臣)·현사(賢士)의 분묘 보호, 동남 해외 여러 나라 사신의 수용 등이 그것이었다.

이것들은 당시 복건 사회가 처해 있던 상황을 반증하는 것인 동시에 복건 통치, 나아가 만주족의 한족(漢族) 통치 정책의 주된 내용이기도 하였다. 하지만 전란의 와중에서는 이런 조치가 제대로 실현되기 어려웠으므로 무엇보다 남명의 잔존 세력이나 각 지역의 토적, 유구(流寇), 해적을 진압해 치안을 확보하고 청조 지배 체제를 확립해야 했고 그 구체적인 조치가 무력 진압과 초무(招撫)를 병행하면서 각 지역 요충지에 초소를 설치하고 병력을 파견하는 것이었다.[9]

그러나 역설적이게도 이 시기에 수많은 적도들이 횡행하고 동란이 지속된 원인 가운데 하나는 청조의 초무책과, 이에 편승한 장령(將領)이나 지방관의 공 세우기 욕심에 있었다. 이러한 실정에 대해 여양(余颺)[10]은 다음과 같이 말했다. 대표적인 반청 장령인 양부(揚富), 주전빈(周全斌), 곽의(郭誼), 시랑(施琅) 등이 모두 청조에 투항하자 이들에게 주택과 미곡뿐만 아니라 원래의 직함까지 주어지고 그 위에 소사(少師), 백작(伯爵)이 추가로 주어졌다. 갖은 약탈을 일삼던 적도들도 돌아오면서 투항한다고 하면 지방관이나 군 장관은 총독과 순무에게 보고하고 그들에게 관복(冠服)을 주어 자기 휘하에 예속시켰다. 그중 우두머리 몇 명은 정규 부대에서 근무하고 나머지 무리는 도시에 흩어져 살게 되었는데, 이들이 흉도(凶徒)와 결합해 망명자를 숨겨주고 주야로 겁탈을 일삼는 탓에 이들로 인한 백성들의 고

---

9) 《淸史列傳》(北京 : 中華書局, 1987) 卷74, 〈朱克簡〉, 6,082~6,084쪽.
10) 복건의 보전현(莆田縣) 사람으로서 숭정(崇禎) 10년에 진사(進士)가 되었다.

통은 이들이 초무되기 전보다 더 심각했다. 그러나 관원은 '초무시켰다'는 공로와 뇌물을 탐내어 이들의 악행을 눈감아주었다. 초무된 이 사람들은 간인(奸人)들에 불과해 초무된 후 또다시 날뛰며 아무 거리낌 없이 악행을 저질렀으니 "호랑이와 이리를 들에 풀어놓았다가 다시 성읍(城邑)에 거두어들인" 꼴이었다.[11] 이렇게 횡행하는 적도들이 관리의 부패와 공 세우기 욕심 때문에 처벌받지 않고 오히려 투성(投誠)이나 초안(招安)이라는 이름으로 관직, 토지, 녹봉을 받으니《용성기문(榕城紀聞)》은 "순치 14년, 16년의 초무령이 나온 이후 산적이 더욱 많아졌는데 벼슬하고 싶으면 먼저 적도(賊盜)가 되어야 한다"라고 기록하고 있다.[12] 실제로 순치 15년에 덕화현의 간민(姦民) 허자경(許子敬)은 부잣집 아들이면서도 초무되어 관직을 받으려고 용암현의 적도인 계월고(季月高)와 함께 난을 일으켰다.[13] 또 투항한 적도들은 흥화부(興化府)의 군인 반란처럼 조금만 불만이 생겨도 병란(兵亂)을 일으켰으므로 군기 이완과 사회 불안의 한 요인이 되기도 했다.[14]

향촌을 안정시키고 반청 세력을 고립시키는 가장 유효한 방법은 자기 지역은 자기가 방위하게 하는 보갑제(保甲制)를 실시하는 것이었다. 청 초에도 각지에서 적도와 반청 세력이 횡행하자 이미 명대에 사용되었던 향약보갑법(鄕約保甲法)을 실시해 지역 사회의 안정을 꾀하고 적도들의 활동을 차단하고자 했는데, 이는 연좌를 통해 주민을 통제하는 동시에 자위(自衛)를 추구하는 각 지역의 유력 세력을 최대한 활용하고자 하는 것이었다. 예컨대 순치 4년 7월에 노왕(魯王)을 비롯한 반청 세력의 봉기가 확산되자 복주성(福州城)에서는 열 집씩 묶어서 연좌케 했으며,[15]

---

11) 余颺,《莆變紀事》(南京 : 江蘇古籍出版社, 2000), 11~12쪽, 〈招安〉.

12) 海外散人,《榕城紀聞》(南京 : 江蘇古籍出版社, 2000), 25쪽.

13) 乾隆 22년《永春州志》(台北 : 永春文獻社, 1973) 卷34, 〈祥異志‧崔符〉, 9a, 291쪽 ; 乾隆 52년《永春州志》(台北 : 永春文獻社, 1973) 卷15, 〈祥異志‧警寇〉, 13a~b, 428쪽 ; 同治重刊《福建通志》(同治10년 正宜書院 刻本) 卷268, 〈雜錄‧國朝外紀〉, 20b~21b쪽 ;《聖祖實錄》卷3, 11a~b, 74쪽, 順治 18년 6월 癸卯.《영춘주지(永春州志)》에는 산적 이고(李高)와 허우경(許于敬)으로,《성조실록(聖祖實錄)》에는 역적 이월고(李月高)와 허우경(許于敬)으로,《복건통지(福建通志)》에는 계일고(季日高)와 허자경(許子敬)으로 나온다. 여기서는《복건통지》를 따른다.

14)《清史列傳》卷74, 〈于朋擧〉, 7,087쪽.

청 초 복건 사회와 천계령 실시 153

순안어사 주극간(朱克簡)[16]은 연해 지역 주민이 정성공에게 물자 공급을 하지 못하도록 보갑제 실시를 주장했다.[17] 아울러 용계현(龍溪縣) 생원 심영작(沈榮爵)의 향약보갑법[18]과 강희(康熙) 8년(1669)에 순도(巡道) 진계태(陳啓泰)가 강화한 보갑법은 외부의 적도 세력을 막고 향촌 내의 불령한 자를 통제하는 향촌 사회의 자율적 통제 장치로서 상당한 성과를 거둔 예였다.[19] 이런 보갑제는 지역 사회의 신사나 종족(宗族)의 자율적인 방위 활동을 도울 뿐만 아니라 그 방위 활동을 국가 권력에 흡수시키는 장치였지만 자율 활동이 활발할 때 더욱 효과를 거둘 수 있었다. 이에 청조는 보갑제 실시를 일방적으로 강요하는 대신 계속 권유해야 했다.[20] 그러나 보갑제는 적도나 정성공에 대한 주민들의 자위 활동에 정당성을 부여했을 뿐, 노략을 일삼는 청군에게는 무력했고, 또 청군의 약탈을 막기도 어려웠다.

청은 근본적으로 민생을 안정시킴으로써 반청 세력이 발생할 토양을 제거해야 했고 이를 위해서는 청군의 수탈을 금지하고 상벌을 통해 군과 관을 엄격히 통제함으로써 백성들의 자발적인 복종을 확보하지 않으면 안 되었다. 당시 각종 수탈과 부패가 반란의 도화선이 되었음은 물론이고 지방관의 무능으로 반란에 적절히 대응하지 못하는 것도 큰 문제였다. 예컨대 이런 경우가 있었다. 순치 11년 3월에 복건성 장주부(漳州府) 용계현에서 한 농부가 인분을 수거하는 중에 은자가 들어 있는 돈주머니를 주워 주인을 찾아 돌려주었다. 이 돈주머니의 주인은 산적에게 모함당해 옥에 갇힌 아버지를 구하기 위해 돈을 마련한 것이었다. 지부(知府)가

---

15) 《榕城紀聞》, 11쪽.

16) 순치 4년에 진사에 급제하고 순치 12년에는 복건 순안어사가 되었다.

17) 《淸史列傳》 卷74, 〈朱克簡〉, 6,082~6,084쪽.

18) 乾隆 《龍溪縣志》(台北 : 成文出版社, 1967) 卷21, 〈雜記〉, 18a~b, 312쪽.

19) 진계태(陳啓泰)는 단장(團長)을 세워 민장(民壯=民兵)을 거느리고 도적과 간악한 사람을 체포하도록 하고, 이(里)에 불법을 저지르는 사람이 있으며 모두 장살(杖殺)했으므로 일시에 간민(奸民)이 자취를 감추었다고 한다. 康熙 《漳浦縣志》(台北 : 成文出版社, 1968) 卷11, 〈兵防志 · 鄕兵〉, 757쪽.

20) 예컨대 강희(康熙) 16년에 백두적(白頭賊)이 일어나자 총독 요계성(姚啓聖)이 격문을 보냈다. 이에 심영작(沈榮爵)은 다시 향약(鄕約)을 주관해 단속하니 불법을 저지르는 자가 없어지고 피난자가 이에 의지했다고 한다. 乾隆 《龍溪縣志》 卷21, 〈雜記〉, 18a~b, 312쪽.

120금을 내면 풀어주겠다고 했으므로 토지와 집을 팔고 친구에게 돈을 빌려 그 돈의 반을 마련해 그것으로 아버지를 보석하려고 했던 것이다.[21] 이처럼 지방관은 일상적으로 부정부패를 저질렀을 뿐만 아니라 많은 경우 무능하기까지 했다. 순치 12년에 주극간은 전란으로 백성이 항상 고통을 당하지만 지방관은 평소에는 꾸물거리다가도 급하면 달아나버린다고 지적했고,[22] 순안어사 성성(成性)은 지방관이 무사안일만 추구하고 소송도 제대로 처리하지 않아서 각종 싸움이 발생한다고 지적했다.[23]

이러한 사실을 잘 알고 있던 청조는 상벌을 엄히 하여 지방관들을 통제하고자 했다. 예컨대 순치 8년 4월에 적도에게 성이 함락되었다는 이유로 복건분순복녕도첨사 반영루(潘映婁)를 파직했다.[24] 반대로 순치 6년 10월에 흥화부가 함락되었지만 이 과정에서 전사한 흥화부지부서리 복주부추관(署府事福州府推官) 여수성(黎樹聲)에게 조정은 복건성 안찰사사 첨사를 추증하고 그의 아들 한 명을 국자감에 입학시켰다.[25] 하지만 비교적 명망 있는 총독이었던 이솔태(李率泰)[26]에 대해서조차 "몸은 요직에 있으며 재산은 산처럼 쌓았다"[27]라고 당시 사람이 지적하고 있을 만큼 관리들의 부정부패 문제는 좀처럼 개선되지 않았다.

청조는 순치 4년의 은조에서 제시한 휼민 정책의 연장으로서 백성의 부담을 완화해주는 여러 조치를 지속적으로 실시했다.[28] 세금 감면이 가장 대표적인 예였는데, 주로 자연재해 지역이나 전란 지역을 대상으로 했다. 또한 밀린 세금을 탕감

---

21) 鈕琇 撰,《觚賸續編》(上海：上海古籍出版社, 1986) 卷3,〈還金〉, 232~233쪽.

22)《清史列傳》卷74,〈朱克簡〉, 6,082~6,084쪽.

23) 錢義吉 編,《碑傳集》(北京：中華書局, 1993) 卷52,〈成性傳〉, 1,495쪽.

24)《世祖實錄》卷42, 1a, 335쪽, 順治 6年 正月 壬戌；同 卷56, 10b, 446쪽, 順治 8年 4月 癸丑.

25)《世祖實錄》卷46, 10a, 370쪽, 順治 6年 10月 癸巳.

26) 순치 13년~강희 3년 절민총독(浙閩總督) 또는 복건총독 재임.

27) 陳鴻,《莆變小乘》(南京：江蘇古籍出版社, 2000), 28쪽.

28) 宮崎一市,〈清代初期の租稅減免について─清代財政の一齣(2)〉,《釧路論集》9(1977)；經君健,〈論清代蠲免政策中的減租規定的變化─清代民田主佃關係政策的探論之二〉,《中國經濟史研究》(1986년 제1기)；胡春帆·花瑜·黃十慶·溫奇,〈試論清前期的蠲免政策〉,《清史研究集》3(1984).

해주는 경우도 있었다. 순치 12~13년경 장주에서 좌포정사가 군향 부족을 이유로 정원장군에게 지난 수년간의 미납 부세를 추징할 것을 제안했으나 주극간의 만류로 실행에 옮기지 못했던 것[29]이 한 예다. 그러나 이는 현실적으로 징수가 곤란한 상황에서 취해진 것이어서 청조의 과시적인 조치에 불과했다고 볼 수 있고, 그 조치가 실제적으로 전란기 백성들에게 얼마나 도움이 되었는지도 알 수 없다. 또 총독 이솔태가 요문섭(姚文燮)[30]으로 하여금 토지 조사를 주관하게 한 것[31]에서 알 수 있듯이 청조는 토지 조사에 의해 세수 확보와 토지 실소유자의 세역 부담을 꾀했다. 그러나 토지 조사가 전면적으로 실시된 것으로는 보이지 않는다.

지방관이 백성의 세금 부담을 덜어주려는 상당한 의지를 가지고 있었더라도 전란 속에서 이를 제대로 실행하기는 쉽지 않았다.[32] 무엇보다 복건에서는 강희 22년(1683)까지 동란이 계속되어 반란 세력을 상대하고 토벌하는 데 막대한 전비와 노동력이 필요했으며, 정씨 집단의 활동으로 청조의 권력이 미치는 범위가 일정치 않았기 때문이다. 결국 각종 명목으로 많은 세금과 노역을 부과하지 않을 수 없었던 청조는 세금 감면 조치에도 불구하고 복건 사람들의 부담을 줄여주기 어려웠을 것이고, 따라서 청조의 세금 감면 조치를 액면 그대로 받아들일 수 없다.[33] 특히 장주의 경우 하문(厦門)과 근접한 지역이어서 많은 군대가 주둔했고, 3, 4천의 군대가 1년에 네 차례 교체되어 이동이 심했기 때문에 "노역에 징발된 사람은 무거운 짐을 지고 700리의 험한 길을 넘어가야 했고 채찍질당하고 기아에 시달려 쓰러져 죽는 자가 연이어 나왔다".[34] 또 진상하(陳常夏)[35]는 〔강희 초에〕 장주 사

---

29) 《淸史列傳》卷74, 〈朱克簡〉, 6,082~6,084쪽.

30) 순치 16년에 진사에 급제하였고 훗날 복건 건녕부(建寧府) 추관이 되었다.

31) 《淸史列傳》卷74, 〈姚文燮〉, 6,104쪽.

32) 원정식, 〈淸初 戰亂期 福建의 稅役徵收와 宗族〉, 《震檀學報》87(1999).

33) 청은 북경을 점령한 후 명 말 군비 확보를 위해 부가한 세금인 삼향(三餉)의 면제를 지시했으나, 실제로는 강소(江蘇), 복건〔남안현(南安縣)〕에서 강희 20년대에도 여전히 이 부가세가 없어지지 않고 있었다. 朱維幹, 《福建史稿》下, 297~298쪽. 이는 당시 청조의 세금 감면 조치를 액면 그대로 받아들일 수 없음을 보여준다.

34) 《淸史列傳》卷74, 〈于朋擧〉, 7,087쪽.

35) 순치 18년에 진사에 급제하였으나 벼슬에 나가지는 않았다.

람들은 유리(遊離)하다가 죽고 기아로 죽고 도적에게 죽었으나 더욱 심각한 것은 토지세를 빙자해 멋대로 세금을 부과하는 것과 보비(保費, 보호비)를 빈번하고 가혹하게 징수하는 것이었는데, 이 때문에 민중들은 쉴 틈이 없었다"[36]고 기록했다. 게다가 강희 17년 전란으로 인해 형제들이 요역의 빈번함과 과중함을 감당치 못해 처자를 데리고 달아났기 때문에 남아 있던 임굉삼(林宏森)이 대신 그 짐을 져야 했던 사례[37]가 있는 것처럼, 세금과 노역 의무에 대해 이웃이나 친척이 연좌 책임을 져야 했다.[38]

반면에 복건 연해 지역의 주민들은 어업, 제염, 해상 무역 등에 종사하며 바다를 논밭으로 삼아 살아갔으므로 해상권을 장악하고 있던 정씨 세력과 공생 관계를 유지하지 않을 수 없었다. 순치 16년에 장주부해방동지(漳州府海防同知) 채행형(蔡行馨)은 "연해 지역 일대에서는 위세를 빌려 사람들이 즐비하게 시장을 설치했다. 그들은 단지 시장 이용료를 받아서 돈을 벌 생각만 하지 자신들이 해상의 역적들과 교류하고 있다는 생각은 하지 않는다. 1·6일, 2·7일, 3·8일 등 정기시가 열리는 날에는 쌀, 곡식, 마, 뗏목, 땔감, 기름 등의 물자가 모두 모인다. 변발을 한 사람과 하지 않은 사람이 뒤섞여 무역을 하고는 돛을 올리고 떠난다"[39]라고 기록했다. 또한 순치 18년에도 황제는 '빈해 각처의 간민(奸民)과 상인이 몰래 정씨 세력과 교통하고 서로 무역을 하면서 생계를 꾸려가는데, 삼나무 돛대, 오동나무 기름, 철기, 초석, 유황, 호주(湖州)산 비단실, 고급 비단, 식량과 같은 일체의 필수품을 해상의 역도(逆徒)들에게 제공한다'라고 했다.[40] 하지만 백성들은 청조 치하의 무거운 세역 부담이나 구적들의 횡포, 지방관의 금전 갈취 등으로 인해 청

36) 陳常夏, 〈與王太守論保費衙役寇盜三事〉, 乾隆《龍溪縣志》卷23, 藝文, 14b~23b, 342~347쪽 ; 乾隆《福建通志》卷70, 藝文 3, 50b~56b, 507~510쪽.

37) 莊爲璣·王連茂 編,《閩臺關係族譜資料選編》(福州 : 福建人民出版社, 1985), 427~428쪽.

38) 원정식, 〈淸初 戰亂期 福建의 稅役徵收와 宗族〉.

39) 仁和琴川居士編輯,《皇淸奏議》(台北 : 文海出版社, 1967) 卷13, 12a~b, 1,275~1,276쪽.

40)《明淸史料》丁編, 第3本, 257쪽, 〈嚴禁通海勅諭〉〔臺灣銀行經濟硏究室 編輯,《鄭氏史料續編》第10冊(台北 : 臺灣銀行, 1963), 1,269쪽 수록〕.

조를 자신들의 보호자로 여기기 어려웠으므로 기회만 되면 정씨 세력에 가담하게 되었다. 천주제독이 체포한 해도(海盜) 중에 치발(薙髮)한 사람이나 나이 어린 사람이 적지 않았던 것도 그 때문이었다고 할 수 있다.[41]

3. 정씨 세력과 청조의 대립

청조의 입장에서 복건 사회를 안정시키기 위해 가장 먼저 해야 할 일은 반청 세력을 제거하는 것이었으며, 그 반청 세력의 중심은 "[순치 12년 현재] 천하의 민생이 불안한 것은 운남(雲南), 귀주(貴州)에 손가망(孫可望)이 있고 해상에 정성공이 있기 때문이다"라는 도찰원 좌부도어사 위예개(魏裔介)의 말처럼[42] 영력제(永曆帝) 정권과 정씨 세력이었다. 정씨 세력은 각지의 적도 세력과 연계해 광범위한 전란과 약탈을 지속하였으며, 이를 진압하기 위해 청조는 대군을 주둔시키고 운영해야 했다. 청조의 수탈과 청군의 악행, 전란에 따른 토지·수리 등 생산 기반의 파괴, 무역 금지 등으로 민생이 곤궁해지고 유민이 발생하면서 반청 세력도 약화되지 않는 악순환이 계속되었다.[43]

정성공의 반청 활동이 대대적이었던 순치 9년(1652) 10월, 순치제는 민절총독 유청태(劉淸泰)에게 칙을 내려 적극적으로 정성공을 회유할 것을 지시했다. 그리고 만약 정성공이 투항하면 죄를 사해주고 원래 주둔한 곳에 주재하도록 해줄 섯

41) 《淸史列傳》 卷74, 〈于朋擧〉, 7,087쪽.

42) 《世祖實錄》 卷100, 8a, 776쪽, 順治 13年 4月 辛未.

43) 대표적으로 왕명악(王命岳)은 "이때 복건에 큰 가뭄이 들었습니다. 제 생각으로는 해상의 전란이 그치지 않아 백성의 고통이 그치지 않으니 춥고 배고프면 어쩔 수 없이 간도(奸徒)가 될 것입니다……오직 항구를 장악하여 물자 공급과 접촉을 금지시켜 끊고 상벌을 분명히 내리고 명령을 엄히 집행하여야 하며, 요역과 세금을 가볍게 하여 백성들을 쉬도록 한다면 백성들이 적도가 되지 않을 것이고 적도는 물자를 확보할 수 없게 되어 천천히 기다리면 반드시 반란을 일으킨 무리들을 잡아 폐하께 바칠 수 있을 것입니다"라고 하여 악순환의 실태와 반청 세력의 제압 방안을 제시했다. 《碑傳集》 권52, 〈王命岳傳〉, 1,486~1,490쪽.

이며, 그를 북경으로 데려올 필요가 없다고 일렀다.[44] 이어 순치 10년 5월에 청조는 정성공을 해징공(海澄公)에 봉하고 정지룡(鄭芝龍)을 동안후(同安侯)에 봉하였으며 정성공의 동생들에게도 각각 벼슬을 내리고 후한 상을 주는 등의 회유책을 써서 정씨 세력을 투항시키고자 했다.[45] 네 차례에 걸친 화의가 진행되었으나 정성공은 초무에 응할 듯하면서도 실상은 명조(明朝)의 관복을 그대로 착용하고 치발하지 않았으며, 또 그의 무리들은 계속 도륙과 약탈을 자행하면서 연평(延平), 건녕(建寧) 등지를 침요하여 성도(省都) 복주까지 세력을 뻗쳤다.[46]

정성공은 오히려 이때 각 현(縣)으로 부하를 파견해 군향을 징수하고 연해 지역의 여러 현을 침범하는 등 초무책을 세력 확장의 계기로 삼았으며, 계속 영력제를 받들어 자신은 연평왕(延平王)에 봉해졌다. 또 정성공 측의 장명진(張名振)과 장황언(張煌言)이 순치 10년 12월에 이어 순치 11년 정월에 다시 양자강(揚子江) 하구의 금산(金山)에 올라가 효릉[孝陵, 명 태조 주원장(朱元璋)의 능으로 남경 종산(鐘山)에 있음]을 향해 요제(遙祭, 멀리 능을 향하여 지내는 제사)를 지내고 과주(瓜州)와 의진(儀眞)을 공략하고 돌아왔다. 정성공도 정월에 숭명(崇明), 금산을 공격했고, 12월에는 장주를 비롯한 10개 현을 함락하고 천주를 포위 공격했다. 또 12년 10월에는 주산(舟山)을 함락해 강남(江南) 지역을 불안에 빠뜨렸다.

이러한 일과 관련해 민절총독 유청태, 복건제독총병관 양명고(楊名高) 등이 대책 마련을 상주하자 순치제는 11년 7월에 정성공에게 최후통첩을 보냈다.[47] 이어서 좌도어사 공정자(龔鼎孳)는 순치 12년 정월에 정성공이 초무에 응했다가 반란

---

44) 《世祖實錄》卷69, 4a~5a, 543쪽, 順治 9年 10月 丁未. 청조와 정성공(鄭成功)의 화의, 담판에 대한 대표적인 연구는 吳正龍, 《鄭成功與淸政府間的談判》(台北 : 文津出版社, 2000)을 들 수 있다.

45) 《世祖實錄》卷75, 5b~7a, 590~591쪽, 順治 10年 5月 乙亥·卷75, 13b~14a, 594~595쪽, 順治 10年 5月 壬午·卷85, 2a~b, 668쪽, 順治 11年 7月 己丑.

46) 《世祖實錄》卷83, 6a~b, 651쪽, 順治 11年 4月 丙子·卷83, 12a, 987쪽, 順治 11年 5月 壬寅;同治重刊《福建通志》卷268, 國朝外紀, 16a쪽.

47) 《世祖實錄》卷83, 6a~b, 651쪽, 順治 11年 4月 丙子·卷83, 12a, 654쪽, 順治 11年 5月 壬寅·卷85, 4b, 669쪽, 順治 11年 7月 癸卯·卷85, 2a~b, 668쪽, 順治 11年 7月 己丑.

을 일으키기를 반복하므로 그에 대한 초무를 중지하고 그를 초멸해야 한다고 탄핵했다.[48] 이에 정성공을 회유할 수 없음을 확인한 청조는 순치 13년 초부터 본격적으로 토벌에 나섰다. 먼저 군대를 충원했고, 총독 유청태, 둔태(屯泰)와 제독 양명고를 천주가 포위되고 장주가 함락된 데 대한 책임을 물어 처벌하고 이솔태를 총독으로 긴급히 등용했으며, 순치 13년 3월에는 정원대장군 세자(世子) 제도(濟度)까지 파견해 정성공을 토벌하게 했다. 그러나 정성공은 이미 청군의 진공(進攻)에 대비해 순치 12년 4월에 장주, 장포(漳浦), 남정(南靖), 장태(長泰), 평화(平和), 조안(詔安) 각 현성을 파괴하고 해징(海澄) 하나만 학문흥(郝文興)에게 맡겨 방비를 공고히 하는 한편 가족을 모두 금문도(金門島)로 보내는 등 조치를 취한 터였다. 또 각 현민들은 산골짜기로 달아나 숨었다. 청군은 순치 12년 10월에 천주에 와서 장주 및 여러 현성을 수복했으며, 13년 3월에 하문과 금문을 공격했으나 쉽게 함락하지 못했다.[49]

동시에 청조는 해금(海禁) 조치를 취했다. 우선 순치제의 지시로 초무가 시도되고 있던 순치 10년에 급사중 왕명악(王命岳)은 미곡, 기름, 마, 못, 철 이외에 땔감, 소나무, 가래나무에 대해서도 유출을 엄금해야 한다고 주장했다. 그의 주장에서 주목되는 것은 일용품이나 철뿐만 아니라 땔감조차 엄금하자는 것으로, 이는 금수 물품의 범위를 더욱 확대하는 것이며 궁극적으로 전면적인 금지의 서막이라고 할 수 있다.[50] 또 순치 11년 2월에 예과급사중 계개생(季開生)[51]은 정성공을 방어

---

48) 《世祖實錄》卷88, 10b~11a, 694~695쪽, 順治 12年 正月 戊申. 이해 10월에 유청태(劉清泰)는 혁직되었다 (《世祖實錄》卷94, 7b, 739쪽, 順治 12年 10月 甲子).

49) 《世祖實錄》卷98, 5b, 761쪽, 順治 13年 2月 辛酉・卷98, 8a~b, 763쪽, 順治 13年 2月 庚午・卷100, 5a~b, 775쪽, 順治 13年 4月 辛酉・壬戌;乾隆《龍溪縣志》卷20, 〈紀兵〉, 12b, 301쪽;康熙《漳浦縣志》卷11, 〈兵防志・寇符〉, 797쪽;同治重刊《福建通志》卷268, 〈國朝外紀〉, 17a~b쪽.

50) 王命岳, 〈靖海二疏〉(同治重刊《福建通志》卷87, 海防, 疏議, 25b~26b쪽). 왕명악의 전기에서도 간략하게 "물자 공급과 접촉을 금지하여 끊는다(禁絶接濟)"고 하였다(《碑傳集》卷52, 〈王命岳傳〉, 1,490쪽;《淸史稿》(北京:中華書局, 1986) 卷244, 〈王命岳〉, 9,616~9,617쪽;《淸史列傳》卷70, 〈王命岳〉, 5,735쪽). 왕명악은 천주부(泉州府) 진강(晉江) 사람으로 어려서 장포(漳浦) 황도주(黃道周)에게 《역(易)》을 배웠다. 어려서부터 큰 뜻을 품었으나 집이 매우 가난했으며, 숭정 12년에 거인이 되고 명・청 교체 시에 어려움을 겪다가 순치 12년에 진사가

하는 책략으로 "멀리까지 정탐하고 요해지를 장악하고 무기를 준비하고 해금을 엄히 하며 물자 공급을 막고 순찰을 촘촘히 할 것"을 제시했다. 이 역시 왕명악의 견해와 같은 것으로, 황제는 담당 부서로 하여금 이를 논의하게 했다.[52] 그리고 순치 12년 6월에 총독 둔태의 요청으로 연해 지역 각 성에서 해금이 실시되었다.[53] 그 후 도찰원 좌부도어사 위예개도 연해 지역 방어를 통해 정성공 측으로의 물자 공급을 차단한다면 그들이 저절로 붕괴될 것이라고 주장했고,[54] 순안어사 성성도 해금 강화와 물자 공급 차단을 주장했다.[55]

이러한 주장들은 정성공의 북벌과 맞물려 순치제로 하여금 해금책을 더욱 강화하게 했다. 즉, 순치제는 순치 13년 6월에 절강, 복건, 광동, 강남, 산동(山東), 천진(天津)의 각 총독, 순무, 진장에게 분부하여, 정성공 등이 아직 초멸되지 않은 것은 간민들이 그들과 무역하며 내통해 그들에게 식량과 물자를 제공해주기 때문이라며 해당 총독, 순무, 진장은 연해 지역 일대의 문무 각 관원을 독려해 상인과 백성의 선박이 사사로이 출항하는 것을 엄금할 것, 지방의 보갑(保甲)을 강화할 것, 연해 지역 항구를 엄격히 지킬 것 등을 강조했다.[56] 이러한 조치는 기존 해금 정책의 강화라고 할 수 있지만, 천계령으로 이어지는 해상 세력 차단 논리와 맥을 같이한다는 점, 천계령 실시 지역과 동일한 지역을 대상으로 한다는 점에서 중요하다.

한편 황오의 투항은 청조의 정성공 토벌에 유리한 조건을 제공했다.[57] 순치 13

되었다. 한림원 서길사와 호과급사중, 병과급사중, 형과급사중을 역임했다.

51) 강남 태흥(泰興) 사람으로, 순치 6년에 진사에 급제하고 서길사(庶吉士)를 지냈다.

52) 《世祖實錄》 卷81, 2b~3a, 635쪽, 順治 11年 2月 己巳；《淸史稿》 卷244, 列傳31, 〈季開生〉, 9,623쪽.

53) 《世祖實錄》 卷92, 7b, 724쪽, 順治 12年 6月 壬申.

54) 《世祖實錄》 卷100, 8a, 776쪽, 順治 13年 4月 辛未. 위예개(魏裔介)는 순치 12년 6월, 13년 2월에 복건제독(福建提督) 양명고(楊名高)를 탄핵해 혁직시킨 바 있다(《世祖實錄》 卷92, 7b, 724쪽, 順治 12年 6月 丙子 · 卷98, 5b, 761쪽, 順治 13年 2月 辛酉).

55) 《碑傳集》 卷52, 〈成性傳〉, 1,494~1,495쪽.

56) 《世祖實錄》 卷102, 7a~8a, 789~790쪽, 順治 13年 6月 癸巳；《淸會典事例》(北京：中華書局, 1991) 卷776, 刑部 54, 〈兵律關津, 違禁下海〉, 523~524쪽；民國《同安縣志》(台北：成文出版社, 1967) 卷3, 〈大事記〉, 4a, 81쪽.

년 6월에 정성공의 도독총병 황오와 부장 소명(蘇明) 등이 총병 화동(華東)과 그의 병사 400여 명을 죽인 뒤 무리를 이끌고 해징현을 바치며 청에 투항했다. 항복한 무리는 문무 대소 관원 86명, 병사 1,700명이었다. 이 사건으로 말미암아 정성공은 육지의 발판과 많은 군대, 물자, 군량미를 상실했으며, 황오가 해징공에 임명되어 정성공의 공격을 막는 첨병이 된 탓에 이후 복건에서 정씨 세력의 활동은 막대한 제약을 받고 약화되어갔다. 순치 13년 9월에는 정씨 세력의 총병 고충(顧忠)이 2,000여 명의 무리와 배 70여 척을 가지고 투항하고, 순치 14년 정월에는 도독·총병 등 3,000여 명, 동안참장 등 30여 명, 주산중군유격 등 80여 명 등이 투항했는데, 이렇게 투항자가 급증한 것도 황오의 투항이 미친 영향의 하나였다.[58]

정성공 세력의 내부적 동요와 약화가 감지되고 반청 세력의 북방 공격이 강화되자 청조도 더욱 조직적으로 섬멸전에 돌입했다. 순치 14년 3월에 순치제는 절민 총독, 순무, 총병관 등에게 더 볼 것 없이 반드시 이 역적을 토멸해 국법을 밝힐 것을 강력히 지시했다.[59] 이에 순치 14년 9월에 총독 이솔태가 병력을 보내 복주 연해의 민안진(閩安鎭)을 회복하니 그곳의 대소 관원 100여 명이 청에 투항했다.[60] 또한 이솔태는 복녕주의 방비를 강화하기 위해 12월에 그곳에 총병관 한 명을 두고 천주진표병 1,000명을 복녕진표의 통할 아래 통합시켰으며,[61] 15년 3월에는

57) 《世祖實錄》 卷102, 15a~b, 793쪽, 順治 13年 7月 庚戌·卷103, 7a, 800쪽, 順治 13年 8月 壬辰·卷103, 9a, 801쪽, 順治 13年 8月 丙申·103, 18b~19a, 806쪽, 順治 13年 9月 乙丑 ; 《聖祖實錄》 卷22, 6b, 305쪽, 康熙 6年 閏6月 己酉 ; 同治重刊 《福建通志》 卷268, 〈國朝外紀〉, 17b~18a쪽 ; 乾隆 《龍溪縣志》 卷20, 〈紀兵〉, 12b~13a, 301~302쪽. 황오(黃梧)의 투항은 청조에 매우 고무적인 사건이었다. 청조는 황오를 해징공(海澄公)으로 봉해 우대했으며, 그가 죽은 후에도 계속 그 작위를 세습시켜 그의 후손들의 충성을 독려했다. 그 결과 황오와 그의 후계자의 활동이 정성공에게 큰 타격을 주었다. 강희 6년에는 황오의 후손에게 1등공(公), 12차(次)의 세습이 허락되었다.

58) 《世祖實錄》 卷103, 18b, 806쪽, 順治 13年 9月 癸亥·卷106, 6b~8a, 826~827쪽, 順治 14年 正月 乙卯 ; 同治重刊 《福建通志》 卷268, 〈國朝外紀〉, 17b~18a ; 乾隆 《龍溪縣志》 卷20, 〈紀兵〉, 12b~13a, 301~302쪽.

59) 《世祖實錄》 卷108, 14a~b, 850쪽, 順治 14年 3月 乙丑.

60) 《世祖實錄》 卷111, 15a, 874쪽, 順治 14年 9月 丙寅 ; 同治重刊 《福建通志》 卷268, 國朝外紀, 19b쪽. 《복건통지》에는 10월로 되어 있으나 여기서는 실록에 따라 9월로 썼다.

61) 《世祖實錄》 卷113, 8b, 885쪽, 順治 14年 12月 丁丑.

직예(直隷)·산동 등 5성(省)의 관병 1만 명을 가족과 함께 절강 연해에 주둔시켰고,[62] 7월에는 절강과 복건에 각각 총독을 두어 두 성의 군대를 효율적으로 통할할 수 있게 했다.[63] 이런 이솔태의 적극적인 초무와 토벌 활동으로 인해 순치 15년 정월에 정성공의 도독 당방걸(唐邦杰), 부장 임충(林翀), 섭록(葉祿) 등이 청에 투항했고, 9월에는 항복했다가 다시 반란을 일으킨 진빈(陳斌), 노겸(盧謙)이 참수를 당했다.[64]

정성공은 세력을 만회하기 위해 청군의 주력이 주둔하고 있던 천주를 피해 복주 이북과 보전(莆田), 조안 등을 공격했다. 예컨대 순치 13년 8월에 세자 제도와 총독 이솔태가 천주에 있는 틈을 타 수십만을 동원해 민안진 등을 공격하고 9월에 절강 도서를 공격하는 한편 보전, 조안 등도 공격했다.[65] 그러나 총독 이솔태의 적극적인 초무와 토벌 활동 때문에 정성공은 세력 확대에 성공하지 못했다. 또 정성공은 영력제에 대한 청조의 공격을 견제하기 위해 순치 15년과 16년에 두 차례 절강과 강남을 공격했으나, 순치 16년 9월의 강남 공격의 실패로 정예 부대를 상실했다. 이에 그는 연해 지역 거민으로 군대를 보충해 하문으로 돌아왔지만 부하들 중 다수가 산속으로 흩어져 향촌을 겁략하는 도적이 되는 등[66] 그의 세력은 크게 위축되었다. 반면에 청조는 순치 16년에 광동 요평총병 오육기(吳六奇)가 정성공과 연합하려던 조안적(詔安賊) 강경용(江警庸)을 비롯하여 많은 토적들도 평정했다.

청조는 이런 승세를 타고 순치 17년 5월에 정성공의 근거지인 하문을 공격했으나 실패해 1만의 병력을 잃는 등 막대한 피해를 입었고, 장군 달소(達素)는 복주로 귀환하여 자살했다.[67] 정성공은 순치 17년 7월에 보전현 황석향(黃石鄕) 등을 침

62) 《世祖實錄》卷116, 14a~b, 902쪽, 順治 15年 3月 壬戌.

63) 《世祖實錄》卷119, 7a~b, 925쪽, 順治 15年 7月 己未.

64) 同治重刊 《福建通志》卷268, 〈國朝外紀〉, 20a쪽.

65) 《世祖實錄》卷103, 8a, 801쪽, 順治 13年 8月 癸巳·卷103, 14b, 804쪽, 順治 13年 9月 乙巳 ; 同治重刊《福建通志》卷268, 〈國朝外紀〉, 18b~20a쪽.

66) 同治重刊《福建通志》卷268, 〈國朝外紀〉, 20b쪽 ; 康熙《漳浦縣志》卷11, 〈兵防志·崔符〉, 797~798쪽.

67) 同治重刊《福建通志》卷268, 〈國朝外紀〉, 20b~21a쪽; 張習孔·田珏 主編,《中國歷史大事編年》(北京 : 北京出

범했다가 3일 만에 물러나는 등 세력이 약화되기는 했으나 아직 쉽게 섬멸될 정도
는 아니었다.[68] 이에 청조는 도통 나탁(羅託)을 안남장군으로 삼아 지휘부를 개편
하고 광동에 있던 정남왕 경계무(耿繼茂)를 복건으로 옮겨 주둔시켜 군사력을 보
강하는 한편 기왕의 해금보다 훨씬 강력한 조치인 천계령을 실시했다.

4. 보정(輔政) 체제, 반(反)정성공 인사, 그리고 천계령

천계령은 해상 세력에 대항하기 위한 견벽청야(堅壁淸野) 정책이다. 청조는 이
미 순치 14년(1657)에 정성공이 공격할 경우 주산을 지킬 수 없다는 이유로 그곳
주민을 바다 건너 육지로 옮긴 일이 있었다. 주민들이 생활 터전을 포기해야 했고
바다로 내몰린 주민들 중에서 많은 익사자가 발생하는 등 헤아릴 수 없이 피해가
컸지만 결국 그 땅은 비워졌다.[69] 또 복건에서는, 순치 17년(1660) 5월에 청조의
하문 공략이 큰 피해를 입고 실패하자 같은 해 9월에 총독 이솔태가 동안현 배두
(排頭), 해징현 방전(方田)의 연해 지역 거주민 88보(堡) 및 해징의 변경 지역 인민
을 모두 내지로 옮겨 정착시켰다.[70] 이것은 훗날 실시된 전면적인 천계령의 선례
라고 할 수 있다.

순치 17년 5월의 하문 공략이 실패한 후 청조 중앙에서는 천계와 유사한 해금
강화책이 거론되었다. 예컨대 순치 17년 6월에 계진의(季振宜)는 정성공 세력과의
접촉 및 물자 공급을 차단해 그들의 기반을 제거한 후 정벌해야 한다고 다음과 같
이 주장했다. "역적 정성공의 유혼(遊魂)은 복건, 절강, 강남 세 성의 큰 근심거리

版社, 1987) 第5卷, 41쪽.

68) 同治重刊《福建通志》卷268, 〈國朝外紀〉, 21a쪽.

69) 黃宗羲, 《行朝錄》〔黃宗羲全集 第2冊(杭州 : 浙江古籍出版社, 1986)〕卷7, 〈舟山興廢〉, 179쪽 ; 謝國楨, 《明淸之
際黨社運動考》, 242쪽.

70) 《世祖實錄》 卷140, 4a, 1,081쪽, 順治 17年 9月 癸亥 ; 民國《同安縣志》卷3, 〈大事記〉, 4a, 81쪽 ; 蔣良騏 撰,
《東華錄》(濟南 : 齊魯書社, 2005), 122쪽, 順治17年9月.

다. 지금 조정의 군대가 복건에 들어가 그 소굴을 공략했다. 대저 저들의 소굴은 단지 하문과 주산 등만이 아니며 배 또한 저들의 소굴이다. 먼저 복건, 절강, 강남을 견고히 지킨 후 저들을 정벌해 초멸해야 한다. 복건의 장주·천주·홍화·복주, 절강의 온주(溫州)·태주(台州)·영파(寧波)·항주(杭州)·가흥(嘉興), 강남의 숭명·강음(江陰)·통주(通州)·진강(鎭江) 13처에 총독, 순무, 제독, 진수, 도통, 장경을 이용해 각각 관소를 설치하고 날랜 병사를 두어 중진으로 삼으며 세 성의 병사로 하여금 서로 협력해 정씨 일당의 공격을 막게 하면, 저들은 약탈해도 소득이 없게 되니 우리는 가만히 앉아서 그들이 죽기를 기다릴 수 있을 것이다."[71] 또 순치 17년에 왕명악도 청군이 해전에 익숙하지 못하다는 이유로 항구를 막아 정씨 세력과의 접촉 및 물자 공급을 차단하는 방법을 쓰자고 제안했다. 또 황제가 정남왕을 복건으로 이동 배치하라고 명하는 것을 보고 올린 '해상 세력을 평정하는 네 가지 대책(靖海四策)'에서도 왕명악은 정씨 세력과의 접촉 및 물자 공급 노선, 그리고 그들이 필요로 하는 물품에 대해 명확히 인식할 것을 강조했다.[72] 이상과 같은 해금 강화 및 강제 이주 조치에 대해 여진(余縉)은 전면적인 천계가 아니라도 목적을 이룰 수 있다며 강력히 반대했지만[73] 그의 뜻은 수용되지 않은 것으로 보인다.

강희제(康熙帝) 등극 후인 순치 18년(1661) 8월에 연해 지역 거민을 내지로 이주시키고 해금을 엄격히 하라는 이른바 천계령이 하달되었다. 이 금령의 내용은 자료에 따라 다소 차이가 있으나《청회전사례(淸會典事例)》에 따르면 복건, 절강, 강남 3성의 연해 지역에 출입을 금하는 경계를 만든다는 것, 이 금령을 어기고 경계 너머로 나가서 무역을 하거나 집을 짓고 살거나 농사를 짓는 사람은 관민을 불문하고 모두 통적죄(通賊罪)를 적용해 참형에 처하고 그의 화물(貨物)과 가산(家産)을 모두 고발자에게 준다는 것, 제대로 감독하지 못한 문무 관원을 모두 파직

---

71)《世祖實錄》卷136, 3a~b, 1,048쪽, 順治 17年 6月 乙酉.
72)《碑傳集》卷52,〈王命岳傳〉, 1,486~1,490쪽 ;《淸史稿》卷138, 4,113쪽.
73)《淸史稿》卷282,〈余縉〉, 10,176쪽.

하고 무거운 죄로 처벌한다는 것, 지방(地方)[지보(地保), 곧 보갑제의 보장(保長)] 및 보갑 책임자로서 이를 고발하지 않은 자는 교살형에 처한다는 것, 그리고 이 금령을 어기고 해외로 나간 사람이 어디로 나갔는지 조사해 그곳을 지켰던 관병 중에서 그 사실을 알았던 사람은 함께 모의한 죄로 즉시 참형에 처하고 몰랐던 사람도 무거운 죄로 처벌한다는 것이었다.[74]

천계령이 순치 18년에 내려진 데는 청조 중앙의 변화가 크게 작용했던 것으로 보인다. 당시는 강희제 즉위 후 전권을 장악하고 있던 오배(鰲拜) 등 네 보정대신 (輔政大臣)의 보정(輔政) 시기로서 이들은 청대 최강수의 신사 탄압책을 발동하고, 만주족의 통치 방식을 회복하려고 했다.[75] 바로 이때 여러 보정대신이 '복건 지역 에서 매년 군사를 동원하고 막대한 전량을 소모했음에도 하문과 금문이 아직 평 정되지 않은 까닭이 무엇인가' 하면서 총독 이솔태와 병부상서 소납해(蘇納海)를 엄히 질책해 달라고 황제에게 요청했다.[76] 이에 정성공 진압의 최전선에 있던 이 솔태와 소납해는 천계령이라는 극단적인 조치가 많은 문제를 안고 있음을 알았으 면서도 천계령을 받아들이지 않을 수 없었을 것으로 추정된다.[77]

---

74) 同治重刊《福建通志》卷268, 〈國朝外紀〉, 22a ; 《清會典事例》卷776, 刑部 54, 〈兵律關津, 違禁下海〉, 524쪽. 천 계 대상 지역은 자료마다 조금씩 다르게 기록되어 있는데, 복건 · 절강 · 강남이라고도 하고(《清會典事例》), 산동 (山東) · 강남 · 절강 · 복건 · 광동이라고도 하며(民國《同安縣志》卷27, 〈思明州人物錄 · 延平郡王鄭成功〉, 8b~ 9a, 834~835쪽), 복건 · 광동 · 절강 · 강남이라고도 한다(《聖祖實錄》卷4, 10b, 91쪽, 順治 18年 8月 己未). 하지 만 후술하는 바와 같이 복건과 광동이 중심이었고, 피해가 가장 컸던 곳이 민남(閩南) 일대였음은 분명하다.

75) Robert B. Oxnam, *Ruling From Horseback : Manchu Politics in the Oboi Regency, 1661~1669*(Chicago : Univ. of Chicago Press, 1970) ; 오금성, 〈順治親政期의 清朝權力과 江南紳士〉; 鄭天挺 主編, 《清史》上(天津 : 天津人 民出版社, 1989), 254~261쪽.

76) 江日昇, 《臺灣外紀》(福州 : 福建人民出版社, 1983) 卷5, 164쪽, 順治 18年.

77) 《聖祖實錄》卷18, 6a~b, 271쪽, 康熙 5年 正月 丁未 ; 《清史稿》卷273, 〈李率泰傳〉, 10,029~10,030쪽 ; 《聖祖 實錄》卷27, 16a, 398쪽, 康熙 7年 11月 戊申 ; 《清史稿》卷256, 〈周有德〉, 9,798쪽 ; 《清史列傳》卷7, 〈周有德〉, 443 쪽 ; 《莆變紀事》, 23~25쪽. 이미 강희 4년에 광동순무로 부임한 왕래임(王來任)이 현안 중 "천계령으로 발생한 이민들"의 해악에 대한 문제를 상주했으나 주목받지 못했다(鷹取田一郎, 〈臺灣에及보하는 遷界移民의 影響〉, 154 ~155쪽). 그 후 강희 5년에 이솔태가, 강희 7년에 양광총독(兩廣總督) 주유덕(周有德)이 천계령의 해제를 상주 했고, 강희제가 친정(親政)하면서 이를 적극적으로 추진하게 되었다. 그러므로 천계령을 실시하는 당사자들도 천계령의 문제점을 잘 인식하고 있었음을 알 수 있다.

천계의 피해가 극심할 것임은 불문가지의 사실이었으므로 이에 대한 반대 의견도 적지 않았다. 예컨대 호광도어사 이지방(李芝芳)은, 천계는 적을 피해 도망하는 행위라는 점, 적을 피하는 것은 천조(天朝)의 체통에 관한 문제라는 점, 천계로 인해 연해 지역 주민이 적에게 넘어가버릴 것이라는 점, 마구잡이식 강제 이주로 많은 민폐가 생긴다는 점, 토지가 부족해지고 천계민이 도적 떼가 될 것이라는 점, 국가가 연해 지역 다섯 성의 백성을 버리는 셈이라는 점, 어염(魚鹽)과 토산(土産)을 포기해야 한다는 점, 내지의 방어에 불리하다는 점 등을 들어 반대했다.[78] 이런 주장은 천계령 실시 후의 여러 실제 상황과 일치하는 것으로, 대체로 정확한 견해였다. 그러나 황양(黃暘)[79]이 상주문을 만들어 올리려 했으나 당국자의 저지를 받아서 올리지 못한 사례[80]로 보아 실제로 이러한 상주문이 중앙에 전달되는 경우는 적었을 것이다. 또 보정 체제하에서 천계령에 반대하는 사람들은 여러 가지 불이익을 당하기도 했으므로 반대는 매우 제한적이었을 것으로 보이며, 이는 결국 겉으로 드러나지 않은 훨씬 많은 반대가 있었다는 이야기가 될 수 있다. 결국 많은 피해가 예상됨에도 불구하고 천계령이 실시될 수 있었던 데에는 전시라는 특수 상황과 청조 중앙의 초강경 분위기가 한몫했다고 생각된다.

그런데 천계령 실시를 주장한 사람들이 정성공과 적대적 관계에 있던 인사들이었음을 주목할 필요가 있다. 천계령 실시를 주장한 대표적 인물은 방성화·방성환(房星煥) 형제, 황오, 소납해, 시랑, 장운장(張雲章) 등이다.[81] 당시 병부상서였

---

78) 《臺灣外紀》卷5, 165~167쪽, 順治17年 6月 19日條. 연해 지역 5성 가운데 산동, 강소, 절강에서 천계령의 피해가 적었던 것은 산동 출신의 이지방(李芝芳)의 항의 때문이었을 것으로 추정되지만(鷹取田一郎,〈臺灣に及ぼしたる遷界移民の影響〉), 무엇보다 정성공의 활동 중심지에서 벗어났기 때문일 것이다. 반면에 정성공 활동의 중심지인 천주, 장주와 그 옆의 흥화부(興化府)는 최대의 피해지였다. 《榕城紀聞》, 49~50쪽.

79) 장포현(漳浦縣) 십칠도(十七都) 사람으로서, 순치 16년에 진사에 급제하였다.

80) 康熙《漳浦縣志》卷15, 人物志 上, 黃暘, 1,168쪽.

81) 蕭國健, 《淸初遷界前後香港之社會變遷》, 95~103쪽 ; 顧誠, 《南明史》. 천계를 최초로 건의한 사람에 대하여 소국건(蕭國健), 소매방(蘇梅芳)은 황오라고 보고, 고성(顧誠)은 방성엽(房星葉)·방성환(房星煥) 형제라고 보았다. 여기서 방성엽은 곧 장주지부(漳州知府) 방성화(房星華)를 가리킨다. 방성화는 여러 사료에서 다양한 한자의 '방성엽(房星葉, 房星燁, 房星曄)'으로 나타나기도 하나 이 글에서는 《明淸史料》己編, 第6本, 567a, 1,185

던 소납해는 정씨 세력 진압의 공식적인 책임자였다는 점에서 거론되는 것이 당연하지만, "조정은 대사마 소납해에게 변계(邊界)를 안정시키라고 명했다" 또는 "조정은 호부상서 소납해로 하여금 복건에 가서 해변 거민들을 내지로 이주시키게 했다" 등과 같은 기록[82]으로 보아 주창자는 아니었다. 오히려 주창자는 비공식적인 위치에서 천계령을 제시한 인물들이었으며, 이들은 모두 지역적으로나 개인적으로 정성공과 갈등, 원한 관계에 있었다.

천계령과 관련해 가장 주목되는 사람은 정성공 부장 출신인 황오다. 그가 '해상 세력을 평정하는 다섯 가지 계책[平海五策]' 또는 '적을 멸하는 다섯 가지 계책[滅賊五策]'을 통해 천계령을 발의한 인물이라는 것이 정설이다. 그의 '해상 세력을 평정하는 다섯 가지 계책'을 비교적 자세히 기록하고 있는 《대만외기(臺灣外紀)》에 따르면 이 계책은 다음과 같다.[83] ① 산동, 강남, 절강, 복건, 광동 연해 지역의 거민을 모두 내지로 이주시킨 뒤 그곳에 변계를 세우고 군대를 주둔시켜 그곳을 지키게 할 것. ② 연해 지역 선척을 모두 불태우고 나무판자 하나도 바다로 나가지 못하게 할 것. ③ 정성공이 그의 아비 정지룡과 소식을 통하지 못하도록 막을 것. ④ 정성공 조상의 분묘를 모두 파괴할 것. ⑤ 투항한 관병을 각 성에 이주시켜 황무지를 개간하게 할 것. 이 계책의 내용은 자료에 따라 차이가 있다. 예컨대 《광양잡기(廣陽雜記)》는 주민 이주와 정씨 조상 분묘의 파괴 이외에도 정성공 오대상(五大商)[84]의 색출과 처벌로 정성공의 경제적 기반을 파괴할 것, 육지의 정성공의

쪽, 〈福建總督殘件〉에 따라 방성화로 통일하며, 방성환 역시 방성요(房星燿)로 쓰인 사료가 있으나 편의상 방성환으로 통일한다.

82) 施琅, 《靖海紀事》(臺灣文獻叢刊), 〈襄壯公傳〉, 27쪽 ; 彭孫貽, 《靖海志》(臺灣文獻叢刊), 59쪽.

83) 《臺灣外紀》卷5, 164~165쪽, 〈해징공 황오가 몰래 올린 적을 멸하는 다섯 가지 계책〉.

84) 정성공의 비밀 무역 조직으로 산로오대상(山路五大商, 金, 木, 水, 火, 土 5개)과 해로오대상(海路五大商, 仁, 義, 禮, 智, 信 5개. 각 字號는 12척 소유)이 있다. 산로오대상은 정씨 자본을 받아 육지에서 수출입 화물의 매매를 담당하였으며 북경, 소주, 항주, 산동 등에 설치되었으며, 해로오대상은 정씨의 배와 화물을 해외에 판매하는 해상 상인으로 하문에 설치되어 있었다. 오대상은 정성공의 항청 투쟁의 진퇴에 따라서 수시로 변하였으며, 무역 활동을 통한 물자 확보뿐 아니라 청군의 동향을 탐지하는 정보 수집 기능도 하였다. 聶德寧, 〈明清之際鄭氏集團海上貿易的組織與管理〉, 方友義 主編, 《鄭成功研究》(厦門 : 厦門大學出版社, 1994), 328~332쪽 ; 田中克己,

재산을 색출해 몰수할 것, 작은 배를 이용해 하문을 공격할 것을 계책으로 들고 있는데, "황제께서는 그 대책이 타당하다고 여겼으나 다만 천계 한 항목은 행하지 않으셨다"라는 말로 보아 주민을 연해 지역에서 몰아내는 것 이외의 사항은 바로 실행된 것으로 보인다.[85] 또한《소전기년(小腆紀年)》,《성무기(聖武記)》,《복건통지(福建通志)》,《종정관법록(從政觀法錄)》은 '연해 지역에 군을 주둔시켜 민간인이 해안에 오가는 것을 막고, 작은 배를 만들어 하문 공격을 도모하고, 반도(叛徒)의 재산을 몰수해 투항자에게 주고, 간사한 상인을 제거해 정씨 세력에 대한 접촉과 물자 제공을 끊고, 정씨 일족의 분묘를 없애 뭇 사람의 분노를 풀어주는 것'을 들고 있다. 그 밖에도《동남기사(東南紀事)》,《해기집요(海紀輯要)》,《민해기요(閩海紀要)》,《정해지(靖海志)》는 '정씨 조상의 분묘를 파버리고, 정씨의 친척들을 죽이고, 오대상을 색출해 몰수하고, 해안 경계선을 내륙으로 옮기는 것'을 들고 있다.[86]

이렇게 내용이 일치하지 않는 것은, 황오의 상주가 몇 차례 있었는데 각 자료의 편찬자가 혼동한 탓이거나, 기왕의 주장을 황오가 종합적으로 다시 상주한 탓이라고 추정할 수 있다. 즉, 첫째, 정씨 재산의 조사와 몰수에 대해 말하자면, 황오가 투항하기 전인 순치 13년 4월 29일에 복건순안어사 주극간이 정씨의 가산을 몰수해 군향으로 쓰도록 하는 제본〔題本, 공용 상주문. 개인적인 상주문은 주본(奏本)이라고 함〕을 올린 바 있으며,[87] 실제로 14년에는 복건순무 유한조(劉漢祚)가 정씨 가산의 조사를 행한 바 있다.[88] 물론 황오가 정씨 세력의 내부 사정을 비교적 잘 알고 있었다는 점에서 조사의 정확성이 높아졌을 것임은 의심의 여지가 없다.

〈遷界令と五大商〉, 12~14쪽.

85) 劉獻廷,《廣陽雜記》(北京 : 中華書局, 1957/1985), 159~160쪽.

86) 蘇梅芳,〈淸初遷界事件之硏究〉, 375~376쪽 ; 朱方增 撰,《從政觀法錄》卷4,〈海澄公黃梧〉, 18a~19a ; 魏源,《聖武記》(北京 : 中華書局, 1984) 卷8,〈國初東南靖海記〉, 332쪽 ; 邵廷宋,《東南紀事》(上海 : 上海書店, 1982) 卷11,〈鄭成功(上)〉, 291쪽 ; 彭孫貽,《靖海志》, 36쪽.

87) 廈門大學臺灣硏究所·中國第一歷史檔案館編輯部 主編, 中國第一歷史檔案館 滿文部 選譯,《鄭成功滿文檔案史料選譯》(福州 : 福建人民出版社, 1987), 245쪽,〈朱克簡題爲淸査鄭氏家産以資軍餉事本〉.

88)《明淸史料》己編, 第4本, 385a, 795쪽,〈福建巡撫劉漢祚題本殘片〉.

청 초 복건 사회와 천계령 실시 169

둘째, 오대상에 대해 말하자면, 오대상에 대한 조사가 주로 황오의 주장에 근거해 이루어진 것은 사실이지만, 순치 15년 10월에 복건순안어사 성성(成性)이 오대상 요복(廖福) 등에 대해 심문한 문건과 오대상 증정로(曾定老) 등이 정성공과 사통한 사건에 대한 일부 문건이 남아 있는 것으로[89] 보아 순치 15년 이전에 오대상 문제가 제기되었다고 할 수 있다. 셋째, 정지룡을 처단해 정성공과 서로 연락하지 못하게 하는 것에 대해 말하자면, 이미《세조실록(世祖實錄)》에서 이 계책을 건의한 것이 순치 14년 3월 이전의 일임을 분명히 한 바 있으므로[90] 황오가 투항한 지 오래지 않아서 이 계책을 건의했음을 알 수 있다. 넷째, 정씨 세력과의 접촉 및 물자 공급을 차단하는 것에 대해 말하자면, 앞에서 서술한 바와 같이 많은 인사들이 주장한 바이며, 황오도 순치 14년 3월 이전에 이미 이 계책을 제시했다.[91] 이상의 사실로 보아 '해상 세력을 평정하는 다섯 가지 계책'의 내용이 정확히 언제 제시되었는지는 불분명하지만 황오의 투항 이래 일련의 정성공 토멸 주장이 종합된 것이라고 할 수 있다.[92] 또 당안(檔案)이나 실록에서까지 이 계책이 제시된 시기가 명확하게 확인되지 않는 것은 사료 편찬자가 자의적으로 사료를 정리하고 개별적 자료에 의지한 결과가 아닌가 생각된다. 그러나 사료에 따라 이 계책의 제시 시기와 내용에 차이가 있긴 하지만, 많은 사료에서 황오와 천계를 관련지어 서술하고 있다는 점에서 천계와 황오의 관련성을 부정할 수 없을 것이다.

그러면 황오가 정성공 토멸의 선봉이 된 이유는 무엇일까? 천계령의 목표가 정성공의 섬멸이었음은 말할 필요도 없지만, 해상 세력의 섬멸과 연해 지역의 파괴,

---

89)《明清史料》己編, 第5本, 426b~438b, 898~902쪽,〈福建巡按成性殘揭帖〉;《明清史料》丁編, 第3本, 215쪽,〈爲五大商曾定老等私通鄭成功事殘件〉.

90)《世祖實錄》卷108, 840쪽, 順治 14年 3月 丙寅.

91)《明清史料》己編, 第4本, 394a~b, 813~814쪽,〈浙閩總督殘揭帖〉.

92) 맹소신(孟昭信)은 그의 저서《강희대제전전(康熙大帝全傳)》(長春 : 吉林文史出版社, 1987),《강희제(康熙帝)》(長春 : 吉林文史出版社, 1993), 그리고《강희평전(康熙評傳)》(南京 : 南京大學出版社, 1998)에서 황오가 '적을 멸하는 다섯 가지 계책(滅賊五策)'을 순치 18년 6월에 몰래 올렸다고 했는데, 그가 제시한 이 '순치 18년 6월'이라는 시기는《광양잡기(廣陽雜記)》등과 비교하면 이론의 여지가 있는 것이며, 그럼에도 그는 시기를 이렇게 잡은 것에 대해 명확한 근거를 제시하고 있지 않다.

그리고 정성공 조상 분묘의 파괴 등에서 황오의 정성공에 대한 강한 적개심을 엿볼 수 있다. 황오는 정성공을 배반하여 정성공의 군량과 병기 등을 비축하고 있던 해징성을 가지고 청에 투항했다. 이에 정성공은 황오의 할아버지와 아버지의 묘를 파헤치는 것으로 복수했고, 그러자 황오는 정성공에게 같은 방법으로 복수하였다. 이로써 서로의 적개심은 더욱 깊어졌을 것이다. 특히 정성공은 자신의 세 가지 큰 원한(三大恨) 중에서 두 가지가 황오로 말미암은 것이라 했고, 이렇게 상호 복수의 악순환이 계속되는 가운데 반드시 "먼저 황오의 시체를 찢어버리겠다"라고 맹세했다.[93] 그러므로 황오에 대한 정성공의 적개심과 복수욕은 황오가 염려하지 않을 수 없는 현실적 위협이었을 것이다.

황오가 정성공 섬멸에 적극적이었던 또 다른 이유로 자기 종족(宗族)의 안위에 대한 불안감을 들 수 있다. 정성공의 군법은 엄격해서 한 사람만 청조에 투항해도 그의 종족 전체를 주멸했으므로, 당시 정성공의 많은 부하들은 자신이 다른 곳에 있더라도 쉽게 청에 투항할 수 없었다.[94] 그런데 황오는 장주부 평화현의 조예(皂隸) 출신으로 지현(知縣)을 죽이고 정성공에게 투항해 그의 부장이 되었다가, 전략적 실수와 이에 대한 처벌이 두려워 다시 정성공을 배신하고 청조에 투항했으며, 이후 해징공에 봉해져 죽을 때까지 장주에 거주하면서 정성공 섬멸에 앞장섰다. 장주는 연해 지역에서 멀지 않을 뿐만 아니라 순치 12년에 오랫동안 정씨 세력에 포위되었다가 함락되어 많은 사람이 죽기도 한 곳이었으며, 평화현 역시 수차례 정씨 세력에 함락된 곳이었다. 황오의 일족은 이 평화현성에서 70리 떨어진 소령사(霄嶺社)[95]에서 조상 대대로 거주했다. 《평화현지(平和縣志)》에는 이곳이 황오의 '황(黃)'씨 일족이 단독으로 소령보(霄嶺堡)라는 토보(土堡, 작은 성채와 같은 공동 주택)를 가지고 있는 곳이며 "해징공의 고향"이라고 명시돼 있다.[96] 강희

---

93) 匪石, 《鄭成功傳》(臺灣文獻叢刊), 103~104쪽.
94) 《廣陽雜記》, 58쪽에는 "정성공의 군법에, 무릇 한 사람이 청에 투항하면 그 종족(宗族)을 반드시 모두 주살하기 때문이다"라고 적혀 있다.
95) 평화현 신안리(新安里) 2도(圖=圖), 즉 고갱약(高坑約)에 있음.

말에 평화현에 황씨의 토보가 11개 있었던 것으로 보아 그곳에 황씨가 많았음을 알 수 있다. 그러므로 정성공을 배신한 황오에게는 자신의 안위뿐만 아니라 자기 종족의 안위 역시 초미의 관심사였으며, 자신과 자기 종족의 안위는 정성공 세력이 섬멸될 때 비로소 확보될 수 있을 터였다. 강희 14년 6월에 정경(鄭經)의 공격으로 해징공의 통치 중심인 장주부성이 함락되었을 때 많은 황씨 일족 사람들이 사망한 것[97]도 황씨 종족이 집단적으로 정씨 세력에 대응하지 않을 수 없었던 현실을 엿보게 한다.

이에 황오는 청에 투항할 때부터 총독 이솔태와 밀접한 관계를 맺고 적극적으로 정성공 초멸에 앞장섰으며, 정성공을 섬멸할 수 있는 여러 계책을 건의하고 실천했다. 황오는 순치 14년 정월에 총독 이솔태에게 비밀 건의서를 올려 정성공과 여러 진(鎭)의 실상, 정지룡을 죽여 화근을 끊어야 하는 이유 등을 제시했다.[98] 이러한 사실에 대하여 《세조실록》 순치 14년 3월 23일조에는 이전에 해징공 황오가 건의문을 올렸는데, 정지룡을 처단해 정성공과 단절시킴으로써 정씨 세력이 장주, 천주의 인심을 미혹하지 못하게 해야 한다는 내용이었다고 기록하였다.[99] 그리고 3월 24일조에는 해징공 황오가 총독, 순무, 제독이 연해 지역의 해상 방어와 관련된 업무에 대해 본인과 상의할 것, 평시의 정씨들과의 접촉 및 그들에 대한 물자 공급을 엄금할 것, 정지룡과 정성공이 서로 소식을 통하지 못하게 할 것을 제안했다고 기록하였다.[100] 이러한 황오의 건의는 황제나 총독 이솔태 등에게 어떤 형태로든 영향을 미쳤다고 생각된다. 예컨대 《세조실록》 순치 14년 3월 22일조에 황제는 정지룡을 옥에 가두어두고 아직 죽이지 않은 것은 정성공을 회유하려는 뜻일 뿐이므로 이에 관계없이 반드시 정성공을 섬멸하라고 총독, 순무, 총병관

---

96) 康熙 《平和縣志》 卷2, 〈建置·土堡〉, 57쪽.
97) 翁國樑, 《漳州史蹟》(台北 : 文海出版社, 1971), 6쪽.
98) 《明淸史料》 己編, 第4本, 394a~b, 813~814쪽, 〈浙閩總督殘揭帖〉.
99) 《世祖實錄》 卷108, 14b~15a, 850쪽, 順治 14年 3月 丙寅.
100) 《世祖實錄》 卷108, 15b~16a, 850~851쪽, 順治 14年 3月 丁卯.

에게 분부했다.[101] 또 동년 8월 5일조에는 이전에 복건총독 이솔태도 황오와 비슷하게 "정지룡을 하루 동안 죽이지 않으면 정성공의 마음도 하루 동안 죽지 않으며, 많은 역도들의 마음도 관망할 뿐 정해지지 않을 것"이라며 정지룡을 죽여야 적도들의 투항도 촉진된다고 말했다.[102] 그 밖에도 황오는 민안진 전투에 적극적으로 참여해 공을 세웠고 정성공 부하들을 투항시키는 데 노력을 아끼지 않았다. 이런 사실도 정성공으로 하여금 청에 투항한 사람들 가운데 가장 악질적인 배반자로 황오를 지목하게 만든 것이라고 할 수 있다.

황오는 또 반(反)정성공 인사들과 적극적으로 연계하고 결집했다. 대표적으로 총독 이솔태와 긴밀한 관계를 유지했고 또 그에게 시랑(施琅)을 추천해 정성공 토벌의 전면에 세웠다. 예컨대 《청사고(清史稿)》의 〈황오전(黃梧傳)〉에는, "황오는 이솔태에게 시랑을 추천하고 해금을 청했으며 아울러 적을 멸하는 다섯 가지 계책을 조목조목 제시했다. 또 정성공의 아버지 정지룡을 속히 죽이라고 재촉했다. 이솔태가 이를 상주함으로써 시랑이 등용되고 정지룡도 죽임을 당했다. 해금을 엄히 하여 정씨 세력과의 접촉 및 물자 공급을 끊고, 병사를 해빈에 나누어 주둔시켜 정성공 군대의 상륙을 저지하고 전함을 증가시키고 군으로 하여금 해전을 익히게 하니 이 모든 것은 황오의 의견을 채용한 것이다"[103]고 말했다. 이러한 황오와 이솔태의 결합, 시랑의 천거와 등용 등은 당시 최대의 대립 관계에 있던 정성공 대 반정성공이라는 기본 축 위에서 이루어진 반정성공 인사의 결집이었을 뿐만 아니라 위기감을 느낀 황오가 현실적으로 선택할 수밖에 없는 대응책이기도 했다. 황오가 천계의 피해를 몰랐을 리 없지만, 정성공 세력의 특성을 가장 잘 알고 있던 그로서는 천계라는 극단적 조치를 취하지 않고는 빠른 시일 안에 정성공 세력을 괴멸시킬 수 없다는 것도 인식했을 것이다. 황오가 무리하게 천계를 밀고

---

101) 《世祖實錄》卷108, 14a~b, 850쪽, 順治 14年 3月 乙丑.

102) 《世祖實錄》卷111, 2b~3b, 867~868쪽, 順治 14年 8月 乙亥.

103) 《清史稿》卷261, 〈黃梧傳〉, 9,879~9,880쪽. 또한 조익(趙翼)은 황오의 건의로 만들어진 연해 지역의 포대(砲臺)가 건륭 연간에도 있었음을 지적한다. 趙翼, 《簷曝雜記》(北京 : 中華書局, 1982), 79쪽, 〈斷水禦海寇〉.

나간 것도 결국 그가 그만큼 정성공에게 심각한 위협을 느꼈음을 반증하는 것이라고 할 수 있다.

한편, 대만 정씨 정벌에서 최대의 공을 세운 시랑에게도 황오와 비슷한 점이 있었다. 시랑은 천주부 진강 사람으로, 그의 아버지가 정지룡의 부하로 활동했듯이 그는 정성공의 부하로 활동했다. 정성공과의 불화가 생기자 그는 달아나 청에 투항했고 이후 정성공 토멸에 참여하게 되었다. 그의 아버지 시대선(施大宣), 동생 시현(施顯), 그리고 아들이 모두 정성공에게 죽임을 당했으므로 정성공과 시랑은 서로 불공대천의 원수가 되었다.[104] 또한 진강은 연해 지역으로서 정성공의 공격을 피할 수 없었고 천주부성 역시 정성공에게 수차례 포위된 바 있다는 점에서 장주와 비슷했다. 그래서 시랑 역시 천계령 실시를 주장했는데, 《광양잡기》에 따르면 "황오가 천계령을 주장했으나 받아들여지지 않다가 시랑이 다시 천계령을 주장하자 비로소 천계령이 시행되었다"[105]고 했는데, 이로 미루어 천계령 실시에 시랑도 매우 중요한 역할을 했음을 알 수 있다.

그런데 시랑을 비롯해 해금을 주장한 왕명악(천주부 진강 사람), 정지룡을 청에 투항시킨 홍승주(洪承疇, 천주부 남안 사람), 천계령을 주장했다는 장운장(천주부 천주 사람) 등이 모두 정성공과 마찬가지로 천주 사람이었다는 사실이 흥미롭다. 즉 이들 천주부 사람들 가운데는 반청에 참여해 정성공을 중심으로 결집하거나 청조에 참여해 정성공 섬멸에 전력을 기울였던 예가 많았던 듯하다. 이는 사실상 천주부가 해상 세력인 정씨 일족의 기반인 안평(安平) 일대와 청조 참여자들의 기반인 천주부성으로 구분돼 있었던 것과 관련 있다. 그렇다면 어째서 이러한 지역적 구도가 이루어졌을까? 우선 정씨 세력의 근거지인 천주부 안평진(安平鎮)은 명

---

104) 晉江市地方志編纂委員會 編,《晉江市志》下(上海 : 上海三聯書店, 1994), 1,525쪽.《대만외기(臺灣外紀)》 등에서는 정성공 군대 내에서 시대선(施大宣)이 범한 잘못과 이에 대한 시랑(施琅)의 동조 및 정성공 부하의 살해, 그리고 이에 대한 정성공의 처벌이 언급되어 문제의 발단을 시랑 부자에게 돌리고 있다. 그러나《진강시지(晉江市志)》에는 시랑은 군율에 근거하여 정당하게 정성공 부하를 죽였지만, 소인배들의 참언과 정성공의 판단 착오로 말미암아 시랑을 체포하고 가족을 가두게 되었다는 전혀 다른 평가를 하고 있다.

105)《廣陽雜記》卷3, 159~160쪽.

대 후반기에 대표적인 해상 무역 본거지이자 해적들의 거점이었으며, 하문과 금문에 근접해 있는 장주부 해징현은 명 중기 이래 중요한 해상 무역 중심지였다. 반면에 천주는 상대적으로 해상 무역의 중심에서 멀어졌으나 오랜 역사와 문화, 그리고 많은 인물들을 배출한 지역으로서 경제적 측면뿐만 아니라 사회·문화적 측면에서도 선진 지역이었다. 그런데 안평이 해상 세력의 새로운 중심지가 되어 해외 무역의 중심지이자 경제적 중요 지역으로 부상하자[106] 천주는 안평에 대한 우월감에도 불구하고 현실적으로 군사력이나 경제력에서 밀리게 되었고, 이러한 배경에서 결국 두 지역 간의 갈등이 싹트기 시작했다고 볼 수 있다.

청의 북경 함락 직후에 정지룡을 중심으로 한 정씨 일족이 득세하였을 뿐만 아니라 그들이 천주에서 가혹하게 병향(兵餉)을 부과한 것도 천주인의 반감을 가중시키는 데 일조했을 것으로 보인다. 즉 당왕(唐王) 정권에서 호부시랑 하해(何楷)가 정지룡과 대립하다가 그에게 구타당하고 귀가 잘린 사건이 있었는데, 그 후 당왕 조정에서는 정지룡의 뜻을 거스르는 자가 없었고, 당왕조차 정지룡이 원하지 않는 일은 할 수가 없을 정도였다.[107] 또한 청의 군대가 천주에 도착하기 전에 정지표(鄭芝豹)는 먼저 천주성에 가서 성문을 잠그고 대대적으로 병향을 징수했는데, 향신(鄕紳)의 재산 정도를 헤아려 수탈하되 응하지 않는 자는 그 즉시 효수했다. 이에 저녁까지 수만 냥을 거두었으며, 화부(火夫) 5백 명을 준비하여 천주성 안의 관청과 문묘를 불태우려고 하였으나 다음 날 갑자기 청군이 들어온다는 소식을 듣고 안평으로 달아났다고 한다.[108] 이 과정에서 천주 사람들이 안평의 정씨

---

106) 천주와 안평(安平)의 사회 경제적 실태에 대해서는 다음과 같은 연구를 참조함. 李東華, 《泉州與我國中古的海上交通：九世紀末~十五世紀初》(台北：臺灣學生書局, 1986)；安海港史編寫組, 《安海港史研究》(福州：福建敎育出版社, 1989)；李玉昆·泉州歷史文化中心 編, 《泉州海外交通史略》(廈門：廈門大學出版社, 1995)；唐文基 主編, 《福建古代經濟史》(福州：福建敎育出版社, 1995)；林仁川, 《明末淸初私人海上貿易》(上海：華東師範大學出版社, 1987)；傅衣凌, 〈明代泉州安平商人史料輯補－讀李光縉《景璧集》, 何喬遠《鏡山全集》兩書札記〉, 《泉州文史》5(1981)〔傅衣凌, 《傅衣凌治史五十年文編》(廈門：廈門大學出版社, 1989)에 재수록〕.

107) 《榕城紀聞》, 6~7쪽；鄒漪, 《明季遺聞》(臺灣文獻叢刊) 卷4, 103쪽.

108) 《明季遺聞》卷4, 110쪽.

일족에 대해 부정적인 감정을 가졌으리라는 것은 헤아리기 어렵지 않다. 특히 장주 및 그곳 소속의 여러 현성이 주민들의 호응 속에 비교적 쉽게 정성공에게 함락된 것과는 대조적으로, 천주성은 정성공에게 몇 차례 포위되었지만 함락되지 않았으며 주민들의 내응도 미미하였던 데서도 그 일단을 엿볼 수 있다.

장주와 천주 사이의 지역적 갈등이나 거부감도 곳곳에서 확인할 수 있다. 예컨대 장주 출신 장수 남리(藍理)가 제독으로 천주에 주둔하며 시가지를 건설하는 등 공공사업을 했는데 천주 대성(大姓)들이 갖가지로 비방하고 정부 요로에 탄핵하였기 때문에 결국 관직과 재산을 잃고 말았다. 이 사실에 대하여 천주 쪽의 기록에서는 남리의 탐학을 지적하였지만, 그의 전기를 쓴 남정원(藍鼎元)은 남리가 제독으로 있는 동안 관병(官兵)은 불만이 없었으며 오히려 자신의 친척과 고향 사람들 중에서는 많은 원망을 살 정도로 공정했다고 지적했다.[109] 이러한 천주 사람들과 장주 사람들의 대립과 거부감은 대만에서도 계속되어 두 지역 사람들 사이의 계투는 유명하다. 이러한 지역적 대립은 해당 지역의 주민들을 결집시키는 힘이 되었으므로 청조도 이를 이용했다. 황오가 해징현을 바치며 투항하고자 할 때 평화현 사람 뢰옥(賴玉)을 총독 이솔태에게 보낸 것이나, 청조가 황오를 장주에 주둔시켜 정성공을 막게 한 것이 그 예라고 할 수 있다.

그럼에도 불구하고 청조의 북경 함락 직후에는 많은 천주 사람이 정씨 세력을 중심으로 반청 활동에 참여했다는 것은 주지의 사실이다. 이는 무엇보다 청의 북경 함락 직후, 즉 반청복명(反淸復明) 운동이 시작된 시기에는 '만주족 정권인 청'이라는 공동의 적이 명확한 상황에서 이 지역 사람들이 지리적 근접성에 따라 정성공을 중심으로 결합할 수 있었기 때문이었다. 그러나 시간이 지나면서 정씨 세력 내에서 정성공의 지휘 방침이나 방법, 처벌의 경중 등에 불만을 가진 자들이 나타나기 시작했고, 이로 인해 갈등이 증폭되기 시작했다. 순치 중반에 청조와 정

---

109) 中國第一歷史檔案館 編, 《康熙朝漢文硃批奏摺彙編》第3冊(北京 : 檔案出版社, 1985), 886~891쪽, 康熙 50年 11月 20日, 〈福建陸路提督楊琳奏摺〉;《碑傳集》卷15, 438~444쪽, 〈福建提督藍公理家傳〉.

성공의 화의가 결렬되고 청조의 회유 조치가 적극성을 띠게 되자 이러한 정씨 세력 내부의 갈등이 표면화되며 많은 투항자가 나타났고, 이 투항자들이 정성공 공격의 선봉이 된 것으로 보인다. 예컨대 《민해기요》에 나오는 순치 13년 6월의 황오의 투항에 대한 서술에 따르면, 정씨 세력의 게양(揭陽) 전투 실패와 소명의 처벌 이후 정씨 세력 내부의 분열상을 감지한 청군 측은 적극적으로 회유책을 실시했다. 특히 정성공을 해징공에 봉하려는 청의 회유책을 정성공이 받아들이지 않자 총독은 '이 해징공의 인수(印綬)를 국문(國門)에 걸어놓으면 어찌 저들 중에서 응하는 자가 없겠습니까'라는 상주를 올렸으며, 이것이 주효했다고 하였다.[110] 그러므로 순치 13년 황오의 투항은 정씨 세력의 내부적 붕괴가 본격화했음을 보여주는 좋은 징표라고 할 수 있다.

끝으로 방성화 · 방성환 형제는 많은 자료에서 천계를 건의한 인물로 언급되고 있다.[111] 방성화는 본래 북경의 술 가겟집 아들이었는데 어렸을 때 만주족에게 포로로 붙잡혀 어느 만주족의 종이 되었다. 후에 장춘(張春)[112]의 시종 노릇을 하게 되었으며, 장춘이 죽은 후 다시 옛 만주족 주인에게 소속되었다. 그리고 청의 북경 함락 후에 동생 성환을 만났고, 아마도 포로 시절에 배운 글쓰기 · 셈하기나 그 시절에 맺은 인연을 발판 삼아 장주 지부가 된 것으로 보인다. 그리고 방성환은 후보통판으로 형을 따라 장주에 갔다가 순치 11년의 장주성 함락 때 정씨에게 항복해 사명주(思明州), 즉 하문에 머물러 있었으며, 순치 17년에 청군 달소(達素)의

---

110) 夏琳, 《閩海紀要》(臺灣文獻叢刊), 17쪽.

111) 彭孫貽, 《靖海志》, 59쪽 ; 乾隆 《福州府志》(台北 : 成文出版社, 1967) 卷13, 〈海防〉, 50b, 334쪽 ; 乾隆 《龍溪縣志》卷20, 〈紀兵〉, 13a, 302쪽 ; 阮旻錫 《海上見聞錄》(臺灣文獻叢刊) 卷2, 39쪽 ; 王澐, 〈粵遊〉, 《筆記小說大觀》(揚州 : 江蘇黃陵古籍刻印社, 1984), 5b～6a쪽 등이 그러한 예다. 이하의 방성화 형제에 대한 서술은 이상의 자료를 근거로 했다.

112) 감군(監軍)으로 대릉하(大凌河)의 전투에 참여했다가 청의 포로가 되었다. 청 태종은 항복한 명의 장수 혹 운룡(黑雲龍) 등을 보내 다방면으로 설득하여 투항시키고자 하였으나 따르지 않았다. 청 태종은 명조에 대한 그의 지조를 높이 평가하여 라마사(喇嘛寺)에 집을 마련해주고 손님의 예로써 대우하고 '장대인(張大人)'이라고 불렀다. 방성화는 북경에서 그를 본 적이 있었던 것을 계기로 그의 종이 되어 시중들게 되었으며, 글과 계산도 배웠다. 王澐, 〈粵遊〉, 5b.

하문 공격을 틈타 북경으로 달아났다. 방성환의 옛 주인이 정씨 세력의 정황을 묻자 그는 정성공을 토멸할 수 있는 다음과 같은 계책을 내놓았다. "지금 연해 지역의 백성을 모두 내지로 옮기고 그 지역을 공터로 만든 뒤 경계를 설치하고 경계를 넘는 것을 엄격히 금지하며 이를 어기는 자를 사형시킵니다. 그러면 섬에 있는 굶주린 적도는 안으로는 지원이 끊어지고 대륙에 와봐야 약탈할 것이 없는 상황에 처하게 되니, 이는 마치 젖먹이에게 젖을 끊는 것과 같아서 우리는 가만히 앉아서도 저들을 굶겨 죽일 수 있을 것입니다." 이에 그 주인이 매우 옳다고 여기고 집정을 설득해 실행했다고 한다. 방성화 형제가 정성공에게 어떠한 대우를 받았는지는 구체적으로 알 수 없으나, 그들이 적어도 6년 가까이 하문에서 포로 생활을 하는 동안 정성공의 약점을 충분히 파악할 수 있었으리라는 것과, 자신들이 파악한 내용을 개인적 연줄을 통해 청조 중앙에 상달할 수 있었으리라는 것을 쉽게 추측할 수 있다. 따라서 천계령은 누가 제안했든 복건과 정성공, 그리고 그 실정에 대한 정확한 이해와 직접 관련이 있으므로, 이 점에서도 천계령이 청 초의 복건 사회를 전제로 한 정책이었음을 알 수 있다.

5. 삼번(三藩)의 난, 정경의 복건 진출, 그리고 천계·복계(復界)의 반복

천계령은 성격상 기지(旗地) 확보를 위한 권지령(圈地令)[113] 조치보다 더 심한 폭거여서 복건 사회를 비롯한 연해 지역, 나아가 중국 경제에까지 큰 피해를 주었

---

113) 청조가 명을 정복한 후 토지를 약탈하기 위하여 반포한 명령으로 순치 원년(1644) 반포하여 강희 24년에 폐지되었다. 청조는 북경을 점령한 후 팔기관병(八旗官兵)의 생계를 해결하기 위하여 북경 부근의 토지를 강제로 점거하라는 명령을 내렸다. 권지는 주로 북경으로부터 300~500리 이내의 순천부(順天府), 보정부(保定府), 승덕부(承德府), 영평부(永平府), 하간부(河間府) 등에서 행해졌으며 빼앗은 토지는 16만 경(혹은 19만 경)에 달했다. 이 토지는 만주 지역에서 중국 내지로 이주해온 귀족, 팔기병사, 관원들에게 지위의 고하에 따라 나눠주었다. 그러나 토지를 빼앗긴 한인(漢人)들은 반항하였지만 탄압받고 대부분 고향을 떠나 가난과 추위에 시달려야 했다.

을 뿐만 아니라 그 실시 상황 역시 매우 비참하고 파괴적이었다.[114] 우선 바다와 촌락까지의 거리를 기준으로 천계를 결정했지 천계할 경계선을 특별히 설정한 것이 아니어서 지역에 따라 30리 또는 그 이상 되는 지역도 천계했다.[115] 또 군대 지휘관이 뇌물을 받거나 정기적인 상납을 약속받고 특정 지역 주민에게 거주를 허용했으나 중앙관이 이를 무시하고 그 지역을 천계하는 바람에 주민들의 피해가 커진 사례도 있었다.[116] 그리고 각지에서 징발된 성인 남자들이나 군대를 동원해 천계 지역의 가옥과 성벽을 파괴했는데, 대략 복주부, 복녕주 일대의 성인 남자가 중심이 되었으며, 이들이 장주까지 갔던 것으로 보아 이들의 고초도 심했던 것으로 보인다.[117]

강제적인 이주였지만 이주민들을 위한 생계 대책은 아무것도 없었을 뿐만 아니라 황제가 이주민을 위한 조치를 지시하기는 했지만 현실적으로 이행이 불가능했으므로 이주민들의 피해가 더욱 커질 수밖에 없었다. 즉 황제는 천계를 지시한 직후인 순치 18년 8월에 호부(戶部)에 이주민들에게 집과 토지를 주어 정착시키도록 분부했다.[118] 그러나 이듬해인 강희 원년(1662) 11월에 예과급사중 호실녕(胡悉寧)은 "새 천계민(遷界民) 가운데 사망자가 8,500여 명으로 지난해 상유(上諭)에서 황제께서 총독과 순무에게 '책임지고 이주민들을 안정되게 정착시키도록 하라'고 했으나 실행된 것이 없으며, 유행병으로 죽은 사람 중 보고되지 않은 자가 얼마인지 알 수 없다"라고 했다.[119] 게다가 주민들이 자기 삶의 터전을 떠나는 것이 잠깐 동안일 것이라고 생각하고 아무 준비도 없이 떠났기 때문에 피해가 더 컸

114) 주웨이간(朱維幹)은 천계령의 영향으로서 토지 상실, 인구 유리, 수리 시설 파괴, 청조의 수입 감소, 인민의 분노 고양을 이유로 천계령이 정씨에게 유리했고 청조에 불리했다고 평했다. 朱維幹, 《福建史稿》下, 392~427쪽. 다카토리 덴이치로(鷹取田一郎)는 천계령을 진 시황(始皇)의 만리장성 축조와 같은 바보짓으로 평가했다.

115) 《聖祖實錄》卷33, 5b~6a, 467쪽, 康熙 9年 4月 甲辰；李東珠, 〈淸初廣東"遷海"的經過及其對社會經濟的影響：淸初廣東"遷海"考實〉.

116) 《莆變紀事》, 5~8쪽, 〈畫界〉；《榕城紀聞》, 49~50쪽.

117) 《榕城紀聞》, 49~50쪽.

118) 《聖祖實錄》卷4, 10b, 91쪽, 順治 18年 8月 己未.

119) 《聖祖實錄》卷7, 19b~20a, 136쪽, 康熙元年 11月 甲辰.

다.[120] 그리고 천계 직후에는 식량 생산량 부족과 대규모 인구 이동으로 식량 문제가 심각해졌다. 연해 지역은 경지가 집중되어 있어 식량 생산지로서 중요했는데, 천계령에 의해 이러한 경지를 방치해두게 됨으로써 식량 생산량이 대폭 감소했다. 천계령 실시 직후인 강희 원년에 연강현(連江縣)에서 큰 기근으로 천계민이 많이 죽은 것[121]은 천계령으로 인한 식량 생산 감소의 직접적인 피해의 일단이었다.

천계를 면한 연해 지역 각지의 주민들도 어렵기는 마찬가지였는데 가장 큰 어려움은 세역의 급증이었다. 세역이 급증한 이유는 다음과 같았다. 첫째, 천계령 실시 직후인 순치 18년 9월에 이전에 면제되었던 각종 세량과 병향을 다시 징수하였으며, 주민들은 징세 장부에 기록에 누락된 경우라도 배납해야 했다.[122] 둘째, 천계령 실시로 각종 건물이나 시설을 파괴해야 했는데 이 일에 많은 사람들이 징발되거나 고용되었다.[123] 그리고 훗날 천계를 해제하고 주민들을 원래의 거주지로 복귀시킬 때도 경계 밖의 성채를 재건해야 했는데 그에 따른 비용과 노동력도 모두 백성에게서 나왔다.[124] 셋째, 경계 밖의 토지에 대해서는 세량을 징발할 수 없었으므로 청조의 수입이 감소했다. 강희 12년경 복건총독 범승모(范承謨)는 "천계한 이래 폐기된 민간 토지가 2만여 경, 줄어든 세금이 20여 만 냥으로, 이 때문에 부세가 나날이 모자라 나라의 씀씀이가 부족합니다"라고 했다.[125] 토지 포기에 따른 세금 23만 냥과 세량 3만 석, 연해 지역의 잡세 1만 7,000냥과 기타 염세, 상세(商稅) 등의 손실이 있었는데,[126] 결국 천계되지 않은 지역에 그 손실분이 전가될 수밖에 없었다. 넷째, 천계 지역을 지키기 위해 각지에 돈대와 성채를 설치해야

---

120) 《莆變紀事》, 9~11쪽, 〈遷民〉 : 《榕城紀聞》, 49~50쪽.

121) 民國 《連江縣志》(台北 : 成文出版社, 1967) 卷3, 〈淸大事記〉, 46b, 23쪽.

122) 《榕城紀聞》, 48~49쪽.

123) 《榕城紀聞》, 50쪽.

124) 康熙 《漳浦縣志》 卷5, 〈建置志 下〉, 304쪽.

125) 范承謨, 《范忠貞集》〔文淵閣四庫全書 第1314冊(台北 : 臺灣商務印書館, 1986)〕 卷3, 1a~4a, 54~56쪽, 〈條陳閩省利害疏〉 ; 民國 《平潭縣志》(台北 : 成文出版社, 1967) 卷3, 〈大事志〉, 12a~13a, 25~26쪽.

126) 陳克儉・林仁川 主編, 《福建財政史》 上(厦門 : 厦門大學出版社, 1989), 390쪽.

했다. 예컨대 보전현의 경우 성채 4개, 돈대 10여 개를 설치해야 했으므로 성 밖의 향민을 상대로 각 호(戶)에서 은을 징수하고 정(丁)의 수대로 노역을 징발했다. 성채 건설 비용이 3,000~4,000금이고 돈대 건설 비용은 그것의 반이었는데, 이를 빙자해 서리들이 갖은 명목으로 수탈했으므로 "매질당해서 죽은 사람이 얼마나 되는지 모를 정도"[127]였다. 그뿐 아니라 돈대와 성채 안에 군대 막사와 관청을 만들기 위한 목재, 기와 등의 건축 재료도 모두 민간에서 수탈해 갔으며, 돈대와 성채를 지키는 병사들은 이곳을 드나드는 민간인들을 상대로 출입에 대한 대가를 빙자해 수탈을 일삼았을 뿐만 아니라 이들의 손에 죽은 사람도 헤아릴 수 없이 많았으므로 상업 교역도 정지되었다.[128] 그 밖에 경제 능력을 상실한 천계민들이 이동하며 갖은 악행을 저지르기도 하고 마을 공용의 수리 시설인 호수를 침점하기도 해 기존 사회에 불안을 가중시켰다.[129]

청조의 적극적인 토벌 활동과 천계 조치로 말미암아 강희 4년 봄 이후 복건 연해는 대체로 안정되었다. 이에 청조는 대만 정벌이라는 적극적인 행동보다는 천계령하에서 정경(鄭經)에 대한 초무, 투항자 재배치, 군대 행정 재조정 등의 몇 가지 조치를 취하는 동시에 천계의 강도를 완화했다. 예컨대 강희 5년 정월에 총독 이솔태는 수년 이래 해금이 매우 엄해 천계민들이 모두 재산과 생업을 잃었으니 경계선을 좀 완화해 농사짓고 고기잡이하는 것을 가능케 함으로써 백성이 소생할 수 있게 해달라고 청했다.[130] 이에 강희 7년에 조정에서 복계에 대한 논의가 있었고,[131] 그 결과 강희 8년에는 백성들이 경계선 너머 약 5리 이내에서 농사지으며 사는 것이 가능해졌다.[132] 하지만 이는 천계령을 일부 해제한 것에 불과했으므로

---

127) 《甫變紀事》, 8~9쪽, 〈墩塞〉.

128) 《甫變紀事》, 8~9쪽, 〈墩塞〉.

129) 民國《連江縣志》卷5, 20b~21a, 41~42쪽, 〈淸邑人陳登三復東湖記〉·卷5, 20b, 41쪽·卷3, 〈淸大事記〉, 46a~47b, 23~24쪽.

130) 《聖祖實錄》卷18, 6a~b, 271쪽, 康熙 5年 正月 丁未;《淸史稿》卷273, 〈李率泰傳〉, 10,029~10,030쪽.

131) 《甫變紀事》, 134~135쪽, 〈徙降〉; 鷹取田一郎, 《臺灣に及ぼしたる遷界移民の影響》, 154~155쪽;《聖祖實錄》卷27, 16a, 398쪽, 康熙 7年 11月 戊申;《淸史稿》卷256, 〈周有德〉, 9,798쪽;《淸史列傳》卷7, 〈周有德〉, 443쪽.

전면적인 천계령 해제는 여전히 과제로 남아 있었다고 할 수 있다. 그래서 강희 12년에 복건총독으로 부임한 범승모는 복건민의 피폐, 사회 불안, 재정 부족 등이 천계령의 결과이므로 천계령을 해제해 백성들에게 재산과 생업을 주면 사회를 안정시킬 수 있고 군대를 배치하고 요해지를 막으면 구적을 막을 수 있다고 했다.[133] 그러나 전면적인 천계령 해제는 삼번의 난[34]을 계기로 강희 13년 3월 경정충(耿精忠)이 복건에서 난을 일으킴으로써 비로소 천계민들이 고향으로 돌아갈 수 있었다.

경정충의 난은 비교적 쉽게 진압되었으나 정씨 세력은 달랐다. 경정충의 난을 계기로 정경이 복건 남부 지역을 석권하고 세력 기반을 강고히 하자 각 지역 적도들의 공격도 거세어졌다. 이에 강희제는 천계령 실시와 지휘부 재편을 단행했다. 강희 17년 3월에 강희제는 '정경이 산적, 빈해 거민과 결탁하니 순치 18년에 그랬던 것처럼 경계를 세워 경계 밖의 백성을 내지로 천사시키고 해금을 엄히 해 교통을 끊게' 했다.[135] 이러한 경과에 대해 지방지에는 경정충의 난 이후 백성들이 모두 고향 땅으로 돌아갔으나 경정충의 난이 평정된 뒤 강희 15년에 강친왕(康親王)이 상소를 올려서 천계의 해제를 청했다고 되어 있다. 따라서 강희 15년에는 법적으로는 천계령이 해제되지 않았으나 실제로는 해제된 상태였다고 할 수 있다. 그

---

132) 同治重刊《福建通志》卷268,〈國朝外紀〉, 25a.

133) 范承謨,《范忠貞集》卷3, 1a~4a,〈條陳閩省利害疏〉, 54~56쪽 ; 民國《平潭縣志》卷3,〈大事志〉, 12a~13a, 25~26쪽.

134) 운남의 평서왕 오삼계(吳三桂), 광동의 평남왕 상지신(尙之信), 복건의 정남왕 경정충(耿精忠)이 청조의 번 철폐에 반대하여 일으킨 반란. 강희 12년(1673)에 오삼계가 난을 일으키자 여기에 응하여 섬서의 제독 왕보신(王輔臣), 광서의 장군 손연령(孫延齡), 복건의 경정충, 광동의 상지신이 동조하여 반란을 일으켰으며, 대만의 정경(鄭經)이 복건 남부를 점령하였다. 그러나 청조의 조직적이고 효과적인 전략으로 강희 15년(1676) 이후 동조 세력이 항복하기 시작하였고, 결국 오삼계 사후 제위를 계승한 손자 오세번(吳世璠)이 강희 20년(1681) 10월 자결함으로써 9년간의 대란이 끝났다.

135)《聖祖實錄》卷72, 19b~20a, 918쪽, 康熙 17年 3月 丙辰 ; 乾隆《龍溪縣志》卷20, 紀兵, 14a~15a, 302~303쪽 ;《淸史稿》卷224,〈鄭錦〉, 9,166쪽. 당시 천계에 대한 강희제의 신념은 확고했다. 그래서 강희 17년 9월에 상지신(尙之信)이 선박을 확보하기 위해 잠시 해금을 풀어달라고 하자 강희제는 '아직 정성공 세력이 하문(厦門)에 반거하고 있으니 해금을 강화해 난의 싹을 막고 천계령 초기의 경계대로 엄하게 통제해야지 해금을 풀어 상민 무역을 편하게 해준다면 간도들이 이를 틈타 적과 교통하고 해안 지역 인민을 침요해도 막을 수 없다'고 강조했다.《聖祖實錄》卷77, 12b~13a, 1,038~1,039쪽, 康熙 17年 9月 丙寅.

랬다가 다시 전란이 거세어지자 총독, 순무가 다시 주민을 이주시키기를 청해 강희 17년 12월에 연해 지역 거민을 내지로 천사하게 된 것이다.[136] 그 결과 경계를 넘어간 자는 최고 사형에 처하게 되어 있어서, 연해 지역 백성들이 대부분 흩어져 피해가 적지 않았다.[137]

천계령의 완화는 정씨 세력의 퇴조와 함께 요계성(姚啓聖)과 오흥조(吳興祚)의 요청에 따라 서서히 진행되었다. 강희 19년 10월 복건총독 요계성, 순무 오흥조는 앞서거니 뒤서거니 상소를 올려 '경계 밖의 황무지 토지를 70%는 백성들에게 돌려주고 30%는 투항한 군인들에게 나누어 주면 위로는 봉급과 군비 지출을 중단시킬 수 있고 아래로는 백성을 생업에 복귀시킬 수 있다'고 했다. 조정은 논의를 거쳐 이를 허락했고, 경계선 너머에 대한 출입 금지를 완화하는 한편 만약 이를 틈타 적과 내통하는 자가 있으면 엄히 조사해 체포하게 했다.[138] 그 결과 연강현에서는 내지로 이주했던 연해 지역 거민이 모두 복귀했다.[139] 다만 금문과 하문에서는 천계령 때의 경계를 그대로 유지하도록 하였다.[140] 그리고 대만이 평정된 강희 22년에는 이부시랑 두진(杜臻)과 내각학사 석주(席柱)에게 명하여 복건, 광동으로 가서 '경계 회복' 과정과 성과를 시찰하고 천계를 해제하도록 하였다.[141]

---

136) 民國《平潭縣志》卷3,〈大事志〉, 12a~13a, 25~26쪽 ; 乾隆《龍溪縣志》卷20,〈紀兵〉, 14a~15a, 302~303쪽. 경정충의 반란을 평정한 이후인 강희 16년 6월에 좌도어사 송덕의(宋德宜)는 민생과 재정을 이유로 천계령의 해제와 해금의 완화를 주장했다.《淸史稿》卷250,〈宋德宜〉, 9,699쪽 ; 蔡冠洛 編著,《淸代七百名人傳》(北京 : 中國書店, 1984),〈宋德宜〉, 12쪽.

137)《淸史稿》卷260,〈姚啓聖〉, 9,860쪽.

138)《聖祖實錄》卷94, 12b, 1,258쪽, 康熙 20年 2月 辛卯 ; 同治重刊《福建通志》卷268,〈國朝外紀〉, 38b ;《淸史稿》卷260,〈姚啓聖〉, 9,857~9,860쪽 ;《淸史稿》卷260,〈吳興祚〉, 9,860~9,863쪽. 여기서 부기해둘 것은 요계성은 절강 회계(會稽) 사람으로, 강희 2년 향산지현(香山知縣)으로 있을 때 멋대로 해금을 해제했다는 이유로 탄핵당해 직위를 박탈당한 경력이 있을 정도로 일찍이 해금에 대한 관심이 깊었다.

139) 民國《連江縣志》卷3,〈淸大事記〉, 49a, 25쪽.

140) 民國《同安縣志》卷3,〈大事記〉, 5a, 83쪽.

141)《聖祖實錄》卷112, 23a~b, 1,498쪽, 康熙 22年 10月 丙辰·卷113, 7b, 1,506쪽, 康熙 22年 11月 戊寅 ;《淸史稿》卷260,〈吳興祚傳〉, 9,863~9,864쪽 ;《淸史稿》268,〈杜臻傳〉, 9,984~9,985쪽 ; 中國第一歷史檔案館 整理,《康熙起居注》(北京 : 中華書局, 1984), 1,086~1,102쪽.

6. 천계령, 그 비극의 뿌리

모든 역사적 사실이 한두 요소의 결과가 아니듯이 천계령도 마찬가지였다. 그러나 우선 들어야 할 것은 천계령이 청 초 복건 사회와 밀접하게 관련되어 있었다는 사실이다. 천계령의 목적이 반청 해상 세력인 정성공을 섬멸하는 것이었고 정성공의 기반이 복건 연해 지역이었다는 점에서 복건 사회와 정성공, 그리고 천계령은 밀접한 관련을 가지고 있었다고 할 수 있다. 특히 복건 연해 지역의 주민들은 바다를 논밭으로 삼아 살아가는 탓에 정성공과 상호 의존하고 있었으며, 청조 치하의 무거운 세역 부담, 구적들의 횡포, 지방관의 금전 갈취 등으로 인해 청조가 자신들의 보호자가 아니라는 생각을 갖고 있었다. 이에 많은 복건 연해 지역 주민들이 정성공에게 의지하거나 그와 협력했고, 청조로서는 정성공을 토멸하기에 앞서 복건 사회를 안정시키는 것이 지상 과제였다. 순치 4년 2월의 절강·복건 은조는 이러한 상황을 가장 함축적으로 표현한 것이었다.

청조의 조급한 초무책, 이에 편승한 장령이나 지방관의 공 세우기 욕심은 역설적이게도 이 시기에 수많은 적도들이 횡행하고 동란이 지속되게 만들고 청조로 하여금 더 많은 군사, 전비, 노동력을 동원하게 했으며, 결국 복건 연해 지역 주민들을 이반시키는 결과를 불러왔다. 이 악순환은 지속되고 심화되었다. 정씨 세력은 해상을 무대로 자유롭게 활동하면서 이러한 악순환을 활동 기반으로 삼았으며 또 이 악순환을 심화시켰다. 따라서 강력한 정씨 세력의 섬멸은 복건 지역의 안정을 위해서, 그리고 청조의 중국 지배 완성을 위해서 필수적인 과정이 되었다.

정성공 세력을 토멸하기 위해서는 그의 기반인 해상 활동을 마비시키지 않으면 안 되었고, 그 구체적인 방법이 해금을 통해 정성공 세력에 대한 물자 공급을 차단하는 것이었다. 따라서 정성공 초무가 어려워져갔던 순치 10년 이후 천주 출신 왕명악을 비롯해 많은 신료들이 해금 강화를 주청했으며, 이 해금의 최종 단계가 견벽청야책인 천계령이었던 것은 자연스러운 일이라 할 수 있다. 그러나 천계는 막대한 부작용이 예상되는 일이어서 쉽게 강행할 만한 것이 아니었다. 천계령 실시의 최종 결정은 순치 17년의 하문 공략 실패 후, 강희제 즉위로 권력을 장악한 보정대신의 전단(專斷) 아래 이루어졌다. 이는 천계령의 지역적 성격과 더불어 파괴적, 독단적, 반인민적 속성을 엿보게 하는 점이다.

천계령 실시의 중심에는 정성공에 대한 강력한 적대감을 가진 황오나 시랑 같은 인사들이 있었음을 간과해서는 안 된다. 특히 정성공 세력을 섬멸하지 않으면 자신과 종족이 위해를 당할 수밖에 없는 상황에 처한 황오의 위기감과, 자기 아버지와 할아버지의 무덤이 정성공 세력에 의해 파헤쳐진 데 대한 복수심이 상승 작용을 일으켜 황오로 하여금 적극적으로 청군을 도와 정성공 세력을 토멸하게 했을 것으로 추정된다. 그가 제안한 '적을 멸하는 다섯 가지 계책'에 '정성공 조상의 분묘를 모두 파괴할 것'이 포함된 사실에서 정성공 세력에 대한 그의 적대감을 엿볼 수 있다. 정성공 세력 토멸에 앞장선 또 한 사람인 시랑 역시 황오와 비슷한 처지에 있었고, 그래서 황오도 그를 적극적으로 이솔태에게 추천했을 것으로 추정된다.

청조에 투항하여 정성공 토멸에 앞장선 황오나 시랑이 모두 복건 남부 지역 출신이자 정성공의 부하였다는 사실에서 반청 활동이라는 대의명분과 정성공 세력의 내부적 결속은 상황이 바뀌면 언제든지 깨질 수 있었다는 것과, 상존하던 지역적 대립과 갈등이 이를 증폭시킬 수 있었다는 것을 확인할 수 있다. 특히 민남 내부의 천주와 장주 간에는 말할 것도 없고 천주부 내의 안평과 천주 간에도 지역적 대립이나 갈등이 존재했다. 다만 이러한 지역적 대립과 갈등은 청의 북경 점령 직후 반청복명 운동 때에는 청이라는 공동의 적이 명확했던 시점에는 본격적으로 부각되지 않고 정성공을 중심으로 결합할 수 있었다. 그러나 시간이 지나면서 정씨 세력 내에서 정성공의 지휘 방침이나 방법, 처벌의 경중 등에 불만을 가진 자들이 나타났고, 지역적 차이나 대립이 이 분열을 증폭시키기 시작했다. 청조는 바로 이러한 정씨 세력 내부의 균열을 적극적인 회유책을 통해 파고듦으로써 정씨 세력을 복건 연해 지역에서 축출할 수 있었다. 시랑이 청조에 투항하고 청조와 정성공의 담판이 결렬된 이후 황오를 비롯한 수많은 사람이 청조에 투항해 정성공

공격의 선봉이 된 것은 이러한 사실을 잘 보여준다.

결국 천계령은 청조 중앙의 반청 세력 탄압에 대한 강력한 의지의 표현이자 중국 전제 군주 체제의 포악성을 만천하에 과시한 야만적 행위라고 할 수 있다. 그리고 이것이 가능했던 것은 복건 사회에 내재한 지역적 대립과 정성공을 둘러싸고 벌어진 인간적 원한, 청조의 복건 사회 안정화 실패와 반청 세력의 득세라는 악순환, 그리고 이에 대한 북경 중앙의 초강경 분위기가 서로 복합적으로 상승 작용하였기 때문이라고 할 수 있다.

《聖祖實錄》(北京：中華書局, 1985)

《世祖實錄》(北京：中華書局, 1985)

《淸史稿》(北京：中華書局, 1986)

《淸史列傳》(北京：中華書局, 1987)

《淸會典事例》(北京：中華書局, 1991)

仁和琴川居士 編輯,《皇淸奏議》(台北：文海出版社, 1967)

錢儀吉 編,《碑傳集》(北京：中華書局, 1993)

蔣良騏 撰,《東華錄》(濟南：齊魯書社, 2005)

中國第一歷史檔案館 整理,《康熙起居注》(北京：中華書局, 1984)

中國第一歷史檔案館 編,《康熙朝漢文硃批奏摺彙編》(北京：檔案出版社, 1985)

廈門大學臺灣硏究所·中國第一歷史檔案館編輯部 主編, 中國第一歷史檔案館 滿文部 選譯,《鄭成功滿文檔案史料
　　　選譯》(福州：福建人民出版社, 1987)

臺灣銀行經濟硏究室 編輯,《鄭氏史料續編》(台北：臺灣銀行, 1963)

康熙《漳浦縣志》(台北：成文出版社, 1968)

乾隆《福州府志》(台北：成文出版社, 1967)

乾隆《龍溪縣志》(台北：成文出版社, 1967)

乾隆22年《永春州志》(台北：永春文獻社, 1973)

同治重刊《福建通志》(同治10年 正宜書院 刻本)

民國《同安縣志》(台北：成文出版社, 1967)

民國《連江縣志》(台北：成文出版社, 1967)

民國《平潭縣志》(台北：成文出版社, 1967)

晉江市地方志編纂委員會 編,《晉江市志》(上海：上海三聯書店, 1994)

江日昇,《臺灣外紀》(福州：福建人民出版社, 1983)

鈕琇 撰,《觚賸續編》(上海：上海古籍出版社, 1986)

范承謨,《范忠貞集》(台北：臺灣商務印書館, 1986)

匪石,《鄭成功傳》(臺灣文獻叢刊)

邵廷采,《東南紀事》(上海：上海書店, 1982)

施琅,《靖海紀事》(臺灣文獻叢刊)

余颺,《莆變紀事》(南京：江蘇古籍出版社, 2000)

阮旻錫,《海上見聞錄》(臺灣文獻叢刊)

王澐,〈粵遊〉,《筆記小說大觀》(揚州：江蘇廣陵古籍刻印社, 1984)

魏源,《聖武記》(北京：中華書局, 1984)

劉獻廷,《廣陽雜記》(北京：中華書局, 1957 · 1985)

莊爲璣 · 王連茂 編,《閩臺關係族譜資料選編》(福州：福建人民出版社, 1985)

朱方增 撰,《從政觀法錄》

陳鴻,《莆變小乘》(南京：江蘇古籍出版社, 2000)

鄒漪,《明季遺聞》(臺灣文獻叢刊)

彭孫貽,《靖海志》(臺灣文獻叢刊)

夏琳,《閩海紀要》(臺灣文獻叢刊)

海外散人,《榕城紀聞》(南京：江蘇古籍出版社, 2000)

黃宗羲,《行朝錄》(黃宗羲全集 第2冊)(杭州：浙江古籍出版社, 1986)

顧誠,《南明史》(北京：中國青年出版社, 1997)

萬明,《中國融入世界的步履：明與清前期海外政策比較研究》(北京：社會科學文獻出版社, 2000)

孟昭信,《康熙大帝全傳》(長春：吉林文史出版社, 1987)

蕭國健,《清初遷界前後香港之社會變遷》(台北：臺灣商務印書館, 1986)

安海港史研究編寫組,《安海港史研究》(福州：福建教育出版社, 1989)

吳正龍,《鄭成功與清政府間的談判》(台北：文津出版社, 2000)

王宏斌,《清代前期海防：思想與制度》(北京：社會科學文獻出版社, 2002)

林仁川,《明末清初私人海上貿易》(上海：華東師範大學出版社, 1987)

張習孔 · 田玨 主編,《中國歷史大事編年》(北京：北京出版社, 1987)

鄭振滿,《明清福建家族組織與社會變遷》(長沙：湖南教育出版社, 1992)

朱維幹,《福建史稿》下(福州：福建教育出版社, 1985)

Robert B. Oxnam, *Ruling From Horseback : Manchu Politics in the Oboi Regency, 1661~1669*(Chicago : Univ. of Chicago Press, 1970)

오금성,〈順治親政期의 淸朝權力과 江南紳士〉,《歷史學報》122(1989)

――――,〈王朝交替期의 地域社會 支配層의 存在形態：明末淸初의 福建社會를 中心으로〉, 서울대학교 동양사학연구실 엮음,《近世 東아시아의 國家와 社會》(지식산업사, 1998)

원정식,〈淸代 福建社會 硏究：淸 前 · 中期 閩南社會의 變化와 宗族活動〉(서울대학교 대학원 동양사학과 박사 학위논문, 1996)

――――,〈淸初 戰亂期 福建의 稅役徵收와 宗族〉,《震檀學報》87(1999)

――――,〈淸初 福建 反淸勢力의 興衰：順治年間(1644~1662) 鄭氏勢力을 中心으로〉,《江原史學》제17 · 18 합집(2002)

萬仲良, 〈淸初遷界與臺灣開發之關係〉, 《臺灣文獻》 31-1 (1980)

謝國楨, 〈淸初東南沿海遷界考〉, 《明淸之際黨社運動考》 (北京：中華書局, 1982)

―――, 〈淸初東南沿海遷界補考〉, 《明淸之際黨社運動考》 (北京：中華書局, 1982)

聶德寧, 〈明淸之際鄭氏集團海上貿易的組織與管理〉, 方友義 主編, 《鄭成功硏究》 (廈門：廈門大學出版社, 1994)

蘇梅芳, 〈淸初遷界事件之硏究〉, 《國立成功大學歷史學報》 5 (1978)

韋慶遠, 〈論康熙時期從海禁到開海政策的演變〉, 湯明檖・黃啓臣 主編, 《紀念梁方仲敎授學術討論會文集》 (廣東：
　　　中山大學出版社, 1990)

―――, 〈有關淸初禁海和遷界的若干問題〉, 《明淸論叢》 3 (2002)

李東珠, 〈淸初廣東 "遷海" 的經過及其對社會經濟的影響：淸初廣東 "遷海" 考實〉, 《中國社會經濟史硏究》 (1995년
　　　제1기)

鷹取田一郎, 〈臺灣に及ぼしたる遷界移民の影響〉, 《臺灣時報》 1921-5

田中克己, 〈遷界令と五大商〉, 《史苑》 26-2・26-3 (1966)

―――, 〈淸初の支那沿海―遷界を中心として見たる〉 (1・2), 《歷史學硏究》 6-1・6-3 (1936)

中道邦彦, 〈淸初靖南藩の福建移鎭と遷界令〉, 《歷史の硏究》 12 (1968)

浦廉一, 〈淸初の遷界令の硏究〉, 《廣島大學文學部紀要》 5 (1954)

근대 중국에서의 범죄학 성립과 범죄—
형법, 범죄학의 도입과 북경 주민의 대응*

임 상 범**

1. 현대 중국에 대한 기존 이해의 반성과 새로운 방법의 모색

근대 중국이 국민 국가 건설과 근대화를 이룩하는 방법의 하나로 선택한 것은 입법이었다. 입법은 국가가 사회에 규칙을 부여하고 새로운 질서를 수립하는 핵심적인 수단이기 때문이다. 그 가운데에서도 통치 집단이 자신의 이익과 질서를 유지하기 위해 범죄와 징벌 방법을 규정한 형법은 특히 중요하게 여겨졌다. 중국 최초의 근대 형법인 《대청신형률(大淸新刑律)》은 이것을 명확히 인식하고 다음과 같이 밝히고 있다. 형법의 규정들은 "국세를 공고히 하고 민생을 부식(腐蝕)하며 선량한 풍속을 유지하고 사회 문화를 증진해서 질서를 확립하고 개인 심신의 발전을 도모하는데, 이것은 모두 공공의 생존과 발달을 위한 요건과 관련된 것이다".[1]

의 글은 2006년 9월에 《중국 근현대사 연구》 제31집에 실린 같은 제목의 논문을 수정 · 보완한 것이다.

* 이 글은 2006년 9월에 《중국 근현대사 연구》 제31집에 실린 같은 제목의 논문을 수정 · 보완한 것이다.

** 고려대 사학과를 졸업하고 현재 성신여대 사학과 교수로 재직 중이다. 《20세기의 중국》, 《현대 중국의 출발》을 썼고, 《중화인민공화국 50년사》, 《코민테른과 중국혁명》 등을 옮겼다. 논문으로는 〈혁명시대의 일상폭력 : 20세기 전반기 베이징 거리에서 발생했던 금전 관련 사건들〉, 〈북경 지역 경찰관의 구성과 그 변화〉, 〈'민' 에서 '국민' 으로〉, 〈진독수의 국민국가론〉 등이 있다.

1) 謝越石, 《刑律通詮》 修訂5版(北京, 1923), 1~2쪽.

이것의 최신판이 1997년 3월 14일에 전국인민대표대회가 비준한《중화인민공화국형법》이다. 이 법의 제1편 제1장에는 근대 형법의 기본 원칙이 명확히 규정되어 있다. "첫째, 법률에 명문 규정이 없는 범죄 행위는 처벌할 수 없다. 둘째, 어떤 사람의 범죄에 대해서도 법률의 적용은 평등하다. 셋째, 형벌의 경중은 범죄 행위와 〔범죄자가〕 형사 책임을 담당할 수 있는 정도에 상응한다." 20세기 전반기에 중국의 정권이 자주 바뀌고 형법도 여러 차례 개정되었지만 이 세 가지 원칙은 지속되었으며, 21세기를 맞이하면서 재차 강조되고 있다.

근대적 형법 도입은 서구 법률 수입의 일환으로 이루어졌는데, '법률 이식'이라고 통칭되는 이 과정은 두 가지 문제를 제기했다. 첫째, 어떻게 법률 전통을 최대한 보호할 것인가? 둘째, 어떻게 새로운 법률을 중국의 실정과 사회 기초에 적절하게 맞출 것인가?[2] 이 문제들은 보통 법률 체계의 '본토화'라는 명칭 아래 다루어졌는데,[3] 이러한 논쟁의 최초의 형태는 청 말의 근대 형법 도입 과정에서 전개된 '예법지쟁(禮法之爭)'이었다.

이 논쟁은 법리파와 예교파가 각자의 정치적 이익을 지키기 위해 치열하게 전개한 것이었을 뿐만 아니라 당대의 사회 현실을 반영한 것이었는데, 윤상예교(倫常禮敎)라는 '준칙법'의 변경과 관련되어 있어서 하루아침에 결론이 날 수가 없었다. 예교파가 농업 사회의 특성에 입각해 있었다면,[4] 법리파는 공업 사회와 법치주의의 산물이었다. 동시에 법리파의 입론에는 "열강은 이와 같이 생각한다"라는 논리도 작용했다. 따라서 법리파의 본질은 자유주의와 개인주의였고, 당면한 목표는 치외 법권의 철폐였지만, 결과는 중국의 서구 종속이었다.[5]

중국인을 계몽하고 보호하는 것을 자신의 소명으로 여기고 있던 그들은 자신의

---

2) 이 과정에서 국가의 강제력이 추진하는 '새로운 대전통'과 원래의 '소전통' 사이에서 단절과 대항이 발생하며, 이것이 국가에 합법성의 위기를 야기했다. 强世功, 〈法律移植, 公共領域與合法性〉(1996),《法制與治理―國家轉型中的法律》(北京 : 中國政法大學出版社, 2003), 3~10쪽.

3) 曹全來,《國際化與本土化 : 中國近代法律體系的形成》(北京 : 北京大學出版社, 2005), 45~46 · 67~68쪽.

4) 蔡樞衡, 〈近四十年中國法律及其意識批判〉,《中國法理自覺的發展》(北京 : 淸華大學出版社, 1940), 32~36쪽.

5) 蔡樞衡,《刑法學》三版(南京 : 獨立出版社, 1947), 66쪽.

이상과 계획을 따라주지 못하는 현실을 비판하고 원망하면서도 새로운 시도를 거듭했다. 그 결과 최소한 형식 면에서는 근대 서구적인 내용이 1918년의 《제2차 형법초안》, 1928년의 《구형법》, 나아가 1935년의 《신형법》까지 계속 비교적 순조롭게 보강되면서 시행되었지만,[6] 중국의 법률 현실은 이상과 거리가 멀었다.

100여 년간의 법률 개혁 전통을 경험했으면서도, 여전히 엘리트주의자인 대부분의 현대 법학자들은 전통 중국의 실질 합리적 법치를 희생하지 않으면서 형식 합리적 법치를 실현하는 '창조적 전환'[7]을 자신의 임무로 간주하고 있다. 이상을 숭배하는 그들은 중국의 습관, 관례, 규칙이 봉건적이고 낙후되었기 때문에 그것들을 폐기하고 소멸시켜야 한다고 생각하며, 중국 내부에서 생성되어 자율적으로 조정되는 방식은 믿지 못한다.[8] 따라서 그들은 자신이 배운 기준에 따라 규율화 작업을 진행하고, 그 작업의 일환으로서 국가의 이름으로 범죄를 처벌하는 형법을 관철해나가고 있으며, 특히 일부 '범죄'에는 근대적 방향으로의 모색에 대한 반동적 저항이라는 부정적인 이미지를 덧붙이고 있다.[9] 또한 국가는 그들의 도움을 받아, '저항'이라는 인간의 본원적인 특성에까지 무차별적으로 '범죄'라는 부정적인 이미지를 덧씌운다.[10]

필자는 최근의 중국 근현대사 연구를 검토하면서 다음과 같은 생각을 했다. 국민 국가와 근대 사회 건설을 위한 국가와 지식인들의 노력이 지나치게 강조되어, 근대적 노력에 대한 저항을 부정적인 범죄로 규정하고 나아가 이를 처벌하고자 하는 국가 권력과 지식인들의 선고가 무의식적으로 되풀이되고 있지는 않은가?

---

6) 王伯琦, 《近代法律思潮與中國固有文化》(1956)(北京 : 淸華大學出版社, 2005), 30쪽.

7) 謝暉, 《中國古典法律解釋的哲學向度》(北京 : 中國政法大學出版社, 2005), 252~255쪽.

8) 蘇力, 〈現代化視野中的中國法治〉, 《閱讀秩序》(濟南 : 山東敎育出版社, 1999), 176~177쪽.

9) 이와 관련해서 최근 중국 지역 사회의 '전통 습관'에 따른 촌락법과 국가법의 충돌 문제를 다룬 연구가 있다. 朱曉陽, 《罪過與懲罰 : 小村故事, 1931~1997》(天津 : 天津古籍出版社, 2003).

10) 법에 대한 하층민과 지역 공동체의 저항은 무엇이 적법한 행위이며 무엇이 범죄 행위인가에 대한 생각이 사회 구성원들 사이에서 일치하지 않을 수 있다는 것을 보여주는데, 톰슨Edward P. Thompson을 비롯한 일부 연구자들은 이러한 저항을 '정상적이고 진정한 범죄'와 '사회적 범죄'로 구분했다. 조용욱, 〈근대 英國의 法, 犯罪, 刑罰―社會史的 접근〉, 《歷史學報》 154(1997), 215쪽.

나아가, 일어난 사실(事實)을 역사적으로 해석하기보다 자신의 논지를 보강하기 위해 역사적 사실을 선별적으로 이용하는 사이비 사회 과학적 방법론이 득세하고 있지는 않은가?

동시에 필자는 북경(北京) 주민들이 자신의 행위를 경찰에게 변호하는 경찰 보고서들을 정리하고 읽어나가면서 각자의 삶을 살아가는 중국인들의 생각과 대응이 국가와 지식인들의 노력만큼이나 중요하다는 사실을 재차 상기하게 되었다. 동시에 '현대화론'에 대한 톰슨Edward P. Thompson의 잊혀가는 대응을 떠올리게 되었다.

> 나의 반론은 기존의 연구들이 '역사를 만들어나가는 과정에서 노동자들의 주체적 역할……을 무시하는 경향이 있다'는 것이다……〔기존의 연구들은〕역사를 실제 일어난 대로 보지 않는다. 성공한 사람들만이 기억된다. 가망 없는 일, 패배한 주의·주장, 그리고 패배자들 자신은 잊히고 만다……새로운 공업화에 대한 그들의 적대감은 퇴영적 관점이었을지도 모른다. 그들의 폭동 모의들은 무모한 짓이었을지도 모른다. 그러나 그들은 이 격심한 사회적 혼란기를 살아 넘겼다……그들의 소망은 그들 자신의 경험에서 볼 때 타당한 것이었다.[11]

이제 필자는 이 인용문에서 말하는 노동자를 북경의 일반 주민, 특히 '권력을 갖지 못한 자'로 바꾸고자 한다. 그리고 그들이 권력이 행사되는 장소를 거점으로 삼아 권력의 행사 과정에 개입해 권력을 포위 공격하고, 궁극적으로 자신의 존속을 관철시키는 모습을 부각하고자 한다. "권력은 어떠한 지식을 창출하지만", '권력을 갖지 못한 자'들은 과정과 싸움을 통해 자신의 흔적을 남기기 때문이다.[12] 바로 이것이 필자의 최근의 문제의식이자 해결할 과제의 근본이다.

이 글은 이 과제를 다음과 같은 순서로 해결해나가고자 한다. 우선 중국의 국가

---

11) E. P. 톰슨, 《영국 노동계급의 형성》상, 나종일 외 옮김(창작과비평사, 2000), 11~12쪽.
12) 미셸 푸코, 《감시와 처벌 : 감옥의 역사》, 오생근 옮김(나남출판, 1994), 56~57쪽.

권력이 국민 국가 건설과 사회 기준의 근대화를 위한 수단의 하나로서 추진한 근대적 형법 도입의 과정을 추적하고, 이어서 중국 지식인들이 범죄에 대한 지식의 수립과 축적을 위해 노력한 결과인 범죄학 도입과 심화의 과정을 살펴보며, 마지막으로는 '권력을 갖지 못한' 북경의 주민을 이야기의 주체로 삼아서 그들이 이러한 국가 권력과 지식인들의 의도를 어떻게 자기 방식으로 읽고 대응해나가는지를 짚어본다.[13]

2. 근대 국가 체제를 구성하기 위한 노력──근대 형법의 도입과 착근

광서(光緒) 28년 2월(1902년 3월 11일)에 청 정부가 수정법률관을 창설해 법률을 편찬하라는 조칙을 내리자 법률 개정이 정식 일정에 올랐다. 당시 개정의 기본 원칙은 두 가지로, '각국의 기존 법률을 참고할 것'과 '전통 예교와 윤상을 유지할 것'이었다. 그리고 양자가 서로 충돌할 때는 후자를 기준으로 삼도록 했다.[14]

법률 개정의 일환으로 전개된 형법 개정은 서방의 개인주의와 민권 사상을 도입하는 것을 목표로 했는데, 직접적인 동기는 치외 법권의 철폐였다.[15] 영국은 1902년에 중국과 맺은 통상 관련 조약(中英續議通商行船條約)에서 "중국이 법률을 정돈해 서방과 동일하게 하고 중국 법률의 정황과 재판 방법 및 관련 업무가 적절하게 이루어진다면 치외 법권의 철폐에 동의할 것"이라고 언급했다.[16] 미국·일

---

13) 필자는 "법치는 반드시 중국 인민의 실천에 의지해야 하며, 각자의 이익이 충돌하는 사회생활 현장에서 점차 사회에 적응하는 규칙 체계를 만들어야 한다"라는 주장에 상당히 동의한다. 蘇力, 〈變法, 法治及本土資源〉, 《法治及其本土資源(修訂版)》(北京 : 中國政法大學出版社, 2004), 21쪽. 한편 쑤리(蘇力)가 민간법과 국가법의 대립과 충돌을 너무 과장한다는 비판도 있다. 張德美, 《探索與抉擇──晚淸法律移植硏究》(北京 : 淸華大學出版社, 2004), 432~434쪽.

14) 蕭亦工, 《明淸律典與條例》(北京 : 中國政法大學出版社, 2000), 362쪽.

15) 徐岱, 〈淸末刑法改制與中國刑法近代化〉, 高銘暄·趙秉志, 《刑法論叢》 6(北京 : 法律出版社, 2002), 7쪽.

16) 張培田·張華, 《近現代中國審判檢察制度的演變》(北京 : 中國政法大學出版社, 2004), 6~7쪽.

본·페루 담당 대신 우팅팡(伍廷芳)도 법률 개정을 주청하면서 이것이 영사 재판권의 회수 방법임을 명확히 했다.[17] 물론 근대적 형법의 도입에는 형벌의 교육적 기능도 중요한 요소였다. 선자번(沈家本) 등은 1903년 4월에 근대적 징역형을 도입했고, 1905년 4월에 시세(時勢)에 맞지 않는 344개 조항을 삭제했으며, 쉐윈성(薛允升)의 영향 아래 능지·효수·육시·연좌·자자(刺字)와 같은 잔혹한 형벌과 고문을 폐지했고, 태장(笞杖)을 벌금형으로 대체했다.[18] 청 정부는 나아가 1907년에 수정법률관을 재조직해 선자번을 수율(修律) 대신에 임명하고 신형률의 제정을 주관하게 했다. 이들은 각국 형법을 번역하고 오카다 아사타로(岡田朝太郎)를 비롯한 일본 고문들을 초빙해서 광서 33년 8월 29일에 《대청신형률초안》을 작성했다.

《대청신형률초안》은 구미 각국의 근대 형법전과 일본의 《신형법》을 참고했는데, 각 법률 조항을 분류한 각칙을 제정할 때는 중국의 전통을 중시했다. 하지만 법전의 기본 체제가 일본 《신형법》을 모방한 것임은 어느 누구라도 명확히 알 수 있었고, 더욱이 법전의 내용은 서구의 기준을 거의 그대로 반영하고 있었다.[19] 따라서 준칙법의 변경을 근본적으로 거부하는 사람들의 반대를 피할 수 없었다.

광서 34년 5월(1908년 6월 5일)에 학부대신 장즈둥(張之洞)은 "이번에 개정한 신형률을 살펴보면 우리나라 예교와 상치되는 곳이 많은데, 그것은 새 형률이 일본에 의거한 탓에 중국의 상황과는 적합하지 않기 때문입니다"라고 상주하고, 특히 존친속을 상해한 자를 사형에 처하지 않고 '처와 첩의 남편 구타 사건(妻妾毆夫)'과 같은 조항을 일반인의 구타 사건과 같이 처리하며 모반죄나 존친속의 무덤을 파헤쳐 시체를 드러내게 하는 것과 같은 중대한 범죄를 사형에 처하지 않는다면 사회 질서를 유지할 수 없다고 지적했다.[20] 결국 청 정부가 선통(宣統) 원년 1

---

17) 李育民, 《中國廢約史》(北京 : 中華書局, 2005), 138~139쪽.

18) 潘念之 主編, 《中國近代法律思想史(上)》(上海 : 上海社會科學院出版社, 1992), 182·191~201쪽.

19) 張仁善, 《禮·法·社會—淸代法律轉型與社會變遷》(天津 : 天津古籍出版社, 2001), 226~227쪽.

20) 島田正郎, 《淸末における近代的法典の編纂》(東京 : 創文社, 1980), 180~181쪽.

월 27일에 학부와 각 대신의 의견을 수렴한 지시를 내리자, 수정법률관은《대청신형률초안》뒤에 '부칙 5조'를 추가한《수정형률초안》을 팅지에(廷杰)와 선자번의 연명으로 상주했다.[21]

　이 수정안은 다음 해에 헌정편사관에 교부되었는데, 강소(江蘇) 제학사 라오나이쉬안(勞乃宣)을 비롯한 예교파의 강력한 반박에 직면했다. 예교파가 법리파와 가장 치열하게 대립한 부분은 '남편 없는 부녀자가 다른 사람과 화간한 사건(無夫婦女與人和姦)'과 '자손이 웃어른의 가르침을 위반한 사건(子孫違犯教令)'이었다. 선자번은 '화간 사건'을 범죄로 인정하는 문제를 놓고, '이것은 도덕 문제이며, 형률이 간여할 것이 아니라 교육으로 처리해야 한다'라고 지적했다. 반면 라오나이쉬안은 서구와 달리 중국에서는 미혼의 딸이나 과부가 화간을 하면 가족들이 수치로 생각하는 것이 풍속이므로 이를 형벌로 다스리지 않으면 민심이 불복하고 사적인 처벌이 횡행할 것이라고 단언했다.[22] '자손이 웃어른의 가르침을 위반한 사건'과 관련해서 라오나이쉬안은 "조부모와 부모가 자손을 징계하지 못하면 민심과 크게 어긋날 것이며, 감화원을 통한 교육이라는 방법은 탁상공론에 불과하다"라고 비판했다.[23] 이에 대해 헌정편사관 참의 양뒤(楊度)는 "자손의 불법 행위는 국가가 대신 징계해야지 존친속이 사적으로 처형해서는 안 된다"라고 강조했다.[24] 이러한 인식 대립은 구형률의 가족주의 원칙과 신형률의 국가주의 원칙의 다툼을 보여준다. 양측의 논쟁은 타협 불가능했고, 결국 표결에 들어가 '남편 없는 부녀자가 다른 사람과 화간한 사건'에서는 예교파가, '자손이 웃어른의 가르침을 위반한 사건'에서는 법리파가 승리하는 것으로 끝이 났다.

　청 말의 형률 개혁에 대해서는 보통 상반된 평가가 내려진다. 이것을 찬양하는 사람들은 "비록 예교파가 다수였지만 신형률에 대한 이들의 영향은 제한적이었으

---

21) 李貴連,《沈家本評傳》(南京 : 南京大學出版社, 2005), 246~247쪽.
22) 李貴連,〈淸末修訂法律中的禮敎之爭〉(1982),《近代中國法制與法學》(北京 : 北京大學出版社, 2002), 117~121쪽.
23) 李貴連,《中國法律思想通史》4(大同 : 山西人民出版社, 1996).
24) 李貴連,〈淸末修訂法律中的禮敎之爭〉, 110~113 · 121~123쪽.

며, 결국 신형률이 전통 법률의 해체와 법률 근대화의 서막을 열었다"라고 주장했다.[25] 반면에 비판자는 "법리파가 단기적인 효과를 거두지 못했으며 이식된 법률 제도도 당시 중국의 사회 조건, 문화 배경, 민중 관념과 유리되어 실질적인 효과를 낳지 못했다"라고 지적한다.[26] 나아가, 《대청신형률》은 개인주의와 자유주의의 형법 원칙을 반영하는 동시에 존속을 특별히 높이고 남녀유별을 강조하는 농업 사회 윤리도 반영했는데, 이것은 외국 공업 사회와 중국 농업 사회의 혼합된 표현이며, 중국의 반(半)식민지성을 반영한 것이라는 오래된 비판도 있다.[27]

그러나 이상에서 검토한 《대청신형률》은 당시 각 사회 이익 집단이 길항 작업을 거치면서 자신들의 권리와 이익을 새로이 분배한 표상이었고, 이로써 중국 법률 체계는 총체적으로 근대 법률 체계에 포섭되었다.[28] 우선 《대청신형률》은 근대 형법 체계의 상징인 총칙과 각칙의 구분을 받아들였다. 다음으로, '형률의 명칭을 고치며', '사형제를 참작하여 감소시키고', '사형 처벌 방법을 하나로 하며', '비부(比附) 조항을 삭제하고', '처벌을 교육의 방법으로 삼는다'라는 개정 원칙을 내걸고, 죄형 법정주의를 채택하고, 체형 중심의 형벌 체계를 폐지하고, 사형 처벌의 방법을 하나로 하는 제도 및 교육형을 채택했다.[29] 구형률이 형벌을 가벼운 것에서 무거운 것의 순서로 배열했다면 《대청신형률》은 서방의 형식을 따라 주형과 종형을 구분하고 형벌을 무거운 것에서 가벼운 것의 순서로 배열했다.[30] 또한 형명(刑名) 체계를 다루고 있는 각칙편은 전통적인 관념을 버리고 민사와 형사를

---

25) 高漢成, 〈突動在淸末修律中的作用—以《大淸刑律》的制定爲中心〉, 《法律史論集》 5(北京 : 法律出版社, 2004), 164~165쪽.

26) 崔林林, 〈淸末法律移植評價及政治因素的作用〉, 張生 主編, 《中國法律近代化論集》(北京 : 中國政法大學出版社, 2002), 251~262쪽.

27) 蔡樞衡, 《刑法學》, 117쪽.

28) 强世功, 〈法律移植, 公共領域與合法性〉, 52쪽.

29) 《대청신형률(大淸新刑律)》은 보응주의를 완전히 탈피하지는 못했지만, 20세기 초기의 신파(新派) 형법 이론을 일정 정도 구현했다. 何勤華 · 李秀淸, 《外國法與中國法—20世紀中國移植外國法反思》(北京 : 中國政法大學出版社, 2003), 381쪽.

30) 徐岱, 〈淸末刑法改制與中國刑法近代化〉, 5 · 48~53쪽.

구분했고, '나래주의(拿來主義)'를 바탕으로 하면서도 중국 고유의 형명을 결합했으며, 형명 규정에서 구형률의 한 사안마다 하나의 조항을 규정하는 방식을 폐기하고 '개괄주의'를 채택했다.[31] 또한 각칙은 형명을 국가 존립에 대한 직접적인 위협(1~8장), 사회에 대한 위협과 국가에 대한 간접적 위해(9~25장), 개인에 대한 위협과 국가·사회에 대한 간접적인 위해(26~36장)로 분류했다. 여기서 다시 한 번 확인할 수 있는바, 《대청신형률》은 기본적으로 법리파가 구상한 모델이었으며, 전통 법률 체제 몰락의 전환점이자 중국 법제 근대화의 이정표라 할 수 있었다.[32]

이렇게 《대청신형률》이 근대적 체계를 갖출 수 있었던 주된 요인은 청 말의 사회 변화였다. 당시 중국에서는 민중의 소비 생활이 새롭게 변화하면서 민중이 기존의 예법 생활에서 유리되기 시작했고, 가족주의 관념이 나날이 희박해지면서 개인주의가 점차 강화되었으며, 정부는 예법보다 현실적인 이해관계를 바탕으로 국사를 처리했고, 남녀 관계의 변화와 여성의 독립도 점차 시작되었다. 청 말의 사법 주체들도 법 운용 과정에서 전통 법률 의식을 변화시키기 시작했고, 새로운 지식인들은 예법 분리를 촉구하는 사회 여론을 불러일으켰다.[33] 하지만 변화는 중국 대륙의 외딴 섬과도 같은, 일부 도시의 소수의 사람들 사이에서 시작된 것에 불과했다. 그러므로 라오나이촨은 "형률의 수정은 입헌에 대비해 법권(法權)을 통일하는 것인데, 신형률의 본문은 오로지 외국인을 대상으로 한 것처럼 되었으니 본말이 전도되었다"라며 비판했고,[34] "중국의 입법은 국내 치안을 중심으로 이루어져야 하며 꼭 외국인의 지적을 따를 필요가 없다"라고 지적했다.[35]

《대청신형률》은 선통 2년 12월(1911년 1월)에 반포되었지만, 청이 시행 일자를 며칠 앞두고 멸망했다. 청 정부를 계승한 중화민국 정부는 1912년 3월 1일에 "현

---

31) 楊堪·張夢梅, 《中國刑法通史》 8(瀋陽：遼寧大學出版社, 1987), 51~59쪽.

32) 張仁善, 《禮·法·社會─淸代法律轉型與社會變遷》, 8~9쪽.

33) 張仁善, 《禮·法·社會─淸代法律轉型與社會變遷》, 281~328쪽.

34) 島田正郎, 《淸末における近代的法典の編纂》, 188쪽.

35) 李貴連, 〈淸末修訂法律中的禮敎之爭〉, 117~121쪽.

재 중화민국의 법률을 논의해서 반포할 수 없으므로 종전에 시행되었던 법률과 《대청신형률》을 민국의 국체와 저촉되는 부분을 제외하고 잠시 원용해서 시행한다"라고 발표했다. 남경(南京) 임시 정부 참의원은 4월 3일에 각칙 제1장에서 '황실 침범죄(侵犯皇室罪)'와 '잠행장정(暫行章程)'을 비롯한 5개 조를 삭제하고 '제국'이나 '신민' 같은 황제 체제와 관련된 제도와 용어를 '중화민국'이나 '인민'으로 바꾼 《중화민국잠행신형률(中華民國暫行新刑律)》을 발표했다. 이후 북양(北洋) 정부는 1914년 12월 24일에 공포한 《잠행신형률보충조례》이외에는 별다른 입법 활동을 하지 않았다.[36] 1914년[37]과 1918년에 형법 수정안을 만들었지만 모두 시행에 옮기지는 못했고, 단지 일련의 형사 특별법을 제정했을 뿐이다.

1918년의 제2차 수정안은 상당히 중요한 의미를 갖고 있었다. 새로 설치된 수정법률관의 총재인 둥캉(董康)과 왕충후이(王寵惠)는 《잠행신형률》이 너무 지리멸렬해진 것을 염두에 두고 제2차 수정안 편성에 착수했다. 이것은 형법학의 새로운 동향을 염두에 두고 체제뿐만 아니라 형법 원칙에서도 상당한 변화를 이룩했으며, 친속의 범위에서 서구 교회법의 계산법을 받아들이는 등 세부 내용에서도 현저한 변화를 보였다. 이어서 형법 통일을 위해 수정안의 국회 통과가 모색되었지만 정국 혼란으로 좌절되었다.[38] 그럼에도 불구하고 1926년에 실시된 조사법권위원회의 조사에 따르면, 당시 중국의 사법 상황은 생각보다 만족스러웠다. 이제 필요한 것은 일반인에 대한 법 적용이 반드시 법원에 의해 장악되고, 중국 정부가 제2차 형법 수정안을 시행하는 것이었다.[39]

---

36) 《중화민국잠행신형률(中華民國暫行新刑律)》은 예교 질서의 옹호를 위해 정당방위의 범위에 존친속을 포함시키지 않았고, 부모가 자식의 징계를 법원에 요청할 경우 그 자식을 6개월 이하의 구금에 처할 수 있게 했으며, 당시 사회의 실상을 반영해 첩의 법적 권리를 보장했다. 朱勇 主編, 《中國法制通史 9 : 淸末 · 中華民國》(北京 : 法律出版社, 1999), 497〜498 · 500〜501쪽.

37) 제1차 수정안에 대해서는 다음을 참고하라. 董康, 〈修正刑法草案理由書〉(1915), 《董康法學文集》(北京 : 中國政法大學出版社, 2005), 2〜3쪽.

38) 江庸, 〈五十年來中國之法制〉, 《最近之五十年》(上海 : 申報館, 1922) ; 謝振民, 《中華民國立法史》下(北京 : 中國政法大學出版社, 2000), 891〜892쪽 ; 何勤華 · 李秀淸, 《外國法與中國法─20世紀中國移植外國法反思》, 19쪽.

39) 李育民, 《中國廢約史》(北京 : 中華書局, 2005), 505 · 518 · 526쪽.

1928년의 남경 국민정부 수립은 이를 실현하기 위한 정치적 역량을 중국 정부에 부여했다. 사법원 원장 왕충후이의 제2차 수정안에 쉬위안가오(徐元誥)와 우차오쉬(伍朝樞)가 22개의 의견을 첨부했고, 법제국장 왕스제(王世杰)가 이를 수정했으며, 1928년 3월 10일에《중화민국형법》이 전국에 공포되고 7월 1일부터 효력을 발휘했다.[40] 이것은 보통 '28형법'이라고 불리며, 1935년에 제정된《신형법》은 '35형법'이라고 통칭된다.

28형법은 중국 민정(民政)을 적절히 참조했고 국민당의 정강을 반영했으며 시대의 요청에 따라 몇 가지 중요한 변화를 이룩했다. 첫째, 남녀평등 원칙을 추상적으로 주장하는 것이 아니라, 국민당 제2차 전국대표대회에서 의결된 '부녀 운동 의결안'에 입각해 남계가족중심주의를 취하는 대신 부계와 모계를 대등하게 대우했다.[41] 둘째, '남편 없는 부녀자가 다른 사람과 화간한 사건'은 처벌 대상에서 제외했고, 존친속의 정당방위권에 대해서도 예외 조항을 두지 않았다.[42]

그럼에도 불구하고 28형법은 곧 여러 이유로 재개정을 요구받았다. 우선 개정이 급하게 이루어졌고, 조문이 번잡하고 중복돼 있으며, 이 형법 시행 이후 각지의 법원들이 많은 의문점을 상급 법원에 제기했고, 단기 자유형에 대한 벌금제를 채택하지 않아서 가벼운 죄를 지은 범인들이 감옥에 넘쳐났다. 또 시세의 변화에 따라 특별법이 복잡하게 제정되어 이것을 정리할 필요가 있었다. 이에 입법원은 1931년 12월에 형법기초위원회를 조직하고 수정안을 의논했다. 위원들은 최신 형법 학설을 참고하고 형법 운용 과정에서 발생한 문제점들에 대해 논의한 끝에 1933년 4월에 심사를 완료했고, 12월에《형법수정안초고》를 완성했다. 그리고 이후 여러 차례의 논의를 거쳐 1934년 10월에 총칙 12장 97조와 각칙 35장 253조로 이루어진, 총 350조의《형법수정안》을 완성했고, 입법원의 의결을 거쳐 공포했다.[43]

---

40) 潘念之 主編,《中國近代法律思想史(下)》(上海：上海社會科學院出版社, 1993), 13~14쪽；董康,《刑法比較學》(上海：上海法學編譯社, 1932).

41) 謝振民,《中華民國立法史》下, 904~908쪽.

42) 蔡樞衡,《中國刑法史》(北京：中國法制出版社, 2005), 107쪽.

28형법과 비교하면《신형법》은 국민당의 입장을 적극적으로 반영해, 입법 지도 사상부터 구체적인 내용에 이르기까지 적지 않은 변화를 이루었다.[44] 우선 1920년대 이래 본격적으로 도입된 범죄학과 신파 형법학의 영향 아래 범죄와 범죄인에 대한 관점이 변화되었고, 형벌에 대한 관점도 '보응주의'에서 '사회방위주의'로 바뀌었다. 즉 범죄는 범죄인의 본성과 위험 상태에 의해 야기되므로, 형벌은 범죄 행위에 대한 보응의 차원에서가 아니라 사회 방위의 차원에서, 범인의 고유한 특성이나 위험 상태에 따라 이루어져야 한다고 본 것이다.[45] 이것은 객관주의에서 주관주의로의 전환을 나타내며, 그 결과 유럽의 파시즘 형법 원칙이 보안 처분과 같은 조항으로 중국에도 적용되었다.[46] 동시에《신형법》은 직계 혈친 존친속에 대한 범죄를 일반인에 대한 범죄보다 1/2 가중 처벌하고, 또 존친속의 경우에는 피해자가 부상을 당하지 않았더라도 폭력을 행사했으면 범죄로 처벌함으로써 중국의 전통적 법률 원칙도 일정 정도 계속 유지시켰다.[47] 이《신형법》은 국민당 정부가 중국 대륙을 떠난 1948년까지 중국인들을 규제했고, 대만 사람들에게는 그 이후에도 시행되었다.

《대청신형률》부터《(중화민국)신형법》까지 20세기 전반기의 중국 형법들은 중국 정부와 지식인들이 개인주의와 민권 사상을 도입해 중국에 근대적 서구 사회를 구현하기 위해 채택한 핵심 수단의 하나였다. 그러나 중국 전통 문화의 가족 본위가 개인을 배척했기 때문에 형법의 제정과 운용 과정에서 개인이라는 서구의 기준이 그대로 통용되기 힘들었고, 따라서 개인은 중국인들이 보다 친밀감을 느끼는 '민(民)'으로 바뀌었다. 중국은 개인보다 민을 국가 권력 기구 구성의 합법

---

43) 謝振民,《中華民國立法史》下, 919~921쪽.
44) 형사 정책을 연구하는 학자들은 범죄학과의 경쟁 속에서 범죄 예방에 대한 신파 형법학의 입장을 받아들였고, 그 결과《신형법》이 제정되었다. 郭衛,《刑事政策學》(上海：上海大學編輯社, 1933), 1~7 · 119쪽.
45) 楊堪 · 張夢梅,《中國刑法通史》8, 266쪽.
46) 謝振民,《中華民國立法史》下, 1934쪽.
47) 朱勇 主編,《中國法制通史 9 : 清末 · 中華民國》, 652~655쪽.

성의 근거이자 근원으로 삼았던 것이다. 이것은 형벌의 배열 순서에서 상징적으로 드러나는데, 최초로 도입된 근대 형법인《대청신형률》은 국가·사회의 이익 보호에 중점을 두어, 국가의 안전을 위협하는 범죄에 대한 조항을 먼저 배치하고 인민의 생명과 재산권을 위협하는 범죄에 대한 조항을 나중에 배치했다. 또한《잠행신형률》이나 국민정부 시기의 형법도 모두 사회 보호를 개인 권리의 보장보다 우선으로 삼았다.[48]

나아가 1920년대부터는 혁명이라는 이름으로 현대 문화의 공통성을 부정하고 수정하려는 새로운 현상이 시작되었다. 국민당에 의해 시작된 이러한 경향[49]은 '사회와 민족'으로 현대 공민의 권리와 의무를 대신하고 사회와 민족에 대한 신앙으로 이성을 대신했으며, 특히 정치성을 띤 법률에서 관철되거나 공공연한 위법 행위로 공민들이 마땅히 누려야 할 자유를 침해해나갔다.[50] 당시 법률학자를 포함한 일부 지식인들은 이러한 면을 동의할 수 없는 왜곡으로 평가했지만, 전통적인 요소가 큰 영향력을 발휘하는 농민층에서 권력 기반을 확립한 공산당에 의해 이러한 면은 중국식 국민 국가와 근대 사회의 특징으로 발전했다.[51]

---

48) 徐岱,〈淸末刑法改制與中國刑法近代化〉, 16~17·66~67쪽.

49) 국민당의 입장에는 쥐정(居正)과 후한민(胡漢民)의 견해가 중요하게 작용했다. 楊鴻烈,《中國法律思想史》(北京 : 中國政法大學出版社, 2004), 301~303쪽 ; 蕭太福,〈論居正的'重建中國法系'思想〉, 韓延龍 主編,《法律史論集》5(北京 : 法律出版社, 2004), 176·182쪽 ; 沈國明·王立民 主編,《二十世紀中國社會科學 : 法學卷》(上海 : 上海人民出版社, 2005), 34쪽.

50) 袁偉時,〈《刑法》的變遷與本世紀中國文化的若干問題〉, 張志林 主編,《自由交談》1(成都 : 四川文藝出版社, 1998), 100~104쪽.

51) 법치의 전통적 요소와 관련된 문제로는 조해(調解) 제도를 들 수 있다. 양류(楊柳)는 이 제도를 필자와 비슷한 관점에서 살펴보았다. 楊柳,〈模糊的法律産品〉, 强世功 編,《調解, 法制與現代性 : 中國調解制度研究》(北京 : 中國法制出版社, 2005), 501쪽.

3. 사회 문제 해결을 위한 지식 축적 작업—범죄학의 도입과 적용

새로 도입된 근대 형법은 사람들의 어떠한 행위가 범죄로서 처벌받는가에 대한 기준을 제시하고 일상생활에서 적용되면서 중국인의 삶에 구체적으로 관여하기 시작했다. 많은 경우 기존의 범죄관이 그대로 계승되었지만 새로운 해석이 적용되기도 했으며, 새로운 생활 방식의 도입에 따라 새로운 범죄가 출현하기도 했다. 이렇게 범죄의 정의나 처벌 기준이 상당히 변했지만,[52] 그보다 더 중요한 것은 처벌 목적의 변화와 처벌 방법의 '과학화'였다. 이 '과학화'는 근대 학문 체계의 확립과 밀접한 관련이 있었다. 범죄에 대한 근대적 학문 연구가 형법학과 범죄학으로 체계화되었던 것이다.

형법학과 범죄학은 범죄와 범죄자를 연구 대상으로 삼는다는 공통점이 있지만, 연구 대상에 대한 접근 방법에서 근본적으로 차이를 보인다. 형법학은 범죄와 형벌의 당위적 관계에 기초를 두고 이루어지므로 연구 대상이 형법상의 범죄에 한정된다. 반면에 범죄학은 범죄와 형벌의 사실 관계에 관심을 기울이므로 '형법상의 범죄'뿐만 아니라 '일탈 행위'와 같은 반사회적 행위도 연구 대상에 포함한다.[53]

전통 중국에서도 많은 정치가와 사상가들이 다양한 각도에서 범죄를 다루었지만 이것이 독립된 학문으로 성립되지 못했다. 1900년대에 이르러 각국의 형법이 번역되고 형법학이 소개되면서 비로소 범죄에 대한 학문적 논의가 본격적으로 시작되었다. 중국에 근대 형법을 도입하는 데 핵심적인 역할을 한 오카타(岡田)는 보응형론과 범죄의 자유 의지론을 주장한 베카리아Marchese di Beccaria 이래의 구파에 속했지만, 오카타 이후 일본 형법학자들의 번역서를 통해 신파 형법학자들의 견해도 소개되었다.[54] 1920년대 초반부터 신파의 영향을 받은 형법학자들이

---

52) 《대청신형률》 이래의 범죄 개념과 변화에 대해서는 다음을 참고하라. 蔡樞衡, 《中國刑法史》, 172~173쪽.
53) 지광준, 《범죄학》(경인문화사, 2003), 11쪽.

본격적으로 출현했는데, 이들 가운데 가장 중요한 인물인 왕진(王覲)은 일본 학자 마키노 에이이치(牧野英一)에게 주관주의와 목적형론을 전수받았다. 궈웨이(郭衛)는 신파의 입장을 받아들였지만 보응주의도 인정하는 절충파에 속했는데, 범죄학을 연구하고 형사 정책을 강조했다.[55] 그 결과 사회 방위주의 입장의 범죄론이 형법학을 주도했고《신형법》이 제정될 수 있었다.

그런데 이러한 범죄론과 형벌론은 개인을 감독하고 개인의 위험한 상태를 제거하고 개인의 범죄적 소질을 변화시키며 그러한 일련의 과정을 단 한 번의 조치로 고정시키는 데 주된 목적을 두고 있다.[56] 그렇다면 범죄를 단순히 법적 행위에서 다루는 형법학의 도입 · 발전뿐만 아니라 범죄를 사회적 행위로 간주하고 그에 대한 지식을 축적하는 범죄학의 도입 · 발전 또한 근대 국가 건설을 위한 중국 정부와 지식인들의 노력과 관련해서 중요한 의미를 갖게 된다.

범죄학에 대한 중국인의 관심이 언제부터 시작되었는지에 대해서는 아직 구체적인 연구가 없지만,《롬브로소의 범죄인론》이라는 일본인 저서의 중국어 번역서 서문에 따르면 중국 국민당의 핵심 인물이며 중화민국 법률 제정에 커다란 영향을 미친 인물인 다이지타오(戴季陶)는 이미 1910년대 후반기에 근대 범죄학의 창시자인 롬브로소Cesare Lombroso[57]의 주장에 관심을 기울였다.[58] 1922년에는 류린성(劉麟生)이 롬브로소의《범죄자L'uomo delinquente》(1876)를 번역하면서, "범죄학은 사회의 진보를 위해 범죄 문제를 연구하는 사회 과학의 한 분야이며, 범죄 원인에서 큰 비중을 차지하는 것은 생리적 요인이라고 볼 수 있다"라는 롬브로소의 주장도 확실하게 알려졌다.[59] 그런데 롬브로소의 범죄학 이론은 중국의 전통적 범죄론과 여러 면에서 차이점을 갖고 있어서 대부분의 중국 학자들은 그의

---

54) 島田文之助,《警察講義 : 刑法汎論》(北京), 5~8쪽.

55) 蔡樞衡,《中國刑法史》, 67~68쪽.

56) 미셸 푸코,《감시와 처벌 : 감옥의 역사》, 43~45쪽.

57) 롬브로소Cesare Lombroso(1836~1909)의 중국명은 朗伯羅梭, 龍勃羅梭, 倫勃羅梭 등이다.

58) 倫勃羅梭,《倫勃羅梭犯罪人論》, 徐天一 譯(上海 : 民智書局, 1929), 1쪽.

59) 朗伯羅梭,《朗伯羅梭氏犯罪學》, 劉麟生 譯(上海 : 商務印書館, 1922), 1~10쪽.

범죄학을 무비판적으로 받아들이기 힘들었다. 중국인들로서는 생리나 심리의 측면에서 범죄 원인을 고찰하는 '천생적인 범죄인'론이 낯설었고, 범죄인의 개조와 사회 복귀 가능성에 대해 긍정적이었으며, 나아가 '형벌이 없고 송사가 없는' 이상 사회를 포기하기 힘들었고, 롬브로소의 범죄에 대한 극단적인 해결책도 탐탁지 않았다.[60]

한편 롬브로소에 이어 곧바로 서구의 다양한 형법과 범죄학 이론이 일본 학자를 통해 간접적으로, 때로는 중국어 번역에 의해 직접적으로 수입되었다.[61] 왕취페이(王去非)는 18세기 말에 베카리아에 의해 시작된 인간의 자유 의지를 주장하는 고전주의 형법론을 구파로, 19세기 후반기에 롬브로소에 의해 시작된 과학주의적 범죄학을 신파로 소개하고, 다시 신파를 롬브로소의 형사 인류학파와 범죄심리학파, 사회관계를 기초로 해 범죄 원인을 연구하는 형사 사회학파, 개인의 성격이라는 내부 원인과 사회관계라는 외부 원인의 결합에 의해 범죄가 발생한다고 보는 리스트Franz von Liszt의 형사 절충학파로 구분한다.[62] 특히 절충적 입장을 취한 이탈리아 형사 사회학파 소속의 페리Enrico Ferri와 독일의 범죄 사회학자 리스트는 많은 중국 범죄학자들에게 결정적인 영향을 미쳤다.[63] 페리는 범죄의 원

---

60) 崔永東, 《中西法律文化比較》(北京 : 北京大學出版社, 2004), 221~222쪽.

61) 천다지(陳大齊)는 프랑스 범죄 심리학자 마보(馬勃)의 《심판 심리학 대의(審判心理學大意)》(1922)를, 장팅젠(張廷健)은 사전정일(寺田精一)의 《범죄 심리학(犯罪心理學)》(1927)을, 정지(鄭磯)는 승수순행(勝水淳行)의 《범죄 사회학(犯罪社會學)》(1927)을 번역했다. 또한 미국 학자 길린John Lewis Gillin(齊林)의 《범죄 학급 형벌학(犯罪學及刑罰學)》과 《사회 병리학(社會病理學)》은 형벌 제도와 범죄자 개조의 관계를 체계적으로 소개한 책이다. John Lewis Gillin, 《犯罪學及刑罰學》(1936), 査良鑒 譯(北京 : 中國政法大學出版社, 2003), 1~2쪽 ; Frank W. Blackmar · John Lewis Gillin, 《社會病理學》, 馬明達 譯(上海 : 商務印書館, 1930), 2~3쪽.

62) 王去非, 〈近代刑事學說及學派之變遷〉(1925), 何勤華 · 李秀淸 主編, 《民國法學論文精萃 : 刑事法律篇》4(北京 : 法律出版社, 2004), 64~80쪽. 한편 징룽(鏡蓉)은 이탈리아 실증학파가 범죄학과 사회학의 결합을 주장하면서 형법으로부터 독립하려는 경향이 있음도 알게 된다. 鏡蓉, 〈犯罪學之基礎觀念〉(1927), 何勤華 · 李秀淸 主編, 《民國法學論文精萃 : 刑事法律篇》4(2004), 129쪽.

63) 페리Enrico Ferri(1856~1929)의 중국명은 菲利이며, 리스트Franz von Liszt(1851~1915)의 중국명은 李斯特 또는 李思特이다. 또한 페리의 책은 쉬구이팅(許桂庭)이 《실증파 범죄학(實證派犯罪學)》이라는 제목으로 1936년에 번역 · 출판했다.

인을 인류학적 요소, 물리적 요소, 사회적 요소로 분류하고, "형벌은 사회 방위 도구로서 부족하기 때문에 질서라는 사회적 필요성을 만족시키기 위해 형벌 대신 다른 수단에 의지해야 한다"라고 지적했다. 그가 제시한 수단은 궁극적으로 생산과 노동 수단을 집단 소유하는 사회 제도의 근본적인 개혁과 응보의 관점을 취하는 형벌 제도 대신에 과학적인 지식과 전문 능력을 활용하는 직업 훈련소 등을 통해 범죄자의 재사회화를 실현하는 법률 제도로 나아가는 개혁이었다. 또한 이탈리아 학파의 실증적인 연구 결과를 형법학적으로 체계화한 리스트는 다원적 범죄 원인론에 입각해 범죄를 생물학적 특성인 소질과 사회 환경의 산물로 보았고, 범죄자를 개선 가능한 자와 불가능한 자로 구분해 가능한 자는 교육형을 거쳐 사회에 복귀하게 하고 불가능한 자는 사회로부터 영구 격리시킬 것을 주장했다.[64]

중국에서 범죄학이 많은 사람들의 관심을 받으면서 각 대학에 범죄학 강좌가 활발하게 개설된 것은 다이지타오가 명확히 언급한 시대적인 요구와 관련 있었다.

훈정(訓政) 기간에는 일반인에게 형사 정책상 새로운 관념과 지식을 보급해야 한다. 과거에 중국인들의 머릿속에 충만했던 복수주의와 징벌주의를 씻어버려야 하며, 범죄는 생리적·심리적·사회적 결함에서 말미암은 것이므로 범죄자에게 지나친 원한을 품는 대신에 범인을 좋은 사람으로 변화시켜 사회의 질서를 유지해야 한다……범죄학은 현재 무제한의 파괴만이 진정한 혁명이라고 오인하는 청년들에게 일종의 깨달음을 줄 수 있다. 현재 우리의 혁명 공작은 이미 점점 건설로 바뀌고 있다. 건설은 평화적으로 이루어져야 하는데, 국가가 반드시 정당하고 강력한 억제력을 갖고 있어야 사회와 개인의 생존과 발전을 보장할 수 있다.[65]

새로 범죄학 강의를 시작하게 된 많은 법학자와 사회학자들은 각종 외국 전문 서적을 번역하는 한편, 외국의 이론을 이용해 중국의 범죄 문제를 연구하고 교재,

---

64) 지광준, 《범죄학》, 112~114·123~124쪽 ; 陳興良, 《刑法的啓蒙》(北京 : 法律出版社, 2004), 251~254쪽.

65) 倫扚羅梭, 《倫扚羅梭犯罪人論》, 戴季陶 序, 1~3쪽.

연구 논문, 서적을 집필·출판했다. 제일 먼저 본격적인 전문서를 발표한 사람은 상해(上海) 법과대학과 복단(復旦)대학 사회학과에서 범죄학과 범죄 사회학을 강의한 리젠화(李劍華)였다. 그는, 모든 특정한 사회 질서를 위협하는 행위를 범죄로 규정해야 하며, 범죄의 근본적인 치료책으로는 온갖 악의 근원인 사유 재산 제도를 공유 재산 제도로 대체하고 자유 경쟁 제도를 폐지하는 방법이 있지만 당장은 형벌로 범죄자를 제재해 사회 질서를 유지해야 한다는 페리의 입장을 그대로 반복했다.[66] 한마디로 리젠화의 연구서는 기존의 서구 범죄학 이론을 정리·소개하는 교재 수준에 불과했다. 상해 법정학원에서 범죄학을 강의하고 있던 쉬펑페이(許鵬飛)도 전문 서적을 냈지만, 자료 부족으로 심도 있는 연구를 진행하지 못했음을 고백했다.[67]

이들과 다른 입장을 보인 사람으로는 중국사회과학회의 회원이었던 바오루웨이(鮑如爲)가 있었다. 그는 범죄의 원인을 다룰 때 다른 학자들과 달리 개인적인 요소는 주관에 속하는 것으로 판단해 배제하고 자연적·사회적 요소만을 받아들였다. 물론 기존의 연구처럼 자연 환경 차원에서는 기후·계절·기상·지형과 범죄의 관계를 논했고, 사회 요소와 관련해서는 정치적, 경제적, 도농의 차이를 상세하게 다루었다. 그의 주장에서 흥미로운 점은 정치적 요소와 관련된 지적이었다. 그는 사회 개선과 진보를 위해 정부가 많은 새로운 법규를 시행하자 일부 사람들이 그 규율들을 위배해 범죄자가 되는 현상이 발생했음을 지적하고, 범죄는 표면상 당대 사회 조류를 거스르는 것인 듯 보이지만 사실은 사회 진화와 관련돼 있거나 사회 개조를 촉진할 수 있는 선각자의 표현이기도 하다고 지적했다.[68]

이들 연구는 전반적으로 중국 사례에 대한 실증적인 연구 검토가 너무 부족하다는 결정적인 문제점을 갖고 있었다. 예컨대 리젠화는 그의 또 다른 연구서인 《범죄 사회학(犯罪社會學)》에서, 사법행정부가 발행한 1929~1931년 3년간의 통

---

66) 李劍華, 《犯罪學》(上海 : 上海法學編譯社, 1933), 101~118쪽.

67) 許鵬飛, 《犯罪學大綱》(上海 : 大學書局, 1934), 1~3쪽.

68) 鮑如爲, 《犯罪學槪論》(上海 : 大東書局, 1933).

계만을 가지고 "근대 사회에서 범죄 현상이 나날이 심각해지는 것을 증명할 수 있는데, 이것은 인류의 생존에 대한 위협이지 단순한 사회 치안 문제에 그치지 않는다"라고 판단하는 등의 비약을 보이고 있다.[69]

그렇다고 실증적 연구가 전무했던 것은 아니다. 옌징야오(嚴景耀)와 같은 소수의 신진 범죄학 연구자들은 "민중을 위한 삶을 실천하려면 우선 그들을 이해해야 하고, 특히 중국 사회의 범죄 문제를 해결하려면 먼저 감옥을 살펴보아야 한다"라는 '하옥(下獄)'의 구호 아래 1927년 여름에 3개월간 경사제일감옥에서 생활하며 연구했다.[70] 사실 범죄에 대한 조사·통계 작업은 중국 각지에 경찰 조직이 성립된 1900년대부터 이미 시작되었다. 필자가 갖고 있는 가장 최신 통계인 광서 32년의 《북경내성 순경총청 제1차 통계서(北京內城巡警總廳第一次統計書)》에는 범인의 연령에 대한 통계, 각종 범죄별 통계, 소송 안건 등이 기록되어 있고, 이러한 통계 작업은 이후 매년 계속되었다. 또한 사법부는 전국의 통계 자료를 수합해 매년 《형사통계연보》를 발간했고, 이 연보는 1928년에 장징위(張鏡予)에 의해 본격적인 범죄 분석에 활용되기에 이르렀다. 이 분석은 기존의 서구 이론을 단순하게 적용한 것이었고, 그 결과 중국에서 많이 발생하는 범죄는 아편 흡연, 절도와 강도, 도박, 살상, 약유(略誘)와 화유(和誘)의 순서일 것이라는 일반적인 예상을 다시 한번 확인하는 것에 불과했지만, 현재 확인되는 최초의 실증적인 연구라는 점에서 의미를 갖고 있다.[71]

이후 서구의 범죄학 성과가 소개될수록 중국 학자들은 중국의 실상에 입각한 범죄학의 필요성을 더욱 절감하게 되었다. 1932년에 중앙연구원은 중국 각지의 범죄인에 대한 조사를 본격적으로 시작했다. 이를 통해 나온 범죄 통계는 기존의 연구가 주장한 내용과 큰 차이가 없었는데, 인민의 범죄가 개인적인 요소에서 비롯된 것이라기보다 생존을 위한 부득이한 출로이며, 범죄로부터의 구제를 위해서

---

69) 李劍華, 《犯罪社會學》(上海 : 會文堂新記書局, 1935), 12쪽.

70) 嚴景耀, 〈北京犯罪之社會分析〉(1928), 《嚴景耀論文集》(北京 : 開明出版社, 1995), 2쪽.

71) 張鏡予, 《北京司法部犯罪統計的分析》(北京 : 燕京大學社會學系, 1928), 17쪽.

는 인민의 환경을 개선해야 한다는 결론을 여기서도 확인하게 된다.[72)

  일부 학자들은 이러한 이론적 · 실증적 연구를 바탕으로 해서 종합화와 대책 마련에 나섰다.[73) 페리의 이론을 추종했던 왕커지(王克繼)는 이 실증적 연구와 몇몇 지방 고등 법원 사법 통계를 포함한 기존 중국의 자료를 광범위하게 수집해 분석한 뒤, 범죄 현상은 사회와 밀접한 관련을 맺고 있음을 확인했다. 이어서 그는 사유 재산 제도와 자유 경쟁의 폐해를 근본적인 문제점으로 보는 기존의 범죄학 연구에서 벗어나 쑨원(孫文) 민생주의의 실천을 핵심적인 해결책으로 제시했다.[74)

  1937년에 발생한 항일 전쟁은 범죄학 발전에 큰 장애가 되었지만 범죄학 발전의 흐름을 거스르지는 못했다. 1941년 이후 중경(重慶) 지역에서는 범죄에 대한 경찰의 상세한 조사 · 기록 작업이 진행되면서 학자들이 사례 조사와 분석에 임했고,[75) 형법학자들도 형법학의 자유 의지론과 범죄학의 범죄 원인론을 어떻게 결합시켜 새로운 삼민주의 형법학을 만들어낼 것인지를 놓고 고민했다.[76) 드디어 항전 승리 직전인 1944년에 귀주(貴州)대학에 재직하던 류양즈(劉仰之)에 의해 근대 범죄학의 총결이 이루어졌다. 야심 넘쳤던 그는 기존 범죄학의 주류였던 범죄 사회학의 연구뿐만 아니라 범죄 심리학과 형법학의 연구도 포괄하고, 사회학 · 인류학 · 생물학 · 정신 병리학 같은 다양한 인접 학문의 연구도 보충해서 범죄학 이론을 새로 구축하고자 했다. 우선 그는 기존의 범죄학에 포함돼 있었던 범죄의 예방과 치료를 감옥학과 형사 정책학으로 옮겨 포함시켰고, 당시까지 이루어진 중국의 범죄 현실에 대한 자료를 자세히 분석해서 연구 주제를 집중시켰다. 동시에 그

---

72) 梁紹文, 《五十个强盜 : 浙江省第二監獄犯罪調査之分析》(佛子書屋, 1932), 1 · 155~156쪽 ; 周叔昭, 〈北平100名女犯的硏究〉, 《社會學界》 6(1932), 271 · 280~281쪽.

73) 범죄 원인의 하나로서의 성(性)의 문제를 본격적으로 다루면서 상해(上海)와 강소(江蘇) 농촌의 차이를 지적하고 성과 문화의 관련성을 고려하는 연구도 출현했다. 周光琦, 《性與犯罪》(南京 : 正中書局, 1936).

74) 王克繼, 《犯罪學》(杭州 : 羣益書局, 1936), 167~169쪽.

75) 魏貞子, 〈成都地方法院刑事罪犯案件的分析〉, 《社會調査集刊》 12(1939).

76) 기존의 원인을 가능성으로 전제하고, 범죄는 가능성과 우연성의 통일에 의해 현실화된다고 보는 차이수형(蔡樞衡)의 견해는 흥미롭다. 蔡樞衡, 《刑法學》, 76쪽.

는 범죄 행위란 단순한 법률 위반 행위가 아니라, 도덕관념을 파괴하고 선량한 습속을 방해하며 민족의 공동 신앙을 동요시키는 반민족 행위라고 지적했다.[77]

　반면에 일부 범죄학자들은 범죄학 연구라는 학문적 행위만으로는 범죄의 근본적인 치료가 불가능하다는 생각에서 다른 해결책을 모색하게 되었다. 1934년에 현대 범죄학의 본거지라고 할 수 있는 시카고대학에서 박사 학위를 받은 옌징야오는 학위 논문을 통해 중국 범죄학에 한 획을 그었다. 그는 사회 변천으로 인한 문화 충돌과 아노미 현상〔문화 실조(失調)〕에 의해 범죄가 발생한다는 미국의 사회학적 범죄 원인론을 중국에 적용했고, 유럽의 범죄학 이론에 머물러 있었던 중국 범죄학계에 참신한 논점을 제공했다. 더욱이 옌징야오는 자신이 주관한 조사나 다른 사람이 시행한 조사를 통해 확보한 중국 20여 개 도시의 감옥에 대한 수백 건의 자료를 활용해 범죄학의 기본 이론과 중국의 범죄 통계, 범죄 유형, 범죄 원인, 범죄 예방 조치에 대한 독자적인 견해를 제시했다. 나아가 중국의 현실과 밀접하게 접촉했던 그는 범죄자를 '난민(亂民)'으로 간주하기보다 할 수 없이 범죄의 길로 들어선 선량한 사람들로 보았고, 중국인들이 변경된 제도 중 일부 조항에 적응하게 되면 범죄 예방이 가능해질 것이라고 판단했다.[78] 대증적인 해결책과 동시에 그는 국민성의 개조, 실업 발달, 정치 개량과 같은 범죄를 예방하기 위한 근본적인 치유책을 강조했다.[79] 하지만 이러한 치유책이 일본의 침략과 국민당의 실정으로 해결의 전망을 보이지 않자, 그는 정치의 길로 뛰어들어 민주를 외치게 된다.

---

77) 劉仰之, 《犯罪學大綱》(上海 : 大東書局, 1946), 1 · 173~174쪽.
78) 蘭全軍, 〈二十世紀的中國犯罪學〉, 《二十世紀的中國法學》(北京 : 北京大學出版社, 1998), 158~160쪽.
79) 嚴景耀, 〈北京犯罪之社會分析〉, 42~44쪽.

4. 신질서 추구에 대한 북경 시민의 대응

중국인의 생활이 근대 산업 사회의 영향권 아래 들어가면서 전신주나 철로를 훼손하거나 자전거를 도둑질하는 등과 같은 새로운 범죄가 자연스럽게 발생했지만, 범죄의 주요 항목이 급속히, 대대적으로 변한 것은 아니었다. 그럼에도, 각종 범죄의 자세한 경과를 추적하다 보면 우리는 새로운 사회 질서 확립을 위한 국가와 지식인들의 노력 및 그에 대한 북경 주민들의 대응을 파악할 수 있다.

당시 중국의 국가 권력과 지식인들은 이성에 입각해 주체적으로 생산과 정치 활동을 할 수 있는 개체를 만들고, 이들로 하여금 국민으로서의 정체성을 갖추게 하며, 개체들의 사회생활의 기초 단위인 가족을 재편하고, 개체들의 생활을 문명화하는 일련의 과정을 통해 국민 국가와 근대 사회를 이룩하고자 했다.[80] 그러한 전략에 따르면 가정 문제는 사적인 것이 아니라 공적 질서 형성의 핵심 문제 가운데 하나이며, 일반 주민들에게도 자신의 일상생활의 이해관계와 밀접하게 관련된 사안이었다. 더군다나 근대 형법을 도입하는 과정에서 발생한 논쟁의 핵심 사항은 가정 문제와도 관련이 있었다. 이에 이하에서는 가정 내부의 사건에 국가 권력이 관여할 때 북경 주민들은 어떻게 대응했는지에 대한 사례 연구를 시도해보고자 한다.

일본이 만주를 침략하기 열흘 전인 1931년 9월 8일, 북경 외성(外城)의 남서쪽에 있는 우안문 밖 정왕분(鄭王墳)에서 촌민 왕위창(王玉昌)이 후처 왕한(王韓) 씨를 때려 상처를 내자 왕한 씨가 마침 순찰에 나섰던 순사에게 구원을 요청한 사건이 촌련회(村聯會) 21조의 단정(團丁)을 통해 보고되었다.[81] 당시 21세였던 왕한 씨의 진술에 따르면 사건의 전모는 다음과 같다.

80) 임상범, 〈'民'에서 '國民'으로—5 · 4運動期 北京地域을 中心으로〉, 《中國現代史研究》 2(1996), 53~55쪽.
81) J181-21-1196, 〈南郊王韓氏控告被其夫王玉昌虐待成傷一案(1931. 9)〉, 王光越 · 林相範 主編, 《20世紀上半葉北京警察檔案資料集》 36(北京 : 北京檔案館, 2004), 4,253~4,268쪽.

작년에 같은 마을에서 살고 있던 왕위창이 야밤에 집에 들어와 저를 강간했습니다. 36세였던 그는 이미 동네 사람들과 함께 범죄 행위를 저지른 경력이 있었습니다. 따라서 제 모친은 그를 두려워해 감히 말도 못했고, 매파를 통해 2개월 뒤에 그가 저와 재혼하기로 해결을 보았습니다. 처음에는 큰 문제가 없었지만, 일 년 넘게 함께 살게 되자 그의 학대와 폭행이 심해졌습니다. 급기야 음력 7월 15일 제가 양식을 말리던 중에 또 그가 때렸습니다. 제가 소리치자 마을 사람들이 와서 해결되었지만, 남편은 여전히 저를 학대하고 욕했습니다. 이에 저는 이달 20일에 시내로 들어가 법원에 고소하려 했지만 소장 용지를 살 돈이 없었고 법원은 고소를 접수하지 않았습니다. 밤이 늦어 저는 귀가하지 못하고 친정에 머물렀는데, 다음 날 왕위창이 찾아와 저를 구타하고 제 귀와 팔 등에 상처를 냈습니다. 이때 마침 단정과 순사가 그곳에 왔기에 저는 소리쳐 구원을 요청했고, 결국 사건이 경찰서로 넘어오게 되었습니다.

물론 남편의 진술은 이와 상당히 달랐다.

평소 서로 시시덕거리다가 간통한 것이며, 결혼한 뒤에는 서로 화목했습니다. 처음에 마누라를 때린 것은 제가 그녀에게 양식을 말리라고 했는데 그녀가 듣지 않아서 화가 났기 때문이지 이유 없이 구타한 것이 아닙니다. 그녀가 20일에 가출했는데, 저는 그녀가 고소하려고 법원에 갔는지도 몰랐습니다. 어제 제가 그녀에게 상처를 입힌 것은 제 나쁜 성질 때문이지 고의는 아니었습니다.

여자 검사원〔온파(穩婆)〕인 쑨 씨에 의하면, 왕한 씨는 왼쪽 목과 오른쪽 귓불에 이로 깨문 상처가 한 군데씩, 오른쪽 배와 왼쪽 넓적다리에 나무 몽둥이로 인한 상처가 한 군데씩 있었습니다. 따라서 이 사건은 경찰의 중재로 간단히 해결될 수 있는 성질이 아니었고, 지방 법원 검찰처로 넘겨졌다. 이때 남교(南郊) 경찰서 옥천영(玉泉營) 분서의 판사원 허충언(賀崇恩)은 "왕위창은 정왕분의 분정(墳丁)으로, 평소의 행위가 악질적이어서 보고한다"라고 덧붙이고 있다.

우리는 여기에서 예상 가능한 여러 가지 상황과 사실을 확인할 수 있다. 청대에 부부간에 발생한 수많은 사건들은 대부분 큰 모순보다는 일상의 사소한 일에서 비롯되었다. 남편은 자신의 권한 행사 방법으로서 집안일로 아내를 통제하고 가르치려 들었고, 아내의 일상 활동을 '부도(婦道)'라는 이름 아래 제약하려 들었다. 보통 아내는 남편에게 복종하지 않고 제멋대로 친정을 방문했으며 남편은 가능한 한 이를 제한하려 했다. 대부분의 남편들은 아내의 행동을 이해하고 양해하지 않았으며 아내가 시가의 일에만 관심을 기울일 것을 요구했지만, 여성들은 생활에서 곤란에 처했을 때 친정을 주요한 구원자로 여겼다. 아내가 복종하지 않으면 결국 부권(夫權)은 수시로 가정 폭력의 형식으로 나타났다. 그렇지만 아내는 남편에게 순종하는 체하지 않고 종종 남편에게 불복했으며, 때로는 친정에 돌아감으로써 다른 사람의 관심을 끌고 문제를 해결했다. 결정적으로 남편이 집안을 돌보지 못해 자신의 책임을 다하지 못하는 바로 그 순간, 부권은 아내의 인정을 받지 못하게 되었다.[82]

앞에서 제시한 왕위창 부부 사건은 청대 부부 사이에서 발생한 사건들과 비슷한 양상을 보인다. 아내가 남편에게 무조건 순종하지는 않았으며, 아내는 남편의 공격이 심해지면 친정 나들이를 중요한 방어 수단으로 사용했다. 또한 가정 내의 다툼을 해결하는 방법 중 하나는 마을 사람들의 간섭과 그에 따른 체면 지키기였다. 나아가 강간 사건은 형법상 중대한 범죄로 규정돼 있음에도 불구하고, 피의자가 지역에서 무시할 수 없는 무뢰한일 경우 그가 피해자와 결혼하는 것으로써 쉽게 무마될 수 있었다.

따라서 남편의 구타에 맞서 법원이라는 새로운 해결 기관을 찾아가는 왕한 씨의 행동을 한 인간으로서의 여성의 권리를 자각한 행동으로 찬양하면서 신여성 출현을 운운하는 것은 과도한 비약일지 모른다. 중화민국 시기의 부부 관계 문제를 '남편을 배신하고 몰래 도망친다(背夫潛逃)'는 안건으로 검토한 기존 연구에 따르면, 중화민국의 법률은 개인의 책임과 경제적 독립을 강조하고 가정의 경제

---

82) 王躍生, 《淸代中期婚姻衝突透析》(北京 : 社會科學文獻出版社, 2003), 71 · 76~80쪽.

를 부부 쌍방의 의무로 봄으로써 개인주의와 남녀평등의 원칙을 관철했다고 한다. 하지만 현실에서는 결혼한 여성들이 남편을 '주인'으로 인정하고 결혼을 '주인을 찾는 행위(找主)'로 여김으로써 스스로를 가정에 부속된 존재라는 지위에 위치시켰다. 결국 국가와 지식인들은 결혼과 가정 구조에 대한 관념과 법률에서 커다란 변화를 이룩했지만, 북경의 일반 여성들은 자신들의 필요와 관점에 따라서 결혼과 가정생활을 해나갔다고 한다.[83]

물론 우리는 이 사건에서 새로이 등장하는 질서들도 발견하게 된다. 과거의 청률의 규정에서는 처첩이 함부로 지아비를 고발할 수 없었으며, 남편이 처를 구타한 경우 뼈가 부러질 정도의 상처를 입힌 경우가 아니고는 범죄로 취급되지 않았고 그 이상의 해를 입혔더라도 일반인의 폭행 사건에 비해 2등급이 감해졌다.[84] 그러나 이제는 가정 내에서 벌어진 폭력 사건이라 해도 일단 상해가 발생하면 형법에 저촉되며, 따라서 가족의 범위를 넘어 반드시 국가 권력이 담당해야 하는 사건이 되어버린다. 한편 정왕분은 북경 시내가 아니며, 왕한 씨는 일반적인 농촌 아낙으로 보인다. 그런 그녀가 남편의 구타 사건을 해결하기 위해 북경 시내로 들어가 법원에 호소한다. 왕위창이 평범한 농부가 아님은 분명한데 왕한 씨의 용기는 어디서 나왔을까?[85] 그녀는 비록 인지대가 없어 소장을 제출하지 못했지만, 다음 날 마을을 순찰하던 경찰에게 과감하게 해결을 호소했다. 북경 근교의 시골에서는 사람들이 필요할 때 쉽게 접근할 수 있을 만큼, 국가 권력의 말단 기관인 경찰과 촌련회가 사람들 가까이에 있었다.

왕위창 부부 사건에서 또한 우리는 범죄학 관련 지식의 축적 작업을 발견하게 된다. 경찰은 과거의 범죄 기록을 통해 지역 사회에서 질서를 어지럽히는 사람들

---

83) 馬釗, 〈司法理念和社會觀念 : 民國北平地區婦女 '背夫潛逃' 現象研究〉, 《法律史學研究》 1(北京 : 中國法制出版社, 2004), 212~229쪽.

84) 張晉藩 主編, 《中國法制通史 8 : 淸》(北京 : 法律出版社, 1999), 443쪽.

85) 《중화민국형법》 초안을 논의하는 과정에서 대부분의 논자들은 "중국의 부녀자들은 지식이 박약해 고소할 줄 모른다"라고 했다. 謝振民, 《中華民國立法史》 下, 908쪽. 그렇다면 왕한(王韓) 씨의 행동은 예외적인 것이었을까? 이 문제는 조금 더 천착할 필요가 있을 것 같다.

의 신원을 파악하며,[86] 계속 사건 기록을 덧붙여 보존하면서 시민 집단과 개인들에 관한 지식을 축적하고 그들의 성향을 분류하여 낙인찍는다. 그리고 이러한 작업은 초보적이지만 범죄학적인 지식 체계에 따라 이루어진다. 하지만 주민들은 단순히 관찰되고 교육받는 존재만은 아니었다. 이 사건에 대한 부부 양측의 답변서에서도 쉽사리 파악할 수 있듯이, 두 당사자도 나름대로 자신의 이익을 관철하기 위해 국가 권력의 행사 형태를 관찰하면서 자신의 행동을 합리화하고 해명하려 노력한다. 아내는 자신의 신고가 처음이 아닐 정도로 남편의 폭력이 계속돼왔고 이미 두 사람은 더 이상 부부 관계를 유지할 수 없게 되었다는 인상을 주고자 노력하며, 남편은 자신이 강간과 폭행을 일삼는, 범죄자의 성향이 농후한 악한이 아님을 인식시키려 애쓴다. 물론 그 과정에서 국가도 이해 당사자들의 발언을 일정한 형식으로 종합해 정리한다. 북평(北平) 지방 법원에 보내는 경찰의 진술서를 살펴보면 경찰이 양측의 발언 가운데 주로 확인 가능한 사실만을 보고하려 한다는 것을 알 수 있다.

가정 문제에서 반드시 해결해야 할 또 다른 과제는 고부간의 갈등이었다. 아래에서는 북경이 남경 정부의 영향권에 들어갔던 1928년에 며느리의 불임과 아들의 축첩 문제로 오랫동안 서로 불화했던 어느 고부 사이에 일어난 일을 살펴보자. 시어머니 후궈(胡郭) 씨가 자살하겠다는 며느리 후피(胡皮) 씨를 구타하고, 며느리의 자살을 막아달라고 경찰에게 요청한 사건이다.[87]

이 사건의 개요는 다음과 같다. 51세의 후궈 씨는 유예원(遊藝園)에서 일하는 장남, 인쇄국에서 일하는 차남, 남경에서 영화배우가 된 삼남을 두었고, 그녀의 큰며느리는 37세의 후피 씨였다. 후궈 씨는 둘째 며느리에게서 손자 둘에 손녀 하나를 얻었지만, 시집온 지 21년이나 되는 큰며느리가 자식을 낳지 못하는 것이 너

86) J181-19-52195, 〈京師警察廳南郊分區表送王玉昌等17名私拆鄭王墳塋碑樓等木料磚石等情一案卷(1927. 1. 1)〉, 王光越 · 林相範 主編,《20世紀上半葉北京警察檔案資料集》36.

87) J181-21-2258, 〈外右四區表送胡郭氏控伊兒媳皮氏不聽敎訓請管束一案由(1928. 3)〉, 王光越 · 林相範 主編,《20世紀上半葉北京警察檔案資料集》36, 4,188~4,204쪽.

무 싫었다. 그래서 큰아들에게 첩을 두 번이나 안겨주었다. 큰며느리는 그런 시어머니가 당연히 얄미웠다. 설상가상으로 시어머니는 늘 큰며느리에게 분풀이를 해댔다. 그러던 어느 날 큰며느리의 차 시중을 시어머니가 거부하자 큰며느리가 말대꾸를 했다. 시어머니는 빗자루로 때리는 것으로 그녀를 응징했는데, 그녀는 가만히 맞고 있지 않고 방으로 도망을 쳤다. 이후 두 여자의 히스테리는 최고조에 달했다. 아마도 큰며느리는 더 이상 분을 참을 수 없어서 문을 닫아걸고 죽어버리겠다고 큰소리를 친 듯하다. 그녀는 오랫동안 쌓인 분노로 인해 부들부들 떨었고, 시어머니는 그녀가 진짜 방 안에서 자살할까 봐 두려웠다. 걱정 반, 분노 반으로 시어머니가 그녀의 뺨을 몇 대 때리자 그녀는 머리로 시어머니 가슴을 들이받고 또 벽에 머리를 찧어댔다. 시어머니는 다른 해결 방법을 찾을 수 없어서, 경찰을 불러 며느리를 말려달라고 부탁할 수밖에 없었다.

이 사건은 원인·과정·결과 모두 익히 예견할 수 있는, 동아시아에서 흔히 볼 수 있었던 고부 갈등의 한 모습을 담고 있다. 필자는 여기서 시어머니, 두 며느리, 두 첩이라는 다섯 명의 여성을 둘러싼 오랜 분쟁과 폭력, 그리고 해결의 현장 어디에서도 등장하지 않는 큰아들을 떠올리게 된다. 일반적으로 고부간에 다툼이 일어나면 아들-남편은 모친 편에 서서 아내를 통제하려고 하며, 이로 인해 결국 아내-며느리가 희생양이 된다. 사실 대부분의 경우 고부간의 다툼은 심각한 모순에서 비롯된 것이라기보다 우연한 말다툼에 불과하다. 아내가 가정사나 시어머니와의 관계에 대해 대담하게 불만을 표현하는데 남편이 부모에 대한 효심을 나타내려고 아내를 책망하면서 문제가 복잡해진다. 한편 시어머니는 며느리를 억누르려 함으로써 아들의 부부 관계에 불화를 초래한다. 이때 며느리는 시어머니에게 존중의 태도를 취하지 않을 뿐만 아니라 관용의 모습조차 보이지 않는다. 노인 존중의 전통 사상이 조금도 발현되지 않는 것이다. 문제를 가중시키는 것은 사람들의 상식이다. 남자에게 있어서 자기 어머니와 아내가 충돌할 때 아내를 통제하는 것이 어머니에게 효도하는 것으로 간주되는데, 그럴 경우 부부 관계에서 애정이 사라지게 된다.[88] 그런데 이 후귀·후피 씨 사건에서는 큰아들이 나타나지 않는다. 이러한 양상이 특수한 경우인지, 아니면 법적 처리 방법에 기인한 것인지, 아니면 또 다른 원인이 있는 것인지 불확실하지만, 어쨌든 이 사건에서는 주인공이 시어머니와 큰며느리로 압축된다.

청대라면 시어머니의 요청은 당연한 법적 권리였다. 청률은 부모의 자식 징계권을 상당히 인정했고, 만약 자식들이 부모의 충고를 따르지 않고 술에 취하거나 부모 봉양을 소홀히 하거나 지나치게 사치하거나 도박에 빠지면 부모는 '위범 교령(敎令)'에 따라 자식의 처벌을 국가에 요구할 수 있었다.[89] 국민정부의 민법은 부모에게 필요한 범위 내에서 자녀에게 훈계, 체벌, 가둬두기, 밥 안 주기 등의 징계를 내릴 권한을 부여했지만,[90] 형법에서는 예법 투쟁 과정을 거치면서 관련 조항이 삭제되었다. 그럼에도 불구하고 후궈 · 후피 씨 사건에서 시어머니는 과거의 상식대로, 국가 권력의 대변인인 경찰에게 자기 말을 듣지 않는 자녀의 일에 개입해줄 것을 요구했다. 어쩌면 시어머니는 형법 살인죄의 한 조항인 살인 교사죄나 살인 방조죄를 우려했을지도 모른다. 이 죄는 1년 이상 7년 이하의 유기형에 처해졌다.[91] 그러나 시어머니는 무엇보다 집안에서 한번 인명 사고가 나면 조금이라도 뜯어먹을 것이 없나 하고 달라붙는 사람들로 인해 패가망신할까 봐 두려웠을 것이다. 반면 며느리는 이 상황에서 자신이 호소할 수 있는 법적 수단이 무엇인지 알지 못했다. 따라서 문을 닫아걸고 자결로 위협하는 것밖에 생각할 수 없었다. 혹 며느리는 자신의 원혼으로 시어머니를 위협하겠다는 전통적인 방법을 염두에 두었던 것인지도 모르겠다.

여기서 흥미로운 점은 경찰의 해결책이었다. 이제 아랫사람이 윗사람의 충고를

---

88) 王躍生,《淸代中期婚姻衝突透析》, 84 · 88~91쪽.

89) 瞿同祖,〈中國法律與中國社會〉,《瞿同祖法學論著集》(北京 : 中國政法大學出版社, 1998), 10~16쪽.

90) 魏宏運 主編,《二十世紀三四十年代冀東農村社會調査與硏究》(天津 : 天津人民出版社, 1996), 416~422쪽.

91) 청대의 범죄 처리 사례들을 모아놓은《형안회람(刑案滙覽)》에서 두 번째로 자주 등장하는 것이 '위협으로 죽음에 이르게 한(威逼人致死)' 죄인데, 이 경우 며느리가 시어머니의 구박으로 자살했을 때의 시어머니의 법적 책임에 대한 언급은 없다. Derk Bodde · Clarence Morris, *Law in Imperial China*(Cambridge Mass. : Harvard Univ. Press, 1973), 305쪽.

듣지 않을 때 처벌할 수 있는 규정은 없어졌고, 따라서 경찰이 법적으로 간여할 방법은 없었다. 이에 경찰은 심문을 거듭함으로써 두 사람으로 하여금 감정을 가라앉히고 사건을 객관적으로 바라볼 시간을 갖게 했다. 두 사람은 자숙하는 모습을 보이는 것이 유리하다고 생각했고, 효도와 자애로 돌아갈 것이며 이를 실천하지 않을 때는 당국의 처벌을 받을 것임을 맹세한 뒤 귀가했다.

그러나 이런 해결 방식은 국가 권력의 권위가 북경의 주민들에게 인정받고 있을 때에만 영향력을 발휘할 수 있었다. 공산당군이 북경을 사방에서 포위하고 있던, 국민당의 계엄 선포 이틀 전인 1948년 11월 19일에 서단(西單) 서우각(西牛角) 3호에서 발생한 경찰 폭행 사건은 국가 권력의 붕괴가 어떤 상황을 야기하는지를 적나라하게 보여준다. 50세가 된 펑쯔위(馮子玉)라는 한량과 상성(相聲)을 공연해서 생계를 유지하던 그의 두 아들 펑리둬(馮立鐸), 펑리장(馮立樟), 매일 술만 먹고 시비만 거는 남편을 미워하는 펑뤼(馮呂) 씨가 사건의 한 당사자라면, 신고를 받고 이들 가족의 다툼에 끼어들었다가 이들에게 구타당해 20여 분간 기절하고 금원권 75원 2각을 잃어버리고 외투와 모자를 찢긴 경사 리팡팅(李芳亭)이 또 다른 당사자였다. 그리고 경찰이 시민을 구타한다는 소리에 의분을 느끼고 경찰을 구타한 40~50명의 동북 출신 학생들, 그 와중에 가게 유리창이 깨지는 피해를 입은 양복점 주인 장선(張紳), 마지막으로 이름도 모르는 펑리장의 아내가 기타 등장인물이었다.[92]

사건의 정확한 전말은 알 수 없지만, 일단 펑뤼 씨의 주장을 중심으로 해서 사건을 재구성해보면 다음과 같다. 펑쯔위가 저녁 7~8시쯤에 물 주전자를 가지러 온 둘째 며느리를 괴롭혔다. 이때 밖에서 들어온 둘째 아들 펑리장은 이번에도 아버지가 별 이유 없이 자기 아내를 괴롭힌다고 생각하고 아버지와 말다툼을 했다. 그러다 아마도 서로 드잡이를 벌였을 것이다. 화가 난 펑뤼 씨가 남편 몸 위에 올

---

92) J181-25-7941, 〈內二區辦理馮吉氏與夫爭吵毆鬪唆使學生打傷干預巡察一案(1948. 11. 22)〉, 王光越·林相範 主編, 《20世紀上半葉北京警察檔案資料集》 23, 2,680~2,692쪽.

라탔고, 둘째 아들도 아비와 뒤엉켰다. 펑쯔위의 얼굴이 피범벅이 되었다. 펑뤼 씨의 말대로 성미 더러운 펑쯔위가 자해를 한 것일 수도 있지만, 아들이 아비의 머리와 목덜미에 상처를 낸 것일 수도 있다. 펑쯔위는 화가 머리끝까지 치밀어 전화로 파출소에 신고했다. 둘째 아들은 사라졌고, 경찰관이 도착했다. 이때 이웃의 치밍(啓明) 찻집에서 상성을 공연하던 큰아들이 싸움을 말리려고 귀가했다. 형사 사건을 처리해야 했던 경찰관은 둘째 아들을 쉽게 체포하기 위해 큰아들을 다그쳤고, 큰아들은 확대된 집안 다툼 때문에 짜증스러워하고 우려했지만 장남의 소임을 다하고자 했다. 입장이 다른 이 두 사람 사이에서 말다툼이 벌어졌고, 화가 난 큰아들은 집 밖으로 나가 "경찰이 사람을 때린다"라고 소리쳤다. 흥분한 펑뤼 씨도 아들 역성을 들었다. 이때 마침 찻집에서 상성을 듣고 나오던 동북 출신 학생 40~50명이 그 소리에 격분해 경찰관을 향해 뛰어오면서 "경찰이 왜 사람을 때리냐"라고 소리쳤다. 혼자여서 두려웠던 경찰관은 자신은 사람을 때리지 않았다고 말했지만, 학생들은 큰 소리로 "타도 국민당 주구"를 외치며 경찰을 때려 기절시킨 뒤 사방으로 흩어져 달아나버렸다. 그러는 중에 불쌍한 장선의 양복점은 유리창이 깨지고 탁자가 망가졌다.

이리하여 아버지와 아들 사이의 말다툼이 집안 식구를 포함한 많은 사람이 관련된 상해 사건으로 발전했다. 여러 군데 상처를 입은 펑즈위는 기존의 관념대로, 자신에게 위해를 가한 아내와 자식을 처벌하고자 전화로 경찰을 불렀다.[93] 아내와 자식들은 자신들에게 닥칠 처벌이 두려워 어쩔 줄을 몰랐고, 마침 들이닥친 경찰에게 엉뚱하게 화살을 돌렸다. 하지만 그 화살은 오히려 그들에게 폭력 교사죄와 재물 손괴죄로 되돌아왔다. 경찰서로 끌려간 그들은 처벌 걱정에 열심히 자신을 변호했다. 아버지가 둘째 아들이 손으로 자기 목을 누르고 때렸다고 말하자, 둘째 아들은 자신은 어머니를 때리는 아버지를 말렸을 뿐이며, 아버지의 상처는 창문

---

93) 청대까지 아버지를 구타하는 것은 상처를 입히지 않더라도 중한 범죄였다. 鄭爰諏, 《中華民國刑法集解》(上海 : 世界書局, 1928), 1~5쪽.

에 부딪혀서 난 것이라고 변명했다. 하지만 경찰의 입장은 확고했다. 아내와 둘째 아들이 펑쯔위를 때려 상처를 입혔고, 이는 단순한 집안 분쟁이 아니라 폭력과 신체 손상이 수반된 사건이므로 형법과 관련해서 처리하는 것이 당연했다.

여기에서 필자의 관심은 학생들이 경찰을 집단적으로 구타했다는 데 쏠린다. 국가 권력의 상징인 경찰이 공무를 집행하는 과정에서 공격당했다. 국가는 이러한 사태를 방지하기 위해 공무 방해죄를 두었다. 형법 155조에 따르면 관원이 직무를 수행할 때 현장에서 모욕을 당하거나 비록 그 자리에서는 아니더라도 그 직무가 공공연하게 모욕을 당하면, 그 내용의 사실 여부와 상관없이 모욕한 사람을 처벌할 수 있었다.[94] 그럼에도 불구하고 공무 방해죄는 드문 것이 아니었다. 그러나 이번과 같이 국가 권력의 상징인 경찰이 집단 폭행을 당하는 것은 희귀한 일이었으며, 1948년 11월의 북경이라는 특수한 시간과 공간이 이 사건을 일으키는 데 일조했으리라고 추측할 수 있다.

이 사건은 당연히 지방 검찰청에서 심판받는 것으로 결정되었다. 하지만 두 달 뒤 세상이 바뀌었다. 1949년 1월 31일에 인민해방군이 서직문(西直門)을 통해 북경으로 들어왔다. 그 뒤에 이 사건이 어떻게 처리되었는지 궁금하지만, 현재로서는 답을 주는 자료가 없다. 어쨌든 이제 중화민국 시대를 유지했던 국가 권력은 붕괴했고, 새로운 형태의 국가 권력 기관이 다시 만들어져야 했다. 그리고 북경의 주민들은 중화인민공화국이 자신들에게 강요하는 새로운 삶의 과정에서 한편으로는 자신을 바꿔나가고 다른 한편으로는 자신의 삶을 유지하고자 노력하게 될 것이었다.

---

94) 謝越石, 《刑律通詮》, 90~97쪽.

5. 현대 중국 이해의 출발점과 앞으로의 과제

필자의 최근 관심사는 19세기 후반기 이래 전 세계적으로 확산된 근대 국민 국가의 건설과 근대화의 거대한 물결에 대해 중국인들이 어떻게 대응했는가 하는 것이다. 그리고 필자는 이에 대한 답을 얻기 위해 북경의 주민과 경찰 사이에서 발생했던 일들을 검토해나가고 있다. 북경은 한때 중국의 수도였고 또한 일본 점령 지역이기도 했던 북방의 핵심 도시로서, 국가 권력의 통제가 비교적 철저히 이루어졌던 곳이고, 따라서 국가 권력의 지향점이 비교적 강력하게 적용된 전통 도시였기 때문이다. 이러한 작업 가운데에서 이 글은 중국의 형법 근대화 완성, 범죄학 성립, 근대 가족제 확립을 다루었는데, 이 주제들은 근대 서구가 중국에 제시한 중요한 기준의 일부였고, 중국의 국가 조직이나 지식인들이 스스로 추구했던 목표이기도 했다.

이성에 입각한 계몽을 신봉한 그들은 《대청신형률》부터 《중화민국신형법》에 이르기까지 차근차근 개인주의와 민권 사상에 바탕을 둔 근대적 형법을 중국에 도입해갔다. 그리고 이러한 변화에는 분명 당대의 사회 변화가 제법 반영돼 있다. 또한 많은 중국 학자들은 중국 사회의 정치적 · 경제적 · 지적 능력이 한 단계 높아진 1920년대 후반부터 사회 변혁에 '과학'적인 방법을 적용하고자 노력했다. 그들은 서구의 이론을 받아들일 뿐만 아니라 또한 중국에 적용함으로써 그것을 중국적인 근대 학문으로 발전시키고자 노력했다. 특히 3장에서 살펴본 범죄학의 도입과 적용은 이 점을 확실히 보여주는 한 증거였다.

그러나 근대적 형법을 도입하는 일은 그리 간단하지 않았다. 형법 도입 과정에서 국가와 지식인들이 추구한 '개인'이란 서구의 역사적 맥락에서 등장한 개념으로서, 당시 일반 중국인들은 '개인'이라는 개념을 이해하기도 버거웠고 능동적으로 추구하지도 않았다. 1920년대부터 국민당에 의해 전민 혁명이 시작되고, 이어서 중국 농촌에서 농민을 만난 공산당에 의해 계급 혁명이 고조되면서 서구의 형법은 중국에 안착할 수 없었다. 한편 도시에서는 근대적 제도와 학문의 도입이 중국과 중국인을 급격히 바꿔놓을 수 있으리라 여겨졌지만, 그럼에도 현실을 살아가는 일반 중국인들은 '훌륭한 사람들'의 지시를 교묘하게 피하며 자신들의 이익을 추구할 뿐이었다. 그래서 국가 권력과 지식인들은 일반 중국인들을 더욱 철저히 통제할 수 있는 제도를 계속 만들어내기도 했고, 계급이나 민족이나 혁명의 이름으로 그들을 몰아붙이기도 했으며, 일부 지식인은 학문의 길로 빠져 그들을 아예 보지 않고 자신만의 세계에서 살아가기도 했다.

우리는 중국을 근대 사회와 국가로 만들기 위한 국가와 지식인들의 노력을 무위로 돌려버린 일반인들의 행동을 이기심으로 단죄하기 쉽다. 많은 중국인들이 낡은 봉건적 의식 또는 소농민적 의식에 사로잡혀 그렇게 행동했다고 결론지을 수도 있다. 하지만 어째서 북경의 주민들이 자신들의 삶의 현장인 가정을 새로운 기준에 따라 바꿔야 하는가? 그것이 문명적이고 근대적이고 최신식이고 20세기의 대세이기 때문에 그대로 따라야 하는 것인가? 그것이 근대 서구 문명의 토대인 이성에 입각한 것이기 때문에 그대로 따라야 하는 것인가?

중국의 20세기는 국가·사회 체제의 변화를 겪는 과도기였던 것 같다. 그러한 체제 변화는 사회 구조의 변혁과 인간 개조가 수반되어야 하는 지난한 과정이었으며, 국가·사회의 구성원들이 새롭게 형성되어가는 권력 체제에 대해 '주체적 참여'와 '피동적 수행'을 해나가는 과정이었다. 그때 분명 서구의 기준을 가지고 중국의 위기를 극복하려 했던 많은 사람들이 있었다. 그들은 서구 근대에서 유래한 '담론'들을 자신들의 사유 체계에 재배치했고, 자신들의 이상을 실천해나갔다. 한편, 평범한 생활인들은 그러한 변화의 조류에 떠밀려 죽지 않으려고 계속 몸부림을 쳤는데, 바로 그들의 생존 욕구가 많은 개혁 시도를 다른 모습으로 바꾸어버렸다.[95]

생존의 욕구와 생존을 위한 몸부림은 하나의 개체로서 정당한 것이고, 우리는 그것을 인정해야 한다. 또한, 개개인의 행동의 정당성이 동시대 사람들의 공동의

---

95) 임상범, 〈北京地域 警察官의 構成과 그 變化〉, 《中國近現代史研究》 27(2005), 90~97쪽.

기준에 따라 판단되어야 한다는 것도 인정해야 한다. 나아가, 한 시대의 상황은 인류 역사의 장구한 흐름 속에서 만들어져온 보편성의 틀에서 평가되어야 한다는 것도 인정해야 한다. 그리고 20세기 중국의 실체는 위로부터 제시되는 변화의 틀과 그에 대한 일반 중국인들의 대응의 변증법적 과정을 통해 만들어져왔다는 인식을 덧붙여야 한다. 현대 중국에 대한 이해는 여기에서부터 시작되어야 한다.

참고문헌

江庸,〈五十年來中國之法制〉,《最近之五十年》(上海：申報館, 1922)

鏡蓉,〈犯罪學之基礎觀念〉(1927), 何勤華·李秀清 主編,《民國法學論文精萃：刑事法律篇》4(北京：法律出版社, 2004)

郭衛,《刑事政策學》(上海：上海法學編譯社, 1933)

董康,〈修正刑法草案理由書〉(1915),《董康法學文集》(北京：中國政法大學出版社, 2005)

朗伯羅梭,《朗伯羅梭氏犯罪學》, 劉麟生 譯(上海：商務印書館, 1922)

倫扔羅梭,《倫扔羅梭犯罪人論》, 徐天一 譯(上海：民智書局, 1929)

謝越石,《刑律通詮》修訂5版(北京, 1923)

梁紹文,《五十个强盗：浙江省第二監獄犯罪調查之分析》(佛子書屋, 1932)

嚴景耀,〈北京犯罪之社會分析〉(1928),《嚴景耀論文集》(北京：開明出版社, 1995)

王光越·林相範 主編,《20世紀上半葉北京警察檔案資料集》(北京：北京檔案館, 2004)

王克繼,《犯罪學》(杭州：羣益書局, 1936)

魏貞子,〈成都地方法院刑事罪犯案件的分析〉,《社會調查集刊》12(1939)

劉卬之,《犯罪學大綱》(上海：大東書局, 1946)

李劍華,《犯罪學》(上海：上海法學編譯社, 1933)

───,《犯罪社會學》(上海：會文堂新記書局, 1935)

張鏡子,《北京司法部犯罪統計的分析》(北京：燕京大學社會學系, 1928)

鄭爰諏,《中華民國刑法集解》(上海：世界書局, 1928)

周光琦,《性與犯罪》(南京：正中書局, 1936)

周叔昭,〈北平100名女犯的研究〉,《社會學界》6(1932)

John Lewis Gillin,《犯罪學及刑罰學》(1936), 查良鑒 譯(北京：中國政法大學出版社, 2003)

蔡樞衡,〈近四十年中國法律及其意識批判〉,《中國法理自覺的發展》(北京：清華大學出版社, 1940)

───,《刑法學》三版(南京：獨立出版社, 1947)

鮑如爲,《犯罪學概論》(上海：大東書局, 1933)

Frank W. Blackmar·John Lewis Gillin,《社會病理學》, 馬明達 譯(上海：商務印書館, 1930)

許鵬飛,《犯罪學大綱》(上海：大學書局, 1934)

强世功,〈法律移植, 公共領域與合法性〉(1996),《法制與治理─國家轉型中的法律》(北京：中國政法大學出版社, 2003)

高漢成,〈奕劻在清末修律中的作用─以《大清刑律》的制定爲中心〉,《法律史論集》5(北京：法律出版社, 2004)

瞿同祖,〈中國法律與中國社會〉,《瞿同祖法學論著集》(北京：中國政法大學出版社, 1998)

蘭全軍,〈二十世紀的中國犯罪學〉,《二十世紀的中國法學》(北京：北京大學出版社, 1998)

董康,《刑法比較學》(上海：上海法學編譯社, 1932)

馬釗,〈司法理念和社會觀念：民國北平地區婦女'背夫潛逃'現象研究〉,《法律史學研究》1(北京：中國法制出版社, 2004)

潘念之 主編,《中國近代法律思想史(上)》(上海：上海社會科學院出版社, 1992)

————,《中國近代法律思想史(下)》(上海：上海社會科學院出版社, 1993)

謝振民,《中華民國立法史》下(北京：中國政法大學出版社, 2000)

謝暉,《中國古典法律解釋的哲學向度》(北京：中國政法大學出版社, 2005)

徐岱,〈清末刑法改制與中國刑法近代化〉, 高銘暄·趙秉志,《刑法論叢》6(北京：法律出版社, 2002)

蘇力,〈現代化視野中的中國法治〉,《閱讀秩序》(濟南：山東教育出版社, 1999)

——,〈變法, 法治及本土資源〉,《法治及其本土資源(修訂版)》(北京：中國政法大學出版社, 2004)

蕭亦工,《明清律典與條例》(北京：中國政法大學出版社, 2000)

蕭太福,〈論居正的'重建中國法系'思想〉, 韓延龍 主編,《法律史論集》5(北京：法律出版社, 2004)

沈國明·王立民 主編,《二十世紀中國社會科學:法學卷》(上海：上海人民出版社, 2005)

楊堪·張夢梅,《中國刑法通史》8(瀋陽：遼寧大學出版社, 1987)

楊柳,〈模糊的法律產品〉, 强世功 編,《調解, 法制與現代性：中國調解制度研究》(北京：中國法制出版社, 2005)

楊鴻烈,《中國法律思想史》(北京：中國政法大學出版社, 2004)

王去非,〈近代刑事學說及學派之變遷〉(1925), 何勤華·李秀清 主編,《民國法學論文精萃：刑事法律篇》4(北京：法律出版社, 2004)

王伯琦,《近代法律思潮與中國固有文化》(1956)(北京：清華大學出版社, 2005)

王躍生,《清代中期婚姻衝突透析》(北京：社會科學文獻出版社, 2003)

魏宏運 主編,《二十世紀三四十年代冀東農村社會調查與研究》(天津：天津人民出版社, 1996)

袁偉時,〈《刑法》的變遷與本世紀中國文化的若干問題〉, 張志林 主編,《自由交談》1(成都：四川文藝出版社, 1998)

李貴連,《中國法律思想通史》4(大同：山西人民出版社, 1996)

——,〈清末修訂法律中的禮教之爭〉(1982),《近代中國法制與法學》(北京：北京大學出版社, 2002)

——,《沈家本評傳》(南京：南京大學出版社, 2005)

李育民,《中國廢約史》(北京：中華書局, 2005)

張德美,《探索與抉擇—晚清法律移植研究》(北京：清華大學出版社, 2004)

張培田·張華,《近現代中國審判檢察制度的演變》(北京：中國政法大學出版社, 2004)

張仁善,《禮·法·社會—清代法律轉型與社會變遷》(天津：天津古籍出版社, 2001)

張晉藩 主編,《中國法制通史 8：清》(北京：法律出版社, 1999)

曹全來,《國際化與本土化：中國近代法律體系的形成》(北京：北京大學出版社, 2005)

朱勇 主編,《中國法制通史 9：清末·中華民國》(北京：法律出版社, 1999)

朱曉陽,《罪過與懲罰：小村故事, 1931∼1997》(天津：天津古籍出版社, 2003)

陳興良,《刑法的啓蒙》(北京：法律出版社, 2004)

蔡樞衡,《中國刑法史》(北京：中國法制出版社, 2005)

崔林林,〈淸末法律移植評價及政治因素的作用〉, 張生 主編,《中國法律近代化論集》(北京： 中國政法大學出版社, 2002)

崔永東,《中西法律文化比較》(北京：北京大學出版社, 2004)

何勤華 · 李秀淸,《外國法與中國法—20世紀中國移植外國法反思》(北京：中國政法大學出版社, 2003)

島田文之助,《警察講義：刑法汎論》(北京)

島田正郎,《淸末における近代的法典の編纂》(東京：創文社, 1980)

Derk Bodde · Clarence Morris, *Law in Imperial China*(Cambridge Mass. ： Harvard Univ. Press, 1973)

E. P. 톰슨,《영국 노동계급의 형성》상, 나종일 외 옮김(창작과비평사, 2000)

미셸 푸코,《감시와 처벌 : 감옥의 역사》, 오생근 옮김(나남출판, 1994)

지광준,《범죄학》(경인문화사, 2003)

임상범,〈'民'에서 '國民'으로—5 · 4運動期 北京地域을 中心으로〉,《中國現代史硏究》2(1996)

──── ,〈北京地域 警察官의 構成과 그 變化〉,《中國近現代史硏究》27(2005)

조용욱,〈근대 英國의 法, 犯罪, 刑罰─社會史的 접근〉,《歷史學報》154(1997)

김병준, 《중국 고대 지역문화와 군현지배》(일조각, 1997)

> 중국 고대 '화하(華夏) 문명'과 지역 문화의 관계를 조명한 역작으로, 진한 시대 정치적 통합에 의해 가능하게 된 '화하 문명'을 올바르게 이해하기 위해서는 무엇보다도 '화하 문명'에 통합 되기 이전의 지역 문명의 존재와 아울러 각 지역의 문화적 전통과 질서에 따라 상이한 방법으로 통일 제국에 편입되어가는 과정에 대한 구체적 이해가 필요하다고 강조한다. 필자가 제기한 이 러한 문제를 해결하기 위하여 사천(四川) 지역을 고찰의 대상으로 삼고 있다.

김한규, 《천하국가》(소나무, 2005)

> 전통적 천하 질서를 8개의 공동체로 구분하여 동아시아에서 서로 다른 여러 역사 공동체들이 한 국가에 의해 지배되는 양상은 과거부터 현재에 이르기까지 지속되어온 현상으로, 필자는 중 국인들이 '변강(邊疆)'이라고 부르는 것의 역사적 실체가 복수의 독립적 역사 공동체임을 주장 하고 하나의 '중국'이라는 역사적 허상을 여러 역사 공동체로 분석하지 않는 한, 전통 시대 동 아시아 세계의 구조적 본질을 정확하게 이해하는 것은 불가능하다고 주장한다.

도미야 이타루(冨谷至), 《목간과 죽간으로 본 중국 고대 문화사》, 임병덕 옮김(사계절, 2005)

> 이 책은 저자 도미야 이타루가 오랫동안 출토 문서의 해독과 주석 작업에 매진해온 성과를 결산 한 것이라 할 수 있다. 출토 문서에 대한 연구 결과 한대의 중앙 집권적 통치 체제가 문서 행정, 즉 간독(簡牘)의 양태와 밀접한 관계를 가지고 있음을 생생하게 보여준다. 중원 지역이 아닌 각 변경 지역에서 발굴된 간독 자료를 통한 문서의 전달 실태, 즉 문서 행정의 중층 구조와 구체적 실태를 중국 고대의 집권적 국가 체제와 관련하여 일목요연하게 서술하고 있다. 뿐만 아니라 중 앙 권력과 각 지역 간의 행정적 상하 관계를 극명하게 보여줌으로써 한대 국가 권력의 성격을 이해하는 데 많은 도움을 준다.

도미야 이타루, 《유골의 증언—고대 중국의 형벌》, 임병덕·임대희 옮김(서경문화사, 1999)

> 저자 도미야 이타루가 고대 법제사 분야 전공자는 물론 일반 독자까지를 염두에 두고 집필한 것 이다. 이 책은 진한 시대의 발굴 성과와 출토 문헌인 《운몽진간(雲夢秦簡)》을 이용하여 진한 시 대의 형벌 제도를 소개하고 있고, 한(漢) 문제(文帝)의 형법 개혁의 내용도 구체적으로 소개하 고 있다. 또한 춘추 공양학 사상과 진의 율령과의 유사성에 주목하여 한 초 유교의 관학화의 문 제를 다루고 있다. 또한 동서양 형벌의 차이점을 문명사적 관점으로 접근하면서 죄에 대한 씻김 의 의미가 크게 차이가 있음을 밝히고 있다.

서울대학교 동양사학연구실 엮음, 《강좌 중국사 IV—제국질서의 완성》(지식산업사, 1989)

> 명청 시대사를 이해하기 위해서, 관계 전문가가 1989년까지의 세계 학계의 수준을 정리, 소개 한 책이다. 정치·사회 경제·민중 운동·지배층·사상 등 7개 항목에 대하여 정리했다. 이미

15년이 지나서 새롭게 수정할 필요가 있지만, 국내 학계에서는 아직까지 새로운 시도가 없다. 새로운 시도가 나오기까지는 여전히 생명력을 가진 입문서가 될 것이다.

쑤리(蘇力), 《법치와 그것을 위한 토착적 자원(法治及其本土資源)(修訂版)》(北京 : 中國政法大學出版社, 2004)

1955년에 태어나 북경대학에서 법리학과 법철학을 전공했으며, 현재 북경대학 법학대학 학장인 주쑤리(朱蘇力)가 미국에서 돌아와 발표한 글들을 모았다. 인치(人治)에서 법치(法治)로의 전환을 핵심 과제로 삼고 있는 현재 중국 정부와 지식인들이 근대법을 맹종한다는 의구심을 제기함으로써 커다란 논쟁의 핵심에 섰던 책이다.

오금성 외, 《명청시대 사회경제사》(이산, 2007)

명청 시대는 중국의 현대와 그 이전 시대를 연결하는 교량 역할을 하는 시대이다. 그러므로 현대사를 잘 이해하기 위해서는 명청 시대사를 올바로 이해해야 한다. 사회 경제사는 종합사이다. 단순히 사회사나 경제사를 합쳐놓은 것이 아니라, 정치 · 경제 · 사회 · 문화를 모두 포괄하는 것이 사회 경제사이다.

이러한 의미에서 최근에 출간된 이 책은 매우 신선한 책이다. 명청 시대 사회 경제사를 효과적으로 이해할 수 있도록 주제를 정하여 국내의 관계 전문가에게 집필을 위촉했다. 2006년 말까지의 세계 학계의 수준을 모두 반영한 최고의 수준을 달성하면서도 서술은 평이하게 했다. 총 22편의 주제를 '행정과 재판', '사회와 환경', '지배층과 민중', '생산과 유통'의 네 범주로 나누어 배열했다. 명청 시대 사회 경제사로는 좋은 입문서가 될 것이다.

왕디(王笛), 《성도(成都)의 거리 문화 Street Culture in Chengdu》(Stanford Univ. Press, 2003)

성도에서 태어나 도시사의 대가인 웨이잉타오(隗瀛濤)에게 학위를 한 왕디는 근대화론적인 입장에서 중국 장강(長江) 상류 지역의 발전을 검토한 《폐쇄된 세계를 뛰어넘어서(跨出封閉的世界)》(北京 : 中華書局, 1993)로 많은 학자들의 주목을 받았다. 다시 미국으로 유학 가서 로William Rowe의 지도 아래 도시사를 연구한 후 발표한 책이 이 책[중국어본 번역 제목은 《가두 문화(街頭文化)》]이다. 저자는 근대화론에서 포스트 콜로니얼리즘으로 관점을 바꾼 뒤, 성도 도시민의 삶을 생활사적인 측면에서 다시 묘사했다.

임상범, 〈혁명시대의 일상폭력 : 20세기 전반기 베이징 거리에서 발생했던 금전 관련 사건들〉, 《중국학보》 55(2007. 6)

이 글은 〈근대 중국에서의 범죄학 성립과 범죄—형법, 범죄학의 도입과 북경 주민의 대응〉과 함께 필자의 최근 연구 방향을 파악할 수 있는 자료이다. 필자는 1980년대 이래 중화인민공화국이 개혁 개방, 근대화, 사회의 문명화를 추구하자 학계의 연구도 이러한 사회 조류에 과도한 영향을 받고 있다고 생각한다. 즉 중국 정부와 엘리트들이 서구 근대를 기준으로 한 '근대성'을 중국 사회와 일반인에게 강요하고 있으며 그에 못 미치는 것은 부정적으로 판단하고 비난하는데, 학자들의 연구에서도 이러한 입장이 나타나 있다고 주장한다. 이 논문에서는 이러한 노력에 대한 중국의 일반 백성들의 주체적인 대응을 연구하는 것이 중요하다고 강조하는 필자의 시도를 살펴볼 수 있다.

임지현 엮음, 《근대의 국경, 역사의 변경》(휴머니스트, 2004)

　　이 책은 '변경 연구'와 '변경사'의 성과와 방법론을 소개하고 변경의 시각에서 동아시아의 역사 논쟁을 살펴보자는 취지에서 8편의 동·서양 변경 관련 논문을 소개하고 있다. 국민 국가의 정치권력과 같은 텍스트로 짜인 근대 역사학의 한계를 비판하면서, 우리의 집단적 정체성을 해체하고 다양한 정체성을 상호 인정할 때 동아시아 사회의 원활한 소통이 가능하다고 주장한 글들을 엮은 책이다.

장진번(張晉藩) 주편, 《중국법제사》, 한기종·김선주·임대희·한상돈·윤진기 옮김(소나무, 2006)

　　중국은 수천 년의 법제의 역사를 가진 나라로 세계 법제사 분야에서도 중요한 지위를 차지하고 있다. 중국 법제사는 오랫동안 지속된 난세에서도 중단된 적이 없을 정도로 분명한 연혁, 풍부한 내용, 완벽한 체계, 뚜렷한 특색을 가지고 있다. 중국의 법제는 구체적인 제도와 기본 원칙에서 당대 세계 최고 수준이었다. 1975년에 발견된 《운몽진간》은 기원전 4세기에 이미 중국 법률 문화가 높은 수준에 도달했다는 것을 보여준다. 당나라의 전통 법제는 상당한 발전을 이룩하여 수많은 외국 학자들이 중국에 건너가 이를 배울 정도였으며 그 영향은 국경을 초월한 것이었다. 이 책은 중국 고대의 행정법·형사법·민사 경제법·사법 제도에서부터 현대 중국의 경제 입법과 노동 입법·사법 소송 제도에 이르기까지 전반적인 중국 법제사에 관한 개설서로 각 시대별 법제의 연혁을 이해하는 데 크게 도움을 준다.

제2부

가족과 여성

'가족과 여성'이 근래에 새로운 주제로 각광을 받고 있긴 하지만, 중국사에서의 가족과 여성사 연구는 복원이 아닌 창조의 주제라는 말이 적절할 것이다. 굳이 유가적 가치를 들지 않더라도 중국 특유의 역사 현실 때문에 여성사를 연구할 수 있는 사료마저도 풍부하지 않기 때문이다. 이런 점에서 몇몇 연구자들에 의해서 가족과 여성에 대한 접근이 시도되고 있는 것은 매우 반가운 일이다. 다만 연구가 근현대 이후로 집중되어 있는 것은 앞으로 이 분야 연구가 많은 과제를 안고 있음을 시사하고 있다.

중국의 전형적인 전통 가족은 대략 5명으로 이루어진 소농 가족 형태라고 할 수 있다. 이러한 소농 가정의 출현 배경을 대개 전국 시대 이후 부국강병을 위한 변법에서 찾고 있다. 윤재석의 〈중국 고대 가족사 연구의 전망과 출토 자료에 반영된 진(秦)의 가족 유형〉은 종래의 소가족론 위주의 연구가 정치 경제적 발전에 따라 가족 구조가 피동적으로 변화했으며, 상앙(商鞅)의 가족령(家族令)에 대한 분석보다는 가족령과 기타 변법령(變法令)과의 관련성을 지나치게 강조하고 있음을 지적하고 있다.

일반적으로 상앙의 가족 개혁령이 변법 이후의 부자형제 동거(同居) 가족의 해체를 강제한 것으로 보고 있는 데 반해 그는 이 논문을 통해 '실(室)'을 달리하면서 일가(一家) 내에 부자형제가 동거공재(同居共財)하는 가족을 창출하고자 한 것임을 밝혔다. 이 같은 가족 개혁령은 융족(戎族)의 영향을 받은 진민(秦民)의 거주 습속을 중원의 습속으로 개혁하여 존비(尊卑)와 남녀 구분에 입각한 호주(戶主) 중심의 가족 질서를 확보하고자 한 것이었다는 것이다. 아직 많은 부분이 밝혀져야겠으나 국가 권력의 시행이 현실과 거리가 있음을 상기한다면, 당시 사회가 지향하는 전형적 혹은 이상적 가족 유형과 대다수 가족 유형 사이의 괴리에서 나타나는 긴장 관계를 확인할 수 있다.

한편 전통 시대 중국 여성의 지위가 일반적으로 매우 열악했다고 한다면, 실제로 재산 상속 과정에서 여성의 지위는 어떠했을까? 이 질문의 해답을 우리는 육정임의 〈송대 가족과 재산 상속〉에서 찾을 수 있다. 육정임은 송대 가정의 상속은 기본적으로 분할 상속이었으며, 분할 상속의 기본 원칙은 모든 자녀에게 재산을 균등하게 분배하는 것이었다는 사실을 강조하고 있다. 법의 보호를 받고 있었던 이러한 균등 분할 상속의 원칙은 사회 경제적 발전과 가족 제도의 변화로 상속 재산의 분할 시기가 빨라지고 딸의 분할 상속권이 증대했으며 각 형제의 독립된 재산이 존재하는 등의 변화를 보여주고 있다.

여성의 열악한 지위에도 불구하고 균등 분할 방식의 재산 상속이 이루어진 이유를 어떻게 설명해야 할까? 이것은 여성의 결혼 여부와 당시 가족 구조와 긴밀한 연관이 있을 것이다. 대체로 중국인들에게는 남녀를 불문하고 결혼은 일종의 의무였다. 천성림의 〈모성의 거부—20세기 초 중국의 '독신 여성' 문제〉는 이런 점에서 매우 흥미로운 논문이라고 할 수 있다.

그녀는 중국에서 '독신'이라는 단어가 등장하고 유행한 것은 1919년을 전후해서인데, 20세기 초 중국 여성의 독신은 대개 혼인에 대한 불만의 표출이었다고 설명하고 있다. 이어 당시 중국에서 남자보다 여자의 독신이 많았던 이유는, "제도상, 관습상 결혼은 여자에게 너무 많은 희생을 요구"하기 때문이라고 주장한다. 특히 교육 수준이 높아지면서 자아실현의 욕구가 커진 점, 연애결혼의 유행 등이 독신의 증가를 가져왔다는 사실을 강조하고 있다.

독신은 중국 구가족 제도의 모순을 치유할 수 있는 하나의 처방으로 등장했지만 막상 여성들, 특히 지식인들 사이에 독신이 증가하면서 그에 대한 다양한 편견과 비판이 있었음을 지적하고 있다. 이러한 역설과 자가당착의 한 단면이 바로 윤혜영의 〈20세기 중국 신여성의 고뇌―혁명인가 여권인가〉에 잘 드러나 있다.

이 논문은 세 명의 신여성 쉬광핑(許廣平, 1898~1968), 빙신(氷心, 1900~1999), 딩링(丁玲, 1904~1986)의 삶과 고뇌를 다루고 있다. 필자는 20세기 후반들어 중국 여성의 지위가 향상된 것이 20세기 전반의 혁명과 긴밀하게 연관되어 있다는 인식하에 여성들이 어떻게 혁명에 관여하면서 여성들의 권리를 신장하려 했는가 하는 문제를 고찰하고 있다. 이 글에 의하면 쉬광핑은 여성의 직업 활동을, 빙신은 여성이 주체가 된 가정 개혁을, 그리고 딩링은 여성을 욕구를 가진 인간으로서 인정해줄 것을 외치고 있다. 그럼에도 불구하고 외세의 침략에 대항하기 위해 그들은 항일과 사회주의 혁명을 내건 공산당 활동을 할 수밖에 없었다.

'가족과 여성'이라는 주제가 더 이상 새로운 것은 아니지만, 중국사 분야에서의 여성과 가족의 연구는 걸음마를 시작한 단계에 불과하다. 여성의 사회적 지위, 상속, 가계 계승, 결혼 제도, 과부와 수절의 문제, 사랑의 방식과 연애 등에 대한 실상이 충분히 연구되지 않은 상태이며, 그런 이유 때문에 지금까지 연구 성과가 적은 사회사적 접근이 절실하다고 할 수 있다.

중국 고대 가족사 연구의 전망과 출토 자료에 반영된 진(秦)의 가족 유형*

윤 재 석**

1. 중국사에서 가족의 의미와 이에 대한 인식

가족은 혈연과 혼인을 매개로 한집에 거주하면서 재산을 공동으로 생산하고 소비하는 소위 '동거공재(同居共財)' 하는 인간들의 가장 자연스러운 형태의 생활 공동체이자, 사회와 국가의 유지를 위한 인적 · 물적 요소를 생산하는 최소한의 사회 경제적 조직이다. 따라서 가족은 생활 공동체로서만이 아니라 사회적 생산과 소비의 단위로서, 이를 둘러싼 사회 및 국가와의 끊임없는 교호 작용을 통하여 가

* 이 글은 동일 저자의 〈中國 古代家族史 硏究의 現況과 展望〉, 《중국사 연구》 제13집(2001) ; 〈秦簡「日書」에 나타난 "室"의 構造와 性格〉, 《동양사학 연구》 제44집(1993) ; 〈秦律所反映的秦國家族政策〉, 《簡帛硏究譯叢》 제1집(湖南出版社, 1996) ; 〈睡虎地秦簡和張家山漢簡所反映的秦漢時期後子制和家系繼承〉, 《中國歷史文物》(2003년 제1기) 등을 참고하여 수정 · 보완한 것이다.

** 경북대 사학과를 졸업하고 중국사회과학원 역사연구소에서 진수 과정을 마친 후 경북대 대학원에서 문학 박사 학위를 받았다. 현재 경북대 사학과 교수로 재직 중이다. 논문으로 〈秦代의 "士伍"에 對하여〉, 〈4號秦墓出土的木牘反映的家族類型〉, 〈睡虎地秦簡《日書》所見 "室"的結構與戰國末期秦的家族類型〉, 〈商鞅의 家族改革令 分析을 통하여 본 戰國期 秦國의 家族形態〉, 《包山楚簡》에 反映된 戰國期 楚國의 土地所有形態〉, 〈春秋戰國期의 家系繼承과 後子制〉, 〈韓國出土木簡的形制及其內容〉, 〈秦代의 漆器銘文과 物勒工名〉, 〈古代韓中法制交流淺析-以犯禁八條爲中心〉, 〈睡虎地秦簡和張家山漢簡所反映的秦漢時期後子制和家系繼承〉, 〈張家山漢簡所見的家庭犯罪及刑罰資料〉, 〈中國古代女性的社會的 役割과 家內地位〉 등이 있고, 역서로 《중국가족제도사》가 있다.

족의 구조와 기능을 부단히 변화·발전시켜가게 된다. 이 과정에서 국가의 국민에 대한 지배의 강도가 강화될수록 가족은 국가 권력의 요구에 의하여 그것이 갖는 생산 기능이 지배 구조 속으로 편제되는가 하면, 가족을 둘러싼 문화나 습속 등도 일정하게 변모한다.

　잘 알려져 있듯이, 가족 국가의 형태를 취한 전근대 중국 사회에서 가족은 당해 사회의 성격은 물론 사람들의 생활과 사고방식 및 생산 방식을 결정하는 데 매우 중요한 역할을 하였다. 그리하여 전통 시대 중국인의 국가관과 사회관은 물론, 18세기이래 서구 지식인들의 중국에 대한 인식 역시 '가족국가관(家族國家觀)'을 중심으로 전개되어왔음은 말할 필요도 없다. 따라서 중국의 사회와 경제 구조 나아가 지배 구조와 그 성격을 이해하려면 무엇보다 전통 중국에 있어서 가족의 역사와 그 성격에 대한 이해가 선행되어야 한다. 그러나 가족과 국가의 연계성이 강고한 만큼이나 가족의 성격과 관련된 중국 사회의 이해와 평가는 다양할 수밖에 없었다.

　주대(周代) 봉건제(封建制)를 떠받친 종법적(宗法的) 가족 질서의 형성과 이에 대한 재현을 주창한 선진(先秦) 시대 유가(儒家)의 가족국가관이 형성된 이래, 송명(宋明) 시대 성리학자들의 가족국가로의 지향 노력에 이르기까지, 가족은 중국인의 도덕적 삶의 터전이자 체제 유지의 근간으로 인식되었다. 특히 유가 이데올로기의 근본적 지향이 가족 질서를 국가 구조로 확대 재편하는 것이고 보면, 가족과 국가의 관계 규명은 국가 체제의 성격 규명과도 밀접하게 닿아 있었다. 이와 관련하여 일본의 구와바라 지쓰조(桑原騭藏)는 일찍이 《중국의 효도(中國の孝道)》에서 다음과 같은 논조로 중국관을 피력한 적이 있다.[1] 즉, '중국이라는 천하는 커다란 가족이고 가족은 작은 천하이며, 천하와 가족은 다만 넓고 좁음의 범위의 차이가 있을 뿐 실질적으로는 아무런 차이가 없다. 가정에서 어버이에게 효도(孝道)를 다하는 마음이 그대로 천자(天子)에 대한 충심(忠心)이고, 따라서 충과 효는 실질적으로 동일하다. 그러므로 중국의 정치 조직은 일종의 '가장정치(家長政治)'

---

1) 桑原騭藏, 《中國の孝道》(東京 : 講談社, 1977) 참조.

이고, 가족은 천하의 원형이다' 라 하였다. 이러한 인식은 가족과 국가의 일체성, 곧 가족주의적 국가관이라는 개념으로 규정할 수 있을 터인데, 이는 일본의 대표적 중국사 학자였던 시라토리 구라키치(白鳥庫吉)와 나이토 고난(內藤湖南) 등은 물론, 중국 및 몽고 제국의 정치를 '신정적(神政的) 전제 정치' 로 간주하고 그것의 기반이 가장제적 원리의 국가 조직화에 있었다고 규정한 헤겔Georg Wilhelm Friedrich Hegel 이래 마르크스Karl Marx, 베버Max Weber, 비트포겔Karl Wittfogel 등 서구의 지식인에게도 마찬가지로 나타났다. 그리고 이러한 인식은 '중국 역사의 정체성' 을 규명하는 중요한 원인론으로 귀착되어, 19~20세기에 들어오면서 서구 및 일본인들이 동양 사회를 부정적으로 인식하는 논거의 핵심으로 제시되었는가 하면, 아편전쟁 이래 중국 지식인들에게서도 가장 먼저 청산되어야 할 봉건적 잔재로서 봉건 가족의 폐해성이 지적되기도 하였다.

아편전쟁 이래 서구 및 일본 제국주의의 중국 침탈로 불거진 중국인들의 존망에 대한 위기의식은 종래 봉건 사회에 대한 구조적 모순의 발견과 이에 대한 청산에 눈을 돌리게 했다. 이 결과 전통과의 단절로부터 근대화의 기점을 찾고자 한 20세기 초 중국 지식인과 정치가들에게 봉건 시대의 가족과 그것의 유지 원리였던 유가 이데올로기는 봉건 국가와 사회의 유지 기반으로서, 이를 청산하지 않고서는 새로운 사회의 창출이 불가능하다는 인식을 심어주었다. 대표적으로 우위(吳虞)는 1917년 《신청년(新靑年)》에 게재된 〈가족 제도는 전제주의의 근거이다〉라는 글에서, 2천여 년 동안 중국의 전제 정치와 가족 제도를 결합시킨 핵심적 요인으로 유교에서 중시하는 효제(孝悌)를 들면서, 홍수나 맹수보다도 더 심각한 피해를 끼친 유가 이데올로기와 이에 바탕을 둔 가족 및 국가 구조의 재편을 주장했다. 이는 곧 유가 이데올로기를 매개로 한 가족과 국가 구조의 일체성 및 양자 간의 연계에 대한 청산을 주장한 것으로서, 한마디로 가족주의적 국가 구조의 해체를 요구한 것이라 할 수 있다.

이상과 같은 가족과 국가에 대한 인식은 "나의 눈에서 보면 중국 국민과 국가기관의 관계는 우선 가족에 의해 매개되고, 가족이 확대되어 종족(宗族)과 국족

(國族)이 된다"고 지적한 쑨원(孫文), "군주와 신하의 관계에서 충(忠)은 아버지와 지식의 관계에서의 효(孝)가 그대로 확대된 것이고, 따라서 군주(君主) 전제 제도는 부권[父權, 가장권(家長權)] 중심의 대가족 제도가 그대로 발전한 것이다"라고 갈파한 리다자오(李大釗), "군주를 최고의 행정 수반으로 하는 국가 조직은 가부장제 가족 조직을 기초로 발전해왔다……고대 국가는 부권적(父權的) 가장제(家長制)에 입각한 가족 조직을 핵심으로 하여 발전·성립한 것이다. 부(父)는 가족 내에서 절대적인 권한, 곧 부권을 가지고 있고, 부가 발전하여 국가의 군주로 되며, 이에 의거하여 절대적 군주권이 보유된다"라고 주장한 타오시성(陶希聖) 등이 가부장제적 가족국가론을 주창하면서 그 절정에 달한다. 이외에도 허우와이루(侯外廬) 역시 선진 시대 이래의 종법제(宗法制)와 관련하여, "가족과 국가는 서로 다른 두 단계이지만, 중국 고대에 있어서는 국(國)과 가(家)는 결합하고 있었다"라 주장했고, 판원란(范文蘭) 또한 "서주(西周)에서 진한(秦漢) 통일에 이르는 시기에 '종족(宗族) 토지 소유제'에서 '가족 토지 소유제'로 변동이 일어나고, 황제는 가족 토지 소유제에 기초한 지주 계급의 우두머리였다"고 주장했다. 물론 이러한 논의는 기본적으로 "천하의 본(本)은 국(國)에 있고, 국의 본은 가(家)에 있다"라는 맹자(孟子)의 천하국가관(天下國家觀)과 《대학(大學)》의 "수신제가치국평천하(修身齊家治國平天下)"로 대표되는 유가적 가족국가관의 연장에 불과하다.[2] 차이점이라면 19세기 이전에는 가족국가관이 봉건 국가의 유지 원리로서 찬양되었다면, 그 이후에는 그것의 부작용에 대한 반사적 부정론으로의 변화가 있었을 뿐이다. 그리고 이러한 부정론은 사회주의 혁명과 1949년 중화인민공화국의 수립으로 절정을 맞게 되어, 봉건 가족은 '만악(萬惡)의 근본'으로 인식되어 혁명적 청산의 주요 대상이 되었다. 그리하여 중국 공산당은 토지 개혁을 통해 가족의 물질적 기초인 가족 공유 재산의 몰수와 재분배, 족장의 가족 지배권 박탈을 위한 일련의 조치를 단행했고, 그 결과 현대 중국 사회에는 계급적 대립과 사회적 모순의 온상

---

2) 尾形勇, 《中國古代の「家」と國家》(東京 : 岩波書店, 1979) 참조.

인 봉건 가족제가 완전히 붕괴하고 '사회주의형 가정'만이 존재하게 되었다는 자부심(?)을 갖게 하였다.

그러나 이상과 같은 가족에 대한 긍정론과 부정론 모두 국가 체제의 유지·재편과 관련된 논의였을 뿐 가족사에 대한 전면적이고 체계적인 연구의 산물은 아니었다. 또한 이러한 경향은 오히려 가족사에 대한 진지한 학문적 접근을 막는 결과를 낳기도 했다. 더욱이 중화인민공화국 수립 이래 혼인·가족·친족에 대한 연구를 포함하는 인류학과 사회학이 마르크스주의에 반대하는 반동적 서방 부르주아 학문으로 비판받으면서 이에 대한 연구와 교육은 중단되기에 이르렀고, 이러한 상황은 중국 대륙을 휘몰아친 문화대혁명의 광풍 속에서 절정에 달했다.[3] 그리하여 1940년대 말부터 1970년대 말까지 약 30년 동안 중국에서 가족사 연구는 거의 빈사 상태에 빠졌다. 그러나 1930~1940년대의 뤼쓰몐(呂思勉)을 시작으로 한 타오시성·가오다관(高達觀)·취퉁쭈(瞿同祖)·판광단(潘光旦) 등의 실증적 연구와 더불어, 궈모뤄(郭沫若)·뤼전위(呂振羽) 등의 유물론에 입각한 가족사 연구는 오늘날 중국의 가족사 연구에 초석을 다졌다고 할 수 있다.[4] 이후 학문 연구의 족쇄가 풀리는 1978년에 개최된 중국 공산당 십일계삼중전회(十一屆三中全會)[5] 이래, 특히 1980년대부터 1990년대 초까지 약 13년 동안 10여 권의 가족사 연구

---

3) 문화대혁명 기간에도 가족사 관련 논문이 일부 발표되었으나 대부분 가족장의 권력 청산을 언급한 마오쩌둥(毛澤東)의 《호남성 농민운동 고찰 보고(湖南農民運動考察報告)》에 호응하여 나온 것들로서 계급투쟁의 정당성을 선전하는 정치색이 짙은 것들뿐이다. 胡玉衡, 〈試論封建家族的反動階級本質〉, 《鄭州大學學報》(1963년 제3기) ; 簡修煒·艾周昌, 〈論封建族權的反動本質〉, 《華東師大學報》(1964년 제2기) ; 邱漢生, 〈批判"家訓"·"宗規"里反映的地方哲學和宗法思想〉, 《歷史教學》(1964년 제4기) ; 左雲鵬, 〈祠堂族長族權的形成及其作用試說〉, 《歷史研究》(1964년 제5·6기) 등이 그러하다.

4) 주요 가족사 연구 성과로 呂思勉, 《中國宗族制度小史》(上海 : 中山書局, 1929) ; 郭沫若, 《中國古代社會研究》(上海 : 上海聯合書店, 1930) ; 陶希聖, 《婚姻和家族》(上海 : 商務印書館, 1934) ; 高達觀, 《中國家族社會之演變》(上海 : 正中書局, 1944) ; 呂振羽, 《史前期中國社會研究》(北京 : 北平人文書店, 1934) ; 瞿同祖, 《中國法律與中國社會》(上海 : 商務印書館, 1947) ; 潘光旦, 《明淸兩代嘉興的望族》(上海 : 商務印書館, 1947) 등의 저서와 함께, 전론(專論)으로 樓桐孫, 〈中國家族制的科學與未來〉, 《東方雜誌》(1931년 제2기) ; 傅尙霖, 〈中國家族制度及其生活上的幾個特點〉, 《淸華週刊》(1931년 제4·5·6기) ; 雷海宗, 〈中國的家族制度〉《社會科學(淸華大學)》(1937년 제4기) ; 葛啓揚, 〈卜辭所見殷代家族制度〉, 《史學年報》(1938년 제5기) ; 馮亦吾, 〈中國家族制度之評議〉, 《社會科學季刊》(1942년 제4기) ; 莊澤宜·陳學珣, 〈中國家族制度的演變與構成〉, 《南方雜誌》(1946년 제3·4기) ; 莊澤宜·陳學珣, 〈中國家

저술과 100여 편의 논문이 발표되어 가족사의 연구사가 정리될 정도로 가족사 연구가 활기를 띠고 있다.[6]

현재까지 중국 학계의 가족에 대한 기본적 시각은 모건Lewis Henry Morgan의 《고대 사회*Ancient society*》를 기초로 저술된 《가족과 사유 재산 그리고 국가의 기원 *Der Ursprung der Familie, des Privateigenthums und des Staats*》에 표명된 엥겔스Friedrich Engels의 가족 이론을 중국 가족사에 적용하여 이해하는 수준이다.[7] 따라서 엥겔스의 가족 이론에 입각한 각 시대별 가족 유형의 설정, 전제주의 봉건 정권의 인적·물적 기반으로서 가족의 역할, 가족과 국가의 일체화 이데올로기의 출현과 변화 과정, 봉건 사회의 장기 지속에 미친 가족의 역할, 사회주의형 가정의 창출을 위해 청산되어야 할 봉건 가족제의 부정적 요소에 대한 이론의 제시 등이 가족사 연구의 주종을 이뤄왔다. 이러한 연구의 시각과 논제는 엥겔스류의 단선적 관점

族制度的結構與功能〉,《南方雜誌》(1947년 제2기) 등이 있다.

5) 중공(中共) 십일계삼중전회(十一屆三中全會)는 1978년 12월에 개최된 '中國共産黨第十一屆第三次中央委員會全體會議'의 약칭으로서, 1977년 8월 중국 공산당 제11차 전국대표대회에서 장칭(江青) 등 사인방(四人幇)에 의해 주도된 문화대혁명의 파산을 공식적으로 선언한 이래 여전히 마오쩌둥 통치 말기의 정책을 답습하고자 한 화궈펑(華國鋒) 체제의 비판을 중심으로 사회주의 현대화 건설을 위한 실사구시(實事求是)와 사상 해방을 핵심으로 하는 새로운 지도 노선이 확정된 회의였다. 이 회의를 계기로 중국은 사회주의 현대화 건설 노선이 재정립되었고, 이와 더불어 역사학계에서는 기존의 마르크스주의 역사 이론과 중국 유물주의 역사 연구를 실사구시적 시각에서 재검토하고 그 결함을 보완하는 데 초점이 맞추어져 계급투쟁에 대한 인식 전환과 계급투쟁론의 속박으로부터 역사학을 해방시키고자 하였다. 이를 위하여 마르크스주의 이론을 기축으로 하면서도 다양한 연구 영역의 개척과 더불어 새로운 시각 및 방법론이 도입되었다. 그리하여 역사 연구에 종래 서방의 부르주아 학문으로 금기시되었던 사회 과학과 자연 과학적 방법론이 도입되는가 하면 극히 일부이지만 탈(脫)마르크스주의적 역사 연구의 움직임도 일어나기 시작하였다.

6) 중국 대륙의 가족사 연구 성과를 정리한 것으로 常建化,〈家族譜研究槪況〉,《中國史研究動態》(1985년 제2기) ; 馮爾康,〈中國社會史硏究槪述〉,《社會科學動態》(1990년 제7기) ; 王善軍,〈近年古代封建宗族制度研究管窺〉,《中國史研究動態》(1991년 제3기) ; 王玉波,〈啓動·中斷·復興—中國家庭·家族史研究述評〉,《歷史研究》(1993년 제2기) ; 徐揚杰,〈中國家族史研究的歷史和現狀〉,《中國史研究動態》(1994년 제6기) ; 陳爽,〈近年來有關家族問題的社會史研究〉,《光明日報》(2001년 11월18일자) ; 王利華,〈中國家庭史國際學術討論會述評〉,《歷史研究》(2002년 제6기) 등이 있다.

7) 王玉波,《中國家長制家庭制度史》(天津 : 天津社會科學院出版社, 1989) ; 王玉波,《中國家庭的起源與演變》(石家莊 : 河北科學技術出版社, 1992) ; 王玉波,《中國古代的家》(北京 : 商務印書館, 1995) ; 謝維揚,《周代家庭形態》(北京 : 中國社會科學出版社, 1990) ; 朱鳳瀚,《商周家族形態研究》(天津 : 天津古籍出版社, 1990) ; 徐揚杰,《中國家族制度史》(北京 : 人民出版社, 1992) 등을 들 수 있다.

에 집착하여 그간 다양하게 제기되어온 가족 사회학의 이론적 관점들을 제대로 반영하지 못했으며, 다양한 시각에 입각한 일본의 중국 가족사 연구자들[8]의 실증적 연구 수준에 미달한다는 비판에 직면할 가능성도 충분히 있다. 그러나 현 중국의 체제적 성격과 밀접히 닿아 있는 중국 학계의 성향으로 볼 때, 이는 현실적으로 불가피한 선택이었을 것이다. 또한 엥겔스류의 관점 역시 가족 사회학의 한 영역으로 자리 잡고 있는 것도 사실이고 보면, 이 과정에서 일구어낸 '중국 가족사의 시대 구분'[9]을 비롯하여 '중국 봉건 사회의 장기 지속 원인 논쟁'에서 봉건 가족에 대한 논의가 한 영역을 차지했다는 점[10] 등은 일정한 성과로 평가받을 수도 있을 것이다. 아울러 이러한 성과를 바탕으로 설령 엥겔스류의 관점을 완전히 탈각한 것은 아니지만 최근 중국 가족사 학계에서도 가족의 유형·구조·기능 및 역할에 대한 사회학적 접근과 실증사적 연구가 활발히 진행되고 있는 점은 무척 고무적이라 할 만하다.[11]

---

8) 일본은 1930~1940년대부터 중국 가족사에 대한 체계적인 연구를 시작했는데, 加藤常賢, 《支那古代家族制度研究》(東京:岩波書店, 1940);淸水盛光, 《支那家族の構造》(東京:岩波書店, 1942);牧野巽, 《家族論·書評他》(東京:御茶の水書房, 1985);仁井田陞, 《中國法制史硏究(家族村落法)》(東京:東京大學出版會, 1960);守屋美都雄, 《中國古代の家族と國家》(京都:東洋史硏究會, 1968);尾形勇, 《中國古代の「家」と國家》;滋賀秀三, 《中國家族法の原理》(東京:創文社, 1981) 등이 주목된다.

9) 엥겔스Friedrich Engels가 제시한 가족 유형의 발전 과정을 토대로 중국 가족의 역사를 시대별로 구분한 대표적 저작으로 徐揚杰, 《中國家族制度史》(北京:人民出版社, 1992)를 들 수 있고, 국내 독자들은 서양걸, 《중국 가족제도사》, 윤재석 옮김(아카넷, 2000)을 참조할 수 있다.

10) 이러한 논의는 주로 徐揚杰, 〈明淸以來家族制度對社會生産的阻滯〉, 《江漢論壇》(1984년 제7기);徐揚杰, 〈宋明以來的封建家族制度述論〉, 《中國社會科學》(1980년 제4기);李文治, 〈中國封建社會土地關系與宗法宗族制〉, 《歷史研究》(1989년 제5기);鄭昌淦, 〈封建社會的宗法制度〉, 《紅旗》(1980년 제20기);韓大成, 〈明代的族權與封建專制主義〉, 《歷史論叢》(1981년 제2기) 등에서 제기되었다.

11) 이러한 경향은 陳爽, 〈近年來有關家族問題的社會史研究〉;王利華, 〈中國家庭史國際學術討論會述評〉;張國剛 主編, 《家庭史研究的新視野》(北京:生活·讀書·新知 三聯書店, 2004) 등에서 두드러지게 나타난다.

2. 중국 고대 가족사 연구의 회고와 전망

중국 고대 가족사의 범위를 원시 시대 이래 후한 말까지 잡는다면 주지하듯이 엄청난 시간적 범위의 가족사가 설정될 것이다. 그러나 원시 시대의 가족은 오늘날의 관점으로 보았을 때 가족으로 정의할 수 있는 형태를 갖추지 못했으며, 뿐만 아니라 자료의 한계로 인하여 무릇 씨족 사회의 생활사에 대한 논의도 큰 진전을 보이지 못하고 있다. 영성하게나마 발굴된 거주지와 묘장의 규모 및 구조의 분석, 그리고 신화 전설과 원고(遠古) 사회의 생활상을 산발적으로 다루고 있는 문헌 사료의 분석을 통하여 원시 가정의 구조와 혼인의 형태 등에 대한 개략적 탐색이 이루어지고 있는 정도다. 또한 이러한 탐색은 추론의 범주를 크게 벗어나지 못하고 있을 뿐 아니라 그간 중국 학자들에 의해 밝혀진 원시 가정의 형태와 그것의 연변(演變) 과정도 엥겔스의 가족 이론에 끼워 맞추어 해석하는 도식적 단계를 넘지 못하고 있는 실정이다.[12]

한편, 하·은·주(夏·殷·周) 삼대(三代)의 가족사 연구는 주지하듯이 종법제에 기초한 가족의 형태와 그 내부 구조 및 가족의 유지 원리에 대한 연구였다. 그러나 이러한 연구는 이미 한대(漢代) 이래 주석가와 경학자들의 자구 해석 위주의 연구에서 시작되었지만,[13] 문헌 고증 위주였기 때문에 종법제하에서 가족의 구조·기능·역할, 그리고 가족과 지배 체제 및 사회 성격과의 관련성 등에 대한 과학적 분석은 이루어지지 못했다. 반면 현재 학계에서는 은주(殷周) 시대 가족 형태의 연구[14]와 더불어 종법제의 연원과 가계 계승 방식,[15] 종법제가 지향하는 종

---

12) 徐揚杰, 《中國家族制度史》; 王玉波, 《中國家庭的起源與演變》.

13) 종법제(宗法制)와 이에 기초한 종족의 유지 원리에 대해서는 《의례(儀禮)》, 《예기(禮記)》 및 《춘추삼전(春秋三傳)》에 대한 정현(鄭玄)·하휴(何休)·공영달(孔穎達)·가공언(賈公彦) 등 주석가들의 자구 해석에서 출발하여 북송 장재(張載)의 《경학이굴(經學理窟)》의 《종법편(宗法篇)》, 청대 모기령(毛奇齡)의 《대소종통석(大小宗通釋)》, 만사대(萬斯大)의 《종법론(宗法論)》, 정요전(程瑤田)의 《종법소기(宗法小記)》, 후도(侯度)의 《종법고(宗法考)》, 풍계분(馮桂芬)의 《종법(宗法)》 등으로 이어졌다.

14) 錢宗范, 《周代宗法制度研究》(桂林：廣西師範大學出版社, 1989)；朱鳳翰, 《商周家族形態研究》；謝維揚, 《周代

법적 가족 국가의 구조와 족장권의 성격,[16] 종법제하 촌락 공동체의 조직과 경제적 양태,[17] 종법적 가족 질서의 해체 과정과 이것이 후대 역사에 미친 영향[18] 등에 대한 논의가 활발하다. 그러나 종법제 가족에 대한 연구는 대부분 지배층의 존재 양태 및 예제(禮制)적 가족 질서에 대한 탐색에 초점이 맞추어져 있는 까닭에 상대적으로 피지배층 가족의 규모와 구조 및 그 역할에 대한 연구는 미진한 편이다.

원시 시대와 삼대의 가족사에 대한 논의가 사료의 제약으로 추론의 범주를 크게 벗어나지 못했다면, 종법제의 해체와 소농민의 자립이 나타나는 춘추 전국 시기의 가족사에 대해서는 춘추 전국 시대사에 대한 전반적 연구의 활성화와 더불어 상당한 연구 성과가 축적되고 있다. 이는 중국 전사(全史)에서 춘추 전국기가 점하는 비중에 상응할 정도로 가족사 연구가 차지하는 비중이 높다는 것을 반영하는 한편, 무엇보다 연구 자료의 양적 증가에 힘입은 바가 크다고 할 수 있다. 즉 제자백가류(諸子百家類)와 정사류(正史類)의 문헌 자료가 비교적 풍부할 뿐 아니라, 특히 근래 묘(墓)를 비롯한 각종 유적지에서 발굴된 다량의 전국 및 진대(秦代)의 간독(簡牘)이 가족사 연구의 획기적 자료로 활용되고 있기 때문이다.[19]

家庭形態).

15) 范文瀾,《中國通史簡編》(北京:人民出版社, 1964);郭沫若,〈古代研究的自我批判〉,《郭沫若全集(歷史編 2)》(北京:人民出版社, 1982);李學勤,〈論殷代親族制度〉,《文史哲》(1957년 제11기);裘錫圭,〈關于商代的宗族組織與貴族和平民兩個階級的初步研究〉,《文史》제17집(1983);常玉芝,〈論商代王位繼承制〉,《中國史研究》(1992년 제4기).

16) 金景芳,〈論宗法制度〉,《東北人民大學學報》(1956년 제2기);叶國慶,〈論西周宗法封建制的本質〉,《廈門大學學報》(1956년 제3기);童書業,〈論宗法制與封建制的關系〉,《歷史研究》(1957년 제8기);李桂海,〈談封建社會的宗法家長制〉,《沈陽師範學院學報(哲社版)》(1983년 제4기);岳慶平,《中國的家與國》(長春:吉林文史出版社, 1990).

17) 柯昌基,《中國古代農村公社》(鄭州:中州古籍出版社, 1989);裘錫圭,〈關于商代的家族組織與貴族和平民兩個階級的初步研究〉;徐揚杰,《中國家族制度史》.

18) 關履權,〈宗法統治和中國封建社會〉,《史學月刊》(1983년 제2기);劉修明,〈家族宗法制是中國封建社會長期延續的重要原因〉,《學術月刊》(1983년 제2기);徐揚杰,《中國家族制度史》;趙世超,〈戰國時期家長制家庭公社的衰落和演變〉,《史學月刊》(1983년 제4기).

19) 간독(簡牘)은 종이가 보편화되기 이전 글을 쓸 수 있도록 대나무 또는 일반 나무를 일정한 길이와 넓이 · 두께로 잘라서 제작한 종이 대용의 필기도구로서, 1900년대 초부터 현재까지 중국에서는 약 30만 매가 발굴되었다. 이와 관련된 전반적 이해를 돕기 위해서 윤재석,〈中國의 竹 · 木簡〉, 창원문화재연구소 편,《韓國의 古代 木簡》(예맥출판사, 2004)을 참조할 수 있다. 전국 및 진대 가족사 연구에 활용되고 있는 대표적 간독 자료로는

춘추 전국 시대는 종법제에 기초한 봉건 질서가 허물어지고 열국 간의 정치 · 군사적 분열에 수반한 각 영역 간의 무력 대립이 나타나는가 하면, 각 국가마다 사회 전반의 구조적 변동에 걸맞은 지배 질서의 수립에 부심하는 시기다. 이 과정에서 특히 춘추 중후기 이래 농민들의 가족은 생산력 향상에 힘입어 4~5명의 소형 규모로도 한 가족의 독자적 생존을 유지할 수 있는 최소한의 경제적 역량을 갖추게 되고, 따라서 종래 촌락 공동체의 씨족적 규제로부터 탈피하게 된다. 대규모 노동력의 결집을 전제로 유지되던 씨족 대신 소규모 가족이 생산과 소비를 자율적으로 해결할 수 있게 된 것이다. 이것이 소위 '춘추 전국기 소가족론(小家族論)' 으로서, 이러한 논점은 가족의 규모와 구조는 경제적 변동에 의해 결정된다는 논리에서 비롯된 것인데, 이와 더불어 또 하나의 변동 요인으로 지적되어온 것이 국가의 가족 정책이다. 즉, 항상적인 전시 체제하의 열국에서는 부국강병을 이루기 위해 인적 · 물적 수취 기반을 확대할 필요가 있었고, 이를 가능케 한 것이 종래 씨족 혹은 촌락 공동체로부터 독립한, 당시 인구 중 절대적 다수를 점하는 소규모의 농민 가정 곧 소농(小農) 가정의 출현이었다. 따라서 이들에 대한 국가의 효율적 관리와 동원 체제를 수립하고, 이를 위해 국가 측에서는 소농 가정에 대한 자원의 효과적 배분과 더불어 세금 · 요역 · 병역의 수취 단위를 확대하는 것이 필요했기에, 호적 제도의 수립과 일반민에 대한 편호화(編戶化) 작업은 그 중요한 대안이었다. 이 과정에서 국가 측에서 가족의 규모와 구조에 대한 조절까지 시도하게 되는데, 가장 대표적인 것이 전국 중엽 진나라의 상앙(商鞅)이 시행한 가족개혁령(家族改革令)이라 할 수 있다. 이상은 현 학계에서 정설로 굳어진 춘추 전국기 가족사에 대한 인식의 대강으로서, 그 주된 관점은 가족의 규모와 구조의 변동 요인을 정치와 경제의 종속 변수 차원에서 파악하는 것이고, 이에 적합한 논의의 핵심

睡虎地秦墓竹簡整理小組 編, 《睡虎地秦墓竹簡》(北京 : 文物出版社, 1978) ; 睡虎地秦墓竹簡整理小組 編, 《睡虎地秦墓竹簡》(北京 : 文物出版社, 1990) ; 湖北省荊沙鐵路考古隊, 《包山楚簡》(北京 : 文物出版社, 1991) ; 張家山二四七號漢墓竹簡整理小組 編, 《張家山漢墓竹簡》(北京 : 文物出版社, 2001) 등이 있다. 다음부터는 편의상 《睡虎地秦墓竹簡》은 《睡虎地秦簡》으로, 《張家山漢墓竹簡》은 《張家山漢簡》으로 줄여 쓰기로 한다.

적 대상은 상앙의 가족개혁령이었다.

　다음에서는 춘추 전국기 소가족론의 핵심을 점하고 있는 상앙의 가족개혁령과 전국 말기 및 제국기 진의 가족사 연구에 대한 기존 학계의 논의를 정리하고, 나아가 그 한계와 과제에 대해 짚어보기로 한다.

　종래 진사(秦史)의 연구는 상앙 변법(變法) 이래 국가와 인민을 축으로 하는 사회 구조의 탐색에 집중되어왔음은 두루 알려진 사실이다. 국가의 대민 지배 통로로서 관료제(官僚制)·군현제(郡縣制)·십오제(什伍制)에 대한 주목, 그리고 국가와 인민을 연계하는 실질적 내용이라 할 수 있는 수전제(授田制)에 기초한 국가와 민의 토지 수수(授受) 관계 및 이에 대한 반대급부의 형식을 취하는 징병과 수취 방식에 대한 고찰, 인민에 대한 항상적인 전시 동원 체제의 수립과 신분제의 창출을 가능하게 했던 군공작제(軍功爵制), 지배의 당위성과 전제 권력의 출현을 이론화한 법가의 지배 이론에 대한 고찰 등이 그것이다. 그런데 이상과 같은 진의 지배 구조를 이해하는 데 반드시 고려해야 할 점은 지배 단위로서의 인민의 존재 형태이다. 즉 국가의 지배 대상으로서의 민은 단세포적인 개인이 아니라 국가의 호적에 편입된 편호(編戶)의 민으로 활동하고, 국가는 각 개인이 속하는 최소한의 사회 조직인 가족을 그 지배 대상으로 삼는다는 점이다. 특히 전근대 농업 사회에서 노동과 생산의 기본 단위는 가족인 까닭에 국가는 자연태적(自然態的) 존재인 가족을 편호화하여 세금·요역·병역 등의 징발을 위한 기초 조직으로 파악함으로써 민과의 연결 고리를 만들었다. 이는 곧 가족이 단순한 생활 공동체로서의 기능만이 아니라 국가 공민(公民)을 생산하고 사회와 국가를 유지·발전시키는 사회·경제·정치적 조직으로 위치함을 의미한다. 이렇게 볼 때, 진나라의 12대 군주인 효공(孝公) 3년에 진나라로 들어온 상앙이 두 차례에 걸쳐 발표한 가족개혁령은 민과 국가의 연계를 새로이 모색하고자 했다는 점에서 주목되는데, 이를 둘러싼 연구 경향을 정리하면 다음과 같다.

　종래 진대 가족사 연구는 상앙의 가족개혁령의 분석에 주력하였는데, 변법령 시행 이후 진대 가족의 유형과 가족개혁령의 목적에 집중했던 초기의 논의와,

1975년 호북성(湖北省) 운몽현(雲夢縣) 수호지(睡虎地)에서 1150여 매의 진나라 죽간이 출토되면서 진사(秦史) 연구에 활기가 일게 된 1980년대 이후로 대별할 수 있다. 특히 《수호지진간(睡虎地秦簡)》의 활용에 의하여 종래 상앙의 가족개혁령 두 조문에 한정되었던 사료 부족의 한계를 상당히 극복하게 되어 가족 논의가 활성화된 것은 두루 알려진 사실이다. 《수호지진간》에 실린 진율(秦律) 중의 가족 관련 조문들 역시 상앙 변법 이래 진국의 일관된 가족 정책의 반영물로 보고 이에 대한 분석을 통하여 상앙의 가족개혁령을 재해석한다는 역추적의 작업을 가능케 한 것이다. 그 결과 상앙의 가족개혁령에 대한 새로운 해석이 제기되는가 하면, 진율 중의 가족 관련 율문(律文)에 대한 천착을 통해 국가의 가족 지배 형태나 거주 형태의 고찰에 의한 가족 구조의 분석, 그리고 가족 내부의 신분 구조와 경제 구조 등에 대한 분석 등 다양하고 새로운 접근이 이루어져왔다. 접근 방법 면에서는, 춘추전국기의 정치와 사회·경제적 변동을 인정하는 한 이러한 변동에 따라 가족 유형은 '종법적 대가족' 혹은 '가부장적 노예제 대가족'의 해체에 수반하여 소가족화의 추세를 걷게 된다는 관점이 있는가 하면, 일부에서는 이러한 유형의 변화는 역사 발전의 필연적인 귀결이라는 시각을 견지하기도 한다. 세부적으로는, 상앙의 가족개혁령 중[20]의 논쟁 대상인 〈남(男)〉·〈부(賦)〉·〈실(室)〉과 《수호지진간》에 실린 진율 중의 〈동거(同居)〉·〈호(戶)〉·〈실(室)〉·〈호부(戶賦)〉 등에 대한 분석에 근거하여 크게는 가족개혁령의 목적과, 가족개혁령 실시 이후 진대 가족의 형태와 내부 구조, 그리고 가족을 둘러싼 제반 사회 구조와의 관련에 대한 고찰이 연구의 주류를 이루었다.

상앙 변법 이래 진대 가족의 규모 및 구조에 관한 고찰로서 한 집안에 부자손(父子孫) 삼대가 함께 살았다는 '일가삼족설(一家三族說)'[21]과 '부모형제 동가가족

---

20) 《史記》, 〈商君列傳〉: "民有二男以上不分異者, 倍其賦." · "令民父子兄弟同室內息者, 爲禁."
21) 古賀登, 《漢長安城と阡陌·縣·鄕·亭·里制度》(東京 : 雄山閣, 1980) ; 太田幸男, 〈商鞅變法の再檢討·補正〉, 《歷史學硏究》 제483호(1980) ; 太田幸男, 〈睡虎地秦墓竹簡えみえる「室」「戶」「同居」をめぐって〉, 《西嶋定生博士還曆記念東アジア史における國家と農民》(東京 : 山川出版社, 1984).

보호설' 22) 등에 대한 논의도 없지 않았으나, 상앙의 가족개혁령 이래 진 사회에는 4~5명으로 구성된 부부 중심의 단혼 소가족이 가장 보편적인 가족 형태로 자리 잡았고,23) 이러한 추세는 한대(漢代)에도 변함없이 지속되었다는 이해가 지배적이다.24) 그리고 가족개혁령의 목적에 대해서는, 진나라 민중의 비도덕적 거주 습속을 개혁하고 소농민(小農民) 경제의 발전을 꾀하기 위한 것이라는 논의를 비롯하여,25) 민의 생산 의욕의 자극,26) 부역(賦役)27)과 징병(徵兵)28)의 단위 및 지조(地租) 수입의 증가,29) 새로운 현(縣)의 건설,30) 황무지를 개간하기 위한 노동력의 확보31) 등의 다양한 논의가 이뤄져왔다.

아울러 진대 가족의 경제 구조에 대한 논의에서는, 당시의 가족은 독립적 소농 경영의 주체로 성장하지 못했다는 견해도 일부 제기되었으나,32) 소가족의 보편성

---

22) 이성규, 《중국 고대 제국 성립사 연구―진국 제민 지배 체제의 형성》(일조각, 1984).

23) 김엽, 〈商鞅의 什伍連坐制研究〉, 《大丘史學》 제9집(1975) ; 趙世超, 〈戰國時期家長制家庭公社的衰落和演變〉 ; 張金光, 〈商鞅變法後秦的家庭制度〉, 《歷史研究》(1988년 제6기) ; 李向平, 〈秦代家庭形態初探〉, 《廣西師範大學學報》 (1985년 제4기) ; 岳慶平, 《家國結構與中國人》(香港 : 中華書局, 1989) ; 杜正勝, 〈傳統家族試論(上)〉, 《大陸雜誌》 제65집(1982) ; 牧野巽, 〈商鞅の家族立法〉, 《家族論·書評他》 ; 越智重明, 〈井田制の家―戰國秦漢時代の家の理解 をめぐって〉, 《古代文化》 23-4(1971) ; 松崎つね子, 〈睡虎地秦簡よりみた秦の家族と國家〉, 《中國古代史研究》 제5호 (東京 : 雄山閣, 1982) ; 楠山修作, 〈中國古代國家の成立―商鞅變法の一考察〉, 《歷史學研究》 제571호(1987) ; 稻葉 一郎, 〈戰國秦の家族と貨幣經濟〉, 林己奈夫 編, 《戰國時代出土文物研究》(京都 : 京大人文科學研究所, 1985) 등.

24) 馬新, 〈漢代小農家庭結構與社會經濟結構〉, 《平准學刊》 제5집(上冊)(1989) ; 羅彤華, 〈漢代分家原因初探〉, 《漢 學研究》(1994년 제1기) ; 黃金山, 〈漢代家庭的自然構成與等級構成〉, 《中國史研究》(1987년 제4기) ; 喩長永, 〈西漢 家族結構和規模初探〉, 《先秦·秦漢史復印報刊資料》(1992년 제4기) ; 許倬雲, 〈漢代家庭的大小〉, 《求古編》(臺北 : 聯經出版社, 1985) ; 李根蟠, 〈戰國秦漢小家庭規模及其變化機制―圍繞 "五口之家" 的討論〉, 張國剛 主編, 《家庭史研 究的新視野》.

25) 林劍鳴, 《秦史稿》(上海 : 上海人民出版社, 1982), 191쪽.

26) 守屋美都雄, 《中國古代の家族と國家》, 299~303쪽.

27) 徐揚杰, 《中國家族制度史》, 152쪽.

28) 田昌五·安作璋, 《秦漢史》(北京 : 人民出版社, 1993), 24쪽.

29) 楊寬, 《戰國史》(上海 : 上海人民出版社, 1983), 192~193쪽.

30) 西嶋定生, 《中國古代帝國の形成構造》(東京 : 東京大學出版會, 1961), 551쪽.

31) 曾憲禮, 〈"民有二男以上不分異者倍其賦" 意義辨〉, 《中山大學學報(哲社版)》(1990년 제4기), 71~77쪽 ; 好並隆 司, 〈商鞅「分異の法」と秦朝權力〉, 《商君書研究》(廣島 : 溪水社, 1992), 67~100쪽.

32) 飯尾秀行, 〈中國古代の家族研究をめぐる諸問題〉, 《歷史評論》 제428호(1985), 67~83쪽.

248 제2부 가족과 여성

을 주장하는 논자들의 대부분은 전국기 진 사회에서는 부부 중심의 자립적 소농민이 소농 경영의 주체로 성장하였다는 점을 강력히 주장하였다.[33] 그리고 가족 내부의 신분 질서, 특히 가장권의 성격 구명에 있어서도 소가족론자에게서는 당연한 이해이겠으나, 가부장제 사회의 해체 뒤에 나타나는 소가족제하에서 가장권은 지극히 미약해지고 가장에 대한 가족원의 상대적 독립성이 상당히 향상되었다는 견해가 제기되기도 하였다.[34]

이상에서 볼 때, 종래 진대 가족 연구는 소가족론을 중심으로 전개되었음을 알 수 있는데, 주된 논거는 다음의 몇 가지로 간추릴 수 있다. 첫째는 사회·경제적 요인으로서, 전국기에는 철제 농기구와 우경(牛耕)의 보급에 의하여 부부 중심 가족의 경제적 자립도가 향상되고, 생산력의 향상에 따른 사회적 분화 현상이 심화됨에 따라 대가족제하의 혈연적 유대가 이완되었으며, 이로 인해 부모 생전에 자식이 부모로부터 독립하는 현상이 보편화되었다. 둘째는 정치적 요인으로서, 상앙의 가족개혁령은 한 집안에서 성인 남성 2명 이상이 동거하는 것을 불허하는 분가(分家)의 강제 조치로서, 이를 통해 진나라는 생산 단위의 증가는 물론 세역(稅役) 징발의 단위를 획기적으로 늘릴 수 있었으며, 이러한 상앙의 가족분가령(家族分家令)에 따른 부부 가족의 보편적 현상을 《수호지진간》 중에서도 확인할 수 있다는 점 등을 들고 있다. 이상과 같이 가족을 있는 그대로의 정태적 존재로서가 아니라 매 시대의 가족이 경험한 사회·경제적 환경의 변동과 정치적 관점에서 그것의 규모와 구조의 변화를 감지해내고자 한 점은 가족사 연구의 진척을 위해 매우 중요한 시도임에 틀림없다. 다만 이상과 같이 현재 벌어지고 있는 중국 고대의 소가족 논의에서는 다음의 관점과 몇 가지 사실들도 동시에 고려될 필요가 있을 것이다.

첫째, 가족 연구에 있어 가장 기본적 전제라 할 수 있는 연구 시각의 측면에서,

---

33) 앞의 모든 중국학자들의 견해와 堀敏一, 〈中國古代の家と戶〉, 《明治大學人文科學硏究所紀要》 제27책(冊) (1988) ; 최덕경, 《중국고대농업사연구》(백산서당, 1994), 540~554쪽 등.

34) 張金光, 〈關于秦的父權家長權大權與婦女地位〉, 《山東大學學報(哲社版)》(1988년 제3기), 1~8쪽.

종래에 주류를 이룬 소가족론의 관점은 가족의 규모나 구조는 사회 구조, 특히 정치와 경제적 발전에 의하여 피동적으로 변화한다는 논리에 서 있음을 보게 된다. 상앙의 가족개혁령이 정치적 개혁의 일부였던 만큼 정치적 요인이 가족을 일정하게 변화시켰다는 점은 부인할 수 없다. 아울러 변법 이후 진국의 사회 경제적 발전에 수반하여 소가족화의 추세 역시 상당히 진전했다는 점도 부정할 필요는 없다. 그러나 상앙의 가족개혁령 자체를 이해함에 있어서 변법이 실행되기 이전까지 진국의 사회 경제의 발전 정도가 여타 중원 제국보다 훨씬 낙후해 있었다는 점을 전제한다면, 진국 이외 선진 지역을 중심으로 소가족의 출현을 가능케 한 사회 경제적 요인을 진국의 가족개혁령의 이해에까지 그대로 적용하는 것은 재고의 여지가 있다.

둘째, 종래의 연구는 상앙의 가족개혁령 자체에 대한 분석에 치중하기보다는 가족개혁령과 부세제(賦稅制)·현제(縣制)·토지제(土地制) 개혁령 등 여타의 변법령과의 관련성을 지나치게 강조함으로써 정작 상앙이 가족 개혁의 목표로 제시한 융적풍(戎翟風) 거주 습속의 일소와 중원적인 가족 질서의 확립이라는 본질적인 측면을 단순히 가족 개혁 목표의 외피에 불과한 것으로 간주할 뿐, 이에 대한 주의는 상대적으로 미약하다. 뿐만 아니라 부세제·현제·토지제 개혁령은 1차 가족개혁령이 발표된 지 약 10년 후에 발표된 것들로서 양자 간의 일정한 관련성을 전혀 부정할 수는 없겠으나, 가족 개혁을 이들 개혁의 종속물로 파악할 경우 두 차례에 걸쳐 발포되는 가족개혁령의 본질을 왜곡할 우려가 없지 않다. 이는 변법 이전 진 민간의 거주 형태와 가족 질서를 구명할 수 있는 자료의 부족에 기인한 것이기도 하겠지만, 오히려 이 문제를 해결함으로써 가족개혁령의 본질에 접근할 필요가 있을 것이다.

셋째, 진율(秦律) 중의 가족 관련 조문이 상앙이 시행한 가족 개혁 정책의 연장이라는 점은 부인할 수 없을 것이다. 그러나 종래의 연구에서는 상앙의 가족개혁령을 부자 형제 동거 가족의 분해책으로 단정한 후 진율의 가족 조문에 접근한 결과, 상앙의 소가족 정책을 진율 중에서도 확인할 수 있다는 논의에 머물 수밖에 없고, 심지어 진율 중 부자 형제의 동거를 보호하는 율문조차도 소가족화 추세에 역행하는 예외적인 것 혹은 가부장적 노예제 시기의 잔재로 처리하는가 하면,《수호지진간》이외의 간독 자료에 나타나는 다양한 가족 형태에 대한 주의는 거의 이뤄지지 못한 형편이다. 따라서 전국기 진 사회의 소가족화 추세를 인정하면서도 여타의 가족 형태의 존재 가능성에 대한 주의도 기울임으로써 편호화한 민의 다양한 존재 형태를 인정하는 접근도 필요할 것이다.

넷째, 기존의 주된 연구 자료인 상앙의 가족개혁령과 진율의 가족 관련 조문은 성격상 모두 관변 자료인 까닭에 이러한 자료의 분석을 통해 도출된 가족 유형의 현실적 존재의 보편성을 회의하게 하며, 아울러 진국의 가족 정책이 당시 민간에서는 어떠한 모습으로 반영되고 굴절되었는지에 대한 현실적 검증 작업의 필요성을 남겨두고 있다. 이를 해결하기 위해서는 관변 자료와 더불어 당시 사람들의 삶의 모습을 실제로 반영하고 있는 민간 자료의 활용에 의하여, 정책과 현실 사이에 나타난 진대 가족의 양태를 유기적으로 파악할 필요가 무엇보다 절실하다.

다섯째, 종래 문헌 사료 분석 위주의 연구는 한계에 봉착한 만큼 근래 들어 지속적으로 간독(簡牘) 자료를 분석하면서 새로운 가족사 연구의 환경이 조성되고 있다는 점을 주목할 필요가 있다. 특히 중국 전체 가족사에서 중요한 전환점으로 평가되는 상앙 가족개혁령의 실체 규명에 있어서 종래 부부 중심의 단혼 소가족 창출책으로 정설화되어온 가족개혁령의 이해에 일부 수정을 가하거나 보충할 수 있는 자료들이 속속 발굴되고 있다. 이 중《수호지진간》을 비롯한 자료 중에는 상앙의 가족개혁령이 소가족화를 지향한 것이 아니라 부자손(父子孫) 삼대가 동거공재하는 가족에 대한 보호책으로 이해할 수 있는 조문도 발견되는 만큼, 상앙의 가족개혁령에 대한 종래의 정설을 재고해볼 수 있는 여지도 적지 않다. 나아가 현재로서는 사료의 한계가 있지만 앞으로 연구의 진척을 위해서는, 지금까지 치중해온 가족의 규모와 기능 및 구조에 대한 연구만이 아니라, 가족 내부의 권력 구조와 국가의 대민 지배 방식과의 연결 고리에 대한 탐색을 비롯하여, 가족의 생물학적 생산과 소멸의 구조 및 여기서 나타나는 인간의 생활 주기Life Cycle와 이에 대한 사회적·국가적 연계 방식에 대한 고찰, 가족의 경제적 생산과 소비의 구조와 이에 대한 국가의 관리 방안 등도 중요한 연구의 대상으로 삼을 필요가 있을 것이다.

3. 간독(簡牘) 자료에 반영된 진(秦)의 가족 유형

《사기(史記)》, 〈상군열전(商君列傳)〉에 실린 상앙의 가족개혁령은 "민(民)으로서 이남(二男) 이상이 분이(分異)하지 않을 경우, 그 부(賦)를 배로 부과한다(民有二男以上不分異者, 倍其賦)"(1차령)는 조문과 "민으로 하여금 부자 형제가 같은 실(室)에서 식(息)하는 것을 금한다(令民父子兄弟同室內息者, 爲禁)"(2차령)의 두 조문에 불과하다. 이에 대해 학계에서는 "성인 장정 두 명 이상이 한집에 거주할 경우 이들을 강제로 분가시킨다"는 의미로 해석하여, 상앙이 4~5명으로 구성된 부부 중심의 단혼 소가족을 창출하고자 했고, 이를 계기로 중국은 소가족 사회로 진입한 것으로 이해했다. 진한대(秦漢代) 정론가(政論家)들의 발언이나 호구 통계 자료 및 간독 자료 등에 의하면 당시 한 집의 구성원 수가 평균 4~5명이었음은 틀림없어 보인다.[35] 그러나 상앙 변법의 연장선상에서 제정되었다고 하는《수호지진간》진율의 가족 관련 조문 중에는 과연 진나라에서 성인 남성 두 명 이상의 동거 공재를 금지하는 정책이 실행되었는지를 의심케 하는 내용이 다수 등장한다. 우선 진율 중에서 벌금·속죄금 또는 채무의 변제를 금전이 아닌 노역으로 대신하도록 한 거자(居貲)·속(贖)·채(債)[36]의 규정을 보자.

---

35) 李根蟠, 〈戰國秦漢小家庭規模及其變化機制—圍繞"五口之家"的討論〉, 7~17쪽 참조.

36) '자(貲)'는 벌금형으로서《수호지진간(睡虎地秦簡)》에는 貲二甲·貲一甲·貲二盾·貲一盾과 같이 죄의 경중에 따라 갑(甲, 갑옷)·순(盾, 방패)으로 벌금을 납부하게 하였다. 그러나 실제로는 갑·순을 직접 납부하는 것이 아니라 이들 가격을 기준으로 현금 등을 납부하게 하였고, 만일 납부할 재산이 없는 경우는 관부에서 노역에 종사하여 부과받은 벌금을 상쇄할 수 있게 하였는데, 이를 '거자(居貲)'라 하였다. '속(贖)'은 형벌을 직접 가하는 대신 돈을 납부케 하여 형벌을 면제받게 하는 행위로서,《수호지진간》에는 贖死·贖黥·贖宮·贖遷·贖耐·贖鬼薪鋈足 등이 나오는데, 이러한 형벌 명은 속형(贖刑)이 진대의 형벌 체계 내에 속하였음을 보여

죄를 지어 벌금형·속죄금을 내는 형벌을 받거나 관부에 채무가 있는 경우, 판결에 규정된 기일에 의거하여 신문하는데, 만일 부과받은 금액을 납부하거나 채무를 갚을 능력이 없으면, 판결에서 규정한 일수(日數) 동안 노역하게 하여 상환하도록 함에, 하루 노역을 8전(錢)으로 계산하고, 관부에서 식사할 경우는 하루 노역을 6전으로 계산한다……노역으로 벌금·속죄금·채무를 갚고자 하는 자가 타인을 대신 복역시키고자 할 경우, 양자의 연령대가 서로 같아야 이를 허락한다. 그러나 수공업 공장에 종사하는 자 및 상인으로서 관부에 채무가 있을 경우, 자신의 채무를 변제하기 위해 타인을 대신 복역하게 할 수 없다. 한집에서 두 명 이상이 벌금·속죄금·채무의 변제를 위해 관부에서 노역하여 그 집안을 돌볼 자가 없는 경우, 그중 한 사람은 집으로 돌려보내어, 이들이 서로 윤번제로 복역하게 한다. 벌금·속죄금·채무의 변제를 위해 관부의 노역에 복무하는 자가 혹 타인을 빌려 자신과 함께 복역하고자 하는 경우 이를 허락하는데, [노동력을 빌려 준] 그 사람의 요역 의무를 면제해줄 수는 없다.[37]

이와 같이 벌금형·속죄형을 받거나 관청에 채무를 진 자가 관청에서 노역을 함으로써 속죄하거나 채무를 갚고자 하는 경우, 하루의 노동 가치를 8전(錢) 혹은 6전으로 계산하여 이를 허용하는데, 한집에서 두 명 이상의 장정이 노역에 동원되어 그들의 집안을 돌볼 사람이 없게 될 경우, 한 사람씩 윤번제로 노역에 종사하는 것을 허용한다고 한다. 이는 곧 당시 민간의 가족은 2명 이상의 성인 남자의 노동력에 의하여 유지되었고, 진 정부에서는 이러한 가족을 유지 보호하기 위하여 한 집안에서 2명 이상의 성인 노동력의 차출을 금지하는 조항을 법제화했음을 보여준다. 이러한 취지는 변경에서 복역할 노동력의 징발 규정에도 나타난다.

수율(戍律)에서 말하기를, 한집에 같이 거주하는 동거자(同居者)들을 한꺼번에 징발하여 변경

준다. 그렇지만 위의 본문 규정에 의하면 속형을 받은 죄인 역시 현금 납부 대신 관부에서 노역을 함으로써 속죄할 수 있었다. 그리고 '채(債)'는 채무(債務)로서 관부에 채무를 진 자는 금전 따위를 직접 갚는 방법도 있으나 경제적 여력이 부족할 경우 관청의 노역에 참가하여 채무를 변제할 수 있었다.
37) 《睡虎地秦簡》, 〈秦律十八種〉, 84~85쪽.

의 노역에 복역시켜서는 안 되는데, 만일 현(縣)의 책임자인 색부〔嗇夫, 현령(縣令)〕와 현의 위(尉) 및 사리(士吏)가 이 수율에 의거하지 않고 동거하는 자들을 동시에 변경의 노역에 복역시킬 경우, 자이갑(貲二甲, 갑옷 두 벌을 납부하는 벌금)을 부과한다.[38]

즉, 한집에 동거하는 자들을 한꺼번에 변경 노역에 징발해서는 안 되고, 이를 어긴 관리에게는 2갑(甲, 갑옷)의 벌금을 부과하는 처벌 규정이 수율에 명문화되어 있다. 일반적으로 변경 노역의 징발 대상은 성인 장정인 점으로 보아, 이 규정 역시 위의 거자·속·채의 규정과 마찬가지로 한 집안에 두 명 이상의 장정이 포함된 가족의 경제적 안정을 위하여 법제화한 조문임이 분명하다. 이러한 정책은 비단 진에서만이 아니라 4~5명의 형제가 함께 전쟁에 동원되었을 경우, 그중 한 명을 귀가시킨 월(越)나라 왕 구천(勾踐)의 조치를 연상케 하는데,[39] 이는 곧 춘추전국기 민간에서 한 집안의 경제적 안정을 위해서는 최소한 노부모를 제외한 2명 이상의 장정 노동력이 항시적으로 필요했음을 보여주는 것이 아닐까? 나아가 이러한 규정은 2명 이상의 성인 부자 형제가 함께 거주하는 가족 역시 광범하게 존재했고, 국가에서 이러한 가족 유형의 보호책을 법제화했다고 할 수 있을 것이다. 이렇게 볼 때, 위의 두 조문은 상앙 변법 이래 진나라에서는 두 명 이상의 성인 장정이 한 집안에 거주하는 것을 엄격히 금지하여 부부 중심의 단혼 소가족만이 존재했다는 종래 일반화된 견해로는 이해하기 힘든 규정일 수밖에 없다.

한편, 위의 성인 부자 형제 동거 보호책과 함께 관노비의 일종인 예신첩(隸臣妾)이 자신의 신분을 면하기 위한 조건을 규정해놓은 다음의 조문이 주목된다.[40]

① 백성 중에 모친 혹은 친자매가 예첩(隸妾, 여성 관노비의 일종) 상태인 경우, 본인이 유배(流配)의 죄를 짓지 않은 상태에서 변경에서 5년간 노역을 하고자 자원하면, 그 노역 기간을

---

38) 《睡虎地秦簡》, 〈秦律雜抄〉, 147쪽.
39) 董增齡 撰, 《國語正義》(成都 : 巴蜀書社, 1985), 1,258쪽.
40) 아래 조문의 출처는 각각 《수호지진간》, 〈진율십팔종(秦律十八種)〉 중의 ① 91쪽, ② 93쪽, ③ 53~54쪽임.

변경에서 복무해야 하는 군역(軍役) 기간으로 계산하지 않고 노역하여, 예첩이 된 모친 혹은 친자매 한 명을 예첩 신분에서 벗어나게 하여 서인(庶人)으로 만드는 것을 허락한다.

②작(爵) 2급을 반납함으로써 친부모로서 예신첩이 된 자 한 명을 예신첩 신분에서 벗어나도록 하고자 하거나, 예신(隸臣, 남성 관노비의 일종)으로서 전쟁터에서 적의 머리를 베는 전공을 세워 공사(公士, 제1등급의 작위 명칭)가 된 자가 공사의 작위를 반납함으로써 현재 예첩인 자신의 처(妻) 한 명을 예첩 신분에서 벗어나게 하고자 하는 경우, 이를 허락하고 서인이 되게 한다.

③장년 두 사람으로 예신 한 명을 예신 신분에서 벗어나게 하고자 한다면, 이를 허락한다. 장년 한 명으로 면로(免老, 국가로부터 모든 의무를 면제받는 60세 이상의 남성)가 된 노년의 예신 또는 신장 5척(尺, 약 116cm) 이하의 소예신(小隸臣) 및 예첩을 신분 해방시키고자 한다면, 이를 허락한다. 신분 해방에 쓰이는 사람은 반드시 남자여야 하고, 그 사람은 해방된 사람 대신 예신이 되어야 한다.

①에서는 예첩 신분의 모친이나 친자매를 서인으로 복원시키고자 할 경우, 유배형을 받지 않은 이들의 아들 혹은 형제가 5년간 변경 지역의 노역에 복무해야 하고, ②에서는 군공을 세운 자가 작 2급을 국가에 반납하면 예신첩 신분의 친부모 한 명을 서인으로 해방시킬 수 있으며, 전장에서 적의 목을 벤 전공을 세워 공사의 작위를 얻은 자가 그 작위를 국가에 반납하면 예첩 신분의 자신의 처를 서인으로 복원시킬 수 있으며, ③에서는 예신을 해방시키기 위해서는 장정 2명을, 면로의 연령에 달한 예신과 신장 5척 이하의 소예신 및 예첩을 속면하기 위해서는 각기 장정 한 명씩을 국가에 제공하여 예신첩의 역(役)을 대신하도록 했다. 여기서 주목되는 것은 예신첩 신분을 해방시켜주는 주체가 가령 부모일 경우는 그 자식이, 처인 경우는 남편이, 자매인 경우는 이들의 형제로 나타나 있다는 점이다. 다만 위 규정에서 성인 형제간의 구체적인 상호 속면 규정은 나타나 있지 않기에 형제간의 동거공재를 직접 상정하기는 어렵다. 그러나 이 경우 일반적인 예신의 속면 조건으로서 장정 2명을 관부에 제공하도록 요구함과 동시에 소예신과 면로

에 달한 예신 및 예첩의 신분 해방 조건을 규정한 ③이 주목된다. 즉, 이들은 어리거나 늙거나 하여 스스로 예신첩 신분을 벗어나기 어려운 만큼, 이들의 자식 또는 부모 형제 등의 가족원이 예신첩 신분을 벗겨줄 수밖에 없다는 점이다. 이 같이 가족원 상호 간에 예신첩 신분을 벗도록 도움을 줄 수 있게 한 것은 예신첩으로 추락할 수 있는 범죄를 지은 자의 가족을 보호하기 위한 하나의 대안이 될 수도 있을 것인데, 이 경우 역시 부자 형제 동거 가족의 존재를 전제하지 않고서는 성립하기 힘든 조치일 것으로 보인다. 이와 관련하여 진율의 제정에 상당한 영향을 미친 것으로 평가되는[41] 《묵자(墨子)》의 다음 구절을 주목해보자.

> 형제가 유죄일 경우, 비록 죄를 지은 형제가 그의 가족과 함께 현 안에 있지 않더라도 형제의 죄인 신분을 벗어나도록 하고자 하여, 관청에 속미(粟米)·전금(錢金)·포백(布帛) 및 기타의 재물(財物)을 낼 경우 이를 허락하게 한다.[42]

라 하여, 형제 중 죄인이 있다면 형제 상호 간에 죄인 신분을 벗어나도록 관부에 일정한 재물을 납부해줌으로써 죄를 지은 형제를 형벌로부터 보호할 수 있음을 보여주고 있다. 이와 더불어 이 내용이 들어 있는 《묵자》, 〈호령편(號令篇)〉 중에는 적에게 항복한 자와 성(城)을 담보로 적과 공모한 자, 사형 이상의 형벌을 받을 범죄자 등의 부모·처자·형제는 상호 연좌되는 처벌을 받도록 규정하고 있는데,[43] 이는 가족원 간의 연좌와 신분 해방의 범위가 부모·처자·형제의 삼족(三族)에 동일하게 미치고 있음을 보여준다. 이를 참고하면 위에서 제시한 진율 ③의 예신첩 신분의 해방 조건 규정을 만족시키는 가족원의 범위 역시 예신첩의 부

41) 李學勤, 〈秦簡與《墨子》城守各篇〉, 中華書局編輯部 編, 《雲夢秦簡研究》(北京 : 中華書局, 1981), 324~335쪽 ; 이성규, 〈齊民支配體制形成의 擔當集團─秦墨의 活動을 中心으로〉, 《중국 고대 제국 성립사 연구─전국 제민 지배 체제의 형성》, 234~283쪽 참조.

42) 吳毓江 撰, 《墨子校注》(北京 : 中華書局, 1993), 〈號令篇〉, 919~920쪽.

43) 吳毓江 撰, 《墨子校注》, 〈號令篇〉, 917 · 921 · 916쪽.

모·처자·형제에 미쳤다고 보아 큰 무리는 없을 것이다.

위에서 거자·속·채와 예신첩의 신분 해방 규정은 진 정부가 2명 이상의 장정이 한 집안에서 동거공재하는 부모 형제 동거 가족의 존재를 인정했음은 물론이고, 이러한 가족의 경제적 안정을 보호하는 정책을 취했음을 알 수 있다. 그렇다면 이 같이 비교적 큰 규모와 구조의 가족이 과연 현실적으로 존재했을까? 전국 말기 민간 사회의 모습을 보여주는 《일서(日書)》의 다음 조문을 보자.[44]

① 내(內)가 서남(西南)에 위치하면 부(婦)는 군(君)〔부군(夫君)〕에게 사랑받지 못한다. 내가 서북(西北)에 위치하면 자식이 생기지 않는다.

② 부(婦)를 맞이하여 소내(小內)를 축조하다.

③ 도(道)에 인접하게 소내를 축조하면 자식에게 이롭지 못하다.

④ 무릇 위실일(爲室日)에는 실(室)을 축조할 수 없다. 만일 이를 어기고 대내(大內)를 축조하면 대인(大人)이 죽고, 우택(右邟)을 축조하면 장자(長子)의 부(婦)가 죽게 되며, 좌택(左邟)을 축조하면 중자(中子)의 부(婦)가 죽게 되고, 바깥 담장을 축조하면 손자(孫子)가 죽고, 북측 담장을 축조하면 우양(牛羊)이 죽는다.

---

44) 《일서(日書)》는 점복 행위를 하는 자들이 사용하는 점술 텍스트이다. 《일서》는 주술적인 성격과 난해함 등으로 인해 그다지 주목을 받지 못했으나 중국 전근대 사회에서 인간의 삶과 행위에 관한 적지 않은 참고 자료로서 민간의 습속을 광범하게 전해주고 있다는 인식의 결과, 1980년대 후반부터 학계의 주목을 받고 있다. 본고가 다루고 있는 진나라의 《일서》가 수록된 책으로는 雲夢睡虎地秦墓編寫組, 《雲夢睡虎地秦墓》(北京 : 文物出版社, 1981)와 睡虎地秦墓竹簡整理小組, 《睡虎地秦墓竹簡》(北京 : 文物出版社, 1990)이 있는데, 본고는 전자를 인용했고, 이를 《일서(日書)》로 표기했다. 《일서》의 체제와 성격에 관해서는 日書硏讀班, 〈日書 : 秦國社會的一面鏡子〉, 《文博》(1986년 제5기), 11~13쪽을 참조할 수 있다. 이외에 《일서》의 연구 상황에 대해서는 중국과 일본 학계의 연구사를 정리한 것으로서 林劍鳴, 〈曲徑通幽處高樓望路時—評價當前懸篤「日書」硏究狀況〉, 《文博》(1988년 제3기), 58~63쪽 및 林劍鳴, 〈中國人學者における「日書」硏究の現狀〉, 《史滴》 제11호(1990), 46~54쪽을 참조할 수 있다. 그리고 《일서》에 대한 전면적 연구 및 주석서로 饒宗頤·曾憲通, 《雲夢秦簡日書硏究》(香港 : 中文大學出版社, 1982) ; 劉樂賢, 《睡虎地秦簡日書硏究》(臺北 : 文津出版社, 1994) 및 吳小强, 《秦簡日書集釋》(長沙 : 岳麓書社, 2000) 등이 있다. 다음 조문의 출처는 각각 《일서》 중 ① 882反簡, ② 881反簡, ③ 873反簡, ④ 877反簡, ⑤ 829~830簡이다.

라 하여, ①에는 주택의 내(內), 곧 방(房)의 위치가 부부간의 애정이나 자식의 출생에 영향을 미친다는 방의 방향 금기가 나타난다. 한편 ② 이하에서는 우선 대내(大內)와 소내(小內)라 하여 방이 대소로 나누어지고 있음을 알 수 있다. 이러한 현상은 《수호지진간》, 〈봉진식(封診式)〉의 '혈도원서(穴盜爰書)'와 '경사원서(經死爰書)'에서도 확인되는 현상이다.[45] 그렇다면 내, 곧 방을 대 혹은 소로 나누는 근거는 무엇일까? 먼저 ②에서 신혼부부의 거주 공간으로 소내의 신축을, ③에서는 자식의 성장 환경을 고려한 소내의 축조를, ④에서는 실(室)의 주요 구조물로서 대내와 좌우(左右)의 택(垞)을 축조할 때의 시일금기를 전하고 있다. 우선 지적하고 싶은 것은 이러한 구조물을 축조할 때 방향 혹은 시일 금기를 염두에 두는 것은 당대인들의 일상생활 중에서 가장 중시된 가취생자(嫁娶生子), 곧 자식을 낳고 시집·장가보내는 일과 밀접한 관계가 있다는 점인데,[46] 특히 《일서》에 다수 나타나는 며느리를 맞이하고 딸을 시집보내는 날짜와 관련된 시일금기에서 ②의 신혼부부의 거주 공간을 소내, 곧 작은방으로 표현한 반면, ④에서는 부모의 거주 공간을 대내, 곧 큰방으로 표현한 것은 한 채의 주택 내에 부모와 자식이 각기 거주하는 방이 포함되어 있음을 보여주는 것이다. 특히 ④를 분석하면 이러한 현상은 매우 두드러진다. 즉, 거주 공간으로 대내·우택·좌택이 나타나고, 이를 금기일에 축조했을 경우 대인[父]·장자의 부인, 가운데 아들의 부인이 각기 죽게 되고, 담장을 금기일에 축조하면 손자가 죽는다고 한다. 이는 곧 대내·우택·좌택이

---

45) 《睡虎地秦簡》, 〈封診式〉, 270~272·267~268쪽. '원서(爰書)'는 사법 문서의 일종으로 자의적인 측면에서 보면 사건의 전말과 심문 및 수사 내용 등을 범인 또는 사건 관계자의 구술(口述)로부터 기록물로 바꾼 사건의 진상 조서라 할 수 있다. 그런데 원서는 본서뿐만 아니라 중국의 거연(居延)과 돈황(敦煌)에서 발굴된 한대(漢代)의 목간(木簡)과 근래 발표된 《장가산한간(張家山漢簡)》 등에서도 다수 나타난다. 이에 따르면 원서는 그 내용이 광범할 뿐 아니라 종류 역시 다양하여, 상급 사법 기관이 사건의 내용과 경위 등을 조사하기 위해 하급 기관에 하달한 신문 문서, 하급 사법 기관이 사건의 내용과 경위 및 현장 검증과 피의자 신문 내용 등을 기록한 보고서, 피의자의 진술과 증언 및 관부의 현장 검증과 심문 기록 등으로 나누어지기도 한다. 위의 '경사원서(經死爰書)'는 목을 매어 자살한 사람의 자살 경위·현장 검증·주변인 증언 등을 기록한 사건 진상 조서이고, '혈도원서(穴盜爰書)'는 가택을 침입하여 방의 벽을 뚫고 의복을 절도한 사건에 대한 진상 조서이다.
46) 吳小强, 〈試論秦人婚姻家庭生育觀念〉, 《中國史研究》(1989년 제3기), 102쪽 참조.

담장이 둘러쳐진 주택 내의 부·자·손 삼대가 생활할 수 있는 거주 공간으로서, ②, ③과 더불어 당시 민간에 2명 이상의 장정 부부가 한 집안에서 동거공재하는 가족 형태가 광범하게 존재했음을 전제한 내용으로 보아 큰 무리가 없을 것이다.

위에서 《일서》라는 일견 특이한 자료를 바탕으로 도출된 가족 유형이 얼마나 현실성을 가지고 있을까? 이를 해결하기 위하여 호북성(湖北省) 운몽현(雲夢縣) 수호지(睡虎地)의 4호 진묘(秦墓)에서 출토된 6호와 11호 목독(木牘, 나무판에 기록한 편지글)을 분석해보기로 한다.[47]

① 2월 신사일(辛巳日)에, 흑부(黑夫)와 량(惊)이 재배하며 문안드리건대, 어머니께서는 무탈하신지요? 흑부와 량은 무사합니다. 전일 흑부와 량은 서로 떨어져 있었는데, 지금은 다시 같이 지내고 있습니다. 흑부가 좀 더 덧붙여 쓰건대, 흑부에게 돈을 보내주시고, 어머니께서는 여름옷을 지어 보내주십시오. 지금 이 편지가 도착하면, 어머니께서 안륙(安陸)의 사포(絲布) 가격을 알아보시고, 단군유(襌裙襦)를 만들 수 있을 정도거든, 어머니께서 반드시 단군유를 만들어서, 돈과 함께 보내주시고, 사포 가격이 비싸거든, 돈만 보내주십시오. 흑부가 스스로 이 돈으로 포(布)를 사도록 하겠습니다. 흑부 등은 회양(淮陽)의 전역(戰役)을 도와서, 반성(反城)의 공격에 나선 지 오래인데, 전상(戰傷)을 입을지는 알 수 없습니다. 원컨대 어머니께서 흑부가 사용할 것을 보내주시되 요청한 것보다 적지 않게 보내주십시오.

② 량(惊)이 진심으로 충(衷)에게 안부를 묻사온데, 어머니는 무탈하신지요? 집안 안팎으로 모두……, 어머니의 기력은 탈이 없으신지요? 흑부와 더불어 종군하여, 지금 흑부와 같이 생활하고 있는데, 둘 다 모두 무사합니다……돈과 옷에 관하여 말씀드리건대, 원컨대 어머니께서 돈 5~6백 전(錢)과 질이 좋은 배포(倍布, 삼베의 일종) 2장(丈) 5척(尺) 이상을 보내주시

---

47) 이 목독 자료의 사진판은 雲夢睡虎地秦墓編寫組, 《雲夢睡虎地秦墓》 중 도판(圖版) 167과 168에 실려 있고, 이 책의 25~26쪽에는 목독의 현대어 석문과 간략한 소개가 실려 있다. 목독은 진왕(秦王) 정(政) 24년(기원전 23년) 무렵에 부장되었다. 따라서 시기적으로 《수호지진간》이 출토된 11호 진묘(秦墓)의 조성 시기와 거의 일치한다. 따라서 《수호지진간》의 법률 문서와 《일서》의 내용은 이 두 목독에 나타난 실재 인물들이 활동한 사회에 일정 부분 침투해 있었고, 따라서 양자는 당시 사회를 재구성하는 데 상호 보완적인 자료로 활용할 수 있다. 아래 인용문은 모두 25쪽에 실려 있다.

면 다행이겠습니다……집 둘레 담장에 심어져 있는 잣나무를 팔아서라도 돈을 마련하시기 바랍니다. 집에서 돈과 배포를 보내주지 않으면 저는 죽습니다. 급하고 급하고 급합니다. 량은 묻고 또 묻건대 신부(新婦)와 원(嫄, 딸의 이름)은 아무 탈 없이 잘 지내고 있는지? 신부는 두 노인을 힘써 돌보아주기 바랍니다.

③량은 집에서 멀리 떨어진 곳에 있는 까닭에, 충(衷)께서 원(嫄)을 잘 지도해주시기 바라고, 원이 먼 곳까지 가거나 땔나무를 하는 일이 없도록 해주시기를 감히 부탁합니다.

위의 편지글에 의하면, 흑부와 량은 형제로서 진왕(秦王) 정(政, 시황제의 이름) 24년(기원전 223년) 진의 막바지에 이른 초(楚)나라 공격전에 참전하여 2월 19일에 고향집의 어머니와 충에게 편지를 보냈다. 이때 흑부는 돈과 여름옷을, 량은 돈 5~6백전과 배포 2장 5척 이상을 보내줄 것을 어머니에게 청했다. 재미있는 것은 량이 어머니에게 돈과 옷감을 요구하면서 이것을 빨리 보내주지 않으면 "저는 죽습니다"라는 반(半)협박성의 엄살과 더불어 "급하다"는 표현을 세 번이나 연거푸 쓰고 있다는 점이다. 예나 지금이나 군대 간 자식들의 심리 상태를 잘 보여주는 대목인데, 더욱 주목되는 것은 흑부와 량이 군에 가기 전 어머니와 동거공재의 관계에 있었음을 그대로 보여준다는 점이다. 특히 량은 어머니에게 집의 울타리에 심어져 있는 잣나무를 팔아서라도 돈을 보내줄 것을 애원하고 있는데, 이것은 량이 혼인한 성인임에도 불구하고 가내 경제권은 그의 어머니에게 있었음을 암시한다. 한편, ①에서 흑부는 혼인 여부를 확인할 수 없으나 입대한 점으로 보아 성인 장정임이 분명하고, 어머니에게 돈을 요구한 것은 량과 마찬가지로 평소 어머니의 경제력하에서 생활했음을 보여준다. 그리고 ②, ③에서 량에게는 부인과 원이라는 딸이 있었고, 어머니보다 먼저 충에게 안부를 묻는가 하면 자신의 딸을 잘 보살펴줄 것을 충에게 신신당부한 점으로 보아, 충은 흑부와 량의 부친 또는 형일 가능성이 크다. 이렇게 본다면 여기에 등장하는 '어머니', '충', '흑부', '량', '량의 신부', '원' 등은 혼인한 성인 남성 2명 이상이 그들의 부모 및 처자식과 동거공재하는 가족생활을 영위했음을 보여주는데, 이것은 부·자·손으로 구성된 삼족형(三族型) 가족의 전형적 형태다.

그런데 위의 목독이 부장되어 있는 4호 진묘에서는 목독 이외에 사용 흔적이 있는 묵과 벼루 등의 필기도구는 물론 칠기·동기·도기·목기류 등 총 20건의 기물이 부장되어 있었던 것으로 보아, 이 집안이 경제적으로 일반민의 수준을 상회하는 계층에 속했을 가능성이 크고, 따라서 여기에 나타난 삼족형 가족은 일반민의 가족 형태로 간주하기 어려울지도 모른다. 그러나 현재로서는 진대의 계층별 가족 유형의 상이성을 추정할 만한 자료는 발견되지 않고, 아울러 이 가족이 경제적으로 부유한 까닭에 삼족이 동거했다는 구체적인 증거도 발견되지 않는다. 또한 이 가족이 비교적 부유했다는 점은 인정하더라도 흑부와 량은 군역에서 의복과 생활비를 관(官)이 아닌 본가에 의존해야 하는 일반민 출신의 사병이고 보면, 삼족이 동거하는 유형은 부유층의 가족 형태를 대변하는 것이라기보다는 진대 민간의 여러 가족 유형 중의 하나로 이해하는 편이 더 합리적일 것이다.

이상에서 거의 같은 시기에 작성된 진율,《일서》, 목독의 분석에 의하면 성인 장정 2명 이상이 동거공재하는 가족 유형 역시 실재했음은 물론 이러한 가족 유형이 국가 측으로부터 일정하게 보호받고 있었음도 확인할 수 있었다. 이러한 견해가 타당하다면, 상앙의 가족개혁령에 대하여 성인 남성 2명 이상의 동거를 불허하고 부부 중심의 단혼 소가족을 강제로 창출하게 한 정책으로 이해해온 종래의 정설은 수정이 불가피하게 된다. 그렇다고 하여 필자는 단혼 소가족의 존재를 부정하는 것은 아니다. 다만 부부 중심 소가족의 보편화 계기를 상앙의 가족개혁령에서 찾는 것은 더 이상 유효하지 않다고 보는 것이다.

삼족형 가족과 더불어 소가족 유형의 보편화 추세는 사회 경제적 발전에 따른 자식 세대의 부모 세대로부터의 분가 욕구에서 출발했을 것인데,[48] 이에 대한《일서》의 다음 조문을 살펴보자.[49]

---

48) 稻葉一郞,〈戰國秦の家族と貨幣經濟〉, 197~227쪽 참조.
49) 아래 조문의 출처는 각각《일서》중 ① 778~782簡, ② 886反簡, ③ 77簡이다.

① 이를 소위 간산(艮山)이라 함에, 이는 우(禹)의 이일(離日)이다……지자간산(枳刺艮山)을 이일(離日)이라 한다. 이일에는 여식을 출가시키거나 며느리를 취해서는 안 되고, 노비와 가축을 매입해서는 안 되며, 오직 분이(分異)하는 일만이 이롭다. 이일에는 여행을 해서는 안 되는데, 이를 어기고 여행을 하면 돌아오지 못한다.

② 개(戌)와 돼지(亥)의 날은 분리일(分離日)이다. 이 날은 처를 취해서는 안 된다. 만일 이를 어기고 처를 취하면 제명대로 살지 못하고 죽는다.

③ 무오(戊午)의 날에 부모와 형제를 떠나 이(異, 분이 · 분가)하는 자는 빈궁하고 병들게 되며, 병신(丙申)의 날에 이했다가 다시 돌아와 동거(同居)하면 반드시 가난하게 된다.

①, ②는 이일(離日) 혹은 분리일(分離日)에 지켜야 할 금기 내용을, ③에서는 부모 형제의 분가와 재결합에 대한 시일금기를 기술하고 있다. ①, ②의 이일 혹은 분리일은 집을 중심으로 혼인과 여행 등으로 가족원이 외부로 나가는 것과 외부로부터 노비나 가축 등이 집안으로 유입되는 일 등 집을 중심으로 인적 · 물적 요소의 내외 접촉을 금기시하는 날로 보인다. 그러나 이일에 실행 가능한 유일한 일로 특히 주목되는 것은 ①의 "오직 분이(分異)하는 것만은 이롭다"라 하여, 가족원의 분이 곧 분가(分家)만은 가능하다는 점이다. 이는 이일이 우(禹)가 치수(治水)를 하느라 13년 동안 집을 떠나 있었다는 전설에 가탁하여 일자(日者) 곧 점술가가 매월 각 하루씩 설정한 날이라는 점을 참고한다면,[50] 분이는 가족원이 집을 떠난다는 의미를 포함하고 있음을 짐작하게 한다.[51] 그리고 이것이 당시 실재하고 있었던 가족 분가의 실상을 전제했다는 점은 ③에서 더욱 분명해진다. 즉 무오일(戊午日)에 부모 형제를 떠나 분이 곧 분가하는 것은 당사자에게 해롭다고 하는데, 분가하기 위해 본가로부터 이사할 때에 길일을 택했음을 보여준다. 한편, ③에서

---

50) 劉樂賢, 《睡虎地秦簡日書硏究》, 96~97쪽 참조.

51) 李學勤, 〈睡虎地秦簡中的「艮山圖」〉, 《文物天地》(1991년 제4기)와 太田幸男, 〈睡虎地秦墓竹簡の日書にみえる 室 · 戶 · 同居をめぐって〉, 《東洋文化硏究所紀要》 제99책(1986), 17~18쪽은 이를 상앙의 가족 분가책의 한 형태로 파악하고 있다.

병신일(丙申日)에 분가를 청산하고 본가로 돌아와 재결합하면 가난하게 되는 운을 맞게 된다고 하는데, 이는 가족 분가에 의한 소가족의 석출과 더불어 그 반대의 현상, 즉 분가한 자식 또는 형제가 재결합하여 일가를 이루는 경우도 흔한 일이었음을 보여준다.

이 같이 《일서》에 나타난 부자간 또는 형제간의 분가와 동거의 현상은 《수호지진간》에 24례(例)의 부부 중심 가족 유형과 18례의 성인 부자 동거 가족 유형이 동시에 나타난다는 점에서도 확인할 수 있는데,[52] 이 같이 사회적 관습의 한 형태로 보이는 분가의 현상이 법적 또는 제도적 장치 속에서 자리 잡는 시기는 한나라 초였을 가능성이 크다. 진율에는 분가에 대한 규정이 전무한 반면, 기원전 186년에 시행된 《장가산한간(張家山漢簡)》 중의 〈이년율령(二年律令)〉에 다음과 같은 규정이 실려 있기 때문이다.[53]

① 호(戶, 호적)를 새로이 만들고자 할 경우, 이를 허락한다.

② 민(民)이 별도로 호적을 만들고자 할 경우, 매년 8월 호적을 정리할 때 하도록 하고, 호적을 정리할 때가 아니면 호적을 만드는 일을 허락하지 말아야 한다.

③ 민이 조부모·부모·자식·손자·형제·형제의 자식과 노비·말·소·양 및 기타 재물을 서로 나누고자 한다면, 모두 이를 허락하고, 호적에 정리하여 기록한다.

④ 후자(後者, 가계 계승인)가 부모·자식·형제·서모·계모와, 서모 또는 계모가 전처의 자식 또는 서자와 토지를 나누어 새로이 호적을 만들고자 한다면, 모두 이를 허락한다.

호적을 새로이 작성하게 되는 요인에는 여러 가지가 있을 터인데, 그중의 하나가 분가로 인한 새로운 호적의 출현일 것이다. 이를 토대로 ①~④를 분석해보자. 우선 ①과 ②는 본가로부터 분가하면 일차적으로 호적을 독립해야 하는데, 매년 8

---

52) 松崎つね子, 〈睡虎地秦簡よりみた秦の家族と國家〉, 271~278쪽 ; 김엽, 〈秦簡에 보이는 家族連坐〉, 851쪽 참조.

53) 아래 조문의 출처는 《張家山漢簡》, 〈二年律令〉, ① 第316簡, ② 第345簡, ③ 第337簡, ④ 第340簡.

월 호적을 정리하는 시기에 분가 업무가 완료되고, ③과 ④는 분가와 더불어 분재(分財), 곧 재산 분할도 이루어지며, 그 내용을 호적에 기록하도록 했음을 보여준다. 이 같이 분가로 인하여 새로이 호적을 획득한 집안의 성원은 본가의 범죄에 연좌되지 않을 뿐 아니라,[54] 국가로부터 토지를 지급받는 대상이 되기도 하는 등,[55] 적어도 법적으로는 본가로부터 완전히 독립된 호로서의 권리를 향유하게 된다. 그러나 부모와 자식 간의 법적인 분가와 양자 간의 사회적 관계의 유지는 별개의 사안인 듯하다. 우선, 《일서》의 다음 조문을 보자.

4월(四月[56]) · 8월 · 12월에 서쪽으로 이사하면 대길(大吉)이고, 서북쪽은 소길(小吉)이다. 만일 이 달에 북쪽으로 이사하면 격(毄)의 운세, 동북쪽은 자리(刺離)의 운세, 남쪽은 정(精)의 운세, 동남쪽은 훼(毁)의 운세, 남쪽은 곤(困) · 욕(辱)의 운세이다. □□□毄은 죽는다. 자(刺)의 운세는 실인(室人, 집안사람들) · 처자(妻子) · 부모가 분리(分離)한다…… 욕(辱)의 운세에는 흉작이 든다.[57]

라 하여, 4 · 8 · 12월에 이사할 경우, 서와 서북 방향은 각기 대길(大吉)과 소길(小吉)의 운세를 맞게 된다고 하여 길한 방향으로 여긴 반면, 이외의 방향은 격(毄) · 자리(刺離) · 정(精) · 훼(毁) · 곤(困) · 욕(辱) 등 흉한 운세를 맞게 된다고 한다. 그중 격의 운세는 가족원의 사망, 자는 실인 · 부모 · 처자의 분리(分離), 욕(辱)은 흉작 등의 재앙을 당하게 된다고 한다. 여기서 주목되는 것은 바로 실인과 부모 및 처자의 이산(離散)을 흉사로 생각한 당대인들의 인식이다. 이는 곧 가족이라는 혈연 공동체 내부의 족적 결합의 당위성을 바탕으로 한 인식으로, 이러한 족적 유

---

54) 《張家山漢簡》, 〈二年律令〉, 第174~175簡 참조.

55) 《張家山漢簡》, 〈二年律令〉, 第318 · 323~324簡 참조.

56) 원문에는 9월(九月)로 되어 있으나 劉樂賢, 《睡虎地秦簡日書研究》, 87쪽에서는 '9월'을 '4월(四月)'의 오기(誤記)로 소증(疏證)하였다. 따라서 '4월'로 수정하였다.

57) 《日書》, 791~792簡. □는 해독이 불가능한 글자를 나타낸다.

대의 지속에 대한 희구는 부자 형제의 동거 가족의 경우는 물론이고, 분가에 의하여 소가족이 광범하게 석출되는 현실에서도 본가와 분가 사이에 족적 유대를 지속시키고자 하는 구심력으로 작용했을 가능성이 크다. 특히 부모와 자식이 분가하더라도 서로 거주하는 주택만 달랐지 양자 간의 관계를 완전히 단절할 정도의 거주지 분리 현상은 거의 나타나지 않고, 이러한 상태에서 부모와 자식 간 혹은 형제간의 혈연적 유대와 도덕적 권리와 의무 관계는 그대로 유지되었을 것이다. 예컨대《수호지진간》,〈봉진식〉의 '독언원서(毒言爰書)'에 의하면, 소송에 휘말린 사오(士伍) 신분의 병(丙)이 그의 외조모와 같은 마을에 거주했고,[58] 다음에 인용할 '고자원서(告子爰書)'와 '천자원서(遷子爰書)'에서도 분가 상태의 부자가 같은 마을에 거주했음을 보여준다. 그리고 앞의 목독에서 흑부의 가족과 그의 혼인한 고모 및 누이의 시가는 친정의 마을과 동일하거나 인접한 곳에 위치했다. 이는 분가하더라도 같은 마을 또는 본가와 가까운 마을을 중심으로 거주 구역이 제한될 정도로 분가로 인한 사회적 유동의 폭이 지극히 좁았음을 보여준다. 이러한 상황에서 가족원 간에 호적과 재산을 나누는 별적이재(別籍異財)의 현상이 일어나더라도 본가와 분가 사이의 혈연적 유대와 경제적 협력 관계는 지속되었을 가능성이 크다. 이와 관련하여《수호지진간》과《장가산한간》의 다음 조문을 보자.[59]

① 천자원서(遷子爰書): 어느 마을 사오(士伍) 신분의 갑(甲)이 고소하여 말하기를, 같은 마을에 살고 있는 친아들인 사오 병(丙)의 발을 절단하여 촉(蜀) 지방의 변경 현(縣)으로 유배시켜 종신토록 유배지를 떠나지 못하게 해주기를 감히 고합니다.

② 고자원서(告子爰書): 어느 마을 사오 신분의 갑이 고소하여 말하기를, 같은 마을에 사는 갑의 친아들인 사오 신분의 병이 불효하니 죽여주기를 감히 고합니다.

---

58)《睡虎地秦簡》,〈封診式〉, 276~277쪽.
59) 아래 조문의 출처는 ①《睡虎地秦簡》,〈封診式〉, 261쪽, ②《睡虎地秦簡》,〈封診式〉, 262~263쪽, ③《睡虎地秦簡》,〈法律答問〉, 195쪽, ④《張家山漢簡》,〈二年律令〉, 第35~37簡, ⑤《張家山漢簡》,〈二年律令〉, 第38簡, ⑥《張家山漢簡》,〈奏讞書〉, 第181~182簡이다.

③면로(免老)가 사람이 불효하다고 고소하여, 죽여줄 것을 청하면, 삼환(三環)의 절차를 밟는가? 밟지 않는가? 즉시 체포하여 도망가지 못하도록 한다.

④부모가 자식을 불효로 고소하면, 모두 기시(棄市)에 처한다……불효하도록 교사한 자는 경위성단용(黥爲城旦舂)에 처한다.

⑤부모가 자식이 불효하다고 고소하면, 그의 처자를 관노비로 몰수하고, 모두 금고(禁錮)하며, 작상(爵賞)으로써 죄를 면제받거나 돈을 내고 속죄하지 못하도록 한다.

⑥불효하도록 교사한 경우, 불효 다음의 율(律)로써 처벌한다. 불효한 자는 기시에 처하고, 기시보다 한 단계 아래 형벌은 경위성단용이다.

진대의 상황을 전하는 ①, ②에서는 불효 등을 이유로 같은 마을에 살면서도 분가 상태에 있는 부모가 자식을 고소하여 처벌해줄 것을 청하였고, ③에서는 불효죄가 사형에 처해졌음을 시사한다. 그리고 한나라 초기 상황을 전하는 ④, ⑤, ⑥에 의하면 불효죄는 기시(棄市)에 처하고, 불효자의 처자는 관노비로 몰수되며, 타인에게 불효하도록 교사한 자는 기시 다음의 형벌인 경위성단용(黥爲城旦舂)이라는 형벌에 처하도록 규정하고 있다.[60] 이렇게 볼 때 설령 분가하더라도 자식의 부모에 대한 효도는 법적으로 강제되는 의무 사항이었음을 확인할 수 있다. 따라서 전국 및 제국기의 진나라에서 사회 경제적 요인으로 인한 부부 중심 소가족의 보편화는 불가피한 추세였을 것이다. 그러나 부모 형제가 동거공재하는 삼족형 가족 또한 여전히 존재했고, 국가 측에서는 오히려 이러한 가족의 보호를 위한 법적 조치를 취하는가 하면, 사회적으로는 부모 생전에 자식이 분가하는 행위를 경계하는 심리적 현상도 상존했음을 엿볼 수 있다. 또한 설령 분가가 일어나더라도 부모와 자식의 관계는 분가 이전과 별반 차이 없이 유지되었을 것임을 위의 불효

---

60) '경위성단용(黥爲城旦舂)'은 신체의 일부를 훼손시키는 육형(肉刑)의 일종인 경형(黥刑)과 죄인을 노역에 동원하는 노역형(勞役刑)이 함께 부과된 형벌명이다. 여기서 '경(黥)'은 얼굴에 문신을 새기는 형벌이고, '성단(城旦)'은 남자에게만 부과되는 노역형으로 종신토록 성을 쌓는 노역에 동원되고, '용(舂)'은 여성에게만 부과되는 노역형으로서 방아를 찧는 노역에 동원되었다.

죄 처벌 규정에서 확인할 수 있다.

4. 맺음말

가족은 인간의 가장 자연스러운 생활 공동체이자 사회와 국가를 구성하는 최소한의 조직이다. 따라서 가족의 규모와 구조 및 기능은 사회 경제적 변화 또는 국가의 정책 및 사상적 요소와 서로 영향을 미치면서 변화·조절되기 마련이다. 중국의 전체 역사에서 중대 전환기라 할 수 있는 춘추 전국 및 진대의 정치·경제·사회적 변동은 중국 가족사에도 예외 없는 변화의 계기를 제공했다. 이 중 특히 상앙의 가족개혁령은 가족과 국가의 새로운 위상 정립에 중요한 영향을 미쳤음에 틀림없다. 다만 상앙의 가족 정책이 부부 중심의 단혼 소가족의 석출을 목표로 했고, 이를 계기로 중국 사회는 소가족 사회로 진입했다는 종래의 정설은 일정한 수정이 필요할 것이다. 《사기》, 〈상군열전〉의 가족개혁령 조문을 재해석할 수 있는 자료들로서 《수호지진간》과 《장가산한간》등의 자료들이 속속 발굴되고 있기 때문이다.

간독 자료의 분석에 의하면, 춘추 전국 시대 이래 가족의 유형은 매우 다양했다. 특히 사회 경제적 변화에 따라 부부 중심의 단혼 소가족이 광범하게 형성되었고, 그 직접적 계기는 부자간의 분가에서 출발했다. 그러나 이러한 현상은 상앙의 가족개혁령으로부터 비롯된 현상은 아닌 것으로 보인다. 진율에 소가족 보호책이 나타나지 않고 오히려 2명 이상의 성인 장정이 동거공재하는 삼족형 가족을 보호하는 조문이 나오는가 하면, 삼족형 가족의 실제 모습을 목독의 분석을 통해서도 확인할 수 있기 때문이다. 이외에도 《일서》에는 당시 가족의 최대 범위가 부·자·손 삼대로 이루어졌고, 분가의 타당성에 대한 사회적 합의가 매우 허약했음을 보여주는 대목도 나타난다. 한편, 부자간의 분가로 인한 거주지 이동 역시 본가와 같은 마을에서 이루어지는 등 양자 간의 명백한 거주지 독립 현상도 나타나지 않은 것으로 보인다. 그만큼 분가로 인한 부자간의 족적 유대와 권리·의무 관계의 완전 청산이 나타나지 않았음을 알 수 있는데, 부자간에 설령 분가하더라도 자식의 부모에 대한 효의 이행을 법적으로 강제한 진율의 조문은 이를 잘 대변해 준다. 이러한 진 정부의 여러 정책과 분가에 대한 부정적 인식은 단혼 소가족이 보편화하는 추세 속에서도 삼족형 가족의 분해를 일정하게 저지하는 완충 작용을 했는가 하면, 소가족이 삼족형 가족으로 복귀하도록 하는 동인도 제공하였을 것이다. 어느 사회에서나 나타나듯이, 여러 가족 유형 중 점유 비율은 낮지만 당해 사회가 지향하는 전형적 혹은 이상적 가족 유형과 현실적으로 다수를 점하는 가족 유형 사이의 괴리로부터 나타나는 긴장 관계를 여기서도 확인할 수 있는 셈이다.

1. 사료

《史記》(北京：中華書局, 1982)

高亨,《商君書繹注》(中華書局, 1972)

睡虎地秦墓竹簡整理小組 編,《睡虎地秦墓竹簡》(北京：文物出版社, 1978・1990)

張家山二四七號漢墓竹簡整理小組 編,《張家山漢墓竹簡》(北京：文物出版社, 2001)

2. 저서

劉樂賢,《睡虎地秦簡日書研究》(臺北：文津出版社, 1994)

王玉波,《中國家長制家庭制度史》(天津：天津社會科學院出版社, 1989)

徐揚杰,《中國家族制度史》(北京：人民出版社, 1992)

岳慶平,《家國結構與中國人》(香港：中華書局, 1989)

張國剛 主編,《家庭史研究的新視野》(北京：生活・讀書・新知 三聯書店, 2004)

仁井田陞,《中國法制史研究(家族村落法)》(東京：東京大學出版會, 1960)

守屋美都雄,《中國古代の家族と國家》(京都：東洋史研究會, 1968)

桑原隲藏,《中國の孝道》(東京：講談社, 1977)

尾形勇,《中國古代の「家」と國家》(東京：岩波書店, 1979)

滋賀秀三,《中國家族法の原理》(東京：創文社, 1981)

牧野巽,《家族論・書評他》(東京：御茶の水書房, 1985)

好並隆司,《商君書研究》(廣島：溪水社, 1992)

堀敏一,《中國古代の家と集落》(東京：汲古書院, 1996)

3. 논문

張金光,〈商鞅變法後秦的家庭制度〉,《歷史研究》(1988년 제6기)

李向平,〈秦代家庭形態初探〉,《廣西師範大學學報》(1985년 제4기)

杜正勝,〈傳統家族試論(上)〉,《大陸雜誌》제65집(1982)

曾憲禮,〈"民有二男以上不分異者倍其賦"意義辨〉,《中山大學學報(哲社版)》(1990년 제4기)

張金光,〈關于秦的父權家長權夫權與婦女地位〉,《山東大學學報(哲社版)》(1988년 제3기)

王玉波,〈啓動・中斷・復興─中國家庭・家族史研究述評〉,《歷史研究》(1993년 제2기)

徐揚杰,〈中國家族史研究的歷史和現狀〉,《中國史研究動態》(1994년 제6기)

金燁,〈《秦簡》所見"非公室告"與"家罪"〉,《中國史研究》(1994년 제1기)

太田幸男, 〈睡虎地秦墓竹簡えみえる「室」「戸」「同居」をめぐって〉, 《西嶋定生博士還曆記念東アジア史における國家と農民》(東京 : 山川出版社, 1984)

越智重明, 〈井田制の家─戰國秦漢時代の家の理解をめぐって〉, 《古代文化》 23-4 (1971)

松崎つね子, 〈睡虎地秦簡よりみた秦の家族と國家〉, 《中國古代史研究》 제5호(東京 : 雄山閣, 1982)

飯尾秀行, 〈中國古代の家族研究をめぐる諸問題〉, 《歷史評論》 제428호(1985)

송대 가족과 재산 상속*

육 정 임**

1. 머리말

전통 시대 중국 가정의 상속 제도는 현재 우리가 이해하는 법률적 상속과는 개
념적으로 다른 점이 있다. 현재 중국에서 사용하는 계승(繼承)이나 우리 사회에서
쓰는 상속(相續)이라는 용어는 개인의 죽음으로 인해 그의 유산, 즉 재산상의 법
률관계를 포괄적으로 이어받는 일을 말한다. 그러나 전근대 중국에서는 그러한
일이 피상속자의 사망과는 시기적으로 무관하게 행해질 수 있었다.

재산의 소유 관계에 있어서, 중국에서는 개인의 재산이라는 인식보다 가족의
재산 즉 가산(家産)의 관념이 강했다. 비록 가산의 법적 명의는 가장의 소유로 호

---

* 이 글은 2003년 6월에 〈송대 분할상속과 가족〉이라는 제목으로 《동양사학 연구》 제83집에 실린 논문을 수
정·보완한 것이다.

** 이화여대 사학과를 졸업하고, 미국 애리조나대학 동아시아학과 대학원 과정에서 석사 학위를 받았으며, 고
려대 사학과에서 박사 학위를 받았다. 석사 과정에서는 송대 정치사에 관심을 가졌고, 박사 과정부터는 사회사
분야, 특히 가족사, 여성사에 집중하고 있다. 현재 고려대, 경희대 등에서 강의를 하고 있다. 논문으로 〈송대 조
상제사와 제례의 재구상─계급의 표상에서 종족 결집의 수단으로〉, 〈송원대 방직업과 여성의 지위〉, 〈송원대
족보수찬과 그 사회적 의의〉, 〈송대 딸의 상속권과 법령의 변화〉, 〈송대 호절재산법 연구〉, 〈송대 양자의 재
산계승권〉 등이 있다.

적에 등록되지만, 실질적으로는 호적을 함께하는 혈연 구성원, 특히 가장과 그의 아들들의 공동 소유로 인식되었다. 바로 이 호적과 가산을 함께하며 함께 생활하는 혈연 집단, 즉 동적공재(同籍共財) 혹은 동거공재(同居共財) 집단이 엄격한 의미에서의 전통적 가족의 범위이기도 했다. 그러므로 동적공재 가족의 호주이자 명의상 가산의 소유자인 가장이 사망했다 하더라도, 그 재산은 여전히 공재 관계에 있는 가족의 공동 재산으로 존재할 뿐이지 재산 소유 주체의 변동이 그다지 분명하게 나타나지 않았다. 따라서 현재의 상속 개념으로 이해되는 사건이 발생하지 않는 것처럼 보일 수 있다.

그러나 상속이라는 행위가 피상속자의 사망을 계기로 발생하지 않았다고 해서 실질적인 상속이 없었던 것은 결코 아니다. 상속의 실질적인 효과를 재산의 전승(傳承)이라고 볼 때, 공재라는 관계 속에는 이미 상속 개념이 내재되어 있었다고 보아야 할 것이다. 현재 법적 용어로 표현하자면 부친과 공재 생활을 계속하는 중에도 자식은 상속 개시 이전의 추정 상속인 자격으로 존재하면서 상속 기대권을 보유하고 있던 셈이다. 현대 사회에서 추정 상속인의 상속권은 소멸될 가능성이 있는 조건부 권한인 것과 달리, 전근대 중국의 공재 가정에서 피상속인의 직계 남자 비속(卑屬)은 제1순위의 법정 상속인으로서 확고부동한 상속권을 가지고 있었다.

이 기대권이 실질적인 상속으로 구현되는 것은 동일 호적과 공동 재산의 관계를 해제하는 가산 분할 행위에 의해서 이루어졌다. 말하자면 피상속인의 명의로 되어 있던 공동의 가산을 승계 자격이 있는 사람들이 각자 몫대로 나눔으로써 본래의 가정이 분할된다는 의미였다. 이미 진한(秦漢) 시대 이후로 사회 관습이나 국가의 법률상 모든 아들은 동등한 자격을 지닌 공동 소유자로 인식되었고, 그들이 공동 가산을 승계할 때는 일시에 균등한 분할이 이루어졌다. 이것은 사회적으로는 가정에 속했던 사람과 재산을 나눈다는 의미로서 분가(分家), 분산(分産), 석산(析産) 등의 용어로 표현되었다. 특히 당(唐) 이후 역대 왕조는 그러한 내용의 가산 분할 원칙을 법제화하여 일종의 법정 상속주의를 고수하고, 법률적 용어로 동적공재를 해제하는 일, 즉 '호적을 따로 하고 재산을 달리한다'는 의미인 별적

이재(別籍異財)라는 표현을 많이 썼다.

모든 아들이 균등하게 분할한다는 제자균분(諸子均分)을 원칙으로 하는 분산(分産) 제도는 오랜 기간 중국 가족 제도를 특징짓는 중요한 요소로 작용했다. 일본의 대표적인 학자인 시가 슈조(滋賀秀三)가 가산을 균등하게 나누는 관념은 아버지의 제사에 있어서도 형제가 평등하다는 관념과 함께 "처음부터 중국인의 뇌리에 줄곧 존재했다"[1]고 했듯이 형제간 평등 관념을 기본 정신으로 한 균분의 방식이 관습적으로 또 국가법으로도 상속의 원리가 되었다.

다만, 주대(周代)에는 적장자가 계승하는 것이 원칙이었던 사실을 상기한다면 '처음부터'라고 하기는 어려울 것이다. 더욱이 균분 상속의 원리가 지켜지는 가운데에도, 그 운용과 실천의 방면에서는 시대, 계층, 지역 등의 요소에 따라 변용되고 다양하게 전개되었다. 가령 가산 분할 시기의 변화와 차이는 가족의 규모나 구조를 변화시키는 결정적인 요인이 되었고, '균분'의 정신을 다르게 실천하는 등 분산 방법에 변모를 가져오기도 했다. 상속의 기본 원리만을 강조한다면 중국의 상속 제도 역시 역사적으로 생성되고 또 그 안에서 변화할 수 있는 영역이었다는 사실을 간과할 수 있다.

이 글에서는 당대에 제정된 주요 상속법을 계승하면서도 사회·경제의 급격한 변혁기를 지나면서 가족제의 변화를 보였던 송대 분할 상속제를 검토하여 중국 상속 제도의 전통적인 원칙과 변화상을 아울러 살펴보고, 나아가 그와 관련된 중국 가족 제도의 특징을 이해하고자 한다.[2]

---

1) 滋賀秀三, 《中國家族法論》(東京 : 弘文堂, 1950), 157쪽.
2) 가산(家産) 분할에 대해서는 니이다 노보루(仁井田陞)와 시가 슈조(滋賀秀三)의 법률 문서를 중심으로 한 기본적인 연구가 이루어져 있다. 이에 대해서는 仁井田陞, 《唐宋法律文書の研究》(東方文化學院東京研究所, 1937) ; 仁井田陞, 《中國の農村家族》(東京 : 東京大學出版會, 1954) ; 滋賀秀三, 《中國家族法の原理》(東京 : 創文社, 1967) 를 참조하라. 그러나 각 시대별 또는 분할 상속에 중점을 둔 연구는 많지 않은 실정이다. 당대 분할 상속을 균전 정책과 관련하여 검토한 김병준, 〈唐代의 家産分割의 形態와 그 性格—均田制의 施行과 관련하여〉, 《서울대동양사학과논집》 16(1991)이 있으며, 청대 분가(分家)에 대한 단행본으로는 David Wakefield, *Fenjia : Household Division and Inheritance in Qing and Republic China*(Honolulu : Univ. of Hawaii Press, 1998)가 있다. 송대 가산 분할과 관련해서는 Joseph P. McDermott, "Equality and Inequality in Sung Family Organization", 柳田節子

2. '공재' 가정의 이상과 현실적인 어려움

(1) 이상적 가족 형태인 공재 가정

중국에서는 부모 생전에는 물론이고 사망 이후에도 형제가 오랜 세대에 걸쳐 호적이나 재산을 나누지 않고 지속적으로 함께 사는 것을 이상적인 가족 형태로 간주했다. 한대(漢代)에 유가 사상을 국가 이념으로 채택한 이후, 역대 왕조는 대체로 공재 관계를 지속할 것을 정책적으로 장려했다. 예를 들어 후한 말 효렴(孝廉) 천거[3]가 남발되는 것을 비판하는 가운데 "효렴으로 뽑힌 자가 아버지와 별거(別居)한다"는 당시 사람들의 지적이 있었다. 부모와의 동거가 효의 기본이며 별거는 부끄러운 일로 받아들였음을 알 수 있다. 위진(魏晉) 시대에도 부자 사이에 재산을 분리하는 것을 금지하는 정책이 있었고[4] 이는 당대에 동거공재 법령이 완비된 이후 역대 왕조에도 계승되었다. 당률(唐律) 중에 그 실천을 강제하기 위한 다음과 같은 조항들이 있다.[5]

조부모나 부모가 살아 있는데 자손이 호적(戶籍)을 따로 하거나[별적(別籍)] 재산(財産)을 달리 한[이재(異財)] 경우에는 도형(徒刑) 3년에 처한다. [별적(別籍)의 조건과 이재(異財)의 조건이 반드시 함께 갖추어져야 하는 것은 아니다.]

무릇 부모의 상중(喪中)에 자식을 낳았거나 별적이재(別籍異財)한 경우에는 도형 1년에 처한다.

先生古稀記念論集編集委員會 編,《中國の傳統社會と家族》(東京:汲古書院, 1993)이 참고할 만하다. 필자는〈宋代戶絶財産法 硏究〉,《宋遼金元史硏究》5(2001) ;〈宋代 遺囑에 의한 財産相續〉,《中國學報》46(2002) ;〈宋代 딸의 相續權과 法令의 變化〉,《梨花史學硏究》30(2003) 등의 논문에서 송대 상속의 문제와 관련하여 당시 가족제의 특성과 변화를 고찰한 바 있다.

3) 한 무제 때 유교를 국가의 정통 학문으로 인정하고 유학의 교양과 덕목을 익힌 자를 관리로 선발하기 위해 효행이나 청렴을 실천한 인물을 지방에서 천거받아 선발하는 관리 등용법이었다.

4) 顧炎武,《日知錄》, 卷13,〈分居〉;房玄齡,《晉書》, 卷30,〈刑法志·魏律序略〉.

5) 長孫無忌,《唐律疏議》, 卷12, 戶婚,〈子孫不得別籍異財〉;《唐律疏議》, 卷12,〈居父母喪生子〉; 임대희·김택민,《역주 당율소의》(한국법제연구원, 1997).

조부모와 부모뿐 아니라 증조나 고조가 살아 있는 경우에도 마찬가지며, 호적은 다르고 재산이 같거나 혹은 호적이 같아도 재산을 달리한 경우에 각각 도형 3년에 처한다는 처벌 규정이 있었다. 자손이 혼인하여 각자의 부부 가정을 이루었다 하더라도 직계 존속이 살아 있는 동안, 엄밀히 말하면 그 복상(服喪) 기간이 끝나기 전까지는 분가하여 독립된 가(家)로서 호적과 재산을 따로 하는 것을 법으로 금지했던 것이다. 당률의 총칙에 해당하는 명례편(名例編)에서는 부모에게 공양을 거르는 일과 함께 부모 생전에 별적이재하는 것도 십악(十惡)에 속하는 불효죄로 간주하고, 그 이유를 다음과 같이 설명했다.

> 조부모나 부모가 살아 있으면 자손은 모든 방법을 다하여 봉양해야 한다. 외출할 때는 그가 가는 곳을 부모에게 알리고 돌아와서는 부모를 뵙고 인사를 드리며 제멋대로 행동하는 일이 없어야 한다. 더구나 재산을 달리하고 호적을 따로 했다면 마음에 지극한 효심이 없는 것이니……그 죄악은 용납될 수 없다.[6]

동거공재는 부모를 공양하고 형제간의 경제력을 고르게 할 수 있는 방안으로 효성과 우애를 실천하도록 하는 데 목적을 둔 것이었다.

송 정부도 당률의 별적이재 금지 법령을 거의 그대로 따랐다. 특히 종실과 관료, 사대부 지배층에 대해서는 예교를 강조하는 차원에서 좀 더 높은 수준의 공재 가정을 요구했다. 종실의 경우는 고조부를 공동으로 하는 친족인 소위 시마(緦麻) 이상의 친속은 석거(析居)하는 것을 금지하여 적어도 5대(代)가 동거공재하라고 요구하고, 재상, 집정관을 지낸 자의 자손은 빈곤하여 불가피할 때에 한하여 분가를 허락했다. 자손의 분가에 조정의 재가를 받아야 했던 고위 관직의 범위가 점차 절도사 이상으로 확대되었고, 특히 조상의 묘지나 사당을 지키는 데 필요한 재산은 분할하지 못하도록 했다.

---

6) 長孫無忌, 《唐律疏議》, 卷1, 名例〈十惡〉 ; 임대희 · 김택민, 《역주 당율소의》, 122쪽.

일반인에 대해 법에서 요구한 것은 적어도 부모와 자식 간에 한하여 즉 3대 정도의 동거공재 가정을 유지하는 것이었다. 하지만 부모 사망 이후에도 형제가 분가하지 않고 공재 관계를 유지하면 3대는 물론 그 이상의 여러 세대가 하나의 가정을 이루는 소위 누세동거(累世同居) 가정이 될 수 있었고, 이것은 왕도(王道) 정치의 교화(敎化)가 실현된 것으로 인식되어 사회적으로나 국가적으로 칭송의 대상이 되었다. 송대 경우에도 누세동거 사례로 기록된 것이 많고 심지어 20여 세대에 걸쳐 공재 관계를 유지했다는 가정도 있다. 누세동거하는 가정에는 정부에서 의문(義門)으로 인정하여 정표(旌表)를 내려 가족의 명망을 높여줄 뿐 아니라 가속에게 부세를 면제해주거나 속백(粟帛)을 하사하는 등 실질적 혜택을 주기도 했다.

(2) 공재 가정의 생활

결국 동거공재의 핵심은 가족의 생산과 소비 그리고 잉여 저축의 활동까지도 공동의 회계로 집중시켜 단일한 가계를 유지하는 데 있었다. 그것이 곧 가족의 필요충분조건이기도 했고, 하나의 가(家)라는 것은 곧 하나의 경제 단위였다고 할 수 있다. 자손이 혼인하여 부부 가정을 이룬다 해도 독립된 호적과 재산을 보유하지 않는 한 그것은 가라고 하지 않고 그 가에 소속된 방(房)이었다. 고대 봉건 제도하에서의 귀족 가정의 경우도 가족 관계의 중요성이 공동 경제에 있었다는 것을 《의례(儀禮)》, 〈상복전(喪服傳)〉에서

부자는 일체(一體), 부처(夫妻)도 일체, 형제도 일체다……그러므로 동궁(東宮), 서궁(西宮), 남궁(南宮), 북궁(北宮)이 있어 거주 공간이 다르면서도[異居], 생활비에 남는 바가 있으면 종(宗)으로 귀속시키고 부족하면 종에서 조달한다.

라고 한 데서 알 수 있다.

효제의 실천인 동거공재의 유지를 가능하게 하기 위해서는 생산과 소비를 함께 하는 것 외에 구성원 각자의 수입을 숨기지 않고 재산을 개인적으로 축적하지 않

는 것이 중요했다. 공동의 자산 이외에 각 가족 구성원이나 각 방(房)이 사재(私財)를 갖지 않고 전적으로 공동 경제에 속하는 것이 공재의 기본 조건이며 규율이었던 것이다. 《예기(禮記)》, 〈곡례편(曲禮篇)〉과 〈내칙편(內則篇)〉에 각각 "부모가 살아 있을 때 사재를 갖지 않는다"와 "자식과 며느리는 사화(私貨), 사축(私畜), 사기(私器)를 갖지 않는다"고 하여 이미 선진(先秦) 시대부터 사재, 즉 자손 개인이나 자손이 이룬 각 방의 독립된 회계와 재산 축적이 없어야 함을 강조했다.

송대에도 동거공재의 장기적인 지속을 주장한 학자들이 공재 가족의 사재 축적을 불효불의(不孝不義)로 규정하며 이를 비난했는데, 사재로 인한 가족 간 경제력의 차이가 공재 체제 유지에 중대한 장애가 되었기 때문이었다. 이에 대해 사마광(司馬光)은 아들과 며느리로서 사재를 축적해두어서는 안 되고, 봉록(俸祿) 및 전택(田宅)에서 얻은 수입 모두를 부모·시부모에게 귀속시켜야 하며 이를 사용할 때는 부모께 청해야 한다고 주장했다. 이와 같은 주장에 대해 그는 다음과 같이 설명했다.

자식의 몸은 부모의 몸이다. 몸도 감히 자신의 소유로 할 수 없는데 하물며 감히 사재를 소유할 수 있겠는가? 만약 부자가 이재(異財)하고 상호 간에 가차(假借)한다면 자식은 부유한데 부모가 가난한 경우, 또 부모는 굶는데 자식은 배부른 경우가 있을 것이다……이보다 더 심한 불효불의가 무엇이겠는가?[7]

주희(朱熹)도 같은 이유로 자식의 사재를 반대했다.

예(禮)와 경(經)에 자식이 사재를 축적하지 않는다고 했고 율(律)에서도 별적이재를 금하고 있다. 부모가 계실 때 자식의 한 몸은 아직 자기가 전유할 수 있는 바가 아닌데 어찌 감히 재화를 사축하며 전원(田園)을 멋대로 경영하여 자기 재물로 삼겠는가. 이것은 천성(天性)의 인심

---

7) 司馬光, 《司馬氏書儀》, 卷 4, 〈居家雜儀〉.

(人心)이요, 자연의 도리이다.[8]

　누세동거 가정이 정부의 표창을 받거나 사회적으로 존경을 받은 중요한 이유도 여러 세대가 동거하면서 사재를 갖지 않았다는 점에 있었다. 당송대 모범 사례로 거론된 공재 가정은 대개 누세동거하고 재산과 식사에 사사로움이 없어 의가(義家)로 칭해졌다. 동거공재를 완벽하게 실천한다는 것은 모든 가족의 의식주를 동등하게 공동으로 해결하는 것이었다. 당시에는 부뚜막 또는 취사를 같이한다는 뜻의 동찬(同爨), 무이찬(無異爨), 무이연(無異煙), 그리고 기본 소비를 공동으로 한다는 의미인 공의식(共衣食) 등과 같은 상징적 용어로써 철저한 공동 경제생활을 표현했다. 극단적으로 철저한 공재 생활을 했던 누세동거 가정의 대표로 다음의 사례들을 들 수 있다.

　　하중부(河中府) 하동현(河東縣) 영락진(永樂鎭)에 요서균(姚栖筠)이라는 효자가 있었는데……서균(栖筠) 이후로 의거(義居)한 지가 20여 세대나 되고……이찬(異爨)하는 자가 없었다……자제 중에 새로 처를 들인 자가 있었는데 사사로이 음식을 사먹고 처에게 남겨주었더니 처가 받지 않고 존장(尊長)에게 바치고 장(杖)을 치라고 청했다.[9]

　　강주(江州) 덕안(德安)의 진방(陳昉) 가족은 식사 때마다 반드시 넓은 방에 모이고 미성인은 따로 앉았다. 개가 백여 마리 있는데 역시 한 그릇에서 함께 먹고 혹 한 마리가 안 오면 모인 개들이 모두 먹지 않았다.[10]

　이처럼 과장이 섞였을 수도 있어 보이는 극단적인 누세동거 가정은 매우 드문 사례라고 생각되긴 하지만, 공재 체제가 가내 구성원들의 사재나 사축이 없는 공

---

8) 朱熹, 《晦庵先生朱文公文集》, 卷99, 公移 〈曉諭兄弟爭財産事〉.

9) 邵伯溫, 《河南邵氏聞見前錄》, 卷17.

10) 脫脫, 《宋史》, 卷456, 〈孝義傳〉.

동 회계를 기본 원리로 하여 작동되었다는 점을 알 수 있다. 이와 같이 유가적 가족의 이상은 동거공재의 관계를 되도록 누대에 걸쳐 유지하고 그 내부에는 별도의 재산 없이 하나의 통합된 가계를 유지하는 것이었다.

(3) 공재 가정 유지가 어려웠던 이유

그러나 현실적으로 동적공재의 장기 지속은 결코 쉽지 않은 일이었다. 송대 정부의 표창을 받은 누세동거 가정 중에는 4대나 심지어는 3대에 걸친 동거 사례도 포함되어 있는 사실, 형제간의 동거조차도 의로운 동거라는 뜻의 '의거(義居)'로 표현되었다는 점, 그리고 부자간의 동거공재에 대해서도 법률의 강제가 필요했다는 사실 등은 도리어 공재의 유지가 얼마나 어려웠는가에 대한 반증이라고 할 수 있다.

그러므로 국가의 율령에서도 부모 생전의 별적과 이재를 각각 별개의 항목으로 금지하면서도 후자, 즉 재산의 분할은 비교적 관대하게 용인하는 태도를 취했다. 부모 자식 간 별적은 부모나 자식 어느 쪽이라도 요구할 수 없었으나, 이재의 경우는 부모의 명령이 있는 조건하에서는 허용되었던 것이다.[11] 실질적인 가(家)의 분리를 의미하는 이재를 용납하면서도 별적은 강력하게 금지한 이유는 정부가 단지 유가 이념의 실천을 위해 동거공재를 장려한 것이 아니라 오히려 세역 징수를 위한 정책적 의도가 있었기 때문이었다. 송대는 자산(資産)과 성인 남성, 즉 정구(丁口)의 수(數)로써 호등(戶等)을 정하여 자산과 정수가 많은 상등호(上等戶)일수록 무거운 요역(徭役)을 담당하도록 했다.[12] 이러한 요역 제도 때문에 중등(中等)이상의 가정이 역을 피하기 위해 별적이재를 서두르는 등 호등을 낮추기 위해 갖은 방법을 동원했고, 정부는 엄벌로써 이를 저지하고자 했던 것이다. 자산의 분리도 문제였으나 특히 정수(丁數)가 분산되는 것을 막기 위해 별적을 더욱 엄격히

---

11) 長孫無忌, 《唐律疏議》, 卷12, 戶婚, 〈子孫不得別籍異財〉; 竇儀, 《宋刑統》, 卷12, 〈父母在及居喪別籍異財〉.
12) 仁井田陞, 《唐令拾遺》, 賦役令 25, 〈差科先富強後貧弱〉.

금했던 것이다.

별적을 금해야 하는 정책적 의도가 있었음에도 불구하고, 무조건 부자간에는 공재 관계를 유지하라고 강요하지는 못했다. 부모 생전이라도 부모의 허락이 있다면 재산 분리를 용납할 수밖에 없었던 것은 당시 사회적 현실의 반영이었을 것이다. 그 한 가지는 아직도 공재 제도에 익숙하지 않은 지역이 있었다는 것이다. 동거공재는 주로 황하 유역을 중심으로 한 중원(中原) 지역의 풍속이었고, 강회(江淮) 이남을 비롯한 지역에는 본래 부모 생시에 분거(分居)하는 고유의 습속을 갖고 있었다. 송은 건국 초부터 별적이재한 자에게 사형의 중형을 반포하는 등 동거공재의 풍기를 남방으로 확산시키는 정책을 취하기도 했으나 현실을 무시한 강제 조치는 무리가 있었을 것이다.[13]

공재 제도가 오랜 전통이었던 지역에서조차 공재 관계를 지속하기 어려웠던 보다 근본적 이유는 가정 내부에 존재했다. 애당초 장성한 형제간의 의견이 불일치하는 경우도 불가피하거니와 각 형제가 결혼하여 각자의 부부 가족인 방(房)을 갖게 되면 그 처들 사이의 갈등도 불화를 부추기는 주요 원인이 되었다. 남송대 사대부 원채(袁采)가 후손에게 주기 위해 저술한 가훈서 《원씨세범(袁氏世範)》은 당시 지배층의 가정에 대한 진솔한 속내와 가족 관계의 실상을 전해 주는 귀중한 자료인데, 시집온 며느리들로 인해 형제 사이에 불화가 쉽게 발생하는 상황을 지적하고 있다.

가정의 불화는 대다수 부녀가 하는 말로 인해 남편과 그 형제들이 서로 격노하기 때문에 생긴다. 대개 부녀의 소견은 넓게 멀리 보지 못하고 공평하지도 못하다. 더욱이 그들은 구고(舅姑), 백숙(伯叔), 동서라고 부르지만 모두 인위적이고 강요된 칭호이지, 자연 천륜의 친속이 아니다. 그러므로 쉽게 은혜를 잊고 원한을 갖는다. 남편들이 멀리 보지 못한다면 아내에게 휘둘려 자각하지 못하고 일가 내에 변고가 발생하게 된다. 어떤 형제자질(兄弟子姪)은 나란히 살면

13) 徐松,《宋會要輯稿》, 刑法 2 ; 脫脫,《宋史》, 卷2.

서도 죽을 때까지 서로 왕래하지 않기도 한다……이런 문제의 사례들이 너무 많아 모두 쓸 수가 없다.[14]

세대를 내려가면서 공재 가족의 관계는 점차 소원하게 되고 불목(不睦)하게 될 가능성은 더 커질 수 있었다. 유가적인 가족 윤리를 숙지하고 있었던 사대부임에 도 불구하고 원채는 현실적인 문제들을 지적하고, 긴 안목으로 볼 때 일찌감치 이 재하는 편이 낫다고 충고할 정도였다.

형제가 의거하는 것은 본래 세상의 아름다운 일이다. 그러나 그중 한 사람이 일찍 사망한다면 제부(諸父)와 자질(子姪) 사이의 애정은 조금 소원해지고 그 감정이 똑같다고 할 수만은 없다. 비유(卑幼)를 속이는 존장(尊長)도 있고 또 존장을 거칠게 대하는 조카도 있다. 의거하면서 서 로 싸우는 자들이 서로 미워하는 관계가 되어 오히려 모르는 사람들과의 관계보다 더 안 좋은 경우도 본다. 과거의 아름다운 일이 심히 불미스럽게 되는 것이다. 그러므로 형제가 분산(分 産)해야 한다면 마땅히 일찍이 정해야 한다. 형제가 서로 아낀다면 이거이재(異居異財)한다고 해도 역시 효의(孝義)에 해가 되지는 않는다. 한번 싸우게 되면 효의가 어디 있겠는가.[15]

본래 공재 가정에서는 가족 각자의 역량이나 경제적 기여도에 관계없이 가산에 있어서 동등한 혜택을 받았으므로 공재 체제는 구조적으로 경제적 갈등을 내포하 고 있었다. 공재 생활 중에는 일용품과 생계비가 개인별로 분배되는 셈이지만 상 속 제도는 각 형제별 또는 지파별(支派別)로 균분하므로, 이런 상이한 분배 방식 사이의 모순도 문제가 될 수 있었다. 원채의 말대로 자기에게 딸린 식구가 다른 형제보다 적은 경우 일찍 가산 분할을 하자고 강력히 요구하게 마련이었다.[16]

특히 송대에는 인구의 증가와 상업과 도시의 발전 등으로 인해 다양한 경제 활

---

14) 袁采,《袁氏世範》, 卷上,〈婦女之言寡恩義〉.
15) 袁采,《袁氏世範》, 卷上,〈兄弟貴相愛〉.
16) 袁采,《袁氏世範》, 卷上,〈分業不必計較〉.

동의 기회가 주어졌고, 이로 인해 지리적 이동성은 물론 사회적 유동성도 커졌기 때문에 공재 가정의 가족들 간에도 직업이나 소득의 차이가 분명하게 드러날 가능성이 늘어났다. 가족 전체 이익의 차원에서 보더라도, 이러한 사회 환경의 변화 속에서 공재를 유지하는 것이 반드시 유익한 것도 아니었을 것이다. 상업과 수공업이 발전하고 도시화 현상이 두드러졌던 이 시대에 제한된 전토(田土)에 온 가족이 매달려 있을 필요는 없었으며 능력과 기회에 따라 타지로 나가 다른 분야의 직업을 갖는 것이 유리할 수 있었다. 이와 같은 상황이라면 공재 체제 유지가 더욱 어려워지는 것은 당연했다. 실제로 전토가 부족한 지역에서는 부모 생전에 일찌감치 재산을 분할하고 자손이 각자 생업을 영위하는 현상이 당시 지식인들에게도 관찰되었다.[17] 또 누세공재를 유지하여 정부의 표창을 받은 경우 대개가 가족 전체가 농업에 종사하는 가정이었다는 사실도 경제 활동의 분화 현상이 동거공재 유지를 좀 더 어렵게 하는 요인이 되었다는 것을 말해준다.

형제간 경제적 능력과 소득의 규모가 다름에도 불구하고 공재 생활을 지속한다면 아무래도 유능한 형제에게는 그것이 불합리하게 생각될 수 있었다. 자신의 노력으로 획득한 부가 가족 공동의 회계에 들어갈 뿐 아니라 장차 형제가 균등하게 분할하게 될 것이었기 때문이다. 당시 사람들이 자신의 소득을 장차 형제자매가 함께 분할하게 될 공재 가산에 넣지 않고 사재로 보유하기 위해 어떤 방법을 취했는지 다음과 같은 원채의 말을 통해 알 수 있다.

사람들 중에 형제자질과 동거하면서 사재를 혼자 많이 갖고 있을 때, 후일에 그것까지 균등하게 분할하게 될 일을 염려하여 금은을 사서 깊이 감추는 사람들도 있다. 이는 크게 어리석은 일이다……또 공동 재산인 중재(衆財)를 몰래 빼내어 처가나 인척 가정에 기탁했다가 그 사람이 써버려도 조사하지도 못하거나, 조사하더라도 끝내 받아내지 못하는 경우도 많다. 또 처의 이름으로 재산을 마련하기도 하는데, 사망 후에 처가 개가하면서 지참재산[自隨田]으로 가

---

17) 韓元吉,《南澗甲乙稿》, 卷16.

져가버리는 일도 역시 많다.[18]

자신의 부를 공재에 넣지 않으려고 이를 금은 등의 동산(動産)으로 취해 등기(登記)를 피하거나 처가나 인척 또는 처의 명의를 이용하기까지 했던 것이다. 본래 처가 시집올 때 가져온 재산은 분할할 공재 가산에 포함되지 않는 합법적 사재였기 때문에 사재 은닉의 방편이 되었던 것이다.

부모와 동거하면서 사재를 따로 갖는 것은 천성(天性)과 도리에 맞지 않는다며 윤리 의식에 호소한 사마광이나 주희 등의 원칙론은 사회에서 받아들이기 어려운 비현실적인 요구였다. 사재를 엄격하게 금지하는 것은 도리어 공재 체제의 불합리성과 불만을 노정시켜, 부모를 종용하거나 강요하여 조기 별적이재를 강행하는 요인이 되기도 했다. 결과적으로 불화와 조기(早期) 별거를 초래하는 것보다 차라리 일정 정도의 사재를 인정하여 분쟁의 가능성을 줄여야 한다는 의식이 지식인들 사이에도 확산되었던 것으로 보인다.

사실 효의(孝義)를 중시하고 비교적 그 실천에 노력했던 사대부 가정의 경우에는 비교적 우세한 경제력이나 공간적으로 넓은 가택을 보유했다는 점에서는 대가정을 유지하기에 유리한 조건이 될 수 있었지만, 반면에 일반 평민의 가정보다 철저한 공재 가정을 영위하는 데 어려움이 클 수도 있었다. 형제 중 누구 하나가 관직에 진출한다면 사회 경제적 지위가 달라지고 또 타지 생활을 할 수밖에 없었다. 장재(張載)는 바로 이러한 점을 지적하고 동거를 유지하면서도 사재 또는 이재를 동시에 허용하는 일종의 절충안인 '동거이재(同居異財)'를 주장하고 이것이 고전적인 유가 원리와 배치되지 않는다고 해석했다.

옛날에는 동궁, 서궁, 남궁, 북궁이 있었는데 이궁(異宮)하면서도 동재하였다. 이러한 예는 오늘날에도 행할 만하다. 고인의 생각은 심원하여 당장은 서로 소원한 것 같으나 그 실제는 이

---

18) 袁采, 《袁氏世範》, 卷上, 〈同居不必私藏金寶〉.

처럼 하여야 능히 오래도록 서로 친할 수 있기 때문이었다. 대개 수십 명 내지 수백 명에 달하는 대가정에서는 음식과 의복을 일률적으로 하기 어렵다. 또 이궁하여 자식이 어느 정도 사사로움을 펼칠 수 있도록 용납함으로써 자식이 사사로이 되는 것을 피한 것이다.[19]

이러한 현실 상황과 사대부의 관념이 작용하여 송 정부도 합법적 사재의 범위를 확대 승인함으로써 별적의 추세를 완화시키려는 정책을 취하게 되었다. 북송대 조령(詔令)은

조부모·부모의 상을 마친 뒤 동거하거나 분거하거나 관계없이, 조부모·부모의 재산으로 인해 얻지 않았거나, 관직으로 인해 스스로 마련한 재산은 분할의 범위에 넣지 않는다.[20]

라고 했다. 이전의 공재 원칙에 따른다면 자손이 부모의 재산, 즉 공재 가산의 도움을 받지 않고 자수성가하거나 관봉(官俸)에 의해 벌어들인 이른바 '자치재산(自置財産)'이라 하더라도 각 개별 방(房)의 재산으로 할 수 없고 반드시 부친이나 가장에게 바쳐서 공재 가산에 넣어야 했고, 후에 분가를 하더라도 형제보다 더 많은 몫을 받는 것도 아니었다. 이 조령이 반포된 후, 개인적인 능력으로 취득한 재산은 본래 합법적인 사재로 인정되었던 처산(妻産)의 명목을 빌리지 않고도 본인 또는 자신의 방 소유로 할 수 있게 된 것이다.

새로운 법규는 실제로 사대부들의 재산 관념에 변화를 주었을 것으로 보인다. 송 초기에 자손에게 엄격한 공재를 유지하도록 한 이방(李昉)이나 조빈(曹彬)의 가정에서는 관직을 얻어 나간 자손이라도 봉전(俸錢)을 사용할 수 없고 모두 전체 가족의 공동 금고에 넣어 그 혜택이 족인(族人)들에게 고루 돌아가도록 했다. 사마광은 관직에 나가 받는 봉록은 물론, 관습적으로 사재로 인정된 며느리의 지참

---

19) 朱熹·呂祖謙, 《近思錄》, 卷9.
20) 李燾, 《續資治通鑑長編》, 卷120, 仁宗景祐4年 春正月乙未.

금조차 귀공(歸公)할 것을 요구했는데,[21] 모두 가정의 분열을 막기 위한 방안이었다. 반면 남송 초 조정(趙鼎)은 후손이 공재 가정을 유지해갈 것을 희망하여 《가훈필록(家訓筆錄)》을 써서 세밀한 운영 지침을 유언으로 남겼는데, 자신이 물려주는 부동산을 공동 재산으로 유지하라고 명하면서도, 개인 또는 각 방에서 관리로 진출하여 받은 봉록을 가지고 스스로 마련한 토지·재산에 대해서는 그들의 자발적인 기부를 권유할 뿐 강요하지는 않았다.[22] 원채도 공동 재산인 중재(衆財)를 이용해서 사리를 취한 경우라면 불법이지만, 세습 가산에 의지하지 않고 스스로 마련한 재산에 대해 다른 가족이 분할을 요구할 수는 없다고 하여 사재를 인정하는 입장이었다.

> 어떤 사람은 실제로 부조자산(父祖資産), 즉 세습 가산에 의하지 않고 빈곤하게 시작하여 스스로 자립하여 재산을 마련한다. 또 어떤 사람들은 조상에게서 내려온 조종(祖宗) 재산이 있더라도 그것을 이용하지 않고 따로 사산(私産)을 늘리기도 한다. 이런 재산에 대해서도 가족 친족들이 분할을 요구한다……가난한 자는 '실제로 그의 사재인데 내가 그것을 나누어 받겠다고 욕심을 낸다면 어찌 스스로 부끄럽지 않겠는가?' 라고 생각을 해야 할 것이다.[23]

원채는 사재를 인정해야 하는 것과 그것이 가족 간의 갈등이 되는 현실 상황을 잘 이해하고 있었다. 그는 동거하는 동안 부유한 형제는 훗날 재산 분할 때 가난한 형제에 의해 곤란을 당할까 계속 염려한다며, 이러한 갈등의 원인을 지적하고 양측이 조금씩 양보하고 반성할 것을 설득했다.[24]

형제자질의 빈부후박(貧富厚薄)이 같지 않을 수 있다. 부자는 자신에게 좋은 것만 추구하고 대

---

21) 司馬光, 《家範》, 卷4 〈子〉 ; 卷10 〈婦〉.
22) 脫脫, 《宋史》, 卷265 ; 趙鼎, 《家訓筆錄》, 卷1.
23) 袁采, 《袁氏世範》, 卷上, 〈分析財産貴公當〉.
24) 袁采, 《袁氏世範》, 卷上, 〈分業不必計較〉·〈同居不必私藏金寶〉.

개 교만하게 된다. 빈자는 스스로 힘쓸 마음은 갖지 않고 질투하게 된다. 이것이 불화의 이유다. 만약 부자가 때로 자신의 여유를 나누어 주며 가난한 형제가 은혜를 모른다고 원망하지 않고 또 빈자는 스스로 정해진 분수가 있음을 알고 부유한 형제가 나누어 줄 것을 바라지 않는다면 어찌 싸움이 있겠는가![25]

합법적 사재의 범위를 넓게 인정함으로써 부유한 형제가 분가를 서두르고자 하는 마음은 덜해졌을 수도 있겠으나, 동거 가정 내에서 각 부부 단위 가족의 능력과 빈부의 차이가 여전히 가내 갈등 요소로 작용하고 공재 가정의 사재 문제도 논란을 일으켰던 것 같다.

한편 워낙 가산이 영세한 가정에서는 자식을 일찍 분가시켜 각자 생업을 찾도록 했으며, 또 세역 부담을 피하기 위해 합법적 별적이재는 물론 불법적인 분가도 불사하는 지경이었다. 더욱이 부모의 명령에 의한 이재는 합법적이었으므로 부모가 생존해 있을 때라도 동적만 유지하고 공재 가산을 분할하는, 소위 '생분(生分)'을 단행하는 경우가 적지 않았던 것이다. 이러한 경우 재산이 공법상 분할 등기되지 않지만, 관습적으로 약정의 수속을 거치고 대개 이것이 법적 효력을 인정받았다.

동거공재의 이상을 실현하려는 지도층의 노력과 별적이재의 금령에도 불구하고 당시 사회에서는 형제의 동거는 물론 부모 자식 간의 공재 가정을 유지하는 것도 쉽지 않았다. 호적을 나누고, 주거를 달리하며, 재산을 분할하는 일이 점차 조기화되는 추세였다. 명청대에 가장 일반적인 분가 시기는 자식들이 거의 다 결혼을 하는 때까지는 기다리고, 그래도 아직 부모 중 적어도 한 명은 살아 있는 때에 이루어졌다.[26] 이처럼 부모 생전의 분가가 일반화된 것은 송대 이후 계속된 추세였다고 생각된다.

---

25) 袁采, 《袁氏世範》, 卷上, 〈兄弟貧富不齊〉.

26) David Wakefield, *Fenjia : Household Division and Inheritance in Qing and Republic China*.

3. 가산 분할의 진행 절차

(1) 가산 분할의 절차

동거공재 관계라는 것이 법률적 개념이었던 것처럼 그 관계를 끝내고 새로운 가(家)들을 탄생시키는 분가(分家) 역시 확실한 법률적 개념이었다. 분가는 기존 가계의 분열과 가산의 분할을 의미했으며, 결국 공재 가산의 처분 행위를 통해 성립되고, 그 결과 가를 구성하는 두 가지 요소인 사람과 재산이 나누어지는 것을 의미했다. 기존의 공재 가정을 구성하고 있던 자녀들의 입장에서 본다면 관습과 법에 규정된 자신의 몫대로 부모의 재산을 나누어 상속받는 일이기도 했다. 법률상의 단어인 이재(異財)와 함께 분석(分析), 분이(分異), 분재(分財), 석거(析居) 등이 같은 의미로 사용되었다.

분가 이후 현상적으로 나타나는 변화는 거주 공간을 옮기거나 가옥을 신축하는 것이라기보다는, 취사(炊事)와 식사(食事)를 분리하는 이찬(異爨), 즉 부엌을 분리하는 정도가 대부분이었다. 이미 동거하면서도 각 방이 취사를 따로 하고 있던 상황이라면 생활에서의 변화는 거의 없었다. 중국 상속 제도의 특성을 나타내는 분가는 '세간을 난다'라는 뜻을 가졌던 전근대 한국에서의 분가와는 그 의미가 달랐다. 적어도 조선 후기 이후 우리 사회에서는 직계 가족의 구조를 가지고 장자(長子) 우대 상속제가 시행되었다. 적장자는 부모의 계승자로서 부모가 거주하던 가옥과 조상 제사를 상징적으로 물려받고, 이는 그가 부모의 후계자임을 상징했다. 차남 이하의 형제들은 경제적 상황을 고려하여 조만간 부모와 장형(長兄)이 있는 본가로부터 자신의 생식 가족을 데리고 독립된 가정을 이루어 나가는데, 이것을 분가라고 했다. 이때 분가가 개별적으로 행해진다는 점에서도 중국과는 달랐다. 그리고 적장자 계승제하에서는 분가가 '본가로부터 분리된 가(家)' 자체를 의미하기도 했다. 중국에서는 선진(先秦) 종법제(宗法制)하에서 본가와 분가의 구별이 있었던 것을 제외하면, 진한 시대 이후 균분 상속제하에서는 그러한 개념은 없었다.[27]

공재 관계를 종식하게 되는 사정은 다양하지만, 가산 분할을 청구하고 실현할 권리는 원칙적으로 부모 생존 시에는 부친, 그 다음 모친의 순서로 주어지고, 형제의 동거 가정이었다면 형제 중 누구라도 청구할 권리가 있었다. 형제 사이 또는 숙질(叔姪) 사이에 재산 분배를 결정하는 과정에서 공정과 균평을 지키는 일이 중요했고, 본격적인 분가 과정에서 공평성을 보장할 수 있는 여러 가지 제도적 장치가 마련되었다.

가산을 나눌 때는 통상적으로 가장이 친척이나 이웃 사람 몇 명을 입회인으로 초청하여 이들을 견증인(見證人)으로 두고, 가산에서 나누어 받을 몫을 지닌 '유분친(有分親)'들은 재산의 분배 방법을 협의했다. 공동 회계에 속해 있던 가산인 공재 또는 중재(衆財)를 분법(分法)에 의거하여 유분친의 수와 지분에 맞추어 공평하게 할당하기 위한 협의였다. 전토의 경우 토질의 차이가 있을 것이고 부재(浮財), 즉 동산(動産)도 가치와 선호도의 차이가 있으므로 좋은 것과 나쁜 것을 고르게 짝 짓고, 각 품목의 재산 가치를 따져 알맞게 조합하여 유분친 수만큼의 몫으로 구분한다. 이러한 품목별 등급을 고려한 조합 분할 방식은 품탑분석(品搭分析), 품탑균분(品搭均分)이라고 일컬어졌는데, 이는 적어도 한대로부터 명청대에 이르기까지 균등한 분할을 위한 관행이 되었다.[28]

동등한 지분을 가지고 분산에 참여할 자격을 가진 가족들은 각자가 차지할 몫

---

27) 이광규, 《韓國家族의 構造分析》(일지사, 1975), 218~219쪽 참조.
28) 형제간 동거공재의 의(義)를 강조하기 위한 목적으로 줄곧 회자되었던 한대 재산(分財)에 관한 일화가 있는데, 균등한 분할이 얼마나 철저하게 추구되었는지를 보여주기도 한다. "전진(田眞)의 형제는 3명인데, 거부(巨富)의 집안이었으나 매우 불목(不睦)했다. 갑자기 분재할 것을 함께 논의하고 금은진물(金銀珍物)마다 그 양을 재고 전업(田業) 생자(生貲)도 똑같이 나누었다. 단지 마당에 꽃과 잎이 아름답고 무성한 자형수 한 그루가 있었는데, 이것도 날이 밝기를 기다렸다가 베어 셋이서 나누기로 했는데 저녁에 나무가 고사해버렸다……전진이 그것을 보고 크게 놀라 동생들에게 말하기를, '수목은 동지(同枝)인데 나누어야 된다는 것을 듣고 시들어버렸으니, 사람이 수목만 못하다'라고 하고 슬픔을 이기지 못하여 다시 나무를 가르지 않겠다고 하자, 나무가 그 소리에 반응하여 다시 푸르러졌고 화색이 아름다워졌다. 형제가 서로 감동하여 다시 재산을 합하고, 마침내 순효(純孝)의 가문을 이루었다. 전진은 한 성제(成帝) 때 태중대부(太中大夫)가 되었다." 李昉, 《太平御覽》, 卷421 〈人事部·義〉에 인용된 '續齊諧記'.

을 결정하는 것은 상호 협의에 의하기도 하지만 일반적으로는 제비뽑기 방법을 이용하여 공정성을 기했다. 탐주(探籌) 또는 염구(拈鬮)라고 했던 추첨 방식은 종종 조상의 신주를 모신 묘(廟) 앞에서 행해졌는데, 이는 결정 사항의 준수를 엄숙히 다짐하는 의미가 있었을 것이다. 재산 분할과 관련하여 소송이 발생한 경우 그 판결에 따라 재산을 분배하게 될 때도 제비뽑기를 하는데 이때는 관청에서 행했다. 제비뽑기 방식이 보편적으로 행해졌다는 것은 남송 초 인물인 고항(高閌)의 말에서도 확인할 수 있다. 그는 고대 봉건제 시대의 가족을 부활시켜야 한다고 주장한 인물로서, 고전 시대의 의례(儀禮)를 부활하여 종족의 질서와 연합을 확립해야 한다고 역설했다. 자손에게 남기는 가훈서에서 집 안에 조상 제사를 위한 가묘(家廟)를 설치하고, 주로 적장자가 맡게 되는 종자(宗子)를 세워 제사 등의 의례를 주관하며, 동거공재를 유지해야 한다고 강조했다. 그는 당시의 분가 풍조가 옛 성인들의 뜻과 다르다고 우려했고, 특히 못마땅해한 것은 석거 때 재산을 나누는 방식이었다. 즉 적서(嫡庶)의 구분도 없고 형제자매가 제비뽑기로 재산의 주인을 정하는데, 이는 분쟁을 방지하는 데만 급급하여 무조건 균평만을 중시한 데서 나온 결과라고 했다.[29] 어쨌든 당시 사람들이 탐주 또는 염구라고 하는 추첨 방식으로 몫의 배당을 정하는 것이 일반적인 관행이었음을 알 수 있다.

(2) 가산 분할 문서

대개 존비장유(尊卑長幼)의 순서로 추첨한 뒤 정해진 내용은 후일 증빙(證憑)으로 삼기 위해 문서로 작성했다. 이 문서를 가리키는 단어를, 송대 관련 자료에서 확인해보자면, 염구로 결정한다는 뜻으로 '구서(鬮書)'라 칭하기도 하고, 분할의 의미로 '분서(分書)'나 '지서(支書)', 또 계약을 의미하는 '관서(關書)', '관약(關約)' 등으로 다양했다. 현재 확인할 수 있는 유일한 송대 가산 분할 문서로《오중 엽씨 족보(吳中葉氏族譜)》에 수록된〈송세분서(宋世分書)〉가 있다. 이것은 엽이십팔(葉

---

29) 劉淸之,《戒子通錄》, 卷6,〈高司業送終禮三十二卷〉.

二十八)로 기재된 가장(家長)이 처와 함께 친족의 입회하에 7명의 아들과 가산을 분할하는, 말하자면 부모 생전의 가산 분할 사례를 기록하고 있다. 분서에 기재된 주요 내용을 살펴보면 다음과 같다. 처음에 가장과 처가 친족 모모인(某某人)들을 청빙해서 문서를 쓴다는 것을 밝힌다. 다음으로 가장 중요한 내용인 분할할 재산과 분배 비율을 기록한다. 맨 뒤에는 이 분할이 공평무사하며 숨겨두고 나누지 않은 재산은 없다는 것을 맹서하는 문구, 그리고 작성된 분서를 영원한 증거로 삼겠다는 다짐도 들어 있다.[30] 둔황(敦煌)에서 발견된 당대 말기 또는 그 전후에 작성된 것으로 추측되는 재산 분할 문서와 엽씨 족보에 수록된 원대 분서 등을 종합해 보아도, 이들은 법률적 효력을 갖춘 증빙 자료로서 필요한 항목들을 철저하게 갖추고 있었음을 알 수 있다.

일반적으로 분할 문서에 기재되는 내용을 상세히 살펴보면 다음과 같다. 문서 초두에는 가산 분할을 시행한 일자 또는 문서를 작성한 연월일을 적고, 분할을 주도하는 부친과 분재친(分財親), 즉 분할 재산을 받게 되는 형제들에 대한 소개와 함께 가산을 분할하게 된 사정을 간략히 설명하기도 한다. 이어 증인으로 초빙된 사람들을 거론하고 그들 앞에서 분할을 시행한다는 취지도 밝힌다. 다음 가산 분할의 본론으로서 분할의 대상이 될 재산의 내용을 열거하고, 혹시 형제의 사재 등 분할을 행하지 않는 재산이 있다면 그것은 나누는 재산 액수에 들어가지 않는다는 뜻으로 '불입분수(不入分數)'라고 명시했다. 분할 재산 목록을 본문 중에 또는 본문 말미에 기록하는데, 재산의 종류를 기준으로 각 품목마다 분재친의 수대로 분배되는 액수를 기록하거나 아니면, 분할자를 기준으로 각 사람마다 받게 될 분할 재산의 내용을 나누어 적기도 했다. 전택의 경우는 비척(肥瘠)과 재산의 호오(好惡)를 따져서 공평하게 되도록 짝을 짓고, 각 재산의 종류별로 따로 나누었다. 단순히 재산의 양만 고려하는 것이 아니고 질을 참작하여 그 재산 가치를 고르게

---

30) 仁井田陞,《唐宋法律文書の硏究》, 제13장 〈家産分割文書(分書)〉에 수록된 《吳中葉氏族譜》(淸宣統辛亥年增修本), 卷64.

했을 뿐 아니라 재물의 구성도 비등하게 한 것인데, 앞서 말한 품탑균분의 원칙을 따른 것이다. 분할하는 재산에는 토지나 가옥은 물론이고 수목, 가축, 농기구, 기타 가재(家財)들이 포함되었다.

문서의 끝 부분에는 분할이 성립된 이후 있을 수 있는 이의 제기나 쟁론을 방지하기 위한 서약 내용을 넣었다. 위약자는 작게는 장벌(杖罰) 등의 형벌에 처한다거나, 또는 재산의 일부나 무거운 벌금을 관에 내야 한다는 등의 벌칙 내용도 기재해두었다. 내용 전체에 대한 선서도 있다. 문서 맨 끝에는 입회자들과 분재에 참여한 형제들의 이름과 화압(花押)을 넣어 증빙 문서로서의 효력을 갖도록 했다. 기재하는 내용과 순서에 약간의 차이는 있으나 어느 정도 고정된 형식이 있었음을 알 수 있고, 송대 이후로는 일정한 문서 양식이 널리 사용되었을 것으로 짐작된다.

계약 이행의 의무와 위약자에 대한 벌칙, 그리고 증인의 참석과 서명 등은 모두 문서가 갖는 법적 증거로서의 효력을 확보해주는 장치로서, 전통적으로 가산 분할 문서뿐 아니라 매매 · 전매 문서, 사용대차 문서, 유언장 등에도 채용되는 사항들이었다. 보다 확고한 법적 효력을 갖추기 위해서는 이웃이나 친척의 입회나 서명에 더하여 관의 공증이 요구되기도 했다.[31] 관에 내야 하는 수수료의 부담도 있고 관리들의 횡포도 있어서 공증을 많이 꺼렸던 것으로 보인다. 원채는 관서에 공인을 받는 비용을 아끼려다 후환이 생길 수 있다고 경고했다.

현도(縣道)의 탐오(貪汚)한 관리들이 석호(析戶)의 구서(鬮書)에 인(印)을 받을 때 많은 돈을 요구하므로 인호(人戶)에서는 비용을 꺼려 숨기고 관인(官印)을 받지 않고 사적으로 분할석거(分割析居)한다. 여러 해가 지나 빈부 차이가 생기고 은의(恩義)의 마음이 약해지면 쟁송(爭訟)에 이르기까지 한다. 이때 한쪽은 이미 분산했는데 구서를 잃었다고 말하고, 다른 쪽에서는 아직 분재(分財)가 완전히 끝나지 않아서 구서를 작성하지 않았다고 주장한다. 관에서는 문서를 따

---

31) 李元弼, 《作邑自箴》, 卷9, 析戶.

르자니 인정(人情)을 거스르고 인정을 좇자니 문서에 어긋나게 되므로 오래도록 판결을 내리지 못하는 일을 당한다. 무릇 석호하는 가에서는 구서에 개인(蓋印)을 받아 후환을 막아야 한다.[32]

이렇게 분서의 증거가 중요해졌다는 사실은 송대 재산 분할을 둘러싸고 발생하는 법정 분쟁이 얼마나 많았으며 심각했는가를 가늠하게 한다. 급기야 송 정부는 소송의 범람을 완화하려는 조치를 마련하여, 분재의 공평성을 문제 삼는 소송은 3년으로 시효를 정하고, 기한이 지났다면 고소를 수리하지 않는다는 법령을 발표하기에 이르렀다.[33]

가산 분할은 반드시 한 번에 모두 끝내야만 하는 것은 아니었고, 부모 생전의 분할이나 혹 부모의 의사 또는 형제들의 협의로 공재 중 일부를 부모의 양로분(養老分)이나 공동 재산으로 두어 분석을 유보하기도 했다. 일부 여러 명의 공동 재산인 중업(衆業)으로 남겨둔 재산은 대장(臺帳)이 하나인 재산이라 하여 '공장(共帳)' 재산이라고 일컫기도 했는데,[34] 후에 다시 분할을 할 때는 역시 분법(分法)의 규정과 절차에 따라야 했다.

4. 가산 분할의 주요 원칙

송대 가산 분할의 원칙은 당대 율령의 한 부문인 호령(戶令)에서의 규정을 그대로 따랐다. 흔히 '응분조(應分條)' 또는 '분법(分法)'으로 칭해졌던 이 법령은 전근대 중국 상속 제도의 기본적 원리로서 송대뿐 아니라 역대 왕조의 상속법의 근거가 되었다. 이 법령의 내용과 의미를 주요 사항별로 나누어 분석하기에 앞서 그 본문의 주요 항목을 간략하게 정리하면 다음과 같다.

---

32) 袁采,《袁氏世範》, 卷下,〈析戶宜早印圖書〉.
33) 편자 불명,《名公書判淸明集》, 卷5,〈姪與出繼叔爭業〉.
34) 편자 불명,《名公書判淸明集》, 卷9,〈共帳園業不應典賣〉.

① 형제는 분할할 전택(田宅) 및 재물을 균분(均分)한다.

② 처가로부터 받은 재산은 분할하는 범위에 포함되지 않는다.

③ 형제 가운데 사망한 자는 그 자식이 부친의 몫을 승계한다. 계절자(繼絶子), 즉 양자[35]도

역시 같다.

④ 형제가 모두 사망했다면 그들의 자식들 간에 균분한다.

⑤ 형제 가운데 아직 처를 맞지 않은 자에게는 빙재(聘財)[36]를 별도로 준다. 고모나 자매가 미

혼인 경우 미혼인 아들에게 주는 빙재의 반을 준다.

⑥ 사망한 형제의 처인 과부[寡妻]로서 아들이 없는 자는 남편의 몫을 승계한다. 아들이 있으

면 따로 몫을 주지 않는다. 여기서 과처는 부가(夫家)에 남아 수절하는 자를 말하고, 만약 개가

한다면 현재 재산을 사용할 수 없고 모두 그 재산의 상속 자격이 있는 응분인(應分人)들이 균

분한다.[37]

분법에 담긴 여섯 가지 주요 조항 중, 특히 앞의 세 조항은 가산 분할을 시행하

는 데 있어서 반드시 준수해야 할 규정이었다. 이 세 가지 규정이 지켜지지 않으

면 '불균평'한 분할이며 부당하게 차지한 부분에 대해서는 형법에 의한 처벌까지

받을 수 있었다. 뒤의 세 가지 사항을 위반할 때 이에 대한 처벌 법조가 따로 있는

것은 아니며, 그 내용도 절대적이거나 획일적이지 않고 어느 정도의 변통과 재량

의 여지가 있었다. 몇 가지의 주제로 나누어 분법 규정의 원칙과 실제 시행을 종

합적으로 검토해보도록 하겠다.

(1) 분할 재산

우선 분할 상속의 목적물인 재산의 범위를 살펴보면, 이미 앞에서 검토한 사실

---

35) 여기서 친자와 동등한 권한을 갖는 양자는 대개 양부모 생전에 입양된 경우다.

36) 전통 시대 중국의 혼례 과정 중 중요한 단계로서, 신랑의 집에서 신부의 집에 선물 또는 혼인 비용을 지불

하는 것을 말한다. 대개 빙재를 주고받는 것을 법적인 혼약이 이루어진 것으로 인정했다.

37) 竇儀,《宋刑統》, 卷12,〈卑幼私用財·附分異財産〉; 仁井田陞 編,《唐令拾遺》, 戶令 第27條〈分田宅及財物〉.

들이 호령에도 함축적으로 담겨 있음을 확인할 수 있다. 전토, 가옥, 상점을 포함한 부동산, 방아나 맷돌을 포함한 생산과 가공을 위한 도구들, 그리고 예속된 인력 등 경제적 가치를 지닌 모든 종류가 포함되었다.

여기서는 분할에 의해 상속되는 재산의 성격을 그 재산의 원천을 중심으로 살펴보고자 한다. 누구의 재산이 누구에게 전승되는가 하는 문제야말로 가족의 관계와 구조를 결정하고 보여줄 수 있는 상속제의 핵심이기 때문이다. 위의 당령에서 분할 상속하게 되는 재산은 분명히 조부나 부친에게 속해 있던 세습 재산 또는 조부전래산(祖父傳來産)에 한정되어 있다. 일반적으로 가재(家財)·가업(家業)·중재(衆財)·부재(父財) 등으로 칭해졌던 동거공재 가정의 공동 재산, 즉 아직 분할되지 않은 공동 세습 재산을 의미했다. 가령 어떤 아들이 가족과 따로 거주하거나 도망(逃亡)한 상태로 가족과 떨어져 지내다가 법정 시효를 지나 귀환한 경우를 보자면, 아직 세습 재산을 분할하지 않은 상태라면 분산(分産)에 참여하여 상속권을 행사할 수 있었지만, 이미 세습 재산의 분할이 끝났다면 자신의 지분을 다시 요구할 수는 없었다. 승려나 도사(道士)로 출가했다가 다시 돌아온 아들의 경우도 생가에 이미 가산 분할이 끝났다면, 조부(祖父) 재산 중에 나누지 않고 중분(衆分)의 상태로 남은 것에 대해서만 균분할 수 있을 뿐이었다.[38]

바꾸어 말하면 공동 재산은 언제라도 다시 분석될 재산이었다. 앞서 본 오중 엽씨의 〈송세분서〉에서와 같이 부모 생전에 가산 분할을 단행하여 양로분을 확보해 두었다거나 일부 재산을 분할하지 않고 공동 재산으로 보유하는 경우, 그 재산은 개인의 무단 사용이나 전매가 불가능하고 부모 사망 이후에 유분친들의 합의에 의해 다시 분할될 재산이었다.

반면 형제 각자에게 전속(專屬)된 재산으로서, 처의 재산 및 조부모와 부모의 재산에 의하지 않은 것과 관직으로 인하여 스스로 마련한 재산 등 합법적으로 인

---

38) 편자 불명, 《名公書判淸明集》, 卷5, 〈僧歸俗承分〉. 단 승도(僧道)가 죄를 지어 환속했을 때는 균분의 대상이 될 수 없었다(脫脫, 《宋史》, 卷125, 禮志 雜議).

정된 사재는 분할에 해당되지 않았다. 다만 처의 재산을 비롯한 사재가 "분할하는 범위에 포함되지 않는다〔부재분한(不在分限)〕"라고 한 것은 어디까지나 그 형제나 방계(傍系) 사이에서 그렇다는 뜻이다. 사재는 각각의 부부 가족인 방의 단독 소유인 재산이며, 혹 부친의 생전에 그의 관리와 명의하에 있다 하더라도 가산 분할을 할 때 형제나 타방(他房)과 나누는 재산이 아니라는 것이었다. 그러나 일단 별적이재를 단행하여 각 방이 독립된 공재 체제의 가(家)로 전환되고 나면, 이 사재는 다시 새로운 가의 가산, 즉 공재가 되어 그 가에 속한 가속의 공동 경제의 기반으로서 부자, 제자(諸子) 사이의 공동 재산이 된다. 사재는 일단 횡적인 나눔의 대상은 아니지만 종적인 전승의 대상이라는 점에서 이전의 공재 가산과 마찬가지로 장차 상속될 재산이었던 것이다. 결국 현 분산 시점에서 응분의 재산이라는 것은 가산 분할 이전에 공재·중재·중업 등으로 존재하던 가산이고, 형제와 나누지 않을 각 방의 사재를 제외한 공동의 재산이었다.

분법에 의해 상속받는 자의 입장에서 볼 때 분할 재산은 궁극적으로는 부재(父財)라고 할 수 있다. 부재는 여러 경로의 재산이 포함되어 궁극적으로 부친의 소유 재산으로 된 것이었다. 부친 이전의 선조로부터 물려받은 부분도 있고 또 모친이 친정에서 지참금의 형태로 가져온 재산과 그로 인해 증식된 부분도 있을 수 있다. 어쨌든 현재 상속받는 자식으로서는 결국 부친에게서 받는 것이다. 원칙적으로 결혼한 여성의 재산에 대해서는 그 남편도 함께 그 재산의 주인이라는 의식과 법조가 있어서, 처산(妻産)은 남편에 대해서는 배타적 소유가 될 수 없고 그 부부의 가정, 즉 사방(私房)의 재산으로서 장래 그들의 자녀들에게 상속될 재산의 일부였다.[39]

부모가 사망한 뒤 한동안 형제와 동거공재하다가 이재하게 되었을 경우는 어떠할까? 이때 '응분(應分)' 할 재산에는 부친이 남긴 재산에다가 그동안 동거하는 형제가 모은 재산이 포함될 수 있기 때문에, 얼핏 보아 모두가 아버지의 재산이라고 할 수만은 없어 보인다. 그러나 엄밀히 보면 공재 관계에 있는 형제가 나누게 될

---

39) 편자 불명, 《名公書判清明集》, 卷9, 〈孤女贖父田〉.

재산은 여전히 부재로 인해 얻어진 것뿐이다. 형제가 의거(義居)하면서 축적한 재산 중 사재로 간주될 수 없는 재산이 바로 부모의 재산으로 얻은 수입이므로, 결국 형제간 공재 가정에서 분할받는 재산도 결국 부재(父財) 또는 '부재로 인한' 재산이었다.

이 사실은 호령 응분조의 세 번째 조항에서도 명확하게 드러난다. 재산을 분할할 때 형제 중 이미 사망한 자가 있다면 그 형제의 아들이 망부(亡父)의 몫을 대신 승계하고 이때 여러 명의 아들이 있다면 균분하게 되는 것이었다. 사망한 자의 아들 입장에서 설명하자면 당장은 조부의 재산을 상속하는 것처럼 보이지만, 조부의 재산에서 백부 또는 숙부의 지분이 아닌, 자신의 친부에게 분할될 몫만을 받게 되는 것이다. 나누어 받을 재산이 곧 부재였다는 점에 주목하면, 분재 또는 분석 등으로 일컬어진 가산 분할을 통한 재산의 이전이 현재 사회에서의 상속 개념과 동떨어진 것이 아님을 확인하게 된다.

(2) 분할 상속인

그렇다면 가산 분할에 참가하는 상속의 주체는 누구였을까. 분할 상속의 주역은 아들이었다. 아들이라는 자격으로 그의 재산 지분권은 그가 출생한 순간부터 이미 효력을 발생했다. 단 친자라는 신분 역시 법적인 기준에 의한 것으로, 가부(家父)와의 동적(同籍) 여부가 아들의 법정 계승권의 결정적인 요건이었고, 더 확대하여 부모 생전에 입양된 양자라면 의제적(擬制的) 친자로 간주되었다. 송대 법률에서 의제적 친자와 합법적 혼인이나 유사 혼인을 통한 소생, 다시 말하면 처와 첩의 자녀를 포함한 혼생자(婚生子)는 재산 상속법상 차별을 받지 않고 지분도 일률적으로 균등하도록 했다. 다만 비혼생자(非婚生子)에 속하는 간생자(姦生子), 비생자(婢生子) 또는 별택자(別宅子)는 피상속자가 생전에 부자 관계를 인정하여 호적에 등기할 경우에만 상속권을 획득할 수 있었고, 유복자의 경우도 사망한 부의 친생자라는 정황 증거가 확실할 때 동등한 상속권이 허용되었다.[40]

아들은 실질적인 동거공재 관계를 떠났다가 돌아오거나 승도(僧道)가 되었다가 환속한 경우에도 형제들이 분산하기 전이라면 분할 상속에 참여할 수 있었고, 이미 분산이 이루어진 뒤라고 해도 법정 시효를 따져 재분할을 요구할 수도 있었다. 다만 승도로 출가한 상태이거나 췌서(贅婿), 즉 데릴사위로 장가갔다면 분할 상속에서 제외되었다. 또 아들은 분산 이전에 사망했더라도, 호령의 제3조항에서 보듯이 자신의 아들에게 상속권을 대습(代襲)하게 할 수 있었다. 이 경우는 손자로서 자신의 백숙부와 조부의 재산을 균분하는 셈이 되는데, 어디까지나 망부를 대신한 대습상속(代襲相續)이며 그 상속분도 망부의 상속분 한도 내에 있었다.

딸도 미혼이라면 가산 분할 시 혼인 비용의 명목으로 재산의 일부를 상속받았다. 송대 딸의 상속은 중국 재산 상속 및 가족사 연구에 있어서 많은 논쟁을 일으키고 있는 주제이다. 논쟁의 초점은 딸이 재산을 받는 것을 아들이 재산을 받는 것과 동일한 상속 개념으로 이해할 수 있는가이다. 한편에서는 딸의 재산 계승은 상속 제도 이외의 요인이 작용하는 우연적인 것이라며 그 의미를 축소 해석하는 데 반해, 다른 한편에서는 딸의 경우도 상속권을 가진 것으로 보는 적극적인 해석을 한다.

중국 가족을 원칙적인 부계주의 입장에서만 본다면 딸이 가산 분할에 참여한다고 말하는 것은 적절하지 않은 표현일 수도 있다. 딸의 입장에서는 가산 분할을 적극적으로 신청할 수 있는 자격도 없고 분산의 협의 과정과 분서(分書)상의 서명에도 참여하지 않았으며, 부모 또는 형제들의 재량에 따라 피동적으로 또 지참금의 명목으로 재산의 일부를 부여받을 따름이었다. 혹시 가산 분할이 있기 전에 딸이 혼인할 때는 그것을 미리 받아 지참금으로 가지고 갔다. 출가하지 않은 상태로 있는 여성은 자신의 형제 혹은 아래 세대에서 가산 분할이 이루어질 때 미혼 자매나 고모로서 비로소 지참금을 나누어 받게 된다는 것이 위 당령에서 다섯 번째 조항의 내용이다. 혼인 비용의 명목이므로 아들의 분할 재산보다는 아들의 혼인 비용인 빙재와 같은 차원의 성격에 가깝다고 할 수 있다. 그 액수 혹은 지분 비율이

---

40) 竇儀,《宋刑統》, 卷12, 戶婚,〈卑幼私用財·附別宅異居男女〉; 편자 불명,《名公書判淸明集》, 卷8, 別宅子,〈無證據〉·卷8,〈女婿不應中分妻家財産〉·卷7,〈妄稱遺腹以圖歸宗〉.

정해진 것도 아니며, 위에 말한 당대 호령 다섯 번째 조항에 의하면 아들이 받게 될 빙재에 준하여 그 절반 정도라는 지침이 제시되어 있었다. 아들의 균등 분할과 대습상속처럼 율령에 의해 보장된 권한도 아니었다. 딸 역시 가산 분할 때에 혹은 그 이전에 부모 재산의 일부를 떼어 받는 것은 분명하지만 그 권한은 여러 면에서 매우 제한적이었다.

그런데 송대에는 시기를 내려가며 가산 분할에서 딸의 지분이 차지하는 비중이 커지고 딸의 지분에 대한 법률적 보호도 강화되었다는 점을 주목하게 된다. "부모가 사망한 뒤 아들과 딸이 재산을 나눌 때 딸은 아들의 반을 받는다"라는 남송대 법문(法文)이 확인되고 있다.[41] 앞서 언급한 바 있는 고항은 그 당시 재산을 나눌 때 균평함만을 중시하여 적서남녀(嫡庶男女)의 구분 없이 제비뽑기로 재산을 나누는 방법에 대해 불만을 표했었는데, 그가 가장 우려했던 것은 혹시 잘못하여 조상 신위를 모신 가묘를 포함한 재산 지분이 제비뽑기에 의해 딸에게 돌아갈 수도 있다는 것이었다. 또 원채는 부모가 없는 고녀(孤女)에게 지참금을 가능한 후하게 주고 그녀가 토지 재산의 상속 지분이 있을 경우 법조에 의거하여 분급해야 할 것이라고 했다. 만약 당장 인색하게 준다 하더라도 그녀가 출가한 후에 고소할 수 있다고 경고했다. 여기서 원채는 분명하게 '유분', 즉 지분이 있는 딸이라고 표현했고, 그녀의 지분을 설정한 법조문이 있음을 시사하고 있다.[42] 딸의 상속분이 분재에서 차지하는 비율도 커지고 그에 대한 법적 권한도 커졌음을 알 수 있다.

상속 권한의 대소(大小)나 그 재산의 명목이 무엇이든, 결국은 부친의 재산을 분여받는다는 점에 주목한다면, 여성의 지참금 명목의 상속 역시 가산 분할에서 아들이 받는 상속 재산과 동일한 성격으로 볼 수 있을 것이다. 더욱이 송대 여성과 같이 일정한 비율로 가산을 나누어 받을 수 있었다면, 아들뿐 아니라 딸도 가산 분할에 참여하는 상속의 주체, 당시의 용어로 말한다면 '분재친'으로 보아야

---

41) 편자 불명, 《名公書判淸明集》, 卷8, 〈女婿不應中分妻家財産〉.
42) 袁采, 《袁氏世範》, 卷上, 〈孤女財産隨嫁分給〉.

할 것이다.

당대 호령에는 마지막으로 남편이 죽어 과부로 남은 여성에 대해 언급하고 있다. 이들 과처(寡妻)에게 만약 아들이 있다면 제3조항에 의거해 그 아들이 대습상속을 한다. 그러나 그의 아들이 없고 죽은 남편의 집에서 수절하고 있는 과처라면, 그녀가 남편의 몫을 승계한다는 것이 제6조항의 내용이다.[43] 하지만 과처가 남편의 몫을 승계하는 것은 상속으로 간주하기 어렵다. 즉 남편의 지분을 대신 받더라도 이것이 그녀의 소유가 될 수 없었다. 과처는 제사와 재산을 계승할 양자를 들일 것으로 기대되었고, 그러할 경우 이 재산은 양자에게 모두 상속될 것이었다. 과처는 남편의 집에 남아 수절하는 것을 전제로 남편의 재산에 대해 임시 전달자 또는 감호자(監護者)의 역할을 한 것에 불과했다. 만약 양자를 들이지 않고 개가를 하거나 사망한다면 그 재산은 주인이 없는 호절(戶絶) 재산으로 간주되어 호절법에 따라 처분되어야 했다.

요약하면 재산 분할에 참가할 수 있는 상속인은 친생자(親生子) 또는 법적 친자인 양자를 포함한 아들, 사망한 아들을 대습하는 손자, 그리고 딸이었고 이들 모두가 피상속인의 직계 비속이었다.

(3) 분할 방법

가산을 나누는 데 있어서 중요한 원칙은 형제간 균등 분할이지만, 그에 앞서 먼저 제해야 할 몫이 있었다. 부모의 생전에 행해지는 분가인 경우라면, 부모의 양로(養老) 재산과 미혼 형제자매의 혼인 비용을 책정해야 했는데, 그 비율이 일률적으로 정해져 있지는 않았다. 앞서 본 오중 엽씨의 〈송세분서〉에서는 전 재산의 30%가 노부부의 몫이었다. 미혼 자녀의 혼인 비용을 보여주는 실제 자료는 없으나, 송대의 경우 딸의 지참금이 아들의 빙재를 능가하는 경향이 있었다.

---

43) 현전하는 《송형통(宋刑統)》에 수록된 조문에는 과처첩(寡妻妾)으로 기재되어 있지만, 처와 첩의 가내 지위와 재산권은 현격하게 달랐으므로 사망한 남편의 몫을 대신 받을 수 있는 것은 처에 한정된 것으로 보는 것이 타당하다.

양로분 혹은 미혼 자녀의 혼인 비용을 제하고 최종적으로 분할될 가산은 상속에 참여하는 아들의 수대로 균등하게 나누어졌다. 분산 이전의 공재 재산에 대한 아들의 동등한 상속 기대권이 비로소 균등한 상속 지분으로 실현되는 것이었다. 경우에 따라서는 장자에게 좀 더 많은 재산이 주어지는 경우도 있었다. 〈송세분서〉에서도 장자는 다른 아들에 비해 두 배가 되는 몫을 받는 것으로 되어 있다. 그러나 대부분 당대 분할 문서나 사마광의 《서의(書儀)》, 송대 재판 판례 기록에서 언급된 사례들을 살펴보면 형제 서열에 관계없이 균등 분할하는 것이 일반적이었다는 것을 확인할 수 있다.

원채는 가내에서 소송이 일단 발생하면 쉽게 해결되지 않고 가정에 심각한 불행을 초래한다며 가능한 법정 소송이 발생하지 않도록 하라는 간절한 당부를 후손에게 주는 가훈서에 남기고 있다. 그러기 위해서는 법규를 준수하는 것이 중요하다고 했다. 그러나 법규의 원칙대로 철저하게 균분을 하는 것이 경우에 따라서는 최선의 방법이 아닐 수도 있었다. 원채의 말을 빌리자면, 만약 자손 중에 불초(不肖)한 자가 있으면 사람들은 그가 다른 방에 피해를 줄까 봐 서둘러서 균급(均給)을 하지만, 불초자가 자신의 몫을 모두 탕진해 전매해버리고는 다시 타방(他房)의 재산을 탐하고 마침내 소송까지 일으킬 수 있다는 것이다. 그러므로 원채는 불초한 자손에게는 전산을 한 번에 균급하지 말고 재곡(財穀)으로 여러 번에 나누어 주는 것이 좋다고 제안했다.[44] 이는 불초한 아들이라도 부재에 대한 균분 상속권을 가졌으며, 부모 형제라도 그 권한을 침해할 수는 없었던 사실의 반증이라고 할 수 있겠다.

형제 중 분산 이전에 사망한 자가 있으면 사망자의 아들이 그의 몫을 받았다. 그 아들이 두 명 이상이라면 물론 합동으로 받고 그들도 분산 때에는 균분하게 되는 것이었다. 앞서 본 〈송세분서〉를 보면 엽씨의 세 번째 아들이 이미 죽어 그의 아들이 재산을 대신 받았다. 《명공서판청명집(名公書判淸明集)》의 판례에서도 많

---

44) 袁采, 《袁氏世範》, 卷上, 〈分給財産務均平〉, 54쪽.

은 실례를 확인할 수 있다.

> 양회(梁淮) 형제는 원래 3명이었는데 형과 아우가 모두 죽고 오직 양회만 살아 있다. 그의 조카인 회로(回老), 석로(錫老)는 각각 그의 형과 아우의 아들이고 모두 자기 아버지의 몫을 승계했다[俱承父分].[45]

> 방문량(方文亮)에게 아들 3명이 있는데 장남 언덕(彥德), 차남 언성(彥誠)은 전처의 소생이고, 어린 운노(雲老)는 첩의 소생이다. 언성이 이미 죽고 운로는 겨우 2세여서 가업은 모두 장남 언덕이 주관했다. 언덕은 이전에 소장(訴狀)을 내어 언성의 아들인 중을(仲乙)이 불법으로 도박하고 전산(田産)을 도매(盜賣)했다고 주장하면서, 중을이 마치 자신의 아들인 것처럼 했다…… 조카를 아들로 삼는 것은 이치에 맞는 것이지만, 언덕에게는 이미 중이(仲二)라는 양자가 있고 동생 언성에게는 다른 아들이 없는데다, 사실 언덕이 전 재산을 취하려고 조카를 아들이라고 한 것이다…… 전산물업(田産物業)을 삼분(三分)으로 균분하고 각각 따로 호(戶)를 세우도록 하라…… 분명 중을(仲乙)이 언성의 아들이므로 스스로 응분(應分)이 있다[自有應分].[46]

즉 사망한 형제의 아들은 백부·숙부와 똑같이 분할하는 셈이었다. '형제균분(兄弟均分)'의 의미를 좀 더 확대하자면, 각 형제의 부부 소가족인 방(房)들 사이에 균등하게 재산을 나눈다는 뜻이기 때문에 '형제제방균분(兄弟諸房均分)'이라고 말해도 좋을 것 같다.

여기서 조금 상세하게 점검해보아야 하는 경우는, 분할 상속 시점에 이미 형제의 세대가 모두 사망하고 그 형제들의 아들, 즉 현재 피상속인의 손자들이 남아 있는 상황이다. 호령 응분조의 제4조항에 해당하는 경우이며, 조문에서는 그 손자들의 수대로 균분하도록 되어 있다. 그렇다면 분할 상속의 주체로서 손자들이 아

---

45) 편자 불명,《名公書判清明集》, 卷9,〈共眎園業不應典賣〉, 300쪽.
46) 편자 불명,《名公書判清明集》, 卷9,〈業未分而私立契盜賣〉, 303~304쪽.

버지의 재산[父財]이 아니라 할아버지의 재산을 균등하게 상속받는 셈이며, 이 경우는 '자승부분(子承父分)' 대신 '제손균분(諸孫均分)' 또는 '형제균분(兄弟均分)' 대신 '제종형제균분(諸從兄弟均分)'의 방식으로 변용된 것이라고 할 수 있다.[47] 이것은 피상속자의 자식 세대가 아무도 생존해 있지 않고 손자들만이 공재 관계하에 있는 상황에서, '제방균분(諸房均分)'의 원칙을 따르기보다는 손자들 사이에 재산 분배의 균평함을 우선 고려한 조치였다고 생각된다. 만약 3대 이상 누세동거 공재로 있던 가정이 분산을 단행하는 경우에 '제방균분'의 원칙을 고수한다면, 각 방의 자손 수에 따라 자식이 적은 방과 자식이 많은 방 사이에는 상속받는 세대의 상속분에 큰 격차가 있었을 것이다. 당 호령 제4조항은 여러 세대의 공재 대가정을 지향한 당시 사회에서 대가정의 분산(分産)을 용이하게 하고 또 분산 시점에서의 현실적인 균평성을 확보하기 위해 취한 조치였다고 생각된다.

그런데 송대에는 이 조문이 일률적으로 준수되지는 않았다. 어떤 경우는 위의 조문에 따라 손자 세대, 즉 사촌 형제의 수대로 재산을 균분했지만, 또 다른 경우는 각 지파, 즉 사망한 형제의 방별로 나누는 것으로 해석하여 손자 세대도 모두 자기 아버지의 몫을 승계했다. 원채도 역시 각 방별 분할을 당연하게 인식하고 있었다.

> 아버지와 그의 형제가 모두 사망[제부구망(諸父俱亡)]하여 그들의 제자(諸子)가 균분할 경우,
> 형제가 없는 자는 분할 후에 홀로 창성하고 형제가 많은 자는 분할 후에 점차 쇠미해질 것이
> 다 ; 그래서 형제가 많은 자는 제자균분을 원하지 않는다. 그러나 오히려 결과적으로 형제가
> 많은 자들이 각각 스스로 창성하여, 몫 전체를 독차지한 자를 능가하게 될 수도 있다.[48]

---

47) 두 분할 방식의 차이에 대해, 시가 슈조(滋賀秀三)는 각 지파대로 나누는 '주분주의(柱分主義)'와 각 사람대로 나누는 '두분주의(頭分主義)'라는 개념으로 구분한다(滋賀秀三, 《中國家族法の原理》). 또 예샤오신(葉孝信)은 아버지의 지위를 대습한다는 의미의 '대위계승(代位繼承)'과 세대를 뛰어넘어 계승한다는 뜻의 '월위계승(越位繼承)'으로 구분한다[葉孝信, 《中國民法史》(上海 : 上海人民出版社, 1993)]. 모두 두 분할 방식의 성격 차이를 분명하게 나타내주는 표현이라고 생각된다.

48) 袁采, 《袁氏世範》, 卷上, 〈分業不必計較〉.

형제가 많은 자는 형제가 없는 자보다 불리하다고 생각했다는 것은 사촌 형제끼리 균분한 것이 아니고 그 위 세대 형제의 각 방별로 나누었기 때문이다. 송대의 경우 당대의 조문과 달리 시행된 것은 송대에 분가 시기가 빨라진 것과 관계가 있을 것이다. 송대 이후 사회 경제의 발달과 사회 유동성의 증가로 공재 가정의 유지가 좀 더 어려워진 상황이었으므로 분가 시기도 앞당겨져서 늦어도 손자 세대에서 분산하는 것이 일반적이었다. 그렇다면 원채의 말대로 피상속자의 아들 세대에 균분하는 것을 고수하기가 수월했을 것이다.

어느 쪽의 방식을 취하든 손해를 보는 쪽이 있게 되고 이것이 분쟁의 원인이 되었다. 이와 관련하여《명공서판청명집》에 기록된 조부와 3명의 아들, 7명의 손자로 이뤄진 한 가정의 사례를 주목하게 된다. 조부가 사망한 후 이 가정은 장자의 이름으로 입호(立戶)하여 계속 동거했다. 그러다 세 아들이 모두 사망한 후 분적(分籍)은 하지 않고 7명의 손자가 재산을 나누어 점거하고 있었는데, 전부터 체납된 세액이 있었다. 당시 향촌의 인보 조직 단위였던 보(保)의 책임자인 보장(保長)이 이것을 신고하여 결국 세액을 셋으로 나누게 되었다. 이렇게 되자 혼자서 세액의 삼분의 일을 내게 된 손자가 고소장을 내어 세금을 삼분한 것처럼 토지도 나누어야 한다고 주장했고, 그 결과 세습 재산인 조업(祖業)도 삼분하게 되었다.[49] 처음에는 7명의 손자가 머릿수대로 조업을 균분했으나, 추징당한 세액을 3명의 아들 세대의 방별로 납부하게 되자 불이익을 당한, 형제가 없는 손자가 항의를 하고 결국 재산도 각 방별로 나누게 된 것이다.

이상을 정리해보면, '자승부분'과 '형제균분', 즉 부자계승(父子繼承)의 원칙과 형제평등(兄弟平等)의 관념이 분할 상속의 근본적인 원리였다. 부자계승은 부친의 재산이 직계 자손에게만 전승된다는 원리이고, 형제평등은 동배(同輩) 간 평등주의로 볼 수 있다. 형제가 모두 사망한 상황에서는 두 가지 원칙이 상충될 수 있었고, 어느 원칙을 우선하느냐에 따라 분할 방식이 달라졌던 것이다.

---

49) 편자 불명,《名公書判清明集》, 卷4,〈繆漸三戶訴祖産業〉.

동거공재에 있던 형제가 일단 분가하면 각자 독립된 가산을 보유하게 되고 더 이상 서로의 재산에 대해서 어떤 권리도 가질 수 없었다. 또한 공동으로 처리할 일이 생겨도 철저하게 공평성을 따지는 등 서로 배타적이고 경쟁적인 관계를 보이는 경향이었다. 원채는 주위에서 이러한 형제 관계를 많이 본다며 다음과 같이 한탄했다.

어떤 형제자질은 나란히 살면서도 죽을 때까지 서로 왕래하지 않는다. 자식이 없어도 조카로 후사를 삼고 싶어 하지 않거나, 아들이 많아도 형제에게 양자로 주지 않기도 한다. 형제의 가난을 동정하지 않고 부모 봉양하는 것도 형제가 똑같이 하기만 주장하다 부모를 버려두고 돌보지 않는 자도 있다. 또 형제가 가난해도 부모의 장례에 비용을 균등하게만 하려고 상을 미루고 장사하지 않는 자도 있는 등……이런 일이 너무 많아 모두 쓸 수가 없다.[50]

형제의 각 방은 동거할 때부터 개별 재산 체제를 갖추었고 또 분가하면 더욱더 서로에 대해 배타적 독립성을 가지고 있었다.

5. 맺음말

유가적 예제와 국가법은 동거공재 가정을 이상적인 가족 형태로 설정하고 가능한 여러 세대에 걸쳐 공재 체제를 유지할 것을 장려했다. 공재 가정을 지속하는 동안 재산은 가시적인 상속 행위 없이 다음 세대로 자연스레 전승되다가, 공재 체제를 종식하는 가산 분할이 이루어질 때에 상속의 원칙이 드러났다.

분할 상속제의 가장 중요한 원칙은 '자승부분'과 '형제균분', 즉 '모든 친자가 부친의 재산에 대해 동등한 상속권을 갖는다'는 것이었다. 이 원칙은 법으로 보호

---

50) 袁采, 《袁氏世範》, 卷上, 〈婦女之言寡恩義〉.

되었으며 이에 위배되는 분할은 법적 제재를 받았다. 그러므로 이 원칙을 구체적으로 실천하기 위해서는 분산 시행 과정에도 상속자 사이의 철저한 균평성을 보장할 수 있도록 재산의 양과 질을 균등하게 하고, 각자의 몫을 추첨으로 결정하며, 증인의 보증을 받은 증빙 문서를 남겼다.

송대에는 전통적 상속 원칙을 이어받았으면서도 당시 경제 발전과 사회 변화에 따라 분할 상속제에 몇 가지 중대한 변수가 생겼는데, 이는 가족 제도의 변화와도 연관되어 있었다. 특히 경제가 발달함에 따라 다양한 직업과 경제 활동이 가능해지고, 이로 인해 가족 간의 경제력 차이가 커질 수 있었다. 본래 유가의 가족 이념은 철저한 공재 체제를 지향하고 각 형제나 개별 가족인 방의 독점적 재산인 사재를 허용하지 않았다. 하지만 송대에는 합법적 사재의 범위가 확대되어 동거공재 가정에서도 형제가 각자 독립적 자산을 보유할 수 있는 여지가 커졌다.

본래 경제생활상의 공재 원칙과 상속의 원칙이 모순되었던데다 형제간의 경제력 차이까지 더해져서, 공재 가정을 유지하기가 더 어려워지고 가산 분할의 시기는 점차 빨라지는 추세였다. 공재 체제하에서도 각 형제의 독립된 재산이 존재함에 따라 가산 분할이 조기화되고, 가산 분할에서 철저한 직계 비속으로의 재산 전승과 형제간 배타적·경쟁적 경제 관계의 특성이 더욱 분명해졌다. 이는 송대 이후 중국의 가족 구조에 나타나는 여러 가지 중요한 특징들과 밀접하게 관련되어 있다. 가족 규모가 비교적 작고, 부부와 직계 자녀를 중심으로 하는 개별 소가족의 독립성이 크고, 방계 친족 간의 상호 유대는 상대적으로 위축될 수 있었다. 이는 유교적 가족 원리인 부계주의 및 부계 친족 결합을 약화시킬 수 있는 요인이었다. 송대에 유달리 딸의 상속 권리가 증대하고 또 여성을 통한 친척 관계, 즉 모계, 처계 가족과의 유대가 중요해졌다는 것도 확인되는데, 모두 당시 상속 제도와 민감하게 연관되어 있었다.

참고문헌

1. 사료

長孫無忌, 《당률소의(唐律疏議)》

임대희 · 김택민, 《역주 당율소의》(한국법제연구원, 1997)

仁井田陞, 《당령습유(唐令拾遺)》

李昉, 《태평어람(太平御覽)》

竇儀, 《송형통(宋刑統)》

脫脫, 《송사(宋史)》

徐松, 《송회요집고(宋會要輯稿)》

李燾, 《속자치통감장편(續資治通鑑長編)》

司馬光, 《가범(家範)》

──, 《사마씨서의(司馬氏書儀)》

袁采, 《원씨세범(袁氏世範)》

편자 불명, 《명공서판청명집(名公書判淸明集)》

邵伯溫, 《하남소씨문견전록(河南邵氏聞見前錄)》

劉淸之, 《계자통록(戒子通錄)》

韓元吉, 《남간갑을고(南澗甲乙稿)》

朱熹 · 呂祖謙, 《근사록(近思錄)》

李元弼, 《작읍자잠(作邑自箴)》

顧炎武, 《일지록(日知錄)》

2. 연구 논저

仁井田陞, 《당송 법률 문서의 연구(唐宋法律文書の研究)》(東京 : 東方文化學院東京研究所, 1937)

滋賀秀三, 《중국 가족법론(中國家族法論)》(東京 : 弘文堂, 1950)

葉孝信, 《중국 민법사(中國民法史)》(上海 : 上海人民出版社, 1993)

이광규, 《韓國家族의 構造分析》(일지사, 1975)

Buckley Patricia Ebrey, 《송대 가족과 재산─사회생활을 위한 원채의 훈계Family and Property in Sung China : Yuan Ts'ai's Precepts for Social Life》(Princeton : Princeton Univ. Press, 1984)

David Wakefield, 《분가 : 청대 민국 시대의 분가와 상속Fenjia : Household Division and Inheritance in Qing and Republic China》(Honolulu : Univ. of Hawaii Press, 1998)

Joseph P. McDermott, 〈송대 가족 체제에서의 평등과 불평등Equality and Inequality in Sung Family

Organization〉, 柳田節子先生古稀記念論集編集委員會 編, 《중국의 전통 사회와 가족(中國の傳統社會と家族)》(東京 : 汲古書院, 1993)

김병준, 〈唐代의 家産分割의 形態와 그 性格─均田制의 施行과 관련하여〉, 《서울대동양사학과논집》 16(1991)

육정임, 〈송대 호절재산법 연구(宋代 戶絶財産法 研究)〉, 《송요금원사 연구》 5(2001)

───, 〈宋代 遺囑에 의한 財産相續〉, 《중국학보》 46(2002)

───, 〈宋代 딸의 相續權과 法令의 變化〉, 《이화사학연구》 30(2003)

모성의 거부―20세기 초 중국의 '독신 여성' 문제*

천 성 림**

1. '독신'의 탄생

1916년 중국 강소성 남경의 석파가(石坝家)라는 마을에서 15명의 부유한 집안 딸들이 '불가회(不嫁會)', 즉 '시집가지 않는 여자들의 모임'을 결성했으며, 1917 년 강소성 강음현의 한 여학교에서는 8명의 여학생들이 '결혼 거부와 평생 자유' 를 목적으로 '입지불가회(立志不嫁會)'라는 단체를 비밀리에 조직했다. 같은 해 천 진의 한 '낭자옥(娘子屋)'에서는 부모가 정한 결혼에 반발하여 12명의 소녀들이 집단으로 음독자살하는 사건이 발생했고, 2년 뒤 상해에서는 한 여교사가 미혼 여 성의 단체인 '여자불혼구락부(女子不婚俱樂部)'를 만들어 20세에서 40세까지의 여 성들을 모집했다고 한다.[1]

---

* 이 글은 2004년 12월에 《중국 근현대사 연구》 제24집에 실린 같은 제목의 논문을 수정·보완한 것이다.
** 이화여대 사범대학 사회생활과를 졸업하고 같은 학교 대학원 사학과에서 석사 학위와 박사 학위(중국 근현
대 사상사 및 여성사 전공)를 받았다. 현재 한남대와 공주대 역사교육과 강사다. 주요 저서로는 《근대 중국 사
상세계의 한 흐름》, 《산업화가 유교체제하 중국 여성의 지위에 미친 영향》, 《중국여성―신화에서 혁명까지》(공
저), 《중국근대화를 이끈 걸출한 여성들》(공저) 등이 있다.
1) 위의 네 사건에 대해서는 〈南京之不嫁會〉, 《時報》(上海, 1916. 12. 13) ; 〈異哉立志不嫁會〉, 《時報》(1917. 2.
25) ; 〈12女子自殺之奇聞〉, 《大公報》(1917. 1. 17) ; 〈女子不婚俱樂部〉, 《大公報》(1919. 1. 9) 기사를 참조하라.

이상의 기사에서 알 수 있듯이 중국에서는 20세기 들어 독신을 추구하는 여성들의 모임이 결성되거나 독신 여성들의 집단 자살이 빈번하게 발생하여 사회에 큰 충격을 주었다. 당시 언론의 표현을 빌리자면, "현재 독신주의의 추세가 날로 확대되어 막을 수 없는 지경"[2]이었으며 "독신자의 대부분이 여성"[3]이었다. "여성의 독신 현상은 현대 중국 사회의 주목할 만한 부녀 문제"[4]로 대두한 것이다.

'독신'이란 단어는 영어의 Celibacy에 대한 번역어[5]로 20세기 초 신문과 잡지를 통해 등장했다. 때로 '단신(單身)', '독거(獨居)'와 혼용되기도 했지만, '독신'이라 할 때에는 성 관계의 단절이라는 의미가 강하게 내포되어 있었다. 독신자는 동서를 불문하고 고대부터 존재해왔지만, 이것이 개념화되고 논의의 대상이 된 것은 근대로 접어들면서였다. 서양에서 '독신celibat'이란 단어는 16세기에야 비로소 프랑스에서 등장했고, 독신에서 파생된 '독신자celibataire'라는 단어가 사용된 것은 18세기 이후의 일이었다고 한다.[6] 공교롭게도 이때는 독신이 프랑스의 인구에 위협이 될지 모른다는 우려가 생겨나고 있던 때였다. 독신이 사회 문제로 대두하면서 그에 대한 개념과 정의도 등장한 것이다.

중국에서도 예부터 독신자가 존재해왔다. '불가(不嫁)'라고 하는 단어는 이미 《전국책(戰國策)》과 《한서(漢書)》 등에도 보이고 있다.[7] 그러나 그녀들이 결혼을 하지 않고 살았던 것은 자신의 의지에 따른 것이 아니며, 부모의 부양을 위해서거나 무녀(巫女)라고 하는 특수한 직업 때문이었다. 남자의 경우 '광신한(光身漢)', 즉 '맨몸뚱이'라는 말에서 알 수 있듯이, 가난하여 의지할 곳 없는 사람의 대명사였다. 남자의 독신은 대개 처를 맞이할 재산이 없는 경우이며 여자의 독신은 주로

---

2) 彭道明, 〈非獨身主義〉, 《婦女雜誌》 12-2(1926. 12), 63쪽.

3) 東心, 〈爲什麼獨身女子這樣多〉, 《女靑年》 8-10(1929. 12), 17쪽.

4) 碧梧, 〈獻給獨身的姐姐們〉, 《女聲》 3-4(1934. 11. 30), 5쪽.

5) 孔襄我, 〈獨身的我見〉, 《婦女雜誌》 8-10(1922. 10), 10쪽.

6) 장 클로드 볼로뉴, 《독신의 수난사》, 권지현 옮김(이마고, 2006), 238·608쪽 참조.

7) 《齊策》에는 "북궁(北宮)의 여자들은 늙어도 시집을 가지 않고(至老不嫁) 부모를 부양한다"라는 문구가 있으며, 《한서 지리지(漢書 地理志)》에도 "무녀는 시집을 가지 않는다(巫兒不嫁)"는 기록이 있다.

모성의 거부 309

병이 있거나 혹은 비구니가 되어 출가하는 경우가 많았다.[8] 그 밖에도 앞서 보았듯이 부모의 부양을 위해 시집을 가지 않거나 정혼자가 먼저 죽어 수절하는 경우도 있었다. 극히 드물지만 당대(唐代)의 송약소(宋若昭)처럼 재주가 너무 뛰어나 시집을 가지 않고 예학(藝學)으로 이름을 떨친 경우도 있었다. 그녀가 여동생인 송약신(宋若莘)과 함께 쓴 《여논어(女論語)》는 여성 교육의 경전 중 하나다. 하지만 부모의 입장에서 볼 때 지나친 문재(文才)는 딸의 혼인을 가로막는 요소로 여겨졌다. 따라서 명청대 이후로 '여자는 (글)재주가 없는 것이 덕'이라는 관념이 널리 유포되었다.

'종신대사(終身大事)'라는 말처럼 중국에서 혼인은 여성의 일생에서 가장 중요한 일이었다. 혼인을 통해 여성의 운명이 결정된다고 해도 과언이 아닐 것이다. 더욱이 어떤 계층의 여성이든 아들을 성인이 되도록 키운다는 것은 동서를 불문하고 여성 자신의 노년 생계를 확보하는 수단이기도 했다.[9] 그러므로 여성들은 남편의 지위도 중요하지만 모성, 즉 어머니가 되는 것을 통해 생계를 확보하고 사회적 지위를 얻었던 것이다.

여성의 독신은 바로 '모성의 거부'를 의미한다. 생명을 창조하는 책임은 생명을 낳는 사람들에게 우선적으로 주어져야 하지만, 역사상 성의 관계gender relationship는 종종 지배와 피지배의 관계였다.[10] 특히 근대적 가부장제의 성립과 함께 출산이라고 하는 사적 영역은 국가와 민족의 목표(또는 의도)에 따라 조정되었다. 독신이 근대 이후 중요한 사회 문제로 등장하게 된 것은 여성이 자유 의지로 모성을 거부했기 때문일 것이다.

이 글은 이러한 시각에서 20세기 초 중국 여성의 독신 문제에 접근할 것이다. 구체적으로 여성의 독신 및 독신주의가 등장하게 된 사회 경제적, 사상적 배경을 분석하고 나아가 이들을 바라보는 다양한 시선들을 살펴볼 것이다. 그 시선들은

---

8) 麥惠庭, 《中國家庭改造問題》(上海: 商務印書館, 1935), 226쪽.
9) 거다 러너, 《역사 속의 페미니스트》, 김인성 옮김(평민사, 1998), 168쪽.
10) 앵거스 맥래런, 《피임의 역사》, 정기도 옮김(책세상, 1998), 6쪽.

대부분 편견으로 가득한, 관찰자의 입장이라 할 수 있지만 그 이면에서 우리는 이 시기 여성들의 삶과 가치관, 존재 방식, 이상과 열정들을 끌어낼 수 있을 것이다.

2. 왜 독신녀인가?—독신의 원인 분석

중국에서 '독신'이라는 단어가 등장하고 유행하게 된 것은 신문화 운동이 절정에 달했던 1919년을 전후해서다. 당시 북경대학의 학생으로서 신문화파의 기수였던 푸스넨(傅斯年)은 '만악(萬惡)의 근원'이라는 전통 가족 제도의 문제점을 해결하기 위한 하나의 방법으로서 '독신주의'를 주장했다. 그에 의하면 독신이란 '가장 고상하고 자유로운 생활'이었다.[11] 아나키즘anarchism에 경도되어 있던 선젠스(沈兼士)와 윈다이잉(惲代英)은 여성 문제를 진정으로 해결하기 위해서는 육아의 사회화, 다시 말해 아동공육(兒童公育)을 도입하고, 궁극적으로는 가정을 해체하여 독신과 이혼 모두가 개인의 자유로운 선택이 되도록 해야 한다고 주장했다. 독신은 개인 선택의 문제이므로 다른 사람이 간섭해서는 안 된다는 것이다.[12] 이처럼 '독신'은 신문화 운동 시기에 전통 가족 제도 및 혼인 문제를 해결하기 위한 하나의 처방으로 주목받기 시작했다. 따라서 당시 독신 문제에 대한 논의들은 초기 신문화 운동의 시대정신이었던 서구의 자유주의와 개인주의에 입각하여 중국의 전통적 가부장제를 비판하는 데 무게를 두었다.

독신, 특히 여성의 독신에 대해 가장 많은 분석을 한 것은 《부녀잡지(婦女雜誌)》(1915~1931)였다. 상해의 상무인서관(商務印書館)에서 펴낸 이 잡지는 1919년에서 1922년까지 〈독신주의 연구(獨身主義之硏究)〉, 〈독신 문제 연구(獨身問題之硏究)〉, 〈중국 여자의 각성과 독신(中國女子的覺醒與獨身)〉, 〈독신에 대한 견해(獨身的

---

11) 孟眞, 〈萬惡之源(一)〉, 《新潮》 1-1 (1919. 1).
12) 沈兼士, 〈兒童公育〉, 《新靑年》(1919. 1. 30) ; 待英(惲代英), 〈結婚問題之硏究〉, 《東方雜誌》 14-7 (1917. 7).

我見)〉, 〈문명과 독신(文明與獨身)〉, 〈독신주의 비판(非獨身主義)〉, 〈여자 독신 생활 연구(女子獨身生活的硏究)〉 등 독신주의 관련 논문을 여러 편 실어 독신에 대한 사회적 관심을 환기했다.[13] 이에 호응하여 《신여성(新女性)》, 《여성(女聲)》, 《여청년(女青年)》, 《부녀원지(婦女園地)》, 《부녀공명(婦女共鳴)》 등 1920~1930년대 중국의 대표적인 여성 잡지 및 상해의 《신보(申報)》, 천진의 《대공보(大公報)》 같은 신문에서도 이 문제에 대해 꾸준히 논했다. 대부분의 논문들이 여성 독신의 가장 중요한 원인으로 혼인과 경제의 문제를 꼽고 있으므로, 우선 이에 대해 살펴보도록 하자.

(1) 혼인 문제

앞서 언급한 1917년 1월 2일에 한 낭자옥에서 발생한 여성들의 집단 음독자살 사건은 부모들의 지나친 결혼 강요가 원인이었던 것으로 밝혀졌는데, 20세기 초 중국 여성의 독신은 대개 혼인에 대한 불만의 표출이었다. 절강(浙江)의 한 여교사의 말을 빌리자면 "여성에게 가장 중요한 문제는 혼인 문제"이지만 한편에서 "여자가 결혼으로 인해 겪어야 했던 정신적, 육체적 학대와 고통은 이루 말할 수 없었"기 때문이다.[14]

동서를 불문하고 경제 능력이 없는 한, 여성에게 결혼은 선택의 문제가 아닌 생존의 문제였다. 결혼하지 않으면 자신을 의탁할 곳이 마땅히 없기 때문이다. 하지만 좋은 남편과 시부모, 시누이를 만나기란 쉽지 않았으며, 시댁에서 받는 스트레스는 극심했다. 인류학자 마저리 울프Margery Wolf의 "여성 자살자의 국제 비교 그래프"[15]에 의하면 1905년 대만에서 한족 여성의 자살자 수는 20세에서 25세까

---

13) 위에서 언급된 논문의 서지는 다음과 같다. 波羅奢館, 〈獨身主義之硏究〉, 《婦女雜誌》 5-2(1919. 2) ; 李宗武, 〈獨身問題之硏究〉, 《婦女雜誌》 7-8(1921. 8) ; 周建人, 〈中國女子的覺醒與獨身〉, 《婦女雜誌》 8-10(1922. 10) ; 孔襄我, 〈獨身的我見〉, 《婦女雜誌》 8-10(1922. 10) ; 瑟盧, 〈文明與獨身〉, 《婦女雜誌》 8-10(1922. 10) ; 彭道明, 〈非獨身主義〉, 《婦女雜誌》 12-2(1922. 2) ; 小江, 〈女子獨身生活的硏究〉, 《婦女雜誌》 12-11(1922. 11).
14) 魏瑞芝, 〈吾之獨身主義觀〉, 《婦女雜誌》 9-2(1923. 2).

지가 10만 명당 57~58명에 이른다. 이는 10만 명당 23명인 일본, 5명 미만의 스웨덴과 스페인과 비교하면 압도적인 고율이다. 울프는 그 원인으로 결혼에 따르는 여성들의 고통과 스트레스, 특히 결혼 후 가정 내에서의 문제를 꼽았다. 또한 20세기 초 중국의 농촌을 답사했던 영국인 선교사 아서 스미스Arthur Smith는 "중국에서는 수천 명의 기혼 여성들이 자살을 하고 있으며 심지어 미혼 여성들까지도 '자살 동맹'을 결성할 정도로 결혼을 두려워하고 있다"라고 지적하면서, 결혼은 중국 여성의 낮은 사회적 지위를 더욱 심화시킨다고 보았다.[16]

결혼 후 가정 문제로 고통받는 여성들의 마지막 선택이라 할 수 있는 자살은 이후로도 지속적으로 일어났다. 그리하여 자살하는 여성과 남성의 비율이 대략 1 : 3 내지 1 : 7 정도인 유럽에서와는 달리, 중국에서는 여성의 자살률이 계속해서 높았다. 당시의 연구자는 이러한 현상을 "중국 남녀의 불평등한 지위와 열악한 가족 제도 때문"이라고 진단했다.[17]

한편 이러한 상황에서 많은 여성은 자살이라는 극단적 방법 이외에도 만혼이나 이혼을 선택했다. 이와 관련하여 한 언론은 "이혼이 마치 현대 사회의 습상(習尙) 인 듯 풍미하고 있"[18]다고 보도하기도 했는데, 지식인 여성의 만혼은 더욱 심각했다. 1928년에 《부녀잡지》는 명문 금릉(金陵)여자대학 졸업생을 상대로 이들의 결혼율에 대해 조사했는데, 1919년부터 1927년까지 이 학교 졸업생 105명 중 결혼하여 가정을 이룬 사람은 겨우 17명으로, 이는 불과 전체 졸업생의 약 16%에 해당하는 수치였다.[19] 졸업한 지 10년이 다 되었는데도 아직 결혼을 하지 않은 여성이라면 만혼 아닌 독신으로 남을 가능성이 적지 않았다. 1928년 이래 금릉여자대

---

15) Margery Wolf, "Women and Suicide in China", *Women in Chinese Society*, Margery Wolf · Roxane Witke (eds.)(California : Stanford Univ. Press, 1975), 118쪽.

16) Arthur Smith, *Village Life in China*(New York : Fleming H. Revell, 1899)〔《支那の村落生活》, 仙波泰雄 · 鹽谷安夫 譯(生活社, 1941), 358쪽에서 재인용〕.

17) 石涵翠, 《自殺問題》(上海 : 華通書局, 1930), 40~50쪽 참조.

18) 張少微, 〈家庭兒童中心論〉, 《女子月刊》 3-1(1935. 1).

19) 〈學生婚姻問題〉, 《婦女雜誌》 15-12(1930. 12).

학 학장을 맡았던 모교 출신의 우이팡(吳貽芳) 박사 역시 독신이었다.

요컨대 여성의 독신은 "경제적으로도 독립할 수 없고 이혼이나 유산 상속의 권리도 없으며, 악독한 시어머니와 남편으로부터 학대를 받아도 이를 운명에 맡기고 살아갈 수밖에 없"[20]었던 여성들의, "가부장적 구식 가정의 압박에 대한 반항"[21]이었던 것이다. 한편 지식인 여성들의 독신 문제는 사회에 물의를 일으키며 독신을 막기 위한 다양한 대응책들을 강구하도록 했다. 그리고 이에 대한 방안으로서 대가정을 소가정으로 바꿔야 한다는 가정 개조의 요구가 가장 컸다.

(2) 경제적 압박

많은 연구자들이 독신의 원인으로 꼽고 있는 '경제 관련 문제' 는 다음과 같은 두 가지 경우를 말한다. 하나는 경제적 곤란, 즉 생활고이며 다른 하나는 여성들의 '경제적 자립의 추구' 이다. 이 두 문제의 성격은 다르다. 전자의 경우가 수동적 독신에 해당한다면, 후자의 경우는 적극적 혹은 자각적 독신에 해당하기 때문이다. 그러나 다음에 살펴볼 광동(廣東) 지역 제사(製絲) 공장 여공 사이에 유행처럼 번진 '결혼 생활 거부[불락부가(不落夫家), 혹은 '불락가(不落嫁)' 라고도 함]'와 '독신 유지[자소녀(自梳女)]' 라는 풍조에서 알 수 있듯이 수동적 독신은 자각적 독신으로 발전할 수도 있었다.

"일부 무산 계급의 남자들은 처자를 부양할 만한 경제 능력이 없기 때문에 불혼(不婚)이나 만혼을 생각하게 되었다"[22]거나, "현재 여성의 독신은 공통적으로 경제 문제에서 기인한다. 가족을 위해 돈을 벌어야 하므로 독신으로 지내는 자가 매우 많다"라고 했듯이,[23] 남녀를 불문하고 독신으로 사는 데에는 생활고가 가장 크게 작용했다. 그들은 결혼을 '안 하는 것' 이 아니라 '못하는 것' 이었다. 1927년 상해 노

---

20) 健孟,〈新舊家庭的代謝〉,《婦女雜誌》9-9(1923. 9), 14쪽.

21) 周建人,〈中國女子的覺醒與獨身〉,《婦女雜誌》8-10(1922. 10).

22) 顧綺仲,〈婦女與職業的關係〉,《婦女雜誌》12-12(1926. 12).

23) 幻形,〈唱母性尊重論的愛倫凱女士爲什麼獨身〉,《婦女雜誌》9-10(1923. 10).

동자의 월 지출 상황표를 보면, 독신으로 사는 숙련공을 제외하고, 결혼하여 5명의 가족을 거느린 노동자——숙련공이든 비숙련공이든 간에——의 임금은 최저 수준의 생계비에도 미치지 못하며, 따라서 이들 가정의 엥겔 계수Engel's coefficient가 매우 높게 나타나고 있음을 알 수 있다.[24] 독신은 생존을 위한 방편이었던 것이다.

여성의 자살을 검토한 글에서 비원(碧雲)은 당시 자살자가 20~40대에 가장 많이 분포해 있다는 사실은 그들의 심신이 불건전하기 때문이 아니라 그 연령대의 사람이라면 피할 수 없는 경제적 부담 때문이라고 분석한 바 있다.[25] 앞서 보았듯이 당시 자살은 대부분 가정 문제에서 비롯되었는데, 혼인 문제 이외에 경제난에서 오는 가족의 좌절감과 이로 인한 불화도 가정 문제의 또 다른 양상일 것이다. '돈을 벌기 위해' 결혼을 미루거나 '돈이 없어' 결혼을 못하는 것은 남녀 모두에게 해당되었다. 이들은 '독신자'라고 할 수는 있어도 '독신주의자'는 아니다. 그럼 여성의 독신에 한정해서 보자.

중국어로도 번역된 〈신부인(新婦人)〉에서 러시아의 저명한 사회주의 여성 해방론자 콜론타이Aleksandra Kollontai가 "독신녀의 증가는 자본주의의 산물"[26]이라고 주장했듯이, 중국에서 독신 여성의 급증은 사실 산업화와 도시화의 결과였다.

---

24) 1927년 상해 노동자의 월 지출 상황〔단위 : 위안(元)〕

		식료비	피복비	주거비	연료비	교통비	기타 잡비	계
비숙련공	독신	5.45(46%)	1.19(10%)	0.78(15%)	0.47(4%)	0.71(6%)	2.25(19%)	11.85(100%)
	5인 가족 동거	11.10(52%)	2.13(10%)	2.78(13%)	1.92(9%)	0.85(4%)	2.56(12%)	21.34(100%)
숙련공	독신	7.32(30%)	2.31(12%)	3.09(16%)	0.57(3%)	2.12(11%)	3.85(20%)	19.26(100%)
	5인 가족 동거	15.06(42%)	3.94(11%)	5.42(14%)	2.51(7%)	2.15(6%)	7.17(20%)	35.86(100%)

25) 碧雲, 〈婦女自殺問題的總檢討 : 婦女問題講話〉, 《女聲》 3-14(1935. 6. 1).

26) 柯倫泰(Aleksandra Kollontai), 沈端先 譯, 〈新婦人〉, 《新女性》 4-1(37)(1929. 1).

이전 같으면 결혼을 해야 할 나이의 여성들이 노동 시장에 대량으로 진출했던 것이다.

중국에서도 기계제의 도입은 값싸고 순종적인 여성과 어린이의 노동력을 대량으로 끌어들였다. 제사 공장이 가장 많았던 광동성 순덕(順德)을 비롯하여 남해(南海), 신회(新會) 등지에서는 "거의 대부분 여공을 고용하고 있었"[27]으며 1890년에 설립된 중국 최초의 근대적 방직 공장인 상해직포국(上海織布局)의 경우 설립 당시에는 노동자의 대부분이 남자였지만 1898년에 상황이 역전되어 전체 노동자 중 여성 노동자의 비율이 70%에 달하게 된다. 이후 민족 기업이든 외국 기업이든 1930년대까지 방직업에 종사하는 여성 노동력의 비중은 계속해서 증가해 전체 노동력의 70% 이상을 유지했다.[28]

중국에서 여성의 '불혼'이 사회적으로 널리 알려지게 되는 것은 20세기 초에 번우(番禺), 순덕 등 광동 주강(珠江) 델타 지역 제사 여공들 사이에 유행했던 '불락부가'와 '자소녀'의 풍습이 보도되고 나서부터였다.[29] 이 두 풍습에 대해서는 토플리Marjorie Topley를 비롯하여 지금까지 수많은 연구자들이 관심을 보여왔지만, 이 풍습이 발생하게 된 배경과 시기, 양자의 관계 등에 대해서는 합의된 결론을 얻지 못하고 있다.[30] 다만 일반적으로 '불락부가(불락가)'란 결혼한 여성이 남편과의 동거를 거부하고 시댁[夫家]에 들어가지 않는 풍습을 의미하며, '자소녀'란 여성들끼리 종신 불혼을 맹세하며 독신을 관철하는 풍습을 일컫는다. 또한 이

---

27)《南海縣志》1910년 續修 卷4, 39-40〔孫毓棠 編,《中國近代工業史資料(1840~1949)》(北京 : 中華書局, 1962), 1,195쪽〕.

28) 劉明逵 編,《中國工人階級歷史狀況》, 第1卷, 第1冊(北京 : 中共中央黨校出版社, 1985), 216쪽 표 참조.

29) 胡漢民,〈粤中女子之不嫁者〉,《新世紀》, 60호(1908. 8) 참조.

30) Marjorie Topley, "Immigrant Chinese Female Servants and their Hostels in Singapore", *Man* 59(1959) ; Marjorie Topley, "Marrige Resistance in Rural Kwangtung", *Women in Chinese Society* ; Janice E. Stockard, *Daughters of the Canton Delta : marriage patterns and economic strategies in South China, 1860~1940*(California : Stanford Univ. Press, 1989) ; 相田洋,〈金蘭會・賓卷・木魚書—中國における結婚拒否運動と民衆〉,《柳田節子古稀記念 : 中國の傳統社會と家族》(汲古書院, 1993) ; 湯山千里,〈自梳女硏究に關する覺書〉, 湯山千里 編,《山名弘史教授還曆記念法政大學東洋史論集》(東京 : 富士リプロ株式會社, 2002) 등 참조.

러한 풍습들은 1910년대에서 1930년대, 즉 중국의 제사 공업이 가장 발달했던 시기에 성행했다가 제사업이 쇠퇴하는 시기와 맞물려 자취를 감췄다. 이 점으로 미루어 불락부가와 자소녀의 풍습은, 비록 스톡커드Janice E. Stockard가 이를 포의족(布依族), 장족(壯族), 여족(黎族) 등 광동·광서 지역 타이계 소수 민족의 결혼 관행으로부터 영향을 받아 형성된 결혼 형태라고 주장할지라도,[31] 결국은 경제적 이유로 인해 유지되었다고 보아야 할 것이다. 제사업이 불경기를 맞이하는 1930년대 이후——1934년 광동 순덕의 제사 공장에서 실직된 여공이 20만 명에 달했다——자소녀들은 대부분 하녀로 직종을 전환하여 싱가포르, 홍콩 등지로 진출했으며 그곳에서도 여전히 독신을 관철했다고 한다.[32] 비록 육체노동이기는 하지만 일단 경제적 여유와 독신의 자유를 경험하고 나면 더 이상 결혼의 굴레에 갇히려 하지 않은 것이다.

(3) 경제적 자립의 추구

이는 주로 여성의 독신에 해당하는 문제다. 1920년대 중국 직업여성의 세 가지 유형을 분석한 옌스(晏始)의 〈중국 직업 부녀의 세 가지 유형(中國職業婦女的三型)〉[33]에 의하면 당시 중국의 직업여성은 생계형과 자각형, 그리고 허영형의 세 종류로 분류된다. 옌스는 특히 자각형 직업여성 가운데 독신 혹은 독신주의가 가장 많다고 한다. 허영형 직업여성은 어차피 멋으로 직장을 다니면서 시집가기만을 기다리며, 생계형 여성은 말 그대로 생계를 위해 일을 하는 경우로, 그들이 미혼인 경우는 대개 앞서 언급한 여공의 경우처럼 결혼을 못하거나 늦추고 있기 때문이라고 한다.

둥신(東心)의 〈왜 이리 독신녀가 많은가(爲什麼獨身女子這樣多)〉라는 논문에 따

31) Janice E. Stockard, *Daughters of the Canton Delta : marriage patterns and economic strategies in South China, 1860 ~1940*.

32) Marjorie Topley, "Immigrant Chinese Female Servants and their Hostels in Singapore", 215쪽.

33) 晏始, 〈中國職業婦女的三型〉, 《婦女雜誌》 10-6(1924. 6).

르면 당시 중국에서는 "제도와 관습상 결혼은 여자에게 너무 많은 희생을 요구"하기 때문에 독신 여성이 독신 남성보다 많았으며 따라서 의식이 있고 경제적으로 독립할 수 있는 여자라면 결혼에 신중을 기하지 않을 수 없다고 한다. "여자가 만일 경제적으로 독립할 수 있다면 혼자서도 즐겁게 살 수 있는데 왜 군이 남의 처가 되려고 하겠는가?"라는 둥신의 말처럼 경제적으로 자립할 수만 있다면 여성은 군이 희생을 요구하는 결혼의 함정에 빠지지 않으려 할 것이다. 여성의 입장에서 볼 때 "결혼은 용기와 열정 그리고 분투를 빼앗아가는 청춘의 무덤이며……죽음의 길(死路)"[34]이기도 한 것이다.

저우젠런(周建人)은 여성에게 어머니가 되는 것, 즉 모성은 본능이 아닌 선택의 문제지만 경제적 독립은 필수라고 주장했다.[35] 모성 본능이 약한 여성이라면 출산의 의무를 반드시 따를 필요가 없으며 오히려 일을 통해 자아를 실현하고 경제적 독립을 추구하는 것이 낫다는 것이다. 여성의 직업 종사 및 경제적 독립의 추구는 수천 년 동안 지속된 여성의 '비인간적 대우'를 벗어나는 선결 조건이라고 하는 지적들이 이어졌다.[36]

(4) 사회사업—자아실현

인텔리 여성들의 독신은 경제적 자립의 차원을 넘어 사회와 국가에 공헌하고자 하는 열정에서 비롯되었다. 그녀들은 '낳는 성(性)', 즉 어머니가 됨으로써 간접적으로 국민의 한 사람(여국민)이 되기보다는 공적 사회 활동을 통해 직접 국민의 한 사람이 되고자 한 것이다. 후스(胡適)는 이러한 여성들을 가리켜 '초현모양처(超賢母良妻)'라 불렀다.

후스는 미국 유학 시절에 알게 된 씩씩한 여성들로부터 큰 감명을 받았다고 한다. 그들은 교육 수준이 높으며 결혼도 하지 않았다. 후스는 그들에게서 '현모양

---

34) 憐生, 〈婚後〉, 《婦女園地》(1934. 5. 6).

35) 克士, 〈婦女職業和母性〉, 《婦女雜誌》 10-6(1924. 6).

36) 喬治, 〈新女子應具的條件〉, 《婦女雜誌》 13-2(1927. 2).

처'의 인생관을 초월한 '자립'한 여성의 전형을 보았고 여성이 왜 결혼하지 않는지 이해할 수 있게 되었다고 한다.[37]

여성의 교육 수준이 날로 제고(提高)되고 여성의 직업이 다양화되는 1920~1930년대에 오면 중국에서도 이러한 여성들이 많이 등장한다. 그녀들은 대개 인텔리 여성이며 따라서 생계형 독신녀들에 비해 남겨진 자료도 풍부하다. 대표적인 예로 쩡바오쑨(曾寶蓀)과 앞서 언급했던 우이팡을 들 수 있다. 쩡궈판(曾國藩)의 증손녀이기도 한 쩡바오쑨은 상해의 한 기독교 학교에 입학하여 신식 교육을 받기 전까지《시경(詩經)》,《논어(論語)》등 유교 경전을 공부했다. 세례를 받고 기독교 신자가 된 그녀는 영국에서 6년간 유학 생활을 한 뒤 런던대학에서 학위를 취득하고 귀국하여 1917년 12월 장사(長沙)에 기독교 학교인 예방여교(藝芳女校)를 설립했다.[38] 그녀는 평생 독신으로 살면서 여성 교육에 헌신했는데, 비록 결혼은 하지 않았지만 여성의 모성애와 아내로서의 역할을 찬미했고 "아내가 직업을 갖지 않아도 가사와 육아 노동에 의해 간접적으로 남편의 경제 활동을 돕고 있으므로 남편의 수입은 두 사람이 공동으로 소유해야 한다"[39]라고 하면서 주부의 가사 노동의 가치를 인정했다. 그녀는 독신으로서의 자신의 삶에 대해 "내가 만일 결혼했다면 기껏해야 10여 명의 자녀를 길러냈겠지만, 교육에 종사함으로써 나는 수천 명의 아이를 길러낼 수 있었다"고 당당하게 말했다. 미시건대학에서 생물학 박사 학위를 받고 35세가 되던 1928년부터 23년간 모교인 금릉여자대학 학장을 역임했던 우이팡 또한 평생 독신으로 살면서 교육 사업에 청춘을 바쳤다.

쩡바오쑨과 우이팡 모두 당시 중국에까지 알려진 미국 여성 운동의 지도적 이론가인 길먼Charlotte Anna Perkins Gilman이 호소한바 '종족 보존의 기능the function of race-preservation'보다 '자아 보존의 기능the function of self-preservation'을 중시한 경우라고 할 수 있다. 다시 말해 이들은 어머니이기보다는 '인간'이 되

37) 胡適,〈美國的婦女〉,《新靑年》5-3(1918. 9).

38) 劉輝·荊溪寧 等著,《著名家族檔案》(北京 : 時事出版社, 1999), 36~38쪽 참조.

39) 曾寶蓀,〈結婚與幸福〉,《婦女雜誌》16-1(1930. 1).

고자 했다. 한편 이들은 교육 사업에 전념하기 위해 결혼을 포기했지만 가령 다음에서 살펴볼 천헝저(陳衡哲)나 장뤄밍(張若茗)의 경우처럼 늦더라도 자신의 활동을 이해해줄 수 있는 남자를 만나게 된다면 결혼을 했을지도 모른다.

비슷한 시기에 후스와 함께 미국에서 유학——두 사람은 평생을 좋은 친구로 지냈다——했으며 바서여대Vassar College 사학과를 졸업하고 시카고대학에서 박사 학위를 받은 뒤 귀국하여 북경대학 최초의 여교수가 되었던 천헝저는 서른이 되어 비로소 런훙쥔(任鴻雋)과 결혼하고 심지어 가정의 찬미자로 변신하지만[40] 한때는 그녀 역시 독신주의자였다. 그녀는 만일 여성이 "가령 무언가 한 가지를 성취하고자 한다면 먼저 혼인이라고 하는 독조(毒爪)로부터 도망쳐 나오지 않으면 안 된다"고 생각했다.

장뤄밍은 "진정으로 여성 해방을 제창하려 한다면 반드시 여성 해방 제창자의 일부는 이 일을 자신의 평생 사업으로 삼아야 할 것이며……여성 해방의 급선봉에 서려는 자는 반드시 독신주의를 품어야 한다"[41]라고 주장했으며, 심지어 독신을 함께 실천할 동지를 공개적으로 구하기도 했다. 하지만 부모가 정해준 혼인을 거부하고 근공검학(勤工儉學)을 실천하기 위해 프랑스로 떠난 장뤄밍은 10년 뒤 그곳에서 만난 양쿤(楊堃)과 결혼했다.

(5) 연애결혼의 유행

중국에서는 "자유연애론이 등장하면서 독신주의도 발생했다".[42] 비록 자유연애를 실제로 행하는 자는 극소수에 불과했지만, 자유연애는 5·4 신문화 운동기 이후 청년 지식인들의 변함없는 구호이자 열망이었다. 그런데 1920년대 초에 이

---

40) 陳衡哲, 《新生活與婦女解放》(南京 : 正中書局, 1934), 12쪽 참조. 결혼 후 이 책을 쓴 1930년대 중반에 그녀는 "부녀 해방이 개인주의나 독신주의로 나가는 것은 폐단"이라고 했다.
41) 張若茗, "急先鋒 的女子"[中華全國婦女聯合會婦女運動硏究室 編, 《五四時期婦女運動文選》(北京 : 三聯書店, 1981) 전재], 50쪽 참조.
42) 聿文, 〈戀愛與獨身主義〉, 《婦女雜誌》 8-5(1922. 5), 13쪽.

르면 많은 지식인들이 자유연애를 개인에게 국한된 문제로 보는 것이 아니라 국가와 민족의 전도(前途)와 직결되는 것으로 보는 것이 눈에 띈다.

당시 유럽과 미국에서 큰 영향력을 지닌 성 심리학자 헤블록 엘리스Havelock Ellis의 "인류 개량의 가장 좋은 시험 방법은 연애를 통해서"라는 주장이나, 이로부터 영향을 받아 "법적으로 인정받지 못한 결혼이라 해도 연애를 통한 결혼이라면 신성하지만, 법적으로 인정받은 결혼이라 해도 연애를 통한 결혼이 아니라면 부도덕하다"라고 한 스웨덴의 사상가 엘렌 케이Ellen Key의 책《연애와 결혼Love and Marriage》이 최초로 중국에 소개된 것은 1920년 소설가 선옌빙[沈雁氷, 본명은 선더홍(沈德鴻)이며 필명은 스전(四珍) 또는 마오둔(茅盾)]을 통해서였다.[43] 서루(瑟盧)는 일본의 혼마 히사오(本間久雄)가 쓴 엘렌 케이 관련 논문을 중국에 번역 · 소개하면서, "한편에서는 종족의 개선에 대한 요구와 다른 한편에서는 연애를 통한 행복이라고 하는 개인적 요구 사이의, 적당한 평형 조화를 발견할 수 있다"고 설명했다.[44] 이러한 엘렌 케이의 메시지는 개인주의와 혁명 사이에서 갈등하던 중국의 지식인들을 매료시키기에 충분했을 것이다. 연애는 개인의 행복뿐 아니라 종족 개선으로 이어짐으로써 국가와 민족의 이익에 봉사할 수 있다는 논리가 도출되기 때문이다. 평생을 독신으로 산 엘렌 케이는 연애결혼을 옹호하는 한편 영원한 연애란 불가능하므로 이혼도 자유로워야 한다고 주장했다. 이러한 케이의 주장은 중국과 일본에서 '신성도덕(新性道德)'으로 불리며 뜨거운 논쟁을 낳기도 했다.

위원(韋文)은 연애와 독신의 관계에 대해 "연애와 독신은 상반된 것인데 자유연애론 때문에 독신주의가 유행하는 것은 왜인가? 그것은 소위 신성도덕이 청년들에게 주입되면서 그들 모두 연애 없는 결합을 부도덕한 것으로 보게 되었고 따라서 일 또는 경제 문제 등으로 연애 상대를 구하지 못한 경우에는 차라리 독신을

---

43) 四珍, 〈愛情與結婚〉, 《婦女雜誌》 6-6(1920. 6).

44) 本間久雄 著, 瑟盧 譯, 〈性的道德底新傾向〉, 《婦女雜誌》 6-11(1920. 22), 3쪽.

주장하게 되었기 때문"[45]이라고 설명했다.

"최근 들어 수많은 사상가들이 연애를 결혼의 유일한 조건으로 보고 있다"[46]고 하듯 자유연애론, 나아가 신성도덕론은 한때 중국 청년들 사이에 유행하여 그들의 결혼관이나 이혼·독신에 영향을 미쳤다. 자유연애론에 관한 논문이 봇물 터지듯 발표되었던 1920년대 초《부녀잡지》에 독신과 이혼에 관한 논문이 가장 많이 실렸던 것 또한 결코 우연이 아니다.

1924년《부녀잡지》의 〈지식 계급의 결혼난(知識階級的結婚難)〉을 보면 1920년대 초 중국 지식인들 사이에 자유연애론이 얼마나 큰 위력을 발휘했는지 짐작할 수 있다. 이 글에 따르면 지식 계급의 결혼난은 문명사회에서 발생하는 공통된 문제이며 그 원인은 대부분 사상(연애 지상주의)과 경제(생활비 부담)라는 두 가지 측면으로 나눌 수 있는데 당시 중국은 놀랍게도 사상적 측면이 경제적 측면을 압도한다는 것이다. 이혼 문제 특집호에 실린 한 논문에서는 "최근 신문화 운동이 급속하게 전파됨에 따라 사상 방면에서 연애결혼의 원리가 거의 모든 지식인들 사이에서 공감을 얻고 있다. 그 결과 배우자 선택이 매우 까다로워졌다"고 한다. 그리하여 그들 중에는 "부부간에 사랑의 감정이 없이 혼인을 지속하기보다는——이는 강간이다——차라리 독신주의를 품는 것이 낫다"[47]는 결론에 도달한 자도 있다고 한다.

한편 연애결혼은 여자를 더 불행하게 만들기도 했다. 연애결혼을 한 대부분의 여성은 결혼 후 가사의 부담 또는 시댁의 간섭으로 인해 학업이나 직장을 포기해야 했으며 심지어 유부남에게 사기 결혼을 당한 경우도 많았다.[48] 이혼의 충격 또한 남자보다 여자에게 훨씬 컸다. "현재 중국에서 이혼은 십중팔구 남자가 요구한 것"이라고 하는데, 이혼을 당한 여자는 남자와 달리 선뜻 재가를 할 수 없었다. 법

45) 聿文,〈戀愛與獨身主義〉,《婦女雜誌》 8-5(1922. 5), 13쪽

46) 松壽,〈戀愛與家庭〉,《婦女雜誌》 8-5(1922. 5), 16쪽.

47) 陳耀東,〈離婚與結婚〉,《婦女雜誌》 8-4(離婚問題專號, 1922. 4), 189쪽.

48) 魏瑞芝,〈吾之獨身主義觀〉; 孟如,〈目前中國之婚姻紛糾〉,《東方雜誌》 29-4(1932).

률로 규제해서가 아니라 관습 때문이었다. 이 경우 여성들은 대개 독신으로 남게 된다.[49)

(6) 그 밖의 원인들

지금까지 살펴본 독신의 여러 원인들은 논자들이 중국의 국내외 소식에 근거하여 제시한 것이다. 논자들이 제시한 여성 독신의 원인 중에는 "1차 대전 이후 남녀 성비의 불균형"[50)과 같이 당시 1차 대전 이후 남성 인구의 감소에 따른 성비 불균형도 있었고 때로 과장되거나 와전된 내용도 없지 않았지만, 대체로 20세기 초 중국의 사회상을 잘 반영하고 있다. 그 밖에도 논자들이 반드시 거론하는 여성 독신의 원인 중 하나는 출산과 양육에 대한 공포와 부담이다.[51) 비록 그 고통을 직접 체험하지 않았다 해도 그녀들은 어머니나 언니, 친구들을 통해 출산의 고통이 얼마나 참혹한 것인지 그리고 양육이 여성을 얼마나 모질게 구속하는지 익히 알고 있었을 것이다. "중국에서는 출산으로 인해 사망하는 여자가 100명 중 10명 이상으로 추정된다"[52)라고 하듯이 출산은 산모의 생명을 담보로 했으며 산모가 죽지 않는다 해도 아이가 죽는 경우가 허다했다. 산고 끝에 낳은 자식의 주검을 보는 것은 더할 나위 없는 고통이다. 미국 산아 제한 운동의 창설자이자 지도자인 마거릿 생어Margaret Sanger가 중국에 다녀간 1922년 이후 피임에 대한 정보가 공공연히 소개되기도 했지만 복잡하면서도 다소 민망하게 여겨지는 피임법을 따랐던 여성은 드물었을 것이다.

그 밖에도 지나치게 못생기거나 예쁜 용모 또한 독신의 원인이 되었다. 전자는 청혼자가 없어서, 후자는 자만심에 차 있어서 결혼 시기를 놓치기 때문이었다.[53)

---

49) 東心, 〈爲什麼獨身女子這樣多〉, 《女青年》 8-10(1929. 12), 19쪽.

50) 瑟盧, 〈文明與獨身〉, 《婦女雜誌》 8-10(1922. 10).

51) 波羅奢館, 〈獨身主義之硏究〉, 《婦女雜誌》 5-2(1919. 2).

52) 鍾煥鄲, 〈中國社會的母性保護〉, 《婦女雜誌》 12-6, 11쪽.

53) 賀玉波, 〈獨身主義的女子〉, 《新女性》 4-2(38)(1929. 2), 223쪽.

또한 다른 사람의 불행한 결혼이 독신의 원인이 되는 경우도 있었다.[54] 이는 의외로 중요하다. '우물 안 개구리' 라 할 정도로 시야가 좁았던 중국의 여성들, 특히 농촌 여성들의 경우 아무래도 가까운 사람, 특히 어머니나 언니, 친구의 결혼을 보고 결혼에 대한 생각을 갖게 되기 때문이다. 예컨대 장뤄밍은 어린 시절 아버지가 첩을 들이는 것을 보고도 모른 척해야 했던 어머니를 통해 여성의 비참한 상황을 절감하고 비구니가 되어 혼인의 고통을 벗어나려고 한 적이 있었다. 빼어난 미모에도 불구하고 평생 독신으로 살면서 저술 활동에만 몰두했고 늙어서는 '동물 보호 운동' 에 앞장섰던 뤼비청(呂碧城) 또한 일찍이 혼약을 파기당한 충격도 있었지만 친구의 불행한 결혼을 목도하면서 혼인에 대해 신중한 태도를 갖게 되었다.[55] 그 밖에도 '독신이 멋있어 보여' 결혼을 하지 않는 자도 있었으며 드물게는 동성애,[56] 남성성을 가진 여자, 짝사랑, 실연[57] 등 독신의 원인은 다양했다.

독신의 원인에 대한 당시 신문 잡지의 분석들을 통해 알 수 있듯이 여성의 독신이란 대부분 객관적 환경에 의해 조성된 것으로 피동적인 것이며 스스로 원해서 그런 것이 아니었다. 요컨대 독신 문제는 엄중한 사회성을 내포하고 있다.[58] 그러나 쩡바오쑨, 우이팡 등 저명한 학자나 교육자들은 남녀가 불평등한 사회 현실에서 여성은 가정과 일 중 하나를 선택할 수밖에 없으며 가정도 중요하지만 이에 못지않게 사회사업 또한 국가 사회에 큰 공헌을 할 수 있다고 확신했다. 결혼하지 않고 교육을 통해 많은 자녀를 길렀다는 것인데 그들은 독신의 '이기주의' 보다 '헌신' 의 측면을 부각시킨 것이다. 그녀들의 이러한 당당한 행동과 사회적 공헌은 제자들을 비롯하여 주변 여성들에게 분명 하나의 본보기가 되었다. 그러므로 어떤 자는 독신의 한 원인으로 이러한 환경의 감화와 모방을 들면서 많은 여학생

---

54) 潘予且, 〈不嫁論〉, 《女聲》 3-6(1934. 10) ; 李宗武, 〈獨身問題之研究〉 ; 麥惠庭, 《中國家庭改造問題》.

55) 呂碧城, 《我之宗教觀》(北京 : 中國文史出版社, 1998), 198쪽.

56) 萍君 編, 《談女人》(上海 : 益華書局, 1933).

57) 曉霞, 〈女子獨身主義的透視〉, 《女子月刊》 3-10(1935. 10), 21쪽.

58) 曉霞, 〈女子獨身主義的透視〉.

들이 사회에서 중추적 역할을 하는 교장이나 교사와 같은 위대한 독신 여성들을 보며 부지불식간에 그들을 존경하고 모방하게 된다고 우려했다.[59] 요컨대 '모방 심리' 또한 독신의 한 요인이었다. 이 경우는 대개 고등 교육을 받은 여성과 관련된 것이기 때문에 여성의 고등 교육이 '노처녀의 제조 공장'이 되고 말았다는 비판도 고조되었다.

3. 여성의 독신에 대한 비평과 해결 방안

(1) 여성 독신에 대한 다양한 편견들

앞에서 보았듯이 독신은 중국 구가족 제도의 모순을 치유할 수 있는 하나의 처방으로 등장했지만 막상 여성들 사이에, 특히 지식인들 사이에 독신이 증가하면서 그에 대한 비판도 제기되었다.

먼저 당시 논자들이 '독신'을 어떻게 규정했는지 살펴보자. 대부분은 '독신'을 "(배우자 없이) 혼자 사는 삶"이기보다는 남성과의 성 접촉을 거부하는, 영어의 celibacy(금욕·순결)에 가까운 의미로 받아들였다. 그 결과 독신 여성을 보는 시각에는 이성애자의 동성애자에 대한 것 못지않은 편견이 섞여 있었다. 여성의 독신에 대해 철저히 비판하고 있는 샤오장(小江)은 〈여자 독신 생활의 연구(女子獨身生活的研究)〉에서 "독신 생활이란 평생을 이성과 단절하고 지속적으로 금욕 생활을 하는 것으로서, 이는 천부적인 성욕을 억지로 누르는 것"이라고 했다. 1940년대에 발표된 〈독신의 관념(獨身的觀念)〉[60] 또한 "독신주의란 일생 동안 이성과의 공동생활을 단절하는 것이다. 또한 양성 간의 육체적 행위를 단절하여 자신의 천부적인 성욕을 강제로 소멸시키는 것"이라 규정했다. 이것은 주로 '금욕'에 가까

---

59) 小江, 〈女子獨身生活的研究〉, 《婦女雜誌》 12-11(1922. 11).
60) 梅子, 〈獨身的觀念〉, 《婦女雜誌》 4-9(北平)(1943. 9), 34쪽.

운 의미다. 때로 '독신'은 '노처녀', '불혼'과 동의어로 사용되었으며 만혼도 잠재적 독신에 포함되었다.

독신 여성에 대한 편견은 상당히 상투적인데 이는 아마도 논자들이 유럽과 미국, 일본의 문학 작품이나 신문, 잡지 등을 통해 정보를 입수했기 때문일 것이다. 우선 그들은 독신 여성의 성격에 대해서 '성적 억압'에 따른 냉정함, 오만, 히스테리, 잔인함을 들고 있으며 이 밖에도 독신 여성은 성욕을 누름으로써 두통, 현기증, 불안, 초조 등을 경험한다고 언급했다. "독신자는 대부분 얼굴이 초췌하고 누렇게 떠 있다"[61]고 했듯이 독신자는 정신적으로나 육체적으로 위험하다고 보았다.

심지어 샤오장은 "잔인하고 비방을 서슴없이 하는 사람 중에서 독신 여성이 가장 많다"[62]라고 하면서, 만일 그들에게 국사(國事)를 맡긴다면 아마도 역사상 유명한 폭정 시대가 도래할 것이라고 극언했다. 그는 또 독신인 여교사는 학생이 잘못을 저지를 경우 학생을 잔인하고 가혹하게 처벌하며 이를 통해 "적막과 비애, 질투, 복수 등이 뒤섞인 야릇한 미소를 지으며 대리 만족을 느낀다"라고 한다. 샤오장은 "아무리 독신자의 인격과 행위가 고상하다고 해도 과학적으로 보면 변태적이며……반자연적, 비인간적, 비합리적 이상 행위"라고 주장했다. 이처럼 독신을 변태적이며 반자연적인 것으로 여기는 것은 논자들의 일치된 주장이었다. 아울러 많은 논자들이 독신은 여성성의 상실 혹은 여성의 남성화를 초래할 것이라고 보았다.

리중우(李宗武)는 비록 여성의 독신이 주로 '출산'보다는 '인간'이 되고픈 욕망에서 비롯된 것이었지만 독신주의가 만연하면서 여성에게는 화애(和藹)와 온순함, 미애(美愛), 동정과 같은 미덕이 없어지고 점차 자만함, 오만함, 괴팍함, 냉혹함, 잔인성이 생기게 되었다고 했다.[63]

요컨대 독신 여성의 특징으로 늘 거론된 것은 냉정한 성격과 허약한 신체 그리

---

61) 麥惠庭, 《中國家庭改造問題》(上海 : 商務印書館, 1935), 227쪽.

62) 小江, 〈女子獨身生活的研究〉, 《婦女雜誌》 12-11(1922. 11), 26쪽.

63) 李宗武, 〈獨身問題之研究〉, 《婦女雜誌》 7-8(1921. 8), 3쪽.

고 여성성의 상실 등이었다. 그 밖에도 독신녀 혹은 노처녀는 여행을 즐기고 동물을 좋아하며 개보다는 고양이를 더 좋아한다[64]고 한다. 번식력이 높은 고양이를 자식처럼 키우며 대리 만족을 느낀다는 것이다.

나아가 독신은 남녀를 불문하고 성도덕의 문란과 그로 인한 사회의 퇴화를 초래한다고도 했다. 독신자들은 "성욕을 채우기 위해 동성애를 하거나 각종 불건전한 오락을 즐기면서 '낭만'을 추구"하고 있으며 독신자 문제는 앞으로 인구 감소, 특히 우수한 국민의 감소 및 자살, 살인, 범죄 등 사회적 문제를 급증시킬 것으로 내다보았다. 요컨대 독신은 자연을 거스르는 행위이며 필연적으로 악을 낳는다는 것이다.[65]

여성의 독신에 대한 긍정적인 평가가 없는 것은 아니었다. 저우젠런은 여성을 비구니와 같이 외부적 영향에 의해 독신이 되는 경우와 스스로의 선택에 의한 독신의 두 가지로 구분한 뒤 후자의 경우는 여성의 자아 발견 혹은 주체의 추구로서 이해했다.[66] 리쥔이(李君毅)는 "여교사, 노처녀, 여자 유학생 등은 독신주의로써 남권 사회에 항의했다"라고 하면서 독신 여성을 '중국의 노라'[67] 혹은 '남권 사회에 대한 도전자'로 평가했다.[68]

그렇다면 독신 여성 자신의 목소리는 어떠했을까? 일례로 〈노처녀의 변태적 생

---

64) 梅子, 〈事實如是〉, 《婦女雜誌》 4-9(北平)(1942), 34쪽.

65) 孔襄我, 〈獨身的我見〉, 《婦女雜誌》 8-10(1922. 10) ; 彭道明, 〈非獨身主義〉, 《婦女雜誌》 12-2(1922. 2) ; 李子巴, 〈女子獨身的原因及其影響〉, 《女子月刊》 4-4(1936. 4).

66) 周建人, 〈中國女子的覺醒與獨身〉, 《婦女雜誌》 8-10(1922. 10).

67) 1918년 6월, 후스(胡適)와 뤄자룬(羅家倫)이 《신청년(新靑年)》에 입센Henrik Ibsen의 극 《인형의 집》을 〈노라(娜拉)〉라는 제목으로 번역, 발표했다. 이후 노라는 자립한 인간으로 살기 위해 구가정의 속박으로부터 탈출한 용기 있는 여성의 상징이 되었으며 그녀의 가출은 남존여비와 삼종사덕을 강요하는 가정으로부터 탈피하여 자유와 애정이 넘치는 결혼을 구한 행위로 여겨졌다. 여학생들 중에는 일본의 21개조 요구에 반대하여 일어난 5·4운동 참가를 계기로 새로운 사상에 눈떠 여성 해방을 위해 결혼과 연애의 자유를 호소했으며 그중에는 구식 결혼을 거부하고 봉건적인 가정으로부터 탈출한 여성도 나타났다. 이러한 여성은 '중국의 노라' 혹은 '여성 영웅'으로서 지식 청년들로부터 크게 칭송되었다. 그러나 '중국의 노라'는 남녀를 불문하고 구가정의 속박에서 벗어나 해방과 독립을 추구하는 청년들을 가리키는 용어로 쓰이는 경우도 많았다.

68) 李君毅, 〈從愛倫凱到柯倫泰〉, 《婦女雜誌》 17-7(1931. 7), 36쪽.

활 이야기(老處女變態生活談))에 나오는 한 노처녀는 거듭 자신은 행복하다고 외친
다. 그녀는 "사람들은 단지 '노처녀'의 고통과 비애만 알고 있을 뿐 쾌락과 행복이
있음은 알지 못한다"고 하면서 "결혼의 고통은 바로 결혼하지 않으면 행복하다는
것을 의미한다"고 역설했다.[69] 후솬난(胡宣南)은 '자유'야말로 독신 여성의 주요
구호라고 한다. 독신 여성은 시어머니, 시아버지, 남편 및 자녀 육아의 압박과 구속
을 받지 않으며, '하고 싶은 일을 할 수 있는 자유'를 누릴 수 있다는 것이다. 그녀
는 "나는 죽기 전에 온전히 나의 자유를 누리고 싶다. 나는 절대 혼인을 원하지 않
으며 자유를 상실하고 싶지 않다"[70]고 외쳤다. 여성의 입장에서 볼 때 바로 이 자유
의 추구야말로 독신의 가장 중요한 이유가 아닐까? 여성이 아버지, 남편의 지배를
받는 세상에서 독신은 무엇보다 자유를 의미했다. 여성은 독신을 통해 지금까지 거
부되어왔던 존재의 다른 가능성을 체험할 수 있다. 남성 중심의 세상에서 혼자 사
는 여성의 위치를 정립하려 했다는 점에서 독신 여성들은 페미니즘 역사의 지표가
되는 인물이라 할 수 있다.

(2) 육아의 사회화 — 독신 여성 문제 해결의 관건

이처럼 당시 중국의 지식인들은 대부분 여성의 독신 현상을 우려하고 왜곡된
시선으로 바라보았다. 그러나 한편에서 이 문제는 현재 중국 사회의 모순, 특히
신구 갈등으로 인한 과도기적 현상이므로 독신을 예방하고 구제하기 위해서는 현
재 중국에 편재하는 여러 사회 문제를 먼저 해결해야 한다는 결론에 도달하기도
했다.

여성 독신의 증가에 따른 여성성의 상실과 남성의 안식처 상실을 우려했던 리
중우는 독신 구제를 위해서는 가족 제도를 개혁하고 이혼을 자유화해야 하며 아
동공육, 즉 육아의 사회화를 실행하여 결혼 후의 경제적 압박을 최소화해야 한다

---

69) 필자 미상, 〈老處女變態生活談〉, 《婦女雜誌》 4-9(北平)(1943).
70) 胡宣南, 〈婦女對於婚姻問題〉, 《婦女雜誌》 1-2(北平)(1940. 10).

고 주장했다. 또한 리즈바(李子巴)는 여성의 독신을 예방하기 위해서는 남녀가 불평등한 가족 제도를 개혁하고 여성으로 하여금 경제 독립을 실현케 하며 혼인 제도를 개량하고 탁아소를 증설하며 나아가 남녀의 사교를 공개화해야 한다고 했다.[71] 서루, 저우젠런 등도 여성 독신의 예방을 위한 가장 큰 관건은 전통적 가족 제도를 개선하고 여성을 육아의 부담으로부터 해방시키는 것이라 생각하였다.

서루 또한 독신을 문명의 폐단으로 보는 입장이지만 급증하는 중국 여성 독신자 문제를 해결하기 위해서는 사회 개선이 필요하다고 주장했다. 예컨대 "사회 경제 제도를 철저히 개혁하고 모든 사람이 경제적으로 독립하도록 하며 여성 모두 모성 보호를 받도록 하며 아동의 양육은 사회가 부담하도록 해야 한다"는 것이다. 20세기 초 구미의 우생학자 대부분은 어머니와 자식의 유대를 강조하면서 아이는 어머니가 직접 양육해야만 어머니의 교양이 아이에게 전달될 수 있다고 강조했다. 이에 반해 중국에서는 우생학을 지지하는 지식인이라 해도 육아의 사회화에 동의하는 자――비록 판광단(潘光旦)과 같은 자는 이에 반대했지만――가 많았다. 이처럼 육아의 사회화는 특히 여성 독신자 문제를 해결할 수 있는 처방으로 자주 거론되었다. 뿐만 아니라 이들은 여성의 경제적 자립 또한 독신을 줄일 수 있는 훌륭한 방법이라고 주장했다. 그 밖에도 비위(碧梧)라는 여성은 독신과 낙태를 살기 위한 여성의 몸부림으로 이해하고 사회 개선, 특히 여성의 고용 창출을 건의하기도 했다.[72]

이상에서 살펴보았듯이 논자들은 대부분 "국가 사회의 장래를 위해서는 독신주의가 바람직하지 않다"[73]는 데에 의견을 모았다. 사실 증가하는 독신 여성에 대한 원인을 분석하거나 독신 여성을 바라보는 논자들의 시선은 편견으로 가득 차 있었고 왜곡된 점도 많았다. 하지만 여성의 독신 문제를 해결하기 위한 방안으로 제시된 것들 모두 '대가정제에서 소가정제로'라고 하는 가정 개조, 육아의 사회화,

---

71) 李子巴, 〈女子獨身的原因及其影響〉, 《女子月刊》 4-4(1939. 4. 10), 33쪽.

72) 碧梧, 〈生存與生育〉, 《婦女園地》 60(1935. 4. 14).

73) 賀玉波, 〈獨身主義的女子〉, 《新女性》 4-2(1929. 2), 224쪽.

여성의 경제적 독립, 남녀 사교의 개방, 자유연애와 자유 이혼, 결혼 비용 간소화 등 당시 주요한 사회 개혁 의제와 맞닿아 있었다.

4. 우수한 어머니는 중국의 미래다—독신 여성 비판의 이론과 현실

앞서 보았듯이 20세기 초 중국에서 여성의 독신, 그중에서도 고등 교육을 받은 여성의 독신은 여지없이 비판의 표적이 되었다. 이는 바로 그들이 출산과 양육의 책임을 방기했다는 점, 다시 말해 '모성의 거부' 때문이었다. 앞서 언급했듯이 엘렌 케이의 신성도덕은 중국의 청년들 사이에서 자유연애를 유행시켰는데, 한편에서 그녀는 모성주의자이기도 했다. 결혼은 연애를 전제로 해야 하며 그렇게 해서 태어난 아이는 어머니로부터 충분한 사랑을 받고 자라나야 한다는 것이다. 따라서 아이를 낳아 잘 기르고 가르치는 것은 정치나 사회사업보다 더 가치 있는 일이라고 하는 케이의 주장은 그녀의 자유연애론에 이어서 1920년대 후반 이후 중국 지식인들에게 많은 영향을 주었다.[74] 리즈바와 서루 등은 케이의 모성주의에 입각해서 여성의 독신을 비판했다. 다만 '출산의 책임이 너무 과중한 것은 사실이므로 독신주의를 품지는 말고 출산을 제한할 것'을 차선책으로 제시했다.

독신 여성, 특히 중산층 이상의 독신 여성에 대한 비판은 20세기 초 구미 사회에서 유행했던 우생학과 밀접한 관계가 있었다. 중국에서도 우생학은 일본에 유학했던 저우젠런 그리고 미국에서 생물학을 전공하고 귀국한 판광단 등을 통해 널리 전파되었다. 우생학의 창시자인 프랜시스 골턴Francis Galton을 비롯하여 존슨Roswell Hill Johnson, 포페노Paul Popenoe 등 당대 구미의 대표적인 우생학자들의 이론이 신문 잡지에 끊임없이 소개되었다. 특히 1920년대 미국에서는

---

74) 엘렌 케이Ellen Key의 모성론과 중국에서의 영향에 대해서는 천성림, 〈모성의 발견—엘렌 케이와 1920년대의 중국〉, 《동양사학 연구》 87(2004. 6) 참조.

대학을 졸업한 여성의 결혼율이 급속히 낮아지고 심지어 그들은 남성과의 성교에도 흥미를 못 느끼고 있었기 때문에 이른바 '우등 계급의 출산율 저하'가 사회 문제로 부각되고 있었다. 이들의 출산을 장려하기 위해 동성애나 여성 간의 자매애는 부정되었다. 미국 우생학자들의 관심은 결혼과 성교에 만족하지 않는 고등 교육을 받은 여성들의 결혼과 출산율의 제고에 집중되어 있었다.[75] 또한 이들은 "대졸 여성이 결혼을 하지 않는 것은 국가적으로 막대한 손실"이라 하면서 고등 교육을 받은 여성의 독신화 추세를 거듭 경고했으며,[76] 개인주의화와 여성의 직업 추구에 따른 독신, 나아가 산아 제한도 반대했다. 1922~1926년 동안 미국에서 공부하고 귀국한 판광단은 귀국 후 이러한 미국의 우생학적 관점을 열렬히 전파했다.

그런데 저우젠런과 판광단은 우생학을 당시 중국의 절박한 시대적 과제였던 민족주의와 결합시켰다. 그리하여 우생학과 민족주의의 결합은 '미래 중국의 주인공이 될 우수한 국민의 생산'이라는 구호하에 중국의 미래를 책임질 우수한 국민을 낳고 기를 어머니의 역할을 더욱 부각시켰다. 자연히 지식 계급의 출산 기피는 비판의 도마 위에 오를 수밖에 없었다.

"노동자의 자녀 출생률이 의사보다 더 높다고 하면 인구 중 가치가 큰 분자는 날로 감소하고 가치가 낮은 자는 날로 증가한다는 것으로 이는 종족의 전도에 바람직하지 않다. 그 원인은 무엇보다도 상류 사회의 개인주의의 기형적 발전이 낳은 독신, 만혼 그리고 생육 제한(산아 제한)이다. 그중에서도 생육 제한이 가장 중요하니 이는 서방의 인구학자들이 공인하는 바"[77]라고 주장하는 판광단의 우생학적 견지에서의 독신과 산아 제한 비판은 이후 중국에서 큰 영향력을 지니게 된다. 비슷한 논조의 독신 비판이 이어졌다. 예컨대 쥔원(俊文)은 "각국에서 출산을 장려하고 있는 이때 위생 관념이 낮고 사망률이 높은 중국에서 독신주의를 제창한

75) Susan H. Franzblau, "Social Darwinian Influence on Conception of Marriage, Sex, and Motherhood", *The Journal of Primary Prevention*, vol. 17, no. 1(1996), 55쪽.

76) 哥土爾 著, 梯西 譯,〈個人主義與結婚率〉,《婦女共鳴》30(1930. 6. 15).

77) 潘光旦,〈關於子女者〉,《中國之家庭問題》(上海 : 新月書店, 1928), 249쪽.

다면 이는 적극적인 민족 말살 행위"라고 하면서 "국가주의의 입장에서 볼 때 독신주의는 불필요하다"[78]라고 했다. 저우젠런은 "여성의 독신은 [구식 가족 제도와 남성 중심 사회에 대한 도전이라는] 각오의 한 표현"이라고 적극 평가했지만 반면 우생학적 입장에서 지식 여성의 독신에 대해서는 우려를 표시했다. "[지식층의 독신에 따른] 우수 분자의 감소, 열등 분자의 증가는 확실히 문명 몰락의 전조이며 중국은 이로 인해 멸망할 것"이라는 우려들이 잇따랐다.

이처럼 우생학이 유행하자 "국가 사회의 장래를 위해서는 독신주의가 바람직하지 않다"는 생각이 만연하게 되었으며 결혼하지 않거나 출산을 미루는 여성에게 "그러니 사람들이 여자는 민족과 국가의 관념이 결핍되어 있다고 하지 않는가?"[79]라는 비난이 쏟아졌다. 독신과 산아 제한은 모두 여성의 개인적 선택으로 인정받지 못했던 것이다. 특히 우생학적 측면에서 볼 때 빨리 결혼하여 우수한 2세를 많이 생산해내야 할 고등 교육을 받은 여성들이 독신을 선택하는 것은 그야말로 지탄의 대상이 될 수밖에 없었다. 심지어 "여자 대학은 노처녀의 제조 공장"[80]이라는 말이 유행할 정도였다.

독신의 생리위생상의 문제가 지적되기도 했다. 결혼하여 정상적인 부부 생활을 해야만 수음도 없어지고 성병도 없어져 정신적, 육체적으로 건강할 수 있다는 것이다.[81]

그러나 반드시 지적해야 할 것은 당시 여성의 독신에 대한 폭발적 관심과 우려에도 불구하고 중국에서 독신 여성이 차지하는 비율은 다른 나라에 비해 결코 높지 않았다는 것이다. 앞서 보았듯이 금릉여자대학 졸업생 가운데 결혼하지 않은 여성이 많다고 보도되기는 했지만 이는 극히 예외적인 경우였다. 중국에서의 통계를 완전히 신뢰할 수는 없지만 다음 〈표 1〉에서 알 수 있듯이 1920~1930년간

---

78) 俊文,〈獨身主義的檢討〉,《申報》(1934. 4. 14).

79) 陳公魯,〈新婦女厭棄家庭的危機(轉載)〉,《婦女共鳴》35기(1930. 9. 1), 38쪽.

80) 翥華,〈老處女何其多〉,《婦女雜誌》4-5(北平)(1943. 5).

81) 麥惠庭,《中國家庭改造問題》, 225쪽.

15~44세 중국의 미혼 남성과 여성의 비율은 모두 극히 낮았는데, 미혼 여성의 비율은 특히 낮아 10.5%에 불과했다. 반대로 기혼자의 비율은 여성의 경우 84.8%로 이는 다른 국가에 비해 압도적으로 높다.

〈표 1〉 1920~1930년 각국의 혼인 상황(15~44세) 비교(%)[82]

국가	연도	남				여			
		미혼	기혼	홀아비	이혼	미혼	기혼	과부	이혼
중국		28.2	67.9	3.5	0.1	10.5	84.8	4.6	
영국	1920	50.4	48.6	0.9	0.1	48.4	48.5	3.0	0.1
프랑스	1920	43.7	54.0	1.7	0.6	36.8	55.6	6.8	0.8
독일	1925	53.7	45.4	0.5	0.4	48.2	48.4	2.7	0.7
이탈리아	1920	56.6	42.2	1.1	0.1	47.9	48.4	3.6	0.1
스웨덴	1920	62.3	36.5	1.0	0.2	56.8	41.2	1.7	0.3
미국	1930	34.1	60.3	4.5	1.1	26.8	61.4	10.5	1.3
일본	1925	55.8	39.5	3.6	1.1	46.6	40.0	9.9	1.5

또한 1920~1933년 각국 여성의 결혼 연령 분포 조사에 따르면 중국은 20세 이하가 78.1%로, 이는 모성 보호 운동의 선진국인 독일, 스웨덴의 7.3%에 비해 10배 이상 높은 수치다.[83]

〈표 2〉 1920~1933년 각국 여성의 결혼 연령 비교(%)[84]

국가	연도	20세 이하	20~24세	25~29세	30~39세	40~49세	계
중국	1929~1933	78.1	19.7	1.9	0.3	0	100
영국	1920	8.3	45.4	27.3	14.9	4.1	100
프랑스	1920	12.2	41.5	25.2	16.7	4.4	100
독일	1925	7.3	46.2	28.4	14.6	3.5	100
스페인	1920	8.5	58.0	21.7	9.4	2.5	100
스웨덴	1920	7.3	40.6	29.3	8.7	4.1	100

---

82) 喬啓明,《中國農村社會經濟學》(上海 : 上海書店 영인, 1992), 67쪽. 葛劍雄 主編,《中國人口史 1910~1953》(復旦大學出版社, 2001), 343쪽에서 재인용.

83) 葛劍雄 主編,《中國人口史 1910~1953》, 349쪽 참조.

무엇보다 눈에 띄는 점은 지식인이나 부유층 등 우생학자가 일컫는 이른바 '우수한 종족'들은 결코 아이를 적게 낳지 않았다는 것이다.

〈표 3〉 교육·문화 수준에 따른 여성의 자녀 수[85]

여성의 교육 수준	출산 자녀 수	사망 자녀 수	생존 자녀 수
소학	5.99	1.47	4.52
중학	6.47	1.36	5.11
대학	6.94	1.50	5.44
외국 유학	10.09	2.47	7.62

〈표 3〉에서 알 수 있듯이 교육 수준이 높은 여성일수록 출산율이 오히려 높다. 여성의 직업에 근거한 자료는 없지만 남편의 직업 분류에 따른 출산율을 살펴보면 남편이 자유직이나 학계, 농업에 종사할 때 여성의 출산율이 가장 높았다. 반면 남편이 고용인〔傭僕〕, 점원, 운수 노동자일 때 여성의 출산율은 최저치를 보였는데,[86] 이는 직업의 특성상 부부가 함께할 시간이 적기 때문일 것이다. 역으로 생각하면 농민의 출산율이 높은 이유를 알 수 있을 것이다. 종합적으로 살펴보건대 중국에서는 20세기에도 여전히 학력이 높고 경제적으로 여유가 있는 부부가 아이를 더 많이 낳았다는 결론을 내릴 수 있다. 이는 출산율이 부와 반비례한 유럽의 경우와는 상당히 거리가 있다. '부귀다남(富貴多男)'의 추구는 여전했던 것이다.

5. '운명'에서 '선택'으로—20세기 초 중국의 독신 여성의 의미

여성의 독신은 이혼, 만혼, 산아 제한 등과 함께 근대 문명의 산물이었다. 동서

---

84) 喬啓明, 《中國農村社會經濟學》, 69~70쪽. 葛劍雄 主編, 《中國人口史 1910~1953》, 349쪽에서 재인용.

85) 陳達, 《人口問題》(1932). 鄧偉志, 《近代中國家政的變革》(上海 : 人民出版社, 1994), 170쪽에서 재인용.

86) 陳華寅, 〈我國各種職業之差別生育率〉, 國民政府主計處, 《統計月報》(1931), 11·12合刊(葛劍雄, 《中國人口史 1910~1953》, 373쪽 표 참조).

양을 불문하고 근대 이전에도 이러한 현상은 존재했지만, 19세기 이후 여성들의 교육 수준 제고와 경제 활동 참여에 따라 보다 확대되었다. 더욱 중요한 것은 이것이 사회적인 '문제'로 등장했다는 것이다.

서구의 경우 독신 여성의 '초상'은 문학적으로 특정한 방식으로 고정되었고 '레즈비언', '사나운 계집', '창녀', '공순이', '블루스타킹' 등 몇 가지 상투적인 상징으로 대중화되었다. 더욱이 독신 여성의 외모, 생리, 성격 또는 사회생활에 대해 이 시대만큼 논의가 활발했던 적도 없었다.[87] 독신 여성의 외모는 '수염 난 여자', '납작 가슴', '떡 벌어진 체구' 등으로 묘사되었고 의학 분야의 모럴리스트들은 노처녀들이 애완동물을 좋아하는 것이 동물들이 발정기에 보이는 행동과 같다고 했다.[88]

지금까지 살펴보았듯이 20세기 초 중국에서도 여성의 독신은 이른바 '시대사조'[89]로 등장해서 유례없이 활발한 논의를 촉발했지만, 사실 이것을 보편적인 현상이라고 할 수는 없다. 여성의 독신을 우려한 것은 인구의 감소, 특히 지식 여성의 불혼이나 만혼에 따른 '우수한 미래 인구'의 소멸이나 감소 때문이었다. 하지만 실제로 교육받은 여성들은 결혼 후에 더 많은 아이를 낳았으며, 남편의 학문적·경제적 수준이 높을 경우 다른 계층의 여성들에 비해 더 많은 아이를 출산하기도 했다. 이는 당시 피임이 널리 보급되지 않았던 탓만은 아니다. 물론 고등 교육을 받은 여성을 수용할 만한 직장이 극히 부족했던 점도 있겠지만 그보다는 많은 여성들에게 '모이자귀(母以子貴)', 즉 어머니는 자식으로 인해 귀해진다고 하는 뿌리 깊은 모성 관념이 직업적, 사회적 성공의 유혹보다 컸기 때문이 아니었을까?

그러나 비록 극소수라고는 하나 여성들은 경제적으로 자립하기 위해, 자유를 찾기 위해, 또는 사회에 공헌하기 위해 독신을 선택했으며 앞에서 보았듯이 그중에

---

87) 조르주 뒤비·미셸 페로 엮음, 《여성의 역사 4—하》, 권기돈·정나원 옮김(새물결, 1998), 669쪽.

88) 장 클로드 볼로뉴, 《독신의 수난사》, 366쪽.

89) 彭道明, 〈非獨身主義〉, 《婦女雜誌》 12-2(1922. 2), 64쪽.

는 집단생활을 하거나 집단 자살을 하는 등 자매애를 추구하기도 했다. 여성이 종사할 수 있는 직업이 비약적으로 늘어나고 다양화하는 1920~1930년대가 되면 상해와 같은 대도시에는 독신의 직업여성만을 위한 공동 주택이 등장하기도 했다.[90]

통계만을 갖고 본다면 20세기 초 중국에서 이혼이나 무자녀, 독신은 모두 이례적인 현상이었다. 도시와 농촌 간에 차이가 있지만 대부분의 여성들이 20세를 전후하여 결혼을 했다. 그러나 교육 수준이 향상되고 직종이 다양해짐에 따라 결혼과 출산을 '운명'으로 받아들이는 여성들이 점차 줄어드는 것은 중국에서 또한 예외가 아니었으며, 당시 언론의 '아우성'은 이러한 현상을 반증한다. 불가항력적 상황 때문이 아니라 자유 의지에 따라 여성이 모성을 거부하는 것을 중국 사회는 아직 용서할 수 없었던 것이다.

---

90) 上海百年文化史編纂委員會 編,《上海百年文化史》(上海 : 社會科學技術文獻出版社, 2000), 45쪽.

梅生 編,《중국 부녀 문제 토론집(中國婦女問題討論集)》上·下(上海：中國文化書社, 1923)

麥惠庭,《중국 가정 개조 문제(中國家庭改造問題)》(上海：商務印書館, 1935)

石涵澤,《자살 문제(自殺問題)》(上海：華通書局, 1930)

陳衡哲,《신생활과 부녀 해방(新生活與婦女解放)》(南京：正中書局, 1934)

潘光旦,《중국의 가정 문제(中國之家庭問題)》(上海：新月書店, 1928)

劉明逵 編,《중국 노동 계급의 역사적 상황(中國工人階級歷史狀況)》, 第1卷, 第1冊(北京：中共中央黨校出版社, 1985)

中華全國婦女聯合會婦女運動研究室 編,《5·4 시기 부녀 운동 문선(五四時期婦女運動文選)》(北京：三聯書店, 1981)

鄧偉志,《근대 중국 가정의 변혁(近代中國家政的變革)》(上海：人民出版社, 1994)

葛劍雄 主編,《중국 인구사 1910~1953(中國人口史 1910~1953)》(上海：復旦大學出版社, 2001)

Marjorie Topley, 〈싱가포르의 중국 출신 가정부와 그녀들의 숙소Immigrant Chinese Female Servants and their Hostels in Singapore〉, *Man* 59(1959)

Margery Wolf·Roxane Witke (eds.),《중국 사회의 여성들*Women in Chinese Society*》(California : Stanford Univ. Press, 1975)

Janice E. Stockard,《광동 삼각주의 딸들 : 중국 화남 지구의 결혼 유형과 경제 전략*Daughters of the Canton Delta : marriage patterns and economic strategies in South China, 1860~1940*》(California : Stanford Univ. Press, 1989)

Susan H. Franzblau, 〈결혼, 성 그리고 모성 개념에 대한 사회 다위니즘의 영향Social Darwinian Influence on Conception of Marriage, Sex, and Motherhood〉, *The Journal of Primary Prevention*, vol. 17, no. 1(1996)

坂元ひろ子, 〈연애 신성과 민족 개량의 '과학' : 5·4 신문화 담론으로서의 우생 사상戀愛神聖と民族改良の'科學' : 五四新文化デイスコスとしての優生思想〉,《思想》894(1998)

彭小妍, 〈5·4의 '새로운 성도덕' : 여성 정욕 논술과 민족 국가 건설(五四的 '新性道德' : 女性情慾論述與建構民族國家)〉,《근대 중국 부녀사 연구(近代中國婦女史研究)》3기(臺北)(1995. 8)

淤鑑明, 〈그 많은 산을 나 혼자 가야 하나? : 20세기 전반기 여성 독신에 관한 언론(千山我獨行? 20世紀前半期中國有關女性獨身的言論)〉,《근대 중국 부녀사 연구(近代中國婦女史研究)》9기(臺北)(2001)

劉正剛·喬素玲, 〈근대 중국 부녀의 독신 현상(近代中國婦女獨身現象)〉,《사학 월간(史學月刊)》(2001. 3)

거다 러너,《역사 속의 페미니스트》, 김인성 옮김(평민사, 1998)

앵거스 맥래런, 《피임의 역사》, 정기도 옮김(책세상, 1998)

장 클로드 볼로뉴, 《독신의 수난사》, 권지현 옮김(이마고, 2006)

조르주 뒤비 · 미셸 페로 엮음, 《여성의 역사 4—하》, 권기돈 · 정나원 옮김(새물결, 1998)

20세기 중국 신여성의 고뇌―혁명인가 여권인가*

윤 혜 영**

1. 왜 중국 신여성을 문제 삼는가?

최근 들어 한국에서는 일제 시기 신여성 연구가 활발하게 진행되고 있다.[1] 한국 외에 20세기 전반기 일본과 중국을 아우르는 동아시아 전체의 신여성에 대해서도 관심이 생겨나고 있다.[2] 확실히 식민 모국으로 등장한 일본, 식민지로 떨어

---

* 이 글은 2006년에 《성평등 연구》(가톨릭대 성평등연구소) 제10집에 실린 같은 제목의 논문을 수정·보완한 것이다.

** 서울대 동양사학과를 졸업하고 같은 학교 대학원에서 석사 학위와 박사 학위를 받았다. 현재 한성대 역사문화학부 교수로 재직 중이다. 《중국현대사연구―북벌전야 북경정권의 내부적 붕괴과정(1923~25)》, 《한국인을 위한 중국사》(공저) 등을 썼고, 《중국사》를 옮겼다. 논문으로는 〈정령 여성 혁명 작가〉, 〈근현대 중국의 저널리즘과 정치―'자율'과 '통제'의 불협화음〉, 〈총설―아시아 여성사 연구와 그 의미〉 등이 있다.

1) 한국 신여성 관련 저서로는 최혜실, 《신여성들은 무엇을 꿈꾸었는가》(생각의나무, 2000) ; 김경일, 《여성의 근대, 근대의 여성》(푸른역사, 2004), 연구공간 수유+너머 근대매체연구팀, 《신여성 매체로 본 근대 여성풍속사》(한겨레신문사, 2005) 등이 있다. 앞의 두 책은 각각 문학, 사회학 분야에서의 연구 성과이고 마지막 책은 잡지 《신여성》에 대한 공동 독해의 산물이다. 역사학 쪽의 논문은 박용옥, 〈1920년대 신여성연구―《新女子》와 《신여성》을 중심으로〉, 《여성―역사와 현재》(국학자료원, 2001) 외에 다수가 있는데 앞에 소개한 책들의 참고 문헌에 상세하게 나와 있다.

2) 김은희·안혜련·이지숙·최은정·안노 마사히데, 《신여성을 만나다 근대 초기 한·중·일 여성소설 읽기》(새미, 2004) 참조. 이 책 역시 문학 분야에서의 공동 연구이다. 일본 신여성에 관한 논의는 김경일, 《여성의 근대, 근대의 여성》, 22~30쪽에 일목요연하게 소개되어 있다.

진 한국과 완전한 식민지는 아니지만 주권을 상당히 제약받은 중국을 포함한 동아시아 3국[3]의 신여성은 서구의 충격 이후에 태어났다는 공통점이 있는가 하면 자신들의 모국의 위상에 따른 차이점 역시 보여주므로 장기적으로 보아 논의해볼 필요성이 큰 주제라고 생각한다. 그런데 3국의 신여성을 논의하기 위해서는 일단 각 국마다의 사례 연구가 축적되어야 한다. 그러므로 이 글에서는 우선 중국 신여성의 사례를 검토하여 장래의 논의를 위한 하나의 기초를 마련하고자 한다.

(1) 중국 혁명과 여권의 함수 관계

1971년 중국을 6주간 여행한 프랑스 여성 운동가들은 중국 여성들이 혁명 과정에 동참한 덕분에 그들의 권리가 자국 내에서 상당히 신장했다고 보았다.[4] 한편 1980년에서 1981년까지 2년 동안 중국에 머물면서 도시와 농촌의 중국 여성들을 두루 인터뷰한 마저리 울프Margery Wolf는 특히 농촌 여성의 경우 혁명이 아직 멀었다는 인상을 받았다.[5] 즉 사회주의 혁명이 여성에게 약속한 여성 문제에 대한 해결을 시행하지 못하고 있으므로 새로운 혁명이 필요하다는 것이다. 양자의 시각 차이는 중국 체류 당시의 사회적 상황——문화대혁명기와 개혁 · 개방기——과, 체류 기간, 관찰 집단의 범위 이외에도 양자의 요구 수준에서 비롯되었다.

울프가 개혁 · 개방기 중국의 경제 정책이 여성의 현실에 어두운 그늘을 드리울

---

3) 필자는 그동안 한국, 중국, 일본, 베트남의 4국을 동아시아 범주에 넣어 생각해왔으나 최근 최병욱, 〈전통시대 베트남 여성의 교역활동—촌락에서 대양으로〉, 《동양사학연구》 97(2006. 9), 149~172쪽의 입론에 따라 여성사의 측면에서 보아 베트남을 동남아시아적 범주에 넣는 편이 낫겠다고 생각을 바꾸었다. 즉 전통 시대 이래 현재에 이르기까지 시장이 여성들만의 공간이라 여겨질 정도로 교역 분야에서 활발한 모습을 보이는 베트남 여성들은 경제 활동에 활발히 참여하는 동남아시아 여성의 특성을 강하게 보인다는 데 동의한다.

4) 클로디 브로이엘, 《하늘의 절반—중국의 혁명과 여성해방》, 김주영 옮김(동녘, 1985)의 전체 논지가 그러하다.

5) 마저리 울프Margery Wolf의 《지연된 혁명 : 현대 중국의 여성 *The Revolution Postponed : Women in Contemporary China*》(Stanford : Stanford Univ. Press, 1985)이라는 책 제목이 이러한 시각을 단적으로 보여준다. 이 책은 한국에서 '지연된 혁명'이라는 표제로 번역되었다가, 동일 역자가 이 책을 재발간하면서 '현대중국의 여성'이라는 제목으로 바꿨다[마저리 울프, 《현대중국의 여성》, 문옥표 옮김(한울, 1991)].

것이라고 예견한 대로 울프의 임상 연구로부터 이십여 년이 흐른 오늘의 중국에서 여성 문제는 더욱 심각해지고 있다. 도시는 도시대로 여성 노동자의 실업과 매춘 행위 등의 문제로 몸살을 앓고 있으며, 농촌에서는 집단 농장의 해체와 가족 중심의 생산이 가부장적 권위를 강화시키고 있기 때문이다.[6]

그럼에도 불구하고 20세기 후반 중국 여성의 사회적 지위는 이전 시기 중국과 비교해 볼 때 엄청나게 향상되었다.[7] 오늘날 아시아 각국 중에서도 중국 여성이 상대적으로 성 차별이 적은 사회에서 살고 있음은 널리 알려진 대로다.[8] 이는 물론 20세기 전반의 혁명과 긴밀하게 연관되어 있다. 따라서 20세기 전반에 불과 40년 동안 세 차례의 혁명——공화 혁명, 국민 혁명, 사회주의 혁명——을 거치면서 격동을 거듭한 중국에서 인구의 절반을 차지한 여성들이 어떻게 혁명에 관여하고 대처하면서 자신들의 권리를 신장하려 했는지에 대한 문제는 한번 짚어볼 만한 주제다. 다만 기록된 자료를 남길 수 있었던 것은 다수 노동자, 농민 여성들이 아닌 소수 지식 여성들이었다. 그중에도 중국 여성의 지도적 역할을 해온 것은 신여성이라 부를 수 있는 이들이었다.

---

6) 예컨대 현재 중국에서 보이는 개혁·개방의 그늘진 측면을 대중과의 인터뷰 형식으로 잘 보여준 기록물[라오웨이, 《저 낮은 중국》, 이향중 옮김(이가서, 2004), 21~40·77~92쪽 등]을 보면 매춘업에 종사하는 젊은 여성과 이농한 농촌 부녀자, 그리고 돈을 받고 딸을 출가시키는 매매혼을 당연시하는 농촌 지역 아버지의 모습 등이 잘 드러나 있다.

7) 중화전국부녀연합회 편, 《중국여성운동사(하)》, 박지훈·전동현·차경애 옮김, 김염자 감수(한국여성개발원, 1992), 353~360쪽 ; 小野和子, 《현대중국여성사》, 이동윤 옮김(정우사, 1985), 232~261쪽 참조.

8) 유엔의 한 기관은 OECD 30개국과 28개 신생 독립국을 대상으로 경제 참여, 경제적 기회, 정치적 권한, 교육적 성취 정도, 건강과 복지라는 다섯 부문에 걸쳐 남녀 젠더 간의 격차를 조사한 바 있다. 결과에 따르면, 다른 조사국들에 비해 아시아의 국가들이 전반적으로 낮은 순위를 차지했다. 그중 아시아에서 상대적으로 젠더의 격차가 적은 중국이 33위에 올랐으며, 이어 일본 38위, 말레이시아 40위, 태국 44위, 인도네시아 46위, 인도 53위, 파키스탄 56위, 터키 57위, 마지막으로 이집트가 58위를 차지했다. 한국은 남녀 간의 평등이 최하위의 수준인 54위에 올랐다[Women's Empowerment : Measuring the Global Gender Gap(United Nations Development Fund for Women, 2005), 7~8쪽 표 참조]. 물론 개별 지표에 따라서 여성의 권한이나 여성 개발 정도가 중국보다 높은 아시아 국가들이 있을 수 있으나, 위의 결과를 통해 중국 여성 지위에 관한 하나의 개략적인 정황을 살펴볼 수 있다.

(2) 3인의 신여성—쉬광핑, 빙신, 딩링

중국을 포함한 동아시아에서 통용되는 신여성이란 명사는 전통적으로 많이 쓰인 부녀(婦女)라는 개념을 대신하여 woman의 번역어인 여성에 새롭다는 의미의 신(新)을 접두어로 붙인 것이다. 신여성은 전통적 가족 제도를 부정하고 단발 등 외모상의 새로움을 추구한 신식 교육 수혜자로, 새로운 직업에 진출하거나 조직적 행동으로 여성 해방을 추구하는 지향성을 지녔다고 설명할 수 있다.[9] 또한 신여성은 반봉건 의식과, 애정과 결혼에서의 진취성이 강하고, 자유 · 평등 · 박애를 숭배하는 인도주의자라는 의미에서 모던 걸modern girl의 번역어로도 볼 수 있다.[10] 그러나 내가 신여성으로 지칭하는 중국의 여성들은 외모상의 새로움을 추구하고 신식 교육의 수혜를 받으며, 반봉건과 여성 해방에 대한 의식이 뚜렷하다는 점 이외에도 중국을 위기로부터 구해야한다는 구국(救國)의 위기의식이 강했던 여성들이었다는 점을 덧붙이고자 한다. 이를테면 본고에서 다루는 신여성은 바로 여성으로서의 의식과 구국 의식이 긴밀하게 뒤엉켜 있어서, 지금까지 동아시아 3국의 신여성을 논한 경우와 비교해 볼 때 신여성의 범주를 상당히 좁은 의미로 잡고 있음을 밝혀둔다.

이 글에서는 일단 중국의 신여성 중 세 사람, 쉬광핑(許廣平), 빙신(氷心), 딩링(丁玲)의 삶과 고뇌, 분투를 통해 20세기 중국 여성의 권리와 혁명 간의 관계라는 주제에 접근하려 한다. 쉬광핑은 루쉰(魯迅)의 아내로서 루쉰 사후 그의 작품 보존과 정신 계승에 전력을 다하다가, 중화인민공화국(이하 중국에서 사용하는 신중국이라는 용어로 씀) 수립 이후 여성 문제 전문가로 활동했고, 빙신과 딩링은 시종 작가로서의 삶을 살았다. 이 셋은 모두 여성으로서의 자신의 정체성을 자각하면서 20세기 전반의 혁명기를 거쳤고, 신중국에 들어서는 문화계의 최고위급에 올랐던 이들이다. 청조 말, 다시 말해 봉건적인 시대에 태어나 가부장적 권위가

---

9) 백영서, 〈오사운동기 여성의 지위—가족제의 변화가능성을 중심으로〉, 《서울대 동양사학과론집》 8(1984), 54쪽.

10) 임계재, 〈정령의 《모친》에 나타난 여성의 자아실현고〉, 《중국현대문학연구》 6(1997), 161~165쪽.

여성들을 짓누르던 상황에서 신여성으로서의 삶을 시작한 이들 세 여성은 과도기 중국 지식 여성의 삶을 잘 보여주는 지표가 된다.

전통적으로 가부장이 결정하는 혼인[包辦婚姻]의 굴레를 벗어나 자유 의지에 따라 결혼했고, 여성 문제에 대해 관심이 많았다는 점에서 이들은 비슷한 점이 많았다. 그리고 거시적 차원에서 자신들이 처한 시대와 조국에 대한 애정이 앞섰기에 여권보다는 혁명의 우선권을 인정했고, 신중국의 수립을 지지했다는 점에서 특히 그러하다. 그리고 신중국에 들어 문화대혁명기에 박해 대상이었다는 것도 이들의 공통점이다. 그러나 이처럼 그들 사이의 많은 공통점에도 불구하고, 그들의 20세기 전반의 구체적인 삶에서는 조금씩 다른 모습이 보인다. 특히 처음에는 혁명에 대한 거리가 조금씩 달랐다. 그리하여 신중국 수립 이전에는 이들 사이에 직접적인 교류는 없었던 것이 아닐까 짐작된다. 이제 신중국 수립을 전후한 시기로 구분하여 이들의 행적을 비교·고찰함으로써 20세기 혁명 속 중국 여권의 향방 문제를 가늠해보기로 하자.[11]

2. 계몽의 전사로서의 삶―결혼과 일

쉬광핑은 1898년 광동성 번우(番禺)현에서, 빙신은 1900년 복건성 복주(福州) 시에서, 그리고 딩링은 1904년 호남성 풍림(澧林)현에서 태어났다.[12] 1898년은 무

---

11) 지금까지 중국 신여성과 혁명 간의 갈등이라는 시각에서 본 중국 여성들에 대한 인물 연구는 필자의 몇몇 연구 외에는 전무한 편이다. 쉬광핑(許廣平)은 아예 역사학자들의 연구 대상이 아니었고, 빙신(氷心)과 딩링(丁 玲)의 행적에 대해서는 연구가 많이 있는 편이지만, 모두가 작가로서 그들의 작품 세계를 분석하기 위한 배경 정도로 언급되어 왔다.

12) 이하 3인의 행적에 대해서 별도의 주가 없으면 윤혜영의 다음과 같은 글들을 참고한 것이다. 〈허광평(1898 ~1968) 소고―민국시기 '신여성' 상에 대한 한 접근〉, 《중국현대사연구》 9(2000. 6), 7~22쪽 ; 〈허광평―노신의 그늘을 벗어난 여권론자〉, 이양자 외, 《중국 근대화를 이끈 걸출한 여성들》(지식산업사, 2006), 139~158쪽 ; 〈빙심(1900~1999)과 20세기의 中國像〉, 《한성사학》 20(2005. 3), 43~47쪽 ; 〈정령(1904~1986)― '여권론

술 개혁이 실패로 돌아간 해이고, 1900년은 청조가 의화단 사건을 계기로 더 이상 개혁을 미룰 수 없다고 생각해 신정(新政)을 준비하던 해였다. 그리고 1904년은 신정이 본격화된 해였다. 이들 세 사람 모두 상당히 유복한 집안의 어느 정도 개명(開明)된 부모에게서 태어났기 때문에 일찍부터 교육을 받을 수 있었다. 특히 이 당시 신정과 공화 혁명의 영향으로 여성에게도 교육의 기회가 부여되는 사회적 풍조 덕분에 이들은 순차적으로 신식 교육을 받을 수 있었다.

유아기와 소년기에 이들은 신정과 공화 혁명을 겪기는 하지만, 이들의 의식 세계에 지대한 영향을 미친 것은, 이들이 어느 정도 성장한 후에 맞게 되는 5 · 4운동이었다. 중국의 근대화를 위한 계몽의 필요성을 역설하는 5 · 4 신문화 운동이 한창이던 때 쉬광핑은 천진(天津)에서 여자 사범학교를 다니면서 계몽을 논하는 잡지들을 읽으며 중국의 근대화에 대한 열망을 품었고, 이어 폭발한 5 · 4 애국 운동에 투신했다. 빙신은 베이징에서 대학을 다니다가 애국 운동에 투신했고, 이어 계몽을 선도하는 소위 '문제 소설'을 쓰면서 신문화 운동기의 선도자 역할을 했다. 이들보다 어린 딩링은 호남성에서 중학 시절에 애국 운동에 동참하는 한편, 빙신의 소설과 기타 잡지들을 읽으면서 신문화 운동의 영향권에 들어갔다.

(1) 자유연애와 자유 의지에 따른 결혼

5 · 4운동을 통해 구국과 계몽의 필요성을 익힌 이들 세 신여성은 그 후의 삶에서도 구국과 계몽 모두에 충실한 전사(戰士)의 모습을 보여주었다. 이들의 삶과 활동에서 우선 계몽의 전사로서의 모습을 찾아보자면, 자유 결혼을 감행한 여성, 그리고 가정에서 안주하지 않고 일 · 직업을 찾은 여성이란 점을 간과할 수 없다. 널리 알려져 있듯이, 5 · 4운동의 가장 큰 계몽 대상은 인구의 반을 차지하면서 억압받고 있는 여성이었고, 여성을 옥죄는 가장 큰 문제는 결혼이었다. 그런데 이들

자' 와 '혁명전사' 의 사이에서〉, 《중국사 연구》 20(2002. 10), 395~404쪽 ; 〈정령, 혁명 속 신여성의 고뇌〉, 이화여자대학교 중국여성사연구실 엮음, 《중국 여성, 신화에서 혁명까지》(서해문집, 2005), 411~420쪽 ; 〈정령 여성 혁명 작가〉, 《중국 근대화를 이끈 걸출한 여성들》, 215~232쪽.

은 모두 다 여성에게 일대사라고 할 결혼 문제에서 전통적으로 가부장이 결정하던 혼인을 거부하고 스스로의 의지에 의해 배우자를 택했고, 연애를 거쳐 가정을 일구었다.

동시대 남성 지식인은 물론이고——예컨대 신문화 운동의 기수인 후스(胡適)와 루쉰은 홀어머니가 정해준 문맹의 전족 여성과 결혼했다[13]——대다수 신여성이 교육을 어느 정도 받은 뒤에도 부모의 뜻에 따라 결혼을 한 점과 비교해 볼 때, 그들은 삶 자체에서 이미 상당한 용기를 보여주는 개척자로서, 스스로의 삶을 통해 계몽을 실천했다고 할 수 있다. 특히 쉬광핑의 경우는 아버지가 정한 정혼자와 파혼을 했을 뿐 아니라, 친가와 멀어지고 남들의 손가락질을 받으면서도 유부남이자 17세나 연상인 루쉰과의 동거를 과감히 선택했다.

딩링 역시 외할머니가 정한 약혼자와의 결혼을 파기하고, 스스로 선택한 가난한 시인 후예핀(胡也頻)과 동거에 들어갔다. 딩링의 첫 남편이 된 후예핀은 중국 공산당에 입당하여 활동하다가, 결국 국민정부에 의해 처형되었다. 이후 딩링은 두 번 더 다른 동반자를 구했는데, 그들 모두 공산당원이었다. 두 번째 동거인은 국민당이 딩링을 납치할 때 협조한 적이 있었고 결국 당에서 이탈하는 바람에 딩링이 그를 떠나게 되었고, 열두 살 연하인 세 번째 남편 천밍(陣明)은 딩링의 곁을 끝까지 지켰다.

당시 루쉰이 소설 속에서 형상화한 여성 중에는 시댁 식구들이 돈을 받고 재취시키는 바람에 본의 아니게 두세 번 결혼하게 된 시골 아낙이 있었다.[14] 그는 결국 개가한 과부에 대한 마을 사람들의 배타적인 시선과 개가한 과부는 사후 두 토막이 난다는 민간 신앙의 공포에 시달리다가 죽어간다. 이 과부는 아마도 당시 농촌

---

13) 후스(胡適)의 결혼에 대해서는 민두기, 《중국에서의 자유주의의 실험—胡適(1891~1962)의 사상과 활동》 (지식산업사, 1997), 54~58쪽 참조. 루쉰(魯迅)의 첫 결혼과 그것이 루쉰에게 미친 영향에 대해서는 윤혜영, 〈노신(1881~1936) : '혁명전사'의 신화와 실제〉, 《영남사학》 15(2001. 12), 214~217쪽 참조.
14) 단편 소설 《축원례(祝願禮)》 속의 상림수(祥林嫂)가 그 여성이다. 《축원례》의 내용은 죽내호(竹內好) 역주, 《노신문집 1》, 김정화 옮김(일월서각, 1985), 147~162쪽 참조.

사회 여성의 일반적인 심리를 대변한다고 할 수 있는데, 같은 시기 딩링이 재차, 삼차 결혼한 것은 가히 혁명적인 삶이었다고 하겠다.

빙신은 정혼자가 없었기에 파혼을 한 일은 없었지만 역시 미국 유학 시절부터 사귀던 남성과 자유연애 끝에 결혼을 했다. 그는 대학을 졸업하고 미국으로 유학을 떠났는데 바로 미국행 배에서 도미 중인 남학생 우원자오(吳文藻)를 만났다. 미국에서 교제를 시작한 빙신은 석사 학위를 받은 뒤 귀국하여 모교인 연경대학에서 교수 생활을 시작했고 남자 친구인 우원자오가 귀국하자 부모님께 소개한 뒤 결혼을 했다. 서양 목사의 주례로 손님들에게 간단한 다과를 대접하고 북경 교외의 한 절에서 하룻밤 묵는 식으로 신혼여행을 대신함으로써 당시로서는 상당히 선진적인 소위 '문명 혼례'를 치렀다.

(2) 직업 · 일의 추구

이들 세 여성은 또한 결혼 생활에 안주하지 않고 자신의 일을 가지려고 노력했다. 베이징여자사범대학에 다닐 때 학생회장으로 활동하면서 수구적인 교장을 배척하는 운동에 앞장섰던[15] 쉬광핑은 막상 루쉰과의 결혼 생활 10년간은 남편의 비서 겸 아내로 머물렀다. 루쉰의 글쓰기 작업을 도우면서, 낡은 사회를 개혁하려는 계몽의 전사를 보조하는 역할을 자처한 것이다. 그렇지만 루쉰이 죽은 뒤에는 루쉰 사상의 선전자, 계승자로서의 역할 외에 스스로도 사회 참여라는 측면에서 맹활약을 했다. 즉 일본 점령기에는 상해의 여성계 인사로서 애국과 여성 운동을 겸해 지도했고, 국공 내전기에는 여성계와 민주촉진회 지도자로 국민, 공산 양당의 내전을 방지하고자 노력했다.[16]

5 · 4운동기에 이미 여대생 작가로서, 사회 개혁을 요구하며 '문제 소설'들을

---

15) 윤혜영, 〈국민혁명기 북경여자사범대학의 교장배척운동— '신구갈등'에서 혁명으로〉, 《중국근현대사의 재조명》1(1999. 1), 209~240쪽 참조.

16) 이하 쉬광핑 관련 1차 자료는 上海魯迅紀念館 編, 《許廣平紀念集》(百家出版社, 2000) ; 《許廣平文集》(江蘇文藝出版社, 1998)에 의한 것이므로 일일이 주기하지 않음.

펴내면서 세상을 떠들썩하게 한 빙신은 미국 유학을 마치고 결혼한 뒤에도 교수와 작가로서의 일을 병행했다. 어려서부터 여성도 직업을 갖고 독립적인 경제 활동을 해야 한다고 딸을 격려해준 어머니에 대한 애정이 강해서인지, 그는 중국의 근대화를 위해서는 가정에서부터의 개혁이 필요하고, 주부이자 어머니인 여성의 역할이 중요하다는 생각을 가지고 있었다. 주부는 당연히 교육을 받은 여성으로서 문명화된 가정을 일궈야 한다는 생각이었다. 그랬기 때문에 빙신은 사회생활과 가정생활을 무리 없이 병행함으로써 자신의 삶을 통해 계몽의 전사다운 모습을 보여주었다.

딩링 역시 몇 차례 결혼 생활을 하면서도 작가로서의 일을 포기하지 않았다. 또한 일본과의 전쟁이 한창이던 1930년대에는 책상머리의 작가 자리를 박차고 거리로, 전쟁터로 나서서 항일을 고취하는 활동을 병행했다. 내전기에는 토지 개혁 사업에 동참해서 이 경험을 토대로 훗날 세계적인 작가로 알려지게 된 소설《태양은 상건하를 비춘다(太陽照在桑乾河上)》[17]를 써내기도 했다. 그야말로 결혼과 일을 병행한 혁명 투사의 삶을 멈춘 적이 없었다.

3. 여성 문제와 구국, 혁명에 대한 관심

앞서 살펴본 대로 5 · 4운동의 격동기를 거치면서 이들 세 여성의 지적, 정서적 감수성은 풍부하게 함양되었다. 그리고 그들은 5 · 4운동을 통해 근대화를 위한 계몽의 필요성과 이와 동전의 양면처럼 표리를 이루고 있던 구국의 필요성에 대해서도 뼈저리게 느꼈다. 한편 그들이 중장년층에 접어들던 1930년대 이후의 중국에서는 일제의 침략이 가속화되고 있었다. 따라서 이 시기 여성으로서의 정체

---

17) 이 작품에 대해서는 한글 번역본인 딩링, 《태양은 상건하에 비친다》, 노경희 옮김(중앙일보사, 1989)을 참조하라.

성을 깨닫고 당당한 사회인으로 활동하던 그들에게는, 당연히 '천하가 위태롭게 되면 한낱 부녀자[匹婦]일지라도 책임이 있다'는 구국 의식이, 여성의 권리 창출과 해방을 위해서는 여성을 의식화해야 한다는 계몽 의식과 공존했다.

(1) 천하를 구할 부녀자의 책무 — 쉬광핑의 갈림길

루쉰이 죽고 나자 쉬광핑은 전업 주부로서 그를 내조하며 보낸 10년이라는 세월에 대한 아쉬움 때문인지 가정주부의 사회 참여 내지 직업 확보를 위해 사회 전체가 해결책을 찾아야 한다는 취지의 글을 비롯해서 여권 문제와 관련된 글들을 집중적으로 써냈다. 그런데 결국 일제의 침략으로 자신이 살고 있던 상해의 외국인 조계지(租界地)마저 일본군에 점령되고, 일본군 헌병대에 체포되어 76일간 구금당하는 고초를 겪으면서[18] 쉬광핑의 구국 의식은 여권에 대한 관심을 압도하게 되었다. 항일전이 승리로 끝난 뒤 내전을 방지하기 위해 노력하던 민주파 지식인들과 더불어 공산당 쪽으로 기울게 되면서 혁명과 새 중국 건설에 여성 노동력을 동원할 필요성을 극력 역설하게 된다. 혁명의 완수가 곧 여권의 신장을 보장해줄 것이라는 전망으로 돌아선 셈이다.

게다가 그는 루쉰의 이미지를 사뭇 공산당에 충실한 전사로 그려내기까지 했다. 사실 국민, 공산 양당은 물론이고 문예계 이외에 정치적 성향을 가진 어떤 조직과도 일정한 거리를 두었던 루쉰의 성향으로 미루어 볼 때, 그가 살아 있었다면 과연 쉬광핑과 같은 식으로 공산당에 합류할 수 있었을까 하는 문제는 자못 의문의 여지가 있다. 이렇게 볼 때 쉬광핑의 행로는 여성 문제, 구국에 대한 관심과 그 해결책으로서의 공산당 지지라는, 그만의 독자적인 성향을 보여주는 것이라고 생각된다.

---

18) 1941년 12월 15일 새벽에 연행되어 다음 해 3월 1일 석방되었다. 잡혀간 초기에 항일 문화계 인사를 대라는 심문을 받으면서 구타는 물론이고 전기 고문까지 당했다. 그의 투옥 생활은 그의 회고록인 〈遭難前後〉,《許廣平文集》1, 23~91쪽에 상세하게 나와 있다.

(2) 계몽의 시간이 충분치 않은 상황—빙신의 고뇌

소설을 통해 구사회를 개혁하고자 했던 계몽의 전사 빙신은 여성 문제에서 있어서는 다른 5·4세대의 지식인들과는 다른 독특한 시각을 보였다. 즉 대다수 지식인과 젊은이들이 중국의 구식 대가정에 대한 혐오감에서 기혼 여성의 가정생활을 예속적으로 보는 경향이 강했던 반면, 빙신은 구식 대가정을 개량하는 여성 전사의 모습을 훌륭한 주부에게서 찾고자 했다. 바로 '어머니의 애정'에서 사회 개혁의 원동력을 구한 것이다.[19]

빙신의 초기 문제 소설에서는 시어머니의 학대로 죽어가는 어린 민며느리, 마작이나 하고 돌아다니면서 가정을 돌보지 않는 구식 여성으로 인한 가정 파탄, 신식 교육을 받다가 중도에 좌절당하고 구식 가정에 시집가서 불우해지는 신여성의 모습 등 구식 가정의 질곡과 그 때문에 고통스러운 여성의 삶을 생생하게 그려냈다. 그의 소설에서 형상화된, 구세대이긴 하지만 이상적인 여성의 모습은 가정주부로서 아이들에게 폭넓은 교육을 시키면서 공화 혁명을 지지하고, 새로운 잡지류를 읽어가면서 5·4운동에 지대한 관심을 갖고 국가와 사회에 관련된 시사에도 밝은 어머니상이었다. 그렇기 때문에 그는 여성 운동의 각종 표어에 모두 동의하지만 현모양처를 타도하자는 구호는 귀에 거슬린다는 반응을 보였다.

그리고 이후 세대의 이상적인 여성 중에는 사회에서 일하는 독립적인 여성도 있지만 때로 현모양처도 있었다. 그가 보는 여성이란, 남성과 마찬가지로 감정과 이성을 가진 동물이고, 성격상 쉽게 극단으로 치닫는 수도 있지만 남성들보다 더 온유하면서도 용감하며, 더 활발하면서도 깊이 있는 존재였다. 심지어 그는 작품 속 남성의 입을 빌려 '이 세계에 여자가 없다면 50%의 진과 60%의 선과 70%의 미가 사라질 것'이라고까지 했다.[20] 이렇게 훌륭한 여성이 바람직한 사회와 근대

---

19) 중국 문학계에서는 빙신이 '어머니의 애정'을 주장하면서 초기의 문제 소설에서 보여준 문제의식에서 후퇴한 것으로 보는 경향이 있지만, 나는 빙신의 '어머니의 애정'과 초기의 문제의식은 연장선상에 있다고 본다. 즉 문제 소설에서 드러난 구사회의 개혁을 위한 방안으로 '어머니의 애정'이란 동력을 찾아냈다고 생각한다. 이에 대해 대해서는 윤혜영, 〈빙심과 5·4운동〉, 《한성사학》 18(2004. 2), 128~130쪽을 참조하라.

화된 중국을 일궈나갈 것이라고 믿은 점에서 빙신은 일정한 여성주의적 시각을 일찌감치 보여주었다고 할 수 있다.[21]

　그런데 여성의 계몽을 통해 바람직한 가정을 일구고 이를 토대로 근대화된 조국을 구축할 수 있으리라는 희망이 실현되기까지는 긴 시간이 필요했다. 하지만 빙신을 둘러싼 상황 역시 점점 가혹해졌다. 1930년대에 들어 일본의 침략과 그에 맞선 항일 전쟁 등으로 주요 대도시가 일본군 점령 치하로 들어갔다. 빙신이 몸담고 있던 대학은 북경에 있었기에 일찍부터 일본군에 점령당했다. 아버지의 영향으로 어려서부터 유독 반일·애국 정서가 강했던 그에게 일본의 침략 동안 겪은 피난살이는 무척 쓰라린 경험이었다. 점진적인 사회 개혁이 문제가 아니라, 패전을 하게 된다면 조국이라는 두 글자가 사라질 형세였다. 게다가 간신히 승전을 한 중국에서 내전이 벌어졌다. 내전기에 국민정부 관리로 일본에서 근무하게 된 남편과 함께 일본에 살고 있던 빙신에게 미국 망명의 기회가 있었음에도 그가 공산당을 지지하여 몰래 신중국으로 귀국한 것은 결국 구국의 소명 의식 때문이었다. 쉬광핑과 마찬가지로 빙신 또한 구국과 혁명에 대한 관심이 여성 문제에 대한 관심보다 앞서게 된 것이다.

(3) 혁명 속의 여권—딩링의 갈등

　결혼 이후 작가로 출발한 딩링은 성적 욕구를 포함한 신여성의 내면세계를 과감하게 묘사한 《사비 여사의 일기(莎菲女士的日記)》로 일약 주목받는 여성 작가가 되었다. 5·4기의 연애와 결혼의 자유라는 담론에 열광하던 젊은이들 사이에 주된 관심사 중 하나인 성애를 여성의 입장에서 표현한 것은 유례가 없었기 때문이

---

20) 氷心,〈關于女人〉,《氷心文萃》, 294~295·366쪽. 이 소설에서 독신인 남자 주인공은 자신의 주위에 있는 각양각색의 여성들에 대해 이야기하고 있는데, 빙신은 이를 통해 이상적인 여성상을 집약적으로 나타내고 있다.
21) 5·4기 다른 지식인들과 달리 독특하게 여성주의적 시각으로 가정 문제에 접근한 빙신에 대해서는 Yanmei Wei, *Femininity and Mother-Daughter Relationships in Twentieth Century Chinese Literature*[State Univ. of New York(Stony Brook), Ph. D. diss., 1999], 29~49쪽을 참조하라.

다. 이후 다양한 집단의 여성들의 욕구와 현실과의 갈등, 고통스러운 삶을 그려내던 딩링은 1930년대에 들어 농민과 도시 빈민의 삶을 사실적으로 묘사하는 작품을 대량으로 쓰면서 이전과는 다른 작품 세계를 보여준다.

이러한 변화는 딩링의 공산당 입당과도 관련이 있다. 즉 쉬광핑과 빙신이 내전기에 공산당 지지로 돌아선 것과는 달리, 딩링은 그의 첫 남편이 1932년 국민정부에 처형되자 곧바로 공산당에 입당했다. 영향력 있는 좌익 작가를 회유하기 위해 국민정부가 딩링을 납치했지만, 그는 3년간의 연금 생활에서 기어이 탈출하여 공산당의 섬북(陝北) 소비에트 지역으로 잠입해 들어갔다. 소비에트 지역에서 혁명을 선전하는 전사로 일하면서도 그는 연안(延安)의 남녀 공산당원들 사이에 존재하는 성 차별과 계층 차별을 외면하지 못했다. 그래서 딩링은 이후 그의 삶에서 족쇄가 된 그 유명한 〈'삼팔절' 유감("三八節"有感)〉이라는 잡문을 써낸 것이다.

이 글에서 딩링은 일단 공산당 휘하 항일 근거지의 수도라 할 수 있는 연안의 여성들이 다른 지역의 여성들보다 행복하다는 전제를 달았다. 그렇지만 연안의 여성은 주목의 대상이다. 결혼을 하지 않으면 더욱 소문에 시달리게 되므로 결혼을 하고 아이를 낳아야만 하는데 이렇게 되면 또 '집으로 돌아간 노라'라고 숙덕이는 소리가 들린다. 거기서 그치지 않고 여성에게는 혁명 투사인 동시에 아름다움을 겸비한 여성이어야 한다는 모순된 상이 기대된다. 그리고 상류층 남성과 결혼한 뒤 보모를 고용해서 아이를 돌보게 하는 여성이라면 무도장에 나가 뭇 남성들의 선망의 대상이 될 수 있지만, 가난한 형편에 아이들을 키우느라 '낙후'된 여성은 남편에게 이혼을 요구받는 처지가 된다. 누구인들 혁명의 뜻을 품고 진보된 삶을 살고 싶지 않았겠는가마는 연안에서조차 여성이란 이유로 결혼과 양육으로 인해 사회생활을 중단하고 가정에 묶였다가 '낙후'된 처지에 놓이는 현실을 딩링은 이 글을 통해 고발한다.

그렇지만 딩링은 이 글로 말미암아 정풍(整風) 운동의 대상이 되었을 때 자신의 착오를 인정했다. 연안을 포함한 소비에트 근거지가 일본과 국민정부의 이중 포위망에 갇혀 어려울 때, 즉 위급한 상황에서 적을 앞에 두고 후방을 교란시키는 글을 쓴 셈이었다고 시인한 것이다. 그러고는 항일과 혁명을 드높이는 작품들을 대량으로 창작했다. 구국과 혁명이라는 대명제하에서 여권이란 문제를 제기하는 것 자체가 사치스러운 일로 비치게 된 중국의 상황을 딩링의 사례가 대변해주고 있다. 딩링이 자아비판을 하고 나서 혁명 전사의 삶을 다루는 작가로 회귀한 것은 공산당 지배하의 지역이 국민정부 지배 지역보다는 그나마 여권 문제가 현저히 개선되었다고 보았기 때문이다. 즉 구국과 혁명의 완수가 여권 신장의 기회를 더욱 넓혀줄 것으로 기대한 것이었다.

4. 신중국의 성립과 혁명적 인민 속 여성의 지위

(1) 여성을 혁명에 동원한 쉬광핑

상해에서 여성 지도자로 활동하던 쉬광핑은 내전에서 패주하는 국민정부가 그의 신변에 위해를 가할까 우려한 민주촉진회와 지하 공산당 조직의 도움을 받아 1948년 10월 홍콩으로 탈출했다가 공산당 지배하에 들어간 동북 지방으로 올라갔다. 그리고 내전이 한창이던 시기에 공산당이 소집한 인민정치협상회의에 민주촉진회 대표로 참가했다. 중앙 정부의 고위급 인사가 된 것이다. 중앙 정부에서 활동하면서 여성계에서도 최고위급 인사로 활동했다. 국민정부 통치 구역 부녀대표 단장 신분으로 신중국 건국 이전에 개최된 중국 부녀 제1차 전국대표대회에 참석한 것이다. 건국 이후에는 민주촉진회의 제1차 비서장에 선임되는 등 공산당의 지배를 수용한 민주당파의 지도자로서도 활동했다.

이렇게 건국 이후 중임을 맡은 쉬광핑은 새로운 중국 건설에 매진하는 혁명적 인민을 예찬하는 글을 많이 남긴다. 그의 여성 관련 글들에서는 혁명을 통해 건설된 신중국이 구(舊)중국과 비교해볼 때 여성에게 놀라운 변화를 가져다주었다는 점이 두드러지게 나타난다. 1956년경 고향 광동에 돌아가서 과거 자소녀(自梳女)[22]로 유명했던 순더(順德)를 회고하며 쓴 글을 보면 이러한 점이 잘 드러난다.

이제 그곳에는 더 이상 결혼하지 않고 독신을 고수하는 자소녀는 없다. 여성이 사람대접을 받지 못하던 시대는 갔고 이제 다시는 돌아오지 않는다. 여성들은 더 이상 예전처럼 등에 아기를 업고 손에는 또 다른 아이 손을 잡은 채 머리에는 광주리를 이고 새참을 논밭으로 나르면서 농사도 지어야 하는 고역스러운 삶 속에 매몰되어 있지 않다. 가정에서 발언권을 행사하듯이 당당히 자신의 노동 가치를 따지고 회의장에서 자신의 의견을 개진하며, 양육의 문제를 인민공사(人民公社)에 전가하고 있다. 이처럼 종속적이던 여성의 신분이 180도 뒤바뀌어 남성과 똑같이 노동하고 휴식하며 문화생활을 영위할 수 있게 된 것은 당과 마오쩌둥 주석의 영도 덕분이라는 것이 여성 문제를 보는 쉬광핑의 시각이다.

교육받은 신여성이 가정에 묻혀선 안 된다는 생각에서 시작된 쉬광핑의 여성 문제에 대한 관심은 그가 장년의 나이에 접어들자 중국의 전체 노동 여성에까지 미쳤다. 확실히 신중국 이후 전체 여성을 대상으로 해서 볼 때 여성의 사회적 지위는 이전에 비해 크게 향상되었다. 특히 문화대혁명의 소용돌이가 몰아치기 전까지 그가 고위 간부로서 시찰한 곳의 여성들은 신중국이 자신들에게 가져다준 기회를 소리 높여 찬양했다.

1950년대까지 여권과 신중국을 위해 맹활약을 벌였던 쉬광핑은 문화대혁명이 일어나자 루쉰의 원고를 홍위병들에게 압수당하는 뼈아픈 경험을 했으며, 이 와중에 심장병으로 돌연 사망했다. 문화대혁명과 그 뒤를 이은 개혁·개방기의 여성 문제에 대한 질문을 더 이상 그에게 던질 수 없게 된 만큼, 혁명이 여권 신장을 자동적으로 가져다줄 것이라는 그의 믿음에는 변함이 없는지, 이는 영원히 궁금한 문제로 남게 될 것이다.

---

22) 광둥성의 자소녀 조직인 금란회에 관해서는 유장근, 《근대중국의 지역사회와 국가권력》(신서원, 2004), 271~307쪽에 상세히 기술되어 있다.

(2) 인민에 흡수된 빙신의 여성주의

신중국으로 자발적으로 귀환한 빙신은 쉬광핑보다도 훨씬 더 많은 글을 통해 혁명적 인민이 건설하는 새 중국에 대한 기대감을 토로했다. 심지어 과거 '어머니의 사랑'을 구가하던 글들이 혁명에 투신하지 못하도록 청년들을 나약하게 했다는 자아비판도 서슴지 않았다.[23] '인민의, 인민에 의한, 인민을 위한 공화국' 건설현장을 돌아보면서 빙신은 과거 자신의 작품들이 인민 대중을 향한 것이 아니었기 때문에 글의 범위나 시야가 좁았고 관점과 입장 또한 잘못되었다고 시인했다.

전국인민대표대회 대표, 전국정치협상회의 위원, 중국작가협회 이사로서 활동하면서도 중국을 대표하는 지식인, 문예계 인사로서 전 세계에 외교 사절로 나간 빙신은 전 세계 노동 인민과 중국 노동 인민의 제휴, 반제국주의적 경험의 공유 등을 소리 높여 외쳤다. 현명한 여성의 힘으로 가정을 개혁하고 낡은 사회를 개혁하자던 과거 점진론적 개혁론자로서의 모습은 사라졌다. 아마도 새 중국이 이미 건설된 만큼 사회 개혁의 주된 동력으로 여겨지던 여성의 역할이 더 이상 필요치 않게 되어서일까? 아니면 대약진 운동기 노동 인민의 집체적인 힘에 압도되어 개인의 왜소함을 느끼게 되었으므로, 개인을 남자와 여자로 구분하는 것 자체는 더욱 의미 없는 일이라고 생각해서일까? 과거 여성주의자로서의 면모가 강했던 빙신은 이제 남녀 구별 없이 새로운 중국을 건설할 책임을 짊어진 어린이들에게 그의 관심을 집중시켰다.

반(反)우파 투쟁 때 남편과 남동생이 우파 인사로 몰려 노동 개조를 해야만 했고 문화대혁명 동안에는 자신도 박해를 받아 비판을 당하고 하방되어 농장에서 힘든 노동을 해야 했지만 인민과 혁명에 대한 빙신의 헌신과 신뢰는 계속되었다.

---

23) 빙신의 자아비판이 집약적으로 드러난 글은 1958년에 발표된 〈돌아온 뒤에(歸來以後)〉(《氷心硏究資料》, 范伯群 編(北京 : 北京出版社, 1984), 82~84쪽에 수록]이다. 이 글은 그의 남편이 우파로 몰리던 시기에 발표되었기 때문에 오히려 빙신 자신을 과도하게 매도한 점이 있다. 하지만 그가 이전 작품에서 드러낸 인민에 대한 예찬으로 미루어 볼 때 〈돌아온 뒤에〉에서의 자아비판은 비록 과도한 점이 없지는 않으나, 전혀 마음에도 없는 자아비판만은 아닌 듯하다.

문화대혁명이 끝난 뒤 그는 문혁과 문혁 강경파였던 장칭(江青)을 비롯한 4인방에 대해서는 분노의 목소리를 높였다. 그렇지만 개혁·개방과 더불어 시작된 농업, 공업, 국방 및 과학 기술 부문의 4대 현대화의 기치하에 전체 인민이 잘 사는 부강한 중국을 위해 노력하자는 논조를 계속 폈다. 아마도 그는 인민 전체를 위한 혁명이라는 대의를 위해 사적인 감정은 억눌러야 한다고 생각하며 산 듯하다. 그렇다면 혁명적 인민 속의 일원으로서 빙신은 이미 전체 여성의 지위가 향상되었기 때문에 더 이상 여성 문제에 대해 논할 필요가 없다고 생각한 것은 아닐까.

(3) 인민 속에서 여성의 욕구를 해소시킨 딩링

〈'삼팔절' 유감〉과 정풍을 통해 성 차별을 문제 삼은 자신의 견해가 얄팍했다는 것을 자인한 딩링이 신중국 건국 이후 문예계의 요인이 되어 혁명과 인민에 기여하는 창작 활동에 더욱더 매진한 것은 두말할 나위도 없다. 개인의 내면세계에 침잠해 서구적 의미의 개인으로서의 여성 발견을 다룬 《사비 여사의 일기》는 먼 과거의 이야기가 되어버렸다. 당의 지도하에 분출되는 농민들의 토지 개혁의 열기, 곧 인민의 집체적 힘이 가져오는 거대한 변화를 그린 장편 대하소설 《태양은 상건하를 비춘다》와 같은 부류의 작품만 쓰게 된 것이다.

심지어 문화대혁명의 고초를 겪고 난 뒤 딩링이 가장 먼저 착수한 작품은 《엄동설한의 나날 중에(在嚴寒的日子裏)》였다.[24] 이 작품은 토지 개혁 공작조가 물러난 뒤 국민당 지배를 받게 된 상건하 지역의 농민들이 혹독한 시절을 어떻게 극복해 나가는지를 그리고 있다. 그 다음으로 착수한 것이 하방 시절 만난 모범적인 농민 여성을 소재로 한 소설 《두만향(杜晚香)》이었다. 이 소설에서 딩링이 유독 애착을 보인 주인공은 바로 공산당 덕분에 토지를 분배받고 사회 참여를 하게 된 빈농 여성이었다.[25] 딩링이 신중국 건국 이후 문화대혁명의 광풍에도 불구하고 묵묵히 자

---

24) 이하 이 글에서 소개하는 딩링의 소설 내용들 중에 별도의 주가 없는 것은 모두 《딩링 문집(丁玲文集)》(湖南人民出版社, 1984), 3~6권 여기저기와 《딩링 자전(丁玲自傳)》(江蘇文藝出版社, 1996)에 의거한 것임.

신의 위치에서 최선을 다해 일하는, 일상생활에서의 혁명 전사였던 노동 여성의 일대기를 쓰고, 이것에 애착을 보였다는 것은 그만큼 혁명이 여권을 신장시킨다는 측면을 강조하는 것이라 하겠다.

물론 딩링은 말년인 1980년내에 그토록 오랜 기간 혁명이 계속되었음에도 중국 사회에서 여전히 여성 문제가 완전히 해결되지 않고 있다는 사실을 인식하고 있었다. 하지만 이때까지도 문제의 잡문, 즉 그로 하여금 온갖 억울한 고초를 겪게 한 그 '말썽 많았던' 〈'삼팔절' 유감〉에 대해 여전히 자신의 생각이 잘못되었고, 마오쩌둥의 관점이 옳았다고 하는 것으로 미루어, 그 역시 쉬광핑, 빙신과 마찬가지로 전체 노동 여성의 입장에서 혁명이 여권 신장에 기여한다고 생각했고, 이 때문에 무엇보다 혁명을 우선시했던 것 같다. 소비에트 지역에서의 항일 전쟁과 내전 참가 그리고 우파로 몰린 후 동북 지역에서의 고달픈 노동에도 불구하고 인민을 떠나지 않을 수 있었다는 점에서 유익했다고 술회하는 데서는 이 점이 더욱 두드러지게 나타난다.

5. 혁명에 우선순위를 내준 여권

이상에서 살펴보았듯이 쉬광핑, 빙신과 딩링은 신중국이 성립하기 이전에는 상호 교류가 없었고 서로 다른 행적을 보였으면서도 20세기 전반기에 각각 여성 문제에 대한 첨예한 관심을 보여준 신여성들이었다. 그런데 일찌감치 공산당원이 된 딩링의 경우는 1940년대 초반부터, 그리고 내전기에 공산당 지지로 돌아선 쉬광핑과 빙신은 신중국이 건국된 이후인 1950년대부터 한결같이 혁명과 인민에 대한 헌신을 여권 신장보다 우선시했다.

그들이 혁명을 우선시하게 된 것은 대외적인 위기가 거듭되고 있던 중국의 상

---

25) 丁玲, 〈關于《杜晩香》〉, 《丁玲文集》 5, 422~429쪽.

황과 관련이 깊었다. 이들 세 여성 모두 계몽과 애국이 뒤얽힌 5 · 4의 분위기에서 지적, 정서적으로 성장해왔기 때문에 대외 위기에 특히 민감할 수밖에 없었다. 쉬광핑은 여성의 직업 참여를, 빙신은 여성이 주체가 된 가정 개혁을, 그리고 딩링은 욕구를 가진 여성의 인간으로서의 인정을 외치면서, 그들 나름대로 장기적인 관점에서 여성 문제의 해결이 중국의 근대화 과정에서 절실하다고 생각해왔다. 그렇지만 그들이 제기하는 여성 문제를 해결하기 위해서는 많은 시간이 필요했고, 20세기 전반 중국의 역사는 가속화되는 외세의 침략 과정에서 세 차례의 혁명이 연속적으로 불어 닥쳤기 때문에, 어느 정부도 이들의 염원을 이뤄줄 시간이 없었다.

결국 자신들이 동참했든 아니든 간에 이들은 우선 외세의 침략으로부터 자유로운 조국을 건설할 세력을 선택할 수밖에 없었고 그 세력은 다름 아닌 항일과 사회주의 혁명을 내건 공산당이었다. 상해라는 대도시의 여성계에서 활동하다가, 여성을 가정으로 되돌려 보내려는 국민당이 아니라 여성을 혁명에 동원하려는 공산당을 선택한 쉬광핑이 혁명과 여권의 공존을 신뢰하게 된 것은 자연스러운 일이었다. 또 '어머니의 사랑'을 통한 사회 개혁이라는 추상적 대의에 헌신하던 빙신이 강한 인민의 정부에 매료되어 집체적이고 혁명적인 인민 속에서 여권은 저절로 신장된다고 믿고 더 이상 여성 문제를 논하지 않은 데 대해 무어라 할 수도 없다.

공산당 지배하의 연안에서도 성 차별이 공공연하게 일어남을 지적하고 남녀 간의 완전한 평등을 외친 딩링이 대다수 노동 여성의 시각에서 볼 때 여권보다 혁명을 우선시하게 된 것에 대해서도 제3자인 내가 왈가왈부할 사안은 아니다. 하지만 서두에서 지적한 대로 도시는 도시대로 농촌은 농촌대로 여성의 인권조차 약화되는 모습을 보이는 중국에서 20세기 전반기 신여성들에 의해 제기된 여성 문제를 다시금 진지하게 논할 필요가 없다고는 말하지 못할 것이다. 21세기 중국에 새로운 딩링, 또 하나의 〈'삼팔절' 유감〉을 기대하는 까닭이 바로 여기에 있다.

참고문헌

氷心,〈돌아온 뒤에(歸來以後)〉, 范伯群 編,《빙신 연구 자료(氷心硏究資料)》(北京 : 北京出版社, 1984)

上海魯迅紀念館 編,《쉬광핑 기념집(許廣平紀念集)》(上海 : 百家出版社, 2000)

丁玲,《딩링 문집(丁玲文集)》(長沙 : 湖南人民出版社, 1984)

──,《딩링 자전(丁玲自傳)》(淮陰 : 江蘇文藝出版社, 1996)

許廣平,《쉬광핑 문집(許廣平文集)》(淮陰 : 江蘇文藝出版社, 1998)

김경일,《여성의 근대, 근대의 여성》(푸른역사, 2004)

김은희 · 안혜련 · 이지숙 · 최은정 · 안노 마사히데,《신여성을 만나다―근대 초기 한 · 중 · 일 여성소
　　설 읽기》(새미, 2004)

딩링,《태양은 상건하에 비친다》, 노경희 옮김(중앙일보사, 1989)

라오웨이,《저 낮은 중국》, 이향중 옮김(이가서, 2004)

마저리 울프,《현대중국의 여성》, 문옥표 옮김(한울, 1991)

민두기,《중국에서의 자유주의의 실험―호적(胡適)(1891~1962)의 사상과 활동》(지식산업사, 1997)

소야화자(小野和子),《현대중국여성사》, 이동윤 옮김(정우사, 1985)

연구공간 수유＋너머 근대매체연구팀,《신여성 매체로 본 근대 여성풍속사》(한겨레신문사, 2005)

유장근,《근대중국의 지역사회와 국가권력》(신서원, 2004)

죽내호(竹內好) 역주,《노신문집 1》, 김정화 옮김(일월서각, 1985)

중화전국부녀연합회 편,《중국여성운동사(하)》, 박지훈 · 전동현 · 차경애 옮김, 김염자 감수(한국여성
　　개발원, 1992)

최혜실,《신여성들은 무엇을 꿈꾸었는가》(생각의 나무, 2000)

클로디 브로이엘,《하늘의 절반―중국의 혁명과 여성해방》, 김주영 옮김(동녘, 1985)

《여성의 권한 : 세계 성차(性差) 측정 Women's Empowerment : Measuring the Global Gender Gap》(United
　　Nations Development Fund for Women, 2005)

Yanmei Wei,《20세기 중국 문학에서의 여성스러움과 모녀 관계 Femininity and Mother-Daughter Relation-
　　ships in Twentieth Century Chinese Literature》[State Univ. of New York(Stony Brook), Ph. D. diss.,
　　1999]

박용옥,〈1920년대 신여성연구―《新女子》와《신여성》을 중심으로〉,《여성 : 역사와 현재》(국학자료원,
　　2001)

백영서,〈오사운동기 여성의 지위―가족제의 변화가능성을 중심으로〉,《서울대 동양사학과론집》

8(1984)

윤혜영, 〈국민혁명기 북경여자사범대학의 교장배척운동―'신구갈등'에서 혁명으로〉, 《중국근현대사의 재조명》1(1999. 1)

――――, 〈노신(1881~1936)―'혁명전사'의 신화와 실제〉, 《영남사학》15(2001. 12)

――――, 〈허광평(1898~1968) 소고―민국시기 '신여성' 상에 대한 한 접근〉, 《중국현대사연구》9(2000. 6)

――――, 〈빙심과 5·4운동〉, 《한성사학》18(2004. 2)

――――, 〈허광평 노신의 그늘을 벗어난 여권론자〉, 이양자 외, 《중국 근대화를 이끈 걸출한 여성들》(지식산업사, 2006)

――――, 〈빙심(1900~1999)과 20세기의 中國像〉, 《한성사학》20(2005. 3)

――――, 〈정령(1904~1986)―'여권론자'와 '혁명전사'의 사이에서〉, 《중국사연구》20(2002. 10)

――――, 〈정령, 혁명 속 신여성의 고뇌〉, 이화여자대학교 중국여성사연구실 엮음, 《중국 여성, 신화에서 혁명까지》(서해문집, 2005)

――――, 〈정령 여성 혁명 작가〉, 《중국 근대화를 이끈 걸출한 여성들》(지식산업사, 2006)

임계재, 〈정령의 《모친》에 나타난 여성의 자아실현고〉, 《중국현대문학연구》6(1997)

최병욱, 〈전통시대 베트남 여성의 교역활동―촌락에서 대양으로〉, 《동양사학연구》97(2006. 9)

데이비드 웨이크필드David Wakefield, 《분가 : 청대와 민국 시대의 가구 분할과 상속Fenjia : Household Division and Inheritance in Qing and Republic China》(Honolulu : Univ. of Hawaii Press, 1998)

청대와 민국 시대의 상속에만 한정하지 않고 이전 시대부터의 연속성과 근세기 변화상을 함께 다룬다. 상속 제도는 양자, 여성의 재산권, 유언의 영향력 등과 관련해 부분적 변화를 거쳤지만, 제자균분(諸子均分)의 대원칙은 가산의 분산과 경제력의 하향 이동이라는 불합리성에도 불구하고 지속되었다는 결론이다. 청대에는 장자·장손분, 양로분 같은 보류분 및 각종 용도의 공유분을 지역과 계급에 따라 다양하게 활용하여 경제적 하락을 완화하려는 전략이 나타남을 밝힌다. 상속 관행이 중국 문명의 주요 특징들 사이에 연관성을 전제로 제시한 문관 관료 제도의 발전이나 자본주의 경제의 미발전과의 관계를 설명한 것은 단상에 그친다.

마저리 울프, 《현대중국의 여성》, 문옥표 옮김(한울, 1991)

개혁·개방이 개시된 1980년과 1981년 2년간 중국에 머물면서 도시와 농촌의 여성들을 인터뷰한 인류학자의 현장 보고서다. 그동안 사회주의 혁명 덕분에 중국의 여권이 신장되었다는 일반적인 인식과는 달리 저자는 중국 여성의 혁명은 아직 미완성이라고 보고 있다.

버클리 퍼트리샤 에브리Buckley Patricia Ebrey, 《송대 가족과 재산—사회생활을 위한 원채의 훈계 Family and Property in Sung China : Yuan Ts'ai's Precepts for Social Life》(Princeton : Princeton Univ. Press, 1984)

크게 두 부분, 즉 〈계급, 문화, 가족, 그리고 재산〉이라는 제목의 저자의 연구 논설과, 그 연구의 토대인 송대 원채(袁采)의 《원씨세범(袁氏世範)》 전문의 역주로 구성되었다. 전근대 학자들의 가족 관련 저술이 대개 고전적 가치와 윤리를 실행하는 이상적인 가족을 추구한 것과 달리 재산의 중요성과 그에 대한 관심을 솔직히 피력한 원채 문장의 명료한 번역과 주석은 말할 것도 없거니와, 계산적으로 보일 만큼 실용적인 원채의 사고가 물질적 현실에 초연한 듯한 유학자들의 이상적인 가족관보다 송대 사대부의 시대적 현실 및 가족생활을 더 잘 반영한다는 결론을 도출하는 저자의 분석적 연구로부터 송대 이후 근세 중국의 현실적 가족상의 일면을 이해할 수 있다.

사카모토 히로코(坂元ひろ子), 《중국 민족주의의 신화(中國民族主義の神話)》(東京 : 岩波書店, 2004)

같은 제목으로 국내에도 번역[양일모·조경란 옮김(지식의풍경, 2006)]되어 있는 이 책의 제2장 〈연애신성과 우생사상〉은 비록 독신 여성에 대한 언급은 전혀 없지만 〈모성의 거부—20세기 초 중국의 '독신 여성' 문제〉에서 거듭 강조했던 20세기 초 중국에서의 우생학과 여성 문제의 관련성을 명쾌한 논리로 설명하고 있다. 현재 일본의 대표적인 탈식민주의 역사학자의 한 사람인 저자는 20세기 중국의 대표적인 우생학자들이었던 저우젠런(周建人)과 판광단(潘光旦) 등의 논의를 통해 우생학과 연애결혼의 결합이 당시로서는 자손의 번영을 종교적으로 신봉하는 유교를 비판하고 여성 해방의 돌파구가 되었을지 모르지만 결국에는 민족주의로 환원되었음을 지적했다. 중국 근현대 역사상의 '남성 주도적 여성 해방론'에 대한 비판은 최근 중국의 여성학자들에 의해서도 활발하게 제기되고 있는데 그 진원지는 이 책의 저자인 사카모토가 1990년대에 수학했던 미국이다.

서양걸,《중국가족제도사》, 윤재석 옮김(아카넷, 2000)

이 책은 가족을 기반으로 형성된 중국의 정치·경제·문화의 흐름을 원시 시대로부터 현대에 이르기까지 꼼꼼히 짚어내고 있다. 특히 중국사 시대 구분론과 병행하여 가족사적 시대 구분을 시도하면서, 가족의 정치·경제적 기능과 역할의 시대적 변화 양상을 탐색하는 한편, 사회적 불평등의 근원을 가족 성원 상호 간의 신분적·경제적·성적 불평등에서 찾음으로써 가족을 기반으로 한 봉건 사회의 주요 모순을 짚어내고자 한다. 또한 문화사적 영역에서 다룸직한 혼례·상례·제례와 같은 각종 의례의 내용과 변천 과정에 대한 기술과 더불어 가족을 둘러싼 다양한 관습과 습속에 대해서도 상세히 소개함으로써 중국 민간의 전통 문화에 대한 이해에도 좋은 길잡이가 될 수 있다.

수호지진묘 죽간 정리 소조(睡虎地秦墓竹簡整理小組) 編,《수호지진간 죽간(睡虎地秦墓竹簡)》(北京:文物出版社, 1978·1990)

1975년 12월 중국 호북성 운몽현 수호지의 11호 진대(秦代) 묘(墓)에서 발굴된 1,150매의 죽간(竹簡)을 현대어로 옮긴 책으로서 석문·주석·해석 부분으로 구성되어 있다. 이 묘의 피장자인 '희(喜)'는 사법 관련 업무를 담당한 지방의 말단 관리로서 진 시황제 30년(기원전 217년)에 사망했고, 죽간은 여러 부장품 중의 하나였다. 따라서 죽간에는 '희'의 생전 업무와 관련된 법률 문서가 가장 많이 포함되어 있는데, 〈진율십팔종(秦律十八種)〉, 〈효율(效律)〉, 〈진율잡초(秦律雜抄)〉, 〈법률답문(法律答問)〉, 〈봉진식(封診式)〉 등이 그것이고, 이와 더불어 〈편년기(編年記)〉, 〈어서(語書)〉, 〈위리지도(爲吏之道)〉, 〈일서(日書)〉 등도 포함되어 있다. 이들 자료는 전국 및 제국 시기 진나라의 정치·경제·사회·문화·군사 등의 연구에 획기적 자료로 평가받고 있다.

오노 가즈코(小野和子),《중국 여성사(中國女性史)》(東京:平凡社, 1978)

일본에서의 중국 여성사 연구는 1978년에 출판된 이 책을 기점으로 하여 이후 꾸준히 연구가 축적되어왔다. 이 책의 저자인 오노 가즈코는 송대 사회 경제사를 연구하는 과정에서 여성의 상속권에 관심을 갖게 되어 이후 여성사를 집중적으로 연구했고 시대 또한 근대로까지 확대했다. 국내에서는 1985년 번역되었으며[《현대중국여성사》, 이동윤 옮김(정우사, 1985)] 영어로도 번역되어 있다. 소설처럼 재미있게 읽을 수 있는 이 책 첫 장에는 〈모성의 거부—20세기 초 중국의 '독신 여성' 문제〉에서 언급한 제사 공장 여성들의 결혼 거부 풍속이 등장한다.

오오사와 마사아키(大澤正昭),《당송 시대의 가족·혼인·여성 : 아내는 강하다(唐宋時代の家族·婚姻·女性 : 婦は強く)》(明石書店, 2005)

저자가 1998년 이래 당송 변혁기의 가족 문제에 대해 발표한 연구의 성과를 공간한 것이다. '아내는 강하다'는 부제가 말하듯 이 책은 여성의 상속권과 가내 지위에 대한 새로운 평가를 출발점으로 기존에 '상식'으로 받아들여져온 중국의 '가부장제'에 의문을 던진다. 당송 시대 소설 사료와 판어《명공서판청명집(名公書判淸明集)》에 나타난 일반 평민 가족의 실태를 분석하여 가부장제 혹은 부계제 원칙에 반하는 가족 관계와 여성상을 밝히고, 소규모화하는 가족, 처족과의 관계, 여성의 노동력, 법제적 재산권 등을 구조적 배경으로 지적한다. 기존의 정체적 시각을 탈피하여 중국 가족의 역사적 변화를 밝힌 점, 또 유교적 가족 원리가 강조한 부계제 · 가부장제의 외형적 이미지가 아니라 가족 내부의 실태를 파악하고자 한 점은 최근 중국 가족사 연구의 중요한 동향을 반영한다.

이양자 외,《중국 근대화를 이끈 걸출한 여성들》(지식산업사, 2006)

청 말의 여성 혁명가 치우진(秋瑾)으로부터 문화대혁명기 4인방의 일원이었던 장칭(江青)에 이르기까지 근현대 중국사에서 활약한 여성 인물 11명에 대한 소개를 9명의 여성학자가 나누어 맡았다.

이화여자대학교 중국여성사연구실 엮음,《중국 여성, 신화에서 혁명까지》(서해문집, 2005)

한국의 중국 여성사 연구자들이 여성사 관련 논문을 모아서 펴낸 논문집이다. 전통 시대로부터 현대에 이르기까지 다양한 주제로 접근한 최초의 논문집으로서 한국의 중국 여성사 연구의 현 단계를 잘 보여준다.

장가산 247호 한묘 죽간 정리 소조(張家山二四七號漢墓竹簡整理小組) 編,《장가산 한묘 죽간(張家山漢墓竹簡)》(北京 : 文物出版社, 2001)

중국 호북성 강릉 장가산 247호 한대(漢代)의 묘(墓)에서 출토된 총 1,236매의 죽간을 정리 수록한 책으로서,〈역보(曆譜)〉,〈이년율령(二年律令)〉,〈주얼서(奏讞書)〉,〈맥서(脈書)〉,〈산수서(算數書)〉,〈개로(蓋盧)〉,〈인서(引書)〉,〈견책(遣策)〉등으로 구성되어 있다. 이 중 526매의 죽간으로 구성된〈이년율령〉은 26종의 율(律)과 1종의 령(令)으로 구성된 율령집으로, 한 고조 유방(劉邦)의 황후인 여태후(呂太后)의 집정기에 사용되던 율령을 발췌한 것이다. 따라서 이들 자료는 한 초의 정치 · 경제 · 사회 · 문화의 연구는 물론 특히 진율(秦律) 및 당률(唐律)과의 계승 관계를 밝힐 수 있는 중요한 법제사 자료로 평가받고 있다.

천둥위안(陳東原),《중국 부녀 생활사(中國婦女生活史)》(上海 : 商務印書館, 1928)

중국 여성사에 관심을 가진 사람이라면 누구나 한번쯤 읽어보았을 정도로 널리 알려진 책이다. 미국과 유럽, 일본에서는 동아시아 여성과 관련된 모든 강좌에서 반드시 읽어야 할 입문서로 꼽히고 있다. 저자인 천둥위안은 이 책이 출판된 다음 해인 1929년 북경대학 교육학과를 졸업하고 미국으로 유학하여 미시건과 컬럼비아 대학에서 공부한 뒤 1937년 귀국했다.

이 책은 고대〔주대(周代) 이전〕로부터 민국기에 이르기까지 역대 각 계층의 여성의 상황을 서술하고 나아가 사회주의 제도하의 여성을 이상으로 한 장래상까지 묘사하고 있다. 신문화 운동기의 유교 비판 흐름을 특히 사상사적으로 언급할 때에는 반드시 인용되는 책이다.〈모성의 거부—20세기 초 중국의 '독신 여성' 문제〉와 관련해서는 마지막 장인〈근대 여성의 삶〉중 '개혁해야 할 성의식'과 '중국의 산아 제한 운동'을 참고할 만하다. 독신 여성 자체를 다룬 부분은 없지만 이 책에 제시된 풍부한 1차 사료들은 그 자체로 풍성한 수확을 안겨줄 것이다. 우리나라에서는 중문학을 전공한 여성학자들에 의해 번역되었다[《중국, 여성 그리고 역사》, 최수경·송정화 옮김(박이정, 2004)].

클로디 브로이엘,《하늘의 절반—중국의 혁명과 여성해방》, 김주영 옮김(동녘, 1985)

문화대혁명이 아직 진행 중이던 1971년 중국을 6주간 여행한 프랑스 여성 운동가들의 보고서다. 문화혁명기 프랑스 여성들이 중국 여성의 지위에 대해 소련 여성과 대비해가면서 이를 긍정적으로 보고 있는 점이 주목된다.

제3부

환경과 기후

최근 자주 등장하는 뉴스 가운데 하나가 바로 지구 온난화이다. 좀 과장해서 말한다면 날마다 접하는 날씨 예보처럼 빈번하게 언급되고 있다는 느낌이다. 중국 환경사를 다룬 어느 책 제목이 암시하고 있는 것처럼 환경 악화나 생태 변화는 장기간에 걸친 '시간의 집적'에서 비롯된다는 측면에서 역사학의 훌륭한 연구 대상이 될 수 있다. 국내의 중국 환경사 연구는 아직 많은 연구자들의 손길을 기다리고 있는 상황이지만 몇 편의 논문들은 이 분야의 연구를 자극하기에 충분할 정도로 심도 있는 내용을 다루고 있다.

중국인들의 환경 인식은 어떠했을까? 혹은 역사 시대 개발이 환경에 어떠한 영향을 미쳤을까? 역사 시대 기후 변화가 어떠한 영향을 주었을까? 당송(唐宋) 시대 환경 문제를 다룬 논문을 찾을 수 없어서 유감이지만, 이 책에 소개된 몇 편의 논문들은 이러한 질문에 대한 답을 해줄 수 있다는 점에서 매우 유용하다고 판단된다.

우선 중국 고대인들의 환경 인식을 다루고 있는 최덕경의 〈중국 고대 민간의 생태 인식과 환경 보호—진·한대의 '일서(日書)'를 중심으로〉는 길흉화복을 추단하는 고대의 점험서(占驗書)인 《일서》 속에 남아 있는 다양한 습속을 통해 산택(山澤)의 생태 환경에 대한 민간의 인식을 살펴보고 있다. 그가 인용하고 있는 《일서》에 의하면, 전국·진한 시기에는 이른바 시일금기(時日禁忌)를 통해 나무와 동물들을 보호했으며, 민간인들의 생태계에 대한 인식도 자연 친화적이었다. 그런데 당시 통치자들은 씨족 공동체가 거느렸던 산림수택을 그들로부터 분리시키고자 했으며, 그러한 상황에서《일서》의 금령(禁令)에 주목하여 민간의 습속과 금기를 법령으로 변모시켰다는 사실을 밝히고 있다.

이 연구에 의하면《일서》가 매일 매일의 금기를 정하고 있는 것과는 달리, 법령으로 전환되면서 월령의 특징을 지니게 되었다는 점을 언급하고 있다. 따라서 한대(漢代) 이후 시일금기는 점차 생활 속으로 내재되어 신앙적 측면을 지니거나 한정된 영역과 특수 목적에 주로 사용되었다. 이것은 민간의 시일금기가 국가의 강제력에 의해 통치의 수단으로 환원되어 시령이나 사시(四時)에 의한 지배로 변모되어간 것과 함께 공동체의 성원을 규율하는 원리로도 작용했음을 보여주는 것이다.

그러나 역사 시대의 거의 모든 환경 문제가 잘 보여주고 있는 것처럼 환경 보호의 당위성에 대한 강조가 미약하거나 환경 보호를 위한 강제 규정이 존재하지 않아서 환경 악화가 급속하게 진행되었던 것은 아니다. 김홍길의 〈명대의 궁궐 목재 조달과 삼림 환경〉이라는 논문이나 정철웅의 〈청대 호북성 서부와 섬서성 남부 환경 변화의 비교 연구〉는 바로 그러한 사실을 잘 보여주는 글이라고 할 수 있을 것이다.

전자는 명대 산림 감소의 한 원인을 당시의 정치 및 사회 경제 구조와 관련시켜 분석하고 있다. 즉 황궁 건설을 위하여 장강 상류 지역인 사천(四川) 등지에서 대량으로 벌목을 단행했던 상황을 그리고 있다. 단적으로 말해서 장강 상류 유역은 그 지역으로 몰려든 유민들의 농업 개발뿐 아니라 정치적인 이유 때문에 다량의 남벌이 자행되었다고 할 수 있다.

한편 정철웅의 논문은 새로운 생활 방도를 찾아 산간 지역으로 몰려든 유민들이 어떠한 방법으로 산간 개발을 하고 있었으며, 그 과정에서 삼림이 피해를 입었는지를 밝히고 있다. 이 논문은 농업뿐 아니라 당시 산악 지역에서 광범위하게 진행되었던 수공업 역시 산림에 많은 피해를 주었음을 언급하고 있다. 앞서 최덕경의 논문에서 지적하고 있는 것처럼 중국, 더 넓게는 동양의 전통 사상이 매우 자연 친화적이었다는 일반적인 통념과는 달리 김홍길과 정철웅의 논문은 개발의 필요성 혹은 정치적인 이유, 생계 문제의 해결이라는 숙제 앞에서는 인간의 행태가 결코 자연 친화적이 될 수 없다는 사실을 잘 보여주고 있는 것이다.

이 세 논문이 어떤 형태로든 인간의 행위가 내재된 환경 변화를 언급하고 있는 것이라면 동일한 환경 문제라 해도 기후의 문제는 인간 영역 밖의 자연 변화로 발생한 환경 문제를 다루고 있다는 점에서 색다른 것이라 할 수 있다. 거의 유일하게 기후 문제를 전문적으로 연구하고 있는 김문기는 〈17세기 강남의 소빙기 기후〉라는 논문을 통해 바로 그러한 사실을 잘 보여주고 있다.

김문기가 제시하고 있는 것처럼 기후 변화를 세밀하게 기록하고 있는 사료가 부족하지만 기존의 지방지나 개인 문집은 당시 기후 변화에 관한 나름의 훌륭한 정보를 제공해주고 있다. 김문기는 그러한 자료를 바탕으로 소빙기의 여러 현상과 연대별 기후 변동의 특징을 통해 17세기 강남의 기후 변동, 그리고 그러한 강남의 기후 변동이 세계적인 소빙기 현상과 어떤 관련이 있는지 살펴보고자 했다.

그의 연구를 토대로 1551년에서 1750년까지 200년 동안 강남의 기후 변동을 살펴보면, 1550년대 이후 지속되었던 온난 기후는 1570년대 말부터 한랭기로 접어들어 그것이 1700년까지 지속되었다. 1700년대 이후는 이전에 비해 상대적으로 온난 기후로 전환되었다. 따라서 제2차 한랭기는 1570년대 말에 시작되어 1700년까지 지속되었다고 볼 수 있는데, 이 기간에도 기후는 일정치 않았다고 한다.

김문기의 연구가 의미 있는 이유는 명청 시대 강남의 기후가 세계사적으로도 긴밀하게 연결되어 있다는 사실을 정치하게 보여주고 있기 때문이다. 그에 따르면 강남의 감귤 재배 쇠퇴는 유럽에서의 포도 농원의 축소와 거의 동일한 양상을 보여주고 있는데, 이것은 거시적인 의미에서 중국과 유럽의 소빙기 현상이 거의 동일한 궤도를 걸어갔다는 것을 의미한다. 아울러 17세기 강남의 하계 이상 저온 현상 중의 많은 부분이 화산 폭발로 인한 세계적 기후 한랭화와 밀접하게 관련되어 있다는 점을 밝혀준다. 즉 17세기 강남의 기후 변동이 일반적인 예상보다 훨씬 긴밀하게 세계적인 기후 현상과 연결되어 있었다는 것이다.

이 4편의 논문은 중국인들의 환경 인식이나 산악 지역 개발에 따른 환경 변화, 그리고 중국이 겪은 기후 변동이 지닌 세계사적 의의 등을 다루고 있지만, 당연히 환경사의 주제는 단지 개발과 인식의 문제로만 치부할 수 없는 다양한 요소, 예를 들어 종교, 통신의 문제, 특정 집단의 생활 방식 등과도 긴밀하게 연결되어 있다는 점을 상기할 필요가 있을 것이다.

중국 고대 민간의 생태 인식과 환경 보호— 진·한대의 '일서(日書)'를 중심으로*

최 덕 경**

1. 머리말

'일서(日書)'란 길흉화복을 추단하는 고대의 점서(占書)로서, 시일(時日)을 점후(占候)해 기록한 '일자(日者)'[1] 개인의 저작이 아니라 당시 민간에 유행했던 각종 택일 방법을 모아 편집한 책이다. 그래서 그 속에는 전국·진(秦)·한(漢) 시대의 의식주행(衣食住行) 및 종교, 귀신 같은 민간의 의식 세계를 살필 수 있는 귀중한 자료가 포함되어 있다고 할 수 있다.[2] 실제로 초(楚)의 강한천택(江漢川澤) 지

* 이 글은 2003년 4월에 〈진한대《일서》에 나타난 생태인식과 환경보호〉라는 제목으로《중국사 연구》제23집에 실린 논문을 수정·보완한 것이다.
** 부산대 사학과와 같은 학교 대학원을 졸업하고 건국대에서 문학 박사 학위를 받았다. 현재 부산대 사학과 교수, 부산대 중국연구소 소장을 맡고 있으며, 중국사회과학원 교환교수를 역임했다. 관심 분야는 전근대 중국의 농업사, 환경사 및 생활사이며, 저서로《中國古代農業史研究》, 역서로《中國史(秦漢史)》,《中國고대사회성격논의》등이 있으며, 논문으로는 〈戰國·秦漢시대의 山林藪澤에 대한 保護策〉등 60여 편이 있다.
1)《史記》권127 〈일자렬전(日者列傳)〉의 집해(集解)에 의하면 "묵자에 이르기를 묵자가 북쪽 제나라로 가서 일자를 만났는데, 일자가 이르기를 제가 금일 북방에서 흑룡을 죽였는데, 선생의 안색이 흑색이니 북쪽으로 갈 수 없다고 했으며(墨子曰 墨子北之齊 遇日者. 日者曰 帝以今日殺黑龍於北方 而先生之色黑 不可以北)", 색은술찬(索隱述贊)에는 "일자의 이름은 유래가 있으며, 길흉 점후는 묵자에서 비롯되었다(日者之名 有自來矣. 吉凶占候 著於墨子)"고 하며, 색은안(索隱案)에서는 "점치는 행위를 일자라고 했기에 그래서 점후 시일을 점치는 것을 보통 일자라고 불렀다(名卜筮曰日者以墨 所以卜筮占候時日通名日者故也)"고 했다.

역에 "귀신을 믿고 음사(淫祀)를 중시"[3]하는 풍습이 있었던 것으로 보아 이 지역에서 일서가 출토된 것은 이 지역의 습속과 무관하지는 않은 듯하다.

일서는 폭넓은 지역에서 다양하게 출토되고 있지만, 현재까지 발굴된 것들의 발생 시기는 대개 전국 후기에서 전한(前漢)까지 걸쳐 있다.[4] 그리고 출토된 묘장(墓葬)의 주인도 제후왕, 관리에서 서인(庶人)에 이르기까지 다양하다. 이는 이 시기에 일서가 크게 유행했으리라는 추측을 가능케 한다. 시기만 보면, 진한의 통일 과정에 일서가 효과적으로 활용되었다는 느낌도 든다.

이 일서가 전국 시대의 하급 관리가 민(民)을 효율적으로 다스리기 위해 만든 법률 문서인 수호지(睡虎地) 진율(秦律)과 함께 묘장에서 출토되었다는 것은 주목할 만한 부분이다. 주지하듯 전국 시대는 군주권이 민간 질서를 장악해가던 시기였다. 그러므로 기존의 민간 습속과 규율에 대한 이해는 향촌민을 통치하는 데 기초가 되었고, 이풍역속(移風易俗)은 곧 군현민을 법적으로 지배하는 첩경이었다. 이런 측면에서 일서는 당시 국가 권력의 법률이 민간의 습속과 어떻게 상호 작용했는지를 이해하는 데 매우 유용한 자료가 된다.

---

2) 대표적인 '일서(日書)'는 수호지진간(睡虎地秦簡)《일서(日書)》, 방마탄진간(放馬灘秦簡)《일서》, 구점초간(九店楚簡)《일서》 등이다. 이들 일서가 제작된 시기는 수호지진간《일서》의 경우 기원전 250~246년으로 비정되고 방마탄진간의 경우도 이와 유사하다. 구점초간의 경우, 정확한 연대 추정이 곤란하나 대개 전국 시대 후기의 것으로 여겨진다. 劉樂賢, 《睡虎地秦簡日書研究》(臺北 : 文津出版社, 1994), 408쪽 ; 吳小强 撰, 《秦簡日書集釋》(長沙 : 岳麓書社, 2000) ; 湖北省文物考古研究所, 《九店楚簡》(北京 : 中華書局, 2000), 162쪽 참조. 이 글에서 참고한 《일서》의 간호(簡號)는 류야오샨(劉樂賢)과 우샤오창(吳小强)의 저서를 참고했다.

3) 《漢書》 권28 〈地理志下〉.

4) 이미 발굴된 일서로는 수호지진간 《일서》 외에도 정현한간(定縣漢簡) 《일서》〔하북성(河北省) 정현(定縣), 전한(前漢) 말 중산(中山) 회왕유수(懷王劉修)의 묘장(墓葬)〕, 부양한간(阜陽漢簡) 《일서》〔안휘성(安徽省) 부양현(阜陽縣), 전한 초 여음후(汝陰侯) 하후조(夏侯竈)의 묘장〕, 강릉구점동주묘죽간(江陵九店東周墓竹簡) 《일서》〔호북성(湖北省) 강릉현(江陵縣), 전국 후기 서인(庶人)의 초묘(楚墓)〕, 강릉장가산한간(江陵張家山漢簡) 《일서》〔호북성 강릉현 전한 초 한묘〕, 방마탄진간 《일서》〔감숙성(甘肅省) 천수(天水), 전국 후기 하급 관리의 묘〕, 강릉왕가태십오호진간(江陵王家台十五號秦簡) 《일서》〔호북성 강릉현, 진한묘〕가 있으며, 이 밖에 《거연신간(居延新簡)》, 《돈황현천한간(敦煌縣泉漢簡)》, 《돈황한간(敦煌漢簡)》, 《주가대삼십호진묘간(周家臺三十號秦墓簡)》 중에도 잔편이 있다. 工藤元男, 《睡虎地秦簡よりみた秦代の國家と社會》(東京 : 創文社, 1998), 150~158쪽.

본 논문이 일서를 주목한 것은 바로, 어째서 구전되어온 민간의 습속이 일서라는 기록 문건으로 남아 있게 되었으며, 아울러 수호지진간에서 보는 바와 같이 일서가 하급 관리의 묘에서 진율과 함께 출토되었는가 하는 의문점 때문이다. 일서가 단순한 지역 사회의 점서였다면 과연 점의 내용을 기록으로 남겨둘 필요가 있었을까? 게다가 이런 문건이 어떻게 관리 등의 묘에서까지 발견되었을까? 지역 사회의 습속을 알 필요가 있는 사람(집단)이 의도적으로 지역 민간에서 유전되는 정보를 수집했을 가능성이 있다. 일서들이 기록된 전국·진·한 시대는 향속(鄕俗)을 교정해 향민(鄕民)을 장악해가던 시기에 해당하는데, 지역적 습속이 강하게 남아 있는 사회를 최소의 충격으로 통합하기 위해서는 지역 유력층과의 상호 제휴가 필요했을 것이고, 통치 권력과 지역 향촌민들 사이의 타협을 위해서는 상호 간의 이익이 합치되어야 했을 것이다. 따라서 비정치적인 일서가 지역 향촌민에게는 전통적인 습속과 염원을 알리는 자료집이 되고 관리들에게는 정치적 목적을 위한 향민 성향 분석을 돕는 참고서가 되지 않았을까 가정하게 된다.

이러한 관점 아래 본 논문이 특별히 관심을 기울이는 부분은 일서 속에 남아 있는 민간의 다양한 습속 중 산택(山澤)의 생태 환경에 대한 민간의 인식이다. 그렇다고 일서에 생태 환경에 관한 자료가 많이 남아 있는 것은 아니다. 또한 기존의 연구도 주로 전국·진·한 시대에는 지금보다 강수량이 많고 기온이 높아 숲의 피복률(被覆率)이 훨씬 양호했다거나 군주가 산림천택(山林川澤)을 가산화했다거나 하는 등에 집중했을 뿐, 민간의 생태 인식에는 주목하지 않았다.

일서가 유행했던 시기는 부국(富國)이 요구되고 자원의 보고인 산림천택이 어느 때보다 중시되던 때였다. 또한 안정적인 자원 확보를 위해 그 환경 속에서 오랫동안 삶을 영위해온 향촌의 지지와 협조가 우선 필요했다. 이때 등장한 산림 보호법은 향촌의 습속과 국가의 의도가 결집된 법령이었을 것으로 생각된다. 일서는 이러한 시기의 민간의 생태 환경에 대한 인식 변화를 이해하는 데 좋은 길잡이가 될 것이다. 게다가 출토된 당시의 간독 자료는 중앙 관료의 기록물과는 달리 해당 지역의 지리, 문화를 보여주어 당시의 민간의 습속과 생태 환경을 파악하는

데 많은 도움을 준다.

　본 논문은 이들 간독 자료를 활용해 일서에 반영돼 있는 당시의 생태계 실상과 생태계를 유지·보호할 수 있었던 본원적인 사상을 파악하고, 민간의 생태 인식이 국가의 법령에 어떤 식으로 반영되었는지를 검토해볼 것이다.

2. 생활의 금기와 산림 실태

　전국 시대의 일서 중 대표적인 것으로 호북성(湖北省) 수호지진간《일서》와 감숙성(甘肅省) 방마탄진간(放馬灘秦簡)《일서》가 있다. 진의 옛터에서 출토된 방마탄진간《일서》는 내용이 간략하고 구체적이면서 '공리를 중시하고 인의를 가벼이 하는(重功利 輕仁義)' 특성을 지녔다. 이에 반해 초의 옛터에서 출토된 수호지진간《일서》는 복잡하고 분량이 많으며, 예제(禮制)의 영향과 신비적 색채가 농후하다. 그러므로 "진 사람이 정치를 중시하고 귀신을 경시한 데 반해 초 사람은 귀신을 중시하고 정치를 경시해 귀신관이 매우 엄격하다"라고 양자 간의 차이를 말할 수 있다.[5]

　하지만 두 일서는 지역적으로 거리가 먼 데 반해 제작 시기나 표현 양식이 거의 유사하고, 내용에서도 공히 월건(月建), 건제(建除), 사망(亡者), 길흉, 택행일(擇行日), 남녀일(男女日), 출생(生子), 금기, 입관(入官), 제사(行祠), 질병(有疾), 몽(夢), 실화(失火), 절도(盜者), 주택 건축(蓋屋), 힐(詰), 의(衣), 주택 금기(室忌), 혼인(嫁子) 등 민간 생활 거의 전면을 아우르고 있다.

---

5) 吳小强 撰,《秦簡日書集釋》, 287~289쪽에 따르면, 진의 옛터에서 출토된 방마탄진간《일서》와 초(楚)의 문화에 근거한 수호지진간《일서》는 연대와 성격은 거의 동일하지만, "진 사람이 정치를 중시하고 귀신을 경시하는 데 반해 초 사람은 귀신을 중시하고 정치를 경시해(秦人重政治輕鬼神 楚人重鬼神輕政治) 귀신관이 매우 엄격하다"는 큰 차이를 드러낸다.

(1) 기후와 농업의 금기

일서 중에 본 논문이 주목하는 생태 환경에 대해 직접적인 묘사는 없다. 하지만 일서에 나타난 생활 습속을 면밀하게 검토하면 이와 관련된 자료를 적지 않게 발견할 수 있다. 당시의 산림 실태에 구체적으로 접근하기 위해 우선 기후와 산림에 대한 당시의 인식이 어떠했는지를 일서를 통해 살펴보자. 당시의 기후를 알려주는 일서의 자료는 다음과 같다.

① 수일(秀日)은 '중광(重光)'의 날로서 전쟁을 하면 유리하다……정월 초하루에 가물면 설령 한 해의 농사가 좋을지라도 전쟁(兵事)이 있다.[6] 교일(敽日)은 '반역의 기운은 다소 있을지라도 큰 재앙은 없(有小逆 無大殃)'는 날이다……정월 초하루에 비가 많이 내리면 일 년 농사의 징후가 좋더라도 질병의 고통으로 인해 부녀자가 아이를 낳지 못하고 전쟁이 있다.[7]

② 음일(陰日)은 '잠시 그림자가 드리워졌다가 이내 햇볕이 드는(乍陰乍陽) 해로서 처음에는 욕되나 나중에는 경사로운' 날이다……정월 초하루에 비가 많이 내리면 일 년 수확이 보통 수준에 머물게 되며 전쟁은 없지만 도적이 많다.[8] 철일(徹日)은 '육갑이 서로 어긋나는(六甲相逆)' 날이다……비가 내려도 태양을 볼 수 있다. 정월 초하루에 비가 많이 내리면 일 년 농사가 좋을 징후이며 전쟁이 없다.[9]

③ 정월 갑을일(甲乙日)에 비가 내리면 곡물의 수확이 좋지 않고 목공(木功)이 일어난다. 병자(丙子)일에 비가 내리면 큰 가뭄이 들고 귀신이 북행(北行)해 질병이 많다. 무기일(戊己日)에 비가 내리면 대풍년이 들고 나라에 토공(土功)이 생긴다. 경신일(庚申日)에 비가 오면 풍년이 들고 나라가 크게 일어난다.[10] (그리고) 10월 갑을일에 비가 내리면 기근이 든다. 병정일(丙丁日)에 비가 내리면 얼마간 기근이 든다(小飢). (하지만) 무기일에 비가 내리면 작황이 평년 수

6) 睡虎地秦簡《日書》甲種, 簡33正: "秀 是謂重光……正月以朔 旱 歲善 有兵."

7) 睡虎地秦簡《日書》甲種, 簡39正.

8) 睡虎地秦簡《日書》甲種, 簡43正.

9) 睡虎地秦簡《日書》甲種, 簡45正.

10) 放馬灘秦簡《日書》乙種, 簡199.

준을 이루며, 경신일에 비가 내리면 풍년이 든다.[11]

①, ②는 수호지진간《일서》의 내용으로, 정월 초하루에 '가뭄〔旱〕'과 '다우(多雨)' 중 어떤 일기 현상이 나타나는가에 따라 한 해의 수확량과 재앙이 달라짐을 이야기한다. ①, ②의 차이점이 있다면 '수일', '교일', '음일', '철일'처럼 길흉을 정하는 건제의 날이 다르다는 것뿐이다. 진의 건제일(建除日)로서 이 밖에 정양일(正陽日), 위양일(危陽日), 할일(轄日), 결일(結日) 등도 보이는데, 날의 명칭에 따라 농업의 결과가 다르게 나타나는 것으로 되어 있다. 이들 외에도 수호지진간《일서》에는 두 가지 일점법(日占法)이 더 등장한다. 〈제(除)〉편의 건제십이목(建除十二目)에 따른 일점법과 〈진제(秦除)〉편의 건제12목에 따른 일점법이 그것이다. 건제12목의 내용이 〈제〉편과 〈진제〉편에서 서로 다르고,[12] 〈제〉편에는 농업에 대한 구체적인 내용도 없다. 그래서 〈제〉편을 초 운몽(雲夢) 지역의 건제로 보기도 한다.[13]

---

11) 放馬灘秦簡《日書》乙種, 簡202.

12) 길흉의 택일(擇日)에 사용되는 건제12목의 명칭은 수호지진간(睡虎地秦簡)《일서(日書)》갑종(甲種) 〈진제(秦除)〉편에서는 건(建)·제(除)·영(盈)·평(平)·정(定)·집(執)·파(破)·위(危)·성(成)·수(收)·개(開)·폐(閉)일이다. 이 중 제·정·집·위·성·개는 '길일(吉日)'이라 하고, 건·영·평·수는 '차길(次吉)'이라 하며, 파·폐는 흉일(凶日)이라 한다. 이와 달리《일서(日書)》갑종(甲種) 〈제(除)〉편에는 건제12목이 유(濡)·영(盈)·건(建)·함(陷)·피(彼)·평(平)·영(寧)·공(空)·좌(坐)·개(盖)·성(成)·용(甬)일이라고 나와 있고, 이어서 결일(結日), 양일(陽日), 교일(交日), 해일(害日), 음일(陰日), 달일(達日), 외양일(外陽日), 외해일(外害日), 외음일(外陰日), 격일(擊日), 결광일(夬光日), 수일(秀日) 등 12종일을 설정하여 좋은 날과 그렇지 못한 날을 제시하고 있다. 이 중 양일(陽日)이 가장 좋은 날이고 결일(結日)이 가장 불길한 날이라고 한다. 양자가 모두 12목을 설정한 것은 동일하나 그 날짜와 '작업 행사(作事)', '제사', '출생(生子)', '출가 혼인(寄人)' 등의 길흉의 판단도 다르다.

13) 李學勤, 〈睡虎地秦簡《日書》與楚·秦社會〉,《江漢考古》(1985년 제4기)에서 수호지진간(睡虎地秦簡)《일서(日書)》갑종(甲種) 〈제〉편의 내용을 초의 건제라고 해석한다. 〈제〉편의 내용을 초의 습속으로 보는 것은 '간3정이(簡3正貳)'의 "양일은 만사가 순조롭다. 국가와 지방은 모두 풍년을 거두고 농부는 4년간의 수확을 한꺼번에 거둔다(陽日 百事順成. 邦郡得年 小夫四成)"라는 문장 속에 '소부(小夫)', '방군(邦郡)'이라는 말이 등장하는데, 이 단어들이《장자(莊子)》〈열어구(列御寇)〉,《잠부론(潛夫論)》〈교제(交際)〉,《마왕퇴한묘백서(馬王堆漢墓帛書)》〈십육경 전도(十六經 前道)〉 등 초 지역과 관련된 문헌에도 등장하기 때문이다. 劉樂賢,《睡虎地秦簡日書硏究》, 29~30쪽.

건제12목에 의거해 길흉을 예견하는 방식은 6세기의《제민요술(齊民要術)》에도 등장한다.《제민요술》은《잡음양서(雜陰陽書)》를 인용해, 오곡의 생장에는 시일(時日) 금기가 중요하며, 생(生)·장(長)·장(壯)일에 파종하면 수확량이 많지만 노(老)·악(惡)·사(死)일에 파종하면 수확량이 적고, 기(忌)일에 파종하면 수확에 실패한다고 말한다. 또한 성(成)·수(收)·만(滿)〔영(盈)〕·평(平)·정(定)일에 파종하면 좋다고 말함으로써[14] 농업 생산을 건제12목과 관련시킨다.

앞의 인용문 ③은 감숙성 방마탄진간《일서》의 내용인데, 이를 ①, ②와 비교해 읽어보면, 정월 초에 비가 내린다고 해서 언제나 재앙이 드는 것이 아니며, 정월 초하루부터 비가 내리면 재수가 없어 재앙, 질병, 가뭄으로 인한 흉년이 닥치지만 이틀이 지난 무기일 이후에 비가 내리는 경우에는 오히려 풍년이 든다고 해석된다. 여기에는 한 해의 산뜻한 시작을 기원하는 주술적인 의미가 담겨 있어 ①, ②와 다소 차이가 있다. 그렇지만 위의 사료를 통해 알 수 있는 것은 진이 정초의 일기 현상으로 한 해의 농사와 국가 운수를 예고했으며, 이러한 진의 건제를 통일 과정에 초와 같은 점령지에도 함께 적용하고 있다는 점이 주목된다.

아울러 "정월 초하루에 비가 많이 내리면(正月以朔 多雨)"이라는 표현이 이들 진대의 일서 도처에 등장하는 것으로 보아 당시에 정월의 다우(多雨)가 보기 드문 현상이 아니었던 듯하며, 이때의 다우는 요즘의 6~8월에 볼 수 있는 집중 강우 현상과는 달랐을 것이다. 정초에 내리는 비를 통해 풍흉은 물론 국가의 대소사까지 예견했다는 것은 그다지 합리적으로 보이지 않지만, 10월의 수확기에 언제 비가 내리느냐에 따라 풍흉을 가늠했다는 것은 자연의 이치에 대한 이해를 기초로 했다는 점에서 합리적인 부분이 없지 않다.

주커전(쓰可楨)의 연구에 따르면 실제로 전국·진·한 시대에는 기후가 지금보다 온난해 전국 시대에는 기온이 지금보다 2℃ 높았고 전한 때는 1℃ 높았으며, 후한(後漢)부터 점차 한랭해져 진(晉)대에는 기온이 지금보다 1~2℃ 낮았다고 한

---

14)《齊民要術》〈種穀〉.

다.[15] 전국·진·한 시대의 기후가 지금보다 온난했음은 다양한 측면에서 확인된다.《회남자(淮南子)》,〈시칙훈(時則訓)〉은 "2월 [상순]에 비가 내리기 시작했고 복숭아꽃과 자두꽃이 피기 시작했다……5월에 해가 길어졌고 매미가 울기 시작했다"라고 했으며, 전국 시대부터 집필이 시작되어 전한 시대에 완성된《일주서(逸周書)》도 "경칩에는 복숭아꽃이 피기 시작하며……춘분에 제비가 날아오고……하지에서 5일이 지나면 매미가 울기 시작한다"라고 했다.[16]《회남자》와《일주서》에 나타난 이런 절기상의 물후(物候)는 오늘날 서안의 절기상의 물후와 비교할 때 20일 내지 한 달 정도 빠른 것이다. 따라서 전한 시대 전기와 중기에는 연평균 기온이 오늘날보다 1.5℃ 정도 높았음을 짐작할 수 있다.[17] 이런 점을 감안하면 입춘 이전의 정월에도 화북(華北) 지역에 봄비가 적지 않게 내렸을 것이다.

이러한 기후 조건은 당시의 생태계가 지금과는 매우 달랐음을 말해준다. 은허(殷墟)에서 코끼리나 물소 등의 유해가 출토되고《시경(詩經)》,《산해경(山海經)》,《죽서기년(竹書紀年)》등에 코끼리, 호랑이, 코뿔소 등의 열대 동물들이 등장하는 것도 그 때문일 것이다. 또한, 섬서(陝西) 관중(關中) 분지의 동남부에서 출토된 남전인(藍田人)이 활동하던 지역이자 고대 '진·초의 인후(咽喉)'였던 진령(秦嶺) 북록(北麓)의 남전현(藍田縣)에서도 물소, 원숭이, 돼지, 사슴, 코끼리, 고슴도치〔猬〕, 양, 말 등 40여 종의 포유동물 화석이 발견되고 있는데, 이는 이곳의 기후가 온난해 오늘날의 장강(長江) 이남과 같이 다양한 동물의 생존에 적합했음을 말해준다. 북경(北京) 주구점(周口店) 일대나 서북의 고산(高山) 지역도 마찬가지였다.[18]

---

15) 쓰可楨,〈中國近五千年來氣候變遷的初步研究〉,《考古學報》(1972년 제1기), 21·35쪽 ; 최덕경,〈중국고대(中國古代)의 물후(物候)와 농시예고(農時豫告)〉,《中國史研究》제18집(2002), 17~20쪽.

16) 전한 무제(武帝) 말년에 저술된 작자 미상의《역위통괘험(易緯通卦驗)》도 "2월 춘분에 복숭아꽃이 처음으로 피었다. 3월 청명에 청명풍(清明風)이 불어왔고, 제비가 왔다……5월 하지에 매미가 울었다"라고 했다.

17) 劉昭民,《中國歷史上氣候之變遷》(臺灣:臺灣商務印書館, 1992).

18) 張全明·王玉德,《中華五千年生態文化》(上)(武漢:華中師範大學出版社, 1999), 26쪽. 화북(華北)의 황하(黃河), 회하(淮河), 해하(海河) 지역의 이 같은 기후와 풍토는 당시의 동굴 유적이나 출토 유물을 통해서도 확인

또한《시경》,〈위풍(衛風)〉의 '기오(淇奧)'에 "저 기수(淇水)의 물굽이를 바라보니 푸른 대나무가 아름답게 우거졌네(瞻彼淇奧, 綠竹猗猗)"라고 되어 있는 것처럼 당시에는 북방 각지에서 대나무가 무성하게 자랐고,《시경》,〈국풍(國風)〉'소남(召南)'편의 '채빈(采蘋)'에 "이것을 담는 것은 대로 만든 광주리와 바구니(于以盛之 維筐及筥)"라고 되어 있는 것처럼 대나무로 만든 기물(器物)이 많이 사용되었다.[19] 말하자면 대나무의 북한계선이 지금보다 훨씬 높았던 것인데, 이는 북방의 기후가 온난했음을 의미한다.

그렇다면 이러한 기후에서 생태 환경의 주된 부분을 점하는 농업의 실태는 어떠했을까? 수호지진간《일서》와 비슷한 시기에 등장한《관자(管子)》와《상군서(商君書)》는 부국이 생존의 길임을 강조하며 자원과 경작지의 원천인 산림천택을 보다 적극적으로 개발할 것을 장려했고,[20]《여씨춘추(呂氏春秋)》는 정경세작과 작무법을 구체화해 토지 이용도를 높이는 데 주력했다.

민간의 습속을 간직한 수호지진간《일서》의 경우에는 농업과 관련된 전통적인 시일 금기를 통해 당시의 농업 실태를 알려준다. 이《일서》에는 우선 처음 기경(起耕)할 때는 정해일(丁亥日)과 무술일(戊戌日)을 피할 것을 요구한다.[21] 이 같은 '전기(田忌)' 일에는 파종은 물론 흙을 일구는 일도 해서는 안 된다.[22] 이것은 토지가 오곡, 초목, 금수 등 만물을 부양하는 곳이며,[23] 토지가 부실하면 만물이 영향

된다. 鄒逸麟 主編,《黃淮海平原歷史地理》(合肥 : 安徽教育出版社, 1993) ; 文煥然·文榕生,《中國歷史時期冬半年氣候冷暖變遷》(北京 : 科學出版社, 1996) 참조.

19) 그 밖에《시경(詩經)》,〈왕풍(王風)〉'군자양양(君子陽陽)'의 "대나무 피리",〈소아(小雅)·상체(常棣)〉의 "대나무로 만든 변두(籩豆)",〈소아(小雅)·벌목(伐木)〉의 "대그릇에 갖은 음식 진열해(陳饋八簋)" 등의 표현에서도 대나무로 다양한 용기가 만들어졌음을 알 수 있다.

20) 原宗子,〈我對華北古代環境史的硏究─日本的中國古代環境史硏究之一例〉,《中國經濟史硏究》(2000년 제3기), 27쪽에 따르면《관자(管子)》에 나오는 제(齊)의 방식은 "땅의 기운에 의거하여 합당함을 선택하는(因地制宜)" 방식으로 각종 환경의 기본 면모를 보존했지만,《상군서(商君書)》에 나오는 진의 방식은 산림초원을 경지화해 "밭작물 중심주의(大田穀作主義)"를 실행했다.

21) 睡虎地秦簡《日書》乙種, 簡30貳.

22) 睡虎地秦簡《日書》甲種, 簡150背.

을 받고 초목이 더 이상 자라지 못한다는[24] 전통적인 인식과 궤를 같이한다.[25] 전통적 인식의 기반이 되는 것이 민간의 인식이라고 할 때, 이는 민간이 토지 자원을 임의로 개발하거나 점거하는 것에 반대하고 있었다는 이야기가 된다.

또 수호지진간《일서》에는 "곡물이 길한 날(禾良日)", "곡물이 꺼리는 날(禾忌日)"을 정해 '길한 날[양일(良日)]'과 '꺼리는 날[기일(忌日)]'에 따른 농사를 유도한다. 즉, "농사의 길일은 기해일(己亥日), 계해일(癸亥日), 오유일(五酉日), 오축일(五丑日)이고, 기일은 작물마다 달라 기장[稷]은 인일(寅日)을, 차조(수수)는 축일(丑日)을, 물벼[水稻]는 해일(亥日)을, 밀은 자일(子日)을, 콩[大豆]과 팥[小豆]은 묘일(卯日)을, 마(麻)는 진일(辰日)을, 채소는 계해일을 피한다" 하고, "이날은 파종하거나 수확을 시작할 수 없고, [농작물을] 매매하거나 타인에게 보내지도 못한다" 하며, 또 "신묘(辛卯)일에는 수확을 시작할 수 없다고" 하는 등[26] 농작물의 파종에서 수확에 이르기까지 전통적인 습속을 따를 것을 요구한다.

오곡 생산에도 양일(良日)·기일(忌日)이 정해져 있다. 즉 "밀(麥)의 경우, 양일에 파종하면 백 배의 수확이 있지만 자일에 파종하는 것은 피해야 한다".[27] 그리고 양일에는 파종은 물론 판매와 증여도 할 수 있지만, 임진(壬辰)일, 을사(乙巳)일에는 오곡을 파종하는 것은 물론 타인에게 주는 것도 금해야 한다.[28] 또 "오곡의 파종 금기일(五種忌)"도 구체적으로 제시된다. 조(禾)는 병(丙)과 인(寅)일에, 밀(麥)은 갑(甲)일과 자(子)일에, 기장[黍]은 을사(乙巳)일과 축(丑)일에, 마는 진(辰)일에, 콩[菽]은 묘(卯)일과 술(戌)일에, 벼[稻]는 해(亥)일에 파종을 피해야 하

---

23) 《易傳》〈德說卦傳〉；《荀子》〈堯問〉.

24) 《禮記》, 〈樂記〉 : "토양이 척박해지면 초목은 성장할 수 없다(土敝則草木不長)."

25) 劉厚琴,《儒學與漢代社會》(濟南 : 齊魯書社, 2002), 295쪽.

26) 수호지진간《일서》에는 임진일(壬辰日)과 을사일(乙巳日)에는 타인에게 오곡을 보낼 수 없고, 자일(子日)에는 파종할 수 없다고 명시돼 있다. 睡虎地秦簡《日書》甲種, 簡17~23正參；睡虎地秦簡《日書》乙種, 簡64.

27) 돈황유서사(敦煌遺書斯) 6258《육십갑자추길흉법(六十甲子推吉凶法)》은 조, 밀, 콩[豆], 벼[稻], 마(麻)의 파종 양일(良日)과 기일(忌日)이 서로 다름을 구체적으로 제시하고 있다. 劉樂賢,《睡虎地秦簡日書研究》, 49~50쪽.

28) 睡虎地秦簡《日書》乙種, 簡64.

는 것이다. 금기일에는 파종하거나 수확을 시작할 수 없다.[29] 그뿐 아니라 "오곡 용일(五穀龍日)"에 따라 오이(瓜)는 임(壬)일과 진(辰)일에, 아욱(葵)은 해(亥)일에 파종과 수확을 금해야 한다.[30] 방마탄진간《일서》의 갑종(甲種)에도 비슷한 내용 이 등장한다.[31]

특기할 점은 모두 '오곡(五穀)', 즉 다섯 가지 곡식을 이야기하면서 실제로는 6 종 혹은 7종의 곡식을 거론한다는 것인데, 이로 미루어 민간에서는 '오(五)'를 실 수(實數)로 받아들이지 않고 '오곡'을 곡물의 범칭으로 사용한 듯하다. 수호지 《진간(秦簡)》의 〈창률(倉律)〉에는 벼〔稻〕, 마, 조(禾), 밀(麥), 기장〔黍〕, 팥〔答〕, 콩 〔菽〕 등을 당시의 주요 곡물로 제시하고 있다. 시일 금기는 곡물의 파종과 수확에 만 적용된 것이 아니고, "저장에 좋은날(囷良日)"이나 "〔이날〕 저장하면 크게 길하 게 된다(囷大吉)" 같은 말에서 알 수 있듯이 곡물 보관이나 수리, 보수에도 적용되 었다.[32]

일서는 만약 이 같은 시일 금기를 따르지 않으면 일 년 양식을 얻을 수 없다고 경고한다. 또한, 농업에 관련된 신적인 존재들인 전박주(田亳主), 두주(杜主), 우사 (雨師), 전대인(田大人) 같은 인물들이 사망한 을사일, 을유(乙酉)일, 신미(辛未)일,

---

29) 睡虎地秦簡《日書》甲種, 簡151~152背 ; 睡虎地秦簡《日書》乙種, 簡46~49貳.

30) 睡虎地秦簡《日書》乙種, 簡65 : "五穀龍日 子麥 丑黍 寅稷 辰麻 申戌菽 壬辰瓜 癸葵." "오곡용일(五穀龍日)"의 용(龍)은 《회남자(淮南子)》, 〈요략(要略)〉에 나오는 "집의 개폐를 조종하며 각각 용이 있어 꺼린다(操舍開塞 各 有龍忌)"는 말에 대해 "중국은 귀신에 씌인 날을 꺼려하고 북쪽의 호족이나 남쪽의 월족은 이를 용을 부르는 날 이라고 한다(中國以鬼神之日忌 北胡南越皆謂之請龍)"는 주가 달려 있는 것으로 보아 금기의 의미를 지니고 있 다. 그리고 여기서 오곡 중에 벼〔稻〕는 없고 오이와 아욱〔葵〕이 들어가 있는 것도 주목된다. 또《일서》을종(乙 種)의 '오곡기일(五種忌日)'에 의하면 "병과 인일에는 조(禾)의 〔파종과 수확을〕 꺼리고(丙及寅禾)", "진, 묘와 술일에는 콩을 꺼린다(辰卯及戌菽)"고 되어 하여 '오곡용일'과 비교할 때, 조(禾)가 직(稷)으로 표기되었음을 알 수 있고 콩〔菽〕은 신술(申戌) 대신 묘술(卯戌)일이라고 하여 '오곡(五穀)'과 '오종(五種)'의 종류와 꺼리는 날에도 다소 차이가 있음을 보여주고 있다.

31) 放馬灘秦簡《日書》甲種, 簡乙 320 : "파종을 꺼리는 날 : 자일에는 밀, 축일에는 기장, 인일에는 조, 묘일에 는 콩, 진일에는 □을 꺼리며, 사일에는 □, 미일에는 차조(秫), 해일에는 벼의 파종을 꺼린다. 이날 종자를 파 종하면 수확하거나 먹을 수 없다(種忌. 子麥 丑黍 寅稷 卯菽 辰□ 巳□ 未秫 亥稻. 不可種種獲及嘗)." □는 해독이 불가능한 글자를 나타낸다.

32) 睡虎地秦簡《日書》甲種, 簡25正參.

계해일을 불길한 날, 즉 금기일로 인식하고,[33] 이 전기(田忌)일에는 토지에 손을 대어서는 안 된다고 경고한다. 이러한 경고는 단순히 주술가의 의지만을 담보하는 것이 아니고, 적어도 긴 시간에 걸쳐 이루어진 사회적 합의 또한 담보하고 있다. 그 사회적 합의 이면에는 재앙에 대한 민간의 두려움과, 경험적으로 볼 때 그러한 경고를 좇아 자연과 조화를 이루는 것이 수긍할 만하다는 민간의 인정이 있었을 것이다.

인간이 자연과의 조화를 중시했다는 것은 춘추 중·후기의 기록들인 《논어(論語)》,《좌전(左傳)》,〈소공(昭公) 25년〉 등에서도 확인할 수 있다.[34] 후술하는 선진(先秦) 시대의 제자서(諸子書)나 일서와 동시대의 저술인 《여씨춘추》,〈심시편(審時篇)〉에는 "무릇 농사란 이를 짓는 자가 사람이고, 곡식을 자라게 해주는 것은 땅이며, 곡식을 배양하는 것은 하늘이다"라는 구절이 나오는데, 여기서도 천지인(天地人)의 조화 사상을 찾아볼 수 있다. 그리고 《범승지서(氾勝之書)》는 첫머리에서 "대체로 밭갈이의 근본은 때를 맞추어서 흙을 부드럽게 하고, 〔이를 위해〕 힘써 거름을 내고 윤택하게 키우면서 재빨리 김매고 서둘러 수확하는 데 달려 있다"라고 함으로써 한대에는 삼재(三才) 사상이 농업의 근본이었음을 구체적으로 보여준다.[35] 이렇게 천지인 삼재 사상을 바탕으로 한 고대의 농업 생산에서는 가장 중요한 것이 바로 '농시(農時)에 순응하고(順時)', '농시를 좇고(趨時)', '농시를 어기지 않는(不違農時)' 것이었다. 요컨대 '천시(天時)'에 부합하는 것이었다. 여기에는 사람이 천지, 즉 자연 환경 조건과 상호 조화를 이루어야 한다는 사상이 깔

---

33) 睡虎地秦簡 《日書》 甲種, 簡149背.

34) 《左傳》, 〈桓公6年〉 : "무릇 민은 신의 주인이다(夫民 神之主也)" · 〈昭公25년〉 : "무릇 예란 하늘의 날줄이며, 천지간의 의리이며, 백성들 행동의 모범이다(夫禮 天之經也 天地義也 民之行也)." 이 두 구절로 미루어 삼재(三才) 관념은 적어도 춘추 중·후기에 이미 출현했을 것으로 짐작된다〔董愷忱 · 范楚玉 主編, 《中國科學技術史》(農學卷)(北京 : 科學出版社, 2000), 152쪽〕. 그리고 공자(孔子)는 비록 천인합일(天人合一)을 명확하게 제시하지는 않았지만 《논어(論語)》, 〈양화(陽貨)〉의 "하늘은 사시의 운행이며, 만물을 자라게 한다(天何言哉 四時行焉 萬物生焉)"라는 구절에서 인간의 자연 보호가 자연계의 생명 성장에 보탬이 됨을 잘 표현하고 있다.

35) 萬國鼎 輯釋, 《氾勝之書輯釋》(北京 : 農業出版社, 1980).

려 있다.[36] 천지만물은 모두 화해·통일을 이룬 상태에서 비로소 열매를 맺는다는 사고방식 때문에 일찍부터 자연 생태계와의 합일이 강조되었으며, 따라서 생태 환경을 합리적으로 관리하고 이용할 것을 염원했다.[37] 이는 뒤집어 말하면, 자연 과의 합일과 자연의 합리적 관리·이용이 이루어지지 않을 때는 이러한 질서를 지키기 위해 천지의 무서운 경고가 있음을 전제하고 있다.

전한 말의《범승지서》는 농업과 시일 금기의 관련을 이야기한다. 이 농서는 "땅의 기운이 시기를 결정한다(因地爲時)"라며 토지의 상태나 물후(物候)가 곡물 파종의 시기를 결정한다고 밝히며, 또 한편으로는 "팥은 묘일을 꺼리고 벼와 마는 진일을 꺼리고, 조는 병일을 꺼린데 반해 기장은 축일을 꺼렸으며, 또 차조는 인미일을 꺼리고 보리는 자일을 꺼리고 콩은 신묘일을 꺼렸다(小豆忌卯 稻麻忌辰 禾忌丙 黍忌丑 秫忌寅未 小麥忌戌 大麥忌子 大豆忌申卯)"는 것과 같이 무릇 "구곡이 모두 꺼리는 날이 있다(九穀有忌日)"고 함으로써 전통적인 시일 금기에 따라 9곡의 파종에 임할 것을 권고한다. 그리고 만약 이를 지키지 않으면 곡물이 큰 손실을 입게 되며, 이것은 결코 헛말이 아니고 자연의 이치라고 주지시킨다.[38] 다시 말해 시일 금기가 매우 합리적인 것임을 강조한다. 물론《제민요술》은 사람들이 금기에 매여 두려움을 느낀다는《사기(史記)》,〈태사공자서(太史公自序)〉의 지적과 관련해, 매사의 개략을 알아야 좋겠지만 무조건 음양가(陰陽家)의 금기를 추종해서는 안된다고 하며, 또 농언(農諺) 중에는 때(時令)와 보습(保堉)이 상책이라는 말을 인용하고 있지만,[39] 기본 틀에서는《잡음양서》나《범승지서》의 시일 금기에 따르고 있다.

---

36)《순자(荀子)》,〈천론(天論)〉에서는 천시(天時)의 운행과 지재(地財)의 생장관을 천지인의 합일 과정으로 본다. 그런 면에서 삼재 사상은 사람과 자연의 관계에 대한 것이라고 볼 수 있다.

37) 李根蟠,〈"天人合一"與"三才"理論—爲什麽要討論中國經濟史的"天人關係"〉,《中國經濟史研究》(2000년 제3기), 7쪽 ; 孫彦泉,〈生態文明的哲學基礎〉,《齊魯學刊》(2000년 제1기), 116쪽.

38)《氾勝之書》,〈禾〉.

39)《齊民要術》,〈種穀〉.

양일·기일을 구분하는 것은 《제민요술》에서는 다소 부정적으로 비쳤지만, 그 후에도 계속 생명력을 지니고 있었다. 그래서 당(唐)대의 《사시찬요(四時纂要)》 중 정월의 〈오곡기일(五穀忌日)〉편은 오곡이 "생장하고 시들게 하는 금기의 날(生壯 長老死惡忌)"을 소개하며, 오히려 《제민요술》보다 《범승지서》에 나타난 음양가의 견해를 수긍하고 있다.[40] 또 명(明) 만력(萬歷) 연간의 《편민도찬(便民圖纂)》에서 도 시일 금기가 각종 생활상에 다양하고 적극적으로 활용되었음을 알 수 있고, 원 (元)대 왕정(王禎)의 《농서(農書)》에 나오는 "맥은 해일에 생장하고 묘일에 건장해 진다(麥生於亥 壯於卯)"라는 구절에서도 시일 금기가 여전히 지속되었음을 알 수 있다.[41] 이것은 자연의 질서에 순응하는 양일·기일 구분이 중국인의 정신과 생활 상에 깊게 뿌리내렸음을 의미한다.

이러한 민간의 주술은 전국 시대에 이미 사회적 합의를 이루었음을 일서를 통 해 확인할 수 있다. 일서는 이 같은 농업의 시일 금기가 생태 환경 보존과 어떤 직 접적 관련이 있는지는 제시하지 않지만, 농업 활동에 양일·기일을 정해둔 것은 함부로 행동하지 말고 자연의 순리에 따라 대처하라는 뜻일 것이며, 여기에는 분 명 인간이 제멋대로 생태계를 남용하거나 훼손해서는 안 된다는 의식이 내포되어 있을 것이다.

(2) 고대 산림의 실태와 일서

일서에는 산림의 실태를 직접 묘사한 내용은 보이지 않는다. 다만, 방마탄진간 《일서》에 각처에 도적이 출몰하고 그들이 산골짜기나 "숲과 덤불(野林草茅)"에 숨 어 있다거나[42] 백성들이 범죄에 연루되어 산골짜기로 피난을 가서 산다는[43] 이야 기가 나오는 것으로 보아 서북과 호북성의 산골짜기에 초목이 무성했으리라 짐작

---

40) 唐 韓鄂(繆啓愉 校釋), 《四時纂要 校釋》 正月 66五穀忌日篇.

41) 최덕경, 〈중국 고대의 물후와 농시예고〉, 22쪽.

42) 放馬灘秦簡 《日書》 甲種.

43) 《張家山漢墓竹簡》, 〈奏讞書〉.

된다. 이와 비슷한 시기의 문헌 기록인 《관자》나 《상군서》에서도 산림의 실태를 살필 수 있다. 《관자》, 〈형세편(形勢篇)〉에는 심산유곡에 호랑이와 표범이 존재했다는 이야기가 나오고,[44] 또 《상군서》에도 "호랑이, 표범, 곰〔虎豹熊羆〕"이 보이고, "토끼 한 마리가 달아나면 수많은 사람이 그 토끼를 쫓는다(一免走 百人逐之)"는 구절과 같이[45] 야생 동물과 토끼를 사냥하는 장면에서도 전국 시대 화북의 산림 실태를 짐작할 수 있다.

이러한 산림 실태는 서북부의 '누란(樓蘭) 고성(古城)', 돈황(敦煌), 거연(居延) 지역에서도 마찬가지로 확인된다. 즉 《유사추간(流沙墜簡)》에 '땔나무를 땐다(燔薪)'는 기록이 등장하고,[46] 《거연한간(居延漢簡)》에 '간주거목(干柱柜木)',[47] '연목(橡木)', '목중(木中)', '장목(長木)', '대목(大木)' 및 대소의 목재(木材)가 등장하며,[48] 그 외에 대·소 땔나무를 '적신(積薪)', '번신(燔薪)', '벌신(伐薪)', '치신(治薪)', '번적신(燔積薪)' 하거나[49] '꼴을 베는(伐茭)' 작업이 등장하는 것으로 보아 당시에는 서북 지역의 사막화가 덜 진행되어 그곳에 수목과 초원이 잘 발달해 있었음을 알 수 있다.[50] 특히 거연 지역은 후술하는 바와 같이 서북방의 군사 요충지로서, 군대의 장기 주둔과 긴급한 통신을 위해 땔감과 봉수용 땔나무가 많이 필요했다. '신(薪)'은 "□일산벌신(□日山伐薪)"[51]이라는 말이 알려주듯이 대부분 현지의 산골짜기에서 충당되었다는 것, 그리고 《거연한간》의 도처에 '적신'이라

---

44) 《管子》, 〈形勢〉.

45) 《商君書》, 〈劃策篇〉·〈定分篇〉.

46) 羅振玉·王國維 編, 《流沙墜簡》(中華書局, 1999), 〈烽燧類〉, 140쪽.

47) 《居延新簡》E.P.T26 : 2·44 : 147·59 : 6·68 : 203·68 : 206.

48) 《居延新簡》E.P.T 65 : 120 : "대목의 네 개의 둘레가 길이 3장이다(大木四章 長三丈).";《居延漢簡》甲乙編, 62.25A : "장목 5그루가 길게 자랐다(長木五長長)";《敦煌漢簡校文》660 : 628(T. xxviii 61) : "대목전장경〔大木栓長徑〕."

49) 《居延新簡》E.P.T2 : 37·5 : 232·10 : 11·10 : 36·43 : 147·44 : 30B·59 : 544. 예는 이 밖에도 무수히 많으며, 이 같은 현상은 《거연한간(居延漢簡)》에도 마찬가지다.

50) 최덕경, 〈居延漢簡을 통해 본 西北 지역의 生態環境〉, 《中國史硏究》 제45집(2006).

51) 《居延新簡》E.P.T59 : 543.

는 말이 나오고《마왕퇴한묘백서(馬王堆漢墓帛書)》에 '진신(陳薪)' 등의 말이 나온
다는 것[52]은 주변 초목의 실태를 잘 말해준다.

　당시 중국 산림의 식생(植生)은 문헌 사료를 통해서 확인된다. 《한서(漢書)》, 〈지
리지(地理志)〉는 파(巴)·촉(蜀)의 생태계에 대해 "산림과 대나무(山林竹木)"가 풍
부하다고 했고,[53] 오(吳)·초 지역에 대해 "산림천택이 풍부하다(川澤山林之饒)"고
했으며,[54] 형양주(荊揚州) 지역에 대해 "땅이 넓고 목재가 풍부하다(地廣饒材)"[55]라
고 했다. 그 정도로 당시 중국에는 산림 자원이 광범위하게 분포되어 있었다. 또한 동
북부의 연(燕) 지역에도 각처에 대량의 경제림이 있어서, 《전국책(戰國策)》은 "연에
는 대추와 밤이 많다(燕足於棗栗)"라고 했고, 《사기》, 〈화식열전(貨殖列傳)〉은 "연·
진의 땅에는 밤나무가 많다(燕秦千樹栗)"라고 했다.

　그리고 황토 고원 동부에서도 일찍이 후한 영제(靈帝) 때인 낙양 궁전 건설 무
렵에 태원(太原), 하동(河東), 적도(狄道) 등의 군(郡)에서 재목(材木)을 가져왔는
데,[56] 이는 이곳에 수목이 적지 않았음을 말해준다. 황토 고원의 서부 지구도 지금
과는 달리 삼림이 잘 발달해 "천수(天水)·농서(隴西)의 산에 나무가 많다"[57]고 했
으며, 평원 지대에서는 초지가 발달해 목축업이 성행했다.[58] 당시 삼림의 식생이
구체적으로 확인되지는 않지만, 관중 지역인 섬서 호현(戶縣)의 악(鄂) 지역과 두
성현(杜城縣) 두(杜) 지역은 산림이 무성하고, 산에 메벼〔粳〕, 벼〔稻〕, 배, 밤, 뽕나
무, 마, 대나무 등이 풍부했다고 한다.[59] 게다가 음산(陰山) 산맥에 "초목이 무성
하고 금수가 많았다"는 사실,[60] 그리고 막북(漠北)에 비록 초목이 적고 모래가 많

52) 《馬王堆漢墓帛書(肆)》, 〈五十二病方〉.

53) 《漢書》권28, 〈地理志〉; 《史記》권129, 〈貨殖列傳〉.

54) 《漢書》권28, 〈地理志〉: "강한 지역에는 산림천택이 풍부하다(有江漢川澤山林之饒)."

55) 《鹽鐵論》, 〈通有〉.

56) 《後漢書》권78, 〈宦者列傳 張讓〉.

57) 《漢書》권28, 〈地理志〉.

58) 《史記》권129, 〈貨殖列傳〉; 《漢書》권28, 〈地理志〉.

59) 《漢書》권28, 〈地理志〉; 《漢書》권65, 〈東方朔傳〉.

기는 했지만[61] 흉노족이 그곳에서 말을 타고 사냥하며 살아갔다는 사실[62]을 감안하면 화북 지역의 산림 자원이 지금보다 훨씬 풍부했음을 알 수 있다.

당시 수목의 실태는 수렵 기록을 통해서도 확인된다. 수호지진간《일서》의 〈성(星)〉편은 수렵의 시일과 길흉의 정도를 성숙(星宿)을 통해 예견하고 있다. 이에 따르면 "묘숙(昴宿)에 수렵을 하고 시장에서 물건을 파는 것은 모두 길하며, 필숙(畢宿)에 수렵하는 경우에는 그물을 설치하고 집에 문(門)을 만들면 모두 길하다. 아울러 유숙(柳宿)에는 만사가 길해 전야(田野)에 가서 수렵을 할 수 있다"[63]고 한다. 그뿐 아니라 매월 한 차례 길일을 택해 함정을 설치해야 하는데, 요일(徼日)이 고기잡이와 수렵에 길하다.[64] 그리고 수호지진간《일서》에는 당시 서식 동물에 대해 "날짐승과 들짐승이 항상 〔인근〕 남의 집에서 운다(鳥獸恒鳴人之室)", "날짐승, 들짐승과 각종 벌레들이 매우 많다(鳥獸虫豸甚衆)", "사람이 만약 날짐승, 들짐승이나 육축과 같다면 항상 인궁으로 행할 것이다(人若鳥獸及六畜恒行人宮)"이라고 표현한 것으로[65] 보아, 인가 근처에 새와 짐승들 및 각종 곤충이 자주 나타날 정도로 산림이 울창했음을 알 수 있다. 호북성 운몽현 서남쪽의 강릉현(江陵縣) 구점(九店)에서 발견된 전국 시대 후기의 초간(楚簡)에는 "신유술해자축인묘진사오미의 날은 외양일로서……사냥을 하면 노획할 수 있다(酉戌亥子丑寅卯辰巳午未 是謂外陽日……以田獵 獲)"[66]고 나와 있는데, 이는 사냥의 시일(時日) 금기를 표현한 것으로서, 수호지진간《일서》에 나타난 농업의 시일 금기와 유사한 양상을 띠고 있지만 어느 날에도 사냥이 가능했을 정도로 사냥감이 풍부했음을 말해준다.

---

60) 《漢書》 권94, 〈匈奴傳下〉.

61) 《漢書》 권94, 〈匈奴傳下〉.

62) 張全明·王玉德, 《中華五千年生態文化》(上), 149쪽.

63) 睡虎地秦簡《日書》甲種, 簡85正壹~簡91正壹. 다음에도 같은 내용이 있다. 睡虎地秦簡《日書》乙種, 簡85~86壹·簡19壹.

64) 睡虎地秦簡《日書》甲種, 簡136正肆~簡138正捌.

65) 睡虎地秦簡《日書》甲種, 簡47背參·簡49背參·簡31背貳.

66) 湖北省文物考古研究所, 〈五六號墓竹簡釋文與考釋〉, 《九店楚簡》(北京:中華書局, 2000), 48쪽.

한편 한대에도 서북쪽 거연 지역에서 야생마를 볼 수 있었고,[67] 산에 수목과 함께 호랑이, 이리 같은 맹수가 서식했다.[68] 또 호북 강릉현 장가산(張家山) 한묘(漢墓)에서 출토된 죽간(竹簡)인《장가산한간(張家山漢簡)》에 "이리, 너구리와 개가 관문을 드나든 것(狐出關 狐狸犬出關)"으로 보아 그 지역에 여우, 너구리, 개도 살았음을 알 수 있다. 이 동물들의 가죽으로 의복도 만들었는데, 그 가죽 의복에 매매 가격이 매겨진 것을 보면 맹수의 수가 적지 않았을 것으로 짐작된다.《장가산한간》,〈인서(引書)〉편에도 사슴과 이리가 등장한다.[69] 이처럼 화북 · 화중(華中) 지역의 산림에는 다양한 새와 짐승이 서식했고, 사람들은 이들을 사냥하기도 하고 새의 깃털을 화살 꼬리〔矢尾〕에 달기도 했다.[70]

수렵의 실제 모습은 한대의 각종 화상석(畵像石)에 잘 드러나 있다. 특히 사천성(四川省) 팽현(彭縣)의 화상석에는 야생 오리 사냥이 묘사되어 있고, 하남성(河南省) 방성현(方城縣)의 화상석에는 사냥개를 이용한 산양 사냥이 드러나 있으며, 남양현(南陽縣)의 화상석에는 말 탄 기사가 호랑이를 사냥하는 모습과 사냥개를 이용해 토끼를 쫓는 장면과 산돼지와 순록과 사슴을 사냥하는 모습을 보여주고 있다. 산동(山東) 등현(騰縣) 및 미산현(微山縣)의 화상석과 산동 장청현(長淸縣)의 화상석에는 도망가는 토끼, 사슴, 호랑이, 표범, 산돼지 등을 활이나 그물로 사냥하는 모습이 생동감 있게 표현돼 있다. 그뿐 아니라 섬서성 북부 수덕현(綏德縣)의 화상석에도 곰, 사슴, 호랑이 같은 금수가 등장하며, 말을 탄 사람이 활과 창으로 사슴, 노루, 여우, 토끼, 양 등을 사냥하는 모습이 잘 묘사되어 있다.[71] 이처럼 당시에 수목이 풍부하고 금수가 많았다는 것은 산림 이용 규모가 아직은 산림의 자연 복구

---

67)《居延新簡》E.P.T43 : 14.

68)《馬王堆漢墓帛書(壹)》,〈老子乙本卷前古佚書〉: "산에 나무가 있어 진을 친 것이 든든하고 호랑이와 이리가 사납다(山有木 其實屯屯, 虎狼爲猛)."

69)《張家山漢簡》(二四七號墓),〈引書〉(北京 : 文物出版社, 2001), 288~289쪽.

70)《張家山漢簡》,〈算數書〉, 253~254 · 265쪽.

71) 中國農業博物館 編,《漢代農業畵像磚石》(北京 : 中國農業出版社, 1996) ; 李林 · 康蘭英 外,《陝北漢代畵像石》(西安 : 陝西人民出版社, 1995) ; 王建中 外,《南陽兩漢畵像石》(北京 : 文物出版社, 1990).

능력을 상회하는 정도는 아니었음을 뜻한다.

산림천택의 활용 이면에는 민간의 삼재관(三才觀), 천인합일 사상과 같은 자연 친화적인 생태 인식이 내포되어 있었다. 일서에 나타나 있는 시일 금기나 길흉화복 설정이 전국 시대의 산물이 아니라 전통적인 자연 숭배나 샤머니즘에서 유래한 것임을 생각할 때, 민간이 동식물의 훼손을 막으며 자연의 순리에 따라 산림천택을 관리·이용한 것은 일종의 전통적인 습속이었을 것이다. 이러한 민간의 생태 인식은 동식물을 생명체의 일부로 파악하는 것이자 결과적으로 생태계를 보호하는 방향으로 작용하는 것으로서, 후술하는 바와 같이 부국을 지향해 자원을 배타적으로 점유하려 했던 국가의 생태 인식과는 차이가 있었다.

많은 자원을 필요로 하는 국가로서는 이런 민간의 생태 인식을 공유할 수 없었다. 특히 진한의 통일 과정에서 하급 관료들의 주요 임무는 복속민을 장악하고 그들의 이속(異俗)과 수속(殊俗)을 바꾸는 것이었다.[72] 지역적인 강한 습속은 언제나 중앙 집권을 저해하기 때문에, 복속민을 진의 백성으로 탈바꿈시키기 위해서는 수호지진간 《어서(語書)》나 《위리지도(爲吏之道)》에 나타난 바와 같이 향민을 교도해 음란함과 나쁜 풍속을 제거하고 통일된 양속(良俗)으로 이끌 필요가 있었던 것이다.

일서가 지배층의 주목을 받은 것은 바로 이 시점이었을 것이다. 민간을 이해하기 위해서는 그들의 습속을 알아야 했고, 그들을 국가적 목적에 따라 순리적으로 개조하기 위해서는 그들의 습속을 잘 이용해야 했다. 특히 민간의 습속에서 금기시되는 것들을 국가적 강제 사항으로 탈바꿈시키는 것이 필요했다. 산림천택과 관련된 습속도 예외가 아니었다. 중앙의 권력이 지역 민간의 습속에 접근하기 위해서 우선 필요한 것은 바로 지역 유력층의 협조였다.

틀을 갖춘 국가 권력이 이미 향촌 깊숙한 곳까지 뻗어 있었다는 흔적은 일서의 도처에서 찾을 수 있다. 말하자면 일서에는 방군(邦君), 출방문(出邦門), 도방문(到

---

72) 《史記》 권6, 〈秦始皇本紀〉 ; 《漢書》 권81, 〈匡衡傳〉 ; 《後漢書》 권86, 〈南蠻傳〉·권56, 〈种暠傳〉.

邦門) 같이 국가와 관련된 명칭이 등장하고,[73] 제(帝), 상황(上皇), 왕공(王公), 왕사(王事), 후왕(侯王), 군상(君上) 같은 권력 상층부의 직위가 등장하며,[74] 촌락 조직인 이(里), 읍(邑)이 등장한다. 또한 일서에서는 전국 시대의 대표적인 특징 중 하나인 민(民)이 '먼 지역의 노역에 동원되었다는 사실,[75] 또 민이 출정(出征), 행사(行師), 공군(攻軍)[76] 하여 군공(軍功)을 세움에 따라 작위를 받음으로써 작제 질서에 편입되었다는 사실을 도처에서 확인할 수 있다. 그리고 "아들이 태어나면 반드시 작위를 갖는다(生子必有爵)"는 말로 보아 민이 작위를 갖기를 염원했다는 것도 알 수 있다.[77] 또한 일서에는 관(官)과 유사한 어휘인 '환(宦)', '위관부(爲官府)', '입공(入公)'도 나온다.[78]

그런데 일서에는 '입관(入官)', '사관(徙官)', '임관(臨官)'을 위한 길일을 신중하게 선택했다는 사실이 드러나 있다. 민은 길일을 택해 좋은 운수를 불러들임으로써 관리도 되고 수차례 승진도 하고 왕공(王公)을 알현해 군주의 위임도 받기를 염원했던 것이다.[79] 향민들은 관리가 되는 것뿐만 아니라 향촌의 하급 관리인 '색부(嗇夫)'가 되는 것도 원해 "색부를 하고(可以嗇夫)", "색부가 되기 위해(爲嗇夫)" 길일을 택했으며, "아들을 낳아 관리로 삼고자(生子爲吏)" 하는 염원을[80] 노골적으로 표현했다. 특히 일서에서 '위리(爲吏)'가 '지붕을 덮고(蓋屋)', '궁실을 짓는(築宮室)' 등의 행위와 대비되고 있는 것을 보면 당시 관리가 되는 것이 흔한 일이

---

73) 睡虎地秦簡《日書》甲種, 簡111背；睡虎地秦簡《日書》乙種, 簡19壹；睡虎地秦簡《日書》乙種, 簡102參；放馬灘秦簡《日書》乙種, 簡18.

74) 睡虎地秦簡《日書》甲種, 簡27正貳 · 簡101正貳 · 簡166正陸 · 簡32正 · 簡7正貳："임금을 알현하여 자주 건의하는 것으로 허물 삼지 마라(以見君上數達 毋咎)"；睡虎地秦簡《日書》乙種, 簡146.

75) 放馬灘秦簡《日書》乙種, 簡283："입궁하여 먼 지역에서 노역하면 집에 갈 수 없다(入官遠役不可到室之日)."

76) 睡虎地秦簡《日書》甲種, 簡7正貳；睡虎地秦簡《日書》乙種, 簡43壹.

77) 睡虎地秦簡《日書》甲種, 簡69正壹；睡虎地秦簡《日書》乙種, 簡96~97壹；睡虎地秦簡《日書》甲種, 簡122正貳.

78) 睡虎地秦簡《日書》甲種, 簡18正貳；睡虎地秦簡《日書》甲種, 簡19正貳.

79) 睡虎地秦簡《日書》甲種, 簡32~33正 · 簡146背 · 簡157~166正陸；放馬灘秦簡《日書》乙種, 簡283.

80) 睡虎地秦簡《日書》甲種, 簡16正貳 · 簡36正 · 簡42正 · 簡68正壹.

아니었음을 알 수 있다.

이처럼 일서는 향촌민의 개인적인 농업 활동을 위해 금기나 길흉을 점쳤을 뿐만 아니라 관리가 되어 적극적으로 신분 상승을 도모하는 데에도 사용되었음을 알 수 있다. 향촌민이 이렇게 관리가 되기를 염원하는 분위기였다면 지방에 파견된 관리와 지역 유력층은 각자의 바라는 바를 서로 쉽게 교환할 수 있었을 것이다. 실제로 "색부를 다스릴 수 있다(可以治嗇夫)"[81]라는 말에서 관리가 지역 유력층인 색부를 장악하고 있었음을 알 수 있다. 쿠도우 모토오(工藤元男)는 수호지진간《일서》에 남아 있는 조(朝), 안(晏), 주(晝), 일사(日虒), 석(夕) 등의 단편적인 시각명(時刻名)을 분석해 당시 하급관리의 의도를 밝혔는데, 수호지진간《위리지도》를 보면 국가 측이 공적으로 요청하는 것은 "바람직한 관료상"이었지만 이것의 본래 의미는 법치주의를 담당하는 관리였다고 한다.[82] 진한 통일 과정에서 국가가 권력을 일원화하기 위해 관료를 통해 민간의 습속과 염원을 적절하게 활용하며 풍속 변화와 향민 장악을 꾀했음을 일서가 잘 보여주고 있는 셈이다.

각 점령지나 진의 옛터에 산재되어 있는 산림천택은 통일을 이룬 진이 가장 주목하는 대상이었다. 부국을 이루려는 국가적 목적을 위해 자연 자원을 지속적으로 이용하기 위해서는 관리들로 하여금 지역 세력과 결탁해 길흉에 관여하는 금기와 같은 민간의 습속을 역으로 활용토록 함으로써 산림천택을 배타적으로 장악해야 했다. 다시 말해 전통적으로 향촌을 자율적으로 규율해왔던 민간 습속을 오히려 국가의 관리가 일서를 향민을 지배하는 참고서로 삼았던 것이다. 그런 측면에서, 국가가 산림천택에 대해 '때에 따라 금지와 해제를 일삼는다(以時禁發)'라는 말의 바탕에는 민간의 전통적인 시일 금기가 깔려 있지만, 일서가 민을 다스리는 참고서로 활용되면서 시일 금기는 국가의 금령이 침투할 수 있는 토대가 되었다고 볼 수 있다. 그러므로 일서라는 기록이 관리의 묘장에서 법률 문서와 함께

---

81) 睡虎地秦簡《日書》甲種, 簡14正貳.
82) 工藤元男, 《睡虎地秦簡よりみた秦代の國家と社會》, 179~199쪽.

출토된 것은 전혀 이상한 일이 아니다.

3. 민간의 생태 인식과 산림 보호

전국 시대에는 산림천택의 개발이 곧 농업 생산력을 키우는 길이라는 인식 때문에 생태 환경이 고의적으로 훼손되는 일이 많았다. 일서에는 "나무에 좋은 날[목양일(木良日)]"과 "나무가 꺼리는 날[목기일(木忌日)]"이 명시돼 있다. 이는 당시 사람들이 나무를 베어 목재로 사용했음을 보여주는 동시에, 벌목을 하되 날을 정해 제한적으로 했음을 보여준다.

그렇다면 이처럼 자연의 이용과 보호라는 시대적 관점에서 볼 때, 당시 동식물에 대한 민간의 생태 인식은 어떠했을까? 우선 일서는 나무 한 그루도 날을 가려 다스릴 것을 요구한다. 즉 토지신이 순찰하는 날인 '토기일(土忌日)'에는 땅을 파서는 안 되며, 이런 날에 땅을 파 집을 지으면 집이 무너지고 나무를 심으면 나무가 모두 죽는다고 한다.[83]

나무에 좋은 날인 '목양일'에는 벌목을 제외한 수목과 관련된 일을 하면 유리하지만, 나무가 꺼리는 날인 '목기일'에 해당하는 갑술(甲戌)일, 을사일, 계유일, 정미일, 계축일……인일, 기묘(己卯)일에는 벌목을 해도 무관하다. 그리고 수목은 종류에 따라 꺼리는 날이 달라 느릅나무는 갑을일, 대추나무는 병정일, 뽕나무는 무기일, 자두나무는 경신일, 옻나무는 임진일을 꺼린다.[84] 일서는 나무를 관리할 때 이런 목기일을 따르도록 할 뿐만 아니라 '집 안에 모신 신(室中神)'을 제사하는 사당의 수목을 벌목할 때도 목기일을 따르도록 한다.[85] 이처럼 일서는 초목을 심는 것보다 남벌에 대한 경계를 더 강조하고 있으며, 여기서 산림에 대한 일서의

---

83) 睡虎地秦簡《日書》甲種, 簡104~105正壹.
84) 睡虎地秦簡《日書》乙種, 簡66~67.
85) 睡虎地秦簡《日書》乙種, 簡127~128.

생태 인식을 엿볼 수 있다. 그리고 수목의 종류에 따라 벌목 가능한 날을 달리한 것이나 겨울과 여름을 가려 "겨울에는 양목(陽木)을 벌목하고 여름에는 음목(陰木)을 벌목한다"[86]라고 한 것 등은 산림에 대한 민간의 습속을 잘 반영한 것이며, 주술을 넘어 산림에 대한 관리와 이용을 함께 고려한 것이라 생각된다.

금수와 가축에 대한 태도와 인식도 다르지 않았다. 수호지진간《일서》을종(乙種)에는 말, 소, 양, 돼지, 개, 닭 같은 육축과 관련해 마양일(馬良日), 우양일(牛良日), 양양일(羊良日), 저양일(猪良日), 견양일(犬良日), 계양일(鷄良日) 같은 길일이 명시돼 있고, 가축별 시일 금기에 따라 승마, 출입(出入), 수레 끄는 일(駕車)과 매매 등의 일을 결정하도록 되어 있다.[87] 사람들이 가축의 경제적 가치만을 고려하지 않고 가축의 활용을 인간의 삶과 유기적으로 연결시키고 있었음을 알 수 있는 부분이다. 또 방마탄진간《일서》갑종(甲種)에는 영일(盈日)에 가축을 사고 외양간을 지을 수 있다고 나와 있다. 가축을 단순히 인간의 유익을 위한 수단으로 대하지 않고 마치 외부에서 손님이나 가족을 맞아들이듯이 대하는 것이다.

또 환기일(圂忌日), 즉 측간(厠間)을 꺼리는 날을 정해 만약 기축(己丑)일에 측간을 지으면 집안의 장자(長者)가 측간에서 죽고 계축일에 측간을 지으면 소자(少者)가 측간에서 죽는다 했으며,[88] 반면에 계일(癸日)에 측간을 지으면 부유해진다고 했다. 이때 측간은 단순히 사람들이 사용하는 변소를 가리키는 것이 아니라 그 아래 돼지우리를 포함한 저권(猪圈)의 개념으로,[89] 이 점 또한 가축이 인간과 유기적으로 연결되어 함께 살아가는 존재로 받아들여졌음을 말해준다.

야생 동물의 경우에도 마찬가지였다. 우선《여씨춘추》, 〈십이기(十二紀)〉의 정월(孟春紀)에는 "새 둥지"를 해치거나 "짐승의 새끼"를 죽여서는 안 된다거나, 계춘기(季春紀)에는 "사냥을 위한 위장망, 화살과 그물 및 독극물을 사용"해서는 안

---

86)《周禮》〈地官司徒 山虞〉.

87) 睡虎地秦簡《日書》乙種, 簡69～73 ; 簡74～76壹.

88) 睡虎地秦簡《日書》乙種, 簡188～190貳.

89) 劉樂賢,《睡虎地秦簡日書硏究》, 382쪽의 〈疏證〉 참조.

된다거나, 4월(孟夏紀)에는 "들짐승을 쫓아 오곡을 해치지 못하게 하고, 사냥을 크게 벌이지" 말아야 한다고 함으로써 자연스럽게 계절에 따라 동물의 보호와 사냥을 조절하고 있다.[90] 그런가 하면, 짐승을 잡기 위해 4월에는 "그물과 어망을 짜고", "산림과 천택(川澤)에서 물고기와 자라를 잡고 새와 짐승을 찾는다"라거나 11월(仲冬紀)에는 "산림천택에서 야생 동물을 사냥하도록" 했다는 말에서[91] 금령을 통해 자원의 보호와 이용을 적절하게 조절했음을 알 수 있다. 이러한 조치는 생태계의 평형을 통해 동물 자원을 지속적으로 유지하기 위한 것이었다.

이러한 생태계의 평형을 위한 노력은 일서에서도 볼 수 있다. 수호지진간《일서》에는 국가의 개간 정책과는 모순되게, "미(未)일에 대목(大木)을 베어서는 안된다. 그렇지 않으면 반드시 재앙이 생긴다"[92]와 같은 말이 곳곳에 나온다. 매월 7일과 더불어 겨울의 미일, 봄의 술일, 여름의 축일, 가을의 진일을 "네 번의 사악한 기운이 감도는 날(四徽之日)"이라 하는데, "이날은 문이나 창문을 설치하거나 나무를 벌목할 수 없으며, 담에 손대거나 집을 철거할 수도 없다. 이를 따르지 않으면 대재앙이 발생한다"고 했다.[93] 또 앞서 보았듯이 수목의 경우, 나무에 좋은 날인 '목양일'과 금지일·해제일을 별도로 정하는 한편 수목별로 금기 날짜를 달리했다. 특히 특정한 날에 벌목하면 엄청난 재앙이 발생함을 경고한다. 사람들은 이러한 길흉의 징조와 기휘(忌諱)에 구속되어 많은 두려움을 느꼈다. 하지만 사마천(司馬遷)도 계절의 순환에 따른 변화를 계절 순환의 장점으로 인정한 것을 보면[94] 사람들이 이 같은 습속에 상당히 순응했음을 알 수 있다. 감숙성 방마탄진간《일

---

90)《呂氏春秋》,〈十二紀 孟春紀〉·〈十二紀 孟夏紀〉: "짐승을 잡아 오곡의 피해는 없었지만 대규모 수렵은 없었다(騙獸無害五穀 無大田獵)."

91)《呂氏春秋》,〈十二紀 孟夏紀〉·〈十二紀 仲冬紀〉: "산림천택에서 야생 열매를 채취할 수 있는 곳과 야생 동물을 사냥할 수 있는 곳이 있으면 야우가 백성을 가르치고 이끈다(山林藪澤 有能取疏食田獵禽獸者 野虞教導之)."

92) 睡虎地秦簡《日書》甲種, 簡109正貳: "미(未)일에 큰 나무를 베어서는 안 된다. 그렇지 않으면 반드시 재앙이 생긴다(毋以未斬大木必有大英)." 饒宗頤·曾憲通,《雲夢秦簡日書硏究》(香港 : 中文大學出版社,1982), 70쪽은 '영(英)'을 '앙(殃)'의 차자(借字)라고 주석하고 있다.

93) 睡虎地秦簡《日書》甲種, 簡143~144背.

94)《史記》권130,〈太史公自序〉.

서》또한 "춘 3월 갑을일에는 느릅나무[大楡]를 벨 수 없으며, 무기일에는 뽕나무
[大桑]를 베어서는 안 된다"[95]라고 해 남방의 수호지진간《일서》와 비슷한 내용을
담고 있다.

이처럼 시일에 따라 벌목을 금지한 이유는 분명하지 않지만, 산천은 고래로 신
의 강림지 또는 길상(吉祥)의 동물이 서식하는 장소로서 신성시되어 매년 산천에
제사를 지냈기 때문에 산천에 함부로 출입할 수 없게 되어 있었을 것이다.[96] 즉 사
람들은 시일 금기를 따르지 않아 산림천택이 파괴되면 봉황이나 기린이 찾아들지
않고 거북과 용이 돌아오지 않는다고 경계하고 있었던 것이다.[97]《여씨춘추》에도
생태 환경을 신성시하는 모습이 나타나 있다. 우선 정월 맹춘기에는 "제전(祭典)
을 준비해 산림천택에 제사를 지내야 하고, 이때 희생물로 암컷을 사용해서는 안
된다. 그리고 벌목을 금해야 하고 새집을 뒤엎어도 안 되며 유충이나 갓 날기 시
작한 어린 새들을 죽이거나 잡지 말아야 하고 새알도 꺼내서는 안 된다"[98]라고 하
여 벌목은 물론 동물의 새끼, 알, 유충을 포획하는 것도 금지하고 있다. 게다가
〈십이기 계추기(季秋紀)〉에는 겨울잠을 자는 벌레들에 대한 생태 관찰까지 잘 드
러나 있어서[99] 생명 중시 사상을 엿볼 수 있다. 더구나 약물로써 수목을 죽이는 것
도 금지되는데, 이는 수목을 인격화해, 수목도 사람과 마찬가지로 지각과 의식을
지닌 존재이므로 수목을 절대 불인(不仁)으로 대해서는 안 된다고 보는 것이다.
이것은 생태계와 인간이 유기적으로 결합돼 있다고 보는 사고방식으로서, 삼재
사상과 맥을 같이한다.

일서에 나타나 있는 것처럼 시일에 따라 벌목을 금하거나 허용하는 태도는 씨

---

95) 何雙全,〈天水放馬灘秦簡綜述〉,《文物》(1989년 제2기), 30쪽, 簡乙 209~210.
96)《管子》,〈牧民〉: "산천에 제사지내다(祗山川)." 또한《산해경(山海經)》,〈대황남경(大荒南經)〉에는 천대고산
(天臺高山)이라는 산 이름이 나오는데, '대(臺)'는 신이 강림하는 곳으로 알려져 있다.
97)《戰國策》,〈趙策4〉;《呂氏春秋》,〈有始覽 應同〉;《荀子》,〈致士〉·〈學而〉·〈勤學〉·〈致士〉·〈勤學〉;《禮記》,
〈樂記〉.
98)《呂氏春秋》,〈十二紀 孟春紀〉.
99)《呂氏春秋》,〈十二紀 季秋紀〉.

족적 전승을 통해 민간에 잔존한 것으로서 주술적인 측면이 강하다. 하지만 여기에는 미신적인 요소 외에, 전술한 바와 같이 환경 친화적이고 천인 합일적인 관념도 내재되어 있다.

한편 일서는 지역적 특성을 담은 주술서다. 하지만 진 통일 과정에서 이런 지역적 금기들과 길흉화복의 습속들을 통합할 강력한 금령이 필요했을 것이고, 그러한 금령을 위해서는 매일의 구체적인 금기보다 달이나 계절 차원에서 금기를 다루는 더 포괄적인 시각이 필요했을 것이다. 《여씨춘추》는 일서와 동일 시기의 기록으로서 〈사용론(士容論)〉의 '상론(上論)', '임지(任地)', '심시(審時)' 편에서 농시(農時)의 중요성을 강조하고 있지만, 일서와는 달리 농사를 구체적인 지역적 시일 금기와 연결시키고 있지 않다. 그것은 진의 정권을 장악한 여불위(呂不韋)가 머지않아 통일 왕조를 수립하고 통치권을 일원화한다는 시대적 전망이 《여씨춘추》에 담겨 있기 때문일 것이다.[100]

이러한 포괄적인 시일 금기는 초(超)씨족적인 관념으로 춘추 전국 시대의 금령에도 이미 등장했다. 예컨대 《관자》, 〈팔관(八觀)〉 편은 "금지, 해제는 반드시 때가 있다〔禁發必有時〕"라고 하고, 《맹자(孟子)》, 〈양혜왕장귀상(梁惠王章句上)〉은 "도끼를 가지고 때에 맞추어 산림에 들어가 벌목했다〔斧斤以時入山林〕"라고 하고, 관중(管仲)의 사상을[101] 이어받은 《순자(荀子)》, 〈왕제(王制)〉 편은 "벌목과 양목은 그 때를 잃어서는 안 된다〔斬伐養長不失其時〕", "때에 맞춰 살생하면 초목이 무성해진다〔殺生時則草木殖〕", "초목의 번식이 왕성할 때는 도끼를 들고 산에 들어가 벌목하지 않는다〔草木榮華滋碩之時 則斧斤不入山林〕"라고 하여 '때〔時〕'를 강조하고 있다.[102] 《예기(禮記)》, 〈월령(月令)〉 편은 보다 구체적으로 전국 시대의 산림 관리와 보호 실태를 제시해, 정월(孟春月)에는 "벌목을 금지한다〔禁止伐木〕"하고, 2월(仲

---

100) 中國農業科學院 · 南京農學院中國農業遺産研究室 編, 《中國農學史》(上)(北京：科學出版社, 1984), 83쪽.
101) 《管子》, 〈立政〉 : "화재 예방을 행하고 산림천택의 초목을 보호해야 한다. 천재를 얻는다는 것은 때맞추어 금령과 해금을 발동하는 데 있다(脩火憲 敬山澤林藪積草 天財之所出 以時禁發焉)."
102) 《逸周書》, 〈大聚篇〉.

春月)에는 "산림을 태워서는 안 된다(毋焚山林)"고 하며, 4월(맹하월)에는 "큰 나무를 벌목해서는 안 된다(無伐大樹)"하고, 5월(仲夏月)에는 "초목을 태워 거름을 만들어서는 안 된다(無燒炭)"하며, 6월(季夏月)이 되어 수목이 울창하면 직접 산림을 순시하며 "벌목을 금지(毋有斬伐)"한다고 했다.[103] '때'를 대개 계절과 달을 단위로 하여 정했으며, 이러한 '때'에 의거해 수목을 관리하고 보호했음을 알 수 있다. 특히 봄은 만물의 생장기로서 물이 많이 필요하기 때문에 산천이나 저수지의 물을 공급할 수 있도록 사공(司空)이 수리 시설을 정비했고,[104] 6월에는 우인(虞人)이 직접 벌목을 감시했는데, 이를 보면 국가가 수목 관리와 보호에 상당히 적극적이었음을 알 수 있다.

이러한 금령은 일서와 연관된 특정 지역의 시일 금기에서 비롯되었지만, 군주권이 강화되어 군주의 통치 영역이 확대되어가면서 점차 점령지나 향촌에까지 널리 적용되었고, 이를 어긴 자는 처벌을 받게 되었다. 이것은 바로 민간의 풍습이나 관습 중 명령이나 금제의 성격을 띤 금기가 점차 법령으로 전환되어 광범위한 지역에서 법적 효력을 발휘하게 되었음을 의미한다.[105] 이러한 금령이 산림천택에 적용된 흔적을 수호지《진간》,〈전율(田律)〉을 통해 구체적으로 확인할 수 있다.[106]

이처럼 민간의 습속인 금기에서 발전된 금령은 후세의 생태 환경 관리와 보호에 적지 않은 영향을 주었다. 실제로 한대의《회남자》,〈주술훈(主術訓)〉은 "초목에 낙엽이 지지 않으면 도끼를 들고 산림에 들어갈 수 없다", "때에 맞추어 나무를 심는다"라고 해 입산과 식목의 '때'를 지킬 것을 요구하고 있고,《사민월령(四民月令)》은 "정월부터 여름이 끝날 때까지는 벌목할 수 없다"라고 해 한(漢) 말에도 줄곧 월령(月令)과 물후가 산림 정책에 활용되었음을 보여준다.

물론 '때'는 산림에만 국한된 것이 아니다.《관자》,〈목민편(牧民篇)〉은 "천시를

---

103)《禮記》,〈月令〉.

104)《禮記》,〈月令〉;《荀子》,〈王制〉.

105)《周禮》,〈地官司徒 質人〉;《周禮》,〈地官司徒 川衡〉.

106) 雲夢睡虎地《秦簡》,〈田律〉, 26쪽.

무시하면 재물이 일어나지 않는다"라고 했고,《범승지서》는 "대체로 밭갈이의 근본은 때를 맞추어서 흙을 부드럽게 하는 데 있다(凡耕之本 在於趣時和土)"라고 했으며,《제민요술》은 "천시에 순응한다(順天時)"라고 했다. 축재나 농업에서도 '때'가 중시되었음을 보여주는 구절들이다.《거연한간》도 "사계절의 장부(四時簿)", "사계절(四時)", "계절에 따른 금지(四時禁者)"와 같은 말을 통해[107] '사시'에 의거하고 있음을 드러낸다. 이때 '시(時)'는 일서처럼 좁은 의미의 시일 개념이 아니고, 전술한 바와 같이 달이나 계절의 의미를 담고 있다.[108] 이는 통치 영역의 광역화로 인한 효율적인 관리와 지배를 담보한 것이라고 볼 수 있다. 다시 말해 지역적 습속과 물후가 반영돼 있는 시일 금기보다 포괄적인 시령(時令)이 요구된 결과일 것이다. 그래서 진 통일 제국이 형성된 이후에는 길흉 예단이나 시일 금기가 생활 전반에 활용된 것이 아니라 전술한 바와 같이 특정한 목적이나 일부 부문에만 사용되고 절기, 월령에 의거했음을, 이 시기 민간의 삶을 잘 표현하고 있는 농서나 농민의 속어(農諺) 등을 통해 확인할 수 있다.[109]

선진 시대의 수목 관련 금기는 수목에 대한 신비감에서 비롯되었는데, 오늘날에도 이런 금기가 잔존한다. 예컨대 와족(佤族)은 생나무(生樹)로 물구멍〔水洞〕을 막으면 귀머거리가 된다거나 마르지 않은 나뭇가지를 집으로 가져오면 재앙이 생긴다고 생각한다. 악온극족(鄂溫克族)은 부녀자가 썩은 목재를 태우는 것은 금기로 여기며, 한족(漢族)은 느릅나무로 관을 만들거나 대추나무로 창문을 만드는 것을 금기로 여긴다.[110] 그뿐 아니라 천둥과 번개가 사람을 공격할 때 나무 몽둥이를 내리치면 다시는 천둥과 번개가 공격하지 않는다는[111] 속설이 오늘날까지 이어져

---

107)《居延新簡》E.P.T9 : 5B · 16 : 6 · 59 : 161.

108) 일서가 월·일과 '시(時)'의 개념을 겸하고 있다는 점에서 금령에 비해 지역적인 습속이 훨씬 강했다고 볼 수 있다.

109) 農業出版社編輯部 編,《中國農諺》(上)(北京 : 農業出版社, 1980).

110) 任騁,《中國民間禁忌》(北京 : 作家出版社, 1991), 469~470쪽 ; 張寅成,《中國古代禁忌》(北京 : 稻鄕出版社, 2000).

111) 睡虎地秦簡《日書》甲種, 簡43背參.

지금도 일부 소수 민족에서는 나무가 두려움을 해결하는 영물로 취급된다. 결국 수목에 부여된 신성성이 산림 보호 관념의 전제가 되었음을 알 수 있다.

보호의 관념은 수목에만 적용된 것이 아니라 산림에 서식하는 금수에도 적용되었다. 앞서 본 《여씨춘추》, 〈십이기〉는 맹춘기에는 금수 보호 차원에서 대중을 모으거나 성곽을 증축할 수 없도록 하고 있다. 결국 금수 보호의 관념이 인간 생활에도 영향을 미쳤던 셈이다. 그리고 이러한 생명체 보호를 위한 금령은 맹하기까지 계속된다.[112] 특히 봄에는 단순히 어린 동식물을 해치지 말라고 요구하는 데 그치지 않고, 못의 물을 말리거나 짐승을 잡는다고 산림을 불태우는 일도 해서는 안 된다고 규정함으로써 그 주변 환경까지 보전할 것을 요구한다.[113] 또 계하기(季夏紀)에는 제후를 소집하거나 군사를 일으키거나 백성을 동원해 만물의 생육의 기운을 흔들지 말라고 한다.[114]

비슷한 금령으로서 전한 초의 《장가산한간》에서 모든 '관리, 백성과 예속민[民吏徒隷]'에게 춘하기(春夏期)에 함부로 나무를 베지 말고 물에 독을 풀어 고기를 잡지 말라고 한 것을 들 수 있다.[115] 그리고 광무제(光武帝) 건무(建武) 6년 7월의 사료에서도 이민(吏民)에게 성장기의 수목을 베는 것을 엄격히 금하고 있음을 볼 수 있다.[116] 이러한 금령은 한대에도 선진 시대 민간의 생태관이 그대로 유지되었음을 말해준다. 한대에는 통일 제국의 영토가 확대되면서 내지뿐 아니라 변경 지역에서도 이런 생태관이 나타났다.

돈황의 '현천사시월령조조(懸泉四時月令詔條)'에 따르면 전한 말 평제(平帝) 때는 1월 말까지는 전렵(田獵)을 목적으로 산림에 불을 지르는 것을 금함으로써 금수, 유충, 초목에 해를 입히는 것을 막았으며, 8월 말 이전에는 대규모 전렵도 금

---

112) 《呂氏春秋》, 〈十二紀 孟夏紀〉.

113) 《呂氏春秋》, 〈十二紀 仲春紀〉.

114) 《呂氏春秋》, 〈十二紀 季夏紀〉.

115) 《張家山漢墓竹簡》, 〈二年律令 田律〉.

116) 甘肅省文物考古研究所 外 編, 《居延新簡》(北京 : 文物出版社, 1990), E.P.F22 : 53A, 480쪽.

지했다.[117] 전국 시대의 십이기 월령에 의거한 생태관이 한대에도 여전히 지속되었던 것이다. 변방의 거연 지역에서는 이 같은 금령을 확인할 수 없지만, 가축의 사료를 위해 군사들을 이용해 '꼴을 베게[伐荄]' 한 사례가 《거연한간》 곳곳에서 발견되고 그 규모가 "벤 풀이 산처럼 쌓였다(芻藁積如山)"는 지적과 같이 거대했다는 점에서 서북 변경 지역인 거연 지역의 초목 관리 · 이용 실태를 다소나마 짐작할 수 있다.[118]

물론 금수나 수목을 무조건적으로 보호한 것은 아니었다. 일정한 '때'나 계추기와 같이 "초목에 낙엽이 진(草木黃落)" 후에는 나무를 베어 만민이 산림 자원을 활용할 수 있도록 수목 보호 금령을 일정 기간 해제함으로써[119] 산림을 고갈시키지 않으면서 목재를 얻을 수 있게 했던 것이다. 전한의 '사시월령조조(四時月令詔條)'에도 8월 말이 지나 초목의 잎이 떨어질 때까지는 대소의 수목을 벨 수 없게 규정돼 있다.[120]

또 민간의 시일 금기가 성곽 증축과 같은 국가의 중요한 토목 사업에까지 연결되고 있는 것을 볼 때, 전통적인 민간의 "때에 의거하여 합당함을 선택하는(因時制宜)"[121] 생태 습속이 법령에 내포되어갔음을 알 수 있다. 이는 자연이 사람과 하나이며 사람은 생태계의 일부라는 전통적인 천인 일체 사상과 천지인의 상호 조

---

117) 中國文物研究所 外 編, 《敦煌縣泉月令詔條》(北京 : 中華書局, 2001) : "산림의 방화를 금지했다. 이것은 산림과 사냥터를 불태우는 것으로 산의 각종 짐승과 벌레는 물론 초목을 상하게 하는 행위이다……정월 말이면 해제한다(禁焚山林. 謂燒山林田獵 傷害禽獸口蟲草木……正月盡)", "대규모 사냥을 금지했다. 8월 말이면 해제한다(毋大田獵. 盡八月)".

118) 《居延新簡》 E.P.T50 : 138 · E.P.T52 : 341~342 · E.P.T52 : 457 · E.P.T52 : 618 · E.P.F22 : 477B~477D · E.P.S4.T1 : 12.

119) 《주례(周禮)》, 〈지관사도 산우(地官司徒 山虞)〉에서는 '온 백성들로 하여금 때맞추어 벌목하도록 하여 일정한 기일이 있었다(令萬民時斬材 有期日)'는 사실에 근거하여 손이양(孫詒讓)은 산에 출입하는 횟수가 제한되었을 것으로 보고 있다.

120) 《敦煌縣泉漢簡》 : "벌목을 금지했다는 것은 크고 작은 나무를 베지 못하게 했음을 말하는 것이다. 8월 말이 되어 초목의 잎이 떨어지면 그때 벌목을 허락하였다(禁止伐木 謂大小之木皆不得伐也. 盡八月. 草木令落 乃得伐其當伐者)."

121) 《禮記》, 〈月令〉.

화를 말하는 삼재 사상의 결과다.[122]

한편 이러한 생태 관념의 외피에는 전환기의 국가에 의한 배타적인 산림 보호책이 자리 잡고 있음을 주목해야 할 것이다. 예컨대《관자》는 임산물의 용도를 땔감, 건축 자재, 관이나 곽의 제작용 자재로 구분하고 임산물의 세수 표준을 용도에 따라 상이하게 정하고 있다. 이것은 국가가 과세를 통해 남벌을 방지함으로써 식생을 보호하려 했음을 의미하기도 하지만, 결국 국가가 임목을 경제적 목적에 따라 효율적으로 활용하고 통제했으며 임목의 수익을 장악했음을 의미하기도 한다.[123]

이상에서 향촌이 국가 권력에 의해 재편되면서 민간의 시일 금기가 '때에 따라 금지와 해제를 일삼는' 금령으로 일원화되어간 사실을 살펴보았다. 춘추 전국 시대를 거치면서 생산력이 증대되고 그에 따라 인구가 증가하면서 산림 자원에 대한 수요가 커진 데 원인이 있었을 것이다. 인구 증가와 경제 성장이 빠르게 이루어질수록 산림과 농토 수요의 압박이 커졌을 것이고, 특히 전국 시대 중기 이후 통일 전쟁이 가속화되면서[124] 국가의 생존을 위해 개간이 불가피해졌을 것이고, 군주의 경제 기반 조성과 농민 생활의 안정이라는 목적 아래 점차 산림천택의 형질 변경이 불가피해졌을 것이다. 금령은 시일을 중시한다는 점에서 전통적인 민간의 습속을 반영하고 있었지만, 국가는 금령을 통해 산림을 점차 독점적으로 강제했다. 그리하여 향촌 공동체에 의해 효율적으로 보호·관리되었던 산택은 경제성을 우선시하는 국가나 지역 유력자로 인해 개발되었으며, 특히 '농기구(田器)'나 '국가에서 필요로 하는 용품(國大器)'을 생산할 수 있는 읍의 산림에 대해서는 현(縣)도 독자적으로 통제할 수 없도록 국가가 규제했다.[125] 이로써 향촌 공동체

---

122) 李根蟠,〈"天人合一"與"三才"理論—爲什麼要討論中國經濟史的"天人關係"〉, 5~7쪽에 따르면 중국 고대의 천인 관계론 중 사람과 자연의 합리적인 관계를 반영해 지금도 모범을 제시하는 것은 천시(天時), 지리(地利), 인력(人力)〔혹은 인화(人和)〕과 같은 삼재 이론이지 천인합일이 아니다. 그리고 삼재의 천지인은 현재의 사람과 자연의 관계에 가장 근접한 것이다.

123)《管子》,〈山國軌〉.

124) 전쟁에 의한 산림 파괴는《마왕퇴한묘백서》에도 잘 나타나 있다.《馬王堆漢墓帛書(三)》,〈戰國縱橫家書釋文 朱己謂魏王章〉.

와 함께 "공·사가 함께 공유(公私共之)"해왔던 산림천택은 더 이상 파괴를 저지할 수 없게 되었고 산림의 자연적 복구도 점차 더뎌졌다.

4. 산림 자원의 활용과 금기

필자는 이미 산림천택의 파괴 요인을 살펴봄으로써 산림 자원의 활용 양상을 검토한 바 있다.[126] 여기서는 산택을 개방했을 때 산림 자원이 민간에서는 주로 어떤 목적으로 활용되었는지를 일서를 통해 살펴보고자 한다.

산림이 인간에게 주는 이점은 일찍부터 알려져 있었다. 특히 수목이 습도를 조절하고 강수량을 높여 생태계의 균형을 유지해주고,[127] 아울러 우거진 숲에서도 식량 생산이 가능하다고 인식한 점은 개간이나 산림이 주는 농경의 조건을 감안할 때 주목할 만하다.[128] 그리고 《사기》, 〈화식열전〉은 산택이 각종 자원의 주요 공급처임을 분명히 제시하고 있다.[129]

대표적인 산림 자원은 역시 목재일 것이다. 《관자》의 지적과 같이 산림에서 공급되는 흙과 나무(토목)는 주로 가택을 위한 건축재, 관을 짜는 데 쓰는 목재, 땔감으로 사용되었으며, 이는 다른 간독 자료를 통해서도 확인된다. 특기할 만한 것은, 수목은 전술한 바와 같이 시령(時令)의 제한을 받기 때문에 여름철이 되기 전에는 입산이 엄격하게 금지되었지만, 갑작스레 죽은 자를 위해 관곽(棺槨)을 만들어야 하는 경우에는 언제라도 수목을 베는 것이 허용되었다는 것이다.[130]

---

125) 銀雀山漢墓竹簡整理小組 編, 《銀雀山漢墓竹簡(壹)》(北京 : 文物出版社, 1985), 146쪽 ; 이성규, 〈秦의 山林藪澤開發의 構造—縣廷 嗇夫組織과 都官의 分析을 중심으로〉, 《東洋史學研究》 제29집(1989).

126) 최덕경, 〈中國古代 山林藪澤의 實態와 破壞 요인〉, 《釜山史學》 제18집(1995).

127) 《漢書》 권72, 〈貢禹傳〉.

128) 《齊民要術》, 〈序〉 : "우거진 숲에서 곳간이 세워진다(叢林之下 爲倉庾之坻)."

129) 《史記》 권129, 〈貨殖列傳〉.

130) 《秦簡》, 〈田律〉, 26쪽.

목재를 가장 많이 필요로 하는 가택건물(家宅房舍)은 주지하듯 사람이 기거하는 곳이다. 속설에서는 가택은 나무의 뿌리와 같다고 말한다. 이는 가택을 잘 관리해야 자손이 번성하고 가업이 흥성함을 뜻한다. 이런 측면에서 집을 짓는 것(築室)은 민간 생활에서 무엇보다 중요한 행위였다. 후한 왕부(王符)의 《잠부론(潛夫論)》에는 "길흉화복은 가택에 있지 않다(吉凶興衰不在宅)"라는 구절이 나오는데, 이는 적어도 후한 이전에는 '집'과 그 건축 행위가 무엇보다 중요했음을 역설적으로 말해준다. 또한 동아시아 각국의 풍수지리에도 집의 물리적 구조와 환경의 중요성이 그대로 잔존하고 있다.[131]

목재와 흙(또는 황토)을 이용한 건축은 이미 선사 시대부터 시작되었지만, 사실 몇몇 와당(瓦當)이나 벽돌(磚) 같은 출토 자료를 제외하면 전국 시대 민간인의 건축에 어떤 소재가 사용되었는지 알려줄 만한 것이 별로 없다. 하지만 전국 후기의 일서에 벌목, 토목 공사(土功)와 관련해 '우리를 건축(築間牢)', '궁실 축조(築宮室)', '지붕 건설(蓋屋)', '주택 건축(築室)', '동쪽 방향에 건물을 증축(起東向室)', '측간(圂厠)'과 같은 건축 관련 용어가 적지 않게 등장하고, 또 후술하는 바와 같이 주택 건축에 많은 흙과 나무가 사용되었다는 것이 드러나 있으므로 건축에 산택의 자원이 적지 않게 활용되었음을 알 수 있다.

그렇다면 민간의 주택 건축의 시일 금기는 어떠했을까? 수호지진간 《일서》의 "위실일(爲室日)"의 규정을 보면, "주택(房室)을 지은 날에는 집을 수리할 수 없다. 만약 이날 큰방(大內)[안방(大臥室)]을 지으면 대인(大人)이 죽는다. 건물의 오른쪽 부분에 증축하면 큰며느리가 죽고, 왼쪽 부분을 지으면 둘째 며느리가 죽는다. 바깥담을 세우면 손자가 죽는다. 북쪽에 담을 세우면 집안의 소, 양이 죽는다"라고 되어 있다.[132] '가옥(室)'의 건축에는 주택을 짓는다거나 수리한다는 일차적

---

131) 任騁, 《中國民間禁忌》, 270쪽.

132) 睡虎地秦簡 《日書》 甲種, 簡100~101正壹 ; 吳小强 撰, 《秦簡日書集釋》, 79쪽의 석문(釋文)은 '위실일(爲室日)'을 '상제(上帝)가 가옥(房室)을 짓는 날'로 인식하고, 그리고 '대인(大人)'은 '대관(大官)'으로 해석하고 있다. 그러므로 이 석문은 '실(室)'을 민간의 주택이 아니라 '궁실(宮室)'의 의미로 파악하고 있는 셈이다. 그리

의미에 덧붙여, 시일을 따르지 않으면 그 '실'에 포함된 가족과 가축에 재앙이 내린다는 경고까지 포함돼 있는 것이다. "춘 3개월은 동쪽 방향에 가옥을 증축하지 말라(春三月 毋起東向室)", "여름 3개월은 남쪽 방향에 가옥을 증축하지 말라(夏三月 毋起南向室)", "가을 3개월은 서쪽 방향에 가옥을 증축하지 말라(秋三月 毋起西向室)", "겨울 3개월은 북쪽 방향에 가옥을 증축하지 말라(冬三月 毋起北向室)"와 같은 구절에서도 이러한 뜻을 읽을 수 있다. 즉 계절과 방향을 무시하고 가옥을 증축하는 것을 금기로 여겨 봄에는 동쪽, 여름에는 남쪽, 가을에는 서쪽, 겨울에는 북쪽을 향해 증축해서는 안 된다고 했고, 이를 어기면 대재앙이 따르고 사람이 죽게 된다고 했다.[133] 그런가 하면 "봄 3개월의 경신일, 여름 3개월의 임계일(壬癸日), 가을 3개월의 갑을일, 겨울 3개월의 병정일에는 주택을 건설해서는 안 된다. 만약 이날 주택(房屋)을 지으면 가장(大主)이 죽는다. 요행히 죽지 않는다면 불구가 되어 그 집에 살 수 없게 된다. 매월 초 닷새, 매월 마지막 닷새 남기고 집을 지으면 그 집에 거주할 수 없게 된다. 양 우리나 마구간을 수리하면 양과 말 역시 거기에 들어가 살 수 없다"라고도 했다.[134] 모두 다 함부로 가옥을 건축하면 엄청난 재앙이 따르리라는 것을 경고하고 있는 것이다.

　일서는 또한 '측간을 꺼리는 날(圂忌日)'에 측간을 지으면 가족이 재앙을 입어 사망한다고 했다. 측간(圂)은 돼지우리(猪厠)를 겸하고 있다.[135] 이것은 결국 동물을 위한 건축 역시 인간의 길흉에 영향을 미친다는 얘기다. 이렇게 인간의 집을 짓는 것이 가축에게 영향을 미치고, 가축의 우리를 짓는 것이 인간에게 영향을 미친다고 여기는 사고방식은 만물일체 또는 천인합일의 관념을 보여주는 것이기도 하지만, 또한 주택의 건축이 가족의 건강, 안위, 미래와 관련된 일인 만큼 특별히 엄격하게 관리되었다는 의미를 띠기도 하는 것이다.

고 토(垪)를 담장(堵)로 해석하기도 하나 《집운(集韻)》에서와 같이 건축물(宅)로 보는 것이 좋을 듯하다.

133) 睡虎地秦簡《日書》甲種, 簡96~99正貳.

134) 睡虎地秦簡《日書》甲種, 簡102~103正壹 ; 睡虎地秦簡《日書》乙種, 簡110.

135) 劉樂賢, 《睡虎地秦簡日書研究》, 382쪽의 〈疏證〉 참조.

일서의 내용과 달리 진의 변법가인 상앙(商鞅)은 《상군서》, 〈간령(墾令)〉 편에서 "가장이 집을 짓거나 보수하게 되면 농사일에 방해가 된다"[136]는 점을 들어 주택 건축에 신중할 것을 강조한다. 이는 농업 생산력 증대와 개간 장려라는 국가적 목적을 위해 사사로운 주택의 건축에 신중해야 한다는 뜻을 담고 있다. 민간의 습속을 담고 있는 일서의 내용과 《상군서》, 〈간령〉 편의 내용을 생태 환경의 관점에서 비교해보면, 전자는 건축의 시기를 생태 조건에 맞게 조정해 산림을 보호하려는 뜻이 강하지만, 후자는 저습지나 산지의 개간을 통해 농경지 확보에 주력한 부국 지상주의의 색채가 강하다.

민간의 습속으로 중앙 권력이 침투해가는 모습은 상술한 수호지진간 《일서》의 "위실일(爲室日)" 규정에서도 볼 수 있다. 즉 전국 시대의 진의 민간에서는 부 · 자 · 손 3대가 같은 집에서 거주한 반면에 상앙은 변법을 통해 분가를 장려하는 정책을 취했다. 이것은 국가 권력이 집집마다 침투하여 인적, 물적 자원을 다시 조직하고 있음을 시사한다. 또한 변법을 통해 국가 권력이 강화되면서 전쟁을 위한 군사 시설 공사, 군주의 권위를 과시하기 위한 대규모 토목 공사나 건축 공사가 벌어졌을 것이다. 이는 대량의 건축 자재가 필요했음을 의미하고, 결국 산림천택에 엄청난 변화가 초래되었으리라 짐작게 한다.

다만 앞에서 지적한 주택 건축(築室)과 변법 이후의 주택 건립에서 차이점이 있다면 후자는 매일의 시일 금기에 의존하지 않고 달 또는 계절 단위의 시일 금기에 의존했다는 것이다. 이것은 전국 시대 후기에는 일정 지역에 한정된 시일 금기와 보다 광역화한 시일 금기가 동시에 존재했음을 뜻한다. 그 중간적인 형태는 "북향문(北向門)을 만들려면 마땅히 7, 8, 9월에 진행해야 하고 구체적인 날짜는 병오(丙午)일, 정유(丁酉)일, 병신(丙申)일이며, 이때는 담장도 수리할 수 있다"[137]와 같이 월, 일의 시가 절충된 것이었다.

---

136) 《商君書》, 〈墾令〉.
137) 睡虎地秦簡 《日書》 甲種, 簡95正參.

또 월별로 구체적인 시일 금기가 적용되기도 하고 '기실(起室)', '사향문(四向門)'과 같이 집의 부속물과 문 개축의 방향에 따라 시일 금기가 달리 적용되기도 했다.[138] 이러한 금기는 한대에도 계속되어, 《논형(論衡)》, 〈사휘편(四諱篇)〉은 "서쪽으로 증축하는 것을 꺼린다(諱西益宅)"과 같이 방위를 무시하고 증축(益宅)하면 재앙이 따른다[139]고 경고하고, 〈힐술편(詰術篇)〉은 "주택을 건립하는 방식을 묘사하여 이르기를 상가의 문은 남쪽으로 향하지 않고 징가의 문은 북쪽을 향하지 않는다(圖宅術曰 商家門不宜南向 徵家門不宜北向)"라고 하여 주택(室)의 부속물에 대해서도 방향을 중시하며, 수호지진간 《일서》는 방위에 대한 금기를 어기면 대재앙이나 죽음이 따른다고 경고한다.[140]

이상의 내용으로 미루어 볼 때 주택의 건립은 토목 공사(土功), 기둥과 들보 설치(上樑), 지붕 덮기(蓋屋)와 같은 작업이 포함돼 있었으며, 이 작업들 모두가 각각 해당 금기를 갖고 있었다.[141] 그리고 이런 주택 건립에는 많은 토·목 재료가 사용되었다. 황토 고원의 천수(天水)·농서(隴西) 지역에서는 산림이 풍부해 '나무판자를 이용해 지붕을 이는 집(板蓋屋)'이 민간에 유행했으며,[142] 이러한 지붕 형태는 이미 서융(西戎)에서도 발견된다.[143] 수호지진간 《일서》의 "지붕이 불탔다(蓋屋燔)"[144]는 사료를 보면 지붕을 이는 소재가 황토 흙이나 판자로 이루어졌음을 짐작할 수 있다. 실제로 화북의 각 지역에서 출토된 한대의 화상석을 보면 주택의 지붕이 대부분 기와로 조성되어 있다. 이것은 당시 구운 황토로 지붕을 얹은 집인 와개옥(瓦蓋屋)도 적지 않았음을 의미한다. 게다가 수호지진간 《일서》와 함께 출토된 수호지진간 《봉진식(封診式)》의 〈봉수조(封守條)〉에는 작위가 없는 평민 사오(士

---

138) 睡虎地秦簡 《日書》 甲種, 簡96~98正參.

139) 《論衡》, 〈四諱篇〉.

140) 睡虎地秦簡 《日書》 甲種, 簡96~99正貳·簡140~141背.

141) 睡虎地秦簡 《日書》 乙種, 簡112.

142) 《漢書》, 〈地理志〉.

143) 《水經注》, 〈渭水〉.

144) 睡虎地秦簡 《日書》 甲種, 簡一背.

伍) 갑(甲)의 주택 구조가 묘사돼 있는데, "한 지붕에 방 두 개(一宇二內)"이며[145] 지붕에는 기와를 얹고 '큰 나무 들보(木大具)'를 사용했음을 알 수 있다.[146] 이러한 주택 건축에는 많은 목재가 들었지만, 적절한 시일 금기로 인해 건축의 시기가 자연스럽게 조절된 덕분에 산림의 자연적 복구가 문제없이 이루어질 수 있었다.

물론 민간의 이러한 시일 금기의 저변에는 전통적인 천인합일 사상이 내재되어 있었음을 밝힌 바 있다. 오늘날 임현(林縣) 일대에서 유전(流傳)되고 있는 주택 건축의 시일 금기에 따르면 "봄에는 동문을 짓지 않으며, 여름에는 남문을, 가을에는 서문을, 겨울에는 북문을 건축하지 않는다". 가옥의 건축이 풍토, 계절과 밀접하게 관련돼 있고 인간의 삶에 직접적인 영향을 미친다고 이해되고 있음을 볼 수 있다.[147] 이 금기는 전국 시대 후기의 수호지진간《일서》에 나오는 내용과 완전히 일치하는 것으로, 이 오래된 금기가 지금까지 민간에 남아 있다는 점이 매우 흥미롭다.

목재의 용도는 이 밖에도 많아서, 일일이 열거하기 어려울 정도다. 예컨대《장가산한간》,〈산수서(算數書)〉에는 대나무를 이용해 공구를 만들었다는 이야기가 나오고,[148] 한대 화상석에는 나무로 제작된 각종 선박, 명기(明器)가 나타나 있으며,[149] 수호지진간《일서》에는 "정묘(丁卯)일에는 배를 타고 여행하지 않으며, 육임(六壬)일에도 배를 타지 않으며, 육경(六庚)일에는 길을 떠나지 않는다(丁卯不可以船行 六壬不可以船行 六庚不可以行)"[150]라는 내용이 도처에 나온다. 비록 이동을

---

145) 최덕경,〈戰國·秦漢時代 小農民의 住宅構造에 대한 一考察〉,《釜大史學》제17집(1993).
146)《睡虎地秦簡》,〈封診式 封守〉, 249쪽 : "갑의 집을 보면 방이 두 개인 주택이다. 방마다 창호가 있고 내실은 모두 상량하여 기와로 덮었으며, 문 앞에는 10여 그루의 뽕나무가 있다(●甲室·人. 一宇二內 各有戶 內室皆瓦 蓋 大木具 門桑十木)"는 구절은 '목대구(木大具)'의 '구(具)'를 '구(榑)'로 해석하고 있고, 吳小强 撰,《秦簡日書 集釋》, 215쪽의 주석은 '구(榑)'를《광아(廣雅)》,〈석고일(釋詁一)〉에 나오는 '거야(擧也)'로 인식해 '수립옥가(樹立屋架)', 즉 기둥을 세워 상량(上樑)하는 들보로 해석하고 있다. ●는 누락되어 알 수 없는 글자를 표시한다.
147) 任騁,《中國民間禁忌》, 275쪽.
148)《張家山漢簡》,〈算數書〉, 265쪽.
149) 孫機,《漢代物質文化資料圖說》(北京 : 文物出版社, 1991), 120~122쪽.

위한 승선(乘船)에도 시일 금기가 따르긴 했지만 저습지(水澤)와 호수(河湖) 지역
에서는 배를 타고 다니는 일이 적지 않았을 것이며, 따라서 당시 이 지역의 교통
수단인 배를 제작하거나 수리하는 데 목재가 적지 않게 사용되었을 것이다. 하지
만 "산에 나무는 있지만 큰 재목이 될 나무는 없다(山有木 無大材)"는 상황 때문에
지역에 따라서는 대재(大材)로 활용할 만한 수목이 많지 않았고, 또 생태계의 상
황도 나날이 좋지 않았다는 것이 산동 임기(臨沂)의《은작산한묘죽간(銀雀山漢墓
竹簡)》에 잘 지적되어 있다.[151] 그리고 이 같은 상황은 이미 전국 시대의 "송나라
에는 큰 나무가 없다(宋無長木)"[152]는 상황에서도 확인된다.

또 주목할 점은 초목이 퇴비로 사용되었다는 것이다. 초목을 우사에 넣어둔 것
을 보면 소로 하여금 밟게 해 퇴비를 만들었음을 알 수 있다.[153] '분(糞)'은 이미
갑골문에도 등장하고 선진 시대에도 '똥거름을 사용한 토지(糞肥田)'의 존재를 확
인할 수 있지만,[154] 주로 쓰인 것은 초목을 삭혀 만든 거름(草糞), 가축의 분뇨로
만든 거름(生糞), 재거름(灰糞)이었다.《범승지서》 단계에 와서는 때에 맞추어 흙
을 부드럽게(和土) 하고 시비와 보습(糞澤)에 힘쓰는 것을 농경의 근본이라 일렀
으며,[155] 후한 때 묘지에 묻은 부장품 중 토기로 된 물건(陶明器) 중에 가축우리 구

---

150) 睡虎地秦簡《日書》甲種, 簡97~98背貳·簡128背 ; 睡虎地秦簡《日書》乙種, 簡44貳.

151) 銀雀山漢墓竹簡整理小組 編,《銀雀山漢墓竹簡(壹)》, 146쪽 : "목재로 사용할 수 있는 것은 다섯에 하나 정도
다. 산에 나무는 있지만 큰 재목은 없어 도끼를 들고 산에 들어가도 아홉에 하나 정도 건진다. 헐벗은 낫을 갖
고 입산하여도 열에 하나 정도 취할 수 있다. 개울도 고기가 없어 그물을 던져도 일곱 번에 한 번 정도 고기를
잡을 수 있고, 작은 계곡의 경우 백 번에 한 번 정도 성공한다. 아름답던 못의 갈대와 부들도 가라앉아버렸다(木
材之用焉 五而當一. 山有木 無大材 然而斤斧得入焉 九而當一. 禿……鎌纆得入焉 十而當一. 禿斥津口……網得入焉
七而當一. 小溪谷罟網不得入焉 百而當一. 美沈罨蒲葦……口口石 百而當一)."

152)《戰國策》,〈宋策〉.

153) 睡虎地秦簡《日書》甲種, 簡70背.

154) 선진(先秦) 시대의 시비(施肥)를 알려주는 구절들은 다음과 같다.《孟子》,〈滕文公上〉: "백 무의 토지에
필요한 거름(百畝之糞)";《韓非子》,〈解老〉: "관개를 통한 시비(糞灌)";《荀子》,〈富國〉: "시비를 많이 한 토지
(多糞肥田)";《周禮》,〈地官 草人〉: "땅의 성질에 따라 토지를 개량하는 법을 장악한다(掌土化之法以物地)";
《呂氏春秋》,〈季夏紀〉: "잡초를 죽이는 데 유리하며 토지에 가둔 물이 열탕과 같으면 시비에 이용된다(利以殺
草 如以熱湯 可以糞田疇)."

155)《氾勝之書》: "무릇 농경의 근본은 때맞추어 토지를 부드럽게 하고 시비와 보습에 힘쓰고 서둘러 김매고

조를 보면, 당시 퇴비(踏糞)가 생산되었음을 짐작할 수 있다. 가축의 마구간에서 생산된 퇴비(廐肥)는, 일서에 "소 우리 중의 초목(牛廐中草木)"이라는 말이 나오는 것으로 보아 최소한 전국 시대 후기까지 소급될 수 있다.

그렇지만 진한대에 수목의 가장 큰 용도는 무엇보다 땔감이었다. 열을 필요로 하는 모든 것이 곧 땔감을 필요로 했다. 그래서 영림(營林)을 담당하는 관리가 주로 힘쓰는 것도 건축용 목재를 조달하거나 땔감을 비축하는 일이었다.[156) 땔감은 취사용뿐 아니라 난방용, 철제 제련과 토기 제작 등을 위한 공업용, 그리고 변방 지역의 통신 수단인 봉수를 위한 봉수용 등으로 매우 다양하게 쓰였다.

《여씨춘추》, 〈십이기 계추기〉에서 "초목이 노랗게 변하고 낙엽이 지므로 나무를 베어 숯을 만든다"[157)라고 한 것으로 보아 낙엽이 진 후에 숯을 만들어 땔감으로 사용했을 것이다. 숯은 목재보다 연기가 나지 않기 때문에 주로 실내에 사용되었을 것이며, 또 부피가 작고 운반이 용이하고 값이 상대적으로 비싸서, 생산지에서 먼 도시의 비생산업자의 가정에서 이용되거나 특수 목적에 사용되었을 것이다. 《장가산한간》에 따르면 대개 숯(炭)은 산중에서 생산되어 사람들을 통해 운반되거나 또는 도로에서부터는 수레에 실려 멀리 떨어진 관부로 운송되었으며, 생산량도 적지 않았던 것 같다.[158) 또 "뽕나무를 땔감으로 사용(以桑薪燔)"[159)한 사실과 "뽕나무 숯이 매우 좋으며, 쇠 화로가 매우 좋다(桑炭甚美 鐵爐甚磬)"[160) 등의 구절을 볼 때, 뽕나무는 땔감이나 숯으로 활용되기도 하고, 약용이나 제철과 같은 특수 목적에 쓰이기도 한 듯하다.

서둘러 수확하는 데 있다(凡耕之本 在於趣時和土 務糞澤 早鋤早獲)." '화토(和土)'에 대해 스성한(石聲漢)은 "토지를 부드럽게 한다(使土地和解)"라고 해석했으나 완궈딩(萬國鼎)은 토양이 스스로 경작에 적합한 습윤(濕潤) 정도를 유지하는 것을 말하며, 경작해서 나타난 결과는 아니라고 해석한다.

156) 《管子》, 〈立政〉.

157) 《呂氏春秋》, 〈十二紀 季秋紀〉.

158) 《張家山漢簡》, 〈算數書〉, 簡126~128.

159) 《馬王堆漢墓帛書(肆)》, 〈五十二病方〉.

160) 《張家山漢簡》, 〈奏讞書〉, 簡165.

하지만《마왕퇴한묘백서》에서 보듯 땔감의 용도로서 가장 큰 비중을 차지하는 것은 역시 취사용이었던 것 같다.[161] 당시에 집 안에 쌓아둔 땔나무와 초분(蕉草) 덕분에 도적이 오랫동안 몸을 숨길 수 있었다는 이야기가 전해지는 데서도 이를 알 수 있다.[162] 이러한 땔감은 '신(薪)'이나 '시(廝·柴)'로 표현된다.《상군서》,〈간령〉편은 "땔나무 조달꾼, 가마꾼 및 형도로서 역할이 중한 자는 반드시 이름을 등기해야 한다(令之廝輿徒重者必當名)"[163]라고 하여 관청에 이름을 등기해 부역(賦役)할 것을 명시하고 있는데, 이 주석에서 '시(廝)'를 '석신자(析薪者)', 즉 장작 패는 사람으로 해석하고 있다. 통나무를 쪼개어 장작으로 보관했음을 알려주는 부분이다. 일서나《거연한간》에서는 땔나무가 대부분 '적신(積薪)', '벌신(伐薪)', '번신(燔薪)', '치신(治薪)' 등 '신(薪)'으로 표현되어 있다. 여기서 '신'은 땔나무용으로 벌채한, 아직 장작을 패기 전의 굵은 나무를 지칭하는 듯하다.[164] 그리고 신(薪)의 소재를《거연한간》은 "부들과 나무 땔나무(蒲薪木薪)"[165]라 밝히고 있는데, 이를 통해 각종 수목은 물론 '포(蒲)'와 같은 잔가지〔蒲〕도 땔감으로 사용되었음을 알 수 있다.

주목할 만한 사실은《거연한간》에 따르면 거연 지역에서는 땔감이 봉수용으로 가장 많이 사용되었다는 것이다. 거연 지역은 서북 변경 지역에 위치한 군사적 요충지였기 때문에 적의 침입이 발견되는 즉시 봉수라는 통신 수단을 이용해 이를 통보해야 했다.《거연한간》에 나오는 '수(隧)', '수(燧)', '대(隊)' 등의 문자는 바로 봉수를 뜻한다. 이 봉수를 유지하는 데는 땔감이 필요했으며,《거연한간》의 곳곳에 등장하는 '적신'은 바로 위급한 상황에 대비해 비축해놓은 땔감을 의미한

---

161)《馬王堆漢墓帛書(肆)》,〈五十二病方〉.

162) 放馬灘秦簡《日書》甲種.

163)《商君書》,〈墾令〉.

164) 앞의《관자》,〈입정(立政)〉의 "신증을 쌓아두다(薪蒸之所積)"에 대한 주석에 "큰 것을 신, 작은 것을 증이라(大曰薪 細曰蒸)"고 한다.

165)《居延漢簡甲乙編》, 506.1 : "나무와 부들의 땔감 중량이 각각 2석이다(蒲薪木薪各二石)."

다. 이러한 봉수가 얼마나 설치돼 있었는지는 파악하기 쉽지 않고 지역에 따라 차이가 있었지만, 액제납(額齊納)과 소륵(疏勒)이라는 두 강 유역의 경우 봉수 간 간격이 대개 1~3킬로미터였으며,[166] 입지 여건이 좋지 않아도 10킬로미터는 넘지 않은 듯하다.[167] 이러한 간격을 통해 당시 봉수의 수를 짐작할 수 있다. 황하(黃河) 북부 변경 지역의 산림 상당 부분이 남벌된 것은 이러한 군사적 목적 때문이었을 것으로 판단된다. 거연 지역의 경우 초목의 활용과 관련해 다른 지역과의 차이점이 또 하나 있는데, 전술한 바와 같이 《거연한간》에 '꼴 베고(伐茭)', '꼴을 생산 운반하고(出茭)', '꼴과 짚이 산처럼 쌓이다(篘藁積如山)'과 같은 표현이 나오는 것으로 보아 목축을 위해 초목을 벌채하기도 했다는 것이다.

전국·진·한 시대의 땔감의 중요성을 말해주는 또 다른 증거는 바로 수호지진 간과 《장가산한간》에 다수 등장하는 '귀신(鬼薪)'이라는 노역 형벌이다. 《한서》 〈혜제기(惠帝紀)〉에 따르면 귀신은 종묘(宗廟)나 관부(官府)에 필요한 땔감의 채취를 담당하는 남자 수형자다. 아마도 거연 지역과 같은 변경 지역에서 군사적 목적을 위해 사용된 땔감 역시 민간인들 아니면 이 귀신이라는 존재에 의해 공급되었을 것이다. 《여씨춘추》, 〈계동기(季冬紀)〉에 따르면 산림천택을 관리하는 '사감(四監)'으로 하여금 백성들에게서 장작을 거두게 해 교외 제사를 모시는 사당(郊廟)이나 온갖 제사의 제물을 태우는 의식에 사용했다.[168] 이처럼 땔나무만을 전문적으로 채취하는 수형자가 있었다는 점, 그리고 장작과 섶나무(薪柴)를 민간에서 공급받았다는 점은 당시에 땔나무 수요가 많았고 땔나무 채취가 힘든 노동이었음을

---

166) "등산수(登山隧)에서 남쪽 요로수(要虜隧)까지 5리(登山隧南到要虜五里)"였다고 하는데(《居延漢簡》 簡 515.49), 한대의 1리는 400미터로 환산되므로 5리는 약 2킬로미터에 해당하는 거리였다.

167) 籾山明, 《漢帝國と邊境社會》(東京 : 中公新書, 1999), 45~46쪽. 이러한 봉수들에는 각각 고유의 이름이 붙어 있었다. 예컨대 박망(博望), 각적(却敵), 파호(破胡), 차간(遮奸) 등은 설치 목적에 따른 이름이고, 임수(臨水), 당곡(當谷)은 봉수의 입지 조건에 따른 이름이며, 천추(千秋), 만세(萬歲), 종고(終古) 등은 길상어(吉祥語)를 사용한 이름이다. 또한 액제납(額齊納) 하류 유역에서처럼 이름 대신 1에서 38까지 번호를 붙여 부르는 경우도 있었다.

168) 《呂氏春秋》, 〈季冬紀〉.

말해준다. 그뿐 아니라 위정자는 창고를 충실히 채우고 입산을 관리해 흉년에 대비했으며, 흉년이 들면 산림천택에 대한 출입 금지를 해제해 백성에게 자연의 재화를 나누어 주었다.[169] 인민의 생계를 위해 산림천택의 금지와 해제를 조절했음이 여기서도 드러난다. 특히 전국 시대에 금속 공구의 보급과 함께 생산력과 인구가 증가하면서 산림천택의 자원을 활용해 부를 축적하는 경우도 적지 않았다. 《예기》, 〈왕제편(王制篇)〉에 따르면 목재나 금수가 시장에서 판매되었으며, 정해진 규격에 부합되는 것만 시장에 나올 수 있었다.[170] 이러한 엄격한 규격 덕분에 어린나무를 베는 행위가 제한됨으로써 자연 자원의 안정적이고 지속적인 이용이 보증될 수 있었다.[171] 군주가 직접 장악한 산택의 경우, 이렇게 목재나 야생 동물의 상품화와 삼림 자원의 지속적인 활용이 동시에 이루어졌던 것 같다.

《상군서》, 〈정분(定分)〉 편에는 토끼를 잡아 파는 사람이 시장에 가득했으며, 절도를 막기 위해 시장에 나온 토끼에다가 그것의 주인이 누구인지 명시해놓았다고 되어 있는데,[172] 이로써 토끼 사냥이 이루어졌다는 사실과 사냥된 토끼의 용도를 짐작할 수 있다. 그리고 한대 호남성(湖南省)의 《마왕퇴한묘백서》는 "백성들은 나무와 땔나무를 베어 각각 부를 취하였다(百姓斬木(刈)薪而各取富焉)"라고 해, 구체적인 규정 없이 백성이 목재와 땔감을 이용해 부(富)를 취하고 있었음을 보여준다.[173] 옻나무에서 추출된 옻은 수공업 원료로서 1두(斗)당 35전에 판매되었다.[174] 목재뿐만 아니라 산림천택에서 나는 동물과 어류 등도 시장에서 거래되었다. 전술한 것처럼 《장가산한간》에 따르면 여우, 너구리, 개나 이 동물들의 가죽으로 만든 옷이 시장에서 거래되었으며, 《거연신간(居延新簡)》의 "생선을 구입했다(買魚

169) 《管子》, 〈小問〉.
170) 《禮記》, 〈王制篇〉.
171) 張全明·王玉德, 《中華五千年生態文化》(下), 989쪽.
172) 《商君書》, 〈定分〉.
173) 《馬王堆漢墓帛書(壹)》, 〈老子乙本卷前古佚書〉.
174) 《張家山漢簡》, 〈算數書 漆錢〉.

家中)"175)는 구절이 말해주듯이 소택지에서 나는 물고기도 시장에서 거래되었다. 이러한 자연 자원 활용이 산택을 개방한 이후에 이루어진 일인지, 아니면 국가에서 필요로 하는 용품(大器)이 생산되지 않은 산림천택의 경우 원래 향촌 공동체가 자연 자원을 일정 정도 자유롭게 활용할 수 있었던 것인지는 알 수 없다. 하지만 한대에 위정자의 통치 덕목을 "추위와 배고픔을 해결하는 것(飮食薪菜饒)"176)으로 규정해 백성들이 잘 먹고 따뜻하게 지낼 수 있게 하는 것을 중시했다는 점에서 위정자는 중요한 생필품인 땔감과 먹을거리를 자연에서 얻는 것을 백성에게 허하지 않을 수 없었으리라 짐작되며, 따라서 국가적 차원에서나 개인적 차원에서나 자원의 보고이면서 부의 원천이었던 산림천택은 일정 부분 '공·사에 의해 공유'되었을 것으로 보인다.

이런 현상은 당시 변경 지역에서도 볼 수 있다. 한대에는 도처의 속국이 고유의 풍습을 바꾸지 않았고,177) 또 변군(邊郡)의 경우 종종 분현(分縣)의 성격을 지닌 속국도위(屬國都尉)가 통치하였다.178) 이런 지역의 경우 군주는 복속민을 직접 장악하지 못하고 간접적인 방식으로 지배했다. 결국 이런 지역에서는 "천자의 법도가 채용되지 않고"179) 고속(故俗)이 그대로 인정되었던 것이다. 하지만 무제(武帝), 선제(宣帝) 이후에 실시된 지역 호족이나 유생의 추천 제도는 황제권 강화를 위해 지방 유력자와의 대타협을 시도한 것으로, 향촌 공동체의 질서를 인정하고 그 대신 향촌 공동체의 인민과 그 습속을 변화시켜 체제 내에 흡수하는 정책을 실시했던 것이다. 이 경우 산림천택은 내지와 마찬가지로 공·사에 의해 공유되었을 것이다.

산림천택의 경제적 가치를 이용해 큰 부를 축적한 사례는《사기》,〈화식열전〉에

---

175) 《居延新簡》 E.P.T49 : 40B.

176) 《管子》,〈五輔〉.

177) 《漢書》 권55,〈霍去病傳 師古注〉.

178) 《後漢書》 志28 百官志5.

179) 《漢書》 권64,〈嚴助傳上〉.

잘 묘사되어 있다. 철기의 보급이 확대되면서 산곡(山谷)의 광산을 채굴해 큰 부를 이룬 사람도 적지 않았다.[180] 각종 문헌과 출토 유물에서 금속으로 된 농구, 공구, 무기와 구리 소모량이 크게 증가했다는 사실도 이를 뒷받침한다.[181] 수호지진 간《일서》에도 '대검(帶劍)', '전금(錢金)', '호의검(好衣劍)', '양검(良劍)', '철추(鐵椎)' 등 금속 무기와 공구의 명칭이 다수 등장하며,[182] 《은작산한묘죽간》의 "이름난 산림에서 생산된 것은 농공구로 사용할 수 있다(名山林可以爲田器)"는 구절은 채광(採鑛)의 정도를 알려준다.

이 같이 산림천택이 다양한 경제성을 띠고 있는 까닭에, 군주권의 강화를 꾀하는 군주로서는 "산택을 일원화(壹山澤)"[183]하는 정책을 취해, 개간으로 농경지를 확보하고 자원을 독점하고 세금 부과를 통해 상인들의 산택 이익을 차단함으로써 독점적 경제 기반을 마련하는 것이 필수 불가결했을 것이다.[184] 《묵자(墨子)》에는 장관(長官)이나 경대부(卿大夫)가 국경 무역(關市)과 산림수택의 이익을 거두어 관부 재정을 충실히 한 사실, 그리고 중앙 관부가 상인을 억압해 산림천택의 재물을 장악한 사실이 나타나 있다.[185] 이는 산택 점유의 주도권이 향촌 공동체나 상인에서 점차 국가로 옮겨 갔음을 보여준다.

---

180) 최덕경, 〈中國古代 山林藪澤의 실태와 破壞 요인〉, 140~142 · 151~152쪽.

181) 《張家山漢簡》, 〈算數書 銅耗〉; 《居延新簡》 E.PT22 : 311 · E.PT22 : 319 · E.P.T51 : 150A~150B 등에서 '시동후(矢銅鏃)'와 같은 금속을 이용한 공구류를 쉽게 발견할 수 있다.

182) 睡虎地秦簡《日書》甲種, 簡112正貳 : "칼을 지니고 화살을 두려워한다〔台(始)寇(冠)帶劍 恐御矢〕" · 簡122 正參 : "대길문은 마땅히 지니고 온 금전을 수납해야 되는데, 지니고 온 금전은 쉽게 비게 되느니, 이곳의 주인은 무당이다(大吉門 宜錢金而入易虛 其主爲巫)" · 簡148正貳 : "임진년에 태어난 아들은 굳세고 검을 지니기를 좋아한다(壬辰生子 武而好衣劍)" · 簡35背貳 : "좋은 칼로 목을 찌르다(良劍刺其頸)" · 簡40背貳 : "쇠를 단조하여 송곳을 만들다(以鐵椎段之)."

183) 《상군서》, 〈간령(墾令)〉 편의 주석에는 "산택을 일원화했다(壹山澤)"는 사실을 "산택의 금령을 오로지하여 함부로 채집, 개간하고 어렵하는 것을 허락하지 않았다(謂專山澤之禁 不許妄樵採佃漁)"라고 풀이하고 있다.

184) 최덕경, 〈戰國 · 秦漢시대 山林藪澤에 대한 保護策〉, 《大丘史學》 제49집(1995), 194~204쪽. 《주례》, 〈천관 대재(天官 大宰)〉 교감기(校勘記)의 "산택에 들어가 목재를 취하면 과세한다(民人入山澤取材 亦有稅物)"라는 구절에서 알 수 있듯이 주(周)대의 제후는 산림에 대해 봉금(封禁) 정책을 취했고, 산림의 각종 부산물을 이용하거나 산림을 개발하는 사람에게서 중세(重稅)를 거두어 자신의 재정적 기반으로 삼았다.

185) 《墨子》 권2, 〈尙賢中〉 · 권9, 〈非命下〉.

이상에서 금지와 해제를 통해 생태 자원이 활용되는 과정을 일서를 통해 살펴
보았다. 요약하면, 무속에 근거한 민간의 시일 금기에 의해 조절되던 생태 질서가
점차 국가 권력에 의해 제도적으로 조절되어갔고, 이 과정에서 국가는 민간의 금
기를 산림천택을 장악하는 법령으로 변모시켰다. 법령화되지 않은 금기들은 전통
적인 무속으로서 민간의 삶 속에 잔존했을 것으로 판단된다. 수호지 등의 진대 분
묘에서 전국 시대 후기의 율령과 함께 일서가 출토되고 있는 것은, 수호지진간
《어서》의 내용처럼, 관리가 민간의 사벽(邪辟)을 물리치고 향속의 변화를 이끄는
과정에서 진율이 통치의 지침서 역할을 하고 일서가 지역민을 통제하는 참고서
역할을 했기 때문일 것이다. 또한 국가는 산림천택 중 농공구(田器)나 국가에서
필요로 하는 용품(大器)을 생산할 수 있는 곳은 현(縣)의 관리조차 배제하고 직접
통제했는데, 이는 결국 생태 환경을 뒷걸음질 치게 만들었다.

5. 맺음말

전국 · 진 · 한 시대는 국가 통일의 완성과 더불어 국가의 법령과 민간의 습속이
대타협을 이룬 시기였다. 효율적인 타협을 위해서는 관리와 지역 세력의 욕구가
서로 부합되어야 했는데, 이러한 상황을 반영하고 있는 일서가 도처에서 출토되
고 있다.

일서란 길흉화복을 예언하는 고대 민간의 점서로서, 고대인의 정신세계를 엿보
게 해주는 귀중한 생활 자료다. 주지하듯 금기는 인류가 보편적으로 지닌 문화 현
상으로서 신성을 띠고 있으며, 법적 금지의 개념보다는 민간이 주술적 의미에서
보편적으로 싫어하고 꺼리는 특정한 행위라는 개념에 가깝다.[186] 이러한 금기는

---

186)《설문해자(說文解字)》는 '금(禁)'을 "길흉을 꺼리는 것이다(吉凶之忌也)"라 풀이하고 '기(忌)'를 "싫어한
다(憎惡也)"라고 풀이하고 있다.

사회 전체의 금지를 내포하고 있고 같은 국경 내에 사는 사람들의 공통된 의식으로 자리하고 있다.[187]

특히 일서에서는 전국 · 진 · 한 시대에 시일 금기에 의한 보호 덕분에 수목과 금수가 매우 풍부했음을 확인할 수 있었다. 그리고 민간의 생태계에 대한 인식도 자연 친화적이었다. 이러한 산림천택의 상황을 진한 통일기의 군주가 크게 주목했다. 당시 국가는 부국강병과 생산력 증대를 위해 《상군서》의 지적과 같이 적극적으로 개간에 나섰으며, 산림천택은 바로 자원의 보고로 인식되었다. 그래서 군주는 민간의 풍습을 교정함과 아울러 당시 씨족 공동체에 포위되어 있던 산림천택을 씨족 공동체로부터 분리하고자 했으며, 그러한 상황에서 일서가 주목되었다. 지방관의 입장에서 일서는 통치를 위해 해당 지역의 습속을 이해하는 데 필요한 자료이자, 민간의 금제(禁制)를 역이용해 풍속을 교정하고 향촌 사회에 법령을 침투시켜 향촌민을 지배하는 데 필요한 참고서로 여겨졌을 것이다.

실제로 통일 과정에서 점령지 향촌의 습속을 교정해 향민을 군현 조직에 편입시키기 위해서는 향촌의 지역 세력과의 타협이 불가피했다. 수호지진간 《일서》에 등장하는 '방군(邦君)', '상황(上皇)', '왕공(王公)', '왕사(王事)', '후왕(侯王)', '입관(入官)', '입관양일(入官良日)', '임관(臨官)', '유작(有爵)', '가이색부(可以嗇夫)', '가이치색부(可以治嗇夫)' 등의 말은 향촌이 국가 권력과 유기적인 관계를 맺고 있었음을 보여준다. 향촌의 유력자는 점차 관료를 지향하게 되었고, 그래서 작제(爵制) 질서에 편입되어 입관, 출정(出征)하기를 염원했다.

이런 상황에서 관료는 일서를 통해 해당 지역의 속성을 파악하고, 이러한 이해를 바탕으로 금령을 구체화했다. 결국 국가는 일서의 논리를 활용해 부의 원천인 산림천택을 일방적으로 강제하는 방향으로 나아갔다. 민간 습속에 머물렀던 금기

---

187) 《한서(漢書)》 권30, 〈예문지(藝文志)〉의 금기에 대한 내용에는 사회나 집단의 금지 사항이 담겨 있으며, 《예기(禮記)》, 〈곡례편(曲禮篇)〉의 "국경을 넘어와 금지 상황을 묻고, 국읍으로 진입해서는 풍속을 묻고, 문에 들어서는 싫어하는 것이 무엇인지를 묻는다(入境而問禁 入國而問俗 入門而問諱)"라는 구절에는 국경을 달리하는 곳에서는 풍속과 금기도 달랐다는, 즉 국가에 따라 풍속과 금기가 달랐다는 뜻이 담겨 있다.

는 이제 '때에 따라 금지와 해제를 일삼는다(以時禁發)'라는 원리의 금령으로 탈바꿈했다. 그러므로 수호지와 같은 진대의 분묘에서 일서가 법률 문서와 함께 출토되는 것은 전혀 이상한 일이 아니다.

당시의 각종 사서에 등장하는 산림천택에 대한 금령은 일서의 금기처럼 시일 금기를 근간으로 하고 있으며, 또 '때에 따라 금지와 해제를 일삼는다'는 원리 속에는 전통적인 생태 관념인 삼재 사상이 내포돼 있다. 생태계는 자연과 인간이 화해와 통일을 이룰 때 열매를 맺기 때문에 천지인이 합일을 이루어야 하며, 또 생태계의 생명을 존중하면서 합리적으로 생태계를 이용하지 않을 때는 재앙이 따른다고 보고 있기 때문이다.

하지만 일서와 달리 금령에서는 시일 금기가 날을 단위로 구체적으로 제시되지 않고 보편적인 때와 월령에 따라 제시된다. 이것은 금령이 지역적 민간 습속 차원의 것이 아니고, 통일 국가의 넓은 지역을 포괄하는 법령의 성격을 띤 것이었음을 단적으로 보여준다. 또한 씨족 또는 촌락 공동체의 산림천택이 점차 국가에 의해 장악되고 파악되어갔음을 보여준다. 그러므로 산택에 대한 금령에는 순수한 향촌 공동체의 습속이 아니라 관부에 의한 통제가 담겨 있었다. 특히, 국가에 부를 가져다줄 수 있는 산림을 금령을 통해 국가가 독점적, 배타적으로 점유하게 되면서 '공·사 공유[公私共之]'의 균형은 깨지고 말았다.

한대 이후에는 시일 금기가 진한 통일기와는 달리 다시 점차 생활 속으로 파고들어 신앙의 성격을 띠거나 한정된 영역과 특수 목적에 주로 적용되었다. 이로써 민간 습속의 시일 금기가 한편으로는 국가의 강제력에 의해 통치 수단으로 변질되어 시령이나 사시(四時)에 의한 지배를 뒷받침했고 다른 한편으로는 공동체의 성원을 규율하는 자율적 원리로 작용했음을 알 수 있다. 한대 이후 복속민의 고속이 그대로 인정된 것은 황제의 향촌에 대한 지배에 한계가 있었음을 의미한다. 주목할 것은 민간 생활 속에 내재돼 있던 길흉의 예견과 양일(良日)·기일(忌日)의 구분이 당(唐)대의 《사시찬요》나 왕정의 《농서》에도 여전히 등장했고, 명(明) 만력(萬曆) 연간의 《편민도찬》이 알려주듯이 명대에도 각종 생활상에 다양하게 활용되었으며, 또 오늘날 동아시아 각국의 민간 습속에도 여전히 잔존해 있다는 점이다. 자연과 더불어 배태된 시일 금기는 법령처럼 강제성을 띠지 않아도 강한 생명력을 지닌다는 것을 알 수 있다. 그리하여 시일 금기는 향리 공동체를 결집하는 힘이자 동양 사상의 근간이 되었던 것이다. 이런 관점에서 일서는 결코 단순한 민간의 주술적 점서로 다루어져서는 안 된다.

1. 사료

《居延新簡》

《管子》

《敦煌懸泉漢簡》

《馬王堆漢墓帛書(肆)》

《墨子》

放馬灘秦簡《日書》

《氾勝之書》

《史記》

《商君書》

《水經注》

睡虎地秦簡《日書》

《荀子》

《呂氏春秋》

《易傳》

《鹽鐵論》

《禮記》

雲夢睡虎地《秦簡》

《逸周書》

《張家山漢墓竹簡》

《戰國策》

《齊民要術》

《左傳》

《周禮》

《漢書》

《後漢書》

2. 연구서

工藤元男,《睡虎地秦簡よりみた秦代の國家と社會》(東京：創文社, 1998)

羅振玉・王國維 編,《流沙墜簡》(中華書局, 1999)

農業出版社編輯部 編,《中國農諺》(上)(北京:農業出版社, 1980)

董愷忱·范楚玉 主編,《中國科學技術史》(農學卷)(北京:科學出版社, 2000)

萬國鼎 輯釋,《氾勝之書輯釋》(北京:農業出版社, 1980)

文煥然·文榕生,《中國歷史時期冬半年氣候冷暖變遷》(北京:科學出版社, 1996)

孫機,《漢代物質文化資料圖說》(北京:文物出版社, 1991)

吳小强 撰,《秦簡日書集釋》(長沙:岳麓書社, 2000)

王建中 外,《南陽兩漢畫像石》(北京:文物出版社, 1990)

饒宗頤·曾憲通,《雲夢秦簡日書研究》(香港:中文大學出版社, 1982)

劉樂賢,《睡虎地秦簡日書研究》(臺北:文津出版社, 1994)

劉昭民,《中國歷史上氣候之變遷》(臺灣:臺灣商務印書館, 1992)

劉厚琴,《儒學與漢代社會》(濟南:齊魯書社, 2002)

銀雀山漢墓竹簡整理小組 編,《銀雀山漢墓竹簡(壹)》(北京:文物出版社, 1985)

李林·康蘭英 外,《陝北漢代畫像石》(西安:陝西人民出版社, 1995)

籾山明,《漢帝國と邊境社會》(東京:中公新書, 1999)

任騁,《中國民間禁忌》(北京:作家出版社, 1991)

張寅成,《中國古代禁忌》(北京:稻鄉出版社, 2000)

張全明·王玉德,《中華五千年生態文化》(上)(武漢:華中師範大學出版社, 1999)

中國農業博物館 編,《漢代農業畫像磚石》(北京:中國農業出版社, 1996)

中國文物研究所 外 編,《敦煌懸泉月令詔條》(北京:中華書局, 2001)

鄒逸麟 主編,《黃淮海平原歷史地理》(合肥:安徽教育出版社, 1993)

湖北省文物考古研究所,《九店楚簡》(北京:中華書局, 2000)

3. 논문

孫彥泉,〈生態文明的哲學基礎〉,《齊魯學刊》(2000년 1기)

原宗子,〈我對華北古代環境史的研究—日本的中國古代環境史研究之一例〉,《中國經濟史研究》(2000년 3기)

李根蟠,〈"天人合一"與"三才"理論—為什麼要討論中國經濟史的"天人關係"〉,《中國經濟史研究》(2000년 3기)

이성규,〈秦의 山林藪澤開發의 構造—縣廷 嗇夫組織과 都官의 分析을 중심으로〉,《東洋史學研究》 제29집 (1989)

李學勤,〈睡虎地秦簡《日書》與楚·秦社會〉,《江漢考古》(1985년 4기)

최덕경,〈17~18세기 朝鮮 農書에 나타난 占候의 性格—水稻作의 사례를 중심으로〉,《지역과 역사》 제16 호(부경역사연구소, 2005)

─────,〈戰國·秦漢시대 山林藪澤에 대한 保護策〉,《大丘史學》 제49집(1995)

─────,〈戰國·秦漢時代 小農民의 住宅構造에 대한 一考察〉,《釜大史學》 제17집(1993)

─────,〈占候를 통해 본 17·18세기 동아시아의 農業 읽기〉,《比較民俗學》 제32집(비교민속학회, 2006)

———, 〈中國古代 山林藪澤의 실태와 破壞 요인〉, 《釜山史學》 제18집(1995)

———, 〈中國古代의 物候와 農時豫告〉, 《中國史研究》 제18집(2002)

———, 〈中國古代의 自然環境과 地域別 農業條件〉, 《釜大史學》 제18집(1994)

———, 〈華北 지역의 自然環境과 그 發展過程〉, 《中國研究》 2(大陸研究所, 1993)

竺可楨, 〈中國近五千年來氣候變遷的初步研究〉, 《考古學報》(1972년 1기)

17세기 강남의 소빙기 기후*

김 문 기**

1. 17세기 위기와 소빙기

17세기 말, 상해(上海) 출신의 엽몽주(葉夢珠)는 자신이 겪은 1689년의 특이한 여름을 다음과 같이 회고했다.

강희(康熙) 28년 기사(己巳), 5월 5일 경자(庚子) 하지(夏至)에서 25일까지 20여 일 동안 음산한 비가 계속 내렸다. 날씨는 서늘하여 깊은 가을 같았다. 낮에는 겹옷을 입었고, 밤에는 솜이 불을 덮어야 했다. 이때 병에 걸리는 사람이 매우 많았다. 가을이 되자 우리 고을에서는 흉작이 심상치 않았다.[1]

그가 언급한 음력 5월 5일에서 5월 25일까지의 20일은 양력으로 6월 21일에서

* 이 글은 2007년 4월에 《명청사 연구》 제27집에 실린 같은 제목의 논문을 수정 · 보완한 것이다.

** 부산대 사학과를 졸업하고 같은 학교 대학원에서 박사 과정을 수료했다. 현재 부경대에서 박사 과정을 다시 밟고 있다. 환경과 역사에 대해서 지속적으로 관심을 가져왔는데, 논문으로는 〈明淸時期 江南의 氣候變動과 洞庭柑橘〉, 〈明末 江南의 氣候와 崇禎 14년의 奇荒〉, 〈17세기 江南의 災害와 民間信仰─劉猛將信仰의 轉變을 중심으로〉, 〈17세기 江南의 氣候와 農業─《歷年記》에 대한 분석을 중심으로〉 등이 있다.

1) 葉夢珠, 《閱世編》 권1 〈災祥〉.

7월 11일까지에 해당한다. 절기상으로는 하지부터 소서(小暑)가 닷새 정도 지난 기간이다. 보통 이 시기는 한여름의 무더위가 기승을 부리는 때다. 이런 때에 겹 옷을 입고 솜이불을 덮어야 했다는 것은 당시에 한여름의 한랭화 현상이 얼마나 심했는지를 잘 보여준다. 엽몽주는 이러한 이상 기후 때문에 강남(江南)뿐만 아니 라 화북(華北)의 여러 지역까지 기근에 시달렸음을 지적했다. 그러나 그는 자신이 살았던 17세기가 지난 수천 년을 통틀어 가장 한랭했던 한 세기였음을 알지 못했 을 것이다.

엽몽주는 '명(明)·청(淸) 교체'라는 중국사의 대격변을 경험했다. 흥미로운 것 은 17세기에 중국뿐만 아니라 전 세계적으로 기근, 역병, 폭동, 반란, 전쟁, 정권 교 체 등의 격변이 끊이지 않았다는 사실이다. '17세기 위기The Seventeenth Crisis' 로 표현되는 전 세계적인 위기 현상은 일찍부터 역사학자들의 관심을 불러일으켰 다.[2] 그들은 17세기에 세계적인 위기 현상이 동시에 발생한 근본적인 원인의 하 나로 '소빙기(小氷期)Little Ice Age'라는 기후 변동을 지목했다.[3] 17세기를 전후 한 시기에 전 세계적으로 변덕스럽고 한랭한 날씨가 계속되어 각종 재해와 흉작 이 빈발했고, 그 결과 사회적 격변이 초래되었다는 것이다.[4] 소빙기의 정확한 시 작과 끝에 대해서는 학자들 사이에 이견이 있지만, 17세기가 지난 몇 천 년 사이 에 가장 한랭했던 한 세기였다는 것은 널리 알려진 사실이다.[5] 엽몽주는 바로 이

---

2) Trevor Aston (ed.), *Crisis in Europe 1560～1660, Essays from Past and Present*(London : Routledge & Kegan Paul, 1966) ; Geoffrey Parker, *Europe in Crisis, 1598～1648*(Brighton : The Harvester Press, 1980) ; Geoffrey Parker·Smith Lesley M. (eds.), *The General Crisis of the Seventeenth Century*(London·Henley and Boston : Routledge & Kegan Paul, 1978) 등 참조.

3) 페르낭 브로델Fernand Braudel은 이러한 '동시성'에 대한 유일한 대답은 기후 변화뿐이라고 말했다. 그는 17세기의 소빙기가 태양왕 루이 14세보다 훨씬 더 위력적이었으며, 17세기 중반의 중국의 자연재해와 농민 반 란도 소빙기의 영향을 보여주는 사례라고 했다. 페르낭 브로델, 《물질문명과 자본주의 I-1—일상생활의 구조 上》, 주경철 옮김(까치, 1995), 50～53쪽.

4) 국내 학계에서는 1980년대 초 허진영, 나종일 등에 의해 17세기 위기론이 소개된 이후, 김연옥, 이태진 등이 소빙기에 대한 본격적인 연구를 진행해왔다. 한국사 연구에서 소빙기에 대한 구체적인 연구 성과는 박근필, 〈17세기 소빙기 기후 연구의 현황과 과제〉, 《대구사학》 80(2005) 참조.

5) 소빙기에 대한 대표적인 저작으로는 Jean M. Grove, *The Little Ice Age*(London and New York : Routledge,

러한 시대를 살았던 것이다.

역사 연구에서 소빙기에 대한 연구는 기후가 역사 변동의 중요한 요인이 될 수 있음을 보여주었을 뿐만 아니라, 전 지구적인 관점에서 역사의 '동시성' 문제를 제기했다는 데 중요한 의의가 있다. 중국사 연구에서도 소빙기는 17세기 위기론과 관련하여 세계사적인 관점에서 명·청 교체를 이해하는 한 방법으로 제시되었다.[6] 그러나 이런 접근은 주로 서구 학자들에 의해 제기되었다.[7] 실제로 중국이나 일본, 우리 학계에서는 이에 대한 관심이 여전히 제한적이다. 소빙기의 영향에 대한 논의가 충분하게 진전되지 않은 원인은 무엇보다도 17세기 기후 변동의 구체적인 모습이 역사학자들에게 설득력 있게 제시되지 못했기 때문일 것이다.

필자는 지금까지 명·청 시대 강남의 기후 변동에 대해서 지속적인 관심을 가져왔다.[8] 이 글에서는 중국 경제의 중심지였던 강남[9]을 중심으로 17세기 소빙기

1988) ; H. H. Lamb, *Climate, History and Modern World*(London : Methuen, 1982) ; Brian Fagan, *The Little Ice Age—How Climate Made History 1300~1850*(New York : Basic Books, 2000) 등이 있다. 이 중 뒤의 두 저작은 《기후와 역사, 기후·역사·현대 세계》, 김종규 옮김(한울아카데미, 2004)과 《기후는 역사를 어떻게 만들었는가, 소빙하기 1300~1850》, 윤성옥 옮김(중심, 2002)으로 번역되었다. 램H. H. Lamb은 소빙기를 대체로 1430 ~1850년경으로 잡고 있다. 그는 17세기가 지난 1만 년을 통틀어 가장 추운 시기였으며, 세계 모든 지역에서 나온 증거들을 통해 현재보다 더 추운 기후였음이 증명되는 유일한 시기라고 했다.

6) Frederic E. Walkeman, Jr., "China and the Seventeenth-Century Crisis", *Late Imperial China* 7-1(1986) ; G. William Skinner, "Presidential Address : The Structure of Chinese History", *The Journal of Asian Studies* 44-2(1985) ; Jack A. Goldstone, "East and West in the Seventeenth Century : Political Crisis in Stuart England, Ottoman Turkey, and Ming China", *Comparative Studies in Society and History* 30(1988).

7) 중국사 연구에서 소빙기에 대해 지속적인 관심을 가졌던 연구자는 애트웰William S. Atwell이다. 그는 비교사적인 관점에서 명조의 멸망에 소빙기의 기후 변동이 중대한 영향을 미쳤다고 보았다. 최근에는 화산 활동이 기후에 미친 영향을 추적하여 15세기까지 관심을 끌어올리고 있다. William S. Atwell, "Some Observations on the 'Seventeenth-Century Crisis' in China and Japan", *The Journal of Asian Studies* 45-2(1986) ; William S. Atwell, "Volcanism and Short-Term Climatic Change in East Asian and World History, c. 1200~1699", *Journal of World History* 12-1(2001) ; William S. Atwell, "Time, Money, and the Weather : Ming China and the 'Great Depression' of the Mid-Fifteenth Century", *The Journal of Asian Studies* 61-1(2002).

8) 김문기, 〈明淸時期 江南의 氣候變動과 洞庭柑橘〉, 《明淸史硏究》 14(2001) ; 김문기, 〈明末 江南의 氣候와 崇禎 14년의 奇荒〉, 《中國史硏究》 37(2005) ; 김문기, 〈17세기 江南의 災害와 民間信仰 : 劉猛將信仰의 轉變을 중심으로〉, 《歷史學硏究》 29(2007) ; 김문기, 〈17세기 江南의 氣候와 農業—〈歷年記〉에 대한 분석을 중심으로〉, 《東洋史學硏究》 99(2007).

의 구체적인 모습을 형상화하고자 한다. 강남이라는 지역적 범위 안에서 집중적인 분석을 시도하는 것은 다음 두 가지 이유 때문이다.

첫째, 기존의 연구에 대한 구체적인 검증이 필요하다는 점이다. 지금까지 기후 변동에 대한 대부분의 연구는 중국 전체, 혹은 화중(華中)과 같은 광범위한 지역을 대상으로 얻은 결론을 강남과 같은 특정 지역에 적용하고 있다. 이런 연구가 중국 전체의 대체적인 기후 변동을 이해하는 데는 어느 정도 유용하겠지만, 그것이 과연 구체적이고 정치한 결론에 도달했는지는 검증이 필요하다. 따라서 강남이라는 특정 지역에 대한 집중적인 분석을 통해 기존의 연구를 검토하고, 이것이 중국 전체의 기후 변동과 어떤 관련이 있는지 해명하는 것은 매우 중요한 작업이다.

둘째, 위의 문제와 관련하여 관건은 역시 자료의 활용 문제다. 기존의 연구에서는 대체로 정사(正史)나 방지(方志)의 자료를 활용하는 데 그치고 있다. 물론 개인의 일기, 문집, 수필 등이 인용되고 있지만 단편적인 사례로 이용되었을 뿐이다. 이 때문에 이런 자료들을 얼마나 효과적으로 활용했는지는 의문이다. 명·청 교체가 이루어진 17세기에 강남의 지식인들은 자신들의 경험에 대해 다양한 기록을 남겼다. 이런 기록들을 방지 등의 자료와 종합, 분석하면 기존의 연구에서 제대로 해명되지 못한 좀 더 구체적인 소빙기의 양상을 추적할 수 있을 것이다.

이런 문제의식을 바탕으로 이 글에서는 먼저, 17세기 기후에 대한 기존의 연구 성과를 분석하여 그 연구들의 문제점을 제시하고, 이 글에서 활용하고 있는 문헌 자료의 성격과 활용 방법을 소개할 것이다. 다음으로 문헌 자료에 대한 검토를 통해 소빙기의 여러 현상들과 연대별 기후 변동의 특징을 살펴볼 것이다. 특히 10년을 단위로 좀 더 세밀한 분석을 시도하여 17세기 강남의 기후 변동에 대한 구체적인 모습을 형상화할 것이다. 마지막으로 강남의 소빙기 현상이 세계적인 기후 변동과 어떤 관련이 있는지 살펴볼 것이다. 유럽의 기후 변동과의 비교는 소빙기의

---

9) 본 연구에서 '강남(江南)'은 명·청 시대의 행정 구역으로 이른바 '강남 5부', 즉 소주(蘇州), 송강(松江), 상주(常州), 호주(湖州), 가흥(嘉興)의 5부(府)를 가리킨다.

세계적 '동시성'을 확인하는 한 시도가 될 것이다.

2. 17세기 기후 연구와 문헌 자료

(1) 소빙기의 범위와 문제

중국의 기후에 대한 연구는 1970년대 주커전(쓰可楨)에 의해 본격적으로 진행된 이후에,[10] 여러 학자들에 의해 체계적으로 축적되어왔다.[11] 최근에는 중국사 연구에서 환경에 대한 관심이 고조되면서, 기후는 역사학의 주제로서 더욱 확고하게 자리를 잡아가고 있다.[12] 명·청 시대 강남의 기후에 대한 연구도 1990년대 이후 진전이 있었다.[13]

지금까지의 연구에서 명·청 시대가 중국사에서도 가장 한랭했던 시기였고, 그 중에서도 17세기가 가장 극심했다는 사실은 일치하고 있다.[14] 주커전은 명·청

---

10) 쓰可楨, 〈中國近五千年來氣候變遷的初步研究〉, 《考古學報》 1기(1972).

11) 주커전(쓰可楨) 이후의 대표적 저작으로는 劉昭民, 《中國歷史上氣候之變遷》(臺灣 : 臺灣商務印書館, 1992) ; 文煥然·文榕生, 《中國歷史時期冬半年氣候冷暖變遷》(北京 : 科學出版社, 1996)이 있다. 이 중 류자오민(劉昭民)의 저서는 《기후의 반역—기후를 통해 본 중국의 흥망사》, 박기수·차경애 옮김(성균관대학교출판부, 2005)로 번역되어 한국 학계에 소개되었다.

12) 최근 중국에서의 환경과 기후에 대한 연구 경향은 다음 글들에 비교적 잘 정리되어 있다. 佳宏偉, 〈近十年來生態環境變遷史研究綜述〉, 《史學月刊》 6기(2004) ; 張研, 〈淸代自然環境研究〉, 《史苑》 1기(2005) ; 鈔曉鴻, 〈世紀之交的中國生態環境史—以近年來大陸生態環境史研究爲中心〉, 《生態環境與明淸社會經濟》(合肥 : 黃山書舍, 2004).

13) 王業鍵·黃瑩珏, 〈淸代中國氣候變遷, 自然災害與糧價的初步考察〉, 《中國經濟史研究》 1기(1999) ; 沈小英·陳家其, 〈太湖流域的糧食生産與氣候變化〉, 《地理科學》 3기(1991) ; 陳家其, 〈明淸時期氣候變化與太湖流域農業經濟的影響〉, 《中國農史》 3기(1991) ; 李伯重, 〈"天", "地", "人"的變化與明淸江南水稻生産〉, 《中國經濟史研究》 4기(1994) ; 韓昭慶, 〈明淸時期太湖流域冬季氣候研究〉, 《復旦學報 : 社會科學版》 1기(1995) ; 周翔鶴·米紅, 〈明淸時期中國的氣候和糧食生産〉, 《中國社會經濟史研究》 4기(1998) ; 侯向陽, 〈北亞熱帶過渡帶的變遷及其農業景觀生態意義〉, 《中國農史》 2기(2000) 등.

14) 소빙기의 시작과 끝에 대해서는 다양한 주장이 있다. 시작의 경우 빠르게는 1300~1310년경부터, 어떤 경우에는 1560년경부터 보고 있다. 또한 끝에 대해서는 1700년, 1850년, 1900년으로 보는 시각도 있다. 중국의 경우 대체로 15세기부터 19세기 중·후기까지가 소빙기로 파악되고 있는데, 이는 명·청 시대 거의 전 시기에 해당한다. 이렇게 시기에 대한 논란이 있음에도 세계적으로 17세기가 소빙기 중에서도 가장 한랭했던 시기였

시대의 전체적인 한랭한 기후 속에서도 두 차례의 온난기와 세 차례의 한랭기가 있었음을 지적했다. 〈표 1〉은 주커전을 비롯한 연구자의 명·청 시대 한랭기와 온난기 구분을 한데 정리한 것이다. 비록 각 시기의 시각과 끝에 대해서는 약간의 이견이 있지만, 전체적으로 주커전의 틀을 크게 벗어나지 않는다. 또한 17세기가 제2차 한랭기에 속한다는 것은 일치된 견해다.

〈표 1〉 기존 연구자들의 명·청 시대 한랭기·온난기 구분[15]

한난 주기 / 학자명	제1차 한랭기	제1차 온난기	제2차 한랭기	제2차 온난기	제3차 한랭기	온난기
주커전 조우샹쉐·미홍	1470~1520	1550~1600	1620~1720	1720~1830	1840~1890	- - - - - - - 1916~1945
왕샤오우 장더얼		1520~1620	1621~1700	1701~1820	1821~1890	1891~1950
장피위안(張丕遠)	1500~1550	1551~1600	1601~1720	1721~1830	1831~1900	1901~1950
류자오민[16]	1458~1552	1557~1599	1600~1720	1721~1820	1840~1880	1880~

제2차 한랭기의 시작에 대해서는 1600년과 1620년이라는 두 가지 입장이 있다. 끝에 대해서도 1700년과 1720년이라는 두 가지 입장이 있다. 그러므로 17세기의 제2차 한랭기는 길게 보면 1600~1720년에 해당하고, 짧게 보면 1620~1700년에 해당한다. 제2차 한랭기가 시작되기 전인 제1차 온난기에 대해서는 1550~1600년으로 보는 시각과 더 길게 1520~1620년으로 보는 시각이 있다. 결국 1550~1600년을 제1차 온난기로 보는 것은 공통적이다.

그러나 기존 연구의 이러한 시기 구분이 얼마나 설득력이 있는지는 재고해볼

다는 데는 이론의 여지가 없다.

15) 이 표는 王業鍵·黃瑩珏, 〈淸代中國氣候變遷, 自然災害與糧價的初步考察〉,《中國農史》1기(1999), 6쪽의 표1(5백 년 동안 중국 한랭·온난 주기의 구분)에 조우샹쉐에(周翔學), 미홍(米紅), 류자오민의 연구 성과를 더해 재편집한 것이다. 이 중 왕샤오우(王紹武)와 장더얼(張德二)의 한랭·온난 시기 구분은 지역에 따라 편차가 있는데, 여기에서는 화동(華東) 지구에 대한 것을 실었다.

16) 류자오민은 1458~1552년, 1600~1720년, 1840~1880년을 각각 제4차, 제5차, 제6차 소빙기라고 표현한다.

필요가 있다. 예컨대 제1차 한랭기의 시작점에 대해서는 1458년, 1470년, 1500년이라는 세 입장이 있지만, 강남의 문헌 자료를 검토해보면 그 전인 1430년대 말부터 심각한 한랭화 현상이 있었음을 알 수 있다.[17] 이것은 제1차 한랭화의 시작점을 좀 더 앞으로 조정할 필요가 있음을 보여준다.[18] 이런 사실은 기존의 시기 구분을 강남에 적용할 때 엄밀한 검증이 필요하다는 것을 일깨워준다.

지금까지 명·청 시대 강남의 기후에 대한 연구는 중국 전역 혹은 화중이라는 광범위한 지역을 대상으로 한 연구 성과를 바탕으로 하고 있다. 그래서 자료의 활용도 제한적이며, 이들 자료에 대한 종합적인 분석도 이루어지지 않았다. 17세기 강남의 기후 현상을 형상화하기 위해서는 우선 다양한 기후 자료들에 대한 검토가 필요하다.

(2) 문헌 자료, 기억의 징검다리

본 연구에서 먼저 주목한 것은 강남에 대한 다양한 방지 자료다. 이 글에서 활용한 방지 자료는 총 160여 종이다.[19] 실제로 이 방지 자료들만 잘 분석해도 소빙기 기후를 복원하는 데 필요한 단서를 꽤 모을 수 있다. 그러나 방지는 전 역사를 대상으로 하고 있는 만큼 기후 변동에 대한 인상적인 현상만을 간략하게 남기고 있다. 기록에서 제외된 해가 많을 뿐만 아니라, 한 해 한 해의 기후의 흐름은 일목

---

17) 1458년 이전인 1436년, 1438년, 1439년, 1440년, 1444년, 1450년, 1452년, 1453년, 1454년에 극심한 대설과 혹한이 있었다. 특히 1453-54년 겨울에는 추위가 더욱 극심해서 감귤이 얼어 죽고, 강소(江蘇) 북부의 바다가 얼어붙었다. 김문기, 〈明淸時期 江南의 氣候變動과 洞庭柑橘〉, 80~82쪽 ;《震澤編》卷3 土産 ;《明史》卷28〈五行志1〉恒寒.

18) 애트웰도 15세기 중엽에 기후 한랭화로 세계적인 경기 침체가 있었음을 지적했다. William S. Atwell, "Time, Money, and the Weather : Ming China and the 'Great Depression' of the Mid-Fifteenth Century", 92~96쪽.

19) 본 연구가 참조한 방지(方志)는《天一閣藏明代方志選刊續編》,《中國地方志集成》의《上海府縣志輯》·《江蘇府縣志輯》·《浙江府縣志輯》·《鄕鎭志專輯》,《中國方志叢書》,《日本藏中國罕見地方志叢刊》,《上海鄕鎭舊志叢書》및《文淵閣四庫全書》,《續修四庫全書》,《四庫全書存目叢書》,《江蘇地方文獻叢書》에 있는 '강남 5부'의 통지(通志), 부현지(府縣志), 향진지(鄕鎭志) 중에서 기후 기록을 싣고 있는 153종이다. 이 밖에 張德二 主編,《中國三千年氣象記錄總集》(南京 : 鳳凰出版社·江蘇敎育出版社, 2004)에서도 유용한 방지 9종을 참조했다.

요연하게 드러나지 않는다. 또한 방지에서는 편찬 과정에서 연대를 잘못 기재한 경우, 방지들 간의 내용이 상충하는 경우도 적지 않게 발견된다.[20] 따라서 이러한 방지의 결함을 보완하고 오류를 검증할 수 있는 새로운 자료의 발굴이 필요하다.

17세기 강남의 소빙기 기후를 살펴보는 데 있어 무엇보다도 유용한 자료는 당시 강남 사람들의 기록이다. 17세기는 명·청 교체라는 역사적 격변이 있었던 시대로 다양한 종류의 필기, 일기, 문집이 남아 있다. 이 기록들 중에는 소빙기 기후를 파악하는 데 중요한 단서를 제공해주는 자료들이 적지 않다. 본 연구에서 주목한 자료는 〈표 2〉와 같다.

〈표 2〉 17세기의 기후 관련 필기, 일기, 문집, 주접 기록들

제 목	서술 대상 기간		지은이		비 고
			성명	출신지(서술 대상 지역)	
운간거목초	1550~1593	가정 29~만력 21	범렴	송강부 화정현	권3 〈기상이〉
쾌설당일기	1590~1596	만력 18~만력 24	풍몽정	가흥부 수수현	1592년, 1594년 기록 없음
미수헌일기	1609~1616	만력 37~만력 44	이일화	가흥부 수수현	
양원선생전집	1618~1665	만력 46~강희 4	장이상	가흥부 동향현	권17 〈동향재이기〉
계정기문록	1621~1653	천계 1~순치 10	엽소원	소주부 오강현	
을유필기	~1668	숭정 연간~강희 7	증우왕	송강부 상해현	
부정선생시초	1622~1671	천계 2~강희 10	육세의	소주부 태창주	
역년기	1628~1697	숭정 1~강희 36	요정린	송강부 상해현	
열세편	1630~1693	숭정 3~강희 32	엽몽주	송강부 상해현	권1 〈천상〉·〈재상〉
확암일기	1637~1672	숭정 10~강희 11	진호	소주부 태창주	차기(箚記) 형식
오성일기	1645~1653	순치 2~순치 10	—	(소주부)	
북유록	1653~1656	순치 10~순치 13	담천	가흥부 해염현	북경 기행 기록
삼강식략	1644~1697	순치 1~강희 36	동함	송강부 화정현	
미수연보	1662~1736	강희 1~건륭 1	—	(소주부)	
소주직조이후주접	1693~1722	강희 1~강희 61	이후	(강소성)	주접(奏摺)

---

20) 예컨대 《쌍림진지(雙林鎭志)》 권9 〈재이(災異)〉의 강희(康熙) 60년(1721) 기록에 "겨울, 크게 얼었다(大氷)"고 되어 있는데, 다른 문헌들과 비교했을 때 이것은 다음 해인 강희 61년의 일임에 틀림없다. 또한 원문의 '大' 자도 '木' 자의 오기임을 확인할 수 있다. 방지에서는 이런 오류들이 적지 않게 발견된다. 소빙기 기후를 통계 낼 때, 이러한 오류들은 사례에서 제외하였다.

이 자료들은 다음과 같은 점에서 유용한 정보를 제공한다. 첫째, 당시 사람들이 경험했던 기후에 대한 생생한 기록이라는 점이다.《운간거목초(雲間據目抄)》의 저자 범렴(范濂)이 언급했듯이, 이들 기록은 글쓴이들이 경험했던 기후에 대한 구체적인 느낌을 그대로 전하고 있다.[21] 둘째, 방지의 기록에서 빠진 부분을 보충할 뿐만 아니라, 방지들 간의 내용상의 오류와 상충을 검증할 수 있게 한다는 점이다.[22] 예컨대《미수헌일기(味水軒日記)》의 서술 대상인 1609에서 1616년 사이는 방지에서 거의 주목받지 못한 시기이다.《미수헌일기》는 방지에서 언급되지 않은 이 시기의 기후를 이해하는 데 중요한 단서를 제공한다. 셋째, 방지에서 생략하고 있는 평범한 해에 대한 기록을 남기고 있다는 점이다. 방지는 주로 극단적인 기후 현상에 대한 인상을 남겼기 때문에 방지에 의존한 지금까지의 연구는 이러한 기후 현상에 집중할 수밖에 없었다. 그러나 역사 연구에서 극단적인 기후 현상이 나타나는 해보다도, 장기간 지속되는 평범한 해가 더 중요할 때도 있다. 이런 점에서 17세기 강남의 지식인들이 남긴 기록들은 기후 변동에 대해서 훨씬 풍부한 자료를 제공한다.

〈표 2〉에 제시한 15종의 기록의 서술 대상 시기를 징검다리처럼 이어보면 비록

---

21) 范濂,《雲間據目抄》권3〈記詳異〉에서 범렴(范濂)은 "상이(祥異)의 설(說)은……그러나 내가 운간(雲間)에서의 40년 동안의 일을 목격하고 기록하니, 상서로운 일은 언제나 적었고 재이(災異)는 언제나 많았다. 따라서 그것을 함께 싣는다"고 하였다.

22) 강희(嘉慶) 32년(1693)의 예를 들어보자. 가경(嘉慶)《송강부지(松江府志)》권80〈상이지(祥異志)〉, 민국(民國)《상해현지(上海縣志)》권1〈기년(紀年)〉, 민국《남회현속지(南匯縣續志)》권22〈상이(祥異)〉에서는 "겨울, 황포강이 얼었다"고 기록되어 있다. 이에 반해 도광(道光)《강음현지(江陰縣志)》권8〈상이(祥異)〉에서는 "겨울, 따뜻하여 복숭아, 살구, 매화의 꽃이 피었다"고 전혀 다르게 기록하고 있다. 그렇다면 1693년에 송강부(松江府)와 상주부(常州府)의 기후가 서로 달랐던 것일까? 이 방지들의 기록을《역년기(歷年記)》의 "10월 초순에 이르러 적은 비가 두 차례 내렸다. 날씨 또한 한랭하지 않았다. 세모(歲暮)에 이르기까지 온난함이 봄과 같았다"라는 기록 및《미수연보(眉叟年譜)》의 "10월(孟冬)에서 섣달이 다할 때까지 비와 눈이 모두 내리지 않아 2월(仲春) 날씨와 같았다"는 기록을 비교해보면 전자의 방지들에 나와 있는 "겨울, 황포강이 얼었다"는 것이 잘못된 것임을 확인할 수 있다.《역년기》의 강희 33년(1694) 기록에 11월과 12월이 대단히 한랭하여 강이 두 달 동안 얼었다고 하였기 때문에, "겨울, 황포강이 얼었다"는 기록은 강희 32년이 아니라 다음 해인 강희 33년의 일일 가능성이 높다.

1592년, 1594년, 1597~1608년, 1617년이 공백으로 남긴 하지만 1550년부터 1722년까지를 아우를 수 있다. 각각의 기록은 서술 대상과 기간에서 편차를 보이지만, 이들을 종합하면 1550~1722년의 강남의 기후를 당시 강남 사람들의 생생한 기억을 통해 그려볼 수 있다. 나아가 방지를 씨줄로 삼고 이런 필기, 일기, 문집을 날줄로 삼아 비교·검토하면 17세기의 소빙기 기후를 훨씬 구체적으로 형상화할 수 있을 것이다.

3. 17세기 강남의 기후 변동

(1) 소빙기의 현상들

17세기 강남의 기후 변동 기록을 검토할 때 해결해야 할 문제들이 있다. 자료들이 음력으로 기록되어 있기 때문에 현재의 계절적 범위와 맞지 않는 경우가 많다. 또한 서술된 기후 양상도 다양하고, 기온의 변동 정도도 심한 편차를 보이고 있다. 그러므로 본 연구에서는 기후에 대한 기록을 좀 더 체계적으로 검토하기 위해 다음과 같은 기준을 설정했다. ① 음력 날짜를 양력 날짜로 바꾸어 서술하고, 경우에 따라 음력 날짜를 괄호 안에 병기한다. ② 열두 달을 동계 반년(10월~이듬해 3월)과 하계 반년(4월~9월)으로 구분해 분석한다.[23] ③ 한랭화 현상을 정도에 따라 등급을 나누어 검토한다.[24]

---

23) 기후 변동을 동계 반년과 하계 반년으로 구분하여 파악하는 방법은 기후 연구에서 동계(冬季)의 연속성, 즉 겨울이 한 해의 끝에서 다음 해까지 계속 이어지고 있다는 점에서 음력 기록의 혼란을 피할 수 있는 한 방법이다. 예컨대 1678년에 대해서《평망지(平望志)》권13〈재변(災變)〉에서는 "정월, 크게 비·눈이 내렸다. 겨울, 혹한이 닥쳐 얼음이 5척이나 얼어붙었다"고 하였다. 이것은 1678년 한 해의 기록이지만 실제로 불연속적인 두 개의 기록이다. 즉 '정월'의 기록은 1677-78년의 동계 기록이며, '겨울'의 기록은 1678-79년의 동계 기록이다. 앞으로 동계를 나타낼 때는 '1677-78년'과 같은 방식을 사용하여, 일반적으로 어떤 해와 해 사이를 의미하는 '1677~1678년'과 같은 형태와 구별하겠다.

24) 이상의 기준을 바탕으로 1551년부터 1750년까지 강남의 방지와 필기, 일기, 문집 등에 나타난 기후 관련 기록을 분석한 결과는 이 글 말미에 첨부한 〈별표 1〉과 같다. 〈별표 2〉는 〈별표 1〉을 종합한 것인데, 이것을 수

위의 기준에 따라 동계 반년의 이상(異常) 한랭 현상은 〈표 3-1〉과 같이 3등급으로 나누었다. 이렇게 나눈 것은 같은 한랭한 기후에 대한 기록이라도 한랭함의 정도에서는 상당한 차이를 보이기 때문이다. 하계 반년의 이상 한랭 현상은 대부분의 기록이 간략하여 등급을 나누지 않았다.

〈표 3-1〉 동계 반년(10월~이듬해 3월)의 이상 한랭 정도

한랭 정도	한랭화 기후 양상
대한	대설, 혹한, 하천의 심한 결빙, 나무의 얾, 나무의 갈라짐, 때 이른 눈, 때늦은 눈, 때 이른 서리, 때늦은 서리, 짙은 서리, 작물의 냉해, 봄·가을의 강추위
특대한	태호(太湖)·전산호(澱山湖)·황포(黃浦) 등 호수와 강의 결빙, 선박 통행의 불능, 15일 이상의 이상 대설, 5척 이상의 폭설, 대·나무·들짐승·날짐승·작물의 동사, 감귤의 동해, 동사자의 발생
극대한	강남 사람들의 '극대한'이라는 인식, 바다의 결빙

〈표 3-2〉 하계 반년(4월~9월)의 이상 저온 현상

한랭 정도	한랭화 기후 양상
이상 저온	여름의 눈, 여름의 서리, 이른 서리, 하계의 한랭 기후, 작물의 냉해

대한(大寒)[25)]

대한의 기후 양상은 대체로 일반적인 한랭화 양상에 속하기 때문에 특별히 주목할 만한 것은 없다. 다만 때에 맞지 않는 눈과 서리, 봄·가을의 이상 한랭 현상은 작물의 생장과 밀접하게 관련되어 있다. 이런 현상은 봄가을에 작물의 발육과 생장에 피해를 주어 냉해를 초래하기도 했다.[26)]

치화한 것이 436쪽의 〈표 4〉이다.

25) 〈별표 1-1〉 참조.

26) 1627년의 경우, 숭정(崇禎) 《오현지(吳縣志)》 권11 〈상이(祥異)〉는 "2월 하순, 대설과 혹한으로 뽕, 삼, 콩, 맥, 면화, 과수가 모두 얼어 시들어 수확할 수가 없었다"고 기록하고 있다. 여기에서 '2월 하순'은 양력으로 3월 말에서 4월 초에 해당한다. 늦봄에 내린 때늦은 폭설과 혹한으로 작물이 결정적인 냉해를 입은 것이다.

특대한(特大寒)[27]

특대한의 기후 양상들은 소빙기 기후의 중요한 지표가 된다. 먼저 주목되는 것은 태호(太湖), 황포(黃浦)를 비롯한 거대 호수나 강의 결빙이다. 기록에 따르면 태호는 일곱 차례, 황포는 아홉 차례의 결빙 기록을 남기고 있다. 여기에 전산호(澱山湖) 및 운하(運河)의 결빙, 선박의 운행이 불가능할 정도의 하천 결빙을 더하면 총 23년에 걸쳐 호수와 강의 결빙 사례를 찾을 수 있다. 이 중에는 1660년대의 3년, 1680년대의 4년, 1690년대의 4년이 있었다. 이에 반해 1601~1635년 및 1640년대에는 보이지 않고, 1701~1750년 사이에는 단 한 차례가 있었다. 이상 대설도 잦아서 강설 기간이 보름 이상, 혹은 눈이 1장이나 쌓이는 경우도 여러 차례 있었다. 이외에 수목, 짐승, 조류 혹은 사람의 동사 기록들은 다른 특대한의 기후 요건들에 수반하여 나타난다. 특대한의 기후 양상은 생태계와 인간의 생명을 위협했던 것이다.

극대한(極大寒)

강희 29년(1690)에 상해 출신인 요정린(姚廷遴)은 자신의 생애를 돌아보면서 순치(順治) 12년(1655), 강희 20년(1681), 강희 22년(1683)의 3년이 가장 한랭했다고 회고했다. 그러나 얼마지 않아(음력 강희 30년 정월), 그때의 겨울이 가장 한랭했다고 말을 바꾸지 않으면 안 되었다.[28] 그의 기억에 따르면 1655-56년, 1681-82년, 1683-84년, 1690-91년이라는 네 번의 겨울이 가장 한랭했다. 그러나 강희 20년, 즉 1681-82년의 겨울이 극심하게 한랭했다는 증거는 찾을 수가 없다. 그 자신도 이에 대한 구체적인 기록을 남기지 않았다. 그가 언급한 순치 12년(1655)에는 황포가 얼어붙었고, 하천 바닥까지 꽁꽁 얼 정도로 날씨가 추웠다.[29] 다만 기록을 통해서 보면 순치 12년의 겨울보다 한 해 전인 순치 11년(1654)의 겨울이 훨씬

---

27) 특대한과 극대한은 〈별표 1-2 참조〉.
28) 姚廷遴, 《歷年記》 강희 29년 · 30년.
29) 姚廷遴, 《歷年記》 순치 12년 ; 康熙 《嘉定縣志》 권3 〈祥異〉 ; 康熙 《蘇州府志》 권2 〈祥異〉 등.

한랭했다.

　순치 11년의 혹한에 대해서는 다양한 문헌 증거가 남아 있다. 그해 겨울 태호는 2척이나 얼어붙었고 황포, 전산호, 운하 또한 결빙되어 사람들이 그 위를 왕래했다. 오강현(吳江縣)에서는 감귤이 절반이나 동사했으며, 날짐승 및 산촌의 사람들도 얼어 죽었다.[30) 놀라운 것은 가흥부(嘉興府)의 앞바다가 얼어붙었다는 사실이다. 북경(北京)에 있던 담천(談遷)은 이 이야기를 전해 듣고 믿을 수 없었다고 회고했다.[31) 엽몽주가 송강부(松江府)의 "강서 귤과 유자(江西橘柚)"가 동해를 입어 재배가 축소되기 시작했던 것이 이때였다. 결국 진호(陳瑚)는 이때의 극한에 대해, 수십 년 동안 겪어보지 못한 것이라는 평가를 내리고 있다.[32)

　요정린의 회고에는 포함되지 않았지만, 또 하나 주목되는 극대한의 시기는 강희 15년(1676)의 겨울이었다. 이 해에 눈이 3~4척이나 쌓이고 한 달여 동안 녹지도 않았으며, 황포는 얼어붙어 선박 운행이 불가능했다. 이때의 겨울 혹한에 강한 인상을 받았던 엽몽주는 "평생 겪어보지 못한 추위"였다고 평가했다.[33) 나아가, 순치 11년부터 축소되고 있던 "강서 귤과 유자"가 강희 15년까지의 계속적인 혹한으로 결국 재배를 포기하게 되었다고 밝혔다.[34) 이상의 고찰을 통해 17세기에 강남에서는 1654-55년, 1655-56년, 1676-77년, 1683-84년, 1690-91년의 다섯 차례 겨울이 극대한이었음을 확인할 수 있다.[35)

---

30) 乾隆《吳江縣志》권40〈災變〉；康熙《靑浦縣志》권8〈祥異〉；同治《長興縣志》권9〈災祥〉.

31) 康熙《海鹽縣志》권10〈災異〉；談遷,《北游錄》〈紀郵上〉, 甲午.

32) 葉夢珠,《閱世編》권7〈種植〉；陳瑚,《確庵日記》권6〈大寒大熱〉.

33) 民國《南滙縣續志》권22〈祥異〉；姚廷遴,《歷年記》강희 15년 ；葉夢珠,《閱世編》권1〈災祥〉.

34) 葉夢珠,《閱世編》권7〈種植〉.《열세편》의 "강서귤유(江西橘柚)" 기록은《열세편》의 성격, 당시의 기후 조건 등을 고려할 때 송강부에 대한 기록임이 분명하다(김문기,〈明淸時期 江南의 氣候變動과 洞庭柑橘〉, 86쪽). 그러나 주커전이 이것을 '강서성(江西省)'에 대한 기록으로 잘못 인식한 이후에 중국뿐만 아니라 세계 학계에서도 그것을 답습하여, 중국 소빙기 현상의 가장 대표적인 예로 인용하고 있다. 따라서 이를 강서성의 기록으로 파악하는 기존의 입장은 재고되어야 할 것이다.

35) 기록상으로 만력 6년(1578)의 겨울도 극대한으로 규정할 수 있다. 태호를 비롯한 하천과 호수가 얼어붙었으며, 전호의 경우 몇 장이나 융기되고 얼음이 5척에 이르도록 얼어붙었다.

하계 반년의 이상 저온[36]

17세기에는 하계 반년의 이상 저온 현상이 현저했다. 흥미로운 것은 1551~
1750년 사이에 여름에 눈이 왔다는 기록이 적지 않게 발견된다는 점이다. 햇수로
총 20년의 기록이 보이는데, 특히 1660년대와 1670년대에 집중되어 있다. 예컨대
1660년대의 경우 1665년과 1669년을 제외한 모든 해에서, 1670년대의 경우 절반
인 5년에서 여름에 눈이 내렸다는 기록이 발견된다. 현재 중아열대의 최북단에 속
하는 강남에서 이러한 현상이 빈번했다는 것은 소빙기의 위력을 실감하게 한다.

여름 혹은 초가을에 서리가 내렸다는 기록도 총 5년에서 나타난다.[37] 하계 반년
이 가을이나 겨울처럼 추웠던 해는 26년이 보인다. 그중 11년이 1590년대, 1600
년대, 1610년대에 집중되어 있는데, 그것은 《쾌설당일기(快雪堂日記)》와 《미수헌
일기》가 주된 분석 대상이었기 때문이다. 이들 '일기'는 하루하루의 다양한 기후
변수들을 반영하고 있는 만큼 기본적으로 더 많은 관련 기록을 제공했던 것이다.

하계 반년은 작물의 성장에 매우 중요한 시기이다. 작물의 생장에는 일정한 일
조량과 적산온도(積算溫度)가 요구되는데, 하계 반년의 이상 저온 현상은 그 성장
에 결정적인 타격을 주게 된다. 이런 측면에서 17세기에 빈번했던 하계의 이상 저
온 현상이 강남의 농업 경제에 어떤 영향을 주었는지는 앞으로 심도 있는 연구가
필요한 실정이다.

(2) 연대별 기후 변동의 특징

다음 장의 〈표 4〉는 1551년에서 1570년까지 200년간의 기록에서 이상 한랭 현
상이 출현한 햇수를 10년 단위로 정리한 것이다. 전체적으로 1550년대, 1560년
대, 1570년대, 1600년대, 1700년대, 1730년대, 1740년대의 한랭화 햇수가 적다는
사실을 발견할 수 있다. 다만 1610년대의 경우 총 7년으로 높게 나타나 있지만,

---

36) 〈별표 1-3〉 참조.

37) 하계 반년에 서리가 내린 것은 양력으로 1643년 5월 18~22일, 1661년 7월 31일, 1674년 7월, 1675년 5월
14일, 1724년 8월 중순~9월 초순, 이렇게 다섯 차례였다.

<표 4> 17세기 하계·동계의 이상 한랭 빈도

연대	한랭 기록 총 햇수	동계 반년(10~3월) 한랭 기후 햇수				하계 반년(4~9월)
		총계	대한	특대한	극대한	이상 저온 햇수
1551~1560	1	1	1			
1561~1570	2	2	2			1
1571~1580	3	3	1	1	1	1
1581~1590	6	5	3	2		1
1591~1600	7	4		4		4
1601~1610	4	4	3	1		3
1611~1620	7	6	4	2		4
1621~1630	6	5	3	2		1
1631~1640	6	5	2	3		1
1641~1650	6	5	5			5
1651~1660	7	5	2	1	2	2
1661~1670	10	6	3	3		8
1671~1680	9	7	6		1	7
1681~1690	6	6	3	1	2	1
1691~1700	6	5	1	4		1
1701~1710	3	2	2			1
1711~1720	7	7	5	2		
1721~1730	8	7	7			3
1731~1740	3	3	2	1		1
1741~1750	4	4	4			

이것은 전술한 바와 같이 양적으로 풍부한 《미수헌일기》의 기록이 적극적으로 반영된 결과다. 실제로 방지를 보면 이 시기에는 한랭 현상과 관련하여 주목할 만한 기록이 별로 나와 있지 않다. 이 점을 참조하면 대체로 1550년대, 1560년대, 1570년대, 1600년대, 1610년대, 1700년대, 1730년대, 1740년대가 상대적으로 온난했음을 짐작할 수 있다.

16세기 후반(1551~1600)

이제 각 시기별로 좀 더 구체적으로 기후 변동을 살펴보자. 먼저 16세기 후반 50년의 기후에 대해서는 주커전이 온난 동계로 파악한 이후 이것이 중국 학계에서 일반적으로 인정되고 있다. 즉 이 시기는 1600년 혹은 1620년부터 시작되는 '제2

차 한랭기' 이전의 '제1차 온난기'에 해당한다는 것이다. 그러나 강남의 기후 자료를 분석해보면 이러한 통설은 심각한 문제를 안고 있다.

이 기간 중 1551~1576년의 25년 동안에는 별다른 한랭화 현상을 찾을 수 없다. 그러나 1577년 이후에는 상황이 전혀 달라진다. 1577년 6월 중순에서 7월 중순(음력 6월) 사이에 기후가 겨울처럼 한랭해져 작물의 생장에 장애를 주었다. 1578-79년의 겨울은 특히 한랭했다. 전산호가 얼어붙어 산처럼 솟아올랐고, 강은 5척이나 결빙되어 선박의 운행이 불가능했다. 범렴은 고향으로 돌아가는 길에 태호가 꽁꽁 얼어 있는 것을 목격했다. 1580-81년, 1581-82년 겨울에도 태호가 얼어붙어 사람들이 호수 위를 걸어 다녔다. 1582년 3월 13일(음력 2월 19일) 늦봄에 눈이 5촌(寸)이나 쌓였으며, 1586-87년 겨울은 추위로 나무가 얼고 20여 일이나 눈이 내렸다. 1588-89년 겨울에는 추위로 나무가 얼었고, 1589년 7월 29일(음력 6월 18일)의 한여름에는 눈이 내렸다. 1589-90년 겨울에는 오강현(吳江縣)에 있는 앵호(鶯湖)가 결빙하여 가축을 끌고 호수 위를 지나다니는 사람이 있을 정도였다. 1594-95년 겨울에는 폭설로 눈이 1장이나 쌓여 두 달이 지나도록 녹지 않았다. 1595-96년 겨울에는 호수와 계곡이 얼어붙어 선박의 운행이 끊겼다. 1600-01년 겨울에는 운하가 얼어붙었다.[38)]

1590년대 강남의 기후를 이해하는 데 중요한 정보를 제공해주는 자료가 풍몽정(馮夢禎)의 《쾌설당일기》(1590~1596)다. 일기에 따르면 1590년의 경우 대체로 평범한 해였음에도 2월 22일(음력 1월 18일) 눈이 내렸으며, 3월 3일(음력 1월 27일)에는 서리가 내렸다. 1591년에는 3월 9일(음력 2월 14일)이 엄동처럼 추웠으며, 8월 1일(음력 6월 13일)이 가을 날씨처럼 서늘했다. 1593년의 6월과 7월에도 서늘한 날이 많았다. 1595년에는 3월 5일(음력 1월 25일)부터 시작된 잦은 눈이 20일까지 계속된다. 풍몽정은 3월 31일(음력 2월 21일)에야 솜옷을 거두었는데,

---

38) 嘉慶 《松江府志》 권80 〈祥異志〉 ; 范濂, 《雲間據目抄》 권3 〈記詳異〉 ; 翁澍, 《具區志》 권14 〈災異〉 ; 光緒 《常昭合志稿》 권47 〈祥異志〉 ; 道光 《平望志》 권13 〈災變〉 ; 光緒 《嘉興府志》 권35 〈祥異〉.

그것도 잠시뿐, 4월 10일(음력 3월 1일) 외출할 때 다시 챙겨 입어야 했다. 개인의 일기에 나타난 이런 기록은 방지에서 주목을 받지 못한 평범한 해의 기후도 현재의 관점에서 보면 대단히 한랭했다는 사실을 보여준다.[39]

이상을 통해 1577년에서 1600년의 기후를 온난하다고 할 수 없다는 사실을 확인할 수 있었다. 이 사이에 태호는 3년의 결빙이 있었고, 선박의 운행이 불가능할 정도의 결빙을 포함하면 총 10년의 특대한이 있었다. 또한《쾌설당일기》에서 확인할 수 있었듯이 한랭한 기후가 일상적으로 존재하고 있었다. 따라서 '제2차 한랭기'는 1570년대 말에 이미 시작되고 있었던 것이다. 따라서 16세기 후반을 온난기로 파악하는 기존의 입장은 재고되어야 할 것이다.

17세기 전반(1601~1650)

17세기 전반의 경우 1600년대와 1610년대는 대체로 평범한 시기였다. 이 시기 동안 태호와 같은 호수의 결빙은 나타나지 않는다. 다른 시기에 비해 기록도 현격하게 적을 뿐만 아니라 그것마저도 1601년과 1616년을 제외하면 주의를 끌 만하지도 않다. 방지의 기록에 한정할 때 이 시기는 17세기의 다른 연대에 비해 상대적으로 온난한 편이었다.

그러나 이일화(李日華)의 《미수헌일기》(1609~1616)는 17세기 초반의 기후가 대단히 변덕이 심했으며, 현재와 비교해 훨씬 한랭했음을 보여주고 있다.[40] 흥미로운 것은 주커전이 유용하게 활용한 《원소수일기(袁小修日記)》(1608~1617)의

---

39) 馮夢禎,《快雪堂日記》庚寅, 辛卯, 癸巳, 乙未.

40) 李日華,《味水軒日記》권1~8. 1609년 5월 17일(음력 4월 14일)은 가을처럼 추웠으며, 1611년 1월 16일(음력 만력 38년 12월 3일)에는 하천의 결빙으로 선박의 운행이 어려웠다. 1611년 7월 25일(음력 6월 16일)과 8월 3일(음력 6월 25일)은 한랭했지만, 1612년 1월 14일(음력 만력 39년 12월 12일)은 오히려 추위가 심하지 않았다. 1612년의 경우에는 2월 29일(음력 1월 28일)에는 여름처럼 더웠지만 6월 1일(음력 5월 3일)에는 가을처럼 서늘했다. 1615년에는 봄과 여름이 한랭했고, 11월 11일(음력 9월 21일)에 이미 눈이 내렸으며, 겨울이 봄여름처럼 따뜻했다. 1616년에는 3월 23일(음력 2월 6일)까지 자주 눈이 내렸으며, 4월 중순이 겨울같이 추웠다.

기록이《미수헌일기》와 시기적으로 일치한다는 점이다. 주커전은 17세기 초에 복숭아, 살구 등의 개화 시기가 현재의 호북성(湖北省) 무창(武昌)에 비해 7~10일 정도 늦었다고 지적했다. 류자오민은 이를 바탕으로 당시의 기온이 현재보다 1.5~2℃ 정도 낮았다고 결론짓고 있다.[41]

1620년대의 경우에도 호수의 결빙은 나타나지 않지만 중반 이후에는 기후가 더욱 한랭해지고 있다. 1628년에는 1월 20일(음력 천계 7년 12월 14일)에서 2월 1일(음력 천계 7년 12월 27일)까지 13일 동안 눈이 내렸으며, 3월 말에서 4월 초에는 혹한으로 뽕, 콩, 보리, 과수와 같은 농작물이 동사했다.[42] 17세기 후반과는 비교가 되지 않겠지만 이 시기에도 한랭한 기후가 지속되고 있었음을 알 수 있다.

1630년대에는 1600년 이후 보이지 않았던, 선박 운행이 불가능할 정도의 거대 호수나 강의 결빙 기록이 다시 나타나고 있다. 이 때문에 엽소원(葉紹袁)은 1635-36년 겨울에 하천이 결빙하여 선박이 운행되지 못하는 상황을 기록하면서 근래에 보지 못했던 광경이라고 회고했다.[43] 다음 해인 1636-37년 겨울에는 황포와 전산호가 얼어붙을 정도의 극한이 있었다. 또한 1630년대 말부터는 하계의 기온도 한랭해졌다. 1639년의 하계는 특히 한랭했는데, 진호가 여름철임에도 작물의 생장을 걱정할 정도였다.[44] 이처럼 1630년대에는 이전의 수십 년에 비해 한랭화 현상이 두드러졌다.

1640년대는 '특대한'의 기록이 없기 때문에 얼핏 평범한 시기로 여겨진다. 실제로 방지에서는 대설과 관련된 기록 외에 특이한 기록을 찾기 어렵다. 그러나 당

---

41) 쓰可楨,〈中國近五千年來氣候變遷的初步研究〉, 182쪽 ; 유소민,《기후의 반역—기후를 통해 본 중국의 흥망사》, 181쪽.

42) 康熙《秀水縣志》 권7〈祥異〉 ; 崇禎《吳縣志》 권11〈祥異〉.

43) 葉紹袁,《啓禎記聞錄》 권2, 숭정 8년.

44) 陳瑚,《確菴日記》 권2〈恒寒〉. 1630년대 후반에 세계적으로 한랭했던 기후에 대해서는 한국사 연구 결과도 좋은 참고가 될 것이다. 박근필은《병자일기(丙子日記)》(1636년 12월~1640년 6월)에 대한 분석을 통해 1630년대 후반에 조선에서도 소빙기적 기후 특성인 불규칙성과 저온 현상이 현저했다고 지적한 바 있다. 박근필,《병자일기》의 기후와 농업〉, 한국농업사학회 엮음,《조선시대 농업사 연구》(국학자료원, 2003), 93~102쪽.

시의 다른 기록들을 확인해보면 1640년대 기후의 중요한 특징이 하계의 이상 저온 현상이라는 것을 알 수 있다. 엽소원의 《계정기문록(啓禎記聞錄)》에 의하면 1639년 이후 1641년, 1642년, 1643년에 현저한 이상 저온 현상이 나타난다. '숭정 14년의 대기근'은 이런 배경에서 발생했던 것이다.[45] 또한 강희《상해현지(上海縣志)》의 편찬자는 1647년과 1648년 두 해에 늦벼가 부실했던 것이 이상 저온 현상 때문임을 분명히 인식하고 있었다.[46]

17세기 후반(1651~1700)

17세기 후반은 소빙기 중에서도 가장 한랭했던 시기다. 이 때문에 한랭한 기후에 대한 기록도 대단히 풍부하다. 1650년대의 경우 1656~1658년의 3년을 제외하면 동계의 혹한, 대설, 때 이른 서리, 여름의 눈 등 다양한 한랭화 현상이 출현하고 있다. 앞에서 살폈듯이 1654-55년의 겨울에는 황포뿐만 아니라 바다까지 결빙할 정도의 극대한이 닥쳤고, 소주부(蘇州府)와 송강부(松江府)의 감귤 재배가 결정적인 타격을 입었다. 실제로 1630년대부터 시작된 혹한의 상황은 1640년대를 지나 1650년대에 이르러 훨씬 강해지고 있었다.[47]

1660년대와 1670년대의 소빙기 현상은 더욱 두드러진다. 1661~1680년의 20년 동안 태호와 황포를 비롯한 호수와 강의 결빙으로 선박 운행이 불가능했던 것이 4년에 기록되어 있다. 육세의(陸世儀)가 〈타빙사(打冰辭)〉를 지어 당시 선박 운행의 고통을 호소했던 것이 이 시기였다.[48] 이 중에서 1670-71년과 1676-77년의

---

45) 김문기, 〈明末 江南의 氣候와 崇禎 14년의 奇荒〉, 76~82쪽.

46) 康熙《上海縣志》권1 風俗 : "순치 5~6년 사이에 늦게 심은 벼는 마침내 이삭이 부실하였다. 서풍이 크게 부니 모든 농전은 온통 흰 억새밭으로 변해 한 톨도 거둘 수가 없었다……지기(地氣)의 변천으로 종식(種植)의 일이 예와 지금이 크게 차이가 난다."

47) 1650년대 중국의 한랭화를 잘 보여주는 자료는 해염현(海鹽縣) 출신의 담천(談遷)이 쓴《북유록(北游錄)》(1653~1655)이다. 주커전은《북유록》의 물후(物候) 및 황하(黃河) 동결에 대한 자료를 근거로 당시 북경(北京)의 기후가 현재보다 2℃ 정도 낮았다고 결론지었다.

48) 陸世儀,《桴亭先生詩鈔》권7 〈打冰詞〉.

겨울이 특히 한랭했다. 1670년 강남의 겨울은 본 연구에서는 '특대한'으로 분류되었지만, 당시 중국 전역의 기후 상황과 비교하면 '극대한'으로 분류해야 할 정도의 혹한이었다.[49] 이 해에 강남은 이상 저온 현상과 수재가 겹쳐 강희 초기 최대의 재해를 당했다.[50] 1676년 계속적인 혹한으로 송강부에서 감귤 재배가 완전히 폐기되었다는 것은 앞에서 언급했다. 이처럼 1660년대와 1670년대 동계의 한랭화는 극심했다. 그러나 이 20년 동안의 기후 현상에서 가장 특징적인 것은 하계의 이상 저온 현상이었다. 1660년대의 경우 1665년, 1669년을 제외한 나머지 8년에, 1670년대에는 절반인 5년에 여름에 눈이 내렸다는 기록이 있다. 이런 사실을 통해 볼 때, 1660년대와 1670년대는 소빙기 중에서 하계가 가장 한랭했던 시기로 평가할 수 있다.

1680년대와 1690년대는 동계를 기준으로 할 때 가장 한랭했던 시기였다. 1680년대와 1690년대에는 선박 운행이 불가능한 극한이 각각 4년씩 있었다. 이 기간 동안 태호는 두 차례, 황포는 다섯 차례 결빙되었다. 극대한은 1683-84년과 1690-91년의 겨울의 두 차례가 있었다. 이 중 후자는 17세기 소빙기의 위력을 다시 확인시켜준다. 당시 저명한 문호였던 왕사정(王士禎)은 강남과 절강의 모든 하천뿐만 아니라 양자강(揚子江), 전당강(錢塘江), 파양호(鄱陽湖), 동정호(洞庭湖)까지 결빙했다고 전한다.[51] 1690-91년 겨울 강남의 하천은 50여 일 동안 결빙되었으며, 보름 동안 사람들의 왕래가 끊길 정도로 추위가 극심했다. 당시 동함(董含)은 길에 동사자들이 널려 있는 모습을 목격했고, 요정린은 이때의 혹한을 자신의 생

---

49) 이 해에 황하, 회수(淮水)가 결빙해 마차가 그 위를 통행할 정도였으며, 장강(長江), 한수(漢水), 파양호(鄱陽湖) 및 강소 북부의 바다가 결빙했다. 산동(山東), 강소(江蘇), 절강(浙江), 강서(江西), 호남(湖南) 등에서 감귤을 비롯한 과수가 동사했다. 張德二 主編,《中國三千年氣象記錄總集》, 1,847~1,858쪽.

50) 1670년 재해의 1차적 원인은 수재였다. 엽몽주(葉夢珠)는《열세편》권1〈재상(災祥)〉에 "이것 또한 수십 년 사이에 거의 볼 수 없는 수재였다"라고 기록했다. 그러나 여러 기록들을 꼼꼼히 살펴보면 당시의 한랭한 기후도 재해의 중요한 원인이었음을 발견할 수 있다. 흥미로운 것은 이 시기에 조선에서도 극심한 경신(庚申) 대기근(1670~1671)이 발생했다는 사실이다. 현종(顯宗)대의 이 기근은 숙종(肅宗)대의 을병(乙丙) 대기근(1695~1699)과 더불어 조선 역사상 가장 극심했던 재해로 평가받고 있다.

51) 王士禎,《居易錄》권15.

애에서 가장 극심한 추위였다고 회고했다.[52]

18세기 전반(1701~1750)

18세기 전반에는 이상 한랭과 관련된 기록이 이전에 비해 현격하게 줄어들고 있다. 이 50년 동안 3년의 특대한이 출현하지만, 태호나 황포의 결빙은 다시 나타나지 않는다. 이에 반해 하계와 동계의 고온 현상은 이전 시기에 비해 빈번하게 나타난다. 따라서 이 시기는 17세기의 한랭기에서 벗어나 상대적인 온난기에 접어든 시기였다고 할 수 있다.

1700년대의 10년 동안은 기후가 확연히 온난했다. 특히 하계의 이상 혹서가 돋보이는 시기였다. 《미수연보(眉叟年譜)》에 의하면 이런 이상 혹서는 1720년대 초반까지 지배적인 현상이었다.[53] 1710년대와 1720년대는 한랭 현상의 햇수는 7년, 8년으로 많지만, 그 내용은 이전의 한랭기와 비교가 되지 않는다. 다만 전체 50년의 이 온난기 중에서 1710년대와 1720년대가 상대적으로 한랭한 시기였음은 분명하다. 1730년대와 1740년대의 경우, 비록 상해(霜害)와 냉해에 대한 몇몇 기록이 있지만 전체적으로 온난한 시기였다고 볼 수 있다.

기후 변동에 대한 평가

이상의 검토를 통해 1551~1750년 200년 동안의 강남의 기후 변동을 종합적으로 평가하면 다음과 같다. 1550년대 이후 계속되던 온난한 기후는 1577년을 기점으로 한랭기로 접어들었다. 이 한랭기는 1700년까지 지속되었고, 그 이후에는 다시 온난기로 전환되었다. 이 과정에서 1600년대와 1610년대는 전체적인 한랭기 속에서 상대적으로 온난한 시기였고, 1710년대와 1720년대는 전체적인 온난기

---

52) 董含, 《三岡識略》 권10 〈奇寒〉 ; 姚廷遴, 《歷年記》 강희 29년 · 30년.

53) 《미수연보(眉叟年譜)》에 의하면 1706년, 1707년, 1712년, 1713년, 1714년, 1721년, 1723년의 여름이 특히 극심하게 더웠다. 한 가지 특기할 점은 온난기에 해당하는 이 기간에도 1723년 이후 1730년까지 동계의 한랭 현상이 다시 빈번해졌다는 점이다.

중 상대적으로 한랭한 시기였다.

　이러한 결론은 기존의 연구 성과에 대해 몇 가지 수정을 요구한다. 먼저, 17세기 소빙기, 즉 '제2차 한랭기'의 시작이 언제부터인가 하는 문제다. 지금까지의 연구는 일반적으로 1600년 혹은 1620년을 시작점으로 잡고 있다. 그러나 이 글에서 살펴보았듯이 1577년에서 1600년 사이에 이미 강남에서 극심한 한랭화 현상이 나타났다. 따라서 1580년대부터, 좀 더 정확하게는 1577년부터 제2차 한랭기가 시작되었다고 볼 수 있다.[54] 또한 제2차 한랭기의 종결에 대해서, 기존의 연구는 1700년과 1720년이라는 입장으로 갈라져 있다. 이 중 1720년이라는 입장은 사실과 배치된다. 강남에서는 1700년대에 온난한 기후가 확연했으며, 1720년 이전보다 이후가 상대적으로 더 한랭했기 때문이다. 따라서 제2차 한랭기는 1577년에 시작되어 1700년에 종결되었다고 보는 것이 타당할 것이다.

　이 결과는 강남을 넘어 전 중국의 상황에서도 대체로 일치한다. 다른 지역의 방지를 분석해보면, 1580년대와 1590년대에 빈번해지던 한랭화 현상이 1600년대와 1610년대에 소강상태에 접어들었다가 1620년대 이후에 급격히 증가했다. 또한 17세기 동안 극심했던 한랭화 현상은 1700년을 기점으로 현격하게 줄어들고, 특히 1700년대의 10년 동안 온난화 현상이 두드러졌다.[55] 이런 사실은 강남의 기후 변동 양상과 별반 다르지 않으므로 17세기 전후의 강남의 기후가 중국 전체의 기후 변동을 대변하고 있다고 해도 크게 틀린 말은 아닐 것이다.

　결국 본 연구는 제2차 한랭기가 1570년대 말에 이미 시작되었다는 매우 중요한 사실을 지적한다. 유럽의 기후학자들은 중국에서의 기존 연구 성과를 바탕으로,

---

54) 건륭(乾隆)《진택현지(震澤縣志)》의 편찬자도 1578년 이후부터 하천 동결과 같은 17세기의 극한이 시작되었다고 인식하고 있다는 점은 주목할 만하다. 乾隆《震澤縣志》권27 재상(災祥)의 1578년 조에 "[1578년] 겨울, 혹한으로 큰 하천과 거대 호수에 얼음이 5척이나 굳게 얼어 선박이 운행할 수 없었다. 이때부터 강희 22년에 이르기까지 이런 현상이 《굴지(屈志)》에 많이 보인다. 《엽지(葉志)》에 있는 것도 10여 조목이다"라고 했다. 인용문에 보이는 《굴지》와 《엽지》는 각각 순치 연간과 강희 연간에 굴운륭(屈雲隆) 및 엽섭(葉燮)이 편찬한 《오강현지(吳江縣志)》를 말한다.

55) 張德二 主編, 《中國三千年氣象記錄總集》, 1,196~2,297쪽.

유럽이 대체로 16세기 후반인 1570~1580년대에 한랭기에 접어든 반면 중국은 1600년이 되어서야 한랭기에 접어들었다고 여겼다. 즉 유럽과 중국은 한랭기의 시작에서 20~30년의 차이가 있으며, 이것이 중국의 소빙기를 유럽의 그것과 구별해주는 큰 특징이라고 인식했던 것이다.[56] 그렇지만 앞에서 살펴보았듯이 강남의 기록들은 유럽과 동일한 시기에 중국에서도 한랭한 기후가 시작되었음을 증명하고 있다.

4. 세계적 소빙기와 강남의 기후

(1) 소빙기의 두 지표, 포도와 감귤

소빙기라는 기후 현상이 역사 연구에서 중요한 의의를 지니는 것은 그 세계적 '동시성' 때문이다. 17세기 위기론이 등장한 것도 이러한 동시성 때문이었다. 지금까지의 연구에서 중국과 유럽의 소빙기 기후 변동이 비슷한 양상을 지니고 있다는 점은 지적되었다. 그러나 그 구체적인 비교는 제대로 이루어지지 않았다. 따라서 중국의 소빙기와 유럽의 소빙기에 대한 구체적인 비교를 통해 17세기 강남의 기후 변동이 세계적 소빙기와 어떤 관계에 있는지 살펴보는 것은 의미 있는 작업이 될 것이다.

본 연구에서는 이를 위해 먼저 유럽의 포도 재배와 중국의 감귤 재배에 주목했다. 포도와 감귤은 기후 변화에 민감한 작물이기 때문에, 유럽과 중국의 장기적인 기후 변동을 증명해주는 중요한 지표 작물로서 일찍부터 주목받아왔다. 프랑스의 역사학자 라뒤리Emmanuel Le Roy Ladurie가 포도 수확일에 대한 분석을 통해 17세기 소빙기 기후 변동을 복원하고 역사 연구에서 기후의 중요성을 환기한 것은 이미 고전적인 연구가 되었다.[57]

---

56) H. H. Lamb, *Climate, History and Mordern World*, 237 · 400쪽.

관련 연구들에 의하면 포도 재배는 중세 온난기에 유럽 북부 지역까지 확대되었다. 11세기 중엽에는 독일 북부의 엘베 강변, 12세기 전반에는 폴란드의 포메른까지 퍼져나갔던 포도 농원은 16세기 후반에 급격히 축소되었다. 영국의 경우에도 1100년에서 1300년 사이에 남부와 중부 지역까지 확대되었던 포도 농원이 15세기 중반인 1440년경에는 더 이상 재배가 불가능해졌다. 그나마 동부의 일리에 남아 있던 포도 농원마저 1469년에 폐기되자, 포도 재배는 영국에서 완전히 종말을 고했다. 중부 유럽의 스위스, 헝가리, 오스트리아에서도 1580년 이후에 포도 수확이 중대한 위기를 맞아 재정적, 경제적 불안을 야기했다. 유럽에서의 포도 농원 축소와 포도 생산의 위기가 소빙기의 한랭한 기후 때문이었음은 분명하다.[58]

중세 온난기와 소빙기에 유럽의 포도 농원이 걸어간 길을 중국의 감귤 농원도 걸어갔다. 장더얼(張德二)은 8세기 및 13세기 중엽에 중국에서 감귤 재배가 확대되었던 사실을 중국에 '중세 온난기'가 존재했다는 중대한 증거로 제시한 바 있다.[59] 당(唐)대에 감귤 재배의 북방 한계는 장안(長安)과 회수(淮水)까지 올라갔다. 당대에 비해 좀 더 한랭했던 송(宋)대에는 대체로 양자강이 북방 한계가 되었다. 실제로 이 시기에 중국 감귤 생산의 중심지는 태호의 동정산(洞庭山)이었다. 당시 '동정감귤'은 최고의 상품으로 인정받았으며, 문인들은 동정산이 감귤나무로 덮여 있는 아름다운 모습을 노래하곤 했다. 기후가 한랭했던 북송 말과 남송 초, 원(元)대에서 세 차례의 감귤 동해 기록이 발견되지만, 이러한 피해도 동정감귤의 명성을 위협하지는 못했다.

---

57) Emmanuel Le Roy Ladurie, "Forests and Wine Harvests", *Times of Feast, Times of Famine—A History of Climate Since the Year 1000*(New York : The Noonday Press Farrar, Straus and Giroux, 1988), 50~79쪽.

58) Brian Fagan, *The Little Ice Age—How Climate Made History 1300~1850*, 17 · 85 · 90쪽 ; Eric Landsteiner, "The Crisis of Wine Production in Late Sixteenth-Century Central Europe : Climatic Causes and Economic Consequence", *Climatic Change* 43-1(1999), 323~332쪽 ; 田上善夫, 〈小氷期のワインづくり〉, 吉野正敏 · 安田喜憲 編, 《歷史と氣候》(東京 : 朝倉書店, 1998), 203~205쪽.

59) Zhang De'er, "Evidence for the Existence of the Medieval Warm Period in China", *Climatic Change* 26-2~3(1994), 292~294쪽.

그러나 명·청 시대에 접어들면서 동정산의 감귤 재배는 결정적인 위기를 맞았다. 소빙기라는 세계적인 기후 한랭화 현상으로 감귤의 생장이 점차 불가능해졌던 것이다. 강남 지역의 경우 감귤 동사의 기록은 ① 15세기 중후반에서 16세기 전반, ② 17세기 중후반, ③ 19세기 후반이라는 세 시기에 집중되어 있다.

명대 강남에서 감귤이 동사했다는 최초의 기록은 1453년과 1456년에 보인다. 이후에 감귤은 16세기 전반까지 지속적으로 동해를 입었다. 당시 저명한 문인이었던 왕오(王鏊)는 동정산의 감귤이 동해를 입어 뽕이나 대추로 대체되는 것을 목격했다. 1529년에 간행된 가정(嘉靖)《오읍지(吳邑志)》는 동정감귤을 대신해서 강서와 구주(衢州)의 감귤이 강남에 유통되고 있다고 지적했다.[60] 이처럼 15세기 중후반에서 16세기 전반까지의 계속적인 동해로 강남에서는 감귤 재배가 급속도로 쇠락하여, 위도상 훨씬 남쪽에 있는 강서, 구주, 복건 등이 이를 대체했던 것이다.

강남의 감귤 재배가 다시 타격을 입은 것은 17세기 후반이다. 엽몽주의 기록에서 확인했듯이 1654년과 1676년의 계속적인 한파로 송강부에서도 감귤 재배가 종식되었다. 감귤의 동사 기록은 이후에 1690년과 1700년에도 확인된다. 결국 18세기 중엽에 편찬된《태호비고(太湖備考)》에서는 명대부터 계속된 동해로 인해 동정산에서 감귤을 재배하는 사람이 적을 뿐만 아니라, 감귤의 품질도 떨어지고 작황도 좋지 않다고 당시의 정황을 전한다.[61]

송대 이후 중국의 감귤 생산 중심지였던 동정산은 명대 이후 소빙기의 영향으로 감귤 농원이 점차로 축소, 폐기되었다. 이 때문에 이전의 지위를 지키지 못하고 쇠락하고 말았다. 당대에 장안과 회수까지 올라갔던 감귤 재배의 북방 한계가 송대에는 양자강으로 내려갔고, 명·청 시대에는 훨씬 남쪽인 위도 29도 정도까지 남하했다. 소빙기로 인해 감귤 재배의 북방 한계가 남하하여, 강남은 그 피해를 고스란히 받았던 것이다.[62]

60) 崇禎《吳縣志》권11 祥異〈王鏊橘荒歎〉; 嘉靖《吳邑志》권14 土産.

61) 金友理,《太湖備考》권6〈物産〉.

62) 김문기,〈明淸時期 江南의 氣候變動과 洞庭柑橘〉.

이상에서 살폈듯이, 명·청 시대에 강남에서 감귤 재배의 쇠퇴는 유럽에서 포도 농원의 축소와 거의 동일한 양상을 보여준다. 중국과 유럽에서 소빙기 현상은 거시적으로 보면 동일한 궤도를 걸어갔던 것이다.

(2) 동시성의 한 사례, 어느 겨울들

17세기 소빙기의 세계적 동시성을 확인하기 위해 동일한 시간대를 비교해보는 것도 흥미롭다. 기후학자 휴버트 H. 램Hubert H. Lamb은 17세기 유럽의 극심했던 소빙기 현상을 보여주기 위해 아래의 두 그림을 제시했다. 통계에 의하면 17세기에 런던의 템스 강은 적어도 열한 번 결빙했는데, 아래 그림은 그중 1676-77년 및 1683-84년 겨울의 결빙 모습이다.[63]

〈그림 1〉 1676년 12월의 템스 강 결빙.

〈그림 2〉 1684년 2월의 템스 강 결빙.

에이브러햄 혼디우스Abraham Hondius가 그린 〈그림 1〉에는 1676년 12월에 템스 강이 얼어붙어 사람들이 강 위로 몰려들고 사냥꾼들이 여우를 쫓는 모습이 나타나 있다. 그로부터 8년 뒤인 1684년 2월의 얼어붙은 템스 강을 묘사한 〈그림 2〉에서는 사람들이 강 위에서 오락 경기도 하고 시장도 열고 있는 것을 볼 수 있다. 얼어붙은 템스 강 위에서 마차가 오가고 사람들이 배를 썰매처럼 끌고 있다. 오늘날의 템스 강과 비교하면 너무나 낯선 모습이다.

유럽의 템스 강이 그랬듯이 17세기에 태호와 황포를 비롯한 강남의 호수와 강들도 자주 얼어붙었다. 흥미로운 것은 이 템스 강 그림이 그려진 것과 꼭 같은 시기에 강남의 기후도 극히 한랭했다는 점이다.

1676-77년 강남의 겨울에 대해서는 이미 자세히 살펴보았다. 요정린이 황포가 얼어붙어 선박이 통행하지 못하는 것을 목격했고, 엽몽주가 "평생 겪어보지 못한" 추위였다고 하면서 송강부에서 감귤 재배가 종식되었다고 말했던 바로 그 시기였다.[64]

1683-84년의 겨울은 유럽에서 가장 추웠던 시기의 하나였다. 이 시기에 잉글랜드 남동 해안과 북프랑스 해안에 5킬로미터 정도의 얼음 띠가 나타났으며, 네덜란드 북해 연안이 얼어붙어 선박 운행이 중단되었다. 또한 아드리아 해 북부에서도 결빙이 나타났으며, 템스 강은 꽁꽁 얼어 강 위에서 시장이 열리고 사람들이 평지처럼 걸어 다녔다. 같은 시기에 지구 반대편의 태호도 얼어붙어 사람들이 한 달여 동안 그 위를 걸어 다녔다. 황포 역시 얼어붙어 선박의 운행이 불가능했으며, 일부 구역에서는 얼음 덩어리로 인해 배가 파손되고 뒤집혀 수십 명이 익사하는 사고가 발생하기도 했다. 1676-77년의 겨울에 대한 강한 인상을 기록했던 엽몽주는 1683-84년의 겨울을 겪고서 "수십 년 동안 경험하지 못했던 것"이라고 다시 강조하지 않을 수 없었다. 1684년 1월 3일(음력 강희 22년 11월 17일)에는 "아침부터

---

63) H. H. Lamb, *Climate, History and Modern World*, 230～233쪽.

64) 姚廷遴, 《歷年記》 강희 15년 ; 葉夢珠, 《閱世編》 권1 〈災祥〉 및 권7 〈種植〉.

저녁까지 종일토록 화롯불을 끼고 술을 마셨지만 추위를 물리칠 수 없었다. 벼루에는 술과 식초를 사용했지만 곧바로 얼어버렸다"고 그는 기록했다.[65]

단지 몇 가지 사례를 비교해본 것에 불과하지만, 이처럼 유럽이 혹한의 겨울을 경험할 때 중국의 강남도 같은 경험을 하고 있었다. 이는 17세기 강남의 기후 변동이 단순히 중국 일부 지역의 특수한 현상이 아니라 전 세계적인 기후 한랭화와 맥을 같이하는 것이었음을 보여준다. 소빙기 동안 중국의 기후는 유럽을 비롯한 세계의 기후와 매우 긴밀하게 연결되어 있었던 것이다.

(3) 화산 활동과 강남의 기후

마지막으로 강남의 기후 기록을 소빙기에 대한 과학적 연구 성과와 비교해보고자 한다. 이전에 '숭정 14년의 대기근'을 분석하면서 주목했던 것은 소빙기 기후 현상의 세계적 동시성 문제였다.[66] 이후 이 문제를 17세기 전체의 기후 현상과 관련해 검토하는 과정에서 강남의 기후 현상이 화산 폭발로 인한 세계적 기후 변화와 밀접한 관련이 있음을 발견하게 되었다.[67]

〈표 5〉는 북반구의 나이테 밀도에 대한 분석을 통해 지난 600년간 여름이 가장 한랭했던 30년을 정리한 것이다. 이에 의하면 그 30년 중 3분의 1이 넘는 11년이 17세기에 속해 있어, 다른 어떤 세기보다 17세기에 여름의 이상 저온 현상이 두드러졌음을 알 수 있다. 그리고 17세기 중에서도 1640년대, 1660년대, 1690년대에 각각 3년씩이 속해 있다.

이제 이 중 몇 개의 사례를 화산 폭발과 관련지어 살펴보자. 1601년은 지난 600년을 통틀어 세계적으로 여름이 가장 한랭했던 시기였다. 이 해 여름의 이상 기후

---

65) 姚廷遴, 《歷年記》 강희 22년 ; 董含, 《三岡識略》 권8 ; 葉夢珠, 《閱世編》 권1 〈災祥〉.

66) 김문기, 〈明末 江南의 氣候와 崇禎 14년의 奇荒〉, 《中國史研究》 37(2005), 80~82쪽.

67) 애트웰은 화산 폭발과 소빙기 기후의 관련성을 동아시아 및 전 세계의 관점에서 검토한 바 있다. 그러나 그의 연구는 1644년까지 머물고 있고, 구체적인 소빙기 기후 현상에 대해 제대로 밝히지 못한 부분이 많다. William S. Atwell, "Volcanism and Short-Term Climatic Change in East Asian and World History, c. 1200 ~1699".

는 그 전해에 일어난 페루의 화냐푸티나Huanyaputina 화산 폭발로 촉발되었다. 당시 강남에서는 7월에 눈이 내려 쌓였고, 8월이 되어서야 비로소 더워지기 시작했다. 이러한 변덕스러운 날씨 때문에 "병에 걸리지 않은 사람이 없었다".[68]

〈표 5〉 북반구 나이테를 통해 본 세계적 하계 한랭화[69]

세기	총 햇수	하계 한랭화가 나타난 연도(한랭화 순위)
15세기	4	1446(30), 1448(19), 1453(4), 1495(23)
16세기	1	1587(17)
17세기	11	1601(1), 1641(3), 1642(28), 1643(10), 1666(12), 1667(27), 1669(16), 1675(8), 1695(6), 1698(9), 1699(11)
18세기	3	1740(18), 1742(25), 1783(26)
19세기	7	1816(2), 1817(5), 1818(22), 1819(29), 1836(21), 1837(15), 1884(13)
20세기	4	1912(7), 1968(24), 1978(14), 1992(20)

다음으로, 1641년에서 1643년까지 3년간의 기후 조건은 방지에는 제대로 나와 있지 않지만, 《계정기문록》은 이 시기의 하계 기후가 대단히 한랭했음을 증언하고 있다. 명조의 멸망에 결정적인 역할을 한 '숭정 14년의 대기근'이 바로 이 시기에 발생했다. 또한 일본에서는 관영(寬永) 대기근이 있었고, 세계 곳곳에서 재해가 발생했다. 이처럼 1640년대 초에 세계적으로 재해가 빈발했던 원인으로 필리핀의 파커Paker 화산 폭발로 인한 세계적인 기후 한랭화가 지목되고 있다.[70]

〈표 5〉에서 1660년대의 3년과 1670년대의 1년의 경우, 1660년대와 1670년대에 강남의 하계 반년 기후가 대단히 한랭했다는 사실을 기억하면 그다지 새로울 것

---

68) 光緒《烏程縣志》권27 祥異；崇禎《松江府志》권47 災異.

68) 光緒《烏程縣志》권27 祥異；崇禎《松江府志》권47 災異.
69) 이 표는 K. R. Briffa · P. D. Jones · F. H. Schweingrube · T. J. Osborn, "Influence of volcanic eruptions on Northern Hemisphere summer temperature over the past 600 years", Nature 393(1998), 450쪽에 나와 있는 〈표 1〉의 내용을 시기별로 재편집한 것이다.
70) 김문기, 〈明末 江南의 氣候와 崇禎 14년의 奇荒〉, 《中國史硏究》37(2005), 80~84쪽.

이 없다. 이 4년 중 1666년, 1667년, 1675년의 여름에는 심지어 눈까지 내렸다고 기록돼 있다. 1690년대에서 1695년의 경우 강남에서는 5개월 동안 음산한 비가 계속되어 작물이 생장을 하지 못했다. 1698년에는 6월에 우박 피해가 발생하고 역병이 돌았으며, 1699년에는 봄 늦게까지 눈이 내려 밀과 보리농사가 피해를 입었다.

화산 폭발로 인한 세계적 기후 한랭화가 반드시 강남의 기후와 일치하는 것은 아니다.[71] 또한 본 연구의 목적이 소빙기의 원인을 살펴보는 데 있는 것도 아니다. 다만 이상의 고찰에서 17세기 강남의 하계 이상 저온 현상 중의 많은 부분이 화산 폭발로 인한 세계적 기후 한랭화와 밀접하게 관련되어 있다는 것은 분명해 보인다. 이런 사실은 17세기 강남의 기후 변동이 세계적인 기후 현상과 긴밀하게 연결되어 있으며, 세계사적인 관점에서 중국사를 해석할 필요가 있음을 보여준다.

5. 명 · 청 교체와 소빙기

페르낭 브로델Fernand Braudel은 17세기의 세계적인 위기 상황을 설명해줄 수 있는 유일한 해답은 오직 기후 변화뿐이라고 지적했다. 17세기 위기를 해명하기 위해 제기된 소빙기는 역사 연구에서 기후의 중요성과 더불어 세계사적인 관점의 필요성을 환기시켰다. 중국사 연구에서도 소빙기는 세계사적인 관점에서 명 · 청 교체를 설명하는 유용한 방법으로 제시되었다. 그렇지만 실제로 이 문제에 관심을 가지는 학자는 의외로 많지 않다.

---

71) 예컨대 유럽에서는 1815년 인도네시아의 탐보라 화산 폭발의 여파로 다음 해인 1816년은 '여름 없는 해the year without summer'로 일컬어지고 있지만, 강남에서는 1816년을 전후한 시기에 한랭화에 대한 기록을 찾을 수 없었다. 반면 1453년의 한랭화는 전해인 1452년 남서 태평양의 쿠와에 화산이 폭발하여 발생한 것으로, 강남에서는 겨울에 40여 일 동안 눈이 내리고 강소 북부의 바다는 40리나 얼었으며, 명대 들어 처음으로 감귤이 동사했다.

이 글에서는 17세기 강남을 중심으로 소빙기 기후의 구체적인 양상을 살펴보았다. 기존의 연구들은 대부분 중국 전체 혹은 화중이라는 광범위한 지역에 대한 분석 결과를 강남에 적용하고 있다. 이에 반해, 이 글에서는 17세기 강남의 기후 자료를 집중적으로 분석하여, 이 지역의 기후 변동이 중국 혹은 세계적인 기후 변동과 어떤 관련이 있는지 밝히고자 했다. 그 결과 다음과 같은 몇 가지 사실을 확인할 수 있었다.

첫째, 17세기 동안 기후 한랭화 현상이 현저했다. 태호와 황포는 이전에 비해 훨씬 자주 결빙했고, 선박의 운행이 불가능한 때도 많았다. 눈이 수십 일 동안 계속해서 내리는 일도 잦았으며, 적설량도 많았다. 겨울의 혹한으로 감귤을 비롯한 과수와 짐승, 때론 사람이 동사하는 경우도 빈번했다. 한여름에 눈이나 서리가 내리는 등 이상 저온 현상이 현저하여 작물의 생장에 피해를 주었다. 이러한 다양한 현상들은 지난 수천 년 사이에 17세기가 가장 한랭했던 시기였음을 증명해주고 있다.

둘째, 대체로 1570년대 말부터 1700년까지를 '제2차 한랭기'로 설정할 수 있다. 1551년에서 1750년까지 200년 동안의 강남의 기후 변동을 살펴보면, 1550년대 이후 지속되었던 온난한 기후는 1570년대 말부터 한랭기로 전환되어 대체로 1700년까지 지속되었다. 1700년대 이후에는 다시 상대적으로 온난한 기후로 전환되었다. 따라서 주커전의 연구에서 언급된 제2차 한랭기는 1570년대 말에 시작되어 1700년까지 지속된 것으로 볼 수 있다. 물론 이 기간 동안에도 기후는 일정치 않았다. 예컨대 1600년대와 1610년대는 전체적인 한랭기 속에서 상대적으로 온난한 시기였지만, 오늘날에 비해 훨씬 한랭한 기후였다.

셋째, 17세기 소빙기 기후의 시작에 대한 기존의 연구는 재검토가 필요하다. 강남에서 제2차 한랭기가 1570년대 말에 시작되었다고 보는 본 연구의 견해는 중요하다. 중국의 학자들은 일반적으로 제2차 한랭기의 시작을 1600년 혹은 1620년으로 잡고 있다. 이것은 유럽의 그것과 비교하면 짧게는 20년, 길게는 50년 늦은 것이다. 그러나 기후 기록들을 면밀히 분석해보면 강남도 유럽과 거의 동일한 시기에 한랭기에 접어들고 있다. 이러한 결과는 다른 지역의 방지에서도 충분히 확인할 수 있다. 따라서 제2차 한랭기의 시작에 대한 기존의 입장은 수정되어야 할 것이다.

이와 관련해 강남의 기후 변동은 유럽의 그것과 매우 비슷한 양상으로 전개되었다. 예컨대 유럽의 포도 농원과 중국의 감귤 농원이 확대되었다가 축소되는 과정은 거시적으로 동일한 궤도를 걷고 있다. 특히 1676-77년, 1683-84년 겨울의 경우, 강남의 기후가 세계적인 기후 현상과 동시성을 띠고 있음을 보여주었다. 또한 화산 폭발과 세계적 기후 변동에 대한 과학적 연구 성과는 강남의 기후 변동이 단순히 지역적인 범위에 머무는 것이 아니라, 중국 및 세계적인 소빙기 현상과 긴밀하게 연결되어 있음을 증명하고 있다.

마지막으로 지적해야 할 것은 17세기 전반기보다 후반기가 더욱 한랭했다는 사실이다. 예컨대 태호와 황포의 결빙 기록은 17세기 후반에 집중되어 있다. 1660년대와 1670년대는 여름에 눈이 내렸다는 기록이 각각 8년과 5년이 확인된다. 이런 사실은 명·청 교체를 이해하는 데 매우 중요한 사실을 시사하고 있다. 지금까지 소빙기에 대한 연구는 주로 명조의 멸망 원인을 밝히는 데 집중되어왔다. 반면에, 기후 조건이 더욱 열악했던 17세기 후반에 청조가 이러한 상황에 어떻게 대응했으며, 그 의미는 무엇인가 하는 문제는 여전히 과제로 남아 있다. 청조가 17세기 후반의 위기를 딛고 18세기에 강희, 건륭(乾隆)의 성세(盛世)를 이루었다는 것은 대단히 상징적인 것이다. 따라서 앞으로의 연구에서 17세기 후반의 소빙기 기후와 청조의 대응에 대한 적극적인 해명이 필요하다고 생각된다.

① 〈별표 1-2〉에서는 분석 대상으로 삼은 자료는 《명사(明史)》와 《청사고(淸史稿)》 및 162종의 방지와 16종의 필기, 일기, 문집, 주접이다.

② 동계 반년 중 그해의 초, 즉 봄에 발생한 사건은 연도 앞에 '-' 표시를 붙여 그해 말인 가을, 겨울에 발생한 사건과 구별했다. 예를 들어 〈별표 1-1〉의 '-1673, 1673'의 경우, '-1673'은 '1673년 초'를 의미하며, '1672-73년'의 겨울에 해당한다. '1673'은 1673년 후반을 의미하며, '1673-74년'의 겨울에 해당한다.

③ 〈별표 1-1〉과 〈별표 1-2〉의 대한, 특대한 통계에 보이는 고딕체로 표시한 연도는 비록 현상은 대한, 특대한에 같이 표시되어 있지만, 실제 등급은 더 상위일 경우를 나타낸다. 예컨대 〈별표 1-1〉의 '**1670**'은 대한의 기준인 대설, 혹한, 하천의 결빙, 때에 맞지 않는 눈과 서리, 작물의 냉해가 나타나고 있지만, 동시에 특대한의 기준인 선박의 운행이 불가능할 정도의 극심한 결빙 현상도 같이 나타나고 있어 특대한으로 분류된 해이다. 마찬가지로 〈별표 1-2〉특대한에 있는 '**1676**'은 황포의 결빙, 이상 폭설, 감귤의 동사 등이 있었지만, 극대한으로 분류된 해이다.

④ 431쪽의 주 23에서도 밝혔듯이, 동계는 한 해의 끝에서 다음 해 초까지 연결되는 점을 고려하여 '1677-78년'과 같은 방식으로 표시하였다.

〈별표 1-1〉 17세기 동계 반년의 이상 한랭(1)

연대	대한							
	대설	혹한	하천의 심한 결빙	나무의 결빙 및 갈라짐	때 이른 눈, 때늦은 눈	때 이른 서리, 된서리	작물 냉해	봄, 가을의 강추위
1551~1560	1560							
1561~1570	-1561, -1565			-1565				1569
1571~1580	-1578, -1579	1578, 1580		1578				
1581~1590	-1587	-1587		1586, -1587, -1589	-1582			
1591~1600	1596							-1591, -1595
1601~1610		-1610, 1610	-1602, 1604, 1609		-1605			
1611~1620	-1618	1611, 1612		1613	1615			1613
1621~1630	1624, -1627, 1627, -1628,	-1627, -1628, 1630			-1630		-1628	
1631~1640	1632				1637			
1641~1650	-1641, -1642, -1645, -1649	-1642					1648, 1649	-1642
1651~1660	1653, -1654, 1654, -1659	-1651, 1660	1653	1653, 1654, 1660		1655, 1660	1655	
1661~1670	1665, 1666, -1669, -1670, 1670	1665, 1666	1666, 1670	1662	-1667, 1668, 1670	1662	1670	
1671~1680	-1673, -1674, 1676, -1677, 1680	1673, 1676, 1677, 1678, 1679	1673	-1673, 1673			-1677	
1681~1690	-1681, 1688	1690	1682			1690	-1681, -1688, 1689	
1691~1700	-1691, -1695, 1700	1691, -1697		-1691		1691, 1695		
1701~1710	-1704	1702	1702					
1711~1720	1711, 1713, 1717, 1718, -1719, -1720	1717, -1719					-1716, 1720	
1721~1730	-1721, 1726 -1729	-1721, 1725 1726, 1727	1725	-1722, 1722 1724, 1725, 1726, 1727		1725	1726, 1729	
1731~1740	-1732	1732						
1741~1750	1742, -1743, 1748	-1747, 1748		-1746, -1747				

〈별표 1-2〉 17세기 동계 반년의 이상 한랭(2)

연대	특대한							극대한
	호수·강의 결빙		선박 운행 불가능	이상 대설	동사			
	태호	황포 등			나무, 짐승	사람	감귤	
1551~1560								
1561~1570								
1571~1580	1578, 1580	1578(전호)	1578(5척)	1578(20여 일)	1578	1578		1578
1581~1590	1581	1589(앵호)						
1591~1600		1596, 1600(운하)	1596		-1595	-1595		
1601~1610			1610					
1611~1620				-1616(1장)				
1621~1630				-1621(1장), 1626(5척)	1626, -1628			
1631~1640		1635, 1636(황포)	1635	1640(2개월)				
1641~1650								
1651~1660	1654(바다 동결됨)	1654(황포), 1655(황포)	1653, 1654, 1655	1654(10일)	1653, 1654	1654	1654	1654, 1655
1661~1670	1665	1666, 1670	1665, 1666, 1670	1670(1장)		1666		
1671~1680		1676(황포)		1676(4척)	-1677		1676	1676
1681~1690	1683	1683(황포), 1689, 1690(황포)	1683, 1689, 1690	1690(2척)	1690	1683, 1690	1690	1683, 1690, -1691
1691~1700	1700	1691(황포), 1694(황포), 1696(황포)					1700	
1701~1710								
1711~1720					1720	1717		
1721~1730								
1731~1740		1740	1740					
1741~1750								

<별표 1-3> 17세기 하계 반년의 이상 한랭(3)

연대	이상 한랭			
	여름의 눈	때 이른 서리	가을, 겨울 같은 여름 추위	작물 냉해
1551~1560				
1561~1570	1569			
1571~1580			1577	1577
1581~1590	1589			
1591~1600			1591, 1593, 1595, 1597	
1601~1610	1601(1척)		1601, 1609	
1611~1620			1611, 1612, 1615, 1616	
1621~1630			1628	
1631~1640			1639	
1641~1650	1650	1643	1641, 1650	1641, 1648, 1649
1651~1660	1652		1651, 1652	
1661~1670	1661, 1662, 1663, 1664, 1666, 1667, 1668, 1670	1661	1663, 1670	
1671~1680	1671, 1674, 1675, 1678, 1679	1674, 1675	1680	1677, 1680
1681~1690			1689	
1691~1700			1697	
1701~1710			1704	
1711~1720				
1721~1730	1729	1724	1730	1724, 1730
1731~1740			1731	
1741~1750	1746			

〈별표 1-4〉 17세기 동계 · 하계의 이상 한랭 종합

연대	동계 반년(10~3월)			하계 반년(4~9월)
	대한	특대한	극대한	이상 저온
1551~1560	1560-61			
1561~1570	1564-65, 1569-70			1569
1571~1580	1577-78	1580-81	1578-79	1577
1581~1590	1586-87, 1588-89, 1590-91	1581-82, 1589-90		1589
1591~1600		1594-95, 1595-96, 1596-97, 1599-1600		1591, 1593, 1595, 1597
1601~1610	1601-02, 1604-05, 1609-10	1610-01		1601, 1609
1611~1620	1611-12, 1612-13, 1613-14, 1617-18	1615-16, 1620-21		1611, 1612, 1615, 1616
1621~1630	1624-25, 1629-30, 1630-31	1626-27, 1627-28		1628
1631~1640	1632-33, 1637-38	1635-36, 1636-37, 1640-41		1639
1641~1650	1641-42, 1645-46, 1648-49, 1649-50, 1650-51			1641, 1643, 1648, 1648, 1650
1651~1660	1658-59, 1660-61	1653-54	1654-55, 1655-56	1651, 1652
1661~1670	1662-63, 1668-69, 1669-70	1665-66, 1666-667, 1670-71		1661, 1662, 1663, 1664, 1666, 1667, 1668, 1670
1671~1680	1672-73, 1673-74, 1677-78, 1678-79, 1679-80, 1680-81		1676-77	1671, 1674, 1675, 1677, 1678, 1679, 1680
1681~1690	1682-83, 1687-88, 1688-89	1689-90	1683-84, 1690-91	1689
1691~1700	1695-96	1691-92, 1694-95, 1696-97, 1700-01		1697
1701~1710	1702-03, 1703-04			1704
1711~1720	1711-12, 1713-14, 1715-16, 1718-19, 1719-20	1717-78, 1720-21		
1721~1730	1721-22, 1724-25, 1725-26, 1726-27, 1727-28, 1728-29, 1729-30			1724, 1729, 1730
1731~1740	1731-32, 1732-33	1740-41		1731
1741~1750	1742-43, 1745-46, 1746-47, 1748-49			

1. 사료

숭정(崇禎), 《오현지(吳縣志)》 등 162종의 '강남 5부' 방지

〔《천일각장명대방지선간속편(天一閣藏明代方志選刊續編)》, 《중국지방지집성(中國地方志集成)》
의 《상해부현지집(上海府縣志輯)》·《강소부현지집(江蘇府縣志輯)》·《절강부현지집(浙江府縣志
輯)》·《향진지전집(鄕鎭志專輯)》, 《중국방지총서(中國方志叢書)》, 《일본장중국한견지방지총간
(日本藏中國罕見地方志叢刊)》, 《상해향진구지총서(上海鄕鎭舊志叢書)》, 《문연각사고전서(文淵閣
四庫全書)》, 《속수사고전서(續修四庫全書)》, 《사고전서존목총서(四庫全書存目叢書)》, 《강소지방
문헌총서(江蘇地方文獻叢書)》 등에 있는 162종 방지(方志)〕

談遷, 《북유록(北游錄)》
范濂, 《운간거목초(雲間據目抄)》
葉夢珠, 《열세편(閱世編)》
葉紹袁, 《계정기문록(啓禎記聞錄)》
姚廷遴, 《역년기(歷年記)》
陸世儀, 《부정선생시초(桴亭先生詩鈔)》
李煦, 《강남직조이후주접(江南織造李煦奏摺)》
李日華, 《미수헌일기(味水軒日記)》
佚名, 《오성일기(吳城日記)》
張履祥, 《양원선생전집(楊園先生全集)》
曾羽王, 《을유필기(乙酉筆記)》
陳瑚, 《확암일기(確庵日記)》
馮夢禎, 《쾌설당일기(快雪堂日記)》
許洽, 《미수년보(眉叟年譜)》
董含, 《삼강식략(三岡識略)》
──, 《순향췌필(蓴鄕贅筆)》
王士禎, 《거역록(居易錄)》
謝肇淛, 《오잡조(五雜組)》

2. 연구서

文煥然·文榕生, 《중국 역사 시기 동계 반년 기후의 한랭·온난 변천(中國歷史時期冬半年氣候冷暖變遷)》 (北

京 : 科學出版社, 1996)

劉昭民, 《중국 역사상 기후의 변천(中國歷史上氣候之變遷)》(臺灣 : 臺灣商務印書館, 1992) 〔《기후의 반역─기후를 통해 본 중국의 흥망사》, 박기수 · 차경애 옮김(성균관대학교출판부, 2005)〕

張德二 主編, 《중국 3천 년 기상 기록 총집(中國三千年氣象記錄總集)》(南京 : 鳳凰出版社 · 江蘇敎育出版社, 2004)

Brian Fagan, *The Little Ice Age─How Climate Made History 1300～1850*(New York : Basic Books, 2000) 〔《기후는 역사를 어떻게 만들었는가, 소빙하기 1300～1850》, 윤성옥 옮김(중심, 2002)〕

Emmanuel Le Roy Ladurie, *Times of Feast, Times of Famine─A History of Climate Since the Year 1000*(New York : The Noonday Press Farrar, Straus and Giroux, 1988)

페르낭 브로델, 《물질문명과 자본주의 I-1─일상생활의 구조 上》, 주경철 옮김(까치, 1995)

Geoffrey Parker, *Europe in Crisis, 1598～1648*(Brighton : The Harvester Press, 1979)

Geoffrey Parker · Smith Lesley M. (ed.), *The General Crisis of the Seventeenth Century*(London · Henley and Boston : Routledge & Kegan Paul, 1978)

H. H. Lamb, *Climate, History and Mordern World*(London : Methuen, 1982) 〔《기후와 역사, 기후 · 역사 · 현대 세계》, 김종규 옮김(한울아카데미, 2004)〕

Jean M. Grove, *The Little Ice Age*(London and New York : Routledge, 1988)

Trevor Aston (ed.), *Crisis in Europe 1560～1660, Essays from Past and Present*(London : Routledge & Kegan Paul, 1966)

3. 논문

김문기, 〈明淸時期 江南의 氣候變動과 洞庭柑橘〉, 《명청사 연구》 14(2001)

───, 〈明末 江南의 氣候와 崇禎 14년의 奇荒〉, 《중국사 연구》 37(2005)

───, 〈17세기 江南의 災害와 民間信仰 : 劉猛將信仰의 轉變을 중심으로〉, 《역사학 연구》 29(2007)

───, 〈17세기 江南의 氣候와 農業─《歷年記》에 대한 분석을 중심으로〉, 《동양사학 연구》 99(2007)

김연옥, 〈한국의 소빙기 기후─역사 기후학적 접근의 일시론〉, 《지리학과 지리교육》 14(1984)

나종일, 〈17세기 위기론과 한국사〉, 《역사학보》 94 · 95합집(1982)

박근필, 〈17세기 소빙기 기후 연구의 현황과 과제〉, 《대구사학》 80(2005)

이태진, 〈소빙기(1500～1750) 천변재이 연구와 《조선왕조실록》─global history의 한 장(章)〉, 《역사학보》 149(1996)

佳宏偉, 〈최근 십 년간 생태 환경 변천사 연구 종합 서술(近十年來生態環境變遷史研究綜述)〉, 《사학 월간(史學月刊)》 6기(2004)

沈小英 · 陳家其, 〈태호 유역의 양식 생산과 기후 변화(太湖流域的糧食生産與氣候變化)〉, 《지리 과학(地理科

學)》3기(1991)

王業鍵·黃瑩珏, 〈청대 중국의 기후 변천, 자연재해, 곡물 가격에 대한 초보적인 고찰(淸代中國氣候變遷, 自然災害與糧價的初步考察)〉, 《중국 경제사 연구(中國經濟史硏究)》1기(1999)

李伯重, 〈"천", "지", "인"의 변화와 명청 시대 강남의 벼 생산("天", "地", "人"的變化與明淸江南水稻生産)〉, 《중국 경제사 연구(中國經濟史硏究)》4기(1994)

張硏, 〈청대 자연 환경 연구(淸代自然環境硏究)〉, 《사원(史苑)》1기(2005)

周翔鶴·米紅, 〈명청 시기 중국의 기후와 양식 생산(明淸時期中國的氣候和糧食生産)〉, 《중국 사회 경제사 연구(中國社會經濟史硏究)》4기(1998)

陳家其, 〈명청 시기 기후 변화가 태호 유역 농업 경제에 미친 영향(明淸時期氣候變化與太湖流域農業經濟的 影響)〉, 《중국 농사(中國農史)》3기(1991)

鈔曉鴻, 〈세기가 교체하는 중국 생태 환경사—최근 대륙 생태 환경사 연구를 중심으로(世紀之交的中國生 態環境史—以近年來大陸生態環境史硏究爲中心)〉, 《생태 환경과 명청 시대 사회 경제(生態環境與明淸 社會經濟)》(合肥 : 黃山書舍, 2004)

竺可楨, 〈지난 5천 년 동안 중국 기후 변천의 초보적인 연구(中國近五千年來氣候變遷的初步硏究)〉, 《고고학 보(考古學報)》1기(1972)

韓昭慶, 〈명청 시기 태호 유역의 겨울철 기후 연구(明淸時期太湖流域冬季氣候硏究)〉, 《복단 학보(사회과 학판)〔復旦學報(社會科學版)〕》1기(1995)

侯向陽, 〈북아열대 과도대의 변천이 그 농업, 경관, 생태에 미친 의의(北亞熱帶過渡帶的變遷及其農業景觀生 態意義)〉, 《중국 농사(中國農史)》2기(2000)

田上善夫, 〈소빙기의 포도주 만들기(小氷期のワインづくり)〉, 吉野正敏·安田喜憲 編, 《역사와 기후(歷史と 氣候)》(東京 : 朝倉書店, 1998)

小山修治, 〈소빙기의 자연재해와 기후 변동(小氷期の自然災害と氣候變動)〉, 《지리 잡지(地理雜誌)》102- 2(1993)

三上岳彦, 〈소빙기의 기후의 모습(小氷期の氣候像)〉, 《지리(地理)》37-2(1992)

Eric Landsteiner, 〈16세기 말 중부 유럽의 포도주 생산 위기 : 기후적 원인과 경제적 결과The Crisis of Wine Production in Late Sixteenth-Century Central Europe : Climatic Causes and Economic Consequence〉, 《기후 변화Climatic Change》43-1(1999)

Frederic E. Walkeman, Jr., 〈중국과 17세기 위기론China and the Seventeenth-Century Crisis〉, 《말 기의 중화 제국Late Imperial China》7-1 (1986)

G. William Skinner, 〈중국 역사의 구조The Structure of Chinese History〉, 《아시아 연구 저널The Journal of Asian Studies》44-2(1985)

Jack A. Goldstone, 〈17세기의 동양과 서양 : 영국의 스튜어트, 터키의 오스만, 중국 명조의 정치적 위기East and West in the Seventeenth Century : Political Crisis in Stuart England, Ottoman Turkey, and Ming China〉, 《사회와 역사의 비교 연구*Comparative Studies in Society and History*》 30(1988)

K. R. Briffa · P. D. Jones · F. H. Schweingrube · T. J. Osborn, 〈지난 600년 동안 북반구 여름 기온에 미친 화산 폭발의 영향Influence of volcanic eruptions on Northern Hemisphere summer temperature over the past 600 years〉, 《네이처*Nature*》 393(1998)

William S. Atwell, 〈시간, 화폐 그리고 기후 : 명조와 15세기 중엽의 '대공황' Time, Money, and the Weather : Ming China and the 'Great Depression' of the Mid-Fifteenth Century〉, 《아시아 연구 저널*The Journal of Asian Studies*》 61-1(2002)

────, 〈중국과 일본의 '17세기 위기'에 대한 고찰Some Observations on the 'Seventeenth-Century Crisis' in China and Japan〉, 《아시아 연구 저널*The Journal of Asian Studies*》 45-2(1986)

────, 〈1200~1699년 동안의 동아시아와 세계 역사에서 화산 활동과 단기간의 기후 변화 Volcanism and Short-Term Climate Change in East Asian and World History, c. 1200~ 1699〉, 《세계 역사 저널*Journal of World History*》 12-1(2001)

Zhang De'er, 〈중국에 중세 온난기가 있었다는 증거Evidence for the Existence of the Medieval Warm Period in China〉, 《기후 변화*Climatic Change*》 26-2~3(1994)

명대의 궁궐 목재 조달과 삼림 환경*

김 홍 길**

1. 머리말

1998년 여름에 중국 양자강(揚子江) 유역에서 발생한 대홍수는 우리나라에도 잘 알려졌던 큰 재해였다. 피해 규모가 워낙 크기도 했지만, 당시 중국군이 홍수 현장에 투입되어 큰 물결과 대결하는 위험한 장면이 우리 텔레비전에도 나오면서 특히 화제가 되었었다. 그때의 피해 규모는 1998년 8월 18일 현재 인명 피해만 해도 사망자 1만 3,520여 명, 실종자 3만 7,300여 명, 부상자 75만 3,000여 명이었고, 재산 피해는 5,400억 위안에 달했으며, 침수된 농지는 2,930만 헥타르에 이르렀다.[1]

이 글은 2000년 6월에 〈명대의 목재 채판과 삼림─사천의 황목 조달을 중심으로〉라는 제목으로 《인문학보》 (강릉대 인문과학연구소) 제29집에 실린 논문을 수정 · 보완한 것이다.
** 서울대 사범대학 역사교육과를 졸업하고, 같은 학교 인문대학 동양사학과 대학원에서 석사 학위를 받았으며, 일본 오사카대학에서 박사 학위를 받았다. 현재 강릉대 사학과 교수이다. 주요 논문으로는 〈明代 北京의 매판과 '短價'〉, 〈淸初 直隷 三河縣의 곡물採買와 '短價'〉, 〈明末 · 淸初의 사회변화와 삼림환경〉 등이 있다.
1) 《爭鳴》(1998. 9), 17쪽. 중국 정부가 공식적으로 발표한 피해 규모는 이보다 매우 적은 수치였지만 홍콩의 월간지 《쟁명(爭鳴)》은 중국 국무원의 내부 자료를 인용해 이 같이 보도하였다. 石弘之, 《地球環境報告 II》(東京 : 岩波書店, 1998), 82~83쪽도 참조.

명대의 궁궐 목재 조달과 삼림 환경 463

이 같이 큰 홍수가 일어난 주된 원인은 경지 개발로 인해 양자강 유역의 유수지가 감소하고 삼림 벌채로 토사가 대량 유입되면서 하상이 높아진 데 있다는 것이 전문가들의 일치된 견해였다.[2] 중국 정부도 이를 계기로 전국에 삼림 벌채를 일체 금지하는 명령을 내렸다.[3] 도대체 어느 정도나 중국의 삼림이 훼손되어 있었던 것일까. 다음의 〈표 1〉은 다른 나라와 삼림 피복률을 비교한 것이다.

〈표 1〉 국가별 총 삼림 면적(단위 : 만 헥타르) 및 전 국토에서 삼림이 차지하는 비율[4]

연도	한국	중국	일본	미국	러시아	독일	세계 평균
1990	648 (65.3%)	12,460 (13%)	2,521 (67%)	20,957 (22.9%)	76,350 (45%)	1,074 (30.7%)	(31%)
1995	645 (65%)	13,332 (14.3%)	2,515 (66.8%)	21,251 (23.2%)	〃	〃	
1998	644 (64.9%)	12,863 (13.4%)					
1999		12,863 (13.4%)					(26%)

표에서 보이는 바와 같이 중국 전 국토에서 삼림이 차지하는 비율은 세계 평균치에 훨씬 못 미친다. 또한 중국 내에서는 지역들 간에 삼림 비율의 편차가 커서, 삼림이 비교적 많이 남아 있는 동북 지역과 서남 지역의 경우도 그 비율이 각각

---

2) 井上孝範, 〈現代中國の水利事情―'98長江中流域における洪水災害の狀況, 原因とその對策〉, 《中國水利史硏究》 27 (1999), 23~24쪽. 대만 《中央日報》(1998년 8월 15일자). 일본 《讀賣新聞》(1998년 8월 16일자)도 참조.

3) 《人民日報》(1998년 8월 12일자).

4) 이 표에서 한국의 경우 1990년의 수치는 김장수 외, 《林政學》(탐구당, 1994), 75쪽에 제시돼 있는 것이고, 1995년과 1998년의 수치는 산림청에서 인터넷에 올려놓은 것이다. 중국의 경우 1998년과 1999년의 수치는 각각 해당 연도의 《중화인민공화국 연감(中華人民共和國年鑑)》(北京 : 中華人民共和國年鑑社), 1,107쪽과 1,373쪽에 나온 것인데 1998년 8월 19일자 대만의 《중앙일보(中央日報)》는 인공위성 촬영 사진에 의거한 계산으로는 1998년 현재 중국의 삼림 비율이 8.2%에 불과하다고 밝히고 있다. 그리고 1990년의 세계 평균 수치는 《중국대백과 전서, 중국 지리(中國大百科全書, 中國地理)》(北京・上海 : 中國大百科全書出版社, 1993), 782쪽을 따른 것이고, 1999년의 세계 평균 수치는 중국 정부가 인터넷에 제시해놓은 것이다. 그 밖의 통계는 일본 총무청 통계국 엮음, 《世界の統計 2000》(2000. 3), 304~305쪽에 의하였다.

37.6%, 28.3% 정도⁵⁾밖에 되지 않으니, 다른 지역의 비율이 더욱 낮아짐은 말할 것도 없다. 1998년에 미국의 환경 연구 기관은 양자강 유역의 삼림 중 이미 85%가 소실된 상태라고 발표했고⁶⁾ 일본의 한 전문가는 인구가 밀집돼 있는 양자강 유역의 경우 이제 더 경작할 곳을 찾을 수 없을 만큼 웬만한 곳은 모두 경작지로 바뀌어버린 상태라고 지적하였다.⁷⁾

산에 나무가 없으면 홍수와 한발이 교대하듯 자주 일어난다는 것은 상식에 속한다. 중국의 열악한 삼림 상황은 1998년뿐만 아니라 그 이전에도 자주 크고 작은 홍수와 한발을 불러일으켰었다.⁸⁾ 그렇다면 중국의 삼림 상황이 악화된 것은 언제부터였으며 또 어떤 원인 때문이었을까? 이는 지역에 따라 차이도 많고 또 이 문제를 전반적으로 다루는 것은 본 논문의 범위를 벗어나는 일이므로 여기서는 우선 개략적으로 언급하고자 한다.

중국의 삼림이 파괴된 원인으로는 일반적으로 인구의 폭발적 증가에 따른 산지(山地)의 경작지화, 연료 · 관재(棺材) · 건축용재의 수요 증가, 전쟁 등이 꼽힌다.⁹⁾ 이 같은 요인들을 완화 또는 조절해야 할 각 시대 국가의 정책 및 사회 상황과 맞물려 특별히 산림 파괴가 진전된 시기가 있었다. 가까이는 문화대혁명 시기와 대약진 운동 시기, 그리고 민국(民國) 시기의 남벌이, 멀리는 청대(淸代) 인구 폭발

---

5) 《中華人民共和國地名大詞典》 제1권(北京 : 商務印書館, 1998), 4쪽. 그런데 이 수치는 그리 정확한 것 같지 않다. 이것은 《중국 대백과 전서, 중국 지리》, 784쪽에 나와 있는 1990년의 통계와 똑같은 수치인데, 5년이 넘는 기간 동안 삼림 비율에 아무런 변화가 없었다는 것이 이상하다. 게다가 위의 《중화인민공화국 지명 대사전(中華人民共和國地名大詞典)》에 나와 있는 통계 수치를 가지고 동북 3성의 삼림 비율을 직접 계산해보면 약 38.6%가 되어서 1%의 차이가 난다. 《중화인민공화국 지명 대사전》 쪽이 《중국 대백과 전서, 중국 지리》의 수치를 그대로 차용한 듯하다.

6) 매년 《지구 백서 State of the World》를 발행하고 있는 미국의 환경 싱크탱크인 '월드워치World Watch 연구소'의 1998년 8월 14일자 발표. 일본 《讀賣新聞》(1998년 8월 16일자)에서 재인용.

7) 《讀賣新聞》(1998년 8월 18일자).

8) 石弘之, 《地球環境報告 II》, 82쪽.

9) 趙岡, 〈中國歷代上的木材消耗〉, 《漢學研究》 12-2(1994), 121쪽 ; N. K. Menzies, "Forestry", Joseph Needham, *Science and Civilization in China*, vol. 6(London : Cambridge Univ. Press, 1996), 654~659쪽 ; 焦國模, 《中國林業史》(臺北 : 國立編譯館, 1999), 177~178쪽.

시기의 산지 개발 및 명대(明代)의 국가적 사업으로서의 벌목 등등이 그러한 예에 속한다. 물론 명대 이전에도 산지 내지 평원의 삼림에 대한 개발이 진행되었지만 중국의 삼림 분포 상태가 현재와 비슷해지기 시작하는 것은 명대 이후로 보인다. 이에 대해서는 2장에서 상세하게 다룰 것이다.

현재까지 전근대 시대 중국의 삼림 파괴에 관한 연구는 주로 역사 지리학 부문에서 이루어져, 이전에 삼림이 있었던 지역을 추정하고 삼림이 소멸한 원인을 추적하는 식으로 진행되어왔다. 그러나 이제는 역사학 쪽에서도 본격적으로 이 연구에 참여하여 삼림 소멸 문제를 당시의 정치 및 사회 경제 구조와 관련해 분석해볼 때가 되었다고 생각한다. 우선 앞에서 언급한 산림 파괴의 원인과 관련해서는, 삼림을 장애물로 여겨 제거한 경우와 목재를 얻기 위해 삼림을 베어낸 경우를 나누어 생각해볼 수 있다. 전자의 대표적인 예로는 농업과 목축을 위한 벌채를 들수 있는데, 이러한 벌채는 인구 증가와 더불어 꾸준히 삼림을 침식했지만 시간과 공간을 확대해서 볼 때 삼림 파괴의 속도가 완만한 편이었다고 규정할 수 있다. 반면에 후자의 벌채는 산업 발전과 더불어 목재 소비가 폭발적으로 증가한 탓에 가히 약탈적으로 이루어졌고, 단기간에 삼림을 대량으로 파괴하는 경우가 많았다고 볼 수 있다.[10] 명대에 궁궐 건축을 위해 대량의 목재를 호남(湖南) · 사천(四川) · 귀주(貴州) 등지에서 벌채한 것은 바로 이 후자에 속하는 예인데, 본 논문은 그중에서도 사천에서의 상황을 구체적으로 살펴보고 이 일이 삼림 환경에 끼친 영향을 알아보고자 하는 것이다.

20세기 후반 이후 환경이라는 낱말은 실생활에서나 학문에서나 세계적으로 중요한 화두가 되었지만 중국사 연구에서 환경 차원의 접근은 이제 막 시작된 것이

---

10) 독일의 임학자 하젤Karl Hasel은 《삼림의 역사Forstgeschichte》(Hamburg : Parey, 1985)에서 삼림 이용의 역사를 다음과 같이 5단계로 나누어 설명한다. ① 사냥을 하거나 나무의 과실을 채취하는 단계, ② 농경지 개간이나 목축을 위해 삼림을 벌채하는 단계, ③ 공예와 공업 부문의 삼림 자원 수요 증가로 삼림을 남벌하는 단계, ④ 삼림의 효율적 이용을 위한 임업 경영의 단계, ⑤ 삼림의 환경 기능이 중시되는 다기능적 삼림 경영의 단계. 《森が語るドイツの歷史》, 山縣光晶 譯(東京 : 築地書館, 1996), 115~116쪽 참조.

나 다름없다. 중국에서는 근년의 경제 발전과 더불어 환경 문제와 자연재해 문제가 심각해지면서 중국 삼림의 역사에 대한 연구도 활발해져[11] 이윽고 전문 연구서가 출간되기에 이르렀다.[12] 그러나 본 논문에서 다루고자 하는 명대 사천 지역의 목재 조달 문제에 관한 연구는 극소수인데다가[13] 그나마 역사 지리학적으로 접근

11) 중국에서는 1970년대 말의 개혁 개방 정책 이래 목재 수요의 증가 및 환경 문제의 대두와 더불어 임업 내지 환경과 관련해 삼림 문제가 다루어지기 시작했고, 1980년대 이후에는 삼림과 관련된 역사 논문도 날로 증가하기 시작하였다. 여기서 관련 논문을 일일이 소개할 겨를이 없으므로 본 논문과 관련된 대표적인 것만 아래에 추려보았다.

 史念海, 〈歷史時期黃河中游的森林〉, 《河山集》 二集(北京 : 三聯書店, 1981) ; 史念海, 〈論歷史時期我國植被的分布及其變遷〉, 《中國歷史地理論叢》 제3집(1991) ; 王九齡, 〈北京地區歷史時期的森林〉, 《農業考古》(1983년 2기) ; 張帆, 〈江淮丘陵森林的盛衰及中興〉, 《農業考古》(1983년 2기) ; 林鴻榮, 〈四川古代森林的變遷〉, 《農業考古》(1985년 1기) ; 林鴻榮, 〈歷史時期四川森林的變遷(續)〉, 《農業考古》(1985년 2기) ; 林鴻榮, 〈歷史時期四川森林的變遷(續)〉, 《農業考古》(1986년 1기) ; 陳柏泉, 〈江西地區歷史時期的森林〉, 《農業考古》(1985년 2기) ; 暴鴻昌 · 景戎華, 〈明淸濫伐森林對生態的破壞〉, 《平准學刊》 3집 上冊(1986) ; 李繼華, 〈山東森林的歷史演變〉, 《農業考古》(1987년 1기) ; 王宏昌, 〈我國生態經濟中的森林問題〉, 《中國社會科學》(1992년 1기) ; 周雲庵, 〈秦嶺森林的歷史變遷及其反思〉, 《中國歷史地理論叢》 제1집(1993).

 대만의 경우에는 자국의 임업이나 삼림에 대해서는 일찍부터 연구를 진행해왔으나 중국의 임업과 삼림에 대해서는 대체로 통사적인 연구에 그쳤고 그나마 소수이다. 중국의 임업과 삼림에 대한 대만 쪽의 연구 중 대표적인 것은 趙岡, 〈中國歷代上的木材消耗〉 ; 張鈞成, 《中國古代林業史》(臺北 : 五南圖書出版公司, 1995) ; 焦國模, 《中國林業史》 등이다.

 우리나라에서도 최근에 명 · 청 시기의 환경과 관련된 논문이 나왔다. 유장근, 〈중국 근대에 있어서 생태환경사 연구〉, 《中國現代史硏究》 3(1997) ; 정철웅, 〈淸代 湖北省 西北部 地域의 經濟開發과 環境〉, 《明淸史硏究》 10(1999)이 그것이다. 일본에서도 환경과 관련한 중국의 삼림에 대한 연구는 근래에 시작되어, 1999년에 《中國—社會と文化》 14호가 '중국 문명과 환경'이라는 특집을 마련하였다. 여기에 실린 논문들 중 명 · 청사와 관련된 것으로는 上田信, 〈雜木林をめぐるトラとヒト—十八世紀の東南山地〉가 있다. 이것보다 이른 것으로는 宮崎洋一, 〈明淸時代森林資源政策の硏究〉, 《九州大學東洋史論叢》 22(1994) ; 上田信, 〈中國における生態システムと山區經濟—秦嶺山脈の事例から〉, 溝口雄三 外 編, 《アジアから考える 6. 長期社會變動》(東京 : 東京大學出版社, 1994) 정도를 들 수 있다. 또한 중국 소수 민족의 삼림 경영 문제를 다룬 논문이 몇 편 있으나 여기서는 소개를 생략한다. 이 밖에 上田信, 《森と綠の中國史》(東京 : 岩波書店, 1999)는 교양서로서의 성격이 강하다. 구미에서는 1993년의 학술회의의 성과를 정리한 Mark Elvin · Liu Ts'ui-jung (eds.), Sediments of Time : Environment and Society in Chinese History(London · New York : Cambridge Univ. Press, 1998)가 나와 참고할 만하다.

12) 李心純, 《黃河流域與綠色文明—明代山西河北的農業生態環境》(北京 : 人民出版社, 1999)이 대표적이다. 藍勇, 《古代交通生態硏究與實地考察》(成都 : 四川人民出版社, 1999)에는 환경 차원에서 접근한 삼림 문제에 관한 논문도 실려 있다.

13) 林鴻榮, 〈歷史時期四川森林的變遷(續)〉, 《農業考古》(1985년 2기) ; 暴鴻昌 · 景戎華, 〈明淸濫伐森林對生態的破壞〉 등에 이 문제가 약간 언급되어 있기는 하지만, 이 문제를 본격적으로 다룬 논문으로는 藍勇, 〈明淸時期的皇

한 것이어서 시간적 · 공간적 확인의 차원에 머물러 있을 뿐, 그 의미에 대한 탐구가 본격적으로 이루어지지 않은 상태이다. 최근에 대만에서도 관련 논문이 한 편 나왔으나 이 또한 본 논문과 관심사도 다르고 접근 방식도 다르다.[14]

본 논문의 주제는 다음과 같은 두 가지 문제에 대한 관심에 기초해 있다. 첫째는, 상인의 활동 및 그 활동의 성격 문제이다. 앞에서 언급한 후자, 즉 목재 이용을 위한 벌채를 다룰 때 고려해보아야 할 것은 상인의 존재이기 때문이다. 목재 상인이 생산과 소비의 매개 역할에 그치지 않고 생산 활동에 간여해 그 활동을 촉진 내지 선도하는 경우가 많았던 것이다. 민국 시기에 사천에서 목재 상인이 대대적으로 벌채에 나서 대규모로 삼림이 파괴되었다는 사실은 현재까지의 연구를 통해 잘 알려져 있다.[15] 그런데 이 지역에서 목재 상인의 활발한 벌채 활동은 그 연원이 명대까지 거슬러 올라갈 수 있다. 흔히 이야기되는 명 중기 이래의 상공업 발달은 목재와도 긴밀한 관계가 있어서 이 시기에 목재 수요의 증가로 목재 상인의 활동이 매우 활발했던 것이다. 이러한 상황은 정부의 목재 조달 방식에도 영향을 미쳐, 이제 명조는 관원 대신 목재 상인을 통해서 필요한 목재를 조달하게 된다. 이것이 바로 "전관(專官) 채판(採辦)", 즉 전담 관리의 목재 조달로부터 "소상(召商) 채판", 즉 상인에게 청부를 주어 조달시키는 체제로 바뀌었다는 것인데,[16] 이 같은 변화와 더불어 목재 상인들이 삼림에 끼친 영향에 대해서도 분석이 필요한 것이다. 본 논문은 그러한 분석의 전(前) 단계 작업으로서의 성격을 띠고 있다.

木採辦研究〉, 《歷史研究》(1994년 6기) (藍勇, 《古代交通生態研究與實地考察》에 증보 · 재수록)가 유일하다. 郭聲波, 《四川歷史農業地理》(成都 : 四川人民出版社, 1993)에서도 이 문제가 일부 다루어지고 있으나 소략하다.

14) 鄭俊彬, 〈明代四川木柏의 經營及其弊害〉, 《慶祝王恢敎授九秩嵩祝論文集》(臺北 : 同論文集編輯委員會, 1997). 필자가 본 논문을 준비할 당시에는 이 논문의 존재를 몰랐다가 나중에야 알고 당황했으나, 이 논문 역시 사실에 대한 해석은 거의 없다고 해도 좋을 만큼 아주 표면적인 접근에 머물러 있음을 알고 그 역사적 의미를 밝히는 작업으로서의 본 논문의 의의를 확인할 수 있었다.

15) 林鴻榮, 〈歷史時期四川森林的變遷(續)〉, 《農業考古》(1986년 1기), 247쪽. 이 밖에 최근에 출간된 사천(四川)의 각 현지(縣志) 등에 이에 관한 언급이 많다.

16) 張德地, 〈採木條議疏〉, 民國 《桐梓縣志》 권43 文徵上集, 26뒤 ; 饒景暉, 〈撫蜀政要〉, 萬曆重修 《四川總志》 권26 續經略六, 54뒤.

둘째는, 삼림 파괴와 한족(漢族)의 영역 확대 간의 관련성 문제이다. 한족은 중국의 중심부에 해당하는 지역을 차지한 이후로도 경작지든 목재든 생활을 영위하는 데 필요한 기본적인 것에 대한 방대한 수요를 만족시키기 위해 끊임없이 구릉 및 산악 지대로의 진출을 꾀해왔다. 본 논문은 '궁궐 건축을 위한 목재〔황목(皇木)〕'의 수요라는 특정 부분에 초점을 맞추고 있으므로 이 문제를 본격적으로 다루지는 않지만 궁극적으로는 이 문제의 답을 구하기 위하여 시작한 기초 연구라 할 수 있다.

그러면 본 논문은 구체적으로 어떠한 문제들을 보고자 하는가? 명대의 삼림 벌채 규모가 어느 정도였기에 당시에 벌써 현재와 비슷한 삼림 식피 상태가 형성되었다는 것인가, 대량 벌채를 야기한 주된 원인은 무엇이었는가 등을 살펴본 후, 다음으로는 궁궐이 얼마나 많이 지어졌기에 궁궐 건축이 삼림 파괴의 한 요인으로 언급되는 것인가, 나무의 벌채나 운송은 어떻게 이루어졌으며 그 일에 얽혀 있는 사람들의 애환은 어떠한 것이었는가 등등을 밝혀볼 것이다. 요컨대 본 논문은 환경사적인 시각에서 명대의 성격을 고찰하고, 아울러 명대에 황목의 조달이 가지는 의미 및 그 조달을 위하여 사천의 백성이 짊어져야 했던 고초의 실상도 밝혀보려 하는 것이다.

2. 명대의 삼림 상황

평원 지대까지 삼림으로 덮여 있었던 태고 시대[17]는 차치하고, 적어도 명대 초기까지만 해도 북경(北京) 주위로부터 섬서(陝西)까지의 만리장성 주변과 하북(河北)·산서(山西) 접경의 태행(太行) 산맥으로부터 위수(渭水) 상류까지를 포함하는 화북(華北)의 산악 지대,[18] 그리고 안휘(安徽) 중부의 강회(江淮) 구릉 지대 및

---

17) 史念海,〈論歷史時期我國植被的分布及其變遷〉, 43쪽 이하 참조.

강서(江西) 서쪽의 양자강 중상류 부근의 산악 지대[19]에서는 그 이후 시기와 달리 삼림이 울창했다고 한다. 그 밖의 지역도 명 초에는 삼림 상황이 지금과 달랐던 곳들이 여러 군데 있지만 여기서는 이 두 지역, 즉 화북 지역과 양자강 중상류 지역에 한정해서 삼림이 사라져간 과정과 원인을 살펴보도록 하겠다.

(1) 화북 지역

한족의 초기 활동의 주 무대였던 황하(黃河) 유역의 평원 지대에서는 춘추 전국 시대를 거쳐 진(秦)·한(漢) 시대에 이르러 삼림이 거의 자취를 감췄지만[20] 구릉 및 산악 지역에서는 지역별로 차이가 있으나 삼림이 서서히 감소해갔다. 삼림 감소의 속도가 빨랐던 곳은 수도 주변의 여러 산이었다. 송대(宋代)에 이르기까지 관중(關中) 지역 남쪽에 있는 진령(秦嶺) 산맥의 종남산(終南山) 일대, 그리고 관중 지역 서북쪽의 농산(隴山)〔육반산(六盤山)〕, 동북쪽의 여량산(呂梁山) 등의 삼림이 급격한 감소의 길을 걸었다.[21] 한대와 당대(唐代)의 장안(長安)은 물론, 지금의 낙양(洛陽)에 해당하는 동도(東都), 그리고 송대의 개봉(開封)에 이르기까지 궁궐 건축용에서 일상생활의 연료용에 이르는 수도의 방대한 나무 수요를 이 일대 산들로부터 조달했기 때문이다.[22] 거리가 먼 개봉까지 관중 지역 산들의 나무를 이용할 수 있었던 것은 위수 및 황하를 통한 수운(水運)의 편리함 덕분이었다.[23]

수도가 북경으로 옮겨 간 원대(元代) 이후, 특히 명·청 시대에는 황하 중류 유역에서도 벌채가 계속되었지만 역시 수도 가까이에 있는 산들, 즉 북경 서쪽의 태

18) 史念海,〈歷史時期黃河中游的森林〉, 279쪽 이하 ; 王九齡,〈北京地區歷史時期的森林〉, 39~40쪽 ; 暴鴻昌·景戎華,〈明淸濫伐森林對生態的破壞〉, 154~155쪽 등 참조.

19) 張帆,〈江淮丘陵森林的盛衰及中興〉, 44쪽 ; 陳柏泉,〈江西地區歷史時期的森林〉, 213쪽 ; 林鴻榮,〈歷史時期四川森林的變遷(續)〉,《農業考古》(1985년 2기), 221쪽 ; 暴鴻昌·景戎華,〈明淸濫伐森林對生態的破壞〉, 154~155쪽 참조.

20) 史念海,〈歷史時期黃河中游的森林〉, 244~246·257쪽 참조.

21) 史念海,〈歷史時期黃河中游的森林〉, 274~276쪽 ; 周雲庵,〈秦嶺森林的歷史變遷及其反思〉, 57~60쪽 등 참조.

22) 史念海,〈歷史時期黃河中游的森林〉, 274~276쪽 ; 周雲庵,〈秦嶺森林的歷史變遷及其反思〉, 57~60쪽 등 참조.

23) 현재 위수(渭水)와 황하(黃河)는 수량 부족으로 흐름이 끊기기까지 하는 등 큰 문제가 되고 있지만 명·청 시대 이전에는 위수만 해도 간선 교통로의 하나였다. 周雲庵,〈秦嶺森林的歷史變遷及其反思〉, 64쪽 참조.

행 산맥과 북경 북쪽의 연산(燕山) 산맥의 여러 산에서 삼림이 급격히 감소하였다. 이에 대해서는 이미 여러 연구에서 인용된 바 있는 홍치(弘治) 연간(1488~1505)의 이부상서(吏部尚書) 마문승(馬文升)의 상소문을 직접 보도록 하자.

영락(永樂)과 선덕(宣德)·정통(正統) 연간에는 북쪽 변방 산들의 나무를 함부로 베어내는 자가 없어 오랑캐도 또한 가벼이 침범하지를 못하였는데 성화(成化) 연간 이래 수도의 풍속이 사치하여 관민을 막론하고 다투어 저택을 지어서 목재 값이 크게 올라가자 대동(大同)과 선부(宣府)의 이익을 좇는 무리와 관원(官員)의 집들이 전적으로 목재를 파는데 그들이 그곳의 군사와 백성들을 고용하여 산에 들어가 벌목이 금지된 나무를 멋대로 베어냈습니다…… 그곳에서 소비된 것은 어느 정도인지 몰라도 수도로 운반되어 온 것이 일 년에 어찌 백십여 만에 그치겠습니까…… 현재까지의 벌채로 없어진 것이 열에 육칠인데 앞으로 수십 년 지나면 산림이 반드시 다 없어질 것입니다.[24]

산서의 대동(大同)과 직예(直隷)의 선부(宣府) 지역은 태행 산맥의 북쪽에 위치해 북경과 가까운 거리에 있다. 이곳의 주민과 관원이 다투어 나무를 벌채해 이곳으로부터 북경으로 매년 110만여 주(株) 이상의 나무가 운반되어 왔다는 것이니 마문승이 독산(禿山)을 우려한 것도 무리가 아니다. 실제로, 이보다 몇 십 년 뒤인 가정(嘉靖) 연간(1522~1566) 이후의 상황에 대해서 장사유(張四維)는

예전에는 대동(大同)이 방어선이 되어서 삼관(三關)은 변방으로 치지 않았기 때문에 군대의 방비도 엄중하지 않았었습니다만 정덕(正德)·가정(嘉靖) 연간부터는 삼관 지역이 침범을 받는 일이 많아졌습니다…… 홍치·정덕 이전에 삼관이 변고가 적었던 것은 숲이 무성하여 장애물이 되었기 때문이었는데 벌채하여 길이 나버린 이후에는 유린당하지 않을 수가 없게 되

---

24) 馬文升,〈禁伐邊山林以資保障事〉,《端肅奏議》권7, 13뒤~14앞.《황명경세문편(皇明經世文編)》권37에도 같은 글이 수록되어 있으나 글자에 약간의 이동이 있다.

없습니다.[25)]

라고 하여, 대동 지역은 물론 그곳의 남쪽에 있는 삼관(三關) 지역, 즉 편두(偏頭),
영무(寧武), 안문(雁門) 지역에서도 수풀이 없어지고 길이 나버렸다고 전하고 있
다.[26)]

　대동과 선부 지역만이 아니라 그곳 남쪽의 지역, 즉 북경의 서쪽과 북쪽을 둘러
싸고 있는 태행산, 연산 지역의 삼림도 많이 소실되어갔다. 앞에서 언급한 삼관과
내외를 이루어 내삼관(內三關)이라 불렸던 도마(倒馬), 자형(紫荊), 거용(居庸) 지
역의 삼림 소실에 대해서는 만력 14년(1586)경에 우부도어사(右副都御史)로서 수
도 방위 부대를 관리했던 위시량(魏時亮)[27)]이 다음과 같이 전한다.

　자형관(紫荊關)은 오로지 세 군데 험한 곳을 의지하여 방어하는 곳인데 숯의 사용이 증가하여
　숲이 다 베어진 뒤부터는 험한 곳이 의지가 되지 못하여 북경 방위의 역할을 하지 못할 우려가
　가장 큰 곳이 되었습니다.[28)]

　또한 계주(薊州)·창평(昌平) 두 진(鎭)의 삼림 소실에 대해서는 가정 연간의 순

---

25) 張四維, 〈復高鳳者〉, 《皇明經世文編》 권373, 14뒤~15뒤.
26) 史念海, 〈歷史時期黄河中游的森林〉, 295쪽은 《황명경세문편》에 실려 있는 장사유(張四維)의 또 하나의 편지
　〈복호순암(復胡順菴)〉을 근거로 이것이 홍치 연간으로부터 100년 정도 뒤의 상황이라고 주장하나, 〈복호순암〉
　의 관련 구절은 "산서 지역은……나라 초기에 수목이 빽빽하여 오랑캐에 대한 근심이 대단히 적었습니다. 근
　일(近日)에는 수목이 다 베어져 나가 마침내 차단하고 막을 곳들이 다 없어지고 말았습니다"라고 하여 '근일
　(近日)'이라는 표현을 쓰고 있을 뿐이다. 물론 홍치로부터 100년쯤 지난 만력(萬曆) 연간에는 가정(嘉靖) 연간
　보다 삼림 파괴가 더 많이 진행되었을 것이고, 또 〈복호순암〉이 쓰인 시점이 만력 연간이기 때문에 스녠하이(史
　念海)가 그렇게 판단한 것인지는 모르겠으나, 본문에 제시한 인용문의 "홍치·정덕 이전" 이하의 글로 미루어
　가정 연간도 포함시켜 봐야 할 것이다. 더욱이 삼관 지역이 유린되는 것은, 이른바 북로남왜(北虜南倭)로 유명
　한 가정 연간의 일이다.
27) 《明史》 권221 〈列傳〉, '魏時亮'(北京 : 中華書局, 1974), 19책, 5,820쪽. 만력 14년이라는 연도는 위시량(魏時
　亮)의 상소문에 부친 《황명경세문편》 편자의 논평 글에 나와 있다.
28) 魏時亮, 〈題爲摘陳安壤要議以裨睿探疏〉, 《皇明經世文編》 권371, 36앞~뒤.

안어사(巡按御史) 방상붕(龐尚鵬)이 다음과 같이 명확하게 지적하고 있다.

계주·창평 두 진은……근래……오랑캐가 침범하여 평안할 날이 없는데 그것은 무엇 때문이겠습니까? 대저 가정 20년 동안에 변방의 관원들이 건물의 신축이나 수리와 관련하여 다들 나무를 베어내는 데만 열중하고 변방의 방위를 위한 장기적인 고려가 없었던 때문이었습니다.[29]

그리하여 결국 만리장성에 연한 화북 산악 지역 거의 전체가 융경(隆慶) 연간 (1567~1572)의 오시래(吳時來)의 다음과 같은 말처럼 황폐화되어갔던 것이다.

계진(薊鎭)과 거용관(居庸關) 이남에서 보정(保定)·진정(眞定) 및 산서의 안문(雁門)에 이르기까지……근년에 관부(官府)는 무사함에 젖어 있고 백성들은 눈앞의 즐기는 데에만 빠져 있습니다. 이를 기회로 부유한 자들과 오로지 이익만 추구하는 상인들이 목재를 파는 데 기술자 및 인부를 고용해서 산마다 벌목하여 주야로 나르고 날마다 베어내는 게 그치지 않으니 이백 년 길러온 무성한 수풀이 모두 얼마 남지 않게 되었고 심지어는 아무것도 없이 길이 뻥 뚫려버려서 오늘날 변방을 지키는 게 더욱 어려워진 것입니다.[30]

이상의 인용문들 전체에 일관되게 깔려 있는 것은 북방 민족에 대한 천연 방어물로서의 삼림이 소실된 것에 대한 우려 및 대책의 강구이다. 주지하다시피 북방 민족에 대한 방어는 중국의 역대 한족 왕조들이 가장 힘을 기울인 부분으로, 관중 지역 북쪽에 대해서는 일찍이 몽념(蒙恬)이 진 시황(始皇)의 명으로 대대적인 식수를 행한 바 있다.[31] 이 같은 인공림 이외에 화북 산악 지역에 명 초까지 천연림

---

29) 龐尚鵬, 《百可亭摘稿》 권2, 〈酌陳備邊末議以廣屯種疏〉, 17뒤~18앞. 《皇明經世文編》 권357에도 같은 글이 실려 있다.

30) 吳時來, 〈應詔陳言邊務疏〉, 《皇明經世文編》 권385, 8뒤~9뒤.

31) 이것이 녹색의 장성으로 불리는 이른바 '유계새(榆谿塞)'인데 시황제 때보다 앞서 이미 전국 시대 말기에 식수가 시작되었고 한(漢) 무제(武帝) 때도 일부 추가 식수가 행해졌다. 자세한 것은 史念海, 〈歷史時期黃河中游的森林〉, 253~254쪽 참조.

이 제법 남아 있었던 것[32]은 바로 이와 같은 국방의 필요 때문이었다. 그런데 왜 명 중기 이래 그렇게 삼림 벌채가 성행했던 것일까?

앞의 인용문들에서 우선 알 수 있는 사실은 건축 용재의 수요가 컸다는 것이다. 특히 주목을 끄는 것은 마문승의 상소문에 나오는 성화(成化) 연간(1465~1487) 이래 북경에 건축 붐이 일어났다는 대목이다. 당시가 정통(正統) 시대(1436~1449)의 소란스러움도 일단락된 시기라 사람들이 많이 모여들어 다시 활기를 띠게 된 대 소비 도시로서의 북경의 면모가 엿보인다. 실록의 다음과 같은 구절은 당시 북경에 저택뿐만 아니라 사관(寺觀)이나 묘우(廟宇)도 많이 지어졌음을 보여 준다.

> 황제가 예부(禮部) 신하에게 이르기를, 도성 안팎에 백성들이 많이 모여드는 곳에다 많은 관원들과 여타 사람들이 사관과 묘우를 증축하고 있다 하니 예부는 그것을 엄히 단속하라.[33]

이렇게 건물들을 짓기 위해서는 당연히 목재가 많이 필요했을 것이며, 성화 연간만이 아니라 이후 시대에도 이러한 상황은 마찬가지였다. 앞에서 인용한 방상붕의 글은 가정 20년(1541)의 건물 신축과 증축을 벌목이 크게 행해진 계기로 들고 있다. 가정 20년은 계주총독(薊州總督)인 병부우시랑(兵部右侍郎) 호수중(胡守中)이 성을 수리하고 누각을 세운다고 벌목을 많이 한 해이고, 또 그와 관련된 일 때문에 참형을 당한 해이다.[34] 가정 20년은 또한 화재로 종묘 대부분이 소실되어 종묘 중건을 위한 준비가 시작된 해이기도 하다.[35] 이때뿐 아니라 가정 연간은 원

---

32) 史念海, 〈歷史時期黃河中游的森林〉, 274~276쪽 ; 周雲庵, 〈秦嶺森林的歷史變遷及其反思〉, 57~60쪽 이외에 王九齡, 〈北京地區歷史時期的森林〉, 38쪽도 참조.

33) 《憲宗實錄》 권49, 成化3年12月癸卯.

34) 호수중(胡守中)의 죄목에는 당시 엄숭(嚴嵩)과 함께 세력을 떨치고 있던 곽훈(郭勛)과 결탁했다는 것도 들어 있다. 《世宗實錄》 권255, 嘉靖20年11月己丑.癸卯 ; 《世宗實錄》 권256, 嘉靖20年12月庚辰 ; 呂坤, 〈摘陳邊計民艱疏〉, 《皇明經世文編》 권416, 19뒤~20앞.

35) 《世宗實錄》 권248, 嘉靖20年4月辛酉 · 5月戊子.

래 명대 중 궁궐 건축이 가장 많이 이루어진 시기였다.[36) 가정 시대 역시 건축 붐이 일어났던 시기라 할 만하다. 후술하겠지만 명대에 궁궐을 짓는 데 필요한 거목은 대개 사천을 비롯한 서남 지역에서 조달했으나 그 밖의 목재는 가까운 직예와 산서 쪽에서 가져왔다.[37) 직예와 산서의 목재는 크기나 용도의 중요도에 있어서 서남 지역의 것에 크게 뒤떨어졌지만 양적으로 상당했기 때문에[38) 이 목재의 수요가 그 지역 삼림에 미친 영향을 역시 무시할 수 없는 것이다.

대량 벌목의 원인으로서 또 하나 주목해야 할 것은 북경 지역의 연료 수요이다. 성화 말년에 완성한 《대학연의보(大學衍義補)》에서 구준(丘濬)은 다음과 같이 건물의 신증축과 아울러 장작 및 숯의 사용을 나란히 벌채의 주원인으로 들고 있다.

> 지세가 험준하여 수도의 방어 기지로 의지하는 곳은 안으로는 태행 산맥 서쪽 일대의 산들이 첩첩히 이어진 곳이고 밖으로는 혼원주(渾原州), 울주(蔚州) 등의 고산준령인데 모두 길은 좁고 숲이 빽빽이 무성한 곳이었다……그런데 어떤 사람이 언제 시작하였는지는 몰라도 신탄(薪炭)과 영선(營繕)의 용도로 나무는 베어서 목재로, 가지는 잘라서 땔감으로, 그리고 땔나무를 태워 숯을 만들게 되면서 수목이 나날이 없어져 드물게 되고 말았다.[39)

만력 연간의 위시량 역시 숯 사용의 증가를 벌채의 주요 원인으로서 강조했음

---

36) 蔣瑤, 〈欽奉勅諭事〉, 《皇明經濟文錄》 권16 工部下, 34뒤에 따르면 국가가 벌인 건축 공정이 전국에서 동시에 23건이나 진행된 때도 있었다. 單士元·王璧文 編, 《明代建築大事年表》(北京: 中國營造學社, 1937), 第1編 '宮殿' 부분을 봐도 궁궐 및 각종 부속 건물의 건축이 가정 연간에 제일 많이 이루어졌음을 알 수 있다.

37) 《萬曆會典》 권190 〈物料〉, '木植'.

38) 예를 들어 만력 24년의 경우 서남 지역에서 조달해야 할 대목(大木)의 수는 5,600그루였는데(王德完, 〈稽材用費竭之源酌營造緩急之務以光聖德以濟時艱疏〉, 《皇明經世文編》 권444, 25뒤), 이쪽 화북(華北)에서 수매하는 응가목(鷹架木), 평두목(平頭木) 등은 4,000여 그루, 가는 나무나 고목 같은 것은 4만여 그루였다(賀仲軾, 《冬官紀事》(《筆記小說大觀》 5編 所收), 5앞). 이와 관련된 상세한 내용은 3장의 '(1) 거듭되는 궁궐 건축과 목재 채취'를 참조.

39) 《大學衍義補》 권150 治國平天下之要, 馭夷狄, 守邊固圉之略上 3앞~뒤. 《황명경세문편》 권73에도 같은 글이 실려 있다.

은 앞의 인용문에서 이미 살펴본 바이다.

　여기서 우리는 한 가지 의문에 봉착할 수 있다. 중국은 일찍이 송대부터 석탄을 널리 사용했다는데,[40] 더욱이 북경의 서산(西山) 일대는 석탄 생산지였는데 그럼에도 명대에 여전히 북경에서 숯이나 장작이 연료로 쓰이고 있었는가 하는 것이다. 확실히 석탄 사용의 역사는 일찍이 시작되었지만 석탄의 보급은 비교적 늦어서, 명대의 북경에서도 석탄 사용량이 아주 많지는 않았던 것으로 보인다.[41] 명대 북경의 석탄 사용량을 과대평가할 수 없는 것은 연료 수요자로서 큰 부분을 차지하던 궁중과 관청이 꾸준히, 그리고 시대가 내려올수록 더 많은 양의 숯과 장작을 연료로 사용하고 있었기 때문이다.[42] 이 밖에 북경 부근의 탄광 개발 제한[43] 등 공

40) 夏湘蓉・李仲均・王根元, 《中國古代礦業開發史》(北京 : 地質出版社, 1980), 394~395쪽 ; 李仲均・李衛, 《中國古代礦業》(臺北 : 臺灣商務印書館, 1994), 128~129쪽 등 참조.

41) 원정식, 〈乾嘉年間 北京의 石炭需給問題와 그 對策〉, 《東洋史學研究》 32(1990), 120쪽에서는 《대학연의보(大學衍義補)》의 "지금 도성의 군사와 백성들의 백만에 이르는 집이 모두 석탄으로써 장작을 대신하고 있다"라는 구절을 인용해 명대에 석탄이 얼마나 많이 사용되었는지 알 수 있다고 하고 있으나, 이 글의 문맥은 대관(大官)이나 아마도 부유층일 사람들이 석탄을 쓰지 않고 숯이나 장작을 땐 것을 나무라는 것이어서, 당시에 석탄을 때는 사람들이 얼마나 많았는지는 몰라도 적어도 장작과 숯을 때는 사람들의 수도 무시 못할 정도로 많았음을 반증한다 하겠다. 더욱이 여기에서 인용한 《대학연의보》의 구절은 본문에서 제시한 같은 출처의 인용문의 뒷부분으로, 구준(丘濬)이 나무가 연료로서 많이 벌채되는 것을 우려하여 쓴 글인 것이다. 참고로, 龔勝生, 〈元明淸時期北京城燃料供銷系統研究〉, 《中國歷史地理論叢》(1995년 1집), 143~145쪽에는 명대에 북경의 연료 중 석탄이 차지하는 비율이 30% 이하였다고 나와 있는데, 그 수치의 근거가 된 것이 향시(鄕試)와 회시(會試)에 쓰인 연료량뿐이어서 설득력이 떨어진다.

42) 궁중에 땔나무와 숯을 공급하는 일을 담당하던 석신사(惜薪司)가 매년 조달해야 하는 장작[목시(木柴)]은 명대 초기에 2,456만여 근(斤)이었고 숯[목탄(木炭)]은 608만 근이었다(《萬曆會典》, 권205 工部, 柴炭, 2앞). 홍치(弘治) 연간에는 이것이 4,000만여 근으로 증가했고, 또한 이 시기 이후에는 조달 방식이 소상 매판(買辦), 즉 상인에게서 장작을 구입하는 것으로 바뀌어, 백성들은 은납(銀納)을 하고 관부(官府)는 그 자금을 가지고 상인에게서 장작과 숯을 구입하게 되었다(《明史》 권82 食貨志, 柴炭). 그러나 직예(直隷)와 산서(山西) 지역처럼 여전히 백성들에게 장작과 숯을 현물로 납부시키는 경우가 일부 남아 있었던 듯, 가정 원년에 이르러 전면적인 소상 매판 실시를 명령하는 기사가 보인다[王世貞, 《弇山堂別集》 권98 〈中官考九〉(北京 : 中華書局, 1985), 4책, 1,860쪽]. 석신사의 소상 매판은 상인에 대한 갈취로 악명이 높다. 김홍길, 〈明代 北京의 매판과 '短價'〉, 《明淸史研究》 5(1996), 90~92쪽 참조.

43) 서산(西山) 일대가 황릉(皇陵) 및 수도와 가까워 탄광 개발이 풍수를 해칠 우려가 있다는 것이 주된 이유였다(《萬曆會典》 권194 工部, 窯冶 1앞~뒤). 龔勝生, 〈元明淸時期北京城燃料供銷系統研究〉, 142~143쪽도 참조.

급의 측면에서도 석탄 사용을 제약하는 요소가 있어 일반 주민들도 우선은 손쉽게 입수할 수 있는 장작을 주로 이용했다고 보이는데 여기서는 이에 관한 천착은 생략하기로 한다.

어쨌든 이와 같이 땔감으로서의 나무 수요가 많아 삼림이 자꾸 훼손되는 까닭에 명조 정부는 전술한 국방상의 이유로 몇 번이나 벌채 금지 규정을 제정했었다.[44] 그러나 궁중이나 관아의 수요를 위한 벌채는 예외였고,[45] 금령이 거듭되었다는 사실 자체가 말해주듯이 금령이 제대로 시행되지 않는 경우가 많았다. 앞에서 인용한 오시래의 상소문은 벌채가 마구 행해지고 있는 것은 관부가 안일에 젖어 제대로 감독하지 않는 탓이라고 하였고 그에 앞서 방상붕은 관원 자신이 벌채에 손을 대고 있다고 이미 지적하였었다. 또한 만력 19년(1591) 말에 산서순무(山西巡撫)가 된 여곤(呂坤)은 산서 대동 지역의 무관이 벌채 단속은 고사하고 돈을 받고 묵인해주는 상황이라고 다음과 같이 상소하고 있다.

대동 지역의 주민들은 밤낮을 가리지 않고 나무를 베어 팔고 있는데 그곳의 수비 부대는 그것을 금지하기는커녕 오히려 금전 갈취의 기회로 삼아 함께 내다 팔고 있는 상황입니다.[46]

대동 지역의 무관은 주민들이 금령을 어기고 나무를 베어 파는 것을 묵인하거

---

44) 천순(天順) 원년(1457)과 홍치 연간, 그리고 가정 연간에 그러한 금령과 문형조례(問刑條例), 즉 사법을 담당한 관부의 안건별 형벌 시행 규정이 나타난다. 예를 들어 홍치 문형조례의 내용은 다음과 같다. 《明律》권18 刑律1, 賊盜, 盜園陵樹木, 弘治問刑條例: "대동(大同)과 산서 선부(宣府) 및 연수(延綏), 영하(寧夏), 요동의 계주(薊州), 그리고 자형관, 밀운(密雲) 등 변방의 무관과 부주현의 관원들이 관할하는 곳의 군사와 백성들이 함부로 산에 들어가 벌채가 금지된 수목을 베어서 판매하는 것을 금지하라. 법령을 위반하는 자는 남방의 열악한 기후와 풍토병이 있는 곳의 위소(衛所)에 군사로 보내도록 하라"[黃彰健 編, 《明代律例彙編》下冊(臺北: 中央研究院歷史語言研究所, 1979), 737쪽]. 천순 원년의 금령에 대해서는 《萬曆會典》권205 工部, 柴炭 7앞 참조.
45) 궁중과 중앙 정부에서 쓸 장작과 숯을 제작하고 저장하는 역주산창(易州山廠)에 물건을 대기 위해 자형관(紫荊關) 지역에서는 계속 시탄(柴炭)을 생산하고 있었다(《萬曆會典》권205 工部, 柴炭 7뒤, 正德10年, 嘉靖5年 條 등).
46) 呂坤, 〈摘陳憂計民艱疏〉, 《皇明經世文編》권416, 19앞~뒤.

나 아예 거기에 가담하여 돈을 버는 기회로 삼고 있는 것이니 하물며 자신의 임기 중엔 효과도 나타나지 않을 식목(植木)에 신경을 썼을 리 만무한 것이다.[47]

앞의 오시래가 이미 지적한 바 있지만 관원과의 결탁에 상인을 빼놓을 수 없다. 상인이 관원의 비호하에 여러 가지로 규정 이외의 이득을 취했던 것은 회전(會典)의 다음과 같은 조문에서도 엿보인다.

> (가정 5년) 시탄(柴炭) 상인이 자형관(紫荊關)을 출입하여 시탄을 사 가는데 정해진 항목 이외의 시탄을 가지고 나가는 것을 금지한다. 아울러 신원이 불명한 사람이 자형관을 출입할 수 없고 또한 지정된 것 이외의 나무를 베어내는 것을 금지한다……각 관청에 매년 시탄을 공급하는 것은 수도 지역의 상인에 한한다. 어기는 자는 순찰관이 적발하여 체포하고 시탄은 몰수한다.[48]

즉, 장작과 숯을 파는 권리를 부여받은 상인이 정해진 양 이상으로 시탄을 자형관(紫荊關) 지역에서 가지고 나오기도 하고, 벌채 금지된 산림을 베어내기도 하고, 허가받지 않은 사람과 함께 자형관에 출입하기도 했다는 것을 이 조문에서 오히려 알 수 있는 것이다. 그 뒤 가정 31년(1552)에는 순무(巡撫)나 순관어사(巡關御史) 등의 관원에게 벌채 금지 산림으로 가서 금령이 지켜졌는지를 직접 확인하라는 명령이 다시 떨어지고 있는 것으로 보아[49] 이 같은 금령이 좀처럼 제대로 지켜지지 않았음을 알 수 있다. 요컨대 금령에도 불구하고 시탄 상인의 영리 추구로 말미암은 산림 벌채가 계속 집요하게 이루어지고 있었던 것이다.

---

47) 龐尙鵬,〈酌陳備邊末議以廣屯種疏〉, 18뒤~19앞은 식목이 인사 고과와 아무 관련이 없는 것의 문제점을 지적하고 있고, 같은 상소가 실려 있는《황명경세문편》에서 편자는 "변방의 방비가 허술해진 것은 대저 관원이 목전의 이익만 생각하고 뒷날 후임자의 입장은 생각지 않는 데서 말미암은 것이다"라는 평론을 싣고 있다.
48)《萬曆會典》권205 工部, 柴炭 7뒤.
49)《萬曆會典》권205 工部, 柴炭 8앞.

이러한 상황이 계속된 결과 명 말에는 만리장성 안쪽 산악 지역의 삼림이 거의 없어지게 되었고, 청대에 이르러서는 만리장성 바깥쪽도 영토 내에 들어오면서 그곳의 삼림마저 없어지게 되어[50] 삼림 식피의 정도가 현재와 거의 같아지게 되었다.[51]

(2) 양자강 중상류 지역

양자강 중상류 및 지류의 광범위한 지역도 명대에 와서 크게 삼림이 파괴된 지역에 속한다. 이 삼림은 물론 산악 지대의 삼림인데, 큰 지괴만 들어보아도 북쪽으로는 안휘, 하남(河南), 호북(湖北)에 걸쳐 있는 대별(大別) 산맥 지역과 하남, 호북, 섬서에 걸쳐 있는 대파(大巴) 산맥 지역이, 남쪽으로는 절강(浙江), 강서(江西), 복건(福建) 경계 지역의 회옥산(懷玉山) 일대와 호남, 귀주(貴州)에 걸쳐 있는 무릉산(武陵山) 일대 등이 이 산악 지대에 포함된다. 상류의 천서(川西) 고원 지대나 운귀(雲貴) 고원의 일부 지역은 서술 순서상 뒤에서 언급한다.

양자강 중류의 평원 지대는 일찍부터 경지 개발이 시작된 곳으로, 강서, 호광(湖廣)의 경우 당 말 오대 시대에는 개발이 본격화되었고 송대에는 제방[완제(垸堤)]이 많이 축조되면서 저습지까지 개간이 진척되었다.[52] 사천 분지의 경우에는 이미 후한(後漢) 시대에 수목이 희소해졌으며, 당대에 이르러서는 개간지가 더욱 확장되어 구릉 지대의 원시 삼림도 소실되어갔다.[53] 원 말의 전란에 의한 논밭의 황폐화가 회복되고 논밭 개발이 더욱 진행된 명 중기에 이르면, 인구 증가와 함께 사회 모순이 격화되어 생활을 유지해나갈 수 없게 된 많은 사람들이 각처로 이동하게 되는데,[54] 그 이주 지역 중 대표적인 곳의 하나가 바로 양자강 중류 일대의

---

50) 暴鴻昌·景戎華, 〈明淸濫伐森林對生態的破壞〉, 147쪽 참조.

51) 史念海, 〈歷史時期黃河中游的森林〉, 302쪽에는 명·청 시대의 삼림 상황과 현재의 것을 비교해놓은 지도가 나와 있는데, 이 두 시기의 삼림 상황이 매우 근접해 있음을 잘 보여준다.

52) 오금성, 《中國近世社會經濟史硏究》(일조각, 1986), 88·201·247쪽 참조. 陳柏泉, 〈江西地區歷史時期的森林〉, 210쪽은 강서(江西) 지역에서는 이미 송대에 산악 지대에서도 농지 개간이 많이 이루어지고 있었음을 강조한다.

53) 林鴻榮, 〈四川古代森林的變遷〉, 164~165쪽 ; 林鴻榮, 〈歷史時期四川森林的變遷(續)〉, 《農業考古》(1985년 2기), 215~216쪽.

산악 지대였다.[55] 거기서 이주민들은 화전을 일구든지 광산을 찾아 들어가 생계를 이어나가게 된다.[56]

사람들의 산지(山地) 진입은 당연히 산림의 소실을 동반한다. 예를 들어 강서성 동쪽의, 절강 및 복건과의 접경이 되는 산악 지대에서는 명 초 이래 많은 사람들이 유입되면서 상당한 산림이 벌채되었다. 만력 중기의 대학사(大學士) 주갱(朱賡)은 이러한 사실을 다음과 같이 설명하고 있다.

> 광신부(廣信府)의 산에는 출입이 금지되어 있는데……이 산에는 대목(大木)이 그리 없습니다…… 그중 강서와 복건, 절강의 사이는 사람들이 많이 모여들어 다투어 나무를 판 것이 오래되었으니 어찌 지금까지 남아 있는 게 있겠습니까.[57]

이 글은 당시 궁중에서 쓸 대목의 조달을 위해 광신부(廣信府) 산지의 봉금(封禁) 해제가 요구되던 상황에서 이에 대한 반대를 표방하는 상소문의 일부이다. 따라서 여기서는 대목에 초점이 맞춰지고 있으나, 사실 이 산지의 사람들이 다투어 판 것이 대목뿐이었다고 볼 수 없을 것이다. 이 문장 뒤를 계속 읽어보면 당시에 대목이 필요했던 이유가 생산된 도자기를 북경으로 실어 보낼 배를 건조하는 데 있었음을 알 수 있다. 또한, 광신부 지역에서 동광업(銅鑛業)이 성했던 만큼[58] 구

---

54) 대체로 명대 중기 이후 인구 유출이 많았던 지역으로는 섬서(陝西), 산서 지역과 강서, 복건(福建), 광동(廣東) 지역을 들 수 있는데 전자에서는 북변(北邊)의 정세 불안이, 후자에서는 점증하는 인구 압력이 주된 원인이었다. 橫田整三, 〈明代に於ける戶口の移動現象に就いて〉(上), 《東洋學報》 26-1(1938), 125~129 · 137~138 · 156~158쪽 등 참조. 특히 강서의 인구 유출에 관한 상세한 내용은 오금성, 《中國近世社會經濟史硏究》, 119~124쪽 참조.

55) 성(省) 단위로 말하면 호광(湖廣)이 대표적인 인구 유입 지역이었다. 이 밖에 경사(京師), 산동(山東), 하남(河南), 사천, 그리고 남직예(南直隸)의 일부 지역 등도 인구 유입 지역이었다. 오금성, 《中國近世社會經濟史硏究》, 176~177 · 230~237쪽 ; 橫田整三, 〈明代に於ける戶口の移動現象に就いて〉(上), 130~132 · 136~137쪽 등 참조.

56) 오금성, 《中國近世社會經濟史硏究》, 116~117쪽 등 참조.

57) 朱賡, 〈請易江西稅使潘相揭〉, 《皇明經世文編》 권436, 8뒤~9뒤.

리 생산에 쓸 연료 수요도 있었을 것이고 그 밖의 각종 부대 수요도 있었을 것이므로 벌채가 많이 행해졌음을 짐작하기 어렵지 않다.

위의 인용문에서도 편린이 엿보이지만, 명조는 원래 초기부터 반란 세력이 일어날 가능성을 애초에 차단할 목적으로 전국 여러 곳에 금산(禁山) 지구를 설정해 왔었다. 이 절 처음에서 언급한 양자강 유역의 산악 지역들은 거의 이런 금산 지구에 포함된다.[59) 이 같은 산악 지역들은 이미 명대 이전부터 유민의 유입이 많은 곳이었고 또한 반란의 근거지가 되기도 하였다. 예를 들어 대파 산맥 일대는 남송 시대에 이미 도적이 모여드는 곳[연총(淵叢)]으로 일컬어졌고, 원 말에는 농민 반란의 근거지 중 하나로서 주원장(朱元璋)에 의해 소탕된 뒤 금산 지역으로 지정되었었다.[60) 그러나 15세기 이래 속속 늘어나는 유민의 입산을 막을 길이 없었고, 급기야 예의 산악 지대들을 거점으로 한 반란이 일찍부터 여기저기서 발생하기에 이르렀다. 정통 연간에 강서, 복건 경계 산지 및 복건 서부의 무이산(武夷山) 일대를 거점으로 하여 일어난 광부 주체의 섭종류(葉宗留)의 난이나 이들과 연계해 투쟁하기도 했던 전호(佃戶) 중심의 등무칠(鄧茂七)의 난, 그리고 천순(天順) 연간에 진령 남쪽과 대파산 일대의 광범위한 지역에서 세력을 떨쳤던 형양(荊襄)의 난 등은 그 좋은 예이다.

거듭된 반란의 결과 명조 정부는 유민을 원적지에 돌려보내는 이른바 원적발환(原籍發還) 정책을 수정해 현지 부적(附籍)의 조치를 취하게 되는데, 형양의 난이 끝난 후 현지의 호적을 부여받은 자가 40만 명에 이르렀고 그 이후에도 다시 이때보다 훨씬 많은 수의 대규모 부적이 실시되었다고 하니[61) 해당 산지에 유입된 인

---

58) 白壽彝, 〈明代鑛業的發展〉, 《北京師範大學學報》(1956년 1기)[中國人民大學 中國歷史敎硏室 編, 《中國資本主義萌芽問題討論集》下冊(北京 : 三聯書店, 1957)에 재수록, 960쪽] 참조.

59) 이 밖에 강서 서쪽의 막부산(幕阜山) 일대라든가 복건 서쪽의 무이산(武夷山) 지대 등이 금산 지대에 포함된다(오금성, 《中國近世社會經濟史硏究》, 115쪽 참조). 무릉산(武陵山) 지역이나 사천 서쪽 및 귀주(貴州)의 산악 지대는 소수 민족의 토사(土司)가 통치하던 구역으로서 명조의 직접 통치가 이루어진 곳이 아니므로 논외로 한다.

60) 谷口規矩雄, 〈明代中期荊襄地帶農民反亂の一面〉, 神戶大學文學會 編, 《硏究》35(1965), 204쪽.

구의 규모를 미루어 짐작할 수 있다. 이들 새로운 주민의 효율적인 관리를 위해 성화 13년(1477)에 이 지역에 새로이 운양부(郧陽府)를 설치한 것은 잘 알려진 사실이다. 결국 명 초 이래의 금산 정책은 크게 후퇴하고 이제 공식적으로 산지 개발이 이루어지게 된 것이다.

유민의 산지 개발은 처음에는 그저 식량 조달을 목적으로 화전을 일구어 보리나 조 같은 잡곡을 재배하는 수준에 머물렀으나 나중에는 지역에 따라서 상품 작물이나 구황 작물을 재배하는 곳도 나오게 되었다. 이를테면 강서 길안부(吉安府)의 산악 지대에서는 15세기 후반인 성화 말년부터 쪽 재배가 성행했고,[62] 16세기 후반인 만력 초년에는 남방으로부터 고구마가 전래된 이후 강서성 곳곳에서 고구마 재배가 광범위하게 이루어졌다.[63] 그리고 고구마보다 앞서 16세기 초에 전래된 옥수수는 웬만한 토양에서는 다 잘 자라 전국 곳곳 산지의 주된 재배 작물로 퍼져나가게 되어서,[64] 나중에 산림을 황폐화하는 큰 원인의 하나가 된다.

이상 주로 양자강 중류 쪽의 산지 상황을 개술했는데, 이곳에서는 산림 소실의 주된 원인이 유민 유입이었다는 점에서 화북 지방의 경우와 대비된다 하겠다. 이 지역 산지가 일찍이 벅J. L. Buck이 분류한 겨울보리·조 재배 지대, 벼·밀 재배 지대, 벼·차 재배 지대 등에 주로 해당되어서[65] 산지라 해도 식량 조달이 그럭저럭 가능했고, 따라서 전술한 여러 지역에서 발생한 많은 유민을 끌어들일 여지가 있었던 점이 이러한 유민 유입을 초래했다고 볼 수 있다. 유민뿐만 아니라 당시의 풍부한 임산 자원을 이용해 영리를 도모하려는 상인 등도 이 지역에 들어와, 각종

---

61) 樊樹志, 〈明代荊襄流民與棚民〉, 《中國史硏究》(1980년 3기), 123쪽 참조. 谷口規矩雄, 〈明代の農民反亂〉, 《岩波講座世界歷史》 12, 中世6(東京 : 岩派書店, 1971), 105쪽도 참조.

62) 오금성, 《中國近世社會經濟史硏究》, 116쪽 참조.

63) 陳柏泉, 〈江西地區歷史時期的森林〉, 213쪽.

64) 天野元之助, 《中國農業史硏究》(東京 : お茶の水書房, 1962·증보판 1979), 53~56·929~931쪽. 대파산(大巴山) 일대에서 옥수수가 많이 재배된 것은 18세기의 일이었다. Eduard B. Vermeer, 〈淸代大巴山區山地開發硏究〉, 《中國歷史地理論叢》 제2집(1991), 141~142쪽 참조.

65) J. L. Buck, Land Utilization in China(上海 : Commercial Press, 1937)〔《支那土地利用地圖集成》, 岩田孝三 譯 (東京 : 東學社, 1938), 22~23쪽〕.

공창(工廠)을 세우는 등[66] 산림 파괴에 적지 않은 영향을 미쳤다.

한편 양자강 상류 지역은 명대 초기까지도 원시 삼림이 꽤 남아 있었던 지역으로, 명대 전체에 걸쳐 이곳에서 궁궐 건축 등으로 인한 대대적인 벌채가 행해지게 되었다. 만력 《사천총지(四川總志)》는 남중(南中), 즉 사천 및 운남(雲南), 귀주(貴州) 지역의 경우 소수 민족 지역으로서 삼림 보존이 잘되어 있다가 홍무(洪武) 초에 와서 비로소 벌목이 많이 행해지게 되었음을 다음과 같이 말해준다.

역대로 남중(南中)이 우리 판도에 들어와 있지 않아서 벌채하는 도끼가 들어갈 수가 없었는데 홍무 초년에 성곽과 도읍을 건설한 후 촉왕(蜀王)을 책봉하고 번부(藩府)를 세우자 모두 사천의 재목을 쓰게 되었다.[67]

즉, 한족의 지배가 본격화되기 전에는 소수 민족 지역에서 산림 파괴가 이루어지지 않았음을 시사해주는 것인데 사실 이 같은 일은 명대 이전부터 이미 있어왔던 것이었다. 예를 들어 진령의 북서쪽 자락에 위치한 위수 상류의 공주(鞏州)는 현재의 감숙성(甘肅省) 무산(武山)에 해당하는 곳으로서 송 초에 강족(羌族)이 지배하는 지역이었는데, 송 왕조는 수도의 원활한 목재 수급을 위해 결국 강족을 굴복시키고 공주를 직할지로 만들었었다.[68] 뒤 시대인 청대의 유명한 개토귀류(改土歸流)는 서남 지역의 산림이 대량 벌채되는 계기가 된다.[69] 이에 관해서는 다른 논문에서 본격적으로 논하기로 하고 여기서는 다만 명대에 서남 지역의 산림을 국가 권력이 대거 벌채한 것은 소수 민족 지역의 산림 파괴를 알리는 신호탄과도 같았음을 언급하는 데 그치고자 한다.

---

66) 樊樹志, 〈明代荊襄流民與棚民〉, 124쪽 참조.

67) 萬曆重修 《四川總志》 권21 經略志, 木政 56앞~뒤.

68) 《宋史》 권266, 列傳, 溫仲舒.

69) 龔勝生, 〈淸代兩湖地區人口壓力下的生態環境惡化及其對策〉, 《中國歷史地理論叢》 제1집(1993), 83쪽에는 호북성(湖北省) 남서쪽에 사천 방향으로 쭉 삐져나와 있는 시남부(施南府)의 예가 제시돼 있다.

요컨대 양자강 중상류 지역의 산림은 화북 지역의 산림과 달리 명대에 전부 파괴되는 사태까지 가지는 않았다. 각 산악 지대에서 다시 유민이 대폭 증가하고 임산 자원을 이용해 모리하는 각종 상인의 활동이 또한 활발해지는 청대에 가서 이 지역의 산림 파괴가 본격화된다. 특히 앞에서 언급한 바와 같은 옥수수, 고구마 등의 구황 작물이 청대에 대거 보급된 것은 이러한 산림 파괴에 박차를 가하는 일이었다. 왜냐하면 이러한 작물을 재배하게 되면서 그때까지 개간이 어려웠던 산지까지 모두 경작지로 바뀌었을 뿐만 아니라, 결과적으로 제재소〔목창(木廠)〕나 제철소〔철창(鐵廠)〕 등 산지에서의 각종 수공업도 활기를 띠게 되었기 때문이다.[70] 값싼 곡물의 재배가 가능해지면서 싼 임금의 노동력을 확보하는 것이 용이해짐에 따라 객상(客商) 등 경영자의 채산이 맞아떨어진 덕분이었다.[71] 산악 지대에서의 공창의 증가가 연료 수요의 증가를 비롯한 각종 부수적 요인과 맞물려 산림의 소실을 촉진시켰음은 두말할 나위가 없다.

3. 북경의 궁궐 건축을 위한 목재 조달

(1) 거듭되는 궁궐 건축과 목재 채취

명대는 궁궐 건축을 대단히 자주 그리고 많이 한 왕조에 속한다. 영락제(永樂帝)의 천도 이후 그 명칭이야 어떻든 실질적으로 수도의 역할을 계속했던 북경의 궁성에서 대표적인 건물이라고 하면 당연히 궁성의 중심축에 자리 잡고 있는 삼전(三殿)──봉천전(奉天殿), 화개전(華蓋殿), 근신전(謹身殿)──[72]과 양궁(兩宮)──

---

70) 周雲庵, 〈秦嶺森林的歷史變遷及其反思〉, 63쪽에는 청대(淸代) 도광(道光) 연간에 진령(秦嶺)에 제재소, 제철소, 제지 공장이 가득했다고 쓰여 있다.

71) 上田信, 《森と綠の中國史》, 80~84쪽 참조.

72) 삼전(三殿)의 명칭은 가정 41년에 다시 짓고 나서 각기 황극전(皇極殿), 중극전(中極殿), 건극전(建極殿)으로 바뀌고 청대에 들어와 현재의 태화전(太和殿), 중화전(中和殿), 보화전(保和殿)이 되었다. 單士元 · 王璧文

건청궁(乾淸宮), 곤녕궁(坤寧宮)——인데, 이 건물들에 한정해서 보더라도 명대 전체에 걸쳐 각각 네 번 지어지고 네 번 소실되었다. 〈표 2〉는 그 상황을 간단히 정리해본 것이다.

〈표 2〉 명대 삼전·양궁 건축의 추이[73]

	삼전	양궁
건조[74]	영락 15[75]~18년(1417~1420)	
소실	영락 19년(1421)	영락 20년(1422)
중건	정통 5[76]~6년(1440~1441)	정통 5~6년(1440~1441)
소실	가정 36년(1557)	정덕 9년(1514)
삼건(三建)	가정 38~41년(1559~1562)	정덕 14~16년(1519~1521)
소실	만력 25년(1597)	만력 24년(1596)
사건(四建)	만력 43[77]~천계 7년(1615~1627)[78]	만력 24~32년(1596~1604)[79]
소실	숭정 17년(1644)	

編,《明代建築大事年表》(北京 : 中國營造學社, 1937) ; 朱偰,《明淸兩大宮苑建置沿革圖考》(上海, 1947 · 北京古籍出版社 重印本, 1990) 참조. 명대 궁궐 건축의 경위와 추이에 대해서는 전자가 자세하다.

73) 이 표는 주로 單士元 · 王璧文 編,《明代建築大事年表》, 第1編 '宮殿' 부분에 의거해 작성되었다.《신종실록(神宗實錄)》권311의 '만력 25년 6월 무인조(萬曆25年6月戊寅條)'에는 홍치 11년(1498) 10월에 양궁(兩宮)에 재해가 있었다는 언급이 나오고《인해기(人海記)》하권의 '북경궁전재(北京宮殿災)'에도 같은 내용이 쓰여 있으나 정작 해당 연간의 실록에는 재해나 중건 등에 관한 기록이 없어 이 사항은 표에 반영하지 않았다.

74) 삼전과 양궁만이 아니라 다른 궁실(宮室)의 건축도 포함된 것이다.

75) 북경(北京) 궁궐의 건축을 선포하고 준비를 시작한 것은 영락(永樂) 4년이지만 착공에 들어간 것은 영락 15년 6월의 일이다.

76) 정통(正統) 원년부터 이미 삼전의 중건 준비가 시작한 듯하나, 경시일(經始日)로서 사공지신(司工之神)에게 제를 올린 것은 정통 4년 12월 1일(《英宗實錄》권62, 正統4年12月乙亥)이었고, 실제로 착공에 들어간 것은 정통 5년에 와서였다(《英宗實錄》권65, 正統5年3月戊申).

77) 만력 연간의 삼전 사건(四建)의 경우에도 경시일로서 터를 깨끗이 한 것(淸基)은 만력 31년 11월 16일이었지만(《神宗實錄》권390, 萬曆31年11月己未), 실제로 착공에 들어간 것은 만력 43년에 와서였다(《神宗實錄》권536, 萬曆43年閏8月庚戌).

78) 황극전은 이보다 빨리 천계(天啓) 6년 9월에 낙성되었다.

79)《명대건축대사연표(明代建築大事年表)》, 166쪽은《양궁정건기(兩宮鼎建記)》를 인용하여 만력 26년 7월도 완성 시기로 소개하고 있으나 실상《양궁정건기》(즉《동관기사(冬官紀事)》)의 관련 내용은 그때까지 기와가 다 올라갔다고 말하고 있을 뿐이다. 따라서 이 시기에 건물의 얼개가 다 이루어졌을지는 몰라도 그것을 완성으로

이 표를 보면 화재가 꽤 많이 일어났음을 한눈에 알아볼 수 있다. 일찍이 조익(趙翼)도 《이십이사차기(二十二史箚記)》에서 명대에 궁궐 화재가 많았음을 시사한 바 있지만,[80] 사실 삼전과 양궁 이외에도 여러 궁궐과 종묘 등이 자주 화재를 입었었다.[81] 도대체 왜 그렇게 화재가 자주 일어났던 것일까?

우선 천재(天災)에 의한 화재가 있다. 가정 36년의 삼전의 화재는 벼락 때문에 일어났다고 하고,[82] 그 밖에 가정 20년의 종묘의 화재가 같은 원인에 속한다.[83] 한편 인재(人災)에 속하는 화재는 실록과 같은 공식 문서에 분명하게 실화(失火) 또는 방화(放火)라고 원인이 기록돼 있는 경우도 있지만[84] 대부분의 경우 원인이 기록돼 있지 않다. 그렇다면 원인이 기록돼 있지 않은 화재는 원인 불명이었던 것일까? 삼전과 양궁의 화재를 비롯한 비교적 큰 화재의 예를 보면 화재의 원인을 철저하게 규명하려 하기보다는 화재를 하늘이 내린 재앙으로 여기며 천자부터 신하에 이르기까지 그저 자기반성으로 시종했다는 인상을 지울 수 없다.[85] 심지어 잦은 화재를 별의 움직임과 간지(干支)로 설명해 운수로 돌리고 말려는 해석도 있었다.[86]

볼 수는 없을 것이다. 더욱이 《양궁정건기》의 주인공이자 실제 공사 책임자로서 공사에 대한 기록을 남긴 공부낭중(工部郎中) 하성서(賀盛瑞)는 만력 26년에 전보되어 공사의 완성을 보지도 못했었다. 한편 《작중지(酌中志)》 권16의 '내부아문직장(內府衙門職掌)'은 양궁의 공사 개시 시기와 낙성 시기를 만력 26년과 31년으로 제시하고 있는데 여기서는 《양궁정건기》와 실록의 기사를 따라 이를 만력 24년과 32년으로 잡았다.

80) 趙翼, 《二十二史箚記》 권32 明史, 明宮殿凡數次被災.

81) 査愼行, 《人海記》 권下(北京 : 北京古籍出版社 1989), 北京宮殿災, 71쪽에는 다른 궁궐과 종묘를 포함해서 큰 재해만 모두 아홉 번 있었다고 나와 있다.

82) 《世宗實錄》 권446, 嘉靖36年4月丙申.

83) 《世宗實錄》 권248, 嘉靖20年4月辛酉.

84) 영락 13년 정월의 오문(午門) 화재, 정통 7년 정월의 서안문(西安門) 곁채[낭방(廊房)]의 화재, 홍치 11년 10월 갑술(甲戌)의 청녕궁(清寧宮) 화재, 가정 40년 11월의 만수궁(萬壽宮) 화재 등은 실화(失火)였고, 천순 6년 2월의 동안문(東安門) 화재는 환관 조길상(曹吉祥)의 양자 흠(欽)이 일으킨 방화였다(單士元·王璧文 編, 《明代建築大事年表》, 第1編 '宮殿'). 숭정(崇禎) 17년의 북경 궁궐 소실은 말할 것도 없이 이자성(李自成)에 의한 것이다.

85) 〈표 2〉에 나타난 모든 화재 뒤에 황제는 고법(古法)에 따라 수성(修省)의 조(詔)를 내렸고 고관들은 다투어 사직원을 제출했다. 《太宗實錄》 권236, 永樂19年4月乙巳 ; 《武宗實錄》 권108, 正德9年正月壬午 ; 《世宗實錄》 권446, 嘉靖36年4月壬寅 ; 《神宗實錄》 권295, 萬曆24年3月丁丑 등 참조.

86) 화재를 운수로 돌리려는 해석이야 언제든지 있을 법하지만 그러한 내용이 실록에 실려 있다는 데서 그 해

여기서 짚어볼 문제는 자기반성의 태도나 운수로 돌리는 해석 자체가 아니라, 큰 화재가 나면 이러한 일대 수성(修省)의 캠페인이 벌어진 뒤 그대로 사태가 마무리된다는 것을 빤히 알고 있는 집단에 의해 화재가 이용되었을 가능성이 없는가 하는 것이다. 또한 그 집단은 궁중에서 큰 건축 공사를 하면 짭짤한 수입을 올릴 가능성이 컸던 사람들임에 틀림없다. 다음의 기록은 천계(天啓) 연간의 삼전 건축 공사 때 태감(太監) 이영정(李永貞)이 공사비를 멋대로 횡령했음을 보여준다.

대공(大工)에서 은량을 지급하는 것은 담당 관원의 일인데 이영정은 꼭 자기가 영수증을 받아서는 계산을 하고 공식 문건을 만들면서 횡령을 멋대로 하였다.[87]

또한 홍치 11년(1498)의 실화로 인한 청녕궁(清寧宮) 중건 공사 때 감독하는 환관이 자신의 이익을 챙기려고 군사를 인부로 많이 썼음을 아래의 사료에서 알 수 있다.

황제가 병부(兵部)에 명령을 내려 병사 1만여 명을 공사에 동원해서 일을 하도록 하였다. 공(公)은 공사는 그렇게 크지 않은데 인부가 많은 것은 감독하는 환관이 거기서 이득을 챙기려 하는 것 때문이라는 것을 알고 있었다.[88]

만력 초의 자경궁(慈慶宮)과 자령궁(慈寧宮) 수리 공사를 말리는 장거정(張居正)의 상소에 《황명경세문편(皇明經世文編)》의 편자가 부친 논평에서 "궁중의 공사가 여러 환관의 수입이 나오는 곳"이라 하여[89] 궁중의 모든 건축 공사가 환관의 큰

석의 무게를 짐작할 수 있다.《神宗實錄》권311, 萬曆25年5月戊寅條 참조.

87) 劉若愚,《酌中志》권17 大內規制紀略(北京 : 北京古籍出版社, 1994), 145쪽.

88) 여기에서 공(公)은 홍치 15년에 병부상서(兵部尚書)로 임명된 유대하(劉大夏)를 가리킨다.《皇明經濟文錄》권4 保治下, 劉大夏言行錄 12뒤.

89)《皇明經世文編》권325 張居正, 請停止內工疏 10앞.

수입원이었음을 말해준다.

　중건이나 수리 공사는 화재뿐만이 아니라 각종 손괴 내지 외관상의 흠 때문에
도 시행되었는데, 그러한 공사들 중 다수가 환관의 건의에 의한 것이었다.[90] 그중
에는 환관이 직책상[91] 마땅히 시행해야 할 공사도 있었겠지만, 앞에서 언급한 장
거정의 상소에서처럼, 중건된 지 3년도 되지 않은 자경궁과 자령궁을 또 뭔가 화
려하게 중수(重修)할 것을 환관 쪽에서 건의하는[92] 등 목적이 의심스러운 공사도
많았으리라고 보이는 것이다.[93]

　또한 화재에 특수한 이해관계가 얽혀 있는 경우도 꽤 있었을 것으로 생각된다.
삼전, 양궁과 같은 건물에는 해당 사항이 적겠지만, 어떤 자에게는 화재가 때로
일거양득의 이익을 가져다주기도 하는 일이었기 때문이다. 남경(南京)의 예이긴
하지만 홍치 9년(1496)에 남경이부상서(南京吏部尚書)가 된 예악(倪岳)은 다음과
같이 쓰고 있다.

　조사해보니 남경 내부(內府)의 각 창고는 이전에 창고를 관리하던 관원이 부정을 저질러 관물
을 훔쳐온 지 오래되었습니다. 이 때문에 일단 화재로 엄폐를 하면 죄가 없어질 수 있을 뿐만

---

90) 홍희(洪熙) 원년(1425)의 남경(南京) 궁궐 수리, 천순 원년(1457)의 봉양(鳳陽) 황릉(皇陵) 및 부속 건물
수리, 홍치 11년(1498)의 육수정(毓秀亭) 건축, 가정 2년(1523)의 남경 효릉(孝陵) 수리, 가정 12년의 어원(御
苑) 담장 수리, 만력 39년(1611)의 건청궁(乾淸宮)을 비롯한 모든 궁의 수리, 천계 7년(1627)의 융덕전(隆德殿)
중건 등 다수의 예가 있다. 單士元 · 王璧文 編, 《明代建築大事年表》, 제1편 '宮殿' 부분 참조.
91) 환관 기구 중 내관감(內官監)은 궁중 내의 각종 공사는 물론 그 밖의 국가적인 큰 공사도 관리하였다. 《酌中
志》 권16 內府衙門職掌, 102쪽 ; 《萬曆會典》 권181, 工部, 營造, 內府造作 8앞~뒤 등 참조.
92) 張居正, 〈請停止內工疏〉, 9뒤~10앞.
93) 공사를 통해 잇속을 채우는 것은 환관뿐만이 아니었다. 전국의 각종 건축이나 수리 공사에서 담당 관리들
이 잇속을 채우는 것은 이전부터 계속돼온 일이었다. 경태(景泰) 연간의 급사중(給事中) 임총(林聰)은 "근래 궁
중 내외의 여러 관리들이 일의 대소나 경중 및 가부를 가리지 않고 모두 상주하여 건물을 수리하거나 짓자고
하고 있는데 이것은 뭘 모르는 관리들이 오로지 기술자와 인부를 관리하거나 자재를 출납하는 일을 맡아서 때
를 보아 이득을 취하려는 생각을 하고 있기 때문입니다"(林聰, 〈修德弭災二十事疏〉, 《皇明經世文編》 권45, 21앞
~뒤)고 하여 바로 이 점을 지적하고 있다. 후술하겠지만, 만력 24년의 양궁 공사 책임자였던 하성서가 해임된
것도 바로 이 같은 관행에 저항했기 때문이었다.

아니라 다시 비용을 투입하여 건물을 짓는 상황이 되는 것입니다.[94]

　이는 창고의 관물(官物)을 훔친 자가 화재에 의해 자신의 죄를 엄폐할 수 있을 뿐만 아니라 새로 건물을 짓는 것에 의해 이득을 보게 된다고 지적하는 것으로서, 방화의 가능성을 시사하고 있다.[95] 물론 방화에는 위험 부담이 따른다. 방화는 물론 실화라도 죄가 발각되면 극형에 처해졌기 때문이다.[96] 그러나 어차피 다른 죄가 발각될 위험에 처한 자들로서는 선택지가 그리 많지 않았으리라고 추측해보는 것이다. 그리고 궁중 내의 복잡한 이해관계로 얽혀 있는 각종 음모 내지 원한——이는 환관에게만 해당되는 것은 아니다——에 기인한 방화도 있었을 텐데 이는 사료상의 추적이 어려운 영역이므로 이만 그친다.

　아무튼 명대의 황성(皇城)은 청대에 들어와 명대 궁궐은 많기도 하고 또 화려하기도 했다는 평가가 나올 만큼 그 안에 여러 궁궐과 누각이 임립한 형태였고,[97] 이같이 많은 건물을 축조하기 위해서는 당연히 막대한 양의 물자가 필요하였다. 그 가운데서도 특히 목재가 큰 비중을 차지했고 또 조달하기가 매우 어려운 물자에 속했다. 목재 조달의 어려움은 시대가 뒤로 갈수록 더해지는데 이에 관해서 우선 실록의 다음과 같은 기록을 보자.

---

94) 倪岳, 〈會議〉, 《皇明經世文編》 권78, 10뒤.

95) 환관의 궁실 방화에 대한 최후의 예는 1923년 6월에 부의(溥儀)가 궁궐 재보(財寶)의 점검을 내무부(內務府)에 고했을 때 환관이 재보가 저장되어 있던 건복궁(建福宮)을 소실시킨 사건이 될 것이다. 영화로 유명해진 저작 R. F. Johnston, *Twilight in the Forbidden City*(London : Victor Gollancz Ltd., 1934) 〔《紫禁城の黃昏》, 入江曜子 · 春名徹 譯(東京 : 岩波書店, 1989), 261~264쪽〕 참조.

96) 율례(律例)에 따르면 실화로 종묘나 궁궐을 태운 자는 교수형에 처해졌고, 방화한 자는 관민(官民)의 처소나 관물(官物)의 창고를 대상으로 했어도 참형(斬刑)에 처해졌다(《萬曆會典》 권170 刑部, 雜犯 22앞~23앞). 실제로 정통 9년에 남경 상선감(尚膳監)의 내관(內官)이 실화로 내부(內府)의 낭방(廊房)을 태워 참형에 처해졌다(《弇山堂別集》 권91 中官考二, 1,744쪽).

97) 명대 북경의 궁궐, 누각, 각종 문 등을 모두 합치면 786개가 되었다고 한다. 청대의 그것은 명대의 10분의 3에도 미치지 못한다고 강희(康熙) 연간의 조사에서 밝히고 있다. 陳康祺, 《郎晉紀聞三筆》 권10 本朝與前明宮中費用之比較(北京 : 中華書局, 1984), 823쪽 ; 朱偰, 《明淸兩大宮苑建置沿革圖考》, 77~78쪽도 참조.

칠묘(七廟)를 세우는 데……어찌 힘의 부족함을 염려하겠습니까만……지금 유독 목재의 조달이 어렵습니다. 대저 거목은 호광과 사천의 깊숙한 산이나 험한 골짜기, 사람의 발걸음이 닿지 않는 곳에 있어서 도끼로 베어내고 여러 힘든 곳을 지나가야 비로소 물가에 닿을 수 있습니다. 그런 후에는 또 강의 물결에 시달리기를 만 리를 해야 수도에 도착합니다. 수로와 육로를 거쳐 이렇게 오기 때문에 소요 시간을 정하기 어려우니 이것이 무엇보다도 먼저 해야 할 일입니다.[98]

이것은 가정 20년(1541) 4월에 일어난 종묘의 화재로 인해 예부(禮部)에서 종묘 중건을 논의하는 내용으로, 일의 비중으로 보아 다른 것은 걱정할 계제가 아니지만 유독 목재 조달이 어려운 문제라고 밝히고 있다. 당시 궁궐 건축에 쓰이던 거목은 호광과 사천의 심산유곡에, 사람의 발길이 닿지 않은 곳에서 구할 수 있는 것이라 벌채하기도 어려웠지만 운송에도 긴 세월이 걸려 언제 도달할지 예측하기 힘들었기 때문이다. 여기에는 언급되어 있지 않지만, 목재 조달이 어려운 또 하나의 중요한 이유는 필요한 목재에 남목(楠木)이 많다는 데 있었다.[99] 남목이란 상록활엽수에 속하는 후박나무를 가리키는데,[100] 곧게 높이 자라고 재질이 단단하고 내구성이 좋아서[101] 예로부터 건축재로서는 물론이고 선재(船材)나 관재(棺材)로도 매우 소중히 여겨졌다.[102] 그러한 까닭에 일찍부터 남목 벌채가 많이 이루어져

---

98) 《世宗實錄》 권249, 嘉靖20年5月戊子.

99) 同治 《合江縣志》 권31 木政志, 14앞~뒤에 "이전 사천 지방지의 기록에 마호부(馬湖府)와 영녕선무사(永寧宣撫司) 그리고 파주선위사(播州宣慰司)에 본래부터 남목(楠木)이 나는데 명대 영락(永樂) 4년에 북경에 궁전을 건축한다고 조서를 내린 이후 그곳에 가서 남목을 조달해 온 게 모두 열두 차례라 일컫고 있다"고 하여 남목의 수요가 대단히 많았음을 잘 말해주고 있다. 남목은 특히 궁궐이나 주요 건물의 기둥과 같은 주요 부분에 많이 쓰였는데 이에 관해서는 《宣宗實錄》 권14, 宣德元年2月壬辰條의 기사나 賀仲軾, 《冬官紀事》 大工及各工附錄, 9앞 참조. 《동관기사(冬官紀事)》에는 여러 판본이 있으나 여기서 사용한 것은 《筆記小說大觀》 5編 所收本이다.

100) 후박나무에는 두 종류가 있는데 여기서 말하는 것은 목련과에 속하는 낙엽수의 후박나무Magnolia abovata가 아니라 우리나라 남부 지방에서 보이는 녹나무과의 후박나무Machilus thunbergii이다.

101) 남목에도 종류가 있어서 잎이 작고 향기가 나는 향남(香楠)이나 삼남(杉楠)은 건물을 지탱하는 주요 부분에 쓰이는 데 비해 잎이 큰 쪽은 재질이 단단치 못해서 땔감으로밖에 못 쓴다고 한다. 萬曆9年 《四川總志》 권20, 42뒤 ; 道光 《江北廳志》 권3 食貨, 物産 57앞 등 참조.

<표 3> 명대의 채목관(採木官) 파견 개황[103]

연도	파견관	파견지	파견 목적	전거	비고
영락 4 (1406)	공부상서 송례(宋禮) 이부우시랑 사규(師逵) 호부우시랑 고박(古朴) 우부도어사 유관(劉觀) 우첨도어사 중성(仲成)	사천 호광 강서 절강 산서	북경 궁전 건축	실록, 영락 4년 윤7월 임술	송례는 이후 네 차례나 더 사천에 파견됨 (萬曆重修《四川總志》권21, 木政, 56뒤)
선덕 3 (1428)	공부상서 이우직(李友直) 외 이부우시랑 황종재(黃宗載) 외	사천 호광	궁전 건축 재목 채취[104]	실록, 선덕 3년 5월 병인	
정덕 9 (1514)	공부우시랑 유병(劉丙) 서공부낭중 이인(李寅) 서공부낭중 오전(伍全) 서공부낭중 등문벽(鄧文璧)	삼성(三省) 총괄 사천 호광 귀주	양궁 중건	실록, 정덕 9년 10월 기유	
가정 4 (1525)	공부우시랑 왕월(王軏)[105]	사천	인수궁(仁壽宮) 건축	실록, 가정 4년 8월 무자	순무 왕월이 시랑으로 임명됨
가정 6 (1527)	공부우시랑 황충(黃衷)	호광[106]		실록, 가정 6년 4월 기미	순무 황충이 시랑으로 임명됨
가정 15 (1536)	공부우시랑 반감(潘鑑)	사천, 호광	양궁 등 수리	실록, 가정 15년 4월 경자	반감이 사천순무로서 공부우시랑을 겸직함
가정 20 (1541)	좌부도어사 반감 외 좌부도어사 대금(戴金) 외	호광 사천	종묘 중건	실록, 가정 20년 5월 무자	
가정 36 (1557)	공부시랑 유백약(劉伯躍)	사천, 호광, 귀주	삼전 중건	실록, 가정 36년 5월 계해	
가정 45 (1566)	공부좌시랑 장수직(張守直)	호광, 승천부	현릉(顯陵)[107] 등 수리	실록, 가정 45년 9월 병신	채목은 사천, 호광 순무가 담당함
만력 12 (1584)	공부우시랑 유지이(劉志伊)[108]		자령궁 보수 공사	실록, 만력 12년 2월 계유	
만력 24 (1596)			양궁 중건		채목 임무는 순무, 순안이 담당함
만력 35 (1607)			삼전 중건		채목 임무는 순무, 순안이 담당함

명대에 이르면 호광, 사천, 귀주 등 주로 서남 지역이 남목이 많이 분포하는 지역으로 남았는데[109] 이제 그나마 명조의 궁궐을 비롯한 주요 건물의 재목으로 베어져 나가게 된 것이었다.

일찍이 영락 초 북경 궁성의 건조를 계획하는 단계에서 공부상서(工部尙書) 송례(宋禮)가 남목 및 삼목(杉木) 조달의 임무를 띠고 사천에 파견된 이래 삼전과 양궁의 중건 및 그 밖의 주요 건물의 신증축이 있을 때마다 중앙의 고관이 같은 목적으로 현지에 파견되었다. 〈표 3〉은 이 내용을 정리해본 것이다.

표에서 나타나는 바를 몇 가지로 요약해보자. 첫째, 표에서 한눈에 알 수 있는 것처럼 영락 연간(1403~1424)에는 채목(採木)을 위해 관리를 파견한 지역이 많았다. 역시 명 초에는 삼림이 우거진 곳이 꽤 있었다는 것을 알 수 있다. 다만 지역에 따라 배당된 나무의 종류는 달라서 산서 등 북쪽에서는 소나무를, 절강 등지에

102) 藍勇, 〈歷史時期中國楠木地理分布變遷研究〉, 《中國歷史地理論叢》(1995년4집) (藍勇, 《古代交通生態研究與實地考察》에 재수록), 28쪽 참조. 명대에도 선재(船材)로서의 남목의 수요가 여전히 커서, 만력 24년의 공사에서 하성서가 규격에 맞는 남목이 너무도 적은 것에 대해 내부(內府)에 물었을 때 남목이 배 만드는 데 다 쓰여 그렇다는 대답이 돌아올 정도였다(《冬官紀事》大工及各工附錄, 9뒤). 또한 만력 46년에 공부(工部)는 상소문에서 "배를 만드는 데에는 남목을 쓰니 그 재질이 견고하고 단단한 때문입니다. 삼목은 무르고 부스러지기 쉬워서 관련 서책에 실려 있는 바도 모두 남목입니다"(《神廟留中奏疏彙要》工部類, 권2 工部疏, 萬曆46年6月23日)고 하여 삼목(杉木)보다 남목이 훨씬 좋은 재료임을 강조하고 있다.

103) 鄭俊彬, 〈明代四川木柏的經營及其弊害〉, 139~140쪽 ; 藍勇, 《古代交通生態研究與實地考察》, 532~534쪽 (1994년에 발표된 원래 논문인 〈明淸時期的皇木採辦研究〉에는 없었던 내용이다)에도 항목은 조금 다르지만 이와 비슷한 표가 나와 있는데 오류가 더러 눈에 띈다. 정준빈(鄭俊彬)이 채목(採木)의 해로 제시한 홍희 원년의 것은 그 근거 사료가 채목을 정지하라는 내용이고 란용(藍勇)이 든 경태(景泰) 2년의 기사도 마찬가지이다. 그 밖에 란용은 선덕(宣德) 4년, 가정 4년과 45년, 만력 19년 등에서 그 파견 연도나 채판(採辦) 목적, 독목관(督木官)의 인적 사항 등을 잘못 파악하고 있다.

104) 북경 궁궐 중건을 위한 준비를 미리 한 듯 보인다.

105) 가정 4년 10월에 인수궁(仁壽宮) 공사가 중지됨에 따라 북경으로 돌아온다.

106) 龔輝, 〈星變陳言疏〉, 《名臣經濟錄》권48 工部, 9앞~뒤에 따르면 황충(黃夷)은 사천에서도 활동하였다.

107) 가정제(嘉靖帝)의 친부인 흥헌왕(興獻王)의 묘이다. 이 공사에 관해서는 《皇明泳化類編》권41 宮殿, 7뒤~8앞 참조.

108) 장거정(張居正)에게 아부한 자로 탄핵되어 활동에 이르지는 못하였다(《神宗實錄》권147, 萬曆12年3月甲申).

109) 藍勇, 〈歷史時期中國楠木地理分布變遷研究〉, 24~28쪽 참조. 그리고 이 글 31쪽의 지도에는 남목 분포의 역사적 변천이 표시되어 있다.

서는 응가목(鷹架木) 같은 작은 삼목이나 평두목(平頭木)[110] 같은 잡목을, 사천, 호광 등지에서는 남목 및 삼목의 거목을 각각 구하게 되어 있었다.[111] 그러나 역시 중요성이 큰 목재는 남목과 삼목이었으며, 특히 남목의 경우 명대 전체에 걸쳐 이같이 벌채된 결과 청대에 와서는 궁궐 건축 때 남목 조달을 중단하는 일이 일어나기도 하였다.[112]

둘째, 명 중기 이후부터는 사천, 호광, 귀주 등의 지역 위주로 채목관이 파견되었다. 이것은 다른 지역으로부터는 목재를 전혀 구하지 않았다는 뜻이 아니고, 앞에서 언급한 바와 같이 그 목재의 중요성으로 보나 채목과 목재 운송의 난이도로 보나 그 지역에 전담 관원을 파견할 필요성이 있었음을 말해준다. 가정 연간에는 채목을 위해 공부시랑(工部侍郎) 자리를 증설하기도 했었다.[113]

셋째, 만력 24년(1596)부터는 순무, 순안 같은 지방 주재 관원이 해당 지역의 채목 총책임자를 맡게 된다.[114] 이는 만력 24년에 공사 실무관인 공부낭중(工部郎

---

110) 《한어 대사전(漢語大詞典)》(上海 : 漢語大詞典出版社, 1993)을 보면 응가목(鷹架木)은 공사할 때 쓰는 비계목이고 평두목(平頭木)은 보통의 나무를 가리키는 듯하다. 제현의 교시를 청한다.

111) 화북 지방과 양자강 하류 지역에 대해서는 《萬曆會典》 권181 工部, 營造, 大工營建 9뒤~10앞 ; 《萬曆會典》 권190 工部, 物料, 木植 7뒤 참조. 《만력회전(萬曆會典)》의 기사는 모두 가정 36년의 것이지만 앞 시대에 적용해도 문제가 없을 것이다. 남목과 삼목의 경우에는 萬曆重修 《四川總志》 권21 經略志一, 木政 56앞~뒤쪽의 "지금 사천의 건창(建昌)에는 삼목(杉木)이 나고, 마호부(馬湖府)와 영녕선무사(永寧宣撫司) 및 파주선위사(播州宣慰司) 쪽에는 오로지 남목이 나서 국가의 매우 중요한 수요를 담당하고 있다"라는 구절을 보면 사천의 어느 지역에서 이 나무들을 구했는지 알 수 있다. 사천의 목재 산지 분포에 대해서는 鄭俊彬, 〈明代四川木柏之經營及其弊害〉, 124~125쪽 참조.

112) 강희 8년 2월 태화전을 건축할 당시, 남목이 적어 조달하기 매우 어렵다는 사천순무(四川巡撫)의 보고에 결국 남목 조달을 중지하고 소나무로 대체하라는 유지(諭旨)가 내렸다(嘉慶 《四川通志》 권71 食貨, 木政 11앞~뒤). 그 이후에도 남목 벌채가 이루어지기는 했지만 명대에 비할 바는 못 되었다. 청대에 대한 서술은 여기서는 생략한다.

113) 《世宗實錄》 권186, 嘉靖15年4月庚子. 가정 연간의 사료에는 '채목시랑(採木侍郎)'이라는 말이 빈번하게 나온다. 實錄嘉靖4年10月乙未條, 嘉靖6年7月癸卯條 등은 그런 예이다. 가정 연간에는 또한 공사 전체를 총지휘하는 공부상서(工部尙書)도 한 자리 증설되었다(《明史》 권72, 職官志, 工部).

114) 鄭俊彬, 〈明代四川木柏之經營及其弊害〉, 131쪽은 《喬中丞奏議》 권6, 條議大木疏와 萬曆重修 《四川總志》, 木政을 근거로 가정 36년부터 채목 감독권[독목권(督木權)]이 오로지 사천순무에게 주어졌다고 밝히고 있는데 두 사료의 어디에도 그런 기사는 없다. 〈표 3〉에 나타난 대로 가정 45년부터 그런 기미가 보이기는 하지만, 이하 본문에서 논하는 것처럼 역시 만력 24년부터의 일로 보아야 할 것이다.

中) 하성서(賀盛瑞)가 다음과 같이 건의한 데서 연유한다.

조사해보니 예전에는 채목에 모두 공부의 당상관 한 명을 파견하여 감독을 하도록 했습니다.
다만 사천·귀주·호광 지방은 서로 멀리 떨어진 곳에 있어 전체를 관할토록 하면 공문의 왕래
에만도 시간을 많이 잡아먹고, 나누어서 맡기면 의견이 달라 매번 일에 지장을 초래하는 일이 많
았습니다. 앞으로는 해당 성의 순무와 순안에게 채목의 임무를 겸하도록 하고, 사(司)·도(道)
의 관원을 파견관으로 해서 자금과 양식을 실어 나르는 데 각기 구획을 나누어서 맡기며, 각
성의 포정사(布政司)와 안찰사(按察司)의 관원을 엄히 감독하여 여러 곳에서 사람을 모집하여
일을 시키도록 하면 훨씬 나을 것입니다.[115]

즉, 중앙에서 파견한 관원이 채목 책임을 총괄할 경우에는 성(省) 간에 공문이 왔
다 갔다 하는 데만도 시간이 많이 걸려 효율이 떨어지고 또 여러 사람이 파견되어
임무를 나누어 담당할 경우에는 이들 서로 간의 견제로 일이 제대로 안 되니 해당
지역의 순무나 순안어사에게 채목 책임을 맡겨야 한다고 하성서는 건의하고 있다.
사실 이전에도 순무 등을 채목 책임자로 임명하는 경우가 없지 않았는데, 그런 경
우에도 꼭 공부시랑 등의 중앙관의 직함을 내려서 임명했다는 점이 흥미롭다.

그리고 표에는 나타나 있지 않지만 가정 36년(1557)부터는 채목이 더욱 조직화
되어 실무관으로 독목도(督木道)라는 관직이 새로 만들어졌다. 처음에는 지역의
분순(分巡), 분수도(分守道)의 부사(副使)가 독목도에 임명되었고, 만력 24년에는
포정사(布政司)의 참정(參政)이 이 관직에 종사하였다. 그러다가 다시 이들 독목도
를 총괄하는 독목총도(督木總道)라는 관직이 생겨 직무 부담이 비교적 덜한 우포
정사(右布政使)가 그 직에 임명되었다.[116] 독목총도는 채목에 관한 광범위한 권한

---

115) 《冬官紀事》, 6뒤.
116) 《喬中丞奏議》 권6, 條議大木疏 48뒤~49앞. 만력 27년에 사천순무가 된 이화룡(李化龍)의 〈이운대목권징
소(二運大木勸懲疏)〉(《平播全書》 권2, 畿輔叢書本)에는 이에 대한 실례가 나와 있다. 관직명과 각 관직에 종사한
관원에 대해서는 鄭俊彬, 〈明代四川木材的經營及其弊害〉, 133쪽의 표가 참조가 되는데, 다만 그들 간의 관할 계

을 부여받아, 자신이 관할하는 부(府)·주(州)·현(縣)·위(衛)·소(所)의 모든 문무관을 통제했을 뿐만 아니라 그들의 채목 성과에 대해 성적도 매길 수 있었다.[117] 독목총도의 예하에는 7개의 독목도 담당 구역〔7총(總)〕[118]이 있었고, 이들 일곱 명의 독목도가 이 7총 중 자신의 담당 구역에서 채목을 관장하였다. 7총의 독목도 밑에는 각기 부·주·현이 편성되어 있어서,[119] 그 부·주·현들이 또한 각각의 관할 지역에서 배당된 채목량을 채우는 방식이었다.[120]

중앙으로부터 부과되는 목재의 수량에 관해서는 다음 절에서 언급하겠지만, 채목이 어려운데다가 운송에도 시간이 많이 걸려, 뭔가를 건축하겠다고 포고하고도 한참이 지나서야 실제 공사에 들어가게 되는 것이 상례였다.[121] 사천, 호광, 귀주 등지에서 채목을 시작하여 북경으로 운송하는 데까지 3~4년 내지 4~5년이 걸렸다고 하니,[122] 이 때문에 채목관도 정해진 근무 기한에 상관없이 계속 그 직책에

통이 명확히 그려져 있지 않은 흠이 있다. 특히 맨 위의 총괄자가 공부상서낭중(工部尙書郞中)으로 되어 있는데, 이때는 이미 채목의 책임자가 바뀐 뒤인 만큼 이는 사천순무로 수정되어야 한다. 더욱이 이화룡은 순무로서 자기 예하 관리들의 채목 성적을 보고하고 있는 것이다.

117) 喬璧星, 〈條議大木疏〉, 《喬中丞奏議》, 49뒤~50앞 ; 鄭俊彬, 〈明代四川木柏的經營及其弊害〉, 131~132쪽 참조.

118) 7총(總)은 천서(川西)와 천동(川東)을 상하 양 도(道)로 각기 나누어 생긴 4개의 도와 천남도(川南道), 천북도(川北道), 건창도(建昌道)를 더한 것이다(《喬中丞奏議》 권6, 條議大木疏 40앞).

119) 鄭俊彬, 〈明代四川木柏的經營及其弊害〉, 132쪽에는 사천의 독목(督木) 행정 조직표가 그려져 있으나, 공부상서로부터 낭중(郞中)에 이르기까지 모두 중앙 독목관으로 열거되어 있는데다가 순무가 그들의 명령을 받는 존재로서 위치해 있고, 또 순무 밑에는 독목총도(督木總道)가, 독목총도 밑에는 대소총(大小總)이 위치해 있어서 정확하지 못하다. 요컨대 이 조직표의 문제점은 다음과 같다. 첫째, 채목의 총책임자가 중앙관에서 순무 급으로 이동한 뒤에는 명령 계통이 달라졌음에도 불구하고 이전 시기의 명령 계통이 뒤섞여 있는 점이다. 둘째, 순무는 원래부터 중앙 6부의 명령 계통에 속해 있지 않은 관직인데 이제 채목의 총책임자가 된 순무를 중앙의 명령을 받는 존재로 그리고 있는 점이다. 셋째, 중앙 독목관으로 되어 있는 관직에는 전체 통할관과 실무 담당관의 구분이 있었음에도 그것을 같은 급으로 묶어 그려놓았다는 점이다.

120) 이러한 방식은 이전부터 시행되었을 것으로 생각되지만, 가정 36년의 채목시랑 유백약(劉伯躍)은 아예 이 방식을 쓰겠다고 상소해 허가를 받고 있다(《世宗實錄》 권450, 嘉靖36年8月癸卯).

121) 〈표 2〉 및 관련 주 참조.

122) 홍치 연간의 공부의 상소문에는 3~4년이라고 되어 있고(《孝宗實錄》 권124, 弘治10年4月戊寅), 만력 연간의 《동관기사》에는 4~5년이라고 되어 있다. 둘 다 햇수를 엄밀하게 말하지 않았는데, 채목 장소에 따라 그 햇수가 달라진다 하겠다. 목재 벌채와 운반의 실상에 대해서는 다음 장 참조.

종사할 수 있도록 하였다.[123]

　여기서 한 가지 중요한 문제가 논의 대상으로 남는데 그것은 바로 목재 조달과 상인과의 관계이다. 명대 초기 이래 관원이 직접 채목과 목재 운송의 일을 관리했으나 가정 연간부터는 상인에게 그 일을 맡기는 방식으로 바뀌기 시작하여[124] 만력 연간에는 완전히 이른바 소상 채판 체제로 바뀌기 때문이다.[125] 7총으로부터 채목 할당량을 부과받은 주·현이 다시 상인에게 청부하는 체제가 된 것이다.[126] 머리말에서 밝힌 바와 같이 이에 관해서는 차후의 논문에서 다루기로 한다.

　(2) 재원의 확보

　삼전, 양궁 같은 대규모 건물의 공사를 시행하려면 각종 자재 조달, 노동력 확보, 관리 체제 정비 등 준비할 것이 만만치 않다.[127] 그러나 무엇보다 이 모든 일을 돌아가게 만드는 재원이 마련되어야 한다. 여기서는 본 논문의 취지에 맞게 채목에 한정해 재원에 관한 논의를 전개할 것이다.

　우선 궁궐의 건축 등에 목재가 어느 정도나 필요했는지부터 알아보자. 〈표 4〉는 사료에 나와 있는 내용을 정리한 것이다.

〈표 4〉 목재 할당량과 소요 경비

연도	지역	할당량	소요 경비	전거
가정 6	사천	대목 8,135근, 판자 6,710괴	71만 6,738량	龔輝, 〈星變陳言疏〉 8뒤~9앞
가정 20	호광	대목 1만여 근	57만 량	《世宗實錄》 권257, 嘉靖21年正月丁亥
가정 36	사천 귀주	목재 1만 5,712근괴 4,709근괴	(339만여 량)[128] 72만 4,661여 량[129]	萬曆重修《四川總志》 권21, 木政 舒應龍·毛在, 〈大木疏〉, 萬曆《貴州通志》 권19 藝文
만력 12	사천 귀주	3,900여 근괴 목재 1,132여 근괴[130]	12만 량	萬曆重修《四川總志》 권21, 木政 舒應龍·毛在, 〈大木疏〉
만력 24	사천 호광 귀주	5,600여 근괴 5,560여 근괴 2,790여 근괴	350만 량[131] 210만 3,000량 96만 800여 량	王德完, 〈稽財用匱竭之源酌營造緩急之務以光聖德以濟時艱疏〉, 《皇明經世文編》 권444
만력 35	사천	목재 2만 4,601근괴[132]	400만여 량	喬璧星, 〈請停大工疏〉, 《喬中丞奏議》 권7

이 표에 제시된 목재 할당량은 실제로 북경에 보내진 목재의 양과는 물론 차이가 있다. 가정 6년(1527)에 부과된 할당량 중 당시 책임자였던 공부시랑 황충(黃衷)이 보낸 것은 2년 이상 경과한 시점에서 대목 500근(斤), 판자 500괴(塊)에 불

123) 《世宗實錄》 권264, 嘉靖21年7月乙丑 ; 鄭俊彬, 〈明代四川木材的經營及其弊害〉, 130~131쪽 참조.
124) 龔輝, 〈星變陳言疏〉, 黃訓 編, 《名臣經濟錄》 권48 工部, 8뒤~9앞 ; 舒應龍 · 毛在, 〈大木疏〉, 萬曆 《貴州通志》 권19 藝文, 21뒤~22앞 등 참조.
125) 주 16 및 《冬官紀事》, 3앞 등 참조.
126) 《喬中丞奏議》 권8, 請留稅銀疏 88앞.
127) 《神宗實錄》 권296, 萬曆24年4月丁酉條에는 양궁 중건을 위해 준비해야 할 20항목을 나열한 공부의 상소가 나와 있는데 이는 《동관기사》의 기사와 같아 하성서의 의견임을 알 수 있다. 가정 36년의 삼전 중건과 관련한 준비 사항에 대해서는 《萬曆會典》 권181 工部一, 營造一, 大工營建 9앞~뒤 참조.
128) 이것은 사천이 아니라 호광에서 사용된 경비이다(《明史》 권82 食貨志六, 採木, 1,996쪽). 사천의 수치는 사료에서 찾을 수 없어 참고로 같은 해의 호광의 수치를 대신 제시한 것이다.
129) 귀주에서 실제로 쓴 비용이다.
130) 여기에 수치 불명의 백목(栢木)이 더해진다.
131) 실제로 쓰인 비용은 200만 량(兩)이다. 이에 관해서는 후술한다.
132) 참고로, 만력 35년의 목재 할당 내역(남목, 삼목 등)은 다음과 같다.

목재 종류		크기			수량	총계
남목	1호(號)	길이 7장	지름 6척 5촌~7척		269근	
	2호	6장 5척	5촌~6척		924근	목재 4,790근
	3호	5장 5척	4척 5촌~5척		756근	판자 7,668괴
	4호	5장	4척		1,200근	
	5호	4장 5척	2척~3척 5촌		1,641근	총 1만 2,458근괴
	연(連)4판방	길이 3장 6척	넓이 2척 5촌	두께 1척 5촌	947괴	
	연3판방	2장 7척	2척 5촌	1척 2촌	2,100괴	
	연2판방	1장 8척	2척	1척	4,621괴	
삼목	1호	길이 6장	지름 5척 5촌~6척		238근	
	2호	5장 5척	4척 5촌~5척		924근	목재 2,600근
	3호	5장	3척~4척		1,438근	판자 4,447괴
	연3판방	길이 2장 7척	넓이 2척 2촌	두께 1척 2촌	110괴	
	연2판방	1장 8척	2척	1척	2,408괴	총 7,047근괴
	단료(單料)판방	9척	2척	1척	1,929괴	
호미삼목(虎尾杉木)		길이 6장 5척	지름 2척		2,010근	2,010근
보수삼목(保水杉木)		5장 5척	1척 8촌		2,072근	2,072근
총계		목재 1만 1,472근 / 판자 1만 2,115괴 / 총 2만 3,587근괴				

과했다.[133] 가정 9년경[134]에 벌목 감독차 사천에 온 공부낭중 공휘(龔輝)는 상소에서 자신이 2년 정도의 기간 동안 목재와 판자 합쳐서 5,991근괴(根塊)를 조달했으며,[135] 그것도 모두 기둥에 쓸 만한 양질의 재목인데다가 8장(丈)이 넘는 것도 500근 이상 된다고 자랑스럽게 이야기하고 있지만,[136] 그럼에도 이는 위의 표에 제시되어 있는 할당량, 대목과 판자를 합친 1만 4,845근괴에는 아직 반도 못 미치는 양이다.[137] 물론 공휘의 이 상소는 자신의 성과를 자랑하기 위한 것이 아니라 채목의 지난함을 설명하고 아직 마련해 보내지 못한 양에 대한 채목을 잠시 중지시켜달라고 청하기 위한 것이었고,[138] 나아가 경비 부족의 해결 방법을 건의하기 위한 것이었다.

〈표 4〉에서 가정 6년의 소요 경비로 제시된 것은 사천성의 예상 경비인데[139] 실제 확보된 자금은 턱없이 모자라다고 하고 있다. 포정사의 창고에 있는 매목은(買木銀)이나 중앙의 공부(工部)에 보내야 하는 요가은(料價銀) 등 여러 항목의 자금[140]

---

133) 龔輝, 〈星變陳言疏〉, 9앞~뒤.

134) 공휘(龔輝)가 파견된 것은 인수궁과 선잠단(先蠶壇) 건립을 위한 채목 때문이었다(龔輝, 〈星變陳言疏〉, 1뒤~2앞). 인수궁 건립 계획은 가정 6년에 수립되었고 선잠단은 가정 9년에 건립 준비에 들어갔다(單士元·王璧文 編, 《明代建築大事年表》, 102쪽).

135) 공휘는 원래 사천뿐 아니라 귀주서로(貴州西路)에서도 대목을 수매하도록 되어 있었는데 이 5,991근괴(根塊)는 모두 사천 쪽에서 여러 번에 걸쳐 수매해 보낸 것이다. 鄭俊彬, 〈明代四川木柏的經營及其弊害〉, 143쪽에는 그 시기가 표로 제시돼 있어 참조할 만하다. 다만 표 중 '목근 수(木根數)' 부분에 남목만 표시되어 있는 것은 수정을 요한다. 그 수는 남목뿐만 아니라 삼목, 백목(栢木)도 포함된 것이기 때문이다(龔輝, 〈星變陳言疏〉, 5앞~뒤).

136) 龔輝, 〈星變陳言疏〉, 9앞~뒤.

137) 가정 9년에는 사천의 할당량이 감면되어 1만 2,828근괴가 되지만(龔輝, 〈星變陳言疏〉, 3앞~4뒤) 이 수도 채우려면 아직 먼 셈이다.

138) 龔輝, 〈星變陳言疏〉, 10앞~11앞에 "신이 감히 정협(鄭俠)의 고사를 본받아 그림을 그려 바치오니 엎드려 바라건대 폐하께서는 민생의 곤고와 목재 채운(採運)의 간난(艱難)을 살피사 아직 보내지 못한 부분은 [채목을] 잠시 정지시켜주십시오"라고 하였다.

139) 龔輝, 〈星變陳言疏〉, 6뒤에 "본 성에서 원래 의논하여 비용을 줄여서 정한 목재 수매 가격은 합쳐서 은 71만 6,738량입니다"고 하였다.

140) 여러 항목의 자금이란 지난번의 매목은(買木銀) 중 남은 것과 가정 원년에서 9년까지 주·현에서 보내온 공부 요가(料價) 등의 은량을 합한 14만 1,546여 량, 호부(戶部)와 예부(禮部) 및 남경 공부의 요은(料銀) 5만

을 전부 합쳐도 26만 3,166량(兩)에 불과해 상인에게 치러야 할 대금을 다 충당할 수 없는 실정이니 지방에 있는 다른 항목의 자금을 전용할 수 있게 해달라고 공휘는 청했던 것이다. 그 다른 항목이란 가정 5년부터 11년 6월까지 부·주·현에서 포정사에 보내온 호부(戶部)와 예부(禮部) 2부 및 남경 공부의 요가은(料價銀) 3만 9,253량과 지난번의 각 부 요가은 중 중앙에 보내고 남은 것 4만 6,389량, 그리고 부·주·현의 창고에 있는 장벌금(贓罰金) 67량, 장벌은(贓罰銀) 9만 1,711량을 가리킨다. 이 항목들을 다 합치면 금 67량, 은 17만 7,353량으로서 모자란 액수인 45만 3,571량에 아직도 많이 못 미치는 수준이지만, 여전히 모자라는 부분을 어떻게 메울 것인지에 대해서는 공휘는 언급하고 있지 않다.[141] 앞에서 말한 바와 같이 공휘의 이 상소는 무엇보다 이 정도에서 채목을 당분간 중지시켜달라고 청하는 데 목적을 두고 있었기 때문이다.[142] 공휘가 자금 확보 요청을 이 정도 액수에서 그친 것은 그 정도면 상인에게 줄 대금은 웬만큼 해결되기 때문이었으리라고 봐야 할 것이다.[143]

아무튼 이상에서 알 수 있는 사실은 당시 채목 자체를 위한 예산은 그리 많지 않 았다는 것이다. 공휘의 상소문에 항목들이 명확히 구분돼 있지 않아 정확한 계산

94량, 중경부(重慶府)의 군향은(軍餉銀) 1만 량, 중경부의 상공은(賞功銀) 2,419여 량, 섬서와 양회(兩淮) 전운염사사(轉運鹽使司)가 보낸 예은(例銀)과 보령부(保寧府)의 환차은(還借銀)을 합한 4만 2,256여 량, 사천 포정사(布政司) 창고에 있는 장벌은(贓罰銀), 결관시신은(缺官柴薪銀) 등 1만 6,849여 량을 말한다(여기서는 량 이하의 단위를 생략하여 본문보다 합계가 1량 적어진다). 鄭俊彬, 〈明代四川木柏的經營及其弊害〉, 143쪽에는 이 내용이 표로 제시돼 있어 보기에 편리하다. 다만 그 표의 제목이 '경비 지출표'라고 되어 있어서 오해를 불러일으킬 소지가 있다. 이것들은 경비의 항목이 아니라 재원의 출처 항목인 것이다.

141) 공휘는 상소문 곳곳에서 황제의 내탕은(內帑銀)을 청해야겠다느니 연납(捐納)을 실시해야겠다느니 하는 등의 언급을 하는데, 이 이상 채목을 더 진행시킨다면 그 같은 수단에 의지해 자금을 확보할 수밖에 없으리라는 뜻을 슬쩍 내비친 것으로 보인다.

142) 주 138의 인용문이 알려주는 것처럼 공휘는 상소할 때에 채목과 운송의 어려움을 그린 그림도 함께 바쳤다.

143) 鄭俊彬, 〈明代四川木柏的經營及其弊害〉, 143~144쪽에는 상인에게 치러야 할 대금이 45만여 량이라고 나와 있는데 이는 사료를 오독한 것이다. 더욱이 龔輝, 〈星變陳言疏〉, 8앞~뒤에는 본문에서 언급한 장벌금은(贓罰金銀)의 전용 요청 바로 뒤에 "청컨대 이 자금을 상인에게 지급하도록 허락해주십시오. 그리하면 일 처리를 끝낼 수 있습니다"라는 명확한 언급이 있다.

은 불가능하지만, 채목은(採木銀)은 애초에 확보된 재원 중 약 43%에 지나지 않았고,[144] 원래 중앙의 각 부로 보내야 할 요가은과 지방에서 재량껏 쓸 수 있는 장벌은 등으로[145] 재원을 보충해야 했다. 주 144에서 계산한 바와 같이 새로이 확보하려고 하는 자금은 특히 지방 재정 부문에 크게 의존하는 것이었음을 알 수 있다.

다음으로 가정 20년(1541)의 예를 보자. 〈표 4〉에서 전거로 제시한 실록의 기사에 따르면 독목어사(督木御史) 반감(潘鑑)은 호광에서 남목과 삼목의 판목(板木) 1만여 근을 조달하려면 은(銀) 57만 량이 필요한데 지금 있는 것은 겨우 7만 량에 불과하니 모자라는 액수는 양경(兩京)에 보내야 할 요가(料價), 단필(段疋) 은량과 군향(軍餉) 등을 지방에서 끌어다 쓰고 아울러 호광의 장벌은 및 상세(商稅) 등을 전용해야겠다고 상주해 허가를 받아내었다. 이 조치는 단지 호광만이 아니라 사천과 귀주에서도 또한 그리 하도록 허락한 것인데 앞의 가정 9년의 경우와 비교해 전용 자금의 항목은 조금 늘어났지만 재원의 성격은 비슷하다 하겠다. 중앙으로 보낼 것이든 지방에서 사용할 것이든 일단은 해당 지역에서 확보한 재원으로 뭔가 융통하려는 시도이다.

가정 36년에는 삼전 중건으로 공사의 규모도 커서 더욱 많은 재원이 필요하였다. 이전에 큰 비중을 차지했던 요가은이나 장벌은의 사용으로는 어림도 없어 다른 성(省)으로부터 협제(協濟), 즉 자금 원조를 받고 연납(捐納)도 실시하게 된다.

---

144) 주 140의 서두에서 언급한 14만 1,546량은 매목은과 요가은을 합한 수치여서 매목은과 요가은 각각의 액수가 얼마인지 알 수가 없다. 편의상 이것을 반씩 나누어 계산하면 매목은은 7만 773량에다가 섬서 및 양회로부터 받은 예은을 포함하면 11만 3,029량이 되므로 당시까지 확보된 재원 26만 3,166량 가운데 약 43%를 차지하게 되며, 새로이 전용되어 들어올 재원 17만 7,353량을 합친 액수인 44만 519량 가운데서는 약 26%를 차지하게 된다. 한편 요가은은 7만 773량에다 당시까지 마련한 5만 94량을 합치면 12만 867량이므로 당시까지 확보된 재원 26만 3,166량 중에서는 약 46%를 차지하게 되며, 앞으로 전용되어 들어올 재원, 3만 9,253량과 4만 6,389량을 합치면 20만 6,579량이 되어 44만 519량 중에서는 약 47%를 차지하게 된다. 그리고 장벌은(贓罰銀) 부분은 이미 확보된 것은 1만 6,849량으로 이미 확보된 전체 재원의 약 6.4%이나 새로 전용되는 재원 9만 1,711량을 합치면 10만 8,560량으로 전체 액수의 약 25%가 되어 그 비중이 커진다.
145) 장벌은량은 지방의 비공식적인 재정을 풍부하게 해주는 이른바 무애(無碍) 은량에 속한다. 이에 관해서는 김홍길, 〈明代 北京의 매판과 '短價'〉, 101쪽 참조.

커다란 공사였던 데 비해 경비와 관련된 구체적인 수치를 알려주는 사료가 없어 자세히 논할 수가 없으나, 호광과 비슷한 수준의 경비를 썼다고 가정한다면 다른 성으로부터의 협제 액수 69만 6,000량[146]은 전체 경비의 약 20%에 해당하게 된다.[147] 그리고 채목 비용에만 충당된 것은 아니지만, 세량의 가파(加派), 즉 농민들에게 부과하는 조세의 추가 징수도 실시되었다.[148] 궁궐 건축을 위한 세금 부과가 다시 모습을 나타낸 것이다.[149]

백성들의 부담은 만력 24년(1596)의 양궁 중건 때 더욱 커졌다. 만력 28년에 공과급사중(工科給事中)이 된 왕덕완(王德完)은 사천에 부과된 5,600근괴(〈표 4〉 참조)를 조달해 보내려면 350만 량이 필요한데 그 할당량 중 10분의 6을 보낸 현재, 성의 창고에서 충당한 금액은 36만 4,400량에 불과하고 나머지는 세량의 가파로 충당하고 있다고 문제점을 지적하고 황제의 내탕은(內帑銀)에서 보조해달라고 청하였다.[150] 당시 지방 재정의 재원이 되는 것은 역시 공부의 요가은과 장벌은, 상세, 계세(契稅), 그리고 충원되지 않은 관직의 봉급인 결관봉신(缺官俸薪) 등의 항

---

146) 《喬中丞奏議》 권6, 條議大木疏 44뒤. 협제(協濟)를 해온 각 성과 협제 액수에 대해서는 鄭俊彬, 〈明代四川木材的經營及其弊害〉, 149쪽의 표 참조. 그런데 이 표는 이때 사천에서 실제로 쓴 비용을 360만 량으로 제시하고 그 근거로서 교벽성(喬璧星)의 상소를 들고 있는데 이 상소의 어디에도 이 액수에 대한 언급이 없다.

147) 〈표 4〉에서 참고로 제시한(주 128 참조) 호광의 실제 사용 경비 339만여 량을 가지고 계산해본 것이다. 귀주의 경우는 비교적 자세한 수치가 남아 있는데, 협제 액수가 광동으로부터 10만 1,805량, 운남(雲南)으로부터 14만 1,295량, 강서로부터 9만 량, 산서로부터 3만 5,000량이 들어와(舒應龍·毛在, 〈大木疏〉, 20뒤~21앞) 모두 36만 8,100량이었으며, 이는 사용된 전체 비용의 약 51%를 차지한다. 귀주가 재정 사정이 어려운 성이었다는 점이 감안된 것이리라.

148) 《冬官紀事》 大工及各工附錄, 14앞에는 100만 량을 가파(加派)했다고 나와 있다. 《世宗實錄》 권450, 嘉靖36年8月癸卯條 참조.

149) 정덕(正德) 9년에 양궁의 중건을 위해서 남북 직예와 절강(浙江) 등에 세량 100만 량을 나누어 가파한 적이 있다(《武宗實錄》 권119, 正德9年12月甲寅).

150) 王德完, 〈檀財用匱竭之源祈營造緩急之務以光聖德以濟時艱疏〉, 《皇明經世文編》 권444, 25뒤~26뒤. 그리고 상소한 시기는 불분명하나, 왕덕완(王德完)은 같은 권에 있는 상소 〈四川異常困苦乞賜特恩以救倒懸疏〉, 11앞에서 "살펴보건대 사천성의 창고 사정은 오랫동안 풍족하다고들 하였습니다만 근래에는 점차 소모되어 별로 비축이 없는 상황에 이르렀습니다. 대목의 조달에는 은 300만 량이 필요한데 대부분은 주·현에 부과하고 성의 창고에서 나가는 것은 단지 열에 둘밖에 없습니다"라고 하여 본문의 상소보다는 성에서 부담한 것이 더 많다.

목이었는데,[151] 이때는 사천 동남부의 파주(播州)에서 양응룡(楊應龍)이 이끄는 소수 민족의 반명(反明) 투쟁이 일어나 진압 경비가 많이 지출되면서 채목을 위한 지출은 매우 적어질 수밖에 없었다.[152] 당시 순무 이화룡(李化龍)은 상소를 올려 채목 시 의민(義民)에게 가파를 하거나 제대로 임금을 주지 않고 사람을 부리는 주·현이 있음을 보고하고 그러한 곳의 주·현 관리들에게 징계를 내릴 것을 청했는데,[153] 그러한 사례들이 발생하는 것은 독목관이 주·현에 목재 할당량을 부과하고 나머지는 알아서 하라는 식으로 대처한 탓이었다.[154] 게다가 채목의 책임이 순무 등 지방관의 최고위급으로 옮겨 오면서 주·현의 입장이 더욱 약해져 주·현의 관리들은 이래저래 모자라는 예산 속에서 뭔가 편법을 도모할 수밖에 없었다.[155] 물론 만력 24년에도 궁궐 건축 경비의 모자라는 부분을 메우기 위해 연납이 실시되었고[156] 또 저 유명한 광세(礦稅)도 이때 부과되기 시작했지만[157] 그렇게 하여 마련된 재정 가운데 어느 정도나 채목 경비로 충당되었는지는 현재로서는 불명하다. 다만 왕덕완과 이화룡이 지적한 앞의 사례들로 미루어 그렇게 많

---

151)《冬官紀事》, 6뒤.

152) 이 전란으로 말미암아 채목해 보내는 것은 결국 두 번째 보낸 뒤로 중단되고 비용도 200만 량 정도를 지출한 단계에서 채목이 끝나게 된다. 〈표 4〉에 주 131이 표시된 부분 참조. 그리고 鄭俊彬, 〈明代四川木材的經營及其弊害〉, 150쪽 참조.

153) 말이 의민(義民)이지 실제로는 거의 강제적인 할당이었을 가파, 즉 세량의 추가 징수는 성도부(成都府) 자양현(資陽縣)에서 일어났고, 제대로 임금을 지불하지 않고 산중(山中)의 일을 시킨 사례는 성도부 숭경주(崇慶州)에서 일어났다고 한다. 李化龍, 〈二運大木勸應疏〉, 3앞~뒤 참조.

154) 이때의 일을 몇 년 뒤에 부임해 오는 순무 교벽성은 당시 포정사의 창고에 250여 만 량이 있었는데 반란 진압 경비에 쓰다 보니 채목 비용을 제대로 지급할 수가 없어 주·현에다 자체에서 알아서 목재를 조달해 오도록 했다고 밝히고 있다(萬曆重修《四川總志》권21 經略志, 木政 65앞).

155) 시기적으로도 나중이고 지역도 다르지만 모자라는 예산으로 주·현에 일을 시키는 메커니즘에 대해서는 김홍길, 〈淸初 直隷 三河縣의 穀物採買와 '短價'〉, 《歷史敎育》 62(1997) 참조.

156)《冬官紀事》大工及各工附錄, 9뒤에 따르면 이때 연납으로 들어온 수입이 100만 량이었다.

157)《明史》권305 宦官二, 陳增, 26책, 7,805쪽에는 "건축 공사에 자금은 모자라는데 재정을 맡은 관리는 방도를 찾지 못하자 이에 광세(礦稅)가 등장하게 되었다. 그 관리의 파견은 만력 24년에 시작한다"고 되어 있고 王德完, 〈糧財用……濟時艱疏〉, 26앞에는 "대저 광세의 부과는 원래 공사를 돕기 위한 것이었다"라고 되어 있어서 광세가 원래 만력 24년의 궁궐 건축의 경비를 위해 조성된 것임을 알 수 있다.

지 않았으리라고 추측해보는 것이다.

이제 끝으로 만력 35년(1607)의 삼전 중건을 위한 채목 건을 살펴보기로 하자. 당시 순무 교벽성(喬璧星)이 제시한 재원 확보 방안도 역시 앞의 것들과 큰 차이가 없었다. 첫째는 성(省)의 창고에 매년 10만 량 정도 들어오는 장벌(贓罰), 염과(鹽課), 차세(茶稅), 계세(契稅) 등의 은량과 아울러 공부의 요가은, 상세, 계세 등을 보내지 않고 사용하는 것이다.[158] 둘째는 다른 성에 빌려주었던 향은(餉銀) 등을 돌려받는 것이다. 이전에 운남(雲南)에 병향(兵餉)으로 빌려준 것 중 아직 돌려받지 못한 것이 23만 4,000량이었다.[159] 셋째는 다른 성으로부터 원조를 받는 것인데, 당시 공부는 전체 비용의 5분의 1을 협제 받는 것을 원칙으로 하여 사천에 80만 량을 지원해줄 것을 상소하고 있다.[160] 넷째는 만력 36년부터 예의 세량의 가파를 실시하는 것이다.[161] 가파의 액수는 세량 1석당 은(銀) 5전, 인정(人丁) 1정당 은 5분(分)으로 할 것이 제안되는데, 이것은 당시 사천에서 실제로 징수된 세량과 인정이 각각 97만 6,542여 석과 88만 1,746정인 것을 토대로[162] 계산하면 총 53만 2,358여 량이 된다. 이상에서 제시된 액수를 모두 합하면 293만 1,075량 정도가 되는데,[163] 이는 비록 공부 요가은 등이 빠진 것이기는 하지만 전체 소요 경비에 많이 못 미치는 수준이다. 원래 이같이 재원 문제를 논하고 있는 교벽성의 상소는 애초에 부과된 목재 수량을 반으로 감면해줄 것을 청하는 데 목적이 있어서[164] 이 정도 선에서 그친 것인지도 모른다.

그런데 여기에 또 하나의 문제가 있었으니, 이 자금 조달 방법이 곧바로 황제의

---

158) 喬璧星, 〈條議大木疏〉, 46앞.

159) 喬璧星, 〈條議大木疏〉, 47뒤~48앞.

160) 《神廟留中奏疏彙要》 工部 권1, 萬曆37年4月25日 工部疏 8뒤~9앞.

161) 喬璧星, 〈條議大木疏〉, 44뒤~48뒤.

162) 萬曆重修《四川總志》 권21 經略志, 木政 66뒤~67앞. 鄭俊彬, 〈明代四川木柏的經營及其弊害〉, 150쪽도 참조.

163) 이때 중앙 정부가 시달한 채목 기간이 3년이었으므로(喬璧星, 〈條議大木疏〉, 43앞) 3년을 계산 단위로 하였다. 따라서 성의 창고에 들어오는 장벌은(贓罰銀) 등의 액수를 30만여 량으로, 가파 액수를 159만 7,075량으로 계산하였다.

164) 喬璧星, 〈條議大木疏〉, 43뒤.

재가를 받지 못했다는 것이다. 유명한 만력제(萬曆帝)의 유중(留中)이다. 초조해진 교벽성은 그러면 아예 삼전 공사를 중지하자고 상소를 올렸는데[165] 그에 대해서도 황제는 가타부타 답이 없다. 결국 이후에도 몇 번인가 상소를 거듭한 끝에 겨우 허가가 떨어졌는데,[166] 그사이의 경비 조달은 당시 성의 창고에 있던 재원으로 어찌어찌 해결했다고 한다.[167] 교벽성은 지난 만력 27년경의 포정사 창고에 비축돼 있었던 재원의 액수는 언급하였지만 자신이 순무로 임직하는 때의 액수는 밝히지 않은 채 그저 그 재원이 고갈되고 없다고만 하고 있다.[168] 원래 지방 재정이라는 것이 실상을 알기가 매우 어려운 것인 만큼 여기서는 이 이상 천착하지 않는다.

당초 중앙 정부는 삼전 공사를 위한 채목 시한으로 3년을 주었고 교벽성은 당치도 않다며 10년은 필요하다고 요청했지만 실제로는 10년을 많이 넘긴 만력 말, 그리고 천계 연간(1621~1627)까지 채목이 계속되었다.[169] 그런데 앞에서 언급한 재원 확보책은 모두 채목이 끝날 때까지를 기한으로 한 것이어서 기한이 길어지면 질수록 가장 확실한 수입원이 되는 세량에의 가파가 점점 큰 비중을 차지해갔으리라는 것을 짐작하기 어렵지 않다. 사천민의 부담이 그만큼 커졌음은 물론이다. 만력 40년대 후반으로 가면 요동(遼東)의 군사비 지출이 증대되는 등 재정 상황이 크게 악화되고 재정을 보충하기 위해 요향(遼餉)이 부과되는 등 전국 각

---

165) 喬璧星, 〈請停大工疏〉, 《喬中丞奏議》 권7. 만력 36년 6월에 보낸 문공(門工), 즉 궁궐의 문 공사에 쓸 목재 운반에 대한 언급이 있는 것으로 보아 이해에 쓴 상소로 보인다.

166) 만력 37년 봄쯤에 허가가 떨어졌을 것으로 추정된다. 교벽성의 37년의 상소(請留稅銀疏)에는 아직 허가가 나지 않았음이 언급돼 있고 《神廟留中奏疏彙要》 工部 권1, 萬曆37年4月25日 工部 奏疏 8앞에는 공부의 요가은과 지방의 장벌은 등의 사용이 허가되었음이 언급돼 있기 때문이다. 鄭俊彬, 〈明代四川木材的經營及其弊害〉, 150쪽에는 교벽성이 요청한 항목 중 가파 이외에는 허가된 것이 없다고 나와 있는데 이는 틀린 내용이다. 거기서 근거로 내세우는 것이 교벽성의 〈條議大木疏〉인데 이 상소의 어디에도 그런 구절이 없기 때문이다. 다만 호부의 반대로 사천에서 섬서에 병향(兵餉)으로 보내던 은량의 유용은 허가가 안 나는 등 협제의 건은 제대로 안 되어서, 공부가 본문 중에서 말한 바와 같은 5분의 1 상당의 협제를 요청했으나 역시 유중이 되었다.

167) 喬璧星, 〈請留稅銀疏〉, 《喬中丞奏議》 권8, 87뒤~88앞.

168) 喬璧星, 〈請留稅銀疏〉, 《喬中丞奏議》 권8, 87뒤~88앞.

169) 民國 《桐梓縣志》 권43 文徵上集, 27앞~뒤. 천계 연간에는 채목에 그다지 성과가 없었다는 사실도 기록되어 있다.

지역의 부담도 만만치 않게 커져, 협제를 비롯한 다른 예산으로부터의 지원은 갈수록 기대할 수 없는 상황이 전개된다.

이상의 논의와 관련해 숫자가 빈출하였지만 숫자의 뒤에 있는 진실도 파헤쳐볼 필요가 있다. 첫째, 부과된 채목량은 실제 필요한 양보다 훨씬 많았던 것으로 보인다. 홍치 연간에 북경의 양대 목창에 쌓여 있던 남목과 삼목은 영락, 선덕(宣德) 연간에 사천, 호광 등지에서 가져온 것이었다고 하니,[170] 공사를 하고 남은 것이 꽤 많았음을 알 수 있다. 가정 9년에서 11년경에 걸친 공휘의 채목 때도 부과된 목재 수량의 반도 채 안 채워진 상태에서 인수궁(仁壽宮)과 선잠단(先蠶壇)의 건축이 웬만큼 다 되어가고 있었다고 하니[171] 만력 연간의 하성서의 말처럼 장래에 있을 건축에도 대비해서 채목할 양을 정했음[172]을 또한 알 수 있다.

둘째, 채목과 운송에 필요한 경비도 실제보다 많이 책정되었을 가능성이 있다. 채목 지역 측에서도 장래에의 대비도 겸해서 부과된 수량 이상을 채목함으로써[173] 할당된 것을 보내고도 남은 목재들이 제법 비축되어 있었던 경우가 꽤 있는데,[174] 그러한 초과분만큼 비용도 더 들었을 것이기 때문이다. 소상 채판을 하게 되면서부터는 상인 측이 값을 많이 불러 경비가 증가한 측면도 있었다. 사천의 예는 아

---

170) 《孝宗實錄》 권124, 弘治10年4月戊寅. 심지어 청대 건륭(乾隆) 연간에 신목창(神木廠)에 있던 대목도 영락 때의 것이었다고 한다(汪啓淑, 《水曹淸暇錄》 권9 神木廠之大木(北京 : 北京古籍出版社, 1998), 133쪽].

171) 龔輝, 〈星變陳言疏〉, 9앞~뒤.

172) 《冬官紀事》, 6뒤.

173) 張養蒙, 〈爲川民採木乞酌收餘材以寬比累事〉, 《皇明經世文編》 권427, 1뒤~2앞. 정해진 양을 초과해 벌목하는 것은 장래에의 대비 이외에, 나무 중에 벌레가 먹든지 해서 속이 빈 것들이 많이 있을 가능성에 대한 대비도 있었다. 가정 연간의 모기(毛起)는 벤 나무 중 열에 한둘 정도 온전한 것을 얻으면 그나마 다행이라 했고(毛起, 〈贈束明府獎勸序〉, 嘉靖 《洪雅縣志》 권5 藝文, 6뒤), 공휘는 온전한 것이 백에 한둘이라 하였다(龔輝, 〈採運圖前 說〉, 14앞).

174) 만력 36년의 삼전 중건 때 궁궐의 문 공사가 급하다며 목재를 빨리 보내라고 재촉하자 교벽성은 남아 있던 이전의 목재를 우선 보냈다(喬璧星, 〈報解門工大木疏〉, 《喬中丞奏議》 권7, 21앞~2앞). 그 이전 시기의 사료에서도 벌채해놓은 목재가 많았다는 기사는 여기저기서 눈에 띄는데, 요구되는 목재 규격에 다소 어긋나는 것들이 많이 발생한데다가 그것들이 또한 궁궐에 쓰이는, 이른바 '황목(皇木)'이라 해서 함부로 시장에 내다 팔지 못하게 한 것(張養蒙, 〈爲川民採木乞酌收餘材以寬比累事〉, 1뒤~2뒤)도 그런 목재 잔량을 만들어낸 원인의 하나였을 것이다.

니지만, 만력 24년에 응가(鷹架) 등 삼목 16만 근의 조달에 대해 상인 측이 요구한 값은 30만 량이었는데 하성서는 거기서 10여 만 량을 깎았다고 한다.[175] 그러나 이는 하성서 같이 청관(淸官)인데다가 일을 꼼꼼히 처리하는 사람이기에 가능한 일이었다. 그는 이 밖에도 공사의 여러 부문에서 가격을 대폭 줄여 절약을 많이 했는데[176] 관행을 깨는 그의 이 같은 행동은 도리어 공사 자금을 횡령하고 목재 상 인으로부터 돈을 갈취했다고 탄핵을 당하는 것으로 끝나게 된다.[177] 결국 관원이 상인에게서 뇌물을 받고 그 대가로 일일이 가격에 관여하지 않고 적당히 넘어가 주는 것이 오히려 흔한 일이었다고 볼 수 있는 것이다.[178] 목재 상인과 관련한 이 러한 문제는 본격적인 논의를 필요로 하는 것이라 본 논문에서는 다루지 않는다.

셋째, 앞에서 채목 자체를 위한 예산은 그리 많지 않았다고 언급했지만 그래도 가정 연간까지는 지방에서 채목에 쓸 자금을 어느 정도는 미리 준비하기도 했던 것으로 보인다. 융경 초의 호부상서(戶部尙書) 마삼(馬森)은 지방의 부·주·현이 큰 공사를 위한 불시의 요가은 징수에 대비해 모아놓은 자금이 있었던 사실을 다 음과 같이 말한다.

> 공부(工部)는 원래 국가의 대공사가 있으면 그때마다 불시에 요가(料價)를 부과하기 때문에
> 부·주·현에서는 그때가 언제인지 몰라 매년 세를 무겁게 매겨 관부에 비축해놓고 있었습니
> 다.[179]

---

175) 《冬官紀事》大工及各工附錄, 14뒤.

176) 양궁 공사에서 공사 감독을 맡은 환관이 애초에 산출한 경비는 전부 1,000만 량이었지만 만력 24년 7월에 착공해 26년 7월 지붕에 기와를 다 올릴 때까지 하성서가 쓴 돈은 72만여 량에 불과했다(《冬官紀事》, 2앞~뒤). 또한 《冬官紀事》 14앞에 있는 〈변경찰소(辯京察疏)〉에서 하성서는 주전(鑄錢)해 나온 은량 등을 공제하면 액수 가 더 적어진다고 말하고 있다.

177) 賀盛瑞, 〈辯京察疏〉, 14앞 · 15뒤 · 16앞.

178) 賀盛瑞, 〈辯京察疏〉, 13뒤 · 15앞 · 17앞 등 참조. 饒景暉, 〈撫蜀政要〉, 54뒤에는 관리가 목재 상인에게 대금 을 지불할 때 돈을 뜯든가 그들로부터 뇌물을 받는다고 나와 있는데 이러한 행위도 결국은 목재 가격을 올리는 결과를 낳았을 것이다.

179) 馬森, 〈明會計以預遠圖疏〉, 《皇明經世文編》 권298, 14앞~뒤.

그러나 만력 연간에 들어와 그러한 자금은 현저하게 줄어들었고, 시대가 뒤로 갈수록 세량의 가파에 점점 더 많이 의존하게 되었음은 앞에서 살펴본 바와 같다. 더욱이 만력 24년 이후 환관이 전국에 파견되어 악명 높았던 광세를 거두어들였는데, 사천도 예외가 아니어서 사천민은 채목은(採木銀)의 가파와 함께 이중의 부담을 지게 되었다.[180]

끝으로, 대규모 채목이 있을 때마다 소수 민족의 목재 헌납이 장려되었던 것을 들지 않을 수 없다. 영락 연간 이래 대목의 대규모 벌채가 자주 벌어진 결과 정덕 연간(1506~1521)부터는 운송에 편리한 하천 가까운 곳의 나무는 다 베여 없어지고[181] 대목을 구하기 위해서는 갈수록 심산유곡으로 들어가게 되었는데, 그렇다 보니 자연히 소수 민족 토사(土司)의 구역에서 벌채를 하지 않을 수 없게 되었고[182] 이로 인해 여러 가지 추가 비용이 발생하게 되었다. 대목을 찾는 과정에서도 소수 민족의 힘을 빌려야 했고 나무를 벨 때도 그들에게 여러 가지 명목의 대가를 지불해야 했기 때문이다.[183] 그래도 이것은 평화적인 거래라 다행한 일에 속했다. 여차하면 그들에게 재물을 빼앗기든가 때로는 목숨까지 위협받는 상황이어서[184] 명조는 그들에게 회유·강경의 양면 전술을 쓰게 된다. 회유책이란 대목이나 그 자금을 헌납하는 자에게 관작(官爵)과 품복(品服) 등을 하사하는 것으로,[185] 명분도 얻고 재정적 이익도 취하는 방법이었다. 다만 그들의 목재 헌납량은 그리 많지 않았

---

180) 교벽성은 광세가 원래 궁궐 짓는 명목으로 부과되는 것인데 채목하는 사천에도 그것을 부과하는 것은 사천민에게 너무 큰 부담을 지우는 일인데다 무엇보다도 신의에 어긋나는 일이라며 사천에의 광세 부과를 정지해달라고 청했으나 답을 받지 못하였다(喬璧星, 〈請停稅務疏〉, 27앞~28앞).

181) 龔輝, 〈星變陳言疏〉, 9앞.

182) 徐元太, 〈請蠲疲民糧賦疏〉, 《皇明經世文編》 권390, 2뒤.

183) 나무를 찾는 것과 관련해서도 많은 돈을 지불해야 했지만 나무를 찾은 뒤에 토사(土司)에게는 산(山)값〔산본(山本)〕을, 지주에게는 땅값〔지전(地錢)〕을, 촌장〔채주(砦主)〕에게는 길값〔노상(路賞)〕을 각각 지불해야 했으므로, 작은 목재라도 옥과 같은 값이었다고 한다(喬璧星, 〈請停大工疏〉, 60뒤). 毛起, 〈贈束明府獎勸序〉, 7앞~뒤도 참조.

184) 毛起, 〈贈束明府獎勸序〉; 徐元太, 〈請蠲疲民糧賦疏〉, 2뒤~3앞; 王德完, 〈四川異常困苦乞賜特恩以救倒懸疏〉, 7앞~뒤 등 참조.

185) 鄭俊彬, 〈明代四川木材的經營及其弊害〉, 147~148쪽 참조.

는데,[186] 명대는 왕조 권력이 소수 민족 지구를 완전히 지배하고 있던 시기가 아니어서 평화적으로 채목을 할 수 있으면 그것으로 족한 상황이었기 때문에 그 수량이 중요한 문제는 아니었던 것으로 보인다. 이 문제에 대해서도 본 논문에서는 깊이 들어가지 않는 것으로 한다. 그리고 재원의 분제를 다룰 때는 동시에 경비의 문제도 다루는 것이 당연하겠지만 이것 역시 차후의 논문으로 미룬다.

4. 목재 벌채와 운반의 실상

(1) 채목 지역과 채목 상황

명대에 사천에서 삼림이 대대적으로 벌채된 지역은 앞에서 논한 바와 같이 궁궐 건축에 필요한 목재를 제공할 수 있었던 지역이다. 우선 남목의 경우는 마호부(馬湖府)의 이계사(泥溪司)〔지금의 병산현(屛山縣)〕, 가정주(嘉定州)의 홍아현(洪雅縣)과 건위현(犍爲縣), 성도부(成都府) 북쪽의 문천현(汶川縣)과 남단의 정연현(井研縣), 보령부(保寧府)의 광원현(廣元縣), 그리고 사천 남동부 파주선위사(播州宣慰司)의 수양(綏陽)·여경(餘慶)·동재(桐梓) 등이 그런 지역에 속했다.[187] 남목이 상록 활엽수인 만큼 그 생육지는 심산이기는 해도 고도가 아주 높은 곳은 아니었다. 한편 삼목은 비교적 잎이 넓은 침엽 상록수로,[188] 사천의 대표적인 삼목 생육지는 남서부의 건창위(建昌衛) 지역이었다. 지도를 살펴보면 이들 지역이 각기 금사강(金沙江), 민강(岷江), 부용강(芙蓉江), 가릉강(嘉陵江) 등의 지류에 위치하고 있음을 알 수 있다. 적어도 가정 36년의 채목 때까지는 소수 민족 지역에까지 들

---

186) 제일 많은 것이 만력 14년에 파주선위사(播州宣慰使) 양응룡(楊應龍)이 바친 70주(株)였다(道光《遵義府志》권18 木政, 3뒤). 鄭俊彬, 〈明代四川木材的經營及其弊害〉, 146~147쪽의 표 참조.

187) 乾隆《屛山縣志》권8 木政志, 15앞~뒤 ; 同治《合江縣志》권31 木政志, 14뒤~15앞 등 참조.

188) 여기서 말하는 삼목은 우리나라에서 삼나무Cryptomeria japonica라고 부르는 그 나무가 아니라 중국 서남 지역이 원산지인 넓은잎삼나무Cunninghamia lanceolata이다.

어가 벌채를 하는 경우에도 하천 근처를 벗어나는 일이 없었지만, 만력 12년(1584) 부터는 벌채한 목재를 운반해 내오는 것이 그야말로 지난한, 강에서 먼 곳까지 가지 않으면 안 되었다.[189]

채목은 엄청난 노역이었다. 대목을 찾아다니는 것 자체도 쉽지 않았지만, 접근하기 힘든 가파른 곳이나 절벽에 위치한 대목을 상대해야 하는 경우도 있었고,[190] 게다가 벌목 도구라고는 그저 도끼뿐인 것이 당시의 기술 수준이었으니[191] 채목은 분명 대단히 힘들고 위험한 작업이었을 것이다. 우선 디디고 설 곳이 있어야 했으므로 디딤판을 만들어야 했고, 나무가 넘어갔을 때 넘어간 나무가 어느 정도 걸쳐 있을 곳 내지 작업 중에 벌목꾼들이 몸을 의지할 만한 곳을 만들어야 했다. 쓰러진 나무는 가지를 쳐야 했는데 험악한 지역에서는 사람들이 끈으로 몸을 지지대에 연결한 채 작업했다고 한다.[192]

어렵사리 벌목이 끝나면 이제 더욱 힘든 일이 기다리고 있었다. 다름 아닌 수로가 되는 물가까지 나무를 운반하는 일이다. 교벽성의 상소에 따르면 1호(號) 남목, 삼목이나 연(連)4판방(주 132의 표 참조)이 드물기는 해도 종종 있었는데,[193] 1호

---

189) 喬璧星, 〈條議大木疏〉, 42뒤~43앞. 강희 초의 사천순무 장덕지(張德地)는 작은 내에서 50리나 100리 정도 떨어진 곳에서라면 대목을 베어 그런대로 운반할 수 있지만 100리 이상 떨어진 곳에서라면 산세와 도로가 더욱 험해 어떻게 해볼 수가 없다고 밝히고 있다(張德地, 〈採木條議疏〉, 民國《桐梓縣志》권43 文徵上集, 24앞~뒤).

190) 呂坤, 〈憂危疏〉, 《皇明經世文編》권415, 3뒤. 앞에서 말한 바와 같이 공휘는 채목과 운송의 어려움을 15폭의 그림으로 나타내어 황제에게 채목의 일시 중지를 상소했는데, 그 그림들 중 〈산천험악도(山川險惡圖)〉와 〈발섭간위도(跋涉艱危圖)〉(이들 그림은 남아 있지 않다)가 이러한 내용을 보여준다(龔輝, 〈採運圖前說〉, 《名臣經濟錄》권48 工部, 12뒤~13앞).

191) 뒤 시대인 청대에도 벌목 도구는 큰 나무를 상대할 때든 작은 나무를 상대할 때든 오직 도끼뿐이었다(嚴如熤, 《三省邊防備覽》권9 山貨, 2뒤).

192) 강희 20년대 초의 마호(馬湖) 지부(知府) 하원준(何原濬)은 "조사해보니 남목은 모두 심산유곡의 험한 곳에 있어서 벌채를 할 때는 평지같이 쉽게 도끼를 댈 수 있는 것이 아니고 반드시 옆으로 막대기를 박아 지지대를 만들어서[찰상탑가(扎廂搭架)] 나무가 의지할 곳이 있도록 하여야 한다. 또 나무의 가지와 잎을 치는 데 인부들은 줄로 몸을 묶어 지지대에 연결해야 밑으로 추락할 염려가 없다"(乾隆《屏山縣志》권8 木政志, 11뒤~12앞)고 구체적인 상황을 알려주고 있다.

193) 喬璧星, 〈條議大木疏〉, 36뒤. 만력 24년에 양궁에 쓸 목재 중 대들보용은 길이가 9장, 둘레가 1장 3~4척이었는데(《冬官紀事》大工及各工附錄, 9앞), 이는 1호보다 둘레는 작지만 길이는 긴 수준이었다.

남목만 해도 길이가 7장, 지름이 6.5~7척으로 대단한 크기였다. 따라서 이런 나무는 운반하는 데 많은 인원이 필요하고[194] 운반 속도도 매우 느릴 수밖에 없었다. 조금 과장된 얘기겠지만 여곤은 천 명이 달라붙어도 나무를 움직이기 어려워서 한 번에 겨우 수 걸음밖에 못 간다고 말하고 있다.[195] 따라서 가능한 한 지형상의 이점을 이용하는 방법을 썼다. 봉우리와 봉우리 사이의 자연적 통로 같은 곳으로 나무를 내려 보내기도 했고, 인공 통로를 만들어 이용하기도 했으며,[196] 도르래 같은 것을 이용해 공중의 줄에다 나무를 매달아 운반하기도 했다.[197] 아무튼 나무를 운반하는 것은 대단히 힘든 작업이어서, 나무를 운반하는 값이 베는 값의 10배에 달한다는 말이 있을 정도였다.[198]

　　그래도 빠른 방법을 동원할 수 있다면 그나마 다행스러운 경우였고, 오로지 인력에만 의지해야 하는 코스가 많은 경우에는 속도가 더딘 것은 둘째 치고 무엇보다 작업 중의 사고로 사망자와 부상자가 속출한다는 것이 큰 문제였다. 여곤은 발을 헛디뎌 부상을 입거나 나무에 깔려 죽거나 하는 사람이 하루에 수십 명 내지 백 명씩 늘 발생한다면서 사천 사람들 말에 "산에 1,000명이 들어가면 나오는 사람은 500명밖에 안 된다"고 하는 게 있음을 알려주고 있다.[199] 또한 왕덕완은 만력

---

194) 강희 초의 장덕지는 길이 7장에 둘레 1장 2~3척인 남목을 끌어 운반하는 데 인부 500명이 필요하다고 밝히고 있다(張德地, 〈採木條議疏〉, 25앞).

195) 呂坤, 〈憂危疏〉, 3뒤~4앞. 가정 연간의 모기는 수백 명 내지 천 명이 나무에 줄을 매어 끌어도 하루에 한 치를 못 옮긴다고 표현했다(毛起, 〈贈束明府獎勸序〉, 7앞). 강희 초의 예지만, 동재현(桐梓縣)에서는 남목을 운반할 때 하루에 2~3리밖에 못 옮겼다고 한다(張德地, 〈勘採柟木疏〉, 民國《桐梓縣志》 권43 文徵上集, 22뒤~23앞).

196) 청대 진령 쪽의 예지만, 이 인공 통로를 유자(溜子)라 했는데, 작은 원목(圓木)을 길이 1장 정도로 잘라 나무의 끝 부분끼리를 마치 하나의 원통을 만들듯이 길이로 쭉 연결하고 폭은 7~8척 정도로 해서 나무의 옆 부분끼리 붙여 만들었다고 한다(《三省邊防備覽》 권9 山貨, 1앞~뒤).

197) 모기는 이것을 시렁[架]에다 나무를 실어 차로 운반한다고 표현했고(毛起, 〈贈束明府獎勸序〉, 7앞), 공휘는 이것을 〈천차월간도(天車越間圖)〉라는 그림으로 표현했는데(龔輝, 〈採運圖前說〉, 13뒤) 남아 있지 않은 것이 아쉽다. 청대의 엄여익(嚴如熤)은 산등성이에 나무 기둥들을 박아 서로 줄로 연결하고 도르래를 이용해 천차(天車)를 움직여 나무를 운반한다고 하였다(嚴如熤, 《三省邊防備覽》 권9 山貨, 1뒤~2앞).

198) 鄭俊彬 〈明代四川木材的經營及其弊害〉, 138쪽 참조.

199) 呂坤, 〈憂危疏〉, 4앞.

24년에 시작된 채목에서 안전사고에 국한된 것은 아니지만 사망한 채목 인부가 한 현당 천 명 가까이 되어 성 전체로는 10만 명 이상에 이른다고 상소하고 있다.[200]

여기에다가 해충이나 익숙하지 않은 기후에 의한 풍토병,[201] 잠자는 곳도 허술한데다가 특히 식량 사정이 좋지 못한 것 등등도 입산한 사람들을 괴롭히는 요소였다. 원래 채목이 시작되면 중요 지점에 일종의 지휘 본부이자 작업 단위라 할 수 있는 목창이 설치되었는데, 가정 9년에 실시된 마호부 등지의 채목 때는 각 창에 대개 300~500명의 인부가 소속돼 있었고 이들에게 들어가는 쌀이 매월 110여 석 이상이었다 하니,[202] 인부 1인당 하루에 0.7~1.2승(升)꼴이 된다.[203] 그런데 문제는, 인부들이 한군데 눌러앉아 있는 것이 아니라 여기저기로 긴 거리를 옮겨 다녀야 하는데 지고 갈 수 있는 식량에는 한계가 있다는 점이었다. 공휘에 의하면 한 사람이 쌀 5두(斗)를 지고 목창에서 작업장까지 왕래하는 데 7일이 걸리는 장소라면 세 사람이 겨우 먹을 수 있는 정도라고 했으니, 이 세 사람이 모두 쌀을 지고 간다고 가정하면 작업할 수 있는 기간은 길게 잡아서 43일 정도가 된다.[204] 그러나 예측하지 못한 일이 일어나거나 날짜가 길어지거나 하면 식량이 부족해질 수밖에

---

200) 王德完, 〈四川異常困苦乞賜特恩以救倒懸疏〉, 7앞~뒤.

201) 모기와 공휘 모두 해충이나 풍토병의 어려움을 논했고(毛起, 〈贈束明府樂勸序〉, 7뒤 ; 龔輝, 〈採運圖前說〉, 13뒤), 교벽성은 만력 24년의 채목에서 병으로 죽은 상인이나 인부가 수만 명을 헤아린다고 보고하였다(喬璧星, 〈條議大木疏〉, 42뒤~43앞).

202) 가정 11년경에 마호부(馬湖府) 등지에서 채목하던 목재 상인의 보고이다(龔輝, 〈星變陳言疏〉, 6앞~뒤). 명(明) 말에 파주선위사 수양현(綏陽縣)의 목창(木廠)에는 기술자 210명과 일반 인부 500명 정도가 있었다고 한다(張德地, 〈採木條議疏〉, 24뒤~25앞).

203) 명 말 수양현의 목창의 경우 인부에게 지급되는 하루 삯이 쌀 1승, 은 6분이었다(張德地, 〈採木條議疏〉, 25앞).

204) "한 사람이 하루에 쌀을 1승(升)을 먹는다고 했을 때 한 인부가 쌀 5두(斗)를 지고 왕래하는 데 7일이 걸리는 곳이라면, 자기가 먹는 것 이외에 두 사람을 겨우 먹일 수 있다. 만일 예측하지 못한 일이 생겨 가는 게 늦어지거나 하면 양식 공급에 큰 차질이 생긴다"(龔輝, 〈採運圖前說〉, 13앞~뒤). 세 사람이 전부 5말씩 지고 일하러 간다고 최대한 가정할 때 한 사람이 하루에 쌀 1되를 먹는다고 하였으므로 오고갈 때 먹는 양식과 일할 때의 양식을 합쳐 계산하면 1승(升)×3×7+1승×3 x=150승(x는 일하는 날짜이다)이 되어 43일이 나온다.

없었다. 더욱이 채목 기간은 대개 9월에서 다음 해 2월까지였으니[205] 동계에는 식량 부족의 고충이 한층 컸을 것이다. 여러 사람이 얘기한 채목의 어려움 가운데 꼭 인부들의 식량 부족이라든가 심지어 아사자 발생이 언급되는 것을 보면[206] 그러한 일이 비일비재했다고 봐도 무방할 것이다. 그리고 이 밖에 소수 민족과의 관계로 인한 피해도 채목의 어려움 가운데 하나로 거론할 수 있는데[207] 이 부분은 본 논문에서는 생략한다.

채목이 이렇게 열악한 조건에서 이루어졌으므로 채목 인부를 구하는 것도 큰 문제였다. 임금을 주고 부리는 일이라 해도 지원자가 없으면 강제로 사람을 동원할 수밖에 없어서 채목은 일종의 요역의 성격을 띠고 있었다.[208] 관원이 직접 채목을 맡아 하는 경우는 물론이고 상인을 통해 채목하는 경우에도 관의 힘을 빌려 노동력을 확보하는 경우가 많았던 것이다. 명 말에 파주선위사 수양현(綏陽縣)의 목창에서는 호광 진주부(辰州府) 정부가 기술자들을 소모(召募)해 데려왔고 일반 인부들을 모집하는 것은 독목도가 책임지고 있었다.[209] 채목 인부들을 고용하는 것이 유휴 노동력을 적절히 활용하는 일로서 일종의 실업자 구제 역할을 하는 경우라면[210] 긍정적인 평가를 내릴 수도 있겠지만, 대개의 경우 예하 각 지방에 할당해서 인력을 강제로 차출했을 가능성이 크다. 그러니 대목 벌채의 역에 차출되면 사지에 들어가는 것으로 인식되어 그의 처자가 통곡을 하는 것이었다.[211] 이처럼 상

---

205) 이 기간에 채목을 하는 것은 3월이면 하수(河水)가 불어서 벌목 준비 작업인 찰상(扎廂), 즉 옆으로 나무를 박는 작업이 어렵기 때문이었다. 주 192 참조.

206) 黃輝, 〈採木記〉, 道光《遵義府志》 권18 木政, 10뒤에 따르면 만력 24년의 채목 때 아사자가 많았다.

207) 주 184 참조.

208) 만력 44년에서 47년까지 사천순무를 지낸 요경휘(饒景暉)는 황목 채목이 사천의 최대의 역(役)이라며 소상(召商) 채판 이전, 즉 상인에게 청부를 주기 이전 완전히 백성의 요역에 의존하여 채목할 때에 백성 중 부유한 호인 대호(大戶)들이 이 역으로 인하여 파산한 것을 언급하고 있다(饒景暉, 〈撫蜀政要〉, 萬曆重修《四川總志》 권26 續經略六, 54뒤).

209) 張德地, 〈採木條議疏〉, 24앞~뒤.

210) 가정 연간에 가정부(嘉定府) 협강(夾江)의 지현(知縣) 동량경(董良卿)은 유민(流民)과 이민(移民) 수천 호(戶)를 모집하여 채목의 역을 시켰다고 칭송받았다(同治《嘉定府志》 권32 政績, 39뒤).

인이 청부를 받아 채목을 하는 경우에도 관부가 노동력을 관리해주었으므로 소상 채판이라 해도 완전한 상인 경영은 아니었고, 국가 권력의 힘을 빌린 특권적 경영의 성격을 띠고 있었다 하겠다.

(2) 목재의 수운과 수운 경로

천신만고 끝에 물가에 다다른 목재는 이제 하천을 따라 흘러가 양자강에 이르 렀고, 다시 양자강을 따라 흘러 내려가다가 진강(鎭江) 근처에서 운하로 진로를 바꿔 북경을 향해 나아갔다. 처음에 하천에서 목재를 띄워 보낼 때는 하나씩 따로 따로 흘려보내고〔방표(放漂)〕, 수량(水量)이 풍부한 곳에 이르면 묶어서 뗏목으로 만들어 보내게 된다.[212]

뗏목은 비교적 컸다. 만력 36년에 451주(株)의 목재를 보낼 때는 이를 8개의 뗏 목으로 만들어 각 뗏목에 뱃사공 8명, 기타 인원 5명이 탔다.[213] 또한 앞에서 언급한 수양현의 경우에는 80주의 목재로 뗏목 하나를 만들어 뱃사공 10명과 인부 등 40명 이 그것을 타고 떠났다.[214] 나무의 크기에 따라 다르겠지만 공휘에 따르면 하나의 뗏 목이 나무는 604주, 대나무는 4,405주로 만들어졌고 한번에 20 내지 30개의 뗏목이 보내졌다고 하니,[215] 이로 미루어 뗏목의 규모가 매우 컸음을 짐작할 수 있다.

뗏목 선단을 이끌고 가는 책임자는 대체로 부·주·현의 좌이관(佐貳官)이었 다.[216] 소상 채판이 실시되면서부터는 상인도 이 선단을 인솔하게 되었는데, 가정

---

211) 王德完,〈四川異常困苦乞賜特恩以救倒懸疏〉, 7앞에는 "채목 인부가 길을 나서면 부인과 아이들이 통곡을 한 다. 그 죽을이 두려워하는 것이 끓는 물이나 불로 향하는 것 같았다"라고 하였다.

212) 嘉慶《汶志紀略》권3 山川, 29뒤~30앞. 예를 들어 민강(岷江) 유역에서는 지금의 도강언시(都江堰市)에 해 당하는 관현(灌縣)의 자평포(紫平舖)에 이르러서 뗏목을 짰다〔劉有棟,〈理番之伐木運搬槪況〉,《四川林學會會刊》 1(1937), 64쪽〕.

213) 喬璧星,〈報解門工大木疏〉, 22앞~뒤.

214) 張德地,〈採木條議疏〉, 25앞.

215) 龔輝,〈採運圖前說〉, 14앞~뒤.

216) 龔輝,〈星變陳言疏〉, 5앞~뒤에 따르면 부(府)의 통판(通判), 주(州)의 동지(同知), 현(縣)의 주부(主簿) 등 이 그러한 인솔자였다. 교벽성이 궁궐 문 공사에 쓰일 목재를 보낼 때는 부의 통판이 총운관(總運官)이었고 분

7년의 인수궁 건축을 위한 채판 때라든가 만력 24년의 양궁 중건을 위한 채판 때가 그러한 예이다.[217] 상인이 인솔하면 목재가 면세되고 항행의 우선권이 주어지는 등 각종 특권이 부여되었으므로 상인은 이를 통해 이익을 챙기는 좋은 기회로 삼았었다.[218]

양자강 상류의 지류로부터 북경까지 흘러가는 것은 멀고 먼 여정이라 시간이 매우 많이 걸렸다. 만력 25년에 보낸 뗏목이 26년에, 27년에 보낸 뗏목이 29년에 도착했다고 하니[219] 대략 1~2년이 걸렸다고 봐야 할 것이다.[220] 도중에 항행이 여의치 않은 곳이 있으면 지역 사람들을 동원해 뗏목을 끌게 하기도 했고,[221] 급류를 만나거나 풍랑이 일어 어려운 상황에 봉착하기도 하였다.[222] 운하 쪽에 이르러서는 뗏목의 규모를 줄이는 일로 두 달 정도 지체되었고[223] 갑문을 통과하는 데도 당연히 시간이 걸렸다. 게다가 통주(通州)에서 북경까지의 통혜하(通惠河)는 영락 연간부터 가정 6년까지 불통이어서 그 기간 동안은 육로를 이용해야 하였다.[224]

북경 부근의 통주(通州)에 도착한 목재는 일단 장가만(張家灣) 목창 인원의 점검을 받았고,[225] 이후 황목을 저장하는 양대 창고인 북경의 신목창(神木廠)과 대목

운관(分運官)은 위(衛)의 천호(千戸)였다(喬璧星, 〈報解門工大木疏〉, 22앞).

217) 《世宗實錄》 권87, 嘉靖7年4月庚午條；《冬官紀事》, 3앞~뒤.

218) 《世宗實錄》 권87, 嘉靖7年4月庚午條；《冬官紀事》, 3앞~뒤.

219) 喬璧星, 〈條議大木疏〉, 37뒤.

220) 출발 지점이 어디인가에 따라 소요 시간에 차이가 있었겠지만 강희 초의 장덕지는 대략 1년여 걸린다고 썼다(張德地, 〈採木條議疏〉, 26뒤).

221) 《冬官紀事》, 3앞~뒤.

222) 乾隆 《屏山縣志》 권8 木政志, 13뒤~14앞. 청대에는 이런 문제에 대처하고자 지역 물길을 잘 아는 각 성의 수부들로 하여금 릴레이식으로 뗏목을 타게 하였다. 이를 위해서 성들 간에 미리 연락이 되어 있어야 하는 등 긴밀한 협조 체제가 필요했음은 물론이다. 張德地, 〈採木條議疏〉, 26뒤도 참조.

223) 藍勇, 《古代交通生態研究與實地考察》, 549쪽.

224) 성화(成化), 정덕 연간 등 그사이 여러 번에 걸쳐 이 구간의 통행을 허용하자는 논의가 있었으나 당시 육운(陸運)에 이권이 걸려 있던 세력가들에 의해 번번이 좌절되었다. 吳仲, 〈重開通惠疏〉, 《皇明經世文編》 補遺 권3, 1앞~2뒤；王軏, 〈重開通惠河疏〉, 《皇明經世文編》 권184, 4뒤~9앞；《春明夢餘錄》 권69 川渠(北京：北京古籍出版社, 1992), 下冊, 1,331~1,333쪽 참조.

225) 《冬官紀事》, 3뒤 · 4뒤.

창(大木廠)으로 보내졌다. 신목창은 숭문문(崇文門) 밖에 있었으며, 이곳에서는 원래 천 명의 군사가 일을 하게 되어 있었는데 도망가는 자들이 있고 해서 나중에는 821명이 남았다고 한다. 대목창은 조양문(朝陽門) 밖에 있었고, 인원 구성이 신목창과 같았다.[226] 신목창과 대목창 모두 환관이 관리했는데[227] 평소에 관리 상태가 그렇게 좋은 편은 아니었던 것 같다. 선덕 연간에는 목창을 관리하는 내관 자신이 그 목재를 훔쳐 판 사실이 발각된 바 있고,[228] 홍치 연간에는 신목창과 대목창 두 곳의 남목과 삼목이 다른 건물의 신증축에 함부로 쓰이고 있다는 공부의 상주가 있었다.[229] 융경 초년에도 환관이 멋대로 대목을 잘라 쓰고 있다는 탄핵이 있었는데 탄핵한 공부상서가 오히려 관직을 떠나지 않으면 안 되는 실정이었다.[230]

다시 수운 쪽으로 이야기를 돌리자. 목재는 수로를 통해 운반돼 오는 중에 많이 손실되었다. 특히 방표(放漂)할 때 손실이 많았다. 양자강 상류의 지류에서는 큰 돌이 많고 격랑이 일곤 해서 나무가 부딪쳐 부러지든가 표실되는 일이 많았고, 그래서 애초에 띄워 보낸 나무들 중 30~40%는 잃을 각오를 해야 했다.[231] 양자강에 들어와서도 표실되는 것이 있었지만, 운반 책임을 진 관리[운관(運官)]에 대한 통제가 미치기 어려운 곳이어서 운관들이 느릿느릿 여유를 부리며 일을 진행시키는 경우가 많았던 것 같다. 가정 21년(1542)에는 공부의 관원 두 명을 파견해 주요 지점에서 목재가 운반돼 들어오는 날짜를 점검하게 했고, 또한 순무·순안에게도

---

226) 《萬曆會典》 권190 工部, 物料, 木植, 7앞~뒤. 藍勇, 《古代交通生態研究與實地考察》, 550쪽은 이 사료를 근거로 신목창의 원래의 군사 수를 호분(虎賁) 등 17명, 경위통주(京衛通州) 등 25명, 외위군여(外衛軍餘) 1,000명이라고 하고 있으나 이는 사료를 오독한 것이다. 《만력회전》의 원문은 "舊額, 撥虎賁等十七京衛, 通州等二十五外衛, 軍餘一千名, 在廠工辦"이라고 끊어 "원래 숫자는 호분 등 17경위와 통주 등 25외위에서 차출된 군여(아직 군적을 받지 못한 군사) 1,000명으로 이들이 공창에서 일을 한다"라고 해석해야 할 것이다.

227) 《酌中志》 권15 逆賢羽翼紀略, 84쪽 ; 《酌中志》 권16 內府衙門職掌, 102쪽 ; 《冬官紀事》, 4뒤도 참조.

228) 《弇山堂別集》 권91 中官考二, 1,743쪽.

229) 《孝宗實錄》 권124, 弘治10年4月戊寅. 또한 보관 중인 나무를 제대로 덮어놓지 않는 등 보존에 대한 관리 상태도 좋지 않았던 것으로 보인다. 藍勇, 《古代交通生態研究與實地考察》, 550쪽도 참조.

230) 가정 말에서 융경(隆慶) 초에 걸쳐 공부상서로 있었던 뇌례(雷禮)가 바로 그 사람이다. 《明史》 권305 宦官傳二, 李芳, 7,799~7,800쪽 참조.

231) 毛起, 〈贈朿明府樂潅力序〉, 7앞.

그 관원들에게 협조해 각 성에 목재가 운반돼 들어오는 기일을 정하도록 하였다.[232]

황목의 채판 등으로 대량의 뗏목이 강을 따라 떠내려가는 것은 일대 장관이었 겠지만 이 때문에 다른 배들이 항행에 지장을 받았음은 두말할 나위가 없다. 더욱 이 황목의 운송은 다른 어떤 것의 운송보다 우선권을 갖고 있었다. 황목이야 청대 를 끝으로 없어졌지만 뗏목에 의한 목재 수운은 값싸고도 편리한 운송 방법으로 서 계속 행해져, 1980년대 초까지 면면히 이어져오게 된다.[233]

5. 맺음말

근래에 중국의 환경 문제가 날로 심각해지고 있다고 한다. 글의 처음에서 양자 강 홍수 이야기를 했지만 화북 지방은 물이 없어 황하 하류의 끊김 문제도 자주 뉴 스에 나온다. 요사이 중국 정부는 발전이 크게 뒤처진 서부 지방의 대개발을 주요 목표로 내세우고 있는데 서부 지방에서도 물 부족이 기본 문제의 하나가 되어 있 다. 이러한 물 부족은 근본적으로 나무 없이 사막화되어가는 이들 지역의 상황에 서 연유한다. 황토 고원에 가면 예전에 그곳에 삼림이 있었다는 말이 도저히 믿기 지 않을 정도로 황량함이 자리하고 있다.

화북 지역의 삼림은 적어도 명대 초기까지는 엄존했으나, 건축재나 연료 등의 수요로 인해 명 중기부터 급격하게 없어지기 시작해 명 말기에는 만리장성 이남 의 여러 산악 지대에서 거의 자취를 감추었다. 수도라는 큰 소비 지역이 가까이 있었던 것도 한 원인이지만, 경제 발전으로 소비 수준이 올라가면서 나무 수요가

---

232)《世宗實錄》권264, 嘉靖21年7月乙丑.

233) 2000년 4월 필자가 민강(岷江) 상류 유역을 답사할 때 아패강족(阿霸羌族)·장족(藏族) 자치주 이현(理縣) 미아라(米亞羅)에 있는 천서(川西) 임업국(林業局)의 한 간부 직원은 천서 지구에서는 1982년까지 수운(水運) 이 이루어졌고 그 후에는 자동차 운송으로 바뀌었다고 말했다. 四川省 林業廳 編,《四川林業志》上(成都 : 四川科 學技術出版社, 1994), 553～557쪽에는 아롱강(雅礱江) 지역에서 1985년까지 행해진 수운의 통계가 나와 있다.

엄청나게 증가한 것이 무엇보다 큰 원인이었다. 나무 공급자는 상인들과 지역 주민이었고, 이들을 단속해야 하는 문무 관원이 오히려 이들을 통해 치부하는 일이 많았다. 나무를 베어다 팔면 돈이 되는 상황에서 관련자들은 식림에는 소홀한 채 약탈적으로 삼림 벌채에 나섰고 국가의 금령은 제구실을 하지 못했던 것이다.

명대에 삼림 상황이 변한 또 한 곳은 양자강 중상류 유역의 산악 지대였다. 이 지역은 화북 지방과는 삼림 파괴의 요인이 달랐다. 중류 지역에서는 주로 유민의 농지 개간 때문에, 상류 지역에서는 국가의 목재 수요 때문에 대량 벌채가 이루어졌다. 이 지역의 경우 명대에는 아직 화북 지방만큼 삼림 파괴가 진행되지 않았는데, 이는 양자강 하류 지역의 대소비지와 비교적 먼 거리에 있는데다가 아직 그곳의 목재 공급지로서의 역할을 전적으로 맡지 않아 약탈적인 벌채의 손길이 덜 미친 덕분이었다고 보인다.

다만 이들 지역, 특히 양자강 상류의 산악 지대를 중심으로 볼 때 명대는 다음에 오는 청대의 대규모 삼림 파괴를 준비하는 시기였다고 볼 수 있다. 왜냐하면 아직 소수 민족의 지배하에 있던 이 지역들을 명조 권력이 접수하기 시작하였고 청조는 그 뒤를 이어 이른바 개토귀류(改土歸流)로써 그 일을 완성하기 때문이다. 명대에는 궁궐 건축을 비롯한 국가적인 대규모 공사의 필요에서 이 지역의 나무를 베어내갔지만, 청대에는 국가 권력의 후원하에 한족이 이 지역에 이주하여 삼림을 파괴해나갈 뿐만 아니라 목재 상인의 활동이 이곳에서도 활발해져 상업적 목적을 위한 대대적인 벌채가 이루어지는 것이다. 청대에 대해서는 따로 글을 준비하여 이 부분의 설명을 완결 짓고자 한다.

명조는 여러모로 방만한 재정 지출을 한 왕조의 하나이며, 궁궐 건축에서도 그러한 면이 여실히 드러난다. 삼전, 양궁과 같은 기간 건물 외에도 수많은 궁궐과 문루 등을 짓고 그 밖에 왕조의 각종 상징 건물 및 수릉(壽陵) 등을 축조했기 때문인데, 이로 인해 어마어마한 양의 목재가 필요했다. 그 목재의 대부분은 사천, 호광, 귀주 등 주로 서남쪽의 성들에서 벌채해 가져왔는데, 그에 따른 지역민의 고초가 대단한 것이었다. 무엇보다 채목 인부로 차출되는 것이 가장 큰 고초여서 사천민의 가장 큰 요역은 채목의 역(役)이라고 일컬어지게 되었다. 채목을 상인에게 청부하는 것으로 체제가 바뀌어도 민간에 채목의 역을 지우는 것은 사라지지 않았으니 이는 소상 채판의 특권적 성격을 엿보게 하는 일면이기도 하다.

한편 채목을 주관, 시행하는 지방 정부는 또 그 나름대로 재원 확보에 노력을 경주하지 않으면 안 되었다. 중앙 정부의 지원도 적고 예산도 부족했기 때문이다. 국가 재정이 한층 어려워지는 만력 연간 후기부터는 갈수록 채목을 위한 부가세가 많아져 지역민의 부담도 점점 커지게 되었다. 반면 중앙 정부는 변방 방위를 위한 지출의 증가 등으로 재정이 궁핍한 가운데서도 궁궐 중건을 계속했고, 이 재원을 마련하기 위해 각종 신세(新稅)를 전국에 부과하고 있었다. 따라서 사천의 백성들은 채목의 역을 지는데다가 무거운 세금도 내야 하는 이중의 부담에 시달리게 되었다.

명대는 중국의 삼림 변천사에서 하나의 획기적인 시기로 규정될 만하다. 문명의 발달에는 인간의 생존 기반인 농지의 개간과 삼림 감소가 불가피하게 수반되기 마련이다. 하지만 이후 전개되는 인구 증가 및 초기 공업의 발달은 연료와 자재로서의 나무의 수요를 폭발적으로 증가시킴으로써 삼림의 남벌을 가져오고, 결과적으로 인간은 삼림 남벌의 폐해로 삶을 위협당하는 사태에까지 이르게 된다. 명대에 중국의 삼림 파괴가 크게 진전된 것은 바로 명대가 초기 공업 및 상업의 발달로 목재의 대량 소비가 이루어진 시대였음을 말해준다 하겠다. 19세기 말 내지 20세기에 산업 자본주의가 본격적으로 발달하는 국가에서는 연료 및 공업 자재의 대부분을 나무에 의존하지 않게 됨에 따라 삼림 회복의 기회를 가질 수 있었지만, 아직 그 단계에 이르지 못한 국가나 지역에서는 어떤 식으로든 여전히 삼림에 많은 것을 의존할 수밖에 없었다. 청대는 물론이고 심지어 최근까지도 중국의 삼림이 감소하고 있는 것은 중국 사회의 여러 문제와 함께 시사하는 바가 크다.*

* 부기 : 이 논문은 2000년에 작성된 것이어서 중국의 환경 문제가 당시를 기준으로 서술되어 있다. 그 후로도 중국 정부는 계속해서 고도 경제 성장의 달성을

정책의 최우선 목표로 삼았지만 한편으로는 이전보다 환경 부문의 정책을 강화하여 삼림 녹화 사업도 나름대로 꾸준히 추진하여왔다. 이 논문의 첫머리에 제시한 삼림 피복률도 2006년 12월의 중국 매체의 보도에 따르면 18%대로 올라갔다고 하고, 전국 토지의 사막화 추세나 수토 유실량도 증가 비율이 처음으로 감소하였다고 자랑스럽게 발표하였다. 화북 지역의 물 부족을 해결하기 위하여 세 군데에 운하를 파서 양자강의 물을 황하로 끌어들이는, 이른바 남수북조(南水北調) 사업도 그 공사가 착착 진행 중이다.

그러나 갈 길은 아직도 멀다. 주지하다시피 중국의 환경 문제는 2007년 현재 날로 그 심각성을 더해가고 있다. 전국 각지의 하천 및 호수의 수질 오염으로 인해 식수는 물론 공업 및 농업 용수로도 부적합하게 된 곳이 많고 도시의 대기 오염도 인체에 치명적인 해를 미치는 정도까지 와 있다. 국제적인 협조도 필요하지만 우선은 중국 정부가 사태의 호전에 총력을 기울여야 할 터인데 아직 그것이 국가의 제일 목표로 되어 있지 않은 상황이 문제인 것이다.

끝으로 이 논문은 2000년 전반기에 필자가 일본에 체재할 때 집필한 것이라 신문이나 각종 통계 등 일부 문헌을 편의상 일본 자료를 이용한 것이 많았음을 첨언해둔다.

참고문헌

1. 사료

《明史》(北京：中華書局, 1974년 활인본)

《明實錄》(臺北：中央研究院歷史語言研究所, 1962년 영인본)

正德《大明會典》(東京：汲古書院, 1989년 영인본)

萬曆《大明會典》(臺北：新文豊出版公司, 1976년 영인본)

《皇明制書》(東京：古典硏究會, 1966년 영인본)

《皇明經世文編》(臺北：國聯圖書出版公司, 1968년 영인본)

《神廟留中奏疏彙要》(北京：燕京大學, 1937년 활인본)

《皇明經濟文錄》, 萬表 撰(北京：全國圖書館文獻縮微複製中心, 1994년 영인본)

《名臣經濟錄》, 黃訓 編, 《四庫全書》所收

《冬官紀事》, 賀仲軾 撰, 《筆記小說大觀》5編 所收

《喬中丞奏議》, 喬璧星 撰, 萬曆39年 刊本

《平播全書》, 李化龍 撰, 畿輔叢書 所收

《三省邊防備覽》, 嚴如熤 撰, 道光2年 간본

《弇山堂別集》, 王世貞 撰(北京：中華書局, 1985년 활인본)

《酌中志》, 劉若愚 撰(北京：北京古籍出版社, 1994년 활인본)

萬曆9年《四川總志》

萬曆重修《四川總志》

嘉慶《四川通志》

同治《嘉定府志》

光緒《敍州府志》

嘉靖《洪雅縣志》

乾隆《屛山縣志》

嘉慶《汶志紀略》

同治《合江縣志》

萬曆《貴州通志》

道光《遵義府志》

民國《桐梓縣志》

2. 연구서

單士元 · 王璧文 編,《明代建築大事年表》(北京 : 中國營造學社, 1937)

朱偰,《明淸兩大宮苑建置沿革圖考》(초판본 上海 · 北京 : 北京古籍出版社 重印本, 1947 · 1990)

史念海,《河山集》二集(北京 : 三聯書店, 1981)

오금성,《中國近世社會經濟史硏究》(일조각, 1986)

김장수 외,《林政學》(탐구당, 1994)

四川省 林業廳 編,《四川林業志》(成都 : 四川科學技術出版社, 1994)

Karl Hasel,《森が語るドイツの歷史》, 山縣光晶 譯(東京 : 築地書館, 1996)

Mark Elvin · Liu Ts'ui-jung (eds.), *Sediments of Time : Environment and Society in Chinese History*(London · New York : Cambridge Univ. Press, 1998)

石弘之,《地球環境報告 II》(東京 : 岩波書店, 1998)

藍勇,《古代交通生態硏究與實地考察》(成都 : 四川人民出版社, 1999)

焦國模,《中國林業史》(臺北 : 國立編譯館, 1999)

上田信,《森と綠の中國史》(東京 : 岩波書店, 1999)

3. 논문

橫田整三,〈明代に於ける戶口の移動現象に就いて〉(上),《東洋學報》26-1(1938)

谷口規矩雄,〈明代の農民反亂〉,《岩波講座世界歷史》12, 中世6(東京 : 岩波書店, 1971)

樊樹志,〈明代荊襄流民與棚民〉,《中國史硏究》(1980년 3기)

陳柏泉,〈江西地區歷史時期的森林〉,《農業考古》(1985년 2기)

林鴻榮,〈四川古代森林的變遷〉,《農業考古》(1985년 1기)

———,〈歷史時期四川森林的變遷(續)〉,《農業考古》(1985년 2기)

———,〈歷史時期四川森林的變遷(續)〉,《農業考古》(1986년 1기)

李伯重,〈明淸時期江南地區的木材問題〉,《中國社會經濟史硏究》(1986년 1기)

暴鴻昌 · 景戎華,〈明淸濫伐森林對生態的破壞〉,《平准學刊》3집 上冊(1986)

Eduard B. Vermeer,〈淸代大巴山區山地開發硏究〉,《中國歷史地理論叢》제2집(1991)

史念海,〈論歷史時期我國植被的分布及其變遷〉,《中國歷史地理論叢》제3집(1991)

周雲菴,〈秦嶺森林的歷史變遷及其反思〉,《中國歷史地理論叢》제1집(1993)

趙岡,〈中國歷代上的木材消耗〉,《漢學硏究》12-2(1994)

藍勇,〈明淸時期的皇木採辦硏究〉,《歷史硏究》(1994년 6기)(藍勇,《古代交通生態硏究與實地考察》에 증보 · 재수록)

N. K. Menzies, "Forestry", Joseph Needham, *Science and Civilization in China*, vol. 6(London : Cambridge Univ. Press, 1996)

鄭俊彬,〈明代四川木材的經營及其弊害〉,《慶祝王恢敎授九秩嵩祝論文集》(臺北 : 同論文集編輯委員會, 1997)

유장근, 〈중국 근대에 있어서 생태 환경사 연구〉, 《中國現代史研究》 3 (1997)

정철웅, 〈淸代 湖北省 西北部 地域의 經濟開發과 環境〉, 《明淸史硏究》 10 (1999)

井上孝範, 〈現代中國の水利事情―'98長江中流域における洪水災害の狀況, 原因とその對策〉, 《中國水利史研究》 27 (1999)

청대 호북성 서부와
섬서성 남부 환경 변화의 비교 연구*

정 철 웅**

1. 명청 시대 환경사 연구 경향

명(明) · 청(淸) 시대의 인구 증가에 따른 산악 지역 개발은 사회 경제적인 측면에서 다양한 결과를 가져왔다. 경작지 확대, 경제 활동 지역의 다양화, 상품 경제의 발달 등을 긍정적인 결과라고 한다면,[1] 산악 지역의 급격한 개발과 그것이 환경에 미친 악영향은 부정적인 결과라고 할 수 있을 것이다. 중국 역사 시대의 개발에 따른 환경과 생태계의 변화 등을 추적하는 일련의 연구는 꾸준히 축적되어

* 이 글은 2001년에 《동양사학 연구》 제75집에 실린 같은 제목의 논문을 수정 · 보완한 것이다.
** 숭실대 사학과를 졸업하고 프랑스 스트라스부르 제2Strasbourg II대학과 사회과학고등연구원Ecole des Hautes Etudes en Sciences Sociales에서 각각 석사 학위와 박사 학위를 받았다. 현재 명지대 사학과 교수로 있다. 《역사와 환경—중국 명청 시대의 경우》라는 환경사 관련 책을 썼으며, 《18세기 중국의 관료제도와 자연재해》, 《중국의 인구》 등의 책을 번역한 바 있다. 주요 논문으로는 〈청말 양자강 중류 지방의 상업활동〉, 〈청초 양자강 삼성 지역의 미곡유통과 가격구조〉, 〈역사연구의 현재와 새로운 과제〉, 〈청대 호북성 서북부 지역의 경제개발과 환경〉, 〈청대 삼성 교계지역의 삼림과 임산물 보호대책〉, 〈청대 천 · 호 · 섬 교계지역의 경제개발과 민간풍속〉 등이 있다.
1) Eduard B. Vermeer, "The Mountain Frontier in Late Imperial China : Economic and Social Developments in the Bashan", *T'oung Pao*, vol. 77(1991) 참조. 버미어Eduard B. Vermeer는 매우 조심스러운 결론을 제시하고 있지만, 그럼에도 이주민들의 개발 노력과 파산(巴山) 일대의 경제적 잠재력의 결합을 긍정적인 것으로 파악하고 있다.

왔다.[2)]

환경과 관련된 기존의 역사 연구는 산악 지역의 개발 양상과 개발에 따른 수토 (水土)의 유실, 수리 체계의 불안정, 삼림과 자연의 파괴, 개발을 둘러싼 토착민과 이주민의 갈등 등을 주로 다루고 있다.[3)] 또한 환경 문제에 대한 관료들의 의식이나 삼림 이외의 생태 문제에 대한 접근도 상당히 흥미로운 것이라고 할 수 있다.[4)] 이처럼 환경 문제에 대한 다양한 역사학적 접근이 이루어지고 있지만 거시적인 관점에서는 여전히 연구자들의 시각차가 존재한다.[5)] 또한 개발 양상의 지역적 차이, 개발 주체들의 성격에 따른 개발 양상의 차이, 환경 변화의 지역적 연계성 등에 대한 연구는 여전히 미진한 편이다.

---

2) 최근의 가장 대표적인 저서로는 Mark Elvin · Liu Ts'ui-jung (eds.), *Sediments of Time : Environment and Society in Chinese History*, 2 vols.(Cambridge : Cambridge Univ. Press, 1998)를 들 수 있다. 한편 우리나라 학자의 연구로서는 기존의 환경사 연구를 일목요연하게 정리하고 있는 유장근, 〈중국 근대에 있어서 생태환경사 연구〉, 《中國現代史研究》 3권(1997)이 유용하다.

3) 삼성교계(三省交界) 지역 일대의 산악 개발과 수리 문제를 연결시킨 연구로는 張建民, 〈淸代湘鄂西山區的經濟開發及其影響〉, 《中國社會經濟史研究》(1987년 4기) ; 張建民, 〈明淸漢水上游山區的開發與水利建設〉, 《武漢大學學報》 哲學社會科學版(1994년 1기) ; 藍勇, 〈歷史上長江上游的水土流失及其危害〉, 《光明日報》(1998년 9월 25일자) 등이 있다. 삼림에 대한 폐해나 자연 환경의 변화에 대한 연구로는 史念海, 〈歷史時期森林變遷的研究〉, 《中國歷史地理論叢》(1988년 1기) ; 暴鴻昌 · 胡凡, 〈明淸時期長江上游森林植被破壞的歷史考察〉, 《湖北大學學報》 哲學社會科學版(1991년 1기) ; 藍勇, 〈歷史時期三峽地區經濟開發與生態變遷〉, 《中國歷史地理論叢》(1992년 1기) ; 上田信, 〈中國における生態システムと山區經濟〉, 《長期社會變動》(東京 : 東京大出版會, 1994) ; 정철웅, 〈淸代 湖北省 西北部 地域의 經濟開發과 環境〉, 《明淸史研究》 제10집(1999) 등을 들 수 있다. 삼성교계 지역의 토착민과 이주민의 갈등을 다룬 연구는 아직 나와 있지 않지만, 사천성(四川省)을 배경으로 한 山田賢, 《移住民の秩序—淸代四川地域社會史研究》(名古屋 : 名古屋大學出版會, 1995)가 참고할 만하다.

4) Helen Dunstan, "Official Thinking on Environmental Issues and the State's Environmental Roles in Eighteenth-Century China", *Sediments of Time : Environment and Society in Chinese History*. 한편 환경 문제를 직접 거론하지는 않지만 인구 증가를 동물의 문제와 결부시켜 화북 일대의 목축 변화를 설명하고 있는 王建革, 〈馬政與明代華北平原的人地關係〉, 《中國農史》(1998년 1기)는 흥미로운 연구라고 할 수 있다.

5) 이를테면 일부 학자들은 한대(漢代) 초엽 이래 북중국에서의 지속적인 인간의 활동(실크로드의 개척)으로 환경이 심각하게 파괴되었다고 지적하는 반면, 적어도 청대 이전까지는 중국의 자연 환경은 원상 복구 능력이 있을 정도로 매우 탄력적이었다고 지적하는 학자도 있다. 전자의 견해에 대해서는 馬正林, 〈人類活動與中國沙漠地區的擴大〉, 《陝西師大學報》(1984년 3기) 참조. 후자의 견해에 대해서는 J. R. McNeill, "China's Environmental History in World Perspective", *Sediments of Time : Environment and Society in Chinese History*, 34~35쪽 참조.

따라서 이 글에서는 주로 다음과 같은 문제를 다루고자 한다. 첫째, 널리 알려진 바와 같이 명·청 시대에 이르러 많은 이주민들이 몰려들었던 섬서성(陝西省)의 개발 양상과, 청대의 개토귀류(改土歸流) 이후 비로소 개발이 시작된 호북성(湖北省)의 개발 양상을 검토해볼 것이다. 섬서성에서는 새로운 경제 활동을 찾아 몰려든 이주민들에 의해 개발이 이루어진 반면, 호북성에서는 개토귀류라는 외부 요인에 의해 개발이 이루어졌다. 그러한 차이가 개발 과정에서 어떤 상이한 양상을 불러왔는지를 살펴볼 것이다.

둘째, 산악 지역의 경제 발달에 뒤이은 두 성의 자연 변화를 살펴볼 것이다. 환경의 변화가 생태계의 변화를 가져오는 것이 당연하지만, 그러한 자연 변화의 실상을 자세히 추적하는 연구는 그리 많지 않은 실정이다. 자연의 변화는 기후, 토양, 자연을 이용하는 집단의 사회적 성격 등과도 밀접한 관련이 있지만,[6] 여기에서는 개발의 결과로 나타난 산림과 동물의 감소를 일차적으로 언급하고, 그러한 환경 변화가 농업과 수공업에 어떠한 영향을 미쳤는지를 살펴볼 것이다.

셋째, 환경 변화가 두 성의 인접 지역에 어떠한 영향을 주었는지를 검토할 것이다. 특히 이 글에서는 한수(漢水) 상류의 개발이 인접 지역인 호북성에 어떠한 영향을 끼쳤는지를 검토할 것이다.

2. 호북성과 섬서성 산악 지역의 인구 증가

앞에서 언급한 것처럼 섬서성과 호북성의 개발 주체는 외부 지역에서 이주해 온 이주민들이었다. 섬서성의 인구 증가가 호북성보다 시기적으로 빨랐지만, 청대에 이르러서는 두 성 모두 급격한 인구 증가를 보였다. 먼저 섬서성의 인구 변

---

6) 사회 계층의 문화적 혹은 정치적 특성이 자연 변화에 어떠한 영향을 미치는지에 대해서는 Nicholas Kay Menzies, *Trees, Fields, and People : The Forests of China from the Seventeenth to the Nineteenth Centuries*(California : Univ. of California, Ph. D. diss., 1988)가 매우 유용하다.

화를 살펴보기로 하겠다.

〈표 1〉 청대 섬서성 흥안부(興安府) 각 현의 인구 변화[단위 : 구(口)][7]

현 연도	건륭 53년	가경 17년	도광 3년
한음청(漢陰廳)		83,841	123,300
안강현(安康縣)	129,583	203,579	389,300
평리현(平利縣)	69,070	148,099	178,600
순양현(洵陽縣)	67,688	83,937	243,500
백하현(白河縣)	35,359	51,111	90,400
자양현(紫陽縣)	15,670	59,819	126,700
석천현(石泉縣)	29,794	29,947	87,900

　　비교 가능한 인구 수치가 남아 있는 청대 흥안부(興安府)의 인구는 건륭(乾隆) 53년 이후 35년 동안 평리현(平利縣)에서 2.5배, 순양현(洵陽縣)에서 3.5배, 자양현(紫陽縣)에서 약 8배가 각각 증가했다. 하지만 이주민의 특성상 이동이 빈번해[8] 인구 파악을 제대로 할 수 없었다는 점에서 실제 인구 증가는 위의 수치를 훨씬 상회했을 것이다. 그러한 상황은 흥안부의 다른 지방지(地方志)를 보면 쉽게 짐작할 수 있다. 즉 〈표 1〉에 제시된 백하현(白河縣) 건륭 연간의 인구 수치 35,359는 가경(嘉慶) 6년의 《백하현지(白河縣志)》에 '원액인정남대소구(原額人丁男大小口) 35,359'로 기록되어 있는 것으로 보아[9] 인정(人丁) 수일 가능성이 많다. 또한 이 인구 수치는 여자 인구가 배제된 수치라고 보아야 할 것이다. 이 점은 도광(道光) 《흥안부지(興安府志)》가 백하현과 자양현의 여자 인구 수치를 기록하고 있지 않은 것을 통해 확인할 수 있다. 그러나 가경 《한음청지(漢陰廳志)》에는 한음청의 인구가 호(戶) 1만 8,900, 구수(口數) 남부대소(男婦大小) 12만 1,600으로 기록되어 있

---

7) 건륭(乾隆) 53년의 인구는 道光 《興安府志》 권10, 〈食貨志〉〈戶口〉를, 가경(嘉慶) 17년의 인구는 道光 《續興安府志》 권2, 〈蠲賑〉〈戶口〉을, 도광(道光) 3년의 인구는 道光 《陝西志輯要》 권5, 〈興安府〉 참조.

8) 건륭 37년 송균(松筠)의 "이주민들은 끊임없이 이동하고 오고감이 일정하지 않다. 따라서 나날이 개간이 늘고 있음에도 불구하고 세금을 더 거둬들일 수 없으며, 인구가 증가에도 불구하고 그들을 호적에 편입시키기가 불가능하다"라는 언급은 그러한 상황을 잘 보여준다. 民國 《續修陝西省通志稿》 권64, 〈名宦一〉, 9쪽 하.

9) 嘉慶 《白河縣志》 권8, 〈食貨志〉, 1쪽 하.

다.[10] 따라서 〈표 1〉 한음청의 인구 수치는 상당히 낮게 기록된 것임을 알 수 있다.

아마 명대 이래 격심한 인구 유동 지역의 하나였던[11] 섬서성 일대의 인구를 정확하게 파악하는 것은 사실상 불가능했을 것이다.[12] 다만 〈표 1〉에서 볼 수 있는 것처럼 적어도 건륭 연간 이후 이 지역의 인구가 급격히 증가했다는 점은 분명하다. 이를테면 자양현의 인구는 〈표 1〉에 따르면 건륭 53년에 1만 5,670명이었지만, 7년 후인 건륭 60년에는 2만 5,690명에 달하게 된다.[13]

이러한 인구 증가의 가장 큰 요인은 말할 것도 없이 이주민의 유입이었다. 이는 도광 연간의 석천현(石泉縣)의 경우 남자가 4만 4,451명, 여자가 2만 9,605명으로 남자 인구가 여자 인구보다 1.5배 이상 많았던 것에서도 간접적으로 확인된다. 특히 이 지역의 지방지가 거의 일상적으로 언급하고 있는 것처럼 이주민들이 홀로 사는 경우가 많았으므로, 남자 인구는 사료상의 수치보다 훨씬 더 많았을 것이다.[14]

사료가 불충분해 한중부(漢中府)의 인구 수치는 언급하지 않았지만, 이 지역 역시 흥안부와 비슷한 경향을 보여준다. 한중부에서는 안휘(安徽), 양호(兩湖), 사천(四川) 지역의 실업(失業) 빈민들이 이주해 와 개간을 하고 있었기 때문에 깊은 산간 지역에까지 많은 사람들이 살고 있었다. 그 이주민의 수효는 약양(略陽) 일대에 1만 수천여 호(戶), 봉현(鳳縣) 일대에 3,000~4,000호, 면현(沔縣) 일대에 5,000~6,000호, 유패청(留壩廳) 일대에 2,000여 호, 섬서와 바로 맞닿아 있는 감숙성의 양당현(兩當縣)과 휘현(徽縣) 일대에 1만 5,000~6,000호 등 총 3만여 호

---

10) 嘉慶《漢陰廳志》권3, 〈建置志〉(戶口), 8쪽 상.

11) 예를 들어 영강주(寧羌州)의 경우를 보면 이주민들의 이주 시기가 주로 명대였음을 알 수 있다. 民國《鄕土志叢編》권6, 〈寧羌州鄕土志〉(氏族), 23쪽 하~24쪽 상.

12) 건륭 5년 이후 대대적으로 보갑제(保甲制)가 실시되었음에도 불구하고 섬서성(陝西省)의 인구는 여전히 부정확한 채로 남아 있었다. 鈔曉鴻, 〈淸代前中期陝西人口數字評析〉,《淸史硏究》(2000년 2기), 62쪽.

13) 民國《紫陽縣志》권2, 〈賦稅志〉(賦役), 8쪽 하.

14) 道光《石泉縣志》권2, 〈戶口志〉, 23쪽 상·25쪽 하. 남녀 인구 수치를 자세히 기록하고 있는 이 지방지에 의하면 석천현의 전체 인구 7만 4,056명 가운데 남자가 4만 4,451명, 여자가 2만 9,605명으로 남자가 1.5배 정도 많았다. 이어 이주민들 대부분이 "홀로 가구를 형성하고 있다"라고 기록돼 있다.

이상에 달했다.[15] 요컨대 한중부의 경우에도 외부에서 들어온 이주자들에 의한 인구 증가가 매우 컸다.

한편 호북성 남서부 지역은 토사(土司) 지역이었기 때문에 청 이전의 인구 자료가 한층 더 빈약하다. 이곳에는 명대에 발생한 유민의 반란으로 격심한 인구 이동을 겪은 운양부(鄖陽府) 같은 지역도 있었지만,[16] 적어도 명대의 의창부(宜昌府)나 시남부(施南府) 등에서는 상대적으로 그렇게 인구 증가가 뚜렷하지 않았다.[17] 또한 이 지역에서는 옹정(雍正) 6~13년 사이에 현(縣)들의 편성이 이루어졌기 때문에[18] 사료가 부족하고, 따라서 실질적인 인구 증가를 밝히기가 상당히 어렵다.

하지만 청대의 개토귀류에 의해 이 일대의 인구가 급격하게 증가했음은 분명하다. 의창부 동호현(東湖縣)의 경우 건륭 26년에 1만 8,313호였던 가구 수가 동치(同治) 2년에는 3만 7,838호(인구 22만 7,339명)로 증가했으며, 귀주(歸州)에서도 강희(康熙) 3년에 1,337호에 불과했던 가구가 동치 2년에는 1만 4,658호로 거의 10배 이상 증가했다. 장양현(長陽縣) 또한 순치(順治) 이래 꾸준히 인구가 증가해 가경 25년에 가구 2만 4,176호에 정구(丁口) 12만 4,652명에 달했다.[19]

이 지역의 인구 증가 원인 역시 개토귀류로 인한 이주민들의 유입이었는데, 이러한 사실은 이곳의 언어가 중원(中原)의 언어와 같다는 지방지의 언급으로 확인할 수 있다. 이를테면 동호현은 운양(鄖陽) 지방과, 파동현(巴東縣)은 사천 지방과,

---

15) 嚴如熤, 〈黑河圖說〉, 民國《重刊漢中府志》 권1, 29쪽 상.

16) 운양부(鄖陽府)의 경우 만력 연간에 이르러 경작 면적이 크게 증가한 것으로 보아 인구 역시 상당히 증가했다고 보아야 할 것이다. 오금성, 《中國近世社會經濟史研究》(일조각, 1986), 171쪽 참조. 다만 성화(成化) 연간 당시 이 지역으로 이주해 온 사람들을 운양부에 편입시킨 인구 9만 6,654명 가운데 하남(河南) 지역의 인구가 62.5%를 차지한 반면 형양(荊陽) 지역의 인구는 20.9%를 차지한 것으로 보아 성화 연간에 형양(荊襄)과 악서(鄂西) 산악 지역의 인구는 그리 많았다고 할 수 없을 것이다. 蕭正洪, 〈淸代陝南的流民與人口地理分布的變遷〉, 《中國史研究》(1992년 3기), 94쪽.

17) 嘉靖《歸州全志》(天一閣藏明代方志選刊續編, 권62) 권上, 518~519쪽의 성화 8년부터 가정(嘉靖) 20년까지의 인구 변화 참조.

18) 張建民, 《湖北通史》(明淸卷)(武漢 : 華中師範大學出版社, 1999), 185쪽. 또한 林有席, 〈重修東湖縣城記〉, 5쪽 상 ; 吳省欽, 〈宜昌試院爾雅堂記〉, 民國《續修宜昌縣志》 권7, 〈藝文志〉, 7쪽 상 참조.

19) 同治《宜昌府志》 권5, 〈賦役志〉, 4쪽 상~8쪽 상.

그리고 학봉현(鶴峰縣)과 장악현(長樂縣)은 이웃 호남(湖南) 지방과 언어가 비슷했다는 언급은 특히 개토귀류 이후 많은 이주민들이 호북성 남서부의 지역으로 들어왔음을 간접적으로 확인해주는 것이다.[20] 실제로 이 지역에서는 개토귀류 이후 광범위한 개간이 이루어져 토지 가격이 그 이전보다 100여 배나 상승했다.[21]

한편 옹정 13년에 개토귀류가 이루어진 시남부에서도 청 초 이후 꾸준히 인구가 증가했다. 예를 들어 내봉현(來鳳縣)의 경우 옹정 13년 개토귀류 당시 토착민은 2,312호에 불과했지만, 이주민이 8,446호로 이미 그 수효가 토착민보다 월등히 많았다. 이어 도광 2년에는 호·구가 각각 1만 2,452호와 7만 6,572명으로 증가했다. 이 수치는 동치 5년에는 다시 1만 4,365호와 9만 8,391명으로 증가했다. 옹정 연간과 동치 초년 사이에 인구가 거의 9배 이상 증가한 것이다.[22] 수치를 제시하기는 어렵지만, 함풍현(咸豊縣)에서도 개토귀류 이후 외지에서 온 이주민이 적지 않았다는 지방지의 기술로 미루어 청 초 이후 이주민들의 유입에 의한 인구 증가가 있었음을 알 수 있다.[23]

섬서 남부와 호북성 서남부 지역의 인구는 대체로 건륭 연간부터 급격히 증가하다가 청 중엽 이후 감소하거나 정체되었다. 다음의 건시현(建始縣)의 인구 수치

〈표 2〉 청대 호북성 건시현의 인구 변화[24]

	1755	1776	1783	1823	1824	1842	1848	1849	1851
가구 수 (단위 : 호)	16,000	24,000	35,740	32,030	29,917	31,513	31,762	31,764	31,762
인구 (단위 : 구)	70,000	144,000	170,836	193,400	161,668	181,743	181,058	181,034	181,059

20) 同治《宜昌府志》권11,〈風土志〉(方言), 23쪽 하～24쪽 상. 토착민과 이주민의 인구를 정확하게 기록하고 있는 동치(同治)《은시현지(恩施縣志)》를 보면 호(戶)를 기준으로 이주민이 전체의 20%를 차지하는 것으로 되어 있다〔토착 가구 1만 2,166호, 유우(流寓) 가구 2,610호〕. 이 수치는 호를 기준으로 한 것이기 때문에 구수(口數)를 기준으로 할 경우 이주민 인구 수치는 더 커질 것이다. 同治《恩施縣志》권6,〈食貨志〉(戶口), 1쪽 상～하.
21) 同治《宜昌府志》권16,〈雜載〉, 64쪽 하.
22) 同治《來鳳縣志》권13,〈食貨志〉(戶口), 1쪽 상～2쪽 하.
23) 同治《咸豊縣志》(臺北 : 成文出版社) 권7,〈典禮志〉(風俗), 1쪽 상.

는 이러한 사실을 잘 보여준다.

즉, 1823년을 중심으로 하여 그 이전에는 인구가 급격히 증가한 반면 그 이후에는 인구가 정체되었다. 증가 원인은 앞서 언급한 것처럼 외부 인구의 유입이라고 할 수 있다. 인구 감소 원인의 하나로는 가경 연간의 반란을 들 수 있을 것이다.[25]

그런데 이주민이 많았던 섬서성과 호북성 산지(山地)에서는 그 가구 구성이 독특한 경우를 확인할 수 있다. 이주민의 특성상 가구 구성원이 소수인 경우가 일반적이었고,[26] 특히 1인 가구가 많았다. 이는 산악 지역의 열악한 생활 조건과 잦은 이동 때문이었을 것이다. 다만 석천현에서는 70명이나 되는 3대가 한집에 모여 산 왕국상(王國相) 일가의 사례가 발견된다. 왕국상 일가가 대가족을 이루고 산 것은 분업을 위한 것이었다.[27] 이는 산악 지역에서의 경제 활동이나 개간 방법과 밀접한 관련이 있었는데, 개간이나 빠르게 자라는 잡초를 제거하는 일에는 공동 작업이 필수적이었던 것이다.[28] 또한 이주민들은 동류의식으로 인해 만나면 곧 친구가 되었고, 이익을 낼 수 있는 일이 있으면 금방 무리를 이루어 산지나 하천의 개발을 도모했다.[29]

---

24) 이 표는 同治 《建始縣志》 권4, 〈食貨志〉(戶口), 2쪽 하~3쪽 상에 나와 있다.

25) 嚴如熤, 〈平定三省亂民善後事宜疏〉, 《樂園文鈔》 권5, 3쪽 상에는 가경 연간의 내란으로 피해를 입은 지역이 수천만 무(畝)에 달한다고 기술되어 있다.

26) 道光 《石泉縣志》 권2, 〈戶口志〉, 26쪽 상의 "거주 가옥이 사방에 드문드문 흩어져 있으며 1인 가구가 많다"라는 말이나 道光 《石泉縣志》 권4, 〈史事節錄〉, 65쪽 상의 "현재 이곳은 형제들이 서로 떨어져 살고 있으며, 심지어 아버지와 아들, 어머니와 아들이 따로 숙식을 하고 있다"라는 언급처럼 가구가 단출했다. 당시 관리들은 그러한 1인 가구의 통제에 많은 관심을 기울였다. 관리들의 그러한 1인 가구 통제에 관해서는 〈紫陽邑侯張公德政碑記〉, 道光 《紫陽縣志》 권8, 〈藝文志〉, 30쪽 상 참조.

27) 道光 《石泉縣志》 권2, 〈官師志〉(第六), 50쪽 상~하.

28) 同治 《長陽縣志》 권1下, 〈地理志六〉, 11쪽 하~12쪽 상.

29) 嘉慶 《白河縣志》 권7, 〈寨堡〉, 10쪽 상 : "서로 만나면 친구가 되고, 자식을 낳아 종족을 형성하며 산의 개간과 어로(漁撈)를 논한다."

3. 호북성과 섬서성 산악 지역의 개발 양상

(1) 섬서성의 개발 양상

섬서성 남부와 호북성 서부가 모두 산악 지역이라는 것, 이주자들이 개간을 하고 있었다는 것, 그 이주자들 대부분이 새로운 생계를 찾아 나선 사람들이었다는 것은 이 지역의 개발 양상이 다른 평야 지역과는 상당히 다를 수 있다는 사실을 암시해준다고 하겠다.

개발 양상을 논할 경우 우선 산지와 평지의 개발을 구분할 필요성이 있으며, 산지 개발도 개인과 소수 집단의 이른바 '생계형 개발'과 산 전체를 빌려 개간하거나 일부 지역의 수공업을 위해 개간하는 '기업형 개발'로 구분해서 생각할 수 있을 것이다. 다만 여기에서는 산악 지역의 개발 방법과 양상을 주로 다루기로 하겠다.

생계형 개발자들은 보통 옥수수 등을 경작하는 화전민이나, 칠, 약재, 목이(木耳) 등을 채취해 살아가는 사람들이었다. 특히 산악 지역의 대표적인 대체 작물이었던 옥수수[30]는 보통 화전에 의해 경작되었다.[31] 나무와 풀을 태워 만든 밭은 따로 비료를 주지 않아도 금방 경작이 가능할 정도로 비옥했다.[32] 다시 말해 옥수수 경작은 많은 노동력이 필요하지 않은데다 특별한 기술이나 자본을 투자하지 않아도 가능했기 때문에 개인이 생계를 위해 언제든지 경작할 수 있는 작물이었다. 4~5년이 지나면 그 경작지의 흙이 씻겨 나가고 바위와 돌멩이만 남게 되어 이동이

---

30) 同治《建始縣志》 권3, 〈典禮志〉〈物産〉, 9쪽 하. 섬서성의 옥수수 경작 기록은 만력(萬曆) 25년(1597)에, 호북성의 옥수수 경작 기록은 강희(康熙) 8년(1669)에 처음 나타난다. 이 연도를 실제로 옥수수 경작이 시작된 연도로 보기는 어렵지만, 섬서성은 호북성에 비해 이른 시기에 옥수수를 경작하고 있었다. 陳樹平, 〈玉米和番薯在中國傳播情況研究〉, 《中國社會科學》(1980년 3기), 189쪽.

31) 同治《洵陽縣志》 권11, 〈風俗〉, 13쪽 뒤. 산악 지역을 개간하는 가장 단순한 방법은 산등성의 경사면에 옥수수를 심고 산기슭의 평지에는 계곡의 물을 이용해 소규모 논을 형성하는 것이었다. 同治《來鳳縣志》 권28, 〈風俗志〉, 5쪽 하.

32) 보통은 화전을 하면 그곳의 초목이 썩어서 거름 역할을 하기 때문이다. 部生榕, 〈辛未歲劉邑候編審戶口作長句上之〉, 道光《鶴峰州志》 권13, 〈藝文〉, 62쪽 상.

불가피했다. 그러나 몇 년이 지나면 다시 경작 가능한 땅으로 변모했다. 즉 울창한 숲을 개간하여 경작된 옥수수는 이주민들의 중요한 식량이었지만, 바로 그 옥수수 경작 때문에 이주민들은 새로운 경작지를 찾아 사방을 떠돌아다닐 수밖에 없었다.[33] 옥수수 경작은 한곳에 정착하는 것을 가능하게 해주는 항업(恒業)은 아니었던 것이다.

이러한 생계형 개간민들은 처음 정착할 때는 동향 사람들에게 의지했고, 그들에게 종자를 얻어서 시작했다. 다음의 글은 그러한 상황을 잘 보여준다.

> 밤에는 길가의 사당이나 돌집, 또는 숲 속에서 잠을 잤고, 돌을 이용해 솥을 걸고 나무를 주워 불을 때 밥을 지었다. 우연히 동향인을 만나면 의지해 살면서 경작지를 설정하고 개간했다. 나무를 베어 서까래를 만들고 풀로 지붕을 덮어 겨우 비바람을 막았다. 잡곡 몇 석(石)을 빌려 몇 해 동안 경작해 수확한 후, 그 산지를 〔타인에게〕 임대했다. 시간이 지나면서 흙과 널빤지를 댄 집을 짓지만, 여의치 않으면 다른 곳으로 이주했다.[34]

특히 이 사료에서 접할 수 있는 흥미로운 사실은 개간된 산지를 타인에게 임대했다는 것이다. 섬서성에서 그러한 사실을 모두 확인할 수는 없지만 순양현과 백하현의 예를 본다면, 같은 이주민이라 하더라도 그 계층이 꽤 다양했다. 그들은 여러 단계를 거쳐 산지를 개발한 것으로 보이며, 그 과정에서 상당한 외부 자본이 들어온 것으로 보인다.

먼저 청대 순양현의 예를 보기로 하겠다. 우선 이주민이 산지를 개발하고자 할 때는 첫 단계로서 '진산례(進山禮)'라고 불리던 수 냥(兩)의 은을 산주(山主)에게

---

33) 民國《重刊漢中府志》권20, 〈風俗〉(附志山內風土), 6쪽 상 : "여름과 가을 소나기가 세차게 내리고 난 후 물기운이 가시면 바위만 남게 되어 다시 경작지를 찾아 나서게 되니 원래 경작했던 지역은 공지가 되어버린다. 그곳에 점차 풀과 나무가 자라고 낙엽이 떨어져 진흙 밭이 되거나 나무를 베고 불을 지르면 다시 경작할 수 있게 된다. 울창한 숲 속에서 안정적인 생업을 찾을 수 없어 여러 곳을 전전하며 생계를 도모해야 하기 때문에 산지의 주민들은 사방을 떠돌아다닐 수밖에 없다."
34) 民國《重刊漢中府志》권21, 〈風俗〉(山內風土), 7쪽 상.

주는 것이 관례였다.[35] 이후 이주민들은 소작료를 결정한 후 타 지역의 이주민을 불러들였다. 이때 외부에서 온 이주민[전호(佃戶)]들은 산을 임대한 전주(佃主)로 부터 경작권을 보장하는 증명서[입권(立券)]를 받는 것이 상례였다. 그러나 일부 토착민들은 글을 제대로 몰라서 그러한 증명서를 챙기지 못했다.[36]

앞의 인용문 다음을 계속 읽어보면 전호들이 자신의 경작 구역을 스스로 결정 해 경작했으며, 그들이 다시 자기 구역에 전호를 불러들였음을 알 수 있다. 그들 은 원 계약서의 글자를 임의로 고쳐 원래 조건과는 달리 많은 경작자를 불러들였 다. 이 때문에 산주나 전주가 여러 번 바뀌게 되어 마침내 특정 지역의 소유자가 누구이며 그곳을 개발하고 있는 사람이 누구인지 모르게 되는 상황이 발생했다.[37]

이러한 내용으로 보아 산주-전주-전호라는 세 계층이 산지 개발에서 주요한 역 할을 했으며 산악 지역에서는 전주라는 계층이 평야 지대에서의 업주(業主)의 역 할을 했다고 할 수 있다. 업주 역할의 전주가 산주에게 일정량의 돈을 내고 산을 빌려 다시 다른 전주들에게 소작을 맡기는 것이었다. 다음 설명은 그러한 상황을 좀 더 분명하게 보여준다.

인용한 사료를 계속 더 읽어보면 산을 개간하여 경작하는 것[종산(種山)]이 매 우 어렵다는 언급이 나온다. 이 사료의 설명에 의하면 보통 산을 직접 개간하는 사람들을 당장(塘匠)이라 불렀고, 당장은 개간이나 기타 문제에서 상위의 남두(攬 頭)라는 사람에게 의지하고 있었으며, 남두는 산 전체를 임차해 많은 개간자를 불 러들여 개간을 진행시키는 사람이었다.[38] 바로 이 남두가 전주에 해당하는 존재였

---

35) 鄧林, 〈苞穀謠〉, 同治 《洵陽縣志》 권11, 〈風俗〉, 15쪽 상 : "일반적으로 이주민들이 산지를 임차할 경우 일종 의 예물 성격을 띤 은 수 냥을 주어야 하는데, 그것을 진산례라 한다." 이하 순양현(洵陽縣)에 대한 설명은 모두 이 등림(鄧林)의 〈포곡요(苞穀謠)〉에 근거한 것이다.

36) 鄧林, 〈苞穀謠〉 : "각 지역의 전호들은 전부로부터 입권을 받는데, 순양현 주민들은 그렇지 않으니, 그 이유 는 대체로 이주민들은 교활하고 토착민들은 어리석기 때문이다."

37) 鄧林, 〈苞穀謠〉 : "전호가 스스로 계약서의 내용을 바꿔 임차한 지역을 영구 경작하거나 붕민(棚民)의 우두 머리를 두기도 하고 산주를 교체하기도 한다. 글자를 바꿔버리는 행위를 막을 수 없으니, 그것을 빌미로 많은 사람들을 불러오거나 업주가 산주로 둔갑해버리니 누가 누구인지를 분별할 수가 없다."

38) 鄧林, 〈苞穀謠〉 : "산을 개간하여 경작하기는 매우 어려운데, 나무를 베고 난 후 척박한 토양을 바꿔야 비로

다고 할 수 있다.

산지 개발이 좀 더 복잡한 양상을 띠게 된 것은 개발 과정에서 소유자가 빈번히 바뀌었기 때문이었다. 남두가 다수의 당장을 불러들여 산지를 개발하고 나면 일부 산주들은 그 개발된 산을 다른 사람에게 매매하려고 했던 것이다. 새로운 산주는 이른바 조전(調佃), 즉 새로운 계약 조건을 내세웠으므로 전호들은 당연히 자신이 개간한 산을 순순히 넘겨주려 하지 않았다.

이상의 내용에서 다음과 같은 사실을 알 수 있다. 첫째는 기존의 발달 지역에서 생계를 유지하는 것이 어려워져 무작정 산지로 이주해 소규모 경작을 통해 살아간 사람들도 있었지만, 아예 산지 개발을 목적으로 삼고 의도적으로 자본을 투자한 계층도 있었다는 것이다. 둘째는 산지 개발에 참여한 사람들이 상당히 다양했으며, 산지 개발에 그들의 이해관계가 얽혀 있었다는 것이다. 예를 들어 산주는 어떠한 형태로든 자신의 산을 개발하려는 욕심을 갖고 있었고, 전주나 남두는 정해진 기한 안에 산지를 경작 가능한 토지로 만들어 최대한 이익을 내야 했다. 이러한 상황에서 산주와 전주 혹은 산주와 남두 사이에, 그리고 전주·남두와 전호 사이에 다양한 갈등이 싹텄다고 할 수 있다.

산주에게는 자신의 산을 개발해 경제적 가치를 높이는 것이 일차적 목적이었다. 산주나 남두는 계약 기간 안에 개발을 서둘러 많은 이익을 내야 했으므로 대체로 많은 노동자들을 불러들였다. 일단 개발이 시작되면 산지의 경제적 가치가 상승했다고 할 수 있기 때문에 산주, 중간 경영자인 전주와 직접 개간자인 전호 사이에 새로운 갈등이 생겼다.

산을 임대하고자 할 때 중요하게 고려했던 사항은 그 산에 개간에 참여하고 있는 노동자들이 얼마나 존재하고 있으며, 그 산이 언제부터 본격적으로 개발이 시작되

소 옥토를 얻을 수 있다. 수년이 지난 후에야 겨우 성숙지(成熟地)가 된다. 산을 개간하는 사람들을 당장(塘匠)이라 하는데, 그들을 다루기가 용이하지 않다. 또한 남두(攬頭)가 있는데, 그들은 산 전체를 임차하여 개간한다. 전호는 오직 남두에게 의존하고 있으며, 남두는 다수의 노동자를 불러들이며, 그 노동자들은 호적에 등재되지 않은 채로 모여 산다……."

었는지의 문제였다. 그 이유는 많은 노동자들을 동원하여 상당 기간 이미 개발이 진행되었다면 그 지역의 지력(地力)이 급격하게 감소했을 가능성이 많기 때문이었다.

따라서 산을 개발한 측에서 산의 경제적 가치를 속이는 경우도 빈번히 있었던 것으로 보인다. 이러한 상황은 목이 채취, 숯 생산, 목기(木器) 제작 등, 산에 있는 나무를 이용하여 경제 활동을 했을 경우에 빈번하였다. 위와 같은 임산물 채취자나 수공업자들은 마치 산에 나무가 많이 있는 것처럼 산의 형태를 그려놓고 그 지역을 다른 산주에게 넘겨주곤 했다.[39]

결국 청대 섬서성의 산지 개발의 경우 한 지역이 다단계로 거듭하여 임대되는 형태가 빈번했으며, 이는 환경 악화의 중요한 요인이 되었다.[40] 앞서 언급한 것처럼 토착민이 일단 외부 사람을 불러들여 일정한 토지를 통째로 임대했으며, 토지를 임차한 외부인은 그 토지를 자기 힘으로 모두 경작하는 것이 불가능할 경우 전호를 불러들여 다시 그 토지를 임대했다. 그러므로 수십 년 사이에 한 땅의 경작자가 7~8번이나 바뀌었고, 한 가구가 경작하기 시작한 땅을 결국 수십 가구가 나누어 경작하게 되기에 이르렀다. 결국 전호는 자신을 불러들인 사람만을 알 수 있을 뿐, 그 산의 지주가 누구인지는 전혀 모르는 상황이 빈번했다.[41]

이러한 상황 때문에 산악 지역임에도 불구하고 토지 분쟁이 잦았고, 결국 흥안부 백하현 관청이 분쟁 방지를 위한 포고문을 내걸기에 이르렀다. 상당히 긴 가경 17년의 이 포고문은 다음과 같은 내용을 담고 있었다.[42]

첫째는 지주가 전호를 불러들일 때, 그리고 그 전호가 다시 다른 전호를 불러들

---

40) 兪逢辰, 〈禁伐紫柏山樹木示〉, 道光《留壩廳志》 권1, 〈文徵〉, 35쪽 상.

41) 民國《重修漢中府志》 권21, 〈風俗〉, 6쪽 하 : "토착민들은 다른 지역 주민들을 불러들인다. 외부인들은 약간의 돈을 주고 일정량의 토지를 임차하여 경작한다. 그 외부인들 또한 자신이 임차한 토지를 혼자 힘으로 경작하기 어렵기 때문에 다시 외부인을 불러들인다. 이러한 상황이 수십 년 되풀이되면 7~8번이나 다른 지역을 경작하게 되고 한 가구가 다시 수십 가구로 증가하게 되어, 자신을 불러들인 사람만을 알 수 있을 뿐 경작지의 소유자가 누구인지 모르게 된다."

42) 董中丞, 〈章程四條〉, 光緖《白河縣志》 권5, 〈風俗〉, 6쪽 하~8쪽 하.

일 때는 그 지역 보갑인(保甲人)을 증인으로 세우도록 함과 동시에, 개간 대상 지역의 경계와 임대 경작 기간을 계약서에 분명히 기입하도록 하였다. 둘째는 전호가 소작료를 납부하지 않을 경우, 지주는 그 사실을 관청에 알리도록 하였다. 그런데 이 둘째 조항에는 다음과 같은 흥미로운 언급이 들어 있다. 즉 "산악 지역의 소작지는 많은 경우 그 개간 시기를 구체적으로 명시하지 않고 있다. 그러나 오랜 기간 개간이 행해지고 난 후에는 소작료 지불을 회피하기 어렵다"라는 구절이 그것이다. 이 문장은 산지 개발을 위한 계약 시 해당 지역의 개간 기한을 명시하지 않았음을 알려준다. 다시 말해 한 경작자가 수익을 볼 수 있을 때까지 무기한 산지를 개간할 수 있었음을 의미한다. 동시에 원인이 무엇이든——예컨대 개간 실패 때문이든 지력(地力) 고갈 때문이든——땅이 더 이상 경제적 가치를 갖지 못하게 됐을 때 경작자가 그 땅을 다른 사람에게 다시 임대할 수도 있었던 것이다. 셋째는 지주가 소작료를 올릴 때는 그 지역의 관행에 따라 올려야 하며, 한꺼번에 많이 올려서는 안 된다는 것이다. 넷째는 전호의 가족이 사망해 시신을 매장해야 하는 상황에 대비해 묘지로 사용할 땅에 대한 계약서를 별도로 작성해야 한다는 것이다.

이 포고문은 당시의 산지 개발 관행에 대해 상당히 많은 것을 알려준다. 우선 산주가 산지 개발을 위해 의도적으로 외부인을 불러들였다는 점이다. 바로 이 외부인이 산지를 비옥한 땅으로 변화시켰다. 그리고 외부인에게 처음 임대할 당시에는 거의 쓸모없어 보였던 땅이 개간으로 이렇게 숙전(熟田)이 되면, 산주는 소작료를 올려 받기 위해 그 땅을 다른 외부인에게 다시 임대하려 했다.

이 사실보다 중요한 것은, 임대 계약 당시에는 워낙 산지의 가치가 없어 보여 대개는 임대 기한을 설정하지 않았는데, 그러한 관행 때문에 훗날 개발로 인해 그 산지의 경제적 가치가 높아졌을 때 이해 당사자들인 산주와 전호 사이에 분쟁이 일어나게 되었다는 것이다. 다시 말하면 외부인의 개발로 이전의 산지가 옥토로 변하는 상황이 빈번해졌다고 할 수 있다.

게다가 넷째 조항에 나오는 "전호가 산지를 개발하면서 생활한 지 오래되어 부자간의 상속이 이루어지고 친척들이 한데 모여 살게 되었다"라는 구절로 미루어, 새로운 경작지를 찾아 끊임없이 이동하는 사람들이 있었던 반면에 한 지역의 땅을 임대해 대대로 그 땅을 경작하는 사람들도 있었음을 알 수 있다. 인구 이야기를 한 앞의 2장에서 여러 세대가 한집에 모여 살며 협동해 경작한 사례를 언급했는데, 그 가족이 이러한 경우에 속한다고 할 수 있다.

결국 섬서성의 산지 개발에는 이주민들이 화전을 일구어 경작하다가 그 밭의 생산성이 떨어지면 다시 다른 곳으로 이동하는 단순한 개발 유형도 존재했고, 또한 산주가 외부 지역에서 전호를 불러들여 개간을 맡기고 그 전호들은 자신의 임차지에 정착해 지속적으로 개발에 임하는 그런 조직적인 개발 유형도 존재했음을 알 수 있다. 분명 두 유형 모두 주변 환경을 변화시켰겠지만, 후자의 경우는 한 지역을 집중적으로 개발했다는 점에서 훨씬 더 큰 변화를 초래했다고 할 수 있다.

한편 이 지역에서 광범위하게 발달한 수공업[43] 역시 이런 산지 개발 덕분에 생산된 이 지역 농산물과 긴밀한 연관을 가지고 있었다. 엄여익(嚴如熤)의 지적에 의하면 이 지역의 중요한 수공업은 제철업, 목재업, 제지업, 목이 생산이었다.[44] 이것은 모두 산지 개발, 특히 목재와 관련된 수공업이라고 할 수 있다. 엄여익은 옥수수 가격이 저렴하면 많은 노동자들이 몰려들기 때문에 문을 여는 수공업장이 증가하고, 반대로 옥수수 가격이 등귀하면 노동자가 감소해 많은 작업장이 문을 닫는다고 언급했다.[45] 섬서성의 수공업 종사자 수는 수공업 종류에 따라 적게는 수십 명에 머물기도 하고 많게는 목재업과 같은 경우 수천 명에 달하기도 했다.[46] 그리고 옥수수 가격에 따른 노동자 수의 증감에 대한 앞의 언급으로 미루어, 노동

---

43) 傅衣凌, 〈淸代中葉川陝湖三省邊區手工業形態及其歷史意義〉, 《明淸社會經濟史硏究論文集》(北京 : 人民出版社, 1982) ; 河世鳳, 〈淸中期 三省交界地方의 수공업과 상인자본〉, 《中國問題硏究》 2호(1988).

44) 嚴如熤, 《三省山內風土雜識》(臺北 : 商務印書館, 1937), 22쪽.

45) 嚴如熤, 《三省邊防備覽》 권9, 〈山貨〉, 2쪽 하.

46) 큰 목재를 생산하는 대목창(大木廠)에는 3,000~5,000명의 원목(圓木) 운반 노동자가 있었으며, 소규모 목재와 땔감 등을 생산하는 후시창(候柴廠)에는 수백 명, 종이를 만드는 지창(紙廠)에는 수십 내지 수백 명의 노동자가 있었다. 嚴如熤, 《三省邊防備覽》 권9, 〈山貨〉, 2쪽 상 · 4쪽 하 · 7쪽 상 참조.

자들에게 필요한 식량[47]이 대개는 섬서성 일대의 산지를 개발해 얻은 식량으로 충당되었음을 알 수 있다.

그런데 이 지역에서 생산되는 소금과 같은 생활필수품의 생산 역시 수공업 경영에 많은 도움이 되었다. 섬서성에는 소금을 만들어내는 수공업장인 염창(鹽廠)이 없었지만, 사천성(四川省) 북부 일대의 염창은 삼성(三省) 지역 수공업 공장 가운데 규모가 가장 큰 것이었다. 염창에는 수만 명에 달하는 소금 굽는 조호(竈戶), 연료나 노동력을 제공하는 용작(傭作), 그리고 상판(商販)이 있었다.[48] 소금은 인간 생활에 필수적인 것이라는 점에서 소금의 원활한 공급은 이 지역 일대의 경작자나 노동자들에게 중요한 문제였다. 다시 말해 식량의 공급이 수공업을 활발하게 하고, 거꾸로 수공업 생산을 통한 필수품의 공급이 이 지역 이주민의 생활을 가능하게 했던 것이다.

이러한 산지 수공업의 경영 형태에 대한 언급은 많지 않지만, 외부 자본이 들어왔다는 사실만은 쉽게 확인된다. 당시 목창(木廠)은 건축 자재로 쓰이는 대규모 원목(圓木), 널빤지에 해당하는 판방(板枋), 그리고 주로 땔감으로 사용되는 후시(猴柴)를 두루 생산했는데,[49] 수지 타산과 운송의 문제 때문에 이 세 종류의 나무가 두루 갖춰져 있는 곳에 목창이 개설되었다. 세 종류 목재 가운데 원목이 없을 경우에는 외부 자본이 투자를 꺼렸다는 언급이 있는데, 이는 섬서 일대의 거목을 얻는 것이 그 지역 산림 벌목의 일차적인 목표였음을 말해준다. 목창에도 많은 외부 상인이 출자했으며, 장궤(掌櫃)라 불리는 사람들이 산중의 벌목을 총괄했다.[50] 따라서 가장 많은 이익을 낼 수 있는 거목이야말로 주요한 벌목 대상이 되었음을 알 수 있다. 호북과 섬서 지역에서는 소금이 생산되지 않아, 암염을 채취해 소금

---

47) 목창(木廠) 노동자들의 잦은 이동과 식량 소비에 대해서는 김홍길, 〈明代의 목재 採辦과 삼림〉, 강릉대학교 인문과학연구소 엮음, 《人文學報》 제29집 (2000), 431쪽 참조.

48) 嚴如熤, 《三省邊防備覽》 권9, 〈山貨〉, 7쪽 하.

49) 嚴如熤, 《三省邊防備覽》 권9, 〈山貨〉, 1쪽 상.

50) 嚴如熤, 《三省邊防備覽》 권9, 〈山貨〉, 2쪽 상.

으로 가공하는 사천성 염창의 수효가 나날이 늘어났으며, 그 결과 소금의 판매를 두고 염창들 간의 경쟁이 심해졌다.[51]

농업과 수공업에 외부에서 온 이주민이 다수 종사하고 있었다면, 그러한 이주민 가운데 호광(湖廣)인들은 어떤 역할을 했을까? 일단 섬서성 개발에 참여한 사람들의 수에 있어서 호광인이 다른 지역 출신자보다 더 많았다.[52] 사료에는 다양한 지역 출신자들이 빈번하게 언급되고 있지만, 유독 호광 출신 사람들을 비난하는 경우가 빈번하였다. 이는 개발 과정에서 다른 지역 출신자들에 비해 호광인들이 토착민들과 갈등을 빚는 경우가 더 많았고, 그만큼 호광인들의 활동이 적극적이었음을 암시한다.[53] 섬서성은 물론이고 사천성에서도 호광인에 대한 비난이 빈번했다.[54]

호광인들은 산지 개발은 물론이고 평지의 수전(水田) 개발에도 매우 적극적이었다. 특히 호광 지역 출신자들 중에서도 지리적으로 하천이 많고 수리 개발이 활발했던 지역의 출신자들은 아직 수리 개발이 이루어지지 않은 지역에 수리 시설을 만들어 그 일대를 개발하는 경우가 많았다. 지방지의 언급에 의하면, 섬서성의 일부 지역에서 비로소 저수지가 만들어지고 수전이 개발된 것은 호광인 덕분이었음이 분명하다.[55] 따라서 일부 지역에서는 관료들도 적극적으로 호광인을 불러들

---

51) 嚴如熤,《三省邊防備覽》권9,〈山貨〉, 13쪽 상~하. 산지에서 이렇게 수공업이 발달했다면, 그 수공업 생산물을 사고파는 시장이 그 주변에 형성돼 있었다고 봐야 할 것이다. 이 점에 대해서는 오금성,〈明清時代의 社會變化와 山區都市의 運命〉,《明清史研究》제12집(2000) 참조.

52) 民國《重刊漢中府志》권1,〈棧道圖〉, 29쪽 상.

53) 嚴如熤,《三省山內風土雜識》, 14쪽에는 이주민들 가운데 호광(湖廣)인이 제일 많다고 언급돼 있다. 嚴如熤,《三省山內風土雜識》, 23쪽에는 호광 지역 출신 이주민이 전체 이주민 중 50%를 차지한다고 나와 있다. 이 호광인 가운데 호북성(湖北省) 사람들이 많았다는 것은 한중부(漢中府)의 풍속이 형주(荊州)나 면주(沔州)의 풍속과 같다는 서술(雍正《陝西通志》권45,〈風俗〉, 9쪽 하)이나 인물지(人物志)에 등장하는 호북인의 성공 사례(光緖《白河縣志》권10,〈人物〉, 6쪽 상·22쪽 하)가 많은 점에서 드러난다.

54) 이 점과 관련해 흥미로운 언급은 사천 지역으로 이주한 섬서인은 자신의 분수에 맞춰 큰 말썽 없이 생활하고 있는 데 비해 호광인들은 사천인과 끊임없이 쟁송(爭訟)을 일으켜 사천인들의 호광인들에 대한 원한이 깊다는 것이다. 嘉慶《四川通志》,〈卷首一〉, 20쪽 하.

55) 이를테면 유패청(留壩廳)이 그러한 지역 중의 하나다. "유패청에는 본래 수리 시설이 없었다. 근래에 이르

여 개간을 촉진했음을 확인할 수 있다. 앞서 언급한 것처럼 외부에서 온 이주민들 때문에 갈등이 일어나기도 했지만, 한편으로는 호광인들의 개간 능력을 당시 관료들도 인정했던 셈이다.[56]

그런데 수전 개발에 능한 호광인들이 수전을 개발한 결과 수해가 빈번해졌고, 산림 개발에 능한 사천인들의 산림 개발로 산악 지역이 황폐해졌다는 섬서성 영섬청(寧陝廳) 일대에 관한 언급으로 미루어,[57] 섬서성에서 이주민이 출신 지역에 따라 경제 활동을 달리했음을 짐작할 수 있다. 앞으로 산지에 유입된 이주민들이 출신 지역에 따라 어떤 역할을 했으며 어떤 기질을 보였는지에 대해 더 연구가 진척되어야 하겠지만, 이주민 중에는 안휘나 강서(江西) 지역 출신자보다 천초(川楚) 지역 출신자가 더 많았으며, 그중에서도 수리 개발과 산지 개발에 두루 적극적이었던 사람들은 호광 지역 출신자들이었다고 할 수 있다.

특히 호북성과 가까운 백하현에는 호북인들이 다수 존재했다.[58] 당시 한 관리가 섬서성에 속해 있는 백하현 일대에 들어가는 것은 바로 호북성에 들어가는 것과 마찬가지라고 언급할 정도였다. 이렇게 섬서성에 호북인들이 많았으므로, 섬서성 일부 지역에서는 호북인들이 산지를 대부분 개간했다고 볼 수 있을 것이다.[59]

(2) 개토귀류와 호북성 개발

앞서 언급한 것처럼 섬서성의 산지 개발은 외부에서 온 이주민에 의해서, 그리고 경우에 따라서는 그 이주민이 투자한 상당한 자본에 의해서 이루어졌다고 볼

러 사천과 호광 지역에서 이주해 온 사람들이 시냇가나 하천 양안 혹은 지세가 평탄한 곳에 저수지를 만들어 물을 막고 수전을 만들었다." 道光《留壩廳志》권4,〈土地志〉(水利), 5쪽 하.

56) 許又將,〈漢陰近代盛衰略述〉, 嘉慶《漢陰廳志》권9,〈藝文上〉, 37쪽 하.

57) 民國《續修陝西通志稿》권195,〈風俗一〉, 4쪽 상.

58) 예를 들어 백하현의 경우 이주민 대부분이 호북성의 무창(武昌), 황주(黃州) 출신자들이었으며 백하 일대의 풍속 역시 이들 지역의 풍속과 동일했다. 民國《續修陝西通志稿》권195,〈風俗一〉, 33쪽 하.

59) 葉世倬,〈春日興安舟中雜詠〉, 嘉慶《續興安府志》권7,〈藝文〉, 39쪽 상 : "현재 섬서로 들어가면 마치 호광 지역에 온 것과 같은 기분이 드는데, 섬서 산악 지역 대부분은 호광인들이 개간하여 경작하고 있다."

수 있다. 그러나 호북성, 특히 호북성의 서남부 지역에서는 그러한 개간의 발판이 개토귀류라는 행정 당국의 조치 이후에야 비로소 마련되었다.

청 정부가 개토귀류를 단행한 것은 무엇보다 자치권을 남용하고 있던 토사(土司) 지역의 수장들을 국가 권력에 편입시킴으로써 중앙 정부의 영향력을 변경의 소수 민족 지역에까지 확장시키기 위해서였다. 개토귀류를 통해 토사 지역들이 정식 행정 구역으로 편입된 시기는 지역에 따라 약간씩 차이가 있으며,[60] 중앙 정부는 무력이나 강제적인 재산의 헌납을 동원하기보다는 자신의 죄를 스스로 고하도록 하는 것을 원칙으로 했다.[61] 따라서 섬서성과 호북성은 개발에 따른 환경 변화의 결과는 동일했지만 개발의 원인은 약간 달랐다고 할 수 있다.

호북성 서남부 지역은 옹정 초까지 토사 지역으로 남아 있었지만, 명대 이래 각 지역에서 온 유력 가문들이 그곳에 자리를 잡고 있었기 때문에 한족(漢族)의 영향이 완전히 배제된 지역이었다고는 할 수 없다.[62] 게다가 이 지역은 섬서성과 마찬가지로 청 초에도 여전히 미개발 지역으로 남아 있었으며, 개토귀류가 본격적으로 단행되기 이전부터 한족이 이 지역에서 개간을 진행하고 있었다. 따라서 개토귀류 전부터 이 지역에서는 한족과 토사 사이에 토지 분쟁이 끊이지 않았다.[63] 이러한 분쟁이 발생하면 청 정부는 외부에서 한족을 불러들여 그 땅을 경작하게 했다.

개토귀류 이전에 청 정부가 토지 분쟁에 개입한 것은 토사의 횡포를 막고 토사

---

60) 옹정(雍正) 4년(1726)에 운귀(雲貴) 지역이 제일 먼저 정식 행정 구역으로 편입되었으며, 악서(鄂西) 지역은 옹정 10년(1732)에 개토귀류가 실시되어 옹정 13년(1735)에 정식 행정 구역 편입이 완료되었다. 張建民, 《湖北通史》(明淸卷), 182쪽.

61) 鄂西土家族苗族自治州民族事務委員會 編, 《鄂西少數民族史料輯錄》(1986), 199쪽에 나오는 악이태(鄂爾泰)의 언급에 의하면 "개토귀류의 방법은 그들을 포획하는 것이 상책이며 병력을 동원해 정벌하는 것은 하책이고, 자신의 죄를 스스로 고하도록 하는 것이 상책이요, 강제로 그들의 재산을 빼앗는 것은 하책이다"라고 하였다.

62) 함풍현(咸豊縣)의 씨족을 토착 종족과 이주 종족으로 나누어 언급하고 있는 함풍현(咸豊縣)의 씨족지(氏族志)는 객가(客家)를 명대(明代) 이후 관리나 상인들이 이 지역으로 이주한 후 번창한 씨족으로 설명한다. 民國 《咸豊縣志》 권11, 〈氏族志〉, 178쪽.

63) 民國 《咸豊縣志》 권10, 〈土司志〉, 103~104쪽.

지역에 한족의 문화를 정착시키기 위해서였지만, 일반민들은 오히려 그 지역의 경제적 가치를 분명히 인식하고 있었다. 비옥한 토지가 많음에도 소수 민족들이 경작법을 모른다거나 다양한 산물이 있음에도 소수 민족들이 그것을 이용할 줄 모른다는 언급, 특히 울창한 숲이 있어서 목재가 많이 생산될 수 있음에도 소수 민족들이 숲을 제대로 이용할 줄 모른다는 언급이 그러한 사실을 잘 보여준다.[64] 토사 지역이 개발되지 않은 채로 있었던 것은 무엇보다 토사들이 산채(山寨)를 방어하기 위해 험준한 지역의 개간은 허용했지만 평야 지대의 개간은 허락하지 않았기 때문이었다.[65]

결국 개토귀류는 정치적 목적을 띤 것이었지만, 그 이면에는 경제적 목적도 분명하게 자리 잡고 있었다고 해야 할 것이다. 그런 이유 때문에 일찍부터 이 지역에서는 한족과 소수 민족이 토지 소유의 경계를 놓고 갈등을 빚었으며,[66] 청 중엽이후까지도 소수 민족 지역의 경제적 잠재력을 탐낸 한족 사람들이 그 지역으로 함부로 들어감으로써 끊임없이 분쟁을 야기했다.[67]

이 지역의 개발 양상은 다음과 같은 점에서 섬서성의 개발 양상과 달랐다. 개토귀류의 목적이 경제적 측면을 가지고 있었다는 점에서 알 수 있듯이, 호북성에서는 관(官)이 의도적으로 개발을 주도했으며, 무엇보다 이 점이 개발 양상에 있어서 섬서성과 다른 부분이었다. 청 정부는 개토귀류 이전부터 이주민들을 둔적(屯籍)에 등록시켜, 그것을 토착민의 이적(里籍)과 분리해서 관리했다.[68] 이것은 청정부가 섬서성과는 달리 호북성에 대해서는 이주민 유입을 불안한 시각으로 보지

64) 王履階, 〈改土歸流說〉, 鄂西土家族苗族自治州民族事務委員會 編, 《鄂西少數民族史料輯錄》, 200쪽 : "좋은 논이 있어도 경작할 방법을 모르며 좋은 원료가 있어도 그것을 이용할줄 모른다……단지 나무를 잘라놓기만 해도 그 목재의 쓰임새가 무궁할 정도이다."

65) 鶴峰縣民族事務委員會 編, 《容美土司史料續編》(1993), 168쪽 : "높은 봉우리와 산마루는 개간하여 경작하는 것을 허락하였지만, 잡초와 가시덤불이 무성한 평원의 개간은 허락하지 않았다. 토사의 규율이 험한 곳은 지키고 흩어져 있는 것을 경계했기 때문이다."

66) 〈漢土疆界碑〉, 鄂西土家族苗族自治州民族事務委員會 編, 《鄂西少數民族史料輯錄》, 189~192쪽.

67) 嚴如熤, 〈平苗條議〉, 《樂園文鈔》 권5, 2쪽 하.

68) 光緖 《利川縣志》 권7, 〈戶役志〉, 1쪽 상~하.

않았음을 의미한다. 호북성의 경우에는 섬서성의 경우처럼 자세하게 개발 과정을 자세하게 언급하고 있는 사료를 찾지는 못했지만, 호북성의 개간이 섬서성과 다르게 진행되었다는 단서는 찾아볼 수 있다. 한 사료에 의하면 관은 주인을 알 수 없는 토지와 관련해 그 땅의 주인 되는 사람은 3개월 내에 관가에 고하라고 알렸고, 3개월이 지나도 주인이라고 나서는 이가 없을 경우에는 직접 민간인을 불러들여 그 땅을 개간하게 했다.[69]

   이러한 사실을 언급하는 사람은 호북포정사(湖北布政使)인데, 그의 이름이 불분명해 언급 시기를 알 수 없다. 다만 그의 글 서두에 장락현(長樂縣)은 땅은 넓은데 인구는 희박해 버려진 땅이 많다는 이야기가 나오는 것으로 보아 개토귀류 직후의 일인 듯하다. 특히 흥미로운 사실은 주인을 찾은 땅의 경우 다시 3개월의 기한을 정해, 그 안에 땅 주인이 사람들을 불러들여 개간에 나서지 않으면 관이 그 땅을 관 소유로 만들고 직접 개간인을 불러들였다는 것이다. 이 역시 섬서성과 달리 호북성에서는 정부의 개간 의지가 작용했음을 보여주는 부분이다.[70] 섬서성에서는 이주민이 개발의 주체였던 반면, 호북성에서는 정부가 적극적으로 개발에 개입하고 있었던 것이다.

   호북성의 이런 개발 양상은 개토귀류 이후 청 정부가 토사 지역의 땅을 매입해 농민들에게 나누어 준 정책에서도 확인된다. 그리고 일부 지역에서는 국가가 전호로부터 수확의 40%를 세금으로 거두어들였는데, 이러한 세수(稅收)를 확보하기 위해서도 국가는 전호들이 적극적으로 생산에 임해주기를 바랐다.[71] 또한 토사 지역의 토지의 등급을 올린 조치도 관의 개간 권장과 무관하지 않을 것이다.[72]

---

69) 이하 장락현(長樂縣) 관련 부분에 대해서는 安□□, 〈立限勘墾議〉, 光緖《長樂縣志》 권14, 〈藝文志〉, 8쪽 상 참조.

70) 李勛, 〈卬洞宜撫使向那吾廣墾植告示〉, 鄂西土家族苗族自治州民族事務委員會 編, 《鄂西少數民族史料輯錄》, 260쪽 : "무릇 경작을 하는 농가는 서로 힘을 합해 물이 있는 지역을 개간하여 농토로 만들어야 한다. 한지(旱地)에 해당하는 곳 또한 반드시 경작이 가능하도록 노력해야 할 것이다."

71) 鄂西土家族苗族自治州民族事務委員會 編, 《鄂西少數民族史料輯錄》, 262쪽.

72) 鄂西土家族苗族自治州民族事務委員會 編, 《鄂西少數民族史料輯錄》, 249쪽. 용미토사(容美土司)의 경우 추세

이렇게 호북성에서는 정부가 개발을 이끌었기 때문에, 섬서성의 관리들이 많은 이주민들에 의한 개간, 그에 따른 환경 악화와 치안 문제를 집중적으로 거론한 것과 달리 호북성의 관리들은 구체적인 개발 정책을 제시했다. 예를 들어 모준덕(毛峻德)은 그의 글 〈권민고조(勸民告條)〉에서 수리 시설 건설, 시비(施肥), 잡초 제거 등의 구체적인 방법을 제시하고, 도처에 있는 미개간지를 개간하는 경우에는 세금을 경감해주어야 한다고 주장했다. 특히 그의 주장에서 흥미로운 것은 주인이 있는 땅이든 없는 땅이든 간에 관 소유지로 만들어 농사를 짓게 해야 한다는 것이다.[73]

이처럼 호북성에서는 개토귀류 이후에 광범위한 개발이 이루어졌다. 개토귀류 이전에는 대체로 토사와 토지주(土知州)가 토지를 소유하고 있었으며 이들이 전호에게 경작을 맡겼다. 한족에게 토지를 파는 것은 원칙적으로 금지되어 있었지만, 개토귀류로 지방 관청이 설치되면서 이주민과 상인들이 이 지역의 토지를 사기 시작했다.[74]

호북성의 경우 국가 주도의 개간 정책 말고, 이주민의 구체적인 개발 양상을 다룬 사료는 아직 발견하지 못했다. 그러나 사료의 몇 가지 언급은 호북성에서도 섬서성과 동일한 양상의 개발이 이루어지고 있었음을 암시해주고 있다. 한 사료에는 "산에 들어와 임대를 통해 산지를 개발하는 사람들이 매우 많다"라는 표현이 나오는데,[75] 이로 미루어 섬서성처럼 호북성에서도 일부 지역에서 경작권이 여러 사람에게 넘어가면서 개발이 진행되었음을 알 수 있다. 또한 호북성에서는 섬서성처럼 외부 자본에 의한 수공업이 대규모로 발달하지는 않았지만, 상업의 이익 대부분을 외지인이 독차지한다는 서술로 미루어 호북성 또한 경제 활동에서 외부인의 입김이 컸음을 알 수 있다.[76]

(秋稅)가 96냥이었는데 그것은 경작 면적을 근거로 산출된 것은 아니었다. 개토귀류(改土歸流) 이후 양질의 논에 대해서는 그 경작 면적을 근거로 세금액을 다시 책정했다.

73) 鄂西土家族苗族自治州民族事務委員會 編, 《鄂西少數民族史料輯錄》, 264~265쪽.

74) 鶴峰縣民族事務委員會 編, 《容美土司史料續編》, 169쪽.

75) 道光 《鶴峰州志》 권14, 〈雜述〉, 6쪽 상.

76) 民國 《咸豐縣志》 권3, 〈風俗〉, 41쪽.

섬서성의 지방지는 대부분의 환경 변화가 외부에서 온 이주민들의 무분별한 개발 때문이라고 언급하고 있지만, 호북성 서남부의 환경 변화에 대한 지방지의 언급은 대부분 개토귀류와의 연관성을 강조하고 있다. 즉, 사례를 모두 열거할 수는 없지만 이러한 언급들에 따르면, '개토귀류 이후' 토지 가격이 등귀하고[77] 토지 관련 소송이 끊이지 않았으며[78] 강가의 험준한 지역이 완전히 개발되어 그 일대의 중요한 시장으로 변했다.[79] 또한 '개토귀류 이후' 급속한 인구 증가로 말미암아 호북성 서남부 일대 산악 지역이 개발되면서 개발의 폐해가 드러났다.[80]

4. 개발의 역효과

(1) 자연 환경의 파괴

호북성과 섬서성의 산악 지역은 현재까지도 중국의 중요한 삼림 지대로 남아 있다.[81] 하지만 명·청 시대의 개발로 이 지역의 자연 환경이 급변했다. 여기서는 개발에 따른 자연 환경의 파괴를 언급하기로 하겠다.

첫째, 여러 지역에서 숲이 서서히 혹은 급격하게 사라졌다. 이 지역은 명대에 특히 황궁 건축용 목재를 대량으로 공급하던 곳이었기 때문에 일찍부터 산림 남

---

77) 嚴如熤, 〈平苗條議〉, 《樂園文鈔》 권5, 2쪽 하 참조.

78) 鄂西土家族苗族自治州民族事務委員會 編, 《鄂西少數民族史料輯錄》, 267쪽 참조.

79) 同治 《來鳳縣志》 권4, 〈地興志〉(形勢), 2쪽 상 : "래봉현은 하천이 험하고 산이 깊으며 숲이 우거져 있다. (그러나) 묘동(卯峒)을 경유하여 장강(長江)과 상강(湘江)으로 쉽게 닿을 수 있으며 매우 빠르다……개토귀류 이후 숲과 잡풀을 베어내고 물건이 오고가 마침내 삼성(三省)의 요충지가 되었으며 사방으로 가는 빠른 길목이 되었다."

80) 이를테면 이것은 "평화로운 시기가 이어진 지 오래되어 인구가 늘어나 깊은 산속이라 하더라도 집을 짓게 되었다. 그 밑 험준한 산마루와 고원에도 또한 경작이 이루어지고 있으니 이제 땅에서 나올 수 있는 이익이 없고, 사람의 힘도 여력이 없다"와 같은 구절에 드러나 있다. 同治 《利川縣志》 권3, 〈祀典志〉(風俗), 46쪽 상.

81) 현재에도 삼목(杉木), 화산송(華山松), 풍양(楓楊), 백목(柏木) 등의 건축용 목재와 가구용 목재가 거의 호북성 서북부 지역에서 집중적으로 자라고 있다. 湖北省計劃委員會, 《湖北國土資源》(武漢 : 湖北人民出版社, 1985), 122~123쪽 참조.

벌이 심했다.[82] 더구나 앞서 언급한 것처럼 청대에 이르러 산지의 대규모 개간과 수공업, 그리고 개토귀류를 통한 경작지 확대로 이 지역의 삼림이 급속히 파괴되었다.

당시 사람들도 그러한 산림 남벌과 무분별한 개간에 대해 일종의 경각심을 가지고 있었던 듯, 이 지역 지방지에는 삼림 파괴와 관련된 언급이 거의 일상적으로 등장한다. 대표적인 사례를 몇 가지 살펴보자면, 우선 가경 23년에 엽세탁(葉世倬)은 〈중수연리정기(重修連理亭記)〉에서 건륭 병오년(丙午年)에 자관령(紫關嶺)을 오를 때는 울창한 숲이 있어서 하늘을 가릴 정도였지만 그로부터 23년이 지난 가경 무진년(戊辰年)에 다시 그 길을 갈 때는 개간되지 않은 땅이 없고 나무가 모두 사라졌다고 언급했다.[83]

엽세탁이 자관령을 다시 넘은 데는 23년의 시간 차가 있었지만, 또 다른 목격자인 유봉진(兪逢辰)은 불과 10여 년 만에 다시 찾은 자백산(紫柏山)에서 삼림 남벌로 그 일대의 형상이 완전히 바뀐 것을 보고 실로 신과 사람이 공분(公憤)할 일이라고 심경을 토로했다.[84] 유봉진은 수령이 수백 년이 넘는 자백나무는 모두 사라졌지만, 그래도 잡목이 남아 있어서 숲이 무성해 보인다고 썼다. 그러나 도광《유패청지(留壩廳志)》의 다른 부분의 기술에 의하면 잡목들 역시 몇 십 년 만에 모두 사라졌다.[85]

일부 지역에서는 이처럼 거목은 물론이고 잡목마저 사라져버렸다. 따라서 땔감

---

82) 이 문제에 대해서는 暴鴻昌·胡凡, 〈明淸時期長江中上游森林植被破壞的歷史考察〉, 《湖北大學學報》哲學社會科學版(1991년 1기)과 특히 嘉慶《四川通志》권71, 〈食貨〉(木政) 부분 참조. 사천성 외에 호북성과 섬서성도 명대 황궁 건설용 목재의 주요 공급지였다. 洪良品, 《湖北通志志餘》권5, 《鄖陽府》山川 ; 康熙《陝西通志》권20下, 〈人物〉, 58쪽 상 : 김홍길, 〈明代의 목재 採辦과 삼림〉 참조.

83) 道光《留壩廳志》, 〈留壩廳足徵錄〉권1, 〈文徵〉, 18쪽 상 : "내가 건륭 병오년에 사천으로 가기 위해 이 고개를 넘을 당시에는 야자나무가 무성하여 그 그늘이 하늘을 가리고 있었으며 수많은 그루가 어지럽게 서 있었다 ……이제 가경 무진년 관중에서 흥안으로 가면서 그 고개를 다시 넘어가게 되었다. 그 23년 사이에 개간되지 않은 땅이 없고 나무가 서있는 곳을 찾아볼 수 없게 되었다."

84) 兪逢辰, 〈禁伐紫柏山樹木示〉, 道光《留壩廳志》, 〈留壩廳足徵錄〉권1, 〈文徵〉, 35쪽 상~하.

85) 道光《留壩廳志》, 〈留壩廳足徵錄〉권4, 〈土地志〉(物産), 7쪽 상.

이 부족했고, 특히 목재 가격이 올라 가난한 사람들은 장사를 치르게 되어도 관을 사용하지 못하는 경우가 빈번했다.[86] 이는 나무가 매우 귀중한 상품이 되었음을 의미한다.[87] 남정현(南鄭縣)의 경우 남벌로 땔감이 부족해지면서 땔감 가격이 이전보다 20~30배 상승했다.[88] 또한 남벌은 토양마저 황토색의 단단하고 점성을 띤 것으로 변화시켰다. 이러한 토양 때문에 가뭄이 들면 식물들이 뿌리를 내리기 어려웠고, 비가 오면 물이 빠지지 않고 공기가 통하지 않았다. 당연히 경작에 더 많은 힘이 들었고 수확량 역시 미미했다.[89]

삼림의 면적이 급속히 줄어들면서 동물들 역시 점차 사라졌다. 삼림 지역에서는 호랑이가 사람을 잡아먹는 일이 매우 흔해 호랑이가 '신호(神虎)'라는 별명으로 불리며 주민들의 공포 대상이 되었다.[90] 위 사실은 옹정 2년에 간행된 지방지에 언급되어 있는 것인데, 가경 연간에 이르면 흥안부 일대에서 벌써 그러한 호랑이에 의한 피해가 사라지고 있음을 알 수 있다.[91]

물론 일부 지역의 기록에서는 가경 이후에도 호랑이의 출몰이 언급되고 있지만, 개발이 진행된 이후 야생 동물이 사라지고 있다는 기술은 매우 흔하게 발견된다. 의창부의 학봉주(鶴峰州)와 파동현, 순양현, 자양현[92] 등에 대한 기록에서 그러한 기술을 볼 수 있다. 이전에는 흔하게 볼 수 있었던 동물들이 개발로 인해 사라져간 것이다.[93]

---

86) 同治《宜昌府志》권4,〈建置下〉, 43쪽 상.

87) 同治《歸州志》권1,〈祥異〉(俗尚), 34쪽 하. 따라서 목재를 생산하기 위해서는 점점 더 깊은 산속으로 들어가야 되었기 때문에 목재 생산을 위한 위험 부담이 가중되었지만, 상인들은 오히려 목재 가격 등귀로 인한 이익 증가 때문에 기뻐했다. 民國《續修陝西通志稿》권34,〈徵榷〉, 3쪽 하.

88) 民國《南鄭縣志》권3,〈政治志〉(實業), 2쪽 상.

89) 民國《南鄭縣志》권5,〈風土〉(水土), 1쪽 하.

90) 洪良品,《湖北通志志餘》권5,〈鄖陽府〉,〈山川〉.

91) 嘉慶《漢陰廳志》권10,〈藝文志下〉, 26쪽 상.

92) 同治《宜昌府志》권1,〈天文〉, 12쪽 상 ; 同治《宜昌府志》권14,〈藝文〉(律), 113쪽 상 ; 道光《興安府志》권11,〈食貨志〉(積貯), 15쪽 상 ; 道光《紫陽縣志》권2,〈地理志〉(紀代), 13쪽 상 참조.

93) 淡金纛,〈寒蓬山記〉, 道光《重修略陽縣志》권2,〈建置部〉, 55쪽 상.

삼림이 사라지면서 이렇게 산중의 맹수들이 자취를 감추기도 했지만, 서식지를 잃은 야생 동물들이 빈번히 촌락에 출몰하기도 했다. 당시의 사료에는 이에 대한 구체적인 설명이 나와 있지 않지만, 개발로 인해 동물의 먹이가 감소하고 인간들의 생활공간이 산악 지대에 깊숙이 파고든 탓이었으리라 추측해볼 수 있다. 사료에 언급되어 있는 멧돼지의 출현에 대해 살펴보자.

정원청(定遠廳) 동쪽의 성자산(星子山) 기슭에 지창(紙廠)이 있었는데, 주위 촌락에 야생 돼지가 출몰하며 곡식에 많은 피해를 주었다. 마을의 사냥꾼들이 야생 돼지를 포획해 이익을 남겼다는 기록도 함께 나와 있는 것으로 보아[94] 야생 돼지의 출현이 빈번했음을 알 수 있다. 결국 이것은 산간 지대에도 다수의 촌락이 형성되어 인간과 야생 동물의 접촉이 빈번해졌음을 시사한다.

일부 지역에서는 대규모 멧돼지 감시단을 조직해 멧돼지가 나타나면 나팔 등을 불어 그 사실을 인근에 알리게 하는 방법까지 동원되었다. 당시 멧돼지 피해는 상당히 심각했던 것으로 보이며, 지방지의 표현을 빌리면 멧돼지에 대해 제대로 대처하지 못할 경우 농민들은 곡식 한 알도 건지지 못한 채 새로운 경작지를 찾아 타향으로 떠나야 하는 상황에 처할 수도 있었다.[95] 특히 호북성 서남부 일대에서 멧돼지 피해가 빈번했는데, 일부 지방관들은 마치 기우제를 지내듯이 멧돼지를 없애달라는 기원문을 남겼을 정도로 문제가 심각했다.[96]

환경의 변화를 피부로 느끼게 되기까지는 상당한 시간이 걸리는 법인데, 당시 사람들은 삼림의 변화나 그에 따른 동식물의 감소를 생각 이상으로 빨리 체감했던 것 같다. 이는 섬서성 남부와 호북성 서부의 환경 변화 속도가 그만큼 빨랐다는 의미일 것이다. 인구 증가와 그에 따른 개발 및 삼림 남벌은 이렇게 사람이 동물을 쫓아내는 상황을 만들어냈다.[97]

---

94) 光緖《定遠廳志》권3, 〈地理志四〉(山), 1쪽 하.
95) 光緖《鶴峯州志》권14, 〈藝文〉, 15쪽 상.
96) 伍繼勳, 〈禱驅野豕文〉, 同治《興山縣志》권8, 〈藝文志〉, 38쪽 상~하 ; 同治《東湖縣志》권5, 〈彊域下〉(物産), 7쪽 상.

(2) 환경 변화와 지역 사회

자연을 파괴한 데 따른 환경 변화는 인간의 삶에 부정적인 영향을 미치지 않을 수 없다. 그렇다면 개발로 인한 환경 변화가 호북성과 섬서성의 산악 지역에 미친 영향은 구체적으로 어떤 것이었을까?

우선 농업과 관련해 말하자면, 산기슭의 수전(水田) 지역과 산지의 개발 지역 모두 환경 변화로 인해 많은 피해를 입었다. 수전 지대의 피해는 두 가지였다. 첫째는 산사태에 의한 피해다. 개간으로 산림이 감소하자 이른바 "돌과 흙이 분리되는" 상황이 발생해, 여름과 가을에 비가 오면 토사(土沙)가 산기슭의 수전 지대로 내려왔다.[98] 그 이유는 이 지역 산지가 잡석(雜石)과 흙이 섞인 토양으로 이루어져 있기 때문에,[99] 토양 자체가 취약한데다가 남벌로 잡석을 지탱하고 있는 흙이 그대로 씻겨 내려왔기 때문이었다.[100]

둘째는 물 부족으로 인한 피해다. 수전 지대에서는 농업용수 수요가 급격히 증가했는데, 남벌로 산림이 사라지면서 자연의 빗물 보존 능력이 떨어져갔던 것이다. 이 지역의 가장 중요한 수리 시설은 대부분 한수(漢水)를 따라 길게 형성되어 있었다. 따라서 농업용수 공급이 상류에 유리했던 지리적 원인 때문에 하류 지역은 항상 농업용수 부족에 시달렸다. 하지만 궁극적인 원인은 그러한 수리 시설 부근의 한전(旱田)이 수전(水田)으로 개발되어 그전보다 농업용수 수요가 증가한 데 있었다. 이처럼 농업용수의 수요는 증가했는데 물 저장 능력은 산림 감소로 인해 현저히 낮아졌다.[101]

---

97) 정철웅, 〈淸代 湖北省 西北部 地域의 經濟開發과 環境〉 참조. 또한 산지 개발뿐 아니라 어업도 심각한 환경 문제를 야기했다. 청 후기의 일이지만 물고기를 잡기 위해 하천에 독약을 푼 것이 한 예다. 〈寧陝撫民分府嚴禁燒山毒河告示碑〉, 張沛, 《安康碑石》(西安 : 三秦出版社, 1991), 274~275쪽.

98) 嚴如熤, 〈請專委府經歷專管公堰詳文〉, 民國《重刊漢中府志》권20, 〈水利〉, 23쪽 하 : "근래에 이르러 울창한 숲이 개간되자 흙과 바위가 서로 지탱하는 힘을 잃게 되었다. 여름과 가을에 비가 많이 오면 물이 급격하게 증가하여 하천에 모래와 바윗돌이 쌓인다."

99) 엄여익(嚴如熤)의 설명에 의하면 사천성의 산은 봉우리가 뾰족하고 산근(山根)이 견고한 반면 섬서성의 산은 돌과 흙이 같이 섞여 있어 비가 오면 무너지기 쉬웠다. 嚴如熤, 《三省邊防備覽》권5, 〈水道〉, 10쪽 상.

100) 光緒《定遠廳志》권5, 〈地理志〉(附府志山內風土), 10쪽 하.

산지의 개발 지역에서도 농업 피해가 빈번했다. 앞에서 언급한 것처럼 산악 지대에서는 대체로 화전에 의존해 경작이 이루어졌다. 화전은 보통 따로 비료를 쓰지 않아도 될 정도로 비옥했다. 하지만 화전은 일군 지 4~5년이 지나면 흙이 씻겨 나가고 바위만 남게 되어 사실상 황무지로 변했으며, 화전민들은 다른 경작지를 찾아 이동할 수밖에 없었다.

환경 변화로 인한 농업 분야의 피해가 이와 같았다면 이번에는 수공업 분야의 피해를 살펴보자. 수공업은 특히 산림 자원의 감소로 어려움을 겪었다. 예를 들어 제철업은 연료로 사용되는 숯을 쉽게 얻을 수 있는 숲 주변에 들어서는 경우가 많았으며,[102] 그런 만큼 산림 감소는 제철업에 부담이 될 수밖에 없었다. 그런데 나무가 부족해지면서 석탄이 연료로 쓰이게 되자 이번에는 석탄 개발이 다시 산림을 황폐화하는 상황이 벌어졌다.[103] 또한, 산림이 감소하면서 수공업뿐 아니라 나무가 울창해야 가능한 약재, 칠, 목이 등의 채취나 재배도 활발하지 못했다. 섬서나 호북 지역에서 이러한 임산물을 보호하는 조치가 연이어 등장했다는 사실이 그러한 상황을 증명해준다고 하겠다.[104]

수공업과 관련해 덧붙이고 넘어갈 흥미로운 사실은, 상류 쪽의 수공업이 하류 쪽의 농업에 피해를 주었다는 것이다. 한중부 면현(沔縣)의 무생(武生) 왕존신(王

---

101) 嚴如熤, 〈請專委府經歷專官公堰詳文〉, 民國《重刊漢中府志》 권20, 25쪽 상 ; 張建民, 《明清長江流域農業水利研究》(武漢 : 武漢大學出版社, 1992), 289~294쪽 참조. 청대 섬서성 한수(漢水) 유역의 농업용수 부족 발생과 그에 따른 수리 분쟁에 대해서는 정철웅, 〈淸 中葉 陝西省 漢中府의 수리시설과 농업용수 분쟁—楊塡堰과 五門堰의 사례를 중심으로〉, 《東洋史學硏究》 94집(2006) 참조.

102) 嚴如熤, 《三省邊防備覽》 권9, 〈山貨〉, 5쪽 상 : "숯은 반드시 숲 근처에서 생산되기 때문에 제철소는 항상 숲을 개간한 지역 부근에 존재하였다. 숲이 점차 개간되자 철광석이 산출된다 해도 그것을 녹일 수 없게 되어 쓸모가 없게 되었다."

103) 嚴如熤, 《三省邊防備覽》 권7, 〈險要下〉, 23쪽 하 : "파산(巴山)에는 큰 원목과 널빤지가 없으며, 각 수공업장도 마찬가지다. 다른 지역 수공업장에서는 항상 신탄(新炭, 석탄)의 사용을 준비하고 있기 때문에 〔주변의 산지〕가 점차 개간되었다."

104) 道光《紫陽縣志》 권3, 〈食貨志〉, 14쪽 하 참조. 산지(山地) 산물의 보호에 대해서는 張沛, 《安康碑石》, 135쪽의 〈石泉知縣整飭風化告示碑〉 참조. 이러한 포고문이나 민약(民約) 등은 특히 도광 이후 향촌과 행정 당국 모두가 산지 산물 보호에 많은 관심을 기울였음을 보여준다.

尊信)은 가업을 이어받아 목재 생산업을 운영하고 있었다. 벌목한 나무를 하천을 이용해 운송하는 과정에서 목재가 수전으로 들어가는 물길의 입구를 막게 되자 수로 책임자와 분쟁이 발생했다. 관은 나무를 육로(陸路)를 통해 운송하라고 판결했다.[105] 당시에 주로 하천을 통해 목재가 운송되었고 산간의 세류(細流)를 따라 수전이 형성되어 있었음[106]을 염두에 둔다면 이러한 종류의 분쟁이 발생할 소지가 많았다고 할 수 있다. 요컨대 왕존신의 분쟁 사례는 수공업의 발달이 산기슭의 수전에 방해가 되고 있었음을 시사한다.

환경 변화가 농업과 수공업에 미친 영향은 이러했고, 좀 더 거시적인 관점에서 본다면 한수(漢水) 상류의 개발이 한수 전체 수리 체계에 심각한 영향을 미쳤다. 한수 유역의 수리 시설은 대부분 앞서 언급한 바와 같이 세류를 따라 형성된 소규모 수전 주변에 있었다. 다만 남정현과 성고현(城固縣)에는 한중부 일대에서 가장 중요한 수리 시설이었던 산하오문언(山河五門堰)과 양전언(楊塡堰)이 있었다. 산간 지역의 수리 시설은 물론이고 이러한 대규모 수리 시설 역시 청 중엽에 와서는 유지비가 많이 드는 반면에 이익은 그리 크지 않았다.[107] 산악 지대라는 조건상 물이 부족하기 때문이기도 했지만, 궁극적으로는 삼림 개발로 토사가 증가해 하천의 흐름을 방해했기 때문이었다.[108]

섬서성의 관리들이 섬서성의 수리 문제를 언급하면서 유지 비용은 많이 드는 반면 효용은 크지 않다고 언급한 것도 바로 이 때문이었다. 즉 이주민들의 노림 개간→토질 변화→강우에 대한 저항력 약화→수리 시설로 토사 유입→수리 시설 파괴→공사비 증가라는 악순환이 이어진 것이다. 관리들은 늘어난 수리 시설 공사비를 물 사용량에 따라 각 지역에 안배해 부담시키고 있었지만, 농민들이 수리 시설 개선에 적극적이지 않은 탓에 관리들이 지속적으로 감독을 해야 했다.[109]

---

105) 光緒《洶縣志》권4,〈藝文志〉(雜記), 26쪽 상~26쪽 하.

106) 光緒《白河縣志》권12,〈藝文補〉, 18쪽 하.

107) 民國《續修陝西通志稿》권60,〈水利四〉, 1쪽 상.

108) 民國《重刊漢中府志》권20,〈水利〉, 19쪽 하·23쪽 하.

이처럼 섬서성의 산지 개발로 한수 상류 유역이 자주 피해를 입게 되자 그 영향이 그대로 호북성에 미쳤다. 홍량품(洪良品)은 한수 개발에 따른 호북성의 홍수 피해를 분명한 논조로 밝혔다. 즉 한중부의 잔도(棧道) 지역 일대의 개발로 진흙과 모래 유출이 증가했고, 그것이 한수에 쌓여 수심이 낮아진 결과 도광 연간에 호북성이 빈번하게 수해를 입게 되었다는 것이다.[110]

바로 이런 상황을 이유로 들어 왕백심(王柏心)은 서북 지역에서는 하천이 유용한 데 비해 동남 지역에서는 해가 되며 그 피해가 가장 심한 곳이 호북성이라고 언급했다.[111] 당시의 관료들은 산악 지역의 개발이 하천 하류 지역 일대에 해가 된다는 것을, 다시 말해서 산악 지역 개발민들의 무계획적인 개간으로 산이 강우에 대한 저항력을 상실하게 되면 흙이 본래의 단단한 성질을 잃어버리고 하천으로 쓸려 내려와 점차 물의 흐름을 막게 된다는 것을 인식하고 있었다.[112]

한수 수리 체계의 불안정은 한수 상류 지역의 개발뿐 아니라 운양부 일대의 개발로 더욱 악화되었다. 예를 들어 운서현(鄖西縣)의 가장 대표적인 수리 시설이었던 천공언(千公堰)은 강희 38년, 강희 53년, 건륭 12년, 건륭 35년에 네 번 보수되었지만,[113] 가경 5년에 완전히 파괴되어 기능을 상실했다. 운서현의 지방지는 그 이유를 근래에 인구가 증가해 산지를 개발한 탓이라고 설명하고 있지만, 건륭 연간의 보수 규모보다 가경 연간의 보수 규모가 컸다는 점은 한수의 수리 체계가 지속적으로 악화되었음을 말해준다.[114] 더구나 도광 12년의 대홍수의 예에서 볼 수

---

109) 民國《續修陝西通志稿》권60,〈水利四〉, 2쪽 하.

110) 洪良品,《湖北通志志餘》권1,〈楚北全省志餘〉: "도광 연간에 이르러 호북성은 빈번히 수해를 입었다……한수는 섬서성 한중부로부터 흐르고 있는데, 가경 연간 당시 섬서성 잔도(棧道) 지역을 개간하여 경작을 하게 되자 진흙과 모래가 산 아래로 내려오게 되었다. [따라서] 한수의 하상(河床)은 나날이 높아지고 수심은 날이 갈수록 낮아지게 되어, 한번 물이 불면 제방을 휩쓸고 지나가버린다. 그런 이유 때문에 도광 연간에 이르러 수해를 겪지 않은 해가 없게 되었다."

111) 兪昌烈,《楚北水利堤防紀要》湖北地方古籍文獻叢書(武漢:湖北人民出版社, 1999), 王序.

112) 王鳳生,《漢江紀程》, 3쪽 상.

113) 乾隆《鄖西縣志》권2,〈沿革〉, 18쪽 상.

114) 嘉慶《鄖西縣志》권1,〈隄堰〉, 9쪽 하–10쪽 상.

있듯이, 수리 시설의 잦은 보수에도 불구하고 하천의 수심이 낮아져 물이 범람하는 사태가 근본적으로 개선되지는 못했다.[115]

이처럼, 섬서 지방의 개발이 운양부에 영향을 주고 다시 운양부 자체의 개발이 호북성의 강한(江漢) 평원 일대에 영향을 끼치는 식으로, 환경 악화의 영향은 연속하여 다른 지방으로 확산되었다.[116] 결국 한수 상류의 수리 체계 불안정이 호북성 전체의 수리 체계에 영향을 미치게 되었다. 원래 호북성의 수리 체계는 장강(長江)과 한수의 지류들이 서로 연결되어 있어서 물을 통제하기가 본래 용이하지 않았다.[117] 적어도 건륭 연간까지는 장강의 수리 대책이 훨씬 더 긴급했지만, 한수 상류 쪽의 과다한 개발로 가경 연간부터는 호북성 전체의 수리 체계가 급속하게 악화되었다.[118]

요약하자면 농업과 수공업 등을 통한 산지 개발이 장기적으로는 오히려 농업과 수공업에 해가 되는 환경 변화를 초래하였다. 산악 지역의 개발은 산지 환경을 악화시켰을 뿐 아니라 산기슭의 수전에도 악영향을 미쳤다. 수공업 역시 산악 지역의 환경 악화에 많은 영향을 미쳤다. 즉 수공업에 필요한 원료의 대부분이 나무였기 때문에 주변의 숲이 급속하게 파괴되었다. 그러한 환경 악화로 다시 수공업이 어려움을 겪는 상황을 발생하였다. 위에서 언급한 것처럼 일부 수공업이 연료 조달에 어려움을 겪었던 것이 그러한 예라고 할 수 있다. 더욱 중요한 것은 섬서성의 한수가 제 기능을 발휘하지 못하게 됨에 따라 호북성의 한수 유역에서도 홍수 피해가 더 빈번해졌다는 사실이다.

---

115) 도광 12년의 홍수에 대한 기사는 同治《鄖西縣志》권20, 〈雜志〉(祥異), 3쪽 하에 나와 있다. 또한 한강(漢江)의 수심이 낮아졌다는 언급은 光緖《均州志》권4, 〈城池〉, 7쪽 하에 나와 있다.

116) 洪良品,《湖北通志志餘》권3, 〈漢陽府志餘〉.

117) 兪昌烈, 〈總督鄂彌達奏覆台中開河之議〉,《楚北水利隄防紀要》, 105쪽.

118) 黎世序 等纂,《續行水金鑑》(萬有文庫本) 권154, 〈江水〉, 3,628~3,629쪽.

5. 개발과 환경 악화

평야 지대의 성장 한계는 자연스럽게 산악 지역으로의 이주를 자극했으며, 산악 지역으로 간 이주민들은 그곳을 적극적으로 개발했다. 생계를 위한 화전 경작처럼 단순한 개발도 있었지만, 자본을 가진 개인이 많은 사람들을 불러들여 개간하는 대규모 개발도 있었다. 대규모 개발은 한 지역을 집중적으로 개발했다는 점에서 자연에 한층 더 큰 피해를 입혔다. 또한 대규모 개발은 이주민들 사이에 갈등을 야기하기도 했는데, 산악 지대가 개발을 통해 생산성 있는 토지로 바뀌게 되면 그 땅에 이해관계가 얽혀 있는 지주와 전호 사이에 갈등이 싹텄기 때문이다. 전호가 다시 다른 사람에게 산지를 임대할 경우 사실상 산림 자원이 더 이상 남아 있지 않을 정도로 개간이 진행된 산지를 임대하는 경우도 있었다. 한 지방관이 고시를 통해 그러한 관행을 금지시키고 있다는 사실은 산지 개발에서 그러한 일이 널리 벌어지고 있었음을 시사한다. 또한 대규모 산지 개발의 주체들은 단순한 생계형 개발자들과 달리 한 지역에 대대로 머물면서 개발을 진행시키기도 했다고 볼 수 있다.

한편, 처음부터 이주민들에 의해 개간이 진행된 섬서성과 달리 호북성에서는 개토귀류라는 행정적 조치가 발효된 이후에야 비로소 적극적인 개발이 이루어졌다. 다시 말해 호북성에서는 오히려 행정 당국이 개간에 참여할 이주민을 적극적으로 불러들였다. 일반 이주민들 사이에 이루어진 산지 임대차 관련 단서가 호북성에서도 발견되긴 하지만, 이 지역에서는 개간이 국가의 세수 정책 및 토사 지역한화(漢化) 정책과 긴밀하게 연결된 채 진행되었다고 할 수 있다.

이러한 개간으로 대부분의 산지에서 산림과 동물이 급격하게 감소했으며, 결국 이러한 자연의 변화가 농업과 수공업에 부정적인 영향을 미치게 되었다. 나무가 사라지면서 산의 저수 능력이 현저히 감소해 농업용수가 부족해졌으며, 산의 흙이 비에 쓸려 내려가 산기슭의 수전이나 하천에 쌓임으로써 홍수 피해가 잦아졌다. 또한 나무가 사라지면서 수공업 역시 연료 조달에 곤란을 겪으며 성장의 한계를 드러냈다. 더구나 목창 같은 수공업은 하천을 통한 목재 운송 과정에서 수전의 수리 시설을 파괴하기도 했다. 결국 산지 개발은 장기적으로는 농업과 수공업 모두에 부정적인 영향을 끼친 것이다.

벌목은 토사 유출과 하상(河床) 상승으로 이어지며 섬서성의 수전이나 수리 시설을 파괴했을 뿐 아니라, 궁극적으로는 호북성 전체의 수리 체계를 위협하게 되었다. 물론 운양부 일대의 개발이 그러한 과정을 촉진시킨 것은 사실이지만, 이는 한 지역의 환경 변화가 이웃 지역에까지 영향을 줄 수 있음을 보여주는 좋은 예다.

본문에서 구체적으로 다루지는 않았지만 환경 문제에 대한 당시 관료들의 인식은 대체로 제한적이었던 것 같다. 엄여익은 자신의 글 곳곳에서 산지 개간에 따른 피해를 구체적인 예를 들며 언급했지만, 그가 한결같이 강조한 것은 이른바 깊은 산악 지역과 숲이 우거진 지역에 "행정력이 미치지 못하는 상황" 때문에 발생할 수 있는 치안의 문제였다. 다시 말해 그는 환경 파괴 자체를 우려하거나 환경의 회복에 관심을 기울인 것은 결코 아니었다.[119] 물론 일부 관료들은 식수(植樹) 문제의 중요성을 환기하기도 했고,[120] 청 중엽 이후 일부 산악 지역에서는 삼림을 보호하기 위한 구체적인 사례가 등장하기도 했다.[121] 하지만 이러한 경우라 해도 관료들의 궁극적인 목적은 식수를 통한 농민의 수지 개선에 있었으며,[122] 환경 회복 자체는 그들에게 절실한 문제가 아니었다.

---

119) 엄여익의 다음 언급은 환경 문제에 대한 당시 관료들의 생각을 잘 보여준다. "만약 수공업장의 개설을 허락해주지 않는다면 노동자들이 살아갈 방도가 없을 것이다. 더구나 실업 상태의 수십만 유민이 부화뇌동하여 난을 일으키지 않는다고 보장하기 어렵다……무수히 많은 대나무 숲 때문에 발생할 수 있는 문제는 더욱 더 크다고 할 수 있다. 이른 봄에 불태워 없애야 하며, 그렇지 못할 경우 대나무 제품을 생산하는 수공업장에서 대나무를 베도록 한다면 백성들에게 이익을 줄 수 있을 뿐 아니라 여러 피해를 없앨 수 있을 것이다." 嚴如熤,《三省山內風土雜識》, 23쪽.

120) 호북성의 경우 주개(周凱), 정주(丁周) 등이 그런 관료에 해당한다. 丁周,〈論闔邑諸民區種田法家桑山桑蠶法示〉, 同治《來鳳縣志》권30,〈藝文志〉(文), 50쪽 상.

121) 馮祖祥‧漆根深‧趙天生,《湖北林業史》(北京 : 中國林業出版社, 1995), 153~156쪽.

122) 同治《建始縣志》권4,〈食貨志〉(物產), 12쪽 하.

참고문헌

1. 사료

(1) 지방지

道光《興安府志》

道光《續興安府志》

道光《陝西志輯要》

民國《續修陝西省通志稿》

嘉慶《白河縣志》

嘉慶《漢陰廳志》

民國《鄕土志叢編》

民國《紫陽縣志》

道光《紫陽縣志》

民國《重刊漢中府志》

嘉靖《歸州全志》(天一閣藏明代方志選刊續編)

民國《續修宜昌縣志》

同治《宜昌府志》

同治《恩施縣志》

同治《來鳳縣志》

同治《咸豊縣志》

同治《建始縣志》

道光《石泉縣志》

同治《長陽縣志》

同治《洵陽縣志》

道光《鶴峰州志》

道光《留壩廳志》

光緖《白河縣志》

雍正《陝西通志》

嘉慶《四川通志》

民國《續修陝西通志稿》

嘉慶《續興安府志》

民國《咸豊縣志》

光緒《利川縣志》

同治《利川縣志》

光緒《長樂縣志》

光緒《鶴峯州志》

康熙《陝西通志》

同治《歸州志》

民國《南鄭縣志》

同治《興山縣志》

道光《重修略陽縣志》

光緒《定遠廳志》

同治《東湖縣志》

光緒《沔縣志》

乾隆《鄖西縣志》

嘉慶《鄖西縣志》

同治《鄖西縣志》

光緒《均州志》

(2) 개인 문집

黎世序 等纂,《續行水金鑑》(萬有文庫本)

嚴如熤,《樂園文鈔》

————,《三省山內風土雜識》(臺北：商務印書館, 1937)

————,《三省邊防備覽》

王鳳生,《漢江紀程》

兪昌烈,《楚北水利堤防紀要》湖北地方古籍文獻叢書(武漢：湖北人民出版社, 1999)

洪良品,《湖北通志志餘》

2. 연구서

오금성,《中國近世社會經濟史研究》(일조각, 1986)

鄂西土家族苗族自治州民族事務委員會 編,《鄂西少數民族史料輯錄》(1986)

張建民,《湖北通史》明清卷(武漢：華中師範大學出版社, 1999)

————,《明淸長江流域農業水利硏究》(武漢：武漢大學出版社, 1992)

張沛,《安康碑石》(西安：三秦出版社, 1991).

馮祖祥·漆根深·趙天生,《湖北林業史》(北京：中國林業出版社, 1995)

鶴峰縣民族事務委員會 編,《容美土司史料續編》(1993)

湖北省計劃委員會,《湖北國土資源》(武漢：湖北人民出版社, 1985)

山田賢,《移住民の秩序―清代四川地域社會史研究》(名古屋：名古屋大學出版會, 1995)

Mark Elvin · Liu Ts'ui-jung (eds.), *Sediments of Time : Environment and Society in Chinese History*, 2 vols.(Cambridge : Cambridge Univ. Press, 1998)

3. 논문

김홍길,〈明代의 목재 採辦과 삼림〉, 강릉대학교 인문과학연구소 엮음,《人文學報》제29집(2000)

오금성,〈明淸時代의 社會變化와 山區都市의 運命〉,《明淸史研究》제12집(2000)

유장근,〈중국 근대에 있어서 생태 환경사 연구〉,《中國現代史研究》3권(1997)

정철웅,〈淸代 湖北省 西北部 地域의 經濟開發과 環境〉,《明淸史研究》제10집(1999)

───,〈淸 中葉 陝西省 漢中府의 수리시설과 농업용수 분쟁―楊塡堰과 五門堰의 사례를 중심으로〉,《東洋史學研究》제94집(2006)

하세봉,〈淸中期 三省交界地方의 수공업과 상인자본〉,《中國問題研究》2호(1988)

馬正林,〈人類活動與中國沙漠地區的擴大〉,《陝西師大學報》(1984년 3기)

王建革,〈馬政與明代華北平原的人地關係〉,《中國農史》(1998년 1기)

蕭正洪,〈淸代陝南的流民與人口地理分布的變遷〉,《中國史研究》(1992년 3기)

鈔曉鴻,〈淸代前中期陝西人口數字評析〉,《淸史研究》(2000년 2기), 62쪽

張建民,〈淸代湘鄂西山區的經濟開發及其影響〉,《中國社會經濟史研究》(1987년 4기)

───,〈明淸漢水上游山區的開發與水利建設〉,《武漢大學學報》哲學社會科學版(1994년 1기)

陳樹平,〈玉米和番薯在中國傳播情況研究〉,《中國社會科學》(1980년 3기)

藍勇,〈歷史上長江上游的水土流失及其危害〉,《光明日報》(1998년 9월 25일)

史念海,〈歷史時期森林變遷的研究〉,《中國歷史地理論叢》(1988년 1기)

暴鴻昌 · 胡凡,〈明淸時期長江上游森林植被破壞的歷史考察〉,《湖北大學學報》哲學社會科學版(1991년 1기)

藍勇,〈歷史時期三峽地區經濟開發與生態變遷〉,《中國歷史地理論叢》(1992년 1기)

上田信,〈中國における生態システムと山區經濟〉,《長期社會變動》(東京：東京大出版會, 1994)

Helen Dunstan, "Official Thinking on Environmental Issues and the State's Environmental Roles in Eighteenth-Century China", *Sediments of Time : Environment and Society in Chinese History*

J. R. McNeill, "China's Environmental History in World Perspective", *Sediments of Time : Environment and Society in Chinese History*

Eduard B. Vermeer, "The Mountain Frontier in Late Imperial China : Economic and Social Developments in the Bashan", *T'oung Pao*, vol. 77(1991)

Nicholas Kay Menzies, *Trees, Fields, and People : The Forests of China from the Seventeenth to the Nineteenth Centuries*(California : Univ. of California, Ph. D. diss., 1988)

로스 쿠퍼 존스턴,《엘니뇨 : 역사와 기후의 충돌》, 김경렬 옮김(새물결, 2006)

다큐멘터리 프로듀서 출신인 저자는 중요한 역사적 사건 및 변동의 실제적인 원인으로 엘니뇨를 지목했다. 나아가 인류의 역사를 결정하는 것은 인간이 아니라 기후라고까지 주장한다. 엘니뇨를 마법의 방망이처럼 휘두르고 있다는 인상을 지울 수 없음에도, 굳이 이 책을 소개하는 이유는 역사 전개에 기후가 끼친 다양한 영향을 상상해볼 수 있기 때문이다. 특히 이 책에서는 '숭정 14년의 대기근'의 원인으로 엘니뇨를 지목하고 있다는 점이 흥미롭다.

마크 엘빈Mark Elvin,《코끼리의 후퇴 : 중국 환경사The Retreat of the Elephants : An Environmental History of China》(New Haven and London : Yale Univ. Press, 2004)

굳이 외국어로 된 책을 소개하는 이유는 유럽 역사와 환경 관련 연구서는 몇 권의 번역서가 출간되었지만, 중국과 관련된 환경사에 관한 책은 아직 출간되지 않았기 때문이다.《코끼리의 후퇴》라는 제목이 암시하고 있는 것처럼 이 책은 인간의 활동 영역 확대로 동물의 개체 수가 급격히 감소했던 상황을 설명하고 있다. 이 주제 외에도 역사 시대 삼림 남벌 상황, 사람의 수명과 환경 변화와의 상관성, 중국의 정치적·군사적 확대에 따른 환경 변화 등을 두루 다루고 있다. 특히 다양한 문학 작품 속에서 중국 역사 시대 환경 변화의 단서를 찾아내고 있는 것이 매우 흥미롭다.

브라이언 페이컨,《기후는 역사를 어떻게 만들었는가 : 소빙하기 1300~1850》, 윤성옥 옮김(중심, 2002)

미국의 대표적인 고고학자인 저자는 국내에서 이미 10여 권에 가까운 저작들이 번역될 정도로 많이 알려진 학자이다. 이 책도 간행된 지 2년 만에 국내에 소개되었다. 비록 중세 온난기와 현대 온난기를 주로 다루고 있지만, 이 책의 주된 관심은 1300년에서 1850년까지의 소빙기다. 기후학자인 휴버트 램에게 헌정한다는 그의 말처럼 이 책은 휴버트 램의 연구에 대한 상세한 주석과도 같은 인상을 준다. 저자는 성직자와 연대기 작가의 개인 기록을 비롯한 광범위한 자료를 인용하여 소빙기에 대한 이해와 깊이를 더욱 풍부하게 하고 있다.

"역사 속의 소빙기" 논쟁,《한국학보》149집(1997)

한국사에서 소빙기에 대한 연구는 1980년대 초반 '17세기 위기론'이 소개된 이후, 기후학자인 김연옥과 역사학자인 이태진 등에 의해 진행되었다. 특히 이태진은《조선왕조실록》에서 다양한 소빙기 현상을 포착하고, 그 원인으로 유성과 운석의 낙하를 지목했다. 이 주장에 대한 검증과 반론이 과학사가인 박성래, 천체 물리학자인 소광섭, 기후학자인 김연옥 등에 의해 이루어졌다. 당시의 논쟁은 세계사 속에서 한국 소빙기의 의미를 재조명하는 기회를 제공했다. 특히 학제 간의 다양한 의견 교환은 한국 학계의 소빙기에 대한 인식과 경향을 잘 대변해주고 있다.

우에다 마코토(上田信), 《숲과 녹색의 중국사(森と綠の中國史)》(東京 : 岩波書店, 1999)

일본의 명청 시대 중국 환경사 연구의 대표 주자라 할 만한 저자가 그간의 자신의 연구 성과와 현지답사 경험을 일반인이 알기 쉽도록 재미있게 풀어 쓴 중국의 삼림 역사서. 광대한 영토에서 당연히 나타나는 삼림 구성의 차이를 고대의 시가로부터 풀어 써낸 것이라든가 이전의 삼림 변화상과 현재의 삼림 파괴 상태에 대해 저자 자신의 답사 경험담을 곁들여 서술하고 있는 곳 등은 흥미를 끄는 부분들이다. 우리나라 독자들에게 번역 소개되어도 좋은 책으로 추천하고 싶다.

유소민, 《기후와 반역 : 기후를 통해 본 중국의 흥망사》, 박기수·차경애 옮김(성균관대학교출판부, 2005)

환경사 영역은 매우 다양하다고 할 수 있는데, 그 가운데 빼놓을 수 없는 것이 기후이다. 오늘날 지구 온난화 문제가 거의 일상적인 관심거리로 등장하고 있는데, 역사 시대의 기후 변화 역시 당시 사람들의 문화, 정치, 경제 등에 많은 영향을 주었다. 대만의 기상학자인 저자 류자오민(劉昭民)은 이 책(원제는 《中國歷史上氣候之變遷》)에서 다양한 학문적 연구 성과와 광범위한 자료를 활용하여 중국사의 변동과 기후 변화와의 상관관계를 규명하고자 했다. 이 책의 장점은 역사 시대 구미의 기후 변화에 대한 개괄적인 서술과 함께 중국의 각 왕조별 기후 변화를 매우 소상하게 다루고 있다는 점이다. 그는 명·청 교체를 비롯한 대부분의 정치적 격변이 장기적인 한랭화와 밀접한 관련이 있음을 강조했다. 이 책에서 인용한 풍부한 물후(物候) 기록과 동식물의 분포 상황은 소빙기에 대한 이해를 더욱 흥미롭게 한다. 무엇보다 중국사 전공자에 의해 번역되어 역사적 고증이 엄밀하다는 것이 큰 장점이다. 기후에 대한 본격적인 연구가 이루어지지 않고 있는 현실에서 이 책은 중국 기후사 연구에 대한 관심을 환기시킬 수 있는 좋은 저서라고 할 수 있다.

정철웅, 《역사와 환경—중국 명청 시대의 경우》(책세상, 2002)

현재 우리나라에는 중국 역사 시대의 환경 문제를 집중적으로 거론한 저서가 나와 있지 않은 상태이다. 이 책은 우리나라에서 최초로 명청 시대의 환경과 관련한 연구를 시작한 저자가 그동안의 폭넓은 연구 성과를 일반인이 알기 쉽도록 재미있게 풀어 쓴 환경사의 노작이다. 문고판으로 출간되어 그 내용이 풍부하지 않고 주로 중국 명청 시대의 환경사를 다루고 있는 한계가 있지만, 환경사 연구에서 생각해야 할 자연, 기술, 사회적 가치관 등에 대한 서술과 함께 명청 시대의 환경 문제를 비교적 평이한 문체로 언급하고 있다. 책의 부제에 나와 있는 바와 같이 구체적인 예는 명청 시대의 사천, 호북, 섬서 접경 지역에서 발생한 삼림 파괴의 실상과 그에 따른 환경 악화 양상을 주로 들고 있다. 그러나 이에 그치지 않고 동서양의 비교도 포함하여 세계적인 시야에서 역사적으로 환경에 영향을 미친 사회 경제적, 사상적 제 요인을 소개해주고 있어서 독자들에게 오늘날의 환경 문제의 연원에 대한 깊이 있는 인식은 물론 그 실천적 과제에 대한 시사점도 제공해주고 있다.

휴버트 램, 《기후와 역사 : 기후·역사·현대 세계》, 김종규 옮김(한울아카데미, 2004)

오늘날 전 지구적으로 기상 이변이 빈발하면서 기후 변화에 대한 관심이 그 어느 때보다 높아지고 있다. 최근 몇 년 사이에 국내에서 기후와 역사에 대한 중요한 저작들이 연이어 소개되고 있는 점은 고무할 만한 일이다. 휴버트 램의 이 책은 기후 문제를 역사적으로 통찰한 가장 대표적인 저작으로 1982년 초판이 발행된 이후 많은 연구자들에게 자극을 주었다. 이 책은 총 3부로 구성되어 있다. 1부에서 주로 이론적인 문제, 2부에서는 역사 시대의 기후 변동을, 3부에서는 현대와 미래의 기후 문제를 다루고 있다. 역사의 시작에서부터 20세기 전반기까지의 기후 변화를 다루고 있는 2부에서 주목되는 것은 역시 '16세기와 17세기 역사의 배경'으로서의 소빙기이다. 비록 유럽을 중심으로 서술되었지만, 전 지구적인 다양한 증거들을 제시하고 있다. 따라서 세계사적인 관점에서 한국과 중국의 기후 변화를 이해하는 데 유용한 지침이 될 것이다.

제4부

도시와 문명

최근의 활발한 도시 연구는 중국을 비롯한 동아시아 각국의 비약적인 경제 성장으로 이 지역이 세계 어느 지역보다 가장 큰 규모의 새로운 경제 블록으로 등장하면서 동아시아 각국의 도시 간 교류가 과거 어느 때보다도 활발하게 진행된 것이 하나의 배경이 되는 것 같다.

도시는 문명 탄생의 표지(標識)인 동시에 문명 발생의 온상이라 할 수 있다. 도시는 문명을 확산시키고 또 변화시키는 견인차이기도 하다. 따라서 도시사 연구를 통하여 문명 변천을 더욱 선명하게 확인할 수 있으며 또한 인류 역사를 더욱 구체적으로 조망해 볼 수도 있다 하겠다. 도시 구조, 주민 구성, 도시 발달의 사회 경제적 배경이나 도시 공간의 확대와 그에 따른 기능 분화, 이념적 지향, 더 나아가 도시의 빈민 문제, 범죄 문제에 이르기까지 광범위한 영역이 도시 연구에 포함된다.

김병준의 〈한대 취락 분포의 변화―무덤과 현성의 거리 분석〉은 현(縣) 내의 거주 공간의 위치에 따라 율령 지배의 실시 방식에도 차이가 있었을 것이라는 문제의식에서 출발하고 있다. 그는 묘장의 위치와 취락의 위치가 거의 일치한다는 전제하에 묘장의 분포를 통해 취락의 분포를 추정하고 있다. 그 결과 전한 시대에는 대부분의 묘장이 현성 주변에 위치하고 있어, 소농민 역시 현성 내부 혹은 인접한 곳에 집중적으로 거주했다. 반면, 후한 시대에는 거주 지역이 현성 근처에 국한되지 않고 매우 멀리 떨어진 곳까지 넓고 불규칙하게 분포했다는 것이다. 따라서 그만큼 국가 권력이 상대적으로 취락에 침투하기 어려웠다고 한다.

기존의 연구가 주로 공간적 차이를 염두에 두지 않은 채 주로 호족의 반(反)국가 혹은 반율령적(反律令的) 성격을 강조해왔다면, 필자는 이 연구를 통해 공간의 차등이 동일하게 율령 지배의 차등으로 이어지고 있다는 흥미로운 연구 결과를 내놓고 있는 셈이다. 강제적 지배가 가능한 지역에서는 대상을 막론하고 동등한 지배가 시행되었던 한편, 이곳에서 벗어난 별도의 공간에서는 호족의 존재와 소농의 몰락을 용인할 수밖에 없었다고 결론짓고 있다.

이처럼 도시의 위치 설정과 제민(濟民) 지배 체제 혹은 정치적 의미와의 상관관계는 박한제의 〈위진남북조 시대 각 왕조의 수도의 선정과 그 의미—낙양(洛陽)과 업도(鄴都)〉에서 좀 더 다른 각도로 서술되고 있다. 이 논문은 위진남북조 시대 각 왕조의 수도〔도성(都城)〕의 선지(選址) 과정에서 고려된 여러 사항들을 살펴보고 그것이 어떤 의미를 갖는가를 검토하고 있다. 그는 수도의 선택이 통일 시대인가 혹은 분열 시대인가에 따라 그 기준이 달라질 수밖에 없지만, 선택의 가장 중요한 요인은 방어와 공격이 용이한 천험(天險)을 가진 지형, 지방을 통제하고 외적을 능히 막아낼 수 있는 경제력, 정치적인 전통적 관념의 무게가 중요하게 작용하고 있음을 지적하고 있다.

그 예로써 낙양은 사실 수도의 입지 면에서 업도보다 불리했지만 당시가 분열 시대이고, 또 이민족이 세운 왕조가 대부분을 차지하고 있었기 때문에 업도와 경쟁 관계에 있었다는 사실을 들고 있다. 또한 북위(北魏) 시대를 제외하면 낙양은 대체로 각 왕조의 변경 지대에 위치하고 있었기 때문에 낙양은 수도로서의 자격에 상당한 손상을 입었다. 그러나 항상 업도와 함께 수도의 후보로 올랐던 것은 주(周)와 한(漢)의 고도였다는 전통 덕분이었다는 것이 그의 지론이다.

한편 위진남북조 시대에 이르러 업도가 크게 부상한 것은 수도로서 가져야 할 나름대로의 조건을 가졌을 뿐만 아니라, 그 위치상 이민족 정권의 주된 활동지와의 근접성·연결성이 큰 장점이었으며, 당시가 남북 대립의 시기였다는 점에서 남방으로 돌출된 낙양보다는 우위에 설 수 있었다는 것이다. 그런데, 호한(胡漢)의 결합이 본궤도에 오르지 못한 당시, 인구 수에서는 소수이지만 지배족으로서 군림한 호족(胡族)들의 성향을 무시한 수도 선지는 북위 효문제(孝文帝)의 낙양 천도의 결과가 보여주듯이 많은 문제를 야기할 수밖에 없었다고 한다. 그 반동으로 나온 것이 동위(東魏)-북제(北齊)의 업도-진양(晉陽)이라는 양도(兩都) 체제였다는 것이다.

박한제의 논문은 단적으로 말해서 수도가 지니는 정치적 상징성을 잘 보여주고 있다. 그러나 다른 한편에서 본다면 도시는 개인과 집단이 다른 사람들과 서로 만나는 교류의 장소임이 분명하다. 최재영의 〈당 장안성의 살보부(薩寶府)의 역할과 위치—당조의 돌궐 대책과 관련하여〉는 비록 특정 집단인 소그드인의 통제와 관리에 장안이 어떠한 역할을 했는지를 서술하고 있지만, 중국 전통 도시가 특정 집단의 관리와 나아가서는 당대 국제 정세의 주도에도 중요한 역할을 했음을 보여주고 있다.

그는 장안 서시(西市) 동북쪽에 위치한 포정방(布政坊) 서남우(西南隅)에 소그드인의 종교 시설인 천사(祆祠)가 설치되어 있었는데, 그중 포정방의 천사가 당 초인 무덕(武德) 4년(621)에 가장 빨리 설치되었고, 그곳에 살보부(薩寶府)가 있었다는 점에 주목한다. 이어 그는 살보부가 장안의 여러 방(坊) 가운데 포정방에 설치된 이유를 교역 활동에 편리한 입지 조건으로만 설명하는 것에 그치지 않고, 시장 접근성 외에 당조(唐朝)의 특별한 의도가 있었다는 문제의식하에 소그드인과 돌궐(突厥)과의 관계에 주목하여 논의를 전개한다.

그는 당시 소그드인이 돌궐과 밀접한 관계를 맺고 있었고, 수당(隋唐)은 돌궐 대책과 관련하여 소그드인을 이용했다고 한다. 바로 그런 이유로 전객서(典客署)와 살보부 사이에 긴밀히 협조 체제를 갖출 필요가 있었기 때문에 살보부가 홍려시(鴻臚寺)에 가까운 곳에 위치해 있었음을 설명해준다. 즉 살보부는 서시와의 근접성 이외에도 돌궐 대책과 관련하여 소그드인을 이용하려는 당조의 의도에 따라 포정방에 입지하게 되었다는 것이 그의 논지이다. 따라서 당 장안은 중앙아시아 정세와 연결되어 있었으며, 그러한 정세를 반영한 도시였다는 것이다.

명청 시대가 되면 도시의 기능이 훨씬 더 복잡한 양상을 띠게 된다. 명청 시대 이전의 도시가 대체로 정치적인 기능을 가지고 있었다면, 명청 시대의 도시는 정치적인 기능은 물론이고 오락, 자선, 사교, 종교와 상인들의 활동 등이 총체적으로 등장했던 곳이다. 아직 도시의 사회적 기능에 대한 연구는 많지 않지만 이윤석의 〈명청 시대 강남 도시 사관(寺觀)의 구조 변화와 지역 사회〉는 강남의 각 시진의 특정 사묘(寺廟)에 대한 사례 연구를 통해 사관의 구조 변화를 지역 사회와 관련하여 이해하고자 한다.

그에 따르면 이 두 사관에는 수공업이나 상업과 밀접한 관련이 있는 전각이 건립되었다. 또 이 두 사관 모두에 육영당과 죽창(粥廠)과 같은 임시 구제 시설도 설치되었다. 아울러 사직업(絲織業) 종사자나 운수 노동자의 행동에 대한 통제의 내용이 들어 있는 비각을 확인할 수 있다. 한편 그 전각 구성도 불교나 도교 원리와는 무관하게 상공인이 신앙 대상이 포함되어 있는 경우도 있었는데, 그것은 상공업의 성장이 사관 구조에 영향을 미치고 있었음을 보여주는 사례라는 것이다. 사관의 구조 변동의 또 하나의 특징은 선당이 사관에 설치되는 사례가 많은데, 그것은 불승이나 도사가 주도한 종교적인 성격이 아니라 신사가 주도한 사회적 성격의 것이었다.

이윤석의 논문은 사묘 등이 단지 신앙을 중심으로만 기능한 것이 아니라 당시 도시의 성장과 발맞추어 새로운 기능이 추가되고 있었으며 특히 명 중기 이후 사회 경제적 조건의 변화에 따른 세속화의 경향이 강해졌음을 보여주고 있다. 그렇다면 중국 도시의 도시민들은 어떻게 형성되었으며 또 어떻게 도시민으로서의 정체성을 지니게 되었을까? 이병인의 〈상해 '도시민'의 형성—이주, 적응, 그리고 생존〉은 바로 그러한 사실을 잘 보여주고 있다.

그는 개항 이후 상해가 급속한 변화 과정을 겪으면서 중국인들, 특히 농촌이나 혹은 다른 도시에서 상해로 이주한 사람들이 어떤 과정을 통해 도시인으로서의 그리고 상해인으로서의 정체성을 획득했는가에 주목하고 있다. 그는 상해인으로서의 정체성 획득의 첫 번째 중요한 기준으로 도시 생활의 규칙 준수와 처벌을 들었다. 도시에서의 생활은 단순한 이주민으로서의 생활이 아니라 상해라는 도시의 '도시민'으로서 재탄생하는 것을 의미하며, 사소한 범법 행위도 도시인이라는 기준에 의거하여 처벌되었던 사실을 강조하고 있다.

이어 상해 도시민들은 개인적 차원에서 다양한 인적 네트워크를 형성하기에 이르렀으며, 그러한 네트워크의 형성은 개인의 능력이나 사교 범위에 따라 많은 차등을 보여주고 있었다. 이병인에 따르면 엄격한 규칙의 강제에도 불구하고 상해가 도시로서의 다양성을 갖추게 된 이면에는 개인적 차원의 네트워크가 매우 다양한 형태로 존재하고 있었기 때문이라는 것이다. 상해는 외형상으로는 객관적이고 몰개성적인 '규칙'이 도시민의 관계를 규정하는 사회였지만, 규칙의 이면에는 개인적인 '네트워크'가 도시 생활에 신경망처럼 퍼져 인간관계를 규제하고 개인의 활동 영역에 영향을 주었다.

규칙은 인간관계를 규정했으며 이주민들을 상해의 도시민으로 만든 한편, 이주민들은 상해에 적응하는 과정에서 자신들의 사교 방식과 생활 방식을 상해에 불어넣으면서 상해의 도시성을 복잡하고 풍부하게 만들었다는 것이다. 그에 따르면 '규칙'과 '네트워크'야말로 근대 상해의 도시적 특징을 나타내는 말이라는 것이다.

기존의 중국 도시사 연구가 공간 배치나 풍수설, 정치적 의미를 강조한 것과는 별도로, 특히 이윤석이나 이병인의 논문이 보여주고 있는 것처럼, 도시의 다양한 사회적 기능을 연구하는 것이 중국의 도시를 이해하는 데 좀 더 중요한 열쇠를 제공해줄 것이다.

한대 취락 분포의 변화 —무덤과 현성의 거리 분석*

김 병 준**

1. 문제의 소재

진율(秦律)과 한율(漢律)에서 보이는 철저한 제민(齊民) 지배 체제는 결코 조문에 그치는 것이 아니었다. 인간 노동 능력의 한계, 노동의 종류 및 성격에 따른 사회적 기여도, 필수 소비의 범위와 양적 수준, 신분에 상응하는 '원만한' 분배, 소비의 차등과 형식에 대한 정확한 수치적 파악에 이르기까지 백성의 생활 조건 전반을 통제하는 율령의 내용을 보면[1] 과연 이러한 통치가 실제로 가능했을지 의문을 갖기에 충분하지만, 그 율령이 지방 행정 단위의 하급 관리 무덤에서 발견되었고, 또 함께 출토된 〈어서(語書)〉의 내용을 보아도 그 율령이 실제로 반포되어 실

---

* 이 글은 2006년 2월에 《중국 고중세사 연구》 제15집에 실린 같은 제목의 논문을 수정 · 보완한 것이다.
** 서울대 동양사학과와 같은 학교 대학원에서 문학 석사 학위와 문학 박사 학위를 받았다. 현재 한림대 사학과 교수로 있다. 《중국고대 지역문화와 군현지배》 등을 썼고, 《순간과 영원 : 중국고대의 미술과 건축》, 《고사변 자서》 등을 옮겼다. 논문으로는 〈중국고대 간독자료를 통해 본 낙랑군의 군현지배〉, 〈한대 화상석의 교상교전도 분석〉, 〈신의 웃음, 성인의 락(樂)〉, 〈고대 중국의 서방 전래문물과 곤륜산 신화〉, 〈한대의 절일(節日)과 지방 통치〉 등이 있다.
1) 이성규, 〈戰國時代 國家와 小農民 生活〉, 《古代中國의 理解》 1 (1994). 이것은 전국(戰國) 시대 진율(秦律)의 내용을 정리한 것이지만, 장가산(張家山) 한간(漢簡)에 나와 있는 이년율령(二年律令)의 내용도 기본적으로 진율의 내용과 크게 다르지 않다.

행되었다는 것이 분명한 이상[2] 그것을 단지 허문(虛文)으로 취급할 수는 없다. 율령에 나타난 제민 지배 체제의 관철 여부에 대해서는 시기를 구분해 설명하는 방법이 유효하다. 즉 전국(戰國) 시대 말까지는 율령에 나타난 제민 지배 체제가 거의 완벽할 정도로 추진되었지만, 지나친 통제와 엄형주의가 곧 한계에 봉착하면서 그 체제가 크게 변질되기 시작해 진·한 통일 이후 전국적인 규모로 확대·재편되기 어렵게 되었다는 것이다.[3]

다만 시대적 차이와 함께 공간적 차이도 고려할 필요가 있다. 동일한 시기에도 율령이 시행된 공간이 어디인가에 따라 완벽한 형태의 제민 지배 체제가 시행되기도 하고 그렇지 못하기도 했기 때문이다. 수호지진간(睡虎地秦簡)의 〈어서〉는 진(秦) 시황(始皇) 20년의 남군(南郡)의 상황을 "지금 법(法), 율(律), 영(令)이 이미 갖추어져 있으나 이민(吏民)이 사용하지 않기 때문에 국가의 지침과 맞지 않는 마을 풍속〔향속(鄕俗)〕과 백성〔음일지민(淫佚之民)〕들이 그치지 않고 있다……지금 법령은 이미 공포되었으나 이민이 법을 어기고 간사(奸邪) 행위를 그치지 않고 있으며" 라고 지적하고 있다. 이 구절은 점차 시간이 경과함에 따라 남군 내의 공법 질서가 전반적으로 한계에 이른 상황을 보여준다고 해석되는 것이 일반적이지만, 다른 한편으로는 이 구절이 남군 내 특정 지역에서 발생했던 문제를 환기한다고도 볼 수 있다. '법을 어기는 백성'이 일반 백성 전체가 아니라 자신들의 마을 풍속(향속)을 고집하며 국가의 공법을 받아들이려고 하지 않는 특정한 자들(음일지민)을 가리키고 있으므로, 〈어서〉가 지적한 남군의 공법 질서의 한계 상황은 율령이 시행되는 공간에서 멀리 벗어나 있는 마을과 사람들에게 해당되는 이야기라는 것이다. 또한

---

2) 운몽수호지(雲夢睡虎地) 진간(秦簡)은 호북성(湖北省) 운몽현(雲夢縣) 수호지(睡虎地) 11호(號) 진묘(秦墓)에서 출토되었는데, 이 무덤의 주인인 희(喜)는 진(秦) 시황(始皇) 시기에 안륙어사(安陸御使), 안륙령사(安陸令史), 언령사(鄢令史), 언옥리(鄢獄吏)를 지낸 지방 하급 관리였다〔睡虎地秦墓竹簡整理小組,《睡虎地秦墓竹簡》(北京:文物出版社, 1978)〕. 장가산 한간은 호북성 강릉현(江陵縣) 장가산 247호 한묘(漢墓)에서 출토되었는데, 토갱목곽묘(土坑木槨墓)라는 매장 형태와 부장품으로 보아 이 무덤의 주인은 신분이 그다지 높지 않은 하급 관리였을 것으로 추정되고 있다〔張家山二四七號漢墓竹簡整理小組,《張家山漢墓竹簡》(北京:文物出版社, 2001)〕.
3) 이성규,《中國古代帝國成立史硏究—秦國齊民支配體制의 形成》(일조각, 1984), 284~297쪽.

〈어서〉에서는 토지 및 농사와 관련된 전령(田令)이 지켜지지 않고 있다고 지적하는데, 진한 시대 제민 지배 체제의 근간이 토지 분배와 수여에 기초하고 있고 나머지 율령도 전령과 서로 유기적으로 얽혀 있으므로, 전령이 지켜지지 않는다는 사실은 곧 제민 지배 체제의 율령이 전반적으로 흔들린다는 것을 의미한다. 하지만 〈어서〉의 지적은 남군에서의 율령 시행의 총체적인 혼란을 의미하는 것이 아니므로, 율령 시행이 관철되지 못하는 공간이 발생하고 있음을 의미한다고 해석해야 할 것 같다.

요컨대, 같은 시대에 율령 시행이 관철되는 공간도 존재했고 또 그곳에서 멀리 떨어져 있어서 율령 시행이 곤란한 공간도 존재했으므로, 율령 시행 관철 여부를 살펴볼 때는 이 두 공간을 구별할 필요가 있다는 것이다. 이러한 공간적 차이는 제민 지배 체제가 변질된 한대(漢代)에 더욱 두드러졌을 것이다. 한대에는 대지주와 대상인이 출현하고 제민의 계층 분화 현상이 나타나고 또 이러한 분화가 용인될 수밖에 없는 상황이 전개되었지만, 그럼에도 한대의 기본 이념은 장가산(張家山) 이년율령(二年律令)에서도 볼 수 있듯이 진대의 제민 지배 체제를 계승한 것이었다. 따라서 한대에는 그런 분열, 즉 율령 시행 관철의 공간적 차이가 두드러질 만했다. 진율과 한율에 대한 지금까지의 연구는 공간적 차이를 염두에 두지 않은 채, 주로 호족의 반(反)국가적 혹은 반(反)율령적 성격을 율령 시행이 한계에 이른 원인으로서 강조해왔다. 하지만 이러한 견해를 받아들인다면 국가 권력이 동일한 공간 내에서 제민과 호족에 대해 율령을 차등적으로 적용했다는 얘기가 되며, 이는 곧 제민 지배의 기본 이념을 부정하는 것과 같다. 그러므로 국가 권력이 율령 시행을 포기하지 않는 이상, 강제적 지배가 가능한 곳에서는 만인에게 율령이 적용되었고, 이러한 곳에 속하지 않는 공간에서는 율령이 적용되지 않아 호족의 존재와 소농의 몰락이 용인될 수밖에 없었다고 보는 것이 더 타당할 것이다.

국가 권력이 거주 공간에 따라 달리 나타난다는 평범한 사실이 그동안 크게 주목받지 못한 것은 아마도 진·한 시대 이후를 영역(領域) 지배의 단계로 지나치게 단정한 탓이 아닌가 한다. 상주(商周) 시대에서 춘추(春秋) 시대까지 지속된 이른바 성읍 국가의 거점적 지배가 전국 시대 이후 영역을 모두 포괄하는 직접 지배로 바뀌었다는 것이다. 비록 아직까지는 분권적 성읍 국가의 유제(遺制)가 남아 있었고 영역 지배라고 할 만한 것도 현성(縣城)을 단위로 한 것에 불과했다는 지적에도 불구하고[4] 영역 국가라는 관념은 규범화되어 적용되고 있다.[5] 한대의 지방 행정 기구와 관련한 기록 중에 "현(縣)은 대략 한 변의 길이가 100리 정도의 규모를 갖는데, 백성이 조밀하면 크기를 줄이고 희박하면 크기를 늘린다"는 내용이 있고,[6] 또 인근 현과 경계가 존재한다는 사실, 그리고 진·한 시대의 문서 행정 체계와 도로망이 크게 발전했다는 사실을 보면, 이 시기의 지방 통치가 상주시기와 같은 성읍 단위의 거점 지배가 아니라 현 내부의 전체 영역을 통치의 대상으로 삼고 있다고 보아야 할 것 같다. 그러나 현이 일정한 영역을 통치한다고 해서 그 영역 내부에 현의 지배가 골고루 미친다고는 할 수 없다. 국가 권력의 지방 거점인 현성과 현성으로부터 멀리 떨어진 곳에 동일한 강도로 국가 권력이 미칠 수는 없다는 뜻이다. 반국가적이고 반율령적인 호족들의 장원이 종종 현성에서 가장 먼 곳에 해당하는 현계(縣界)에 위치해 있었다는 사실이[7] 이 점을 웅변해준다.

본고는 현 내의 거주 공간의 위치에 따라 율령 시행 방식에도 차이가 있었을 것이라는 생각에서 출발한다. 그동안 거주 공간에 대한 논의는 주로 취락의 형태가 행정촌인가 자연촌인가를 둘러싸고 진행되어왔다. 행정촌과 자연촌을 둘러싼 논의는 사회사적인 취락 실태를 규명하는 데 그치지 않고, 국가 운영 방식과 국가 통치력의 유효성에 대해서도 중요한 단서를 제공해준다. 이처럼 너무도 중요한 문제와 관련돼 있는 탓인지 이러한 논의에서는 상이한 견해가 팽팽하게 대립한다. 중국 고대의 군현 지배가 기층 사회까지 철저히 관철되었다고 보는 견해는 주로

---

4) 이성구, 〈春秋戰國時代의 國家와 社會〉, 《講座 中國史》 1(지식산업사, 1989), 121쪽.

5) 平勢隆郎, 《中國の歷史 2, 都市國家から中華へ》(東京 : 講談社, 2005) 등.

6) 《漢書》 권19上 百官公卿表.

7) 《後漢書》 권77 酷吏傳 李章條 : "이 당시 조(趙)와 위(魏) 지역의 호족들은 종종 따로 사람들을 모아 거주하고 있었는데, 청하(淸河)의 대성(大姓)인 조강(趙綱)은 현의 경계에 오벽(塢壁)을 세우고 병사들을 훈련시키고 있었다."

강제적 집주(集住)에 의한 행정촌이 주요한 취락 형태였다고 주장하는 반면, 국가 권력의 한계와 자율적 질서의 우위를 강조하는 견해는 자연 촌락이 주요한 취락 형태였다고 주장한다. 이미 워낙 많은 연구자들이 이러한 주제를 다루고 있지만 기존의 문헌 기록에서 더 이상의 새로운 관련 자료를 찾아내기 어려워 논의가 좀처럼 진전되지 못하고 있는 형편이다.

필자는 여기서 기존의 논의를 일일이 소개할 필요를 느끼지 않는다.[8] 다만 이들 논의의 몇 가지 문제점을 지적하고 그것을 본고의 출발점으로 삼고자 한다. 첫째, 진·한 시대의 국가 권력이 추구한 이념과 그것이 실현되는 기층 사회의 현실이 종합되지 못하고 따로따로 논의되고 있다는 점이다. 행정촌이 주요 취락 형태였다고 주장하는 경우는 국가 권력의 지향을, 그리고 자연 촌락이 주요 취락 형태였다고 주장하는 경우는 촌락의 발생 조건이라는 현실을 강조하는 것이다. 그러나 국가 권력의 지향과 기층 사회의 현실은 모두 존재하는 것이다.

사실 기존의 논의가 진·한 시대의 주요 취락 형태가 행정촌인가 아닌가에 집중되어 있기는 하지만, 그것의 핵심은 결국 당시에 국가 권력이 취락 내부에 어느 정도 침투해 백성들의 재생산에 간여할 수 있었는가 하는 것이다. 그렇다면 질문을 진·한 시대에 '주요 취락 형태가 행정촌이었느냐 자연촌이었느냐'에서 '취락이 국가 권력의 침투가 용이한 곳에 위치했느냐'로 바꾸어볼 필요는 없을까? 즉, 현성 내부에 이(里)와 같은 형식으로 인위적으로 재편성된 행정 촌락의 이념형과 산천에 자연 발생적으로 드문드문 점재(點在)해 있는 자연 촌락의 이념형을 상정하고 둘 중 어느 것이 보편적인 취락 형태였는지를 규명하기보다는, 진·한 시대의 취락이 공간적 위치에 따라 국가 권력의 중심과 어떤 관계에 놓여 있었는지를 밝혀냄으로써 국가 권력의 기층 사회 침투 정도를 파악해보자는 것이다. 국가 권력의 거점에서 가까운 곳에 위치한 취락일수록 통제가 더 효과적으로 이루어졌으

---

8) 堀敏一,《中國古代の家と集落》(東京 : 汲古書院, 1996) ; 池田雄一,《中國古代の聚落と地方行政》(東京 : 汲古書院, 2002)의 총설(總說)만 봐도 대략적인 연구 경향을 살필 수 있다.

리라는 것은 상식에 속한다. 일정한 호수(戶數)로 정확히 편성되지는 않았더라도 취락이 성(城)에서 가까운 곳에 집중적으로 존재했다면 국가 권력이 그 취락에 직접 간여했을 가능성이 매우 크고, 반대로 취락이 성에서 멀리 떨어진 곳에 위치했다면 그만큼 그 취락에서는 율령을 철저히 시행하기가 어려웠을 것이다. 따라서 국가 권력의 거점을 중심으로 한 취락 분포 상황을 알 수 있다면 그 시기의 국가 권력과 취락의 관계를 파악할 수 있으리라고 생각된다.

이러한 맥락에서 본고는 기존의 논의를 진전시키기 위한 방법으로, 취락의 분포 형태를 현성과 취락 간의 거리라는 각도에서 살펴볼 것이다. 진·한 시대에는 기본적으로 군현을 통해 지배가 이루어졌기 때문에 국가 권력이 가장 직접적으로 전달되는 지방 주요 거점은 현이었다. 현의 장관은 중앙 정부가 임명해 파견했으며, 현은 생산, 군사, 치옥(治獄) 등 국가의 실질적인 행정 기능을 담당하고 있었다. 따라서 중앙 정부의 대리체로서 중앙 권력의 의지가 잘 구현된 곳이 현성인 반면 그러한 의지가 실제로 시행되어야 할 곳이 현 내의 취락들이었다고 볼 수 있다면, 현성과 취락 간 거리의 원근을 통해 중앙 권력이 어디까지 침투했는지 정도를 추정할 수 있다고 생각한다.

기존 논의의 두 번째 문제점으로 지적하고 싶은 것은 그동안 고고 자료를 적극적으로 활용하지 않았다는 점이다. 주요 취락 형태로서 행정촌을 주장하는 쪽이 상앙(商鞅)의 〈집제소도읍향취위현(集諸小都邑鄉聚爲縣)〉[9]이라는 기록을 비롯한 문헌 기록 속의 현 편성 규정을 주된 근거로 내세우는 반면, 자연촌을 주장하는 쪽은 이러한 문헌 기록은 그저 제도에 대한 구문에 그칠 뿐이고 자연 발생적으로 형성되어 광범위하게 분포되어 있는 산촌(散村)을 인위적으로 재편성하기는 사실상 어려웠을 것이라고 보는데, 양쪽 모두 고고 자료보다는 영성(零星)한 문헌 기록에 기대고 있을 뿐이다. 특정 고성(故城)의 유지(遺址)를 입론의 근거로 삼은 글이 없는 것은 아니며,[10] 또 장사(長沙) 마왕퇴(馬王堆) 3호 한묘(漢墓)에서 출토된

---

9) 《史記》 권68 商君列傳.

주군도(駐軍圖)를 이용한 글[11]과 감숙성(甘肅省) 천수현(天水縣) 방마탄(放馬灘)에서 출토된 규현도(邽縣圖)를 이용한 글[12]의 경우 새로운 지도 자료를 이용하고 있기도 하지만, 이러한 글들에서도 본격적인 고고 자료의 활용은 부족한 것이 사실이다. 자연촌을 주장하는 쪽은 비교적 고고 자료에 관심을 기울이지만, 대부분 선진(先秦) 시대의 취락 유지를 통해 자연적으로 산촌이 형성되었음을 주장할 뿐 진·한 시대의 고고 자료는 다루지 않는다. 국가의 통치 의지만을 문제 삼는다면 문헌 속의 제도 규정이 가장 중요하겠지만, 취락의 실제 존재 형태를 알려면 고고 자료가 매우 중요하다는 것은 명백한 사실이다.

취락의 다양한 형태 및 시대에 따른 취락의 변화를 알려주는 가장 중요한 고고 자료는 취락 유지다. 그러나 취락 유지는 누대에 걸쳐 계속 사용되는 경우가 많고 또 발굴 사례도 극히 적다. 따라서 본고는 취락 유지라는 직접적인 고고 자료를 활용하는 대신에 취락 유지보다는 수적으로 많은 한대의 무덤들을 분석하는 방법으로 한대의 취락 위치와 취락 형태에 접근해보고자 한다. 적어도 중소형 무덤의 경우 일반적으로 취락 유지와 가까운 곳에 위치해 있었을 것이기 때문이다. 이 점은 2장에서 상세히 다루겠다.

셋째, 기존의 논의에서는 진·한 시대 전체를 지나치게 동일한 하나의 역사체로 보고 있다는 문제점이 지적될 수 있다. 진·한 시대가 전국 시대의 혼란을 수습하고 제국을 형성했으며, 이 점은 다시 위진남북조(魏晋南北朝) 시기의 분열과 대비된다는 점에서 진·한 시대만의 시대 격이 있다는 것을 부인할 수는 없다. 그러나 전국 시대의 진에서 성립된 제민 지배 체제가 한대에 들어와 전국적 규모로 확대되면서 서서히 이완된 것처럼, 위진남북조 시기의 각종 현상 또한 그전부터

---

10) 宮崎市定,〈中國における聚落形體の變遷について―邑·國と鄕·亭と村に對する考察〉,《アシア史論考》(東京 : 朝日新聞社, 1976);宮崎市定,〈漢代の里制と唐代の坊制〉,《アシア史論考》;池田雄一,〈漢代の地方都市―河南縣城〉,《中國古代の聚落と地方行政》所收.

11) 池田雄一,〈馬王堆出土〈地形圖〉の聚落〉,《中國古代の聚落と地方行政》所收;池田雄一,〈馬王堆出土〈駐軍圖〉の聚落と灌漑〉,《中國古代の聚落と地方行政》所收.

12) 이성규,〈秦의 地方行政組織과 그 性格―縣의 組織과 그 機能을 中心으로〉,《東洋史學硏究》31(1989).

지속된 상당히 오랜 변화의 과정을 거쳐 나타난 것이었다.[13] 진·한 시대의 취락이 행정촌이었다고 주장하는 연구자들도 위진남북조 시기에 새로운 형태의 취락인 촌(村)이 출현한다는 것을 모두 중시하지만, 그러한 변화의 조짐을 진·한 시대에서 찾지는 않는다. 반면에 진·한 시대의 취락이 자연촌이었다고 주장하는 연구는 선사 시대 이래의 자연 촌락의 보편성을 강조함으로써 취락 구조 자체의 특별한 변화를 인정하지 않는 편이다. 본고는 진·한 시대의 취락 형태가 후한(後漢)을 기점으로 크게 변한다는 시각에서 무덤들을 전한의 것과 후한의 것으로 나누어 분석할 것이다.[14]

필자는 2004년 8월에 산동성(山東省) 장구(章丘)에서 열린 '한대 고고와 한대 문화 국제학술대회(漢代考古與漢文化國際學術研討會)'에서 이상과 같은 기본적인 생각을 간단히 발표한 바 있다.[15] 즉 그 발표에서는 문제 제기 차원에서, 주로 기본적인 취락 관련 문헌 자료를 제시한 뒤 고고학 방법의 가능성을 제시하는 데 그쳤다. 당시 필자는 무덤들의 위치를 구체화하기 위해 탄치샹(譚其驤)의 《중국 역사 지도집(中國歷史地圖集)》 위에 산동성의 무덤들을 대략 표시하는 초보적인 방법도 시도해보았지만, 그 표시는 대단히 임의적이었다. 필자의 문제의식이 기존의 논쟁을 정리할 수 있으려면 한대의 무덤들에 대한 정확한 자료와 객관적인 분석 방법이 제시되어야 했다. 그래서 필자는 이후 현장 답사를 통해 지피에스GPS (Global Positioning System) 좌표를 구하는 등 여러 방식을 동원해 무덤과 현성의 정확한 위치를 지도상에 구현해왔다. 본고는 필자가 취한 무덤과 현성 간 거리 분석의 방법을 자세히 소개하고 그러한 분석의 결과를 보고하는 데 목적을 두고 있다. 그 분석 결과는 필자가 현재 주목하고 있는 '한대 취락 분포의 변천'이라는

---

13) 예컨대 위진남북조(魏晉南北朝) 시기 이후 두드러지는 요역인 이역(吏役)의 존재도 후한(後漢) 시기의 하급 속리(屬吏)의 전반적 지위 하락에서 발생 원인을 찾아야 한다. 김병준, 〈漢代 太守府 屬吏組織의 變化와 그 性格〉, 《古代中國의 理解》 3(1997) ; 신성곤, 〈魏晋南北朝時期 吏役之戶의 등장배경〉, 서울대학교 동양사학연구실 엮음, 《分裂과 統合—中國 中世의 諸相》(지식산업사, 1998).

14) 김병준, 〈後漢時代 里父老와 國家權力〉, 《東洋史學研究》 35(1991).

15) 김병준, 〈漢代墓葬分布與縣城的位置關係〉, 《漢代考古與漢文化國際學術研討會論文集》(章丘, 2004).

주제뿐만 아니라 그 밖의 다양한 주제를 탐색하는 데에도 결정적인 자료가 될 수 있을 것이다.

2. 분석 방법

(1) 무덤과 현성에 대한 자료 수집

ㄱ. 무덤 보고서 수집

본고는 취락의 위치를 확인하는 방법으로서 무덤의 분포를 이용한다. 물론 취락 유지에 대한 정보를 충분히 확보할 수 있다면, 그것만큼 취락의 위치와 구조를 설명해주는 좋은 자료는 없을 것이다. 하지만 진·한 시대 취락의 유지는 보고된 바가 극히 적으며, 대부분의 취락은 의도적으로 폐기되기 전까지는 계속 누대에 걸쳐 사용되는 것이 상례라서 그것이 어느 시대의 취락인지를 정확히 가리기가 매우 어렵다. 취락 유지가 차후 무덤에 대한 연구 결과를 보완해줄 중요한 자료임은 분명하지만, 취락 유지만으로 취락에 관한 역사적 사실을 찾아내기란 힘든 실정이다. 그래서 본고는 한대의 고고 자료 중에서 가장 많은 양을 차지하고 있는 무덤에 주목하기로 한 것이다.

물론 무덤이 곧바로 취락을 의미하지는 않는다. 취락은 삶의 공간에 속하고 무덤은 죽음의 공간에 속한다. 이 양자는 관념상 명확히 분리되어 있을 뿐 아니라 실제 위치도 중복되지 않는다. 그리고 시대에 따라 사후 세계에 대한 관념이 변하기 때문에 그에 따라 무덤의 위치도 달라질 가능성이 있다. 또한 풍수를 중시해 길지(吉地)를 택해 무덤을 쓰는 풍조가 있었던 것이 사실이고,[16] 그럴 경우 부득불 취락에서 거리가 약간 먼 곳을 장지로 선택했을 가능성을 배제할 수 없다. 특히

---

16) 楊樹達 撰·王子今 導讀,《漢代婚喪禮俗考》(上海:上海古籍出版社, 2000) 참조.

제왕(帝王)과 제후왕(諸侯王)의 무덤은 취락과 관계없이 장소가 결정되고 도성(都城)과의 거리도 상당히 떨어져 있는 경우가 많았다.[17] 그러나 일반적인 중소형 무덤은 취락 근처에 만들어졌을 것이라고 보아도 좋을 것 같다. 반파(半坡) 유지나 강채(姜寨) 유지와 같은 신석기 시대 취락 유지의 구조를 보면, 마을의 경계에 해당하는 해자 바깥쪽에 마을 공동묘지가 갖추어져 있다.[18] 상주 시대에서 춘추·전국 시대까지 기본 무덤 형태인 가족묘[방묘(邦墓)]도 혈연 공동체인 취락 옆에 마련될 수밖에 없었다.[19] 본고가 다루고자 하는 한대에 이르러서도 이 점은 변함이 없었다. 각종 상례(喪禮)에 대한 기록에서 장지(葬地)의 위치에 대한 자세한 규정은 찾기 어렵지만, 시신을 수레에 싣고 무덤까지 가는 도중에 길에서 제사를 지냈고[20] 또 가족과 문상객들이 모두 함께 무덤까지 따라갔다면[21] 무덤이 취락에서 멀리 떨어져 있지는 않았을 것이다. 한편, 봉분 앞에서 묘제(墓祭)를 올리는 이른바 상총(上冢)이 언제 처음 시작되었는지에 대해서는 지금까지도 논쟁이 계속되고 있지만,[22] 적어도 무덤 주변에 제단을 세우고 사자를 제사하는 행위의 기원은 춘추·전국 시기까지 거슬러 올라간다고 해도 좋을 듯하며,[23] 한대에 오면 묘제가 크게 성행하게 된다.[24] 이렇듯 무덤에서 자주 제사를 지냈다면 제사 지내는 사람들이 거주하는 취락이 무덤에서 그다지 멀리 떨어져 있지 않았다는 의미가 된다. 무덤 옆의 사당 안에 쓰여 있는 기록은 이러한 사실을 명확하게 증명해준다. 산동 동아현에 있는 사당의 영흥 2년 기록(山東東阿永興二年祠堂題記)에는 "여기에 와서 구경하는 여러분들께서 이곳의 물건에 올라타거나 물건을 부수지 않으신다면, 만

17) 劉瑞, 〈西漢諸侯王陵墓制度〉, 《漢代考古與漢文化國際學術硏討會論文集》.
18) 《西安牛坡》(北京 : 文物出版社, 1963) ; 《姜寨》(北京 : 文物出版社, 1988).
19) 徐吉軍, 《中國喪葬史》(南昌 : 江西高校出版社).
20) 《周禮》 小祝 杜子春注.
21) 李如森, 《漢代喪俗禮俗》(沈陽 : 沈陽出版社, 2003), 38~40쪽.
22) 顧炎武, 《日知錄》 卷16 〈墓祭〉 ; 趙翼, 《陔餘叢考》 卷32 〈墓祭〉 등.
23) 《史記》 孔子世家 : "노나라에서는 해마다 공자의 무덤에서 제사를 지냈다." ; 《集解》 引 《皇覽》 云 : "공자의 무덤은 성에서 1리 떨어져 있다."
24) 《論衡》 四諱 : "무덤이란 귀신이 있는 곳이고 제사를 지내는 곳이다."

수무강하고 집안도 번창할 겁니다"라는 구절이 있고, 또 산동 가상현에 있는 사당의 영수 3년 기록(山東嘉祥永壽三年祠堂題記)에는 "여기에 와서 구경하는 여러분들께서 애틋한 마음을 가져주신다면 오랫동안 사실 수 있고 자손도 크게 번창할 것입니다. 말과 양을 키우는 목동들도 모두 양갓집 자제 분들일 테니 사당에 들어오거든 그림만 보고 낙서를 하지 말기 바랍니다. 그러면 오래 살고 다치는 일도 없으며 자손들에게도 나쁜 일이 없을 것입니다"[25]라는 구절이 있는데, 이런 구절은 목동들과 같은 사람들이 찾아올 수 있는 곳에 사당이 위치해 있었음을 말해준다. 드물기는 하지만, 무덤 안에서도 유사한 기록을 발견할 수 있다. 순읍(旬邑) 백자촌(百子村) 한대 무덤의 입구 양쪽 벽에 먹물로 쓴 기록에는 "구경하시는 분들은 모두 신발을 벗고 들어오시길 바랍니다"(서쪽 벽), "구경하시려는 분들은 모두 신발을 벗어야 구경할 수 있습니다"(동쪽 벽)이라고 쓰여 있는데, 여기에서 "구경하시는 분들"이란 곧 바깥에서 묘실로 들어온 사람의 존재를 시사한다.[26] 물론 죽음의 영역인 무덤과 삶의 영역인 취락은 서로 분리돼 있고 또 경우에 따라 풍수를 고려해 장지가 정해지기도 했지만, 적어도 중소형의 무덤은 대부분 취락에서 그다지 멀지 않은 곳에 만들어졌을 것으로 보인다.[27] 따라서 취락 유지라는 고고 자료가 충분하지 못한 현재 상황에서 무덤을 취락의 분포를 알려주는 가장 적절한 자료로 간주해도 대과는 없을 것 같다.

이런 전제 위에서 필자는 먼저 무덤 발굴 보고서를 가능한 한 모두 수집·조사했다. 고고 발굴 현장의 전언(傳言)에 의하면, 수많은 한대 무덤이 간과되기 일쑤고, 무덤을 발굴한다 하더라도 간략하게 보고조차 되지 않는 경우가 많다. 발굴되지 않고 넘어간 무덤에 대해서는 확인할 방법이 없으므로 일단 보고된 무덤만을 분석 대상으로 삼을 수밖에 없다. 모든 한대 무덤에 대한 자료를 수집한 것은 아

---

25) 濟寧地區文物組·嘉祥縣文管所, 〈山東嘉祥宋山1980年出土的漢畵像石〉, 《文物》 1982-5.

26) 鄭岩, 〈一千八百年前的畵殿 : 陝西旬邑百子村東漢壁畵墓細讀〉, 《漢代考古與漢文化國際學術硏討會論文集》.

27) 특히 화북(華北) 평원에서는 특별히 풍수를 고려할 만한 산지(山地)가 없으므로 일반 소농민의 무덤 선택에 풍수가 그리 큰 영향을 미치지 않았을 것이라고 생각된다.

니지만, 보고된 무덤만 수만 좌 이상 되므로 이것만으로도 충분한 분석이 가능하다. 무덤 분석 시에 제기될 수 있는 문제는 오히려 발굴의 임의성이다. 특히 계획 발굴의 경우 무덤의 분포가 편향성을 띠기 마련이다. 그러나 중국 각지의 경제 개발과 도로망 확장에 수반되어 다수의 구제 발굴이 이어지면서 비교적 광범위하게 발굴이 이루어졌기 때문에 임의성 또한 크게 줄었다고 볼 수 있다. 현재 한묘 발굴 보고는 주로《문물(文物)》,《고고(考古)》,《고고학보(考古學報)》같은 중앙의 고고학 잡지와 각 지역의 문물 관련 잡지, 그리고《고고학 연감(考古學年鑑)》과 각종 정식 발굴 보고서 등에서 접할 수 있다. 필자는 입수 가능한 한묘 보고서는 모두 수집했으며,[28] 누락된 한묘에 대해서는 관련 연구 논문을 참조해 본고에서 필요로 하는 묘 위치, 규모, 시대에 대한 정보를 구했다.

ㄴ. 무덤의 위치

본고에서 가장 중요한 부분은 무덤의 정확한 위치다. 거의 대부분의 보고서는 기본적으로 무덤의 위치를 보고하고 있다. 그렇지만 보고서가 제시하는 한대 무덤의 위치는 정확하지 못한 경우가 많다. 대부분의 보고서가 일반적 고고 발굴의 관례를 따라, 발굴 시점의 도시 혹은 향촌 명을 사용하며 그곳으로부터 대략 동서 남북 어느 방향으로 몇 킬로미터 정도 떨어진 곳에 위치한다는 식으로 무덤의 위치를 알려주고 있지만, 이런 정보로는 구체적인 위치를 파악하기가 힘들다. 이유는 다음과 같다. 첫째, 지명이 바뀐 곳이 많아서 보고서에 쓰여 있는 지명으로 위치를 확인하기 어려운 경우들이 있기 때문이다. 최근의 발굴에 대한 보고서인 경우에는 지명으로 위치를 확인하는 것이 쉽지만 수십 년 전의 발굴에 대한 보고서인 경우에는 그것이 여의치 않아 과거에 출간된 지도나 문물지(文物志)를 확인해야 한다. 둘째, 동서남북의 대략적인 방향 제시만으로는 각도가 부정확해서, 설령

---

28) 본고에서는 참조한 각종 잡지 명과 보고서 명을 따로 제시하지는 않았으며, 그 대신에 본고의 분석 대상이 된 무덤별로 보고서 출전을 적어놓았다. 이 글에서는 지면의 제한 때문에 생략했으므로,《중국 고중세사 연구》 제15집, 116~138쪽의 원문을 참조하기 바란다.

거리가 정확히 제시되더라도 위치에 상당한 오차가 생길 수 있기 때문이다. 셋째, 거리가 제시된다 해도 대략적인 거리일 뿐이며, 도시의 어느 지점을 기점으로 한 것인지도 명시되어 있지 않기 때문이다. 종종 유적 주변의 지도가 함께 실리기도 하지만, 축척이 제시되지 않은 지도인 경우가 많다. 이러한 문제점들은 기존의 발굴 보고자들이 무덤은 물론 고고 유지 전반에 걸쳐 위치의 중요성을 제대로 인식하지 못하고 있다는 증거라고 필자는 생각한다. 따라서 필자는 무덤 위치의 부정확성을 극복하기 위해 지피에스에 의한 경위도 측정과 같은 여러 가지 보정 작업을 해야 했다. 그 작업에 대해서는 (2)절에서 구체적으로 설명하겠다.

ㄷ. 무덤의 시기

1장에서 밝힌 대로 필자는 한대라는 시기를 하나의 동일한 역사체로 보기보다, 시간에 따라 변화하는 흐름으로 파악해야 한다고 생각한다. 따라서 한대 무덤의 위치 분석에서도 시기 구분이 필수적이다. 다만 한대 무덤의 시기 판별에는 적지 않은 문제가 있다. 무엇보다 무덤에서 기년명(紀年名)이 쓰여 있는 기록이나 물건이 거의 출토되지 않아서, 무덤의 시기를 판별하기가 쉽지 않다.[29] 따라서 대부분 부장품과 무덤의 구조에 의거해 시기 판별이 이루어진다. 그러나 그나마도 몇 가지 부장품에 대한 《낙양소구한묘(洛陽燒溝漢墓)》의 시기 구분과 비교하는 수순을 거쳐야 하는 경우가 대부분이다.[30] 하지만 소구(燒溝) 한묘는 낙양(洛陽) 지역 한대 무덤의 한 예에 불과하고, 당시 널리 쓰였던 목곽묘(木槨墓)도 채용하고 있지

---

29) 전실묘(磚室墓)의 경우 기년전(紀年磚)이 출현하는 경우가 종종 있어 이를 기준으로 시기를 판별하게 된다. 谷豊信,〈中國古代の紀年磚〉,《東京國立博物館紀要》제34호(1999) 참조.

30) 《낙양소구한묘(洛陽燒溝漢墓)》는 하남성(河南省) 낙양시(洛陽市) 소구(燒溝) 지구의 225기 한대 무덤에서 출토된 도기, 동경(銅鏡), 화폐 등의 부장품의 형식을 기초로 해 이 무덤의 구조 형식과 시기를 정리한 책이다. 이것은 최초로 발굴 자료를 과학적으로 검토했다는 점에서 한묘 연구 분야에서 대단히 중요한 위치를 차지할 뿐 아니라 그 이후의 한묘 연구에도 대단히 중요한 영향을 미쳤다. 무덤의 구조 외에 동경과 오수전(五銖錢)의 형식에 따른 시기 판별은 지금까지도 한묘 연구의 기초가 되고 있으며, 40년 가까이 한묘 연구를 지탱해왔다고 해도 과언이 아니다.

않아서 이 무덤에 대한 조사 내용은 한대 무덤의 전체 상을 파악하는 데에 부족한 면이 있으며, 따라서 이 조사 내용을 한대 무덤 전체에 적용하는 것은 한계가 있다.[31] 최근 지역별로 형식 분류를 통해 새롭게 한대 무덤의 시기를 판별하는 시도가 이루어지고 있지만, 아직까지는 충분한 합의가 도출된 것 같지 않다. 형식 분류의 성격상 시기의 범위가 넓을 수밖에 없으며, 무덤 출토 부장품의 내용에 따라 시기 판별 자체가 어려운 경우도 많다. 왕망(王莽) 시기의 화폐 출토 여부를 기준으로 하여 시기 구분이 세분화되는 경향은 있지만, 여전히 시기 판별에 많은 논의가 필요한 것이 사실이다. 그래서 무덤 보고서 중에는 시기를 모호하게 양한(兩漢) 시기 혹은 한대라고 처리한 경우가 있는가 하면, 전한에서 왕망 시기 또는 왕망에서 후한 시기로 처리한 경우도 적지 않다. 하지만 전체적으로 보아 전한과 후한으로 나누어 한대 무덤을 구분하는 것은 비교적 어렵지 않은 편이다. 본고에서 주목하는 부분은 우선 무덤 위치에서의 전한과 후한의 차이이므로, 시기 판별의 까다로움은 비교적 줄어든 편이라고 할 수 있다. 무덤의 시기를 전한과 후한으로도 구분하기 어려운 무덤의 경우는 무덤 전체 목록에는 포함시키되 전한·후한을 기준으로 구분한 무덤의 통계에서는 제외시켜 분석의 오차를 줄이고자 했다.

ㄹ. 현성의 위치

무덤과 현성의 거리에 주목하는 본고에서는 무덤의 위치만큼이나 현성의 위치도 중요하다. 그런데 현성 유지도 기본적으로 취락 유지에 속하기 때문에 취락 유지와 동일한 난제를 안고 있다. 즉 누대에 걸쳐 계속 사용되었기 때문에 딱히 어떤 시기에 귀속되기 어렵다는 것, 또 발굴 면적은 큰 데 반해 뚜렷한 유물이 발견될 가능성은 적기 때문에 쉽게 발굴이 이루어지지 않는다는 것이다. 물론 현성 유지는 일반 취락 유지보다 규모가 크고 성벽이라는 구조물을 갖고 있는데다 문헌 기록을 통해 위치가 대략 추정되기 때문에 훨씬 쉽게 확인이 가능하다는 장점도

---

31) 黃曉芬, 《中國古代葬制の傳統と變革》(東京 : 勉誠出版社, 2000), 6~7쪽 참조.

있다. 그럼에도 불구하고 지금까지 발굴된 현성 유지는 대단히 적다. 그래서 필자는 가장 보편적으로 사용되는 역사 지도책인 탄치샹의 《중국 역사 지도집》을 이용해 현성의 위치를 파악했다. 이 책은 《한서(漢書)》 지리지(地理志), 《수경주(水經注)》, 《주례(周禮)》 정현주(鄭玄注) 등의 각종 기록을 바탕으로 하고 근자의 연구 성과도 반영한 지도집이다. 문헌 외에 출간 시점까지의 고고 발굴 자료도 충분히 참조했기 때문에 많은 학자들에게 가장 표준적인 책으로 사용되고 있다.[32]

그러나 많은 역사지리 연구의 도움을 받아도 여전히 위치를 알 수 없는 현성이 많다. 《중국 역사 지도집》은 《한서》 지리지와 《후한서(後漢書)》 군국지(郡國志)에 언급되어 있는 현을 모두 고증하고 있지는 못하다. 정확한 지점을 찾지 못하고 그 주변을 대략적으로 가리키는 경우도 있다. 그러므로 《중국 역사 지도집》은 새롭게 발견되는 고고 자료에 의해 다시 보정되지 않으면 안 된다. 본고에서도 발굴 보고서의 내용을 참조해 《중국 역사 지도집》의 현성 위치를 일부 보정했다.[33] 특히 현성의 규모를 주의하며 보정했는데, 《중국 역사 지도집》은 모든 현성을 규모와 상관없이 동일한 크기의 표식으로 나타내고 있지만 거리를 정확히 하려면 성의 규모를 참조해 성장(城牆)을 기준으로 삼아 측정해야 하기 때문이다.

사실 《한서》 지리지와 《후한서》 군국지에 기록되어 있는 현들이 한대 현성의 전부는 아니다. 전한과 후한 시기 동안 현성은 만들어지고 폐기되기를 거듭했기 때문이다. 후한 광무제(光武帝) 6년의 대대적인 현 폐기 조치가 가장 대대적인 것이었고, 개별적인 현의 설치와 폐기는 전한과 후한에 걸쳐 매우 상시적으로 이루어졌다. 후국(侯國)의 경우를 예로 들어보자. 전한 시기에 후국은 대부분 현의 규모로 취급되었다. 《한서》 지리지의 각 군(郡)에 대한 정보에는 현과 후국의 수를 모두 합친 것이 전체 현 수로 제시돼 있으며, 강소성(江蘇省) 연운항(連雲港)에서 출

---

32) 譚其驤 主編, 《中國歷史地圖集》 제2책 秦·西漢·東漢時期(北京 : 地圖出版社., 1982).

33) 江村治樹, 《春秋戰國秦漢時代出土文字資料の研究》(東京 : 汲古書院, 2000)의 표10 '진·한 도시 유적 표(秦漢都市遺跡表)'는 1997년까지의 상황에 그치고 있기는 하지만 성벽을 확인할 수 있는 182개 도시 유적을 보여준다.

토된 윤만(尹灣) 한간(漢簡) 역시 동일한 방식으로 중앙 정부에 보고하고 있다.[34] 그런데 이 후국은 원칙적으로 계승되는 것이지만, 열후가 죄를 지어 후국이 폐지되는 경우도 많았고, 또 열후 견제책의 일환으로서 후국이 이동되는 경우도 많았다.[35] 후국이 현으로 간주되었으므로 후국이 폐지되거나 이동되는 것은 곧 현이 폐기되거나 이동되는 것이었다. 후국의 변동을 세밀히 추적하면 시기별 현성의 존재를 더욱 상세하게 확인할 수 있겠지만 현재로서는 현성의 변동을 일일이 고려해 분석할 수가 없다. 본고에서는《한서》지리지와《후한서》군국지의 기록을 기준으로 분석하되, 이 밖의 현성의 존재 가능성을 지적하는 데 그치기로 한다.

(2) 현성과 무덤 간 거리 산출

이상과 같은 전제 위에서 현성과 무덤 간의 거리 산출 작업을 본격적으로 진행했다. 전술한 바와 같이 현성과 무덤 자체의 위치에서 오차가 생길 가능성이 높으므로, 가능한 한 오차를 줄이기 위해 다음과 같은 방법으로 양자의 거리를 산출했다.

첫째, 발굴 보고서의 무덤 위치나《중국 역사 지도집》의 현성 위치의 오차를 줄이는 가장 중요한 방법은 지피에스를 이용해 경위도 좌표를 얻는 것이다. 필자는 수차에 걸쳐 산동성의 제남시(濟南市), 장구시(章丘市), 장청현(長靑縣), 평음현(平陰縣), 치박시(淄博市), 제령시(濟寧市), 수광시(壽光市) 등지에서 무덤과 현성의 지피에스 경위도 좌표를 직접 측정했다.[36] 또한 최근의 발굴 보고서들 중에는 극히 일부이기는 하지만 지피에스 경위도 좌표를 제공하는 것들이 있다. 이렇게 무덤과 현성의 지피에스 경위도 좌표를 구하면 이를 이용해 양자의 거리를 정확하게 산출할 수 있다. 거리 산출 방식으로는 여러 가지가 있지만,[37] 본고에서는 지아이

---

34) 連雲港市博物館 · 中國社會科學院簡帛硏究中心 · 東海縣博物館 · 中國文物硏究所,《尹灣漢簡簡牘》(北京 : 中華書局, 1997).

35) 김병준,〈前漢列侯徙封考〉,《古代中國의 理解》4(1998).

36) 필자가 얻은 지피에스GPS 경위도 좌표는 실측 데이터 제공이라는 의미에서 따로 표를 만들어 제시했다. 이 글 말미에 첨부한〈별표 1〉을 참조하라.

에스GIS(Geographic Information System) 프로그램에 좌표를 입력하는 방식으로 거리를 산출했다.[38]

이처럼 무덤과 현성의 경위도 좌표를 얻게 되면 본고의 목적인 현성과 무덤의 거리 분석이 대단히 효과적이고도 정확하게 진행될 수 있지만, 문제는 필요한 경위도 좌표를 모두 구할 수가 없다는 것이다. 경위도 좌표를 구하는 것이 현실적으로 매우 힘든 작업이기 때문이다. 지피에스 측정 자체는 평이한 작업이지만, 불분명한 위치 정보를 가지고 무덤과 현성의 발굴 지점을 찾아 직접 방문하는 것은 엄청난 시간과 노력이 드는 일이다. 조사해야 할 한대 무덤이 수만 좌 이상이므로 단기간에 완성될 일도 아니다. 따라서 실측 경위도 좌표를 구할 수 없는 경우에는 다음과 같은 두 번째 방법을 사용할 수밖에 없었다.

둘째, 현성의 지피에스를 실측하는 대신에 《중국 역사 지도집》에 표시되어 있는 현성의 위치를 이용해 경위도 디지털 좌표를 얻는 것이다. 간단하게 과정을 소개하면, 먼저 현재 중국 주요 도시의 경위도 좌표를 추출한 다음,[39] 이를 《중국 역사 지도집》 지도의 현재 도시 위치에 입력해 한대 현성의 경위도 좌표를 얻고,[40] 마지막으로 지아이에스 프로그램에서 거리를 구한다. 다소 복잡한 이런 방식을 택한 것은 수작업 시 발생할 수 있는 오차를 줄이기 위해서다.[41]

---

37) 경위도 좌표를 이용해 거리를 산출할 때는 먼저 지구 타원체 면상의 거리인지, 직선거리인지, 지형을 고려한 거리인지를 구분해야 하는데 필자는 직선거리를 산출했다. 또 지피에스 좌표인 경우 이를 다시 티엠TM (Transverse Mercator) 평면 좌표로 바꾸어 계산하는 것이 더욱 정확하지만, 필자는 편의상 지아이에스GIS (Geographic Information System) 프로그램을 이용했다. 이 때문에 미세한 오차가 발생할 수 있다.

38) 많이 사용되는 지아이에스 프로그램으로는 '아크 뷰Arc View'와 '맵 인포Map Info'가 있는데, 필자는 이 중 맵 인포(Map Info Professional 한글판 7.5 release build 23)를 사용했다.

39) 현재 중국 주요 도시의 경위도 좌표는 '구글 어스Google Earth' 프로그램(version 3.0.0529, build in 2005)으로 추출했다.

40) 구체적으로 설명하면, 먼저 《중국 역사 지도집(中國歷史地圖集)》의 평면 지도를 스캐닝해 맵 인포 프로그램에 불러들인다. 그런 다음, 《중국 역사 지도집》에 한대 현성의 이름과 함께 표시돼 있는 현재의 지명을 앞서 추출한 도시 좌표와 일치시키면 《중국 역사 지도집》의 한대 현성의 지도에 경위도 좌표를 입힐 수 있게 된다. 가능한 한 많은 좌표를 일치시켜야 평면 지도의 굴곡으로 인한 오차를 최소화할 수 있다.

41) 물론 이 방식을 사용하는 경우 또 다른 미세한 오차가 발생할 가능성이 있다. 예컨대 구글 어스의 지명이

셋째, 무덤의 지피에스를 실측하는 대신에 발굴 보고서에 나와 있는 무덤의 위치 정보를 가지고 무덤의 경위도 디지털 좌표를 얻는 것이다. 우선 보고서가 지시하는 지역을 확인한 다음, 그곳이 속한 현재 지도를 확보해 현재 지도상의 무덤의 위치를 확인한다. 가능하면 경도와 위도가 표시되어 있고 구체적인 진(鎭), 촌(村), 장(莊)의 명칭이 나타나 있는 상세한 지도를 사용한다.[42] 이렇게 확인된 무덤의 위치를 지아이에스 프로그램의 현성 지도 위에 표시해 무덤의 위치를 디지털화한 뒤 현성과 무덤의 거리를 산출한다. 그런데 이 과정에서 적지 않은 오차가 개입된다. 무엇보다 앞서 언급한 대로 보고서가 가리키는 무덤의 위치가 지명, 방위, 거리에 있어서 모두 정확하지 않기 때문이다. 그러나 현재로서는 실측을 하지 않는 한 이 밖에 별다른 방법이 없는 형편이다.[43]

넷째, 이러한 현실적 문제로 발생하는 개별적 오차를 줄이기 위해 최대한 많은 무덤을 가지고 대량 분석을 하는 것이다. 이런 대량 분석을 통해 특정한 경향성을 찾을 수 있다면, 무덤 하나하나의 위치에 오차가 있더라도 전체적인 결론을 신뢰할 수 있기 때문이다. 그래서 필자는 최대한의 무덤 자료를 수집해 가능한 한 많은 무덤 표본을 가지고 현성과 무덤의 거리를 측정했다. 본고에서는 2005년까지 발굴된 산동성, 강소성, 호북성(湖北省), 하남성(河南省), 사천성(四川省) 5개 성의 무덤에 대한 자료를 가능한 한 많이 수집해 분석했다. 다만 전술한 지피에스 실측 및 디지털화 작업은 산동성의 무덤에 국한되었고, 나머지 지역의 무덤에 대해서는 작업에 소요되는 시간과 노력을 줄이기 위해 평면 지도를 이용했다. 즉《중국 역사 지도집》의 한대 현성의 위치와 보고서상의 무덤 위치를 모두 현재 지도 위에

가리키는 위치와《중국 역사 지도집》의 현재 지명이 가리키는 위치 사이에 차이가 존재할 수도 있고, 티엠 좌표를 이용해 만든 평면 지도를 스캐닝해 디지털화하는 과정에서 미세한 굴곡 현상이 생길 수도 있는 것이다. 그럼에도 현성의 실측 지피에스 좌표가 없는 경우에는 이것이 비교적 정확하게 거리를 잴 수 있는 방법 중의 하나라고 생각된다.

42) 이 지도들은 축척이 50만분의 1에서 38분의 1까지인 경우가 많다.

43) 특히 본고에서 취급되는 거리가 주로 10킬로미터 이내에 속하기 때문에 위치 부여 과정에서 발생하는 오차가 결과적으로 큰 거리 차이를 가져올 수도 있다는 점을 인정한다.

표시한 뒤, 축척의 크기를 고려해 현성과 무덤의 거리를 산출하는 방식을 사용했다.[44] 디지털 작업에 비해 수작업에는 임의성이나 부정확성이 따르지만, 이 문제 역시 앞으로 정확한 좌표가 다 수집될 때를 기다려 해결하기로 하고, 여기서는 일차적으로 대량 분석을 통해 일정한 경향성을 찾는 데에 주요한 목표를 두었다.

(3) 평균 거리 및 표준 편차 분석

본고가 분석한 무덤의 수는 〈표 1〉과 같다. 즉 본고는 모두 5,722좌의 무덤을 조사했고, 그중 전한의 무덤은 4,167좌, 후한의 무덤은 1,555좌다. 양자의 수에 차이가 큰 이유는 전한의 무덤의 경우 단독 무덤보다 무덤군(群)의 형태로 발견되는 경우가 많았기 때문이다. 지역별로 무덤 수를 살펴보면, 산동성이 2,875좌, 강소성이 359좌, 호북성이 426좌, 하남성 1,348좌, 사천성이 714좌다. 산동성의 무덤이 단연코 가장 많지만, 이 역시 무덤이 밀집된 무덤군이 여럿 발견된 결과다. 따라서 무덤군을 감안하면 시대적으로나 지역적으로나 무덤 수에 큰 차이가 있는 것은 아니다. 또한 필자가 수집한 보고서의 수는 산동성의 것이 120개, 강소성의 것이 117개, 호북성의 것이 60개, 하남성의 것이 151개, 사천성의 것이 110개였다. 호북성의 보고서가 약간 적지만 나머지 지역들의 보고서는 모두 각각 100개 이상이다. 이 정도의 보고서와 5,700여 좌의 무덤이라면 통계 작업을 하기에 충분한 표본이 된다고 생각하며, 따라서 이를 이용한 통계도 충분한 대표성을 보여준다고 할 수 있다.

다만 무덤군에 대해서는 신중을 기할 필요가 있다. 무덤군이 발견되었어도 그중 일부만 발굴되는 경우가 많고, 또 발굴된 묘지 중에도 시기 구분과 상세한 보고가 따르는 경우는 더욱 한정돼 있기 때문이다. 다시 말해 시기와 상세 내용이 보고된 무덤은 몇 좌에 불과하지만, 실제로는 그런 무덤이 위치한 곳에 그보다 훨

---

44) 《중국 역사 지도집》 지도들의 축척은 210만분의 1에서 400만분의 1까지인데, 이러한 축척의 지도보다는 축소율이 훨씬 작은 상세 지도 위에서 거리를 재는 것이 오차를 줄일 수 있는 방법이다.

〈표 1〉 분석 무덤의 수

	산동성	강소성	호북성	하남성	사천성	계
전한	2,558	267	295	919	128	4,167
후한	317	92	131	429	586	1,555
계	2,875	359	426	1,348	714	5,722

씬 더 많은 무덤이 존재할 수 있다. 예컨대 산동성 보고서 2번에 언급된[45] 수광시(壽光市) 삼원손(三元孫) 묘지의 경우 모두 158개의 무덤이 발굴되었지만, 그중 시기 판별이 보고된 것은 대형 묘지 1개와 중소형 묘지 47개뿐이다. 따라서 필자는 이것들만 통계에 포함시켰다. 또 산동성 보고서 28번도 무덤구임을 밝히고 있지만 실제로는 단 1좌의 무덤에 대해서만 보고하고 있을 뿐이며, 필자는 이 1좌만을 통계에 포함시켰다. 그런데 이 무덤군 중에서 보고 대상으로 선택되는 데는 발굴 보고자의 임의적 판단이 작용하기 때문에 보고된 무덤만을 통계에 포함시킬 경우 통계의 왜곡이 생길 수 있는 것도 사실이다. 그러나 본고는 시대의 변화에 따른 무덤과 현성 간 거리의 변화를 알기 위해 구체적 데이터를 분석하는 것에 초점을 두고 있으므로 원칙적으로 구체적 자료가 공개된 것만을 분석 대상으로 삼지 않을 수 없다. 그래서 무덤군이라 해도 그중 구체적 자료가 공개되지 않은 무덤은 제외시켜야 했다. 하지만 무덤군의 총 묘지 수와 보고된 묘지 수 간의 불균형으로 인한 문제를 최소한으로 줄이기 위해, 필자는 일단 보고서를 중심으로 보고된 개별 무덤과 현성 간의 거리를 산출하는 무덤 개체별 일차 분석을 실시한 뒤, 이어서 보고된 개별 무덤들은 무시하고 보고서가 지시하는 무덤 유적지와 현성 간의 거리를 산출하는 무덤 유지별 이차 분석을 실시했다.[46]

각 분석에서는 다수의 표본을 가지고 거리에 대한 통계를 내기 위해 먼저 개별

---

45) 여기에서 말하는 보고서 번호는 필자가 작성한 각 성별 무덤의 보고서 일람표의 번호를 말한다. 다만 지면 관계상 이 글에는 실지 않았으므로 원문을 참조하기 바란다.

46) 하나의 보고서에서 무덤군이 아니면서 약간 위치가 다른 여러 무덤이 보고되는 경우도 있다. 이 경우는 무덤 수가 많이 보고된 유지를 우선적으로 선택하여 처리했다.

무덤과 현성 간 혹은 무덤 유적지와 현성 간 평균 거리를 구한 다음, 전한과 후한에 이 평균 거리에 어떤 변화가 있었는지를 주목했다. 그러나 평균 거리만으로는 본고가 살펴보려는 취락 분포 형태와 취락에 대한 국가 권력의 간여에 대한 답을 도출해내기 어렵다. 따라서 필자는 표준 편차를 구해 평균 거리를 보완했다. 표준 편차는 평균값이 어떤 분포를 갖고 있는지를 알려주는 수치인데, 본고에서는 개별 무덤이나 무덤 유적지와 현성 간 거리의 평균값이 어느 정도의 집중성을 갖고 있는지 알려줄 것이다.

대량 통계 작업을 할 경우 자료의 신뢰도와 함께 통계 수치의 오차 가능성에 대해서도 검토해야 한다. 그래서 필자는 통계 수치의 평균 오차를 구하고 최종적으로 그에 대한 신뢰를 확인해보았다. 그 결과 전한과 후한의 평균 거리 차이는 물론 각 지역의 평균 거리 차이도 모두 신뢰 범위 안에 들어 있음을 확인할 수 있었다.[47] 일차 분석과 이차 분석의 결과는 각각 〈표 2〉과 〈표 3〉에 정리돼 있다.

〈표 2〉 각 성(省)별 전·후한의 개별 무덤과 현성 간 평균 거리, 표준 편차 및 거리 증가율―일차 분석(단위 : km)

	산동성[48]		강소성		호북성		하남성		사천성	
	평균 거리	표준 편차	평균 거리	표준 편차	평균 거리	표준 편차	평균 거리	표준 편차	평균 거리	표준 편차
전한	1.9641	2.6277	5.9897	4.6136	3.4685	2.8742	3.9759	2.8649	6.3852	4.0946
후한	6.3691	4.3281	15.0263	10.5159	6.3481	7.1331	8.4252	13.7289	21.7315	16.9733
거리 증가율	324%		251%		183%		212%		340%	

〈표 3〉 각 성별 전·후한의 무덤 유적지와 현성 간 평균 거리, 표준 편차 및 거리 증가율―이차 분석(단위 : km)

	산동성		강소성		호북성		하남성		사천성	
	평균 거리	표준 편차	평균 거리	표준 편차	평균 거리	표준 편차	평균 거리	표준 편차	평균 거리	표준 편차
전한	6.2475	4.4757	6.5231	5.8768	4.1672	3.5170	5.0186	3.7907	6.2352	5.9459
후한	8.9539	7.3950	12.9332	9.4033	10.6446	9.8132	9.2527	10.2198	12.3121	16.5551
거리 증가율	143%		198%		255%		184%		197%	

3. 현성과 취락의 상관관계

(1) 무덤과 현성 간의 거리

이상의 분석을 통해 다음과 같은 결과를 얻을 수 있었다. 첫째, 전한 시대에는 전반적으로 무덤이 현성과 가까운 곳에 분포했다. 일차 분석(《표 2》)에서 얻은 전한 시대 5개 지역의 '개별 무덤과 현성 간' 평균 거리들의 평균값은 4.3567킬로미터다. 한편 이차 분석(《표 3》)에서 얻은 전한 시대 5개 지역의 '무덤 유적지와 현성 간' 평균 거리들의 평균값은 5.6383킬로미터다. 전술한 바와 같이 일차 분석과 이차 분석의 수치 차이는 수백 좌 이상의 무덤군 중 확실한 정보가 제공되는 개별 무덤들을 거리 측정의 축으로 삼는가 아니면 무덤군 전체를 거리 측정의 축으로 삼는가에 따라 발생하는 차이다. 본고에서는 자료가 분명한 무덤만을 채택한다는 원칙하에 일차 분석의 수치를 중시하지만, 보고되지 않은 다수의 무덤이 배제됨으로써 생기는 오차를 줄이기 위해 이차 분석의 수치도 참조하기로 한다. 앞에서 말한 일차 분석의 평균값과 이차 분석의 평균값 사이에 약 1킬로미터 정도의 오차가 있기는 하지만, 4.3567킬로미터든 5.6383킬로미터든 모두 후술할 후한 시대의 평균값에 비해 상대적으로 매우 가까운 거리일 뿐 아니라 절대적으로도 대단히 가까운 거리라고 할 수 있다. 한 시간에 걸어갈 수 있는 거리가 보통 4킬로미터 정도이므로, 결국 전한 시대에는 무덤이 현성 바로 옆에 위치해 있었다고 봐도 좋을 것이다.

그런데 평균 거리만으로는 일반화하기 어렵다고 할 수도 있다. 평균이란 중간

---

47) 유의확률 p-value이 0.000으로 유의수준 0.05보다 작았다. 유의확률이 이처럼 지나치게 작다는 것은 모집단으로부터 추출되는 표본 집단의 무작위 추출에 문제가 있음을 반영하므로 이 유의확률에 지나친 의미를 부여하기는 힘들다.

48) 산동성의 무덤 발굴 보고서 108번에는 발굴된 무덤이 1,700좌라고 되어 있는 반면, 동일한 무덤 유지를 보고한 《고고학 연감(考古學年鑑) 2004》에는 82좌의 전한 무덤이 발굴된 것으로 되어 있다. 후자의 내용을 받아들일 경우에는 무덤과 현성 간 평균 거리와 표준 편차에 차이가 생겨, 전한 시대 산동성의 평균 거리는 4.4842킬로미터로, 표준 편차는 2.9580으로 바뀌게 된다.

치의 의미가 크기 때문이다. 이 결함을 보완하기 위해서는 개별 수치들이 모두 고르게 평균치 가까이에 분포하는지 아니면 평균치를 중심으로 들쭉날쭉하게 넓은 범위에 걸쳐 분포하는지를 따져야 한다. 그래서 표준 편차를 구했는데, 전한 시대의 5개 지역 표준 편차 값들의 평균값은 일차 분석의 경우 3.4150킬로미터, 이차 분석의 경우 4.7212킬로미터다. 표준 편차가 이 정도면 개별 수치들이 평균치 근처에 집중되어 있다는 뜻이 되며, 따라서 전한 시대에 대부분의 무덤이 현성에서 가까운 곳에 밀집되어 있었다는 것이 좀 더 확고해진다.

둘째, 후한은 전한과는 확연히 다른 결과를 보여, 후한 시대에는 전국적으로 무덤이 전한 시대에 비해 현성에서 먼 곳에 위치하는 경우가 많았다. 일차 분석(〈표 2〉)에서 얻은 후한 시대 5개 지역의 '개별 무덤과 현성 간' 평균 거리들의 평균값은 11.5800킬로미터다. 한편 이차 분석(〈표 3〉)에서 얻은 후한 시대 5개 지역의 '무덤 유적지와 현성 간' 평균 거리들의 평균값은 10.8193킬로미터다. 모두 도보로 약 세 시간 정도에 해당하는 거리다. 전한의 경우 이 수치가 각각 4.3567킬로미터, 5.6383킬로미터였던 것과 비교하면 후한 때는 전한 때에 비해 명백히 무덤과 현성 간의 거리가 멀어졌음을 알 수 있다.

그런데 여기서 주의할 점은 후한에 접어들어 많은 변화가 생겼다고 가정하더라도 기본적으로는 후한 때도 전한 때와 마찬가지로 현성과 매우 가까운 곳에 위치하는 무덤이 많았다는 것이다. 가령 후한 시대의 무덤들 중에서 현성과의 거리가 4킬로미터(전한의 일차 분석 평균 거리들의 평균값에 비추어) 이내인 것의 비율을 계산하면 산동성은 32%, 강소성은 26%, 호북성은 56%, 하남성은 66%, 사천성은 29%로서 평균 42%다. 또 후한 시대의 무덤들 중에서 현성과의 거리가 6킬로미터(전한의 이차 분석 평균 거리들의 평균값에 비추어) 이내인 것의 비율을 계산하면 산동성은 74%, 강소성은 28%, 호북성은 66%, 하남성은 79%, 사천성은 34%로서 평균이 무려 57%에 이른다.

그럼에도 불구하고 평균 거리들의 평균값이 약 11~12킬로미터로 나왔다는 것은 결국 현성과 가까운 거리에 있는 무덤도 많지만 평균값보다 훨씬 먼 거리에 위

<표 4> 후한 시대의 현성 인접 무덤 비율

	산동성		강소성		호북성		하남성		사천성		전체	
	수	비율	수	비율	수	비율	수	비율	수	비율	수	비율
4km 이내	100좌	32%	24좌	26%	73좌	56%	281좌	66%	171좌	29%	649좌	42%
6km 이내	233좌	74%	26좌	28%	86좌	66%	338좌	79%	198좌	34%	881좌	57%

치한 무덤도 그만큼 많다는 것을 의미한다. 이 점은 표준 편차에서 분명하게 드러난다. 즉 후한 시대의 일차 분석 표준 편차 평균은 10.5359킬로미터이고 이차 분석의 표준 편차 평균은 10.6773킬로미터인데, 이는 평균 거리들의 평균값은 약 11~12킬로미터이지만, 무덤들이 이 평균값 가까이에 집중적으로 분포돼 있지 못하고 평균값을 중심으로 매우 넓은 범위에 불규칙적으로 분포돼 있음을 말해준다. 전한과는 평균 거리뿐만 아니라 표준 편차에서도 극명한 대비를 이루고 있는 것이다. 그만큼 후한 시대에는 전한 시대에 비해 무덤이 현성에서 먼 곳에 불규칙하게 분포하는 경우가 많았다.

셋째, 이처럼 현성과 무덤 간 평균 거리와 표준 편차에 있어서 전한 시대와 후한 시대의 차이가 크다는 사실은 본고에서 선택한 5개 지역 모두에 개별적으로 적용된다. 산동성의 일차 분석 결과를 보면 전한 시대의 평균 거리가 1.9641킬로미터인 데 반해 후한 시대의 평균 거리는 6.3691킬로미터로서, 거리 증가율이 324%에 달한다. 산동성의 이차 분석 결과는 전한 시대의 평균 거리가 6.2475킬로미터이고 후한 시대의 평균 거리가 8.9539킬로미터로서, 역시 후한의 거리가 전한에 비해 증가되었다. 전한 시대 일차 분석의 결과와 이차 분석의 결과가 약 4킬로미터에 달하는 큰 차이를 보이는 것은 일차 분석에서는 수천 좌에 달하는 무덤군 중 특정한 개별 묘들이, 그리고 이차 분석에서는 그 무덤군 전체 범위가 현성과의 거리를 재는 축으로 사용되었다는 차이에 기인한다. 후한 시대에도 일차 분석의 결과가 이차 분석의 결과보다 약 3킬로미터 가깝게 나왔는데, 이 역시 후한 시대에 많은 개체수를 갖는 무덤군이 비교적 현성에 가까운 곳에 위치했던 데에서 기인한다.

이 점은 호북성에서도 마찬가지다. 호북성의 경우 일차 분석과 이차 분석 간의 차이가 전한 시대에는 0.5킬로미터이고 후한 시대에는 4킬로미터 이상 나타나는데, 이 역시 개체 수가 많은 후한 시대 무덤군이 비교적 현성 가까운 곳에 위치했기 때문이다. 하남성의 경우 전한 시대와 후한 시대 모두 평균 거리가 일차 분석보다 이차 분석에서 1킬로미터 정도 멀게 나왔지만, 양자 모두 전한 시대에 비해 후한 시대의 거리가 200%에 가까운 증가율을 보인다. 강소성, 사천성의 경우에는 산동성, 호북성과는 약간 다른 현상이 나타난다. 전한 시대에는 일차 분석의 결과와 이차 분석의 결과 사이에 큰 차이가 없지만, 후한 시대에는 이차 분석의 결과가 일차 분석의 결과보다 줄어들었는데, 이는 후한 시대 강소성과 사천성의 개체 수가 많은 무덤군이 현성에서 비교적 먼 곳에 집중돼 있었던 것에서 비롯된 것이다. 물론 모두 후한의 평균 거리는 전한의 평균 거리에 비해 약 200~350%에 달하는 커다란 증가를 보인다.

표준 편차에 있어서도 각 성은 전체 표본의 표준 편차와 동일한 경향을 보인다. 즉 표본으로 삼은 5개 성에서 모두 전한 시대의 무덤은 집중성을 보이는 반면 후한 시대의 무덤은 넓은 범위에 걸쳐 불규칙하게 분포한다. 이러한 분포 현상을 쉽게 알아볼 수 있도록 거리별 무덤의 수를 5개 성으로 나누어, 이 글 말미에 첨부한 〈별표 2~21〉, 〈그래프 1~20〉과 같이 표시해보았다. 평균 거리와 표준 편차의 수치를 제시한 앞의 표들은 무덤과 현성 간 평균 거리의 정도와 현성을 중심으로 한 무덤 분포의 경향성을 명확히 수치화할 수 있었던 반면, 이 표와 그래프들은 이러한 결론을 시각적으로 확인하게 해주며 동시에 예외적 사례의 존재를 파악하는 데 도움을 준다.

넷째, 현성과 무덤 간의 거리는 모든 지역에서 일정한 것이 아니라 지역별로 차이가 있었다. 앞에서 언급한 바와 같이, 모든 성에서 전한과 후한 간에 차이가 있는 것은 분명하지만, 동시에 지역별로도 일정한 차이가 있음을 간과해서는 안 된다는 것이다. 현재로서는 각 성 간의 차이가 전한과 후한 간의 차이만큼 명백하지는 않기 때문에 단정적인 언급은 하기 어렵다. 다만 산동성, 하남성 같은 중원 지역과 중원에서 어느 정도 멀리 떨어진 사천성, 강소성 같은 지역 간의 약간의 차이를 확인할 수 있다. 먼저 이차 분석의 결과만을 살펴보면, 전체적으로 지역들 간에 큰 차이는 없어도 사천성과 강소성의 경우 후한 시대의 평균 거리가 다른 지역에 비해 멀다는 점이 눈에 띈다. 일차 분석 결과를 함께 비교하면, 후한 시대에 사천성과 강소성의 평균 거리가 타 지역에 비해 훨씬 멀다는 점이 분명히 확인된다. 이 점은 전술한 바와 같이 후한 시대에 개체수가 많은 무덤군이 산동성에서는 현성 가까이에 위치해 있었던 반면 사천성과 강소성에서는 현성에서 비교적 멀리 떨어져 있었다는 것을 의미한다.

물론 이러한 지역적 차이에 대해서는 차후 더욱 세밀한 분석을 통해 논할 필요가 있다. 강소성이나 사천성의 경우 이 글에서는 지금의 경계를 기준으로 구분해 무덤을 분석했는데, 이러한 경계는 한대의 주군(州郡) 행정 구획과는 상당히 다를 수 있다. 따라서 한대의 행정 구획에 따라 무덤을 지역적으로 구분해 분석할 경우 더 명확한 결과가 나올 것으로 보인다.

다섯째, 이상과 같은 것이 일반적인 원칙이라면 이러한 원칙과는 동떨어진 사례들도 있다. 즉 전한 시대에 무덤이 현성에서 가까운 곳에 위치해 있었다는 것은 모든 표본에서 확인되는 바지만, 종종 현성과 매우 먼 거리에 위치하고 있는 무덤도 발견된다는 것이다. 이러한 예외적인 무덤이 존재하는 이유로는 전술한 바와 같이 그 무덤 가까이에 현성이 존재했다가 폐기되었을 가능성도 배제할 수 없다. 예컨대 산동성 발굴 보고서 102번에 보고된 무덤의 경우 《역현지(嶧縣志)》에 언급된 맹양성(孟壤城)으로부터 0.5킬로미터 떨어져 있다고 설명되어 있다. 더욱이 보고서는 이 무덤에서 한대의 도편(陶片)이 발견되는 등 이 무덤 가까이에 한대의 이 고성(故城)이 존재했었던 것이 분명하다고 밝히고 있다. 그러나 본고에서는 《한서》 지리지에 이 맹양성이 언급돼 있지 않다는 이유로 일단은 맹양성 대신 좀 더 먼 곳에 있는 다른 현성과의 거리를 계산해 5.6킬로미터로 처리했다. 또한 산동성 보고서 22번은 창산현(蒼山縣) 동북쪽 5킬로미터 지점에 한대의 고성 유적지가 있다고 밝히고 있다. 특히 이 유적지가 사방 4킬로미터에 달하고 이곳에서 한대의 화폐가 발견된 만큼 이 유적지는 향정(鄕亭)급 성읍이 아니라 현성에 비견되는 성읍임이 틀림없다고 생각된다. 이 유적지와 22번 보고서의 무덤의 거리를 계산하면 5킬로미터가 되지만, 이 고성 역시《한서》지리지에 언급돼 있지 않기 때문에 본고에서는 이곳 대신 좀 더 먼 곳에 있는 다른 현성과의 거리를 계산해 11.2 킬로미터로 처리했다. 바로 이런 고성들이《한서》지리지에는 나오지 않지만 과거에 현성으로서 존재했다가 사라졌을 가능성이 큰 곳이다. 이런 사라진 현성들까지 수용할 경우 전체적으로 본고에서 계산한 것보다 현성과의 거리가 가까워질 가능성이 높다. 무덤 주변에 옛 현성 유적지가 존재하는 경우가 많은 것은 아니지만, 일반 원칙에서 벗어나 있는 이런 사례가 갖는 의미에 대해서도 세밀히 고찰해 보아야 할 것이다.

(2) 한대 취락 분포의 변화

ㄱ. 전한 시대

전한 시대에 무덤이 현성 가까이에 집중적으로 분포해 있었다는 것은 무엇을 의미할까? 필자는 이것이 중국 고대 국가 권력의 존재 형태를 설명해주는 매우 중요한 단서라고 생각한다. 지역별로 약간의 차이는 있지만 전한 시대에 무덤은 현성으로부터 평균 약 2~6킬로미터 내에, 즉 대략 반 시간에서 한 시간 반 사이에 걸어갈 수 있는 거리 내에 위치하고 있었다. 따라서 무덤과 취락 사이에 실제로는 거리가 있음을 감안한다 해도, 전한 시대에는 취락의 상당수가 현성 내부에, 혹은 현성에 매우 인접한 곳에 분포해 있었음을 짐작할 수 있다.

진·한 시대의 현성과 현성 주변의 구조는 아직까지 완전하게 밝혀지지 않았지만, 비교적 규모가 큰 성시(城市)를 중심으로 대강을 추측해볼 수는 있다. 먼저 비교적 관련 문헌이 많이 남아 있는 전한 시대의 수도 장안성(長安城)의 경우, 가장 중요한 구조물로 미앙궁(未央宮)·장락궁(長樂宮)·북궁(北宮)·계궁(桂宮)과 같은 궁궐이 있었고, 그 밖에 명당(明堂)·종묘(宗廟) 등의 예제(禮制) 건축, 무고(武

庫) 등이 있었다. 황실의 주거 공간과 공식적인 기관 외에 동시(東市)와 서시(西市) 같은 시장도 있었으므로 이곳에 출입하는 많은 상인들과 이곳에 거주하는 각종 수공업자, 점쟁이 등의 존재를 상정할 수 있다. 관료 귀족들과 일반민들이 성내의 160개 취락[里]에 거주했다는 것은 《삼보황도(三輔黃圖)》, 《서정부(西征賦)》와 같은 기록과 한대 도장[漢印] 등에서 확인할 수 있다. 이들의 주거지에 대한 고고학 발굴은 이루어지지 않았지만, 문헌 자료와 장안성 구조를 고려하면 이들은 대부분 장안성 동북부에 위치해 있었을 것으로 추정된다.[49] 수도 외의 도시에 대해서도 관련 문헌 기록은 거의 남아 있지 않지만, 발굴 보고를 통해 성시 내부의 기본적인 구획을 일부나마 알 수 있다.[50] 노성(魯城)의 경우 성 내부에서 야철(冶鐵) 유지 등 수공업 작방(作坊) 유지가 발견되며, 주대(周代)의 주거지가 계속해서 사용되었던 것도 확인된다.[51] 하남 현성의 경우에도 성 내부에서 행정 중심 기관 및 주거지의 유지를 확인할 수 있다.[52] 다만 이곳 주거지는 규모로 보아 일반 소농민이 아닌 관리들의 거주지였을 가능성이 있다고 지적된다.[53] 한편 일반 현성급에 해당되는 현성의 구조를 알기에 적당한 자료로 화림격이(和林格爾) 한묘 벽화를 들 수 있다. 이 그림은 호오환교위부(護烏桓校尉府)를 그리고 있는데, 이에 따르면 제조(諸曹)의 관리가 있는 구획이 있고, 그 안쪽에 당(堂)·정(廷)의 구획이 있으며, 이 당·정 구획 주변에 창고 등 부속 시설의 구획이 있다.[54] 또한 이 그림에 의하면 합문(閤門)을 경계로 하여 안쪽은 장관(長官)의 사적인 공간이며 바깥쪽에는 관리들의 근무처와 숙소, 창고 등 부대시설이 배치되어 있다. 윤만 한간에 보이는 '숙부(宿府)'라는 표현은 이곳 숙소를 가리킨다고 생각되지만, '숙사(宿舍)'와 같은

---

49) 劉慶柱·李毓芳, 《漢長安城》(北京 : 文物出版社, 2003).

50) 賀業鉅, 《中國古代城市規劃史》(北京 : 中國建築工業出版社, 1996).

51) 《曲阜魯國故城》(濟南 : 齊魯書社, 1982).

52) 〈洛陽澗賓東周城址發掘報告〉, 《考古學報》1959-2.

53) 池田雄一, 〈漢代の地方都市〉, 池田雄一, 《中國古代の聚落と地方行政》所收. 글의 말미에는 한대 하남 현성의 주요 주거지 유지 일람표가 실려 있다.

54) 佐原康夫, 〈漢代の官衙と屬吏〉, 《漢代都市機構の研究》(東京 : 汲古書院, 2002), 196~215쪽.

개인적인 숙소도 관부에서 멀지 않은 곳에 있었을 것이다.[55] 이렇게 보면 관리를 포함해 현성의 시장, 작방 등 주요 기관에 소속된 사람들이 현성 내부에 거주했을 가능성이 매우 크다.

그러나 관리와 수공업 종사자들이 아닌, 생활의 터전인 토지로부터 떨어질 수 없었던 농민들의 경우에는 상황이 조금 달랐을 것이다. 물론 이들 중 상당수는 역시 현성 내에 거주했을 가능성이 크다. 하지만 일반적인 한대 현성의 규모가 전국 시대의 성시에 비해 대단히 작았다는 사실을 고려하면[56] 모든 농민들이 현성 내에 거주했다고 보기는 힘들다. 결국 농민들은 현성 인근에 펼쳐져 있는 경작지에서 농사를 지었으며 그 경작지 옆에 거주했다고 보는 것이 무난하다. 전쟁이 일어나면 현성 외곽[郭]에 거주하는 백성들을 성 안으로 들여 외적에 대항했다는 기록[57]이나 도시 근처 교외에서의 활발한 경제 활동을 보여주는 기록[58]은 이러한 사실을 뒷받침한다.

다만 기존의 연구는 현성 내부 및 인접 교외에 거주하는 자들을 인정하면서도, 그들이 전체 백성들 중 어느 정도의 비중을 차지하고 있는지에 대해서는 별반 관심을 기울이지 않았다. 이 점이 명확하지 않았기 때문에 행정촌과 자연촌의 논쟁이 해결의 실마리를 찾지 못했던 것이라고 생각한다. 본고에서 무덤과 현성의 거리를 통해 분석한 전한 시대의 취락 분포는 이상과 같이 현성 안과 현성 주변 거주민의 비중이 대단히 컸다는 사실을 분명하게 알려준다. 즉 전한 시대 5개 지역에서 무덤과 현성 간의 평균 거리가 약 2~6킬로미터였다는 것, 그리고 무덤들이

---

55) 이성규, 〈前漢末 郡屬吏의 宿所와 旅行―尹灣漢簡〈元延二年日記〉分析〉, 《慶北史學》21(1998). 윤만(尹灣) 한간의 〈원연이년일기(元延二年日記)〉 중 "낮에 태수부의 숙사에 도착했다"(3월 5일)라는 구절을 보면, 개인적 숙사였을 가능성이 큰 '사(舍)'가 태수부에 가까이 있었음을 알 수 있다.

56) 가령 노성(魯城)도 춘추·전국 시대에 비해 한대에 현성이 크게 축소되었으며, 이 점은 하남 현성이나 한단성(邯鄲城)도 마찬가지다.

57) 《묵자(墨子)》 비공편(非攻篇)에 나오는 "3리의 성(城)과 7리의 곽(郭)"이라는 구절은 성 주변에 존재하는 취락을 보여주는 좋은 예다.

58) 《文選》 卷1 張衡 〈西京賦〉: "교전(郊甸) 지구에서는 향읍(鄕邑)이 번영하고 있다."

주로 평균값에 해당되는 거리에 집중되어 있었다는 것은 전한 시대에 대부분의 취락이 현성 내부나 현성 인접 지역에 집중적으로 분포해 있었음을 명백히 보여 준다. 다시 말해 전한 시대에는 백성들이 현성을 중심으로 모여 살았다고 봐도 무방하다.

물론 이러한 평균 거리 자체만으로는 당시에 취락이 일정한 수의 가옥들이 들어서며 자연스럽게 형성된 촌락이었는지 아니면 구획을 지어 인위적으로 편성한 행정 단위였는지를 알 수는 없다. 그러나 전한 시대의 무덤과 현성 간 평균 거리의 표준 편차가 극히 적다는 것은 인위적 편성을 상정하지 않고는 설명하기 어렵다. 취락이 자연 지형에 따라 넓은 범위에 걸쳐 골고루 분포되어 있지 않고 현성 주변에 과도하게 집중되어 있었다는 것은 국가 권력에 의해 강제적으로 취락 편성이 이루어졌기 때문이라고 설명할 수밖에 없다.[59] 결국 전한 시대의 취락은 현성이라는 국가 권력의 지방 통치 거점지 내부에 혹은 매우 가까이에 있었던 것이며, 이는 국가 권력이 취락에, 즉 백성들의 삶 속에 침투하기 쉬운 조건을 충분히 갖추고 있었다는 의미가 된다.

그렇다고 모든 취락이 현성 주변에만 몰려 있었던 것은 아니다. 무덤과 현성 간 평균 거리와 표준 편차는 모두 무덤이 현성에 인접해 있었음을 알려주고, 결과적으로 무덤의 연고자들, 즉 백성들이 사는 곳인 취락이 현성에 인접해 있었음을 알려주지만, 무덤이 현성에서 멀리 떨어져 있었던 사례 또한 적으나마 존재하기 때문이다. 현성에서 멀리 떨어진 무덤의 주인들이 어떤 형태의 취락에 거주했는지는 역시 본고의 분석만으로는 알 수 없다. 다만 이러한 일부 무덤의 주위에서 한대의 와당 등과 같은 유물이 확인되므로,[60] 이들이 거주하고 있던 곳도 비록 《한

59) 이성규, 〈秦의 地方行政組織과 그 性格─縣의 組織과 그 機能을 中心으로〉, 28~30쪽은 호남성(湖南省) 장사(長沙) 마왕퇴(馬王堆)에서 출토된 주군도(駐軍圖)에 이(里)의 호수(戶數)의 변동이 표시돼 있는 것이 바로 이렇게 주민을 강제적으로 이주시킨 증거임을 명쾌하게 지적하고 있다.

60) 전술한 산동성(山東省) 조장시(棗莊市)의 맹양성(孟壤城) 유적지와 창산현(蒼山縣)의 고성 유적지, 그리고 하남성 등지의 유적지가 이러한 사례에 속한다.

서》지리지나《후한서》군국지에 언급된 한대 현성은 아니지만 한대의 고성 유적지임에는 틀림없으므로 현성에서 떨어져 있는 향급의 성[離鄕]이었을 가능성이 높다. 다시 말해 일부 무덤은 현성에서 멀리 떨어져 있었지만 그 대신에 향과 같은 성읍 내부 혹은 주변에 위치해 있었을 것이다. 그러나 이러한 향급의 성도 현성에서 일정 거리 안에 집중되어 있었다는 것은 이성규의 규현도(邾縣圖) 분석을 통해 대강 설명된 바 있다.[61] 즉 현성인 규구(邾丘)를 중심으로 주변 성읍이 사방 30~50리 안에 집중되어 있다는 것이다. 아울러《묵자(墨子)》수성(守城)의 모든 편(篇)에 등장하는 성들이 대체로 사방 30리 이내에 분포한 향읍(鄕邑)들을 통제한 것[62]도 현성이 주변의 모든 읍을 보다 효과적으로 통제할 수 있도록 배려한 조치였다고 할 수 있다. 본고 각 성의 분석 사례 중 현성으로부터의 거리가 평균 거리 이상이면서 30리 미만인 무덤 주변에서 성읍을 확인할 수 있다면, 이 무덤이 암시하는 취락은 바로 이러한 규현도와《묵자》의 사례에 속한다고 보아도 좋다.

다만 발굴 보고서에 소개된 무덤들 중에 그 주변의 고성 유적지가 확인되지 않은 것이 많다는 사실도 인정하지 않을 수 없다. 물론 한대의 취락을 둘러싸고 있었던 성장(城牆)이 각종 전란을 거치면서 파괴되었을 수도 있고 또 지금까지 발견되지 않았을 수도 있다. 그러나 현성에서 멀리 떨어져 있으면서 주변 고성 유적지의 확인이 불가능한 무덤이 한두 개씩 분산적으로 발견된다면, 그 무덤의 주인들이 거주하고 있었던 취락을 성읍으로 단정하기가 어려워진다. 그러므로 인위적 취락 편성이라는 논리에 어긋나는 예외적인 예도 있다고 말하는 편이 무난할 것 같다. 예컨대 마왕퇴 주군도에 나오는 취락[里]들은 국가 권력에 의해 조만간 통폐합될 것들이었지만,[63] 그럼에도 그중 일부는 아직도 약간의 호수(戶數)를 가진 채로 잔존하고 있었음을 부인할 수 없다. 그러한 예외적 취락의 수는 매우 적지만 그럼에도 그것의 존재를 주목할 필요가 있다. 중국의 고대 국가 권력이 전 지역에

---

61) 이성규,〈秦의 地方行政組織과 그 性格―縣의 組織과 그 機能을 中心으로〉, 36~37쪽.

62)《墨子》迎敵祠篇.

63) 주 59 참조.

걸쳐 일관된 원칙과 율령에 의한 통치를 실현했다는 고정관념으로부터 벗어날 필요가 있기 때문이다. 이러한 융통성을 인정할 때에만 비로소 문헌과 고고 자료에서 간혹 출현하는 예외적 현상, 즉 멀리 떨어져 거주하는 자들의 사례들을 이해할 수 있다. 당시의 주된 현상이 무엇이고 예외적인 현상이 어느 정도 있었는지를 모두 드러낼 때, 비로소 한두 가지 단편적인 사례를 확대하는 논의를 차단할 수 있는 것이다.

요컨대 전한 시대에 현성과 무덤 간 평균 거리가 약 2~6킬로미터였다는 사실은 당시에 취락이 전체적으로 현성 내부 혹은 현성 매우 가까이에 분포해 있었고, 따라서 현성을 중심으로 한 국가 권력이 취락을 용이하게 장악할 수 있었다는 것을 의미한다. 한편, 현성으로부터 평균 거리보다는 멀리 떨어져 있으나 현성으로부터의 일정한 거리 이내에 위치한 무덤들이 드물게 존재한다. 이런 무덤들과 연고가 있는 취락은 본래 인근에 존재했다가 폐기된 현성에 인접한 취락이었거나 또는 향성(鄕城)급에 해당되는 성의 유적지 주변에 위치한 취락이었을 가능성이 크다. 무덤 주인들이 사는 취락이 무덤과 현성 간 평균 거리보다는 멀지만 아주 많이 멀지는 않은 곳에 성읍의 형태를 띠고 존재하고 있었다면 이 취락에 대한 효과적인 통제도 그리 어려운 일은 아니었을 것이다. 하지만 성읍의 형태를 띠지 않으면서 현성으로부터 먼 곳에 점재해 있었던 취락의 존재 가능성도 여전히 배제할 수 없다. 이러한 취락들에 대한 통제는 실질적으로 대단히 어려웠을 것으로 추정된다. 전한 시대의 지방 통치가 전 지역에 걸쳐 균일하게 진행된 것이 아니라는 것이다. 물론 국가의 통치력이 미치지 않는 지역은 수적으로 극히 미미한 정도에 머물렀지만 말이다.

ㄴ. 후한 시대

후한 시대의 상황은 전한 시대와 사뭇 달랐다. 먼저 현성과 무덤 간의 평균 거리가 전한 시대에 비해 훨씬 멀어졌다. 후한 시대에 와서 현성의 구조와 현성에 거주하는 사람들이 크게 바뀌었다고 볼 수 없는 한, 후한 시대에도 현성 내부와 현성 매우 가까이에 거주하는 사람들의 수는 전한 시대에 비해 결코 줄어들지 않았을 것이다. 앞의 〈표 4〉에 제시한 바와 같이 후한 시대에 5개 성에서는 현성으로부터 4킬로미터 이내에 위치하는 무덤의 비율이 42%, 6킬로미터 이내에 위치하는 무덤의 비율이 57%였다. 이는 결코 낮지 않은 비율이다. 따라서 후한 시대에도 상당수의 취락은 전한 시대와 마찬가지로 현성의 내부 혹은 인근에 분포해 있었음을 알 수 있다. 후한의 기본 율령 체제가 전한의 것을 일단 계승했다면[64] 후한 때도 전한 때와 마찬가지로 엄격한 율령 지배가 기본적으로 실시되었던 셈이며, 이를 가능케 한 기본 조건이 바로 현성 내부 및 현성 가까이에 취락이 분포한 것이었으리라고 생각된다.

그럼에도 불구하고 후한 때의 무덤과 현성 간 평균 거리와 표준 편차가 큰 수치를 낸 것 또한 분명한 사실이다. 현성 가까이에 위치한 취락이 다수 존재했음에도 평균 거리와 표준 편차가 크게 나왔다는 것은 현성에서 동떨어져 있던 취락의 현성으로부터의 거리가 대단히 멀었다는 것을 웅변해준다. 현성에서 동떨어져 있던 취락 중에는 전한 시대의 사례처럼 현성으로부터 일정한 거리 범위 안에 위치하며 성읍을 구성한 것들도 있었을 것이다. 그러나 후한 시대의 무덤 중에는 전한의 이러한 거리 범위를 크게 넘어서는 것들이 상당히 많았다. 후한 시대 5개 성의 무덤과 현성 간 평균 거리의 평균값이 이미 약 11킬로미터인데다 표준 편차의 평균값이 10킬로미터를 넘으며, 또 강소성과 사천성의 경우 일차 · 이차 분석의 평균 거리의 평균값이 약 14킬로미터와 21킬로미터에 달하고 표준 편차도 무려 10~18킬로미터에 이른다는 사실은 현성에서 매우 먼 취락이 다수 존재했음을 뜻한다. 가령 현성에서 20킬로미터 이상 떨어진 취락의 비율이 호북성은 11%, 강소성은 34%, 사천성은 57%를 넘는다. 사실 이 표준 편차가 매우 크다는 것은 궁극적으로는 현성에서 취락까지의 평균 거리가 멀다는 의미일 뿐만 아니라 취락이 매우 넓은 거리 범위에 걸쳐 불규칙하게 분포해 있다는 의미이기도 하다. 결국 후한 시대

---

64) 김병준, 〈後漢 法律家의 活動과 그 性格〉, 《東洋史學研究》 30(1989).

의 취락 분포는 전한 시대와 크게 달랐다고 보지 않을 수 없다. 다시 말해 현성에서 가까운 곳에 거주하던 사람들 중 일부가 모종의 원인 때문에 이곳에서 상당히 멀리 떨어진 곳으로 가 취락을 이루고 살게 되었다는 것이다.

물론 이러한 상황에 대해서는 여러 가지 해석이 있을 수 있다. 시대적 배경을 고려하지 않고 통계 결과만을 보면 단순히 취락의 범위가 확대된 것으로 이해할 수도 있다. 예컨대 인구 증가로 말미암아 기존 취락이 포화 상태에 이르렀고, 그 결과 주변 지역으로 촌락이 확산되었을 가능성을 예상할 수 있다. 또 시간의 흐름에 따라 주위 공간의 이용에 대한 의식이 발전하면서 기존의 공간을 벗어나 새로운 곳을 개발하는 경우도 있었을 수 있다. 하지만 이런 식으로 이루어지는 변화라면 기존 지역을 중심으로 서서히 확산되는 것이 상례다. 일차·이차 분석 결과는 후한 시대의 무덤 분포가 〈그래프 1∼20〉에 나타나 있듯이 매우 불규칙했고 또한 후한 시대에는 전한 시대에 비해 무덤이 현성에서 매우 멀리 떨어져 있었음을 알려주므로, 앞의 해석은 충분한 개연성이 있는 것이긴 하지만 후한의 변화를 설명하기에는 적절치 않은 것 같다.

시대적 배경을 고려한다면 먼저 후한의 정책적인 측면과 관련지을 수 있다. 후한 초기에 광무제가 실시한 개혁 중에는 대대적 현(縣) 폐지가 포함되어 있었다. 이 조치로 인해 전한 시대에 비해 전국적으로 무려 400여 개의 현이 줄어들었다고 한다.[65] 이 때문에 전한 시대에는 현성 주변에 위치했던 취락들이 후한 시대에는 현성으로부터 멀리 떨어진 상태로 나타나게 되었을 수 있다. 그러나 현 폐지가 산동성이나 하남성에서 많이 이루어지고 사천성에서는 거의 이루어지지 않았음에도 하남성에서는 현성에서 20킬로미터 이상 떨어진 취락이 전체의 7%에 불과한 반면에 사천성에서는 57% 이상이다. 결국 폐현 조치가 후한의 취락 분포 변화를 불러온 원인 중의 하나일 개연성은 있지만, 적어도 그것을 중요한 원인으로 보기는 힘들다. 더욱이 전국의 폐지된 현들이 대부분 후국(侯國)이었다는 점도 취락

---

65) 《後漢書》 권1下 光武帝紀, 49쪽.

이 현성으로부터 멀어진 원인을 폐현이라는 조치로만 설명하기 어렵게 만든다.

그렇다면 결국 후한에 즈음해 발생한 새로운 사회 현상, 즉 집단 이산(離散) 현상에 주목해야 한다. 일반적으로 한대의 취락[里] 제도는 후한 말의 동란과 위진 남북조 이민족의 침입에 의해 붕괴되었다고 여겨진다. 그러나 기존 취락의 붕괴 현상은 이미 후한 초부터 크게 두드러진다. 필자는 왕망 시기와 후한에 접어들면서 자연 촌락이 출현하기 시작했음을 지적한 바 있다.[66] 즉 전한 말에 본격화된 대토지 소유로 말미암아 생업의 기반을 잃어버린 농민들이 왕망의 경제 개혁 실패를 겪으면서 집단적인 이산 현상을 보였고, 새로운 삶의 터전을 찾아 떠난 이 집단 이주민들로 인해 새롭게 자연 촌락들이 생겨난 것이다. 전한 시기까지만 해도 국가는 집단 이주를 극히 제한했지만 후한 장제(章帝) 때에 와서는 새로운 지역으로의 이주를 인정하게 되었는데, 이 또한 이미 국가 권력이 농민의 이산을 막을 수 없는 형편이 되었음[67]을 알려준다.

이러한 집단 이산은 곧 새로운 형태의 취락을 탄생시켰다. 전한 시기에는 거의 보이지 않았던 명칭인 '취(聚)'가 전한 말기에 윤만 한간에서 보이기 시작했고,[68] 후한 때는 이 취가 현성에서 멀리 떨어진 곳에 위치한 새로운 취락을 일컫는 명칭으로 사용되기 시작했다.[69] 또 '오(塢)'도 '취'와 함께 후한대에 급격히 많아진 취

---

66) 김병준, 〈後漢時代 里父老와 國家權力〉, 35~37쪽.

67) 《後漢書》 권3 章帝紀 元和元年 2月條.

68) 連雲港市博物館 等編, 《尹灣漢墓簡牘》(北京 : 中華書局, 1997), 〈集簿〉 : "鄉百七十, 聚百六, 里二千五百卅四, 正二千五百卅二人." 이 구절은 향(鄉), 취(聚), 이(里)의 순서로 각각의 수를 기록하고 있는데, 현(후국, 읍)-향-이라는 체계에서 현(후국, 읍)-향-취-이라는 체계로 일정한 변화가 나타났음에 주목할 필요가 있다. 물론 아직 '취' 자를 어떻게 읽을 것인지를 놓고 논란이 있지만, 향과 이 사이에 또 하나의 행정 단위가 개입된 것은 사실이며, 그 행정 단위에 가장 적합한 것으로는 현재로서는 취밖에 없다. 우선 취는 전한 말기까지 취락의 단위로서 사서(史書)에 한두 번 언급되기는 했다. 《한서(漢書)》 권63 여태자전(戾太子傳)에는 "호문향(湖閶鄉) 사리취(邪里聚)"라는 구절이 나오는데, 이것이 이와 어떤 관계인지는 분명하지 않으나 호문향의 하급 단위임은 분명하다. 윤만 한간 단계에 와서 군(郡)의 행정 보고에 기입될 정도가 되었다는 것은 곧 그 수가 많아졌다는 것을 의미한다.

69) 齊濤, 《魏晋隋唐鄉村社會研究》(済南 : 山東人民出版社, 1995). 《논형(論衡)》 서허편(書虛篇)에는 "향정취리(鄉亭聚里)에 모두 이름이 있다"라는 구절이 있는데, 여기서도 역시 '향'과 '이' 사이에 '취'가 들어가 있음을

락 형태인데, 방위 시설이 갖추어진 성채나 요새를 의미한다. '오'와 '취'는 주로 '현계(縣界)'와 같이 기존의 현성에서 매우 멀리 떨어진 곳에 세워지곤 했다.[70] 자연 취락의 의미가 강한 '구(丘)'[71]도 현 내의 독립적 취락 명칭으로 '취', '이(里)', '성(城)' 등과 병렬되어 나타난다.[72] 주마루(走馬樓) 오간(吳簡)의 전가별(田家莂)에서는 납세자의 소속을 가리키는 행정 단위로 '향(鄕)'이나 '이'가 아니라 '구'가 사용되고 있는데,[73] 주마루 오간의 소형 죽간(竹簡)에 나오는 이명(里名)이 이 구명(丘名)과 일치하지 않는 점으로 미루어 '구'는 기존의 '이'와는 다른 별개의 새로운 자연 취락이었다고 생각된다.[74] 호족들의 장원이 기존 현성과는 거리가 떨어진 곳에 형성되어 자급자족적 형태로 성장했는데,[75] 이산한 빈민들은 결국 이러한 호족 중심의 취락으로 결집되기 마련이었다. 이상과 같은 사례들은 모두 후한 시대에 기존의 취락에서 벗어난 새로운 취락이 형성되었음을 의미한다고 하겠다.[76] 나아가 이러한 경향은 위진남북조 시기의 '촌(村)'의 형성으로 이어지게 되는 것이다. 위진남북조 시기에 지속적인 전란으로 많은 유민이 발생했고, 이들이 본래의 향리를 떠나 현성에서 수십 리 떨어진 곳에 '촌'이라고 불리는 취락을 형성했다는 것은 주지의 사실이다.[77] 하지만 전란이라는 외부적 요인을 크게 강조한 나머지 '촌'의 형성을 위진 시기 이후로 잡고, 후한 시대에 등장한 새로운 취락 형태들에 대해서는 '촌'의 전신이라고만 해석했던 것은, 새로운 취락 형태의 출현에

확인할 수 있다.

70) 《後漢書》 권77 酷吏傳 李章條.

71) 《說文解字》: "구(丘)는 지형이 높은 곳이고, 사람이 만든 것이 아니다."

72) 《後漢書》 志19 郡國志: "하남윤(河南尹) 성역현(成皋縣)에 병구취(甁丘聚)가 있다"; "하내군(河內郡) 평역현(平臯縣)에 형구(邢丘)가 있다"; "홍농군(弘農郡) 홍농현(弘農縣)에 도구취(桃丘聚)가 있다" 등.

73) 長沙市文物考古研究所·中國文物研究所·北京大學歷史學系走馬樓簡牘整理組 編著, 《長沙走馬樓三國吳簡·嘉禾吏民田家莂》(北京 : 文物出版社, 1999).

74) 宋超, 〈長沙走馬樓吳簡中的"丘"與"里"〉, 長沙市文物考古研究所 編, 《長沙三國吳簡暨百年來簡帛發現與研究國際學術研討會論文集》(北京 : 中華書局, 2005).

75) 宇都宮清吉, 〈僮約研究〉, 《漢代社會經濟史研究》(東京 : 弘文堂, 1955).

76) 堀敏一, 〈魏晋南北朝時代の〈村〉をめぐって〉, 堀敏一, 《中國古代の家と集落》.

77) 宮川尚志, 〈六朝時代の村について〉, 宮川尚志, 《六朝史研究 政治·社會篇》(東京 : 日本學術振興會, 1956).

주목하면서도 그것이 미미한 개별적 현상에 그쳤을 것이라고 본 탓이다. 그러나 전란이 격화되는 위진 시기 이후에 농민의 이산이 두드러진 것으로 쓰여 있는 문헌 자료와 달리, 이미 후한 시기부터 새로운 취락이 상당한 비율을 차지할 정도로 이산이 주된 현상이 되었다는 것이 본고의 분석을 통해 드러났으므로 이제는 '촌'을 이해하는 데도 후한 시기의 상황을 더욱 적극적으로 평가해야 할 것이다.

요컨대 후한 시대에 현성과 무덤 간 거리가 현격히 멀어진 것은 곧 후한 시대부터 시작된 새로운 취락 형태의 출현과 관련이 있다. 후한 초의 현 폐기 조치의 영향을 배제할 수는 없지만, 더 실제적으로 영향을 미친 것은 '취(聚)', '오(塢)', '구(丘)' 등 여러 가지 명칭으로 불린 취락들이 기존의 현성 주변이 아니라 현계와 같이 매우 멀리 떨어진 곳에 새롭게 형성된 것이었다. 본고의 분석 결과 현성으로부터 수십 킬로미터나 떨어진 무덤 즉 취락이 다수 확인되는 사실은 이렇게밖에 해석할 수 없다.

이처럼 기존 현성에서 멀리 떨어진 지역에 새로운 취락이 형성되었다면, 이러한 취락에 침투하는 국가 권력은 현성 주변 취락에 침투하는 국가 권력과는 강도가 같지 않았을 것이다. 후한 시대에도 여전히 현성 내부와 주변에 취락이 분포해 있었고, 이들 취락에 대해서는 전한 시대와 동일한 율령 지배가 이루어졌을 테지만, 현성에서 멀리 떨어진 곳에 호족들이 세운 오벽(塢壁) 등의 신생 취락에 대해서도 기존의 율령 시행이 관철되었을지는 의문이다. 바로 이 점에서 후한 시대에는 지방 통치 상황이 전한 시대와 달랐다고 필자는 생각한다. 후한은 기본적으로 전한의 율령을 계승했고, 또 이 율령의 이념에 따라 전한과 마찬가지로 소농민을 통치하겠다는 의지를 피력했다. 그러나 이러한 율령 지배의 대상이 되는 장소의 일부가 현성이라는 정치적 중심지에서 벗어나 있었다면 기존의 통치 방법을 그대로 유지하는 데 적지 않은 문제가 따르기 마련이었다. 후한 왕조는 전한과는 다른 상황에 직면했던 셈인데, 이를 극복하기 위해서는 현성 주변의 취락을 기존 율령에 따라 지배하는 것과는 별도로, 현성에서 먼 곳에 분포하는 취락에서 국가 권력을 유지할 새로운 방법을 강구해야 했다.[78]

4. 결론

본고는 현 내의 거주 공간의 위치에 따라 율령 지배의 시행 방식에도 차이가 있었을 것이라는 문제의식에서 출발했다. 국가 권력의 지방 거점이라고 할 수 있는 현성의 내부나 인접 지역에 위치한 취락과 현성에서 멀리 떨어진 취락 사이에는 국가 권력이 미치는 정도에서 차이가 있었을 것이며, 이러한 차이는 특정한 한 시점의 지역적 차이이기도 했지만 시대의 변천에 따라서도 다양한 양상을 보였다.

필자는 전한과 후한의 통치 방식에서 확인되는 일정한 변화가 단지 국가 권력의 강약이나 정권의 성격에서[79] 비롯되지 않고 취락 분포 형태의 변화에서 비롯되었다는 것을 한대의 무덤 자료를 중심으로 추적해보았다. 즉 본고에서는 무덤의 위치가 취락의 위치와 거의 일치한다는 전제하에 무덤의 분포를 통해 취락의 분포를 추적해보았다. 필자는 기존의 모든 발굴 보고서와 자료를 동원했으며, 또 필자가 직접 실측한 경위도 좌표를 이용해 현성과 무덤의 거리를 가능한 한 정확하게 산출해보았다. 그 결과 전한 시대에는 대부분의 무덤이 현성 주변에 위치하고 있었음을 확인했다. 이는 소농민 역시 현성 내부나 현성 인접 지역에 집중적으로 거주하고 있었음을 의미한다. 이러한 구조는 전한 시대까지 국가의 제민 지배 체제가 관철될 수 있었던 중요한 기반이었다. 한편 후한 시대에는 무덤이 현성에서 매우 멀리 떨어진 곳까지 넓은 범위에 걸쳐 불규칙하게 분포해 있었다. 이는 후한의 각종 사회 혼란에 따른 집단 이산, 호족들의 장원 건설 등으로 말미암아 후한 시대에는 현성에서 멀리 떨어진 곳에 새로운 취락이 형성되어 분포해 있었음을 의미한다. 따라서 후한 시대에는 전한 시대에 비해 국가 권력이 취락에 침투하기

---

78) 후한 시대에 자연 촌락의 증가로 인해 이부로(里父老)에게 과세의 의무 등이 부과되기 시작한 것도 이러한 맥락에서 이해할 수 있다. 김병준, 〈後漢時代 里父老와 國家權力〉 참조.

79) 예컨대 후한 왕조가 호족 연합 정권이기 때문에 호족의 성장에 비교적 관대했다는 지적이 있다. 이에 대해서는 많은 반론과 재반론이 이어졌지만, 결국 정권의 성격과 국가 정책을 연결시킨 점에서는 모든 견해가 유사하다. 楊聯陞, 〈東漢的豪族〉, 《清華學報》 11-4(1936) ; 西島定生, 〈古代國家の勸力構造〉, 《中國古代國家と東アジア世界》(東京 : 東京大學出版會, 1983) ; 渡邊義浩, 〈官僚〉, 《後漢國家の支配と儒教》(東京 : 雄山閣, 1995) 등 참조.

가 어려웠다. 물론 후한 시대에도 전한 시대의 취락처럼 현성 근처에 분포한 취락이 절반에 가까웠던 만큼 이러한 취락들을 중심으로 기본적인 지배 체제는 계속 유지되었다. 그러나 후한 시대에 접어들면서 전한 시대와는 달리 국가가 기존의 제민 지배 체제를 관철하는 데 일정한 한계에 부딪히게 되고 그리하여 새로운 지배 형태를 모색하게 되었는데, 그 원인은 기본적으로 이런 취락 분포의 변화에서 찾을 수 있다고 필자는 생각한다. 한편, 취락 분포 상황만으로는 한대의 취락이 자연촌이었는지 행정촌이었는지를 판단할 수 없지만, 취락이 현성 가까이에 집중돼 있는 것은 국가 권력의 인위적 편성 없이는 불가능한 일이므로 전한 시대의 취락 및 후한 시대의 상당수 취락은 행정촌의 성격이 강했을 것이고, 현성에서 멀리 떨어진 후한 시대의 신생 취락은 자연촌의 성격이 강했을 것이라고 생각된다.

한 가지 덧붙여둘 것은 본문에서 밝힌 대로 여러 가지 통계상의 오차가 있을 수 있다는 점이다. 실제로는 취락과 무덤이 정확히 일치하는 것이 아니라 취락과 무덤 사이에 거리가 존재한다는 점, 또 지피에스 실측의 어려움으로 인해 보고서가 제시하는 위치 정보와《중국 역사 지도집》을 이용할 수밖에 없었던 점이 이러한 오차를 만들어내며, 또한 거리 산출 과정에서도 개별적 오차가 발생할 수 있다. 그러므로 본고에서 제시된 거리 데이터는 앞으로 정확한 실측에 기초해 교정되어야 한다. 다만 본고에서는 여러 지역에 걸쳐 많은 무덤을 이용한 대량 분석을 통해 개별적 오차를 어느 정도 해결할 수 있었다고 생각되며, 또한 예상할 수 있는 각종 오차 가능성을 줄이기 위해 여러 방식의 분석을 실시해 모두 동일한 결과를 얻었다. 따라서 본고는 개별 무덤과 현성 간 거리에서 오류를 범했을 수는 있지만 전체적인 결과에 있어서는 별다른 문제가 없다고 본다.

마지막으로, 본고에서 얻은 결과는 몇 가지 중요한 작업을 과제로 남겨놓고 있음을 지적하고 싶다. 우선 본문에서는 각 성들 간에 취락 분포의 차이가 있을 가능성을 지적했는데, 앞으로는 성 대신 한대의 행정 구역인 군(郡)을 기준으로 삼아 내군(內郡)과 외군(外郡)의 취락 분포 차이를 추적해볼 수도 있을 것이고, 나아가 지형별로도 그러한 차이를 추적해볼 수 있을 것이다. 본고는 전한과 후한의 차이를 지적하는 데 그쳤지만, 그럼에도 이것은 지역별 차이를 이해하는 데 중요한 열쇠가 될 것이다. 또한 본고는 전한 시기에도 현성에서 멀리 떨어진 예외적인 무덤이 있었음을 인정했고, 후한 시기에는 현성에서 가까운 무덤과 현성에서 수십 킬로미터나 떨어진 무덤이 병존했음을 지적했는데, 각 무덤의 부장품과 규모와 구조에 대한 비교 분석을 통해 무덤 위치에 따른 이 요소들의 차이가 확인된다면 본고의 결론은 더욱 설득력을 얻게 될 것이다. 나아가 이러한 작업들은 기존 한묘에 대한 새로운 고고학 연구 방법론을 가져올 것으로 기대된다.

〈별표 1〉 지피에스 실측 경위도 좌표

	유적명	X좌표[80]	Y좌표	비고
1	제남대관원(濟南大觀園)	116.9917833	36.657552	산동성 R_73
2	제남시민자건(濟南市閔子騫)	117.068055	36.673192	산동성 R_66
3	제남경기모현(서)〔濟南輕騎模縣(西)〕	117.08071	36.68094	*[81]
4	제남경기모현〔동(東)〕	117.083405	36.6761083	*
5	장구전광묘지(章丘電廣墓地) A	117.401963	36.723916	*
6	장구전광묘지 B	117.401963	36.723991	*
7	장구낙장한묘(章丘落莊漢墓)	117.457138	36.744502	산동성 R_71
8	장구보집진한묘(화상석묘)〔章丘普集鎭漢墓(畵像石墓)〕	117.634711	36.703661	산동성 R_76
9	장구보집진한묘〔소형묘小型墓〕	117.635072	36.703188	*
10	효현 무덤(猇縣 墓葬) A	117.539841	36.885213	*
11	효현 무덤 B	117.539841	36.885213	*
12	효현 무덤 C	117.539841	36.886186	*
13	여낭산(서파)〔女娘山(西坡)〕	117.482586	36.821011	산동성 R_104
14	여낭산〔남파(南坡)〕	117.489752	36.818955	산동성 R_104
15	여낭산〔동파(東坡)〕	117.495833	36.830069	산동성 R_104
16	대각사한묘(大覺寺漢墓) M2	116.643441	36.499619	산동성 R_64
17	대각사한묘 M1	116.654775	36.498008	산동성 R_64
18	고장고총(高莊古塚)	116.6591	36.503063	산동성 R_124
19	귀남한묘(歸南漢墓)	116.658247	36.493894	산동성 R_125
20	쌍유산(雙乳山) M2	116.6398	36.44275	산동성 R_57
21	효당산(孝堂山) 1호	116.60288	36.395827	산동성 R_108
22	효당산 2호	116.602963	36.395827	산동성 R_108
23	효당산 3호	116.60288	36.395855	산동성 R_108
24	효당산 4호	116.602908	36.395855	산동성 R_108
25	소범장(동남)〔小范莊(東南)〕	116.8291	36.57293	산동성 R_106
26	소범장〔서남(西南)〕	116.826627	36.571152	산동성 R_106
27	소범장〔북경계(北境界)〕	116.828155	36.574458	산동성 R_106
28	평음맹(平陰孟) M1	116.287316	36.160219	산동성 R_65
29	평음정묘(平陰井墓)	116.290038	36.159302	*

80) 도분초DMS 방식 대신 도Degree 방식으로 표시했다.

81) * 표시는 발굴은 되었으나 보고되지 않은 무덤 등을 가리킨다. 이 경우에는 장구시(章丘市)와 평음현(平陰縣)의 박물관장이 전한 말을 근거로 필자가 실측한 지피에스 좌표를 제시했다.

	유적명	X좌표	Y좌표	비고
30	평음도묘(平陰盜墓)	116.295983	36.159719*	*
31	동아진서산촌한묘군(서남) 〔東阿鎭西山村漢墓群(西南)〕	116.250925	36.682833	*
32	동아진서산촌한묘군〔동남(東南)〕	116.259452	36.158247	*
33	평음신둔(平陰新屯) M1	116.338822	36.2287	산동성 R_99
34	평음신둔 M2	116.338933	36.2287	산동성 R_99
35	제남무영산한묘(濟南武影山漢墓)	116.9722	36.682833	산동성 R_113
36	제남랍산(濟南臘山)	116.91283	36.632744	산동성 R_67
37	제남청룡산(濟南靑龍山)	116.954836	36.612491	산동성 R_25
38	황토애(黃土崖)	117.387936	36.676244	산동성 R_52
39	위산한묘(주묘실정상)〔危山漢墓(主墓室頂上)〕	117.426911	36.6551861	산동성 R_116
40	위산한묘(배장갱 1호(陪葬坑1號))	117.428883	36.66213	산동성 R_116
41	위산한묘〔배장갱 2호〕	117.4288	36.66213	산동성 R_116
42	위산한묘〔배장갱 3호〕	117.4288	36.662075	산동성 R_116
43	성양한묘군(城陽漢墓群)	120.361388	36.313611	산동성 R_60
44	수광소부둔묘군(壽光蘇埠屯墓群)	118.652222	36.74	산동성 R_2
45	임치신점구무덤(臨淄辛店區墓群)	118.3012	36.8196	산동성 R_26
46	치박장점구무덤(淄博張店區墓群)	118.0926	36.7904	산동성 R_100
47	제령사범전과무덤(齊寧師範專科墓葬)	116.59	35.415277	산동성 R_49
48	제령반묘한무덤(齊寧潘廟漢墓葬)	116.4925	35.444166	산동성 R_48
49	동평릉(남)〔東平陵(南)〕	117.391352	36.735586	산동성 현성
50	동평릉〔동남(東南)〕	117.396102	36.735502	산동성 현성
51	동평릉〔동북(東北)〕	117.396158	36.753422	산동성 현성
52	동평릉〔서북(西北)〕	117.374102	36.753227	산동성 현성
53	토고(土鼓)	117.546675	36.717663	산동성 현성
54	효현(狘縣) A	117.475086	36.881491	산동성 현성
55	효현 B	117.466113	36.886547	산동성 현성
56	양구(陽丘)	117.482641	36.845513	산동성 현성
57	노고성(성내)〔盧古城(城內)〕	116.643969	36.510813	산동성 현성
58	노고성〔남(南)〕	116.645136	36.50973	산동성 현성
59	임치제성(서남)〔臨淄齊城(西南)〕	118.3289	36.8476	산동성 현성
60	성양부기성지(城陽不其城址)	120.368055	36.305555	산동성 현성

참고문헌

신성곤, 〈魏晉南北朝時期 吏役之戶의 등장배경〉, 서울대학교 동양사학연구실 엮음, 《分裂과 統合―中國 中世의 諸相》(지식산업사, 1998)

이성구, 〈春秋戰國時代의 國家와 社會〉, 《講座 中國史》 1 (지식산업사, 1989)

이성규, 《中國古代帝國成立史研究―秦國齊民支配體制의 形成》(일조각, 1984)

連雲港市博物館 等編, 《尹灣漢墓簡牘》(北京：中華書局, 1997)

連雲港市博物館·中國社會科學院簡帛研究中心·東海縣博物館·中國文物研究所, 《尹灣漢簡簡牘》(北京：中華書局, 1997)

劉慶柱·李毓芳, 《漢長安城》(北京：文物出版社, 2003)

劉瑞, 〈西漢諸侯王陵墓制度〉, 《漢代考古與漢文化國際學術研討會論文集》(章丘, 2004)

李如森, 《漢代喪俗禮俗》(沈陽：沈陽出版社, 2003)

張家山二四七號漢墓竹簡整理小組, 《張家山漢墓竹簡》(北京：文物出版社, 2001)

長沙市文物考古研究所·中國文物研究所·北京大學歷史學系走馬樓簡牘整理組 編著, 《長沙走馬樓三國吳簡·嘉禾吏民田家莂》(北京：文物出版社, 1999)

鄭岩, 〈一千八百年前的畫殿：陝西旬邑百子村東漢壁畫墓細讀〉, 《漢代考古與漢文化國際學術研討會論文集》(章丘, 2004)

齊濤, 《魏晋隋唐鄕村社會研究》(濟南：山東人民出版社, 1995)

賀業鉅, 《中國古代城市規劃史》(北京：中國建築工業出版社, 1996)

江村治樹, 《春秋戰國秦漢時代出土文字資料の研究》(東京：汲古書院, 2000)

堀敏一, 〈魏晉南北朝時代の〈村〉をめぐって〉, 堀敏一, 《中國古代の家と集落》(東京：汲古書院, 1996)

──, 《中國古代の家と集落》(東京：汲古書院, 1996)

宮崎市定, 〈中國における聚落形體の變遷について―邑·國と鄕·亭と村に對する考察〉, 《アジア史論考》(東京：朝日新聞社, 1976)

宮川尚志, 〈六朝時代の村について〉, 宮川尚志, 《六朝史研究 政治·社會篇》(東京：日本學術振興會, 1956)

渡邉義浩, 〈官僚〉, 《後漢國家の支配と儒教》(東京：雄山閣, 1995)

西嶋定生, 〈古代國家の勸力構造〉, 《中國古代國家と東アジア世界》(東京：東京大學出版會, 1983)

宇都宮淸吉, 〈僮約研究〉, 《漢代社會經濟史研究》(東京：弘文堂, 1955)

佐原康夫, 〈漢代の官衙と屬吏〉, 《漢代都市機構の研究》(東京：汲古書院, 2002)

池田雄一, 《中國古代の聚落と地方行政》(東京：汲古書院, 2002)

平勢隆郎, 《中國の歷史 2, 都市國家から中華へ》(東京：講談社, 2005)

黃曉芬, 《中國古代葬制の傳統と變革》(東京：勉誠出版社, 2000)

김병준, 〈前漢列侯徙封考〉, 《古代中國의 理解》 4(1998)

──, 〈漢代 太守府 屬吏組織의 變化와 그 性格〉, 《古代中國의 理解》 3(1997)

──, 〈漢代墓葬分布與縣城的位置關係〉, 《漢代考古與漢文化國際學術硏討會論文集》(章丘, 2004)

──, 〈後漢 法律家의 活動과 그 性格〉, 《東洋史學硏究》 30(1989)

──, 〈後漢時代 里父老와 國家權力〉, 《東洋史學硏究》 35(1991)

이성규, 〈戰國時代 國家와 小農民 生活〉, 《古代中國의 理解》 1(1994)

──, 〈前漢末 郡屬吏의 宿所와 旅行─尹灣漢簡 〈元延二年日記〉 分析〉, 《慶北史學》 21(1998)

──, 〈秦의 地方行政組織과 그 性格─縣의 組織과 그 機能을 中心으로〉, 《東洋史學硏究》 31(1989)

楊聯陞, 〈東漢的豪族〉, 《淸華學報》 11-4(1936)

濟寧地區文物組·嘉祥縣文管所, 〈山東嘉祥末山1980年出土的漢畵像石〉, 《文物》 1982-5

谷豊信, 〈中國古代의 紀年塼〉, 《東京國立博物館紀要》 제34호(1999)

〈별표 2〉 전한 시대 산동성 1차 분석

거리	수량
0~0.5	1,703
0.5~1	1
1~1.5	9
1.5~2	4
2~2.5	18
2.5~3	365
3~3.5	2
3.5~4	84
4~4.5	15
4.5~5	48
5~5.5	2
5.5~6	133
6~6.5	2
6.5~7	30
7~7.5	22
7.5~8	8
8~8.5	30
8.5~9	15
9.5~10	1
11~11.5	8
12.5~13	1
13~13.5	45
13.5~14	2
14.5~15	1
22.5~23	1

〈별표 3〉 후한 시대 산동성 1차 분석

거리	수량
0~0.5	5
0.5~1	6
1~1.5	5
2.5~3	53
3~3.5	10
3.5~4	21
4~4.5	1
5~5.5	2
5.5~6	130
6~6.5	1
7~7.5	1
7.5~8	2
8~8.5	4
8.5~9	39
9.5~10	2
10~10.5	3
10.5~11	1
11.5~12	1
12~12.5	5
13~13.5	6
13.5~14	3
14~14.5	3
15~15.5	2
15.5~16	1
16.5~17	1
17~17.5	1
17.5~18	1
18.5~19	1
20~20.5	1
23.5~24	2
25~25.5	1
27.5~28	1
36~36.5	1

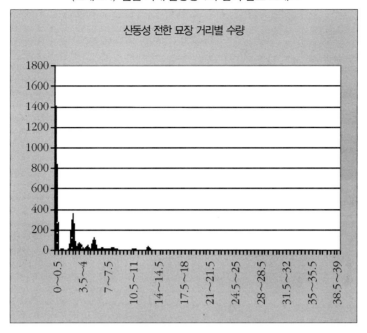

〈그래프 1〉 전한 시대 산동성 1차 분석 분포 그래프

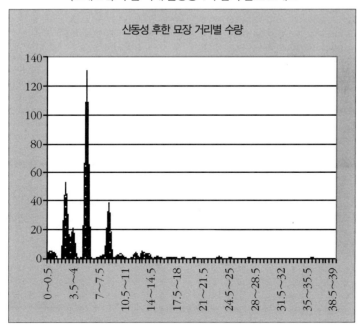

〈그래프 2〉 후한 시대 산동성 1차 분석 분포 그래프

〈별표 4〉 전한 시대 산동성 2차 분석

거리	수량
0~0.5	3
0.5~1	3
1~1.5	2
1.5~2	3
2~2.5	1
2.5~3	4
3~3.5	1
3.5~4	1
4~4.5	2
4.5~5	1
5~5.5	2
6~6.5	1
6.5~7	3
7~7.5	3
7.5~8	1
8~8.5	4
8.5~9	3
9.5~10	1
11~11.5	3
12.5~13	1
13~13.5	1
13.5~14	1
14~14.5	1
22.5~23	1

〈별표 5〉 후한 시대 산동성 2차 분석

거리	수량
0~0.5	3
0.5~1	4
1~1.5	4
2.5~3	4
3~3.5	5
3.5~4	2
4~4.5	1
5~5.5	3
5.5~6	4
6~6.5	1
6.5~7	1
7~7.5	1
7.5~8	3
8~8.5	3
8.5~9	1
9.5~10	2
10~10.5	2
10.5~11	1
11.5~12	1
12~12.5	1
13~13.5	3
13.5~14	3
15~15.5	2
16.5~17	1
17~17.5	1
17.5~18	1
18.5~19	1
20~20.5	1
23.5~24	1
25~25.5	1
27.5~28	1

<그래프 3> 전한 시대 산동성 2차 분석 분포 그래프

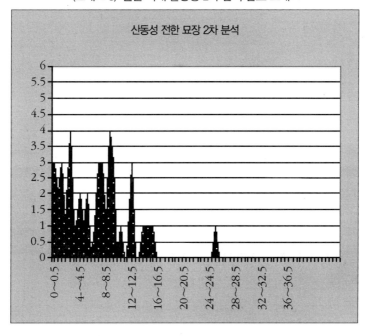

산동성 전한 묘장 2차 분석

<그래프 4> 후한 시대 산동성 2차 분석 분포 그래프

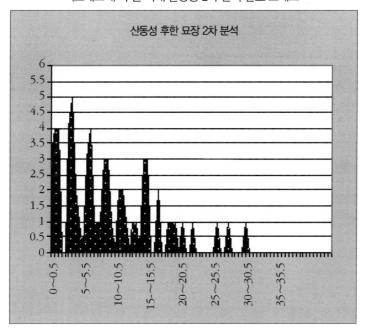

산동성 후한 묘장 2차 분석

<별표 6> 전한 시대 강소성 1차 분석

거리	수량
0~0.5	18
0.5~1	28
1~1.5	1
1.5~2	51
2.5~3	7
3~3.5	1
4.5~5	7
5.5~6	8
6~6.5	9
6.5~7	2
7.5~8	101
9.5~10	18
12~12.5	2
12.5~13	1
14.5~15	3
16.5~17	1
19.5~20	6
25~25.5	3

<별표 7> 후한 시대 강소성 1차 분석

거리	수량
0.5~1	16
1~1.5	7
2~2.5	1
4.5~5	1
5.5~6	1
7.5~8	1
8~8.5	1
9.5~10	7
11.5~12	4
12~12.5	5
13.5~14	1
14.5~15	7
18~18.5	2
19.5~20	6
25~25.5	23
27.5~28	6
29.5~30	1
34.5~35	1

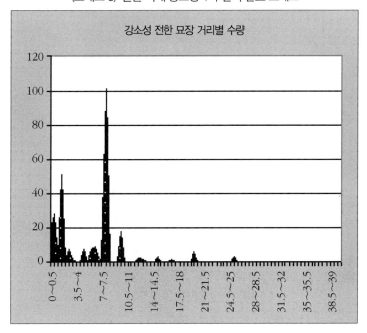

〈그래프 5〉 전한 시대 강소성 1차 분석 분포 그래프

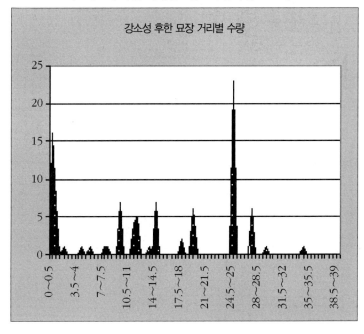

〈그래프 6〉 후한 시대 강소성 1차 분석 분포 그래프

〈별표 8〉 전한 시대 강소성 2차 분석

거리	수량
0~0.5	3
0.5~1	10
1~1.5	1
1.5~2	6
2.5~3	4
3~3.5	1
4~4.5	3
5.5~6	3
6~6.5	1
6.5~7	2
7.5~8	2
9.5~10	10
12~12.5	1
12.5~13	1
14.5~15	2
16.5~17	1
19.5~20	2
25~25.5	1

〈별표 9〉 후한 시대 강소성 2차 분석

거리	수량
0~0.5	
0.5~1	6
1~1.5	1
2~2.5	1
4~4.5	1
5.5~6	1
7.5~8	1
8~8.5	1
9.5~10	5
11.5~12	2
12~12.5	3
13.5~14	1
14.5~15	5
18~18.5	1
19.5~20	3
25~25.5	2
27.5~28	1
29.5~30	1
33.5~34	1
34.5~35	1

<그래프 7> 전한 시대 강소성 2차 분석 분포 그래프

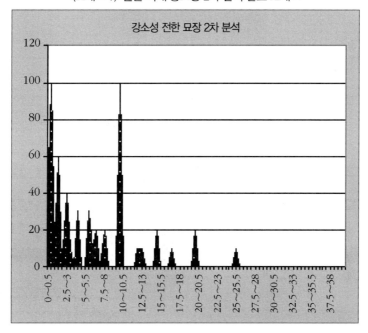

<그래프 8> 후한 시대 강소성 2차 분석 분포 그래프

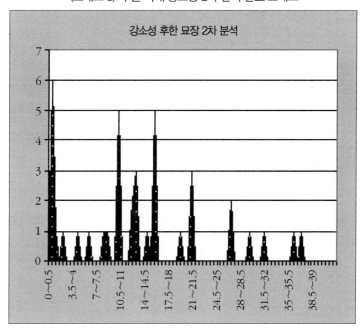

<별표 10> 전한 시대 호북성 1차 분석

거리	수량
0~0.5	22
0.5~1	1
1~1.5	38
2~2.5	74
2.5~3	18
3~3.5	29
3.5~4	4
5~5.5	1
6.5~7	50
8.5~9	8
10~10.5	5
11.5~12	7
13.5~14	1

<별표 11> 후한 시대 호북성 1차 분석

거리	수량
1~1.5	29
2~2.5	24
2.5~3	11
3~3.5	3
3.5~4	6
4~4.5	5
4.5~5	1
5~5.5	6
5.5~6	1
6.5~7	24
8.5~9	6
23.5~24	6
24~24.5	5
26~26.5	1
27.5~28	3

〈그래프 9〉 전한 시대 호북성 1차 분석 분포 그래프

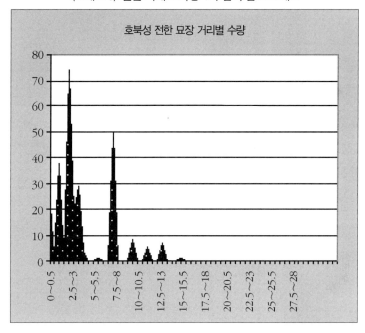

〈그래프 10〉 후한 시대 호북성 1차 분석 분포 그래프

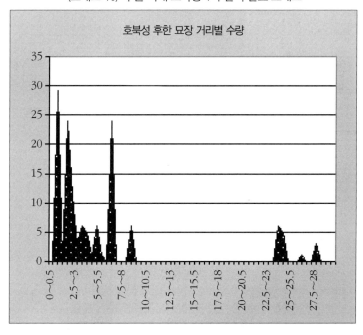

〈별표 12〉 전한 시대 호북성 2차 분석

거리	수량
0~0.5	3
0.5~1	2
1~1.5	3
2~2.5	3
2.5~3	2
3~3.5	6
3.5~4	2
5~5.5	1
6.5~7	3
8.5~9	1
10~10.5	1
11.5~12	1
13.5~14	1

〈별표 13〉 후한 시대 호북성 2차 분석

거리	수량
1~1.5	2
2~2.5	2
2.5~3	4
3.5~4	2
4~4.5	1
4.5~5	1
5~5.5	1
5.5~6	1
6.5~7	4
8.5~9	2
23.5~24	1
24~24.5	4
26~26.5	1
27.5~28	2

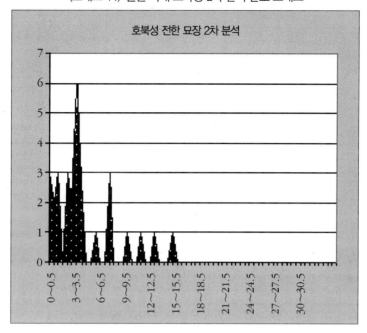

〈그래프 11〉 전한 시대 호북성 2차 분석 분포 그래프

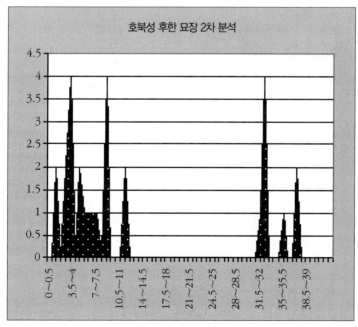

〈그래프 12〉 후한 시대 호북성 2차 분석 분포 그래프

〈별표 14〉 전한 시대 하남성 1차 분석

거리	수량
0~0.5	2
0.5~1	15
1.5~2	233
2~2.5	190
2.5~3	19
3.5~4	261
4~4.5	7
4.5~5	14
5.5~6	42
6~6.5	6
7.5~8	2
8~8.5	8
8.5~9	5
9.5~10	11
10.5~11	10
11~11.5	1
11.5~12	50
13.5~14	1
14.5~15	10

〈별표 15〉 후한 시대 하남성 1차 분석

거리	수량
0~0.5	2
0.5~1	2
1.5~2	27
2~2.5	43
2.5~3	99
3~3.5	1
3.5~4	107
4~4.5	1
4.5~5	5
5.5~6	51
6~6.5	1
7~7.5	5
7.5~8	1
8~8.5	2
8.5~9	1
9.5~10	9
12~12.5	8
12.5~13	2
13.5~14	1
14.5~15	25
15~15.5	1
16.5~17	1
18~18.5	1
19.5~20	2
21.5~22	2
24~24.5	1
24.5~25	1
26.5~27	1
29~29.5	1
62~62.5	23

〈그래프 13〉 전한 시대 하남성 1차 분석 분포 그래프

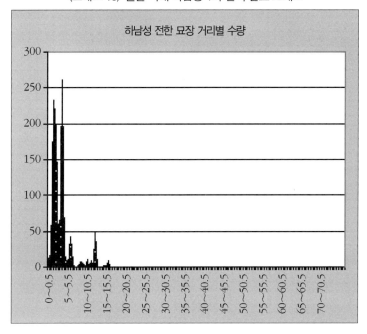

〈그래프 14〉 후한 시대 하남성 1차 분석 분포 그래프

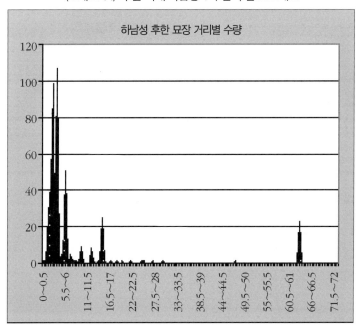

<別표 16> 전한 시대 하남성 2차 분석

거리	수량
0~0.5	1
0.5~1	6
1~1.5	1
1.5~2	9
2~2.5	6
2.5~3	2
3.5~4	7
4~4.5	2
4.5~5	7
5.5~6	3
6~6.5	1
7.5~8	2
8.5~9	1
9.5~10	2
10.5~11	1
11~11.5	1
11.5~12	3
14.5~15	2

<별표 17> 후한 시대 하남성 2차 분석

거리	수량
0~0.5	2
0.5~1	2
1.5~2	7
2~2.5	6
2.5~3	5
3~3.5	1
3.5~4	10
4~4.5	1
4.5~5	4
5.5~6	1
6~6.5	1
7~7.5	5
7.5~8	1
8~8.5	1
8.5~9	1
9.5~10	5
12~12.5	3
12.5~13	2
13.5~14	1
14.5~15	4
15~15.5	1
16.5~17	1
18~18.5	1
19.5~20	1
21.5~22	1
24~24.5	1
24.5~25	1
26.5~27	1
29~29.5	1
46.5~47	1
62~62.5	1

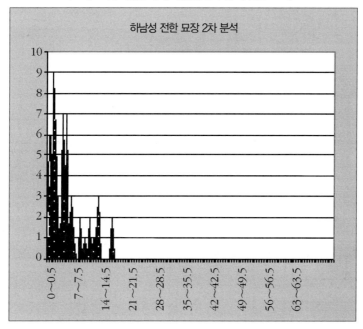

〈그래프 15〉 전한 시대 하남성 2차 분석 분포 그래프

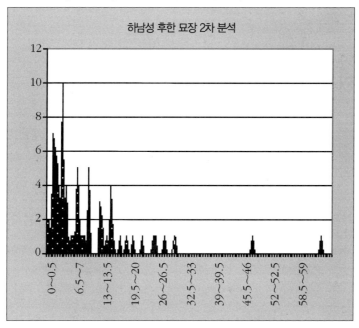

〈그래프 16〉 후한 시대 하남성 2차 분석 분포 그래프

<별표 18> 전한 시대 사천성 1차 분석

거리	수량
0.5~1	7
1~1.5	9
2~2.5	4
3.5~4	21
6~6.5	7
7~7.5	2
7.5~8	19
8.5~9	31
9.5~10	2
11.5~12	8
12.5~13	2
16.5~17	1
19.5~20	10
20.5~21	2
21.5~22	3

<별표 19> 후한 시대 사천성 1차 분석

거리	수량
0~0.5	5
0.5~1	32
1~1.5	69
1.5~2	5
2~2.5	10
2.5~3	31
3~3.5	18
3.5~4	1
5~5.5	1
5.5~6	26
6.5~7	16
7.5~8	3
8.5~9	5
9.5~10	2
10~10.5	2
11.5~12	4
13.5~14	11
17~17.5	1
19.5~20	8
20.5~21	5
21.5~22	3
22.5~23	9
23.5~24	1
24~24.5	2
27.5~28	9
29.5~30	174
34.5~35	1
38~38.5	100
41.5~42	1
52~52.5	1
58.5~59	28
66~66.5	1
69.5~70	1

〈그래프 17〉 전한 시대 사천성 1차 분석 분포 그래프

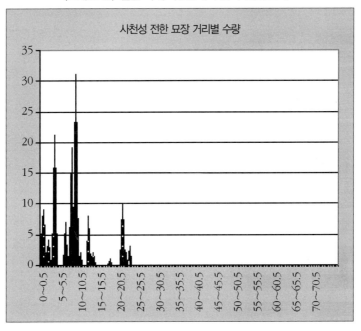

〈그래프 18〉 후한 시대 사천성 1차 분석 분포 그래프

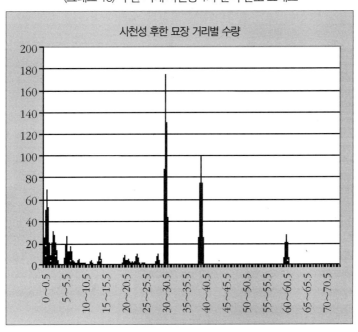

<별표 20> 전한 시대 사천성 2차 분석

거리	수량
0.5~1	2
1~1.5	4
2~2.5	1
3~3.5	1
3.5~4	2
6~6.5	2
7~7.5	1
7.5~8	2
8.5~9	1
9.5~10	1
11.5~12	1
12.5~13	1
16.5~17	1
19.5~20	3
20.5~21	1
21.5~22	1

<별표 21> 후한 시대 사천성 2차 분석

거리	수량
0~0.5	1
0.5~1	7
1~1.5	7
1.5~2	2
2~2.5	2
2.5~3	5
3~3.5	6
3.5~4	1
5~5.5	1
5.5~6	2
6.5~7	5
7.5~8	2
8.5~9	2
9.5~10	2
10~10.5	2
11.5~12	1
13.5~14	3
17~17.5	1
19.5~20	2
20.5~21	3
22.5~23	1
23.5~24	1
24~24.5	1
27.5~28	2
29.5~30	1
34.5~35	1
38~38.5	1
41.5~42	1
52~52.5	1
58.5~59	1
66~66.5	1
69.5~70	1

〈그래프 19〉 전한 시대 사천성 2차 분석 분포 그래프

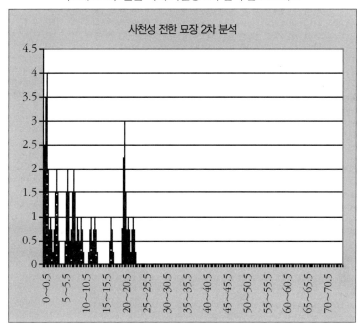

〈그래프 20〉 후한 시대 사천성 2차 분석 분포 그래프

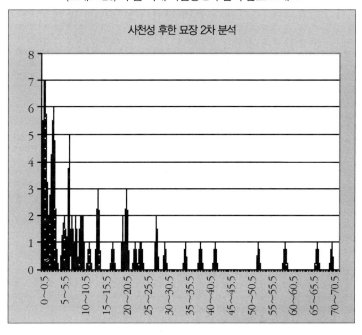

위진남북조 시대 각 왕조의 수도의 선정과 그 의미—낙양(洛陽)과 업도(鄴都)*

박한제**

1. 머리말

필자는 수도의 위치 문제와 관련하여 이미 〈중국 역대 수도의 유형과 사회변화 —'당송변혁(唐宋變革)'을 중심으로〉[1]라는 논문을 발표한 바 있다. 이 논문에서 중국 역사상 통일 시기의 수도를 세 가지 유형으로 정리한 바 있다. 즉 장안형〔長安型, '분지형(盆地型)'〕과 개봉형〔開封型, '평원형(平原型)'〕 그리고 북경형〔北京型, '반분반평형(半盆半平型)'〕이 그것이다. 또 수도의 유형에 따라 중국 역사의 전개 모습이 완전히 달라진다는 가설을 제시하기에 이르렀다.

이 글에서 필자는 분열 시기이고, 또 필자의 전공 분야인 위진남북조(魏晋南北朝) 시대의 수도 문제를 고찰해보고자 한다. 즉 앞선 연구가 통일 시대의 수도 선정 문제와 그 의미를 규명하는 작업이라면, 본 연구는 중국 역사상 분열 시대에

---

* 이 글은 2000년 12월에 《역사학보》 제168집에 실린 같은 제목의 논문을 수정·보완한 것이다.

** 서울대 동양사학과를 졸업하고, 같은 학교 대학원에서 석사 학위와 박사 학위를 받았다. 국민대 국사학과 교수를 거쳐, 현재 서울대 동양사학과 교수로 있다. 《中國中世胡漢體制研究》, 《유라시아 천년을 가다》(공저) 등을 썼고, 논문으로는 〈南北朝末隋初의 過渡期的 士大夫像〉, 〈北魏 洛陽社會와 胡漢體制〉, 〈西魏·北周時代의 胡漢體制의 전개—胡姓再行의 경과와 그 의미〉, 〈中華의 분열과 인근 각국의 대응〉 등 다수의 논문이 있다.

1) 동양사학회 편, 《역사와 도시》(서울대학교출판부, 2000).

있어서의 수도 선정에 대한 것이다. 분열 시대 수도의 선정에는 통일 시대와는 다른 측면에서 그 나름의 고려해야 할 요소들이 있다. 통일 시대에는 전 중국 내에서 수도를 선정했다면, 위진남북조 시대에는 각 왕조의 강역(疆域) 내에서 수도를 선정한다는 면에서 그 차이가 있다. 또 오호(五胡)-북조(北朝) 시대는 호족(胡族) 정권이 중원(中原) 지역을 장악했던 시대였다. 호족 정권의 수도 선정은 한족 왕조와는 다른 측면을 지녔을 것으로 기대된다. 필자는 분열 시대인 동시에 호족 통치기인 위진남북조 시대의 수도 선정 문제를 두고 일어난 쟁론이 어떤 면에서는 중국인의 수도 선정에 관한 기준을 더 적나라하게 드러내줄 것이라고 믿고 있다. 주지하듯이 위진남북조 시대는 수많은 나라가 등장하였다가 사라졌다. 그 모든 왕조의 수도를 모두 본 연구에서 다룰 수는 없는 형편이기 때문에 그 가운데 당시 이 수도 선정 문제를 두고 큰 쟁론이 벌어졌던 낙양(洛陽)과 업(鄴)의 두 지점을 중심으로 이 문제에 접근하려 한다. 그리고 장안(長安)과 낙양, 그리고 건강〔建康, 건업(建業)〕과 무창(武昌) · 형주〔荊州, 강릉(江陵)〕에 대해서는 이후에 다른 글에서 다루려 한다.

2. 낙양과 업도—상극의 400년

도시, 특히 수도란 현실적 사회 질서인 동시에 그들의 이념적 사회 질서이기도 하다. 반고(班固)는 〈서도부(西都賦)〉에서 장안이 수도로서 갖는 장점을 생산을 확보할 비옥한 땅과 방어를 위한 요새 두 가지로 요약하고 있지만,[2] 사실 수도를 선택하고 건설하기 전에 고려해야 할 사항은 적지 않다. 물과 양식의 공급뿐만 아니라 적의 방어에 얼마나 유효한가, 교통은 얼마나 편리한가 등 현실적인 고려가 필

---

2) 《文選》(臺北 : 藝文印書館, 1976) 卷 1 賦甲 京都 上 班孟堅 兩都賦 二首, 22쪽 : "華實之毛 則九州之上腴 防禦之阻 則天地之隩區焉 是故橫被 六合三成."

요하고, 또한 그곳을 수도로 선택, 건설한 사람의 우주관도 관련되지 않을 수 없다.[3]

낙양이 정치 도시로서의 형태를 정비한 것은 이미 서주(西周) 시대이다. 제2대 성왕(成王) 대에 주공(周公) 단(旦)의 조력을 얻어 낙수(洛水) 북측에 성곽을 지었다. 기원전 770년 주 왕조가 동천하자 수도를 호경(鎬京)에서 낙양으로 옮겼다. 그 후 후한(後漢), 삼국의 위(魏), 서진(西晉), 북위(北魏) 등 네 왕조가 이곳에 수도를 정하였고 수당(隋唐) 시대에는 수도였던 서쪽의 장안과 병립하여 배도[陪都, 동도(東都) 혹은 동경(東京)]의 지위에 있었다. 또 오대십국(五代十國) 시대에는 후량(後梁), 후당(後唐)이 여기에 도읍을 두었다. 그래서 낙양은 9개의 왕조의 수도라는 의미로 '구조도(九朝都)'라 칭해진다. 낙양은 이렇게 통일 · 분열 시기를 막론하고 여러 왕조의 수도로 선택되었다. 특히 낙양은 북경이 수도로 등장하기 이전의 통일 왕조 시대에는 장안 혹은 개봉 등과 함께 대표적인 수도 후보지 가운데 하나였다.

후한의 수도였던 낙양은 후한이 멸망하자 수도로서의 지위가 흔들리기 시작했다. 후한 말 새로운 실력자 조조(曹操)는 낙양을 버리고 그 근거지로 허[許, 현재 하남성(河南省) 허창(許昌)]와 그리고 업[하북성(河北省) 임장현(臨漳縣)]을 그 수도로 정했다. 그러나 조조가 죽자 그의 아들 조비(曹丕)는 업에서 낙양으로 도읍을 옮겼다. 그 후 낙양에 수도를 정한 나라는 북위였다.

반면 업은 전국(戰國) 시대 위(魏)의 구도(舊都)라고 하지만 그 역사는 낙양만큼 화려하지는 않았다. 제(齊)나라 환공(桓公)이 업성(鄴城)을 세운 이후 군(郡)의 중심지 이상의 지위를 누려본 적이 없다.[4] 업이 화려한 모습을 나타낸 것은 분열 시대인 위진남북조 시대부터이다.[5] 업[기주(冀州)]은 원래 조조의 숙적 원소(袁紹, ?

---

3) Arthur F. Wright, "Symbolism and Function : Reflections on Changan and Other Great Cities", *J. A. S.*, 24-4(1965), 667~668쪽.

4) 《水經注》(臺北 : 世界書局, 1970) 卷 10 濁漳水, 139쪽 : "(鄴)本齊桓公之所置也. 故管子曰 '築五鹿 中牟 鄴以衛諸夏也.' 後屬晉. 魏文侯七年 始封此地 故曰魏也. 漢高祖十二年 置魏郡治鄴城. 王莽更名魏城 後分魏郡 置東西部都尉. 故曰三魏. 魏武又以郡國之舊."

~202)의 근거지였다. 당시 원소는 유(幽)·기(冀)·청(靑)·병(幷)의 네 주(州)를 장악하고 그 중심을 업에 두었다. 조조는 후한 헌제(獻帝)를 명목적인 황제로서 대접하고 그 위세를 빌려 허[許, 예주(豫州)]에서 연(兗)·예(豫) 2주를 통령하고 있었다. 조조가 원소의 군대를 관도(官渡)의 전투에서 격파하고 업에 도읍을 정한 후에야 업은 이제 화려하게 무대에 등장하게 된 것이다. 이후 십육국(十六國) 시대의 후조(後趙)·염위(冉魏)·전연(前燕)과 북조 시대의 동위(東魏)·북제(北齊)의 수도가 되었으니, '육조고도(六朝古都)'라 지칭된 것은 이런 연유에서다.

업성을 대규모로 경영한 자는 조조였다. 조조가 후한 헌제를 허에다 옹립하고 자신은 업성에 머물러 위왕(魏王)의 도성, 즉 '위도(魏都)'로 만들었다. 소위 '천자를 끼고 제후를 호령한 것(挾天子令諸侯)'이다. 조조는 장수(漳水) 북안(北岸), 한대의 무성(武城)을 그 중심으로 하여 업성을 다시 수축하였다. 성내의 최고 높은 지역에 동작(銅雀)·금호(金虎)·빙정(冰井) 삼대(三臺)를 설치했다. 삼대 내에는 적지 않은 교혈(窖穴)을 구축하여 양식과 소금과 연료를 저장했다. 그곳에서 멀지 않은 곳에 무고(武庫)와 마구(馬廐)가 설치되었다. 후세 '삼대지고(三臺之固)'로 칭송되는 요새가 바로 그것이다. 업성 바깥에 무지(武池)를 만들어 수군대영(水軍大營)으로 하였다. 조조에 의하여 업성은 이런 군사적 요새로서뿐만 아니라, 당시 하북 평원의 중심 도시로서 다시 태어났다. 낙양의 지가(紙價)를 올렸다는 좌사[左思, 자는 태충(太冲)][6]의 〈삼도부(三都賦)〉의 하나인 '위도부(魏都賦)'는 당시 업성의 아름다움뿐만 아니라 지리 형세의 우수함, 농업 생산의 발달, 상공업의 번성 등에 대해서 설명하고 있으니[7] 이는 업성이 단순히 군사·정치 도시만이 아님을 표현한 것이다.

---

5) 《讀史方輿紀要》(臺灣 : 洪氏出版社, 1981 再版) 卷 49 河南 4 彰德府, 2,120쪽 : "禹貢冀州之城 殷河亶甲居相 卽此. 春秋爲晉東陽地. 戰國爲魏之鄴地. 秦爲邯鄲郡地. 漢爲魏郡, 東漢末 冀州徙治焉. 曹魏以受封於此 稱爲鄴都. 晉仍爲魏郡 屬冀州. 後趙石虎前燕慕容儁並都鄴. 魏仍爲魏郡 兼置相州. 東魏都此 改司州. 北齊又都之."

6) 좌사(左思)는 이곳에 최초로 도읍을 정한 조조(曹操)로부터 약 50년 후, 다시 도읍을 정한 후조(後趙)의 석륵(石勒)으로부터 약 50년 전의 서진(西晉) 시기의 문인이다.

7) 《文選》 卷 6 京都 下, 104~105쪽, 〈위도부(魏都賦)〉에서는 당시 업성(鄴城)에 대해, "爾其疆域 則旁及齊秦 結

조비는 헌제로부터 선양(禪讓)을 받아 위(魏)를 세우면서 그 수도를 다시 낙양으로 정하였다. 업성을 '왕업이 일어난 근거지(王業之本基)'라 하여 허창·초(譙)·장안·낙양과 함께 오도(五都)의 하나로 칭하였지만,[8] 위왕 시대의 영화에 견줄 바가 아니었다. 낙양과 업은 그 위치가 다시 전도된 것이다. 위의 황제들은 낙양성의 건치(建治)에만 신경 썼지 업성에 대해서는 별다른 관심을 쏟지 않았다. 특히 3대 명제(明帝, 226~239년 재위)는 낭비가로서 유명한데, 그는 오(吳)와 촉(蜀)의 연합군이 국경으로 밀려오는데도 그 방어를 대장군(大將軍) 사마의(司馬懿)에게 맡기고 오로지 수도 낙양의 건치, 그 가운데 특히 궁전 건설에 국가의 거의 모든 힘을 기울였다.[9] 화려하기로 유명한 태극전(太極殿)·소양전(昭陽殿) 등의 궁전이 이때 조영되었다. 이런 수도 건설로 민중은 점차 불만을 가지게 되었고, 반면 사마의는 공손씨(公孫氏) 정권을 붕괴시키고 천하의 여망을 얻어가고 있는데도 명제는 낙양 꾸미기에 바빴던 것이다.

이런 과정에서 사마소(司馬昭)는 263년 촉을 멸하고 봉읍(封邑) 20군(郡)을 가진 진왕(晉王)이 된다. 결국 그의 장자 사마염[司馬炎, 무제(武帝)]이 그가 잠시 황제로 세웠던 원제(元帝)에게서 제위를 선양받아 서진을 수립한다. 조위(曹魏)의 마지막 황제 원제는 선양 후 진류왕(陳留王)으로 격하되어 낙양성 서북의 독립 성곽인 금용성(金墉城)에서 잠시 지내다가 드디어 조위 정권의 발상지인 업성으로 이동하여 생애를 마감한다. ·

서진 시대에 들어서도 업은 주목받지 못했다. 업은 서진 이전에는 기주(冀州)의

湊冀道 開胸殷衛 跨躡燕趙. 山林幽峽 川澤迴繚"라고 지리 형세의 우수함을 말하였고, "西門漑其前 史起灌其後 塍流十二 同源異口. 畜爲屯雲 泄爲行雨. 水澍粳徐 陸蒔稷黍 勤勤桑柘 油油麻苧均田畫疇 蕃廬錯列 姜芋充茂 桃李蔭翳"라고 농업 발전상을, "廓三市而開塵 籍平逵而九達 班列肆而兼羅 設闤闠以襟帶. 濟有無之常偏 距日中而畢會. 抗旗亭之嶢薛 侈所翫之博大"라고 상공업의 번성함을 읊었다.

8) 《水經注》卷 10 濁漳水, 138쪽: "魏因漢祚 復都洛陽 以譙爲先人本國 許昌爲漢之所居 長安爲西京之遺迹 鄴爲王業之本基 故號五都也."

9) 《三國志》[이하 중국 정사(正史)는 모두 북경(北京) 중화서국(中華書局)의 표점교감본(標點校勘本)을 사용하였다] 卷 25 魏書 高堂隆傳, 712쪽: "百役繁興 作者萬數 公卿以下至于學生 莫不展力 帝乃躬自掘土以率之."

관할이었다. 서진 말 동란으로 업성은 다시 완전히 파괴되었다. 업성을 다시 회복시킨 것은 석씨(石氏)의 후조였다. 업성이 다시 도성(都城)으로 선택된 것은 후조의 석호(石虎) 시대이지만 이미 석륵(石勒)이 동진(東晉)으로 진공(進攻)하는 것보다 업을 쟁취·확보하는 것이 더 중요하다는 모사 장빈(張賓)의 건의를 받아들여 업성을 그 세력 확대의 거점으로 삼으려 했다.[10] 석륵은 업성에 거점을 두고 유주(幽州)의 왕준(王浚)과 병주(幷州)의 유곤(劉琨)을 치려는 계획을 세웠으나 당시 업성에는 유곤의 조카(兄子)인 유연(劉演)이 '삼대지험(三臺之險)'에 의지하여 지키고 있었다. 장빈은 무리하게 업성에 매달리기보다 조국(趙國)의 구도(舊都)인 양국(襄國)이나 감단(邯鄲) 가운데 하나를 택할 것을 건의하였다. 석륵은 마침내 312년 양국을 국도로 하였다.[11] 그러나 석륵은 업성을 국도로 정하려는 의지를 거두어들이지 않았다.[12] 313년 석호는 업의 삼대를 공격하여 붕괴시키기 위해, 또한 석륵은 업성에 궁전을 짓기 위해 세자 석홍(石弘)을 업성에 주둔시키고 '금병(禁兵) 만 명을 배치하고 거기장군(車騎將軍)이 통솔하는 54개의 군영을 모두 그곳에 주둔시켰다(配禁兵萬人 車騎所統五十四營悉配之)' 후에 업궁(鄴宮) 경영을 잠시 중단하였지만 다시 소부(少府) 임왕(任汪)과 도수사자(都水使者) 장점(張漸) 등에게 업궁을 감영시켰다.[13] 얼마 있다가 석륵은 또 낙양으로 도읍을 옮기려고 했으나 죽음으로 이를 실현하지 못하였다.[14]

석호가 들어서자 그가 장기간 진수(鎭守)한 곳이 업성이었고[15] 또 양국은 석륵의 아들 석홍의 세력이 있는 곳이라 즉위 후 바로 업성으로 도읍을 옮기면서 업은

---

10) 《讀史方輿紀要》卷 49 彰德府, 2,121쪽: "晉永嘉末 張賓謂石勒曰 鄴有三臺之固 西接平陽 山河四塞 宜北徙據之以經營河北 勒遂引兵渡河. 其後石虎自襄國徙都鄴."

11) 《晉書》卷 104 石勒載記 上, 2,717쪽.

12) 《晉書》卷 105 石勒載記 下, 2,748쪽: "時大雨霖 中山西北暴水……勒大悅 謂公卿曰 '諸卿知不? 此非爲災也 天意欲吾營鄴都耳.'"

13) 《晉書》卷 105 石勒載記, 2,748쪽.

14) 《晉書》卷 105 石勒載記 下, 2,748~2,749쪽: "勒以成周土中 漢晉舊京 復欲有移都之意 乃命洛陽爲南都 置行臺 治書侍御史于洛陽."

15) 《晉書》卷 104 石勒載記 上, 2,720쪽: "勒以石季龍爲魏郡太守 鎭鄴三臺 季龍篡奪之萌兆于此矣."

활기를 되찾는다. 그와 함께 낙양에 있는 종거(鍾虡)·구룡(九龍)·옹중(翁中)·동타(銅駝)·비렴(飛廉) 등을 업으로 옮긴다.[16] 업도(鄴都)의 수도로서의 권위를 분식하기 위해 낙양을 희생시킨 것이다. 석호는 물론 업도와 함께 양국, 그리고 낙양·장안 등에도 신경을 쓰긴 했다.[17] 사실 이런 다도(多都) 정책에 대한 비판도 있었다. 이렇게 여러 곳에 궁실을 짓는 이유는 사냥과 여색을 위한 장소로 사용하기 위해서였다.[18] 석호는 업을 수도로 삼고 궁실과 대관(臺觀)을 세웠다.[19] 그 화려함을 《업중기(鄴中記)》에는 '진나라의 아방궁에 견줄 만하다(擬秦之阿房)'[20]고 했을 정도였다.[21] 석호는 업성의 동서교(東西郊)에 금원(禁苑)을 수축하고 삼대를 더욱 잘 꾸미니[22] 위나라 때보다 더 화려하였다고 한다.[23]

전연은 극성[棘城, 현재의 요녕(遼寧) 의현(義縣)]을 근거지로 삼았다가, 341년 모용황(慕容皝)이 용성(龍城)으로 천도하고 모용준(慕容儁)이 350년 후조로부터 유주를 탈취하자 계(薊, 북경)로 천도한다. 그 후 염민(冉閔)을 멸망시키고 업성을 취하고 357년 모용준은 계에서 업성으로 천도한다. 모용준은 다시 궁전을 수선하고 동작대(銅雀臺)를 회복하였다.[24] '천지와 사방을 하나로 통합한다(混六合一

16) 《晉書》卷 106 石季龍載記 上, 2,764쪽: "咸康二年 使牙門將張彌徙洛陽鍾虡·九龍·翁中·銅駝·飛廉于鄴.…… 運至鄴 季龍大悅 赦二歲刑……."

17) 《晉書》卷 106 石季龍載記 上, 2,772쪽: "(季龍)兼盛興宮室於鄴 起臺觀四十餘所 營長安·洛陽二宮 作者四十餘萬人"·2,777쪽: "以石苞代鎮長安. 發雍·洛·秦·幷州十六萬人城長安未央宮"·2,777쪽: "又發諸州二十六萬人修洛陽宮."

18) 《晉書》卷 106 石季龍載記 上, 2,778쪽: "冠軍苻洪諫曰, '……今襄國鄴宮足康帝宇 長安·洛陽何爲者哉? 盤于游田 耽於女德 三代之亡恒必由此. 而忽爲獵車千乘 養獸萬里 奪人妻女 十萬盈宮……' 季龍省之不悅 憚其强 但寢而不納 弗之罪也. 乃停二京作役焉."

19) 《晉書》卷 106 石季龍載記 上 2,772쪽: "盛興宮室於鄴 起臺觀四十餘所."

20) 黃惠賢輯校, 《鄴中記》(《鄴城暨北朝史硏究》(石家莊: 河北人民出版社, 1987) 卷 上 太武殿條, 379쪽.

21) 顧炎武, 《歷代宅京記》(北京: 中華書局, 1984) 卷 12 鄴 下, 182쪽: "石氏都鄴十九年 其事無足道者 特志其奢虐之跡嗚呼! 亦足垂後世鑒矣."

22) 黃惠賢輯校, 《鄴中記》卷 上 銅雀三臺條, 395쪽: "三臺更加崇飾 甚於魏初."

23) 《水經注》卷 10 濁漳水,〈又出山過鄴縣西〉條, 138쪽: "其城東西七里 南北五里 飾表以塼 百步一樓. 凡諸宮殿門臺隅雉 皆加觀榭 層甍反宇 飛櫓拂云 圖以丹青 色以輕素. 當其全盛之時 去鄴六七十里 遠望苕亭 巍若仙居."

24) 《晉書》卷 110 慕容儁載記, 2,838쪽: "儁自薊遷于鄴 秋其境內 繕修宮殿 復銅雀臺."

家)'는 대지(大志)를 꿈꾸며 지배자의 사치를 극히 경계하던 부견(符堅)[25]도 그 호
화로움에 '탐닉한 채 돌아가는 것을 잊었다(樂而忘返)'[26]고 할 정도였다고 한다.
화북(華北)을 통일한 전진(前秦)의 수도는 장안이었다. 전진이 수도로 장안을 정
한 것은 왕조의 주력인 저족(氐族)이 장기간 관중(關中) 지구에 거주·활동해왔기
때문이다.[27] 전연과 전진이 화북을 양분하고 있을 당시(352~370) 낙양은 전연의
서부 변경에 위치해 있었기 때문에 전선(戰線) 도시 이상의 성장은 어려운 형편이
었지만, 전진의 통일 시기에도 낙양은 주목받지 못했다. 전연의 수도였던 업의 주
민을 대거 장안 지역으로 사민(徙民)시키는 대신 종친들을 면적이 넓고 인구가 많
은 관동(關東)의 경영을 위해 요진(要鎭)에 파견하는 등[28] 낙양에 관심을 두지 않
았다.

   전진과 동진의 비수(淝水) 전투 후 후연(後燕)을 건립하려던 모용수(慕容垂)는
당초 아직 부진(苻秦)의 부휘(苻暉)가 성문을 닫은 채 수비만 하고 있는 낙양 공략
에 집착하기보다 업도를 취하여 이를 근거로 천하를 도모하는 것이 좋다고 생각
했다.[29] 그러나 모용수의 후연은 결국 업도 대신 중산[中山, 하북 정현(定縣)]에 도
읍을 정하였다. 중산이 그가 도읍으로 택할 수 있는 최선의 선지(選址)는 물론 아
니다. 그가 업성을 수도로 정하지 못한 데에는 나름의 이유가 있다. 부견의 아들
부비(苻丕)가 업성을 굳게 지키고 있었기 때문에 포위한 지 1년 반 만에야 업성을
겨우 빼앗았다.[30] 이는 업성이 오랜 공방전으로 심하게 파괴된데다가, 앞서 통치
10여 년간 부견이 펼친 선정으로 업성 주민의 모용수에 대한 적개심이 컸기 때문

25) 박한제, 〈苻堅政權의 性格〉, 《中國中世胡漢體制研究》(일조각, 1988), 61·82쪽.
26) 《晉書》 卷 113 苻堅載記 上, 2,894쪽.
27) 周一良, 〈讀《鄴都記》〉, 《魏晋南北朝史論集 續編》(北京: 北京大學出版社, 1991), 152~153쪽.
28) 《晉書》 卷 113 苻堅載記 上, 2,903쪽.
29) 《晉書》 卷 123 慕容垂載記, 3,081쪽: "垂至洛陽 (苻)暉閉門距守 不與垂通.……(垂)謀于衆曰, '洛陽四面受敵
北阻大河 至於控御燕·趙 非形勝之便 不如北取鄴都 據之而制天下.' 衆咸以爲然."
30) 《晉書》 卷 123 慕容垂載記, 3,085~3,086쪽: "垂攻拔鄴郭 丕固守中城 垂塹而圍之.……垂將有北都中山之意.…
…苻丕棄鄴城 奔于幷州.……垂定都中山……以太元十一年僭卽位."

이었을 것으로 짐작된다.

후연과 후진(後秦)이 화북을 분점(分占)하던 시기(386~397)에도 그 국경선은 낙양의 서부를 달리고 있었다. 뿐만 아니라 이 시기에는 동진이 낙양 남부까지 바짝 국경선을 북상시키고 있다. 따라서 이 시기에도 낙양은 수도로서 적합한 입지가 아니었다.

다음은 북위 시대로 눈을 돌려보자. 성락(盛樂)에 도읍을 정한 태조(太祖) 탁발규(拓跋珪)는 황시(皇始) 원년(396) 6월 중원 공략에 나섰다. 병주를 거쳐 기주로 진출하여 마침내 신도(信都), 중산, 업 등 요충지를 얻게 되었다. 이로서 후연을 남북으로 분할시키더니 천흥(天興) 원년(398) 정월 하북, 산서(山西), 하남, 산동(山東) 북부의 광대한 지역을 통제하게 되었다. 같은 달 탁발규는 업에 도달하여 이곳에 천도할 뜻을 표명하였다.[31] 이때 탁발규에게 업을 도성의 후보지로 건의한 자가 최굉(崔宏)이었다고 보는 견해도 있다.[32] 물론 당시 최굉은 태조의 정책 자문을 맡았고,[33] 또 당시 업으로의 행차를 수행하였으며,[34] '위' 라는 국호를 채용하게 한 장본인이었지만,[35] 그런 기록은 남아 있지 않다.[36] 탁발규는 오히려 7월에 평성(平城)에 천도할 것을 결정한다.[37] 이후 평성은 80여 년간 북위의 도성이 되었다. 탁발규는 형북(陘北)으로 돌아간 후 대신 중산과 업성에 행대(行臺)를 두었다.

이 시기 낙양은 어떤 위치에 있었던가? 북위가 성립할 즈음 장안을 중심으로 하는 관중에는 요씨(姚氏)의 후진이 있었다. 탁발규가 점차 세력을 중원으로 확대해 오면서 평천하(平天下)의 뜻을 구체화시키자 요흥(姚興)은 불안해지기 시작한

---

31) 《魏書》卷 2 太祖紀, 31쪽 : "帝至鄴 巡登臺榭 遍覽宮城 將有定都之意. 乃置行臺 以龍驤將軍日南公和跋爲尚書與左丞賈彝率郎吏及兵五千人鎭鄴."

32) 曹文柱, 〈論北魏初年都址的選擇〉, 《北京師範大學學報》(1987년 제1기), 35쪽.

33) 이성규, 〈北朝前期門閥貴族의 性格─淸河崔浩와 그 一門을 中心으로〉, 《東洋史學研究》 11(1977), 13쪽.

34) 《魏書》卷 24 崔玄伯傳, 621쪽 : "太祖幸鄴 歷問故事於玄伯 應對若流 太祖善之."

35) 《魏書》卷 24 崔玄伯傳, 620~621쪽.

36) 최굉(崔宏)이 업성으로의 천도를 건의했다는 견해는 후술하듯이 명원제(明元帝) 시기에 그의 아들 최호(崔浩)가 업성 천도의 반대파였다는 점을 고려한다면 그다지 설득력이 없다.

37) 《魏書》卷 2 太祖紀, 33쪽 : "(天興元年) 秋七月 遷都平城 始營宮室 建宗廟 立社稷."

다. 그는 숙부 요서(姚緖)로 하여금 황하를 건너 원래 서연(西燕)에 속하던 하동(河東) 지구를 점령하도록 한다. 얼마 후 요흥은 중원의 고도 낙양을 탈취한다. 당시 낙양은 화북의 분열 정권뿐만 아니라 동진에게도 주요한 목표였다. 4차에 걸친 환온(桓溫)의 북벌(北伐, 354~371)이 감행되었고, 후에 선양을 앞둔 유유(劉裕)가 그 위세를 높이기 위해서 북벌(416~417)을 감행한 것[38]은 그 점을 말해준다. 동진도 탁발규의 동향에 대해 관심이 없을 수 없었다. 동진과 요흥이 낙양을 두고 싸우고 있을 때 동진 옹주자사(雍州刺史) 양전기(楊佺期)는 북위와 연합하여 후진에 대항하자고 제의하였다. 이때 북위는 장제(張濟)를 파견하였는데, 장제를 만난 양전기는 북위가 산동에 도읍을 정하지 않는다는 것을 듣고는 매우 기뻐하는 모습이었다는 것이다. 협상 결과 북위는 동진이 후진으로부터 낙양을 탈취하는 것을 허락하였다.[39]

업으로의 천도가 본격적으로 논의된 것은 명원제(明元帝) 시기였다. 그 계기가 된 것은 평성 지구에 가뭄이 들었기 때문이었다. 이로써 농업 생산량이 많은 업성으로의 천도가 다시 거론된 것은 자연스런 일이었다. 당시 천도파는 태사령(太史令) 왕량(王亮)과 소탄(蘇坦) 그리고 화음(華陰) 공주 등이었고, 반대파는 최호(崔浩)와 특진(特進) 주담(周澹) 등이었지만, 최호의 반대에 부닥쳐 천도는 시행되지 않았다.[40]

천도 문제가 다시 거론된 것은 효문제(孝文帝) 시기였다. 당시 업과 낙양이 도읍지로서 팽팽하게 맞서고 있었음은 주지의 사실인데, 업이냐 낙양이냐, 아니면 천도의 타당성 자체를 두고 조정에서는 격론이 벌어졌다. 낙양 천도에 적극적이었던 효문제는 태화(太和) 17년(493) 8월 기축(己丑)일에 남조(南朝) 소제[蕭齊,

---

38) 북벌(北伐)의 경과와 의미에 대해서는 박한제, 〈南北朝時代의 南北關係─交易과 交聘을 中心으로〉, 《韓國學論叢》 4(1982), 159~161쪽을 참조하라.

39) 《魏書》 卷 33 張濟傳, 787~788쪽.

40) 《魏書》 卷 110 食貨志, 2,850쪽 : "太宗永興中 頻有水旱……神瑞二年 又不熟 京畿之內 路有行饉. 帝 以饑將遷都 於鄴 用博士崔浩計乃止. 於是分簡國人尤貧者 就食山東三州 救有司勸課留農者."

남제(南齊)]를 정벌한다는 명분을 내걸고 100만 군을 이끌고 40여 일 만인 9월 경오(庚午)일에 낙양에 도착했다.[41] 그리고 낙양 천도를 정식으로 공포하였다. 결국 낙양은 40여 년 동안 북위 후기의 수도로서의 지위를 점하면서 대단한 영화를 누렸다. 그러나 북위가 분열되면서 그 지위를 다시 업에 빼앗기게 된다.

유목민이 세운 북위가 중원 국가로의 변모를 시도했지만, 그 변모에는 여러 가지 해결해야 할 문제가 있었다. 북위의 낙양 천도는 결국 북위 왕조의 종말을 앞당기는 역할을 하였던 것이다. 북위의 낙양 천도 이후 추진된 소위 한화(漢化) 정책은 탁발씨를 비롯한 북위 건국의 주체 세력에게 대단한 희생을 강요하였고, 그 결과는 '육진(六鎭)의 난'으로 표현되었다. 그 결과 북위는 동서로 분열되었고, 당시 낙양과 업은 동위(東魏)-북제의 영역에 속하게 되었다. 반란의 와중에 유력 군벌로 부상한 고환(高歡)은 스스로 효문제의 손자인 효무제(孝武帝)를 옹립하였다 (532). 곧 효무제는 곧 고환과 갈등을 빚자 우문태(宇文泰)가 있는 관중으로 달아났다. 낙양을 접수한 고환은 황족인 11세의 효정제(孝靜帝)를 세웠다(534).[42] 이로써 동위가 성립된 것이다. 동위가 성립하자 곧 고환은 효정제에게 낙양에서 업으로 천도할 것을 청하였으나 효정제는 찬동하지 않았다.[43] 서위(西魏)의 국경에 가까울 뿐만 아니라, 남조 양(梁)나라의 국경과 근접한 낙양에 도읍을 둔다는 것은 현실적으로 어려운 일이었다.[44] 결국 534년 업으로의 천도가 단행되었다.[45] 효

---

41) 《魏書》卷 7 下 高祖紀 下, 172~173쪽: "(太和十有七年)己丑 車駕發京師 南伐 步騎百餘萬.……(九月)庚午 幸洛陽 周巡故宮基址.……丁丑 戎服執鞭 御馬而出 羣臣稽顙於馬前 諸停南伐 帝乃止. 仍定遷都之計."

42) 《資治通鑑》(臺北 : 世界書局, 1976年刊,《新校資治通鑑注》本) 卷 156 梁紀 12 武帝中大通六年(534) 冬 10月條, 4,855쪽: "遂立淸河王 世子善見爲帝……丙寅 孝靜帝卽位於城東北. 時年十一."

43) 《北史》卷 6 齊本紀 第6, 222쪽: "初 神武自京師將北 以爲洛陽久經喪亂 王畿喪盡 雖有山河之固 土地褊狹 不如鄴 請遷都. 魏帝曰, '高祖定鼎河洛 爲永永之基 經營制度 至世宗乃畢. 王旣功在社稷 宜遵太和舊事' 神武奉詔. 至是 復謀焉. 遣騎千騎鎭建興 益河東及濟州兵 於白溝虜船 不聽向洛 諸州和糴粟 運入鄴城."

44) 《北史》卷 6 齊本紀 上, 224쪽: "神武以孝武旣西 恐逼崤陝 洛陽復在河外 接近梁境 如向晉陽 形勢不能相接 依議遷鄴. 護軍祖瑩贊焉."

45) 《魏書》卷 12 孝靜帝紀, 298쪽: "詔從遷之戶 百官給復三年 安居人五年. (天平元年) 十有一月……庚寅 車駕至鄴 居北城相州之廨. 改相州刺史爲司州牧 魏郡太守爲魏尹 徙鄴舊人西徑百里以居新遷之人 分鄴置臨漳縣 以魏郡 · 林慮 · 廣平 · 陽丘 · 汲郡 · 黎陽 · 東濮陽 · 淸河 · 廣宗等郡爲皇畿."

문제가 낙양에 천도한 지 41년 만이었다. 이때 효정제를 따라 낙양에서 업으로 이주한 사람은 40여 만 명이었는데 이들은 3일 만에 낙양을 떠나라는 명령을 받았다.[46] 업으로의 천도는 다시 낙양을 참담한 몰락으로 밀어 넣었다. 업으로 천도한 지 13년 만인 547년, 한때 그렇게 화려했던 낙양을 돌아본 양현지(楊衒之)는 낙양의 참담함을 《낙양가람기(洛陽伽藍記)》에 절실하게 묘사했던 것이다.[47] 그러나 당시의 업은 반쪽 수도에 불과하였다. 수도의 반의 역할은 진양(晉陽)이 수행했기 때문이다.[48]

북제의 역대 황제는 대개 암우(暗愚)하던가 폭악하여 남북(南北)의 원정이나 궁전의 조영을 위해 국가의 재용(財用)을 낭비하여 국가는 급속하게 쇠락하게 되었다. 관중의 장안에 수도를 둔 북주(北周)의 무제(武帝)의 침략을 받아 업도는 유린되고 북제는 멸망했다(576). 북제 멸망 후 업은 다시 왕조의 수도로서의 위치를 되찾지 못하였다.

3. '천하지중(天下之中)'과 천험(天險)의 조건

수도의 입지 조건 가운데 가장 먼저 고려해야 할 점은 무엇일까? 중국의 역대 왕조에서 어디에 수도를 정할 것인가를 두고 상당한 고심을 한 것은 주지의 사실이다. 중국 고대에서 국도(國都)의 선택 문제에 대한 가장 유력한 이론을 제시한 것은 《관자(管子)》가 최초가 아닌가 한다. 《관자》가 가장 강조한 내용은 국도는 사직이 장존(長存)할 수 있는, '한편에 치우치지 않는 지역(不傾之地)'에 세워야 한

---

46) 《資治通鑑》 卷 156 梁紀 12 武帝中大通六年(534) 冬 10月條, 4,857쪽: "丞相歡以洛陽西逼西魏 南近梁境 乃議遷都 書下三日卽行. 丙子 東魏主發洛陽 四十萬戶狼狽就道……改司州爲洛州."

47) 《洛陽伽藍記》(上海: 上海古籍出版社, 1978) (原)序, 2쪽: "余因行役 重覽洛陽……麥秀之感 非獨殷墟 黍離之悲 信哉周室 哀城表裏."

48) 박한제, 〈東魏-北齊時代의 胡漢體制의 전개―胡漢 葛藤과 二重構造〉, 《分裂과 統合―中國 中世의 諸相》(지식산업사, 1998), 157~174쪽.

다는 것이었다.[49] 《여씨춘추(呂氏春秋)》에서는 국도뿐만 아니라 궁전, 종묘 선택에 이르기까지 '거중(居中)'의 원칙을 제시하였다.[50] 사마천(司馬遷) 역시 이 원칙에 동의하였고 거기에 합당한 도시는 낙양이었다.[51] 전통 시대 중국인들이 세계의 의미로 흔히 쓴 '구주(九州)' 혹은 '천하(天下)'란 것도 오늘날 우리의 지리 지식에서 볼 때는 적절한 표현이 될 수 없는 것이지만, '천하지중(天下之中)'이란 중국인에게는 '중국(中國)'이란 개념과 함께 의식화된 것이다.

물론 중국 역대 왕조의 도성이 이 천하지중, 즉 통치를 위한 영토의 지리적 중심지라는 관념에만 연연해서 정해진 것은 아니었다. 그 외 ① 교통의 요충, ② 방어상의 험요지(險要地), ③ 국내외 적대 세력의 소탕 내지 대항의 기지, ④ 정권 수립자의 근거지, ⑤ 경제적 중심지 등 다양한 요소가 수도의 지역 선택에 작용했다.[52]

특히 천하지중이란 것도 통일 시대와 분열 시대가 같을 수는 없다. 전통적으로 천하지중은 낙양, 혹은 낙양을 중심으로 하는 삼하〔三河, 하남(河南)·하내(河內)·하동(河東)〕 지역을 말한다. 천하지중이란 관념의 문제에 국한되는 것은 물론 아니고 고대 중국의 강역과 연관된 것이었다. 낙양은 강역의 중심에 위치하여 '정족지세(鼎足之勢)'를 이루고 있어 제후들이 낙양에 공물을 바칠 때 낙양과 제후의 중심지 사이에 떨어진 거리 정도가 비슷하여 경제적으로 유리한 이점이 많았기 때문이다.[53] 따라서 통일 시대나 분열 시대나 간에 강역상의 '중(中)'은 나름대로 의미를 가진다. 낙양이 천하지중의 '중'이 된 것은 통일 왕조 시대였지, 분열

49) 《管子》(南寧 : 廣西人民出版社, 1987) 卷 5 乘馬編, 39쪽(上冊) : "凡立國都 非于大山下之下 必于廣川之上. 高毋近旱而水用足 下毋近水而溝防省. 因天材 就地利. 故城郭不必中規矩 道路不必中准繩"·卷 57 度地篇, 142쪽(下冊) : "故聖人之處國者 必于不傾之地 而擇地形之肥饒者. 鄕山 左右經水若澤. 內爲落渠之寫 因大川而注焉, 乃以其天材 地之所生 利養其人 以育六畜. 天下之人 皆爲其德而惠其義 乃別制斷之."

50) 《呂氏春秋》(長春 : 吉林文史出版社, 1993, 《呂氏春秋譯主本》) 卷 5 審分覽 愼勢篇, 580쪽 : "古之王者 擇天下之中而立國 擇國之中而立宮 擇宮之中而立廟."

51) 《史記》 卷 129 貨殖列傳, 3,262~3,263쪽 : "夫三河在天下之中 若鼎足 王者所更居也."

52) 史念海, 〈我國古代都城建立的地理因素〉, 《中國古都硏究》 2(杭州 : 浙江人民出版社, 1986), 1~23쪽.

53) 《史記》 卷 99 劉敬傳, 2,715~2,716쪽 : "婁敬曰 '……成王卽位 周公之屬傅相焉 迺營成周洛邑 以此爲天下之中也 諸侯四方納貢職 道里均矣……'."

시대에는 낙양이 반드시 강역의 '중'인 것은 아니었다. 오히려 변경에 치우쳐진 경우가 적지 않았다.

낙양이 문제 되는 것은 첫째 '천하지중＝낙양'이라는 등식이 중국인에게 관념으로 자리하고 있었기 때문이다. 낙양이 통일 시대, 예컨대 한대(漢代)에 장안과 수도의 후보지를 놓고 경쟁했던 것은 물론이고, 위진남북조 시대라는 분열 시대에도 수도의 후보지로 자주 거론된 것은 이 관념으로서의 '중'이 작용한 것이다. 그것이 주·한의 옛 도읍이었다는 점에서 더욱 그러하다. 둘째 분열 시대라 하더라도 당시인들의 활동 범위와 관련된 것으로, 낙양이 한 왕조의 경계를 넘어 당시 세계의 중심으로 역할을 하거나 그렇게 하도록 기대되었다는 점이다. 관념이 반드시 실제와 병행하는 것은 아니지만, 대중의 마음을 흡인하여 그곳에 집중시키는 의미가 있다. 수도의 후보로서 가장 좋은 것은 관념과 실제가 함께하는 것이다.

'중'의 관념은 중국 정통 왕조에게만 작용하는 것이 아니었다. 이민족 왕조에게도 역시 중요한 문제였다. 석륵이 유요(劉曜) 세력을 멸망시키고 만년에 낙양으로의 천도를 계획한 것은, 비록 실현되지는 못했으나, 낙양이 '성주(城周)의 토중(土中)이었고 한진(漢晉)의 옛 수도'라는 것이 주된 이유였다.[54] 그러나 위진남북조 시대 이 '중'의 관념이 얼마나 큰 영향력을 미쳤는지를 보여주는 것이 북위 효문제의 낙양 천도였다. 효문제의 낙양 천도의 표면적인 이유는 '낙양은 예전부터 수도였고 토중에 위치하고 있어 누가 조공하더라도 그 거리가 비슷하다'라는 것이었다.[55] 효문제의 낙양 천도의 주된 요인에 대해서는 여러 가지 주장이 제시되어 있지만[56] 그 천도에 힘을 실어주었던 것은 이 전통적인 '천하지중' 관념인 것이

---

54) 《晉書》 卷 105 石勒載記 下, 2,748쪽.

55) 《魏書》 卷 39 李韶傳, 886쪽: "高祖將創遷都之計 詔引侍臣訪以古事. 詔對…… '洛陽九鼎舊所 七百攸基 地則土中 實均朝貢 惟王建國 莫尚於此.' 高祖稱善."

56) 尙志邁·趙淑珍, 〈也談魏孝文帝拓跋宏的遷都─兼評王仲犖先生的遷都原因說〉, 《內蒙古大學學報(哲社版)》(1994년 제4기). 최근 효문제(孝文帝)의 낙양(洛陽) 천도의 원인에 대한 새로운 견해가 제출되었다. 이른바 문명태후(文明太后) 풍씨파(馮氏派)가 장악하고 있는 평성(平城)에서는 황제로서 제대로 할 수 있는 일이 별로 없었기 때문에 이곳을 벗어나서 전제권을 확립하고자 하는 시도였다는 것이다[李凭, 《北魏平城時代》(北京：社會科學文

분명하다. 사실 천도란 지금이나 옛날이나 매우 어렵고 큰 문제이다. 따라서 당시 천도 자체를 반대하는 자들이 적지 않았음에도 효문제의 반대 논리는 역시 천도가 북위의 선대(先代)에 흔하게 있었던 일일 뿐만 아니라,[57] 황제(黃帝)가 처음 탁록(涿鹿)에 있었지만, 천하를 얻고부터는 특히 '중원'으로 도읍을 옮겼다는 것을 그 명분으로 내걸고 있다.[58] 북위가 북토(北土)에서 발원하여 평성에 도읍을 정한 이후 나름으로 '부유사해(富有四海)'의 화북 통일을 이룩하였지만, 평성은 '구주지외(九州之外)'의 땅으로[59] 무기를 사용해야 하는 곳에 불과하다는 것이다. 평성에 그대로 있어서는 풍속을 개량함으로써 문치(文治)를 행하기 힘들다는 것이다.[60] 효문제는 천하를 얻기 위한 장소로서 평성이 가지는 의미를 인정하지만, 천하를 안정시키는 데에는 평성이 부적합하다고 인식한 것은 이 관념이 작용했기 때문이다.[61]

둘째 낙양은 한 왕조의 경계를 넘어 당시 세계의 중심으로서의 역할을 할 것으

<hr />

獻出版社, 2000), 268~274쪽]. 따라서 그의 한화(漢化) 정책은 바로 중국적 전제(專制) 황제로의 탈바꿈을 시도한 것이었다고 할 수 있다. 그가 그렇게 서둘렀던 유교의 예를 바탕으로 한 예교(禮敎)의 정치의 복원도 따져 보면 이런 의도가 숨어 있는 것이다.

57) 《魏書》卷 14 東陽王 丕傳, 359~360쪽: "尙書于果曰 '……先皇建都於此 無何欲移 以爲不可. 中原其如是所由擬. 數有篡奪……'. 高祖詔羣臣曰 '卿等或以朕無爲移徙也. 昔平文皇帝棄背率土 昭成營居盛樂 太祖道武皇帝神武應天 遷居平城……'."

58) 《魏書》卷 14 東陽王 丕傳, 359쪽: "(燕州刺史)(穆)羅曰, '臣聞黃帝都涿鹿. 以此言之 古昔聖王不必悉居中原' 高祖曰 '黃帝以天下未定 居于涿鹿 旣定之後 亦遷于河南'."

59) 《資治通鑑》卷 139 齊紀 5 明帝 武建 元年(494) 3月條, 4,351~4352쪽: "使羣臣更論遷都利害 各言其志. 燕州刺史穆羅曰, '今四方未定 未宜遷都. 且征伐無馬 將何以克?' 帝曰 '廐牧在代 何患無馬! 今代在恒山之北 九州之外 非帝王之都也'."

60) 《魏書》卷 19 中 景穆 12王 任城王 澄傳, 464~465쪽: "(高祖)獨謂澄曰……'今日之行 誠知不易. 但國家興自北土 徙居平城 雖富有四海 文軌未一 此間用武之地 非可文治 移風易俗 信以甚難. 崤函帝宅 河洛王里 因玆大擧 光宅中原 任城意以爲如何?' 澄曰……'伊洛中區 均天下所據 陛下制御華夏 輯平九服 蒼生聞此 應當大慶'."

61) 북위(北魏)가 장차 낙양으로 천도할 것이라는 예견을 50년 전에 한 자도 있었으니 그는 북위가 중원(中原) 국가로 나아가면 낙양으로의 천도는 시간문제라고 생각하고 있었던 듯하다(《魏書》卷 38 韓延之傳, 880쪽: "後奔姚興. 太常二年 與司馬文思來入國……初延之曾來往栢谷塢 省魯宗之墓 有終焉之志. 因謂子孫云.. '河洛三代所都 必有治於此者. 我死不勞向北代葬也 卽可就此.' 及卒 子從其言 遂葬於宗之墓次. 延之死後五十餘年而高祖徙都 其孫卽居於墓北栢谷塢").

로 기대되었다. 낙양은 작은 평원이지만 그 중요성은 동서의 요충이라는 데 있다. 중국 고대, 특히 위진남북조 이전에는 종족적으로나 문화적으로 동서 대치의 국면이 형성되어 있었다. 중국은 전국 시대에는 진(秦)과 육국(六國), 한대에는 관동(關東, 산동)과 관서(關西, 산서)로 나뉘어 인식되고 있었다. 동방(東方)과 서방(西方)의 경계선은 도림〔桃林, 오늘날 하남성 영보(靈寶)의 서쪽 지역과 섬서성 동관(潼關)의 동쪽 지역〕으로 춘추 시대의 효(崤), 전국 · 진 · 한 이래의 함곡(函谷)이 그것인데 이 부근의 도읍이 바로 낙양이다. 혹자는 육상에서 관동과 관서를 연결하는 낙양의 위치를 해상에서 아시아 · 유럽 · 아프리카를 연결하는 이스탄불에 비유한다. 그래서 낙양의 지역적 의미는 군사 · 경제적 자원을 얻을 수 있는 지구라기보다는 다른 곳에서 이미 얻은 군사 · 경제적 자원을 통제하는 지구라는 데 있다는 것이다.[62] 이와 같은 면에서 낙양은 통일 시대나 분열 시대나 간에 타자에게 양보할 수 있는 지점이 아니었다. 따라서 낙양은 특히 분열 시대 '사방으로부터 적의 공격을 받는(四面受敵)' 운명을 벗어날 수가 없었던 것이다.[63]

이에 비해 업은 이런 관념과 연관되는 땅이 아니다. 오히려 그 반대라 하는 것이 옳다. 효문제가 낙양을 중원의 고도로 치켜세운 데 비해, 업성은 후조의 석호나 모용씨의 도성으로, 이들이 이곳에서 속패(速敗)한 나쁜 전통을 가진 지점임을 지적한 것[64]은 이 점을 말해준다. 그러나 업이 낙양과 경쟁할 수 있었던 것은 낙양이 갖추고 있지 못한 것을 반대로 업은 가지고 있었기 때문이다.

다음은 천험(天險)의 문제로 돌아가보자. 천험은 '이수이공(易守易攻)' 혹은 '가

---

62) 勞榦,〈北魏後期的重要都邑與北魏政治的關係〉,《勞榦學術論文集》(甲編-下冊)(臺北 : 藝文印書館, 1976), 923쪽.
63) 모용수(慕容垂)도 낙양이 '사방으로부터 적의 공격을 받는(四面受敵)' 지역이라고 했고(《晉書》 卷123 慕容垂載記, 3,081쪽), 그리고 동(東) · 서위(西魏)와 북제(北齊) · 북주(北周)가 동서로 대립한 시기에 낙양은 역시 병쟁(兵爭)의 요지여서 뺏고 빼앗기는 지점이었다(《隋書》 卷46 趙煚傳, 1,250쪽 : "(北周)武帝出兵鞏 · 洛 欲收齊河南之地. (趙)煚諫曰 '河南洛陽 四面受敵 縱得之 不可以守. 請從河北 直指太原 傾其巢穴 可一擧以定.' 帝不納 師竟無功").
64)《太平御覽》(臺北 : 商務印書館, 1974) 卷156 州郡部 2, 敍京都 下, 887쪽 : "後魏書……孝文曰 '君知其一 未知其二 鄴城非長久之地 石虎傾於前 慕容滅於後 國富國奢 暴成速敗. 且西有狂山 東有列人縣 北有柏人城 君子不飮盜泉 惡其名也. 遂止. 乃都洛陽."

공가수(可攻可守)', 즉 방어와 공격 두 가지를 용이하게 할 수 있는 자연적 조건을
말한다. 사실 전통 시대에 수도가 이 두 가지 조건을 충족시키지 못한다면 수도로
서의 역할을 기대하기 어렵다. 첫째 방어 기지로서의 의미이다. 모용덕(慕容德)의
모신(謀臣) 반총(潘聰)이 "활대는 사방으로 서로 연결되는 교통의 요지이기에 제
왕이 거주할 만한 곳이 아니다(滑臺四通八達 非帝王之居)"라 하였고, 반대로 광고
(廣固)에 대해서는 "산천이 험준하여 제왕의 왕도가 될 만하다(山川險峻 足爲帝王
之都)"[65]라 하였던 것은 천험의 중요성을 말해준다.[66] 먼저 낙양의 천험에 대한 문
제이다. 낙양의 험고(險固) 자체에 대해서는 역대 논자에 따라 이견이 존재했다.
천험을 주장하는 쪽과 그렇지 못하다는 두 의견이 동시에 존재했다. 이것은 항상
경쟁을 벌였던 장안과의 비교에서 그렇고, 다시 업과의 비교에서도 그렇다. 우선
장안과 비교하는 논조를 보자. 한(漢) 초 장안을 수도로 정할 것을 주장한 유경〔劉
敬, 루경(婁敬)〕이 말했듯이 이곳에 도읍을 정하는 자는 낙양이 험난한 지세를 갖
고 있다는 지리적 장점을 믿어서는 안 되며 덕(德)으로 사람을 끌어 모아야 한다
고 했다. 즉 덕이 있으면 쉽게 왕이 될 수 있지만 덕이 없으면 쉽게 망하는 곳이 낙
양이라는 것이다.[67] 그러나 낙양의 조험에 대해서 긍정적으로 평가는 사람도 많
다. 전한(前漢) 초 유경의 의견에 동조하여 장안 건도(建都)에 크게 영향을 미친
장량(張良)의 의견을 들어보면, 낙양은 관중과 비슷한 이점이 있으되, 다만 지대
가 협소한 것이 문제라고 말하고 있다.[68] 후한(後漢) 초 두독(杜篤)이 관중의 자연
적 조건과 선제(先帝)의 옛 수도임을 들어 굳이 낙양을 다시 수도로 조영할 필요
가 있는가 하는 의문을 제기하였을 때,[69] 왕경(王景)은 낙양의 우수함이 장안에 뼈

---

65) 《晉書》卷 127 慕容德載記, 3,166쪽.

66) 중국 역대 왕조의 도성 가운데 사통팔달의 평원에 위치했던 것은 송대의 개봉(開封)이 유일하다.

67) 《史記》卷 99 劉敬傳, 2,715~2,716쪽: "婁敬曰 '……有德則易以王 無德則易以亡. 凡居此者 欲令周務以德致人
不欲依阻險……'."

68) 《漢書》卷 40 張良傳, 2,032~2,033쪽: "劉敬說上都關中 上疑之. 左右大臣皆山東人 多勸上都雒陽 '雒陽東有成
皐 西有殽黽 背河郷雒 其固亦足恃'. 良曰 '洛陽雖有此固 其中小 不過數百里 田地薄 四面受敵 此非用武之國'."

69) 《後漢書》卷 80 上 文苑 杜篤傳, 2,595쪽: "篤以關中表裏山河 先帝舊京 不宜改營洛邑 乃上奏〈論都賦〉曰……'."

지지 않음을 역설하였다.[70] 또 오호십육국(五胡十六國)의 전조(前趙)의 왕미(王彌)도 '산하가 사방에 험준하게 펼쳐져 있어 방어상 유리하다(山河四險之固)'고 하며 낙양의 지험이 우수함을 주장했다.[71] 사실 낙양에도 나름으로 사면에 산하의 험이 있다. 논자에 따라 약간의 표현이 다른데, 한대에는 '왼쪽에는 성고(成皋)가 있고 오른쪽에는 민지(黽池)가 가로막고 있으며 앞쪽에는 숭고(崧高)를 바라보고 있고 뒤쪽에는 대하(大河)를 경계로 삼았다(左據成皋 右阻黽池 前鄉崧高 後介大河)'라 했고,[72] 청대에는 '동쪽에는 성고가 있고 서쪽에는 효민(崤黽)이 있으며 황하(黃河)를 뒤에(북쪽에) 두고 남쪽으로 이수(伊水)·낙수(洛水)를 바라본다[(洛陽)東有成皋 西有崤黽 背河鄉伊洛]'고 했다.[73] 이를 종합하면 낙양의 동에는 성고, 서에는 민지 혹은 효민, 북에는 황하, 남에는 숭고 혹은 이락(伊洛)이 있다는 것이다.

낙양이 가지는 이상과 같은 천험은 그것만으로 수도 방어를 기대하기에는 어려움이 있어 보인다. 특히 장안을 중심으로 하는 관중에 비해 부족한 점이 많다는 것은 의문의 여지가 없다. 앞서 보았듯이 모용수가 낙양 대신 업도를 의중에 넣고 낙양을 포기한 이유는 지리적 문제였다. 즉 낙양이 사면에서 공격을 받기 쉽고, 특히 북에는 황하가 가로막고 있어서 연(燕)과 조(趙) 지방을 통제하는 데는 업도에 비해 부족한 점이 많다는 것이다.[74] 즉 모용수도 말했듯이 낙양이 '자연 형세상 장점(形勝之便)'이 있다고 말하기는 어렵다. 이와 같이 천험의 조건에 대해 이견이 나오는 이유는 바로 낙양이 강역의 '중'에 있을 때는 그 정도의 천험도 수도로서의 이점이 될 수 있지만, 변경에 놓이게 될 때에는 그 정도의 천험은 유용하

70)《後漢書》卷 76 循吏 王景傳, 2,466쪽："先是杜陵杜篤奏上口 論都(賦) 欲令車駕遷還長安. 耆老聞者 皆動懷土之心 莫不眷然怅立西望. 景以宮廟已立 恐人情疑惑 會時有神雀諸瑞 乃作金人論 頌洛邑之美 天人之符 文有可採."

71)《晉書》卷 100 王彌傳, 2,611쪽："彌謂(劉)曜曰 '洛陽天下之中 山河四險之固 城池宮室無假營造 可徙平陽都之.'"

72)《漢書》卷 75 翼奉傳, 3,176쪽.

73)《讀史方輿紀要》卷 48 河南 3 河南府, 2,034쪽："漢高祖初定都 羣臣謂洛陽東有成皋 西有殽黽 背河鄉伊洛 其固足恃."

74)《晉書》卷 123 慕容垂載記, 3,081쪽："垂至洛陽 (苻)暉閉門距守 不與垂通.……(垂)謀于衆曰, '洛陽四面受敵 北阻大河 至於控御燕·趙 非形勝之便 不如北取鄴都 據之而制天下.' 衆咸以爲然."

지 못하기 때문이다.

　역설적으로 낙양의 유리한 점은 오히려 타 지역을 공격하기에 유리한 지점이라는 점이다. 이 지역을 장악하면 하남·호북(湖北)·호남(湖南) 등을 장악하는 것은 쉬운 일이었다. 당 고조(高祖) 이연(李淵)이 관중을 장악한 후 왕세충(王世忠)의 근거지인 낙양을 취하고 곧 이어서 파촉(巴蜀)을 함락시키고 난 후에 소선(蕭銑)의 근거지인 강릉을 취하였다. 낙양을 취한 후에는 형세가 험준하여 군사 요충지인 호뇌〔虎牢, 오늘날의 하남성 형양(滎陽)〕지역은 쉽게 들어왔으며, 강릉을 함락시키자 장강(長江) 하류는 이미 험(險)이 될 수 없었던 것이다. 낙양이 다른 지역을 공격하기 쉬운 지역이라는 장점은 반대로 방어가 어렵다는 문제를 안고 있다. 북위 시대 수도 낙양은 국도로서는 매우 돌출되어 있었던 것도 문제이지만, 남방으로는 수양(壽陽)을 제외하고는 천험의 중진(重鎭)이 없었다.[75] 북위 후기 원호(元灝)의 반란 시 강남(江南)의 수천의 병을 데리고 수일 만에 낙양에 쳐들어온 것은 이를 잘 보여준다.

　그러면 업성은 어떠한가? 업성의 천험에 대한 고조우(顧祖禹)의 평가는 매우 후한 편이다. '산천(山川)이 웅험(雄險)하여 하북의 요해처(要害處)이며 천하의 요충지'[76]인 전략적 위치라는 것이다. 업성 주위를 감안하여 지역적인 특징을 다음과 같이 정리하고 있다. 즉 '상주(相州), 즉 업은 앞으로 택(澤)과 노(潞) 두 개의 주를 두고 뒤에는 형(邢)과 명(洺) 두 개의 주를 두고 있으며, 서로는 하양(河陽)과 연결되고, 동으로는 단주(澶州)·위주(魏州)로 둘러싸여 있으며 그 자체도 험새(險塞)를 두고 있기 때문에 관동(關東) 지방에서는 으뜸〔弁冕〕'이라거나 '중원으로 달려가 (적)을 내쫓는 데는 업이 사방을 연결하고 제어할 수 있는 지점(綰轂之口)이 된다'[77]라 하였다. 십육국 시기 모사 장빈이 석륵에게 업으로의 천도를 권하면

75) 逯耀東,〈北魏孝文帝遷都與家庭悲劇〉,《從平城到洛陽─拓跋魏文化轉變的歷程》(臺北 : 聯經出版事業公司, 1979), 105쪽.

76)《讀史方輿紀要》卷 49 河南 4 彰德府, 2,121쪽 : "(彰德)府 山川雄險 原隰平曠 據河北之襟候 爲天下之腰膂."

77)《讀史方輿紀要》卷 49 彰德府, 2,122쪽 : "夫相州唇齒澤路 臂指邢洺 聯絡河陽 襟帶澶魏 其爲險塞 自關以東 當爲

서 "업에는 삼대지고가 있으며 (서쪽으로) 평양(平陽)과 잇대어 있고, 사방이 산하로 막혀 있어 요충지라는 형세(喉衿之勢)를 이루고 있으니 이곳에 근거하면 그대와 다툴 자가 없을 것"[78]이라 건의한 것도 이런 연유에서다. 이후 모용수가 중원을 쟁탈할 때도 업은 연·조를 제어할 수 있는 형승지지(形勝之地)로 칭하여졌다.[79] 업성은 서편의 태항산맥(太行山脈)이 길게 뻗어 있고, 앞으로 장수가 흐르고 있다. 특히 태항산맥의 골짜기인 부구형(釜口陘)은 산서(山西) 고원으로 연결되는 주요한 관문 역할을 하는데 지형으로 보면 후세 여러 왕조의 수도가 되었던 북경을 연상시킨다. 문제는 낙양과 비교해야 업성의 진정한 의미를 살필 수가 있다.

이 점과 관련하여 고조우의 언설은 매우 시사적이다. 그는 낙양과 업성을 비교하면서 다음과 같이 설명하고 있다.

하남은 예부터 사전지지(四戰之地)라 칭하였다. 천하를 취하려고 하는 날에는 마땅히 하남은 반드시 다투어 빼앗아야 하는 곳이다. 천하가 이미 안정되고 하남을 지키고 있을 때에는 위태로이 반드시 망하는 국세에 있다고 하겠는가?……어깨와 등의 염려는 실로 하북에 있는 것이다……관중을 지키고, 하북을 지키는 것은 곧 하남을 지키는 것이니 예로부터 지금까지 하남의 화(禍)는 관중에서부터 시작된 것이 10의 7이요, 하북에서 시작된 것이 10의 9였다……대저 하북이 족히 하남을 제압할 수 있는 것은 예로부터 항상 그런 것이었다……하남 전체의 (지)세를 비교하면 완(宛)은 낙양만 못하고 낙양은 업만 못한 것이 명백하다……자고로 용병함에 있어 업에 근거하여 낙양을 제압한 것은 항상 쉬웠으나, 낙양에 근거하여 업을 제압하기는 항상 어려웠다. 이것 역시 환경의 제약을 받는(形格勢禁) 이치인 것이다.[80]

弁冕……蓋馳逐中原 鄴其縮轂之口矣."

78) 《晉書》卷 104 石勒載記 上, 2,716쪽 : "鄴有三臺之固 而接平陽 四塞山河 有喉衿之勢. 宜北徙據之. 伐叛懷服 河朔既定 莫有處將軍之右者."

79) 《晉書》卷 123 慕容垂載記, 3,081쪽.

80) 《讀史方輿紀要》卷 46 河南方輿紀要序, 1,909~1,911쪽 : "河南古稱四戰之地也. 當取天下之日 河南在所必爭. 及天下既定 而守在河南 則炭炭焉有必亡之勢矣……肩背之慮 實在河北……守關中 守河北 乃所以守河南也 自古及今 河南之禍 中於關中者什之七 中於河北者什之九……夫河北之足以制河南也 自昔爲然矣……以河南之全勢較之 則宛不

이상에서 보듯이 고조우의 분석 결과에 의하면 낙양은 천하통일을 위해서는 반드시 확보해야 할 땅이지만, 그곳에 수도를 두었을 때는 관중과 화북을 확보하여 지배하에 두지 않으면 안 된다는 것이다. 즉 통일 시대에 관중과 하북의 제후 등 지방 세력을 완벽하게 통제하고 있을 때는 낙양이 수도로서 전혀 손색이 없지만, 관중과 하북이 적대 세력의 수중에 있을 때나 낙양을 근거지로 하는 정권과 업을 근거지로 하는 정권이 화북에서 양립하고 있었을 때는 업에 수도를 둔 정권이 용병에 훨씬 유리하다는 것이다.

후조와 전연 두 왕조가 중원에 진출하면서 모두 업성을 수도로 정하고, 천하지중이며 주·한의 고도인 낙양에 국도를 정하지 않았던 것은 바로 고조우의 분석과 같은 이유에서였다. 낙양은 비록 천하지중이라고 하지만 이곳에 도읍을 정하려면 반드시 서변의 관중이 안정되어 동일 정권하에 있어야 한다. 그렇지 않으면 낙양은 거점으로서의 의미가 없다.[81] 조조가 낙양을 방기하고 후한 헌제를 허에 둔 것은 당시 낙양이 동탁(董卓)의 난으로 황폐된 이유도 있지만 관중에 아직 마등(馬騰), 한수(韓遂) 등의 적대 세력이 있었기 때문이었다. 헌제를 허에 두고 자기는 업성에 있으면서 정치적으로 멀리서 조정을 통제할 수 있고 군사상 동방과 서방을 공격·방어할 수 있었기 때문이다. 석륵이 낙양에서 유요의 세력을 밀어내고서 한때 낙양으로의 천도를 계획했으나 결국 낙양에 도읍을 정하지 않은 것은 관중에 전조(前趙)의 유요 세력이 있었기 때문이다.

이처럼 업성이 나름으로 지형적으로 유리한 측면이 있었지만 낙양과 경쟁할 수 있었던 진정한 이유는 당시가 분열 왕조 시대라는 시대적 특성에 있었다. 통일 왕조 시대라면 낙양과 업성은 결코 경쟁 상대가 아닌 것이다. 이 점은 동위의 실권자 고환이 낙양에서 업성으로 천도를 단행하면서, 그 조서(詔書)에서 천도를 정도(正道)가 아닌 '변통(變通)', 기꺼이가 아닌 '부득이(不得已)'한 것으로 표현하고

如洛 洛不如鄴也 明矣.……自古用兵 以鄴而制洛也常易 以洛而制鄴也常難 此亦形格勢禁之理矣."
81) 周一良, 〈讀《鄴都記》〉, 155쪽.

있다는 점에서 잘 나타난다.[82]

　종합적으로 볼 때 낙양의 이점은 어느 정도의 지형적 험고를 갖춘데다 공도의 중심, 경제적으로 유리한 위치라는 복합적인 이유 때문에 소위 '천하가 이를 두고 싸우는 곳(天下必爭之地)'이 된 것이다.[83]

4. '근거지'와 경제적 선진 지대

　수도의 입지로서 고려해야 사항은 수도 및 그 주위 지역, 즉 경기(京畿) 지역이 다른 지방 세력(諸侯)을 압도하고, 외적[胡羌]을 충분히 방어할 만한 월등하고 충분한 경제력을 확보하고 있느냐 하는 것이다. 이런 능력을 갖고 기능하는 수도 및 경기 지역을 일러 '근거지(根據地)'[84]라 한다. 사실 수도란 소비 인구를 가장 많이 갖고 있는 정치 도시일 뿐만 아니라 최대의 병력 주둔지인 동시에 병참 기지이다. 이른바 강한 중앙이 되어야 지방이 통제될 수 있는 것이고, 지방을 잘 통제할 수 있어야 지방의 자원을 중앙으로 순조롭게 거두어들일 수가 있는 것이다. 역대 왕조가 꾸준히 채용해온 경기 정책인 이와 같은 '강간약지(强幹弱枝)' 책의 기본은 경제력의 중앙 집중이다.

　이런 점에서 낙양과 업성 두 지역의 경제적 잠재력을 살펴보자. 먼저 낙양의 경제력 문제에 대해 접근해보자. 전한 시대 익봉(翼奉)에 의하면 제후들은 소유한 땅이 사방 100리밖에 안 되는 것이 일반적인데 낙양은 남북 천 리나 되기 때문에

---

82) 《魏書》卷 12 孝靜帝紀, 297쪽: "事由於變通 理出於不得已……今遠遵古式 深驗時事 考龜襲吉 遷宅瀍滏."

83) 《讀史方輿紀要》卷 48 河南 3 河南府, 2,036쪽: "孔穎達曰 '洛陽處瀍澗之中 天地交會 北有太行之險 南有宛葉之饒 東壓江淮 食湖海之利 西馳崤澠 據關河之勝 李文叔曰 '洛陽處天下之中 挾崤澠之阻 當秦隴之噤喉 而趙魏走集 蓋四方必爭之地也. 天下當無事則已 有事則洛陽必先受兵.' 明太祖命徐達亦言 '先取山東 次及河洛 蓋英雄舉事 類以洛陽爲標準矣.'"

84) 이 '근거지(根據地)' 개념에 대해서는 민두기, 〈前漢의 陵邑徙民策〉, 《歷史學報》 9(1957) 및 〈前漢의 京畿政策〉, 《東洋史學硏究》 3(1969)을 참조하라.

근거지로서 충분하다는 것이다.[85] 그러나 낙양 부근의 자원이 보잘것없다는 것이
일반적인 견해이다. 중형 도시를 유지하는 데도 부족하다는 것이다.[86] 그래서 낙
양의 경제적 지위는 그 맞은편의 창덕(彰德)·위휘(衛輝)·회경(懷慶) 등 하내의
세 지역과 분리해서는 의미가 없다. 후한 광무제(光武帝)가 하내를 먼저 장악한 후
에야 하남을 얻을 수 있었듯이, 낙양은 삼하[87] 중에 하내와 하동에 의존하지 않고
서는 수도로서의 의미를 가질 수가 없었다. 따라서 낙양 지구는 관중 지구에 비해
서 지역적 독자성이 크게 떨어지는 것이다. 대신 삼국 시대 이후 하내에 속하는
업 지구가 날로 중요해지기 시작하였다.[88] 업이 실질적으로 부상한 것이다.[89] 특
히 남북조 말 동서 분열 시 동위-북제의 초기 전력(戰力)이 서위-북주의 10배에
달하였고, 북주 말 위지형(尉遲逈)의 반양견(反楊堅) 반란, 수 말 군웅들의 반란 등
이 업 지역의 풍부한 경제적·군사적 조건과 연관되어 있었던 것이다.[90]

　업의 장점은 이곳이 당시 농업의 최선진 지구였다는 점이다. 북방에서 농업의
최적지는 황하 하류 삼각주 지역이었다. 넓은 평원에다 토양도 황하의 충적에 의
해 비옥하고 강우량도 비교적 풍부하여 일찍부터 관개가 행해졌다.[91] 그래서 '광
활하고 저습한 지역이자 넓은 평야(原隰平曠)'[92]라 한 것이다. 서쪽에는 태항산맥

---

85) 《漢書》卷 75 翼奉傳, 3,176쪽: "臣願陛下徙都於成周 左據成皐 右阻黽池 前鄉崧高 後介大河 建滎陽 扶河東 南
北千里以爲關 而入敖倉. 地方百里者八九 足以自娛. 東厭諸侯之權 西遠胡羌之難 陛下共己亡爲 按成周之居 兼盤庚之
德 萬歲之後 長爲高宗."

86) 勞榦,〈北魏後期的重要都邑與北魏政治的關係〉, 923쪽.

87) 삼하(三河) 지구는 중국 고대 구도(舊都)의 소재지로서 알려져 있다. 즉 '夏都河東 商都河內 周都河南'가 그
것이다.

88) 勞榦,〈北魏後期的重要都邑與北魏政治的關係〉, 923쪽.

89) 《讀史方輿紀要》卷 49 河南 4 彰德府, 2,121쪽: "兩漢以來 魏郡稱爲雄固 袁紹竊據於此 旣而曹公擅有之 訓兵積
粟 雄長中原 左思魏都賦 爾其疆域 則旁極齊湊 結秦黃道 開胸殷衛 跨躡燕趙 山林幽映 川澤回繚."

90) 《讀史方輿紀要》卷 49 河南 4 彰德府, 2,122쪽: "及高歡自趙州入鄴 一戰而覇鄴遂成 旣竟魏權 挾其主東遷 是時
兵力雄盛 十倍於關西矣. 周末尉遲逈擧相州之衆 問罪楊堅 四方震動 韋孝寬僅而克之. 及隋末 群雄角逐 起於河北者 未
嘗不起爭相鄴 蓋馳逐中原 鄴其縮轂之口矣."

91) 서문표〔西門豹, 숙손표(叔孫豹)〕와 사기(史起)의 관개 구적(舊迹)이 바로 업성 지역에 있다.

92) 《讀史方輿紀要》卷 49 彰德府, 2,121쪽.

이 있고 남쪽에는 대하가 있다. 장수와 항수(恒水)가 통과하여 농토 수리가 발달된 곳이다. 일찍이 전국 시대에 위나라의 업령(鄴令) 서문표(西門豹)가 12거(渠)를 개착하여 장수를 끌어 들여 관전(灌田)하고, 사기(史起)는 그의 사업을 계승하여 수리 공정을 정비하고 확대하여 업성 부근은 "모두 비옥한 토양이어서 백성들이 그것을 칭송하였다(咸成沃壤 百姓歌之)"[93]는, 비옥한 토지와 풍부한 수원으로 중원의 곡창으로 이름난 곳이었다. 한 무제도 12거를 다시 수리하고 조조는 "장수에 둑을 쌓아 동쪽으로 물을 대고 천정언(天井堰)이라고 불렀다(堨漳水 迴流東注 號天井堰)"[94]고 하였고, 십육국 시기 전란에도 불구하고 주요한 곡창 지대로서의 위치를 잃지 않았다. 후연의 모용덕이 북위의 침략에도 1년여를 업성에서 버틸 수 있었던 것은 '식량을 평소에 저장해두었기(糧儲素積)'[95] 때문이었다. 한대의 인구 밀도가 가장 높은 지역이 바로 관동, 그중에서도 위군(魏郡) 지역이었다는 사실은,[96] 이 지역이 경제적으로 월등한 조건을 갖추고 있었음을 말해주는 것이다.

업성은 위진남북조 시기에 경제적으로 가장 풍요로운 지역이었다. 양식뿐만 아니라 견포(絹布)의 산지였고 소금의 산지도 주위에 두고 있었다.[97] 또한 북위 재정 지출의 대부분을 하북 지역의 인민이 부담했을 만큼 이 지역은 경제적으로 풍요로웠다.[98] 기(冀)·정(定) 2개 주에서 호조(戶租)로 내는 비단[絹]은 1년에 30만 필 이상이었다.[99] 이상에서 보듯이 업성은 경제 생산 면에서 낙양보다도 훨씬 우월한 위치에 있었던 것이다.

---

93) 《水經注》 卷 10 濁漳水 又東出山過鄴縣西條, 137쪽.

94) 《水經注》 卷 10 濁漳水 又東出山過鄴縣西條, 137쪽.

95) 《晉書》 卷 127 慕容德載記, 3,163쪽.

96) 勞榦, 〈漢代地理與戶籍的關係〉, 《勞榦學術論文集》(甲編-上冊)(臺北 : 藝文印書館, 1976), 13쪽 ; 勞榦, 〈北魏後期的重要都邑與北魏政治的關係〉, 931쪽 주 2.

97) 《魏書》 卷 110 食貨志, 2,863쪽 : "自遷鄴後 於滄·瀛·幽·青四州之境 傍海煮鹽. 滄州置竈一千四百八十四 瀛州置竈四百五十二 幽州置竈一百八十 青州置竈五百四十六 又於邯鄲置竈四 計終歲合收鹽二十萬九千七百二斛四升. 軍國所資 得以周瞻矣."

98) 《北史》 卷 15 魏諸宗室 常山王 暉傳, 572쪽 : "河北數州 國之基本……國之資儲 唯籍河北."

99) 逯耀東, 〈北魏孝文帝遷都與家庭悲劇〉, 105쪽.

다음으로 교통의 편리함을 따져보자. 수도를 비롯한 경기 지역이 그 자체로 충분한 역할을 수행하지 못할 때에는 지방의 자원을 이용하여야 한다. 그러기 위해서는 조운(漕運)의 편리함이 관건이다. 잘 알다시피 낙양은 후면에 황하를, 전면에 낙수를 두고 있다. 북위 효문제가 낙양 천도의 이유 가운데 하나로 든 것이 바로 조운의 편리함이었다.

> 나는 평성에는 조운지로(漕運之路)가 없기 때문에 도읍의 백성들이 가난해졌다고 생각하여 이제 낙양으로 천도하여 사방지운(四方之運)을 통하고자 한다.[100]

고 말했다. 효문제가 이렇게 낙양의 조운의 편리함을 말했지만, 사실 당시 사정으로 낙양은 조운의 면에서 그렇게 유리한 곳은 아니었던 것 같다. 효문제가 낙양으로의 천도에 대한 백성들의 의구심을 떨치기 위해, 황하의 조운로가 위험함에도 불구하고 그 스스로 서주(徐州)에서 사수(泗水)를 타고 황하에 진입하여 다시 거슬러 올라가 낙양으로 가는 운행을 자처했던 것[101]을 보면 알 수 있는 일이다. 효문제가 조운로 문제를 거론한 데 대해 오히려 최광(崔光)은 업성이 넓은 평원이며 조운이 사방으로 연결된 곳임을 들어 낙양보다 훨씬 우수한 점이 있다고 주장하였다.[102]

업성의 조운 문제를 검토해보자. 건안(建安) 18년(213) 조조는 조운, 특히 백구(白溝)를 통하게 하기 위해 기수(淇水)를 끌어 들여 북류(北流)시켜 항수에 유입시키고 이것을 수축하여 항수와 장수를 구통(溝通)하였다. 그 후 또 평로거(平虜渠)

---

100) 《資治通鑑》卷 140 齊紀 6 明帝 建武 2年(495) 4月條, 4,384쪽.

101) 《魏書》卷 79 成淹傳, 1,754쪽: "高祖幸徐州 將汎泗入河 泝流還洛……淹以黃河浚急 慮有傾危 乃上疏陳諫. 高祖勅(成)淹曰, '朕以恒代無運漕之路 故京邑民貧. 今移都伊洛 欲通運四方 以黃河急浚 人皆難步. 我因有此行 必須乘流 所以開百姓之心…….'"

102) 《太平御覽》(臺北 : 商務印書館, 1925年 初版) 卷 156 州郡部 2, 敍京都 下, 887쪽: "後魏書 文帝泰和十八年 卜遷都鄴 登銅雀臺 魏御史大夫崔吉〔《讀史方輿紀要》에는 光〕等曰 '鄴城平原千里 漕運四通 有西門使起舊迹 可以饒富. 在德不在險 請都之.'"

의 개통으로 고수(泒水), 호타수(滹沱水), 장수, 청하(淸河), 항수, 기수가 함께 연결되어 태항산맥을 이동하는 중요한 수로 교통로가 되었다.[103]

업성은 육로 교통의 면에서도 낙양보다 월등하다. 원래 화북 평원의 중부에 위치하여 육로 교통의 중추 역할을 해왔을 뿐만 아니라,[104] 북위의 초기 수도 평성에서 하북으로 가는 길의 중요한 경과 지점이었으며 남방 진출의 중요 거점이었다.[105] 이런 면에서 업성이 위진남북조 시대 후기에 접어들면서 점차 중요한 근거지로서 부상하고 있었던 것이다. 그렇기 때문에 효문제도 사실 업도에 대해서 나름으로 관심을 가졌던 것이고, 상당한 평가를 하고 있었다. 그래서 그곳에 궁전도 조영했던 것이다.[106] 한족이 중원을 중시한다는 점에서 낙양 천도를 당연히 지지할 만한 한족 출신의 중신인 고려(高閭)마저 낙양 천도에 대해 '천도에 따르는 열 가지 손실(遷有十損)'을 열거하면서 업도로의 천도를 주장한 것은,[107] 업도와 낙양의 수도 입지에 대한 객관적인 평가라 할 수 있다. 고려가 말한 열 가지 손실의 내용이 무엇인지는 알려지지 않았지만 신하인 고려가 황제의 천도 계획을 10가지로 조목조목 따져서 비평할 때는 나름으로 상당한 근거가 있었다고 보아야 한다. 그리고 효문제가 그의 주장을 듣고 그를 매우 기피했다는 사실로도 그러하다.

---

103) 馬植杰, 《三國史》(北京 : 人民出版社, 1993), 264쪽.

104) 이 대로(大路)를 '유주대도(幽州大道)'(《太平御覽》 卷 956 木部 5 '楡' 條, 4,375쪽 下 : 《趙書》曰 從幽州大道……")라 한다. 그 중요성은 하북 지역을 관통하는 육로의 대동맥이라는 점뿐만 아니라 산서(山西) 고원에 집중적으로 거주하면서 중원 진출을 노리는 호족(胡族)들의 남하 도로라는 데에 있다. 이 문제는 다음 장에서 재론될 것이다.

105) 도무제(道武帝)가 모용연(慕容燕)을 치면서 하북으로 가는 길은 평성에서 안문관(雁門關)을 통과하여 태원(太原)에 도착하고 다음 낭자관(娘子關)을 거쳐 정정[正定, 진정(眞定)]에 이르고 다시 남행하여 업에 이르렀다. 돌아올 때는 업-정정-정주(중산)-망도(望都)-당하(唐河)를 따라서 영구(靈邱)-혼원(渾源)-평성으로 이어지는 길을 택하였다. 즉 하북으로 가는 길은 2가지인데, 전자의 경우 안문관과 낭자관의 두 산지를 넘어야 하지만 정주로 가는 길은 영구의 산지 하나만 넘으면 되었으므로 후자를 많이 택하였다. 명원제는 유송(劉宋)과의 전투 시에 영구를 통해서 남하하여 업을 거쳐 낙양에 갔다가 귀로에 하내-태행을 올라 진양(晉陽, 태원)-안문관을 이용하였다. 당시 위송(魏宋) 전투에서 북위의 작전 근거지는 업이었고, 유송의 근거지는 활대(滑臺)와 호뇌(虎牢)였다(勞榦, 〈北魏後期的重要都邑與北魏政治的關係〉, 942~943쪽).

106) 《魏書》 卷 7 下 高祖紀 下, 173쪽 : "(太和十有七年) 初 帝之南伐也 起宮殿於鄴西 十有一月癸亥 徙御焉."

107) 《魏書》 卷 54 高閭傳, 1,206쪽 : "遷都洛陽 閭表諫 言遷有十損 必不獲已 請遷於鄴, 高祖頗嫌之."

그러나 효문제는 태화 17년(493) 8월 기축일에 남조 소제(남제)를 정벌한다는 명분으로[108] 100만 대군을 이끌고 40여 일 만인 9월에 낙양에 도착했다.[109] 당시 효문제가 낙양에 집착한 것은 통일 군주는 중원에 천도하여야 한다는 일종의 강박관념의 결과였다.

5. 호(胡)·한(漢) 종족 문제와 수도

이 글에서 다루고 있는 낙양과 업 지역은 조위와 서진 시기를 빼면 모두 호족(胡族)이 세운, 이민족 왕조의 수도 후보지였다. 따라서 본 주제와 관련하여 종족적 문제를 고려하지 않는다면 유효한 분석이라 할 수 없다. 이민족 왕조의 수도 선지 문제에 대한 배경적 이해를 얻기 위해 오호십육국 시기 각 정권 건도의 선택의 기준을 살펴보자. 앞선 연구에 따르면 거기에는 대개 세 가지의 이유가 작용했다고 한다. ① 핵심 부족이 장기간 거주했거나 많이 모여 있는 곳을 택한다. 유연(劉淵)이 분수(汾水) 유역의 평양을 택한 것은 흉노(匈奴) 5부(部)가 장기간 거주한 곳이기 때문이었고, 전연이 용성을 택한 것은 선비(鮮卑) 모용부(慕容部)가 거주한 지방이었기 때문이며, 저(氐) 부씨(苻氏)와 강(羌) 요씨(姚氏)는 장안에서 장기간 활동했기 때문에 장안을 선택했으며, 탁발씨의 성락도 역시 그러했다. ② 창업자(創業者)의 개인 근거지를 택한다. ③ 자기를 보존하기 쉽고 침략에· 방어할 수 있고 대외적으로 발전과 세력 확대가 가능한 근거지를 택한다는 것이 그것이다.[110]

이상의 분석 가운데는 설득력이 있는 것도 있지만 그렇지 못한 것도 있다. 특히

---

108) 《魏書》 卷 53 李沖傳, 1,183쪽: "高祖初謀南遷 恐衆心戀舊 乃示爲大擧 因以脅定羣情 外名南伐 其實遷也. 舊人懷土 多所不願 內憚南征 無敢言者 於是定都洛陽."

109) 《魏書》 卷 7 下 高祖紀 下, 172~173쪽: "(太和十有七年)己丑 車駕發京師 南伐 步騎百餘萬.……(九月)庚午 幸洛陽 周巡故宮基址.……丁丑 戎服執鞭 御馬而出 羣臣稽顙於馬前 請停南伐 帝乃止. 仍定遷都之計."

110) 周一良, 〈讀《鄴都記》〉, 152~153쪽.

이것은 건국 초기 수도에 대한 분석이지, 중원 국가로 발전해가는 과정에서의 선지 문제는 고려되지 않았다. 후세 요(遼)·금(金)·원(元) 등 소위 정복 왕조에 있어서 수도 선지의 경우를 볼 때 더욱 그러하다. 이 점은 특히 석씨의 후조, 북위, 동위-북제의 경우를 보면 더욱 그러하다.

요·금·원이 북경을 택한 것은 화북 평원 중에서 북경이 본거지로부터 가장 가까운 곳에 있었기 때문이다. 요·금·원의 북경은 북방의 부락을 돌볼 수 있는 지점이었다. 효문제의 낙양으로의 천도는 변방의 정황으로 볼 때 매우 파격적인 것이었다. 북방 초원에서 북경이 제일 가깝고 그 다음이 진양이고, 그 다음이 장안과 업이다.[111] 따라서 낙양은 변방 초원과는 완전히 떨어져 있다. 업을 북경과 비교할 때, 모두 산서 고원의 동쪽 기슭의 평탄한 화북 평원에 위치하고 있지만, 화북 평원을 하나의 단위로 할 때 지역적으로 북경보다 업이 더 중심에 가깝고, 토양 역시 업이 북경보다 비옥하다.[112] 업은 서쪽으로 태항산맥을 방어막으로 삼을 수 있고, 태항산맥의 여러 출입구 및 장수의 하곡을 통해서 산서의 병주와 상통할 수 있었으며, 북방 민족이 남하할 때 항상 사용하는 '유주대도(幽州大道)' 위에 위치해 있다.[113] 즉 하북 평원 북단에 가깝고 북방 민족이 중원에 손을 뻗칠 때의 거점이고, 또 중원의 중심인 낙양에 비교적 가까워 업을 취하는 자는 동시에 낙양을 손에 넣을 수 있고, 또 남북 대립 시대에는 남방으로부터 적당한 위치에 있었다는 점도 중요하다.[114]

또 하나 고려해야 할 점은 군사적인 면이다. 북위 초 하북은 수도의 후보지로서 주목을 받았지만, 실제로 수도를 하북 중원 지구로 옮기는 상황에는 이르지 않았던 것이다. 당시 북위는 중원 지구를 점령한 후에 수도의 강력한 후보지로 업을

---

111) 勞榦, 〈北魏後期的重要都邑與北魏政治的關係〉, 926쪽.

112) 勞榦, 〈北魏後期的重要都邑與北魏政治的關係〉, 925쪽.

113) 톈위칭(田余慶)은 유주대도를 '태항산맥 동쪽 기슭의 길(太行東麓之道)'이라 한다. 田余慶, 〈田余慶同志討論涵〉, 〈讀《鄴都記》〉, 165쪽.

114) 村田治郎, 〈鄴都攻略〉, 《中國の帝都》(京都 : 綜藝舍, 1981), 254쪽.

고려하였지만, 왜 금방 포기하였던가? 최호의 말을 빌리면 이 지역은 유목민의 성격을 아직 크게 벗어나지 못한 북위 탁발족이 거주하기에는 부적당하다는 것이었고, 둘째 외적 요인으로 사방 가운데서도 북방에 혁련하(赫連夏)와 유연(柔然)의 세력이 엄존하고 있기 때문이라는 것이다. 수재·한발 등 자연재해가 닥칠 때 백성들을 산동에 가 취식토록 조처하면 되기 때문에 그것을 이유로 천도를 단행하는 것은 장구지책(長久之策)이 될 수 없다는 주장이었다.[115] 물론 당시 중원 지역에 모용씨 등의 강력한 반위(反魏) 세력이 상존하고 있었다는 점[116]도 역시 고려되었다고 할 것이다.

여기서 최호가 말한 유목적 성격이란 무엇인가? 첫째 주력병의 문제이다. 북위 전기의 주력병은 탁발씨의 부락 연맹민이 위주가 된 부락병이고,[117] 그것도 기병이었다. 당시 북위 기병의 전투력은 남조의 유송[118]뿐만 아니라 유목 지역에 살고 있는 유연과 비교해도 전혀 떨어지지 않았다.[119] 사실 말은 기병의 기본적인 물질적 조건이다. 평성에 도읍을 정하면 위군이 말을 구하고 먹이는 데는 별 문제가 없다. 형북뿐만 아니라 새로 편입된 하서(河西) 지역도 광활한 목장이었기 때문이다.[120] 북위의 주력병이 기병인 것은 효문제 시기도 마찬가지였다. 효문제가 낙양

---

115) 《魏書》卷35 崔浩傳, 808쪽: "神瑞二年 秋穀不登 太史令王亮·蘇坦因華陰公主等言議書國家當治鄴 應大樂五十年 勸太宗遷都. 浩與特進周澹言於太宗曰 '今國家遷都於鄴 可救今年之飢 非長久之策也. 東州之人 常謂國家居廣漠之地 民畜無算 號稱牛毛之衆. 今留守舊都 分家南徙 恐不滿諸州之地. 參居郡縣 處榛林之間 不別水土 疾疫死傷 情見事露 則百姓意沮. 四方聞之 有輕侮之意 屈丐(赫連勃勃) 蠕蠕必提而來 雲中·平城則有危殆之慮 阻隔恒·代千里之險 雖欲救援 赴之甚難 如此 則聲實俱損矣. 今居北方 假令山東有變 輕騎南出 爛威桑梓之中 誰知多少? 百姓見之 望塵震服. 此是國家威制諸夏之長策也. 至春草生 乳酪將出 兼有菜果 足接來秋 若得中熟 事則濟矣'. 太宗深然之 曰, '唯此二人與朕意同' 復使中貴人問告·澹曰 '今旣闕口無以至來秋 來秋或復不熟 將如之何?' 浩等對曰, '可簡窮下之戶 詣諸州就穀 若來秋無年 願更圖也. 但不可遷耳' 太宗從之. 於是分民詣山東三州就食 出倉穀以稟之. 來年遂大熟."

116) 曹文柱, 〈論北魏初年都址的選擇〉, 37쪽.

117) 何玆全, 〈府兵制前的北朝兵制〉, 《讀史集》(上海: 上海人民出版社, 1982), 318쪽.

118) 《宋書》卷74 臧質傳, 1,912쪽: "(臧)質答書(拓跋燾)曰, '……爾自恃四脚 屢犯國疆……'"이라 하여 북위군을 사각(四脚, 기병)으로 표현하고 있다.

119) 《魏書》卷35 崔浩傳, 816~817쪽: "(崔)浩曰 '……又高車號爲名騎 非不可臣而畜也. 夫以南人追之 則患其輕疾 於國兵則不然. 何者? 彼能遠走 我亦能遠逐 與之進退 非難制也……'."

으로 천도하려 할 때에 목비(穆羆)가 반대 이유로 낙양에 말이 없다는 점을 들었다.[121] 이 문제에 대한 효문제의 방안은 재미있다. 그는 평성에서 말을 사육하고 낙양에서 가져다 쓰면 된다고 했다.[122] 실제 낙양 천도 후 효문제는 하양 지방에 대목장을 건설하였다.[123] 그러나 말의 공급이 중요한 것이 아니라 말의 생활도 중요하다. 말은 선선한 곳이 아니면 병에 잘 걸린다.[124] 낙양은 유목민 출신뿐만 아니라 말도 생활하기 힘든 곳이었다. 따라서 낙양 천도 후에도 말의 주요 생산지는 하서였다.[125] 그 점에선 업도 낙양보다 크게 나을 것이 없다. 그렇지만 업은 탁발족의 근거지인 산서 고원과 훨씬 밀접하게 연결되어 있다.

두 번째로 생활 여건의 문제이다. 선비인에게 낙양은 기후가 맞지 않고, 낙양이 갖고 있는 의관문물(衣冠文物)이 그들에게는 모두 익숙한 것이 아니었다. 효문제의 태자 순(恂)도 하남의 지열(地熱)에 견디지 못하고[126] 경기(輕騎)로 낙양을 탈출한 후 평성으로 돌아가 천도를 반대하고 일어난 태자태부(太子太傅) 목태(穆泰)의 반란에 적극 가담하였던 것은 낙양의 생활 조건이 그들에게 얼마나 부적당했는지를 알 수 있게 한다. 사실 선비인 대부분은 심정적으로 천도를 환영하지 않았

---

120) 《魏書》卷 110 食貨志, 2,857쪽 : "世祖之平統萬 定秦隴 以河西水草善 乃以爲牧地. 畜産滋息, 馬至二百餘萬匹 橐駝將牛之 牛羊則無數. 高祖卽位之後 復以河陽爲牧場 恒置戎馬十萬匹 以擬京師軍警之備. 每歲自河西徙牧於幷州 以漸南轉 欲其習水土而無死傷也 而河西之牧彌滋矣."

121) 《魏書》卷 14 東陽王 丕傳, 359쪽 : "及高祖欲遷都……(兖州刺史) (穆)羆進曰, '北有獫狁之寇 南有荊揚未賓 西有吐谷渾之阻 東有高句麗之難…… 征伐之擧 要須戎馬 如其無馬 事不可克.'"

122) 《魏書》卷 14 東陽王 丕傳, 359쪽 : "高祖曰 '卿無馬 此理粗可 馬常出北方 庶在此置 卿何慮無馬? 今代在恒山之北 爲九州之外 以是之故 遷于中原.'"

123) 《通典》(北京 : 中華書局, 1988, 點校本) 卷 25 職官 7 太僕卿, 706쪽 : "太武帝平統萬赫連昌……河西水 草善 六畜滋息……孝文帝遷洛陽之後 復以河陽爲牧場 恒置戎馬十萬匹 以擬京師軍警之備 每歲自河西徙牧於幷州 漸南 欲其習水土而無死傷也 而河南之牧滋甚."

124) 한랭 지역에 살던 말이 중원에 들어오면 물과 토양이 맞지 않아 발병률과 사망률이 높다. 馬俊民,〈唐與回紇的絹馬貿易─唐代馬價絹新探〉,《中國史硏究》(1984년 제1기), 73~74쪽 ; 馬俊民 · 王世平,《唐代馬政》(西安 : 西北大學出版社, 1995), 139쪽.

125) 謝成俠,《中國養馬史》(北京 : 科學出版社, 1959), 112쪽.

126) 《資治通鑑》卷 140 齊紀 7 明帝 建武 3年(497) 8月條, 4,400쪽 : "魏太子恂不好學 體素肥大 若河南地熱 常思北歸. 魏主賜之衣冠 恂常私著胡服……"

다. 탁발 권귀(權貴) 가운데 우열(于烈) 일족만이 목태의 반란에 동조하지 않았다는 것[127]은 당시 선비인의 심정을 대변하고 있다. 평성은 그들이 살기 좋은 기후에다 이제껏 지녀왔던 그들 고유의 생활 습관과 문화를 유지할 수 있는 곳이었으며 그들이 집착했던 생활 터전이었다.[128] 유력한 종실의 한 사람인 탁발비(拓跋丕)가 천도로 인해 나타날 제반 생활의 변화를 원하지 않는다고 했던 것[129]은 그런 의미에서다. 이런 형편에서 낙양 천도 초기 효문제는 '겨울이면 남쪽에 거주하고 여름이 되면 바로 북쪽에서 산다(冬則居南 夏便居北)'[130] 하여 마치 기러기 같은 '안신(雁臣)'[131]살이를 허락하지 않으면 안 되었다. 그러나 이것은 그렇게 유효한 대처는 아니었다. 국가의 경영에 문제가 생기는 것이다. 결국 효문제는 평성과의 관계를 단호히 단절시키는 것이 최선의 방법이라 생각했다.[132] 결국 북위 말 육진(六鎭)의 난은 효문제의 낙양 천도가 가져온 필연적인 결과였다.

이런 상황에서 부상하게 된 지역이 진양이다. 진양의 지리적 환경에 대해서 약간 살펴보자. 진양이 소재한 산서성은 해발 600~1,200미터 황토 고원의 동단(東端)에 위치하여 업도가 있는 하북성보다 훨씬 높다. 현 산서성 성도인 태원(太原), 즉 진양은 유목민에 적합한 자연적 환경을 갖고 있다. 이곳은 해발 800미터의 고지이다. 따라서 낙양과 같은 무더위가 별로 없는 곳이다. 즉 여름 한낮의 더위도 3~4시간에 불과하고 아침저녁은 매우 서늘한 북온대(北溫帶) 대륙성 기후이다. 그리고 유목민의 생산 활동, 즉 목축이 가능한 최남단 지역이며 이곳에 목지가 펼쳐져 있다.[133] 산서 지역의 연평균 강우량은 500mm, 연평균 온도는 섭씨 8도 정도이다.[134]

---

127)《魏書》卷 31 于烈傳, 738쪽.

128)《魏書》卷 22 廢太子恂傳, 588쪽: "不好書學 體貌肥大 深忌河洛暑熱 意每追樂北方."

129)《魏書》卷 14 拓跋丕傳, 360쪽: "雅愛本風 不達新式 至於變俗遷洛 改官制服 禁絶舊言 皆所不願."

130)《北史》卷 15 魏諸宗室 常山王 暉傳, 571쪽: "初 孝文遷洛 舊貴皆難移 時欲和衆情 遂許冬則居南 夏便居北."

131)《資治通鑑》卷 140 齊紀 7 明帝 建武 4年(497) 2月條, 4,410쪽: "是時 代北舊族 多與穆泰連謀……帝以北方酋長及侍子畏暑 聽秋朝洛陽 春還部落 時人謂之 '雁臣'(胡注曰. 以雁避寒而南來 望暖而北遷也)."

132)《魏書》卷 7 下 高祖紀下, 178쪽: "(太和十有九年 六月) 丙子 詔遷洛之民 死葬河南 不得還北. 於是代人南遷者 悉爲河南洛陽人. 戊午 詔改長尺大斗 依周禮制度 班之天下."

강우량 500mm 지역은 대체로 농경과 목축의 접경지대라 할 수 있는데,[135] 그래서 태원은 유목과 농업의 경계선상에 위치해 있다.[136] 그래서 호·한 두 민족이 함께 거주할 수 있는 중국의 몇 안 되는 지역 중의 하나이다.[137] 또 진양은 산서 고원의 중심에 위치하여 고원 중에서도 하나의 분지를 이루고 있어 방어에도 유리하다.

육진의 난의 결과로 막강한 권력자로 부상한 고환은 당시 육진 선비의 이런 공통된 감정을 감안하지 않으면 안 되었다. 고환의 훈귀(勳貴) 중의 한 사람인 고적간(庫狄干)은 원래 집이 추운 지역에 있던 터라 혹서를 견디지 못하여 겨울에는 경사(京師)에, 여름에는 향리로 돌아갔던 것[138]처럼 그들에게는 낙양이나 업도와는 다른, 그들이 생활하기에 편한 곳이 필요했던 것이다. 따라서 진양은 단순한 군사 중심지가 아니라, 폐태자 순이 돌아가고자 했던 그들의 향리, 즉 또 다른 평성이었다.[139]

위진남북조에 들어서 진양의 역할은 이미 서진 말 유곤의 시기에 두드러지게 나타나기 시작했다. 유곤이 이곳에 근거를 둠으로써 유연(劉淵)이나 석륵과 대적할 수 있었다. 북위 말에는 이주영(尒朱榮)이 '병주(幷州)·사주(肆州)의 백성'을 이용하여 북위 왕실을 농단할 수 있었다. 고환이 이주조(尒朱兆)를 격파하고 나서는 진양의 지역적 우수성을 감안하여 진양에 대승상부(大丞相府)를 두었고, 북주가 북제를 칠 때도 진양을 먼저 침으로써 일거에 북제를 멸망시킬 수가 있었다.

133) 《北齊書》卷 17 斛律金傳 附 子 光傳, 225쪽 : "穆提婆求娶光庶女 不許. 帝賜提婆晉陽之田 光言於朝曰 '此田神武帝以來常種禾 飼馬數千匹 以擬寇難 今賜提婆 無乃闕軍務也?'"

134) 楊純淵, 《山西歷史經濟地理》(太原 : 山西人民出版社, 1993), 19쪽.

135) 김호동, 〈古代遊牧國家의 構造〉, 서울대학교 동양사학과 연구실 엮음, 《강좌 중국사》 II (지식산업사, 1989), 259쪽.

136) 史念海, 〈隋唐時期農牧地區的變遷及其對王朝盛衰的影響〉, 《河山集(七集)》(西安 : 陝西師範大學出版社, 1999), 6~7쪽.

137) 진양(태원)과 같은 유형의 도시로 북경, 심양(瀋陽), 유림(楡林), 난주(蘭州), 장액(張掖), 무위(武威) 등이 있다. 진양의 서남, 소위 '하동(河東)'지역은 저지대의 넓은 농업 지역이고, 안문관 이북 지역은 유목에 적합한 지역이다(勞榦, 〈北魏後期의 重要都邑與北魏政治的關係〉, 951쪽 주 1).

138) 《北齊書》卷 15 庫狄干傳, 197쪽 : "以家在寒鄉 不宜毒暑 冬得入京師 夏歸鄉里."

139) 박한제, 〈東魏-北齊時代의 胡漢體制의 전개─胡漢 葛藤과 二重構造〉, 160쪽.

뿐만 아니라 이연이 태원기의(太原起義) 후 분진(汾晉)을 따라 관중을 취하였고, 안사(安史)의 난을 수습하는 데 하동병(河東兵)이 가장 큰 역할을 하였고, 이극용 (李克用)이 이 땅을 가지고 주온(朱溫)을 결국 멸망시켰다. 석경당(石敬瑭)이 진양에 남아 수비함으로써 후당을 넘어뜨릴 수가 있었던 것은,[140] 바로 진양이 갖는 지역적 특징 때문이었다.

진양이 수도의 후보지로 올랐던 것은 이주영 집권기인 북위 말이었다.[141] 그러나 진양이 실제 수도 역할을 한 시기는 동위-북제 시기였다. 그렇다고 진양이 단독 수도가 될 수는 없었다. 북위 효무제가 서천(西遷)한 후, 고환은 효정제를 옹립하고는 바로 업으로 천도를 단행했다. 당시 왜 고씨(高氏)의 세력 기반인 진양으로 옮기지 않고 업으로 옮겼느냐는 문제가 떠오른다. 진양 나름의 약점은 있다. 진양은 평성과 별 다를 바가 없는 곳이었다. 당시 북위는 진양에 수도를 둘 그럴 국가로서의 단계는 이미 지났다. 즉 진양은 당시 호인(胡人)이 남하하여 거주할 수 있는 최남단 지역이었지 그것이 중원 국가로 변한 왕조의 수도가 될 수는 없는 것이다. 효문제가 천도할 때 비록 진양과 업을 거쳤음에도 불구하고 도성의 선지 과정에서 진양이 전혀 고려되지 않았던 것은 진양이 평성과 유사점을 가지고 있었기 때문이었다.[142] 여기에 양도(兩都) 체제가 등장한 것이다. 북제는 업에 도읍을 정하였지만, 그 군사상의 본근거지는 진양에 두고 황제들이 항상 업과 진양 사

---

140)《讀史方輿紀要》卷 40 山西 2 太原府, 1,670~1,672쪽："及晉室顚覆 劉琨恠據於此 猶足以中梗劉石.……拓跋世衰 尒朱榮用幷肆之衆 攘竊魏權 芟滅韋盜 及高歡破尒朱兆 以晉陽四塞 建大丞相府而居之.……李淵以晉陽擧義 遂下汾晉 取關中……及安史之亂 匡濟之功多出河東. 最後李克用有其地以與朱溫爲難……而梁亡於晉矣. 石敬瑭留守晉陽 遂易唐祚……夫太原爲河東都會 有事關河以北者 此其用武之資也."

141)《資治通鑑》卷 152 梁紀 8 武帝 大通 2年(528) 夏4月條, 4,744~4,745쪽："(爾朱)榮所從胡騎殺朝士旣多 不敢入洛城 卽欲向北爲遷都之計……榮奉帝入城……洛中土民草草 人懷異慮 或云榮欲縱兵大掠 或云欲遷都晉陽.……榮 猶執遷都之議 帝亦不能違 都官尙書元諶爭之 以爲不可."

142) 낙양 천도에 반대하였던 원비(元丕)가 자신들에게 기후가 맞지 않는 낙양보다 차라리 진양에 살겠다고 한 것은 이 점을 말해준다(《魏書》卷 14 神元平文子孫 元丕傳, 360~361쪽："丕雅愛本風 不達新式 至於變俗遷洛……皆所不願……高祖以丕年衰體重 亦不强責……丕父子大意不樂遷洛 高祖之發平城 留太子恂於舊京……時丕以老居幷州……詔以丕應連坐 但以先許不死之詔 躬非染逆之身 聽免死 仍爲太原百姓 其後妻二子聽隨")。

이를 오간 사실은 앞서 북위가 낙양에 천도한 후 그 본근거지로부터 고립되었던 전철을 밟지 않으려는 노력의 한 표현이다.[143]

　이상의 분석에서 볼 때 효문제의 낙양 천도는 일개 이상주의자가 당시의 현실 문제를 돌아보지 않고 단행한 것이었다.[144] 공격과 방어를 할 수 있는 천험의 조건이나 경제적인 잠재력이 낙양을 북위의 수도로 만든 것이 아니었다. 낙양은 493년 한 권력자(효문제)에 봉사하기 위해 수도로 채택되었다가 41년 후(534) 다른 권력자(고환)에 의해 내팽개쳐진 도시였다.[145] 낙양에 수도를 정할 때도 강제로 사민시켰듯이 그곳을 비울 때도 강제로 3일 만에 200km 떨어진 업으로 옮기라고 명령했다. 이것이 분열 시대인 위진남북조 시대의 낙양의 현주소였다. 업은 어떠한가? 업은 그 역사가 말하듯이 분열 시대의 한 도읍지로서 한정된 의미를 가지는 지역이었다. 수당 통일 이후 어떤 왕조도 업을 다시 돌아보지 못한 것은 수도의 입지로서 한계를 분명히 드러낸 것임에 틀림없다.

6. 결론

　이상에서 필자는 위진남북조 시대, 정확하게는 위진북조 시대 각 왕조의 수도(도성)의 선지 과정에서 고려된 여러 사항들을 살펴보고 그것이 어떤 의미를 갖는가를 세 가지 측면에서 검토하였다. 이 시대에 수도의 후보로서 거론되었던 낙양과 업도는 400년간 이 문제를 두고 경쟁을 벌였던 지역이다. 수도의 선택에는 통일 시대인가 혹은 분열 시대인가에 따라 그 기준이 달라질 수밖에 없지만, 선택의

---

143) 宮崎市定,《東洋における素朴主義の民族と文明主義の社會》,《宮崎市定アジア史論考(上卷·槪論編)》(東京 : 朝日新聞社, 1976), 82쪽.

144) 勞榦,〈北魏後期的重要都邑與北魏政治的關係〉, 931쪽.

145) W. J. F. Jenner, "Northern Wei Loyang : An Unnecessary Capital", *Papers on Far Eastern History* 23(1981), 156~157쪽.

가장 중요한 요인은 방위와 공격이 용이한 천험을 가진 지형이 주요할 것이며, 또 지방을 통제하고 외적을 능히 막아낼 수 있는 경제력을 옹유해야 할 것이다. 여기에 전통적 관념의 무게도 그 선택에 중요한 작용을 하게 된다.

이 글의 분석 결과에 의하면 이 시대의 수도는 각 왕조가 처한 상황과 위치, 그리고 당시 최고 권력자의 개인적인 성향과 목표에 따라 선택이 달라졌음을 발견하였다. 낙양은 사실 수도의 입지 면에서 업도와 비교될 정도의 지역은 결코 아니었지만, 당시가 분열 시대이고, 또 이민족이 세운 왕조가 대부분을 차지하고 있었기 때문에 업도와 경쟁 관계에 서게 되었다. 북위가 화북을 통일한 시대를 제외하고는 낙양은 대체로 각 왕조의 변경 지대에 위치하게 되는 경우가 많았다. 그 때문에 낙양은 수도로서의 자격에 상당한 손상을 입었다. 그러나 항상 업도와 함께 수도의 후보로 올랐던 것은 주와 한의 고도였다는 전통 덕분이었다.

이 시대에 들어 업도가 크게 부상한 것은 수도로서 가져야 할 나름의 조건을 가지고 있을 뿐만 아니라 그 위치상 이민족 정권의 주된 활동지와의 근접·연결성이 큰 장점이었으며, 당시가 남북 대립 시기였다는 점에서 남방으로 돌출된 낙양보다는 우위에 설 수 있었던 점에 있었다. 필자는 이 문제를 검토하는 과정에서 당시의 민족(종족) 관계를 중요한 변수로 보고 이를 분석 대상으로 삼았다. 사실 호한(胡漢)의 융합이 본궤도에 오르지 못한 당시, 인구수에서는 소수이지만 지배족으로서 군림한 호족(胡族)들의 성향을 무시한 수도 선지는 북위 효문제의 낙양 천도의 결과가 보여주듯이 많은 문제를 야기할 수밖에 없었다. 그 반동으로 나온 것이 동위-북제의 업도-진양이라는 양도 체제이다. 한쪽 발은 그들의 본근거지였던 초원에, 한쪽 발은 하북 평원에 둔 형세이다. 이런 양도 체제의 출현은 이민족이 세운 왕조가 초원 국가로서의 성격을 탈피하고 중원 국가로의 변신을 완결시키지 못한 것을 의미한다. 효문제의 낙양 천도는 당시로서는 적합한 조처가 아니었다. 그가 오히려 업으로 천도를 하였더라면 북위 왕조의 운명은 다른 방향으로 흘러갔을지도 모를 일이다.

《史記》

《漢書》

《後漢書》

《晉書》

《魏書》

《北齊書》

《宋書》

《北史》

《管子》(南寧：廣西人民出版社, 1987)

《呂氏春秋》(長春：吉林文史出版社, 1993)

《水經注》(臺北：世界書局, 1970)

《文選》(臺北：藝文印書館, 1976)

《鄴中記》,《鄴城暨北朝史硏究》(石家莊：河北人民出版社, 1991)

《洛陽伽藍記》(上海：上海古籍出版社, 1978)

《通典》(北京：中華書局, 1988)

《太平御覽》(臺北：商務印書館, 1974)

《資治通鑑》(臺北：世界書局, 1976)

《讀史方輿紀要》(臺灣：洪氏出版社, 1981)

《歷代宅京記》(北京：中華書局, 1984)

〔정사(正史)는 북경(北京) 중화서국(中華書局)의 표점교감본(標點校勘本)을 사용했으며 판본은 따로 표시하지 않았다.〕

동양사학회 편,《역사와 도시》(서울대학교출판부, 2000)

박한제,《中國中世胡漢體制硏究》(일조각, 1988)

馬植杰,《삼국사(三國史)》(北京：人民出版社, 1993)

馬俊民 王世平,《당대 마정(唐代馬政)》(西安：西北大學出版社, 1995)

謝成俠,《중국 양마사(中國養馬史)》(北京：科學出版社, 1959)

楊純淵,《산서 역사 경제 지리(山西歷史經濟地理)》(太原：山西人民出版社, 1993)

李凭,《북위 평성 시대(北魏平城時代)》(北京：社會科學文獻出版社, 2000)

村田治郎,《중국의 제도(中國の帝都)》(京都：綜藝舍, 1981)

김호동,〈古代遊牧國家의 構造〉, 서울대학교 동양사학연구실 엮음,《강좌 중국사》II(지식산업사, 1989)

박한제,〈南北朝時代의 南北關係—交易과 交聘을 中心으로〉,《韓國學論叢》4(1982)

———,〈東魏-北齊時代의 胡漢體制의 전개—胡漢 葛藤과 二重構造〉,《分裂과 統合—中國 中世의 諸相》(지식
산업사, 1998)

민두기,〈前漢의 陵邑徙民策〉,《歷史學報》9(1957)

———,〈前漢의 京畿政策〉,《東洋史學硏究》3(1969)

이성규,〈北朝前期門閥貴族의 性格—淸河崔浩와 그 一門을 中心으로〉,《東洋史學硏究》11(1977)

逯耀東,〈북위 효문제 천도와 가정 비극(北魏孝文帝遷都與家庭悲劇)〉,《평성에서 낙양까지—탁발위 문화
변천의 열정(從平城到洛陽—拓跋魏文化轉變的歷程)》(臺北 : 聯經出版事業公司, 1979)

馬俊民,〈당과 위구르의 견마 무역(唐與回紇的絹馬貿易—唐代馬價絹新探)〉,《中國史硏究》(1984년 제1기)

勞榦,〈한대 지리와 호적의 관계(漢代地理與戶籍的關係)〉,《라오간 학술 논문집(勞榦學術論文集)》(甲編-下
冊)(臺北 : 藝文印書館, 1976)

——,〈북위 후기 중요 도읍과 북위 정치의 관계(北魏後期的重要都邑與北魏政治的關係)〉,《勞榦學術論文集》
(甲編-下冊)(臺北 : 藝文印書館, 1976)

尚志邁·趙淑珍,〈위 효문제 탁발굉의 천도에 대해 논함(也談魏孝文帝拓跋宏的遷都—兼評王仲犖先生的遷
都原因說)〉,《內蒙古大學學報(哲社版)》(1994년 제4기)

史念海,〈우리나라 고대 도성 건립의 지리적 요인(我國古代都城建立的地理因素)〉,《中國古都硏究》2(杭州 :
浙江人民出版社, 1986)

———,〈수당 시기 농목 지구의 변화 및 왕조 성쇠에 미친 영향(隋唐時期農牧地區的變遷及其對王朝盛衰的
影響)〉,《河山集(七集)》(西安 : 陝西師範大學出版社, 1999)

周一良,〈업중기를 읽고(讀《鄴都記》)〉,《위진남북조 사론집 속편(魏晉南北朝史論集 續編)》(北京 : 北京大學
出版社, 1991)

曹文柱,〈북위 초기 도읍지 선택을 논함(論北魏初年都址的選擇)〉,《北京師範大學學報》(1987년 제1기)

何玆全,〈부병제 이전의 북조 병제(府兵制前的北朝兵制)〉,《讀史集》(上海 : 上海人民出版社, 1982)

宮崎市定,《동양에 있어 소박주의 민족과 문명주의 사회(東洋における素朴主義の民族と文明主義の社會)》,
《미야자키 이치사다의 아시아사 논고(宮崎市定アジア史論考)(上卷·槪論編)》(東京 : 朝日新聞社,
1976)

Arthur F. Wright,〈상징성과 기능성 : 장안과 다른 대도시에 관한 고찰Symbolism and Function :
Reflections on Changan and Other Great Cities〉, J. A. S., 24-4(1965)

W. J. F. Jenner,〈북위 낙양 : 불필요한 수도Northern Wei Loyang : An Unnecessary Capital〉,
Papers on Far Eastern History 23(1981)

당 장안성의 살보부(薩寶府)의 역할과 위치
—당조의 돌궐 대책과 관련하여*

최 재 영**

1. 머리말

당(唐) 장안(長安)은 그곳에서 동아시아 문화뿐만 아니라 유라시아 대륙의 다양한 문화까지도 교류하고 공존했던 국제 도시였음은 널리 알려진 사실이다. 장안의 국제성에 관해서는 장안에 온 외래인들의 활동과 그들이 가져온 문물에 대한 분석을 중심으로 종래 연구가 진행되어왔다.[1] 또한 최근에는 수(隋) · 당 장안성의 도시 계획이 유라시아 대륙의 정황과 밀접한 관계가 있다는[2] 흥미로운 주장도

---

* 이 글은 2005년 12월에 〈당 장안성의 살보부 역할과 그 위치〉라는 제목으로 《중앙아시아 연구》 제10집에 실린 논문을 수정 · 보완한 것이다.

** 서울대 동양사학과와 같은 학교 대학원을 졸업하고 박사 과정을 수료했다. 일본 주오(中央)대학과 가쿠슈인(國學院)대학의 초빙연구원을 지냈다. 현재 서울대 동양사학과 강사이다. 논문으로는 〈당후기 장안의 진사층과 기관형성〉, 〈당후기 장안의 치안문제와 법집행〉 등이 있고 옮긴 책으로 《장안은 어떻게 세계의 수도가 되었나》가 있다.

1) 대표적인 고전적 연구는 桑原隲藏, 〈隋唐時代に支那に往來した西域人に就て〉, 《桑原隲藏全集 2》(東京 : 岩波書店, 1968)〔原載, 《內藤博士還曆祝賀 支那學論叢》(京都 : 弘文堂印刷部, 1926)〕 ; 向達, 〈唐代長安與西域文明〉, 《唐代長安與西域文明》(北京 : 生活 · 讀書 · 新知三聯書店, 1979)〔原載, 《燕京學報》 2(1933)〕 ; Edward H. Schafer, *The Golden Peaches of Samarkand—A Study of T'ang Exotics*(Berkeley : Univ. of California Press, 1963) 등이다.

2) 妹尾達彦, 《長安の都市計劃》(東京 : 講談社, 2001) ; 妹尾達彦, 〈世界都市長安における西域人の暮らし〉, 《シルクロード學硏究叢書》 9(2004).

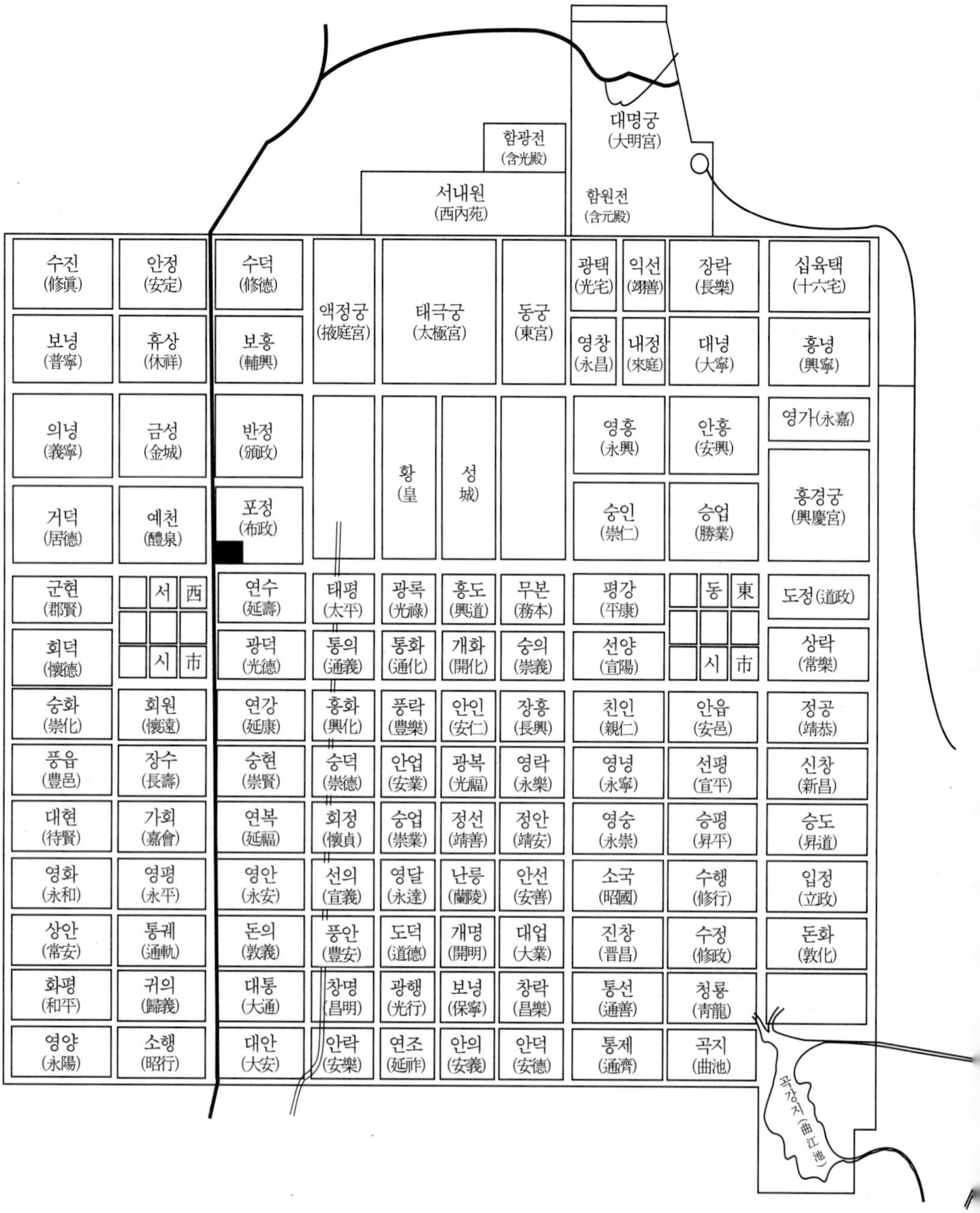

〈그림 1〉 당 장안성 살보부의 위치. 《唐兩京城坊考》(中華書局, 1985) 참조.

제기되고 있다. 이러한 연구 과정에서 동서 교류의 주역으로서의 소그드Sogd인에 대한 많은 사실이 밝혀졌다. 하지만 장안에 설치된 소그드인의 살보부(薩寶府)의 위치에 관해서는 연구자들이 그다지 주목하지 않은 것 같다.[3]

〈그림 1〉에서 보듯이 장안 서시(西市) 동북쪽에 위치한 포정방(布政坊)의 서남우(西南隅)에 소그드인의 종교 시설인 현사(祆祠)가 설치되어 있었다. 당대(唐代)에 걸쳐 장안에는 현사가 가서(街西)의 4개 방〔보령방(普寧坊)·예천방(醴泉坊)·포정방·숭화방(崇化坊)〕과 가동(街東)의 1개 방〔정공방(靖恭坊)〕, 모두 5개의 방에 존재했으며, 그중 포정방의 현사가 당 초기인 무덕(武德) 4년(621)에 가장 빨리 설치되었다.[4] 더구나 포정방의 현사에는 살보부가 있었다.[5]

살보(薩寶)는 대상(隊商)의 지도자를 의미하는 소그드어 Sʼrtpʼw에서 유래한 말로[6] 소그드인의 부락을 대표하거나 관리하는 직책을 가리킨다.[7] 살보를 수장으로 하는 살보부가 장안의 여러 방(坊) 가운데 포정방에 설치된 이유에 대해서는 일반적으로 소그드인이 서시 주변에 많이 거주했기 때문에, 그리고 소그드인의 교역 중심지가 서시였기 때문에 서시에서 가까운 포정방에 살보부를 둔 것이라고 설명되고 있다. 그런데 서시 근접성과 그에 따른 교역의 편의성이라는 측면에서는 서시 바로 북쪽에 위치한 예천방이 포정방보다 더 유리했을 것으로 보인다. 살보부가 예천방의 서남우에 있었다면 포정방의 서남우에 있는 것보다 서시에 약 1,090

---

3) 살보부(薩寶府)의 위치와 관련해 필자는 당(唐) 장안(長安)의 도시 계획과 의도적 시설 배치라는 관점에서 살보부와 포정방(布政坊)의 관계를 잠시 언급한 적이 있다〔최재영, 〈唐 前期 長安內의 소그드인 대책〉, 《서울대 동양사학과 논집》 23(1999)〕. 그러나 그때는 자료를 충분히 검토하지 않아 문제점을 드러냈고 상론하지 못했다. 본고에서는 살보부의 위치 문제를 구체적으로 살펴보고자 한다.

4) 福山敏男, 〈校注兩京新記卷第三及び解說〉, 《福山敏男著作集六 中國建築と金石文の硏究》(京都 : 中央公論美術出版, 1983), 122쪽 : "東北隅, 右金吾衛. 西南隅, 胡祆祠. 武德四年立, 西域胡天神, 佛經所謂摩醯首羅也."

5) 《通典》(北京 : 中華書局 標點校勘本, 1988) 권40, 職官22, 1,103쪽 : "視正五品薩寶……武德四年, 置祆寺及官, 常有群胡奉事, 取火呪詛.";《長安志》, 《宋元方志叢刊》 1(北京 : 中華書局影印本, 1990) 권10, 125쪽 하 a~b : "南布政坊……西南隅 胡祆祠. 武德四年立. 西域胡神也. 祠內有薩寶府官, 主祠祆神, 亦以胡祝充其職."

6) 吉田豊, 〈ソグド語雜錄(II)〉, 《オリエント》 31-2(1988), 168~171쪽.

7) 살보(薩寶)에 대한 최근까지의 연구 경향은 榮新江, 〈薩保與薩薄 : 北朝隋唐胡人聚落首領問題的爭論與辨析〉, 《伊朗學在中國論文集》 3(北京 : 北京大學出版社, 2003), 128~134쪽 참조.

미터 정도 가까웠을 것이다.[8] 1,090미터라면 당시에 말을 타고 17분, 걸어서 23분 정도 걸리는 거리였다. 게다가 예천방과 서시 북문(北門) 사이를 가로지는 폭 120 미터의 횡가(橫街)를 건너는 데 걸리는 시간은 말을 타고 1분 48초, 걸어서 2분 30초 정도에 불과했다.[9] 여기에다 당대에 장안의 시장 출입 시간이 정오부터 일몰 전 7각(약 101분)까지로 매우 짧았다는[10] 점까지 고려하면 예천방이 포정방보다 교역 활동에 훨씬 유리한 장소였음에 틀림없다. 결국 포정방은 살보부 설치 장소로서 최적지가 아니었다고 할 수 있다. 따라서 살보부가 포정방에 설치된 이유를 소그드인의 교역 활동상의 편의로만 설명하는 것은 충분하지 않다.

그런데 수·당 장안성 내의 각종 시설에는 저마다 상징성과 기능성이 부여되어 있었다.[11] 이는 그 시설물의 위치와 밀접하게 관련되어 있다. 태극전(太極殿)을 비롯한 궁성 내 전각의 기능과 위치 사이의 상관관계에 대해서는 이미 연구가 상당히 진척되었다.[12] 황성(皇城) 내의 관청 역시 기능에 따라 배치되었는데 황태자 예하 태자부(太子府)의 부속 기관마저 그 영향을 받았다.[13] 또한 수와 당 초에 외성

---

8) 서시(西市) 북문(北門)에 맞닿아 있는 금광문(金光門)과 춘명문(春明門)을 연결하는 횡가(橫街)의 폭은 고고 발굴 결과 120미터다. 포정방과 예천방(醴泉坊) 사이의 남북 가도(街道)는 63미터다. 포정방의 가로 폭은 1,020 미터, 예천방의 가로 폭은 1,033미터다[中國科學院考古研究所西安唐城發掘隊, 〈唐代長安城考古紀略〉, 《考古》(1963년 11기), 600~604쪽]. 따라서 살보부가 예천방에 있었다면 포정방보다 서시에 약 1,090미터 정도 가까웠을 것으로 추정된다.

9) 이것은 지방에서 물자를 운반할 때의 하루 이동 거리를 말은 70리, 도보와 여마(驢馬)는 50리, 수레는 30리라고 이동 수단에 따라 규정한 《당육전(唐六典)》 호부조(戶部條)의 내용을 기준으로 장안 내에서 이동 속도를 계산한 히라오카 타카오(平岡武夫)의 논고[〈唐の長安城のこと〉, 《白居易—生涯と歲時記》(京都 : 朋友書店, 1998), 16쪽]를 바탕으로 추정한 것이다.

10) 《唐六典》(北京 : 中華書局 標點校勘本, 1992) 권20, 太府寺 兩京諸市署, 534~535쪽 : "凡市以日午, 擊皷三百 聲而衆以會, 日入前七刻, 擊鉦三百聲而衆以散."

11) Arthur F. Wright, "Symbolism and Function—Reflection on Changan and Other Great Cities", *The Journal of Asian Studies*(1965), 668쪽 ; 박한제, 〈隋唐 長安城의 市場風景—胡漢文化의 交流와 統合의 現場〉, 《歷史教育》 84(2002), 297~298쪽.

12) Victor Cunrui Xiong, *Sui-Tang Chang'an—A Study in the Urban History of Medieval China*(Ann Arbor : Center for Chinese Studies, The Univ. of Michigan, 2000), "III. The Palace City", 55~78쪽.

13) 김호, 〈唐代 太子府의 構造와 運用〉, 《中國史研究》 36(2005), 116쪽.

(外城)에 설치된 공공시설인 숭업방(崇業坊)의 현도관(玄都觀)과 정선방(靖善坊)의 대흥선사(大興善寺), 포정방의 우금오위(右金吾衛)와 영흥방(永興坊)의 좌금오위(左金吾衛), 광덕방(廣德坊)의 경조부해(京兆府廨)와 선양방(宣陽坊)의 만년현해(萬年縣廨) 등이 각각 주작대가(朱雀大街)를 따라 대칭적으로 자리 잡고 있었다.[14] 수·당 때 장안성에서는 관서 등 공공시설물의 배치가 임의로 이루어지지 않고 수·당 왕조의 의도에 따라 이루어진 것이다.

그렇다면 살보부의 위치에도 소그드인의 시장 접근성 외에 당조의 모종의 의도가 반영되어 있는 것은 아닐까? 이러한 문제의식하에 본고에서는 소그드인의 주요 활동[15] 중 하나인 돌궐(突厥)과의 관계 유지에 주목해 논의를 전개하고자 한다.

2. 수와 당 초의 돌궐 대책과 소그드인

수 말, 당 초에 돌궐이 군웅할거 세력 및 당조에 커다란 위협이 되었음은 주지의 사실이다.[16] 수 말에 시필가한(始畢可汗)이 즉위한 뒤 돌궐 세력은 중하(中夏)를 능가할 정도였다. 두건덕(竇建德), 설거(薛擧), 유무주(劉武周), 양사도(梁師都), 이궤(李軌), 왕세충(王世充) 등 수 말의 반란 세력 대부분이 돌궐에 칭신(稱臣)했

---

14) 경조부해(京兆府廨)와 만년현해(萬年縣廨)가 대칭적으로 위치한 것은 의문점으로 남는다. 만년현해는 장수방(長壽坊)의 장안현해(長安縣廨)와 대칭되는 것이 자연스럽다고 생각되기 때문이다. 이 문제를 해결할 단서를 필자는 아직 발견하지 못했다. 하지만 수·당조가 경조부해, 만년현해, 장안현해 등의 배치에 대칭성을 고려했음은 분명하다.

15) 소그드인의 다양한 활동으로는 실크로드 연변에 거류지 건설, 유목 기마민과 공생 관계 유지, 동서 통상 활동, 이슬람 문물의 중국 도입 등을 들 수 있다. 吉田豊,〈ソグド語資料から見たソグド人の活動〉,《岩波講座 世界歷史11 中央アジアの統合》(東京 : 岩波書店, 1997), 297쪽 ; 吉田豊·影山悅子,〈ソグド人─典籍を補う最新の出土資料から〉,《月刊 しにか : 大特集 シルクロードの旅人─東西文物交流を擔う者たち》(2000. 9), 45~46쪽. 최근에는 소그드인의 묘지명(墓誌銘) 등 출토 자료를 중심으로 소그드인의 군사적 활동과 의미에 대한 논의가 전개되고 있다. 山下將司,〈新出土史料より見た北朝末·唐初間ソグド人の存在形態─固原出土史氏墓を中心に〉,《唐代史研究》7 (2004).

16) 吳玉貴,〈唐朝初年與東突厥關係史考〉,《中亞學刊》5(1996), 74~75쪽.

다.[17] 이연(李淵) 역시 돌궐에 칭신했다.[18] 돌궐의 당조에 대한 위협은 당 건국 이후에도 지속되어, 무덕 7년(624) 7월에 돌궐의 힐리가한(頡利可汗)과 돌리가한(突利可汗)이 관중(關中)을 침입했을 때는 당조가 돌궐의 위협으로부터 완전히 벗어나고자 천도까지 논의했다.[19] 그만큼 돌궐의 위협에 대한 대책은 당조에 매우 긴박하고 중요한 사안이었다.

이러한 상황에서 수·당 왕조가 돌궐과의 관계에서 소그드인을 이용하기도 하고 혹은 소그드인이 양자 관계에 개입하기도 했다. 1999년 7월에 태원(太原)에서 발굴된 소그드인의 묘인 수우홍부부묘(隋虞弘夫婦墓)의 묘지명(墓誌銘)에 우홍(虞弘)이 대상(大象) 말년(580)에 병주(幷州)·대주(代州)·개주(介州)의 향단(鄕團)[20] 책임자로 임명되었다는 기록이 있다.[21] 이것은 위지형(尉遲逈)이 양견(楊堅)에게 반기를 들고 돌궐과 손을 잡은 데 맞서 양견이 취한 방책이라고 해석된다. 즉 양견이 위지형과 돌궐에 대응하기 위해서는 태원을 중심으로 한 산서(山西) 북부의 소그드인의 세력을 장악할 필요가 있어서 양견이 우홍을 향단 책임자로 임명했다는 것이다.[22] 이는 수(隋)조가 돌궐 대책과 관련해 소그드인을 이용했다는 것을 간접적으로 말해준다. 또한 수조는 돌궐 세력을 약화시키고자, 돌궐 내에서 중요한 역할을 하던 소그드인을 직접 제거하기도 했다. 대업(大業) 10년(614)에 수조는 점점 강해지는 시필가한의 세력을 분할하려는 시도에 실패한 뒤 시필가한

---

17) 《通典》 권197, 邊防13 突厥上, 5,411쪽: "及隋末離亂, 中國人歸之者甚衆, 又更强盛, 勢淩中夏."; 《新唐書》 권215上, 突厥 上, 6,028쪽: "隋大業之亂, 始畢可汗出吉嗣立, 華人多往依之……竇建德·薛擧·劉武周·梁師都·李軌·王世充等倔起虎視, 悉臣尊之."

18) 《舊唐書》 권67, 李靖傳, 2,480쪽: "往者國家草創 太上皇以百姓之故, 稱臣於突厥." 당 초에 당조의 돌궐 대책은 '신사(臣事) → 적국(敵國) 대우 → 군신 관계'로 변화했다. 護雅夫, 《古代トルコ民族史硏究》(東京 : 山川出版社, 1967), 177~182쪽.

19) 《舊唐書》 권2, 太宗本紀 上, 29쪽: "有說高祖, 〈祇爲府藏子女在京師, 故突厥來, 若燒却長安而不都, 則胡寇自止〉."

20) 楊曉春, 〈隋虞弘墓誌所見史事系年考證〉, 《文物》(2004년 9기), 78~79쪽.

21) 山西省考古硏究所·太原市考古硏究所·太原市晋源區文物旅游局, 〈太原隋代虞弘墓淸理簡報〉, 《文物》(2001년 1기), 33쪽: "大隋故儀同虞公墓誌……大象末, 左丞相府, 遷領幷代介三州鄕團."

22) 山下將司, 〈新出土史料より見た北朝末·唐初間ソグド人の存在形態—固原出土史氏墓を中心に〉, 66쪽.

의 총애를 받고 있던 사독호실(史獨胡悉)을 유인해 죽였던 것이다.[23]

또한 수 말에 돌궐 방비의 근거지인 태원을 담당하고 있던 이연도 돌궐과 관련해 소그드인과 접촉한 경험을 가지고 있었다. 태원에는 소그드인의 취락이 형성되어 있었는데[24] 이연은 의령(義寧) 원년(618)에 시필가한의 명으로 파견된 소그드인 강초리(康鞘利)를 맞이했던 것이다.[25] 이것은 당과 돌궐 사이에 소그드인이 개입된 것으로 이때 이연은 돌궐과의 관계에서의 소그드인의 역할을 인지했을 것이다. 그리고 정관(貞觀) 원년(627)에 돌궐 경략에 참여한 장공근(張公謹)은 돌궐 내의 소그드인의 위상과 성향에 주목해 당조의 돌궐 점령 가능성을 제시하기도 했다.[26]

이 배경에는 돌궐 내에서 소그드인이 차지하는 높은 위상이 있었다. 기존의 연구들이 밝히고 있듯이 소그드인은 돌궐이 소그디아나Sogdiana 지역을 점령하면서 돌궐에 복속되었고, 이후 돌궐 내에서 부락 단위로 존재하며 상당한 재산을 소유하고 있었으며[27] 높은 지위를 누렸다.[28] 또한 소그드인은 돌궐의 가한(可汗)이 왕권 강화를 위해 경제적 기반을 쌓는 데 기여해[29] 돌궐 내에서 매우 중요한 역할을 했다.

---

23) 《隋書》 권67, 裴矩傳, 1,582쪽: "矩以始畢可汗漸盛, 獻策分其勢, 將以宗女嫁其叱吉設, 拜爲南面可汗. 叱吉不敢受, 始畢聞而漸怨. 矩又言於帝曰: 〈突厥本淳易可離間, 但由其內多有群胡, 盡皆桀黠, 敎導之耳. 臣聞史蜀胡悉尤多姦計, 幸於始畢, 請誘殺之.〉帝曰: 〈善.〉矩因遣因告胡悉曰: 〈天子大出珍物, 今在馬邑, 欲共番內多作交關. 若前來者, 卽得好物.〉胡悉貪而信之, 不告始畢, 率其部落, 盡驅六畜, 星馳爭進, 冀先互市. 矩伏兵馬邑下, 誘而斬之."

24) 榮新江, 《中古中國與外來文明》(北京: 生活·讀書·新知三聯書店, 2001), 171~172쪽.

25) 《大唐創業起居注》(上海: 上海古籍出版社, 1983) 권1, 起義旗至發引凡四十八日, 10~11쪽: "始畢依旨, 則遣其柱國康鞘利·級失·熱寒·特勤·達官等, 送馬千匹來太原交市.";《舊唐書》권194上, 突厥傳, 5,153쪽: "始畢遣其特勤康鞘利等獻馬千匹."

26) 《舊唐書》권68, 張公謹傳, 2,507쪽: "頡利疏其突厥, 親委諸胡, 胡人翻覆, 是其常性, 大軍一臨, 內必生變, 其可取五也."

27) 王尙達, 〈唐代粟特人與中原商業貿易生産的社會作用和影響〉, 《西北民族研究》(1995년 1기), 34쪽.

28) 程越, 〈粟特人在突厥與中原交往中的作用〉, 《新疆大學學報》(1994년 1기), 63쪽.

29) 林俊雄, 〈掠奪·農耕·交易から觀た遊牧國家の發展—突厥の場合〉, 《東洋史研究》44-1(1985), 115쪽; 林俊雄, 〈遊牧民族の王權—突厥·ウイグルを例に〉, 《岩波講座 天皇と王權を考える; 3. 生産と流通》(東京: 岩波書店, 2002), 119~120쪽.

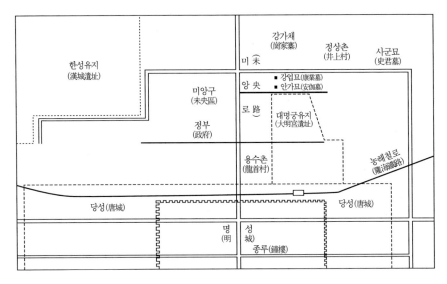

〈그림 2〉 사군묘(史君墓) 발굴 위치도. 西安市文物保護考古所, 〈西安北周凉州薩保史君墓發掘簡報〉, 《文物》(2005년 3기), 4쪽.

소그드인과 돌궐이 밀접한 관계가 있었다는 것은 돌궐 지역이나 소그디아나의 상황을 통해서만 확인되는 것은 아니다. 2000년 5월과 2003년 6월에 서안(西安) 부근에서 북주(北周) 말의 안가묘(安伽墓)와 사군묘(史君墓) 등 소그드인의 묘가 각각 발굴되어(〈그림 2〉 참조) 중국 내에 있던 소그드인의 실태를 파악하는 데 귀중한 자료가 되고 있다.[30]

안가묘에서 출토된 묘지명에 따르면 묘주(墓主)인 안가(安伽)는 고장(姑藏) 창송(昌松) 출신으로서 이(里)의 추천으로 동주살보(同州薩保)를 제수받았고, 나중에는 대도독(大都督)이 되었으며, 북주 대상 원년(579) 5월에 병에 걸려 62세의 나이로 집에서 죽었다.[31] 사군묘에서는 묘지명이 출토되지 않았다. 대신 석당(石

30) 陝西省考古硏究所, 〈西安北郊北周安伽墓發掘簡報〉, 《考古與文物》(2000년 6기) ; 陝西省考古硏究所, 〈西安發現 的北周安伽墓〉, 《文物》(2001년 1기) ; 陝西省考古硏究所, 《西安北周安伽墓》(北京 : 文物出版社, 2003) ; 西安市文 物保護考古所, 〈西安市北周史君石槨墓〉, 《考古》(2004년 7기) ; 西安市文物保護考古所, 〈西安北周凉州薩保史君墓發 掘簡報〉, 《文物》(2005년 3기). 강업묘(康業墓)에 대해서는 북주(北周) 천화(天和) 6년(571)에 죽은 소그드인 강 업(康業)의 묘가 2004년 11월에 서안(西安) 북교(北郊)에서 발견되었다고 보도되었으나[〈西安再次發現北周粟特 人墓葬證實〉, 人民網www.people.com.cn(2004년 11월 20일) ; 〈西安再次發現北周粟特人墓葬〉, 《陝西日報》 (2004년 11월 21일자)] 아직 발굴 보고서가 공간(公刊)되지 않고 있다.

堂) 문미(門楣)에 새겨진 소그드어문과 한문(漢文)으로 된 석각(石刻) 제명기(題銘記)가 출토되었는데,[32] 한문 제명기(題銘記)의 제1행에는 "대주[량]주[살]보사군석당(大周[凉]州[薩]保史君石堂)"이라고 쓰여 있다. 소그드어 제명기와 한문 제명기를 바탕으로 묘주인 사군(史君)의 일생을 대략 알 수 있다. 사군의 이름은 위각가(尉各伽, Wirkak)이고 출신지는 사국(史國) 고장(姑藏)이다. 사군은 본래 서역에 거주했다가 장안으로 이주했다. 서위(西魏) 대통(大統)(535~551) 초에 부락의 존숭을 받아 살보판사조주(薩保判事曹主)가 되었고, 그 후 양주살보(凉州薩保)를 제수받았다. 북주 대상 원년(579)에 86세의 나이로 집에서 죽었다.[33]

이러한 인물이 묘주인 안가묘와 사군묘에서 다양한 유물이 출토되었는데 그 가운데 석문(石門), 석탑(石榻), 석당(石堂) 등 곳곳에 새겨진 당시 소그드인의 활동 모습을 담은 도상들이 주목된다.

특히 안가묘에서는 석탑에 놓인 병풍에 부조된 도상이 눈길을 끈다. 석탑을 중심으로 좌우측에 각각 3개, 정면에 6개, 이렇게 모두 12개의 도상이 있다.[34] 이 도상들에 대해서는 현재 각 도상의 명칭이 확정되지 않을 정도로[35] 다양한 연구가

---

31) 陝西省考古研究所,《西安北周安伽墓》, 61쪽 : "君諱伽, 字大伽, 姑藏昌松人……見推里閈, 遂除同州薩保……俄除大都督……周大象元年五月遘疾終於家, 春秋六十二."

32) 西安市文物保護考古所,〈西安北周凉州薩保史君墓發掘簡報〉, 23쪽. 소그드어 제명기(題銘記)는 모두 32행이며 문자가 완정한 형태를 띠고 있다. 한문 제명기는 모두 18행이다. 한문 제명기에는 간혹 큰 빈 칸이 있는 행이 있고 별자(別字)와 오자가 많으며 기록된 한자들이 정해진 한자 모양을 그대로 따르지 않고 있다. 따라서 한문 제명기는 한자를 제대로 숙지하지 못한 소그드인이 썼을 것으로 추정된다.

33) 西安市文物保護考古所,〈西安北周凉州薩保史君墓發掘簡報〉, 31~32쪽 : 漢文 題銘記─〈大周州保史君石堂〉 "君……史國人也, 本居西域……遷居長安……之初, 鄕閭推挹, 出身爲薩保判事曹主. 〔ㅁㅁ〕五年, 詔凉州薩保……大象元年〔五〕月七日, 薨於家, 年八十六." 이 한문 제명기의 인용문에 없는 내용은 소그드어 제명기의 중국어 번역문을 참조해 보충한 것이다. 소그드어 제명기는 사군(史君)의 출신, 사군과 유야위사(維耶尉思, Wiyusi)의 결혼, 사군의 죽음, 유야위사의 죽음과 남편 사군과의 합장, 저승에서의 사군 부부의 해로 기원 등의 내용으로 구성되어 있다. 실제로 사군묘에서는 남녀 각각 한 명씩의 유골이 발굴되었다.

34) 陝西省考古研究所,《西安北周安伽墓》, 20~40쪽.

35) 榮新江,《中古中國與外來文明》(北京 : 生活·讀書·新知三聯書店, 2001), '北朝隋唐粟特聚落的內部形態' ; 陝西省考古研究所,《西安北周安伽墓》; 姜伯勤,《中國祆敎藝術史硏究》(北京 : 生活·讀書·新知三聯書店, 2004), '第七章 西安北周薩寶安伽墓圖像硏究' 등 참조.

진행되고 있다. 분명한 것은 도상을 통해 묘주인 안가의 생전 활동을 눈으로 확인할 수 있다는 것이다.

사군묘에는 석당의 각 벽면마다 도상이 부조되어 있다. 석당의 정면인 남벽(南壁)에 2개, 동벽(東壁)과 서벽(西壁)에 각각 3개, 북벽(北壁)에 5개, 이렇게 모두 13개다.[36] 사군묘의 도상에 대해서는 이제 막 연구가 시작되어 아직 각 도상에 명칭도 붙이지 못한 상태다.[37] 하지만 이 도상들 역시 묘주인 사군의 생전 활동을 확인하게 해주며, 여기에는 안가묘의 도상과 비슷한 부분도 있다.

석당 남벽의 두 도상은 사군이 조로아스터교 신자였음을 알려준다. 이 도상들은 구성상 대칭을 이루고 있는데 각 도상의 하단부에 조로아스터교의 성화단(聖火壇)과 사람의 몸에 매의 발을 한 모습을 띤(人身鷹足) 제사를 주관하는 신(神)이 새겨져 있다. 이는 안가묘의 문액(門額)에 새겨진 도상과 매우 유사하다.[38] 그리고 사군이 사냥하는 모습과 대상(隊商)을 지휘하는 모습(석당 서벽 부조 W3), 외래인을 만나는 모습(석당 북벽 부조 N1), 소그드인과 함께 연회를 갖는 모습(석당 북벽 부조 N2), 아내와 함께 외출하는 모습(석당 북벽 부조 N3), 아내와 함께 집에서 연회를 갖는 모습(석당 북벽 부조 N4) 등도 사군묘에서 쉽게 볼 수 있다. 이 것들은 안가묘의 병풍 도상에서도 찾을 수 있는 장면들이다. 이 밖에 사군이 종교적인 기원을 하는 모습(석당 동벽 부조 E1·E2·E3, 석당 북벽 부조 N5, 석당 서벽 부조 W1), 집에서 아기를 안고 아내와 함께 있는 모습(석당 서벽 부조 W2) 등

---

36) 西安市文物保護考古所, 〈西安北周凉州薩保史君墓發掘簡報〉, 9~19쪽. 본고의 사군묘 도상 지시 방식은 이 발굴 보고서를 따른 것이다.

37) 룽신지앙(榮新江)은 서벽(西壁)의 부조 도상 가운데 왼쪽 도상(석당 서벽 부조 W3)과 북벽(北壁)의 부조 도상 가운데 가장 오른쪽 도상(석당 북벽 부조 N1)에만 각각 '사군묘석곽상대도(史君墓石槨商隊圖)'과 '사군 묘석곽상대휴식도(史君墓石槨商隊休息圖)' 라는 명칭을 임시적으로 붙여놓았다. 榮新江, 〈北周史君墓石槨所見之 粟特商隊〉, 《文物》(2005년 3기), 48쪽.

38) 韓偉, 《磨硯書稿—韓偉考古文集》(北京 : 科學出版社, 2001), '北周安伽墓圍屏石榻之相關問題淺見', 108~112 쪽. 안가묘(安伽墓) 이외에도 1999년 7월에 태원(太原)에서 발굴된 소그드인 우홍(虞弘)의 묘에서도 이와 유사 한 도상이 석곽(石槨)에 부조되어 있다. 山西省考古硏究所·太原市考古硏究所·太原市晋原區文物旅游局, 〈太原隋 代虞弘墓淸理簡報〉, 45쪽.

〈그림 3〉 정면 제1도 모본(摹本). 陝西省考古硏究所,
《西安北周安伽墓》, 26쪽.

〈그림 4〉 정면 제4도 모본. 陝西省考古硏究所,
《西安北周安伽墓》, 31쪽.

〈그림 5〉 정면 제5도 모본. 陝西省考古硏究所, 《西安北周
安伽墓》, 33쪽.

〈그림 6〉 정면 제6도 모본. 陝西省考古硏究所,
《西安北周安伽墓》, 34쪽.

도 새겨져 있다.

그런데 안가묘와 사군묘의 도상에서 흥미롭게도 돌궐인의 모습을 찾을 수 있다. 소그드인과 돌궐인이 만나는 장면이 도상에 새겨져 있는 것이다. 단발을 하거나 모자를 쓴[39] 소그드인과 긴 머리를 늘어뜨린[40] 돌궐인이 한 도상 안에 표현되어 있다. 돌궐인은 안가묘의 병풍 도상 가운데 다섯 곳과 사군묘의 석당 도상 가운데 두 곳에 등장한다.

안가묘 병풍 도상의 정면 제1도(〈그림 3〉)와 제6도(〈그림 6〉)에는 돌궐인이 소그드인의 거처에 와서 함께 연회를 하는 모습이, 정면 제4도(〈그림 4〉)에는 소그드인과 돌궐인이 말을 타고 어디선가 만나 무엇인가를 의논하는 모습이, 정면 제5도(〈그림 5〉)에는 소그드인이 대상을 이끌고 돌궐 부락으로 찾아가 교역하는 모습이, 우측 제1도(〈그림 7〉)에는 소그드인과 돌궐인이 함께 사냥하는 모습이 새겨져 있다. 이 밖에 성화단이 그려진 문액 위 도상에서도 소그드인의 맞은편에 무릎을 꿇고 있는 돌궐인을[41] 볼 수 있다.

사군묘 석당의 서벽 도상 가운데 왼쪽 도상(〈그림 8〉)에는 소그드인과 돌궐인이 함께 사냥하는 모습이, 오른쪽 도상(〈그림 9〉)에는 소그드인이 돌궐인과 함께 두 손을 모으고 기원하는 모습이 새겨져 있다.[42]

이처럼 소그드인의 일생을 전하는 도상에 돌궐인이 많이 등장한다는 것은 그만

---

39) 任江, 〈初論西安唐出土的粟特胡俑〉, 《考古與文物》(2004년 5기), 65~67쪽.

40) 돌궐인의 머리 형태에 관해서는 那波利貞, 〈唐代の長安城內の朝野人の生活に浸聞したる突厥風俗に就きての小攷〉, 《甲南大學文學會論集》27(1965), 15~17쪽 참조.

41) 돌궐과 현교(祆教, 조로아스터교)의 관계에 대해서는 蔡鴻生, 《唐代九姓胡與突厥文化》(北京 : 中華書局, 1998), '中篇 突厥文化 三. 突厥事火和拜天' 참조.

42) 사군묘 석당 북벽 도상 가운데 맨 오른쪽(석당 북벽 부조 N1) 도상에 대해서 소그드 대상(隊商)의 수령인 살보(薩保)가 돌궐의 수령을 만나는 장면이라고 해석하는 경우도 있는데(榮新江, 〈北周史君墓石槨所見之粟特商隊〉, 47쪽), 장막 한가운데에 앉아 있는 인물을 돌궐 수령으로 보는 것은 쉽게 납득이 되지 않는다. 그와 똑같은 인물이 석당의 남벽 도상을 제외한 다른 도상에 모두 등장하고 있기 때문이다. 이 인물은 묘주인 사군일 것이다. 따라서 이 도상은 소그드 대상이 살보를 만나는 장면을 새긴 것으로 보인다. 더구나 소그드인이 살보 소그드인의 장막을 찾아온 모습은 안가묘의 병풍 도상 가운데 우측 제2도(陝西省考古研究所, 《西安北周安伽墓》, 37쪽)에서도 확인할 수 있다.

〈그림 7〉 우측 제1도 모본. 陝西省考古研究所,《西安北周安   〈그림 8〉 석당 서벽 부조 W3 모본. 西安市文物保護考古所,
伽墓》, 35쪽.   〈西安北周凉州薩保史君墓發掘簡報〉, 20쪽.

〈그림 9〉 석당 서벽 부조 W1 모본. 西安市文物保護考古所,
〈西安北周凉州薩保史君墓發掘簡報〉, 20쪽.

큼 소그드인이 돌궐과 밀접한 관계를 맺고 있었음을 말해준다. 그런데 북주·수·당의 지배층은 관중 내에 거주한 소그드인을 통해서 소그드인과 돌궐 사이의 긴밀성을 알고 있었을까? 안가묘와 사군묘, 그리고 강업묘(康業墓) 등 소그드인의 묘가 〈그림 2〉에서 보듯이 북주의 왕도와 수·당의 왕도에 가까운 곳에 조성되었다는 사실에서 그 가능성을 일단 엿볼 수 있다. 안가묘는 북주의 왕도였던 한(漢) 장안성 유지(遺址)로부터 3.5킬로미터,[43] 당 장안성 대명궁(大明宮) 유지로부터 300미터 정도 떨어진 곳에 있다.[44] 사군묘는 한 장안성 유지로부터 6.16킬로미터, 당 장안성 대명궁 유지로부터 1.16킬로미터 떨어진 지점에 위치하고 있다. 안가묘와 사군묘는 서로 1.16킬로미터 정도 떨어져 있다.[45] 그렇다면 안가와 사군이 생전에 장안에서 활동했고 북주 지배층은 그들의 생활상을 목도했을 것이다. 특히 사군의 제명기에 기록된 "장안으로 옮겨 거주했다(遷居長安)"라는 구절은 이것을 입증해준다. 이와 더불어 안가가 이(里)의 추천으로 동주살보를 북주로부터 제수받았고 수가 건국되기 2년 전인 대상 원년(579)에 죽었다는 묘지명의 기록도 중요한 단서다.

안가가 이의 추천으로 동주살보를 제수받았다는 것은 동주(同州)에 소그드인의 집단 거주지가 형성돼 있었다는 것을 의미한다.[46] 동주는 장안이 속한 옹주(雍州)에 인접한 지역으로 북주 지배층에게는 친숙한 곳이었다. 동주는 북주의 효민제(孝閔帝),[47] 무제(武帝),[48] 선제(宣帝)[49]가 태어난 곳이었고, 명제(明帝)가 한 번,[50]

---

43) 이는 안가묘에서 출토된 묘지명[〈대주 대도독 동주살보 안군의 묘지명(大周大都督同州薩保安君墓誌銘)〉]의 기록["장안 동쪽에 살았는데 성에서 7리 떨어져 있었다(厝於長安之東, 距城七里)"]을 통해서도 확인된다. 陝西省考古硏究所, 《西安北周安伽墓》, 61쪽.

44) 陝西省考古硏究所, 《西安北周安伽墓》, 1~2쪽.

45) 西安市文物保護考古所, 〈西安北周涼州薩保史君墓發掘簡報〉, 4쪽.

46) 榮新江, 《中古中國與外來文明》, 119쪽.

47) 《北周書》 권3, 孝閔帝紀, 45쪽 : "大統八年, 生於同州官舍."

48) 《北周書》 권5, 武帝紀, 63쪽 : "大統九年, 生於同州."

49) 《北周書》 권7, 宣帝紀, 115쪽 : "武成元年, 生於同州."

50) 《北周書》 권4, 明帝紀, 56쪽 : "丁未, 行同州."

무제가 일곱 번,[51] 선제가 네 번[52]이나 행차한 곳이었기 때문이다. 따라서 북주 지배층은 동주의 소그드인 거주지와 소그드인의 활동을 충분히 인지하고 있었을 것으로 짐작된다.

또한 동주와 수 지배층의 관계를 살펴보면, 북주 지배층의 일원이자 수 문제(文帝)의 아버지인 양충(楊忠)은 죽은 뒤에 태보(太保)·동삭등십삼주제군사(同朔等十三州諸軍事)·동주자사(同州刺史)로 추증되었고,[53] 수 문제는 즉위한 뒤 조부(祖父)를 주국(柱國)·태부(太傅)·도독섬포등십삼주제군사(都督陝蒲等十三州諸軍事)·동주자사(同州刺史)·수국공(隋國公)으로 추증했다.[54] 그리고 양충의 묘(廟)가 동주에 있었고[55] 수 문제가 두 번 동주로 행차했다.[56] 결국 수 지배층에게도 동주는 낯선 곳이 아니었다.

동주와 북주·수 지배층의 관계와 달리 동주와 당 지배층의 관계와 관련해서는 동주와 황제의 관계를 직접 언급한 기록을 찾을 수 없다. 하지만 무덕 3년(620) 7월 11일 당 고조(高祖)가 돌궐 대비와 관중 강화를 위해 관중을 12도(道)로 나누고 그에 따라 12군(軍)을 설치했을 때 그중 하나로 동주에 우림군(羽林軍)을 설치한 것으로 보아[57] 당 지배층은 동주를 장안 방비에 중요한 지역으로 인식하고 있었다.

---

51) 《北周書》 권5, 武帝紀, 69쪽 : "丙戌, 行同州." · 권5, 武帝紀, 85쪽 : "九月庚申, 行同州." · 권5, 武帝紀, 85쪽 : "丙辰, 行幸同州." · 권6, 武帝紀, 91쪽 : "癸酉, 行幸同州." · 권6, 武帝紀, 93쪽 : "甲午, 行幸同州." · 권6, 武帝紀, 94쪽 : "五年春正月癸未, 行幸同州." · 권6, 武帝紀, 94쪽 : "夏四月乙酉, 行幸同州."

52) 《北周書》 권7, 宣帝紀, 116쪽 : "壬申, 行幸同州." · 권7, 宣帝紀, 120쪽 : "八月庚申, 行幸同州." · 권7, 宣帝紀, 121쪽 : "戊戌, 行幸同州." · 권7, 宣帝紀, 123쪽 : "辛卯……行幸同州."

53) 《北周書》 권19, 楊忠傳, 319쪽 : "尋薨, 年六十二, 贈太保·同朔等十三州諸軍事·同州刺史, 本官如故."

54) 《隋書》 권1, 高祖紀, 4쪽 : "祖禎爲柱國·太傅·都督陝蒲等十三州諸軍事·同州刺史·隋國公, 諡曰獻."

55) 《隋書》 권7, 禮儀志, 132쪽 : "高祖旣受命, 遣兼太保宇文善·兼太尉李詢, 奉策詣同州, 告皇考桓王廟, 兼用女巫, 同家人之禮."

56) 《隋書》 권1, 高祖紀, 25쪽 : "(開皇七年)冬十月庚申, 行幸同州." · 권42, 李德林傳, 1,206쪽 : "(開皇)八年, 車駕行同州, 德林以疾不從."

57) 최재영, 〈唐前期 三府의 政策과 그 性格―唐朝의 京畿强化策과 關聯하여〉, 《東洋史學硏究》 77(2002), 64~65쪽.

이처럼 동주는 북주부터 당 초까지 지배층에게 친숙하고 중요한 지역이었으며, 따라서 지배층은 동주의 상황을 잘 알고 있었고 또 동주살보 안가 및 동주에 형성된 소그드인의 취락과 소그드인의 문화를 인지하고 있었을 것으로 추측된다. 북주·수·당의 지배층은 관중 지역에 있는 소그드인을 통해서도 소그드인과 돌궐 사이의 친밀한 관계를 충분히 알고 있었을 것이다. 그렇다면 북주의 기반을 닦은 우문태(宇文泰)가 서위 대통 11년(545)에 주천(酒泉)에 있던 소그드인 안락반타(安諾槃陀)를 돌궐에 사절로 보낸 적이 있듯이[58] 북주·수·당의 지배층은 돌궐과의 관계에서 자기 주변에 있는 소그드인을 이용하려고 했을 것이다. 무덕 4년 무렵에 장안에 거주하던 소그드인 역시 이런 면에서 이용 대상이었을 것이다. 이와 관련해 돌궐의 조공을 포함한 당시의 조공 상황이 주목된다. 당조가 왕도 장안에서 돌궐과 접촉한 것은 오직 돌궐이 조공할 때뿐이었기 때문이다.

3. 당 초의 돌궐의 조공과 살보부의 역할

(1) 돌궐의 조공과 소그드인의 역할

돌궐이 중국 측에 처음으로 조공을 바친 북제(北齊) 천보(天保) 4년(553)부터 무덕 4년까지의 기간을 대상으로 주변국이 중국 측에 조공한 횟수, 그리고 돌궐과 소무(昭武) 9성(姓)의 조공 시기를 정리해보면 〈표 1〉, 〈표 2〉와 같다.

〈표 1〉을 통해서 돌궐, 고창(高昌), 구자(龜玆), 우전(于闐), 속특(粟特) 등 중국의 서북부에 위치한 나라들이 빈번히 당에 조공하러 왔음을 알 수 있다. 이 지역들은 소그드인의 교역 활동 지역이었다. 그리고 조공국 가운데 가장 많이 조공한 나라가 돌궐이었다. 당 건국 이후부터 무덕 4년까지의 11개국의 조공〔총 29회. 곧 명서남이(昆明西南夷)의 조공 포함〕에서 돌궐의 조공(12회)이 차지하는 비율이 무

---

58) 《北周書》 권50, 突厥傳, 908쪽 : "大統十一年, 太祖遣酒泉胡安諾槃陀使焉."

려 41%에 달했던 것이다. 또한 〈표 2〉에서 확인되듯이 당 건국 이후 돌궐의 조공은 매년 두 번 이상 이루어질 정도로 빈번했다.

〈표 1〉 북제 천보 4년(553)~당 무덕 4년(621)의 중국 주변국의 조공 횟수[59]

조공상대국 \ 조공국	돌궐	고창	구자	우전	속특	토곡혼(吐谷渾)	실위(室韋)	고막해(庫莫奚)	계단(契丹)	말갈(靺鞨)	고구려	백제	신라	왜(倭)
북제	5	·	·	·	·	·	2	5	4	9	4	2	2	·
북주	9	2	1	1	1	6	·	·	·	·	·	2	·	·
수	14	1	1	1	3	6	2	·	6	8	9	4	·	2
당	12	3	2	2	1	3	·	·	·	1	2	1	1	·
계	40	6	4	4	5	15	4	5	10	18	15	9	3	2

〈표 2〉 북제 천보 4년(553)~당 무덕 4년(621)의 돌궐과 소무 9성의 조공 시기[60]

	시기	조공국		시기	조공국
북제	천보 4년(553) 12월	돌궐	수	개황 11년(591) 4월	돌궐 옹우간가한(雍虞閭可汗)
	천보 5년(554) 7월	돌궐		개황 12년(592) 정월	돌궐
	천통 2년(566)	돌궐		개황 17년(597) 7월	돌궐
	천통 3년(567) 10월	돌궐		대업 3년(607) 5월	돌궐 계민가한(啓民可汗)
	무평 3년(572)	돌궐		대업 3년(607) 6월	돌궐 막하가한(莫何可汗)
북주	명제 2년(558) 12월	돌궐		대업 5년(609) 8월	돌궐 사발략가한
	보정 원년(561) 정월	돌궐		대업 5년(609)	석국(石國)
	보정 원년(561) 2월	돌궐		대업 10년(614) 7월	조국(曹國)
	보정 원년(561) 5월	돌궐		대업 11년(615) 정월	돌궐·안국(安國)·조국·하국(何國)
	보정 4년(564) 5월	돌궐	당	당 고조(618) 즉위	돌궐
	보정 4년(564) 7월	속특		무덕 원년(618) 5월	돌궐 시필가한
	천화 2년(567) 5월	돌궐		무덕 원년(618) 7월	서번돌궐(西蕃突厥) 궐가한(闕可汗)
	천화 4년(569) 7월	돌궐		무덕 원년(619) 9월	돌궐 시필가한
	건덕 3년(572) 정월	돌궐		무덕 2년(620) 4월	돌궐 처라가한(處羅可汗)

	시기	조공국		시기	조공국
북주	선정 원년(578) 3월	돌궐	당	무덕 2년(620) 7월	서(西)돌궐 통엽호 가한(統葉護可汗)
수	개황 원년(581) 8월	돌궐 아파가한 (阿波可汗)		무덕 3년(621) 3월	서돌궐 통엽호가한
	개황 원년(581) 9월	돌궐 사발략가한 (沙鉢略可汗)		무덕 3년(621) 5월	돌궐
	개황 3년(583) 정월	돌궐		무덕 3년(621) 6월	돌궐
	개황 6년(586) 3월	돌궐 사발략가한		무덕 3년(621) 11월	돌궐
	개황 7년(587)	돌궐 사발략가한		무덕 4년(622) 정월	돌궐 힐리가한
	개황 7년(587)	돌궐 도람가한 (都藍可汗)		무덕 4년(622) 3월	서돌궐 통엽호가한
	개황 8년(588)	돌궐 도람부락대인 (都藍部落大人)		무덕 4년(622) 10월	서역(西域) 22국

그런데 외국 사절은 장안에 들어오면 당조가 정해준 일정한 절차를 따라야 했다. 홍려시(鴻臚寺)가 그것을 주관했다. 홍려시는 외국 사절 및 장례 의례에 대한 사무를 담당하는 기관으로, 전객서(典客署)와 사의서(司儀署)를 아래 두고 이들 업무를 각각 전담케 했다.[61] 외국 사절에 대한 세세한 업무를 담당하는 쪽이 전객서였다. 구체적으로 전객서가 하는 일은 홍려객관(鴻臚客館)의 관리, 외국 사절에의 식량 공급, 외국 사절의 우마(牛馬) 관리, 외국 사절이 바치는 공헌물의 가치 결정, 외국 사절의 질병·사망에 대한 조처, 통행증인 과소(過所) 지급 등이었다.[62] 따라서 전객서에서는 외국 사정을 잘 아는 사람들이 필요했을 것이다. 무덕 4년

59) 《冊府元龜》(北京 : 中華書局, 1960) 권970, 外臣部 朝貢. 이 밖의 조공국의 조공 횟수는 다음과 같다. 북제(北齊)를 상대로 숙신(肅愼) 1회, 여여(茹茹) 1회, 대막루(大莫婁) 1회. 북주를 상대로 구엽달(口厭噠) 1회, 안식(安息) 1회. 수(隋)를 상대로 백랑(白狼) 1회, 당항(黨項) 1회, 여국(女國) 1회, 임읍(林邑) 1회, 적토(赤土) 2회, 진랍(眞臘) 1회, 파리(婆利) 1회. 당을 상대로 곤명서남이(昆明西南夷) 1회 등이다.

60) 《冊府元龜》(北京 : 中華書局, 1960) 권970, 外臣部 朝貢 ;《舊唐書》권1, 高祖本紀·권194上下, 突厥傳.

61) 《唐六典》권18, 大理寺鴻臚寺, 505쪽 : "鴻臚卿之職, 掌賓客及凶儀之事, 領典客·司儀二署, 以率其官屬, 而供其職務, 少卿爲之貳."

62) 石見淸裕,《唐の北方民族と國際秩序》(東京 : 汲古書院, 1998), 368~373쪽.

무렵에는 전객서의 주된 업무 대상이 돌궐 사절이었기 때문에 전객서는 돌궐을 잘 아는 소그드인에게 주목했을 것이다. 당시 전객서는 소그드인에게 어떤 도움을 받을 수 있었을까?

우선 고려해볼 수 있는 것이 통역과 관련된 도움이다. 제도상 홍려시에는 역관(譯官) 20명을 두게 되어 있었다.[63] 역관들은 전객서에 소속되었고 그중 돌궐어에 능한 역관도 있었을 것이다. 무덕 4년에 어떤 사람들이 그 역관으로 기용되었는지는 현재로는 알 수 없다. 그러나 6세기 후반 무렵에는 소그드 말과 소그드 문자가 국제어로서 돌궐에서 통용되었고[64] 당대(唐代)에 걸쳐 역관 가운데 소그드인이 가장 많았기 때문에[65] 이 시기에 소그드인이 역관으로 기용되었을 가능성이 크다. 설령 역관이 모두 한인(漢人)으로 충원되었다 해도 그 역관은 때로는 장안 내의 소그드인의 도움이 필요했을 것이다. 비록 무덕 4년보다 조금 뒤의 일이긴 하지만 당조가 돌궐을 상대할 때 실제로 소그드인을 통역자로 이용한 사례도 보인다.[66] 정관 원년(627) 힐리가한이 30만을 이끌고 위수(渭水) 근처 편교(便橋)까지[67] 침략했을 때 태종(太宗)이 몸소 출병해 이들을 토벌했는데, 힐리가한이 사신을 보내 항복의 뜻을 전하자 태종이 소그드인 안원수(安元壽) 한 사람만 데리고 돌궐 사신을 상대했던 것이다.[68] 이러한 사례를 통해서도 짐작할 수 있듯이 전객서는 통역 문제 때문에 소그드인을 이용했을 것이다.

또한 전객서는 돌궐 사절의 공헌물에 대해 가치를 평가하는 일에 있어서도 소그드인의 도움을 필요로 했을 것이다. 앞서 언급했듯이 외국 사절이 바치는 공헌

---

63) 《唐六典》 권2, 尚書吏部, 35쪽: "凡諸司置直, 皆有定制, 諸司諸色有品直……鴻臚寺譯語幷計二十人."

64) 護雅夫, 《古代トルコ民族史研究II》(東京 : 山川出版社, 1992), 213쪽.

65) 韓香, 〈唐代長安譯語人〉, 《史學研究》(2003년 1기), 31쪽.

66) 榮新江, 〈粟特與突厥—粟特石棺圖象的新印證〉, 第四屆馬長壽民族學講座 講演資料, 陝西師範大學西北民族學研究中心(2003년 12월 23일), 13쪽〔周偉洲 主編 《西北民族論叢》 4(北京, 中國社會科學出版社, 2006)에 수록〕.

67) 牛志功, 〈安元壽墓誌銘中的幾個問題〉, 《史學月刊》(1999년 3기), 39~40쪽.

68) 〈大唐故右威衛將軍上柱國安府君(元壽)墓誌銘幷序〉, 《全唐文補遺》 第1輯(西安 : 三秦出版社, 1994), 68쪽: "貞觀元年, 突厥頡利可汗擁徒頡州萬衆來寇便橋, 太宗親率精兵出討. 頡利遣使乞降, 請屏左右, 太宗獨將公一人於帳中自衛."

물의 가치를 평가하는 것이 전객서의 주요 업무 중 하나였다. 공헌물의 가치를 평가하는 것은 외국 사절이 돌아갈 때 그들에게 줄 하사품의 질과 양을 결정하기 위해서였다. 그런데 전객서가 공헌물의 모든 품목에 대해 직접 가치를 매기는 것은 아니었다. 공헌물이 약물과 음식류이면 전객서는 그것을 소부감(少府監)과 시서(市署)로 보내 그곳에서 가치를 결정토록 했다.[69] 공헌물이 말이면 전중성(殿中省)과 태복시(太僕寺)에 맡겨 그것을 검열하게 했다. 공헌물이 매, 개, 표범 등 가격을 알 수 없는[70] 것일 때는 전객서가 직접 가치를 결정해야 했다.[71] 이는 전객서가 가격을 알 수 없는 외래 물품에 대해서 가치를 판단할 수 있는 정보와 조직을 갖추고 있었음을 의미한다. 그렇다면 전객서는 교역에 능한 소그드인을 통해 돌궐 공헌물의 가치 판단에 필요한 정보를 획득하지 않았을까? 이를 입증하기 위해서는 소그드인이 돌궐 공헌물을 감정할 능력을 가지고 있었는지를 확인해야 할 것이다.

북주 이래 돌궐이 바친 공헌물은 말, 양, 소, 낙타 및 지역 특산물〔방물(方物)〕이었다.[72] 앞서 언급한 규정을 따른다면, 이 가운데 말을 제외한 양, 소, 낙타는 전객서가 직접 가치를 판정해야 하는 물품이었을 것으로 보인다. 이들 동물에 대한 소그드인의 감정 능력과 관련해서는 기존의 연구에서 알 수 있듯이[73] 이 동물들은 교역상 소그드인에게 매우 친숙했고, 따라서 소그드인은 각 동물의 우열 및 가치를 잘 알고 있었을 것이다.[74]

---

69) 《唐六典》 권18, 大理寺鴻臚寺 典客署, 506쪽 : "若諸蕃獻藥物 · 滋味之屬, 入境州縣與蕃使苞甌封印, 付客及寺, 具其名數牒寺. 寺司勘訖, 牒少府監及市, 各一官領識物人定價, 量事奏送, 仍牒中書, 具客所將獻物."

70) 石見淸裕, 《唐の北方民族と國際秩序》, 371쪽. 《白氏六帖事類集》 권22, 蠻夷貢賦蕃夷進獻式의 "主客式, 諸蕃夷進獻, 若諸色無估價物, 鴻臚寺量之訃答也"라는 구절 참조.

71) 《新唐書》 권48, 百官志, 1,258쪽 : "獻馬, 則殿中 · 太僕寺涖閱, 良者入殿中, 駑病入太僕……鷹 · 鶻 · 狗 · 豹無估, 則鴻臚定所報輕重."

72) 吳玉貴, 《突厥汗國與隋唐關係史研究》(北京 : 中國社會科學出版社, 1998), 69~70쪽.

73) 새퍼Edward H. Schafer는 소그드인의 교역 물품을 크게 열여덟 가지로 구분했다. 사람, 가축, 들짐승, 날짐승, 모피와 우모(羽毛), 식물, 목재, 향로, 약물, 방직물, 안료, 공업용 광석, 보석, 금속 제품, 세속 기물, 종교 기물, 서적이다. Edward H. Schafer, *The Golden Peaches of Samarkand—A Study of T'ang Exotics*.

74) 이 동물들이 소그드인에게 친숙했다는 것은 안가묘와 사군묘(史君墓)의 도상에서도 쉽게 확인된다. 도상에서 양은 소그드인의 수렵 대상이자 교역 대상으로, 소는 이동 수단으로, 낙타는 교역 물품의 운반 수단으로

소그드인이 돌궐의 방물을 감정할 수 있었는지에 대해서는 현재 돌궐 방물의 내역을 전하는 자료가 없어 구체적으로 확인하기 어렵다. 그러나 소그드인이 다양한 물품을 교역했고 소그드인이 직접 돌궐인을 찾아가 교역한 것으로 보아 소그드인은 돌궐의 지역 특산물의 가치를 알고 있었을 것이다.

또한 소그드인은 전객서가 가치를 결정해야 하는 대표적인 낯선 물품으로 제시된 매, 개, 표범 등에 대해서도 가치를 평가할 능력을 갖추고 있었을까? 사자의 경우에는 수 양제(煬帝)가 서역으로 사절을 파견해 사국으로부터 사자 가죽을 입수한 바 있으며[75] 정관 9년(635)에 강국(康國)이 수에 사절을 보내 사자를 바친 사례가 있다.[76] 개는 조로아스터교에서는 '불멸의 불(不滅之火)'를 지키는 성스러운 동물로 취급되어 조로아스터교도인 소그드인에게 매우 중요한 동물이었다.[77] 매, 개, 표범 역시 소그드인에게 친숙한 동물이어서 전객서가 이것들에 대한 가치를 평가할 때 소그드인은 관련 정보를 제공할 수 있었을 것이다.

이처럼 무덕 4년 무렵에 당조는 돌궐 조공 사절 때문에 전객서를 통해 장안 내의 소그드인을 이용해야만 하는 상황에 있었고 소그드인은 전객서가 필요로 하는 역할을 충분히 제공할 수 있었다. 그렇다면 당조는 소그드인을 효율적으로 이용할 수 있는 체계를 모색했을 것이다. 이와 관련해, 살보가 당조가 임명한 관직이라는 점에서 당조와 소그드인의 대표자인 살보의 관계를 살펴볼 필요가 있다.

(2) 살보의 위상과 홍려시와의 관계

북조(北朝) 이래 소그드인의 취락은 거사덕(据史德), 구자, 고창, 이주[伊州, 이오(伊吾)], 우전, 차말(且末), 석성진(石城鎭), 사주[沙州, 돈황(敦煌)], 숙주(肅州,

---

표현되어 있다.

75) 《隋書》 권83, 西域傳, 1,841쪽 : "煬帝時, 遣侍御史韋節司隷從事杜行滿使於西蕃諸國……史國, 得十女 · 師子皮 · 火鼠毛而還."

76) 《舊唐書》 권198, 西戎 康國傳, 5,310쪽 : "貞觀九年, 又遣使貢獅子."

77) 蔡鴻生, 《唐代九姓胡與突厥文化》, 135쪽.

주천), 감주〔甘州, 장액(張掖)〕, 양주〔涼州, 무위(武威)〕, 원주〔原州, 고평(高平)〕, 남전(藍田), 동주, 장안, 낙양(洛陽), 병주(幷州, 태원), 위주(衛州), 상주〔相州, 업도(鄴都)〕, 위주(魏州), 형주(邢州), 항주(恒州), 정주(定州), 영주(靈州), 운주(雲州), 유주(幽州), 영주(營州) 등 실크로드와 중국 화북(華北) 지역에 형성되어 있었다.[78] 그 가운데 수·당 초 장안에 있던 소그드인은 상인, 사자(使者), 질자(質子), 그리고 일찍 중국 내에 들어온 소그드인이었으며[79] 그중 상층인은 주로 가서에 거주했다.[80] 그리고 이들 소그드인 취락의 대표자로서 살보가 존재했다.

살보라는 말과 살보의 역할에 대해 현재 다양한 논의가 진행되고 있으나,[81] 공히 인정되는 것은 살보가 중국에 정주하던 소그드인의 취락 전체를 관할하고 다수 소그드인의 종교인 조로아스터교와 신도들을 관장했다는 것이다. 본래 소그드인들 사이의 고유한 직함이었던 살보는 북위(北魏) 때 중국의 관직으로 정해져 북제·북주·수·당대까지 이어졌고, 소그드인이 거주하는 모든 주(州)와 경사(京師)에는 살보가 임명되었다.[82] 현재 묘지명과 조상기(造像記)를 비롯한 출토 자료와 문헌 자료를 통해 북위에서 당 초 사이에 살보를 제수받은 소그드인 17명을 확인할 수 있다. 종래 확인된 16명(북위 5명, 북제 4명, 북주 5명, 수 1명, 당 1명)[83]과 앞서

---

78) 榮新江,《中古中國與外來文明》, 108~109쪽 ; 榮新江(西林孝浩 譯), 〈ソグド祆教美術の東傳過程における轉化─ソグドから中國へ〉,《美術研究》384(東京 : 東京文化財研究所美術部, 2004), 57~58쪽 ; 榮新江, 〈西域粟特移民聚落補考〉,《西域研究》(2005년 2기), 11쪽.

79) 榮新江,《中古中國與外來文明》, 77쪽.

80) 韓香, 〈唐代長安中亞人的聚居及漢化〉,《民族研究》(2000년 3기), 65쪽.

81) 현재 살보 연구에서 '살보(薩寶)'와 '살박(薩薄)'의 개념, 당대(唐代)의 살보와 그 이전 시기의 살보의 차이에 대한 다양한 논의가 전개되고 있다. 당대에는 북조(北朝)와 수대(隋代)에 비해 외래인에 대한 율령적 지배가 강화되어 살보는 소그드인의 취락을 통치하지 않고 현사(祆祠) 및 현교도(祆敎徒)만을 관리하게 되었다고 한다. 荒川正晴, 〈北朝隋·唐代における〈薩寶〉の性格をめぐって〉,《東洋史苑》50·51 合集(1998), 176~178쪽. 이와 달리 당대의 살보는 현교(祆敎)와 연관된 종교적 직함이 아니라 소그드인과 관련된 모든 사물을 관리하는 관직이었음을 주장하는 논거도 있다. 芮傳明, 〈"薩寶"的再認識〉,《史林》(2000년 3기), 39쪽.

82) 姜伯勤, 〈薩寶府制度源流論略─漢文粟特人墓誌考釋之一〉,《華學》3(1998), 293~295쪽.

83) 榮新江, 〈北朝隋唐胡人聚落的宗教信仰與祆祠的社會功能〉,《唐代宗教信仰與社會》(上海 : 上海辭書出版社, 2003), 397~398쪽.

언급한 사군묘의 묘주인 사군을 포함해 17명인 것이다. 중국 측 왕조가 살보를 정식 관직으로 삼아 소그드인에게 제수했다는 것은 이 왕조가 소그드인의 중국 내 실체를 인정했음을 의미하는 동시에 이 왕조가 소그드인에게 많은 관심을 갖고 있었음을 의미한다. 또한 중국 측 왕조가 소그드인을 자신의 제도 속에 편입시켜 관할하려 했다고 해석할 수 있다.[84]

더구나 당대에는 살보를 수장으로 하는 살보부가 제도화되어 이전에 비해 소그드인에 대한 관리가 훨씬 체계성을 갖추었다. 살보 예하에는 조로아스터교 신전에서의 제사를 담당하는 살보부천정(薩寶府祆正)이 있었고,[85] 살보부의 시류외관(視流外官)으로 살보부불축(薩寶府祓祝)·살보부솔(薩寶府率)·살보부사(薩寶府史)가 있었으며,[86] 살보과의(薩寶果毅)[87] 등이 배속되었다. 이들의 직능에 대해서는 기록이 없어 정확히 알 수 없지만 관직명을 통해서 살보부불축은 조로아스터교에 관한 일을, 살보부사는 살보부의 문서를, 살보부솔은 살보부의 출입 경비를, 살보과의는 절충과의(折衝果毅)처럼 무관(武官)과 같은 역할을 담당했을 것으로 추측된다. 살보부의 체계적인 제도화는 당조의 소그드인 파악·관리가 더욱 강화되었음을 말해준다.

그런데 당대에 살보부가 체계화되어가는 과정에서 왕도 장안의 살보와 주(州)의 살보 간에 차등이 있었던 것 같다. 이를 직접적으로 전하는 자료는 현재 없다. 하지만 당의 관제(官制)를 대부분 계승한 수의 관제에서는 대흥성(大興城)이 속한 옹주살보(雍州薩保)의 관품이 다른 주의 살보(薩保)의 관품보다 두 단계 높았다.[88] 그리고 당의 관제에서는 경조부(京兆府) 속관(屬官)의 관품이 지방 기관에 배속된 관인의 관품보다 높게 규정되어 있었다.[89] 이 점으로 보아 당대 장안의 살보가 다

84) 蘇航,〈北周末期的薩保品位〉,《西域研究》(2005년 2기), 21쪽.

85)《通典》권40, 職官二十二, 1,103쪽 : "祆正五品, 薩寶. 祆從七品, 薩寶府祆正."

86)《通典》권40, 職官二十二, 1,106쪽 : "視流外 勳品 薩寶府祓祝, 四品 薩寶府率, 五品 薩寶府史."

87)《新唐書》권75上, 宰相世系 五上, 3,306쪽 : "(鄭)行謹. 薩寶果毅."

88)《隋書》권28, 百官志, 790쪽 : "雍州薩保, 爲視從七品."· 권28, 百官志, 791쪽 : "諸州胡二百胡已上薩保爲視正九品."

른 지역의 살보보다 위상이 높았을 것이다. 장안의 살보는 당대의 살보부 전체 체계에서 정점을 차지하고 있었고 당조는 제도적으로 장안의 소그드인을 파악할 수 있는 체계를 갖추고 있었던 것이다. 이 체계를 통해 당조는 필요에 따라 소그드인을 쉽게 활용할 수 있었을 것이다. 이러한 측면에서 흥미로운 것이 전객서와 살보부의 관계다.

당대의 살보부와 홍려시의 관계는 자료 부족 때문에 알 수 없지만 북제 때는 살보가 홍려시의 전객서에 소속되어 있었다.[90] 북제의 홍려시 체제[91]는 수의 홍려시 체제로 이어졌고[92] 수의 전객서 구성은 당에 영향을 주었다.[93] 따라서 당 초의 살보부도 홍려시, 그중 전객서의 예속 기관이었을 것이다.[94] 즉 전객서는 제도적으로 살보부를 관할하며 소그드인을 이용할 수 있었던 것이다. 그런데 살보부가 전객서 가까이에 있었다면 전객서가 업무를 수행하는 데 더욱 신속하고 효과적이지 않았을까? 만약 홍려객관에 묵고 있던 돌궐 사절에게 갑자기 무슨 일이 생겨 전객서가 처리에 나서야 했다면 전객서를 보조할 살보부가 전객서 가까운 곳에 위치해 있는 것이 당연히 유리했을 것이기 때문이다. 하지만 이런 의문에 대해 직접 답해주는 자료는 없다. 그 대신에 당 장안에 설치돼 있던 다른 관서(官署)들의 위치를 통해 우회적으로 추측해볼 수 있다.

〈그림 10〉에서 황성의 상서성(尙書省), 그 아래 속한 육부(六部), 이부선원(吏部選院)을 비롯한 육부와 관련된 선원(選院) 등이 서로 가까운 곳에 밀집해 있었고 구시(九寺) 관련 관서도 서로 인접해 있었음을 알 수 있다. 이처럼 관제상 연관 있

---

89) 최재영, 〈唐前期 三府의 政策과 그 性格—唐朝의 京畿强化策과 關聯하여〉, 57~58쪽.

90) 《隋書》 권27, 百官志 中, 756쪽: "典客署, 又有京邑薩甫二人, 諸州薩甫二人."

91) 북제의 홍려시(鴻臚寺)는 전객서(典客署), 전사서(典寺署), 사의서(司儀署) 등으로 구성되어 있었다. 《隋書》 권27, 百官志, 756쪽: "鴻臚寺, 掌蕃客朝會, 吉凶弔祭. 統典客 · 典寺 · 司儀等署令 · 丞."

92) 《隋書》 권27, 百官志, 777쪽: "鴻臚寺統典客 · 司儀 · 崇玄三署. 各置令."

93) 《唐六典》 권18, 鴻臚寺 典客署, 506쪽: "北齊有典客丞, 隋有典客丞二人, 皇朝因之."

94) 살보부 체제가 수대를 거쳐 당대에 완성되었다는 점에서 당대에도 살보부가 전객서 소속이었다고 보는 견해도 있다. 芮傳明, 〈"薩寶"的再認識〉, 34쪽.

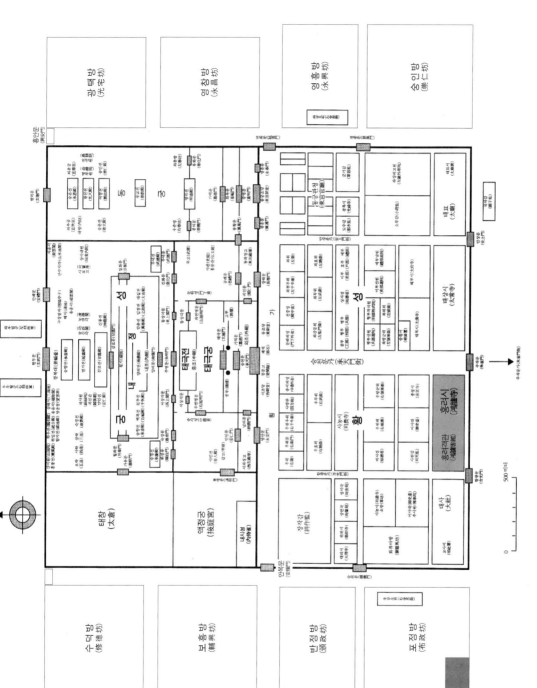

〈그림 10〉 당 장안성의 홍려사와 포정방의 위치. 妹尾達彦, 〈唐開元長安城圖作製試論〉, 《歷史人類》 26(1998), 69쪽 참조.

는 관서들이 긴밀한 업무 수행을 위해 지리적으로 서로 인접해 있었다.

외성(外城)에 배치된 관서인 경조부해, 만년현해, 장안현해(長安縣廨)는 광덕방, 선양방, 장수방(長壽坊)에 각각 위치해 있었다. 그곳에 자리를 잡은 이유에 대해서는 현재 자료가 없어 밝히기 어렵다. 하지만 그 방(坊)들이 관할 영역을 통치하기에 알맞은 중간 지점이었다는 점, 그리고 시장과 인접해 있었다는 점과 관련이 있을 것으로 생각된다. 특히 시장 인접이라는 조건에 대해 부언하자면, 시장은 장안인과 외래인이 많이 왕래하는 곳이었고 관은 시장에서 종종 포고령을 내렸으며 따라서 시장에 인접해 있는 것이 관의 통치에 유리했을 것이다. 외성의 관서들 역시 각각의 업무 수행에 유리한 곳에 배치되었다고 볼 수 있다. 결국 장안성 관서들의 지리적 위치에는 각 관서의 편제와 업무 수행상의 편의라는 측면이 반영되어 있었다. 마찬가지로 살보부도 이런 측면 때문에 홍려시 가까운 곳에 배치되었을 가능성이 높다.

이런 맥락에서 포정방은 살보부가 들어서기에 매우 적합한 곳이었다. 포정방은 〈그림 10〉에 나타나 있듯이 황성 함광문(含光門)의 오른편에 있는 홍려시와 홍려객관에 가까워 살보부가 전객서를 원활히 보조하기에 좋은 지점이었기 때문이다. 게다가 포정방은 서시와도 가까워, 살보부의 또 다른 중요 업무인 장안 내의 소그드인의 활동을 관할하는 일에도 적합한 장소였다.[95]

---

95) 홍려시와의 거리 면에서는 함광문(含光門) 바로 앞의 태평방(太平坊)과 광록방(光祿坊) 및 서시 동쪽의 연수방(延壽坊)이 가장 가까웠다. 그러나 이 방들은 개원문(開遠門)을 통해 장안에 출입하게 돼 있었고 서시에서 교역 활동을 하는 소그드인의 활동 지역과 떨어져 있었기 때문에 그들을 관할하는 살보부의 업무 수행에 그다지 유리한 곳이 아니었다. 그래서 살보부가 이곳에 배치되지 않았을 것이다. 이와 더불어 이 방들의 면적이 작은 것도 고려되었을 가능성이 있다. 태평방은 동서 558미터와 남북 500미터, 광록방은 동서 683미터와 남북 500미터, 연수방은 동서 1,020미터와 남북 500미터로 이루어져 동서 1,020미터, 남북 838미터인 포정방에 비해 면적이 작았다. 中國科學院考古硏究所西安唐城發掘隊, 〈唐代長安城考古紀略〉, 604쪽.

4. 맺음말

무덕 4년(621)에 장안에 설치된 살보부가 포정방에 위치하게 된 이유에 대해 종래의 연구는 서시 주변에 소그드인이 밀집해 있었고 서시가 소그드인의 교역 중심지였기 때문에 서시에서 가까운 포정방에 살보부를 두게 된 것이라고 설명해 왔다. 그러나 포정방은 시장 근접성이라는 면에서 최적지가 아니었다. 또한 당 장 안의 공공 시설물들의 위치에 당조의 의사가 개입되어 있었다는 점에서도 그러한 설명은 충분치 않다. 따라서 본고에서는 당조와 돌궐의 관계, 소그드인의 존재 양 태 등을 중심으로 살보부와 포정방의 관계를 밝히고자 했다.

수 말, 당 초에 돌궐은 군웅할거 세력 및 당조에게 커다란 위협이 되었다. 수·당은 돌궐 대책과 관련해 소그드인을 이용했다. 소그드인은 돌궐과 밀접한 관계 를 맺고 있었는데 최근 발굴된 안가묘와 사군묘의 출토 자료를 통해서도 소그드 인과 돌궐이 매우 긴밀한 관계에 있었음을 새삼 확인할 수 있다. 북주·수·당의 지배층은 동주에 형성된 소그드인 취락을 통해서 양자의 관계를 충분히 인지하고 있었다. 따라서 그들은 당시 위협적이던 돌궐과의 관계에서 소그드인의 이용 가 치가 높다는 것을 알고 있었으며 장안의 소그드인에 대해서도 마찬가지였을 것이 다. 당의 건국에서 무덕 4년 사이에 돌궐은 당에 가장 빈번히 조공을 바친 나라였 는데, 특히 이 돌궐의 조공과 관련해 소그드인의 이용 가치가 높았다.

조공 사절을 담당하는 전객서에서는 돌궐 사절이 왔을 때 그들의 언어로 의사 소통을 할 수 있고 그들이 바친 공헌물의 가치를 평가할 수 있는 사람이 필요했 다. 소그드인이 바로 그러한 능력을 소유하고 있었다. 그렇다면 전객서와 살보부 사이에 긴밀한 협조 체제를 갖출 필요가 있었다. 이를 위해서는 살보부가 전객서 가 속한 홍려시 가까운 곳에 위치해야 했을 것이다. 원활한 업무 수행을 위해 관 제상 관련이 있는 관서끼리 인접해 있거나 업무 수행에 편리한 곳에 관서가 위치 해 있었던 것은 장안 내의 다른 관서들의 위치에서도 확인된다. 살보부의 경우에 는 돌궐과 관련한 전객서의 업무를 원활히 보좌하기에 편리한 장소가 바로 포정방이었다. 그리고 포정방은 살보부가 장안 내 소그드인의 활동에 관한 업무를 효과적으로 수행하기에도 유리한 곳이었다. 즉 살보부는 서시와의 근접성 이외에, 돌궐 대책과 관련해 소그드인을 이용하려는 당조의 의도 때문에도 포정방에 자리를 잡게 된 것이었다.

하지만 본고는 이러한 논의 과정에서 소그드인과 돌궐의 관계만을 주목한 나머지 안가묘와 사군묘의 도상을 너무 단편적으로 이해했고, 중국 내의 소그드인의 존재 양태에 대해 충분히 생각하지 못했다. 또한 무덕 4년 무렵에 장안에 거주했던 소그드인의 실제 모습을 구체적으로 제시하지 못한 채, 북위·북주 시대에 활동한 안가와 사군의 모습에 비추어 당 초의 소그드인의 모습도 그와 같았으리라는 개연성만을 제시했다. 이러한 결함은 현전하는 장안의 소그드인에 관한 묘지명이나 기타 기록 가운데 무덕 연간 및 당 초의 소그드인의 모습을 직접적으로 전하는 기록이 없기 때문이지만 본고의 논지와 관련해 앞으로 보완되어야 하리라고 생각된다.

본고의 논의를 바탕으로 당 장안의 성격을 부여하자면 당 장안은 외래인이 다수 왕래하며 교역하거나 거주했다는 점에서뿐만 아니라 당조의 의지에 따라 국제 정세의 변동에 적극적으로 대응하는 구조가 갖추어져 있었다는 점에서도 국제 도시였다고 할 수 있다. 즉 당 장안은 중앙아시아 정세와 연동되면서도 그 정세를 함축한 도시였던 것이다.

1. 사료

《大唐創業起居注》(上海：海古籍出版社, 1983)

《唐兩京城坊考》(北京：中華書局, 1985)

《唐六典》(北京：中華書局 標點校勘本, 1992)

《北周書》(北京：中華書局 標點校勘本, 1997)

《隋書》(北京：中華書局 標點校勘本, 1997)

《舊唐書》(北京：中華書局 標點校勘本, 1997)

《新唐書》(北京：中華書局 標點校勘本, 1997)

《兩京新記》,《福山敏男著作集六 中國建築と金石文の研究》(京都：中央公論美術出版, 1983)

《長安志》,《宋元方志叢刊》1(北京：中華書局 影印本, 1990)

《全唐文補遺》第1輯(西安：三秦出版社, 1994)

《通典》(北京：中華書局 標點校勘本, 1988)

2. 연구서

姜伯勤,《中國祆教藝術史研究》(北京：生活·讀書·新知三聯書店, 2004)

妹尾達彦,《長安の都市計劃》(東京：講談社, 2001)

山西省考古研究所·太原市文物考古研究所·太原市晋源區文物旅游局,《太原隋虞弘墓》(北京： 文物出版社, 2005)

向達,《唐代長安與西域文明》(北京：生活·讀書·新知三聯書店, 1979)

石見清裕,《唐の北方民族と國際秩序》(東京：汲古書院, 1998)

陝西省考古研究所,《西安北周安伽墓》(北京：文物出版社, 2003)

榮新江,《中古中國與外來文明》(北京：生活·讀書·新知三聯書店, 2001)

吳玉貴,《突厥汗國與隋唐關係史研究》(北京：中國社會科學出版社, 1998)

蔡鴻生,《唐代九姓胡與突厥文化》(北京：中華書局, 1998)

平岡武夫,《白居易—生涯と歲時記》(京都：朋友書店, 1998)

韓偉,《磨硯書稿—韓偉考古文集》(北京：科學出版社, 2001)

護雅夫,《古代トロコ民族史研究 I》(東京：山川出版社, 1967)

―――,《古代トロコ民族史研究 II》(東京：山川出版社, 1992)

Edward H. Schafer, *The Golden Peaches of Samarkand—A Study of T'ang Exotics*(Berkeley：Univ. of

California Press, 1963)

Victor Cunrui Xiong, *Sui-Tang Chang'an—A Study in the Urban History of Medieval China*(Ann Arbor : Center for Chinese Studies, The Univ. of Michigan, 2000)

3. 논문

姜伯勤, 〈薩寶府制度源流論略—漢文粟特人墓誌考釋之一〉, 《華學》 3(1998), 290~308쪽

吉田豊, 〈ソグド語雜錄(II)〉, 《オリエント》 31-2(1988), 165~176쪽

———, 〈ソグド語資料から見たソグド人の活動〉, 《岩波講座 世界歷史11 中央アジアの統合》(東京 : 岩波書店, 1997), 227~248쪽

吉田豊・影山悅子, 〈ソグド人—典籍を補う最新の出土資料から〉, 《月刊 しにか : 大特集 シルクロードの旅人—東西文物交流を擔いし者たち》(2000. 9), 44~49쪽

김호, 〈唐代 太子府의 構造와 運用〉, 《中國史硏究》 36(2005), 109~136쪽

那波利貞, 〈唐代の長安城內の朝野人の生活に浸潤したる突厥風俗に就きての小攷〉, 《甲南大學文學會論集》 27 (1965), 1~55쪽

妹尾達彥, 〈唐開元長安城圖作製試論〉, 《歷史人類》 26(1998), 41~91쪽

———, 〈世界都市長安における西域人の暮らし〉, 《シルクロード學硏究叢書》 9(2004), 21~99쪽

박한제, 〈隋唐 長安城의 市場風景—胡漢文化의 交流와 統合의 現場〉, 《歷史敎育》 84(2002), 265~300쪽

山西省考古硏究所・太原市考古硏究所・太原市晉源區文物旅游局, 〈太原隋代虞弘墓淸理簡報〉, 《文物》(2001년 1기), 27~52쪽

山下將司, 〈新出土史料より見た北朝末・唐初間ソグド人の存在形態—固原出土史氏墓を中心に〉, 《唐代史硏究》 7(2004), 60~77쪽

桑原騭藏, 〈隋唐時代に支那に往來した西域人に就て〉, 《桑原騭藏全集 2》(東京 : 岩波書店, 1968), 270~360쪽

西安市文物保護考古所, 〈西安市北周史君石槨墓〉, 《考古》(2004년 7기), 38~49쪽

——————————, 〈西安北周涼州薩保史君墓發掘簡報〉, 《文物》(2005년 3기), 4~33쪽

陝西省考古硏究所, 〈西安發現的北周安伽墓〉, 《文物》(2001년 1기), 4~26쪽

蘇航, 〈北周末期的薩保品位〉, 《西域硏究》(2005년 2기), 12~24쪽

楊曉春, 〈隋虞弘墓誌所見史事系年考證〉, 《文物》(2004년 9기), 74~84쪽

榮新江, 〈薩保與薩薄 : 北朝隋唐胡人聚落首領問題的爭論與辨析〉, 《伊郞學在中國論文集》 3(北京 : 北京大學出版社, 2003), 127~143쪽

———, 〈北朝隋唐胡人聚落的宗敎信仰與祅祠的社會功能〉, 《唐代宗敎信仰與社會》(上海 : 上海辭書出版社, 2003), 385~412쪽

———, 〈粟特與突厥—粟特石棺圖象的新印證〉, 周偉洲 主編 《西北民族論叢》 4(北京, 中國社會科學出版社, 2006), 1~23쪽

榮新江, 西林孝浩 譯, 〈ソグド祅敎美術の東傳過程における轉化—ソグドから中國へ〉, 《美術硏究》 384(2004), 57

　～73쪽

――――, 〈西域粟特移民聚落補考〉, 《西域研究》(2005년 2기), 1～11쪽

――――, 〈北周史君墓石槨所見之粟特商隊〉, 《文物》(2005년 3기), 47～56쪽

芮傳明, 〈"薩寶"的再認識〉, 《史林》(2000년 3기), 23～39쪽

吳玉貴, 〈唐朝初年與東突厥關係史考〉, 《中亞學刊》 5(1996), 74～126쪽

王尚達, 〈唐代粟特人與中原商業貿易生産的社會作用和影響〉, 《西北民族研究》(1995년 1기), 26～38쪽

牛致功, 〈安元壽墓誌銘中的幾個問題〉, 《史學月刊》(1999년 3기), 37～40쪽

林俊雄, 〈掠奪·農耕·交易から觀た遊牧國家の發展―突厥の場合〉, 《東洋史研究》 44-1(1985), 110～136쪽

――――, 〈遊牧民族の王權―突厥·ウイグルを例に〉, 《岩波講座 天皇と王權を考える; 3. 生産と流通》(東京 : 岩波
　　書店, 2002), 115～139쪽

任江, 〈初論西安唐出土的粟特胡俑〉, 《考古與文物》(2004년 5기), 65～73쪽

程越, 〈粟特人在突厥與中原交往中的作用〉, 《新疆大學學報》(1994년 1기), 62～67쪽

中國科學院考古研究所西安唐城 發掘隊, 〈唐代長安城考古紀略〉, 《考古》(1963년 11기), 595～611쪽

최재영, 〈唐 前期 長安內의 소그드인 대책〉. 《서울대 동양사학과 논집》 23(1999), 24～41쪽

――――, 〈唐前期 三府의 政策과 그 性格―唐朝의 京畿强化策과 關聯하여〉, 《東洋史學研究》 77(2002), 47～
　　79쪽

韓香, 〈唐代長安中亞人的聚居及漢化〉, 《民族研究》(2000년 3기), 63～72쪽

――, 〈唐代長安譯語人〉, 《史學研究》(2003년 1기), 28～31쪽

荒川正晴, 〈北朝隋·唐代における〈薩寶〉の性格をめぐって〉, 《東洋史苑》 50·51 合集(1998), 164～186쪽

Arthur F. Wright, "Symbolism and Function―Reflection on Changan and Other Great Cities", *The
　　Journal of Asian Studies* 24-4(1965), 667～679쪽

명·청 시대 강남 도시 사관(寺觀)의 구조 변화와 지역 사회*

이 윤 석**

1. 머리말

명·청 시대 강남(江南)의 각 성진(城鎭)에는 수많은 사묘(寺廟)가 있었으며, 이 사묘들 중에는 상징적 혹은 사회적 측면에서 비교적 뚜렷하게 그 성진의 중심적 위치를 차지하는 것도 있었다.[1] 문묘(文廟, 공자를 모신 사당)와 성황묘(城隍廟, 성황신을 모신 사당)는 각 부(府)·주(州)·현(縣)과 일부 시진(市鎭)의 중심적 위치를 차지하던 사묘(祠廟)라고 할 수 있으며, 따라서 문묘나 성황묘의 구조 변화를 통해 그 성진의 사회적 흐름을 이해할 수 있다.[2] 그런데 이들 사묘(祠廟) 외에

---

* 이 글은 2003년 4월에 《명청사 연구》 제18집에 실린 같은 제목의 논문을 수정·보완한 것이다.

** 서울대 동양사학과를 졸업하고, 같은 학교에서 석사 학위와 박사 학위를 받았다. 현재 공주대, 명지대 등에서 강의하고 있다. 논문으로는 〈명초 국가권력의 지방사묘 정비〉, 〈옹정제와 청대 국가제사〉 등 다수가 있다.

1) 이 글에서 사용하는 기본적인 용어에 대해서 미리 설명해두기로 하겠다. 중국에는 여러 종류의 제사나 종교 시설이 있는데, 이들을 통칭하여 사묘(寺廟)라고 한다. 사묘는 다시 크게는 사묘(祠廟)와 사관(寺觀)으로 나눌 수 있다. 사묘는 신령이나 조상을 모신 사당을 의미하며, 사관은 절과 도관(道觀, 도교 사원)을 의미한다. 한편 성진(城鎭)은 중국의 여러 종류의 도시를 통칭하는 용어이다. 일반적으로 중국에서 도시를 지칭하는 용어인 성시(城市)는 주로 현(縣)급 이상의 행정 도시를 의미하고, 공식적인 행정적 지위가 없으나 경제적 발전 등의 요인으로 현실적으로 도시화된 곳은 시진(市鎭)이라고 한다.

2) 이윤석, 〈명청시대 강남의 문묘와 성황묘―도시 제사·신앙 중심의 구조와 변천〉, 《명청사 연구》 17(2002) 참조.

몇몇 사관(寺觀) 역시 이런 중심적 위치를 차지했으므로 이들 사관의 구조 변화를 살펴보는 것 또한 그 사관이 속한 지역 사회의 흐름을 이해하는 데 도움이 될 것이다.

이 글에서는 강남 지역의 대표적인 사관의 사례로 소주성(蘇州城)의 현묘관(玄妙觀)과 남상진(南翔鎭)의 운상사(雲翔寺)를 선택하여 분석하고자 한다. 현묘관과 운상사는 공간적으로 각각 소주성과 남상진의 중심부 가까이에 위치한 대(大)사관이었을 뿐만 아니라, 뒤에 자세히 서술하겠지만, 실제로 많은 부분에서 그 지역의 중심적 위상을 차지하고 있었기 때문이다.

좀 더 정확히 말하자면 이 글에서 고찰하고자 하는 것은 사관의 일반적인 구조 그 자체가 아니다. 이 글의 목표는 도시 지역에 위치하면서 비교적 규모가 크고 지역 사회에서 중요한 위치를 차지하던 사관의 구조 변화를 지역 사회의 변화와 관련해 이해하는 것이다. 그러므로 이 글은 이러한 위치에 있지 않은 사관, 예컨대 농촌이나 전국적으로 유명한 종교 중심지에 있는 사관에까지 적용될 수 있는 결론을 얻고자 하는 것이 아니다. 또 절과 도관(道觀)의 종교적 차이, 혹은 불교나 도교의 내부적 문제를 이해하고자 하는 것도 아니다.

즉 강남 지역 성진의 주요 사관이 명·청 시대를 거쳐 어떠한 변화를 보이는가 하는 것이 이 글이 다루려는 주제다.[3] 특히 사관의 전각(殿閣) 구성 및 설치된 비각(碑刻)의 유형을 중심으로 이러한 주제에 접근하고자 한다. 사관의 전각 구성에

---

3) 명·청 시대 강남의 절과 도관의 구조나 사회적 기능에 대한 체계적 역사 연구는 현재로서는 없는 듯하다. 근자에 출간된 何孝榮, 《明代南京寺院硏究》(北京: 中國社會科學出版社, 2000)가 이 주제에 대한 이해에 도움이 되기는 하지만, 이 책의 연구 대상이 명대 남경(南京)의 절에 한정돼 있다는 한계가 있다. 아울러 이 책은 절 자체를 이해하는 데 초점을 두고 있으므로, 절과 사회의 관련성에 주목하는 본고와는 근본적으로 차이가 있다. 또 Timothy Brook, *Praying for Power : Buddhism and the Formation of Gentry Society in Late-Ming China*(Cambridge Mass. : Harvard Univ. Press, 1993)도 명 말 신사(紳士)의 절에 대한 후원을 다루고 있어 참고할 만하지만, 이 책은 특별히 '명 말'이라는 시기, '신사'라는 계층, 도관을 제외한 절만을 대상으로 하고 있다는 점에 한계가 있다. 즉 이 책은 신사 아닌 다른 계층과 절이 아닌 다른 도관의 특징, 그리고 명 말에 그치지 않고 청대에 들어와서도 지속적으로 나타난 특징은 과소평가하고 있는 것이다. 그리고 연구 대상의 절을 선정함에 있어서 도시에 소재하는 것을 주로 택하지 않았다는 점에서도 이 책은 이 글과 차이가 있다.

는 일정한 원리가 있음에도 강남 지역 성진의 주요 사관에서는 전각 구성에서 많은 변형이 나타나고 있으며, 이러한 변형은 많은 사회적 함의를 담고 있는 것으로 보인다. 또 사관에는 많은 비각이 세워졌는데, 그 비각의 종류 역시 그 사관이 그 지역 사회에서 어떠한 의미를 갖고 있었는지를 이해하게 해줄 것이다. 따라서 본고는 우선 소주 현묘관과 남상진 운상사의 전각 건립 상황과 비각의 내용을 살펴본 다음, 여기에서 드러나는 몇몇 특징을 중심으로 다른 절과 도관의 사례를 포함해 전반적인 경향을 이해하고자 한다.

2. 소주부성 현묘관의 구조 변화

소주는 명·청 시대에 경제의 핵심 지역이자 다수의 과거 합격자를 배출한 지역이었으며 이곳에는 사관도 대단히 많았다. 정덕(正德)《고소지(姑蘇志)》에는 소주 부곽현(附郭縣)에 위치한 사관 402개가 기록돼 있다. 이 중에서 성내(城內)에 있는 것이 135개이고 성외(城外)에 있는 것이 267개다. 성외 소재로 기록되어 있는 사관이라도 성외로 확대된 도시 지역이나 인근 교외(郊外) 지역에 위치하고 있는 경우에는 도시 지역의 사관으로 간주될 수 있을 것이므로 도시 지역 사관의 수는 성내 소재 사관의 수를 넘어선다고 볼 수 있다. 도시 지역 사관 중에서 대(大)사관으로서 총림(叢林)으로 지정된 것만 따져보면 성내의 총림사(叢林寺)가 17개이고 총림관(叢林觀)이 2개이다. 이 총 19개의 사관이 다른 사관을 통합하고 있는 주요 사관인 것이다.[4]

그런데 이러한 여러 사관 중에서 승강사(僧綱司, 불교 관리 관청)와 도기사(道紀司, 도교 관리 관청)가 설치된 곳은 각각 승천능인사(承天能仁寺)와 현묘관이었

---

[4] 총림은 명 초에 각 지방에서 보존하도록 지정된 큰 규모의 절과 도관을 의미한다. 이윤석, 〈명초 국가권력의 지방사묘 정비―중앙의 규정과 강남지역의 실제〉,《중국학보》44(2001), 299쪽 표 6 참조.

다.[5] 승천능인사는 소주부(蘇州府) 관아의 북쪽에 위치하고 있는데, 장사성(張士誠)이 소주를 지배하던 시기에 일시적으로 그의 궁이 되었다가 명 초에 사원으로서의 면모를 회복하고 승강사를 설치했다. 그리고 선덕(宣德) 10년(1435)에 순무(巡撫) 주침(周忱)이 여기에 사경각(賜經閣)을 건립했고 성화(成化) 10년(1474)에는 주지가 이곳의 대웅전을 중건했다.[6] 명 말의 한 기록은 이 승천능인사에 부유한 승려가 많다며 기근 시기에 기민(饑民)이 이 승천능인사로 몰려가 구제를 요청하다 갈등이 빚어진 사례를 적고 있는데,[7] 이는 명 말에도 승천능인사가 대사원이었음을 보여준다. 그러나 청대에 들어와 강희(康熙) 28년(1689)에는 순무도어사(巡撫都御史)가 이 절의 승려들이 간리(奸利)를 취한다며 그들을 처벌하여 모두 쫓아냈고, 이어 강희 31년(1692)에는 지현(知縣)이 민(民)이 돈을 내고 이곳에 거주하는 것을 허락하여 그 대금을 의국(醫局)과 사학(社學)의 비용으로 사용했으며, 결국 이 절은 폐(廢)해졌다.[8]

이와는 대조적으로 현묘관은 지속되었다. 현묘관은 전국의 도관들 중에서도 유명한 것으로 꼽히지만, 명·청 시대에 무엇보다 소주라는 지역 사회 내에서 문묘, 성황묘와 함께 상징적 중심지를 이루었다. 현묘관의 기원은 매우 오래되어서 진(晉)대에 건립된 진경도관(眞慶道觀)이 출발점이었다고 한다. 이것이 당(唐)대에 개원궁(開元宮)으로 개칭되었다가 북송(北宋)대에 천경관(天慶觀)으로 사액(賜額)되었고, 원(元)대에 이르러 다시 현묘관으로 개칭되었다. 명대에 들어와서는 홍무(洪武) 연간에 현묘관에 도기사가 설치되었으며 현묘관 소유 토지를 몰수하여 군

---

5) 正德《姑蘇志》(天一·續) 권29〈寺觀〉上, 632~633·668~669쪽. 이하 지방지의 서지 사항은 다음과 같이 간략히 표시한다. 天一·續은《天一閣藏明代方志叢刊續編》, 集成은《中國地方志集成》, 成文은《中國方志叢書》, 日本은《日本藏中國罕見地方志叢刊》을 의미한다.

6) 同治《蘇州府志》(集成) 권39〈寺觀〉1, 223쪽.

7) 葉紹袁,《啓禎記聞錄》〔《通史》(商務印書館, 1912)〕권2, 8a쪽.

8) 승천능인사(承天能仁寺)는 동치(同治) 연간에 가서야 다시 승려에 의해 중건되었다. 同治《蘇州府志》(集成) 권39〈寺觀〉1, 223쪽. 따라서 도기사(道紀司)는 계속 현묘관에 있었지만 승강사(僧綱司)는 "이전에는 승천능인사(承天能仁寺)에 있었으나 지금은 일정한 장소가 없다"라고 기록되어 있다. 同治《蘇州府志》(集成) 권21〈公署〉1, 492쪽.

사비용 용도로 변경하였다.[9)]

명·청 시대의 현묘관의 면적, 전토(田土) 재산의 규모, 도사(道士)의 수는 명확하지 않다. 명·청 시대에도 현묘관은 대도관이었으나, 송(宋)·원 시대에 비해서는 규모가 축소된 것으로 보인다. 송·원 시대에는 현묘관의 넓이가 500무(畝)였고,[10)] 하사받은 전토가 50경(頃)이었으며, 도사의 수는 "정식 도사가 300명, 정식 도사 자격증이 없는 견습 도사가 1,000명 이상"이었다는 기록이 있다.[11)] 이에 반해 명·청 시대의 경우에는, 정확한 것은 아니지만 현묘관의 면적이 100무라는 기록이 있으며,[12)] 그 소유 전토에 대해서는 명 초에 전토를 몰수하여 군사비용으로 사용했다는 기록이 있을 뿐 그 이상의 명확한 기록은 없다. 또 명 말의 소설(小說)에 현묘관은 "기지(基址)가 넓고 건물이 웅장하며, 위로 삼청전(三淸殿)에 이르고 아래로 십전(十殿)에 이르기까지 갖추어지지 않은 것이 없다. 전체 도사의 수가 어찌 수백 명뿐이겠는가?"[13)]라고 기록돼 있는 것으로 보아 도사의 수도 적지 않았을 것으로 생각되지만, 역시 명확하게 알 수는 없다. 다만 이러한 기록들로 볼 때 명·청 시대의 현묘관은 송·원 시대의 현묘관에 비해 규모나 자산이 축소되었으리라고 생각된다.[14)]

그러면 이제 본격적으로 현묘관의 전각 구성을 살펴보겠다. 현묘관 전각의 구성

---

9) 顧元, 《玄妙觀志》[《藏外道書》(成都 : 巴蜀書社, 1994) 권1, 〈本志〉], 456~459쪽. 기록에 따라서는 당(唐)대의 개원궁(開元宮)에서부터 서술하는 경우도 있다.

10) 徐崧·張大純 纂輯, 《百城烟水》(南京 : 江蘇古籍出版社, 1999) 권3 〈長洲縣〉, 197쪽.

11) 乾隆 《長洲縣志》(集成) 권30 〈寺觀〉, 377쪽.

12) 袁景瀾, 《吳郡歲華紀麗》(南京 : 江蘇古籍出版社, 1998) 권1 〈正月〉, 14쪽에는 "현묘관은 진(晉) 함녕(咸寧) 연간에 건립되었는데, 그 터는 500무이고 소주에서 가장 크고 화려했다"라고 기록돼 있고 권6 〈六月〉, 233쪽에는 "강희(康熙) 연간에 시도연(施道淵) 도사가 새롭게 건축했는데, 밖으로는 삼문(三門)이 있고, 터는 크기가 100무"라고 기록돼 있는데 이것이 시기에 따른 차이인지 오기(誤記)인지는 명확하지 않다.

13) 馮夢龍, 《警世通言》上(北京 : 中華書局, 1986) 제15권 〈金令史美婢酬秀童〉, 199쪽.

14) 명·청 시대 각 지역 혹은 각 사관의 승려와 도사의 수나 토지 재산의 규모에 대해서는, 이전의 송·원 시대나 이후의 20세기 초의 경우와는 달리 자료가 부족하여, 몇몇 특수한 경우를 제외하고는 파악하기 어렵다. 이러한 자료 상황에 대해서는 Vincent Goossaert, "Counting the Monks : The 1736~1739 Census of the Chinese Clergy", *Late Imperial China* 21-2(2000), 41~42쪽 참조.

도 시대에 따라 변화했는데, 청대의 현묘관 전각 구성에 대해서는 도광(道光) 연간에 편찬된《현묘관지(玄妙觀志)》와 각 지방지에 실려 있는 현묘관 전각 관련 내용 및 건륭(乾隆) 연간과 도광 연간의 현묘관 전각 구조도를 통해 비교적 상세하게 알 수 있다. 명 말에 현묘관에 어떤 전각들이 있었는지에 대해서도 각종 전각 건립비의 비문이나 "만력(萬曆) 30년(1602)에 미라보각(彌羅寶閣)이 무너졌다. 오로(五路)·장선(張仙)·정락(淨樂)·풍도시왕(酆都十王)·고진(高眞)·전장(轉藏)·영보(靈寶)·팔선(八仙)·오뢰(五雷) 등의 전(殿) 또한 곧 폐해졌다"라는 기록[15] 등을 통해 대략 알 수 있는데, 이런 명대 현묘관의 전각 상황과 비교해가며 우선 청대 현묘관의 전각 상황을 정리하면 다음의 〈표 1〉과 같다.[16]

〈표 1〉 청대 소주 현묘관의 전각

현묘관 공간 구분	전각 명칭	건립 상황
중앙	삼문(三門)〔산문(山門)〕	앞에 벽비(辟非)·금단(禁壇) 2장군(將軍), 뒤에 마(馬)·조(趙)·온(溫)·왕(王) 4천군(天君). 동쪽에는 길상문(吉祥門), 서쪽에는 여의문(如意門)
	삼청전(三淸殿)	정전(正殿). 가운데에 삼청성상(三淸聖像)이 있음
	미라보각 (彌羅寶閣)	후전각(後殿閣). 총 3층. 상층은 36천제(天帝), 중층은 일월성신(日月星辰), 하층은 황지기(皇地祇)를 모심
	장생전(長生殿)	여의문 안의 삼청전 우측에 위치
동(東)면 (서향)	현단묘(玄壇廟)	
	태안신주전 (泰安神州殿)	앞에 감생성모(監生聖母)를 모심. 원 원정(元貞) 원년에 건립
	천의약왕전 (天醫藥王殿)	송 상부(祥符) 5년에 건립. 위에는 두모각(斗姆閣), 앞에는 노두묘(路頭廟)·오로전(五路殿)·진관전(眞官殿)이 있음
	천후전 (天后殿)	건륭(乾隆) 연간에 건립. 안에는 삼원각(三元閣), 두모각, 문창각(文昌閣)이 있음
	문창전(文昌殿)	안에 화신전(火神殿)이 있음
	현제전(玄帝殿)	원 원정 연간에 건립. 대전(大殿)은 남향. 밖에는 새로 두모각을 건립〔가경(嘉慶) 원년〕
	화신묘(火神廟)	건륭 연간에 건립
	삼모전(三茅殿)	송 상부 5년에 건립

15) 徐崧·張大純 纂輯,《百城烟水》권3〈長洲縣〉, 198쪽.
16) 顧沅,《玄妙觀志》권2〈殿宇〉·〈附：祠廟〉, 460~461쪽.

	기방전(機房殿)	명 정통(正統) 연간에 삼모전 터를 나누어 건립
	관제전(關帝殿)	원 원정 연간에 건립. 안에는 장생전, 위에는 두모각이 있음
	동악전(東嶽殿)	송 상부 5년에 건립. 안에는 칠십이사묘(七十二司廟)·시왕묘(十王廟), 뒤에는 남향의 취선루(聚仙樓)가 있음
서(西)면 (동향)	뇌존전(雷尊殿)	남향. 원 지원(至元) 연간에 오뢰단(五雷壇)을 건립. 명 천순(天順) 2년에 뇌신전(雷神殿)을 건립
	관음전(觀音殿)	원 원정 연간에 건립
	삼관전(三官殿)	
	팔선전(八仙殿)	송 상부 5년에 건립
	수부전(水府殿)	
후면 (後面)	간위이기사전 (肝胃二氣司殿)	가경 연간에 건립
	사의진인전 (簑衣眞人殿)	처음의 명칭은 통신암(通神庵). 송 순희(淳熙) 연간에 건립
	궁륭방장 (穹窿方丈)	미라보각 서북쪽에 위치
부속 사묘 (祠廟)	전주사묘 (傳奏司廟)	궁교(宮橋) 남쪽에 위치. 도광 10년에 중건
	현단묘(玄壇廟)	현묘관 앞쪽에 위치. 모시는 신(神)은 조공명(趙公明)
	여동래사 (呂東萊祠)	현묘관 동쪽에 위치. 송 여조겸(呂祖謙)을 제사. 후손이 건립
	원씨육준사 (袁氏六俊祠)	현묘관 동쪽에 위치. 명대 인물 6명을 모심. 청 강희 25년에 건립
	육영유애사 (育嬰遺愛祠)	현묘관 뇌존전의 서쪽에 위치. 영우단(靈雨壇)→육영당(育嬰堂, 강희 15년)→육영유애사(건륭 9년)로 변화됨.
	유공사(劉公祠)	사의진인전 오른쪽에 위치. 청대 강남포정사(江南布政使) 유전형(劉殿衡)을 육영당 건립의 공로를 기려 제사

　　고원(顧元)의 《현묘관지》는 〈표 1〉과 같이 전각과 부속 사묘(祠廟)를 소개하고 있는데,[17] 우선 전각으로 분류된 것부터 살펴보겠다. 이들 각 전각의 건립 시기는

---

17) 顧元, 《玄妙觀志》 권2 〈附 : 祠廟〉에는 〈표 1〉에 제시된 사묘 외에도 전주사묘(傳奏司廟)에 이어 '한임사군사(漢任使君祠)'가 제시돼 있다. 그러나 이 문헌이 한임사군사가 '천경관(天慶觀)'에 위치한다고 기록하여 현묘관의 송대 명칭을 사용하고 있고, 또 乾隆 《長洲縣志》(集成) 권6 〈壇祠〉, 64쪽에 한임사군사가 "지금은 무너진 지 오래이다"라는 말이 나오는 것으로 보아 청대에는 한임사군사가 존재하지 않았을 것으로 생각된다. 아울러 고원의 《현묘관지》에서는 현묘관 관내(觀內) 시설로서 무자비(無字碑), 칠성단(七星壇) 등도 '고적(古蹟)' 항목으로 분류해 기록하고 있으나 〈표 1〉에서는 이들을 생략했다. 명·청 시대 각 전각의 규모를 모두 명료하게 알 수는 없으나, 민국(民國) 연간에 조사한 현묘관 각 전각의 규모는 다음 표와 같다. 이 표는 民國 《吳縣城區附刊》(成文) 〈吳縣城區寺廟公產調查表〉, 132쪽을 전거(典據)로 삼았으며 수치의 단위는 '간(間)'이다.

기록돼 있는 경우도 있고 그렇지 않은 경우도 있어서 모두 명확하게 알 수는 없다. 또 어떤 전각들은 무너졌다가 중수(重修)되는 등의 많은 변화를 거친 탓에 건립 시기를 명확히 알 수 없다. 예컨대 명·청 시대에 소주가 비단업의 중심지였다는 사실과 관련해 주목되는 전각으로서 명 정통 연간(1436~1449)에 건립된 것으로 기록된 기방전(機房殿)이 있는데, 이 기방전은 이 시기에 처음 현묘관에 만들어진 것이라기보다는 원대부터 있었던 것이 없어졌다가 이때에 다시 건립된 것으로 보인다.[18] 그런데 문제는 기방전의 정통 연간의 건립 상황에 대한 기록이 전혀 없다는 것이다. 다른 많은 전각의 경우에는 창건 상황과 주도자가 기록되어 있는 데 비해 기방전의 경우에는 그런 기록이 없는 것이다. 건륭《장주현지(長洲縣志)》에, 정통 연간에 순무 주침과 지부(知府) 황종(況鐘)이 미라보각을 건립하고《도장경(道藏經)》을 하사해줄 것을 청했다는 기록에 뒤이어 간단히 "삼모전(三茅殿)의 터를 나누어 기방전을 만들었다"라고 기록되어 있을 뿐이다.[19] 이러한 상황은 기방전 건립의 주도자가 뚜렷한 지위에 있는 사람이 아니었음을 암시하는 것으로도 보이며, 어쩌면 비단업 관련자들이 건립을 주도했을 수도 있다.

한편, 국가나 사회의 전반적인 동향에 영향을 받아 전각이 건립되는 경우도 있었다. 청대의 천후전(天后殿) 건립을 이러한 예로 들 수 있을 것이다. 천후전은 건륭 연간에 건립되었으며, "천후(天后)의 영(靈)은 전국에 환히 나타나고 누차 봉작(封爵)되었는데", 강남 도관의 으뜸이 되는 곳으로서 모든 신기(神祇)를 다 모시고 있는 현묘관에 천후의 신전이 없는 것은 잘못이라는 것이 건립 이유였다.[20] 이것

뇌조전 (雷祖殿)	관음전 (觀音殿)	삼관전 (三官殿)	조가전 (灶家殿)	수부전 (水府殿)	동악전 (東嶽殿)	화신묘 (火神廟)	문창전 (文昌殿)	천후궁 (天后宮)	재신전 (財神殿)	삼청전 (三淸殿)	기방전 (機房殿)
9	18	3	3	12	70	22	11	19	20	9	16

18) 청 강희 연간의 기록이어서 원대의 상황을 정확하게 반영하는 것인가는 확신할 수는 없으나, 徐崧·張大純,《百城烟水》(南京 : 江蘇古籍出版社, 1999) 권3〈長洲縣〉, 197쪽은 원 원정(元貞) 연간의 상황을 서술하면서 현묘관의 전각 중에 삼모기방전(三茅機房殿)을 들고 있다.

19) 乾隆《長洲縣志》(集成) 권30〈寺觀〉, 378쪽. 또 顧沅,《玄妙觀志》권2〈殿宇〉, 461쪽에도 "정통(正統) 연간에 삼모전 터를 나누어 건립하였다"라고만 기록되어 있다.

을 보면 천후의 신앙이 크게 전파되고 또 왕조에 대한 존숭을 부추기려는 의지가 작용하던 청대의 전반적인 상황이 전각 건립에 영향을 미치고 있었던 것으로 짐작되며, 천후 신앙의 전파자는 일반적으로 복건(福建) 상인이었지만 이 현묘관 천후전 건립에서는 복건 상인의 구체적 관련이 드러나지 않는다.[21]

다음으로는 사묘(祠廟)로 분류되는 것을 살펴보겠다. 청대에 새로 건립된 현묘관 내 사묘로는 유공사(劉公祠)가 있다. 이것은 강희 38년(1699)에 강남포정사를 지낸 유전형(劉殿衡)을 제사 지낸 사당이다. 유공사는 원래 현묘관의 동편에 있었는데, 세월이 지나 무너져버린 것을 도광 10년(1830)에 소주의 신사(紳士)가 통신암(通神庵)——즉 사의진인전(簑衣眞人殿)——의 별전(別殿)에 다시 그의 신주를 모시고 이 암자의 주지 조장년(曹長年)으로 하여금 향화(香火)를 담당하게 했다. 그리고 이때 제사 대상인 유전형의 공적으로 기록돼 있는 것은 육영당(育嬰堂) 창건이다.[22]

이렇게 유공사는 육영당과 관계가 있는데, 육영당 자체도 현묘관에 건립되었다. 명 말, 청 초에 시작된 선회(善會)·선당(善堂) 활동의 역점 활동으로 평가되는 것이 육영(育嬰) 사업인데,[23] 강남의 대부분의 부(府)·성(城)에는 대체로 강희 15년(1676)까지 육영당이 건립되었고,[24] 소주에 육영당이 건립된 것도 강희 15년의 일

---

20) 韓是升, 〈玄妙觀天后宮記〉(乾隆 44년경), 顧元, 《玄妙觀志》 권10 〈集文〉下, 500~501쪽.

21) 청대의 천후(天后) 신앙은 주로 복건(福建) 상인이 전했다. 청조 조정에서도 강희 연간에 천비(天妃)를 천후로 봉한 이후에도 봉호(封號)를 추가했는데, 대만(臺灣)에서의 반란을 평정하는 데에 천후가 현령(顯靈)했다는 것이 주요 동기였다. 愛宕松男, 〈天妃考〉, 《滿蒙史論叢》 4(1943)〔愛宕松男, 《中國社會文化史—愛宕松男東洋史學論集第二卷》(東京 : 三一書房, 1987)〕; 陳尙勝, 〈淸代的天后宮與會館〉, 《淸史硏究》(1997년 3기) ; James L. Watson, "Standardizing the Gods : The Promotion of T'ien Hou('Empress of Heaven') Along the South China Coast, 960~1960", David Johnson et al. (eds.), *Popular Culture in Late Imperial China*(Berkeley : Univ. of California Press, 1985) 등 참조.

22) 梁章鉅, 〈重修劉公祠記〉(道光 10년), 顧元, 《玄妙觀志》 권10 〈集文〉下, 503쪽. 도광(道光) 연간에 통신암(通神庵)의 별전(別殿)에 그의 신주를 다시 모시기 전에 유전형(劉殿衡)의 사당이 어느 시기까지 존재했었는지는 불확실하지만 건륭(乾隆) 연간의 방지(方志)에 있는 〈현묘관도(玄妙觀圖)〉에 유공사의 존재가 나타나 있다. 乾隆 《長洲縣志》(集成) 卷首, 〈玄妙觀圖〉, 20쪽.

23) 夫馬進, 《中國善會善堂史硏究》(京都 : 同朋舍, 1997), 211쪽.

이다. 소주의 육영당은 장덕준(蔣德埈), 장유성(蔣維城), 허정승(許定升) 등의 신사의 주도로 현묘관 뇌존전(雷尊殿)의 서측에 건립되었고,[25] 이후 건륭 4년(1739)에 140여 간(間)의 새 건물을 지어 이전하기까지 60여 년간 그 자리에 위치해 있었다.[26] 주변 강남 각지의, 육영당을 운영할 만한 여건이 되지 못하는 유영당(留嬰堂)들은 버려진 아이들을 임시로 수용하고 있다가 이 소주 육영당으로 보냈는데, 이는 소주 육영당과 관련해 특히 유명한 점이다.[27] 소주 육영당이 독립 건물을 지어 이전한 후에는 육영당이 들어섰던 공간이 건륭 9년(1744)에 육영유애사(育嬰遺愛祠)로 변경되어 육영당 관련자의 사당으로 쓰였다.[28]

소주 현묘관은 이렇게 육영당이 설치된 곳이었을 뿐만 아니라, 기근이나 역병 시에는 일시적인 구제 활동 장소가 되기도 했다. 예를 들면, 숭정(崇禎) 14년(1641)에 강남에 큰 흉년이 들어 쌀값 상승으로 변이 생길 우려가 있자 관은 현묘관 및 북선사(北禪寺), 서문(胥門), 천후궁(天后宮) 등 6곳에 죽 배급소[죽창(粥廠)]를 설치해 굶주린 백성을 구제했다.[29] 또 건륭 20년(1755)에 소주 지역에 기근이 들고 역병이 돌자 지부(知府)는 현묘관에 국(局)을 설치하고 명의(名醫) 25명을 불

---

24) 夫馬進,《中國善會善堂史硏究》, 230쪽.

25) 夫馬進,《中國善會善堂史硏究》, 239~240쪽.

26) 同治《蘇州府志》(集成) 권24〈公署 4―善堂附〉, 570~571쪽.

27) 소주 육영당(育嬰堂)으로 주변의 유영당(留嬰堂)에서 임시로 거두어들인 영아를 보내는 사업권은 반경 100킬로미터 정도에 이르렀다. 夫馬進,《中國善會善堂史硏究》, 246~249쪽. 임시로 수용했던 영아를 소주 육영당으로 보냈던 유영당은 강희 연간부터 시작하여 청 말까지 여러 곳이 존재했는데, 가정현(嘉定縣) 남상진(南翔鎭)의 유영당(강희 41년~건륭 8년. 이후 독자적으로 활동), 가흥부(嘉興府) 평호현(平湖縣)의 유영당(강희 45년 이전~강희 61년. 이후 독자적으로 활동), 호주부(湖州府) 오정현(烏程縣)의 유영당[강희 46년~가경(嘉慶) 연간], 오정현(烏程縣) 남심진(南潯鎭)의 유영당(강희 연간~?)이 확인된다. 王衛平,《明淸時期江南城市史硏究―以蘇州爲中心》(北京 : 人民出版社, 1999), 285쪽.

28) 乾隆《長洲縣志》(集成) 권6〈壇祠〉, 63쪽. 육영유애사(育嬰遺愛祠)의 제사 대상은 순무도어사(巡撫都御史) 모천안(慕天顔)·송락(宋犖), 포정사((布政使) 정사공(丁思孔)·유전형·양조린(楊朝麟), 지부(知府) 고탁(高晫), 군인(郡人) 고천랑(顧天朗)·장유성(蔣維城)·장덕준(蔣德埈)·허정승(許定升) 등 육영당 건립과 발전에 공로가 있는 사람들이었다.

29) 葉紹袁,《啓禎記聞錄》[《通史》(商務印書館, 1912)] 권2, 7b쪽. 죽 배급소[죽창(粥廠)]의 운용에 대해서는 P. E. 빌,《18세기 중국의 관료제도와 자연재해》, 정철웅 옮김(민음사, 1995), 192~206·315~316쪽 참조.

러들여 병자를 돌보게 했다.[30]

이상에서 현묘관의 전각 구성에 어떠한 변동이 있었는지를 살펴보았는데, 이번에는 현묘관 소재 비각의 변동을 살펴보겠다. 명대 이후 청 중기까지의 현묘관의 비각을 정리하면 다음과 같다.

〈표 2〉명대~청 중기 현묘관 소재(관련) 비각

연대	비각명	내용	위치	전거(典據)[31]
홍무 13	막월정상비(莫月鼎像碑)	도사(道士) 업적	수부전(水府殿)	《玄妙觀志》
선덕 4	중수삼청전기(重修三淸殿記)	전각 건립		《社會史》[32] 291
정통 5	중건미라각기(重建彌羅閣記)	〃		《玄妙觀志》
홍치 16	중수현묘관오악루기(重修玄妙觀五嶽樓記)	〃		《玄妙觀志》
가정 원년	소군송학왕공수장생지(蘇郡松鶴王公壽藏生誌)	도사 업적		《玄妙觀志》
가정 7	중수동악전모연소(重修東嶽殿募緣疏)	전각 건립		《玄妙觀志》
만력 2	중수현묘관동악행궁기(重修玄妙觀東嶽行宮記)	〃		《玄妙觀志》
만력 23	현묘관진무전중수육정기(玄妙觀眞武殿重修六亭記)	〃		《玄妙觀志》
순치 4	현묘관봉헌영면정자이도육갑배년비기 (玄妙觀奉憲永免亭字二圖六甲排年碑記)	요역 면제		《社會史》 457
강희 4	중건뇌존전기(重建雷尊殿記)	전각 건립		《玄妙觀志》
강희 24	장오이현봉헌영금향현묘관륵색누규비 (長吳二縣奉憲永禁向玄妙觀勒索陋規碑)	비공식 세금 징수 금지	〔산문(山門)〕	《社會史》 458
옹정 12	봉각헌영금기장규헐비기 (奉各憲永禁機匠叫歇碑記)	비단업 노동자 파업 금지	기방전(機房殿)	《江蘇省》[33] 3 ; 《蘇州》[34] 012
건륭 9	귀복령보조원기(歸復靈寶祖院記)	전각 건립		《玄妙觀志》
건륭 5	중수보각제명소인(重修寶閣題名小引)	〃		《玄妙觀志》
건륭 6	소주직조부엄금직조국관사자의수색비 (蘇州織造府嚴禁織造局管事恣意需索碑)	직조관사 (織造管事) 통제		《江蘇省》 4 ; 《蘇州》 013
건륭 24	현묘관도사양재영응비기 (玄妙觀道士禳災靈應碑記)	도사 업적		《社會史》 293

---

30) 顧元,《玄妙觀志》권12, 510쪽.

31) 《玄妙觀志》라고 표시한 것은 顧元,《玄妙觀志》권5〈金石〉, 475~477쪽을 가리킨다.

32) 《社會史》는 王國平 · 唐力行 主編,《明淸以來蘇州社會史碑刻集》(蘇州 : 蘇州大學出版社, 1998)을 가리킨다.

33) 《江蘇省》은 江蘇省博物館 編,《江蘇省明淸以來碑刻資料選集》(北京 : 三聯書店, 1959)을 가리킨다.

34) 《蘇州》는 蘇州歷史博物館 · 江蘇師範大學院歷史系 · 南京大學明淸史硏究室 合編,《明淸蘇州工商業碑刻集》(南京 : 江蘇人民出版社, 1981)을 가리킨다.

건륭 38	중건장생대제보각기영우대제문창제군보전기 (重建長生大帝寶閣曁靈佑大帝文昌帝君寶殿記)	전각 건립		《社會史》294
건륭 39	중수현묘관비(重修玄妙觀碑)	〃		《玄妙觀志》
건륭 44	현묘관천후전기(玄妙觀天后殿記)	〃		《玄妙觀志》
건륭 42	영보조원중건전각기(靈寶祖院重建殿閣記)	〃		《玄妙觀志》
건륭 46	장주현봉각헌칙유현묘관각방축년윤치 관내사무비(長洲縣奉各憲飭諭玄妙觀各房 逐年輪値觀內事務碑)	내부 관리 규정		《社會史》462
건륭 49	현묘관신주후전기(玄妙觀神州後殿記)	전각 건립		《玄妙觀志》
건륭 56	신건태양궁기(新建太陽宮記)	〃		《玄妙觀志》
건륭 60	중수영보조원기(重修靈寶祖院記)	〃		《玄妙觀志》
가경 6	중수동악전기(重修東嶽殿記)	〃		《玄妙觀志》
가경 12	삼모전중수두모각기(三姆殿重修斗姆閣記)	〃		《社會史》295
가경 19	중수미라각기(重修彌羅閣記)	〃		《玄妙觀志》
가경 20	중건문창대전기(重建文昌大殿記)	〃		《玄妙觀志》
가경 24	중수현묘관삼청전기(重修玄妙觀三淸殿記)	〃		《玄妙觀志》
도광 6	중건현묘관동악전기(重建玄妙觀東嶽殿記)	〃		《玄妙觀志》
도광 8	현묘관문창전신건화신전기 (玄妙觀文昌殿新建火神殿記)	〃		《玄妙觀志》
도광 9	중수현묘관취선루비기(重修玄妙觀聚仙樓碑記)	〃		《玄妙觀志》
도광 10	중수유공사기(重修劉公祠記)	〃		《玄妙觀志》
도광 11	장주현영금자요현묘관탑건탄사비 (長洲縣永禁滋擾玄妙觀搭建攤肆碑)	점포 설치 금지	산문	《社會史》465
도광 17	현묘관신건상진궁문창보각비 (玄妙觀新建上眞宮文昌寶閣碑)	전각 건립		《社會史》297

이상의 비각의 내용은 크게 네 가지로 구분할 수 있다. 즉 비각들은 ① 전각 건립, ② 도사의 업적, ③ 세역(稅役)과 관리, ④ 사회 경제에 대한 내용으로 이루어져 있다. 이 중에서 가장 많은 것이 전각 건립이나 중수에 관한 비각이며, 이런 비각들을 통해 어떤 전각이 건립되었고 누가 이 전각 건립을 주도하고 기금을 냈는지 알 수 있다. 우선 비각의 내용 및 여타 기록을 참조해 전각 건립이나 중수의 주도자와 참여자를 살펴보자.

이들 주도자와 참여자는 계층이 매우 다양하다. 간단히 몇몇 예를 들어보면, 정통 3년(1438)의 미라보각 건립 때는 순무 주침과 지부 황종이 앞서서 기금을 냈으며,[35] 또 정통 연간의 오악루(五嶽樓) 중수 때는 지부와 도지휘사도 기금을 냈고 또 소주부(蘇州府)·소주위(蘇州衛)의 여러 관료·부민(富民)·원로도 기금을 보탰다.[36] 또 청대에 들어와서는 강희 5년(1666)에 도기(道紀) 도홍화(陶弘化)가 순무 한공(韓公)에게 모금해 오악루를 중건하고 석씨(席氏) 및 기타 여러 사람[중성(衆姓)]에게 모금해 동악전(東嶽殿)을 중건했으며, 강희 13년(1674)의 미라보각 중건 때는 포정사 모천안(慕天顔)이 앞서서 기금을 내고[37] 신사 장덕준도 주도적으로 후원했다.[38] 또 강희 연간에 총병(總兵) 장대치(張大治)가 뇌존전을 중건했다.[39] 건륭 39년(1774)에는 순무 살공(薩公)이 주도해 관문(觀門) 및 뇌존전을 중수했으며,[40] 가경 20년(1815)에는 도사가 소주의 신사들에게 모금해 문창전(文昌殿)을 중수했다.[41]

이상에서 보면, 명 정통 연간이나 청 강희 연간 같이 새 왕조가 성립되고 얼마간 시간이 지나 왕조가 안정기에 들어선 시점에 순무 등 고관의 적극적인 중건 참여가 두드러졌음을 알 수 있다. 또한 고관들뿐 아니라 여러 문무 관원 및 신사, 그리고 원로나 '부민'이나 '중성' 등으로 표현되는 다양한 계층이 후원했음을 알 수 있다. 또 상인이 구체적으로 언급되지는 않았지만, 상인들 역시 주요한 후원자였을 것으로 생각된다. 강희 연간의 동악전 중건 때 기금을 낸 사람으로 기록돼 있는 석씨는 동정(洞庭) 상인이었을 가능성이 높다.[42] 또 명 말의 소설에는, 소주에서 전당포를 운영하는 부호가 청진관(淸眞觀)과 현묘관의 도사를 초빙해 이익을

---

35) 胡瀠, 〈蘇州府玄妙觀重建彌羅閣記〉, 顧沅, 《玄妙觀志》 권9 〈集文〉 中, 490쪽.

36) 李傑, 〈重修玄妙觀五嶽樓記〉, 顧沅, 《玄妙觀志》 권9 〈集文〉 中, 490쪽.

37) 徐崧·張大純 纂輯, 《百城烟水》 권3 〈長洲縣〉, 198쪽.

38) 顧沅, 《玄妙觀志》 권12 〈雜誌〉 下, 509쪽. 앞에서 보았듯이 장덕준은 육영당 창설의 주도자이기도 했다.

39) 金之俊, 〈蘇州府玄妙觀重建雷尊殿記〉, 顧沅, 《玄妙觀志》 권9 〈集文〉 中, 493쪽.

40) 彭啓豊, 〈重修玄妙觀碑〉(乾隆 39년), 顧沅, 《玄妙觀志》 권10 〈集文〉 下, 498쪽.

41) 蔣予蒲, 〈重修玄妙觀文昌大殿記〉(嘉慶 20년), 顧沅, 《玄妙觀志》 권10 〈集文〉 下, 501~502쪽.

42) 동정(洞庭) 상인 석씨(席氏)는 명 말, 청 초에 상업과 함께 지역 사업도 활발히 했고, 향현사(鄕賢祠)의 제사 대상이 되기까지 했다. 이에 대해서는 이윤석, 〈명청시대 강남의 문묘와 성황묘─도시 제사·신앙 중심의 구조와 변천〉, 13~14쪽 참조.

얻은 것에 대해 천지(天地)에 감사하는 종교의식을 행하고, 또 휘주(徽州) 상인이 현묘관 진무전(眞武殿)에 천금(千金)을 희사하는 내용이 나온다.[43] 따라서 현묘관은 황제나 황실의 후원이 뚜렷한 곳은 아니었지만,[44] 순무를 비롯한 여러 문무 관료와 신사, 상인 등 다양한 사람의 후원을 받은 것으로 보인다.

다음으로 세역 관련 비각을 보면, 순치(順治) 4년(1647)의 비각의 내용은 장주현(長洲縣)에서 도사의 요역을 면제해준다는 것이다. 즉 역전(役田) 25무를 설치하고 현묘관 도사의 요역을 면제해준다는 내용이다.[45] 또 '장오이현봉헌영금향현묘관륵색누규비(長吳二縣奉憲永禁向玄妙觀勒索陋規碑)'(강희 24년)는 현묘관에서 황제의 탄신일에 축하 행사를 할 때 현묘관의 도사가 필요한 업무를 담당하고 또 부현학(府縣學)에서 고시(考試)의 일이 있을 때 탁자와 같은 필요한 집기를 현묘관에서 빌려 가게 되는데 이때 관청의 서리(胥吏)·아역(衙役)이 추가로 필요한 비용을 현묘관에 요구하는 것 등을 금지하는 내용을 담고 있다.[46] 이상의 내용으로 볼 때 결국 현묘관 도사의 요역은 면제되었으나 여전히 관이 현묘관에 행사에 필요한 요구를 하는 경우가 있었다. 물론 이것은 조하(朝賀)나 기도(祈禱)와 같은 의례적 행사가 현묘관에서 치러지는 데 기인했다. 또 '장주현봉각헌칙유현묘관각방축년윤시관내사무비(長洲縣奉各憲飭諭玄妙觀各房逐年輪值觀內事務碑)'(건륭 46년)의 내용에서도 이러한 사정을 엿볼 수 있다. 이것은 현묘관에서는 매년 있는 업무를 각 방(房)에서 번갈아 담당해왔는데, 당시 조사전(祖師殿)에 주지가 없어 삼모전 주지가 조사전도 같이 관리하던 상황에서, 이렇게 한 사람이 두 전(殿)의 업무를 모

---

43) 馮夢龍,《警世通言》上 제15권 〈金令史美婢酬秀童〉, 199~202쪽.

44) 물론 황제의 후원이 전혀 없었던 것은 아니다. 건륭 16년(1811) 건륭제(乾隆帝)가 남쪽 지방을 순시할 때 현묘관에 황제의 어가(御駕)가 직접 들어오기도 했고, 또 6년 후에는 황제가 현묘관에 300냥과 어서금편(御書禁匾) 세 개를 하사했다. 彭啓豊,〈重修玄妙觀碑〉, 498쪽. 그러나 이것으로 현묘관이 황제의 특별한 후원을 받는 사관이었다고 보기는 어려울 것이다.

45) 〈玄妙觀奉憲永免亭字二圖六甲排年碑記〉(順治 4년), 王國平·唐力行 主編,《明淸以來蘇州社會史碑刻集》457, 625~626쪽.

46) 〈長吳二縣奉憲永禁向玄妙觀勒索陋規碑〉(康熙 24년), 王國平·唐力行 主編,《明淸以來蘇州社會史碑刻集》458, 626~628쪽.

두 담당하면 부담이 편중되니 각 전이 매년 돌아가면서 담당하라는 내용으로 돼 있다.[47]

한편 상공업과 관련된 것도 있다. 비단업과 관계된 비각으로는 '봉각헌영금기장규헐비기(奉各憲永禁機匠叫歇碑記)'〔옹정(雍正) 12년〕가 유명하다. 이것은 특히 현묘관 기방전에 세워진 것으로서,[48] 비단 생산 노동자가 더 많은 대금을 요구하며 집단 파업하는 것을 금지한다는 내용을 담고 있다. 비단 생산 업자의 요청에 의해 장주현이 이러한 금지를 명한다고 밝혀져 있다. 이러한 명령을 요청한 주체로 보이는 기호 하군형(何君衡) 등 비각 건립자 61명의 이름도 새겨져 있다.[49] 따라서 이것은 기호와 기장 간에 보수를 둘러싼 갈등이 있었음을 암시한다. '소주직조부 엄금직보국관사자의수색비(蘇州織造府嚴禁織造局管事恣意需索碑)'(건륭 6년)의 내용은 직조북국(織造北局)의 소관(所管)에게 기장이 연로해 일을 그만두거나 병고를 당하면 이를 즉시 위에 보고할 것이며, 일을 그만두거나 아픈 기장의 자질(子姪)이 그 일을 이을 수 있으면 그를 아문(衙門)으로 데려와 계승시킬 것이며, 비공식 세금을 착취하지 말 것을 요구하는 것이다. 이 비각은 직조북국의 노장자들이 세운 것이며,[50] 직조국 노당자의 이익을 보호하기 위한 것이라고 할 수 있다.

이상에서 현묘관의 전각과 비각을 중심으로 현묘관의 명·청 시대의 모습을 살펴봤으며, 이를 통해 현묘관은 관료, 신사, 상인 등 다양한 계층이 후원한 대상이자 이들이 활동한 장이었음을 알 수 있었다. 특히 소주의 비단업과 관련된 전각과 비각이 현묘관에 세워지고, 신사가 주도하고 관의 후원을 받는 선당이 소주에서

---

47) 〈長洲縣奉各憲飭諭玄妙觀各房逐年輪値觀內事務碑〉(乾隆 46년), 王國平·唐力行 主編, 《明清以來蘇州社會史碑刻集》462, 633~635쪽.

48) '장주현영금기장규헐비(長洲縣永禁機匠叫歇碑)'의 위치에 대해서는 顧震濤, 《吳門表隱》(南京：江蘇古籍出版社, 1999) 권11, 151~152쪽에 현묘관 기방전(機房殿) 내에 있다고 기록하고 있다.

49) 〈奉各憲永禁機匠叫歇碑記〉(雍正 12년), 蘇州歷史博物館·江蘇師範大學院歷史系·南京大學明清史研究室 合編, 《明清蘇州工商業碑刻集》012, 15~16쪽.

50) 〈蘇州織造府嚴禁織造局管事恣意需索碑〉(乾隆 6년), 蘇州歷史博物館·江蘇師範大學院歷史系·南京大學明清史研究室 合編, 《明清蘇州工商業碑刻集》013, 17~18쪽.

는 현묘관에 처음으로 설치되는 등 현묘관은 명·청 시대 소주의 사회 경제적 활동의 상징적 중심지였음을 보여준다.

3. 남상진 운상사의 구조 변화

앞에서 소주부성의 현묘관의 사례를 통해 부성(府城)과 도관의 경우를 살펴보았다면, 이번에는 남상진 운상사의 사례를 통해 시진과 불사(佛寺)의 경우를 살펴보겠다. 남상진은 가정현치(嘉定縣治) 남쪽 24리에 위치한[51] 큰 규모의 시진이었다. 송·원 시대에 이미 거진(巨鎭)이 되었고, 명대에는 정덕 이전에 이미 가정 7진의 하나로 자리 잡았으나, 가정(嘉靖) 연간에 왜구로 인해 쇠퇴했다. 그러나 융경(隆慶)·만력 연간에 점차 회복되어 면포(棉布) 교역의 중심지가 되었으며, 특히 휘주 상인이 많이 모여 면포 판매에 종사한 덕에 남상진의 경제는 날로 번영했다. 그러다가 만력 연간에 무뢰(無賴) 때문에 다시 쇠퇴했으며, 청 초에 번영을 되찾아 청 말에 이르렀다. 전체 면적은 동서 5리, 남북 3리로 큰 편이었다.[52]

이 진의 이름이 남상진인 것은 이곳에 위치한 백학남상사(白鶴南翔寺) 때문이었으나, 백학남상사는 강희 39년(1700)에 '운상사'라는 어서(御書)의 액(額)을 받아 운상사로 개칭되었다.[53] 물론 남상진에는 운상사 외에 다른 사관도 존재했다. 가경《남상진지(南翔鎭志)》는 남상진에 위치한 사관을 '사관'과 '암원(庵院)'으로 나누어 기록하고 있는데, 사관은 불사 3개와 도관 1개이고 암원은 23개로서 총 27개가 된다.[54] 그런데 이 중에서 맨 처음에 기록하고 특히 다른 사관보다 매우 자세하

---

51) 남상진은 명대에는 소주부(蘇州府) 가정현에, 그리고 청 옹정(雍正) 3년 이후에는 태창주(太倉州) 가정현에 소속돼 있었다. 嘉慶《南翔鎭志》(集成) 권1〈沿革〉, 457~458쪽.

52) 樊樹志,《明淸江南市鎭探微》(上海 : 復旦大學出版社, 1990), 322~329쪽.

53) 이 글에서는 편의상 개칭 이전과 이후를 막론하고 운상사(雲翔寺)로 칭하겠다.

54) 嘉慶《南翔鎭志》(集成) 권10〈雜誌—寺觀·庵院〉, 513~518쪽. 여기에는 도관 항목에 6개가 기록되어 있으나 첫 번째 만수관(萬壽觀)을 제외한 나머지는 암원(庵院)에 포함시켜야 할 것으로 보여 그렇게 계산했다.

게 기록하고 있는 것이 운상사다.

운상사는 남조(南朝) 양(梁)대에 창건되었고 남송 시대에 액(額)을 하사받았다고 하는데,[55] 현묘관의 경우와 비슷하게 당·송 시대에 가장 규모가 컸던 것으로 보인다. 이 사원은 당대에 면적이 180무이고 승도(僧徒)가 700여 명이었지만,[56] 명 말에는 면적이 100무였다는 기록이 있고,[57] 청 초에는 140여 무였다는 기록이 있다.[58] 따라서 명·청 시대의 운상사 상황이 명확하지 않긴 하지만 당·송 시대에 비해서는 역시 규모가 줄었다고 이해할 수 있을 것이다. 우선 운상사의 구조를 정리하면 다음의 표와 같다.[59]

〈표 3〉에서 운상사가 매우 많은 전각으로 이루어져 있으며, 불사의 일반적 전각 외에 사묘(祠廟)나 관서까지 두고 있음을 알 수 있다. 시기적 변화를 보면, 청대가 진행되면서 선당(禪堂)이 없어져간 것이 뚜렷하게 드러난다. 즉 만력 연간에 건립된 선당들이 청 건륭 연간에 와서는 모두 없어졌다. 주요 전각으로는 중심축을 이루는 천왕전(天王殿), 관음전(觀音殿), 대웅보전(大雄寶殿) 외에 대비각(大悲閣), 미타전(彌陀殿), 삼원전(三元殿), 지장전(地藏殿), 관음각(觀音閣) 등이 있었다.

그런데 이러한 전당들 외에 각종 사묘(祠廟)도 운상사 내에 새로 만들어졌다.[60] 불교보다는 신사층의 통속적 신앙과 관계가 있는 문창신(文昌神)[61]을 모신 곳인

---

55) 嘉慶《南翔鎭志》(集成) 권10 〈雜誌―寺觀·庵院〉, 513쪽.

56) 趙洪範, 〈白鶴寺免役舊典維新記〉(崇禎 연간), 嘉慶《南翔鎭志》(集成) 권10 〈雜誌―寺觀·庵院〉, 516쪽. 또 馮夢禎, 〈重修白鶴南翔寺大雄殿記碑〉(萬曆 8년), 上海博物館圖書資料室 編,《上海碑刻資料選集》(上海 : 上海人民出版社, 1980), 56쪽에도 당(唐)대에 "이 사찰은 넓이가 2경(頃)", "승려가 7백여 명"이라고 쓰여 있다.

57) 嘉慶《南翔鎭志》(集成) 권10 〈雜誌―寺觀·庵院〉, 516쪽.

58) 歸莊, 〈重建南翔持觀音殿記〉(順治 18년), 歸莊,《歸莊集》下(上海 : 上海古籍出版社, 1984) 권6 〈記〉, 365쪽.

59) 嘉慶《南翔鎭志》(集成) 권10 〈雜誌―寺觀·庵院〉, 514~516쪽 ; 嘉慶《南翔鎭志》(集成) 권2 〈營建―官廳, 書院, 壇廟, 婁堂〉, 461~462쪽 ; 嘉慶《南翔鎭志》(集成) 권3 〈小學〉, 464쪽 ; 嘉慶《南翔鎭志》(集成) 권10 〈雜誌―神祠〉, 518쪽.

60) 운상사의 사묘(祠廟)는 '단묘(壇廟)'의 항목에 서술되어 있는 것과 '신사(神祠)'의 항목에 서술되어 있는 것으로 나뉘어져 있는데, 국가 사전(祀典)에서 중시되는 신(神)을 모신 것은 단묘의 항목에서, 그리고 나머지는 신사의 항목에서 기록하고 있는 것으로 보인다.

61) 문창(文昌) 신앙에 대해서는, 森田憲司, 〈文昌帝君の成立―地方神から科擧の神へ〉, 梅原郁 編,《中國近世の都

<표 3> 청대 남상진 운상사의 구조

전각 유형	전각 명칭	건립 상황
전당 (殿堂)	산문(山門)	송대에 건립. 전에는 산문 주변에서 천왕전(天王殿) 앞까지 일반인들이 거주. 건륭 31년 화재 후 철거
	천왕전(天王殿)	명 천순 3년에 승려가 건립. 건륭 31년 화재 후 중건되지 않음
	관음전(觀音殿)	순치 11년에 건립
	종루(鐘樓)	만력 40년에 모금하여 건립
	대웅보전(大雄寶殿)	
	숭선당(崇善堂)	선당(禪堂). 대웅전 서북쪽에 위치. 만력 연간에 승려가 건립. 현재는 남아 있지 않음
	정계당(淨繼堂)	선당. 숭선당 서북쪽에 위치. 승려가 건립. 현재는 남아 있지 않음
	정인당(淨因堂)	선당. 대웅보전 뒤에 위치. 만력 45년에 건립. 강희 60년에 대비각(大悲閣)으로 바뀜
	오원당(悟元堂)	승방(僧房). 현재는 남아 있지 않음
	삼연당(三緣堂)	승방. 오원당 북쪽에 위치
	함춘당(涵春堂)	승방. 장경루(藏經樓)라고도 함. 만력 연간에 휘주 상인 임양우(任良祐)가 건립. 장경루는 옹정 4년에 불에 타 없어짐
	해회당(海會堂)	승방. 구품관(九品觀)이라고도 함. 서(西)측에 미타전(彌陀殿)이 있음. 만력 20년에 건립
	취운당(翠雲堂)	승방. 마공서원(馬公書院) 오른쪽에 위치
	설방당(雪方堂)	승방. 명 말에 사승(寺僧)이 모금하여 건립. 현재는 남아 있지 않음
	복응당(服膺堂)	승방. 일명 고송당(古松堂)
	원조당(圓照堂)	승방. 천계(天啓) 원년에 승려가 건립. 곁에 시왕전(十王殿)이 있음. 건륭 연간에 부속 건물인 관음각(觀音閣)이 건립됨
	운와루(雲臥樓)	소실(消失) 시기 불명
단묘 (壇廟), 영당 (影堂), 신사 (神祠)	문창각(文昌閣)	강희 20년에 마을 사람이 모금하여 건립
	성황묘(城隍廟)	만력 연간에 승려가 모금하여 건립. 강희 12년과 건륭 57년에 중수
	육영당(育嬰堂)	삼원전 서쪽에 위치. 강희 41년에 건립된 유영당이 건륭 8년에 육영당이 됨. 또 고송당(古松堂) 앞에도 추가로 지어짐
	송악악왕묘 (宋岳鄂王廟)	고송당 앞에 위치. 강희 연간에 신상(神像)을 안치했다가 이후 정식으로 송악악왕묘를 건립함. 지금은 남아 있지 않음
	도감사사 (都監司祠)	삼원전 오른쪽에 위치
	금룡사대왕묘 (金龍四大王廟)	설방당(雪方堂) 앞에 위치. 휘주 상인 임양우가 건립
	오방현성전 (五方賢聖殿)	어느 신(神)을 위한 것인지 불명. 오래전부터 제사해왔음
	노반사(魯班祠)	현성전(賢聖殿) 옆에 있음. 건륭 24년에 건립
관해 (官廨), 서원 (書院)	분방현승서 (分防縣丞署)	강희 21년에 건립된 마공강원(馬公講院)이 가경 3년에 분방현승서가 됨
	조공서원 (趙公書院)	향림당 앞에 위치. 강희 26년에 건립. 혜민서원(惠民書院)이라고도 함
	사계소학 (槎谿小學)	가정 14년에 건립. 현재는 남아 있지 않음

문창각(文昌閣)은 강희 20년(1681)에 마을 사람에 의해 모금되어 건립되었다.[62] 또 두드러진 특징은 성황묘가 운상사 내에 있었다는 것이다. 남상진에는 두 개의 성황묘가 있었는데, 그중 하나는 운상사 내에 있었고 다른 하나인 주성황묘(州城隍廟)는 진의 동측에 있었다. 운상사 내에 있는 성황묘는 만력 연간에 승려가 모금하여 건립한 것으로, 강희 12년(1673)과 건륭 57년(1792)에 중수되었다. 주성황묘는 운상사 내의 성황묘보다 늦은 강희 초에 진의 동남부에 건립되었다.[63] 이 두 성황묘의 건립은 명 말 이래 강남에 진성황묘(鎭城隍廟)가 건립된 것과 궤를 같이하는 것이었는데, 남상진의 특징은 불사 내에 건립되었다는 것이다.

운상사 내의 사묘 중에는 이 밖에 상공업과 관련된 것으로 보이는 것들도 있었다. 금룡사대왕묘(金龍四大王廟)는 휘주 흡현(歙縣) 사람인 임양우(任良祐)가 건립했는데,[64] 배를 타고 가다가 풍랑을 만난 그가 무사히 위기를 넘기고는 그것이 금룡사대왕의 덕택이라며 천금을 내어 이 묘를 건립했다고 한다.[65] 오방현성전(五方賢聖殿)도 운상사에 있었는데, 이곳에서 모신 신이 어떤 신인지는 알려져 있지 않으나 오래전부터 이곳에서 신에게 제사를 지냈다고 한다.[66] 또 노반전(魯班殿)도 있었는데 이것은 건륭 24년(1759)에 건립되었다고 한다.[67] 노반은 건축업자들이

市と文化》(京都 : 同朋舍, 1984) 참조.

62) 森田憲司, 〈文昌帝君の成立─地方神から科擧の神へ〉 참조.

63) 嘉慶《南翔鎭志》(集成) 권2 〈壇廟〉, 462쪽.

64) 嘉慶《南翔鎭志》(集成) 권10 〈雜誌〉, '神祠' 條, 518쪽.

65) 王世貞, 〈重修南翔寺記〉, 嘉慶《南翔鎭志》(集成) 권10 〈雜誌─寺觀〉, 513쪽. 그런데 嘉慶《南翔鎭志》(集成) 권10 〈雜誌─神祠〉, 518쪽에는 임양우(任良祐)가 '건립했다[建]'고 쓰여 있는 반면에 이 〈중수남상사기(重修南翔寺記)〉에는 '새로 지었다[新]'고 쓰여 있으므로 이 묘는 이전부터 존재했을 가능성이 있다. 금룡사대왕(金龍四大王)은 강희(江淮)와 북방(北方)에서 수운(水運)을 보호하는 신(神)의 성격을 갖고 있었다. 이에 대해서는 李喬, 《行業神崇拜─中國民衆造神運動硏究》(北京 : 中國文聯出版社, 2000), 397∼399쪽 참조.

66) 嘉慶《南翔鎭志》(集成) 권10 〈雜誌〉, '神祠' 條, 518쪽. '오통(五通)', '오현(五顯)', '오방현성(五方賢聖)'이라고 불리는 이 신은 명 · 청 시대에 강남에서 매우 크게 숭배되었고 재신(財神)으로서의 성격도 갖고 있었다. 강희 연간에 순무(巡撫) 탕빈(湯斌)이 이 신에 대한 숭배를 음사(淫祠)로 지목해 탄압했으나 결국 근절시키지 못했다. Richard von Glahn, "The Enchantment of Wealth : The God Wutong in the Social History of Jiangnan", *Harvard Journal of Asiatic Studies* 15-2(1991) ; 蔣竹山, 〈湯斌禁毁五通神─淸初政治菁英打擊通俗文化的個案〉, 《新史學》 6-2(1995) 참조.

조사(祖師)로 모시는 대상이므로 노반전 건립은 남상진의 건축업자와 밀접한 관련이 있을 가능성이 높다.[68]

운상사에는 이상의 전당이나 사묘 외에 소학(小學)이나 서원, 관서나 육영당도 건립되었다. 우선 사계소학(槎谿小學)은 가정 14년(1535)에 지현이 운상사 터의 일부에 설립한 것인데, 이후 없어졌다.[69] 남상진의 서원으로는 모두 두 개가 기록되어 있는데, 모두 운상사에 설립되었다. 조공서원(趙公書院)——즉 혜민서원(惠民書院)——은 강희 26년(1687)에 설립되었다. 당시 남상진에서는 각부(脚夫)의 횡포가 심했는데 순무 조사린(趙士麟)이 이를 막아 폐해를 없애주자 백성들이 그의 은혜를 기려 이 서원을 세웠다고 한다. 마공강원(馬公講院)은 강희 21년(1682)에 설립되었으며 이후 분방현승서(分防縣丞署)로 변경되었다.[70]

특징적인 것은 관서(官署)인 분방현승서가 운상사에 설치되었다는 것이다. 원래 시진은 현 아래에 위치해 정식 지방관이 존재하는 곳이 아니었지만 실제로는 시진의 발전에 따라 현승(縣丞) 등이 시진에 와서 주재하는 경우가 많이 있었고, 남상진도 그러한 시진에 속했다. 남상진에는 원대에 중사순검사(中槎巡檢司)가 설치되었다가 명 초에 폐지되었다. 이후 청대에 들어와 옹정 연간에 다시 남상순검사(南翔巡檢司)가 설치되었으나, 건륭 34년(1769)에는 이것이 제적사(諸翟司)로 변경되고 관서가 제적진(諸翟鎭)에 설치되었으며, 남상진에는 가정현(嘉定縣) 현승이 이주(移駐)했다.[71] 결국 남상진에는 건륭 34년부터 현승이 주재한 것인데, 이로부터 10년 뒤에야 비로소, 이곳에 부임한 유혁충(劉奕沖)에 의해 마공강원의 터에 처음으로 관서가 건립되었다. 그러나 그 후 이 관서는 무너졌고, 유혁충에

---

67) 嘉慶《南翔鎭志》(集成) 권10〈雜誌〉, '神祠'條, 518쪽.

68) 건축업자의 노반(魯班) 신앙에 대해서는 趙世瑜·鄧慶平,〈魯班會:淸至民國初北京的祭祀組織與行業組織〉, 趙世瑜,《狂歡與日常—明淸以來的廟會與民間社會》(北京:三聯書店, 2002);李喬,《行業神崇拜—中國民衆造神運動研究》(北京:中國文聯出版社, 2000), 129~144쪽 참조.

69) 嘉慶《南翔鎭志》(集成) 권3〈小學〉, 464쪽.

70) 嘉慶《南翔鎭志》(集成) 권2〈營建—書院〉, 461~462쪽.

71) 嘉慶《南翔鎭志》(集成) 권4〈職官〉, 465쪽.

의해 수리되었으나 또다시 무너졌다. 그래서 이후 남상진에 부임한 현승은 모두 민간 가옥을 임대해 사용했고 남상진에는 이후 오랫동안 '공소(公所)'가 없었다. 그러다가 가경 3년(1798) 이광원(李光垣)이 부임했을 때 신사와 상인의 주창과 기금으로 다시 관서가 건립되었다.[72]

또 기록에는 남상진 소재 육영당이 두 개 언급돼 있는데, 이들은 모두 운상사 내에 위치하고 있었다. 첫 번째 것은 강희 41년(1702)에 유영당으로 시작되었다. 이 유영당은 사민(士民) 석소(石瀟) 등의 요청으로 건립되었는데, 남상진 전체의 사상(士商)이 적립해 소주부 육영당에 보태던 공비로 유영당을 건립해 남상진의 기아(棄兒)를 일단 이곳에 거두어 수용했다가 소주 육영당으로 보내자는 것이 건립 주도자들의 생각이었다. 그런데 건륭 7년(1742)에 대중승(大中丞) 진공(陳公)이 옹정 2년(1724)의 칙유에 따라 본지인 남상진에서 기아들을 육영토록 하면서 이 유영당의 서남쪽에 30여 간의 육영당을 건립하게 되었다.[73] 이 자리는 운상사 삼원전의 서측에 해당한다. 그리고 운상사 고송당 앞에도 또 하나의 육영당이 건립되었다.[74] 이렇게 하여 가경 연간까지 남상진의 육영당 두 곳이 모두 운상사에 설치되었던 것이다.

아울러 운상사에는 기근 시기에 죽 배급소인 죽창이 설치되었다. 강희 44년 (1705)에 기근이 들어 '굶어 죽은 시체가 길가에 가득한' 상황이 되자 마을의 사민(士民) 육배원(陸培遠), 정시언(程時彦), 진범(陳範) 등이 많은 자금을 내어 운상사에 죽창을 설치하고 하루에 두 번 식사를 제공했다. 2월 15일에 시작해 4월 7일까지 쌀 2,000여 석이 들었으며, 6월 13일까지 계속해서 이 죽창이 수많은 기민을 구제했다고 한다. 또 옹정 10년(1732) 가을에 해일이 발생하고 그 다음 해에 역병이 심하게 돌아 기민이 많아지자 다시 구제 활동이 벌어졌는데, 휘주 출신의 나채

---

72) 李光垣,〈重修南翔分防廨碑記〉(嘉慶 3년), 嘉慶《南翔鎮志》(集成) 권2〈營建〉, '官廨', 461쪽.

73) 張鵬翀,〈育嬰堂序〉, 嘉慶《南翔鎮志》(集成) 권2〈營建〉, 462쪽.

74) 嘉慶《南翔鎮志》(集成) 권2〈營建〉, '嬰堂', 462쪽. 참고로 말하면, 이 문헌의 본문에는 '영당(嬰堂)' 항목이 따로 없이 '단묘' 항목에 이어서 영당에 대한 서술이 나와 있으나 목차에는 '영당' 항목이 나와 있다.

(羅採)가 혼자 힘으로 운상사에 죽창을 설치했다고 한다.[75] 가경 11년(1806)에도 기근이 들자 기민을 구제하기 위해 운상사 각 묘우(廟宇)에 다섯 개의 죽창이 나누어 설치되었다.[76]

이상에서 운상사의 전당이나 부속 건물들이 건립되어간 상황을 정리해보았는데, 이어 운상사의 각 비각을 통해 운상사의 후원자 및 운상사의 지역 사회에서의 의미를 검토해보겠다. 운상사에도 많은 비각이 있었는데, 명대 이후의 것을 정리하면 다음의 〈표 4〉와 같다.

표에 제시된 비각들은 내용상 ① 전각(및 부속 사묘) 건립 관련 비각, ② 여타

〈표 4〉 명대 이후의 운상사 소재(관련) 비각

연대	비각명	비문(碑文)의 작성자	내용	전거(典據)
명	사계소학기(槎谿小學記)	곤산(崑山) 주관(朱觀)	소학(小學) 건립	《南翔》[77] 권9
만력 8	중수백학남상사대웅전기비 (重修白鶴南翔寺大雄殿記碑)	수수(秀水) 풍몽정(馮夢禎)	전각 건립	《上海》[78] 22
만력 연간	중수남상사기(重修南翔寺記)	태창(太倉) 왕세정(王世貞)	〃	《南翔》 권9
만력 45	백학남상사신건선당기 (白鶴南翔寺新建禪堂記)	현(縣) 사람 당시승(唐時升)	〃	《南翔》 권9
숭정 연간	백학사면역구전유신기 (白鶴寺免役舊典維新記)	현 사람 조홍범(趙洪範)	요역 면제	《南翔》 권9
청	공건무헌조공장생서원비기 (公建撫憲趙公長生書院碑記)	석숭(石崧)	서원 건립	《南翔》 권9
강희 원년	백학남상사견부기비 (白鶴南翔寺蠲賦記碑)		전부(田賦) 면제	《上海》 23 ; 《南翔》 권9
청	중수남상강사기 (重修南翔講寺記)	지현(知縣) 육롱기(陸隴其)	전각 건립	《南翔》 권9
강희 25	〔각부(脚夫) 횡포 금지 비(碑)〕		각부(脚夫) 통제	《南翔》 권12
강희 49	〔타항(打降)·백랍(白拉) 등 시정(市井) 무뢰(無賴) 엄금 비〕		무뢰(無賴) 금지	《南翔》 권12
청	운상사신건관음각기 (雲翔寺新建觀音閣記)	마을 사람 장승선(張承先)	전각 건립	《南翔》 권9
청	중수혜민서원기 (重修惠民書院記)	현 사람 왕명성(王鳴盛)	서원 건립	《南翔》 권9
가경 3	중수남상분방해비기 (重修南翔分防廨碑記)	현승(縣丞) 이광원(李光垣)	관서(官署) 건립	《南翔》 권2

건물(소학, 서원, 관아) 건립 관련 비각, ③ 세역 관련 비각, ④ 남상진의 사회 경제 (무뢰 금지) 관련 비각으로 크게 나누어진다. 이 중 ②는 앞의 운상사 구조에 대한 설명에서 다룬 바 있으므로 여기에서는 ②는 생략하고 ①, ③, ④에 대해서만 살펴보겠다.

우선, 가장 기본적인 전각 건립과 관련된 비각들을 통해 운상사의 후원자가 어떻게 구성되어 있었는지를 살펴보겠다. 명대에 들어와서 첫 번째로 진행된 대규모 전각 중건은 정통 연간에 있었는데, 이것은 순무 주침이 가정현 전부(田賦)의 여분을 기금으로 제공하며 제창하고 승려가 협조해 이루어졌다.[79] 만력 초에 대웅전을 중수할 때는 휘주 사람 임양우가 단독으로 기금을 냈다.[80] 임양우는 전술한 것처럼 금룡사대왕묘를 건립한 후에 "이 신〔금룡사대왕〕은 여래의 힘에 의존하지 않으면 안 된다"라고 말했다고 하는데, 이로 미루어 그가 대웅전 중수 때 기금을 낸 데는 자신이 배를 타고 상업을 할 때 금룡사대왕이 풍랑에서 보호해주었다는 믿음과 자신이 출자해 만든 금룡사대왕묘가 운상사 내에 있다는 점이 함께 작용했을 것으로 생각된다. 또 숭정 연간에 승려 해징(海澄)이 모금을 통해 중수할 때는 마을 사람 황앙봉(黃仰峯) 등이 각각 200~300냥씩 냈고, 강희 32년(1693)에 승려가 모금하여 중수할 때는 휘주 사람 방여리(方如鯉)가 앞장서서 100여 냥을 냈다고 한다.[81]

결국 다양한 부류의 사람들이 운상사의 전각 건립 및 중수를 후원했음을 알 수 있다. 청 초의 운상사 관음전 중건도 이처럼 여러 부류 사람의 힘이 한데 모아진

75) 嘉慶《南翔鎭志》(集成) 권12〈雜誌〉, '紀事', 525~526쪽.

76) 嘉慶《南翔鎭志》(集成) 권12〈雜誌〉, '紀事', 527쪽.

77)《南翔》은 嘉慶《南翔鎭志》권9〈碑刻〉·권12〈雜誌—紀事〉를 가리킨다.

78)《上海》는 上海博物館圖書資料室 編,《上海碑刻資料選集》(上海 : 上海人民出版社, 1980)을 가리킨다.

79) 王世貞,〈重修南翔寺記〉, 513쪽. 한편 馮夢禎,〈重修白鶴南翔寺大雄殿記碑〉(萬曆 8년), 56쪽에는 주침(周忱)이 현(縣) 전체의 백성으로 하여금 미곡을 납부하게 했다고 기록돼 있다.

80) 王世貞,〈重修南翔寺記〉, 513쪽.

81) 嘉慶《南翔鎭志》(集成) 권10〈雜誌—寺觀〉, 513쪽.

사례다. 관음전은 숭정 말에 무너졌는데, 청대에 들어와 순치 11년(1654)에 중건 공사를 시작해 순치 15년(1658)에 완성되었다. 이 공사에는 7,000냥이 들었는데, 독량(督糧) 왕(王) 번사(藩司)가 남상진에 와 있다가 먼저 백 냥을 기부하면서 중건을 제창했고 원근의 신사가 후원했으며 남상진의 사민(士民)은 더 많은 기금을 희사했다고 한다.[82] 즉 관음전 중건에는 관(官)·신(紳)·사(士)·민(民)의 폭넓은 후원이 있었다.

이상에서 볼 수 있듯이 운상사 역시 황제나 황실로부터는 뚜렷한 후원을 받지 않았으며,[83] 운상사의 후원자 중 최고위직은 순무였고, 또한 마을 사람과 휘주 사람도 운상사의 후원자에 포함돼 있었다. 특히 휘주 사람——곧 휘주 상인을 가리킨다——중 만력 연간의 임양우는 운상사의 금룡사대왕묘도 건립했고 남상진의 도관 만수관(萬壽觀)에 옥황전(玉皇殿)도 건립했다.[84] 임양우는 휘주 흡현 사람으로, 남상진에 거주하면서 지역 사업에 적극적으로 참여한 인물이다.[85] 또 강희 연간에도 휘주 사람이 운상사 전각 수리에 앞장선 사례가 있다. 남상진이 휘주 상인이 주로 활동하던 진이었음은 이렇게 사묘(寺廟)의 건립에도 뚜렷하게 반영되어 있다.

다음으로는 세역과 관련된 비각들을 통해 운상사의 세역 면제 상황을 살펴보겠다. '백학사면역구전유신기(白鶴寺免役舊典維新記)'는 운상사의 요역 면제에 대한 내용을 담고 있는데 정리하면 다음과 같다. 정통 연간에 주침이 운상사를 중수할 때 상주(上奏)해 요역을 면제받도록 해주었는데, 이후 시대가 지남에 따라 이갑(里甲)의 민간인 요역(徭役)을 승려가 부담하게 되는 사례가 발생했다. 그러자 성화 연간(1465~1487)에 승려 김영정(金永禎)이 상소해 승려의 요역을 면제해주는

---

82) 歸莊,〈重建南翔寺觀音殿記〉(順治 18년), 365쪽.

83) 물론 운상사가 황제나 황실과 전혀 관계가 없는 것은 아니어서, 강희 39년(1700)에 백학남상사(白鶴南翔寺)가 운상사로 개칭된 것은 어서(御書)를 따른 것이었다. 嘉慶《南翔鎭志》(集成) 권10〈雜誌—寺觀〉, 513쪽.

84) 嘉慶《南翔鎭志》(集成) 권10〈雜誌—寺觀〉, 518쪽.

85) 嘉慶《南翔鎭志》(集成) 권7〈人物〉, '流寓', 490쪽.

첩(帖)을 받았고 융경 연간에 이 첩을 경신받았는데, 이후 균전균역법(均田均役法)이 시행되자 승려의 요역 면제가 다시 문제가 되었고, 운상사 승려가 다시 요역 면제를 요청한 결과 이전과 같은 면제를 허락받았다.[86] 또한 '백학남상사견부기비(白鶴南翔寺蠲賦記碑)'는 순치 4년(1647)에 독량 왕양(王儀)이 운상사 승려의 요청을 받고 순무에게 요청해 운상사에 대해 요역에 이어 전부(田賦)도 면제해주도록 했다는 내용을 담고 있다.[87] 이렇게 해 결국 운상사는 요역과 전부를 모두 면제받게 되었다. 이 과정을 보면, 사원의 세역 면제가 국가의 일률적 규정에 의해 자동적으로 이루어진 것이 아니라 개별 사원의 개별적인 노력에 크게 좌우되었음을 알 수 있다.[88]

끝으로, 남상진의 사회 경제 관련 비각들을 통해 남상진의 사회 경제적 상황을 살펴보겠다. 이런 비각으로는 강희 25년(1686)과 강희 49년(1710)의 각부(脚夫), 무뢰(無賴) 관련 비각이 있다. 강희 25년의 비각이 설립된 경위는 다음과 같다. 사민 석숭(石崧) 등이 각부의 횡포를 목격하고 공분을 느껴 당국자를 둘러싸고 못된 각부들을 처벌할 것을 소리 높여 요구했다. 그런데 이들 각부 무리가 권세가에게 의탁해 관리를 좌지우지하는 탓에 각부의 처벌을 요구한 사민들이 오히려 처벌당할 상황이 되었다. 그러나 지현이 공정하게 무군(撫軍) 조공(趙公)에게 요청해 각부의 횡포를 엄금하는 비를 운상사에 세우게 되었다고 한다.[89] 즉 민변(民變)에 가

---

86) 趙洪範, 〈白鶴寺免役舊典維新記〉, 516쪽.

87) 王儀, 〈白鶴南翔寺蠲賦記碑〉, 上海博物館圖書資料室 編, 《上海碑刻資料選集》(上海 : 上海人民出版社, 1980) 23, 57~58쪽 ; 嘉慶 《南翔鎭志》(集成) 권10 〈雜誌—寺觀〉, 516쪽.

88) 명대에 일반적으로는 사원 토지에 전부(田賦)가 부과되고 승려의 요역은 면제되었지만(何孝榮, 《明代南京寺院研究》, 18~19쪽 참조), 사원 토지와 승려 관련 세역은 개별적으로는 다양하게 운용되었음을 볼 수 있다. 예컨대 명 말에 가흥부 가흥현(嘉興縣)의 동탑강사(東塔講寺)에는 별도의 토지 재산은 없고 절터 16무(畝)가 있을 뿐이었는데, 여기에도 요역이 부과되다가 지현(知縣)의 면역첩(免役帖) 발급 이후 면제되었다. 〈嘉興府嘉興縣爲悲恩比例以全僧守寺〉, 崇禎 《嘉興縣志》(日本) 권7 寺觀, 266쪽. 도관의 경우, 예컨대 명 말에 상주부 현묘관의 도관 터는 71무 4푼이었는데 이중 52무 3푼 1리(釐)가 면세되었다. 康熙 《常州府志》(集成) 권18 〈壇壝—祠廟寺觀附〉, 374쪽.

89) 嘉慶 《南翔鎭志》(集成) 권12 〈雜誌—紀事〉, 526쪽.

까운 사민의 반(反)각부 상황이 벌어져 각부의 횡포를 금지하는 비각을 세우기에 이른 것이다. 강희 49년의 비각은 소위 타항(打降), 백랍(白拉)이라는 시정(市井) 무뢰에 대한 것이다. 이들은 각지에서 활동했지만 남상진에서 이들의 활동이 더욱 두드러졌다. 이들은 각종 불법 행위를 일삼았는데, 백랍은 모여서 길옆에 잠복해 있다가 도시로 들어오는 촌민에게서 재물을 빼앗기도 하고, 사사로이 아행(牙行, 매매 중개업자) 점포를 개설한 뒤 지나가는 객상을 온갖 방법으로 유인해 자본을 탕진시키기도 했다. 이에 강희 49년에 마을 사민 고천우(顧天祐) 등이 이들을 소탕해줄 것을 관헌에 요청했다.[90] 명 말에는 무뢰의 활동으로 남상진이 쇠퇴하는 상황에까지 이르렀으므로 무뢰 활동의 엄금은 진 전체의 사활과 관련된 매우 중대한 문제였다고 할 수 있다.[91]

이상의 전각 구성과 비각 내용을 살펴보고 나면 운상사는 남상진의 한 사찰이라기보다는 관서, 성황묘, 육영당을 모두 포함한 종합적인 관(官)·공(公) 건물군으로 보이기도 한다. 그러나 운상사의 중심은 역시 불사였고, 이것이 여타 부속 건물을 포함하면서 복합적인 성격을 띠게 된 것이었다.

4. 성진 중심 사관의 구조 변화의 방향

이상에서 현묘관과 운상사의 구조 변화를 주로 전각 및 부속 사묘의 건립과 비각의 설치를 중심으로 살펴보았는데, 이들 사관에서 여러 가지 공통점이 드러난다. 이들은 모두 위진남북조 시대부터 시작된 오랜 전통을 갖고 있었다. 또한 이들은 당·송 혹은 송·원 시대에 사관으로서의 최고 흥성기를 지낸 것으로 보이

---

90) 嘉慶 《南翔鎭志》(集成) 권12 〈雜誌—紀事〉, 526쪽.
91) 이렇게 남상진 전체의 사활과 관련된 중요한 관의 명령을 새긴 비각이 운상사에 세워진 것은 앞에서 본 것처럼 운상사에 관서가 설치된 것과 관련 있다고 생각할 수도 있다. 그러나 운상사에 관서가 설치된 것은 건륭 이후의 일이고 강희 연간에는 남상진에 설치된 관이 없었으므로 이러한 생각은 적절치 않다.

나 명·청 시대에 와서도 그 지역의 중심적인 대(大)사관으로서 존재하고 있었다. 특히 명·청 시대에는 이들 사관 모두에 ① 대표적인 선당인 육영당이 설치되었고, ② 종교와는 직접적인 관계가 없는, 사회 경제적 상황과 관계된 비각이 설치되었고, ③ 죽창과 같은 빈민 구제 시설이 설치되었고, ④ 특정 수공업 입종을 상징하는 건물이 설치되었다. 이러한 공통점들은 불교나 도교와 직접적인 관계는 없는 것들이다.

현묘관과 운상사의 이러한 공통점은 이들만의 이례적인 우연이라고 보기 어렵다. 오히려 이 공통점들은 당시 성진의 중심적 위치에 있던 사관들에는 일반화된 것이었다고 할 수 있다. 따라서 성진의 중심적 위치에 있던 사관들은 농촌이나 산간에 위치한 사관이나 성진에 위치하더라도 중심적이지 않은 소규모의 사관과는 상황이 다소 달랐으리라고 생각된다. 이러한 점을 염두에 두고 현묘관과 운상사라는 두 사례를 넘어 보다 넓은 범위에서 성진 중심 사관의 구조 변화를 고찰해보겠다.

(1) 민간 신앙과 상공업의 영향

명·청 시대에는 명 초에 사관들을 정비한 이래 절이나 도관의 새로운 건립을 억제했으나[92] 사실상 사관의 변동을 완전히 억제할 수는 없었다. 소주부 장주현 사람인 문징명(文徵明, 1470~1559)은 명 초 이후의 사원의 동향에 대해 다음과 같이 서술하고 있다.

우리 소주에는 예로부터 불교 사찰이 많은데, 홍무 연간의 정리를 거쳐서 많은 수가 정리되어 부성에 존재하는 총림은 17개다. 나머지 자원(子院) 암당(庵堂)은 무려 천 개에 이르렀으나 모두 통폐합되어 옛터는 모두 모두 민가(民家)에 침범당하거나 관서로 개건(改建)되었으니, 터

---

92) 명조 역대 사원의 사적(私的) 창건 금지령에 대해서는 何孝榮, 《明代南京寺院硏究》, 13~16쪽 참조. 청조의 경우에 대해서는 于本源, 《淸王朝的宗敎政策》(北京 : 中國社會科學出版社, 1999), 129~130쪽 참조.

는 존재해도 액(額)은 인몰된 경우가 있고, 명(名)은 존재해도 실(實)은 없어진 경우가 있으며, 또 잡목이 우거지고 기와와 자갈이 가득한 공터로 바뀌어 이름과 자취 모두 알 수 없게 된 경우도 있다. 통폐합 이후 180년이 지나 사원 신규 건립 금지령 느슨해지자 남아 있던 요사(寮舍)와 고찰(古刹)이 조금씩 부흥하고 무리가 모여 향을 피우고 등을 밝히는 일이 끊이지 않고 나날이 증가하니, 종종 총림에 버금가게 융성해지는 사찰도 있고, 흥성했다가 다시 폐해져 그대로 방기됨으로써 다시는 진흥하지 못하는 사찰도 있는데, 이것은 이어받은 사람이 어떤 사람인가에 달려 있을 뿐이다.[93]

즉, 명 초에 국가가 사원들을 대폭 정리했으나 이후 사원 신규 건립 금지령이 느슨해지면서 총림 이외의 사찰이 다시 흥기해 원래의 총림에 비길 만하게 성장하는 경우가 있었다는 것이다. 그러나 꼭 부흥이 지속되는 것은 아니어서 관리가 제대로 안 되는 사찰은 다시 쇠퇴해가기도 했으며, 그만큼 사찰 상황에 변화가 많았다.

이처럼 사찰이 부흥에서 쇠퇴로 전환된 사례는 여러 가지가 있는데, 청 초의 태평암(太平庵)에 대한 기록에서 이러한 상황을 구체적으로 볼 수 있다.

태평암: 유백제교(裕伯題橋)의 북쪽, 백곡(百曲)의 서쪽에 있다. 전에는 단지 오두막 1간에 불과했다. 진(陳) 화상(和尙)이라는 자가 있는데, 이 지역 토착민으로서 이곳에 기거하면서 고행하고 분수(焚修)하던 그가 갑자기 순치 7년(1650)에 빙의되기라도 했는지 〔그가〕 무슨 말을 하면 곧 그대로 되었고, 그러자 많은 사람들이 그를 찾아와 물어보게 되었다. 병자가 병이 낫게 해달라고 하자 그는 자리에 있는 회토(灰土)와 같은 것을 주었는데, 곧 효과가 있었다. 〔그러자〕 원근의 사람들이 모두 그를 앙모해, 향을 바치며 그를 신앙하는 사람이 끊이지 않았다. 1년 내에 곧바로 암자도 새로 건립되었으니, 겹겹이 처마를 두른 것이 완연히 명원(名園) 같았고 단청을 하고 금칠을 한 것이 거의 고찰 같았다. 상인들이 폭주해 그 암자 좌우에 모이면서

---

93) 文徵明, 〈大雲庵記〉, 同治《蘇州府志》권41 〈寺觀〉 3, 266쪽.

마침내 시사(市肆)가 형성되었고, 어깨가 서로 부딪치고 수레바퀴가 서로 부딪치는 것이 밤낮으로 그치지 않았으며, 끊임없이 유객(遊客)이 와 머물렀고, 배들이 꼬리를 물고, 남에게 뒤질세라 [이곳으로] 달려왔다. 순무 토공(土公)은 다른 문제가 발생할 것을 우려해 진 화상에게 소주의 북사(北寺)로 옮길 것을 명했는데, 3년이 지나 그가 입적하자 이 암사도 마침내 쇠퇴했고, 지금은 더욱 영락했다.[94]

즉, 작은 암자에도 그곳의 승려가 영험하다는 이유로 많은 사람이 몰려들었고, 그러자 상인들도 몰려와 시사(市肆)가 형성될 정도였다는 것이다. 진 화상은 행동으로 보아 승려라기보다는 무사(巫師)에 가까웠는데, 이렇게 영험한 인물의 존재에 따라 사찰이 흥폐의 기로에 놓일 수도 있었다. 물론 관아가 사찰과 관련된 이러한 변동을 묵인만 하고 있었던 것은 아니지만, 이런 변동은 언제라도 나타날 수 있었다.

그런데 이 사례에서 보이는 것과 같은 민간 신앙은 개별 사관의 흥폐 외에 각 사관 내부의 전각 구성에도 영향을 미치게 된다. 불사나 도관은 각각 구조가 다양했고, 대사관의 경우는 정전(正殿)인 대웅보전이나 삼청전 외에도 많은 전각을 포함하고 있었다. 참고로 명대 남경(南京) 대(大)사원의 사례를 바탕으로 대사원의 일반적인 구성을 살펴보면 다음과 같다. 우선 남북향의 중심축에는 산문[山門, 혹은 금강전(金剛殿)이나 금강전을 겸한 것] · 천왕전 · 대웅보전 · 법당(法堂) · 비로각(毘盧閣, 혹은 장경각) · 방장(方丈)이 있었고, 천왕전 뒤 대웅보전 앞의 좌우에는 종종 가람전과 조사전이, 대웅보전 뒤의 좌우에는 종종 관음전과 윤장전(輪藏殿, 혹은 지장전)이 있었으며, 때로 대웅보전 앞뒤의 것이 이와 반대로 된 경우도 있었다고 한다. 물론 이러한 구성을 거의 다 갖춘 것은 대사원의 경우였다.[95]

이러한 구성과 앞의 남상진 운상사의 구성을 비교해보면 다음과 같은 운상사의

---

94) 葉夢珠, 《閱世編》(上海 : 上海古籍出版社) 권3 〈建設〉, 77쪽.

95) 何孝榮, 《明代南京寺院研究》, 157쪽.

특징을 지적할 수 있을 것이다. 우선, 일반적으로 불사의 주 건물에 해당하는 것이 무너지고 재건되지 않는 상황에서도 여타의 구조물이 새로 건립되고 있었다는 것이다. 선당(禪堂)이나 천왕전이 없어진 반면에 여타의 전각들이 새로 만들어져 간 것이다. 이렇게 전각 구성이 변한 데는 불교나 도교의 자체적 요인만이 아니라 당시의 사회 상황도 큰 영향을 미치고 있었다. 이러한 상황을 왕유광(王有光)의 《오하언련(吳下諺聯)》은 다음과 같이 비판적인 시각에서 기록하고 있다.

> 당초에는 귀(鬼)·신(神)·선(仙)·불(佛) 각각의 전담 사당이 있었으나 근래에는 불승과 도사가 기도(祈禱)를 탐해 제사를 [많이 받는] 신들을 모두 묘(廟) 안에 뒤섞어 소상(塑像)을 만들어 모시면서 불(佛)이라고 칭한다. 향연(香煙)을 바칠 것을 요구하는 경우도 있고 제헌(祭獻)을 요구하는 경우도 있고 원보(元寶)·채단(彩緞)을 바칠 것을 요구하는 경우도 있는데, 바라는 대로 해주면 복을 주고 바라는 대로 해주지 않으면 화를 준다. 또 향연·제헌·원보·채단을 받고도 화를 면하지 못하는 경우도 있다. 이러한 신은 모두 좋은 부처가 아니다. 오직 여래·석가·가섭·관음·삼관 등의 불(佛)만이 요구하는 것이 없으니, 선남선녀가 향불 하나만 바쳐도 받아들이고 [아무것도] 바치지 않아도 문제 삼지 않는다. 이들이 좋은 부처인 것이다. 그러나 이들의 불상은 처음 묘(廟)에 들어갈 때는 오히려 보이지 않고, 후전(後殿)에 들어가야 이들의 금빛 불상이 온화한 모습으로 연화대에 단좌하고 있는 것이 보이는데, "나는 차라리 후전에 있을지언정, 향연·제헌·원보·채단 등을 원하는 다른 신들과 다투지는 않겠다"라고 말하는 것 같다. 소사씨(素史氏)[저자 자신]는 말한다. "이것이 바로 좋은 부처인 이유가 아니겠는가!"[96]

즉, 사관에서 여러 종교의 신들을 뒤섞어 모시는 현상이 대두했으며, 이는 결국 헌금을 더 많이 확보하려는 승려와 도사의 욕심에서 비롯되었다는 것이다.

---

96) 王有光, 《吳下諺聯》 [《鄕言解頤·吳下諺聯》(北京 : 中華書局, 1982)] 권3, '好佛住後殿' 條, 93쪽. 《오하언련(吳下諺聯)》은 가정 연간에 처음 간행된 것이고 저자 왕유광(王有光)은 청포현(靑浦縣)의 생원(生員)이었다.

결국, 앞에서 보았듯이 현묘관과 운상사에도 위의 기록과 마찬가지로 여러 전각과 신묘(神廟)가 들어섰는데, 이것은 직접적으로 금전과 연결시켜 말할 수도 있겠으나, 넓게 보아서는 불교나 도교의 원리와는 관련이 없어도 많은 사람들이 신앙하는 여러 신기(神祇)가 들어오게 된다는 현상을 말한다고 할 수 있다.

그런데 사관의 구조에 영향을 미친 것은 이러한 통속적 민간 신앙만이 아니었다. 도시 지역에 위치한 사관에서는 바로 도시의 상공업의 영향이 직접적으로 나타나고 있었다. 우선 사관이 성내의 번화가에 위치하는가 아니면 농촌이나 산간에 위치하는가에 따라 지역 사회의 변동에 따른 영향에 차이가 있었다. 명 말의 남경의 상황에 대한 다음의 기록은 이러한 것을 말해주는 한 예다.

남경성(南京城)의 도원(道院) 중에서 조천궁(朝天宮)은 양성산(冶城山)을 면하고 있고 영응관(靈應觀)은 오룡담(烏龍潭)을 내려다보고 있고 노룡관(盧龍觀)은 사자산(獅子山)에 기대어 있다. 불사(佛寺) 중에서 계명사(鷄鳴寺)는 계롱산(鷄籠山)에 걸터앉아 있고 영경사(永慶寺)는 사공돈(謝公墩)을 곁에 두고 있고 길상사(吉祥寺)는 봉황산(鳳凰山)을 지고 있고 청량사(淸凉寺)는 사망산(四望山)을 울타리 삼고 있고 금릉사(金陵寺)는 마안산(馬鞍山)을 병풍 삼고 있고 상와관사(上瓦官寺)는 봉황대(鳳凰臺)에 우뚝 서 있으니 모두 명산대천의 아름다움을 갖추고 있다. 하와관사(下瓦官寺)는 행화촌(杏花村) 내에 있는데, 숲이 고요하고 깊어서 문을 통해 안으로 들어가면 속세 밖에서 사는 것처럼 생각하게 된다. 취봉사(鷲峯寺)는 위치가 후미져서 볼만한 것은 없지만, 시(市)와는 큰 차이가 있다. 봉숭사(封崇寺)는 민가와 뒤섞여 있어서 황량하고 퇴락해 말할 만한 것이 없다. 오직 승은사(承恩寺)만이 구내(舊內)[97]의 오른쪽에 위치해 성

---

97) '구내(舊內)'란 옛 궁성 지역을 의미한다. 거대한 규모의 명대 남경성(南京城)의 남부 지역이 이 옛 궁성 지역에 해당하는데, 이곳에는 5대10국 시대에는 남당(南唐)의 황성이 있었고 이후 송대에는 관청이 있었고 남송(南宋) 시대에는 행궁(行宮)이 있었다. 명대의 황성은 남경성 동부 지역에 위치해 신성(新城)이라고 불렸다. 명대에는 구성(舊城), 즉 남경성 남부 지역은 상공업 지역이었고 서부 지역은 군사 지역이었고 동부 지역은 황성(신성)과 국자감(國子監) 등이 있는 정치문화 지역이었다. F. W. Mote, "The Transformation of Nanking, 1350~1400", G. William Skinner (ed.), *The City in Late Imperial China*(Stanford : Stanford Univ. Press, 1977) ; 陳忠平, 〈明淸時期南京城市的發展與演變〉, 《中國社會經濟史硏究》(1988년 1기) 등 참조.

(城) 남부의 가장 왁자하고 번화한 지역에 속해 있는 탓에 유람객과 상인이 승은사에 와글와글 모여드니 승은사에서는 불교의 찰간(刹竿)이 완전히 사라져버렸다.[98]

즉, 남경에서는 많은 사관이 좋은 산천에 위치해 속세에서 벗어난 자연의 아름다움을 갖추고 있지만, 승은사는 도시의 번화한 지역에 위치해 유람객과 상인이 모여든 탓에 불교의 본뜻을 잃게 되었다는 것이다. 결국 이것은 같은 사관이라도 번화한 도시 중심에 위치한 경우에는 도시의 영향을 크게 받았음을 말해준다.

이러한 영향은 분위기상의 영향에 그치는 것이 결코 아니었다. 앞에서 보았듯이 현묘관과 운상사에는 상공업과 관련된 전각, 사묘, 비각이 건립되었다. 다만 현재의 자료로 보아 전각, 사묘, 비각의 상공업 관련 정도는 다양하다. 현묘관에 천후궁이 만들어졌고 천후는 복건 상인이나 뱃사람들과 밀접한 관련이 있는 신이지만 현묘관의 천후궁은 특정 상공업과의 밀접한 관계를 보여주고 있다고는 생각되지 않는다. 또 운상사에 각부를 통제하는 비각이 들어선 것이 운상사와 각부의 특별한 관계 때문이었다고 추정케 하는 자료는 없다. 그러나 운상사의 금룡사대왕묘는 금룡사대왕이 휘주 상인의 상업 활동의 안전을 보호해주었다는 명분으로 건립되었으므로, 비록 상인 집단과 관련된 것은 아니지만 상공업과 일정한 관계를 갖고 있다. 또 운상사에 노반전이 건립된 것도 상공업자와 관련이 있을 가능성이 있다. 이에 대한 기록은 보이지 않지만, 노반은 건축업자의 신앙 대상일 뿐 일반적인 신앙 대상으로 보이지는 않으므로 운상사 노반전과 건축업자의 관련을 추정하는 것이 자연스러워 보인다. 참고로 소주의 노반묘(魯班廟) 상황을 살펴보면, 노반묘는 가경 연간에 "관청에 요청하여 공적(公的)으로 건립"했으며, "목수들이 공동으로 제사를 지낸다"라고 기록되어 있다.[99]

물론 사관의 특정 건물이 특정 행업(行業)의 '공소(公所)'라고 명시되어 있지

98) 顧起元, 《客座贅語》[《庚巳編·客座贅語》(北京 : 中華書局, 1987)] 권10, '寺院', 312쪽.
99) 顧震濤, 《吳門表隱》 권9, 125쪽.

않은 경우에는 그 건물과 상공업의 관계를 명확히 밝히기 어렵다. 그러나 특정 행업의 상징적 대상을 모시고 있으면서 동시에 그 행업 관련 비각을 건립해놓은 전각, 사묘라면 그것이 특정 행업과 특수한 관계에 있다고 보는 것이 자연스러울 것이다.

한편, 앞에서 언급한 바 있는 소주 비단업의 경우에는 관련 비각이 현묘관이라는 사관뿐만 아니라 성황묘에도 있었다. 또한 면포 가공업 노동자의 집단행동을 금지하는 비각이 강희 37년(1698)에 풍경진(楓涇鎭) 성황묘에 세워졌고,[100] 강희 54년(1715)에는 남상진 관제묘(關帝廟)에 세워졌다.[101] 따라서 사관만이 아니라 사묘(祠廟)도 포함하여 모든 종류의 사묘(寺廟)에 상공업 관련 비각이 세워지는 경향이 있었다고 할 수 있으며, 이것은 곧 성진 사묘(寺廟)가 도시 상공업과 밀접한 관계를 맺어가고 있었음을 시사한다.

그런데 사관의 전각과 상공업의 이러한 관계는 회관(會館), 공소(公所)의 출현과 밀접한 관련이 있다. 아울러 강남에서 이러한 관계는 사관보다는 사묘(祠廟)에서 더 많이 볼 수 있다. 그러나 이 관계에 대한 전면적인 고찰은 별도로 하고자 하며,[102] 이 글에서는 현묘관이나 운상사의 몇몇 사례를 통해 사관의 구조에서도 이러한 관계가 나타남을 지적하는 데 그치고자 한다.

(2) 사관과 선당의 설치

명·청 시대에 강남 성진에 위치한 주요 사관의 구조적 변화에서 또 하나 특징적인 것은 선당이 설치되는 사례가 많았다는 것이다. 앞에서 보았듯이 현묘관과 운상사에는 모두 육영당이 설치되었다. 그리고 이 육영당들은 각각 소주부성과

---

100) 〈婁縣爲禁踹匠倡聚抄搶告示碑〉(康熙 37년), 上海博物館圖書資料室 編, 《上海碑刻資料選集》(上海:上海人民出版社, 1980), 44·98~99쪽.

101) 〈嘉定縣爲禁踹匠齊行勒索告示碑〉(康熙 54년), 上海博物館圖書資料室 編, 《上海碑刻資料選集》(上海:上海人民出版社, 1980), 45·99쪽.

102) 이윤석, 〈회관·공소의 출현과 사묘(祠廟)—강남지역의 사례를 중심으로〉, 《명청사 연구》 21(2004).

남상진의 최초의 선당이었으며, 특히 운상사에는 남상진의 두 선당, 즉 두 육영당이 모두 위치해 있었다. 이러한 상황을 우연으로만 보기는 어려울 것이다.

선회나 선당은 명 말, 청 초에 시작된 자선 기구로서 이후 청 말까지도 발전하고 증가했다. 주로 도시 지역에 설치되었으며, 경우에 따라서는 청 말에 도시의 주요한 공공 기관으로 기능하기도 했다. 선당이 사묘(寺廟)에 설치되는 경우가 많았고 초창기에 특히 그랬다는 것은 이미 지적된 바인데,[103] 이러한 경향이 어느 정도였는지를 살펴보겠다. 우선 선회와 선당의 설립 상황을 확인하기 위해 소주부 부곽현과 송강부(松江府)에서 가경 연간까지 선회와 선당이 설치된 장소를 동치(同治)《소주부지(蘇州府志)》와 가경 《송강부지(松江府志)》에 기초해 정리해보면 다음과 같다.

다음에 나오는 〈표 5〉와 〈표 6〉을 정리해보면, 소주부 부곽현에서는 총 22개의 선당 중 6~7개(27~32%)가, 송강부 전체에서는 총 18개의 선당 중 6개(33%)가 사관〔일부 사묘(祠廟) 포함〕에 설치돼 있었다. 특히 소주부 부곽현의 경우 건륭 30년대 이전까지만 보면 대략 60%의 선당이 사관에 설치돼 있었다. 따라서 소주에서는 선당이 특히 초창기에 사관에 설치되는 경향이 뚜렷했다고 볼 수 있다.

이제 어떤 사관에 어떤 형태로 선당이 설치되었는지를 이해하기 위해 몇 가지 구체적인 상황을 살펴보겠다. 우선 석류당(錫類堂)의 위치는 단지 '대운사(大雲寺) 동쪽'이라고만 기록돼 있어서 정확히 알기 어렵지만, "무리가 모이고 재원을 보관하는 장소는 반문(盤門) 대운암(大雲庵)의 왼쪽 곁채 앞에 있다"[104]라는 기록으로 미루어 석류당이 대운암에서 멀리 떨어진 곳이 아니라 대운사 경내에 위치했을 가능성도 높다. 건륭 19년(1754)에 건립된 영인당(永仁堂)의 경우, 동치《소주부지》에는 관련 기록이 없으나 심덕잠(沈德潛)의 비기(碑記)에 다음과 같은 내용이 언급돼 있다. 건륭 17년(1752)에 선사(善士) 장운룡(張雲龍) 등이 남호(南濠) 수신

---

103) 梁其姿, 《施善與教化 : 明淸的慈善組織》(臺北 : 聯經出版事業公司, 1997), 84 · 173쪽.
104) 繆日口, 〈錫類堂記〉, 同治 《蘇州府志》(集成) 권24 〈公署 4―善堂附〉, 566쪽.

〈표 5〉 소주부 부곽현의 선당 설치 장소[105]

건립 연도	명칭	위치	비고	주요 활동
강희 15년	육영당 (育嬰堂)	현묘관(玄妙觀) 안	건륭 2년에 독립 건물이 됨	버려진 영아를 거두어 기름
강희 49년	보제당 (普濟堂)			병자를 거두어 돌봄
옹정 13년	석류당 (錫類堂)	대운사(大雲寺) 동쪽		시신 매장
건륭 3년	여보제당 (女普濟堂)			병든 여성을 거둘어 돌봄
건륭 11년	광인당 (廣仁堂)	청진관(淸眞觀) 동편 (東偏)	옹정 10년에 매격회(埋骼會)로 시작	장례를 도움
건륭 18년	숭선당 (崇善堂)	육묘진(陸墓鎭)		매장
건륭 19년	영인당 (永仁堂)	남호(南濠) 수신각(水神閣)	한공사(韓公祠)로 옮김	장사 지내줌
건륭 26년	동인당 (同仁堂)	녹직진(菉直鎭) 보성사(保聖寺) 안	건륭 5년에 동인국(同仁局)으로 시작	매장, 의약 제공 등
건륭 35년	회선국 (懷善局)	주장진(周莊鎭) 영경암(永慶庵)	가경 연간에 징허도원(澄虛道院)으로 옮김	장사 지내줌
건륭 41년	선제당 (善齊堂)			관(棺)을 제공
건륭 41년	인수당 (仁壽堂)	황태진(黃埭鎭)		
건륭 46년	배덕당 (培德堂)		절강(浙江) 소흥부(紹興府) 사람들이 함께 건립	
건륭 46년	적선국 (積善局)	연복사(延福寺)	〔유정진(唯亭鎭)〕 연복사 두존각(斗尊閣)을 국(局)으로 삼음	장사 지내줌
건륭 48년	인제당 (仁濟堂)			시신 매장 등
건륭 49년	동인당 (同仁堂)		왼쪽에 방생지(放生池)가 있고 방생회(放生會)를 거행	
건륭 58년	동선당 (同善堂)			관을 제공, 매장 등
가경 11년	혜안당 (惠安堂)	동정동산(洞庭東山)		매장, 진료 등
가경 17년	체선당 (體善堂)	삼향묘(三鄕廟) 앞	동치 연간에 한기왕묘(韓蘄王廟) 안으로 옮김	매장 등
가경 17년	양생국 (養牲局)		동치 연간에 한기왕묘(韓蘄王廟)로 이전	늙고 병든 소를 거두어 돌봄
가경 21년	배심당 (培心堂)	육묘진(陸墓鎭)		장사 지내줌
가경 24년	제선당 (濟善堂)	목독진(木瀆鎭) 성황묘(城隍廟) 동쪽		매장과 석자(惜字)
가경 25년	경재당 (敬梓堂)	녹직진(菉直鎭)	휘주 사람들이 함께 건립	고향 사람들의 장례

〈표 6〉 송강부의 선당 설치 장소[106]

건립 연도	명칭	위치	비고	주요 활동
강희 13년	부치(府治) 육영당(育嬰堂)	초과사(超果寺) 서북쪽 모퉁이	이전에는 수운정(水雲亭) 남쪽에 다시 건립되었다가 가경 14년에 이곳에 다시 건립	
강희 49년	상해(上海) 육영당		가운데에 벽하원군(碧霞元君)을 모심	영아를 거두어 기름
강희 52년	청포(靑浦) 육영당			
옹정 7년	남회(南匯) 육영당	선경암(善慶庵) 뒤	옹정 7년에 주포진(周浦鎭)으로 이건(移建)	
건륭 원년	보제당(普濟堂)			노인과 병자를 거두어 돌봄
건륭 10년	상해 동선당(同善堂)		현재는 남아 있지 않음	
건륭 16년	광선당(廣善堂)			
건륭 39년	금산(金山) 동선당	장언진(張堰鎭)	가경 10년에 또 광복사(廣福寺)에 국(局) 설치	
건륭 54년	남회 동선당	19보(保) 청천암(淸泉庵) 안		
가경 3년	청포 동선당	소증진(小蒸鎭) 연화암(蓮花庵) 안		
가경 4년	청포 동인당(同仁堂)			
가경 5년	상해 동인당			
가경 9년	화정(華亭) 동선당	정림진(亭林鎭) 남쪽의 문창사(文昌祠) 안		
가경 10년	화루(華婁) 동선당			의료 등
가경 13년	금산 동인당	신건문창사(新建文昌祠) 북쪽 모퉁이		
가경 13년	여선당(與善堂)			
가경 17년	화정 동인당	후항진(後港鎭)		
가경 20년	충선당(充善堂)			매장 등

각(水神閣)을 빌려 영인당을 설립했으며, 이후 호구(虎丘)에 있는 중승(中丞) 한공(韓公)의 폐사(廢祠)에 새로 영인당이 건립되었으나 그 사당의 중앙 건물에서는 여전히 한공의 제사가 치러졌고 그 서측의 건물이 영인당으로 쓰였다는 것이다.[107]

---

105) 이 표는 同治《蘇州府志》(集成) 권24 〈公署—善堂附〉, 565~574쪽을 전거로 삼았다.

106) 이 표는 嘉慶《松江府志》(集成) 권16 〈建置志—公建〉, 337~342쪽을 전거로 삼았다.

107) 沈德晉, 〈新建永仁堂碑記〉, 民國《吳縣志》(集成) 권30 〈公署 3—善堂附〉, 456쪽.

시진에 선당이 설치된 사례를 보면, 녹직진(菉直鎭) 동인당(同仁堂)은 건륭 5년(1740)에 보성사(保聖寺) 내에 동인국(同仁局)으로 설립되었다가 건륭 26년에 자리를 옮겨 동인당으로 건립되었다.[108] 보성사는 남조 양(梁)대에 창건되었다는 사원인데, 건륭 연간의 녹직진 지도에서 건물들 중 가장 크게 그려져 있는 것으로 미루어 대사원이었던 것으로 보인다.[109] 또 주장진(周莊鎭)의 회선국(懷善局)은 건륭 35년(1770)에 창설되어 영경암(永慶庵) 문창각 아래에 위치해 있다가 가경 11년(1806)에 징허도원(澄虛道院)으로 옮겨 갔다.[110] 영경암은 진의 북쪽 책문(柵門)에 위치했고 관음당이라고 속칭되었다. 숭정 원년(1628)에 승려가 영경암에 상주전(常住田) 50여 무를 설치했다는 기록이 있다. 청대에 들어와서는 순치 연간에 승려가 상주전을 늘리고 영경암을 암자에서 십방선원(十方禪院)으로 변경했으나 이후 전토가 점차 없어지고 약화되면서 이곳은 다시 영경암으로 불리게 되었다. 옹정 11년(1733)에는 영경암에 죽창이 설치됐었고, 건륭 17년(1752)의 영경암 중수 때는 문창각과 관제각(關帝閣)이 건립되었다.[111] 또 징허도원은 송대에 건립되었다고 하는데, 주장진의 중시(中市)에 위치했고 속칭 성당(聖堂)이라고 불렀다. 강희 25년(1686)에 도사가 이곳에 옥황각(玉皇閣)을 모금하여 건립했고 강희 30년(1691)에는 옥황각 옆에 문창각을 건립했다. 그리고 건륭 16년(1751)에는 도사가 산문(山門) 밖에 관제각을 건립했다.[112] 징허도원의 위치는 지도상으로 볼 때 진의 중심에 가까웠다.[113] 또 건륭 46년(1781)에 유정진(唯亭鎭)에 적선국(積善局)이 설립되었는데 이것은 연복사(延福寺)의 두존각(斗尊閣) 건물을 사용한 것이었

108) 同治《蘇州府志》(集成) 권24〈公署 4—善堂附〉, 573쪽.

109) 乾隆《吳郡甫里志》(集成) 권15〈祠宇—廟寺院菴堂附〉, 92쪽 ; 乾隆《吳郡甫里志》(集成) 권1〈圖考〉, '六直鎭圖', 7~8쪽 참조.

110) 光緒《周莊鎭志》(集成) 권2〈公署—附善局〉, 504쪽.

111) 光緒《周莊鎭志》(集成) 권3〈祠廟〉, 516~517쪽. 이 영경암(永慶庵)은 회선국(懷善局)이 옮겨 간 이후인 도광 18년에 후전(後殿)이 무너지고, 이어 도광 23년에 문창각(文昌閣)과 관제각(關帝閣)이 무너지고, 광서(光緒) 초년에 정전(正殿)도 무너져 산문(山門)과 관음전(觀音殿)만 남게 되었다고 한다.

112) 光緒《周莊鎭志》(集成) 권3〈祠廟〉, 520쪽.

113) 光緒《周莊鎭志》(集成) 卷首〈周莊鎭圖〉, 471쪽.

다.[114] 연복사는 지도상으로 볼 때 진의 중심 가까이에 위치해 있었다.[115]

소주부와 마찬가지로 송강부에서도 육영당이 가장 먼저 설립된 선당이었다. 송강부의 육영당은 소주부보다 2년 앞서 강희 13년(1674)에 건립되었는데, 처음에 백룡담(白龍潭) 뒤에 건립되었다가 폐해졌고, 건륭 5년(1805)에 수운정(水雲亭) 남쪽에 다시 건립되었다가 또 폐해졌다. 따라서 송강부 육영당은 강남의 다른 주요 육영당과 비슷한 시기에 건립되었으나 초기에는 잘 관리되지 못한 셈이었다. 그러다가 가경 연간에 초과사(超果寺)에 다시 송강부 육영당이 건립되었는데,[116] 초과사는 '송강 지역 최고의 사찰'이라고도 불린 대사원이었다.[117] 이 송강부 육영당은 일반적으로 선당이 처음에 사관에 건립되던 것과 달리 재건 시에 사관에 위치하게 된 사례이며, 이후 지속적으로 발전했다.[118]

또 〈표 6〉에는 나와 있지 않지만, 건륭 연간에 송강부 누현(婁縣)과 가흥부(嘉興府) 가선현(嘉善縣)에 걸쳐 있는 풍경진에 건립된 선당도 처음에는 사관에 설치되었다. 풍경진에 동선회관(同善會館)[119]이라는 선당이 건립되었는데,《중집풍경소지(重輯楓涇小志)》에 따르면 이 동선회관은 건륭 20년(1755)에 합진(合鎭)의 사민(士民)들이 함께 세운 것이며, 동선회(同善會)라는 단체는 건륭 원년(1736)에 시작되었다.[120] 이러한 사실만으로는 동선회관이 건립되기 전에는 동선회가 어디에서 활동했는지 알 수 없지만,《득일록(得一錄)》의 동선회 활동에 대한 기록에 "이전에는 옥허관(玉虛館)을 빌려 자선 활동을 했는데 건륭 20년에 동선회관을 건립했다"

---

114) 道光《元和唯亭志》(集成) 권7〈社倉·鄕約·善局〉, 143쪽.

115) 道光《元和唯亭志》(集成) 권7〈唯亭鎭圖〉, 106쪽.

116) 嘉慶《松江府志》(集成) 권16〈建置─公建〉, 340~341쪽.

117) 嘉慶《松江府志》(集成) 권75〈名蹟─寺觀〉, 722~724쪽.

118) 송강부(松江府) 육영당의 이후의 발전 상황에 대해서는 夫馬進,《中國善會善堂史硏究》, 274~307쪽 참조.

119) 光緖《重輯楓涇小志》(集成) 권2〈建置─義建〉, 20~21쪽은 풍경진(楓涇鎭)의 선당으로 이 동선회관(同善會館)과 함께 육영당을 기록하고 있으며, 육영당은 강희 연간에 창건되었으나 건륭 초에 없어졌다고 서술하고서 이어 광서 연간의 접영회(接嬰會)의 활동을 서술한다. 따라서 건륭 이후 상당 기간 동안 동선회관은 풍경진의 유일한 선당이었던 것으로 보인다.

120) 光緖《重輯楓涇小志》(集成) 권2〈建置─義建〉, 19쪽.

라는 말이 나오므로[121] 진의 옥허관이라는 도관이 처음에 동선회의 활동에 이용되었다는 것을 알 수 있다. 진무사(眞武祠)라는 곳이 홍무 원년에 사액을 받아 옥허관이 되었다고 하는데,[122] 지도를 보면 옥허관은 소주성의 현묘관이나 남상진의 운상사와 비슷하게 진의 중앙에 위치하고 있다.[123] 이러한 지리적 조건도 옥허관이 동선회의 활동 공간으로 이용된 주요한 요인이 되었을 것이다.

이상과 같이 소주부와 송강부의 여러 사례를 살펴보았는데, 여러 선회와 선당이 사관에 기초해 형성되고 발전해나가는 상황을 가장 잘 보여주는 것이 아마도 소주의 청진관(淸眞觀)[124]에서 광인당(廣仁堂)이 형성되어간 사례일 것이다. 우선 광인당의 형성 과정에 대한 기록을 보자.

옹정 2년(1724)에 마을 사람 성사수(盛師修)가 아들 성겸(盛謙)과 함께 청진관 내에 석자회(惜字會)를 만들었다. 옹정 10년(1732) 봄에는 소주부성 서측의 승사(僧舍)에 매격회(埋骼會)가 만들어졌는데, 성(城) 동측에서 가는 사람들에게는 거리가 멀어 불편했다. 이해 7월에 이 선회의 고진(顧進)이라는 사람이 성사수와 함께 매격회를 청진관으로 옮길 것을 의논했다. 청진관은 진무(眞武)를 모신 곳이며, 청진관 뒤에는 두모각(斗姆閣)이 있는데, 매월 보름에 이 두 선회의 인사가 두모각에 모였다. 성사수는 두모각은 좁고 사람 수는 많아서 거의 소란스러운 지경임을 염려했고, 기금을 내어 두모각 밖에 있는, 이전에 청진관 터였으나 관리되지 않고 있던 땅에 문창각을 건립해서 상층에는 신상(神像)을 모시고 하층은 집회 장소로 사용할 것을 여러 동인(同人)과 상의했으며, 이들은 마음을 합하고 힘을 다해 문창각을 완공했다. 옹정 13년(1735)에 매격회는 광인회로 변경되었다. 자선 사업의 규모가 점차 확대되고 업무를 담당하는 사람도 꽤 많아지자 문창각을 공소(公所)로 삼고 더욱 확장되었다. 건륭 2년(1737) 봄에

121) 〈楓涇同善會規條〉, 余治, 《得一錄》〔《官箴書集成》(合肥 : 黃山書社, 1997)〕 권1-2 〈同善會章程〉, 461쪽.

122) 光緒 《重輯楓涇小志》(集成) 권2 〈建置―寺觀〉, 27쪽.

123) 光緒 《重輯楓涇小志》(集成) 卷首 〈鎭河分界圖〉, 6쪽.

124) 청진관(淸眞觀)은 현묘관 동측에 위치하며 홍무(洪武) 연간에 현묘관에 통폐합되었으나 이후 선덕(宣德)·가정(嘉靖)·순치(順治) 연간에 증건(增建)·중수(重修)되어왔다. 乾隆 《長洲縣志》(集成) 권30 〈寺觀〉, 378쪽.

는 마을 사람 주즙(朱楫)이 다시 기금을 내며 앞장서 문창각 앞의 민가를 매입해 광인당을 만드니 건물의 여러 시설이 완비되었다. 이에 별도로 문과 길이 만들어져 청진관과 광인당이 두 개의 구역을 이루게 되었다.[125]

즉, 여기에는 ① 청진관 내에 석자회가 만들어짐(1724)→ ② 소주성 서측의 승사에 매격회가 만들어짐(1732)→ ③ 석자회와 매격회가 모여 청진관에 문창각을 건립해 위층에는 신상을 모시고 아래층은 집회 장소로 삼음(1732)→ ④ 매격회를 광인회로 변경(1735)→ ⑤ 문창각을 공소로 삼고 더욱 확장→ ⑥ 문창각 앞의 민가를 매입해 광인당을 만들고 문을 별도로 만들어서 청진관과의 분리(1737)라는 6단계 과정이 나타나 있다.

이렇게 처음 청진관 내에 석자회가 만들어진 이후 청진관과 연결돼 있으나 별도의 건물인 광인당이 건립되기까지 20여 년의 시간이 걸렸으며, 그 기간 중에 청진관에 문창각이 만들어져 집회 장소나 공소로 이용되다가 독립 건물이 되고, 또 청진관과 연결돼 있으나 문이 따로 난 새로운 건물이 별도로 건립되어 독자적인 선당으로 자리 잡는 일련의 변화가 진행되었다. 결국 사관 내에서 선회가 탄생했고, 이 선회가 규모를 확대하면서 사관의 전각을 보다 전적으로 선회의 활동 공간으로 만들어가다가 최종적으로는 독립적 선당을 만들기에 이른 것이다. 선당이 사관을 기초로 해 탄생하고 성장해가는 과정이 이 청진관과 광인당의 사례에 잘 나타나 있다.[126] 그리고 이렇게 광인당이라는 독립된 건물이 만들어졌음에도 청진관의 문창각과 광인당은 밀접한 관계에 있는 것으로 인식되었으니, "문창각의 앞은 광인당인데……규모는 문창각보다 크지만 실은 문창각이 주위(主位)다"[127]라는 기록이 이를 말해준다.

---

125) 沈德潛, 〈廣仁堂文昌閣碑記〉, 同治 《蘇州府志》 권24 〈公署〉 4, 572쪽.

126) 광인당(廣仁堂)은 이후 독자적으로 활동하다가 태평천국(太平天國) 이후에는 육영당에 소속되었다.

127) 沈德潛, 〈廣仁堂文昌閣碑記〉, 同治 《蘇州府志》 권24 〈公署〉 4, 572쪽.

이상에서 보면, 선당이 설치되는 사관은 꼭 그런 것은 아니지만 대체로 성진의 중심 지역에 위치한 대사관이었다고 할 수 있다. 따라서 이러한 지리적 조건이 특정 사관에 선당이 설치되는 중요한 원인의 하나였다고 볼 수 있다. 또한 선당이 사관의 특정 전가과 특별한 관련을 맺고 있는 경우도 있었는데, 이 경우에는 사관의 지리적 조건 이상의 것이 그 사관에 선당이 설치되는 원인으로 작용했을 것이다.

또 선회와 선당이 사관에 설치되는 방식도 선당의 형태나 규모에 따라 달랐다. 첫째 방식은 선당이 초기에 사관을 이용하다가 이후 별도의 건물을 만들어 독립하는 것이었다. 이것은 소주 육영당을 비롯한 앞의 여러 사례에서 이미 볼 수 있었으며, 또한 건륭 연간에 절강성(浙江省)에서 동선회를 권장하던 관헌의 공문에 "〔동선회를〕 처음 열 때는 넓은 사원을 임시적으로 선택하여 사용하고, 이후 경비가 충분하게 되면 다시 당우(堂宇)를 건립하라"[128]라고 쓰여 있는 데서도 확인할 수 있다. 둘째 방식은 독자적인 건물을 만들 정도가 안 되는 비교적 소규모의 선회가 취한 것으로, 계속 사관을 이용하는 것이었다. 예컨대, 청 후기의 기록이기는 하지만, 절강에서 보영회(保嬰會) 활동을 적극적으로 한 엄진(嚴辰)의 글에서 "육영을 위해서는 반드시 당(堂)을 건립해야 하지만 보영회는 사원과 사우(祠宇), 인가(人家) 건물을 막론하고 빌려서 활동할 수 있다"[129]라는 내용을 읽을 수 있다.

이렇게 선당은 사관과 밀접한 관계에 있었으며, 이러한 상황은 지방지가 선당을 어떤 항목에 기록했는지를 보아도 알 수 있다. 선당은 청대에 새롭게 나타난 것이고, 따라서 기존의 틀을 갖고 있는 지방지가 선당을 어떻게 기록했는가 하는 것은 흥미로운 문제다. 우선 몇 가지 사례를 보면, 건륭《오정현지(烏程縣志)》는 〈해우(廨宇)〉, 즉 각 관서를 기록한 항목 말미에 아무런 구별 없이 육영당과 유영당을 수록하고 있다.[130] 건륭《장주현지》는 〈관서〉 항목의 말미에 '부의국(附義局)'이라는 첨가 항목을 두어 선당을 수록하고 있다.[131] 또 가경《송강부지》는 건

128) 〈浙江撫藩憲通飭合屬十一府一州仿行同善會牌語〉, 余治,《得一錄》권1〈同善會〉, 462쪽.

129) 嚴辰, 〈桐鄕嚴比部善後局擧行保嬰會序〉(同治 4년), 余治,《得一錄》권2〈保嬰會〉, 491쪽.

130) 乾隆《烏程縣志》(成文) 권1〈廨宇〉, 76~80쪽.

치지(建置志)를 '성지(城池)·고성(古城)', '관서(官署)', '공건(公建)', '단묘(壇廟)', '창름(倉廩)·관역(館驛)·포체(鋪遞)'의 5개 종류로 나누어 구성하고 있는데, 이 중 '공건' 항목에서 선당을 서술하고 있다. 이 '공건' 항목은 시원(試院)과 의창(義倉)을 각각 한 개씩 수록한 뒤에 선당과 양제원(養濟院)을 섞어서 서술하고 있으며, 결국 이 '공건' 항목에서는 선당이 대부분을 차지한다.[132] 또 '휼소(卹所)'라는 항목을 만들어 선당을 양제원과 함께 수록한 경우도 있는데 가경《중간형계현지(重刊荊溪縣志)》가 그렇다.[133] 그리고 사관 항목에 선당을 기록한 경우도 있는데 가경《장흥현지(長興縣志)》가 그렇다.[134]

즉 지방지에서 선당이 수록돼 있는 항목은 일정하지 않아서, 선당이 '관서' 항목에 포함된 경우도 있고 '공건' 항목에 포함된 경우도 있으며 '휼소'나 '사관' 항목에 포함된 경우도 있는 것이다.[135] 이렇게 선당을 수록한 항목이 다양한 것은 선당이 새로 생겨난 기관이어서 이를 무엇으로 분류해야 할지 아직 정립되지 않은 탓이었다고도 볼 수 있지만, 동시에 선당이 관서, 공공 기관, 구휼 기관, 사관 모두와 성격적·실질적으로 연결되어 있어서 선당의 성격을 규정하기 어렵기 때문이었다고도 볼 수 있다. 그러나 분명한 것은, 선당을 사관 항목에 넣은 사례가 있는 것처럼, 선당과 사관이 서로 밀접한 관계로 인식되고 있었다는 것이다.[136]

---

131) 乾隆《長洲縣志》(集成) 권4〈官署─附義局〉, 43~45쪽.

132) 嘉慶《松江府志》(集成) 권16〈建置志─公建〉, 335~342쪽.

133) 嘉慶《重刊荊溪縣志》(成文) 권1〈營建志─卹所〉, 74쪽. 이〈영건지(營建志)〉는 '성원(城垣)', '공서(公署)', '창고(倉庫)', '단묘(壇廟)', '교량(橋梁)', '술소(卹所)', '포사(鋪舍)'라는 7개 항목으로 구성되어 있다.

134) 嘉慶《長興縣志》(成文) 권13〈寺觀〉, 837~840쪽. 여기에서는 목차와 본문 모두에서 아무런 구별 없이 사관을 서술하고 뒤이어 동선당(同善堂), 계선당(啓善堂), 유영당(留嬰堂)을 수록하고 있다.

135) 한편 주 74에서 언급했듯이, 가경《남상진지》의 경우 목차에서는 '단묘' 항목 뒤에 '영당' 항목을 두고 있지만 본문에서는 '단묘' 항목 말미에 '영당'이라는 제목 없이 영당을 서술하고 있다. 이것은 '영당'이라는 제목을 실수로 빠뜨린 것이라고도 볼 수 있지만 영당을 단묘의 일부로 간주한 것이라고도 볼 수 있다.

136)《장흥현지(長興縣志)》가 사관 항목에 기록한 세 개의 선당은 모두 실제로는 사관 내에 위치한 것이 아니었다. 따라서《장흥현지》가 선당을 사관 항목에 포함시킨 것은 선당의 위치 때문이라기보다는 선당의 성격 때문이었으리라고 볼 수 있다. 즉, 기존 항목 중 성격상 선당과 가장 유사한 것이 사관이라고 보았던 것이다. 선당과 사관이 정말 성격상 유사하다면 선당이 사관에 위치하는 것은 자연스러운 일이었다고 볼 수 있을 것이다.

아울러 〈표 5〉와 〈표 6〉에서도 일부 확인되는 바와 같이, 선회나 선당이 사관 아닌 사묘(祠廟)에 설치된 경우도 있었다. 선회·선당의 활동과 사묘의 관련은 일찍부터 싹텄다. 명 말에 태창주(太倉州) 동선회는 성황묘에서 강회(講會)를 열었으며, 동선회은(同善會銀)의 지급 장소도 성황묘였다.[137] 또 가흥부 평호현(平湖縣)의 동선회공소(同善會公所)는 건륭 7년(1742)에 현의 사민에 의해 성황묘 의문(儀門) 왼쪽에 설치되었다.[138] 그리고 사묘 문창사(文昌祠)나 사관의 문창각이 앞의 〈표 6〉이나 광인당 건립 사례 등에서 자주 보이는데, 특히 석자회 활동은 문창(文昌) 신앙과 밀접한 관련이 있었다.[139]

선회·선당의 성립과 발전에 대해서는 다양한 측면의 논의가 필요하지만, 여기서는 이렇게 사관의 구조 변화의 측면에서만 선회·선당을 고찰했다. 요컨대 명 말 이후, 특히 청대에 들어와서 선회 활동과 선당의 출현 과정에서 성진의 주요 사관들이 선회·선당의 활동의 장이 되는 경우가 많았으며, 이 역시 사회 동향에 따른 청대 사관의 뚜렷한 구조 변화를 보여주는 한 예일 것이다.

5. 맺음말

이상에서 소주부성 현묘관과 남상진 운상사의 구조와 구조 변화를 전각과 비각을 중심으로 고찰했다. 현묘관과 운상사는 각각 소주부성과 남상진에서 중심적 위치에 있던 사관이었다. 이들은 모두 자체의 자산이나 규모 면에서 당·송 시대나 송·원 시대에 최고조에 달했던 것으로 보이지만, 명·청 시대에도 여전히 대사관

---

137) 夫馬進, 《中國善會善堂史硏究》, 113~114쪽.

138) 光緖 《嘉興府志》(集成) 권24 〈壇廟 2─養育附〉, 640쪽.

139) 이에 대해서는 梁其姿, 《施善與敎化 : 明淸的慈善組織》, 132~155쪽 참조. 이 책은 이러한 석자회(惜字會) 활동이 특히 가도(嘉道) 연간에 널리 보급되었다고 설명하며, 이러한 상황을 청절당(淸節堂) 건립과 함께 '유생화(儒生化)'〔통속 신앙적인 유가(儒家) 가치 표현〕 현상의 하나로 파악하고 있다.

이었다. 그뿐만 아니라 명 · 청 시대에 이들은 매우 유사한 구조 변화를 보였다.

명 · 청 시대에 이 두 사관에는 수공업이나 상업과 밀접한 관련이 있는 전각이 건립되었다. 현묘관에 비단업을 상징하는 기방전이 만들어진 것, 그리고 운상사에 상인의 항해를 보호해준다는 금룡사대왕의 묘(廟)가 만들어진 것이 그 예다. 또 이 두 사관 모두에 육영당이 설치되었다. 현묘관에 설치된 육영당은 소주 최초의 선당이었으며, 또 이후에도 소주에서 가장 주요한 선당이었다. 운상사에 설치된 육영당 역시 남상진 최초의 선당이었으며, 이후 또 하나의 남상진 선당 역시 운상사에 설치됨으로써 가경 연간까지 남상진의 두 선당이 모두 운상사 내에 있었다. 또 이 두 사관 모두에 죽창과 같은 임시 구제 시설도 설치되었다. 아울러, 비단업 관련자의 행동이나 각부의 행동에 대한 통제의 내용을 담은 비각, 즉 각 지방의 사회 경제적 상황과 관계된 비각도 이들 사관에 설치되었다.

현묘관과 운상사의 구조 변화에 이러한 공통점이 나타난 것은 우연이 아니었다. 명 초에 사관들은 총림으로 합병되었지만 명 중기 이후에는 새로운 사관이 대두하거나 몰락하는 등의 변화를 맞게 되었다. 특히 농촌이나 산간에 위치한 사관과 달리 도시 안에 위치한 사관은 상업 경제의 영향을 크게 받고 있었다. 그리고 전각 구성에서도 불교나 도교 원리와는 무관하게 민간에서 많이 신앙되는 대상들과 관련된 전각이 대두하는 경향이 있었다. 사관의 구조에 민간 신앙이 영향을 미친 것인데, 그러한 민간 신앙 대상에 상공인의 신앙 대상이 포함되어 있었으므로 결국 사관 구조에 상공업의 성장이 영향을 미친 셈이다.

사관의 구조 변화의 또 하나의 특징은 사관에 선당이 설치되는 경우가 많았다는 것이다. 명 말 이래의 선회 · 선당 운동은 일반적으로 신사층의 주도로 시작되었다고 할 수 있는데, 사관이 선회 활동의 장이나 선당 설치 장소로 쓰이는 경우가 많았다. 특히 선당이 처음에 사관에 설치되었다가 나중에 독립하는 경우가 많았다. 선당이 설치되었던 사관은 대체로 각 성진에서 중심적 위치에 있던 대사관이었다. 선당의 건립 정신이 불교나 도교와 완전히 무관한 것은 아니었지만, 선당은 불승이나 도사가 주도하는 종교적인 기관이라기보다는 신사가 주도하는 사회적인 기관에 가까웠다.

이렇게 성진의 주요 사관은 명 중기 이후 지역 사회의 사회 경제적 변동에 영향을 받으면서 실질적·상징적으로 사회적 역할을 담당하는 구조로 변화해갔다. 이러한 구조 변화는 불교나 도교의 종교적 이유만으로 이루어진 것이 아니었으며, 각 사관이 위치하고 있던 성진의 사회적 상황과 관계된 것이었다. 따라서 이들 사관의 구조 변화를 불교사나 도교사 내부의 시각뿐만 아니라 사회사적 시각에서도 이해해야 할 것이다.

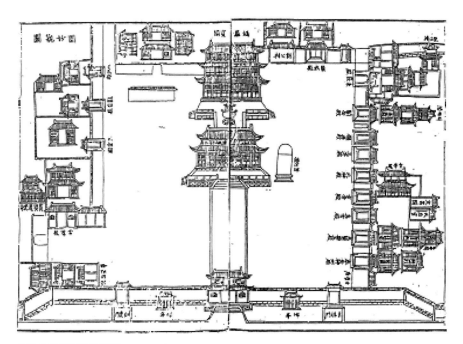

〈그림 1〉 현묘관도(건륭 연간)

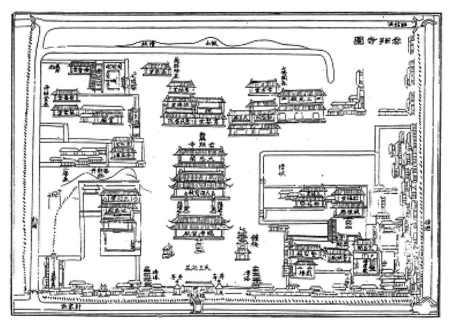

〈그림 2〉 운상사도(가경 연간)

樊樹志,《강남의 시진 : 전통의 변혁(江南市鎭 : 傳統的變革)》(上海 : 復旦大學出版社, 2005)

王衛平,《명청 시대 강남 도시사 연구 : 소주를 중심으로(明淸時期江南城市史硏究 : 以蘇州爲中心)》(北京 : 人民出版社, 1999)

夫馬進,《중국 선회·선당의 역사 연구(中國善會善堂史硏究)》(京都 : 同朋舍, 1997)

濱島敦俊,《총관 신앙―근세 강남 농촌 사회와 민간 신앙(總管信仰―近世江南農村社會と民間信仰)》(東京 : 硏文出版, 2001)

G. William Skinner (ed.),《명청 시대의 도시 The City in Late Imperial China》(Stanford : Stanford Univ. Press, 1977)

Susan Naquin,《북경 : 사묘(寺廟)와 도시 생활, 1400~1900 Peking : Temples and City Life, 1400~ 1900》(Berkeley : Univ. of California Press, 2000)

Xu, Yinong(許亦農),《중국 도시의 시공간 : 소주 도시 형태의 발전 The Chinese City in Space and Time : The Development of Urban Form in Suzhou》(Honolulu : Univ. of Hawaii Press, 2000)

이윤석,〈도시〉, 오금성 외,《명청시대 사회경제사》(이산, 2007)

―――,〈명청시대 강남의 문묘와 성황묘―도시 제사·신앙 중심의 구조와 변천〉,《명청사 연구》17 (2002)

상해 '도시민'의 형성―이주, 적응, 그리고 생존*

이 병 인**

1. 도시화와 도시민

개항 이후 상해(上海)는 급속한 변화를 겪었다. 외국인이 거주하기 시작했고, 무역 확대에 힘입어 상공업이 발달했고, 도시 공간이 급격히 팽창했고, 새로운 문화가 생겨났다. 상해의 도시 공간들은 불균등하게 발전했고 도시 안의 지역 사회는 분화되어 문화나 산업 구조가 다른 독특한 지역 사회를 구성하여 서로 거리감을 드러냈지만, 그러면서도 도시 전체가 유기적으로 통합되어 있었다. 생활 방식에서는 익명성, 다양성, 경쟁성 등의 도시적 특색이 명확하게 드러나기 시작했다.[1] 이는 예전의 중국 도시나 농촌과는 확연히 다른 양상이었다.

---

* 이 글은 2005년 9월에 《중국 근현대사 연구》 제27집에 실린 같은 제목의 논문을 수정·보완한 것이다.

** 서울대 역사교육과를 졸업하고, 3년의 교직 생활을 한 후 고려대에서 석사·박사 학위를 취득했다. 한국교원대, 신라대, 인천대의 연구교수를 거쳐 현재 전남대 사범대학 사회교육학부에 재직하고 있으며, 한국의 중국근현대사학회 총무이사로 활동하고 있다. 1920, 1930년대의 상해를 소재로 연구하여 〈1930년대 상해시상회의 구성과 위상〉, 〈1930년대 상해의 구역상권과 소비생활〉 등의 논문을 썼으며, 《근대 상해의 민간단체와 국가》 등의 책을 펴냈다. 이외에 〈'종족'에서 '국민'으로의 전환모색과 굴절〉, 〈국민당의 국민양성 : 당화교육〉 등의 논문을 썼고, 몇 편의 중문 논문과 함께 한국의 중화민국사 연구를 소개하는 〈韓國における中華民國史硏究について〉를 일본의 학술지에 발표했다.

그렇다면 새로운 문화에 익숙한 도시인들은 어떻게 형성되었을까? 상해의 주민은 대부분 타지에서 이주해 온 사람들이었다. 이주민은 자신이 살던 곳과는 완전히 다른 낯설고 새로운 도시의 문화에 적응하며 도시민으로 새로 태어나야 했다. 더 나아가, 서양인이 상해에 조계(租界)를 설치하고 근대적 도시 시설, 도시 행정과 법규를 만들면서 도시 건설에 주도권을 행사했기에 농촌의 이주민은 도시 문화뿐만 아니라 서양인이 만들어놓은 '이질적인' 질서에도 적응해야 했다. 근대 도시의 모습으로 바꾸는 일에서 주도권을 행사한 사람들이 서양인이었기에 도시의 문화에 적응한다는 것은 곧 서양인들이 만들어놓은 질서에 적응한다는 것을 의미했다. 그렇다면 상해의 중국인들, 특히 농촌이나 다른 도시에서 상해로 이주한 사람들은 어떻게 상해의 '도시인'으로 '만들어졌을까?'[2] 농촌 사람은 어떤 과정을 거쳐 도시인, 그리고 '상해인'이란 정체성을 획득했을까?

농촌에서 이주한 사람들이 도시인으로 만들어져가는 과정에는 많은 요인이 작용했을 것이다. 대중 매체, 교육,[3] 그리고 각종 규칙과 규율은 도시의 생활 규칙과 행동 방식을 전파했다. 하지만 교육과 대중 매체의 경우에는 새로운 정보를 전달하고 이주민을 도시민으로 바꾸는 데 기여한 점이나 효과를 가늠하기 어렵다. 대중 매체와 교육에서는 정보 전달자의 의도뿐만 아니라 수용자의 주체적인 수용 조건과 수용 정도도 변수로 작용하기 때문이다.

---

1) 이병인, 〈1930年代 上海의 區域商圈과 消費生活〉,《中國近現代史硏究》 제17집(2003. 3) ; 이병인, 〈1930年代 上海 公共租界의 商圈, 居住地 그리고 地域社會〉,《靑藍史學》 제8집(2003. 8).

2) 상해인의 정체성이란 상해인으로서의 문화·심리적 동질감이라고 볼 수 있다. 하지만 이런 문화·심리적 동질감을 확인하고 상해인의 정체성 형성을 논증하는 것은 상당히 힘들다. 상해인들은 상해에 거주하면서도 본래의 출신지인 '고향'에 더 깊은 심리적인 동질감을 지니고 꾸준히 고향과 관계를 유지하는 경우 또한 적지 않았기 때문이다. 따라서 기존의 상해인의 특성에 대한 설명은 상해인의 정체성에 대한 설명이라기보다는 상해인의 도시인으로서의 특성에 대한 설명이었다고 생각된다. 여기서 말하는 상해 '도시인'의 형성이란 '상해인'이란 정체성 형성의 전 단계로서, 도시 생활에 적응하여 도시 생활에 익숙한 상해 '도시인'이 형성되는 과정을 의미한다.

3) 도시화의 통로로서의 대중 매체, 교육 등에 관한 설명으로는 忻平,《從上海發現歷史》(上海 : 上海人民, 1996), 199~239쪽 참조.

이주민들이 도시 사회에 들어서는 순간, 첫 번째로 그리고 항상 부딪치게 되는 것은 도시의 규칙과 제도였다. 이런 도시의 규칙은 공장 등에서의 규칙이 근대적인 시간관념, 공장 생산 제도에 맞는 생활 습관 등을 부여한 것과 마찬가지로 사회생활에 대한 통제를 통해 도시 생활에 맞는 관념과 생활 습관을 부여하는 것이었다고 할 수 있다. 따라서 이 글에서는 도시인을 형성하는 첫 번째 통로인, 도시 생활의 규칙과 규칙 위반에 대한 처벌에 주목하려고 한다.

그런데 농촌에서 도시로 온 사람들은 어떻게 도시 생활에 적응하면서 자신에게 우호적인 생활환경을 만들고 사회 활동의 영역을 넓혀갔을까? 과거의 익숙한 습관, 관념 등은 상해에서의 생존과 활동 영역 확장에 도움이 되었을까 방해가 되었을까? 상해에서 사회 활동 영역을 넓혀주는 요소들은 어떻게 달라졌을까?

상해로 이주해 '성공적'으로 정착하기 위해서는 도시에서 성공하는 데 필요한 '자원'들을 이해하고 효율적으로 이용할 줄 알아야 했을 것이다. 따라서 이주, 적응, 활동 영역 확대라는 성공적인 정착 과정을 분석하는 것은 곧 상해의 도시 생활에서 중요한 요인이 무엇이었는지, 나아가 상해 도시 문화의 특색이 어떤 것이었는지를 분석하는 작업이 될 것이다. 상해 이주민의 이주, 적응, 활동 영역 확대라는 세 부분은 상해의 인구 문제, 도시화 과정, 인간관계라는 커다란 주제들을 포함하고 있어서 한꺼번에 분석하기 어렵다. 하지만 여기서는 이주, 적응, 활동 영역 확대를 이주민이 도시에 정착하는 연속된 과정으로 보아, 이들 각각을 세밀히 분석하기보다는 농촌 사람이 어떻게 도시인으로 바뀌어갔고 사회생활을 위해 활용했던 자원이 어떤 것들로 바뀌었는지를 살펴보고 그 변화를 '해석'하는 데 중점을 두려고 한다.

2. 이주와 사회 문제

1842년의 남경(南京) 조약과 그 후의 호문(虎門) 조약 등에 의거해 외국인 거주지인 영국인 조계와 미국인 조계가 상해에 설치되었다. 1844년에 50명, 1845년에 90명 정도의 외국인[4]이 중국인과 분리되어 현성(縣城)의 북쪽에 자리를 잡았다. 그곳은 그전에는 거의 사람이 살지 않는, 황무지나 다름없던 곳이었다. 이들 조계에는 외국인 거주지와 그에 부속되거나 인접한 곳에 만들어진 커다란 창고가 들어섰고, 조계의 거주자는 오직 외국인들과 그들에게 일상의 서비스를 제공하는 중국인들뿐이었다.

공공 조계의 공간 및 인구 구성에 큰 변화가 나타난 것은 태평천국 운동 이후의 일이었다.[5] 태평천국에 호응하여 소도회(小刀會)가 상해에서 봉기하자 상해 인근의 수많은 피난민이 외국인 거주 지역으로 몰려들었고, 이로써 상해의 조계에 새로운 변화가 나타나기 시작한 것이다. 중국인이 외국인 거주지로 몰려들어, 1953년 초에 500여 명에 지나지 않았던 조계 거주 중국인이 1854년에 약 2만여 명으로 늘어나고, 1860년에 30만 명으로 급증했고, 1862년에는 50만 명에 이르렀다.[6] 결국 소도회 봉기를 기점으로 중국인과 서양인이 같은 공간에서 생활하는 '화양잡거(華洋雜居)'의 상황이 도래했다.

또한 1852~1890년에 상해의 인구는 전국 인구 증가 평균인 0.06%를 훨씬 웃돌아 매년 평균 1.1%씩 증가했으며[7] 이로 인해 많은 변화가 생겼다. 인구가 급격하게 늘면서 주거 수요가 급증했다. 서양인들은 이 상황을 돈벌이 기회로 삼았고, 재빨리 부동산업에 투자해 수많은 건물을 지어대기 시작했다. 부동산 값이 뛰기 시작했다. 상해의 공간 배치는 변하기 시작했고, 조계는 영역을 넓혀가기 시작했다.

---

4) 上海通社 編,《上海硏究資料》(上海:上海書店, 1984, 影印本), 138쪽;熊月之 主編,《上海通史》5권(上海:上海人民, 1999), 68쪽.

5) 상해 조계의 확장 및 영역 변화의 과정에 관해서는 필자가 더 이상 언급할 필요가 없을 정도로 많은 연구가 존재한다. 蒯世勳,《上海公共租界史稿》(上海:上海人民, 1980);上海通社 編,《上海硏究資料》, 127~135쪽;張仲禮 主編,《近代上海城市硏究》(上海:上海人民, 1990), 602~627쪽;鄭祖安,〈租界興亡〉,《百年上海城》(上海:學林出版社, 1999);熊月之 主編,《上海通史》5권 등 참조.

6) 上海通社 編,《上海硏究資料》, 138쪽;鄒依仁,《舊上海人口變遷的硏究》(上海:上海人民, 1980).

7) 張開敏 主編,《上海人口遷移硏究》(上海:上海社科院, 1989), 29쪽.

〈표 1〉 상해의 지구별 인구 추이[8]

지구 연도	화계(華界)[9]		공공 조계		프랑스 조계[10]		합계
1865	543,110명	78.5%	92,884명	13.4%	55,925명	8.1%	691,919명
1910	671,866명	52.1%	501,541명	38.9%	115,946명	9.0%	1,289,353명
1915	1,173,653명	58.5%	683,920명	34.1%	149,000명	7.4%	2,006,573명
1927	1,503,922명	57.0%	840,226명	31.8%	297,072명	11.2%	2,641,220명
1930	1,702,130명	53.9%	1,007,868명	32.2%	434,807명	13.0%	3,144,805명
1935	2,044,014명	55.1%	1,159,775명	31.4%	498,193명	13.5%	3,701,982명
1937	2,155,717명	55.9%	1,218,630명	31.7%	477,629명	12.4%	3,851,976명

1890년 이후에 상해의 인구 증가는 더욱 가속화되었다. 1890~1927년에는 인구가 매년 평균 3.2%씩 증가하여 1890년에 82만 5,000명이었던 인구가 1927년에는 264만 1,000여 명으로 증가했으며, 1927년 이후에도 이런 증가율이 유지되었다.[11] 이런 인구 증가율은 당시 상해의 매년 평균 자연 증가율을 1%로 높게 잡더라도[12] 이렇게 많이 증가할 수는 없었으므로 결국 상해의 인구 증가가 외부로부터의 인구 유입에서 비롯되었음을 말해준다.

〈표 2〉에 나타나 있듯이, 상해 이주자들 중에는 상해와 가장 인접한 강소성(江蘇省)과 절강성(浙江省)에서 온 사람들이 다수를 차지했으며——이는 지리적 인접성과 이주자 수 사이의 상관관계를 짐작케 한다——, 그 밖의 지역에서 온 사람들도 적지 않았다. 이주자들은 기본적인 소비 계층을 형성하고 산업 사회가 필요로 하는 인력을 제공함으로써 상해 도시 성장의 밑거름이 되었다. 그리고 이 다양한 지역 출신의 이주자들이 상해 사회 나름의 독특한 성격을 구성해갔다.

이주민을 상해로 끌어들인 중요한 요인[13] 가운데 하나는 상해, 특히 외국인 거

---

8) 鄒依仁,《舊上海人口變遷的硏究》, 91~92쪽에 의거해 재작성했다.

9) 1865·1910·1915·1927년의 화계(華界) 인구는 1866·1909·1914·1925년의 인구로 대체했다.

10) 1935·1937년의 프랑스 조계 인구는 1934·1936년의 인구로 대체했다.

11) 張開敏 主編,《上海人口遷移硏究》, 30·32쪽.

12) 鄒依仁,《舊上海人口變遷的硏究》, 12쪽.

〈표 2〉상해 공공 조계의 출신지별 인구(1900~1935)(단위 : 명)[14]

연도 성(省)	1900	1905	1910	1915	1920	1925	1930	1935
강소(江蘇)	141,855	169,001	180,331	230,402	292,599	308,096	500,576	591,192
절강(浙江)	109,419	134,033	168,761	201,206	235,779	229,059	304,544	388,865
광동(廣東)	33,561	54,559	39,366	44,811	54,016	51,365	44,502	53,338
안휘(安徽)	4,320	7,422	5,263	15,471	29,077	26,500	20,537	30,956
산동(山東)	1,379	2,863	2,197	5,158	10,228	12,169	8,759	14,756
호북(湖北)	2,021	4,744	3,353	7,997	11,253	14,894	8,267	9,674
호남(湖南)	378	1,266	680	2,798	2,944	7,049	4,978	4,315
강서(江西)	905	2,659	1,488	5,353	7,221	10,506	4,406	5,540
복건(福建)	2,184	3,358	2,134	5,165	9,970	12,464	3,057	3,787
하남(河南)	224	773	832	2,481	3,662	7,049	2,027	3,454
하북(河北)	2,469	4,674	4,623	7,211	16,259	15,803	7,032	11,403
사천(四川)	301	1,235	973	3,244	3,551	6,694	1,135	1,516
광서(廣西)	172	619	587	1,464	1,213	3,746	224	171
산서(山西)	373	785	704	2,135	1,929	5,002	177	365
운남(雲南)	25	602	407	1,025	584	3,538	172	174
섬서(陝西)	51	688	630	1,424	932	3,547	167	179
귀주(貴州)	51	723	469	944	469	2,422	144	141
감숙(甘肅)	20	293	516	926	686	2,073	19	17
기타					104	110	151	1,008
계	299,708	390,397	413,314	539,225	682,476	722,086	910,874	1,120,860

주지의 피난처로서의 역할에 있었다. 상해의 외국인 거주지가 주는 안정성이 중요한 인구 유인 요소 가운데 하나였음은 분명하다. 소도회 봉기 이후 각종 전란이 있을 때마다 피난민들이 배를 타거나 인력거를 끌거나 무리를 지어 걸어서 상해로 이주했다. 예를 들어 1924년 상해 인근에서 강절(江浙) 전쟁이 일어났을 때 난민이 빈부, 노소를 가릴 것 없이 가재도구나 가축을 챙겨 상해로 몰려왔는데[15] 이

---

13) 忻平,《從上海發現歷史》, 44~57쪽 참조.

14) 鄒依仁,《舊上海人口變遷的硏究》, 114쪽에 나와 있다. 양행(洋行)의 서양인 가옥과 공장에서 거주하는 자와 선상(船上) 가옥 거주자는 분명치 않아 포함시키지 않았다.

들의 수가 20만은 되었다고 한다.[16] 또한, 1926년에 호동(滬東)의 판자촌 주민들이 낸 청원서에는 그 주민 수천 명이 "강북 일대에서 재난을 피해 상해로 왔다"라고 적혀 있는데[17] 여기서도 상해의 피난처로서의 역할이 작지 않았음을 알 수 있다.

외국인이 제공한 안전망 이외에도 상해에는 다양한 인구 유인 요소가 존재했다. 그중 무엇보다 중요한 것은 취업과 생계 유지를 위한 다양한 기회였다. 상해는 개항 이후 중국과 외국, 상해와 다른 국내 대도시를 연결하는 중계 무역항으로서의 입지를 확고하게 굳혔다. 중화민국 시기 내내 대내외 무역의 40% 안팎을 상해가 담당했다.[18] 상해는 외국과 국내 무역상들의 결집처가 되었고,[19] 국내외 교역을 매개하기 위한 금융업과 보험업 등도 상해에서 발달했다. 또한 상해는 중계무역지를 넘어서 면방직, 담배 제조, 제분을 중심으로 수입품을 대체하는 산업화를 이루고 있었다.[20] 제조업의 성장은 일자리가 계속 늘어났음을 의미하고, 이러한 일자리는 농촌의 가난한 청년 남녀에게 인구 유인 요소로 작용하기에 충분했다.[21] 이처럼 경제적 요인 또한 상해로 인구를 끌어들이는 데 중요한 역할을 했다.

상해의 근대 문화가 주는 혜택도 무시할 수 없는 인구 유인 요소였다. 1933년에

---

15) Francis Lister Hawks Pott, 《上海の歴史：上海租界發達史》, 帆足計·濱谷滿雄 譯(東京：白揚社, 1940), 436쪽. 원제는 *A Short History of Shanghai : Being an Account of the Growth and Development of the International Settlement*(1928).

16) 劉惠吾 主編, 《上海近代史》下(上海：華東師範大學出版社, 1987), 95쪽.

17) 上海社會科學院 經濟研究所 城市經濟組, 《上海棚戶區的變遷》(上海：上海人民, 1962), 5쪽.

18) 中國舊海關史料編輯委員會, 《中國舊海關史料(1859~1948)》(北京：京華出版社, 2001)의 매년 '海關直接對外貿易貨値安關總數' 참조. 上海社會科學院經濟研究所·上海市國際貿易學會學術委員會 編著, 《上海對外貿易》(上海：上海社科院, 1989), 190쪽의 도표 참조. 羅玆 墨菲(Rhoads Murphey), 《上海—現代中國的鑰匙》, 上海社會科學院 歷史研究所 編譯(上海：上海人民, 1986), 80쪽 참조.

19) 중국 국내의 상거래 과정에 관해서는 이병인, 〈中華民國時期 上海의 交易 네트워과 物流〉, 《中國史研究》 제28집(2004. 2), 206~215쪽 참조.

20) 中國舊海關史料編纂委員會, 《中國舊海關史料(1859~1948)》, 每年 '江海關貿易貨價計値關平銀之總數及淨數'；中國舊海關史料編纂委員會, 《中國舊海關史料》, 第85卷, 267~300쪽；이병인, 〈中華民國時期 上海의 交易 네트워과 物流〉, 208·222쪽.

21) 상해의 직업 구성에 관해서는 鄒依仁, 《舊上海人口變遷的研究》, 106~107쪽 참조. 직업 구성의 특징에 관해서는 忻平, 《從上海發現歷史》, 81~103쪽 참조.

출판된 상해 생활을 소개한 책에 따르면 이주자들이 상해로 오는 데는 두 가지 이유가 있었다. 첫째가 전술한 바와 같이 생계 문제를 해결하기 위해서였다면, 둘째는 상해의 편리한 생활을 누리기 위해서였다. 상해에서는 돈만 있으면 각종 편리를 누릴 수 있었던 것이다.[22] 상해에 유입된 서구의 문물과 교육 시설 등은 내지 사람들을 유혹했다. 상해의 교육 시설, 의료 시설 등은 상해로의 인구 유입을 촉진하는 또 다른 요인이었다.

상해의 외부 인구 유입에서 특징적인 것은 남자의 유입률이 높았다는 점이다. 농촌에 근거지를 둔 남자들이 탐색차 먼저 상해로 이주하는 경우가 많았기 때문에 상해 유입 인구 중 남성이 차지하는 비율이 여성의 비율보다 높았다. 따라서 1930년의 경우 화계(華界)의 성비는 여자 100명당 남자 135명, 공공 조계의 성비는 여자 100명당 남자 156명, 프랑스 조계의 성비는 여자 100명당 남자 149명이었는데, 이것도 그전에 비해 많이 낮아진 것이었다.[23] 이렇게 성비가 기형적인데다가 직업을 찾아 이주한 성년 남성의 수가 많았기 때문에 상해에서는 결혼 못한 남성의 증가, 창기(娼妓)의 범람 같은 사회 문제[24]가 발생할 소지가 많았다.

근대 도시 상해에서는 이주민이 만들어낸 문제, 도시 생활에서 파생되는 문제 등 새로운 사회 문제들이 끊임없이 발생했다. 예전처럼 지역 사회의 유지(有志)를 통해서나 면식 관계에 의해서 사회 문제를 조절하고 해결하기에는 이미 인구가 너무 많이 늘어나 있었다. 사회는 복잡해지고 규모가 커져 있었으며, 그에 따른 사회 문제가 끊이지 않았다.

우선적으로 들 수 있는 것이 재난을 당했거나 생계를 유지하기 힘들어서 이주해 온 사람들로 인한 사회 문제였다. "이재민은 향촌에서 왔는데 농민과 노동자가 다수로서 지식이 천박하고, 그들의 아이들은 아무 데나 멋대로 오줌과 똥을 누어 시간이 지나면 악취가 사방에 진동"했다.[25] 이는 좁은 공간에 많은 사람이 거주하

---

22) 徐國楨, 《上海生活》(上海 : 世界書局, 1933), 13~14 · 16쪽.
23) 鄒依仁, 《舊上海人口變遷的硏究》, 122~123쪽의 표 참조.
24) 忻平, 《從上海發現歷史》, 74~80쪽.

는 상해의 생활에서 달갑지 않은 일이었다.

이주민들은 집을 구할 돈도 없고 기존 도시민의 반발도 있고 해서 조계의 외곽이나 그 경계 밖의 공터에 판잣집을 짓고 살기 시작했다. 판자촌이 들어선 자리는 과거에 황무지였던 곳이 태반으로, 모기가 많고 냄새가 나고 상습적으로 침수되었다. 또한 판자촌 주민들은 생활하수를 주변 하천이나 인근 공터에 마구 버려 상해의 위생을 심각하게 위협했다. 또한 주변의 공장은 인체에 유해한 가스와 오염된 물을 상습적으로 배출했다.[26]

판자촌의 비위생적인 상황은 판자촌 주민들만의 문제가 아니었다. 판자촌에서 전염병이라도 발생하면 상해 전체가 위협을 받기 때문이었다. 상해에서 1910년에 페스트가, 1919년과 1920년에 콜레라가 유행한 것은 이런 환경과 무관하지 않았다. 중국 지식인의 비위를 건드리는 '동아시아의 병든 늙은이〔동아병부(東亞病夫)〕'라는 말은 외국인들이 중국과 상해의 이런 열악한 위생 상태를 꼬집어 만든 말이었다. 따라서 공부국(工部局)은 이들 판자촌을 조계 밖으로 내몰기 위해 끊임없이 판잣집을 부수거나 불태웠다.

한편, 성비의 불균형은 남성의 결혼 문제뿐만 아니라 가난한 여성의 생계 문제와도 맞물리면서 또 다른 사회 문제인 창기의 범람을 야기했다. 창기가 사창가나 술집이 아닌 노상에서 행인을 유혹하는 경우도 많이 있었는데, 상해 빈민의 생활이 어려워 창기로 나서는 여성이 많았기 때문이었다. "공업과 상업 및 가사에 종사하는 여자는 수입이 적어서 가족 부양과 호구를 감당할 수" 없었고 "오로지 매음을 부업으로 삼아야만 겨우 월급의 부족을 메울 수"[27] 있었다. 1934년의 한 신

---

25) 〈市監委會注意災民生活〉, 《申報》(1931년 9월 18일자).

26) 판자촌의 거주 환경 및 노동자들의 거주 환경에 관해서는 朱懋澄, 《調查上海工人住屋及社會情形記略》(中華基督教青年會全國協會職工部, 1926) ; 上海社會科學院 經濟研究所 城市經濟組, 《上海棚戶區的變遷》, 11·18쪽 ; 伊羅生, 〈國民黨與工人〉, 《史林》(1990년 제1기), 74쪽 ; 朱邦興·胡林閣·徐聲, 《上海産業與上海職工》(上海 : 上海人民, 1984 重印), 87~92쪽 등 참조.

27) 穆華, 〈公娼制度的弊害及其依據的荒謬〉, 《女子月刊》 4권 4기(1936. 4)(忻平, 《從上海發現歷史》, 580쪽에서 재인용) ; 賀蕭, 〈上海娼妓(1919~1949)〉, 《上海研究論叢》 제4집(上海 : 上海社科院, 1989), 187쪽.

문 보도에 따르면 상해는 세계의 도시들 가운데 창기의 수가 많기로 유명했다.[28]
　나아가 매음은 인신매매와 연결되기도 했다.

　　젊은 부인 왕부씨(王傅氏)는 소흥인(紹興人)으로 23세인데, 남편이 작년에 병으로 죽자 숙부
　　에게 이끌려 상해에 온 후 무호로(蕪餬路) 61호 중고품 상점 이층의 주진씨(周陳氏)에게 팔렸
　　다. 선량한 시민이 창녀가 되어 대접을 못 받고 얻어맞아 양다리에 상흔이 여러 군데 나 있었
　　다. 그저께 상오에 왕부씨는 몰래 빠져나와……경찰에 구원을 요청했고……창녀 문제를 담당
　　하는 경찰이 수사해 주진씨을 붙잡고 신체 판매 계약서〔買身契〕를 찾아냈다.[29]

　1933년에 국제연맹 부녀 조사단은 "부녀 매매가 가장 많은 나라는 중국으로,
매매된 부녀들은 주로 창기가 되었는데" 특히 홍콩과 상해 두 곳이 극심하다고 주
장했다.[30]
　구걸 행위 또한 문제였다. 상해로 이주해 와서 적응하지 못하고 직업도 얻지 못
한 사람들이 부랑자나 거지로 전락했다. 1932년 1월 26일의《신문보(新聞報)》통
계에 따르면 1930년대 초기에 상해에는 약 2만 명의 걸인이 있었고, 그중 천재(天
災), 전란 등으로 잠시 걸식 행위를 하게 된 자는 약 3,000명이었다.[31]
　영아 유기와 노상 횡사도 심심치 않게 발생했다. 아이를 양육할 수 없는 형편에
처한 사람들이 노상이나 묘(廟) 등에 아이를 내다 버렸다.[32] 상해에서 이렇게 버
려지는 아이가 연간 약 2,000명에 달했고, 이 중 여아가 절대다수를 차지했다.[33]
노상 횡사도 많았다. 1924년 7월 "5일 하오에 조하경(漕河涇) 버스 정류장에서 시

28) 劉惠吾,《上海近代史》下, 292쪽.
29)〈買良迫娼之押儆〉,《申報》(1927년 6월 21일자).
30)〈國聯婦女調査團主張廢止港滬公娼〉,《東方雜誌》30권 13호(1933년 7월 1일).
31) 吳元叔 · 蔣思壹,《上海七百個乞丐的社會調査》2편 4장 1 · 2절 ; 2편 6장 3절. 田驊,〈開埠以後上海乞丐群體成
　　因初探〉,《上海研究論叢》제9집(上海 : 上海社科院, 1993), 50 · 53 · 56〜57쪽에서 재인용.
32)〈小婦抛棄兩孩〉,《申報》(1927년 8월 22일자) 등.
33) 小浜正子,〈民國期上海の都市社會と慈善事業〉,《史學雜誌》103권 9호(1994), 80쪽.

체 한 구가 발견되었는데, 약 30세 정도로 보이고 남색 반소매 옷을 입었고 하체에는 바지를 입고 있지 않았다. 날씨가 찌는 듯이 무더워 악취가 진동했다".[34] 이처럼 신원을 알 수 없는 시체가 노상에서 발견되는 경우가 많았으며, 자선 단체 중 하나인 보선산장(普善山莊)은 1927년에 남시(南市), 조계, 갑북(閘北), 포동(浦東) 각 지역에서 성인 사체 609구, 어린이 사체 1만 5,487구를 처리했다.[35]

여기에 동네 깡패, 조직 폭력배 등의 문제까지 덧붙어 상해라는 근대 도시는 많은 무질서와 혼란을 내포하고 있었다.

그리고 옛날 방식으로는 해결할 수 없는 새로운 문제들이 생겨났다. 노동자와 자본가 사이의 문제는 근대 공업이 이루어지기 전에는 존재하지도 않았던 것이었으며, 상업의 발달에 따라 더욱 빈번해진 민사 사건을 해결하는 것도 문제였다. 민사 사건에 대한 관청의 태도는 미온적이었다. 돈 문제는 하찮고 체면을 손상시키는 일로 여겨져 항상 뒷전으로 밀렸다. 상해의 상업 발달과 함께 빈번해진 금전적 다툼을 제대로 처리하자면 행정적 정비가 필요했다. 상해의 상공업과 금전 거래는 이미 기존의 제도로 뒷받침하기에는 규모가 너무 커져 있었다. 결국 상인들의 지속적인 요구에 의해 청(清) 정부나 중화민국 시기의 정부는 상인들의 민사 문제를 해결할 전문적인 기관이나 새로운 제도를 모색했다.[36]

3. 일상의 제도화

상해를 끊임없이 드나드는 유동 인구와 이주민은 상해 경제에 활력을 주고 노동력을 공급했지만 사회 문제 또한 만들었다. 특히 농촌에서 갓 이주한 사람들은 도시 생활에 익숙하지 않고 경제 상황도 좋지 않아 문제의 소지가 많았다. 이들의

---

34) 〈漕河涇發現浮屍〉,《申報》(1924년 7월 7일자).

35) 〈普善山莊丁卯年報告〉,《申報》(1928년 2월 2일자).

36) 鄭成林, 〈近代中國商事仲裁制度演變的歷史軌迹〉,《中州學刊》(2002년 제6기), 122~123쪽.

노상 방뇨, 쓰레기 방치, 비위생적인 주거 환경과 습관은 인구가 밀집된 도시에서는 위생과 공공질서 면에서 문제가 될 소지가 농촌에 비해 훨씬 많았다. 따라서 사회를 안정적으로 유지하기 위해 이런 문제는 항상 관리되고 통제될 필요가 있었다.

도시를 관리하고 사회 문제를 해결하는 가장 일반적인 방법은 규칙의 제정이었다. 공공 조계, 프랑스 조계, 화계의 중국인 정부는 상해에 거주하는 사람들의 일상을 규제하는 수많은 규칙을 제정했다. 일상에 대한 통제는 위생 규칙, 교통 규칙, 그 밖의 각종 규칙에 의해 이루어졌다. 1930년판《상해지남(上海指南)》에 나와 있는 금지 조례만을 열거해보자면 상해시(화계)의 경범죄 처벌법〔違警罰法〕, 공공 조계 순포방(巡捕房) 직무 장정(章程), 상해 양경빈(洋涇浜) 북쪽의 서양 조계 토지 장정, 프랑스 조계 공동국(公董局) 장정 등인데[37] 이들은 모두 일상적인 사회생활, 영업, 위생 등과 관련된 규칙이었다. 이 밖의 조계 장정, 위생 장정, 납세 장정 등도 일상생활과 밀접한 관련이 있는 것들이었음은 두말할 필요가 없을 것이다.

조문 가운데 전술한 사회 문제와 관련된 몇 개 조항을 살펴보자.

경범죄 처벌법

제7장 풍속을 해치는 경범죄 처벌.

제44조. 아래의 항목 중 하나에 해당하는 자는 10일 이하의 구류 혹은 10위안(元) 이하의 벌금에 처한다. ① 사우(祠宇) 및 일체의 공중 건축물을 훼손했으나 훼손한 정도가 경미한 자. ② 타인의 묘비를 손상하는 자. ③ 군중 앞에서 다른 사람을 욕하고 조롱하는 자. ④ 고용인(雇傭人)으로서 고용주 및 고용주의 손님에게 난폭한 말이나 행동을 하는 자. ⑤ 도로에서 큰 소리로 욕을 하고 말리는 것을 듣지 않는 자……

제45조. 아래의 항목 중 하나에 해당하는 자는 5일 이하의 구류 혹은 5위안 이하의 벌금에 처한다. ① 도로나 공공장소에서 도박과 유사한 행위를 하는 자. ② 도로나 공공장소에서 알몸

---

37)《上海指南(1930)》(上海 : 商務印書館, 1930), 卷2 地方行政 禁例.

을 드러내거나 방탕한 행위를 하는 자. ③ 도로나 공공장소에서 아무런 거리낌 없이 말하고 행동하는 자. ④ 기괴한 복장으로 풍속을 해치는 자.

공공 조계 순포방 직무 장정

제24항 공공 화원

① 자전거 및 개는 화원에 들어올 수 없다. ② 어린이의 유모차는 길옆의 소로로 다녀야 한다. ③ 꽃을 따거나 새둥지를 포획하거나 화초 수목을 훼손하는 것을 금한다. 모든 어린이의 부모 및 유모 등은 특별히 주의를 기울여 이러한 일이 발생하지 않도록 해야 한다. ④ 음악을 연주하는 곳에는 들어갈 수 없다. ⑤ 이미 폐지. ⑥ 어린이는 서양인의 동행 없이는 화원에 들어올 수 없다.

프랑스 조계 공동국 장정

제1관. 모든 도로에서 말을 채찍질해 달리는 것을 불허한다.

제2관. 모든 차는 야간 운행 시에는 반드시 등을 켜야 한다.

제4관. 모든 가정은 매일 아침 자기 집 앞의 도로를 청소해야 하며, 쓸어 모은 쓰레기 등은 자기 집 문밖에 쌓아두고 청소부가 가져가기를 기다려야 하며, 이 쓰레기를 조계 내 공터나 하천에 버려서는 안 된다.

제5관. 거리 청소부가 쓰레기를 수거하는 것은 양력 4월 1일에서 9월 30일까지는 매일 아침 6시에서 8시까지, 양력 10월 1일에서 3월 31일까지는 매일 아침 7시에서 9시까지로 한정한다. 청소부가 지나간 후에는 쓰레기를 내놓을 수 없다.

상해시, 공공 조계, 프랑스 조계는 모두 일상과 관련된 세세한 규정을 만들었다. 일상이 점점 복잡해지고 사건도 많이 일어나면서 도시의 일상을 관리하고 사회 문제를 처리할 행정 권력의 힘도 커졌다. 행정 당국은 새로운 문제에 대처하기 위해 끊임없이 제도를 정비하고 개선했다. 그리고 법령들을 포고해 공공 생활과 관련된 주민의 행위를 제약하고 규범화했다. 공부국은 성립 이후 1942년 6월까지 모두 5,953건의 법령을 포고했는데, 이들 대부분이 세수 변동, 면허증, 공공 교통, 방역, 환경 위생 등에 관한 규칙과 규정이었다.[38]

한편 중국인 관할 구역이었던 화계 지역에서도 사회를 관리할 규칙을 제정했다. 상해 화계의 행정 기관은 중화민국 성립 초에 설치된 갑북시정청(閘北市政廳)과 남시시정청(南市市政廳)이 1914년에 위안스카이(袁世凱)에 의해 상해공순연총국(上海工巡捐總局)과 갑북공순연분국(閘北工巡捐分局)으로 바뀌었고, 1918년에 다시 호남공순연국(滬南工巡捐局)과 호북공순연국(滬北工巡捐局)으로 바뀌었다.[39] 하지만 이러한 변화에도 불구하고 행정 체제는 제대로 정비되지 않았고, 갑북과 남시 두 지역의 행정 기관은 조계를 사이에 두고 남쪽과 북쪽으로 나뉘어 행정 효율에서 상당한 한계를 드러내고 있었다.

남경에 국민정부가 수립되고 그 산하에 상해시 정부가 세워지면서 상해의 통치 권력에 큰 변화가 생겼다. 상해시 정부는 성립과 함께 각종 사회 문제, 노사 문제를 조사하고 이를 제도화, 법제화했다. 남경 국민정부 수립 이전에 상해 행정 기관이 발표한 사회적 성격의 법령이 36개에 지나지 않았던 반면에 상해시 정부가 수립된 1927년 7월에서 1928년 6월까지 1년 사이에 제정된 사회적 성격의 법령은 126개에 달했다.[40]

더 나아가 관습 같은 것도 국민정부의 권위를 얻어 법이나 규칙으로 바꾸기 시작했다. 대표적인 것이 동업 공회(公會)의 규칙이었다. 사실 동업 단체였던 공소(公所)나 공회의 영업 규칙은 상인들 간의 자율적 혹은 암묵적 타협의 산물이었지만, 상인들 간의 이해의 차이, 동향 집단들 사이의 갈등 등으로 인해 지켜지지 않는 경우가 종종 있었다.[41] 남경 국민정부는 이러한 영업 규칙도 법에 준하는 수준까지 끌어올렸고, 동업 공회의 영업 규칙은 사회국(社會局)의 승인을 얻어 강제성

---

38) 熊月之 主編, 《上海通史》 9卷, 50쪽.
39) 上海通社 編, 《上海硏究資料》, 78~82쪽.
40) 張仲禮 主編, 《近代上海城市硏究》, 659~662쪽.
41) 〈上海商業習慣調查〉, 《社會月刊》 1권 7호(1929. 7), 3·39쪽 등.

을 띠게 되었다.[42] 이처럼 관습 또한 법의 형식으로 전환되어 실효를 확고히 해나갔다.

이는 도시 생활이 관습과 습관이 아니라 법과 규칙에 의해 제어됨을 의미했다. 생면부지의 사람들이 넘쳐나는 도시에서는 명문화된 일관성 있는 법과 규칙에 의존하는 것이 질서를 유지하는 데 그 무엇보다 효과적일 수 있었다. 익명성, 경쟁성, 다원성이 존재하는 대도시에서는 예전처럼 혹은 농촌에서처럼 연장자나 유식자에 의한 사회 제어가 유지되기 힘들었다. 청 말에 회관이나 공소는 규칙을 어긴 자에 대한 처벌 규정을 두고 이를 실행하는 등 상업 분쟁 해결에서 상당한 영향력과 집행 능력을 가지고 있었지만,[43] 1913년의 상사(商事) 공단처(公斷處) 장정에 따르면 공단처의 판결에 분쟁 당사자가 동의한다고 해도 강제 집행은 사법부의 판결이 있어야 가능했다. 그리고 공단처의 분쟁 조정은 각 지방의 상관습(商慣習)에 의존하더라도 현행 법령과 상충해서는 안 되었다.[44] 관습은 이제 법률을 보조하는 것에 지나지 않았다. 근대 국가로 이행하면서 일상을 제어하고 질서를 유지할 수 있는 가장 효과적인 방법은 법과 규칙이었고, 농촌보다 도시, 특히 대도시에서 더욱 그랬다. 상해에서는 "행(行)으로 가자(到行里去!)"라는 말이 늘 사용되었는데 여기서 '행'은 순포방을 일컫는다.[45] 즉, 분쟁 해결을 위한 가장 효과적인 방법은 순포를 찾는 것이었다.

일상의 규칙을 위반하는 자는 처벌을 받았고, 위반자를 처벌하면서 공공 조계 등은 행정적인 권위를 확립해갔다. 공공 조계 장정 제17조는 조계 장정의 어떤 조

---

42) 동업 공회(公會)의 장정(章程)과 영업 규칙은 이것이 사회국에 등록된 이후 동일 업종의 사람들은 회원이든 비회원이든 모두 지키도록 되어 있었다. 하지만 동업 공회는 영업 규칙을 지키지 않는 상점을 강제할 수단을 갖고 있지 않았으며, 영업 규칙을 집행 과정에서 가격 '담합' 등의 문제가 발생했다. 이병인, 〈南京國民政府時期 工商同業公會와 '業規'〉, 《東洋史學研究》 제97집(2006. 12).

43) 文樞, 〈清季之商業業規〉, 《商業月報》 12권 5호(1932. 5) ; 彭澤益 主編, 《中國工商行會史資料集》(北京 : 中華書局, 1995), 729쪽 등.

44) 鄭成林, 〈近代中國商事仲裁制度演變的歷史軌迹〉, 123~125쪽.

45) 上海通社 編, 《上海研究資料》, 92쪽.

항이든 위반하는 자는 사실 확인을 거쳐 처벌함으로써 이 장정의 권위를 보전하고 위반자를 징벌하고자 한다고 기록하고 있다. 그리고 가장 많이 위반되는 항목인 도로에서의 용변 금지와 번화가에서의 경적 금지에 대해서는 "도로에서 대소변을 볼 수 없으며, 골목 안에 대소변을 볼 수 있는 곳이 없더라도 역시 도로에서 대소변을 볼 수 없으며, 이를 위반한 자는 순포방으로 압송해 대변에 대해서는 1위안(元), 소변에 대해서는 3각(角)의 벌금에 처한다. 경적은 통상 호루라기라고 불리는데 번화한 곳에서 멋대로 불 수 없으며, 이를 위반한 자는 순포가 순포방으로 압송한다"[46)]라고 기록되어 있다.

화계와 조계 등의 규칙을 위반해 공안국이나 순포방 등에 붙잡혀 가거나 재판에 회부된 사례를 살펴보자.

1928~1931년의 통계에 따르면 이 3년간 가장 많았던 위반 행위는 질서 문란 행위, 풍기 문란 행위, 타인의 신체 및 재산에 대한 침해, 교통 방해 순이었다. 이 가운데 첫 번째인 질서 문란 행위에는 법령을 위반하고 영업을 하는 것, 혼인·출생·사망·이주를 경찰 관서에 보고하지 않는 것, 숙박 업주가 숙박객의 인적 사항을 기록하지 않는 것, 학교·박물관 등의 장소에서 사람을 모아놓고 떠드는 것, 도로나 공공장소에서 고성방가를 하는 것, 한밤중에 이유 없이 떠드는 것, 관청에서 정한 물건 값을 올려 받는 것 등 스물네 가지 항목이 포함돼 있었다.[47)] 일상에 대한 통제는 개인의 생활과 행동에 대한 통제였고, 이를 통해 도시 문화와 개인의 행동 범주가 형상화되었다. 국가 권력은 세세한 많은 규칙을 만들고 경찰과 사법 제도를 통해 통제했다. 국가는 법의 형식을 통해 개인의 활동 가능 범위와 행동 방식까지 규정하고 이를 따르지 않는 자는 처벌로써 압박했다.

간단한 구류나 벌금을 넘어 법정에서 다루어진 형사 사건을 통해서 볼 때, 상해에서 가장 심각한 형사 사건은 아편, 절도, 도박, 상해였다.[48)] 민사 사건은 주로 금

---

46)《上海指南(1930)》卷2 地方行政 乙, 租界章程, 8쪽.

47)《上海指南(1930)》卷2 地方行政 禁例, 20~21쪽.

48) 上海市地方協會,《民國二十二年編 上海市統計》(上海 : 上海市地方協會, 1932), 司法 8쪽.

<표 3> 1928~1930년 상해시 공안국의 경범죄〔警察犯〕위반자 처리 실태[49]

위반 사항	1928		1929		1930	
	위반 건수	비율(%)	위반 건수	비율(%)	위반 건수	비율(%)
공공 안녕 방해	522	3.19	1,339	3.51	784	1.95
질서 문란 행위	2,733	16.67	10,513	27.56	13,624	33.87
공무 방해	233	1.42	460	1.21	160	0.40
무고 위증, 증거 인멸	63	0.39	183	0.48	51	0.13
교통 방해	4,167	25.42	4,817	12.63	3,955	9.83
풍기 문란 행위	4,527	27.61	9,418	24.69	11,232	27.92
위생 규칙 위반	868	5.30	5,369	14.07	4,209	10.44
타인의 신체 · 재산에 대한 침해	3,284	20.00	6,048	15.85	6,216	15.46
계	16,397	100	38,147	100	40,231	100

전, 친인척 문제와 관련된 것이었다. 1931년의 경우, 부모 부양 문제 112건과 혼인 문제 661건이 가정을 넘어 민사 법정에서 다루어졌다. 친인척 문제, 상속 문제는 어찌 보면 사적인 영역에 속했지만, 개인적 분쟁을 예전처럼 사적 영역 내에서 자체적으로 조정하는 것이 어려워지면서 또 다른 권력, 즉 공권력의 조정과 강제가 필요하게 된 것이었다. 일상과 사생활은 사적 영역이었지만 분쟁 해결과 중재를 이유로 공권력이 사적 영역에 침투하는 것이 가능해졌다. 사적 영역은 더 이상 온전히 사적인 것으로 남아 있을 수 없었다. 행정 권력은 사회 질서를 유지한다는 '합리적' 명분을 바탕으로 공적 영역을 넘어 사적 영역까지 개입 범위를 넓혀갔다.

도시는 법에 의해 지배되는 사회였다. 도시의 급격한 산업화, 많은 인구 등이 야기하는 새로운 문제는 과거의 방식으로는 해결하기 힘들었다. 면식 있는 사람들에게 의존해 문제를 해결하기에는 인구가 너무 많고 사회의 규모가 너무 컸으며, 치열한 생존 경쟁은 자율적인 타협과 조정을 더욱 어렵게 했다. 이러한 상황에서는 몰개성적인 법과 규칙에 의한 통제가 효율적일 수밖에 없었다. 따라서 상해라는 도시에 발을 들여놓은 사람들은 점차 도시의 규칙에 적응하면서 도시인으

---

49) 上海市地方協會,《民國二十二年編 上海市統計》, 社會 1쪽에 나와 있다.

〈표 4〉 1931년 상해 각 지방 법원의 민사 조정 실태[50]

조정 상태	관할 법원	인사 문제						금전 문제						합계
		친속 사건 수				상속 사건 수		초급 관할 사건 수			기타 사건 수			
		혼인 관련	부모, 자녀 관련	보호, 부양 관련	종친회 관련	유산 관련	유촉 관련	100 위안	500 위안 이하	1,000 위안 이하	1,000 위안 이하	1만 위안 이하	10만 위안 이하	
조정 성립	특1지원	17	1	4	1	2	–	309	224	140	88	–	–	786
	특2지원	21	–	–	1	–	–	97	147	88	24	–	–	378
	상해 지원	30	1	13	–	1	–	138	270	78	16	–	–	547
	계	68	2	17	2	3	–	544	641	306	128	–	–	1,711
조정 미성립	특1지원	227	13	17	3	23	4	1,342	1,606	758	367	–	–	4,360
	특2지원	66	2	1	6	1	–	407	586	259	104	–	–	1,432
	상해 지원	282	7	74	1	26	–	629	1,309	704	120	–	–	3,152
	계	575	22	92	10	50	4	2,378	3,501	1,721	591	–	–	8,944
조정 철회	특1지원	6	–	2	–	4	–	93	71	30	12	–	–	218
	특2지원	3	–	–	–	–	–	15	12	5	–	–	–	35
	상해 지원	–	–	–	–	–	–	–	–	–	–	–	–	0
	계	9	–	2	–	4	–	108	83	35	12	–	–	253
조정 진행중	중특1지원	2	–	–	–	–	–	47	34	10	11	–	–	104
	특2지원	2	–	–	–	–	–	13	24	25	11	–	–	75
	상해 지원	5	–	1	–	1	–	8	33	12	2	–	–	62
	계	9	–	1	–	1	–	68	91	47	24	–	–	241
총 계		661	24	112	12	58	4	3,098	4,316	2,109	755	–	–	11,149

로 자리를 잡아갔다. 법과 규칙은 도시로 이주한 사람을 도시인으로 만들어갔다.

4. 생존과 인적 네트워크

도시 생활의 질서를 유지해준 것은 법과 규칙이었으며, 도시로 갓 이주한 사람
들은 이런 몰개성적인 사회에서 시급히 생존 방안을 찾아야 했다. "젊은이가 공장

---

50) 上海市地方協會,《民國二十二年編 上海市統計》, 司法 4쪽에 나와 있다.

에서 일하려 한다면 세 가지 관문을 통과해야 한다. 첫 번째로, 농촌을 벗어나 도시로 오기 위해서는 우선 [도시로] 데려올 친구가 있어야 한다. 두 번째로, 일단 상해에 도착해 공장에 들어가려면 포공두(包工頭)를 거쳐야"[51] 하며 세 번째로 공장 생활에 적응하려면 공두(工頭)나 동향인의 도움이 필요했다. 피난 온 사람들은 상황이 좀 달랐지만, 농촌에서 상해로 이주해 온 사람들은 대개 같은 고향 사람이나 친인척의 소개로 상해로 오거나 상해에 자리를 잡았다.

상인들은 주로 지연(地緣)에 의존해 상거래를 시작했다. 각 지역에서 이주해 온 상인들은 외지인에 대한 차별을 극복하고 경쟁에 효과적으로 임하기 위해 예전의 관습에 따라 동향인끼리 상인 집단[상방(商帮)]을 형성하고 회관, 공소를 만들었다. 외지 상인[객상(客商)]들이 상해에 오면 동향의 인연을 따라 동향 상방과 접촉하는 경우가 많았다.[52] 쌀 판매업[미업(米業)]의 경우 북방(北帮)에 속하는 미선(米船)은 상숙(常熟), 무석(無錫), 강음(江陰), 상해, 단양(丹陽), 율양(慄陽), 금단(金壇), 의흥(宜興), 소주(蘇州), 곤산(崑山), 상주(常州) 등 10여 개의 집단[방(帮)]으로 나뉘어 있었다. 쌀 상인들이 상해에 오면 동향 출신의 중개인[경수(經售)]을 통해서 미곡 도매상[미행(米行)]에 쌀을 팔았기 때문에 중개인 역시 10여 개의 방으로 나뉘어 있었다.[53]

지연은 상인들이 사업을 확장하고 경쟁력을 확보하는 데 큰 영향을 미쳤다. 상해의 저명한 실업가 위치아칭(虞洽卿)이 위안뤼덩(袁履登), 옌이빈(嚴義彬) 등과 함께 설립한 윤선(輪船) 회사 영소공사(寧紹公司)는 동향인들의 도움으로 영국 회사인 태고양행(太古洋行), 중국과 프랑스의 합작 회사인 동방공사(東方公司)의 가격 인하 공격을 극복했다.[54] 방적왕, 제분왕으로 이름을 날린 롱쫑징(榮宗敬)이 동

51) Liu Ajiu, 1958년 4월 16일의 인터뷰 사본. Elizabeth J. Perry, *Shanghai on Strike*(Stanford : Stanford Univ. Press, 1993), 56쪽에서 재인용.

52) 〈上海商業習慣調查〉, 《社會月刊》 1권 7호(1929년 7월) ; 根岸佶, 《上海のギルド》(東京 : 日本評論社, 1951), 191쪽.

53) 根岸佶, 《上海のギルド》, 205쪽.

54) 陳來幸, 《虞洽卿について》(京都 : 同朋舍, 1983), 26~27쪽.

향인들을 자기 회사 직원으로 대거 기용한 것[55]도 동향인 의식과 관련이 있었다. 이처럼 이주 상인들은 동향인끼리 결집해 회관, 공소를 만들고 상호 부조하면서 생존 능력을 키워나갔다. 동향인들이 주축이 된 회관과 공소의 수는 무역량이 증가하고 상업이 발달함에 따라 급격히 늘어났다. 1892년에서 1901년까지 10년간은 회관과 공소의 수가 모두 42개였던 것으로 보고되는데, 이 숫자가 1918년에는 72개로, 1922년에는 228개로 늘어났다.[56]

아울러 노동자들 사이에서도 동향인들끼리 집단을 형성하고 행동하는 경우가 비일비재했다.[57] 영미 연초 공장에서 일했던 한 공장 노동자의 말은 동향인이라는 관계가 일자리를 얻는 데 얼마나 중요한 작용을 했는지 알려준다. "어머니는 포동 신창(新廠) 3작업장의 여자 넘버원(拿摩溫, number one을 음차한 것) 집에서 품을 팔았는데, 집안의 수지가 맞지 않아 내가 열 살 때 어머니가 그 넘버원에게 나의 취직을 부탁했고, 나는 신창 3작업장에 들어가 일하게 되었다. 3작업장에는 나와 같은 소흥(紹興) 출신의 노동자들이 적지 않았다. 이들은 모두 그 여자 넘버원 주어전(祝阿珍)의 동향인인 관계로 공장에 들어온 것이었다."[58] 그리고 공장에 취직한 노동자들은 동향인을 중심으로 뭉치고 노동조합을 결성하고 파업했다.

동향인 관계는 직업을 얻는 데 많은 영향을 끼쳤고, 결과적으로 특정 직업에 특정 지방 출신이 많이 집중되는 결과를 가져왔다.[59] 그리고 회관, 공소, 동향회 등의 동향인 네트워크를 통해 만들어진 단체는 회원에게 각종 혜택을 베풀고 상호 부조를 통해 동향인 간의 결속을 더욱 강화했다. 상해의 두미행업(豆米行業) 공소인 인곡당(仁穀堂), 췌수당(萃秀堂) 두 곳의 이사〔동사(董事)〕가 발기해 곡물 판매업〔두미업(豆米業)〕 종사자들의 어려움을 돕기 위한 부조회(扶濟會)를 설치하고 구

55) 〈各廠負責人與榮家的關系(1928)〉, 上海社會科學院經濟研究所 編, 《榮家企業史料》上(上海：上海人民, 1980), 287~288쪽 ; 〈各廠職員中同鄕·同族所占比重(1928)〉, 上海社會科學院經濟研究所 編, 《榮家企業史料》上, 289쪽.

56) 根岸佶, 《上海のギルド》, 6쪽.

57) Elizabeth J. Perry, *Shanghai on Strike* 등 참조.

58) 上海社會科學院 經濟研究所 編, 《英美烟公司在華企業資料匯編(3)》(北京：中華書局, 1983), 1,028~1,029쪽.

59) 출신 지역과 직업의 관계에 대한 간략한 설명은 熊月之 主編, 《上海通史》 9권, 307~310쪽 참조.

휼 활동을 했는데, 1918년에 약 200여 명이 혜택을 받았다.[60] 구업공소(裘業公所)는 회원이 죽은 후 유족의 생활이 안 좋으면 자손들이 어른이 될 때까지 자금을 대주기도 했다.[61]

심지어 동향인들은 자신들의 관계망을 형성하는 것을 넘어 가까운 곳에 함께 모여 살기도 했다. 공공 조계 북구(北區)에는 광동(廣東) 사람들이 집중적으로 거주했는데, "북사천로(北四川路), 무창로(武昌路), 숭명로(崇明路), 천동로(天潼路)에는 온통 광동 사람뿐이어서 마치 광동에 와 있는 것 같다"라고 이야기될 정도였다.[62]

안휘성(安徽省) 출신과 강소성 출신은 동구와 서구에 많이 거주했다. 강소성은 지리적으로 상해를 둘러싸고 있으므로 강소성 출신자가 다른 지역 출신자보다 동구와 서구에 많았다는 것은 사실 별다른 의미를 갖지 못할지도 모른다. 하지만 공장 지대로서 상대적으로 낙후한 곳이었던 동구와 서구에 강소성 출신이 많이 거주했다는 것은 눈여겨볼 필요가 있다. 이는 강소성 북부 출신[소북인(蘇北人)]들이 상해로 이주하면서 상해의 하층 직업을 차지했음을 시사하기 때문이다.

이주자들이 동향인을 통해 상해에 자리를 잡은 후에는 새로운 관계망이 형성되기 시작했다. 사업 관계에 따른 네트워크, 즉 '업연(業緣)'의 형성이었다. 업연의

〈표 5〉 1930년 공공 조계의 출신지별 중국인 분포[63]

출신성(省) \ 조계 각 구(區)	중구(中區)		북구(北區)		동구(東區)		서구(西區)		합계
강소	67,932명	13.5%	67,947명	13.6%	194,171명	38.8%	170,526명	34.1%	500,576명
절강	48,248명	15.8%	67,359명	22.1%	126,545명	41.6%	65,393명	21.5%	307,545명
광동	4,568명	10.3%	29,729명	66.8%	6,795명	15.3%	3,392명	7.6%	44,484명
안휘	2,359명	11.5%	1,827명	8.9%	5,867명	28.6%	10,484명	51.0%	20,537명

---

60) 根岸佶, 《上海のギルド》, 214쪽.

61) 〈上海商業習慣調査〉, 《社會月刊》 1권 7호(1929. 7), 45쪽.

62) 胡祥翰, 《上海小誌》 권10 雜記(上海 : 上海古籍出版社, 1989), 51쪽.

63) 《上海公共租界工部局年報》(1930), 302~303쪽에 나와 있다. 원래의 표에 나타나 있는 합계 착오는 수정했다.

첫 번째 형태는 동일 업종 종사자들의 네트워크였다. 동일 업종의 사람들이 모여 동업 공회를 결성하고 단결을 고취한 것이다. 상해에서 곡물 판매업에 종사했던 여러 지역 출신의 상인들은 출신 지역별로 나뉘어져 서로 경쟁하고 있었는데, 영업의 필요상 서로 협력할 필요성을 느꼈다. "상해는 대내외를 연결하는 대도시로서 상해에서는 동서 각국의 대상(大商)·거상(巨商)이 대자본을 가지고 단체를 결성하고 회사를 설립해 재빨리 앞으로 나아가고 있다. 그런데 중국 상인들은 예전처럼 각인각색으로 머물러 있으니 이는 몰락을 자초하는 것이다. 그래서 우리 업종의 동업자가 두미행업분회(豆米行業分會) 및 한구(漢口), 광동, 하문(廈門), 조주(潮州)의 네 방(帮)을 연합해 상해화상잡량유두병공회(上海華商雜糧油豆餅公會)를 창설했다."[64] 상해의 곡물상들은 동향방을 만든 데 이어 동일 업종에 종사하는 사람들의 연합 단체를 만들어 경쟁을 완화하고 사업 경영에 유리한 환경을 만들어 나갔다.

업연의 두 번째 형태는 사업이나 일을 하는 과정에서 의도적으로 다양한 업종의 사람들과 만든 네트워크였다. 이것은 '공식적인' 사업 관계를 넘어 개인적인 '친분'과 우호적인 관계를 형성해주는 것이었다. 롱쫑징은 제분업과 방적업 외에 전장(錢莊)과 은행에 투자했다. 영종경의 동생 롱떠성(榮德生)은 롱쫑징이 전장에 투자하는 것을 그리 달가워하지 않았다. 이에 영종경은 "[너희는] 이런 이치를 이해하기에는 아직 어리다. 내가 [은행과 전장에]만 주를 투자하면 그들의 10만, 20만의 자금을 사용할 수 있다"라고 응수했다.[65] 그리고 그는 상해상업은행(上海商業銀行)의 주주가 되었고 중국은행(中國銀行)과 사돈 관계를 맺었다.

롱쫑징의 타산은 맞아떨어졌다. 그는 상해상업은행의 주주로서 200만 위안어치의 주를 사서 상해상업은행의 이사(동사)가 되었다.[66] 그리고 바로 이 이사 직

64) 根岸佶,《上海のギルド》, 217쪽.

65) 上海社會科學院經濟研究所 編,《榮家企業史料》上, 553쪽.

66) 中國人民銀行上海市分行金融研究所 編,《上海商業儲蓄銀行史料》(上海：上海人民, 1990), 29·41·51쪽 ; 上海社會科學院經濟研究所 編,《榮家企業史料》上, 273쪽.

위를 이용해 수많은 자금을 대출받을 수 있었으며, 일반적인 대출 이자보다 싸게 대출받을 수 있었다. 1933년 12월까지의 상해상업은행의 면방직업에 대한 대출 중 58.6%가 롱쭝징 소유의 신신사창(申新紗廠)에 대한 대출이었다.[67] 상해의 전장들은 확실한 담보가 부족한 상태에서도 롱쭝징에게 대출을 해주었다.[68] 롱쭝징은 사업 관계망을 이용해 자금 이용 면에서 다른 사람보다 많은 '혜택'을 보고 있었던 것이 틀림없다. 물론 중국은행 등도 이런 관계를 자신들의 영업 확장에 이용했다.[69] 롱쭝징의 사례에서 나타나듯이 인적 네트워크로 맺어진 사람들은 상보적인 관계에 있었으며, 각자의 위치와 역량에 따라 인적 네트워크 형성의 가능성이 달랐다. 그리고 그 네트워크는 단순히 지연에 기초한 것이 아니라 사업과 업무상의 상호 필요에 기초한 것이었다. 상해라는 도시 내에서 인간관계의 네트워크는 다변화되고 있었다.

---

67) 中國人民銀行上海市分行金融研究所 編,《上海商業儲蓄銀行史料》, 513~514쪽 ; 吳經硯,〈上海商業貯蓄銀行歷史槪述〉, '近代中國工商經濟叢書' 編委會,《陳光甫與上海銀行》(北京 : 中國文史出版社, 1991), 22쪽. 상해상업은행(上海商業銀行)의 면방직업에 대한 투자가 신신사창(申新紗廠)에 집중된 데는 투자 자금의 안정성을 확보하기 위해 대기업에 투자하고, 기업의 회생을 통해 투자 자금을 회수하겠다는 입장도 작용한 듯하다. 中國人民銀行上海市分行金融研究所 編,《上海商業儲蓄銀行史料》, 109쪽 ; 中田昭一,〈恐慌下の中國における銀行融資—信用リスクの增大と中國銀行業〉,《史學研究》 222호(1998), 38~39쪽 참조.

68) 상해상업은행, 중국은행과 각 전장(錢莊)은 담보물을 잡고 대출을 해주었지만 이런 담보가 항상 대출금 회수를 보장하는 것은 아니었다. 예컨대 신신 7창을 담보로 한 대출 사례를 살펴보자. 회풍은행(匯豊銀行)은 제1채권자로서 대출금을 회수하기 위해 신신 7창을 경매에 부쳤고, 신신 7창은 아주 낮은 가격인 225만 위안(元)에 낙찰되었다. 회풍은행이 대출금 200만 위안을 회수하고 나면 남는 돈은 25만 위안에 불과했다. 그런데 중국은행, 상해상업은행과 영강(榮康), 자풍(滋豊) 등 13개 은행과 전장이 구성한 은행단도 제2채권자로 이 신신 7창을 담보로 잡고 있었다. 그렇다면 이 제2채권자의 담보는 허구에 불과한 것이 되고 제2채권자가 대출금을 회수할 방법은 줄어들게 되는 것이었다. 또한 경대전장(慶大錢莊)의 경우 140만 위안 가치의 소사도도계(小沙渡道契)를 담보로 140만 위안을 대출해준 상태였으며, 신신 7창의 제2채권단에 속해 있기도 했다(上海社會科學院經濟研究所 編,《榮家企業史料》上, 405~407 · 469~470 · 472쪽 참조). 또한 전장 대출의 25% 정도가 신용 대출이었다(上海社會科學院經濟研究所 編,《榮家企業史料》上, 554쪽). 이런 맥락에서 볼 때, 롱쭝징의 사업 관계망을 바탕으로 한 대출은 롱쭝징의 입장에서는 상당히 '성공적'인 것이었다고 볼 수 있다.

69) 롱떠성(榮德生)의 사위이자 쑹한장(宋漢章)의 자식인 메이양(美揚)은 롱쭝징에게서 한구(漢口) 사업의 독점을 허락받았다.〈1929年10月3日上海銀行漢口分行負責人報告陳光甫〉, 上海社會科學院經濟研究所 編,《榮家企業史料》上, 275쪽.

〈표 6〉 롱쭝징 혹은 신신사창의 은행 및 전장을 상대로 한 투자액과 대출액(금액 단위 : 천 위안)[70]

	중국은행 (中國銀行)		상해은행 (上海銀行)		진태전장 (振泰錢莊)		신강전장 (新康錢莊)		자풍전장 (滋豊錢莊)		복태전장 (福泰錢莊)		생창전장 (生永錢莊)		영강전장 (榮康錢莊)	
	연도	금액	연도	금액	연도	금액	연도	금액	연도	금액	연도	금액	연도	금액	연도	금액
투자액	1935	250	1935	450	1932년경	34.56	1932	25.2	1932	?	1932	7.2	1932	28.8	1932	14.4
대출액	1934	10,340	1933	13,220	1931 1933	340 288	1935	180	1934	120	1934	100	1934	?	1934	?

업무상 필요에 기초한 네트워크가 단체로서 결집된 것이 상회와 동업 공회라고 할 수 있을 것이다. 비록 상인들 사이의 관계망 형성에 여전히 동향인 관계가 크게 작용하고 있었지만, 1930년에 국민정부의 주도하에 시상회(市商會)가 만들어지고 동일한 업종에 종사하는 상인들은 모두 하나의 동업 공회에 가입하는 것으로 결정됨으로써 상인들은 출신 지역을 넘어 동일 업종의 사람이 한데 결집하게 되었다. 게다가 국민정부는 동향방으로 인한 분열을 없애고 동일 업종 상인들이 단결할 것을 강조하는 상황이었다. 상회와 동업 공회의 결성은 상해에서 활동하는 상인들의 관계망에 동향인 관계를 넘어서는 새로운 관계가 더 강조되기 시작했음을 의미한다.

사람들 사이에 다양한 네트워크가 만들어졌지만, 어떤 요인이 네트워크 형성에 가장 중요한 역할을 했는지 파악하는 것은 좀 까다로운데, 이는 출신지와 업무상의 필요 이외의 학연, 인척 관계의 네트워크, 그리고 이전과는 다른 새로운 기구

70) 上海社會科學院經濟研究所 編,《榮家企業史料》上, 254·401·406~407·457·498·553쪽의 관련 기사 및 도표, 그리고 中國銀行總行·中國第二歷史檔案館合 編,《中國銀行 行史資料匯編》(南京 : 檔案出版社, 1991) 上編 二, 1,100~1,103쪽에 의거해 작성했다. 1933년에 국민정부가 화폐 단위였던 냥(兩)을 폐지하고 위안으로 화폐를 통일했기 때문에 1933년 이전에 냥으로 대출했던 금액은 國民黨中央黨府國民經濟計劃委員會 編,《10年來之中國經濟建設》(1937) 4章 財政, 2쪽에 의거해 1냥을 0.72위안으로 환산하여 계산했다. 자료 부족 때문에 동일한 연도를 기준으로 삼지 못했지만, 그럼에도 투자와 대출의 상관관계를 파악하는 데는 큰 무리가 없을 것으로 생각된다. 또한 각 전장이 롱쭝징이 부도에 직면했던 1934년에도 계속 채권자로서 권한을 행사하고 있었던 것으로 보아 롱쭝징이 대출받은 금액이 그만큼 많았고 또 그가 대출받은 금액이 그가 투자한 금액을 상회했음은 분명하다. 이는 신강전장(新康錢莊)의 소송 사건에서 명확히 드러났는데, 소송 당시 사업을 정리한 신강전장이 롱쭝징으로부터 돌려받아야 할 액수는 18만 위안이었다.

를 통한 네트워크의 존재 때문이다. 장제스(蔣介石)가 쑹메이링(宋美齡)과 결혼하여 쑹쯔원(宋子文), 쿵샹시(孔祥熙), 그리고 결정적으로 쑨원(孫文)과 연결된 것이나, 룽쭝징이 중국은행의 쑹한장(宋漢章)과 사돈 관계를 맺음으로써 서로 연결된 것 등이 그런 네트워크의 예일 것이다. 한편, 도시 사회에서 적절한 관계망을 형성하지 못한 사람들, 특히 가난하고 동향 세력의 힘도 약해 아무런 관계망도 찾지 못한 사람들은 '조직 깡패'인 방회(帮會) 등에 의뢰해 일자리를 찾기도 했다.[71] 이 밖에 YMCA나 YWCA와 같은, 근대 도시에서 형성된 새로운 기구를 통해 네트워크를 형성하는 경우도 있었다.[72] 상해인들은 이처럼 여러 형태의 네트워크를 통해 각자의 생존의 장을 넓혀갔다. 네트워크 형성 요인은 초기의 동향인 관계라는 요인을 넘어 점차 다양해졌고, 결국 근대 도시에서 형성된 새로운 기구를 통한 네트워크까지 나타나게 된 것이다.

네트워크 형성 요인이 다변화되고 네트워크가 중첩되기도 했지만 이주민의 사회였던 상해에서 거의 모든 사람이 연결될 수 있고 여전히 영향력이 큰 네트워크는 동향인 네트워크였다. 동향인 네트워크는 같은 지역 출신이라는 단순한 사실을 매개로 다른 사람들과 관계를 맺게 해줌으로써 낯선 도시에서의 인간관계와 생존 기반을 넓혀주었다. 그러므로 근대 도시 상해의 인간관계에서는 혈연적, 지연적 요소가 농후할 수밖에 없었다. 결과적으로 동향인 네트워크는 사회의 각 영역을 포괄함으로써 상해 사회에서 동향 단체가 상당한 영향력을 발휘하는 데 기반이 되었다. 예컨대 북벌이 한창이던 1926년 상해가 군벌의 통치를 거부하고 자치시를 수립하려고 했을 때 중심적인 역할을 한 단체는 '삼성연합회(三省聯合會)'와 '상해 각마로(各馬路) 상계(商界) 총연합회'(약칭 상총련회)였는데, 삼성연합회는 전절공회(全浙公會), 전환공회(全皖公會), 신소공회(新蘇公會)라는 각각 절강성, 안휘성, 강소성 사람으로 구성된 동향 단체들의 연합체였다. 그리고 삼성연합회

---

71) Emily Honig, *Sisters and Strangers*(Stanford : Stanford Univ. Press, 1986), 83쪽.
72) 熊月之 主編, 《上海通史》 9권, 250~267쪽 참조.

상해 '도시민'의 형성 773

는 상총련회와 서로 협력하여 상해 시민의 대표 기구 격인 시민공회(市民公會)를 만들었다. 그리고 시민공회는 자치시 정부 조직안으로서 삼성연합회의 '자치시 정부안'을 채택했는데, 여기에는 동향 단체가 중심이 되어 정부를 구성하도록[73] 규정돼 있었다.

정부 인사와의 관계망을 형성하는 것도 생존 영역과 활동 영역을 확대하는 데에 빼놓을 수 없는 요소였다. 국민당이 전국을 통일하기 이전의 군벌이 난립하던 상황에서 중앙의 정치 변화와 중앙 정부를 누가 차지하는가 하는 문제는 상인 단체의 활동, 경제 발전과 밀접한 관련이 있었다. 그러므로 1930년 상해시 상회가 성립되기 이전에 상해 상계의 핵심이었던 상해 총상회는 정국의 변화에 적절히 대처해야 했다. "수뇌 인물들은 정국 변화에 적응할 수 있어야 했으며, 또한 그들은 각 정당이나 파벌과 접촉이 있었는데 어떤 이는 직예파[直系]와, 어떤 이는 안휘파[皖系]와 관계가 있었다. 어떤 파벌이 등장하면 그 파벌과 가까운 사람이 나서서 대처했다."[74] 상인들은 정부 인사와 관계를 맺기 위해 동향인 등의 친분 관계를 이용했다.

특히 강력한 중앙 집권을 지향한 남경 국민정부의 수립, 그리고 상해시 정부의 수립과 함께 네트워크 형성에서 권력 요인을 고려할 필요성이 전보다 더욱 커졌다. 이전에도 북양(北洋) 정부나 기타 권력자와의 관계가 중요했지만, 남경 국민정부의 수립과 함께 전보다 훨씬 강력한 상해 지방 정부가 수립되면서 지방 정부와의 관계, 나아가 남경 국민정부와의 관계가 더욱 중요해졌다. 상해시 정부의 지역 민중에의 개입이 점차 늘어나면서 정부 유력 인사와의 관계망을 형성하는 것이 사업이나 개인적인 발전을 위해서 유리했다. 1934년 롱쭝징이 부도로 회사를 정리해야 할 상황에 놓였을 때 이 위기를 벗어날 수 있었던 것은 국민정부에 영향

---

73) 〈三省聯合會拒孫傳芳南下〉,《民國日報》(1926년 12월 2일자) ; 〈三省聯合會討論特別市案〉《民國日報》(1926년 12월 7일자) ; 이병인, 〈1926年 上海의 自治市 建立運動〉,《中國學報》제45집(2002. 8), 355~363쪽 참조.

74) 祝紹祺, 〈蔣介石叛變革命與江淅財閥的一段故事〉,《上海市工商聯史料散件》卷號 182. 徐鼎新·錢小明,《上海總商會史》(上海 : 上海社會科學院, 1991), 361~362쪽에서 재인용.

력을 갖고 있던 동향인 우즈후이(吳稚暉)의 도움 덕분이었으며,[75] 위치아칭이 북벌 기간에 자기 회사 선박이 징발되어 입은 피해를 국민정부 수립 이후인 1929년에 보상받을 수 있었던 것도 장제스와의 개인적인 인맥 덕분이었다.[76] 결국 기존의 동향인 관계, 학연 관계를 동원한 정부 인사와의 관계망 형성은 여러모로 유리한 기반을 제공해주었다.

개인뿐만 아니라 동향 단체도 정계 유력자와의 관계망을 형성하는 데 적극적으로 나섰다. 1927년과 1928년에 남경 국민정부가 상해 사회의 확실한 지배자로 등장하면서 신문의 각종 동향회 관련 기사에 동향회가 유력 인사의 환영회를 개최했다는 소식이 연이어 실린 데서 이를 짐작할 수 있다.[77] 동향회와 동업 공회는 정부 인사의 치적을 기리는 행사에도 앞장서, 장제스와 우티에청(吳鐵城)의 기념사업을 주도했다.[78]

각 동향회는 저명한 인사를 명예 회장으로 초빙해, 그 인사의 사회적 영향력을 바탕으로 단결을 꾀했다. 이는 이전에 동향인들이 공통의 숭배 대상을 자신들의 출신지에서 고유하게 숭배되었던 신(神)을 섬기거나 동일 업종의 상인들이 그 업종의 창시자라 여기는 사람이나 신을 공통의 숭배 대상으로 삼던 것과는 달라진 모습이었고,[79] 현실 관계의 변화를 단적으로 보여주는 것이었다. 영파(寧波) 동향회는 장제스를 명예 회장으로 삼아[80] 위치아칭을 중심으로 결집했으며, 포동 동향회는 뚜위에성(杜月笙)을 영수로 삼았다. 소흥과 강녕(江寧) 동향회는 왕샤오라이(王曉籟)와 스량차이(史良才)를 중심으로 결집했다. 공황으로 휘청거리고 정부

75) 이병인, 〈中國近代化와 民族資本家〉, 《時代轉換과 歷史認識》(솔, 2001), 224~231쪽.

76) 陳來幸, 《虞洽卿について》, 80~83쪽.

77) 장제스(蔣介石)가 상해를 장악한 직후, 당과 정부의 실력자가 상해 지역을 방문할 때마다 각 동향 단체는 그 인물을 위해 환영회나 연회를 개최했고, 이 사실은 1927년과 1928년의 《신보(申報)》에 계속 보도되었다.

78) 〈廣東同鄕會董事會議紀〉, 《申報》(1935년 3월 17일자) ; 〈吳市長籌建紀念亭〉, 《申報》(1935년 3월 21일자) ; 〈各界籌建蔣委員長銅像近訊〉, 《申報》(1935년 3월 22일자) 등.

79) 高洪興, 〈近代上海的同鄕組織〉, 《上海研究論叢》 제5집(上海 : 上海社科院, 1990), 114쪽.

80) 〈甬同鄕會請蔣總司令為名譽總隊長〉, 《申報》(1928년 2월 28일자) 등. 영파(寧波) 동향회는 자금 모집 행사를 열면서 장제스에게 명예 대장이 되어줄 것을 요청했고 장제스는 이를 수락했다.

의 통제를 받는 동향회 내에서 영향력을 행사하는 것은 동향인들의 집단 의사인 '향의(鄕誼)'라기보다는 현실의 실력자였다. 또한 동향회는 연례 총회에 국민당과 정부의 인사들을 초빙했고, 유명 인사의 휘호를 받아 그것을 자신들의 사회적 영향력을 과시하는 수단으로 삼았다.[81]

포동 동향회 건물의 낙성식은 이런 특성을 잘 보여주었다. 이 낙성식에는 수많은 정부 인사가 초빙되었고, 그들의 휘호가 건물 벽면을 가득 채웠다. 낙성식에 참석한 국민당 대표는 "상해는 중국의 모범이고, 포동 동향회는 전국 모든 동향회의 모범이다. 포동 동향회는 포동의 복지에 기여했고 국가의 영광에 기여했다"라고 칭찬했다.[82] 당과 정부의 인사들은 낙성식에 참석해 포동 동향회를 인정해주었고, 포동 동향회는 이들의 참석을 통해 자신들이 정부의 후원을 얻고 있음을 과시했다.

이런 맥락에서 1930년대에 동향회는 이분되는 양상을 보였다. 당과 정부에 연줄이 닿아 공황 상황에서도 지속적으로 자금력을 동원할 수 있는 대(大)상인을 포함한 동향회는 더욱 융성한 반면에 이런 배경을 갖지 못한 동향회는 약화된 것이다. 중산(中山) 동향회의 경우 1932년의 1·28사변 이후에 활동이 정체되었다가 1935년 3월에 다시 활동을 시작했는데, 회원의 단결과 모집을 위해 회비 할인 조치를 취하지 않을 수 없었다.[83] 반면에 경제계의 실력자를 많이 포함하고 있었던 영파 동향회와 조직 깡패의 대부이면서 상해의 명망가로 떠오른 뚜위에성이 이끄는 포동 동향회는 영향력이 더욱 커졌고, 그래서 이들 동향회에는 공황으로 고통받던 동향인들이 더욱 많이 모여들었다. 이처럼 특정 동향회는 정부 인사와 재력을 포섭함으로써 상해 도시의 생존 경쟁에서 유리한 고지를 차지했고, 보호막으로서의 동향회의 위상을 높였다.

---

81) Bryna Goodman, *Native Place, City, and Nation*(Berkeley : Univ. of California Press, 1995), 296쪽.
82) 〈浦東同鄕會開會員大會〉, 《申報》(1937년 3월 1일자).
83) 〈中山同鄕會擧行徵求會員〉, 《申報》(1935년 3월 3일자).

5. 상해 도시 생활의 두 축—규칙과 인적 네트워크

상해의 도시민들은 재난을 당해서, 혹은 돈을 벌기 위해서 타지에서 이주해 온 사람들이었다. 이들이 맞닥뜨린 상해라는 도시는 익명성, 인구 밀집, 경쟁의 치열함 등에서 농촌과는 확연히 다른 곳이었다. 이런 곳에서 살아남기 위해 이주민은 도시 생활에 적합한 도시인으로 '다시 탄생'해야 했다.

이주민을 일차적으로 도시의 생활 방식에 강제로 적응시킨 것은 일상의 규칙들이었다. 타인과의 관계, 쓰레기 처리, 길거리에서의 행동, 영업 행위 등에도 다 규칙이 정해져 있어서 '멋대로' 할 수 없었다. 길거리에서도, 직장에 가서도 그들은 규칙에 따라 행동해야 했다. 즉 농촌에서 상해로 이주한 사람들은 일상생활을 규제당하면서 도시에서 다른 사람들과 어울려 생활하는 법을 배워야 했다. 규칙은 이들이 일상에서 가장 먼저 만나고 준수해야 하는 것이자 도시화의 촉매였다.

일상의 규칙을 위반할 경우에는 크고 작은 처벌이 따랐다. 행정 권력은 '사회 질서'와 '공익'을 위해 사회생활의 규칙을 제정하고 위반자를 통제·처벌하면서 개인의 외면적 일상을 규제하고 권위를 확립했으며, 더 나아가 개인의 내면적 사생활에 개입했다. 행정 권력의 역할이 날로 커질 여지가 많아졌다.

이렇게 규칙의 지배를 받는 한편 이주자들은 '사적인 네트워크'를 만들며 능동적으로 도시 생활에 적응해갔다. 그들은 낯선 도시 상해에서 동향인 관계 등을 통해 인맥을 넓혀나갔고, 그렇게 알게 된 동향인들의 도움을 받아 정착했다. 그리고 도시 생활에 '성공적'으로 뿌리를 내리는 과정에서 동향인 관계를 넘어서는 다양한 사람들을 만나게 되었다. 예컨대 상인들은 처음에는 동향인들끼리 모여 회관, 공소를 만들었고, 나중에는 출신지와 상관없이 동일 업종의 사람들끼리 모여 동업 공회를 결성했고, 서로 다른 업종의 상인들이 상회에 참여했다. 상회나 동업 공회는 다양한 사람들과 교류하는 기회를 제공했다. 관계망을 형성하는 요인은 점점 더 다양해졌다. 이주민들은 동향인 관계망을 매개로 사업 관계에 따른 관계망(업연)을 만들었고, 인척 관계, 학연 등으로 얽힌 또 다른 관계망도 만들었다.

또한 많은 사람들이 정부의 고위층과도 관계를 맺으려고 노력했다. 정부의 힘이 더욱 강해진 남경 국민정부 수립 이후에 특히 그랬다. 관계망의 형성·확대는 곧 힘의 증대이자 활동 영역의 확대였기 때문이다. 결과적으로 정부 인사와 관계를 맺기 위해 동향인 관계 등 다양한 관계가 동원되었고, 정부 인사와의 관계망 구축에 성공한 개인, 집단은 영향력을 확대할 수 있었다.

결국 이런 인적 네트워크의 형성은 사회적 지위를 재생산하는 역할을 했던 것으로 보인다. 인적 네트워크의 확대는 가용 인적 자원과 정보의 확대를 의미했기 때문에 다양한 네트워크를 갖출수록 경쟁력이 향상될 가능성이 높았다. 그래서 상해의 유명한 상인들은 동향인 관계, 사업 관계 등으로 접촉 가능한 인간관계를 점점 더 넓혀가며 경쟁력을 강화할 수 있었다. 반면에 노동자와 같이 가용 인적 자원이 적은 계층은 네트워크의 다변화를 꾀할 여지가 적었고, 따라서 동향인으로서의 유대감 같은 특정 요인에 집착할 가능성이 높았다. 이런 계층이 형성하는 네트워크는 주로 주변의 친구, 동향인 등의 관계망인 경우가 많아서 규모도 작고 확대 가능성도 낮았으며, 결국 사회적으로 그리 큰 힘을 발휘할 수 없었다.

상해는 외형상으로는 객관적이고 몰개성적인 '규칙'에 따라 인간관계가 규정되는 사회였지만, 그 이면에서는 자생적인 다양한 인적 '네트워크'가 개인의 삶에 영향을 주었다. 규칙은 인간관계를 규정하고, 다른 곳에서 상해로 이주해 온 사람들을 상해의 도시민으로 만들었지만, 역으로 이주민들은 자신들의 사교 방식과 생활 방식을 상해에 불어넣으면서 상해의 도시성을 복잡하고 풍부하게 만들었다. 규칙과 인적 네트워크는 상해라는 도시의 인간관계를 이끌어가는 두 가지 축이었다.

한편으로 동향 네트워크는 상해의 도시민이 다층적 정체성을 갖게 만들었다. 이주민은 상해에 적응하면서 상해의 '도시민'이 되었지만, 여전히 고향 친구와 고향 사람의 도움을 받으면서 동향 사람에 친밀감을 느끼는 이중적 정체성의 틈바구니에 있었다. 또한 상해 지역 사회의 차이, 계층의 차이가 겹쳐지면서 상해인의 정체성은 더욱 복잡해졌다.

《社會月刊》 1권 7호(1929. 7)

《上海指南》(上海：商務印書館, 1930)

《申報》(1924 · 1927 · 1928 · 1931 · 1935 · 1937)

上海社會科學院經濟研究所 編,《榮家企業史料》(上海：上海人民, 1980)

上海市地方協會,《民國二十二年編 上海市統計》(上海：上海市地方協會, 1932)

上海通社 編,《上海研究資料》, 影印本(上海：上海書店, 1984)

徐國楨,《上海生活》(上海：世界書局, 1933)

胡祥翰,《上海小誌》(上海：上海古籍出版社, 1989)

上海社會科學院 經濟研究所 城市經濟組,《上海棚戶區的變遷》(上海：上海人民, 1962)

熊月之 主編,《上海通史》(上海：上海人民, 1999)

張開敏 主編,《上海人口遷移研究》(上海：上海社科院, 1989)

張仲禮 主編,《近代上海城市研究》(上海：上海人民, 1990)

鄒依仁,《舊上海人口變遷的研究》(上海：上海人民, 1980)

忻平,《從上海發現歷史》(上海：上海人民, 1996)

根岸佶,《上海のギルド》(東京：日本評論社, 1951)

Bryna Goodman, *Native Place, City, and Nation*(Berkeley：Univ. of California Press, 1995)

Elizabeth J. Perry, *Shanghai on Strike*(Stanford：Stanford Univ. Press, 1993)

Emily Honig, *Sisters and Strangers*(Stanford：Stanford Univ. Press, 1986)

이병인,〈1926年 上海의 自治市 建立運動〉,《中國學報》제45집(2002. 8)

―――,〈1930年代 上海 公共租界의 商圈, 居住地 그리고 地域社會〉,《靑藍史學》제8집(2003. 8)

―――,〈1930年代 上海의 區域商圈과 消費生活〉,《中國近現代史研究》제17집(2003. 3)

高洪興,〈近代上海的同鄕組織〉,《上海研究論叢》제5집(1990)

賀蕭,〈上海娼妓(1919~1949)〉,《上海研究論叢》제4집(1989)

김병준, 《중국고대 지역문화와 군현지배》(일조각, 1997)

　　중국 고대의 군현 지배가 지역마다 차이를 보이고 있으며, 그러한 차이는 군현이 설치되기 이전 그 지역의 사회 발전 단계와 상응하고 있다는 점을 꼼꼼하게 밝혀놓은 책. 분석 대상으로 중국의 사천 지역을 선택했는데, 이곳은 군현 지배가 실시되기 이전 독자적인 문화를 발전시킨 곳이면서 동시에 중원에 편입된 이후 적극적인 율령 지배가 시도된 곳이라는 특성을 갖기 때문이다.

다카하시 고오스케(高橋孝助) · 후루마야 타다오(古厩忠夫) 編, 《상해사(上海史)》(東京 ： 東方書店, 1995)

　　일본의 상해사 연구 성과를 비교적 쉽게 풀어서 서술한 개설서이다. 일반 독자를 대상으로 한 책이지만 전문적인 연구 성과를 반영하려고 노력했기 때문에 일반 독자뿐만 아니라 상해사를 연구하려는 전문가들도 상해의 역사 전개 과정을 개괄적으로 비교적 쉽게 파악할 수 있는 장점이 있다. 정치적인 주제를 중심으로 시간 순서에 따라 구성되어 있지만, 경제 변화와 사회 문화적 모습도 요령 있게 전달하고 있다. 단지 일본의 연구 성과가 중심이 되고, 상해에서 일본인의 활동에 대한 서술이 상대적으로 많아 일본인의 관심을 반영한 책이라고 볼 수 있다.

루한차오Lu Hanchao, 《네온 빛의 바깥 ： 20세기 초 상해의 일상생활Beyond the Neon Lights ： Everyday Shanghai in the Early Twentieth Century》(Berkeley ： Univ. of California Press, 1999)

　　상해의 일반 시민의 생활을 다루면서 일상 속에 녹아 있는 전통과 현대의 문제를 탐구한 책이다. 인력거꾼의 생활, 판자촌과 그 주민의 생활, 그리고 보통 사람들의 거주지이며, 동양식과 서양식이 어우러져 만들어진 상해의 독특한 거주지인 석고문(石庫門)을 둘러싼 상해인의 일상을 묘사했다. 일반 시민의 일상에서 중요한 것은 전통이냐 현대냐를 선택하는 것이 아니라 좋은 것을 택하여 따르는 것이었다. 이 책은 당시 상해인의 일상을 묘사했지만, 오히려 상해의 역사와 건물, 일상에 익숙하지 못한 독자에게는 정치사나 경제사보다 더 어렵게 느껴질 수도 있다.

박한제, 《박한제 교수의 중국역사기행 1 · 2 · 3》(사계절, 2003)

　　위진남북조 시대의 역사와 문화를 여행기의 형식을 통해 서술한 책. 저자가 위진남북조 시대의 주요 유적지를 수십 차례 답사한 것과 문헌 자료를 결부시켜 당시 상황과 역사적 의미를 알기 쉽고 농밀하게 서술했다. 모두 세 권이며 1권은 삼국 · 오호십육국 시대, 2권은 동진 · 남조 시대, 3권은 북조 시대의 역사와 문화를 다루고 있다. 각 권마다 다양한 사진과 지도가 실려 있어 당시의 역사적 상황을 공간적으로 쉽게 이해할 수 있다.

배경한 편저, 《20세기 초 상해인의 생활과 근대성》(지식산업사, 2006)

　　2002년 부산에서 열렸던 국제 학술회의의 결과를 다듬어서 책으로 펴낸 것으로 1920년대와 1930년대 상해의 도시화, 상공업, 문화, 사회와 공공성이란 네 부분으로 나누어 상해인의 생활

속에 구현된 근대성의 다양한 양상을 분석하고 있다. 공공 교통, 상수도망, 위생, 상권, 영화, 학생 문화, 유민 등 12명의 저자가 쓴 다양한 주제를 하나로 묶어 상해의 모습을 다각도로 살필 수 있는 장점이 있으나 저자가 여럿인 논문 모음집이기 때문에 상해의 모습을 하나의 그림으로 전달하지 못하는 한계도 있다.

세오 다쓰히코, 《장안은 어떻게 세계의 수도가 되었나》, 최재영 옮김(황금가지, 2006)

수당(隋唐) 장안성에 대해 도시 계획이라는 측면에서 그 탄생과 성장, 그리고 변모에 이르기까지의 과정을 중국사적 시각에서만이 아니라 세계사적 시각과 환경사적 시각에서 쉽게 풀어 쓴 책이다. 역사와 인간과 환경의 관계사에서 바라본 장안의 탄생 배경, 우주의 왕도로 설계된 장안의 도시 계획과 상징성, 생활 도시로 변모한 장안의 번화한 모습을 서술했다. 기존의 연구 성과와 관련 자료가 잘 정리되어 있어 수당 장안성에 대한 좋은 안내서라고 할 수 있다. 또한 중국 역대 왕도(王都)의 도시 구조 및 입지에 대해 간결하게 설명하고 있으며 중국의 시대별 역사적 특징을 소개하고 있어 도시를 통해 중국사를 이해할 수 있는 장점을 가지고 있다.

시옹위에즈(熊月之) 主編, 《상해 통사(上海通史)》(전15권)(上海 : 上海人民, 1999)

상해의 역사를 고대에서 현재까지 모두 15권으로 구성한 상해 통사이다. 1권 《도론(導論)》은 상해와 관련된 중요 문제를 중국 전체와 연관하여 종합적으로 서술하고, 중국과 외국의 상해사 연구 동향을 소개했다. 2권에서 14권까지는 고대(2권), 청 말(3~6권), 중화민국 시기(7~10권), 중화인민공화국 수립 이후부터 1990년대까지(11~14권) 네 시기로 나누어 정치, 경제, 사회, 문화를 서술했다. 정치 부분은 시간 순서에 따라 서술하고, 경제, 사회, 문화는 시간의 흐름을 염두에 두면서도 주제를 중심으로 나누어 서술했다. 15권 《부록》은 큰 사건을 연대별로 정리하고, 상해와 관련된 각급 관직 연표와 중요 도로의 역사 개요를 서술하고 있다.

이병인, 《근대 상해의 민간단체와 국가》(창비, 2006)

국민정부 수립을 기점으로 달라진 상해 민간단체의 정치 · 사회 활동과 그 위상의 변화를 분석한 책이다. 1부와 2부는 상해의 공간 구성, 사회 문제, 그리고 민간단체의 정치, 사회 활동을 살펴보고, 민간단체가 민중을 동원했던 매개체로서의 동향 네트워크에 주목하여 중국적 특징을 설명한다. 3부와 4부는 국민정부가 상해의 민간단체를 재편하면서 만들었던 질서를 분석하여 상해 사회를 매개로 국민정부의 성격을 설명하고 있다. 몇몇 부분은 1920, 1930년대 상인 단체의 조직과 활동을 너무 자세하게 서술하여 읽기 어려운 곳이 있다.

이성규, 《중국고대제국 성립사 연구―진국(秦國) 제민지배체제의 형성》(일조각, 1984)

중국 고대사의 기본적 구조를 이해하는 데 필수적인 책. 중국의 전국 시대부터 진한 시대까지 고대 국가의 통치 구조와 방향이 '편호 제민 지배 체제'였음을 명쾌하게 밝힘으로써 중국 고대사에 대한 이해를 획기적으로 바꾸어놓았다. 수당 시대까지 이어지는 율령 지배의 이념형을 파악하는 데에도 큰 도움이 된다.

이시다 미키노스케, 《장안의 봄》, 박은희 · 이동철 옮김(이산, 2004)

당 장안에 관한 고전적인 책이다. 당시(唐詩)나 필기(筆記) 소설을 바탕으로 장안에서 생활한 문인을 비롯하여 여인, 기녀, 호인(胡人) 등 다양한 계층의 모습과 장안의 풍속을 흥미롭게 묘사했다. 《태평광기(太平廣記)》에서 외국 상인의 활동 모습을 전하는 일화만을 뽑아 정리한 글〔'호인채보담(胡人採寶談)'〕은 소그드인 이외에 페르시아인, 아랍인의 활동을 독자들에게 알기 쉽게 전달하고 있다.

중앙아시아학회 엮음, 《실크로드의 삶과 종교》(사계절, 2006)

주로 3세기에서 9세기까지 실크로드의 모습에 대해 역사, 종교, 미술, 복식, 고고학 등 다양한 분야의 학자들의 글을 모은 책이다. 모든 논문들이 실크로드에서 출토된 유물을 분석하여 당시 실크로드에 살았던 사람들의 삶을 생생하게 전달하고 있다. 적지 않게 실린 도판을 통해 그 모습을 쉽게 이해할 수 있다. 안가묘(安伽墓)와 사군묘(史君墓)에 부조된 도상을 통해 소그드 복식을 설명하는 글도 포함되어 있다.

가파(加派)

조세를 정해진 액수 이상으로 부과하는 것을 말한다. 명청 시대에 이 용어가 중요한 의미를 가지는 이유는 왕조 초기에 정한 세액[원액(原額)]을 이후 시대에도 계속 준수하는 전통이 있었기 때문이다. 따라서 이른바 조종(祖宗)의 원액을 깨고 가파를 한다는 것은 당시대인들로부터 악정(惡政)의 대표적인 사례로 인식되었다.

개토귀류(改土歸流)

개토설류(改土設流), 개토위류(改土爲流) 등으로도 불리는 일종의 행정 제도 개혁으로서 소수 민족 지역의 자치적인 통치 체제를 중앙이 통제하는 행정 체제로 편입시키는 것을 말한다. 서남 지역 일대의 소수 민족은 원대(元代) 이래 그 지역의 토관(土官)이 대대로 세습 통치를 했다. 명 홍무(洪武) 28년 (1395) 운남성 월주(越州)의 토관을 폐하고 월주위(越州衛)를 설치한 것이 처음이며, 청대 옹정(雍正) 연간에 운남, 광서, 귀주, 사천, 그리고 호광 지역에서 대대적인 개토귀류 정책이 시행되었다. 그 지역에는 부(府)·주(州)·현(縣)의 설치와 함께 병력이 주둔하고 학교가 건립되었다. 그러나 일부 지역은 청 말까지 여전히 토관이 다스리고 있었다.

거자(居貲)

진대에는 일반적으로 벌금은 노동으로 대신했다. '거자'는 노동으로 지불하는 벌금이라 할 수 있다.

경(黥)

얼굴에 문신을 새기는 형벌로 주로 성단용(城旦舂)에게 부과된다.

계승(繼承)

중국에서 지위와 재산의 상속을 의미하는 용어이다. 전통 시대에는 제사와 재산이 계승의 중요한 목적이었다. 아들은 모두 동등한 계승 자격과 권한을 가지고 있었기 때문에, 제사의 기회나 재산의 지분에 있어서 모두 똑같이 이어받았다.

---

* 용어 해설은 글쓴이들이 각 논문에서 중요한 항목들을 골라 글의 맥락과 일반적인 의미를 함께 고려해 작성한 것이다.

계절자(繼絕子)

가(家)의 단절을 잇는 아들이라는 뜻이다. 즉 아들이 없는 가정에 입양된 양자를 말한다. 부친과 같은 종족(宗族)이며 항렬이 적합한 자를 입양하는 것이 법률상 원칙이었으나, 현실적으로는 이성(異姓) 양자도 많았다. 양부모 중 한 명이라도 살아 있을 때 입양된 양자라면 친자와 동등한 의무와 권한을 가졌다.

공재(共財)

한 가정의 공동 재산으로서 잠재적으로 분할 가능한 재산을 말한다. 중재(衆財) 혹은 중업(衆業)이라고도 불리었다. 분할의 범주에 들지 않는, 각 개인이나 부부 가정인 방(房)의 독점 재산인 사재(私財)와 대비되는 개념이다.

교권(校券)

계약 시에 목간(木簡)의 좌우 양쪽을 쪼개는데, 우권(右券)은 증명서가 된다. 이 우권이 바로 책권(責券)이 된다.

권지령(圈地令)

청조가 명을 정복한 후 토지를 약탈하기 위하여 반포한 명령으로 순치 원년(1644)에 반포되어 강희 24년에 폐지되었다. 청조는 북경을 점령한 후 팔기관병(八旗官兵)의 생계를 해결하기 위하여 북경 부근의 토지를 강제로 점거하는 명령을 내렸다. 권지는 주로 북경으로부터 300~500리 이내의 순천부(順天府), 보정부(保定府), 승덕부(承德府), 영평부(永平府), 하간부(河間府) 등에서 행해졌으며 빼앗은 토지는 16만 경(頃)(혹은 19만 경)에 달했다. 이 토지는 만주 지역에서 중국 내지로 이주해 온 귀족, 팔기 병사, 관원들에게 지위의 고하에 따라 나눠 주었다. 그러나 토지를 빼앗긴 한인(漢人)들은 반항하였지만 탄압받고 대부분 고향을 떠나 가난과 추위에 시달려야 했다.

귀신백찬(鬼薪白粲)

종묘의 혼령을 제사하기 위해 사용하는 장작(薪)을 모아 운반하는 노역형이며 여자의 경우는 제사에 사용할 곡식을 선별하는 '백찬' 형이 부과된다.

누세동거(累世同居)

분가를 하지 않고 여러 세대에 걸쳐 동거공재의 관계를 지속적으로 유지하는 것을 말한다. 많은 세대와 여러 지파가 단일 가호(家戶)에 속하는 대가정이다.

독신Celibacy

웹스터 사전에 의하면 독신은, "결혼하지 않은 상태, 특히 의식적으로 그렇게 살려고 하는 것"으로 정의되어 있지만 학문에 따라 그 정의는 다양하다. 오늘날 그것은 목적에 따라 개인이 선택한 삶의 한 방식으로서, 육체적 금욕이 반드시 수반되지는 않는다. 하지만 중세에는 독신이라 할 경우 주로 '금욕'과 동의어로 사용되었다. 현재 중국에서는 '독신' 보다는 '단신(單身)' 이라는 용어를 사용하는 경우가 많다.

동거공재(同居共財)

문자 그대로의 뜻은 같은 집에 거주하고 공동 재산을 갖는 혈연 집단의 관계를 말하며, 광범위한 혈연 집단에서 법제적으로나 사회적으로 가족의 범위를 의미하기도 한다. 특히 동거는 엄밀히 말하면 같은 호적에 등기된 것을 뜻하므로 동적공재(同籍共財)를 의미한다.

동정감귤(洞庭柑橘)

동정감귤은 강남 태호(太湖)에 있는 동정산(洞庭山)에서 생산되는 감귤이다. 동정산은 동산(東山)과 서산(西山)으로 이루어져 있는데, 역대로 이곳에서 생산되는 감귤은 중국에서도 가장 품질이 좋기로 정평이 나 있었다.《조선왕조실록》을 비롯한 고려와 조선의 많은 문집에도 '동정귤(洞庭橘)'이 등장할 정도로, 국제적인 감귤의 대명사였다. 다만 국내에서 동정감귤을 동정호(洞庭湖)에서 생산되는 감귤로 해석하는 경우가 있는데 이것은 엄연한 오해이다. 당·송대 중국 감귤의 대명사였던 동정감귤이 명·청대 기후의 한랭화로 인해 생산량이 급감하여 쇠퇴해가는 모습은 김문기의 〈명청시기 기후 변화와 동정감귤〉,《명청사 연구》14(2001)에서 상세히 다룬 바 있다.

매(賣)·죽(鬻)·질(質)·고(雇)·가(嫁)

의미상 모두 인신매매와 관련된 용어라 할 수 있다. 가령 '가(嫁)'는 아마도 조건부 인신매매였을 것이다. '질(質)'은 글자 그대로 이해하면 인질(人質)인데, 이 또한 조건부 인신매매의 한 형태였을 것으로 이해된다. 모두 인신매매 행위를 가리키는 용어이지만 인신매매 형태에 있어서 용어마다 조금씩 다른 의미를 지닌다. 인신매매는 성인 남자나 가장보다는 주로 처와 자식을 대상으로 행해졌다.

문화대혁명

1965~1966년부터 1976년까지 약 10년에 걸쳐 마오쩌둥(毛澤東)이 발동하여 자본주의적 사상, 문화에 대한 비판 운동에서 시작되었다가 광범위한 권력 다툼으로 발전한 투쟁. 마오와 문혁을 숭배하는 홍위병과 4인방의 출현, 지도부를 공격하는 탈권 투쟁이 나타나고, 숱한 고위 관리, 지식인 등이 희생되었으며 1981년 덩샤오핑(鄧小平)은 이를 내란으로 규정했다.

민주촉진회

국민당과 공산당의 내전 위기가 닥친 1945년 12월 마쉬룬(馬敍倫), 쉬광핑(許廣平) 등 상해의 지식인들이 만든 민주당파 계열의 정당. 내전 반대, 민주주의, 연합 정부 건립을 주장하면서 국민정부의 민주 촉구 운동 진압에 반대하다가 내전 이후 중화인민공화국에 합류했다.

방(幇)
집단, 패거리의 의미로 공식적, 비공식적 집단 모두를 포괄하며, 때로는 불법적인 집단을 지칭하기도 한다. 그 집단이 어떤 특성이 더 두드러지는가에 따라 동향방(同鄕幇), 상방(商幇) 등으로 불린다. 상방은 상인 집단을 의미하며, 광동 상방이라 불릴 경우 광동 출신의 상인이 모인 상인 집단을 가리킨다. 한편 유사한 용어인 방회(幇會)는 주로 조직 폭력 집단을 지칭한다. 1920, 1930년대에 상해에서 활동했던 대표적인 조직 폭력 세력으로는 청방(靑幇), 홍방(紅幇) 등이 있다.

법률 체계의 본토화
중국에서 법제화를 둘러싸고 1990년대부터 벌어진 논쟁을 말한다. 일련의 정치가, 법학자와 지식인들이 중국 사회 체제의 발전을 위해서는 '인치(人治)'에서 '법치(法治)'로 전환되어야 하며, 이때 법의 정신은 근대 서구를 기준으로 삼아야 한다고 했다. 이에 대해 쑤리(蘇力)와 량즈핑(梁治平)을 비롯한 일군의 법학자들은, 중국의 법치는 서구 법사상과 체계를 무조건적으로 도입한다고 가능한 것이 아니며 중국적 상황에 입각한 법사상과 체계를 일반 국민의 주체적인 노력과 결합해서 만들어야 한다고 주장했다.

별적이재(別籍異財)
호적을 달리하고 재산을 나눈다는 의미로, 현실적으로는 가산을 분할하여 분가(分家)가 이루어짐을 말한다. 거의 같은 뜻으로 분산(分産), 분석(分析), 석산(析産), 석거(析居), 이찬(異爨), 이연(異煙) 등 다양한 용어가 쓰였다.

불락부가(不落大家) · 불락가(不落嫁)
화남(華南) 지역〔주로 광동(廣東)의 순덕(順德) · 번우(番禺) 등지〕에서 유행했던 결혼 풍속으로, 간단히 말해 여자가 결혼 후 시댁에 들어가 살지 않는 것이다. 결혼식을 올린 직후 며칠간, 그리고 연말과 절기를 제외하고는 곧바로 친정이나 공장의 숙소로 돌아온다. 가능하면 남편과 동침을 피하지만 임신을 하는 경우 시댁으로 들어가게 된다. 결혼 후 시댁에 들어가기까지의 시간은 보통 8~10년이지만 남편에게 첩을 들여주고 평생 시집살이를 하지 않는 경우도 있다.

붕민(棚民)
특히 청대에 들어와 산악 지역의 실상을 언급하고 있는 사료에 많이 등장하는 단어이다. '붕(棚)'의 사전적 의미는 물건을 올려놓기 위해 사용하는 긴 막대다. 청대에 이르러 산악 지역으로 들어가 매우 열악하게 집을 짓고 사는 이주민들을 다소 경멸적인 의미로 붕민이라 불렀다. 이들은 광동, 강서, 안휘, 복건 등의 산악 지역에 살면서 광산업, 제지업 등에 종사하거나 옥수수 등의 산지 작물 경작으로 생계를 꾸렸다.

빙재(聘財)

중국 전통의 혼례에서 신랑의 집안에서 신부의 집에 지불하는 재화를 말한다. 법적으로나 관습적으로 빙재가 혼약의 성립 요건이 되고 빙재를 주고받았다면 법적으로 성혼이 된 것으로 보았다.

사구(司寇)

다른 노역형도를 감시하는 노동형.

살보(薩寶)

대상(隊商)의 지도자를 의미하는 소그드어에서 유래한 말이다. 늦어도 4세기 이후 소그드인이 중국에서 취락을 형성하면서 살보는 그 취락 전체를 관할하고 소그드인의 종교인 조로아스터교와 신도들을 관장했다. 북위(北魏) 때부터 살보는 중국의 관직으로 정해져 북제 · 북주 · 수 · 당대까지 이어졌고, 소그드인이 거주하는 모든 주(州)와 경사(京師)에는 살보가 임명되었다. 당대에는 점차 소그드인이 당조(唐朝)의 백성이 됨으로써 살보는 소그드인 취락 책임자라는 성격을 잃고 조로아스터교도의 대표자라는 것만 남게 되었다.

삼번(三藩)의 난

운남의 평서왕 오삼계(吳三桂), 광동의 평남왕 상지신(尙之信), 복건의 정남왕 경정충(耿精忠)이 청조의 번 철폐에 반대하여 일으킨 반란. 강희 12년(1673)에 오삼계가 난을 일으키자 여기에 응하여 섬서의 제독 왕보신(王輔臣), 광서의 장군 손연령(孫延齡), 복건의 경정충, 광동의 상지신이 동조하여 반란을 일으켰으며, 대만의 정경(鄭經)이 복건 남부를 점령하였다. 그러나 청조의 조직적이고 효과적인 전략으로 강희 15년(1676) 이후 동조 세력이 항복하기 시작하였고, 결국 오삼계 사후 제위를 계승한 손자 오세번(吳世璠)이 강희 20년(1681) 10월 자결함으로써 9년간의 대란이 끝났다.

삼성교계(三省交界) 지역

사천성 동부, 섬서성 남동부, 호북성 서부 지역이 서로 맞닿아 있는 곳을 지칭한다. 섬서성의 진령(秦嶺), 섬서와 사천, 호북의 접경 지역에 걸쳐 있는 대파산(大巴山)의 존재 때문에 중국의 가장 대표적인 산악 지역 가운데 하나로 꼽히고 있다. 중국 역사상 가장 대규모의 반란이라고 할 수 있는 백련교도의 반란이 바로 이 지역에서 발생했다. 특히 청 초 이후 중국 각지에서 새로운 생계 수단을 찾아 많은 이민자들이 이 지역으로 몰려들어 산지를 개발했다. 이 지역은 대부분 산악 지역인데다가 다양한 계층이 뒤섞여 있었기 때문에 국가의 통제가 제대로 미치지 못했을 뿐 아니라 도박, 강도, 민간 비밀 결사 등의 온상지가 되었다.

상계(上計)

군국(郡國)이 매년 가을과 겨울에 속현(屬縣)의 호구 개간·전곡의 출입·도적의 다소 등을 집계하여 승상과 어사대부 양부에 올리는 것. 이를 근거로 인구 증가, 조세 증가, 간전(墾田)의 확대, 죄수의 감소 등을 평가하게 되는데, 이는 단순히 황제의 편람용이 아니라 각급 관료의 고과(考課) 자료가 되었다.

상해의 조계(租界)

1842년 남경(南京) 조약이 체결된 후, 영국, 미국, 프랑스가 외국인 거주 구역을 상해에 마련했다. 이후 태평천국 운동을 거치면서 행정 기구를 설치하고 관리 영역을 넓혀갔다. 1899년에 영국 조계와 미국 조계가 합병하여 상해 국제 공공 조계로 개명되었다. 이로써 상해에는 영국을 중심으로 여러 국가가 공동으로 행정 권력을 행사하는 공공 조계, 프랑스가 행정권을 행사하는 프랑스 조계, 그리고 중국인이 통치권을 행사하는 화계(華界) 지역으로 삼분되어 하나의 시에 3개의 행정 권력이 병존하는 1시(市) 3제(制)의 모습이 만들어졌다. 조계는 중국 영토 내에 있었지만 중국인이 주권을 행사할 수 없던 곳으로 외국 침략의 전초 기지로 여겨지기도 했다. 따라서 상해인은 제국주의 반대 투쟁의 하나로 조계 참정 운동, 조계 회수 운동을 전개하기도 했다. 1945년 상해시 정부가 정식으로 공공 조계와 프랑스 조계를 회수했다.

성단용(城旦舂)

'성단'과 '용'이 합쳐진 용어. '성단'은 변방 지역의 성벽을 수축하거나 이른 아침에 경비하는 노역을 부과하는 것이다. 변방 지역의 성벽은 만리장성을 가리킨다. '성단'의 '성'은 수도 함양을 비롯한 내륙 도시의 건설과 보수를 의미했다. 또한 도시 건설만이 아니라 능묘·궁전 등 국가가 하는 토목 공사에 복역하는 것도 포함되었다. '성단'이 주로 남성에게 적용되었던 것에 비하여 '용'은 여성이 하던 노역이었다. 용은 곡물의 탈곡으로 절굿공이로 찧어 곡물에서 껍질을 분리시키는 작업이다.

세량(稅糧)

하세(夏稅)·추량(秋糧)의 준말로, 명대 조세 수입의 근간이 되는, 농업 생산물에 부과하는 세금의 총칭이다. 명대는 당대(唐代) 후기 이래의 양세법(兩稅法)을 조세 제도의 기본으로 삼았기 때문에 양세(兩稅)를 이루고 있는 하세와 추량의 용어가 축약된 것이다. 명대 중기 이후 세량과 요역의 은납화가 진행되면서 조세 제도가 바뀌어가는데 그 변화를 완결 지은 청대에 가면 세량 대신 전량(錢糧)이란 용어가 많이 쓰이게 된다.

소그드Sogd인

중앙아시아의 제라프샨Zeravshan 강 유역에 거주하는 페르시아계 사람을 지칭하는 말이다. 거주지인 소그디아나 지방이 실크로드 중간에 위치하고 있기 때문에 아케메네스Achaemenes조의 지배를 받았을 때부터 교역에 널리 종사했다. 마케도니아의 알렉산드로스Alexandros 대왕의 정복이나 박트리아Bactria 지배하에서도 독자적인 소그드어와 소그드 문자를 사용했다. 소그드인은 종교로는 조로아스터교와 이어 마니교를 신봉하여 이란계 정신문화를 중국에 전파했다. 그 활동 범위는 비잔틴 제국에서 당 장안에 이르렀다. 이슬람 세력의 등장으로 이슬람화가 진행됨에 따라 12세기에는 그 집단의 고유한 특징이 사라지게 되었다.

소그디아나Sogdiana
중앙아시아의 아무다리아와 시르다리아 중간에 위치하며 사마르칸트와 부하라를 중심 도시로 하는 제라프샨 강 유역을 가리키는 옛 지명이다. 중앙아시아의 동서 교통, 남북 교통의 요충지이기 때문에 주변 세력의 침입을 많이 받았다. 대월씨(大月氏), 강거(康居), 에프탈, 돌궐(突厥) 등의 유목 국가의 지배를 받았고 사산조 때부터 이란 쪽에 복속했다. 주민인 소그드인은 교통의 요충지에 거주하면서 강대한 유목 국가의 보호를 받아 교역 활동에 종사하여 도시 문명을 번영시켰다. 8세기에 아랍인의 정복으로 이슬람화가 진행되었다. 이슬람 시대에는 근세 페르시아어를 사용하게 되어 소그드어는 사라졌다.

소빙기(小氷期)Little Ice Age
중세 온난기가 끝나고 대체로 16세기부터 19세기까지 3백여 년 동안 지구의 기온은 하강하여 현재에 비해 현저하게 한랭했다. 소빙기는 당시의 전 지구적인 기후의 한랭화 현상을 설명하기 위해 붙여진 이름이다. 빙하에 관한 보고서에서 유래한 이 용어는 홍적세의 대빙하 시대에 비해 덜 한랭하고 기간도 짧다는 의미에서 소빙기라고 불린다. 그 시작과 끝에 대해서는 넓게는 14세기부터 19세기 후반까지 잡는 경우도 있지만, 17세기가 가장 한랭한 시기였다는 것은 분명하다. 브로델Fernand Braudel이 전 세계적인 17세기 위기를 설명하는 유일한 해답을 소빙기에서 찾은 이후에, 17세기 위기를 설명하는 강력한 근거가 되었다.

수변형(戍邊刑)
변방을 방위하는 형벌.

숭정(崇禎) 14년의 대기근
숭정 14년의 대기근은 명조가 멸망하기 직전인 숭정 14년(1641)을 전후한 3년(1640~1642) 동안 강남을 비롯한 중국 전역에 발생한 극심한 재해, 기근, 역병을 말한다. 당시 강남에는 기근으로 식인의 악습이 공공연하게 자행되었고, 굶주림과 역병으로 사망자가 속출했다. 이러한 현상은 화북 지역에서 더욱 심각하여, 농민 반란의 일대 전환점이 되었다. 결국 숭정 14년의 대기근은 명조의 멸망에 결정적인 역할을 했다. 당시의 사람들은 이러한 대기근을 '기황(奇荒)'이라는 단어를 사용하여 표현했다.

식피(植被)

식물 피복(被覆)의 준말로, 지면에 식물이 일정한 밀도 이상으로 덮여 있는 상태를 가리킨다. 어떤 지역이 어느 정도나 식물로 덮여 있는가를 비율로 나타낼 때는 보통 '피복률(被覆率)'이란 용어를 많이 쓴다.

신사(紳士)

명청 시대 사회의 지배층은 신사[신금(紳衿)이라고도 함]였다. 신사는 관직 경력자[진사(進士) 포함]와 아직 관료가 못 된 학위(學位) 소지자[사인(士人), 거인(擧人) · 공생(貢生) · 감생(監生) · 생원(生員) 등]를 포함하는 개념이며, 과거제 · 연납제(捐納制) · 학교제 등을 매개로 하여 나타난 정치 · 사회적인 지배층을 총칭하는 개념이다. 현직 관료는 양면적 신분 소유자이다. 부임지에서는 관원이고, 고향에서는 신사이다.

신성도덕(新性道德)

1918~1919년, 잡지 《신청년(新青年)》을 통해 논의되었던 정조(貞操) 논쟁에 이어 1920년대에 유행한 용어이다. 1918년 5월, 저우줘런(周作人)은 《신청년》에 일본의 작가이자 여성 운동가인 요사노 마사코(與謝野晶子)의 글 〈정조는 도덕 이상으로 존귀하다(貞操は道德以上に尊貴である)〉를 번역하여 〈정조론(貞操論)〉이라는 제목으로 발표했다. 이것을 계기로 후스(胡適)가 〈정조 문제(貞操問題)〉를, 루쉰(魯迅)이 〈나의 절열관(節烈觀)〉을 발표, 정조 문제가 의론으로 떠올랐다. 논자들은 여성에게만 정조가 요구되는 구 정조관을 남녀 불평등 사상의 표현이라고 부정했다. 그리고 정조는 애정 있는 남녀 사이에서 동등하게 추구되어야 한다며 축첩제를 비판하고 자유연애에 기초한 결혼과 일부일처제를 주장했다. 1920년대가 되면 장시천(章錫琛), 저우젠런(周建人) 등 《부녀잡지(婦女雜誌)》, 《신여성(新女性)》의 논객들을 중심으로, '애정이 없는 결혼은 법적으로 인정받았다 해도 부도덕한 것'이라는 새로운 성도덕이 등장했다. 여기에는 일본의 혼마 히사오(本間久雄)를 통해 소개된 엘리스Havelock Ellis, 케이 Ellen Key 등 서구 사상가들의 영향이 컸다. 그렇지만 이는 일부다처를 인정할 수 있기 때문에, 신성도덕을 주장하는 자들은 북경대의 천바이녠(陳百年) 교수와 논쟁을 전개하게 된다.

17세기 위기The Seventeenth Crisis

'17세기 위기론'은 17세기에 세계 곳곳에서 재해, 기근, 역병, 반란, 전쟁, 정권 교체 등 격렬한 위기 상황이 목격되자, 이를 하나의 세계적인 현상으로 이해하면서 생겨난 용어이다. 그 시원은 18세기 중반의 볼테르Voltaire까지 올라갈 수 있지만, 1954년 홉스봄Eric Hobsbawm이 이 문제를 다시 제기한 이래로 《과거와 현재Past & Present》지를 중심으로 여러 학자들에 의해 연구가 축적되어왔다. 본래 유럽 경제의 일반적 위기를 설명하기 위해 도입되었던 이 개념은 1970년대 말 중국과 인도 등에서도 위기 상황이 확인되면서 전 세계적인 현상으로 이해되었다.

엄여익(嚴如熤)

역사 용어가 아닌 특정인에 대한 설명을 굳이 하는 이유는 적어도 청 중엽 삼성교계 지역을 이해하는 데 있어서 엄여익이 남긴 글이 절대적으로 중요하기 때문이다. 엄여익(1759~1826)은 역시 험난한 산악 지역인 호남성 중서부 서포현(漵浦縣)에서 태어나 건륭(乾隆) 60년(1795) 호남과 귀주에서 발생한 묘족 반란의 진압에 참여한 바 있으며, 가경(嘉慶) 13년(1808) 한중부 지부(知府)로 발탁된 이래 섬서안찰사(陝西按察使)에 오른 인물이다. 《삼성변방비람(三省邊防備覽)》, 《한중부지(漢中府志)》, 《삼성산내풍토잡식(三省山內風土雜識)》, 《묘방비람(苗防備覽)》 등의 저서에 나타난 그의 산악 지역 사정에 대한 소상한 서술과 상황 묘사는 삼성교계 지역의 험난함 때문에 지금도 그 지역의 접근이 용이하지 않은 점을 감안하면 저절로 감탄이 나올 지경이다. 아마도 엄여익의 저서가 없었다면 역사 시대의 중요한 한 장면을 우리는 영원히 몰랐을 것이다

예신첩(隸臣妾)

관청에서 잡일을 하던 노동형이며 남자는 '예신' 여자는 '예첩'이 된다.

오대상(五大商)

정성공(鄭成功)의 비밀 무역 조직으로 산로오대상(山路五大商, 金, 木, 水, 火, 土 5개)과 해로오대상(海路五大商, 仁, 義, 禮, 智, 信 5개. 각 자호(字號)는 12척 소유)이 있다. 산로오대상은 정씨 자본을 받아 육지에서 수출입 화물의 매매를 담당했으며 북경, 소주, 항주, 산동 등에 설치되었다. 해로오대상은 정씨의 배와 화물을 해외에 판매하는 해상 상인으로 하문에 설치되어 있었다. 오대상은 정성공의 항청 투쟁의 진퇴에 따라서 수시로 변했으며, 무역 활동을 통한 물자 확보뿐 아니라 청군의 동향을 탐지하는 정보 수집 기능도 했다.

5·4운동

1919년 5월 4일 이후 약 2개월에 걸쳐 일어난 애국 운동과 1915년 《청년잡지(靑年雜誌)》[이후 《신청년(新靑年)》으로 개명] 발간부터 1920년대 초까지 활발히 전개된 신문화 운동을 가리킨다. 국민을 계몽하고자 하는 신문화 운동 중에 일본의 부당한 요구에 반대한 애국 운동이 나왔고 양자는 서로 자극을 주고받으면서 확산되었기 때문에 둘 다 5·4운동이라 일컫는다.

우면(優免)

전통 시대에 일반 서민은 국가에서 임금 없이 부과하는 요역을 부담해야 했다. 그러나 관료나 신사에게는 이 요역을 면제해주었다. 그러므로 요역 우면 특권이 있는가 없는가는 곧 신분의 상하를 결정하는 척도가 되었다. 신사가 우면받는 요역 부분은 서민들이 더 부담해야 했다. 그러므로 국가는 될수록 우면을 제한하려 하고, 반대로 신사는 될수록 더 면제받으려고 했다. 지역 사회에서 이 우면을 결정하는 것은 지방관이었고, 이를 수행하는 것은 서리였다. 그런데 지방관이나 서리는 향촌의 세력가인

신사의 눈치를 보지 않을 수 없었으므로, 신사는 이들을 매수하여 규정 이상의 요역을 면제받았다.

육형(肉刑)

육형은 신체에 손상을 가하는 형벌인데, 종류로는 경(黥, 얼굴에 문신을 새기는 것), 의(劓, 코 베기), 월[刖, 발을 자르는 것. 진에서는 왼발과 오른발을 자르는 것을 각각 참좌지(斬左趾)·참우지(斬右趾), 혹은 사료에 따라서는 간단히 '참(斬)'이라고 했다] 등이 있다. 진나라에서는 육형이 그것만으로 끝난 것이 아니라, 성단·귀신 등의 노역형이 수반되었다. 예를 들면, '경성단용(黥城旦舂)'이 바로 그것이다.

인민공사(人民公社)

중화인민공화국에서 철강, 에너지, 식량 등을 비약적으로 증산하자는 대약진 운동이 벌어진 1958년에 농촌에 조직된 기본 단위로서 농업, 공업, 상업, 교육, 군사 등 모든 부분을 담당했으나 효율성이 떨어졌다. 개혁·개방기에 들어선 1982년의 신헌법에서 해체를 공식화하고 1985년 6월 전국적으로 해체가 완료되었다.

자소녀(自梳女)

'자소두(自梳頭)'라고도 한다. 소(梳)는 머리를 빗는다는 의미로 자소녀란 결혼하지 않고 스스로 머리를 올림으로써 시집을 가지 않겠다는 표시를 했기 때문에 이러한 말이 붙여졌다. 혹은 '고파(姑婆)'라고도 불렸는데, 자소를 하고 평생 불혼을 맹세한 여성들이 '고파옥(姑婆屋)'이라는 곳에서 동거를 했기 때문이다. 광동성 일대에서 잠사업에 종사하는 여성 직공이나 하층 노동 여성들에 많았다. 공동의 직업, 신앙을 매개로 함께 생활한 경우가 많고 자소녀가 된 이유로는 미혼 여성의 노동력을 선호하는 사회 경제적인 요인이 컸다고 한다. 이들은 마음에 맞는 상대가 있으면 혼인식을 치른 뒤 양자를 입적하고 부부처럼 살기도 했으며, 여공이나 가정부로 일하면서 자급자족했다. 불락가와 자소의 풍습은 제사 공업이 발달했던 20세기 초에 크게 유행했지만 그 기원은 18세기까지 거슬러 올라간다. 조익(趙翼)의 《첨폭잡기(簷曝雜記)》에 의하면 건륭(乾隆)기에도 광동 여성들의 동성애는 상당히 보편적인 것으로 확인된다.

잔도(棧道)

'잔도'의 본뜻은 험준한 산에 설치한 다리를 의미하는 것으로서 '잔교(棧橋)'라고도 불린다. 사료에 의하면 양쪽 바위에 구멍을 뚫고 횡으로 큰 나무를 얹은 다음, 그 위에 널빤지를 깔아 만든다고 되어 있다. 다만 섬서성의 험준한 산악 지역을 어렵게 연결하여 만든 길을 잔도라고 불렀는데, 이런 의미에서 섬서성의 잔도는 고유 명사라고 할 수 있으며 적어도 삼국 시대부터 존재했던 것처럼 보인다. 섬서성의 잔도는 북잔도와 남잔도가 있다. 북잔도는 서안(西安) 서쪽에 위치한 보계현(寶鷄縣)에서 시작하여 섬서성 남서부에 있는 한중부(漢中府) 포성현(褒城縣)까지를 말하며, 남잔도는 한중부 면현(沔

縣)에서 시작하여 영강주(寧光州), 사천의 광원(廣元)-소화(昭化)-검주(劍州)에 이르는 길을 말한다.

정풍(整風) 운동

1942년부터 1943/44년경까지 연안(延安)에 근거지를 두고 있던 마오쩌둥의 중국 공산당이 당원을 대상으로 벌인 자체 사상 검증 운동. 이 시기는 연안을 비롯한 공산당 근거지가 일제와 국민정부의 이중의 포위망 속에서 어려운 상황이었고 다양한 성향의 지식인들이 합류해 있었기 때문에 당의 단결과 규율, 문예의 혁명에 대한 종속이 주장되었다.

제민(齊民) 지배

중국 고대 지배 체제의 핵심을 일컫는 개념으로, 여기서 제민이란 원칙상 신분의 귀천과 경제적 빈부의 차이가 없는 국가의 공민(公民)을 말한다. 고대 국가는 토지를 균등하게 분배함으로써 균등하고 평등한 백성들을 만들어내고, 각종 신분 질서와 상공업 정책, 화폐 정책 등을 통해 이들을 유지함으로써, 군주 중심의 중앙 집권 체제를 확립하고자 했다.

조로아스터교Zoroastrianism〔현교(祆敎)〕

고대 이란에서 발생한 종교이다. 선과 악의 이원론적 일신교(一神敎)를 특징으로 한다. 그 창시자는 아후라 마즈다Ahura Mazdah이다. 빛의 상징으로서 순수한 '불'을 존숭했기 때문에 '배화교(拜火敎)'라고 불렸다. 중국에서는 조로아스터교, 경교(景敎, 네스토리우스교), 마니교를 합쳐 삼이교(三夷敎)라고 했다. 당 무종(武宗)이 실시한 불교 탄압인 회창폐불(會昌廢佛) 때 조로아스터교도 탄압을 받았다.

중국의 오대고도(五大古都)

오랫동안 중국 역대 왕조의 수도였던 장안(長安), 낙양(洛陽), 남경(南京), 개봉(開封), 북경(北京) 등 중국 역사의 대표적인 다섯 도시를 말한다. 장안은 11개 왕조, 낙양은 9개 왕조, 남경은 8개 왕조, 개봉은 5개 왕조, 북경은 5개 왕조의 수도였다. 수도였던 기간은 각각 1,077년, 885년, 450년, 366년, 903년이었다. 현재 중국에서는 이 다섯 도시와 함께 항주(杭州), 안양(安陽), 정주(鄭州) 등을 포함시켜 팔대고도(八大古都)라고 부른다.

창(廠)

'창'은 원래 공장을 의미하는 것이지만, 삼성교계 지역의 산속에서 운영되었던 각종 수공업장을 지칭하는 데 사용되고 있다. 청대 섬서, 호북, 사천 일대의 산악 지역에는 목재, 철, 소금, 목이, 종이 등을 생산하는 다양한 수공업장이 존재하고 있었는데, 그것을 각각 목창(木廠), 철창(鐵廠), 염창(鹽廠), 이창(耳廠), 지창(紙廠)으로 불렀다. 이 수공업장에는 산지로 이주해 온 많은 이민자들이 노동자로 일하고 있었으며, 많은 경우 한 수공업장에 수천에서 수만 명의 노동자가 있었다.

채판(採辦)

역사 용어로는 국가 기관이 돈을 지불하고 민간에서 물자를 사들이는 행위를 가리키는 데 많이 쓰인다. 〈명대의 궁궐 목재 조달과 삼림 환경〉에서는 그 내용의 특성상 대부분이 목재를 구입하는 채목(採木)을 가리켰으나 어떠한 물자든 국가가 민간에서 물자를 사들일 때 쓸 수 있는 일반적인 용어이다. 채판의 전 과정을 관원이 책임지는 전관(專官) 채판과 상인에게 그 과정의 일부나 전부를 청부로 맡기는 소상(召商) 채판이 있는데 처음에는 전자로 운영되다가 명대 후기로 오면서 후자로 바뀌어가는 것이 대체적인 경향이다.

천계령〔遷界令, 천해령(遷海令)〕

청 초 정성공을 우두머리로 하는 동남 연해의 항청 세력을 고립, 와해시키고자 반포한 법령으로 순치 18년(1661)에 반포하여 강희 22년(1683)에 해제하였다. 강남, 절강, 복건, 광동, 산동 연해 일대의 거주민들을 그들의 거주지로부터 강제로 30~50리(지역에 따라서는 그 이상) 떨어진 내지(內地)로 이주시키고 상선과 민간 선박의 출항을 금지시켰다. 여러 성 가운데 특히 복건성이 가장 혹독한 고통을 겪었다. 청 정부는 기대한 효과를 거두지 못하였고 오히려 연해 각 성의 사회 경제만 심하게 파괴하였다.

췌서(贅婿)

처가에 들어가 사는 사위를 말한다. 중국 결혼 제도에서 남자의 집에 거주하는 가취혼(嫁娶婚)이 정상적이고 규범적인 결혼으로 인식된 반면, 그 반대인 췌서혼은 이례적인 혼인으로 받아들여졌지만 결코 드물지 않은 결혼 형태였다.

협제(協濟)

명청 시대에 지방 정부가 중앙 정부의 명령에 따라 다른 지방 정부에 재정적 지원을 하는 것을 가리킨다. 일반적으로 재정 상황이 어려운 성(省), 특히 재해가 들어 기근이 발생했거나 혹은 국가적인 차원의 사업을 떠맡아 일을 진행하는 성이 그 재정적 압력을 완화시키기 위하여 중앙 정부에 요청하여 주위의 다른 성들로부터 지원을 받는 경우가 많았다.

호절(戶絶)

한 가정에 친자이든 양자이든 대를 이을 후계자가 없게 된 상황은 가정이 단절된 가절(家絶)로 간주되었고, 국가의 공법상으로는 호(戶)가 단절된 것으로 파악되어 그 재산의 처분은 국가의 호절 재산법에 따라 처분되었는데, 대개 딸이 우선적인 승계자가 되었다.

홍려시(鴻臚寺)

황제를 알현하는 높은 손님〔대빈객(大賓客)〕에 관한 예를 관장하는 기관이다. 진(秦)나라에도 빈객을 전담하는 기관은 있었지만 홍려(鴻臚)라는 말은 한(漢)나라에서 처음 등장했다. 당나라의 홍려시는 외국 사절 및 장례 의례에 관한 사무를 담당했다. 특히 외국 사절에 관한 업무로는 빈객이 숙박하는 홍려객관(鴻臚客官)의 관리, 외국 사절에 대한 식량 공급, 외국 사절의 우마(牛馬) 관리, 외국 사절이 바치는 공헌물의 가치 결정, 외국 사절의 질병·사망에 대한 조처, 통행증인 과소(過所) 지급 등이 있었다.

화계(華界)

상해의 조계와 대비하여 중국인이 행정 권력을 행사하던 지역을 일컫는다. 지역적으로는 예전 상해의 현성(縣城)이 있던 지역과 그 남쪽의 남시(南市) 지역, 그리고 갑북(閘北) 지역을 포괄한다. 남시 지역과 갑북 지역은 프랑스 조계와 공공 조계를 사이에 두고 양분되어 있어 중국인이 시정 기구를 정비하여 행정을 통일하고 시를 체계적으로 발전시키는 데 어려움이 있었다.

편집위원

임병덕 충북대 역사교육과를 졸업하고 성균관대에서 박사 학위를 취득했으며 현재 충북대 사학과 교수로 재직 중이다. 2003년도에는 교토대학 인문과학연구소에 초빙교수로 있으면서 이 연구소에서 도미야 이타루(冨谷至) 교수가 주관한《강릉장가산 247호 묘 출토 한 율령의 연구(江陵張家山二四七號墓出土漢律令研の研究)》에 대한 주석 작업에 참여했다. 현재 도미야 이타루 교수가 주관하는 '동아시아의 의례와 형벌(東アジアにおける儀禮と刑罰)'의 공동 연구에 참여하고 있다. 역서로는《중국사상사》,《유골의 증언─고대중국의 형벌》,《중국법률사상사》,《목간·죽간으로 본 중국고대문화사》등이 있고, 논문으로는〈위진남북조의 양천제〉,〈중국 고대·중세의 육형과 곤형〉,〈진·한의 작제와 형벌감면〉,〈진·한 교체기의 노비〉,〈중국고대중세법과 한국중세법이 말하는 여성〉등이 있다.

정철웅 숭실대 사학과를 졸업하고 프랑스 스트라스부르 제2Strasbourg II대학과 사회과학고등연구원Ecole des Hautes Etudes en Sciences Sociales에서 각각 석사 학위와 박사 학위를 받았다. 현재 명지대 사학과 교수로 있다.《역사와 환경─중국 명청 시대의 경우》라는 환경사 관련 책을 썼으며,《18세기 중국의 관료제도와 자연재해》,《중국의 인구》등의 책을 번역한 바 있다. 주요 논문으로는〈청말 양자강 중류 지방의 상업 활동〉,〈청초 양자강 삼성 지역의 미곡유통과 가격구조〉,〈역사연구의 현재와 새로운 과제〉,〈청대 호북성 서북부 지역의 경제개발과 환경〉,〈청대 삼성 교계지역의 삼림과 임산물 보호대책〉,〈청대 천·호·섭 교계지역의 경제개발과 민간풍속〉등이 있다.

글쓴이(수록순)

임병덕 편집위원 소개 참고

김경호 성균관대와 같은 학교 대학원 사학과에서 박사 학위를 받았다(중국고대사전공). 중국 사회과학원 역사연구소 고급진수 및 방문학자를 거쳐 현재 성균관대 동아시아학술원 BK21 동아시아학 융합사업단 연구교수로 있다.《새로운 질서를 향한 제국질서의 해체》(공저),《중국고대사 최대의 미스터리, 진시황제》(역서),《사료로 읽는 중국 고대 사회경제사》(공역) 등의 저서 및 역서가 있다. 논문으로는〈거연한간《원강5년조서책》의 내용과 문서전달〉,〈한대 변경 지배질서와 '동이' 지역〉,《〈조전비〉에 보이는 한대 변경출신 관리의 성장과 배경〉등이 있다.

오금성 서울대 사범대학 역사과를 졸업하고, 같은 학교 인문대학 동양사학과 대학원에서 석사 학위와 박사 학위를 받았다. 서울대 동양사학과 교수를 거쳐, 현재는 같은 학과의 명예교수로 있다.《中國

近世社會經濟史研究》,《國法과 社會慣行—明淸時代 社會經濟史 研究》,《矛 · 盾의 共存—明淸時代 江西社會 硏究》등을 썼고,《韓國圖書館所藏 中國地方志目錄》등을 편집했다. 논문으로는 〈中國의 科擧制와 그 政治 · 社會的 機能〉,〈中國 近世의 農業과 社會變化〉,〈明 中期의 江西社會와 陽明〉,《金甁梅》를 통해 본 16세기의 中國社會〉등 다수의 논문이 있다.

원정식 강원대 역사교육과를 졸업하고 서울대 대학원 동양사학과에서 석사 학위 및 박사 학위를 취득했다. 현재 강원대 역사교육과 부교수로 재직 중이다. 논문으로는 〈건 · 가연간 북경의 석탄수급문제와 그 대책〉,〈청중기 복건의 족정제(淸中期福建的族正制)〉,《청대 복건사회 연구 : 청 전 · 중기 민남사회의 변화와 종족활동〉등이 있고, 역서로는 《중국소수민족입문》(공역)이 있다.

임상범 고려대 사학과를 졸업하고 현재 성신여대 사학과 교수로 재직 중이다.《20세기의 중국》,《현대 중국의 출발》을 썼고,《중화인민공화국 50년사》,《코민테른과 중국혁명》등을 옮겼다. 논문으로는 〈혁명시대의 일상폭력 : 20세기 전반기 베이징 거리에서 발생했던 금전 관련 사건들〉,〈북경 지역 경찰관의 구성과 그 변화〉,〈'민'에서 '국민'으로〉,〈진독수의 국민국가론〉등이 있다.

윤재석 경북대 사학과를 졸업하고 중국 사회과학원 역사연구소에서 진수 과정을 마친 후 경북대 대학원에서 문학 박사 학위를 받았다. 현재 경북대 사학과 교수로 재직 중이다. 논문으로 〈秦代 '士伍'에 對하여〉,〈4號秦墓出土의 木牘反映的 家族類型〉,〈睡虎地秦簡《日書》所見 "室"的 結構與戰國末期秦의 家族類型〉,〈商鞅의 家族改革令 分析을 통하여 본 戰國期 秦國의 家族形態〉,《包山楚簡》에 反映된 戰國期 楚國의 土地所有形態〉,〈春秋戰國期의 家系繼承과 後子制〉,〈韓國出土木簡의 形制及其內容〉,〈秦代의 漆器銘文과 物勒工名〉,〈古代韓中法制交流淺析-以犯禁八條爲中心〉,〈睡虎地秦簡和張家山漢簡所反映的秦漢時期後子制和家系繼承〉,〈張家山漢簡所見的家庭犯罪和刑罰資料〉,《中國古代 女性의 社會的 役割과 家內地位〉등이 있고, 역서로《중국가족제도사》가 있다.

육정임 이화여대 사학과를 졸업하고, 미국 애리조나대학 동아시아학과 대학원 과정에서 석사 학위를 받았으며, 고려대 사학과에서 박사 학위를 받았다. 석사 과정에서는 송대 정치사에 관심을 가졌고, 박사 과정부터는 사회사 분야, 특히 가족사, 여성사에 집중하고 있다. 현재 고려대, 경희대 등에서 강의를 하고 있다. 논문으로 〈송대 조상제사와 제례의 재구상—계급의 표상에서 종족 결집의 수단으로〉,〈송원대 방직업과 여성의 지위〉,〈송원대 족보수찬과 그 사회사적 의의〉,〈송대 딸의 상속권과 법령의 변화〉,〈송대 호절재산법 연구〉,〈송대 양자의 재산계승권〉등이 있다.

천성림 이화여대 사범대학 사회생활과를 졸업하고 같은 학교 대학원 사학과에서 석사 학위와 박사 학위(중국 근현대 사상사 및 여성사 전공)를 받았다. 현재 한남대와 공주대 역사교육과 강사다. 주요 저서로는 《근대 중국 사상세계의 한 흐름》,《산업화가 유교체제하 중국 여성의 지위에 미친 영향》,

《중국여성—신화에서 혁명까지》(공저), 《중국근대화를 이끈 걸출한 여성들》(공저) 등이 있다.

윤혜영 서울대 동양사학과를 졸업하고 같은 학교 대학원에서 석사 학위와 박사 학위를 받았다. 현재 한성대 역사문화학부 교수로 재직 중이다. 《중국현대사연구—북벌전야 북경정권의 내부적 붕괴과정 (1923~25)》, 《한국인을 위한 중국사》(공저) 등을 썼고, 《중국사》를 옮겼다. 논문으로는 〈정령 여성 혁명 작가〉, 〈근현대 중국의 저널리즘과 정치—'자율'과 '통제'의 불협화음〉, 〈총설—아시아 여성사 연구와 그 의미〉 등이 있다.

최덕경 부산대 사학과와 같은 학교 대학원을 졸업하고 건국대에서 문학 박사 학위를 받았다. 현재 부산대 사학과 교수, 부산대 중국연구소 소장을 맡고 있으며, 중국 사회과학원 교환교수를 역임했다. 관심 분야는 전근대 중국의 농업사, 환경사 및 생활사이며, 저서로 《中國古代農業史硏究》, 역서로 《中國史 (秦漢史)》, 《中國고대사회성격논의》 등이 있으며, 논문으로는 〈戰國·秦漢시대의 山林藪澤에 대한 保護策〉 등 60여 편이 있다.

김문기 부산대 사학과를 졸업하고 같은 학교 대학원에서 박사 과정을 수료했다. 현재 부경대에서 박사 과정을 다시 밟고 있다. 환경과 역사에 대해서 지속적으로 관심을 가져왔는데, 논문으로는 〈明淸時期 江南의 氣候變動과 洞庭柑橘〉, 〈明末 江南의 氣候와 崇禎 14년의 奇荒〉, 〈17세기 江南의 災害와 民間信仰—劉猛將信仰의 轉變을 중심으로〉, 〈17세기 江南의 氣候와 農業—《歷年記》에 대한 분석을 중심으로〉 등이 있다.

김홍길 서울대 사범대학 역사교육과를 졸업하고, 같은 학교 인문대학 동양사학과 대학원에서 석사 학위를 받았으며, 일본 오사카대학에서 박사 학위를 받았다. 현재 강릉대 사학과 교수이다. 주요 논문으로는 〈明代 北京의 매판과 '短價'〉, 〈淸初 直隷 三河縣의 곡물採買와 '短價'〉, 〈明末·淸初의 사회변화와 삼림환경〉 등이 있다.

정철웅 편집위원 소개 참고

김병준 서울대 동양사학과와 같은 학교 대학원에서 문학 석사 학위와 문학 박사 학위를 받았다. 현재 한림대 사학과 교수로 있다. 《중국고대 지역문화와 군현지배》 등을 썼고, 《순간과 영원 : 중국고대의 미술과 건축》, 《고사변 자서》 등을 옮겼다. 논문으로는 〈중국고대 간독자료를 통해 본 낙랑군의 군현지배〉, 〈한대 화상석의 교상교전도 분석〉, 〈신의 웃음, 성인의 락(樂)〉, 〈고대 중국의 서방 전래문물과 곤륜산 신화〉, 〈한대의 절일(節日)과 지방통치〉 등이 있다.

박한제 서울대 동양사학과를 졸업하고, 같은 학교 대학원에서 석사 학위와 박사 학위를 받았다. 국민대 국사학과 교수를 거쳐, 현재 서울대 동양사학과 교수로 있다. 《中國中世胡漢體制研究》, 《유라시아 천년을 가다》(공저) 등을 썼고, 논문으로는 〈南北朝末隋初의 過渡期的 士大夫像〉, 〈北魏 洛陽社會와 胡漢體制〉, 〈西魏·北周時代의 胡漢體制의 전개—胡姓再行의 경과와 그 의미〉, 〈中華의 분열과 인근 각국의 대응〉 등 다수의 논문이 있다.

최재영 서울대 동양사학과와 같은 학교 대학원을 졸업하고 박사 과정을 수료했다. 일본 주오(中央)대학과 가쿠슈인(國學院)대학의 초빙연구원을 지냈다. 현재 서울대 동양사학과 강사이다. 논문으로는 〈당후기 장안의 진사층과 기관형성〉, 〈당후기 장안의 치안문제와 법집행〉 등이 있고 옮긴 책으로 《장안은 어떻게 세계의 수도가 되었나》가 있다.

이윤석 서울대 동양사학과를 졸업하고, 같은 학교에서 석사 학위와 박사 학위를 받았다. 현재 공주대, 명지대 등에서 강의하고 있다. 논문으로는 〈명초 국가권력의 지방사묘 정비〉, 〈옹정제와 청대 국가제사〉 등 다수가 있다.

이병인 서울대 역사교육과를 졸업하고, 3년의 교직 생활을 한 후 고려대에서 석사·박사 학위를 취득했다. 한국교원대, 신라대, 인천대의 연구교수를 거쳐 현재 전남대 사범대학 사회교육학부에 재직하고 있으며, 한국의 중국근현대사학회 총무이사로 활동하고 있다. 1920, 1930년대의 상해를 소재로 연구하여 〈1930년대 상해시상회의 구성과 위상〉, 〈1930년대 상해의 구역상권과 소비생활〉 등의 논문을 썼으며, 《근대 상해의 민간단체와 국가》 등의 책을 펴냈다. 이외에 〈'종족'에서 '국민'으로의 전환 모색과 굴절〉, 〈국민당의 국민양성 : 당화교육〉 등의 논문을 썼고, 몇 편의 중문 논문과 함께 한국의 중화민국사 연구를 소개하는 〈韓國における中華民國史研究について〉를 일본의 학술지에 발표했다.

동양사 1

한·국·지·식·지·형·도 **02**

초판 1쇄 펴낸날 | 2007년 8월 14일

엮은이 | 임병덕 · 정철웅
펴낸이 | 김직승
펴낸곳 | 책세상

주소 | 서울시 마포구 신수동 68-7 대영빌딩
전화 | 704-1251(영업부) 3273-1334(편집부)
팩스 | 719-1258
이메일 | world8@chol.com
홈페이지 | www.bkworld.co.kr
등록 1975. 5. 21 제1-517호

ISBN 978-89-7013-654-7 04900
        978-89-7013-612-7 (세트)